Beiträge zur Geschichte des Parlamentarismus
und der politischen Parteien

Herausgegeben von der
Kommission für Geschichte des Parlamentarismus
und der politischen Parteien

Band 178

Reihe
Parlament und Öffentlichkeit 8

Benedikt Wintgens

Treibhaus Bonn

Die politische Kulturgeschichte eines Romans

Droste Verlag 2019

Vorwort

Dieses Buch ist die überarbeitete Fassung meiner Dissertation, die im Sommersemester 2018 von der Philosophischen Fakultät der Universität Bonn angenommen wurde. Ich bin sehr froh, mich an dieser Stelle für Hilfe und Zuspruch bedanken zu können. Mein erster herzlicher Dank gilt meinem Doktorvater Dominik Geppert für sein Interesse und sein Vertrauen bei der Konturierung des Themas – sowie für viele wertvolle Hinweise, nicht zuletzt zur besseren Anordnung der Kapitel. In meinen Dank an die Rheinische Friedrich-Wilhelms-Universität schließe ich Joachim Scholtyseck mit ein, der das Zweitgutachten verfasst hat, außerdem Michael Rohrschneider, Tilman Mayer sowie Klaus Hildebrand, der mich einst zur Promotion ermutigt hat.

Von Bonn nach Berlin: Meine Studie entstand auch im Forschungsinstitut der KGParl. Für diese Unterstützung danke ich – stellvertretend sowie persönlich – ihrem Geschäftsführer Andreas Schulz. Andrea Leonhardt gilt mein Dank für ihre umsichtige Hilfe bei der Drucklegung. Die Peter-Suhrkamp-Stiftung und die Universitätsbibliothek Greifswald erlaubten den Abdruck der Zitate aus dem Wolfgang-Koeppen-Archiv. Die Bundespressekonferenz e.V. gestattete mir den Einblick in ihre Unterlagen aus der Bonner Frühphase. Hervorheben möchte ich zudem die Bibliothek, die Pressedokumentation und das Archiv des Deutschen Bundestages sowie die Staatsbibliothek zu Berlin, ohne deren Bestände des Schrifttums aus den Fünfzigerjahren meine Recherchen anders ausgesehen hätten.

Von Herzen bedanke ich mich bei meinen Freund*innen und vielen Kolleg*innen – sowie (weil sie an unterschiedlicher Stelle Einfluss genommen haben) namentlich bei: Andreas Biefang, Hanna Schissler, Alma Hannig, Nina Schnutz, Verena Mink, Charlotte Jahnz, Johannes Tröger, Bettina Tüffers, Helge Heidemeyer, Agathe Bernier-Monod, Corinna Franz, Patrick Bormann, Jutta Graf, Anne Bos, Joachim Wintzer, Muriel Favre, Wolfgang Hölscher, Holger Löttel, Julia Lederle-Wintgens, Lukas Moll und Christoph Studt.

Schließlich denke ich an meine Eltern: Karlheinz und Marliese Wintgens haben mir das Interesse an Geschichte und Wissenschaft vorgelebt. Als rheinische Katholiken schätzten sie Konrad Adenauer ebenso wie Heinrich Böll, und vermutlich hat mein Interesse an der Bonner Republik auch damit zu tun, dass ich diesen Widerspruch (wenn es denn einer ist) ausloten wollte.

Am wichtigsten ist mir Friederike. Meiner Frau danke ich nicht zuletzt für ihren nimmermüden Optimismus, wenn ich gezweifelt habe. Ihr ist das Buch gewidmet.

Berlin, im Januar 2019   *Benedikt Wintgens*

Abb. 1: Das Bundeshaus am Rhein – im September 1949 fotografiert von Karl Hugo Schmölz. © Archiv Wim Cox / Maurice Cox (Nr. 13959_4).

Inhalt

Einleitung

Politische Kulturgeschichte eines Romans

1. Der *Treibhaus*-Roman als Fenster zur frühen Bundesrepublik

Das Wetter in Bonn ist oft schwül, wie in einem Treibhaus. Die Stadt liegt auf der linken Rheinseite hinter den Ausläufern der Eifel, und am Ufer gegenüber befindet sich das Siebengebirge; der Wind aber weht über den Kessel des Rheinischen Schiefergebirges einfach hinweg. So staut sich die Luft genau dort, wo der Strom sein Tal zwischen den Berghängen verlässt und in die niederrheinische Tiefebene fließt. Diese besondere Lage ist eine Tatsache, deren Folgen fürs Klima die Bewohner Bonns häufig beklagen. Zu Beginn der Fünfzigerjahre war das Stadtwetter zudem der Gegenstand einer Untersuchung, mit der ein Geograph an der Rheinischen Friedrich-Wilhelms-Universität promoviert wurde. Zwar stellte seine Studie keine großen Abweichungen fest, was die Sonnenscheindauer, den Regen oder die Temperatur betraf. Bemerkenswert schien ihm allein die hohe Luftfeuchtigkeit. Für die Zeit zwischen 1947 und 1951 zählte der Geograph im Jahresdurchschnitt 35,6 feucht-heiße Tage, und er bezeichnete Bonn deshalb als die schwülste Stadt im nordwestdeutschen Raum.[1]

Die höchste Luftfeuchtigkeit hat der Doktorand ausgerechnet in der Nähe des Bundeshauses gemessen. Am Flussufer hatten seit dem Spätsommer 1949 der Bundestag, der Bundesrat und weite Teile der Bundesregierung ihr provisorisches Quartier bezogen. Rund um das Parlament, auf einer Fläche von einem Quadratkilometer, herrschte ein Mikroklima ganz eigener Art. Hier ging es um Politik, um einen sich gründenden, nicht souveränen Staat und eine junge Demokratie. Es ging um das Chaos der Nachkriegszeit, den Ost-West-Konflikt und die Last der Vergangenheit. Ständig gab es Nachrichten und neue Ereignisse. Akten und Zeitungen wollten gelesen werden, denn viel war zu verhandeln: der ›Wiederaufbau‹[2], die Sicherheit des Landes, die Zukunft der Republik. In Bonn, wo aus geographischen Gründen der Luftaustausch stockte, entstand dabei et-

---

[1] H. Emonds, Bonner Stadtklima, 1954, S. 20–23.
[2] Zeitgenössische Begriffe, die in einer historischen Studie nicht ohne Distanzierung verwendet werden sollen – ›Wiederaufbau‹ etwa oder ›Kalter Krieg‹ –, stehen in einfachen An- und Abführungszeichen.

was Neues: Im Bundestag, in der Presse und Öffentlichkeit entwickelte sich eine parlamentarische Demokratie.

Nur wenige Jahre nach dem ›Dritten Reich‹ und dem Zweiten Weltkrieg gab es wieder eine demokratische Volksvertretung, jedenfalls für Westdeutschland. Sie tagte nicht mehr (und für ungeahnte Zeit noch nicht wieder) in Berlin, wo das Reichstagsgebäude in Trümmern lag. 1952 wurde in seiner Ruine der Kriminalfilm *Die Spur führt nach Berlin* gedreht.[3] Unterdessen hatte sich das Zusammenspiel von Parlament und Öffentlichkeit an den Rhein verlagert.[4] In der frühen Bundesrepublik galt Bonn, galt das neue, ungewohnte politische Zentrum als ein Ort der Schwüle. Diese Atmosphäre war nicht nur dem Klima der Stadt geschuldet, sondern sie entwickelte sich zu einem publizistisch-literarischen Topos von allgemeiner, wenn man so will: von nationaler Bedeutung. Während der Bundestag debattierte und der Geograph seine Daten auswertete, erschien am 4. November 1953 in einem Stuttgarter Verlag der Roman eines in Greifswald geborenen und inzwischen in München lebenden Schriftstellers: das *Treibhaus* von Wolfgang Koeppen.[5] In der Verbindung von Politik, Öffentlichkeit und Literatur wurde das Sprachbild vom ›Treibhaus Bonn‹ zum geflügelten Wort.

Dieses *Treibhaus* hat seine eigene Geschichte: Als das Parlament wieder in Berlin tagte, resümierte der Journalist Gunter Hofmann, der jahrzehntelang für die Wochenzeitung *Die Zeit* aus Bonn berichtet hat, dass der Roman für die Bundesrepublik stets »ein heimlicher Maßstab« gewesen sei.[6] Damit meinte Hofmann: So wie im *Treibhaus* beschrieben, so sollte, konnte, durfte es im Bundestag nicht sein – oder, kritischer formuliert, genauso lief es doch… Schon 1953, am Veröffentlichungstag des Buches, erklärte der *Spiegel*, Bonn stehe bei Koeppen über den konkreten Ort hinaus stellvertretend für den Zustand der westdeutschen Demokratie, ja der ganzen Gesellschaft: Das »Bundes-Treibhaus« sei »symptomatisch für die bundesrepublikanische Aufbau- und

---

[3] M. Cullen, Reichstag, 2015, S. 139–177.

[4] Für Reichstag und Öffentlichkeit im Deutschen Kaiserreich: A. Biefang, Die andere Seite, 2009; für Weimar: T. Mergel, Parlamentarische Kultur, ³2012 [2002]; für die DDR 1990: B. Tüffers, Volkskammer, 2016; für Großbritannien: A. Sparrow, Obscure Scribblers, 2003.

[5] W. Koeppen, Das Treibhaus, 1953. – Im Folgenden zitiert nach der Werkausgabe, die seit 2006 von Hans-Ulrich Treichel im Suhrkamp-Verlag herausgegeben wird: W. Koeppen, Werke, Band 5: Das Treibhaus, 2010. – Die Forschungsliteratur bezog sich meist auf eine ältere Werkausgabe, die 1986 von Marcel Reich-Ranicki mit Dagmar von Briel und Hans-Ulrich Treichel ebenfalls bei Suhrkamp publiziert wurde: W. Koeppen, Gesammelte Werke, Band 2, 1986. Allerdings enthält sie, wie alle Ausgaben seit 1955, kleinere Änderungen am Romantext; erst die Neuedition entspricht der ursprünglichen Version. Das gilt auch für die Taschenbuchausgabe der *BasisBibliothek* von Suhrkamp: W. Koeppen, Das Treibhaus, 2006, die einen hervorragenden textkritischen Kommentar von Arne Grafe bietet.

[6] G. Hofmann, Abschiede, Anfänge, 2004, S. 80.

Aufstiegs-Atmosphäre«.[7] Ein halbes Jahrhundert später konstatierte der *Kindler*, das wichtigste deutschsprachige Literaturlexikon, die Treibhaus-Metapher sei längst zum »Epochen-Schlagwort« geworden, um die frühe Bundesrepublik insgesamt zu charakterisieren.[8] In einer literaturwissenschaftlichen Studie heißt es deshalb, der Roman beschreibe »Dunst, Abgeschlossenheit und Künstlichkeit« der Politik in der Ära Adenauer.[9] Einem *Lexikon der »Vergangenheitsbewältigung«* wiederum kann man entnehmen, das *Treibhaus* sei eine »der paradigmatischen literarischen Arbeiten« zur Nachgeschichte des Nationalsozialismus in Deutschland.[10] Und in einem abermals anderen Kontext, einem Ausstellungskatalog über Architektur, ist zu lesen, das Buch biete das passende Bild »für die abgeschlossene Politikerwelt« in der früheren Bundeshauptstadt am Rhein und weit darüber hinaus.[11]

Wenn man diese Beispiele zusammenfasst, zeigt sich ein Muster: Der *Treibhaus*-Roman bietet *erstens* die Metapher für eine vielbeklagte Lebensferne des parlamentarischen Betriebs, der als künstlich und hermetisch abgeschlossen beschrieben wird (wie hinter Glas wuchert das politische Biotop, ohne Austausch mit der Außenwelt und den Menschen ›draußen im Lande‹ …). Derartige Parlamentskritik war in der frühen Bundesrepublik so weit verbreitet, dass Bundestagspräsident Hermann Ehlers sie bei jeder Gelegenheit öffentlich zu widerlegen bemüht war – etwa mit den Worten, der Bundestag sei »kein isoliertes Etwas«, sondern bestimmt »von seinem Verflochtensein mit der gesamtpolitischen Situation«.[12] *Zweitens* wurde (und wird) das *Treibhaus* als ein literarisches Sittengemälde der frühen Bonner Republik gelesen, die unnatürlich, überzüchtet und – kaum entstanden – schon wieder dem Verfall geweiht sei. »Ausgehend von den klimatischen Begebenheiten Bonns weitete der Roman die Metapher vom Treibhaus auf das Parlament, die Bundeshauptstadt und schließlich die gesamte Bundesrepublik« aus, heißt es dann.[13] Oder: Das *Treibhaus* sei die »schrille literarische Ouvertüre« der Ära Adenauer.[14] Als Stimme der kritischen Intellektuellen und als dichte Beschreibung einer vergangenen Zeit wird der Roman bis heute

---

[7] Artikel »Das Bundes-Treibhaus«; Der Spiegel vom 4. November 1953, Nr. 45/1953, S. 37–40, hier S. 37.

[8] Kindlers Literatur Lexikon, Bd. 9, 2009, S. 216.

[9] R. Spodzieja, Koeppen, 2011, S. 7.

[10] S. Braese, Gruppe 47, 2007, S. 112.

[11] W. Nerdinger, Architektur wie sie im Buche steht, 2007, S. 15. – Vgl. E. Schütz, Dilettant, 1987, S. 278.

[12] Beispielsweise am 29. Juni 1952 bei einer Rede in Bremen, in der Ehlers drei Jahre parlamentarischer Arbeit im Bundestag resümierte; gedruckt in: H. Ehlers, Reden, Aufsätze, Briefe, 1991, S. 151.

[13] E. Schütz/J. Vogt, Deutsche Literatur, 1980, S. 77.

[14] A. Fürst, Im deutschen Treibhaus, 2003, S. 116.

immer wieder zitiert, und zwar in der akademischen Literatur ebenso wie in Büchern, die sich an ein breiteres Publikum richten.[15]

Klassisch geworden ist die Einschätzung Kurt Sontheimers, demzufolge das *Treibhaus* für das Verständnis der frühen Bonner Republik »fast unersetzlich« sei.[16] Aus diesem Grund präsentierte der Politikwissenschaftler, der sich intensiv mit Fragen der politischen Kultur beschäftigt hat[17], die Hauptfigur des Romans (!) in seinem dtv-Lehrbuch, aus dem sich mehrere Studierendengenerationen über die »Grundlegung der Bundesrepublik« informieren konnten, zusammen mit Adenauer, Bundespräsident Heuss und dem SPD-Vorsitzenden Schumacher als einen von vier Charakterköpfen der Fünfzigerjahre. Inzwischen ist diese Lesart, dem *Treibhaus* repräsentativen Rang zuzuschreiben, gleichsam offiziell geworden. Als der Bundestag 2009 seinen sechzigsten Geburtstag feierte, ließ Parlamentspräsident Norbert Lammert der im ehemaligen Bonner Plenarsaal versammelten Festgemeinde aus dem *Treibhaus* vorlesen. Neben der wissenschaftlichen Literatur und den Politiker-Biographien gebe es, so Lammert, »ein literarisches Werk, das exemplarisch die Arbeit eines Parlamentariers in den Anfangsjahren unserer Republik« beschreibe: »Wenn es einen Roman zur Bonner Republik gibt, dann ist es dieser.«[18] So war das *Treibhaus*, der Roman über den Deutschen Bundestag, ins Parlament zurückgekehrt.

Erzählt wird im *Treibhaus* das fiktive Schicksal eines todunglücklichen Abgeordneten. Felix Keetenheuve, der einer großen linken Partei angehört, befindet sich in der Opposition; das haben die Wähler so entschieden. Aber auch das Leben oder die Umstände scheinen ihm einen Platz im Abseits reserviert zu haben. Zunächst versucht sich der Abgeordnete noch zu wehren: gegen die Politik,

[15] Einige Beispiele: R. Pommerin, Von Berlin nach Bonn, 1989, S. 2; H. Glaser, Kulturgeschichte, Bd. 2, 1990, S. 11; K. v. Beyme, Politische Willensbildung, 1993, S. 826; K.-R. Korte, Über Deutschland, 1992, S. 7 f. und 83 f.; E. La Roche, Vom Rhein, 1999, S. 13 f.; K. Dreher, Treibhaus – Schaubühne, 1999; P. G. v. Kielmansegg, Nach der Katastrophe, 2000, S. 630–634; W. Hardtwig, Fiktive Zeitgeschichte?, 2002, S. 99; J. Leinemann, Höhenrausch, 2004, S. 36; G. Bollenbeck, Restaurationsdiskurse, 2005, S. 34; P. Glotz, Heimat, 2005, S. 138; E. Wolfrum, Geglückte Demokratie, 2006, S. 169; A. Salz, Bonn–Berlin, 2006, S. 17; J. Bevers, Mann hinter Adenauer, 2009, S. 15; A. Schildt/D. Siegfried, Deutsche Kulturgeschichte, 2009, S. 138; N. Verheyen, Diskussionslust, 2010, S. 209; H. Löttel, Geschärfte Wahrnehmung, 2010, S. 79; M. Conway/V. Depkat, Europeanization, 2010, S. 140; D. Rigoll, Staatsschutz, 2013, S. 130 f.; ders., »Sieg der Ehemaligen«, 2018, S. 430; D. Kurbjuweit, Alternativlos, 2014, S. 37 und 42; H. Möller, Strauß, 2015, S. 166–169; P. Siebenmorgen, Strauß, 2015, S. 105; K. v. Harbou, Seele retten, 2015, S. 223 f.; M. Kohlrausch, Aufbruch und Ernüchterung, 2016, S. 62; C. Welzbacher, Monumente der Macht, 2016, S. 233; V. Kronenberg, »Bonn soll nie«, 2017, S. 61 f.; J. Radkau, Geschichte der Zukunft, 2017, S. 56.
[16] K. Sontheimer, Adenauer-Ära, 2003 [1991], S. 13 und 25–31, hier S. 31.
[17] R. Bavaj, Hybris und Gleichgewicht, 2006; B. Loewenstein, Sontheimers Republik, 2013.
[18] Am 7. September 2009 versammelten sich ehemalige und aktive Abgeordnete, um an die erste Sitzung des Bundestages zu erinnern: Artikel »Löbes erfüllte Hoffnung«; Das Parlament vom 14. September 2009. – Vgl. N. Lammert, Unser Staat, 2015, S. 107.

die von der Bundesregierung bestimmt wird; gegen seine Mitmenschen, in deren Gegenwart er sich verloren, isoliert und an den Rand gedrängt fühlt. Nicht zuletzt stemmt er sich gegen sein privates Unglück nach dem Tod seiner Frau. Am Ende stürzt sich Keetenheuve in den Rhein. Der letzte Satz des Romans lautet: »Der Abgeordnete war gänzlich unnütz, er war sich selbst eine Last, und ein Sprung von dieser Brücke machte ihn frei.«[19] In diesem Satz stecken gleich drei literarische Anspielungen, in wenigen Worten war Bezug genommen auf Friedrich Schiller, Georg Büchner und Erich Kästner.[20] Der Germanist Martin Hielscher nannte Keetenheuves Ende daher einen »Zitatsuizid« im »Strom der literarischen Überlieferung«.[21]

Im Roman beschließt das westdeutsche Parlament die ›Wiederbewaffnung‹. Damit handelt das *Treibhaus* von einer konkreten historischen Entscheidungssituation im ›Kalten Krieg‹ und von einer der größten Streitfragen in der Geschichte der Bundesrepublik, als – kurz nach dem Zweiten Weltkrieg – das Verhältnis von Krieg und Frieden, Militär und Pazifismus politisch neu verhandelt wurde.[22] Zum Zeitpunkt der Publikation im Herbst 1953, nur Wochen nach der zweiten Bundestagswahl, gehörte das Thema unmittelbar zur Tagespolitik. Düster prophezeite das *Treibhaus*, dass der Bundestag mit seiner Abstimmung zwar ein Kapitel der *Nach*kriegszeit abgeschlossen habe – zugleich aber das nächste Kapitel aufgeschlagen werde, eine neue *Vor*kriegsgeschichte beginne, ein fataler Schritt getan sei auf dem Weg in den Abgrund des Ost-West-Konflikts.

---

[19] W. KOEPPEN, Werke, Band 5: Das Treibhaus, 2010, S. 184.

[20] Der letzte Satz des *Treibhaus*-Romans enthält mehrere literarische Anspielungen. Im *Wilhelm Tell* von Friedrich Schiller versucht die Bäuerin Gertrud ihren lahmen Gatten Stauffacher zum Widerstand gegen den Tyrannen anzufeuern, indem sie ihm versichert, über ihr Schicksal als Frau brauche er sich keine Sorgen zu machen: »Die letzte Wahl steht auch dem Schwächsten offen / *Ein Sprung von dieser Brücke macht mich frei*.« F. SCHILLER, Sämtliche Werke II, 1959, S. 927 f. – Die Keetenheuves Sprung im *Treibhaus* vorausgehende Einsicht, dass das menschliche Dasein eine Last sei, stammt aus dem *Lenz*, einer Erzählung von Georg Büchner über die manisch-depressive Gemütsverfassung eines Dichters, die mit den Worten (und der entgegengesetzten Schlussfolgerung) endet: »Er schien ganz vernünftig, sprach mit den Leuten; er that Alles wie es die Andern thaten, es war aber eine entsetzliche Leere in ihm, er fühlte keine Angst mehr, kein Verlangen; *sein Dasein war ihm eine nothwendige Last*. – So lebte er hin.« G. BÜCHNER, Sämtliche Werke: Band 1, 1968, S. 101. – Erich Kästners Großstadtsatire über den arbeits- und orientierungslosen Germanisten Fabian im Berlin der frühen Dreißigerjahre schließt mit dem ungeschickten Unfalltod des Protagonisten, der bei einem gutgemeinten Rettungsversuch ums Leben kommt: »Der kleine Junge schwamm heulend ans Ufer. Fabian ertrank. Er konnte leider nicht schwimmen.« E. KÄSTNER, Gang vor die Hunde [Fabian], 2013 [1931], S. 230. [Alle Hervorhebungen B.W.] – Zu diesen und weiteren Verweisen: M. HIELSCHER, Zitierte Moderne, 1988.

[21] M. HIELSCHER, Zitierte Moderne, 1988, S. 127 f.

[22] N. TÖNNIES, Weg zu den Waffen, 1957; G. WETTIG, Entmilitarisierung und Wiederbewaffnung, 1967; A. BARING, Außenpolitik, 1969; K. v. SCHUBERT, Wiederbewaffnung und Westintegration, 1970; K. HILDEBRAND, Integration und Souveränität, 1991; A. REINFELDT, Kontrolliertes Vertrauen, 2015; C. KEMPER, Alles so schön friedlich, 2016. – Zur Kritik an der ›Wiederbewaffnung‹: W. KRAUSHAAR (Hg.), Protestchronik, 4 Bde., 1996; M. WERNER, »Ohne-mich«-Bewegung, 2006.

Über den konkreten Bezug zum Thema ›Wiederbewaffnung‹ hinaus geht es im *Treibhaus* aber immer auch um den grundsätzlichen Charakter des Parlamentarismus, um die Art seiner Debatten und Entscheidungsprozesse. Daraus entsteht bei Koeppen ein Panorama der politischen Kultur der frühen Bundesrepublik. Das Empfinden, eine Zeit der ›Restauration‹ zu erleiden, sorgt für eine dunkle Grundierung im Hintergrund. In der Bildmitte steht das Porträt eines misanthropisch gestimmten Intellektuellen, das literarische Denkmal einer großen Sinnkrise. Aus dem Blickwinkel Keetenheuves, mit seinen Einsichten und Verzerrungen, schauen die Leserinnen und Leser auf die westdeutsche ›Wiederaufbau‹-Republik. Anlässlich der Abstimmung über die Europäische Verteidigungsgemeinschaft sowie den Deutschlandvertrag erleben sie die Niederlage des fiktiven Oppositionsabgeordneten. Sie beobachten die existentielle Verzweiflung eines Mannes, der sich in Bonn sowohl seiner Fremdheit als auch seines Scheiterns bewusst wird:

> Keetenheuve atmete die milde Luft, und schon spürte er, wie sehr sie ihn traurig stimmte. [...] Ein Treibhausklima gedieh im Kessel zwischen den Bergen; die Luft staute sich über dem Strom und seinen Ufern. Villen standen am Wasser, Rosen wurden gezüchtet, die Wohlhabenheit schritt mit der Heckenschere durch den Park, knirschenden Kies unter dem leichten Altersschuh, Keetenheuve würde nie dazugehören, nie hier ein Haus haben, nie Rosen schneiden, nie die Edelrosen, die Nobiles, die Rosa indica, er dachte an die Wundrose, Erysipelas traumaticum, Gesundbeter waren am Werk, Deutschland war *ein großes öffentliches Treibhaus*, Keetenheuve sah seltsame Floren, gierige, fleischfressende Pflanzen, Riesenphallen, Schornsteinen gleich voll schweren Rauches, blaugrün, rotgelb, giftig, aber es war eine Üppigkeit ohne Mark und Jugend, es war alles morsch, es war alles alt, die Glieder strotzten, aber es war eine Elephantiasis arabum.[23]

Diese Passage aus dem Gedankenfluss des Abgeordneten enthält eine Essenz des Romans: Angesichts der Rosen kommen Keetenheuve zwei schmerzhafte Hautentzündungen in den Sinn, die Wundrose und die Elephantiasis arabum – *Fleurs du mal*.[24] Anschaulicher kann man das Empfinden der Krise kaum ausdrücken. Dabei hat die Zuspitzung im *Treibhaus* mehrere Ursachen zugleich: Zum einen handelt es sich um eine politisch-öffentliche Krise, sowohl der Tagespolitik, des parlamentarischen Systems als auch des Zeitgeists insgesamt. Zum anderen aber (und das ist untrennbar mit dem politischen Komplex verbunden) gibt es die subjektive, private Krise Keetenheuves. Der Abgeordnete hat seine Frau und die Liebe verloren; er hat sie vernachlässigt, weil er

---

[23] W. Koeppen, Werke. Band 5: Das Treibhaus, 2010, S. 39 [Hervorhebung B.W.].
[24] Das französische »le mal« wird meist als »das Böse« übersetzt, etwa im deutschen Titel des Baudelaire'schen Gedichtzyklus *Die Blumen des Bösen*; »le mal« bezeichnet aber auch den »Schmerz« und weitet sich so in den Assoziationsbereich des Leidens und der Medizin.

sich zu sehr um die Politik gekümmert hat, und auf den Zusammenbruch seiner persönlichen Lebenswelt folgt wiederum die politische Niederlage im Parlament. Was Keetenheuve in Bonn sieht, ist für ihn kein neues Leben, sondern eine Scheinblüte. Zwar werden Rosen gezüchtet – allerdings von Leuten, zu denen er nicht gehört, zu denen er sich nicht zählt (obwohl er ein gewählter Vertreter des deutschen Volkes ist und damit eigentlich zur Elite gehört). Schließlich kommt einem, wenn im Zusammenhang mit der Bonner Republik von Rosen die Rede ist, Konrad Adenauer in den Sinn, dessen Name oft stellvertretend für die Fünfzigerjahre steht. Auch im *Treibhaus* sind die Rosen ein literarisches Leitmotiv, das dem ersten Bundeskanzler zugedacht ist.[25] In Keetenheuves Augen sind diese Pflanzen jedoch krankhafte, unheilvolle Gewächse, die in einer giftigen Atmosphäre wachsen. Sein Geist kann hier nicht atmen.

Das *Treibhaus* gilt als *der* Roman über die frühe Bundesrepublik schlechthin – als »der bis heute einzige Roman von literarischem Rang über das politische Bonn«, wie der Politikwissenschaftler und langjährige bayerische Kultusminister Hans Maier meinte.[26] Bei Koeppen kommen der Parlamentsbetrieb, die politischen Parteien und ihre Weltanschauungen nicht gut weg, ebenso wenig die Medien und die Hauptstadtjournalisten. In einer Art Rundumschlag attackiert der Roman auch die Wirtschaft, die Interessenvertreter und erst recht die Generäle, die eine NS-belastete Vergangenheit haben – und nicht zuletzt das Volk in seiner ignoranten, latent nationalistischen und antidemokratischen Lethargie. Die Satire ist genauso zornig wie bitter; sie ist durchzogen vom Uneinverstandensein, einem prinzipiellen Uneinssein mit ihrer Umgebung.

Die titelgebende Metapher verknüpft das *Treibhaus* mit Verweisen auf Literatur und Musik, auf Richard Wagner, Fjodor Dostojewskij und Charles Baudelaire. Die Sprachbilder wurden aber ebenso sehr von der Tagesaktualität und der zeitgenössischen Publizistik der frühen Bundesrepublik inspiriert. Zwar kann man nicht behaupten, dass Koeppens Roman von seiner Handlung angetrieben würde. Die Absage an den Plot stand in der Tradition der literarischen ›Moderne‹. Wie im *Ulysses* von James Joyce oder in Marcel Prousts *À la recherche du temps perdu* verschwindet im *Treibhaus* die Handlung fast hinter Form und Sprache, folgt der Roman ganz den bewussten oder unbewussten Reflexionen des Erzählers beziehungsweise der Hauptfigur. Genau

---

[25] So auch: H.-U. Treichel, *Treibhaus*-Kommentar, 2010, S. 208. – Im Oktober 1948 hatte der *Spiegel* ein Adenauer-Porträt mit einem Titelfoto illustriert, das den »rheinischen Gartenfreund« mit Strohhut zeigte: Der Spiegel vom 16. Oktober 1948, Nr. 42/1948. – Vgl. B. Wintgens, Bundeskanzler im Treibhaus, 2011.
[26] H. Maier, Adenauer-Zeit, 2009, S. 120. – Genauso: S. Parkes, Writers and Politics, 2009, S. 35.

aus diesem Grund aber ist das *Treibhaus* als historische Quelle besonders gut geeignet, den intellektuellen Kontext seiner Entstehungszeit zu erschließen – und gleichzeitig in die größeren Zusammenhänge der deutschen Geistesgeschichte einzuordnen.[27]

Koeppen verarbeitete sowohl Parlamentsdebatten als auch unzählige Artikel aus Zeitungen, Zeitschriften und Illustrierten. Die politischen und kulturellen Diskurse der frühen Bundesrepublik – von der ›Wiederbewaffnung‹ über den ›Wiederaufbau‹ bis hin zum Jugendschutz – wurden zu Kristallisationspunkten seiner Phantasie und der poetischen Aneignung. Sie wurden zum Gegenstand der Distanzierung, des politischen und philosophischen Nachdenkens. Gelesen wurde das *Treibhaus* in der Folge meist als linker, pazifistischer und wütender Kommentar zum Kurs der frühen Bundesrepublik – was es durchaus auch ist.[28] Einige, die den Roman ablehnten, werteten ihn als Angriff auf den jungen Bonner Staat und seine Politik. Andere Aspekte des Romans wurden hingegen bis heute weniger beachtet. Das gilt etwa für seine Auseinandersetzung mit dem historischen Ort der Bundesrepublik in der deutschen Geschichte oder mit der Architektur der ›Nachkriegsmoderne‹ – und vor allem für die (selbst-)kritische Reflexion über die Rolle von Schriftstellern und Intellektuellen im ›Zeitalter der Ideologien‹.

Koeppens *Treibhaus* ist stets zweierlei: eine satirische, aggressive Auseinandersetzung mit der westdeutschen Nachkriegsgesellschaft und ihrem Parlamentarismus – sowie die hoffnungslose Erzählung vom Scheitern einer Romanfigur, eine traurige Liebesgeschichte und depressive Lebensbilanz. Das *Treibhaus* ist Politikbeobachtung und Tagesgeschehen – sowie Poesie in einer langen Tradition von Kunst und Kultur. Einerseits ist es ein Produkt seiner Entstehungszeit, in das sich die Wahrnehmung der verschiedensten Medien, Orte und Architekturen gleichsam ›eingeschrieben‹ hat – andererseits ist es ein Werk, das zum Kanon der deutschsprachigen Literatur gehört, nicht zuletzt wegen der vielschichtigen Anspielungen.

Indem diese Studie beiden Spuren folgt, ist sie *erstens* ein Text über Bücher und ihre Autoren, insbesondere über das *Treibhaus* und Wolfgang Koeppen. *Zweitens* ist sie eine Arbeit über den Parlamentarismus in der frühen Bundesrepublik, über sein Bild in der Öffentlichkeit und seine bauliche Repräsentation in Bonn. *Drittens* ist sie ein Buch über Medien, über Journalisten und Intellektuelle. Daraus entstand *viertens* eine Arbeit über die politische Kultur und die Demokratisierungsprozesse nach dem Nationalsozialismus. Schon lange sind Koeppens Ro-

---

[27] Das Lebensgefühl der Fünfzigerjahre könnten »spätere Generationen möglicherweise nirgendwo anders so reflektiert und in gleicher poetischer Dichte […] erfahren« wie bei Koeppen: G. & H. Häntzschel, Koeppen, 2006, S. 8.
[28] Zuletzt: G. Rüther, Die Unmächtigen, 2016, S. 75–78.

mane Gegenstand der Literaturwissenschaft.[29] Hiermit wird das *Treibhaus* auch für die *Intellectual History* der frühen Bundesrepublik erschlossen.

2. Neubeginn der parlamentarischen Demokratie

Diese Studie geht der Frage nach, wie es in Deutschland möglich war, nach dem ›Dritten Reich‹ von neuem mit der parlamentarischen Demokratie zu beginnen. Dieselbe Frage stellte zum Beispiel auch der Journalist Thomas Schmid, als in den Feuilletons wieder einmal die biographische NS-Verstrickung eines deutschen Intellektuellen, hier des Verlegers Ernst Rowohlt, erörtert wurde. Schmid fragte: Wie kommt man von A nach B, wenn Punkt A der Nationalsozialismus war, die totalitäre Diktatur Adolf Hitlers mit ihrem Rassenhass und dem gewaltsamen Streben nach Weltherrschaft – und Punkt B eine funktionierende Demokratie mitsamt einer lebhaft diskutierenden Öffentlichkeit? Als Antwort legte Schmid nahe, das gehe »nur auf krummen Wegen«, denn »[w]enn ein Regime zusammenbricht, steht kein neues Volk zur Verfügung.«[30] Von diesem Gedanken ausgehend, interessiert sich meine Arbeit für das (kollektive) Erlernen der Demokratie in der frühen Bundesrepublik – und insbesondere für die Frage, wie die Öffentlichkeit, wie namentlich Schriftsteller, Journalisten und andere Intellektuelle den Neubeginn des Parlamentarismus begleitet haben. Abstrakt gesprochen geht es dabei um die Wechselwirkung zwischen der »Volkskontinuität«[31] und der »politische[n] Diskontinuität«[32], weil die Bundesrepublik seit langem als die »eigentliche Zäsur in der neuesten Geschichte Deutschlands und Europas« gilt.[33]

Mein Buch versteht sich als Beitrag zur historischen Demokratieforschung. Betonen möchte es die Historizität und damit auch Fragilität von Demokratie und Parlamentarismus, deren Formen weder statisch noch zeitlos sind.[34] Hervorgeho-

---

[29] Die seit fast fünfzig Jahren fortschreitende Koeppen-Forschung ist kaum mehr zu überblicken und sowohl werkbiographisch als auch literaturwissenschaftlich stark differenziert. Gleichwohl versteht sich meine Arbeit als Beitrag zur Koeppen-Forschung, weil der politische Kontext der frühen Bundesrepublik darin meist nur schlaglichtartig beleuchtet wurde. Auf eine Formel gebracht, lässt sich der Unterschied zwischen Literatur- und Geschichtswissenschaft so kennzeichnen, dass sich die erste vor allem für den Text interessiert, während die zweite den Kontext betont. Als besonders anregend möchte ich hervorheben: D. ERLACH, Koeppen als zeitkritischer Erzähler, 1973; K.-H. GÖTZE, Koeppen: Treibhaus, 1985, M. HIELSCHER, Zitierte Moderne,1988; K. SCHUHMACHER, »Impotente Gnostiker«?, 1994; J. DOERING, Koeppen 1933–1948, 2001; R. FELLINGER, Koeppen als Leser, 2006.
[30] Artikel »Rowohlt und die deutsche Banalität«; WELT AM SONNTAG vom 1. Juni 2008. – Vgl. D. OELS, Rowohlts Rotationsroutine, 2013, S. 9 f.
[31] L. NIETHAMMER, Faschismuserfahrungen, Bd. 1, 1983, S. 8.
[32] M. R. LEPSIUS, Kontinuität und Diskontinuität, 1983, S. 14.
[33] H.-P. SCHWARZ, Segmentäre Zäsuren, 1990, S. 18 und S. 11.
[34] C. MEIER u. a., Demokratie, 1972; R. DAHL, Democracy and its critics, 1989; B. FREVEL, Demokratie, 2017 [2004]; J. DUNN, Democracy, 2005; J. KEANE, Life and Death, 2009; P. NOLTE,

ben wird vielmehr der prozesshafte Charakter der Demokratie, die in der Nachkriegszeit zunächst etabliert und erlernt wurde – und die es seitdem zu leben, zu
bewahren und zu reformieren gilt. So wie die Bundesrepublik kein abgeschlosse-
nes Kapitel der deutschen Geschichte darstellt (wohl aber lange eine eigene Geschichte hat)[35], so ist ihre Demokratie ein historisches Phänomen, bei dem es
Traditionen und Kontinuitäten, Veränderungen, Verbesserungen sowie durchaus
auch Verschlechterungen gibt. Der Blick auf die Frühphase der Bonner Republik soll gegen den selbstzufriedenen Irrtum immunisieren, dass demokratische Systeme und Institutionen von der Geschichte (oder der Vergänglichkeit) ausgespart
bleiben könnten.[36] Während Deutschland heute in einem kollektiven Selbstbild,
aber auch im Ausland (noch) als ein liberales, demokratisches Land gilt[37], gehörte
zur Bonner Republik stets die Sorge, dass sie in ihrem Erfolg gefährdet sei.[38] Mit
der unvermeidlichen »Besserwisserei aus der Rückschau«[39] erscheint dieses Krisenbewusstsein, das für die alte Bundesrepublik typisch war, oft überzogen und
bisweilen neurotisch, doch waren Zweifel und Selbstkritik ein wesentlicher Bestandteil ihrer politischen Kultur – nicht unbedingt der schlechteste.[40] Zweifel,
ein starkes Krisenbewusstsein und der Versuch, Kritik zu üben, waren der Anlass,
aus dem heraus Koeppen sich literarisch mit dem Bonner Parlamentarismus aus-

Was ist Demokratie?, 2012; T. v. RAHDEN, Unbeholfene Demokraten, 2016, S. 152; T. MÜLLER/
H. RICHTER, Demokratiegeschichten, 2018.

[35] A. SCHILDT, Historisierung der Bundesrepublik, 2002, S. 259.

[36] P. NOLTE, Jenseits des Westens, 2013. – Seit mehr als zwei Jahrhunderten ist die Entwicklung der
modernen Demokratie gekennzeichnet durch den Auftritt breiter, zuvor unterrepräsentierter Bevölkerungsschichten auf der politischen Bühne. Insofern erscheint die Geschichte der Demokratie als
ein historischer Lernprozess, der nie abgeschlossen ist (weil Demokratie ein Ideal und in der Realität
stets mängelbehaftet und krisenhaft ist). Paul Nolte hat vorgeschlagen, die Geschichte der Demokratie aus drei Perspektiven zu schreiben: *erstens* als Geschichte ihrer Durchsetzung und Erfüllung,
zweitens als Geschichte einer versuchsweisen Annäherung an ein Ideal und *drittens* als Geschichte
von Krise und (Selbst-)Kritik. Mit Blick auf Nachkriegsdeutschland sprach er zudem von einer Wie-
dergutmachungsgeschichte: P. NOLTE, Was ist Demokratie?, 2012, S. 16–20.

[37] Ausweislich politologischer Indizes: DEMOCRACY BAROMETER, 2014/16; POLITY IV, 2014; FREE-
DOM HOUSE 2018. – Als Überblick der Demokratiemessung: E. ROLLER, Konzeptualisierung, 2016.

[38] Beispiele für diskursprägende Publizistik sind: G. PICHT, Bildungskatastrophe, 1964; K. JASPERS,
Wohin treibt die Bundesrepublik?, 1966; A. MITSCHERLICH: Unwirtlichkeit unserer Städte, 2008
[1965]; DERS./M. MITSCHERLICH: Unfähigkeit zu trauern, 1998 [1967]; H.-P. SCHWARZ, Zentralmacht Europas, 1994; A. BARING, Scheitert Deutschland?, 1997; G. STEINGART, Abstieg, 2004. –
Aus der Meta-Perspektive: H.-P. SCHWARZ, Die ausgebliebene Katastrophe, 1990; E. CONZE, Sicherheit als Kultur, 2005; S. ULLRICH, Weimar-Komplex, 2009; A. v. LUCKE, Gefährdete Republik,
2009; C. SCHLETTER, Grabgesang, 2015; T. v. RAHDEN, Unbeholfene Demokraten, 2016.

[39] J. RADKAU, Geschichte der Zukunft, 2017, S. 13.

[40] Die Berliner Republik, schrieb der Journalist Patrick Bahners, sei die von der Erinnerung an Weimar kaum noch belastete, »zu sich selbst befreite« Bonner Republik. Sie habe die Alarmbereitschaft
abgelegt, sei in ihrer Selbstgewissheit aber durchaus geschichtsvergessen: P. BAHNERS, Begründerzeit, 2013, S. 200. – In der Bonner Republik gehörten Selbstkritik und Zweifel zur politischen Kultur. Vgl. S. ULLRICH, Weimar-Komplex, 2009; C. SCHLETTER, Grabgesang der Demokratie, 2015,
S. 363.

einandergesetzt hat. Zweifel, ein starkes Krisenbewusstsein und der Versuch, Kritik zu üben, waren aber zugleich der Hintergrund, vor dem das *Treibhaus* diskutiert und seinerseits kritisiert wurde.

In den Fünfzigerjahren stellte sich die Frage, wie man den Nationalsozialismus hinter sich lassen konnte, um in der Demokratie anzukommen, in vielen Millionen Einzelfällen. Sie stellte sich auch für Wolfgang Koeppen (1906–1996), der meist als Nachkriegsschriftsteller gilt, obwohl zwei (seiner fünf) Romane bereits im Jahr 1934/35 erschienen sind. Über seinen Fall hinaus stellte sich die Frage nach 1945 für ein ganzes Land, eben weil die westdeutsche Gesellschaft damals neu gestaltet wurde. Alte Überzeugungen standen zur Debatte, kulturelle Traditionen und geistige Werte. Zuallererst galt das für die nationalsozialistische Ideologie, die von großen Teilen des deutschen Volkes geglaubt, zumindest hingenommen worden war und die nun – nach der bedingungslosen Kapitulation und unter Obhut der Alliierten – überwunden werden sollte. Die Suche nach Orientierung betraf viel von dem, was seit dem späten 18. Jahrhundert (beziehungsweise in Deutschland vor allem seit 1871) die Geschichte geprägt hatte: Der Nationalstaat war zerbrochen, Deutschland geteilt. Ob die kapitalistische Wirtschaftsweise geeignet sein würde, ein neues Fundament zu schaffen, wurde grundsätzlich diskutiert. Zweifel an der Technik und der Massengesellschaft, an der ›modernen‹ Zivilisation, waren weit verbreitet. Nach 1945 ließen sich überkommene Ordnungsideen, beispielsweise antidemokratische oder antiparlamentarische Denkmuster, nicht ebenso rasch überwinden, wie das ›Dritte Reich‹ zerschlagen worden war. So begab sich die Nachkriegsgesellschaft auf politische Sinnsuche – eine Sinnsuche, über die im Einzelnen zu wenig bekannt ist. Wie die Historikerin Nina Verheyen schrieb, wissen wir zwar »viel über den Weg der Deutschen in den Nationalsozialismus hinein – aber wenig über ihren Weg hinaus«.[41]

Zwischen dem Jahr 1940/41, als der NS-Staat im Zenit seiner militärischen und ideologischen Macht stand[42], und den Anfängen der Bonner Republik lagen weniger als zehn Jahre; das gleicht einem Wimpernschlag in der *longue durée* historischer Prozesse.[43] Dennoch vereinigte das 20. Jahrhundert beides in sich: sowohl die größte Bedrohung der Demokratie als auch ihre Wiedergeburt.[44] Mitte der Dreißigerjahre schienen Liberalismus, Parlamentarismus und Rechtsstaat in weiten Teilen Europas und sogar Nordamerikas obsolet. Demge-

---

[41] N. Verheyen, Diskussionslust, 2010, S. 63. – Genauso: V. Berghahn, Recasting, 2001, S. 326.
[42] J. Keane, Life and Death, 2009, S. XXIII – Zum Entscheidungsjahr 1940/41: K. Hildebrand, Das vergangene Reich, 1995, S. 719–767; I. Kershaw, Wendepunkte, 2008.
[43] A. Söllner, Demokratie als Lernprozess, 1996, S. 11.
[44] J.-W. Müller, Das demokratische Zeitalter, 2012; T. Müller/A. Tooze (Hg.): Normalität und Fragilität, 2015.

genüber hielt man gut fünfzig Jahre später nicht mal das Ende der Geschichte für unmöglich.[45] In dieser weiten Perspektive verdient die Demokratiegründung in Westdeutschland, verdienen die damit verbundenen Lern- und Wandlungsprozesse besondere Beachtung.[46]

Mit Blick auf das 20. Jahrhundert waren die Fünfzigerjahre »eine entscheidende Scharnierzeit« – eine Scharnierzeit für die deutsche ebenso wie für die europäische Geschichte und insbesondere für die Geschichte der parlamentarischen Demokratie.[47] Obwohl es eine ›Stunde Null‹ weder individual- noch kollektivbiographisch gegeben hat, war die Bundesrepublik in politischer Hinsicht ein systemischer Neustart. Insofern kennzeichnet der vielkritisierte und kritikwürdige Begriff der ›Stunde Null‹ durchaus »ein Phänomen der Wahrnehmung«.[48] Laut einer Umfrage des Emnid-Meinungsforschungsinstituts hielten etwa im Jahr 1953 nur 53 Prozent der Befragten die repräsentative Demokratie beziehungsweise die Bundesrepublik für das beste politische System.[49] Das war ein recht niedriger Wert, der sich in den folgenden Jahrzehnten stetig steigerte. Das Jahr 1953, in dem das *Treibhaus* veröffentlicht wurde, markiert in etwa das Datum, an dem die Veränderungen und Verbesserungen sichtbar wurden.

Nachdem sich viele Deutsche, spätestens seit den Zwanzigerjahren, von Demokratie, Parlamentarismus und Wahlen abgewandt hatten, kehrten sie nun dazu zurück – oder sie lernten neu, dass das Austragen von Konflikten im Parlament eine zivile und taugliche Form der politischen Entscheidungsfindung war. Allerdings hätte dieses »Demokratiewunder«[50] zeitgenössisch kaum jemand für möglich gehalten. Gerade die Skepsis, ja der Pessimismus werden durch die *Treibhaus*-Lektüre wieder spürbar. Die frühe Bonner Republik erscheint als eine Art Zwischenreich, in dem das Neue noch nicht etabliert und das Alte noch nicht ganz vergangen war. Niemand wusste, wie sich die Dinge entwickeln würden. Von den ideologischen Restbeständen des Nationalsozialismus über die Not der Nachkriegsjahre bis hin zur bedrohlichen Weltlage im Ost-West-Konflikt sprachen viele Argumente gegen optimistische Prognosen. »Angesichts der weitge-

---

[45] F. Fukuyama, Ende der Geschichte, 1992.
[46] A. Söllner, Demokratie als Lernprozess, 1996; D. Prowe, »Miracle«, 2001; A. Bauerkämper/ K. Jarausch/M. Payk (Hg.), Demokratiewunder, 2005, S. 12; E. Wolfrum, Die geglückte Demokratie, 2006; J. Hacke, Bundesrepublik als Idee, 2009, S. 8; J. Echternkamp, Bundesrepublik, 2013, S. 239–241. – Vgl. K. Sontheimer, So war Deutschland nie, 1999; K. Jarausch, Umkehr, 2004.
[47] A. Wirsching, Politische Generationen, 2006, S. 63. – Vgl. T. Buchanan/M. Conway, Politics of Democracy, 2002, S. 10; D. Geppert, Postwar Challenge, 2003.
[48] D. v. Laak, Sicherheit des Schweigens, 1993, S. 14.
[49] W. Stahl, Present Status, 1961, S. 9. – Demgegenüber gaben elf Prozent an, eine Monarchie zu bevorzugen, acht Prozent ein autoritäres Regime; ein Viertel äußerte keine Meinung.
[50] A. Bauerkämper/K. Jarausch/M. Payk (Hg.), Demokratiewunder, 2005. – Vgl. A. Söllner, Demokratie als Lernprozess, 1996; D. Prowe, »Miracle«, 2001; E. Wolfrum, Die geglückte Demokratie, 2006; J. Hacke, Bundesrepublik als Idee, 2009, S. 8; J. Echternkamp, Bundesrepublik, 2013, S. 239–241.

henden Zerstörung der bürgerlichen Gesellschaft in den Jahren vor 1945, der weitverbreiteten Gewalt und besonders des Vernichtungskriegs«, meinte der Historiker Till van Rahden, war es im Gegenteil bemerkenswert, dass die Westdeutschen einen repräsentativ-demokratischen Verfassungsstaat nicht nur formal akzeptierten, sondern ihn sich innerhalb weniger Jahrzehnte zu eigen machten.[51]

Zu den ›krummen Wegen‹ der Deutschen nach 1945 gehörte eine pädagogische Perspektive. Auf entsprechende Metaphern wird im Laufe der Analyse immer wieder zurückzukommen sein. Dieser erzieherische Auftrag beruhte auf der Annahme, dass ›man‹ in Deutschland erst lernen müsse, wie eine parlamentarische Demokratie funktioniert.[52] Zunächst waren es die westlichen Alliierten, die in ihren drei Besatzungszonen, anschließend in der Bundesrepublik auf Entnazifizierung und *Re-education* setzten, nicht zuletzt weil sie sich dadurch endlich Sicherheit vor Deutschland erhofften.[53] Der deutsch-amerikanische Jurist und Politikwissenschaftler Franz Neumann definierte das Konzept 1947 wie folgt: »Umerziehung kann sämtliche Maßnahmen meinen, die der Veränderung der deutschen Charakterstruktur dienen sollen, oder lediglich solche Maßnahmen, die entweder die Bildungsinstitutionen (Schulen, Universitäten, Jugendorganisationen) oder die Kommunikationsmedien (Presse, Theater, Radio, Kino, Bücher) betreffen.«[54] Bei ihrem kollektiven Lernprozess müssten die »unbeholfenen Demokraten«[55] unterstützt und dort abgeholt werden, wo man sie vermutete: im Obrigkeitsstaat oder in der Apathie angesichts der »deutschen Katastrophe«.[56]

Der Prozess der Demokratisierung wurde zwar von außen initiiert, seinen Erfolg verdankte er aber auch nationalen Traditionen, etwa den Eliten der Weimarer Republik, sowie der Dynamik des politischen Neuanfangs, beispielsweise bei der schnell in die Bonner Republik hineinwachsenden Generation der ›45er‹.[57] Demokratie sei Übungssache, bilanzierte daher die Historikerin Hedwig Richter, als sie das positive Erbe der deutschen Geschichte hervorhob, das allgemeine Bildungsniveau oder eine demokratische Praxis seit dem 19. Jahrhundert: »[D]ie Deutschen konnten 1945 nur deswegen so *smooth* in den Modus der zi-

---

[51] T. v. Rahden, Unbeholfene Demokraten, 2016, S. 157.
[52] M. Kaase/G. Schmid (Hg.), Lernende Demokratie, 1999; D. Geppert/J. Hacke (Hg.), Streit um den Staat, 2008, S. 11; T. Mergel, Propaganda nach Hitler, 2010; P. Nolte, Was ist Demokratie?, 2012, S. 332–341; M. Fenske, Demokratie erschreiben, 2013.
[53] J. Gimbel, Besatzungspolitik, 1971; T. Schwartz, Reeducation, 1993; G. Clemens, Kulturpolitik, 1997.
[54] So 1947 in einem Aufsatz *Die Umerziehung der Deutschen und das Dilemma des Wiederaufbaus*; hier zitiert nach: F. L. Neumann, Wirtschaft, Staat, Demokratie, 1978, S. 290.
[55] T. v. Rahden, Unbeholfene Demokraten, 2016, insbesondere S. 172.
[56] F. Meinecke, Die deutsche Katastrophe, 1946. – Vgl. N. Wehrs, Meineckes Rückblick, 2007.
[57] J. Hacke, Geist des Liberalismus, 2015, S. 222. – Zur ›45er‹-Generation: A. Wirsching, Politische Generationen, 2006, S. 44 f.; D. Moses, Die 45er, 2000.

vilisierten Welt wechseln, weil sie vor 1933 über viele Jahrzehnte hinweg demokratische Formen geübt und gepflegt hatten.«[58] Ob und wie *smooth* dieser Prozess verlief, ist Gegenstand dieser Arbeit.

Immer wieder versuchten Einzelpersonen und Institutionen ihren neuen Staat
und sein Parlament zu erklären, zu bewerben und dadurch zur Demokratiegründung beizutragen.[59] Auch hier kam der besagte pädagogische Impuls zum Ausdruck. Gestandene Politikjournalisten verfassten Kinderbücher, die im Bundestag spielten[60], oder Radio-Features, die den Anspruch einer »parlamentarischen
Gebrauchsanweisung« formulierten. Sie stellten ihren Zuhörern die rhetorische
Frage, »seien wir ehrlich, haben wir nicht manchmal so ein bisschen den Verdacht, als stünden wir vor Bonn und unserem Parlament so da wie der kleine
Moritz?«[61]

Im gleichen Sinne erklärte der Publizist Dolf Sternberger im November 1953
vor der *Deutschen Akademie für Sprache und Dichtung*, just an dem Tag, an
dem Koeppens *Treibhaus*-Roman erschien: »Die Medien politischer Bildung
[…] reichen von der Ehe und Familie bis zur Generalversammlung der Vereinten Nationen. Von der Schulklasse und Jugendgruppe bis zum Parlament
und Kabinett.«[62] Ein Medium der politischen Bildung wollte das *Treibhaus*
indes eher nicht sein – und wenn doch, dann ausschließlich im Modus eines
kritischen Beitrags zur Demokratiegründung. Affirmation war Koeppens Sache nicht, im Gegenteil: Ihm ging es um eine literarische Intervention, um einen bissigen Kommentar mit ästhetischen Mitteln. Stärkung der Demokratie
durch Kritik – das war ein publizistischer, fast journalistischer Ansatz. Dabei
die Grenzen des ›guten Geschmacks‹ auszutesten war, wie zu zeigen sein wird,
Teil der Botschaft.

Koeppens Literatur offenbarte, wieviel Zorn in ihr steckte. Sie wollte dadurch
der Gesellschaft zeigen, wie unversöhnt sie selbst war. Aus diesem Oppositions-

---

[58] Artikel »Demokratie ist Übungssache«; FAZ vom 15. Februar 2017.
[59] C. Fröhlich, Rückkehr zur Demokratie, 2009, S. 107–111; G. Hentges, Staat und politische
Bildung, 2013. – Zur Geschichte der KGParl: M. Schumacher, Gründung und Gründer, 1992.
[60] H. Tigerström, 1:0 für die 2M, 1952; H. F. Kaja, Stips spioniert, 1953. – ›Hanns Tigerström‹
war das Pseudonym des Journalisten Hans Wendt, der von 1951 bis 1956 das Bonner Studio des
Nordwestdeutschen Rundfunks leitete. – ›Hans F. Kaja‹ war das Pseudonym des Journalisten Werner
Titzrath, der seit 1952 für die *Neue Zeitung* und andere Blätter aus Bonn berichtete [Archiv der
Bundespressekonferenz, Ehemalige Mitglieder 1960–1967, Ordner 3: S–Z].
[61] »Ein weißes Haus am Rhein«, NDR Schallarchiv, F832433000, Minute: 06:10–06:16 (erstes
Zitat) und Minute: 05:06–05:19 (zweites Zitat). – Ausgestrahlt wurde das Feature am 23. Oktober
1952. – Autor war Henri Regnier, der ab Mitte der Fünfzigerjahre die Unterhaltungsprogramme des
NDR leitete und mit Rudolf Augstein befreundet war [D. Siegfried, Time Is on My Side, 2006,
S. 322; E. C. Hirsch, Einfach weitermachen, 2007, S. 186; I. Nelles, Der Herausgeber 2016,
S. 35 f.]. – Als Redakteur zeichnete Hans Gertberg verantwortlich, der viele Hörspiele betreute
[W. Kobayashi, Unterhaltung mit Anspruch, 2009, S. 275–292].
[62] Akademie, Jahrbuch 1953/54, S. 70.

programm, aus dem Widerspruchsgeist resultierte eine Grundspannung zwischen dem *Treibhaus* und seiner Zeitheimat in der frühen Bonner Republik, insbesondere zum pädagogischen Zeitgeist. In offiziöser Absicht bat etwa 1953 die Bundeszentrale für Heimatdienst, wie die Bundeszentrale für politische Bildung damals hieß, in einem Preisausschreiben um Mithilfe bei der Reklame für die Demokratie. Gesucht wurden selbstverfasste Slogans, mit denen ein positives staatsbürgerliches Bewusstsein ausgedrückt werden konnte. Die besten Beiträge wurden als Sonderstempel mit der Post verbreitet. Außer der Ehre lockten beachtliche Geldpreise von bis zu 500 D-Mark. Zu den prämierten Einsendungen, die von Amts wegen auf Briefumschläge und Postkarten gestempelt wurden, gehörten Reime wie: »Wenn du denkst: was geht's mich an, bleibst du ewig Untertan« oder »Schnell ist die Freiheit rationiert, wenn Du nicht mitsprichst, wer regiert!«[63]

Während sich für die Politik- und Sozialgeschichte der Bundesrepublik das Erfolgs-Narrativ durchgesetzt hat[64], wird die westdeutsche Ideen- und Intellektuellengeschichte oft als langweilig wahrgenommen.[65] In kultureller Hinsicht gilt der Teilstaat dann als provinziell, spießig und saturiert. Demgegenüber widersprach der Kulturwissenschaftler Philipp Felsch der Tendenz, die Bonner Republik als eine harmlose Idylle zu verniedlichen – gerade so, als hätte es in der alten Bundesrepublik keine Auseinandersetzungen gegeben und als hätte sich die Nachkriegsliteratur nicht ernsthaft und kontrovers mit ihrer Gegenwart auseinandergesetzt.[66] Wie zutreffend Felschs Einschätzung ist, wird in dieser Studie dargelegt, die auf der Annahme basiert, dass Literatur und Politik zwei soziale Teilsysteme sind, deren Wechselwirkungen manchmal schwächer und manchmal intensiver waren. Mit Blick auf die frühe Bundesrepublik zeigt sich, dass auf dem literarischen Feld politische Fragen verhandelt wurden und politische Deutungskämpfe stattfanden.

3. *Intellectual History* der Bonner Republik: Quellenkritische und methodische Überlegungen

Meine Studie erschließt mit einem Roman (genauer: mit Romanen und zahlreichen Literaturrezensionen) eine für Historiker ungewöhnliche Quelle. Sie wurde bislang vernachlässigt, eben weil Romane (nur) fiktiv sind und es in Re-

---

[63] Zitiert nach: M. Fenske, Demokratie erschreiben, 2013, S. 52.
[64] H.-P. Schwarz, Ära Adenauer, 2 Bde., 1981/1983; M. Görtemaker, Bundesrepublik, 1999; A. Schildt, Ankunft im Westen, 1999; H. A. Winkler, Weg nach Westen, 2 Bde., 2000; E. Wolfrum, Geglückte Demokratie, 2006; E. Conze, Suche nach Sicherheit, 2009; A. Schildt/D. Siegfried, Deutsche Kulturgeschichte, 2009.
[65] A. Gallus, Vier Möglichkeiten, 2016, S. 287.
[66] P. Felsch, Schwarze Romantik, 2016, S. 7.

zensionen scheinbar um ästhetische Fragen geht. Demgegenüber gehe ich davon
aus, dass Literatur und ihre Interpretation das Wissen der Geschichtswissenschaft erweitern können. Die Beschäftigung mit dem *Treibhaus* und die zeitgenössische Debatte über das *Treibhaus* geben Auskunft über die politische Kultur
der frühen Bundesrepublik, und zwar weil hier die politischen und kulturellen
Konflikte sichtbar werden, in denen die sich herausbildende politische Kultur
der Bundesrepublik diskursiv verhandelt wurde.[67]

In diesem Sinne verstehe ich das *Treibhaus* und seine Rezeption *erstens* als
Sonde, mit der die geistige Verarbeitung von politisch-historischen Entwicklungen untersucht werden kann. *Zweitens* wirft diese Studie einen neuen, poli-
tik- und kulturgeschichtlich geschärften Blick auf einen Klassiker der deutschen
Nachkriegsliteratur, indem sie nach dem spezifischen Verhältnis von Text und
Kontext fragt.[68] Sie rekonstruiert – genauer, als das bisher geschehen ist – das
politische, mediale und diskursive Umfeld des Jahres 1953/54 und beschreibt
den Zusammenhang der Erstrezeption des Romans. Mit Blick auf die Parla-
mentarismusforschung führt das *drittens* zu der Einsicht, dass nicht allein die
politischen Auseinandersetzungen, sondern auch wichtige mediale und literarische Diskurse der Fünfzigerjahre untrennbar mit dem Debatten- und Ent-
scheidungsort Bundestag verbunden waren. Dadurch schärft sich der Blick auf
Rolle, Funktion und Wahrnehmung des Parlaments in der frühen Bundesrepublik.

Dieses Buch erzählt eine akteurszentrierte, medien-, literatur- und architek-
turgeschichtlich unterfütterte *Intellectual History*. Es geht um die Geschichte
von Ideen, Meinungen und Argumenten, um das Bild des Parlamentarismus,
aber zugleich um die Menschen, die dieses Bild gezeichnet haben, auch um die
Medien und Metaphern, in denen es Ausdruck und Verbreitung fand.[69] Im Unterschied zur klassischen Ideengeschichte handelt die *Intellectual History* nicht
allein von großen Gedankensystemen und den ›großen Geistern‹, die sie entworfen haben. Vielmehr interessiert sie sich insbesondere für den politisch-sozialen und medialen Kontext, in dem Ideen entstanden und wirkmächtig wurden.[70] Die *Intellectual History* der Bundesrepublik ist bislang stark biographisch

---

[67] W. PYTA, Privilegierung des Frontkämpfers, 2010, S. 151: Es sei unverständlich, »dass der *cultural turn* in der deutschen Geschichtswissenschaft die eigentlich naheliegende Frage nach der kulturgeschichtlichen Ergiebigkeit solcher literarischer Zeugnisse bislang nur gestreift hat«.
[68] A. GALLUS, Vier Möglichkeiten, 2016, S. 288.
[69] S. COLLINI, Intellectual History, 1985; A. GALLUS, Intellectual History, 2009; DERS., Vier Möglichkeiten, 2016; R. BAVAJ, Intellectual History, 2010; B. STOLLBERG-RILINGER, Ideengeschichte,
2010; J.-W. MÜLLER, European Intellectual History, 2011; D. MOSES, Forum: Federal Republic,
2012.
[70] A. GALLUS, »Intellectual History« mit Intellektuellen, 2009.

als Geschichte von einflussreichen Publizisten[71] und Akademikern[72] geschrieben worden. Darüber hinaus ging es um (philosophische) Denkschulen, beispielsweise um die ›Frankfurter Schule‹ und den Kreis um den Philosophen Joachim Ritter[73], oder um die Intellektuellen, die nach 1933 aus Deutschland geflohen und zum Teil nach 1945 zurückgekehrt sind.[74] Wichtige Themen waren die Nachwirkungen der Weimarer Republik[75] sowie – zwischen Literatur und Politik – die Gruppe 47.[76] Meine Studie zeigt die Intellektuellen-, Medien- und Parlamentsgeschichte der frühen Bonner Republik in einem Querschnitt: Sie handelt von mehreren Akteuren – dem Autor, den Rezensenten, bestimmten Medien und Netzwerken im Kulturbetrieb –, aber zugleich von zentralen Diskursen der Fünfzigerjahre. Das *Treibhaus* hat dabei auch die Funktion eines Brennglases, wenn analysiert wird, welche Debatte der Roman ausgelöst hat.

Methodische Anregungen verdankt diese Studie dem *New Historicism*, der seit drei Jahrzehnten vor allem von dem amerikanischen Literaturwissenschaftler Stephen Greenblatt vertreten wird. Greenblatt, ein Spezialist der englischen Renaissanceliteratur, brachte Shakespeare und sein Werk in Verbindung mit den Diskursen, dem Wissensstand und den sozialen Gewohnheiten Ende des 16. und Anfang des 17. Jahrhunderts.[77] Die Vertreter des *New Historicism* meinen, dass sich das Verständnis sowohl der Renaissancezeit als auch der dramatischen Werke Shakespeares vertieft, wenn man die Verbindungen zwischen Literatur und historischem

---

[71] R. Dahrendorf, Versuchungen der Unfreiheit, 2006, P. Merseburger, Augstein, 2007; T. Freimüller, Mitscherlich, 2007; M. Payk, Geist der Demokratie, 2008; M. Oppermann, Aron, 2008; H.-P. Schwarz, Springer, 2008; K. Harpprecht, Gräfin Dönhoff, 2008; J. P. Schmied, Haffner, 2010; D. Münzner, Hiller, 2015. – Sehr kritisch in Bezug auf Wolf Jobst Siedler sowie Joachim Fest: M. Brechtken, Speer, 2017. – Umstritten ist das Verhalten des Politikwissenschaftlers und *Zeit*-Publizisten Theodor Eschenburg im ›Dritten Reich‹, vor allem seine Selbstdarstellung nach 1945: R. Eisfeld (Hg.), Mitgemacht, 2015; A. Rohstock, Anti-Parlamentarier, 2015; U. Wengst, Eschenburg, 2015.

[72] D. v. Laak, Sicherheit des Schweigens, 1993; C. Cornelissen, Ritter, 2001; S. Schlak, Hennis, 2008; U. Quadbeck, Bracher, 2008; R. Mehring, Carl Schmitt, 2009; A. Gallus (Hg.), Schelsky, 2013; P. Nolte, Wehler, 2015; F. Meifort, Dahrendorf, 2017.

[73] C. Albrecht u. a., Intellektuelle Gründung, 1999; J. Hacke, Philosophie der Bürgerlichkeit, 2006.

[74] A. Söllner, Archäologie der Demokratie, 1982; C.-D. Krohn/M. Schumacher (Hg.), Exil und Neuordnung, 2001; C.-D. Krohn/A. Schildt, Zwischen den Stühlen?, 2002; G. Bollenbeck, Restaurationsdiskurse und Remigranten, 2005; I. v. d. Lühe, Jüdische Remigration, 2008; M. Boll/R. Gross, Jüdische Intellektuelle, 2013.

[75] S. Ulrich, Weimar-Komplex, 2009; A. Gallus/A. Schildt (Hg.), Rückblickend in die Zukunft, 2011; A. Gallus, Heimat Weltbühne, 2012.

[76] J. Fetscher/E. Lämmert/J. Schutte (Hg.): Gruppe 47, 1991; S. Braese (Hg.), Bestandsaufnahme, 1999; H. L. Arnold, Gruppe 47, [3]2004; H. Böttiger, Gruppe 47, 2012; D. Geppert, Von der Staatsskepsis, 2008; ders., Richter – Mittendrin, 2012; J. Magenau, Princeton 66, 2016.

[77] S. Greenblatt, Shakespearean Negotiations, 1988; ders., Will in der Welt, 2015 [2004]; M. Bassler, New Historicism, 2001 [1995]. – Vgl. T. Köppe/S. Winko, Theorien und Methoden, 2007, S. 354–357.

Kontext erkennt. Louis Montrose beispielsweise rekonstruierte die Zusammenhänge zwischen dem Personenkult um Königin Elisabeth und den Repräsentationen von Macht und Geschlecht in der Komödie *A Midsummer Night's Dream*.[78]
Greenblatt deutete die weltberühmten, vermeintlich zeitlosen Dramen weder nur
als Spiegel der Gesellschaft noch ausschließlich als kreative Schöpfung eines Genies. Stattdessen rekonstruierte er eine Vielzahl von Austausch- und Kommuni-
kationsprozessen zwischen Autor, Text und Gesellschaft, derentwegen die Texte
aufgeladen seien mit sozialer Energie. Aus der Analyse der Wechselwirkungen resultiert eine doppelte Aufwertung – eine Aufwertung sowohl der Kunstwerke als
auch des Kontexts, der mehr bietet als Hintergrundinformationen.

Dem *New Historicism* ist meine Studie mehrfach verpflichtet: Zunächst ist da
die Grundidee, Literatur, Politik und Öffentlichkeit zusammen zu sehen – als
soziale Systeme, in denen je eigene Regeln gelten, die aber aufeinander bezogen
und eng miteinander verbunden sind. Hinzu kommt, dass ein literarischer Text
nicht als überzeitliches Artefakt verstanden werden soll, sondern als ein ästhetisch geformter Ausdruck der Auseinandersetzung mit einer spezifischen Politik
und Gesellschaft gelesen werden kann. Literatur soll in ihren Zusammenhängen
gedeutet, aber gleichzeitig in ihrem Eigenwert anerkannt werden, der von ästhetischen Kriterien und dem Charakter des Fiktionalen bestimmt wird.

Politik – das sei noch erwähnt – gibt es nur als »dargestellte Wirklichkeit«.[79]
Den kleinen Kreis der Eingeweihten vielleicht ausgenommen, kann Politik
nur vermittelt erfahren werden (und für Nachgeborene gilt das in gesteiger-
tem Maße). Zugleich existiert sie nicht außerhalb des Gesprächs, nicht außerhalb kommunikativer Zusammenhänge.[80] Wann immer man sich über Politik
austauscht, tut man dies durch Worte, Texte oder andere Medien. Umgekehrt
verhandelt oft auch politische Fragen, wer sich über ein öffentliches Gebäude
oder einen Roman äußert. In diesem Sinne wird die Etablierung des Parlamentarismus als ein Prozess verstanden, der inner- und außerhalb des Parlaments
ein- und ausgeübt wurde, in der Praxis etwa durch Wahlen[81], aber auch durch
kontinuierliche öffentliche Kommunikationsprozesse.[82] Wenn es so ist, dass ein
historisches Phänomen über Texte erfahrbar werden kann – auch, aber nicht
ausschließlich durch literarische Texte, sondern zugleich durch Zeitungsartikel,
Parlamentsreden und Gesetzentwürfe –, dann veranschaulicht die Interpretation

---

[78] Für das Beispiel des *Sommernachtstraums*: L. A. MONTROSE, Shaping Fantasies, 1988 [1983].
[79] P. MANOW, Zentrale Nebensächlichkeiten, 2017, S. 7.
[80] W. STEINMETZ, Das Sagbare und das Machbare, 1993.
[81] Zur kulturgeschichtlichen Wahlgeschichte: M. L. ANDERSON, Practicing Democracy, 2000;
R. ARSENSCHEK, Kampf um die Wahlfreiheit, 2003; H. RICHTER, Moderne Wahlen, 2017.
[82] N. VERHEYEN, Diskussionslust, 2010; A. SCHULZ/A. WIRSCHING (Hg.), Kommunikationsraum,
2012.

des *Treibhaus*-Romans, seines Kontexts und seiner Rezeption die mediale Verfasstheit der politischen und sozialen Wirklichkeit.[83]

In der Nachkriegszeit waren Kunst und Kultur zentrale Schauplätze der geistigen Orientierung. Das galt für die Architektur – man denke nur an die Frage,
wie die zerstörten Städte und Kulturgüter wiederaufgebaut werden sollten –,
vor allem aber für die Literatur. Antworten auf die wesentlichen Fragen der Gegenwart zu geben war der Anspruch vieler Schriftsteller, Verleger und Kritiker.
Er entsprach zugleich der im- oder expliziten Erwartung großer Teile des Publikums. Bücher waren nach 1945 in besonderem Maße ein Medium der Gegen-
warts- sowie der Vergangenheitsbewältigung. »Sieht man die Rezensionsseiten
der Nachkriegszeit durch«, schreibt der Historiker Friedrich Kießling, »ergibt
sich allenthalben der Eindruck, dass im Medium der literarischen Neuerscheinungen nach einem gültigen Ausdruck für die Kriegs- und Nachkriegserfahrun-
gen gesucht wurde.«[84] Das gilt gerade auch für Koeppens Parlamentsroman, der
durch eine Gleichzeitigkeit des Geschehens, der Wahrnehmung sowie der literarischen Gestaltung gekennzeichnet ist.[85] Textentstehung und Erstrezeption um-
fassten kaum mehr als anderthalb Jahre.

Heute sind die Romane von Koeppen, Heinrich Böll und anderen, die in
der Bonner Republik als Gegenwartsliteratur gelesen wurden, genau das nicht
mehr. So wie die alte Bundesrepublik inzwischen zur Geschichte gehört, scheinen viele der alt gewordenen Texte entweder verstummt oder allzu vertraut. Sie
historisierend neu zu lesen ermöglicht neue Interpretationen. Lange Zeit reproduzierte die Literaturgeschiche weitgehend das Image beziehungsweise das oppositionelle Selbstbild der Autoren[86], das mehr oder weniger deckungsgleich war
mit dem linksliberal-progressiven Selbstverständnis vieler Intellektueller, wie es
sich zwischen den Sechziger- und den Achtzigerjahren herausgebildet hatte: gegen Adenauer, Franz Josef Strauß und Helmut Kohl.[87] Demgegenüber spricht
die Literatur der Fünfzigerjahre stärker, als man lange dachte, eine »Sprache der
Kulturkritik«.[88] Autoren, die man im Mainstream der Bundesrepublik verortet
hat, übten Gesellschaftskritik im Geist der Weimarer Republik, auch des antidemokratischen Spektrums.

---

[83]   In der Annahme einer Textualität der Geschichte überschneiden sich die Positionen des *New Historicism* mit der von H. WHITE, Klio dichtet, 1991 [1978].

[84]   F. KIESSLING, Die undeutschen Deutschen, 2012, S. 105–107 (Zitat S. 107).

[85]   T. STAMMEN, Erfahrungen und Vorurteile, 2003, S. 338 f.

[86]   Eine kaum rezipierte Ausnahme: K. NICKLAUS, Zwischen Abendland und Wirtschaftswunder,
2001.

[87]   D. GEPPERT/J. HACKE (Hg.), Streit um den Staat, 2008. – Exemplarisch für die Gleichsetzung
der Bonner Republik mit der CDU: G. SCHÄFER/C. NEDELMANN (Hg.), CDU-Staat, 1967; W.-D.
NARR, CDU-Staat, 2008.

[88]   K. NICKLAUS, Abendland und Wirtschaftswunder, 2001, S. 1.

So wird deutlich, wie sehr die Geistesgeschichte der frühen Bundesrepublik von Kontinuitätslinien aus der ersten Jahrhunderthälfte und noch des 19. Jahrhunderts durchzogen war. Zu entdecken sind mentale Überhänge bei der Diskontinuität der politischen Systeme sowie eine »atmosphärische Kontinuität zwischen der späten Weimarer und der frühen Bundesrepublik«[89]. Es ergeben sich »Wieder- und Neubegegnungen« sowie »Resonanzen und Dissonanzen« zwischen den frühen Dreißigerjahren und dem Jahr 1953.[90] Sichtbar werden eine Reihe von Ambivalenzen, die das *Treibhaus* wieder mit der Zeit verbindet, in der es entstanden ist – und das obwohl oder auch weil das Buch im Widerspruch zu Politik und Gesellschaft formuliert wurde. Koeppens Parlamentsroman erscheint gerade in seiner Ambivalenz, mit seinen Zweifeln und antipolitischen Restbeständen repräsentativ für die frühe Bundesrepublik.

4. Widersprüche der Fünfzigerjahre

An den Fünfzigerjahren scheiden sich die Geister. Die Frage, was für die frühe Bundesrepublik typisch war, führt zu mehreren Assoziationen und oft auch Aversionen. Wenn man diese Meinungen zu ordnen versucht, bündeln sich zwei widersprüchliche Interpretationsmuster: Einerseits gibt es das ›dunkle‹ Bild einer Nachkriegszeit, die als ›restaurativ‹ gilt, postfaschistisch und unaufgeklärt. Nachkriegszeit – schon sprachlich liegt die Betonung hier auf der grau(sam)en Vorgeschichte und deren Folgen. Im Kontrast dazu leuchtet das ›helle‹ Bild dynamischer Gründerjahre, in denen es zügig aufwärts ging. Fast alles habe sich zum Besseren entwickelt; Fundamente wurden gelegt, die zum Teil bis heute tragen. Offensichtlich gibt es für die Fünfzigerjahre keine ›Meistererzählung‹, die sich durchgesetzt hätte. Stattdessen reihen sich ambivalente, gebrochene Geschichten aneinander, zwischen denen jedoch oft Verbindungen bestehen. So betont gerade das Schlagwort von der »Modernisierung im Wiederaufbau«, das am ehesten den Rang einer ›Meistererzählung‹ beanspruchen kann[91], das Dialektische und Prozesshafte dieses Jahrzehnts.

Einerseits war der Zweite Weltkrieg vorüber, und Stein um Stein wurden die Trümmer weggeräumt, wurden Häuser wieder aufgebaut. Außergewöhnliche Tatkraft setzte Energien frei, wo zuvor Furcht, Erschöpfung und Verzweiflung geherrscht hatten. Bald leuchteten Neon-Röhren über den geordneten Auslagen

[89] M. Payk, Geist der Demokratie, 2008, S. 360
[90] A. Schildt, Intellektuelle Positionen, 2011, S. 21f.; A. Gallus/A. Schildt (Hg.), Rückblickend, 2011.
[91] A. Schildt/A. Sywottek (Hg.), Modernisierung im Wiederaufbau, 1993. – Zur Bedeutung des Bandes: D. Siemens, Von der bleiernen Nachkriegszeit, 2011, S. 26. – Zu Meistererzählungen: K. Jarausch/M. Sabrow (Hg.), Die historische Meistererzählung, 2002.

in einladenden Schaufenstern. Hell strahlten die frisch getünchten Wände, vermeintlich makellose Oberflächen kennzeichneten das Design des Jahrzehnts.[92] So beendete der ›Wiederaufbau‹ die chaotische Phase der Kriegs- und unmittelbaren Nachkriegszeit, als Europa ein »wilder Kontinent« gewesen war, dessen Bewohner so viele Schrecken durchlitten hatten: Hass, Massenmord, Hunger und Anarchie.[93] Nach 1945 ging eine lange Geschichte der Gewalt zu Ende, und es begann eine lang anhaltende Phase des Friedens. Das versehrte Westeuropa erhob sich aus der Asche wie der legendäre Phoenix. Politiker scheinbar ewig verfeindeter Nationalstaaten reichten einander die Hand zur Versöhnung. Ausgerechnet dort, wo zuvor Institutionen und Infrastruktur gefehlt hatten, verabredeten sie, fortan zusammenzuarbeiten, zum gemeinsamen Nutzen ihrer Länder.[94] Die Bundesrepublik, selbsterklärte Rechtsnachfolgerin des Deutschen Reiches, war zentraler Bestandteil der europäischen Einigungsentwicklung – Akteurin und Profiteurin zugleich. Der Wiederaufstieg und die Rehabilitierung Deutschlands waren eine beispiellose Erfolgsgeschichte. Außenpolitisch wurden mit der Westbindung neue Grundlagen gelegt, auf denen Deutschland wesentlich verändert wurde.[95]

Andererseits, und das beschreibt die pessimistischere Seite, wer konnte diesem Frieden schon trauen? Es tobte bereits ein neuer Konflikt, der ›Kalte Krieg‹.[96] Die globale Auseinandersetzung zwischen der Sowjetunion und den USA, dem kommunistischen ›Osten‹ und dem freiheitlich-kapitalistischen ›Westen‹, wurde von 1950 bis 1953 in Korea auch militärisch ausgetragen.[97] Warum sollte es im geteilten Deutschland anders kommen? Man schaue nur auf das geteilte Berlin, in dessen Ostteil am 17. Juni 1953 Streiks und Proteste gewaltsam niedergeschlagen wurden. Nachkriegszeit, so hatte man es seit Generationen regelmäßig erlebt, hieß meist nur wieder Vorkriegszeit. Über allem ›Wiederaufbau‹ drohte zudem die Möglichkeit eines apokalyptischen Atomkriegs. Bis in die Sechzigerjahre, bis nach der Berlin- und der Kuba-Krise, ja eigentlich bis zum Ende des Ost-West-Konflikts 1989/91 blieb völlig offen, ob das ›Gleichgewicht des

---

[92] Fotografien aus dem Köln der Fünfzigerjahre: SCHMÖLZ – KÖLN, 2012.

[93] K. LOWE, Der wilde Kontinent, 2014 [2012].

[94] H. SCHULZE, Staat und Nation, 1999 [1994]; M. CONWAY, Rise and Fall, 2004; A. TRUNK, Europa, ein Ausweg, 2007; W. LOTH, Europas Einigung, 2014; L. v. MIDDELAAR, Vom Kontinent zur Union, 2016.

[95] H.-P. SCHWARZ, Westbindung, 1975; DERS., Fünfziger Jahre, 1989; K. HILDEBRAND, Integration und Souveränität, 1991; C. HACKE, Außenpolitik, 1997; H. A. WINKLER, Weg nach Westen, 2 Bde., 2000; S. CREUZBERGER, Außenpolitik der Bonner Republik, 2009.

[96] J. L. GADDIS, We Now Know, 1997; W. LOTH, Teilung der Welt, 2000; G.-H. SOUTOU, Guerre de Cinquante Ans, 2001; B. GREINER/C. T. MÜLLER/D. WALTER (Hg.), Heiße Kriege, 2006; B. STÖVER, Der Kalte Krieg, 2007; A. APPLEBAUM, Iron Curtain, 2012. – Aus linguistischer Perspektive: M. WENGELER, Gleichgewicht, 1996.

[97] B. STÖVER, Geschichte des Koreakriegs, 2013.

Schreckens‹ wirklich friedenssichernd wirkte oder zumindest Stabilität garantieren konnte.[98] Angst breitete sich daher wieder aus; Angst wurde auch geschürt: vor dem Krieg, dem Kommunismus, ›dem Russen‹ oder der Bombe.[99] So prekär die Weltlage war, letztlich erwies sich der ›Kalte Krieg‹ als ein Faktor der Stabilisierung.

Unübersehbar waren die Folgen des Zweiten Weltkriegs: die städtebaulichen Wunden ebenso wie die ungezählten Versehrungen an Körper und Seele. Bis zu zwei Millionen erkennbar Kriegsgeschädigte lebten in der frühen Bundesrepublik. Im Straßenbild war der Weltkrieg noch lange omnipräsent, war er »Vergangenheit und Gegenwart zugleich«[100], selbst unter den glatten Oberflächen des ›Wiederaufbaus‹. Auch Kunst und Kultur waren schwer beschädigt; die ermordeten Juden fehlten ebenso wie die Schriftsteller und Intellektuellen, die aus dem Exil nicht zurückgekehrt waren. Gewalt und Existenzangst waren traumatische Erfahrungen, die Millionen Menschen gemacht hatten. Allerdings sprachen sie kaum über ihre Erinnerungen (fast scheint es, dass sie es umso weniger taten, je schrecklicher die Erinnerungen waren): weil man nicht gelernt hatte, darüber zu sprechen; weil das Gesehene zu schrecklich war, um es in Worte zu fassen; und nicht zuletzt weil das Erlebte oft so grundverschieden war, je nachdem ob man Opfer, Täter, Mitläufer war oder zu denjenigen Menschen gehörte, bei denen sich die Kategorien überschnitten.[101] Aus diesen Grunderfahrungen resultierten ein kollektiver Wunsch nach »Sicherheit« sowie eine darauf aufbauende »Politik der Sicherheit«, weshalb der Historiker Eckart Conze in der Suche nach Sicherheit ein wesentliches Motiv des politischen und soziokulturellen Wertesystems seit 1945 erkannte.[102]

Die Widersprüche gingen weiter: Einerseits erholten sich Wirtschaft und Gesellschaft schnell von der Not der Nachkriegsjahre. Es begann ein »goldenes

---

[98] Zur amerikanischen Begriffsgeschichte: R. ROBIN, Gleichgewicht des Schreckens, 2011.

[99] Zur Kulturgeschichte der Angst im Ost-West-Konflikt: M. GEYER, Cold War Angst, 2001; A. SCHILDT, »German Angst«; 2004; H. LÖTTEL, Geschärfte Wahrnehmung, 2010; H. NEHRING, Politics of Security, 2013; B. GREINER/C. T. MÜLLER/D. WALTER/C. WEBER (Hg.), Angst im Kalten Krieg, 2009; P. BERNHARD/H. NEHRING (Hg.), Den Kalten Krieg denken, 2014; B. GREINER, Antikommunismus, Angst und Kalter Krieg, 2014.

[100] J. ECHTERNKAMP, Soldaten im Nachkrieg, 2014, S. 4. – Vgl. A. SCHILDT, Schatten des Krieges, 2007. – Mit Blick auf seelische Belastungen: F. BIESS, Homecomings, 2006; S. GOLTERMANN, Gesellschaft der Überlebenden, 2009.

[101] Der Historiker Frank Stern, Jahrgang 1944, erinnerte sich an den Hinweis seiner Mutter, dass seine Spielkameraden andere Lager meinten (nämlich Kriegsgefangenenlager) als die Lager, von denen in seiner jüdischen Familie gesprochen wurde; zitiert nach: H. SCHISSLER, Writing about, 2001, S. 10: »It took him a while to understand that ›our camps really were their camps, and that the POW camps were something quite different‹.« – Vgl. R. MOELLER, War Stories, 2001; M. BEER, Nachkriegszeit als Lagergeschichte, 2014.

[102] E. CONZE, Sicherheit als Kultur, 2005, S. 362 und S. 368; DERS., Suche nach Sicherheit, 2009, S. 15–18.

Zeitalter« des Kapitalismus[103], und Westdeutschland war vorne mit dabei.[104] In der Bundesrepublik wuchs das Bruttosozialprodukt zwischen 1950 und 1965 um durchschnittlich 5,6 Prozent – pro Jahr. In den Fünfzigerjahren lagen die Wachstumsraten sogar noch höher, bei mehr als acht Prozent, zwischen 1950 und 1955 sogar bei 9,5 Prozent. Der Aufschwung hatte ein Tempo, das kaum Zeit zum Atemholen ließ. Bis 1960 verdoppelte sich das Bruttosozialprodukt, und das blieb nicht die einzige Kennziffer des großen Booms, der vor allem auf der industriellen Produktion und günstiger Energie beruhte. Es stiegen zugleich die Produktivität der Wirtschaft, die Handelsmengen, die Zahl der Erwerbstätigen, die Sparquote und die Löhne. 1960 lagen die Realeinkommen in Westdeutschland doppelt so hoch wie 1950.

Am großen Aufschwung hatten alle Gesellschaftsschichten Anteil, so dass Helmut Schelsky, der Vertreter einer gleichfalls boomenden Sozialwissenschaft, schon 1953 die Formel von der »nivellierten Mittelstandsgesellschaft« prägte.[105] Schelsky prognostizierte, dass eine breite gesellschaftliche Mitte die überkommenen Klassengegensätze zwischen Bürgertum und Arbeiterschaft ersetzen werde. Zwar hat sich seine Voraussage nicht erfüllt, was die soziale Mobilität betrifft; Ungleichheit existierte weiterhin. Überdies tönte die Formel von der »nivellierten Mittelstandsgesellschaft« wie ein Nachklang der ›Volksgemeinschaft‹.[106] Zutreffend aber war, dass Durchschnittsverdiener Ende der Fünfzigerjahre nicht mehr in den Niederungen der Einkommensstatistik steckten, sondern eine stabile Mitte bildeten – was soziokulturell kaum überbewertet werden kann.[107] Der ›Otto Normalverbraucher‹ verdiente ein durchschnittliches, aber ordentliches Einkommen. Auf den allgemeinen Mangel folgte der allgemeine Konsum. Der ›Wiederaufbau‹ bescherte einer Arbeitsgesellschaft Wohlstand, auf Arbeitslosigkeit folgte Vollbeschäftigung. Innerhalb weniger Jahre veränderten sich Lebensstandard und Sozialkultur der westdeutschen Gesellschaft fundamental. Sogar der alte Gegensatz zwischen Stadt- und Landbevölkerung schwächte sich ab. Wohn-, Auto- und Reisewel-

---

[103] E. Hobsbawm, Age of Extremes, 1994, S. 257. – Das ›Wirtschaftswunder‹ war eine westeuropäische Entwicklung: H. Kaelble (Hg.), Boom, 1992; A. Schildt/A. Sywottek (Hg.), Modernisierung im Wiederaufbau, 1993.
[104] H.-U. Wehler, Gesellschaftsgeschichte 5, 2008, S. 48–60; J. Scholtyseck, Erhards Marktwirtschaft, 2012.
[105] Gedruckt in: H. Schelsky, Suche nach Wirklichkeit, 1965, S. 331–336. – Zur Soziologie: G. Schäfer, Nivellierte Mittelstandsgesellschaft, 2000; T. Mergel, Zählbarkeit, 2016.
[106] Zur Kritik der These von der Nivellierung der Klassenunterschiede durch Krieg, Währungsreform und Wirtschaftsboom: H.-U. Wehler, Gesellschaftsgeschichte 5, 2008, S. 110–111; zur Historisierung: A. Schildt, »Massengesellschaft« und »Nivellierter Mittelstand«, 2004; C. Albrecht, Reflexionsdefizit?, 2013.
[107] J. Mooser, Arbeiterleben, 1984.

len folgten, »[n]ur eine Lesewelle gab's nie«, klagte später der Journalist Axel Eggebrecht.[108] Womit wir bei einer vielkritisierten Schattenseite wären: dem Umstand, dass im ›Wirtschaftswunder‹ die Regeln des Kapitalismus galten. Eigennutz war anscheinend oberstes Gebot, als sich alle zuerst um ihr privates Vorankommen kümmerten. Konsum- und Kulturkritiker von links wie rechts sahen sich veranlasst, den um sich greifenden Materialismus zu verspotten. Doch zerstoben schienen die idealistischen Pläne der unmittelbaren Nachkriegszeit, in der viel von Nächstenliebe die Rede gewesen war und dem Wunsch, das Leben ›anständiger‹ zu gestalten.[109] Hatte nicht eben erst, 1946 und als eine Stimme von vielen, der linkskatholische Publizist Walter Dirks gehofft (und gebangt): »Das Abendland wird sozialistisch sein, oder es wird nicht sein«?[110] Vor dem Erfahrungshintergrund der Weltwirtschaftskrise nach 1929 war alles andere als selbstverständlich, dass der Kapitalismus mit der Demokratie überhaupt vereinbar sei, ja dass er die Demokratisierung begünstigen könnte. Daraus erklären sich zum Teil die Zweifel, mit denen viele Zeitgenossen den Boom begleitet haben. Auch der Glaube an den technischen Fortschritt schien zunächst überlebt, wenn nicht gefährlich. Die »angeblich blinde Fortschrittsgläubigkeit« der Fünfzigerjahre sei »ein Mythos der fortschrittskritischen Öko-Ära«, schreibt daher der Historiker Joachim Radkau.[111] Mindestens so glaubwürdig wie der Optimismus wirkte der Abgesang auf das ›bürgerliche Zeitalter‹ als Welt von gestern.[112] Viele Menschen bangten um die Basis ihres neuen Wohlstands, zumal der ein Ergebnis der Fünfzigerjahre war. ›Wohlstand für alle‹ war an ihrem Anfang allenfalls Zukunftsmusik.[113] Unüberwindlich schien zunächst allein die Not, und aus der Tiefe dieser Erfahrung erklärt sich der Begriff ›Wirtschafts*wunder*‹.[114]

Westeuropa erlebte – dank der amerikanischen Hegemonie – ein goldenes Zeitalter der Demokratisierung, während östlich des ›Eisernen Vorgangs‹ der real existierende Kommunismus herrschte und in Spanien und Portugal autoritäre Regime aus der ersten Hälfte des 20. Jahrhunderts herüberragten.[115] In Frankreichs Vierter Republik aber, in Italien und der Bundesrepublik, in Bel-

---

[108] A. EGGEBRECHT, Zornige alte Männer, 1979, S. 18. – Kulturgeschichtliche Studien: A. SCHILDT, »Die kostbarsten Wochen des Jahres«, 1996; B. RIEGER, The People's Car, 2013.

[109] P. NOLTE, Ordnung der Gesellschaft, 2000, S. 221.

[110] Artikel »Das Abendland und der Sozialismus« von Walter Dirks; FRANKFURTER HEFTE 1 (1946), 3, S. 76.

[111] J. RADKAU, Geschichte der Zukunft, 2017, S. 31.

[112] A. SCHILDT, Bürgerliche Gesellschaft, 2001, S. 297; E. CONZE, Bürgerliche Republik?, 2004.

[113] D. SIEGFRIED, Prosperität und Krisenangst, 2011.

[114] W. ABELSHAUSER, Lange Fünfziger, 1987, S. 15.

[115] M. CONWAY, Rise and Fall, 2004.

gien, den Niederlanden und Luxemburg, auch in Österreich und der Schweiz bildeten sich vergleichsweise ähnliche demokratische Strukturen mit durchaus ähnlichen politischen Parteien. Für eine – historisch betrachtet – außergewöhnlich lange Zeit herrschten Stabilität und Ruhe, kein Krieg, weder Bürgerkrieg noch Revolution. Möglicherweise erhält die Aufregung über ›1968‹ erst vor dem Hintergrund dieser Stabilitäts- und Entideologisierungserfahrung ihre Konturen.[116] Äußerlich sicher ruhte, so lautet die treffende Metapher des britischen Historikers Martin Conway,»the walled garden of western Europe«[117] – ein *hortus conclusus* des Ost-West-Konflikts.

Dabei befand sich das, was nach dem ›Dritten Reich‹ von Staat und Politik übrig geblieben war oder wiederaufgebaut wurde, in vertrauenswürdigen Händen. Adenauer, Heuss, Schumacher, resolute Herren aus dem 19. Jahrhundert, die alles gesehen hatten, kümmerten sich zuverlässig um das Mögliche, und für den Ernstfall gab es die Amerikaner. Daraus entwickelte sich eine »Entdramatisierung der Politik«[118], in deren Folge sich der westdeutsche Staat zunächst stabilisierte. Schrittweise erfolgte und festigte sich dann seine Erneuerung. Von Beginn an aber war die Bonner Republik eine Demokratie – die schneller und besser funktionierte, als anfangs irgendjemand zu hoffen gewagt hatte.[119] Liberal und pluralistisch war sie schon deshalb, weil ein so explizit politisches und provokantes Buch wie das *Treibhaus* in einer Diktatur, in der Kritik nur zwischen den Zeilen möglich ist, weder entstanden wäre noch hätte gedruckt werden dürfen. Allerdings gestaltete sich gerade die Publikationsgeschichte komplizierter, als man meinen könnte – eben weil nicht allen Beteiligten klar war, wie weit die neue Presse- und Kunstfreiheit schon trug. Auch der liberale Rechtsstaat musste erst gefestigt werden, und bisweilen waren die Fünfzigerjahre in Fragen der Zensur nicht zimperlich.[120]

Paradoxerweise gehörten der ›Kalte Krieg‹ und ein rabiater Antikommunismus zur Etablierung der Demokratie und sogar zu dem beschriebenen Prozess der Entideologisierung (gemessen am Vergleich mit der ersten Jahrhunderthälfte). Nicht zuletzt in den Vereinigten Staaten nahm der Antikommunismus bisweilen pathologische Züge an, wo Senator Joseph McCarthy nach ›unamerikanischen‹ Verschwörern fahnden ließ.[121] Dort begann eine »Hexenjagd«, die

---

[116] Das Fehlen eines revolutionären Gründungsaktes betont: J. Hacke, Bundesrepublik als Idee, 2009.
[117] M. Conway, Rise and Fall, 2004, S. 78.
[118] J.-W. Müller, Das demokratische Zeitalter, 2013, S. 246. – Als Analyse der Autobiographien von Politikern, die zwischen 1870 und 1889 geboren wurden: V. Depkat, Lebenswenden und Zeitenwenden, 2007.
[119] P. Nolte, Was ist Demokratie?, 2012, S. 335.
[120] Siehe dazu S. 278–296 und 322–331.
[121] G. Schild, Kommunisten-Phobie, 2005.

der Schriftsteller Arthur Miller 1953 in seinem Theaterstück *The Crucible* verarbeitete – und die auch im *Treibhaus* karikiert wird.[122] In der Bundesrepublik implizierte der Antikommunismus als Bestandteil des antitotalitären Grundkonsenses einerseits ein Bekenntnis zu Freiheit und Demokratie. Insofern war er ein historischer Fortschritt, zumal wenn er den leidvollen Erfahrungen von Linken, Sozialdemokraten und Liberalen entsprach. Andererseits wirkte er wie ein weltanschaulicher Zombie der NS-Propaganda.[123] Neuere Forschungsarbeiten haben daher auf die autoritären Schattenseiten des Antikommunismus hingewiesen, insbesondere wenn er mit der Praxis eines ›starken Staates‹ einherging.[124]

Hier kommt hinzu: Die Bundesrepublik war der demokratische Neubeginn *nach* dem Nationalsozialismus. Das heißt, dass allerorts Leute anzutreffen waren, die eine belastete Vergangenheit hatten. Die meisten NS-Täter wurden nicht vor Gericht gestellt. An der Tatsache, dass ungezählte Kriegsverbrecher strafrechtlich nicht belangt wurden, änderte sich auch in späteren Jahrzehnten wenig. NS-Karrieren wurden vertuscht oder gerechtfertigt. Schließlich waren die Nachkriegsdeutschen in ihrer Mehrheit ein Volk von Belasteten (wobei sich im Lauf der Zeit wandelte, was als ›Belastung‹ galt). Vielerorts, beispielsweise in Unternehmen und der Justiz, gaben Männer den Ton an, die schon vor 1945 in einflussreicher Position gewesen waren, allen Entnazifizierungsbemühungen zum Trotz.[125] Heute zählt man es zu den »Schandflecken« der Nachkriegsgeschichte, dass es in den Gründerjahren der Bundesrepublik unter den Beamten so viele vormals »braune Diener« gegeben hat.[126] Lange stand der Massenmord an den Juden und anderen Minderheiten nicht im Mittelpunkt des Gedenkens an den Zweiten Weltkrieg.[127] Einige Opfer und viele Täter, Helfer, Befürworter, Nutznießer oder Mitläufer des ›Dritten Reiches‹ lebten nebeneinander her, sogar miteinander. »Man wusste voneinander, worüber man schwieg«, bilanzierte pointiert der Soziologe Heinz Bude.[128] Mehrheitlich und mehr oder weniger stillschweigend entschieden sich die Deutschen dafür, nach vorn zu schauen und die Vergangenheit ruhen zu lassen.

---

[122] W. Koeppen, Werke, Band 5: Das Treibhaus, 2010, S. 93.
[123] S. Creuzberger/D. Hoffmann (Hg.), Antikommunismus, 2014; N. Frei/D. Rigoll (Hg.), Antikommunismus, 2017.
[124] D. Rigoll, Staatsschutz, 2013; J. Foschepoth, Postüberwachung, 2012; ders., Verfassungswidrig, 2017.
[125] N. Frei (Hg.), Karrieren im Zwielicht, 2001; J. Requate, Demokratisierung der Justiz, 2008.
[126] Artikel »Braune Diener des neuen Staates«; Der Spiegel vom 31. Oktober 2015, Nr. 45/2015, S. 42–45. Die Erforschung von NS-Belastungen und Personalpolitik der Bundesministerien und Sicherheitsbehörden hat enorme Fortschritte gemacht. Als Zwischenbilanz: S. Creuzberger/D. Geppert (Hg.), Ämter und Vergangenheit, 2018.
[127] V. Knigge/N. Frei (Hg.), Verbrechen erinnern, 2002.
[128] H. Bude, Bilanz der Nachfolge, 1992, S. 81.

So war die Bonner Republik der demokratisch verfasste Staat einer Gesellschaft, die eine zweite Chance bekam. Auf der politisch-normativen Seite war der Bruch mit der NS-Ideologie glasklar, vor allem im Grundgesetz. Weniger klar war das in der Bevölkerung, die dieser Entwicklung hinterherhinkte. Es galt, Millionen Nazis und Sympathisanten einzubinden, im Idealfall zu läutern, wenigstens ruhigzustellen und – letztlich muss man es wohl so sagen – abermals auf ihren Opportunismus zu setzen.[129] Mit Blick auf NS-Belastungen waren die Fünfzigerjahre ein »Jahrzehnt der Integration«.[130] Zweifellos hatte das Ausmaß dieser Integration bittere bis brutale Aspekte – und die Bonner Republik deswegen ein Legitimitätsproblem, auch im Systemkonflikt mit der DDR.[131] Dabei war es, wie Thomas Mann schon im Mai 1945 formuliert hatte, schlechterdings unmöglich, »eine Million Menschen hinzurichten, ohne die Methoden der Nazis nachzunahmen. Es sind aber rund eine Million, die ausgemerzt werden müßten.«[132]

Beim Alten geblieben war anscheinend vieles auch in der Erziehung, in den Familien ebenso wie im Bildungssystem. Schule, Ausbildung und Universität trugen weiter obrigkeits- und klassenstaatliche Züge, sie waren autoritärer und weniger demokratisch verfasst als die junge Republik und befanden sich im Stadium vor der Bildungsexpansion der Sechziger- und Siebzigerjahre.[133] Noch schienen althergebrachte Strukturen und autoritäre Traditionen unerschütterlich. Vielfach wurde geprügelt, sowohl in der Familie als auch in der Schule. »Gehorchen galt als Tugend«, lautet eine typische Erinnerung an die Schulzeit in den Fünfzigerjahren, »vor allem die Turnlehrer taten noch immer so, als hätten sie ein HJ-Fähnlein vor sich«.[134] Für Kinder und Jugendliche war das Jahrzehnt daher besonders schwer.[135] »Einer großen gesellschaftlichen Wende zur parlamentarischen Demokratie stand kein gleichgeartetes Familienverhalten gegenüber«, erläuterte die Volkskundlerin Ingeborg Weber-Kellermann.[136] In die-

[129] G. SCHWAN, Mitläufer, 2001; H. LÜBBE, Parteigenossen, 2007; A. BORGSTEDT, Entnazifizierung, 2009.
[130] A. SCHILDT, Sozialgeschichte, 2007, S. 94 f.
[131] R. GIORDANO, Die zweite Schuld, 1987, S. 11: »Jede zweite Schuld setzt eine *erste* voraus – hier: die Schuld der Deutschen unter Hitler. Die *zweite* Schuld: die Verdrängung und Verleugnung der ersten nach 1945.« Diese zweite Schuld habe die politische Kultur der Bundesrepublik für Jahrzehnte belastet und »sich tief eingefressen in den Gesellschaftskörper der zweiten deutschen Demokratie. Kern ist das, was in diesem Buch der ›große Frieden mit den Tätern‹ genannt wird – ihre kalte Amnestierung durch Bundesgesetze und durch die nahezu restlose soziale, politische und wirtschaftliche Eingliederung während der ersten zehn Jahre der neuen Staatsgeschichte.«
[132] Zitiert nach: S. STACHORSKI, Fragile Republik, 1999, S. 45.
[133] T. GASS-BOLM, Gymnasium, 2005; B. PUACA, Learning Democracy, 2009.
[134] M. KOETZLE, Kleines Glück, 1998, S. 17. – Eindrucksvoll: M. NAUMANN, Glück gehabt, 2017, S. 49 f.
[135] A. SCHILDT, Aufwachsen in den 50er Jahren, 1993; I. MÜLLER-MÜNCH, Die geprügelte Generation, 2012.
[136] I. WEBER-KELLERMANN, Kindheit der Fünfzigerjahre, 1985, S. 169.

sem Zwiespalt wuchsen sie heran: Jungs mit kurzen Hosen und Kniestrümpfen, Mädchen in Kleidern, die ihre Mütter für sie genäht hatten, hin- und hergerissen zwischen demokratischen Werten, alten Mustern und den Einflüssen einer sich modernisierenden Umwelt. Oft fühlten sie sich unverstanden (öfter, als das bei Jugendlichen entwicklungspsychologisch ohnehin geschieht) – unverstanden von Eltern, Lehrern und Erwachsenen, die stark mit ihren eigenen Dingen beschäftigt waren.[137] Demokratie war eine Lebensform, die erst geübt werden musste, und dieser Lernprozess vollzog sich nicht zuletzt in den Familien, wo sich das Leitbild elterlicher Autorität theoretisch und praktisch veränderte, wenngleich nur schrittweise und selten ohne Streit.[138] Die Beziehungen zwischen Heranwachsenden und Erwachsenen waren gespannt und konfliktreich.[139]

Dabei hatten die Jugendlichen zwei Verbündete: die Zeit und Amerika. Bis heute gelten die Fünfzigerjahre als Initialphase der Popkultur. Milchbars und Musikboxen, Kinos, Eisdielen und *Rock 'n' Roll* – Stichworte genügen, um einen Farbfilm ablaufen zu lassen. Die Attraktivität des *American Way of Life* ermöglichte eine »Amerikanisierung von unten«.[140] Insbesondere junge Leute eigneten sich ein Lebensmodell an, das offensichtlich anders aussah als Kontrolle und Disziplin. Seit 1956 hatte die Populärkultur eine eigene Zeitschrift, die *Bravo*, als »Produkt und Medium« der neuen Zeit[141], und im Kino wurden »ständig kulturelle Konflikte ausgetragen«.[142] Mochten Eltern und Lehrer die neue Mode verachten[143] – aus Jugendlichen wurden *Teenager*. Und aus Gründen der weltpolitischen Opportunität blieb den ›Alten‹ nicht viel anderes übrig, als in einer Art kollektivpsychologischen Abspaltung die ›Konsumgesellschaft‹ und ihren ›Kulturverfall‹ zu beklagen, ohne Amerika zu kritisieren. So begleitete der soziokulturelle Wandel die Wiedergründung der parlamentarischen Demokratie und sicherte die bündnispolitische Westbindung im Alltag ab. Obwohl (oder gerade weil) Amerika lange Zeit eher Projektionsfläche blieb als Erfahrung, eiferten der wirtschaftliche Aufschwung und die damit einhergehende Modernisierung der Gesellschaft dem großen Vorbild nach.[144] »Mach das Radio leiser, Vati arbeitet«, erinnerte sich die Kabarettistin Maren Kroymann: »Elvis Presley gegen meinen Vater.«[145]

---

[137] Pointiert skizziert hat das in einer autobiographisch inspirierten *Graphic Novel*: V. REICHE, Kiesgrubennacht, 2013. – Vgl. F. HUBER, Hinter den Türen, 2017.

[138] Mit Fokus auf dem laienreligiösen Diskurs: T. v. RAHDEN, Wie Vati Demokratie lernte, 2010.

[139] Die Kindheit in den Fünfzigerjahren ist ein wichtiger Schlüssel, um die Protestbewegung der ›Achtundsechziger‹ zu erklären: D. WIERLING, Opposition und Generation, 1999.

[140] K. MAASE, BRAVO Amerika, 1992, S. 231.

[141] K. MAASE, BRAVO Amerika, 1992, S. 162f. und 110 (Zitat).

[142] R. EISFELD, Teenager, 1999, S. 27.

[143] J. HERMAND, Resisting Boogie-Woogie, 2004.

[144] K. MAASE, BRAVO Amerika, 1992, S. 237.

[145] Zitiert nach: K. MAASE, BRAVO Amerika, 1992, S. 137.

Zugleich haben die Fünfzigerjahre den Ruf, eine Dekade der Prüderie gewesen zu sein. Im Kontrast zum Mythos der ›wilden‹ Sechziger und Siebziger, in denen angeblich eine ganze Gesellschaft den Hedonismus entdeckte, wirkt die Zeit davor so bieder wie die ›heile Welt‹ im Heimatfilm: *boring fifties* statt *roaring sixties*. Moral wurde von (alten) Männern bestimmt, nicht zuletzt von Priestern und Pfarrern. Homosexualität stand unter Strafe, und was die Verfolgung nach dem § 175 StGB betraf, war die Rechtswirklichkeit der frühen Bundesrepublik deutlich weniger tolerant als die Weimarer Republik und sogar das Kaiserreich.[146] Überhaupt war außereheliche Sexualität verpönt. Deshalb erscheint die frühe Bundesrepublik damit gerade im privaten Bereich, in den (Norm- und Normal-)Vorstellungen von Familie und Intimität, also dort, wo uns die Menschen am nächsten sein könnten, heute besonders fremd, ja exotisch.[147] Mithilfe einer strengen Alltags- und Sexualmoral, hieß es später nicht nur von ›Achtundsechzigern‹, seien die Westdeutschen in den Fünfzigerjahren diszipliniert worden – damit sie dem ›Wiederaufbau‹, dem ›Kalten Krieg‹ oder dem Konsum dienten.[148] Allerdings scheinen beim Klischee der Spießigkeit durchaus Fragezeichen angebracht, denn ein »vitales Lebensbegehren«, berichtete andeutungsweise der Literaturwissenschaftler Gert Sautermeister, »verschaffte sich in den Nachkriegsjahren einen legitimeren Ausdruck, als gemeinhin gewusst und konzediert wird.«[149]

Währenddessen waren die Nachkriegsjahre eine Zeit, in der die Kirchen voller waren und größer wiederaufgebaut wurden als zuvor. Der katholische Zweig hatte in Deutschland seit dem ›Kulturkampf‹ des 19. Jahrhunderts nicht so viel Einfluss gehabt. Zahlenmäßig waren die Katholiken wegen der Teilung gleichauf mit den Protestanten. Politisch waren ein katholischer Bundeskanzler und eine katholisch geprägte CDU am Ruder; zusammen erzielten sie bei der Bundestagswahl 1957 die absolute Mehrheit. Die christliche Soziallehre war – in Synthese mit dem Ordoliberalismus der Ökonomen Walter Eucken und Franz Böhm – so etwas wie die Staatsphilosophie der alten Bundesrepublik. Als Zukunftsprojekt kam die abendländisch-europäische Sechsergemeinschaft hinzu, die EWG, denn eine Renaissance des Kirchlich-Religiösen erlebte man nicht nur in Deutschland, sondern auch in Frankreich, Belgien und Italien.[150] Jedenfalls fühlten sich die Katholiken von allen deutschen Bevölkerungsgruppen, Schichten und Milieus als erste in der Bonner Republik zuhause (was in der

---

[146] T. Henne, Ehe und Homosexualität, 2014.
[147] D. Fulda/D. Herzog/S.-L. Hoffmann/T. v. Rahden (Hg.), Demokratie, 2010, S. 10. – Sie raten, die pluralistische Akzeptanz verschiedener Lebensmodelle auch auf vergangene Zeiten zu übertragen.
[148] U. Heider, Vögeln ist schön, 2014, S. 8 und S. 14–41.
[149] G. Sautermeister, Messianisches Hoffen, 1987, S. 262.
[150] M. Conway, Rise and Fall, 2004, S. 81 f.

Wechselwirkung die Ankunft anderer verzögert hat; auch das wird im *Treibhaus* deutlich). Das katholische Milieu kam in den Fünfzigerjahren aus seiner traditionellen Defensive. Paradoxerweise markierte das den Beginn seiner Auflösung.[151]

Ein besonders schlechtes Bild bieten die Fünfzigerjahre mit Blick auf die Frauen beziehungsweise das Verhältnis der Geschlechter. »Der frauenpolitische Neuanfang blieb nach 1945 aus«, meinte beispielsweise die Publizistin Barbara Sichtermann: »Noch einmal schien die Emanzipation stillzustehen – wie 1914 und 1933.«[152] Dem Gleichheitsgrundsatz des Grundgesetzes stand in der Ehe- und Familienpolitik ein Leitbild gegenüber, das Mann und Frau als komplementär beziehungsweise hierarchisch, in jedem Fall ungleich behandelte.[153] Eine Reform des Familienrechts, die vom Parlamentarischen Rat für die erste Wahlperiode vorgesehen worden war, blieb im Bundestag lange unerledigt; die Vorlagen der Regierung fanden keine parlamentarische Mehrheit.[154] So wurde das Gesetz über die Gleichberechtigung von Mann und Frau auf dem Gebiet des bürgerlichen Rechts erst am 18. Juni 1957 verabschiedet – acht Jahre nachdem das Grundgesetz in Kraft getreten war. Vor allem Kirchen und Unionsparteien befürworteten das Ideal der Alleinverdiener-mit-Hausfrau-Ehe. Das Leitbild der (klein-)bürgerlichen Familie teilten mehr oder weniger aber auch Sozialdemokraten, Gewerkschaften und Arbeitgeber – eben weil die Arbeitsteilung der Geschlechter und die damit einhergehende Privatisierung der Erziehungskosten gut zu der Art und Weise passte, wie die Industriegesellschaft organisiert war.[155] Profiteure des ›Wirtschaftswunders‹ waren so neben Unternehmern und Direktoren die männlichen Facharbeiter. Nicht zuletzt die Rentenreform von 1957 war dem voll erwerbstätigen, männlichen Arbeitnehmer wie auf den Leib geschnitten.[156]

Für Männer galt in den Fünfzigerjahren das 1-2-3-4-Modell: eine Frau, zwei Kinder, drei Räume, vier Räder (und wenig später als fünftes: der Fernseher).[157] Den Frauen blieb der sprichwörtliche Dreiklang von Küche, Kindern, Kirche – und das nach der Last, die Frauen bei der Bewältigung der Kriegsfolgen zu tragen hatten![158] Empfohlen wurde die Rollenaufteilung von (männlichen) Ärzten

---

[151] K. Gabriel, Katholiken, 1993; T. Götz, »Straße«, 2001; T. Gross-Bölting, Der verlorene Himmel, 2013; K. Buchna, Ein klerikales Jahrzehnt?, 2014.
[152] B. Sichtermann, Frauenemanzipation, 2009, S. 136. – Vgl. U. Frevert, Geschlechter-Differenzen, 1995.
[153] T. Degener, Streit um Gleichheit und Differenz, 1997.
[154] R. Moeller, Geschützte Mütter, 1997, S. 140–175.
[155] H. Schissler, ›Normalization‹ as Project, 2001, S. 363–365.
[156] H. G. Hockerts, Der deutsche Sozialstaat, 2011 [1990], S. 58.
[157] A. Schildt, Ankunft im Westen, 1999, S. 76; T. Götz, »Straße«, 2001, S. 276.
[158] U. Frevert, Frauen-Geschichte, 1987; V. Neumann, Nicht der Rede wert, 1999; S. Buske, Fräulein Mutter und ihr Bastard, 2004; K. Plötz, Als fehle die bessere Hälfte, 2005; A. Schnä-

und Sozialwissenschaftlern, verteidigt wurde es sogar von vielen Frauen, die sich nach der Überbeanspruchung der Nachkriegszeit Ruhe und Sicherheit ersehnten. Insgesamt zählte die Eheschließung bei Frauen mehr als Ausbildung oder Erwerbsarbeit. Diese Prioritätensetzung resultierte nicht allein aus persönlichen Motiven, sie diente auch der materiellen und rechtlichen Absicherung, zum Beispiel in der Sozialversicherung.[159] Allerdings war im ›Wirtschaftswunder‹ die Nachfrage nach Arbeitskräften bald so hoch, dass am Ende der Fünfzigerjahre vierzig Prozent der Frauen einer Erwerbsarbeit nachgingen.[160] Ambivalenzen also auch hier: Einerseits propagierte die Produktwerbung die Heile-Welt-Familie, andererseits war gerade der Konsum schneller möglich, wenn Frauen einer Erwerbsarbeit nachgingen.

In Politik und Öffentlichkeit warnte ständig jemand vor dem Zerfall der Familie. Angesichts der vielfältigen materiellen und psychischen Belastungen der Nachkriegszeit galt die Familie als Struktur von unschätzbarem Wert, die indes besonders gefährdet war.[161] Während Ehe und Familie zum Rückzugsort verklärt wurden, dienten sie zugleich als Versorgungsinstitutionen, mit denen die relativ niedrigen Leistungen des Noch-nicht-Wohlfahrtsstaates kompensiert wurden. Im Januar 1952 zählte man in der Bundesrepublik fast eine Million Witwen, anderthalb Millionen Halbwaisen, anderthalb Millionen Kriegsbeschädigte – und dabei handelte es sich nur um die offiziell anerkannten Fälle einer im Aufbau befindlichen Sozialstaatsverwaltung bei angespannter Haushaltslage. Anfang 1953 waren mehr als 800 000 Anträge unerledigt und ungezählte gar nicht gestellt; die realen Zahlen lagen deutlich höher.[162] Folglich war auch die Familienpolitik ein »Kind der Fünfzigerjahre«.[163] Die Erfahrungen der Kriegs- und Nachkriegszeit begünstigten Konformitätswünsche; Ruhe und Ordnung wurden oder blieben Leitvorstellungen. Der männliche Deutsche, der für seine Familie sorgt, und die anständige Hausfrau, die sich um das Heim und die wohlgeratenen Kinder kümmert – diese zum Klischee der Fünfzigerjahre geronnene Vorstellung von ›Normalität‹ waren Wunschbild und (Kontroll-)Norm, am wenigsten aber wohl eine Abbildung der realen sozialen Verhältnisse.[164]

DELBACH, Kriegerwitwen, 2009. – Aus linguistischer Perspektive: K. BÖKE, Doppel-Leben der Frau, 1996.

[159] R. MOELLER, Geschützte Mütter, 1997, S. 211.

[160] C. v. OERTZEN, Teilzeitarbeit, 1999; C. SACHSE, Hausarbeitstag, 2002.

[161] H. BUDE, Bilanz der Nachfolge, 1992, S. 74 f.; M. NIEHUSS, Kontinuität und Wandel, 1993, S. 316.

[162] V. NEUMANN, Nicht der Rede wert, 1999, S. 137–140.

[163] I. LANGER, Staatlich-moralische Aufrüstung, 1985, S. 119. – Vgl. R. MOELLER, Geschützte Mütter, 1997; L. RÖLLI-ALLKEMPER, Familie im Wiederaufbau, 2000.

[164] H. SCHISSLER, ›Normalization‹ as Project, 2001; M. FENSKE, Demokratie erschreiben, 2013, S. 149.

Alles in allem ist es mit den Fünfzigerjahren wie mit dem sprichwörtlichen Glas Wasser. Mal scheint es halbvoll, mal halbleer, und eine klare Meinung sagt oft mehr über den Standpunkt dessen aus, der sie äußert, als über den Gegenstand der Betrachtung. Die Ambivalenz lässt sich nicht auflösen. Wenn schon nicht die Wahrheit, so liegt wenigstens der Mainstream der historischen Forschung mittlerweile zwischen der ›dunklen‹ und der ›hellen‹ Erzählung. Dann ist vom »Janusgesicht«[165] der Epoche die Rede oder von einem »zeitgemäßen Anachronismus«.[166] Die Anfangsjahre der Bundesrepublik erhielten ihre »eigentümliche Prägung« durch »die kräftigen Kontinuitätsstränge« ebenso wie durch »die rapide Modernisierung«.[167] Gerade die »widerspruchsvolle Überlagerung«[168] war ein Zeichen einer »Epoche des Übergangs«, zu deren Beginn noch Lebensmittelkarten verteilt wurden und an deren Ende die *Beatles* ihre ersten Auftritte hatten.[169] Von der unmittelbaren Nachkriegszeit, von Gewalt, Schuld und Elend, wollten viele nichts mehr wissen; der Distanzierungswunsch demgegenüber war stark.

In den Fünfzigerjahren passte nicht unbedingt zusammen, was gleichzeitig vorhanden war: wirtschaftliche Dynamik und die Überwindung einer immensen Katastrophe; ein politischer Systemwechsel; die Bipolarität des ›Kalten Krieges‹ inklusive der deutschen Teilung und das Experiment der europäischen Integration; eine bürgerlich-konservative Parlamentsmehrheit, die es ernsthaft versuchte mit der Demokratie; eine sich liberalisierende Konsumgesellschaft und die Spätblüte eines »katholischen Jahrzehnts«.[170] Es modernisierte sich eine Gesellschaft, die seit Jahrzehnten durchaus schon ›modern‹ war. Es erfolgten die »Grundlegung des Neuen« und »eine Art Abgesang des alten Deutschland«.[171] Dabei waren viele Westdeutsche mit sich im Unreinen: skeptisch, unsicher, unzufrieden. Sie standen unter Spannung zwischen einem Bedürfnis nach ›Normalität‹ und dem Wunsch nach Erneuerung. Die Fünfzigerjahre waren vom Jahr 1930 genauso weit entfernt wie vom Jahr 1980. In politik-, sozial- und kulturhistorischer Hinsicht gibt es kaum eine Phase, in der es stärkere Veränderungen gegeben hätte.

---

[165] H.-P. Schwarz, Ära Adenauer – Epochenwechsel, 1983, S. 333.
[166] U. Herbert, Niemandsland der Moderne, 2004, S. 15.
[167] A. Schildt/D. Siegfried, Deutsche Kulturgeschichte, 2009, S. 95 f.
[168] A. Doering-Manteuffel, Kultur der 50er Jahre, 1993, S. 534.
[169] Mit diesem Kontrast: G. Bollenbeck/G. Kaiser, Die janusköpfigen 50er Jahre, 2000, S. 9.
[170] U. Herbert, Niemandsland der Moderne, 2004, S. 11.
[171] H.-P. Schwarz, Ära Adenauer – Epochenwechsel, 1983, S. 323 f.

5. Aufbau der Untersuchung

Diese Studie gliedert sich in drei große Kapitel, die auf unterschiedliche Art einer gemeinsamen Frage nachgehen: Wie hat die westdeutsche Öffentlichkeit beziehungsweise wie haben Teile dieser Öffentlichkeit den Neubeginn der parlamentarischen Demokratie in Bonn gesehen, reflektiert und diskutiert? Das erste Kapitel nähert sich einer Antwort, indem es sich mit dem *Treibhaus* selbst beschäftigt. Von besonderem Interesse ist dabei, welches Bild Koeppens Roman vom Bonner Parlamentarismus zeichnet und in welchem Nähe-, Mischungs- oder Distanzverhältnis der literarische Text zur politischen Realität der frühen Bundesrepublik steht.

Das zweite Kapitel erkundet die Motivgeschichte der Treibhaus-Metapher und sucht nach ihren Ursprüngen, Vorbildern und symbolisch-politischen Implikationen. Ausgehend vom Umbau der Pädagogischen Akademie zum ersten Parlamentsgebäude der Bundesrepublik Deutschland, vertrete ich dabei die These, dass sich die Treibhaus-Metapher des Romans aus der Bonner Transparenzarchitektur entwickelt hat; die titelgebende Metapher ist die poetische Reaktion auf den in der zeitgenössischen Publizistik weitverbreiteten Topos vom Glas- beziehungsweise Treibhaus. Auf die gläsernen Oberflächen der modernen Parlamentsarchitektur projizierte das *Treibhaus* die Schatten einer düsteren Halbwelt und eines pessimistischen Geschichtsbilds. In Verbindung mit der Metapherntradition der europäischen Literatur entstand daraus eine düstere Satire der westdeutschen Demokratie im ›Wiederaufbau‹.

Das dritte Kapitel schließlich rekonstruiert die zeitgenössische Koeppen-Rezeption: Wie hat die Öffentlichkeit im Jahr 1953/54 reagiert, als ein Roman veröffentlicht wurde, in dem ein unglücklicher Abgeordneter in den Rhein geht? Wie haben die Rezensenten das *Treibhaus* verstanden, was hat ihnen gefallen und was nicht – und aus je welchen Gründen? Im Mittelpunkt dieses Kapitels steht die Frage, wie die Debatte über Koeppens Parlamentsroman den Zustand und das Bild der repräsentativen Demokratie in der frühen Bonner Republik charakterisiert.

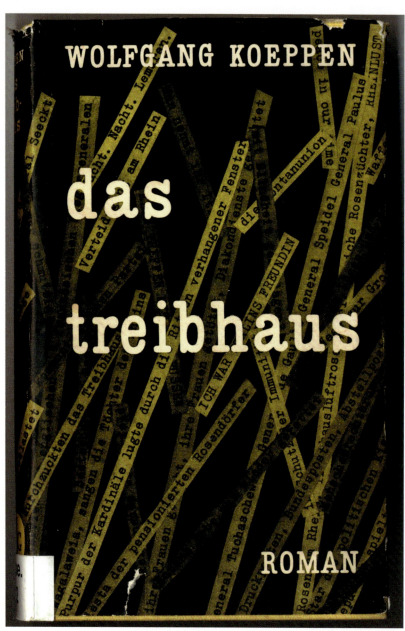

Abb. 2: Buchumschlag der *Treibhaus*-Erstausgabe von 1953 – entworfen vom Stuttgarter Grafiker Gottlieb Ruth. © Wolfgang-Koeppen-Archiv der Universität Greifswald.

Erstes Kapitel

Der unglückliche Abgeordnete
Die frühe Bundesrepublik und ihr Parlamentarismus im Spiegel des *Treibhaus*-Romans von Wolfgang Koeppen

1. Wie das *Treibhaus* entstanden ist

Wolfgang Koeppen schrieb seinen traurig-zornigen Roman über die frühe Bundesrepublik umgeben von Betonwänden in einem ehemaligen Luftschutzbunker. Architektonisch war dieser Bunker in Stuttgart, der zum Hotel umgebaut worden war, das Gegenteil von einem Gewächshaus. »Das Neonlicht strengt beim Schreiben die Augen an«, berichtete Koeppen im Frühjahr 1953 seiner Frau: »Die Luft ist immer etwas dumpf. Das Geklapper der Maschine hallt von den Betonwänden des Bunkers laut zurück.«[1] Gäste betraten das Hotel unter dem Marktplatz, indem sie eine Treppe hinabstiegen – fort von der Helligkeit des Tages und fort vom lebhaften Treiben der Stadt. Atmosphärisch führt das Bunkerhotel, das erst in den Achtzigerjahren geschlossen wurde, zurück in die Stimmung der Nachkriegszeit. Heute erscheint das Szenario beklemmend, gerade angesichts der schlimmen Erinnerungen, die viele Menschen an Luftschutzkeller hatten. Doch im ›Wiederaufbau‹ fand man die Weiterverwendung der Kriegsimmobilie wohl vor allem praktisch, wenigstens für eine Übergangszeit. Für Koeppen wurde das Bunkerhotel in einer Stadt, die ins ›Wirtschaftswunder‹ startete, zu einem »persönlichen Heterotop […], zum Gegenort, an dem der Gesellschaftskörper in Frage gestellt« und die westdeutsche Politik aufs Korn genommen wurden.[2]

Ende April 1953 war der Schriftsteller mit seinen Notizen und einem halbfertigen Manuskript nach Stuttgart ausgewichen.[3] Fernab seines Zuhauses in München suchte Koeppen Ruhe und Einsamkeit, um mit dem *Treibhaus* endlich fertig zu werden. Seiner Frau Marion, die daheim geblieben war, schilderte er die Umstände der Schreib-Klausur in den düstersten Farben: »Der Raum ist wie eine Gefängniszelle gross und Tag und Nacht ohne Licht und mit künstlicher technischer Belüftung. Oben in Stuttgart ist es schwül.«[4] In der Tat war das

---

[1] Brief vom 21. Mai 1953, in: WOLFGANG UND MARION KOEPPEN, 2008, S. 65.
[2] O. KOBOLD, »Keine schlechte Klausur«, 2008, S. 5.
[3] Die Stuttgarter Stationen des Bonn-Romans rekonstruiert: O. KOBOLD, »Keine schlechte Klausur«, 2008. Auskunft über Koeppens Schreibszene geben ferner: A. GRAFE, *Treibhaus* – Kommentar, 2006; H.-U. TREICHEL, *Treibhaus* – Kommentar, 2010, S. 188–206.
[4] Brief vom 24. April 1953, in: WOLFGANG UND MARION KOEPPEN, 2008, S. 34.

Frühjahr 1953 außergewöhnlich warm. Die *Stuttgarter Zeitung* berichtete Ende
Mai von einer »sommerlichen Hitzewetterlage«, mit Temperaturen von mehr
als 30 Grad Celsius; die Freibäder waren voll.[5] Koeppen hingegen klagte mehr-
fach über die »irre drückende Schwüle.«[6] Daher verdanken sich die Treibhaus-
Metapher und die Szenen, bei denen die Romanfigur Keetenheuve in Bonn ins
Schwitzen gerät[7], unter anderem auch dem Empfinden des Autors, als er im
Stuttgarter Talkessel über dem Roman brütete.[8] Am 23. April, unmittelbar nach
seiner Ankunft, erklärte Koeppen, wie beklemmend er den Aufenthalt fand.
Dieses Gefühl verdichtete sich im *Treibhaus* in vielen meteorologischen Be-
schreibungen, es wurde aber seinerseits vom warmen Wetter beeinflusst. »Eine
Hochsommerhitze herrscht schon in diesem Kessel«, meldete Koeppen nach
Hause: »Im Zug hatte ich Herzschmerzen.«[9]

Den Roman schrieb Koeppen in weniger als sechs Wochen zu Ende, von Ende
April bis Anfang Juni 1953 – in einem Kraftakt, nach eigenen Angaben »ohne
Lust«, manchmal »voll Wut« und bis zu zehn Stunden am Tag.[10] Offensichtlich
brauchte er diese Ausnahmesituation, denn Koeppen tat sich immer sehr schwer
mit dem Schreiben. Einige Male aber erlebte er – anstelle der notorischen Probleme, ein Projekt abzuschließen – kurze Schübe von außergewöhnlicher Produktivität. In seiner Werkbiographie war das einmal in den Dreißigerjahren der
Fall, als der junge Autor binnen zweier Jahre zwei Romane veröffentlichte – und
ein zweites Mal in den frühen Fünfzigerjahren, als in kurzer Frist gleich drei Bücher fertig wurden: *Tauben im Gras* (1951), *Das Treibhaus* (1953) und *Der Tod
in Rom* (1954), die sogenannte ›Trilogie des Scheiterns‹.[11] Doch selbst während
dieser hochproduktiven Phasen ging es nicht ohne äußeren Druck und ohne die
intensive Konzentration auf den Text. »Mein idealer Arbeitsplatz wäre ein Raum
mit Klima-Anlage in einem Wolkenkratzer in New York«, behauptete Koeppen
später. Auch das *Treibhaus*-Manuskript hatte sein Verleger mehrfach angemahnt.
Rückblickend meinte Koeppen daher: »Das Bunker-Hotel in Stuttgart war übrigens keine schlechte Klausur.«[12]

---

[5] Artikel »Warmluft direkt aus den Subtropen«; STUTTGARTER ZEITUNG vom 23. Mai 1953; Artikel »Der heißeste Tag«; FAZ vom 19. Mai 1953. – Vgl. O. KOBOLD, »Keine schlechte Klausur«,
2008, S. 10.
[6] Brief vom 4. Mai 1953, abends, in: WOLFGANG UND MARION KOEPPEN, 2008, S. 44.
[7] Etwa während einer Ausschuss-Sitzung: W. KOEPPEN, Werke, Band 5: Das Treibhaus, 2010,
S. 101.
[8] O. KOBOLD, »Keine schlechte Klausur«, 2008, S. 8 f.
[9] Brief vom 23. April 1953, in: WOLFGANG UND MARION KOEPPEN, 2008, S. 30.
[10] Brief vom 5. Mai 1953, in: WOLFGANG UND MARION KOEPPEN, 2008, S. 46.
[11] Woher die vielzitierte Bezeichnung für Koeppens Nachkriegsromane genau stammt, ist unbekannt. Argumente für den Begriff finden sich früh bei: M. REICH-RANICKI, Deutsche Literatur in
Ost und West, 1963, S. 34–54.
[12] Koeppen 1962 im Gespräch mit Horst Bienek, in: W. KOEPPEN, Einer der schreibt, 1995, S. 24.

Abb. 3: Das Bunkerhotel am Marktplatz in Stuttgart.
© Stadtarchiv Stuttgart (F 1417/9).

Koeppen brachte keinen Text zum Abschluss, solange niemand ihm ein strenges Regime verordnete. Als Koeppen bereits mit dem *Treibhaus* befasst war, noch Monate vor der Abschluss-Fron in Stuttgart, gab er in einem Interview mit dem *Süddeutschen Rundfunk* unumwunden zu, wie sehr ihn das Schreiben anstrengte. Im Herbst 1951 war *Tauben im Gras* erschienen, und nachdem dieser Roman einiges Interesse geweckt hatte, interviewten Hans Georg Brenner, der deutsche Übersetzer von Albert Camus und Jean-Paul Sartre, sowie die Journalistin Anne Andresen Koeppen im Mai 1952 fürs Radio. Den beiden erklärte er, dass er »Angst vor dem Schreiben« habe, »und wenn ich eine Gelegenheit habe, dem Schreiben zu entfliehen, tue ich das nur allzu gern«. Seiner Meinung nach habe jeder Schriftsteller »in seiner Arbeitsmethode zuviel Freiheit«; er persönlich brauche »eine gewisse Ordnung und eine gewisse Disziplin«.[13] Das Muster gehörte schon zur Vorgeschichte von Koeppens erstem Roman von 1934. Damals hatten der Verleger Bruno Cassirer und dessen Lektor Max Tau den 28 Jahre jungen, gerade arbeitslos gewordenen Feuilleton-Redakteur regelrecht ein-

---

[13] W. Koeppen, Einer der schreibt, 1995, S. 15.

gesperrt, zunächst im Verlagshaus nahe dem Berliner Tiergarten, anschließend bei einer befreundeten Familie im Grunewald.[14] Das Resultat war Koeppens literarisches Debüt, der Roman *Eine unglückliche Liebe*, veröffentlicht von einem jüdischen Verleger im ›Dritten Reich‹. Seit 1951 – Cassirer war, vor den Nazis geflohen, 1941 in London gestorben – sorgte dann Henry Goverts für die vom Autor benötigte Disziplin.

Wilhelm Henry Goverts (1892–1988) stammte aus einer wohlhabenden Hamburger Kaufmannsfamilie; die Mutter war Engländerin. Schon in den Dreißigerjahren hatte er mit Eugen Claassen einen Verlag geführt. Obschon 1934 gegründet, vermieden die beiden es, Nazi-Literatur ins Programm aufzunehmen. Der größte Erfolg des Verlags war vielmehr die deutsche Ausgabe von Margaret Mitchells Welthit *Vom Winde verweht*.[15] In den Zwanzigerjahren war Goverts bei dem Sozialwissenschaftler Alfred Weber mit einer Arbeit über den britischen Philosophen und Lebensreformer John Ruskin promoviert worden.[16] Das Heidelberger Institut, an dem Goverts als Assistent forschte, galt in der Weimarer Republik als eine ›liberale Insel‹. Zusammen mit Karl Mannheim und Arnold Bergstraesser, zwei renommierten Sozialwissenschaftlern, zählte Goverts zu den Autoren einer Festschrift für Weber, in der er sich mit dem deutschen Wahlrecht auseinandersetzte.[17] Freunde aus diesen Tagen waren zudem der Schriftsteller Carl Zuckmayer sowie die sozialdemokratischen Journalisten Theo Haubach und Carlo Mierendorff, die im ›Dritten Reich‹ zur Widerstandsgruppe des Kreisauer Kreises gehörten.[18] Eine rundum positive Charakterisierung von Goverts findet sich daher in den Dossiers, die Zuckmayer 1943/44 für den amerikanischen Militärgeheimdienst verfasste und in denen er die Schriftsteller, Regisseure und Verleger beurteilte, die in Deutschland geblieben waren. Über Goverts hieß es, er sei »vom Nazi-Einfluss unberührt« und »zuverlässig«,

---

[14] J. DÖRING, *Eine unglückliche Liebe* – Kommentar, 2007, S. 170 f.; S. BAUSCHINGER, Die Cassirers, 2015, S. 122; U. GRAMMBITTER, Cassirer, 2016, S. 206.

[15] E. CLAASSEN/R. GAHRT, Arbeit, 1981, S. 33 f.; A.-M. WALLRATH-JANSSEN, Goverts im Dritten Reich, 2007.

[16] Der Titel lautete: »Deutung der grundlegenden Bestimmungen im Volkserziehungsprogramm des John Ruskin. Ein Beitrag zur Soziologie der Romantik.« Vgl. E. DEMM, Von der Weimarer Republik, 1999, S. 100 und 482.

[17] Goverts plädierte für ein Mehrheitswahlrecht, weil das zu einer »geistesaristokratischen Führerdemokratie« führen werde. Das Verhältniswahlrecht wie in der Weimarer Republik hielt Goverts für nachteilig, weil es Parteien und Verbänden zu viel Einfluss gebe. Die Weimarer Verfassung habe so viele demokratische Elemente wie kaum eine andere Verfassung (allgemeines Wahlrecht, Verhältniswahl, Direktwahl von Präsident und Parlament sowie Volksentscheide), andererseits sei die Unzufriedenheit mit der Demokratie in Deutschland so groß wie fast nirgendwo sonst. Goverts' These lautete: »Verhältniswahl und lebendige Demokratie schließen einander aus.« H. GOVERTS, Wahlverfahren, 1930, S. 159 (erstes Zitat) und S. 121 (zweites Zitat).

[18] E. CLAASSEN/R. GAHRT, Arbeit des Verlegers, 1981, S. 87; E. DEMM, Von der Weimarer Republik, 1999, S. 98 und 427; P. ZIMMERMANN, Haubach, 2002, S. 401–410.

charakterlich ein »›Buddenbrook-Typus‹ der nobleren, ästhetischen Richtung«, für die Besatzungsmacht daher »von großem Wert für alle Art von Verbindung und kulturellem Neuaufbau«.[19]

Diesem Verleger hatte Koeppen, kurz nachdem im Herbst 1951 der Roman *Tauben im Gras* erschienen war, ein weiteres Manuskript angekündigt.[20] *Tauben im Gras* erzählt am Beispiel vieler verschiedener Einzelpersonen die Ereignisse eines einzigen Tages im kriegszerstörten München, vielleicht im Februar 1951. Die Schauplätze zwischen Brauhaus, Jazz-Club und Amerikahaus szenisch wechselnd, zeichnet das Buch ein facettenreiches Gesellschaftspanorama der Nachkriegs- und Besatzungszeit. Es handelt von jungen Mädchen, von Jungs, die keine Perspektive zu haben glauben, und von anderen Außenseitern: einem schwarzen Soldaten der US-Armee und seiner schwangeren Freundin; einem berühmten Dichter auf Europareise, der eine wichtige Rede halten möchte, bei der dann aber die Lautsprecher versagen; sowie von einem deutschen Schriftsteller, der vor lauter Zweifeln nicht mehr schreiben kann. In der Summe bietet der Roman ein Sinnbild der Zerrüttungen, der geistigen Unbehaustheit und der anarchisch anmutenden politischen Zustände nach dem Zweiten Weltkrieg. Wie die titelgebenden Tauben lassen sich die Menschen mal hier, mal dort nieder; ihr Leben scheint von Zufällen oder unerklärlichen Einflüssen bestimmt.[21] Wie Tauben würden sie bald wieder aufbrechen, wohin auch immer – vermutlich in eine ungewisse Zukunft und eine gefährliche Umwelt, wie es der erste Satz des Romans evoziert: »Flieger waren über der Stadt, unheilkündende Vögel. […] Noch waren die Bombenschächte der Flugzeuge leer.«[22]

Als Koeppen seine Nachkriegs-Trilogie schrieb, war er ein freischaffender Schriftsteller Mitte vierzig.[23] Er wohnte mit seiner Frau in München, wo die beiden eher schlecht als recht von seiner Kunst lebten. Zwar nahm die Literaturkritik *Tauben im Gras* recht wohlwollend auf, aber bis Mitte 1952 wurden weniger als 3000 Exemplare verkauft.[24] Das Buch blieb genauso wie Koeppens Veröffentlichungen aus den Dreißigerjahren einem größeren Publikum unbekannt. Entsprechend wenig wusste die Öffentlichkeit von der Biographie des

---

[19] C. ZUCKMAYER, Geheimreport, 2002, S. 18.

[20] W. KOEPPEN, Werke, Band 4: Tauben im Gras, 2006. – Vgl. M. HIELSCHER, Koeppen, 1988, S. 77.

[21] Die Metapher ist eine Anleihe bei der amerikanischen Schriftstellerin Gertrude Stein. In deren Libretto *Four Saints in Three Acts, An Opera to Be Sung* heißt es: »Pigeons on the grass alas, pigeons on the grass.« Zitiert nach: J. KLEIN, Moderne und Intertextualität, 2014, S. 45.

[22] W. KOEPPEN, Werke, Band 4: Tauben im Gras, 2006, S. 9.

[23] Im Spätsommer 1954 hat Koeppen seine freischaffende Arbeitsweise in einem Zeitungsaufsatz selbst thematisiert: Artikel »Ich lebe vom Schreiben«; SÜDDEUTSCHE ZEITUNG vom 25./26. September 1954; wieder gedruckt in: W. KOEPPEN, Gesammelte Werke, Band 5, 1986, S. 236–241.

[24] D. ERLACH, Zeitkritischer Erzähler, 1973, S. 198; H.-U. TREICHEL, *Tauben im Gras* – Kommentar, 2006, S. 247–250.

Autors, der es, wie Marcel Reich-Ranicki meinte, »im Leben, gelinde gesagt,
nicht leicht« gehabt hatte.[25]

Koeppen wurde 1906 in Greifswald geboren, als unehelicher Sohn einer
Frau, die als Näherin schuftete und später am Stadttheater als Souffleuse arbeitete.[26] Der mutmaßliche Vater, ein Privatdozent und praktizierender Augenarzt, verweigerte der Mutter den Unterhalt und verleugnete den Sohn später vor Gericht. Stattdessen frönte der Mann einem extravaganten Hobby: Er
war Ballonfahrer und beim »Pommerschen Verein für Luftschiffahrt« engagiert.
Wolfgang Koeppen hat in seinen Texten später wiederholt Vatermord begangen, etwa indem er Ballonfahrer abstürzen ließ.[27] Auch die sogenannte Vater-
stadt empfand (oder schilderte) Koeppen als einen schrecklichen Ort, desglei-
chen die Schule. Während er den größten Teil seiner Kindheit und Jugend
im ostpreußischen Ortelsburg verbrachte[28], nachdem seine Mutter zu ihrer
Schwester gezogen war, machte er in der Schule die Erfahrung der sozialen Isolation; hier wie dort konnte oder wollte nicht dazugehören. Mit Greifswald
wiederum verband sich das Gefühl, nicht willkommen zu sein – eine Ablehn-
ungserfahrung, die wohl insbesondere Koeppens Mutter gemacht haben dürfte.[29] Bei ihrem Sohn resultierte daraus ein Distanzierungswunsch gegenüber
der Stadt und ihren protestantisch-nationalkonservativen Bürgern[30], vor allem
als Koeppen 1914 mit acht Jahren das (jenseits der Schule) geliebte Ostpreußen verlassen musste und als mittelloses Flüchtlingskind des Ersten Weltkriegs
wieder am Bodden hockte.[31] »Vermutlich wollte ich schon im Mutterleib nicht
in Greifswald sein«, erklärte Koeppen später, und das Zitat mag andeuten, wie
bitter seine Erinnerungen waren.[32] »Dadurch wurde er zum Außenseiter, wo-
runter er anfänglich litt«, schrieb die Psychoanalytikerin Margarete Mitscher-

---

[25] Artikel »Fragen Sie Reich-Ranicki«; Frankfurt Allgemeine Sonntagszeitung vom 22. Februar 2004.
[26] Zur Biographie: G. u. H. Häntzschel, Koeppen, 2006; dies., Koeppen – »Romanfigur«, 2006.
– Wegen der Verknüpfung von Leben und Werk weiterhin anregend: M. Hielscher, Koeppen,
1988.
[27] G. u. H. Häntzschel, Koeppen, 2006, S. 9 f. – Koeppens vaterloses Aufwachsen und das symbolische sowie tatsächliche Entschwinden eines Ballonfahrers sind auch die Motive einer literarischen Phantasie der in Greifswald geborenen Schriftstellerin Judith Schalansky über die Sehnsüchte
einer Kindheit an der Ostsee: J. Schalansky, Blau steht dir nicht, 2008, S. 117–139; dies. Sohn
des Luftschiffers, 2014.
[28] W. Koeppen, Es war einmal in Masuren, 1991.
[29] S. Buske, Fräulein Mutter und ihr Bastard, 2004.
[30] H. Matthiesen, Greifswald in Vorpommern, 2000, F. Bösch, Das konservative Milieu, 2002.
[31] Koeppen habe als Kind in Greifswald und Ostpreußen »zwei Leben« geführt: M. Hielscher,
Koeppen, 1988, S. 8.
[32] Zitiert nach: G. u. H. Häntzschel, Koeppen, 2006, S. 9; dies., Koeppen – »Romanfigur«,
2006, S. 13. – Das 1976 veröffentlichte Fragment Jugend perhorresziert eindringlich eine sprichwört-
lich wilhelminische Welt voller Klassenschranken, Militarismus und Gewalt: W. Koeppen, Werke –
Band 7: Jugend, 2016.

lich (unter dem Eindruck von Koeppens Erinnerungstexten), »was aber später zur Bedingung seiner Existenz wurde und ihn befähigte, die Schwächen, die Heuchelei, die Lieblosigkeit, die Blindheit seiner Umwelt in aller Schärfe wahrzunehmen.«[33] Die Schule verließ der notorische Schwänzer mit vierzehn Jahren ohne Abschluss. Er versuchte sich als Gehilfe in einer Buchhandlung, als Schiffskoch, am Theater und mit anderen Gelegenheitsjobs. Mitte der Zwanzigerjahre ging er in die Großstadt, nach Berlin. Wenig später starb die Mutter. Da war Koeppen gerade neunzehn Jahre alt.

In Berlin begann Koeppen, der zuvor mit expressionistischen Gedichten experimentiert hatte[34], Zeitungsartikel zu veröffentlichen. Die Parteizeitung der KPD, die *Rote Fahne*, und sogar die von Carl von Ossietzky und Kurt Tucholsky geprägte *Weltbühne* druckten ein paar seiner kurzen Texte.[35] Seit April 1932 schrieb der junge Mann für das Feuilleton des *Berliner Börsen-Couriers*. Er begann mit Reportagen aus der Stadt und ihrem Kulturleben, dann verfasste er als freier Mitarbeiter literarische Notizen und Rezensionen, bis er als Redakteur fest angestellt wurde.[36] Der *Berliner Börsen-Courier* war eine renommierte überregionale Tageszeitung, ähnlich der *Frankfurter Zeitung* oder der *Deutschen Allgemeinen Zeitung*. Politisch stand er in einer liberalen Pressetradition: In Wirtschaftsfragen kommentierte der *Berliner Börsen-Courier* seinem Namen entsprechend »hochkapitalistisch«, wie Koeppen meinte, während sich das Feuilleton links und unangepasst gab – Koeppen meinte später: »kulturbolschewistisch«.[37] Seine Anstellung verdankte sich übrigens nicht dem Ausscheiden jüdischer Journalisten nach der ›Machtergreifung‹, denn er wurde im Herbst 1932 Redakteur. Koeppen war ein journalistischer Zeuge der letzten Phase der Weimarer Republik und der ersten Monate des ›Dritten Reichs‹.[38] Zum Jahresende 1933 verlor er die einzige Festanstellung seines Lebens, als der *Berliner Börsen-Courier* mit der *Berliner Börsen-Zeitung* fusioniert wurde und nicht mehr erschien.

Koeppens Zeitungstexte aus dem Jahr 1933 wurden später als überangepasst kritisiert – etwa weil Koeppen den 1925 gestorbenen Verfasser der völkisch-

---

[33] M. MITSCHERLICH, Koeppen, 1983, S. 141 f.
[34] W. KOEPPEN, Unveröffentlichte Gedichte, 2015.
[35] Artikel »Ein Heizer wird toll« von Koeppen; DIE ROTE FAHNE vom 17. Januar 1928; wieder gedruckt in: W. KOEPPEN, Gesammelte Werke, Band 3, 1986, S. 101–103; G. u. H. HÄNTZSCHEL, Koeppen – »Romanfigur«, 2006, S. 41. – Artikel »Kartoffelbuddler in Pommern« von Koeppen; DIE ROTE FAHNE vom 30. September 1928; wieder gedruckt in: W. KOEPPEN, Gesammelte Werke, Band 5, 1986, S. 13–15. – Artikel »Richard Eichberg zörgiebelt« von Koeppen; DIE WELTBÜHNE vom 4. März 1930, Nr. 10/1932; wieder gedruckt in: W. KOEPPEN, Gesammelte Werke, Band 5, 1986, S. 16 f. – Vgl. E. E. HOLLY/B. SÖSEMANN, Weltbühne, 1989, S. 180.
[36] D. BASKER, Chaos, control, and consistency, 1993, S. 27–34 und 331–343.
[37] W. KOEPPEN, Einer der schreibt, 1995, S. 222.
[38] J. DÖRING, Koeppen 1933–1948, 2001, S. 34.

antidemokratischen Schrift *Das dritte Reich*, Arthur Moeller van den Bruck, als einen »der wichtigsten geistigen Wegbereiter des neuen Nationalismus sozialer Prägung« zur Lektüre empfahl.[39] Seit den Achtzigerjahren wurde Koeppen mehrmals vorgeworfen, er habe sich als junger Journalist von der ›nationalen Revolution‹ mitreißen lassen. Im frühen ›Dritten Reich‹ sei auch bei ihm »das Einverständnis zunächst größer [gewesen] als die Reserve«, seine Texte seien höchst ambivalent.[40] Andere Literaturhistoriker bewerteten seine Artikel als naheliegende, vielleicht unvermeidbare Zugeständnisse gegenüber dem NS-Regime.[41] Koeppen selbst war in seinen Auskünften um den Eindruck bemüht, er habe vor allem ›unpolitische‹ Feuilletons geschrieben.

Für die Entstehungsgeschichte des *Treibhaus*-Romans ist *erstens* entscheidend, dass Koeppen dem Journalismus und seinen Schreibanfängen stets treu geblieben ist – zwar nicht in der beruflichen Praxis, aber als ständiger Leser, Verarbeiter und Aneigner publizistischer Quellen aller Art. Koeppen war ein journalistischer Literat oder, wenn man so will, ein Dichter-Journalist zweiter Ordnung. *Zweitens* war er nach 1945 ein freischaffender Schriftsteller, und das unterschied ihn von vielen *public intellectuals*, die sich als Redakteure, Herausgeber oder Hochschullehrer in der westdeutschen Medienöffentlichkeit äußerten.[42] Auch Koeppen meldete sich zu Beginn der Fünfzigerjahre zu Wort, aber er tat dies, indem er Romane über die unmittelbare Gegenwart schrieb. Dass er damit explizit Kritik übte und sich zur politischen, kulturellen und habituellen Opposition bekannte, markierte *drittens* einen Bruch mit dem sich ›unpolitisch‹ gebenden Autor Koeppen vor 1945, der zwar wahrscheinlich mit einem linken Pazifismus wie bei der *Weltbühne* sympathisiert hatte, in politischer Hinsicht aber recht unscheinbar blieb – so unscheinbar, dass er im Jahr 1933 angepasste Zeitungsartikel verfasst hat.[43] Ein *vierter* wichtiger Punkt ist, dass die westdeutsche Öffentlichkeit in den Fünfzigerjahren nicht viel über Koeppen wusste. Gefährten aus dem Literaturbetrieb kannten ihn, vor allem diejenigen, die wie er vor 1945 in Berlin gewesen waren. Darüber hinaus aber war

---

[39] Artikel »Moeller van den Bruck – Von der ›italienischen Schönheit‹ über den ›preußischen Stil‹ zum ›Dritten Reich‹«; BERLINER BÖRSEN-COURIER vom 30. April 1933; wieder gedruckt in: W. KOEPPEN, Gesammelte Werke, Band 6, 1986, S. 26–33. – Vgl. M. HIELSCHER, Koeppen, 1988, S. 48 f.; G. & H. HÄNTZSCHEL, Koeppen, 2006, 23.

[40] Artikel »Ambivalenz« von Karl Prümm; DIE ZEIT vom 21. Februar 1992, Nr. 9/1992, S. 71. – Vgl. K. PRÜMM, Zwiespältiges, 1983; D. BASKER, Chaos, control, and consistency, 1993, S. 34–39; B. FETZ, Vertauschte Köpfe, 1994, S. 22–41; G. u. H. HÄNTZSCHEL, Koeppen – »Romanfigur«, 2006, S. 45 f.

[41] E. OEHLENSCHLÄGER, Augenblick, 1988; M. HIELSCHER, Koeppen, 1988, S. 49 f.

[42] G. JÄGER, Der Schriftsteller als Intellektueller, 2000; J. JURT, Frankreichs engagierte Intellektuelle, 2012, S. 241.

[43] D. ERLACH, Zeitkritischer Erzähler, 1973, S. 177; D. BASKER, Chaos, control, and consistency, 1993, S. 38 f.

Koeppen ein unbeschriebenes Blatt. Das änderte sich mit seinen drei Romanen über die frühe Bundesrepublik.

Abb. 4: Wolfgang Koeppen in den Fünfzigerjahren – fotografiert von Ruth Schramm. © Ruth Schramm – Druckvorlage des Wolfgang-Koeppen-Archivs der Universität Greifswald.

Was genau Koeppen und sein Verleger zum Jahreswechsel 1951/52 vereinbart hatten über die Idee, die schließlich zum *Treibhaus* führte, ist im Einzelnen nicht überliefert. Im Sommer 1952 erinnerte jedoch Goverts seinen Autor daran, dass er einen »kleinen Roman« erwarte, der »in das Leben eines Bundestagsabgeordneten hineinspiele«. Von dem politischen Thema erhoffe er sich »aufsehenerregende Diskussionen«, die »auch das Ausland interessieren« dürften.[44] Bald darauf war in dem Briefwechsel die Rede davon, dass es in dem Roman »um das geistige Schicksal im öffentlichen Leben« gehen solle, und zwar »für die Jahre 1933 bis heute«. Goverts schrieb ermutigend, er finde:

---

[44] Hier und im Folgenden: Goverts an Koeppen, Brief vom 23. Juli 1952; WKA/UB Greifswald 24462. – Vgl. K. Krüger, Koeppens Briefe, 2014.

das Thema mit den zwei tragenden Figuren, von denen die eine emigriert und 1945
zurückkehrt, die andere in Deutschland blieb und ihre Konzessionen machte und
dann Bundestagsabgeordneter wird, insofern interessant, weil es um die aktuelle Auseinandersetzung geht, ob sie richtig handelten und was sie tun können, um das geis-
tig-politische Schicksal mit seinem restaurativen Charakter in Westdeutschland zu
ändern.[45]

Mit Sicherheit begann die Vorgeschichte des *Treibhaus*-Romans früher.[46] Denn
in allen Briefen, die seit dem Sommer 1952 überliefert sind, versuchte Goverts,
Koeppen zum Schreiben zu motivieren. Daher spricht einiges für die Annahme,
dass die *Treibhaus*-Idee und verschiedene Skizzen älteren Datums sind. Einzelne
Spuren lassen sich bis ins Jahr 1947 zurückverfolgen.[47] Das betrifft etwa die Figur einer »Tochter des Gauleiters«, wie es im *Treibhaus* Keetenheuves Ehefrau
Elke ist. Außerdem finden sich in einem Notizbuch, in dem Koeppen Eindrücke vom Tod seiner Tante im Oktober 1952 festhielt, Überlegungen über einen
möglichen Titel des Romans.[48] Allerdings waren bis ins zweite Halbjahr 1952
hinein wohl nur Skizzen vorhanden, darunter Einfälle und einige Szenen, die
später verworfen wurden.[49] Insofern kann man die entscheidende Schreibszene
auf eine Phase etwa zwischen Spätherbst 1952 und Frühsommer 1953 datieren.

Mit Blick auf Koeppens Gesamtwerk fällt darüber hinaus auf, dass darin mehrere Stoffe und Motive immer wiederkehren. Einige seiner Lebensthemen sind
die Beschreibung der Großstadt (sogar wenn es sich um Bonn handelt), inklusive der literarischen Verdichtung von Architektur, Atmosphäre und Lebensgefühl, sowie die Stilisierung von Außenseiterfiguren, die nicht zuletzt an der Liebe
leiden. Eng damit verbunden ist eine chronische Wut auf bürgerlich-christliche
Moralvorstellungen und Familienbilder, ein Gefühl, das literarisch mit Spott
und Verachtung abreagiert wird. Hinzu kommen Zweifel an den Möglichkeiten
beziehungsweise am Sinn menschlicher Kommunikation, woraus die für Koeppen typischen Motive der Fremdheit, der Ohnmacht und Resignation resultie-
ren. Auch die Gegenüberstellung von Technik und Künstlichkeit mit einer ur-
wüchsigen Natur findet sich mehrfach.[50]

Henry Goverts war es schließlich, der Koeppen drängte, für das *Treibhaus* wenigstens einmal nach Bonn zu fahren. Schon im Brief mit der ersten überlieferten Erwähnung des Roman-Projekts fand der Verleger, dass die Recherche vor
Ort eine gute Idee sei. Natürlich werde er bei der Organisation der Reise helfen,

---

45 Goverts an Koeppen, Brief vom 2. August 1952; WKA/UB Greifswald 24463.
46 A. Grafe, *Das Treibhaus* – Kommentar, 2006, S. 206.
47 A. Grafe, Koeppens Beziehung zum Rowohlt Verlag, 2006, S. 80.
48 Brief vom 15. Oktober 1952, in: Marion und Wolfgang Koeppen, 2008, S. 28 f.
49 A. Grafe, *Das Treibhaus* – Kommentar, 2006, S. 207.
50 G. Müller-Waldeck, Ein expressionistischer Dichter, 2015, S. 303.

so Goverts: »Ein Freund von mir in Bonn, der den Bundestag-Betrieb immer aufs schärfste kritisiert und selbst eine Komödie über Bonn schreiben möchte, wäre gerne bereit, Ihnen dort alles zu zeigen.«[51] Koeppen hatte demgegenüber so seine Bedenken. Er wollte jedwede Beeinflussung vermeiden und zur Wahrung seiner Unabhängigkeit am liebsten mit niemandem in der Bundeshauptstadt sprechen. Noch Anfang 1953 erklärte Koeppen, dass er »einen Roman und keine Reportage schreibe (nicht einmal eine Schlüsselgeschichte)«. Zwar interessiere ihn durchaus der »Blick hinter die Kulissen«, zuallererst gehe es ihm jedoch um seine »Freiheit«. Ob sein Buch »den Herrn Bundeswirtschaftsminister interessieren, erfreuen oder ärgern wird«, könne er nicht sagen.[52]

Dass Koeppen hier Ludwig Erhard erwähnte, hatte mit dem von Goverts vermittelten Kontakt zu tun. Bei seinem Bekannten in Bonn handelte es sich um Kuno Ockhardt, den Leiter der Presseabteilung im Bundesministerium für Wirtschaft.[53] Eigentlich hätten sich Koeppen und Ockhardt gut verstehen können: Sie waren gleich alt und hatten einen ähnlichen beruflichen Hintergrund im Medien- und Kulturbetrieb. Bis 1933 hatte Ockhardt in Berlin als Handelsredakteur, anschließend bis 1936 als Verlagsleiter im Ullstein-Verlag gearbeitet. Danach war er, bis zu seiner Einberufung zur Wehrmacht, Produktionschef der Tobis-Filmkunst GmbH gewesen. Während Ockhardt mit Erhard, für den er seit 1947 arbeitete, gut auskam, hatte er es sonst in Bonn weniger leicht. Seine Gegner lasteten ihm insbesondere Mängel in der Öffentlichkeitsarbeit des Wirtschaftsministeriums an.[54] Unabhängig davon ging Goverts, Koeppen weiter zur Reise drängend, auf die Autonomie-Besorgnisse seines Autors ein:

> Was nun Herrn Kuno Ockhardt in Bonn betrifft, so bin ich lange Jahre mit ihm befreundet. Privat wollte er Ihnen einmal Bonn zeigen, nicht als Pressechef; und der Herr Minister Erhard hat gar nichts mit der Angelegenheit zu tun. Im Herbst wie zu Weihnachten erzählte uns Ockhardt eine schöne Bonner Geschichte nach der anderen. Und da er ein grosser Kritiker an diesem Bonn ist, das er ›Bonndorf‹ nennt und dessen Betrieb er genauestens kennt, machte ich ihm den Vorschlag, ob er Ihnen nicht einmal dieses Bonn näher zeigen könnte. Dieses Zeigen erfolgt ohne jede Absicht in Hinblick auf ein späteres Werk.[55]

[51] Goverts an Koeppen, Brief vom 23. Juli 1952; WKA/UB Greifswald 24462.
[52] Koeppen an Goverts, Brief vom 25. Januar 1953; WKA/UB Greifswald 24495.
[53] A. Grafe, Treibhaus – Kommentar, 2006, S. 208; H.-U. Treichel, Treibhaus – Kommentar, 2010, S. 192. – Biographische Angaben bei: B. Löffler, Marktwirtschaft, 2002, S. 263. – Vgl. D. Koerfer, Kampf ums Kanzleramt, 1998 [1987], S. 46 und 154; V. Hentschel, Erhard, 1998 [1996], S. 86.
[54] B. Löffler, Marktwirtschaft, 2002, S. 292 f.
[55] Goverts an Koeppen, Brief vom 29. Januar 1953; WKA/UB Greifswald 24464.

Abb. 5: Bonn-Ansichtskarte in Koeppens Nachlass. Auf der Rückseite notierte der Autor handschriftlich: »Schirme wie Fliegenpilze / rot m[it] weiss[en] Tupfen / Bäume Pappeln.« © Rheinischer Ansichtskarten-Verlag Jos. Kessel – Druckvorlage des Wolfgang-Koeppen-Archivs der Universität Greifswald. Vgl. G. u. H. Häntzschel, Koeppen – »Romanfigur«, 2006, S. 95.

Im Februar 1953 besuchte Koeppen *nolens volens* für ein paar Tage die Bundeshauptstadt. Genauer lässt sich der Ortstermin nicht eingrenzen, weil sich der Schriftsteller später mehrfach widersprüchlich dazu geäußert hat: Mal sagte er, sein Aufenthalt sei »ganz kurz, 48 Stunden« gewesen, ein andermal waren es »fünf Tage ungefähr«, in der längsten Version wollte er sogar »acht Tage« in Bonn gewesen sein.[56] Die Annahme, dass die Reise jedoch tatsächlich stattgefunden hat, wird untermauert durch maschinenschriftliche Aufzeichnungen sowie einige Postkarten, die sich im Nachlass Koeppens befinden (Abb. 5). Seine Notizen sind undatiert und geben keine Auskunft über den zeitlichen Rahmen der Reise. Demnach sprach Koeppen jedoch mit einem Informanten, den er mit »M.« abkürzte (was für Ministerium stehen könnte) und der ausgiebig über Bonn und die »Verprovinzialisierung des Geistes« dort lästerte. Einige seiner Geschichten fanden Eingang ins *Treibhaus*, etwa die eingehende Beschreibung des Wetters: »Subtropisches Klima. Man schwitzt

---

[56] Einzelnachweise bei: H.-U. Treichel, *Treibhaus* – Kommentar, 2010, S. 193.

dauernd.«[57] In jedem Fall kann man davon ausgehen, dass Koeppen, der stets ein großer Reiseschriftsteller war[58], seine Vorstellung von Bonn vor Ort überprüft hat, dass er dabei auch den Plenarsaal besichtigt hat und seine Beobachtungen anschließend literarisch verdichtete. »Im Bundeshaus: ein Führer-Erklärer, der genau wie Adenauer aussieht und spricht«, notierte Koeppen.[59] Im *Treibhaus* sollte es später heißen:

> Wie Merkwürdig! Der Hausbeamte in dunkler Dienstkleidung, der die Neugierigen führte, sah genau wie der Kanzler aus […], und er sprach mit dem Dialektanklang des bedeutenden Staatsmannes. (In monarchistischer Zeit trugen die treuen Diener die Barttracht der Könige und Kaiser.)[60]

2. Bonn, 19. März 1953: Überschneidungen zwischen Parlamentsberichterstattung und Roman

Der Kontext des *Treibhaus*-Romans umfasst weit mehr als den Ausflug, den der Autor nach Bonn unternommen hat. Wolfgang Koeppen war zeitlebens ein leidenschaftlicher Leser[61], und natürlich prägte und beeinflusste das sein Schreiben. Wie die bereits erwähnten Verweise auf Schiller, Büchner und Kästner belegen[62], fühlte sich Koeppen vor allem in der Literatur zuhause. Zu seinem Schreibstil gehörten der weitgehende Verzicht auf Handlung sowie die Verwischung der Chronologie, vor allem aber zeichnete er sich durch unzählige Rekurse auf anderswo Geschriebenes aus: auf Romane und Gedichte, auf Märchen und Mythen.[63] Koeppens Lesehunger galt nicht allein literarischen Werken, sondern ebenso sehr aktuellen Zeitungen und Zeitschriften, etwa der *Zeit* oder dem *Spiegel*, der im Roman einmal namentlich erwähnt wird.[64] Koeppens Zeitzeugenschaft war insofern die Zeitzeugenschaft eines notorischen Zeitungslesers.[65] Des-

---

[57] Aufzeichnungen aus Bonn; WKA/UB Greifswald, M 436 (18720), Entwürfe M 37-1 bis 37-5. – Vgl. R. Ulrich, Vom »Magischen Sehen«, 1999; H.-U. Treichel, *Treibhaus* – Kommentar, 2010, S. 194.

[58] W. Koeppen, Werke, Band 8: Nach Rußland, 2007; ders, Werke, Band 9: Amerikafahrt, 2008; ders., Werke, Band 10: Reisen nach Frankreich, 2008. – C. Haas, Koeppen – eine Lektüre, 1998, S. 97–105; W. Erhart, *Nach Rußland* – Kommentar, 2007, S. 388–400; U. Leuschner, Koeppen unterwegs, 2008.

[59] Aufzeichnungen aus Bonn; WKA/UB Greifswald, M 436 (18720), Entwurf M 37-2.

[60] W. Koeppen, Werke, Band 5: Das Treibhaus, 2010, S. 53.

[61] Koeppen meinte, »das wichtigste Ereignis in meinem Leben war überhaupt, daß ich Lesen gelernt habe«: H. L. Arnold, Gespräche, 1975, S. 111.

[62] Siehe S. 15.

[63] M. Hielscher, Zitierte Moderne, 1988, S. 10.

[64] W. Koeppen, Werke, Band 5: Das Treibhaus, 2010, S. 34.

[65] Koeppen berichtete, der »Nennonkel« in Ortelsburg, bei dem er Teile seiner Kindheit verbracht hat, habe fünf oder sechs Zeitungen abonniert gehabt, darunter den *Vorwärts*, die *Kreuz-Zeitung*

halb ist das *Treibhaus* ein Literaturroman – und zugleich ein Speicher medialer Diskurse, zumal Koeppen seinen Roman praktisch in Echtzeit zum politischen Tagesgeschehen geschrieben hat.[66] Die durchgehende Verbindung seiner ästhetischen Weltwahrnehmung mit der aktuellen Publizistik über das politische Tagesgeschehen gehört zur Poetik von Koeppens Nachkriegstrilogie – auch wenn die zweite Hälfte des Referenzraums bisher nur ansatzweise durchmessen wurde.[67]

Im *Treibhaus* finden sich – neben Koeppens Eindrücken aus Bonn – realpolitische Ereignisse wieder, persönlich reflektiert und literarisch verdichtet. Eine Realvorlage für die Erzählhandlung kann man sogar genau datieren: Es ist die 255. Sitzung des ersten Bundestages am 19. März 1953. An diesem Donnerstag fand in Bonn die dritte und abschließende Lesung des Deutschland- und des EVG-Vertrags statt. Es ist genau diese historische Situation, auf die der *Treibhaus*-Plot zusteuert und in der das politische Scheitern Keetenheuves kulminiert.[68] Im Roman gilt der Abgeordnete als »ein Stein auf dem Weg des Kanzlers«[69] zur Ratifizierung der Westverträge – als ein Stolperstein allerdings, der mittels einer politisch-medialen Intrige aus dem Weg geräumt wird. Für diese Romanszene stand ein konkretes Ereignis Pate, das sich am 19. März 1953 im Bundestag ereignet hat und über das in den Medien berichtet wurde. Aus heutiger Sicht handelt es sich dabei um eine längst vergessene Episode.[70] Im Hinblick auf das *Treibhaus* gehört die kleine Geschichte jedoch zu den »Katalysatoren«, die als realpolitische Ereignisse Koeppens Phantasie angeregt haben und in den Parlamentsroman eingeflossen sind.[71]

Als Keetenheuve den weltläufigen Journalisten Philip Dana trifft, macht dieser »Nestor unter den Korrespondenten«[72] den Abgeordneten auf ein Interview mit französischen und britischen Generälen aufmerksam. Demnach meinen die Militärs, dass in der geplanten Europaarmee eine Verewigung der deutschen Teilung angelegt sei, und sie halten genau das für den einzig bleibenden Erfolg des Zweiten Weltkriegs. Dana vermutet, dass die vermeintlich regierungstreue Presse dieses Interview, wenn sie überhaupt darüber berichtete, irgendwo zwischen anderen Nachrichten verstecken werde. Keetenheuve begreift: Wenn

oder das *Berliner Tageblatt*. So habe »schon mit acht Jahren [...] meine Laufbahn als Zeitungsleser« begonnen: H. L. ARNOLD, Gespräche, 1975, S. 112.

66 H.-U. TREICHEL, *Treibhaus* – Kommentar, 2010, S. 217.

67 R. FELLINGER, Koeppen als Leser, 2006.

68 D. ERLACH, Zeitkritischer Erzähler, 1973, S. 67 f.; S. CRAVEN, Modernist Alienation, 1982, S. 216; H. BUCHHOLZ, Eine eigene Wahrheit, 1982, S. 111;

69 W. KOEPPEN, Werke, Band 5: Das Treibhaus, 2010, S. 126.

70 Die Affäre wird noch in einer frühen zeithistorischen Studie über die Außenpolitik in Adenauers Kanzlerdemokratie analysiert: A. BARING, Außenpolitik, Band 2, 1969, S. 243–250.

71 R. FELLINGER, Koeppen als Leser, 2006, S. 100. – Zum Begriff »Katalysator«, der aus dem *Treibhaus* stammt, siehe S. 79.

72 W. KOEPPEN, Werke, Band 5: Das Treibhaus, 2010, S. 68.

er die Absage der Generäle an das Ziel der Wiedervereinigung und ihre heimliche Freude über die deutsche Teilung im Bonner Parlament öffentlich bekanntmachen würde, wer weiß, vielleicht könnte dann eine Mehrheit der Abgeordneten gegen die Westverträge stimmen – »diese Äußerung war im Bund reines Dynamit«.[73]

Doch obwohl Keetenheuve sich bemüht, das Pulver bis zur Plenardebatte trocken zu halten, hat ein anderer Bonner Journalist, Keetenheuves alter Bekannter Mergentheim, bereits Lunte gerochen. Auch ihm ist das Interview zugespielt worden, und so nehmen die Dinge ihren Lauf. Am Morgen der entscheidenden Abstimmung, auf dem Weg ins Bundeshaus, muss Keetenheuve in Mergentheims Zeitung einen groß aufgemachten Bericht lesen, in dem die Generäle zitiert werden. Das Überraschungsmoment war Keetenheuve genommen, denn nun konnte sich der Kanzler darauf vorbereiten, dass das Interview angesprochen werden würde, und schnell ein Dementi der französischen und der britischen Regierung einholen. Ins Plenum kommt daher nicht Keetenheuve mit einer brisanten Geheim-Information, sondern der Kanzler mit der offiziellen Versicherung aus Paris und London, dass kein Widerspruch zwischen der geplanten Europaarmee und der Wiedervereinigung bestehe. Keetenheuves Dynamit war entschärft.

Tatsächlich hatte die *Zeit* am 19. März 1953, dem Tag der dritten Lesung der Westverträge, auf der ersten Seite eine »Geheimabmachung über die endgültige Spaltung Deutschlands« enthüllt.[74] In Bonn war die Wochenzeitung schon am Vorabend verteilt worden, und Bundeskanzler Adenauer hatte – nachdem ihn der Vorsitzende der CDU/CSU-Fraktion, Heinrich von Brentano, auf den Artikel aufmerksam gemacht hatte – einen Referenten losgeschickt, um ein Exemplar zu besorgen. In der *Zeit* hieß es:

> Gerade noch rechtzeitig vor der letzten Lesung der deutsch-alliierten Verträge im Bundestag sind die Hintergedanken zweier Vertragspartner enthüllt worden. Der international angesehene Journalist Kingsbury Smith, Direktor der amerikanischen Nachrichtenagentur International News Service in Europa, berichtet: »Zwei französische Kabinettsmitglieder und einer der führenden alliierten Botschafter in Paris vertraten unabhängig voneinander in einem Gespräch mit mir die Ansicht, daß die französische, die britische und die sowjetische Regierung gegen die Wiederbewaffnung Deutschlands seien.« [...] Wir haben es also mit einem *Agreement to desagree* [sic!], einer geheimen Abmachung über die Verewigung der Spaltung Deutschlands zu tun, die von England und Frankreich hinter dem Rücken Deutschlands und Amerikas mit der Sowjetunion geschlossen worden ist.[75]

---

[73] W. Koeppen, Werke, Band 5: Das Treibhaus, 2010, S. 70.
[74] Artikel »Auf krummen Wegen«; Die Zeit vom 19. März 1953, Nr. 12/1953, S. 1.
[75] Artikel »Auf krummen Wegen«; Die Zeit vom 19. März 1953, Nr. 12/1953, S. 1.

In seiner Regierungserklärung ging Adenauer ausführlich auf diesen für ihn hochproblematischen *Zeit*-Text ein. Der Bundeskanzler bezeichnete ihn als »perfiden Artikel« und »eine Brunnenvergiftung übelster Art«. Verfasst hatte den Bericht der Journalist Paul Bourdin, seines Zeichen immerhin ein früherer Regierungssprecher. Im Winter 1949/50 hatte Bourdin das Presse- und Informationsamt der Bundesregierung geleitet, wenn auch nur für vier Monate.[76] Drei Jahre später legte Adenauer nun Wert auf große Distanz zu seinem ehemaligen Staatssekretär. Einen Zwischenruf des SPD-Abgeordneten Otto-Heinrich Greve, Bourdin sei dem Bundeskanzler doch bestens vertraut, beantwortete Adenauer ebenso knapp wie vielsagend: »Habe ich gekannt!«[77]

Adenauer versicherte, wenn es, wie von der *Zeit* behauptet, wirklich eine Geheimabmachung gegen die Wiedervereinigung geben sollte, dann würde er dem Bundestag den Vertrag über die Verteidigungsgemeinschaft niemals zur Ratifikation vorlegen. Darüber hinaus hatte der Bundeskanzler noch eine andere Nachricht für die Abgeordneten: Nachdem ihm von dem *Zeit*-Artikel berichtet worden sei, habe er sofort den französischen Ministerpräsidenten und den britischen Außenminister um einen Kommentar gebeten. Adenauer agierte also genauso, wie es der Kanzler im *Treibhaus* tut. Er parierte den publizistischen Angriff auf die Ratifizierung mit Dementis aus Paris und London. Im Plenum erklärte Adenauer: »Ich bin in der Lage, Ihnen heute die Antworten der beiden Herren mitzuteilen.« Indem der Bundeskanzler die offiziellen Stellungnahmen von René Mayer und Anthony Eden verlas, tat er die Enthüllung der *Zeit* souverän als ein »absurdes und lächerliches Phantasiegebilde« ab.

Dem ersten Redner der Opposition, dem SPD-Vorsitzenden Erich Ollenhauer, blieb nichts anderes übrig, als die Erklärungen der französischen und britischen Regierung »zur Kenntnis« zu nehmen. Er wolle »in diesem Augenblick nur sagen: Ich bin dankbar dafür, daß der Herr Bundeskanzler so schnell versucht hat, eine Klärung dieser Angelegenheit durch Rückfragen in London und Paris herbeizuführen.«[78] Der Ratifizierung der Verträge stand nichts mehr im Wege; die Stimmen der Koalitionsabgeordneten waren eindeutig in der Mehrheit. Auch der *Spiegel* meinte daher, dass der *Zeit*-Artikel für Adenauers Rede am Ende doch recht nützlich gewesen sei. Pünktlich habe die Regierung sich die Dementis besorgt, andernfalls, so erläuterte der *Spiegel*:

---

[76] H.-D. FISCHER, Regierungssprecher, 1981, S. 30. – Die Zeit im BPA war für Bourdin weniger erfolgreich als die journalistische Karriere. »Seine schönsten Jahre«, bilanzierte die *FAZ* im Nachruf, habe Bourdin vor dem Zweiten Weltkrieg in Paris verbracht, als Mitarbeiter der *Frankfurter Zeitung* und ihrer Korrespondenten Benno Reifenberg und Friedrich Sieburg: »Paul Bourdin«; FAZ vom 26. Oktober 1955.

[77] Hier und im Folgenden: 255. Sitzung vom 19. März 1953, in: BT STEN.BER., Bd. 15, S. 12306–12308.

[78] Hier und im Folgenden: 255. Sitzung vom 19. März 1953, in: BT STEN.BER., Bd. 15, S. 12319.

… wäre SPD-Chef Erich Ollenhauer aufgestanden und hätte in seiner Rede vor dem Bundestag Kingsbury Smith zitiert und die Regierung in eine peinliche Lage gebracht. So mußte Erich Ollenhauer eine dreiviertel Seite aus seinem vorbereiteten Manuskript streichen.[79]

Den Verdacht, dass die *Zeit*-Geschichte dem Bundeskanzler nicht ungelegen gekommen sei, äußerten während Adenauers Ausführungen im Plenum schon die Zwischenrufer der KPD. Allen voran Heinz Renner vermutete, Adenauer habe den Artikel »selber bestellt«. Der Abgeordnete nannte Bourdin einen »Kronjournalist[en]« der Regierung und unterstellte, der ehemalige Regierungssprecher habe seinem früheren Chef einen Gefallen getan, wahrscheinlich gegen Bezahlung.[80] Dieselbe Meinung hörte auf der Pressetribüne von einem Kollegen ein weiterer *Zeit*-Journalist, Josef Müller-Marein; so zitierte er jedenfalls den anonymen Korrespondenten in seiner Parlamentsreportage. Der Bundeskanzler habe wohl Bourdins Geschichte selbst angeregt, um einen besseren Auftritt zu bekommen, meinte demnach der ungenannte Reporter: »Aber sehen Sie doch die Situation!«[81] Die Journalisten auf der Pressetribüne registrierten, dass Adenauer »der souveräne Beherrscher des Bundestags« war – mithilfe der Dementis aus Paris und London:

> Dies, die Ansicht der Parlamentsbeobachter am Josephstag [dem 19. März, B.W.] in Bonn, die, zunächst verblüfft, dann bewundernd, konstatierten: Ja, dreimal ja! Adenauer hatte – bei aller Schärfe – in der Sache recht, denn er ist für das *ganze* Deutschland eingetreten, und dies war bei aller Schnelligkeit, mit der er die englischen und französischen Erklärungen erzwang, ein politisches Meisterstück. Drunten, am ersten Pult der Sozialdemokraten, wußte Ollenhauer in diesem Moment, daß er selbst nicht in der Lage sein werde, obwohl er darauf vorbereitet war, den Fall der westlichen Zweiteilungspolitiker anzuführen. […] Adenauer hatte dem Führer der Opposition die Argumente im vorhinein weggenommen.

Ähnlich bewertete Gerd Bucerius die Angelegenheit, der Verleger der *Zeit* und zugleich CDU-Abgeordneter im Bundestag. Nachdem Bucerius sich am 19. März 1953 im Plenum mit einer persönlichen Erklärung gemeldet hatte, weil seine Zeitung ins Gerede gekommen war (»Wir haben es eben beide nicht ganz leicht mit der Presse, Herr Bundeskanzler!«)[82], folgte eine Woche später auf der Titelseite der *Zeit* »ein Wort des Verlegers«.[83] Da die Affäre mit den Demen-

---

79 Artikel »Strategischer Gewinn«; DER SPIEGEL vom 25. März 1953, Heft 13/1953, S. 5–8.
80 255. Sitzung vom 19. März 1953, in: BT STEN.BER., Bd. 15, S. 12307.
81 Hier und im Folgenden: »Der Tag, an dem das Parlament zustimmte«; DIE ZEIT vom 26. März 1953, Nr. 13/53, S. 2.
82 Abg. Bucerius (CDU) in der 255. Sitzung am 19. März 1953, in: BT STEN.BER., Bd. 15, S. 12361.
83 Hier und im Folgenden: »Ein Wort des Verlegers«; DIE ZEIT vom 26. März 1953, Nr. 13/53, S. 1.

tis schnell aus der Welt geschafft werden konnte, sei der Artikel dem Bundeskanzler doch alles in allem »sehr gelegen« gekommen, erklärte Bucerius:

> Wir wissen, daß sich Herr Ollenhauer für seine Rede zur dritten Lesung die Sache
> Kingsbury Smith ausführlich vorgemerkt hatte und darüber des längeren zu sprechen
> gedachte. So konnte der Kanzler ihm zuvorkommen, und es schilt sich doch leichter
> mit einer Zeitung als mit dem Führer der Opposition.

Bemerkenswert ist schließlich Adenauers Resümee der Ereignisse, nachdem die
Ratifizierung erfolgreich über die Bühne gegangen war. Am Tag darauf erklärte
er bei einem seiner vertraulichen ›Teegespräche‹ mit ausgewählten Journalisten,
Bourdins Artikel »hätte die Sache zu Fall bringen können«.[84] Der Bundeskanzler meinte insbesondere das Risiko, dass sich eine Mehrheit des Bundestages
aus Sorge vor öffentlicher Empörung für eine Vertagung der Ratifizierung ausgesprochen hätte. Eine parlamentarische Vertagung wiederum hätte Adenauers
groß angelegte Reise nach Washington im April 1953 stark beeinträchtigt – und
das vor der Bundestagswahl 1953, von der die Kanzlerschaft und seine Westpolitik abhängig waren.[85] Deshalb galt ihm der »entsetzliche Artikel« am Ende
als »ein besonderer Glücksfall«. Bei einer CDU-Veranstaltung einige Tage später ging Adenauer nochmals auf den *Zeit*-Beitrag ein. Die schnelle Antwort aus
London und Paris »sei ein Beweis dafür, daß der deutsche Name in der Welt
wieder etwas gelte«, sagte er selbstbewusst laut Deutscher Presse-Agentur: »Ein
Telegramm des deutschen Bundeskanzlers habe in kürzester Frist die notwendige Klärung in der Verwirrung herbeigeführt, die durch den Artikel der *Zeit*
entstanden sei, der *wie eine vernichtende Bombe* für die Verabschiedung der Verträge habe wirken können.«[86]

Der Amerikaner Kingsbury Smith, auf den sich der *Zeit*-Artikel berufen hatte,
kann mithin als ein Vorbild für den Journalisten Philip Dana im *Treibhaus* gelten – bei allen Unterschieden, die der Fiktionalisierung geschuldet sind. Im Roman wird Dana als der »Nestor der Korrespondenten« beschrieben, der »sanft
und anscheinend weise zu Bonn in einem Schaukelstuhl« sitzt und von diesem
Alterssitz aus »den Pendelschlag der Weltpolitik« beobachtet:

> Er war der schönste unter den schönen und geschäftigen Greisen der Politik. Mit
> schlohweißem glänzendem Haar sah er aus, als käme er immer gerade aus dem
> Wind, den er sich in der Welt hatte um die Ohren wehen lassen. […] Dana war seit
> vierzig Jahren bei allen Kriegen und allen Konferenzen, die den Schlachten folgten
> und den neuen Angriffen vorangingen, dabei gewesen; er hatte die Dummheit der

---

[84] Hier und im Folgenden: Adenauer – Teegespräche 1950–1954, 1984, Dok. 42, hier S. 431 f.
[85] Zur Wahlkampf-Bedeutung der Amerikareise: F. Bösch, Adenauer-CDU, 2001, S. 153.
[86] Artikel »Adenauer: Ein Telegramm klärte die Lage«; FAZ vom 23. März 1953 [Hervorhebung
B. W.]

Diplomaten mit Schaufeln geschluckt, er hatte Blinde als Führer gesehen und hatte Taube vergeblich vor heranbrausenden Katastrophen gewarnt, er hatte tollwütige Hunde erlebt, die sich Patrioten schimpften, und Lenin, Tschiangkaischek, Kaiser Wilhelm, Mussolini, Hitler und Stalin hatten vor ihm im weißen Kleid der Engel gestanden, die Taube auf der Schulter, den Palmenwedel in der Hand, und gesegnet sei der Frieden des Erdkreises.[87]

Auch der Korrespondent Joseph Kingsbury Smith hatte in seiner journalistischen Karriere Weltnachrichten vermeldet. Geboren 1908 in New York, leitete er von 1944 bis 1955 die Europa-Abteilung der amerikanischen Nachrichtenagentur *International News Service*, zunächst in London, dann in Paris. Im Oktober 1946 war Kingsbury Smith einer der wenigen Journalisten gewesen, die in Nürnberg bei der Hinrichtung der verurteilten Kriegsverbrecher als Zeugen zugegen waren. Während der Berliner Luftbrücke übermittelte Kingsbury Smith exklusive Informationen Stalins über das bevorstehende Ende der Blockade, und 1956 wurde Kingsbury Smith für eine Interviewserie mit dem KPdSU-Chef Nikita Chruschtschow und anderen sowjetischen Politikern mit dem Pulitzer-Preis ausgezeichnet.[88] Der »diplomatischer als mancher Diplomat aussehende Journalist«, wie der *Spiegel* 1950 anerkennend schrieb (»der schönste unter den schönen und geschäftigen Greisen der Politik«, heißt es im *Treibhaus*), war da »längst als politischer Reporter erster Garnitur bekannt«.[89] Im März 1950 hatte auch Bundeskanzler Adenauer dem amerikanischen Journalisten zwei weithin beachtete Interviews gegeben – und darin nicht weniger vorgeschlagen als eine vollständige politische Union zwischen der Bundesrepublik und Frankreich (wohlgemerkt wenige Wochen bevor der französische Außenminister Robert Schuman seinen Plan vorstellte, der im Jahr darauf zur Gründung der Europäischen Gemeinschaft für Kohle und Stahl führte).[90] In dieser frühen Phase der Bundesrepublik, als der diplomatische Dienst erst wieder aufgebaut wurde, nutzte Adenauer Interviews mit ausländischen Journalisten, um in der internationalen Öffentlichkeit und bei Entscheidungsträgern Gehör zu finden.[91]

Nun kann man weder den SPD-Politiker Ollenhauer mit der Romanfigur Keetenheuve gleichsetzen noch den fiktiven Journalisten Dana mit dem Korrespondenten Kingsbury Smith. Entscheidend ist vielmehr, dass die zentrale

---

[87] W. KOEPPEN, Werke. Band 5: Das Treibhaus, 2010, S. 68 f.
[88] Nachruf auf Joseph Kingsbury Smith; NEW YORK TIMES vom 5. Februar 1999.
[89] Artikel »Liebe zu Marianne«; DER SPIEGEL vom 30. März 1950, Nr. 13/1950, S. 12.
[90] Interview des Bundeskanzlers mit Kingsbury Smith für die Nachrichtenagentur *International News Service*, geführt am 6. März 1950. – Vgl. Artikel »Eine deutsch-französische Union«; FAZ vom 8. März 1950; »Adenauer: Sofort eine Wirtschaftsunion«; FAZ vom 22. März 1950.
[91] Artikel »Adenauer verteidigt seine Methoden«; FAZ vom 31. März 1950. – K. ADENAUER, Erinnerungen 1945–1953, 1965, S. 311–316; H.-P. SCHWARZ, Adenauer – Aufstieg, 1986, S. 700–702 und S. 711.

Intrige aus dem *Treibhaus* ziemlich unmittelbar aus der Parlamentsberichterstattung vom März 1953 stammt. Da es sich beim *Treibhaus* aber um eine literarische Verarbeitung handelt, ist das aktuelle Geschehen nicht die einzige Refe-
renz-Ebene, auf der Entdeckungen möglich sind. Als weitere Inspirationsquelle
kommt die Literatur hinzu, wie sich ebenfalls an Danas Beispiel erläutern lässt.
Während dessen Renommee als »Nestor der Korrespondenten« an den Amerikaner Kingsbury Smith erinnert, trägt der weise und etwas zynisch gewordene
Journalist aus dem *Treibhaus* den Namen eines anderen ›echten‹ Amerikaners:
Der Politiker und Schriftsteller Richard Henry Dana jr. vertrat im 19. Jahrhundert als Rechtsanwalt die Belange von Matrosen, deren soziale Lage den Frei-
heits- und Gleichheitsversprechen der amerikanischen Revolution Hohn sprach.
Auch die Abschaffung der Sklaverei unterstützte Dana, dessen Großvater 1778
die Konföderationsartikel mit unterzeichnet hatte. Von 1861 bis 1866 wirkte
Dana als Staatsanwalt von Massachusetts, wo er die Republikanische Partei mit-
begründet hat und im Parlament saß; später war er für den Botschafterposten in
London im Gespräch.[92]

Literarischen Ruhm verdankte dieser Richard Henry Dana jr. einer autobiographischen Seefahrergeschichte. Auch der maritime Hintergrund klingt bei
dem Journalisten im *Treibhaus* an, der auf dem »Presseschiff« arbeitet, »erhaben
über Flut und Ebbe amtlicher Verlautbarungen« blickt und dabei so aussieht,
»als käme er immer gerade aus dem Wind«.[93] *Two Years Before the Mast* hieß Danas 1840 erschienenes Buch. Es ist der Erlebnisbericht einer Segelfahrt von Boston über Kap Horn nach Kalifornien und wieder zurück. Beschrieben wird darin, wie ein Ich-Erzähler vom Anfänger zum Matrosen reift und beginnt, Partei
für das harte Los der Seeleute zu ergreifen. Das Buch war insofern autobiographisch, als Dana zwischen seinen juristischen Ausbildungsstationen auf einem
solchen Schiff angeheuert hatte und zwei Jahre lang bis nach Kalifornien gesegelt war.[94] Als Seefahrergeschichte sowie als sozialkritische Gegenwartsliteratur beeinflusste *Two Years Before the Mast* Herman Melville und seinen Roman
Moby Dick.[95]

Auch Koeppen, der aus der Hansestadt Greifswald stammte und mit fünfzehn
als Küchenjunge auf einem Frachtdampfer nach Nordfinnland gefahren war[96],
schätzte *Two Years Before the Mast*. Im August 1933 hatte Koeppen im *Berliner*

---

[92] K. MUDGETT, Writing the Seaman's Tale, 2013, S. 35–37.
[93] W. KOEPPEN, Werke, Band 5: Das Treibhaus, 2010, S. 57 (erstes Zitat) und S. 68 (zweites und
drittes Zitat).
[94] K. MUDGETT, Writing the Seaman's Tale, 2013, S. 105–135.
[95] K. MUDGETT, Writing the Seaman's Tale, 2013, S. XXVII und 40 f.
[96] G. u. H. HÄNTZSCHEL, Koeppen, 2006, S. 15. – Von dieser Fahrt handelte einer der frühen publizierten Texte Koeppens: »Ein Heizer wird toll«; DIE ROTE FAHNE vom 17. Januar 1928; wieder
gedruckt in: G. u. H. HÄNTZSCHEL, Koeppen – »Romanfigur«, 2006, S. 41.

Börsen-Courier einen Aufsatz über Richard Henry Dana jr. verfasst.[97] Zwei Jahrzehnte später tauchte Dana im *Treibhaus* wieder auf, im Namen eines weltläufigen Journalisten und in einer Überblendung mit dem amerikanischen Journalisten Joseph Kingsbury Smith. Doch ist die Verdichtung damit noch nicht dicht genug. Hinzu kommt eine dritte Bedeutungsebene des Namens, denn DANA war die Abkürzung einer Vorläufer-Agentur der Deutschen Presse-Agentur (dpa). Im Herbst 1945 war DANA, die Deutsche Allgemeine Nachrichtenagentur, in der amerikanischen Besatzungszone gegründet worden; nach dem Ende der Besatzungszeit fusionierte sie mit anderen zur dpa.[98] Schließlich rekurriert die Korrespondentenfigur aus dem *Treibhaus* noch auf eine der Beobachtungen, die Koeppen, der ehemalige Berliner Zeitungsreporter und Feuilletonist, selbst in Bonn gemacht hatte. Als er im Bundeshaus das öffentliche Restaurant besuchte, notierte er: »Im Restaurant: der Bundesbürger. Aber auch ausländische Journalisten. Ein kleiner Zerknautschter, kurzärmeliges Hemd, räkelt sich auf seinem Stuhl, trinkt eine Tasse Kaffee und isst ein Stück Kuchen. Dichtes graues Haar. Augen haben schon viel gesehen. (vielleicht ist es Kronika).«[99]

Jacob Kronika, den Koeppen vielleicht erkannt zu haben meinte, war der Deutschland-Korrespondent verschiedener skandinavischer Zeitungen. Schon in Berlin hatte der aus einer dänischen Familie stammende Kronika, der im Grenzland bei Flensburg aufgewachsen war, seit 1932 als Journalist gearbeitet. Möglicherweise hat Koeppen, der gleichfalls 1932 Redakteur beim *Berliner Börsen-Courier* wurde, ihn dabei einmal gesehen. Kronika wurde neben seiner Korrespondententätigkeit von den deutschen Behörden überdies als Sprecher der südschleswigschen dänischen Minderheit anerkannt. Im ›Dritten Reich‹ bedeutete diese Mission eine Gratwanderung zwischen Kollaboration und Diplomatie.[100] So erschien 1935 in Dänemark der Roman *Revolution*, in dem Kronika seine Beobachtungen zu einem optimistischen Bild der ›nationalen Revolution‹ in Deutschland verarbeitete. Kurz nach dem Krieg veröffentlichte Kronika dann einen Dokumentarbericht über die Kämpfe in der Reichshauptstadt, der 1946 auf Deutsch veröffentlicht wurde: *Der Untergang Berlins*.[101] Im *Treibhaus* wird die publizistische Wandelbarkeit des Korrespondenten etwas verschlüsselt verspottet, als Keetenheuve sich nach seinem Besuch bei Dana *en passant* erinnert:

[97] Artikel »Das alte Kap Horn« von Koeppen; BERLINER BÖRSEN-COURIER vom 15. August 1933 (Abendausgabe). – Vgl. D. BASKER, Chaos, control, and consistency, 1993, S. 56; C. HAAS, Koeppen – eine Lektüre, 1998, S. 147.
[98] J. SCHMITZ, Nachrichtenagentur, 1987.
[99] Aufzeichnungen aus Bonn; WKA/UB Greifswald, M 436 (18720), Entwurf M 37-3.
[100] V. JESPERSEN, Kronika, 1979–84; S. KRINGS, Hitlers Pressechef, 2010, S. 271 und 424. – Vgl. F. HUBER, Kind, 2015, S. 81–85.
[101] J. KRONIKA, Untergang Berlins, 1946.

Dana schrieb ein Buch über Hitler, das er als Bestseller plante und als Bestseller absetzte; so brachte ihm sein Abscheu viel Geld ein. Keetenheuve hatte seine Antipathie für alles Braune nur arm und flüchtig gemacht, und er bewunderte Danas Tüchtigkeit nicht ganz neidlos und mit der kritischen Einschränkung, daß Danas Verführerbuch doch eben nur ein Bestseller sei, seicht und geschickt aufgemacht.[102]

Am Beispiel der Korrespondenten-Figur Dana wird deutlich, wie Koeppen verschiedene Eindrücke zu einer extrem verdichteten Beschreibung seiner Weltwahrnehmung verbunden hat, die nicht zuletzt das Resultat seiner Lektüren war. Dana aus dem *Treibhaus* trägt Züge der beiden realen Bonner Journalisten Kingsbury Smith und Kronika – sowie zugleich den Namen eines amerikanischen Schriftstellers und einer Nachrichtenagentur, die Koeppen mit Sicherheit kannte. Für seinen Parlamentsroman griff der Schriftsteller sowohl auf seine großen literarischen Kenntnisse als auch auf die aktuelle Berichterstattung zurück, und diese beiden Elemente verarbeitete er mit eigenen Eindrücken und seiner Phantasie zu einem satirischen Roman über den ersten Bundestag.

3. Wagner und die *Weltbühne*: Des Abgeordneten Zugfahrt nach Bonn

Das *Treibhaus* ist ein recht schmales Buch; die im November 1953 veröffentlichte Erstausgabe umfaßte gerade einmal 224 Druckseiten. Die aber hatten es in sich: Die Erzählung endet damit, dass sich der unglückliche Abgeordnete in den Rhein stürzt. Zuvor handelt der Roman von den beiden Tagen, die Keetenheuve wegen der Parlamentsabstimmung über den EVG-Vertrag und die ›Wiederbewaffnung‹ in Bonn verbringt. Doch bereits bevor die Geschichte von Keetenheuves Scheitern im Bundestag einsetzt, hatte es einen Todesfall gegeben: seine Ehefrau. Das politische Leben ihres Mannes war ihr unerträglich geworden, Keetenheuve hatte sie vernachlässigt wegen der »vielen Beschäftigungen, in die er sich immer weiter verstrickte und die ihn immer mehr enttäuschten«.[103] Im Hinblick auf das private Leben des Protagonisten erzählt das *Treibhaus* die Geschichte einer verlorenen Liebe. Während er Reden vorbereitete, über Programmen brütete und um Wählerstimmen warb, hatte sie, »die ihm stets vorgeworfen hatte, daß er nur in der Welt der Bücher lebe«[104], sich in Affären mit Frauen und in den Alkohol geflüchtet, und dabei war sie immer weiter abgerutscht. Die Handlung beginnt daher damit, dass Keetenheuve

---

[102] W. Koeppen, Werke, Band 5: Das Treibhaus, 2010, S. 70.
[103] W. Koeppen, Werke, Band 5: Das Treibhaus, 2010, S. 16.
[104] W. Koeppen, Werke, Band 5: Das Treibhaus, 2010, S. 11.

im Zug nach Bonn sitzt und, von Elkes Beerdigung kommend, seinen Gedanken nachhängt.

Von Anfang an ist das *Treibhaus* ein Roman der Trauer und des Abschiednehmens. Daraus ergibt sich der zentrale, nicht aufzulösende Grundkonflikt, um den herum das *Treibhaus* konstruiert ist: Einerseits geht es ums Sterben, um die Vergänglichkeit, ja Vergeblichkeit des menschlichen Tuns, während die Geschichte andererseits von einem jungen Staat handelt, der sich erst im Aufbau befindet: der frühen Bundesrepublik. Wenn man das *Treibhaus* von diesem Anfang (dem mit Trauer, Selbstmitleid und Rachewünschen gegenüber der Geliebten seiner Frau durchsetzten Nachdenken des Witwers) sowie von seinem Ende her interpretiert (dem Selbstmord des Abgeordneten auf der Brücke)[105], hat der Roman, wie der Schriftsteller Uwe Timm treffend formulierte, »eine dunkle Grundierung von Tod, ja sogar Todessehnsucht«.[106]

Das sah auch Wolfgang Koeppen ähnlich. Seiner Frau beschrieb er das *Treibhaus* als »[d]ieses furchtbare, dieses schwarze, dieses niederdrückende, tausendmal durch die Lauge des Pessimismus gezogene Buch!«[107] Dabei ist es aufschlussreich, dass Koeppen dies eben seiner Frau schrieb. Wie man aus dem Briefwechsel von Wolfgang und Marion Koeppen weiß, der nach dem Tod der beiden ediert wurde, entspricht die private Krise der Romanfigur Keetenheuve nicht zuletzt den autobiographischen Erfahrungen des Autors. In einigen Passagen ist das *Treibhaus* daher sehr privat: ein Monolog unter Eheleuten, bei dem es dem Autor darum ging, persönlich Erlebtes zu reflektieren, in eine textliche Form zu bringen und so zu verarbeiten. Da sich Koeppens Buch aber zugleich an ein (abstraktes) Lesepublikum richtet, zumal weil es ein politisches Thema hat, gehören diese privaten Aspekte zu den Widersprüchen des Romans.[108] Wie im zweiten Kapitel genauer dargelegt werden wird, passt der Konflikt zwischen ›innen‹ und ›außen‹, zwischen ›privat‹ und ›öffentlich‹ perfekt zur Treibhaus-Metaphorik.

---

[105] M. Hielscher, Koeppen, 1988, S. 15: »Alle Bücher Koeppens […] besitzen die Rondoform.«

[106] U. Timm, Seine Zeit, 2007, S. 182. – Vgl. K.-H. Götze, Koeppen: Treibhaus, 1985, S. 83–86; M. Hielscher, Zitierte Moderne, 1988, S. 27.

[107] Brief Wolfgang Koeppens vom 21. Mai 1953, in: Wolfgang und Marion Koeppen, 2008, S. 66.

[108] Am 27. April 1953 schrieb er: »Es steht mit der Arbeit [am *Treibhaus*] gefährlich. Durch die Spannungen der Ungererstrasse ist in das Manuskript das persönliche Drama hineingerutscht, das mit der Geschichte des Abgeordneten (die ich schreiben wollte) keine allzu glückliche Verbindung eingegangen ist, und die Kritik könnte alles sehr gesucht und an den Haaren herbeigezogen finden. Der Abgeordnete hat […] eine lesbische Frau und seitenlang bewegt sich die Handlung in den Lokalen der Invertierten und ergeht sich in bitteren Schilderungen […]. Das hat mit der politischen Handlung überhaupt nichts zu tun, und eine lesbische Frau ist nicht typisch für einen deutschen Bundestagsabgeordneten. Ich möchte diese Frau aus dem Roman rausschmeissen. Aber werde ich das in München können?« Wolfgang und Marion Koeppen, 2008, S. 35 f.

Davon abgesehen hat das *Treibhaus* kaum linearen Plot, sondern es beschreibt einen Zustand. Die Erzählzeit ist verdichtet auf die knapp zwei Tage, die Keetenheuve in der Bundeshauptstadt verbringt. Räumlich spielt sich alles auf dem kleinen Gebiet zwischen Bonn und Bad Godesberg ab. Im Mittelpunkt steht die Abstimmung im Bundestag, in deren Vorbereitung wie gesehen eine politisch-mediale Intrige beschrieben wird, mit der Keetenheuves Oppositionsgeist gebrochen werden soll. Vor allem aber dreht sich das *Treibhaus* um die traurige Gedankenwelt des Protagonisten: »Alle Personen außer Keetenheuve, deren Handlungen und Motive, sind seine Projektionen«, erläuterte Literaturwissenschaftler Erhard Schütz die Erzählperspektive.[109]

Keetenheuve reist mit dem Zug; er schwitzt, trinkt, schreibt und denkt. Das *Treibhaus* konzentriert sich auf seine Beobachtungen; es folgt seinen autobiographischen Rückblicken ebenso wie seinen düsteren Visionen: Durch seine Augen erscheint die Zukunft nicht als etwas, das irgendwie mitgestaltet werden könnte, sondern als ein unausweichlich-tragisches Schicksal. »Die Nachkriegsepoche ist Vorkriegsepoche, von Vergangenheit determiniert«, übertrug der Schriftsteller und Koeppen-Interpret Hans-Ulrich Treichel die Konsequenzen der Erzählperspektive auf die Weltanschauung des Romans.[110] Oft scheint das Geschichtsbild im *Treibhaus* eher mythisch als historisch, wirkt der Roman sogar unpolitisch – ganz so, als seien keine Entwicklungen zu erwarten, schon gar keine Verbesserungen, als könne man gar nichts tun. Wenn es im politischen Sinne links ist, an den Fortschritt zu glauben, an das Gute im Menschen oder an die Kraft von Utopien, dann zählt das *Treibhaus* nicht zur Linken. Bei Koeppen herrschen vielmehr »Angst und Schrecken als Dauerzustand«.[111] Das Leben in der Welt scheint fürchterlich, unabhängig vom Zustand des politischen Systems.

»Wagalaweia, rollten die Räder«, heißt es mythologisierend schon auf der ersten Seite, während Keetenheuve nach Bonn fährt: »Er saß im Nibelungenexpreß. Es dunstete nach neuem Anstrich, nach Renovation und Restauration; es reiste sich gut mit der deutschen Bundesbahn; und draußen waren die Wagen blutrot lackiert.«[112] Mit diesem »Wagalaweia«, dem Gesang der Rheintöchter aus dem *Rheingold*, mit der Erwähnung des Zwergs Alberich sowie des »Fememörder[s] Hagen« wird Keetenheuves Weg nach Bonn, wird seine Bahnfahrt entlang des Rheins mit Hinweisen auf die Musik von Richard Wagner verknüpft. Überhaupt ist die Sprache im *Treibhaus* kunstvoll und sehr musikalisch.

---

[109] E. SCHÜTZ, Dilettant, 1987, S. 279. – Zur Erzählperspektive im *Treibhaus*, die eine Unterscheidung von Erzähler und Protagonist schwierig bis unmöglich macht: D. ERLACH, Zeitkritischer Erzähler, 1973, S. 89–91; B. USKE, Geschichte und ästhetisches Verhalten, 1984, S. 53 f.

[110] H.-U. TREICHEL, Fragment ohne Ende, 1984, S. 50.

[111] Y. LEONHARD, Erzählungen vom Aufbruch?, 1983, S. 397.

[112] W. KOEPPEN, Werke, Band 5: Das Treibhaus, 2010, S. 9.

Immer wieder werden Motive, die einmal angeklungen sind, Seiten später wieder aufgegriffen. So hat die Zugfahrt erzählerisch die Funktion, den Rhein in den Roman einzuführen, in dem Keetenheuves Schicksal enden wird. Dabei geht es nicht bloß um eine geographische Verortung, denn die Rede ist hier vom deutschen Schicksalsfluss.[113] Der Rhein wird im *Treibhaus* leitmotivisch immer in Verbindung zu Wagner gedacht, der wiederum die durch den Nationalsozialismus vergiftete deutsche Kultur symbolisiert:

> Hier hatte der Hort gelegen, unter den Wellen das Gold, in einer Felsenhöhle, der verborgene Schatz. Er wurde geraubt, gestohlen, unterschlagen, verflucht. List, Hinterlist, Lug, Trug, Mord, Tapferkeit, Treue, Verrat und Nebel in Ewigkeit, Amen. Wagalaweia, sangen die Töchter des Rheins. [...] In Bayreuth schwebten die Mädchen in Schaukeln über die Bühne, glitzernde Huldinnen. Den Diktator hatte der Anblick belebt, warm war es ihm ins Mark gestiegen, die Hand überm Koppelschloß, das Schmachthaar in die Stirn, die Mütze geradegerückt, aus dumpfem Brüten entfaltete sich Zerstörung.[114]

Die Gleichsetzung von Wagner mit dem aggressiven deutschen Nationalismus, namentlich Hitlers ›Drittem Reich‹, findet sich so bereits bei dem von Koeppen verehrten Publizisten und Pazifisten Carl von Ossietzky. Ossietzky hatte am 21. Februar 1933, wenige Tage vor der Nacht des Reichstagsbrands, die auch die Nacht seiner eigenen Verhaftung wurde, in einer der letzten Ausgaben der von ihm herausgegebenen *Weltbühne* geschrieben, Wagner sei der »genialste Verführer, den Deutschland je gekannt« habe.[115] Düster prophezeite Ossietzky, dass im Zuge von Hitlers ›Machtergreifung‹ nun ganz Deutschland in eine Wagner-Oper verwandelt werden solle und dass der Komponist aus dem 19. Jahrhundert insofern eine wesentlich größere Bedeutung habe als eine bloß musikalische:

> Aber Richard Wagner wirkt fort, ein tönendes Gespenst, zu Zwecken beschworen, die mit Kunst nichts mehr zu tun haben, ein Opiat zur Vernebelung der Geister. Zum zweitenmal soll aus Deutschland eine Wagner-Oper werden, Siegmund und Sieglinde, Wotan, Hunding, Alberich und der ganze Walkürenchor und die Rheintöchter dazu sind –
>
> Heiajaheia!
>
> Wallalaleia heiajahei!
>
> über Nacht hereingebrochen mit der Forderung, über Leiber und Seelen zu herrschen.«

---

[113] M.-L. v. Plessen (Hg.), Rhein, 2016.
[114] W. Koeppen, Werke, Band 5: Das Treibhaus, 2010, S. 24 f.
[115] Hier und im Folgenden: »Richard Wagner«; Die Weltbühne vom 21. Februar 1933; wieder gedruckt in: C. v. Ossietzky, Schriften – Band 6, 1994, S. 478–483, hier S. 482 f.

Es ist anzunehmen, dass Koeppen diesen Text aus der *Weltbühne* kannte – nicht nur, weil er einen seiner ersten Artikel in der *Weltbühne* veröffentlicht hatte.[116] Darüber hinaus gehörte Koeppen, gemeinsam mit seinem journalistischen Mentor, dem Theaterkritiker Herbert Ihering, sowie mit Lion Feuchtwanger und Erich Kästner, zu den Berliner Schriftstellern und Feuilletonisten, die Ossietzky im Mai 1932 demonstrativ zum Haftantritt nach Tegel begleitet haben.[117] Daher ist es umso aufschlussreicher, dass die erste Seite des *Treibhaus*-Romans, zwanzig Jahre nach dem *Weltbühnen*-Text von 1933, diesen Hinweis auf Wagner, auf die *Götterdämmerung* und die, wie es im *Treibhaus* heißt, »Furcht vor dem Frieden«[118] wiederholt. Die intertextuelle Anspielung – die zugleich auf das Finale des *Ring*-Zyklus hindeutet, auf das brennende Walhall und Hagens Sturz in den Rhein (!) – assoziiert das, was in der westdeutschen Nachkriegsöffentlichkeit unter dem Stichwort ›Restauration‹ diskutiert wurde, mit einer erneuten Kriegsgefahr. Dem neuartigen Charakter der Bonner Republik, gerade auch ihrer sicherheitspolitischen Westbindung, wird im *Treibhaus* nicht vertraut. Stattdessen erscheint die ›Wiederbewaffnung‹ als ›Restauration‹ des deutschen Militarismus und Nationalismus[119], als Rückkehr zu »Nibelungentreue«[120], »Dolchstoßlegende«[121] und »Endsieg«[122] im Zeichen apokalyptischer Bedrohungen.

Wenn man das *Treibhaus* ein weiteres Mal von seinem Anfang (Keetenheuve, der im »Nibelungenexpreß« am Rhein entlang nach Bonn fährt) sowie von seinem Ende her interpretiert (dem Sprung des Abgeordneten von der Brücke), wiederholt der Roman die Struktur von Wagners *Ring des Nibelungen*[123], und zwar unter Bezug auf Ossietzkys Hitler-Analogie aus der *Weltbühne*. Wie Wagners Oper beginnt das *Treibhaus* am Rhein, und wie Wagners Oper endet der Roman im Rhein – mit der von Uwe Timm beschriebenen »dunkle[n] Grundie-

---

[116] Zusammenfassend: A. GALLUS, Heimat Weltbühne, 2012, S. 51–61.

[117] Die von Ossietzky herausgegebene *Weltbühne* hatte eine Zusammenarbeit der Reichswehr mit der Luftfahrtindustrie und den De-facto-Aufbau einer Luftwaffe enthüllt, was nach dem Versailler Vertrag nicht erlaubt war. Daraufhin wurde Ossietzky 1932 im sogenannten *Weltbühnen*-Prozess wegen des Verrats militärischer Geheimnisse verurteilt: S. BERKHOLZ, Ossietzky, 1988, S. 62; C. v. OSSIETZKY, Schriften – Band 7, 1994, S. 436–438 und S. 1025; W. BOLDT, Ossietzky, 2013, S. 708–728.

[118] W. KOEPPEN, Werke, Band 5: Das Treibhaus, 2010, S. 9.

[119] D. ERLACH, Zeitkritischer Erzähler, 1973, S. 172.

[120] So bezeichnete am 29. März 1909 im Reichstag Kanzler Bernhard von Bülow das Verhältnis zwischen dem Deutschen und dem Habsburgerreich: K. HILDEBRAND, Das vergangene Reich, 1995, S. 244 f.

[121] B. BARTH, Dolchstoß-Legenden, 2003.

[122] In einer vom Rundfunk übertragenen Rede zum zehnten Jahrestag der ›Machtergreifung‹ parallelisierte Hermann Göring die militärische Lage in Stalingrad mit dem Opfer der Burgunder: P. KRÜGER, Etzels Halle, 1991.

[123] H. SCHAUER, Denkformen und Wertesysteme, 2004, S. 122.

rung von Tod, ja sogar Todessehnsucht«. Carl von Ossietzky hatte seinerzeit in ähnlicher Treibhaus-Metaphorik über die fatale politische Wirkungsgeschichte Wagners geschrieben: »Wie schwül ist das alles, was für ein Kompott zerkochter und zerquetschter Lüste!«[124]

Abb. 6: Alberich und die Rheintöchter – Gemälde (um 1895) von Ferdinand Leeke nach dem *Rheingold* von Richard Wagner. © akg-images (AKG79093).

Den heterogenen, in jedem Fall linksintellektuellen Charakter der Weimarer *Weltbühne* hat der Historiker Riccardo Bavaj mit den folgenden Elementen auf den Punkt gebracht: Den meisten der rund 400 Autoren der *Weltbühne* ging es um eine pazifistisch motivierte Kritik am deutschen Militarismus, auch um Kritik an der vermeintlich zu großen Kompromissbereitschaft der SPD – und darüber hinaus allgemein um den publizistischen Kampf gegen das Fortwirken autoritär-vordemokratischer Mentalitäten und Strukturen, etwa in der Justiz und bei der Zensurpraxis.[125] Bei der *Weltbühne* führte das zu einer, wie Elmar Holly und Bernd Sösemann schrieben, »sich im Laufe der Jahre verstärkenden Tendenz zur grundsätzlichen Opposition«.[126] Mit dem *Treibhaus* wurden all diese antimilitä-

---

[124] Artikel »Richard Wagner«; Die Weltbühne vom 21. Februar 1933; wieder gedruckt in: C. v. Ossietzky, Schriften – Band 6, 1994, S. 478–483, hier S. 481.
[125] R. Bavaj, Von links gegen Weimar, 2005, S. 410.
[126] E. E. Holly/B. Sösemann, Weltbühne, 1989, S. 8.

risch-linksintellektuellen Kritikpunkte aus der Weimarer Zeit in die frühe Bonner Republik übertragen. Wenn es also links ist, aus pazifistischen Motiven die Westbindungspolitik von Adenauers Bundesregierung abzulehnen, gehört das *Treibhaus* – trotz seines antiutopischen Geschichtsbilds – dann doch zur geistesgeschichtlichen Tradition der Linken.

Allerdings haben die Anspielungen bei Koeppen in der Regel nicht nur einen einzigen Bezugspunkt. »Wagalaweia, heulte die Lokomotive«[127], heißt es leicht variiert wenige Seiten weiter im *Treibhaus*, und in dieser Überblendung von Mythos (Rheintöchter) und moderner Technik (Eisenbahn) war der »Nibelungen-Expreß«, mit dem Keetenheuve nach Bonn fährt, unverkennbar eine Anspielung auf den realen Rheingold-Express, eine Fernverkehrsverbindung der Bundesbahn, deren beige-weinrot gefärbte Wagen von der Schweiz durchs Rheintal in die Niederlande fuhren.[128] Während der fiktive Abgeordnete im »Nibelungen-Expreß« seinen Gedanken nachhängt, erwähnt das *Treibhaus* die verschiedenen Zielorte und Umsteigemöglichkeiten des Zuges. Dabei handelt es sich um mehr als bloß um eine Paraphrase des Streckennetzes der Bundesbahn, denn die Szene zeichnet Keetenheuve als passives Objekt der Geschichte: Grübelnd wartet er ab, während der Zug (und der Rhein) die Subjekte der Bewegung sind.[129] Die Eisenbahn ist im *Treibhaus* nicht mehr – wie es Lokomotiven in der Literatur des 19. Jahrhunderts oft waren – ein Zeichen des Fortschritts oder gar der Revolution. Stattdessen wird der Zug zum Symbol der ›Restauration‹ umgedeutet.

Darüber hinaus haben die genannten geographischen Orte eine weitere politisch-metaphorische Bedeutung.[130] Der Kurswagen Rom steht für den scheinbar übermächtigen Katholizismus, »das Purpur der Kardinäle lugte durch die Ritzen verhangener Fenster«.[131] Dortmund und »die Schlote des Reviers« repräsentieren Kohle, Stahl und Schwerindustrie, welche zum einen die Basis für den ›Wiederaufbau‹ legten, zum anderen aber auch die ›Wiederbewaffnung‹ ermöglichten. Die Orte München, Wien, Bayreuth und Passau mit seiner Nibelungenhalle sind in diesem Sinne räumliche Metaphern für den Nationalsozialismus[132], während London, Hoek van Holland und »die Götterdämmerung der

127 W. KOEPPEN, Werke, Band 5: Das Treibhaus, 2010, S. 13.
128 K. KOSCHINSKI, DB in dem 1950ern, 2015, S. 84 f.
129 H.-U. TREICHEL, Fragment ohne Ende, 1984, S. 29.
130 H. SCHAUER, Denkformen und Wertesysteme, 2004, S. 122 f.
131 Hier und im Folgenden: W. KOEPPEN, Werke, Band 5: Das Treibhaus, 2010, S. 13.
132 In München, wo der Wagner-Fan und verhinderte Künstler Adolf Hitler seine Weltanschauung aus Nationalismus, Antisemitismus und Antiliberalismus konstruierte, herrschte 1919 »ein einzigartiges politisches Treibhausklima, in dem die Austauschbeziehungen zwischen Kunst und Politik intensiver waren als in jeder anderen deutschen Großstadt«: W. PYTA, Hitler, 2015, S. 15. – Vgl. B. HAMANN, Hitlers Wien, 1996; DIES., Hitlers Bayreuth, 2002.

Exporteure« für den Handel stehen, gemeinsam mit den »Schloten des Reviers«. Alles in allem zeichnet dieses Streckennetz auch eine *mental map* von Westbindung und europäischer Integration, von Montanunion und Europäischer Verteidigungsgemeinschaft, so wie sie im *Treibhaus* entworfen wird: kapitalistisch, katholisch-abendländisch – und brandgefährlich.

Abb. 7: Rheingold-Express im Kölner Hauptbahnhof, um 1951. © Bildarchiv Eisenbahnstiftung; Fotograf Fischer.

Die Szene von Keetenheuves Eisenbahnfahrt ist, wie der gesamte Roman, metaphorisch stark verdichtet.[133] Auf wenigen Seiten wird das private Drama des Protagonisten beleuchtet, werden der Rhein, Wagner, die EVG, die Nazis und Carl von Ossietzky angerissen – wobei diese Aufzählung noch lange nicht vollständig ist. Auch parlamentsgeschichtlich ist die Zugreise ein wichtiges Motiv. Paul Löbe etwa, der Alterspräsident des ersten Bundestages und langjährige Präsident des Reichstags in der Weimarer Republik, erwähnte – als er in seinen Memoiren die Nationalversammlung von 1919 schilderte – explizit die Reise

---

[133] D. ERLACH, Zeitkritischer Erzähler, 1973, S. 117; K.-H. GÖTZE, Koeppen: Treibhaus, 1985, S. 8–11 und 91–94; M. HIELSCHER, Zitierte Moderne, 1988, S. 84–87; S. THABET, Reisemotiv, 2002, S. 33–37.

nach Weimar: »Im kalten Nachtschnellzug zwischen zerbrochenen Fensterscheiben und zerrissenen Sitzen, überfüllt von heimkehrenden Soldaten, quetsch-
ten wir uns in die Gänge […].«[134] Noch ein halbes Jahrhundert später, als 1967
der SPD-Politiker Fritz Erler gestorben war, schickte seine Partei einen Sonder-
zug von Bonn auf den Weg; Sozialdemokraten und Sympathisanten fuhren gemeinsam zu Erlers Beerdigung. Einer von ihnen, der Schriftsteller Hans Werner
Richter, notierte: »im Speisewagen Politiker, in jedem Abteil Politiker, auf jeder
Toilette Politiker, alle in schwarz, alle in Trauer.«[135]

In der Geschichte des deutschen Parlamentarismus ist die Eisenbahn also ein
wichtiger Topos. Tagebücher, Briefe und andere Zeugnisse berichten immer wieder, wie Abgeordnete mit der Bahn etwa nach Berlin reisten und dabei (mehr
oder weniger zufällig und freiwillig) auf andere Parlamentarier trafen.[136] Das
erste persönliche Gespräch zwischen dem Liberalen Eugen Richter und dem Sozialisten August Bebel, zwei prominenten Abgeordneten des Kaiserreichs, fand
in einem Zugabteil statt – nachdem beide schon ein Vierteljahrhundert gemeinsam im Reichstag saßen: »Diese [Unterhaltung] kam jetzt in Fluß«, erklärte Bebel später.[137] Beim literarischen Motiv der Zugfahrt von Parlamentariern handelt es sich mithin um das, was Ethnologen als *rite de passage* bezeichnen: Durch
die Reise mit dem öffentlichen, vielleicht sogar staatlichen Verkehrsmittel zum
Versammlungsort und durch das Zusammentreffen mit anderen Parlamentariern löst sich der einzelne Mensch aus seinem privaten Kontext und verwandelt
sich in eine öffentliche Figur, in einen Volksvertreter.

Zum historischen Kontext des Eisenbahn-Motivs gehört, dass die Reichstags-
abgeordneten seit 1873 das Privileg eines Freifahrtscheins Erster Klasse genossen, zunächst noch anstelle von Diäten. Eine finanzielle Entschädigung blieb
ihnen anfangs verwehrt, weil man befürchtete, dass Diäten dazu führen würden, dass nur mehr Parteifunktionäre und Berufspolitiker gewählt würden und
keine ›Männer von Bildung und Besitz‹, die sich im ›echten Leben‹ bewährt
hatten.[138] Auch die Auseinandersetzung über Abgeordnetendiäten – ein Dau-
erbrenner der Parlamentskritik – begann also mit der Eisenbahn. Viele Karikaturisten griffen das Motiv auf, beispielsweise in der Satirezeitschrift *Simpli-
cissimus*.[139] Dessen ungeachtet bestimmte noch Artikel 48 Absatz 3 des Bonner
Grundgesetzes: »Die Abgeordneten […] haben das Recht der freien Benutzung
aller staatlichen Verkehrsmittel.« Das Entschädigungsgesetz von 1950, in dem

---

134   P. Löbe, Erinnerungen eines Reichstagspräsidenten, 1949, S. 50.
135   Hans Werner Richter: Mittendrin, 2012, S. 58 f.
136   A. Biefang, Die andere Seite, 2009, S. 189 f.
137   A. Bebel, Aus meinem Leben, ⁷ 1988, S. 379.
138   H. Butzer, Diäten und Freifahrt, 1998.
139   H. Butzer, Diäten und Freifahrt, 1998, S. 438.

die entsprechenden Details geregelt wurden, schränkte dann beispielsweise die Freifahrt für Schlafwagen ein.[140]

Vor diesem Hintergrund versinnbildlicht die Fahrt nach Bonn, die das ganze erste von insgesamt fünf *Treibhaus*-Kapiteln ausmacht, das tief zerrüttete Verhältnis Keetenheuves zu seinem Mandat: Der Abgeordnete fährt mit dem Nachtzug, und er spricht dort nicht, wie einst Bebel und Richter, mit anderen Parlamentariern – auch weil, wie es im Roman heißt, »die schärferen Hechte« des Bundestages nicht mehr »im Bundesbahnbett« reisen, sondern in »schwarzen Mercedeswagen neben dem Wasser stromabwärts« gefahren werden.[141] Im *Treibhaus* kommt es nicht zu dem beschriebenen *rite de passage*, weil die soziale Interaktion nicht gelingt und Keetenheuve der private Mann bleibt, selbst wenn er nach Bonn fährt. Voller Verachtung schaut er auf die Lobbyisten, die ihre abstoßenden Gespräche führen: »Die Interessenvertreter mit entleerter Blase, befreitem lebensfrohem Gedärm schnatterten, schnodderten, sie waren ihres Appetites sicher. […] Sie waren Ellbogenritter und die ersten in der Hauptstadt.«[142] Vor allem aber hängt er seinen Gedanken nach, die zwischen Trauer, Wut und Verzweiflung schwanken und um die Wunsch- oder Wahnvorstellung kreisen, dass er die Liebhaberin seiner Frau gerne getötet hätte. In der Phantasie malt sich Keetenheuve die Details der Tat aus, nur um dann zu erkennen, dass er diese Tat nicht begangen hatte. Doch spätestens dieser Mord, meint er, würde ihn die Immunität kosten: »Er reiste im Schutz der Immunität«, lautet programmatisch der erste Satz im *Treibhaus*: »Aber wenn es sich zeigte, daß er ein Verbrecher war, ließen sie ihn natürlich fallen, lieferten ihn freudig aus, sie, die sich das Hohe Haus nannten […].«[143] Mit dem Hinweise auf die mögliche Aberkennung der Immunität, eines weiteren traditionellen Privilegs von Parlamentariern[144], werden abermals die Konflikte zwischen der privaten und der öffentlichen Person des Abgeordneten hervorgehoben und seine Isolation unterstrichen. Wenig später bilanziert Keetenheuve:

Und was er in der Politik verlor, […] das verlor er auch in der Liebe, denn Politik und Liebe, sie waren beide zu spät zu ihm gekommen, Elke liebte ihn, aber er reiste

---

[140] H. Butzer, Diäten und Freifahrt, 1998, S. 419 f.
[141] W. Koeppen, Werke, Band 5: Das Treibhaus, 2010, S. 37.
[142] W. Koeppen, Werke, Band 5: Das Treibhaus, 2010, S. 40–42.
[143] W. Koeppen, Werke, Band 5: Das Treibhaus, 2010, S. 9.
[144] H. H. Klein, Indemnität und Immunität, 1989; D. Wiefelspütz, Indemnität und Immunität, 2016. – Kulturgeschichtlich erklärt Philip Manow die Immunität als Überrest der sakralen Unverletzlichkeit des Königs, die auf die Mitglieder des Parlaments übergegangen sei. Die Immunität sei entweder – wie im britischen Fall – ein Privileg, das aus der Hand der Monarchin zu Beginn eines jeden Parlaments neu verliehen wird, oder – wie in der französischen Variante – eine Folge der Volkssouveränität, in deren Namen sich die Nationalversammlung in der Revolution an die Stelle des Königs gesetzt habe: P. Manow, Schatten des Königs, 2008, S. 65–75.

mit dem Freifahrtschein der Parlamentarier Phantomen nach, dem Phantom der Freiheit, vor der man sich fürchtete und die man den Philosophen zu unfruchtbarer Erörterung überließ, und dem Phantom der Menschenrechte, nach denen nur gefragt wurde, wenn man Unrecht erlitt, die Probleme waren unendlich schwierig, und man konnte wohl verzagen.[145]

Zugfahrten sind freilich nicht nur parlamentshistorisch, sondern auch literaturgeschichtlich ein besonderes Motiv. Beispielsweise hat der amerikanische Schriftsteller John Dos Passos, dessen Werk Koeppen sehr schätzte, in einer düsteren, illusionslosen *Life*-Reportage aus der amerikanischen Besatzungszone beschrieben, wie er im Winter 1945 mit Piloten der *U. S. Air Force* durch die zerstörten Städte am Rhein fuhr, dabei die Gespräche der Piloten über die Ruinen und ihre Kriegserfahrungen literarisch verdichtend.[146] Zu den Paratexten von Keetenheuves Rheinreise gehört zudem ein Gedicht von Ernst Stadler.[147] Stadler, geboren 1883 in Colmar, war ein Dichter des deutschen Frühexpressionismus, dessen Lyrik einen immens drängenden Lebenshunger und Veränderungswunsch formulierte – ehe Stadler, dem eigentlich eine Synthese der deutschen und französischen Kultur vorschwebte, 1914 im Ersten Weltkrieg bei Ypern gefallen ist.[148] Der leidenschaftliche Leser Koeppen, der seine Romanfigur Keetenheuve als einen Liebhaber der modernen Lyrik entworfen hat, bewunderte Stadlers Gedichte. Noch in den Siebzigerjahren skizzierte Koeppen in der *FAZ* ein Porträt des elsässischen Poeten, in dem auch die politischen, ästhetischen und antibourgeoisen Aspekte, um die es im *Treibhaus* geht, anklingen:

> Ernst Stadler, Bildnis des jungen Gelehrten von 1910, englisch weltmännisch gekleidet, dem Parlament, dem Freihandel, den Menschenrechten zugetan, ein Europäer aus dem Kaiserreich, ein seltener Fall, zwei- oder dreisprachig, Romanist und Germanist, Rhodes-Scholar am Magdalen College in Oxford, Privatdozent an der Straßburger Universität, gleichzeitig Professor an der Université Libre in Brüssel, als Sohn eines preußischen Staatsanwalts aufgewachsen in einer Frontstellung in Kolmar und schwelgend in beiden Idiomen, Mitarbeiter der *Cahiers alsaciens* und der *Aktion* in Berlin, übertrug den frommen Francis Jammes ins Deutsche, dichtete deutsch, hart die Sitte und Gott provozierend, »Form ist Wollust«, hatte vor dem Isenheimer Altar gestanden, Grünewalds Kröten im Fleisch der Wollust betrachtet, merkte in Köln auf der Rheinbrücke »Gerippe grauer Häuserfronten liegen bloß, im Zwielicht bleichend, tot«, natürlich war er Reserveoffizier, im August [1914] zog er, einen Ruf

---

145 W. Koeppen, Werke, Band 5: Das Treibhaus, 2010, S. 19 f. [Hervorhebung B. W.].
146 J. Dos Passos, Land des Fragebogens, 1996, S. 7 f.
147 M. Koch, Nonkonformismus und Resignation, 1973, S. 102; M. Hielscher, Zitierte Moderne, 1988, S. 127.
148 E. Stadler, Aufbruch, 2014; ders., »Denn der Zukunft«, 2016. – Vgl. L. Cheie, Aufbruch und Ende, 2014.

nach Toronto/Kanada in der Tasche, des Kaisers Rock an. »Einmal schon haben Fanfaren mein ungeduldiges Herz blutig gerissen.« Bald. Bei Ypern.[149]

Das in diesem Zeitungstext Koeppens erwähnte Gedicht Stadlers – *Fahrt über die Kölner Rheinbrücke bei Nacht* – gehört mit zu den Referenzwerken der »zitierten Moderne«[150], die im *Treibhaus* den Anfang und den Schluss des Romans miteinander verbinden. In Stadlers Gedicht heißt es: »Der Schnellzug tastet sich und stößt die Dunkelheit entlang / [...] Gerippe grauer Häuserfronten liegen bloß, im Zwielicht bleichend, tot – etwas muß kommen .... o, ich fühl es schwer.« Und schließlich: »Zum Letzten, Segnenden. Zum Zeugungsfest. Zur Wollust. Zum Gebet. Zum Meer. Zum Untergang.«[151]

In dieser expressionistischen Tradition herrscht im *Treibhaus* eine antibourgeois grundierte Todessehnsucht – »hart die Sitte und Gott provozierend«, wie Koeppen später über Stadler schreiben sollte. Die Todessehnsucht zeigte sich insbesondere in der Vermischung von germanischer Mythologie und negativer Rheinromantik (als Chiffren für den Nationalsozialismus) mit dem Motiv der gescheiterten Liebe, die überdies in vermeintlich anstößiger Weise beschrieben wird: mit Ehebruch, Alkohol und Gewaltphantasien, mit Homosexualität, Prostitution und schließlich in der Szene, die Keetenheuves finalem Sprung vorausgeht: In einer Art Totentanz verführt, eher missbraucht der Abgeordnete – nachdem er im Anschluss an die verlorene Abstimmung orientierungslos durch Bonn gelaufen war – ein aus der DDR kommendes Flüchtlingsmädchen auf einem Trümmergrundstück. Indem das *Treibhaus* diese sexuell aufgeladene Todessehnsucht auf die junge Bonner Republik und ihren Parlamentarismus übertrug, sollte und wollte der Roman in mehrfacher Hinsicht provozieren, gerade in der Engführung von Politik und Gewalt, abgründigem Sex und Selbstmord.

4. Satire auf den Bundestag: Die Frage nach dem Schlüsselroman

4.1 Vorbilder und Karikaturen

Einen Abgeordneten namens Keetenheuve hat es im Bundestag nie gegeben. Aber existierte nicht vielleicht doch ein Vorbild oder ein Prototyp für Koeppens Romanfigur? Da es Bonn, den Bundestag und dessen Entscheidung über

---

[149] Artikel von Koeppen; »Deutsche Expressionisten oder der ungehorsame Mensch«; FAZ vom 7. Mai 1977; wieder abgedruckt in: W. Koeppen, Die elenden Skribenten, 1981, S. 190–204. – Der Text war eine Rezension über: P. Rühmkorf (Hg.), 131 Expressionistische Gedichte, 1976.
[150] M. Hielscher, Zitierte Moderne, 1988, S. 127.
[151] *Fahrt über die Kölner Rheinbrücke bei Nacht* (1913), gedruckt in: E. Stadler, Der Aufbruch, 2014, S. 37.

den westdeutschen Verteidigungsbeitrag ja tatsächlich gegeben hat, war es doch denkbar, vielleicht sogar wahrscheinlich, dass auch der Kanzler, die Figur des Präsidenten oder die verschiedenen Abgeordneten, die ihren literarischen Auftritt haben, einen Referenzpunkt im ›echten Leben‹ haben könnten. Seit dem Herbst 1953 wurde immer wieder versucht, Personen zu entschlüsseln, die hinter den literarischen Figuren stecken könnten. Die Wirkungsgeschichte des Romans ist untrennbar mit der Frage nach den konkreten politischen Bezügen verbunden, und sie passt zu der durchgehenden Vermischung von Literatur und Medienberichterstattung, von Realität und Phantasie, wie sie Koeppens Prosa auszeichnet. Damit stellten und stellen sich zwei Fragen: Ist das *Treibhaus* ein Schlüsselroman? Und vor allem: Wer waren Keetenheuve und seine Kollegen?

Schlüsselromane, so die Defintion des Genres, erzählen ›wahre‹ Geschichten in verschlüsselter Form.[152] Die literarischen Figuren stehen dann einerseits für Personen, die es wirklich gibt, andererseits werden die Figuren so weit verfremdet, dass die Personen nicht mehr zweifelsfrei benannt werden können. Bildlich gesprochen müssen die Leser einen Code dechiffrieren, um das tatsächlich Gemeinte zu verstehen. Indem Schlüsselromane ihre ›Botschaften‹ auf eine andere, verborgene Ebene verlagern, wollen sie Dinge zum Ausdruck bringen, die offen nicht einfach so gesagt werden sollen. In der Annahme, dass das Publikum den doppelten Charakter schon verstehen werde, handelten (und handeln) Schlüsselromane meist von skandalösen oder provokanten Dingen, für deren Thematisierung die Autoren (juristisch) nicht belangt werden wollten. Lange Zeit ging es dabei um Religion oder Politik, und historisch gesehen war die literarische Camouflage oft ein Mittel, die Zensur zu umgehen. In Ländern, in denen derartige Publikationsbeschränkungen kaum mehr eine Rolle spielen, sind es vor allem Fragen des Persönlichkeitsrechts, die zu Konflikten führen, wenn sich Menschen literarisch bloßgestellt fühlen. Doch auch außerhalb des justiziablen Bereichs fällt es wohl leichter, Provokationen nicht direkt zu äußern.

Schlüsselromane beziehen ihren Reiz aus der Mehrdeutigkeit von literarischen Texten und den möglicherweise versteckten Hinweisen. Das Publikum versucht, zwischen den Zeilen Geheimnisse zu lüften und die vermeintlich gemeinten Personen zu erkennen. Leser entschlüsseln, was für sie verschlüsselt wurde. Insofern geht es um Kommunikationsprozesse, die gegenseitiges Missverstehen nicht ausschließen. Der aktive Anteil der Rezipienten kann für Autoren sogar ein unliebsames Thema werden – nämlich dann, wenn Texte vor allem nach versteckten Bedeutungen durchsucht werden, während der Verfasser eigentlich auf andere

---

[152] G. Rösch, Clavis scientiae, 2004; dies. (Hg.), Fakten und Fiktionen, 2 Bde., 2011/2013; J. Franzen, Indiskrete Fiktionen, 2018. – In Deutschland erschien die erste größere Studie zum Genre zu Beginn der Fünfzigerjahre: G. Schneider, Schlüsselliteratur, 3 Bde., 1951–1953. Koeppen kommt darin noch nicht vor.

Aspekte größeren Wert legen würde. Zudem hat kaum ein Schriftsteller je offen von sich behauptet, einen Schlüsselroman geschrieben zu haben.[153] So erklärte auch Koeppen Anfang 1953 gegenüber seinem Verleger, dass er »einen Roman und keine Reportage schreibe (nicht einmal eine Schlüsselgeschichte)«.[154] Dem fertigen Buch stellte Koeppen dann eine Erklärung voran, eine Art poetologischen *Disclaimer*, in dem er sich gegen die Lektüre als Schlüsselroman verwahrte und stattdessen eine »eigene poetische Wahrheit« beanspruchte:

> Der Roman *Das Treibhaus* hat mit dem Tagesgeschehen, insbesondere dem politischen, nur insoweit zu tun, als dieses einen Katalysator für die Imagination des Verfassers bildet. Gestalten, Plätze und Ereignisse, die der Erzählung den Rahmen geben, sind mit der Wirklichkeit nirgends identisch. […] Die Dimension aller Aussagen des Buches liegt jenseits der Bezüge von Menschen, Organisationen und Geschehnissen unserer Gegenwart; der Roman hat seine eigene poetische Wahrheit.[155]

Das sollte heißen: Da es sich beim *Treibhaus* um einen (literarisch ernstzunehmenden) Roman handelte, dessen Wahrheit jenseits seiner aktuellen Bezüge lag – jenseits der Bonner Politik, des Bundestages und der Entscheidung über die EVG –, habe er, Koeppen, das politische Tagesgeschehen literarisch verfremdet. Der Roman sei sein Werk, also Kunst und nicht mit der Wirklichkeit identisch. In der Tat wollte sich Koeppen ja mit literarischen Mitteln in die politische Erfahrungswelt eines Parlamentsabgeordneten hineinversetzen – und damit eine Grenze überschreiten, wie er es außerhalb der Phantasie nie versucht hat. Was Koeppen mit seinem Vorspruch jedoch nicht behauptet hat: dass überhaupt keine Überschneidungen zwischen dem Roman und der Realität, zwischen seiner Wahrheit und der Wirklichkeit vorhanden seien. Koeppen hat im Gegenteil das Tagesgeschehen als Quelle seiner Inspiration explizit benannt, denn genau das war mit seinem Hinweis auf den Katalysator-Effekt gemeint: Wenn sich reale Ereignisse mit seiner Imagination verbinden, so Koeppen, dann kommt eine Reaktion in Gang, aus der etwas Neues wird. Es entsteht Literatur.

Koeppen wollte seine subjektive Wahrnehmung der Wirklichkeit zu Wort bringen, indem er ihr eine literarische Form gab. Das war mit der Formel von der »poetischen Wahrheit« gemeint.[156] Den *Treibhaus*-Roman charakterisieren daher Rekurse auf literarische sowie publizistische Texte, auf die Bibel oder den *Spiegel*, genauso wie intermediale Verweise auf populäre Songs, das Bonner Stadtklima und die Parlamentsarchitektur, die sich Koeppen bei einer Besich-

---

[153] J. FRANZEN, Indiskrete Fiktionen, 2018, S. 18.
[154] Koeppen an Goverts, Brief vom 25. Januar 1953; WKA Greifswald, UB 24495.
[155] W. KOEPPEN, Werke, Band 5: Das Treibhaus, 2010, S. 6.
[156] K.-H. GÖTZE, Koeppen: Treibhaus, 1985, S. 101 f.; E. PLATEN, Bild oder Abbild?, 1999, S. 196 f.; R. ULRICH, Vom ›Magischen Sehen‹, 1999; R. FELLINGER, Koeppen als Leser, 2006.

tigung des Bundeshauses selbst angeschaut hat. Erst die Kombination, die untrennbare Vermischung von Fakten und Fiktionen, ermöglichte die Allegorisierung der frühen Bonner Republik zum »Treibhaus«. Fiktion heißt dabei nicht, dass eine ganze Welt neu erschaffen werden musste.[157] Beim literarischen Erfinden ging es Koeppen eher darum, seine Gefühle, Beobachtungen oder Erlebnisse mit Sprache, Phantasie und Anspielungen in einen literarischen Text zu übersetzen, in der Erwartung, dass dieser Text wiederum beim Lesen Gedanken in Bewegung setzen würde. Koeppen übrigens glaubte, dass sein Roman nur männliche Leser ansprechen würde, wie er zwischenzeitlich seiner Frau erklärte: »Mein Held (der Abgeordnete) ist nun unverheiratet, und es wird ein rein politisches Buch. Leser wohl nur Männer!«[158]

Allerdings hat der Anspruch der »poetischen Wahrheit« zu einigen Missverständnissen beigetragen. *Erstens* hat Koeppen die Beteuerung, dass es sich beim *Treibhaus* nicht um einen Schlüsselroman handele, wenig genützt; der Roman wurde allenthalben trotzdem so gelesen.[159] Zum Beispiel hat nie jemand daran gezweifelt, dass mit dem namenlos bleibenden Kanzler kein anderer als Adenauer gemeint sein konnte, der als souveräner Regisseur der politischen Ereignisse im *Treibhaus* einen vergleichsweise respektablen Auftritt hat.[160] Der Roman setzte voraus, dass seine Leser wussten, wie Adenauer aussah und wie er sprach, weil sie die gleichen Nachrichten gehört und dieselben Debatten verfolgt hatten wie der Autor. *Zweitens* aber schien es der germanistischen Forschung lange unangemessen, fast ein wenig peinlich zu sein, das *Treibhaus* auf seinen Wirklichkeitsgehalt hin zu überprüfen, so als würde das die Seriosität des Autors schmälern. Während das literarische Verweissystem mit immer weiter wachsender Wertschätzung und hervorragenden Ergebnissen entschlüsselt wurde, blieb die zweite Bezugsebene – das politisch-publizistische Tagesgeschehen – weitgehend unbeachtet.[161] Damit verweigerte sich die Koeppen-Forschung der Geschichte der frühen Bundesrepublik, während umgekehrt die Geschichts- und Politikwissenschaft ihre Schwierigkeiten damit hatte, den Parlamentsroman als Quelle ernst zu nehmen.[162] Was ein Beispiel für nachteilige Selbstabschließungstendenzen in den Geisteswissenschaften ist, hieß in Bezug auf Koeppens »poe-

---

157 Zur Terminologie: F. ZIPFEL, Fiktion, Fiktivität, Fiktionalität, 2001, S. 14–19.
158 Brief vom 28 April 1953, in: MARION UND WOLFGANG KOEPPEN, 2008, S. 37 f.
159 Folgerichtig wurde das *Treibhaus* in ein Werklexikon der deutschsprachigen Schlüsselliteratur aufgenommen. W. ADAM, Koeppen, 2011, S. 368. – Insgesamt: G. M. RÖSCH (Hg.): Fakten und Fiktionen, 2 Bde., 2011/2013. – Über Koeppen bereits: B. SEILER, Die leidigen Tatsachen, 1983, S. 255 f.
160 B. WINTGENS, Bundeskanzler im Treibhaus, 2011.
161 Aber: K.-H. GÖTZE, Koeppen: Treibhaus, 1985; R. FELLINGER, Koeppen als Leser, 2006.
162 Aber: K. SONTHEIMER, Adenauer-Ära, 2003 [1991], S. 13 und 25–31. – Anregend, indes problematisch: T. STAMMEN, Erfahrungen und Vorurteile, 2003. – Ferner: D. EBERL, Kopf und Kragen, 2010; U. WENGST, Zerrbild, 2011.

tische Wahrheit« aber auch, dass eben das Zusammenspiel von Fakten und Fiktion im Einzelnen bislang nicht erkannt wurde – und das obwohl genau dies ein Prinzip des Erzählens in Literatur, Theater und Film ist. Zwar ist das *Treibhaus* kein Schlüsselroman im exklusiven Sinne. Wenn man sich auf die Zuordnung zu einzelnen Genres festlegen müsste, wäre es vielmehr ein Parlaments- und ein Intellektuellenroman. Ohne Zweifel handelt es sich beim *Treibhaus* zudem um einen Zeitroman, wie Uwe Timm sagt: »Koeppens Literatur ist seine Zeit in Sprache gefasst.«[163] Wenn im Roman ein populäres Lied der amerikanischen Sängerin Rosemary Clooney zitiert wird[164] oder der deutsche Schauspieler Willy Birgel eine knappe Erwähnung findet[165], kann auch der reale politische Hintergrund des Jahres 1953 nicht außer Acht gelassen werden, ohne dass dadurch die gesamte Konstruktion zum Einsturz gebracht würde. Insofern erfüllt das *Treibhaus* unter anderem einige Kriterien eines Schlüsselromans – wobei Koeppen nicht über außergewöhnlich große Insider-Informationen aus der Politik verfügte, sondern eine Satire von außen schrieb, die auf das öffentlich-mediale Wissen des Publikums anspielte. Ein Versprechen der Authentizität, wie es für Schlüsselromane typisch ist, war nicht Koeppens Anliegen.

Die Rückübersetzung von Fiktion in Fakten trägt nicht nur zum Reiz der Lektüre bei, sondern sie verdeutlicht den provokanten und satirischen Charakter des Romans. Am leichtesten fällt die Rekonstruktion bei der Person des Bundeskanzlers. Auch Robert Pferdmenges, ein Vertrauter Adenauers, ist leicht zu entschlüsseln: Pferdmenges war seit 1950 Mitglied des Bundestages, außerdem bis Ende 1953 Teilhaber des Kölner Bankhauses Sal. Oppenheim und Präsident des Bundesverbandes deutscher Banken.[166] Im *Treibhaus* – und hier wird das Schlüssel-Schloss-Prinzip erkennbar – heißt Pferd-menges Stier-ides.[167] Die Figur Stierides spielt ihre Rolle im Ausschuss für Wiederaufbau und Wohnungswesen, dem auch Keetenheuve angehört. Anlässlich einer Geld- und Etatdiskussion im Ausschuss heißt es:»Selbst Stierides, der Bankier der Reichsten, begriff das magische Spiel der Zahlen nicht; aber er war Meister in einem Yoga, das seine Konten wachsen ließ.«[168]

---

[163] U. TIMM, Seine Zeit, 2007, S. 183.
[164] »Rosemary Clooney sang Botch-a-me.« W. KOEPPEN, Werke, Band 5: Das Treibhaus, 2010, S. 12.
[165] »Willy Birgel reitet für Deutschland.« W. KOEPPEN, Werke, Band 5: Das Treibhaus, 2010, S. 44. – Birgel war ein bekannter Theater- und Filmschauspieler. Der Film *... reitet für Deutschland*, in dem Birgel die Hauptrolle spielte, gilt als NS-Propaganda- und Durchhaltefilm.
[166] W. TREUE, Pferdmenges, 1986; H.-P. SCHWARZ, Adenauer – Aufstieg, 1986, S. 320 und 375 f; C. SILBER-BONZ, Adenauer und Pferdmenges, 1997; F. BÖSCH, Adenauer-CDU, 2001, S. 257; G. TEICHMANN, Pferdmenges, 2008.
[167] K.-H. GÖTZE, Koeppen: Das Treibhaus, 1985, S. 72.
[168] W. KOEPPEN, Werke, Band 5: Das Treibhaus, 2010, S. 103.

Meist wurde der fiktive Oppositionsführer namens Knurrewahn als Stellvertreter des SPD-Partei- und Fraktionsvorsitzenden Kurt Schumacher gelesen.[169] Knurrewahn war »aus dem ersten Weltkrieg mit einem Steckschuß heimgekehrt«, heißt es im *Treibhaus*, dann hatte sich Knurrewahn für seine Partei eingesetzt und war Reichstagsabgeordneter geworden, bis ihn die Nazis ins Lager warfen.[170] Nach seiner Befreiung stürzte er sich, »ein Mann nach altem Schrot und Korn«, gleich wieder in die politische Arbeit, doch mit einer wichtigen Lehre aus Weimar:

> Knurrewahn [...] war ein nationaler Mann, und seine Opposition gegen die nationale Politik der Regierung war sozusagen deutschnational. Knurrewahn wollte der Befreier und Einiger des zerrissenen Vaterlandes werden, schon sah er sich als Bismarckdenkmal in den Knurrewahnanlagen stehen, und er vergaß darüber den alten Traum, die Internationale. [...] Nach seiner Meinung war die Partei in der ersten deutschen Republik nicht national genug aufgetreten; [...] und in der Nation hatte sie die Massen verloren, die der eingängigen Parole des primitiven nationalen Egoismus folgten. Diesmal wollte sich Knurrewahn den nationalen Wind nicht aus den Segeln nehmen lassen. Er war für ein Heer, gebranntes Kind scheut nicht immer das Feuer [...], er war für Generäle, aber sie sollten sozial und demokratisch sein.

Die nationale Rhetorik, mit der Schumachers SPD gegen den Westbindungskurs von Adenauers Bundesregierung opponierte[171], wird in dieser Szene prägnant skizziert. Der knurrige preußisch-reichspatriotische Sozialismus des Vorsitzenden im *Treibhaus*, der mit pazifistischen und internationalistischen Idealen nicht mehr viel am Hut zu haben scheint, zählt mit zu den Motiven, derentwegen Keetenheuve sich in seiner eigenen Partei fremd fühlt. Zum Realvorbild Schumacher passen auch die Verletzung aus dem Ersten Weltkrieg und die Haft im Konzentrationslager, die den 1895 geborenen Politiker körperlich versehrt hatten; Schumacher fehlten der rechte Arm und das linke Bein. Allerdings löst sich die Gleichung Schumacher/Knurrewahn nicht ohne weiteres auf. Als das *Treibhaus* in jenem Frühjahr 1953 geschrieben wurde, von dem es auch handelt, lebte Schumacher nicht mehr. Der SPD-Vorsitzende war im August 1952 gestorben. Sein Nachfolger Erich Ollenhauer wiederum ähnelt als ehemaliger Journalist und Remigrant eher dem Protagonisten Keetenheuve als der Vorsitzendenfigur Knurrewahn. Diese Vieldeutigkeit der Allegorisierung beschreibt ein Strukturprinzip des *Treibhaus*-Personals und eine Überschreitung der Grenzen der Schlüsselliteratur: Jede Figur, ja sogar jede Metapher im Roman ist dop-

---

[169] H. Buchholz, Eine eigene Wahrheit, 1982, S. 120; R. L. Gunn, Art and Politics, 1983, S. 99; J. Quack, Erzähler der Zeit, 1997, S. 150; D. Eberl, Kopf und Kragen, 2010, S. 234 f.; U. Wengst, Zerrbild, 2010, S. 90 f.
[170] Hier und Folgenden: W. Koeppen, Werke, Band 5: Das Treibhaus, 2010, S. 75–77.
[171] P. Merseburger, Schumacher, 1995.

pelt oder gleich mehrfach codiert. Das gilt – wie gesehen – für Keetenheuves Zugfahrt ebenso wie für Dana, den Journalisten auf dem Bonner Presseschiff. Man kann den Fraktionsvorsitzenden Knurrewahn als Satire auf Kurt Schumacher lesen, aber es bleibt nicht bei dieser einzigen Interpretationsebene, weil in der Katalyse der »poetischen Wahrheit« weitere Bezüge hinzukommen. In dem Maße, in dem der SPD-Vorsitzende Schumacher literarisch verfremdet wurde, erscheint auch der Steckschuss, den die Figur Knurrewahn im Ersten Weltkrieg davongetragen hat, als Symbol für die Bewilligung der Kriegskredite durch die SPD sowie die Politik der Mehrheits-SPD in der Novemberrevolution 1918: »Aber Knurrewahn […] meinte (er litt mit seinem Steckschuß besonders an der nationalen Herzkrankheit seiner Partei), das Heer in der Hand der demokratischen Staatsmacht behalten zu können, obwohl [Reichswehrminister Gustav] Noske das Heer aus dieser demokratischen Hand schon einmal kläglich verloren hatte.«[172] Der Steckschuss wird so zur Metapher, mit der das Spannungsfeld von Nationalismus und Sozialdemokratie, auch die Spaltung der politischen Linken in Deutschland verhandelt wird.

Der Name Knurrhahn ist überdies – mit einer kleinen Lautverschiebung vom Wahn zum Hahn – die Bezeichnung einer Fischart. Knurrhähne jagen am Meeresboden nach Krebsen und Weichtieren, einige Arten der Familie haben eine rote (!) Färbung. Ihren Namen tragen sie wegen eines knurrenden Geräuschs, mit dem sie ihre Beute aufscheuchen. Vermutlich nach diesem Fisch wiederum wurde ein Schiff getauft, das in den frühen Fünfzigerjahren in Bonn vor Anker lag. Weil die Übernachtungskapazitäten in der Stadt knapp waren, hatte man ein altes Passagierschiff nach Bonn geschleppt und als Hotelschiff hergerichtet. Es trug der Namen »Knurrhahn« und hatte auf dem Oberdeck eine öffentliche Restauration.[173] So kommen in der Figur des SPD-Vorsitzenden im *Treibhaus* mehrere Elemente zusammen: einer der markantesten Politiker der frühen Bundesrepublik, seine Politik ebenso wie sein öffentliches Image; ein roter Fisch und ein Bonner Schiff, das Koeppen vermutlich bei seinem Besuch gesehen hat. Bei diesem Spiel mit Fakten, Fiktionen und den Entdeckungserwartungen des Publikums handelt es sich um Spott und Satire in einer langen Tradition der politischen Kulturgeschichte, die insbesondere bei den Karikaturisten des 19. Jahrhunderts eine Phase der Blüte gesehen hatte.

Da es sich um Karikaturen handelt, geht es bei den meisten Abgeordneten im *Treibhaus* nicht um eine eingehende psychologische Beschreibung, wie man sie von längeren Romanen erwarten würde. Für Fragen der Persönlichkeitsentwicklung böte auch die gleichzeitige Be- und Entgrenzung von Zeit und Hand-

---

[172] W. Koeppen, Werke, Band 5: Das Treibhaus, 2010, S. 157. – Vgl. D. Erlach, Zeitkritischer Erzähler, 1973, S. 117; K.-H. Götze, Koeppen: Treibhaus, 1985, S. 61.
[173] E. Tamchina, Zaungast, 1985, S. 87. – Siehe dazu S. 426 f.

lung, wie sie für Koeppens Schreibweise typisch ist, gar keinen Raum; insgesamt entsteht die dafür nötige Nähe nicht.[174] Die Parlamentarier-Figuren aus dem *Treibhaus* sind eher stilisierte Typen, deren Unverwechselbarkeit auf einen sprechenden Nachnamen und die Kategorisierung entlang politischer Parteien beschränkt bleibt. Wenn man die Figuren betrachtet, wirken die Abgeordneten zudem eher lächerlich.[175] Die *dramatis personas* kann man allesamt als Stellvertreter des Volkes, der weltanschaulichen Strömungen sowie der gesellschaftlichen Interessen, als Repräsentanten des westdeutschen Staates verstehen. Das Fehlen individueller psychologischer Charakterisierungen bedeutet jedoch nicht, dass es für die Romanfiguren keine realen Vorbilder gegeben hätte. Das *Treibhaus* karikiert einzelne Abgeordnete so, wie sie in der Öffentlichkeit wahrgenommen wurden: als Repräsentanten, von denen man sich aus der Ferne ein Bild macht – machen soll, machen muss –, wobei man nur weiß, was man in der politischen Öffentlichkeit erfahren kann. Insofern spiegelt Koeppens Roman auch in dieser Hinsicht die mediale Verfasstheit der repräsentativen Demokratie.

Unter den Parlamentariern, die im *Treibhaus* karikiert werden, stellt die einzige weibliche Abgeordnete eine besonders bemitleidenswerte Figur dar. Frau Pierhelm, wie sie einfach nur heißt, hat für den Plot keine tragende Funktion; sie wird als Rednerin am Rande der Wehrdebatte des Bundestages erwähnt. Insofern erscheint sie wie eine Art weiblicher *Sidekick* des souveränen Kanzlers, und in dieser Funktion wird die fiktive Abgeordnete zur Zielscheibe von Spott und Häme. Das zeigt sich insbesondere in einer Szene, in der erzählt wird, wie die Abgeordnete Pierhelm den Morgen der entscheidenden Parlamentsdebatte erlebt. Für ein Frühstück bleibt ihr dabei keine Zeit. Bevor es ins Bundeshaus geht, kramt sie schnell ihr Kostüm aus dem Koffer.[176] Während das Radio läuft, reichen ihr eine Zigarette und etwas Kaffee, den sie aus Instant-Pulver mit Kondensmilch zusammenrührt:

> Frau Pierhelm lebte aus der Büchse. Sie bereitete sich einen Kaffee aus der Nesbüchse, mischte ihn mit Büchsenmilch und wartete auf die Sendung WIR HAUSFRAUEN UND DER SICHERHEITSPAKT. Frau Pierhelm hatte vor vierzehn Tagen die Sendung in Köln auf das Tonband gesprochen. [...] Frau Pierhelm war nun im Radio zu hören: »Wir Hausfrauen dürfen nicht, wir Hausfrauen müssen, wir Hausfrauen vertrauen.«[177]

---

[174] D. ERLACH, Zeitkritischer Erzähler, 1973, S. 129.

[175] D. EBERL, Kopf und Kragen, 2010, S. 208.

[176] Zum Koffermotiv bei Koeppen als Symbol des Provisorischen: S. THABET, Reisemotiv, 2002, S. 57–59.

[177] Hier und Folgenden: W. KOEPPEN, Werke, Band 5: Das Treibhaus, 2010, S. 148 [Hervorhebung B.W.].

Der satirische Effekt der Szene entsteht dadurch, dass der Erzähler im Einzelnen schildert, was Frau Pierhelm tut, während sie ihrer eigenen Stimme im Radio lauscht. Sie trinkt schlechten Kaffee, kramt im Koffer und raucht. Obwohl sie in der ersten Person Plural für alle Hausfrauen zu sprechen beansprucht, gehört sie selbst offensichtlich nicht zu dieser Gruppe. Vielmehr ist sie eine Parlamentarierin, die in Bonn wie im Hotel wohnt, bloß ohne dessen Annehmlichkeiten, ein ordentliches Frühstück beispielsweise. Über ihre Persönlichkeit oder ein Privatleben wird weiter nichts berichtet. Frau Pierhelm hat nicht mal einen Vornamen, stattdessen wird ihr auffälliger Nachname rhythmisch wiederholt:

> Frau Pierhelm rief aus Köln:»Ich glaube! Ich glaube!« Frau Pierhelm im Äther glaubte. [...] *Frau Pierhelm*, die Tasse mit der Neskaffee-Büchsenmilchmischung, den Aschenbecher mit ihrer Morgenzigarette vor sich, *die Abgeordnete Frau Pierhelm*, ein Vogel Strauß, steckte den Kopf tief in den Schrankkoffer, wo sie frische Wäsche suchte, wer wusch einem das Hemd, wenn man für des Volkes Zukunft werkte, *die Politikerin Frau Pierhelm* hörte zufrieden der *Rednerin Pierhelm* zu, die zu dem Schluß kam, daß der Pakt den deutschen Frauen Sicherheit gebe, ein schöner Slogan, der nur allzusehr an die Anzeige einer Fabrik für intime Tampons erinnerte.

Bei der Pierhelm-Figur sind die Widersprüche zwischen Inszenierung und Realität offensichtlich. Die Abgeordnete ist keine Hausfrau, auch wenn sie das behauptet. Vielmehr scheint es sie in der zitierten Passage gleich mehrfach zu geben: als Frau mit Neskaffee und Zigarette, als Abgeordnete sowie als Rednerin im Radio. Damit verweist das *Treibhaus* auf das Rollenspiel, wenn man so will: auf die Schizophrenie, die ein Mandat mit sich bringt, hier satirisch dargestellt anhand der Brüche zwischen einer (möglicherweise alleinstehenden) Politikerin einerseits und der öffentlichen (Medien-)Figur andererseits, die für alle Hausfrauen spricht. Die Szene mit der einsamen Abgeordneten, die ihrer Rede im Rundfunk zuhört, ist zugleich eine Satire auf die Medialisierung der Politik, in der die Ehrlichkeit und Authentizität von Politikern zumindest fraglich erscheinen.[178] Der Germanist Karl-Heinz Götze bemerkte dazu:»An die Stelle des politischen Dialogs im Parlament tritt der Autismus der Mediendemokratie.«[179] Die Figur der Abgeordneten ist noch aus einem weiteren Grund aufschlussreich. Sie bleibt nämlich keineswegs schemenhaft, wie es manchmal heißt[180], sondern sie wurde einer konkreten Politikerin nachgebildet, was die Satire weiter zuspitzt: Frau Pierhelm aus dem *Treibhaus* ist eine Karikatur der Bundestagsabgeordneten Aenne Brauksiepe, einer aus Duisburg stammenden CDU-

---

[178] B. Wintgens, Turn Your Radio On, 2014, S. 295 f.
[179] K.-H. Götze, Koeppen: Treibhaus, 1985, S. 52.
[180] J. Quack, Erzähler, 1997, S. 156; U. Wengst, Zerrbild, 2010, S. 92; D. Eberl, Kopf und Kragen, 2010, S. 209.

Politikerin, die fest im katholischen Milieu verwurzelt war. Von 1949 bis 1972
gehörte Aenne Brauksiepe (1912–1997) dem Bundestag an, in der ersten Wahlperiode als direkt gewählte Abgeordnete im Wahlkreis Köln-Ehrenfeld und
-Nippes. 1968 wurde sie – als erste Frau in diesem Amt – Familienministerin
im Kabinett der Großen Koalition. Aufgewachsen war sie in der katholischen
Jugend- und Frauenbewegung. Gelebt hatte sie unter anderem in den Niederlanden. Gearbeitet hatte sie als Erzieherin für Kinder mit Behinderung, und ver-
bandspolitisch war sie vor allem im Katholischen Deutschen Frauenbund engagiert. Im Unterschied zu anderen Politikerinnen der frühen Bundesrepublik war
Aenne Brauksiepe zudem Ehefrau und Mutter.[181]

Der ›Schlüssel‹, mit dem sich Frau Pierhelm dechiffrieren lässt, ist der Radiobeitrag »Wir Hausfrauen und der Sicherheitspakt«, den die *Treibhaus*-Figur
auf Band gesprochen hat. Der Erzähler spottet: »Frau Pierhelm rief aus Köln (!):
›Ich glaube! Ich glaube!‹«[182] Tatsächlich hatte Aenne Brauksiepe am 8. Februar
1952 im Bundestag eine kämpferische Rede gehalten[183], in der sie sich entschieden für die Westbindungspolitik der Bundesregierung aussprach – eine Rede,
die im *Treibhaus* auf- und angegriffen wird, weil sie den ›wiederbewaffnungs‹-
kritischen Roman ihrerseits provoziert hat.[184] Dabei ist es wahrscheinlich, dass
Koeppen die Rednerin Brauksiepe kannte. Für diese Annahme gibt es vier
Gründe: *Erstens* wurde die gesamte zweitägige Wehrdebatte im Februar 1952 im
Radio übertragen. Die Bundestagsreden über die ›Wiederbewaffnung‹ waren,
gerade weil sie live und nahezu vollständig übertragen wurden, ein großes Me-
dienereignis. In Form der Rundfunkberichterstattung aus dem Parlament, die
damals neu war, genoss der Bundestag der frühen Bundesrepublik ein historisch
beispielloses Ausmaß an Aufmerksamkeit.[185] *Zweitens* machte die CDU-Abgeordnete dabei, wie unter anderem die *Welt am Sonntag* anerkennend schrieb,
»einen ungewöhnlich tiefen Eindruck auf die Hörer«[186], so dass Aenne Brauksiepe nun weit über Duisburg, Köln und Bonn hinaus bekannt war. Schließlich
gibt es *drittens* inhaltliche und rhetorische Parallelen zwischen dem Radiobeitrag von Frau Pierhelm und der Plenarrede der rheinischen Politikerin, außerdem Indizien wie den mehrdeutigen Hinweis, dass Frau Pierhelms Stimme aus
Köln gesendet wird. Brauksiepes Bundestagsrede kam *viertens* bei den Abgeordneten der Regierungskoalition hervorragend an. Das Stenographische Pro-

---

181 B. Kaff, Brauksiepe, 1999; R. Illemann, Katholische Frauenbewegung, 2016, S. 47–49. – Vgl.
     G. Notz, Frauen in der Mannschaft, 2003; K. Zehender, Teusch, 2014; A. Bernier-Monod, Les
     anciens, 2017.
182 W. Koeppen, Werke, Band 5: Das Treibhaus, 2010, S. 149.
183 Hier und im Folgenden: 191. Sitzung vom 8. Februar 1952, in: BT Sten.Ber., S. 8166–8168.
184 I. Stoehr, Phalanx der Frauen, 1999.
185 B. Wintgens, Turn Your Radio On, 2014.
186 Artikel »Hausfrau im Bundestag«; Welt am Sonntag vom 17. Februar 1952.

tokoll vermerkte wiederholt »lebhafte Zustimmung« und »langanhaltende[n] lebhafte[n] Beifall«. Anschließend verbreitete die CDU-Geschäftsstelle den Text der Rede als Broschüre unter dem Titel: *Eine Frau spricht gegen die Angst*[187] – was im *Treibhaus* als »Wir Hausfrauen und der Sicherheitspakt« persifliert wird.

In ihrer Rede betonte Aenne Brauksiepe, »dem so erregten Gespräch der Männer als Frau etwas hinzufügen« zu wollen.[188] Sie trat tatsächlich bewusst als Frau auf. Natürlich war das ein rhetorischer Kunstgriff. Einerseits übte sie sich so demonstrativ in Zurückhaltung, was die zu Debatte stehende Außen- und Verteidigungspolitik anging – die gewissermaßen ›Männerthemen‹ waren. Sie berief sich explizit auf die Argumente, die der CSU-Abgeordnete Franz Josef Strauß am Tag zuvor vorgetragen hatte[189], was im *Treibhaus* mit einem (ebenfalls mehrdeutigen) Tiervergleich verballhornt wird: »Frau Pierhelm, ein Vogel Strauß«.[190] Andererseits beanspruchte Brauksiepe, die Mehrheit der Frauen zu repräsentieren, eben weil sich die Debatte über einen westdeutschen Verteidigungsbeitrag auch »in unzähligen Frauenherzen entsponnen« habe und weil »das Ja zum kleineren Übel nicht nur von den Männern gesprochen werden« müsse.[191] Brauksiepe behauptete sogar im Namen der Kriegswitwen zu sprechen sowie für diejenigen Frauen, die weiterhin auf die Heimkehr von Vermissten und Kriegsgefangenen warten mussten. Selbstbewusst erklärte sie: »Man soll uns Frauen nicht fragen, welchen Beitrag wir zum Krieg zu geben bereit sind, sondern was wir für den Frieden zu geben bereit sind.«[192]

Der rhetorische Gestus der Bescheidenheit passte nicht zum Inhalt der Rede, in der Brauksiepe gegen die politischen Gegner polemisierte und eindringlich für die Westbindungspolitik der Bundesregierung warb. So verspottete sie den SPD-Vorsitzenden Schumacher als »Negierungschef« und stellte ihm den wahren »Regierungschef« Adenauer gegenüber. Sozusagen von Frau zu Frau, von Katholikin zu Katholikin knöpfte sich Brauksiepe zudem die Vorsitzende der Zentrumspartei Helene Wessel vor – eine Gegnerin der ›Wiederbewaffnung‹, die später zusammen mit Gustav Heinemann die außerparlamentarische Ge-

---

[187] R. ILLEMANN, Katholische Frauenbewegung, 2016, S. 47. – Im Oktober 1952 hielt Brauksiepe auf dem CDU-Parteitag einen Vortrag unter dem Titel *Der Mensch in der Familie*. Darin forderte sie eine weibliche »Politik der Sicherheit« und erklärte den Zusammenhang von Familienpolitik und Verteidigungsfragen, denn »alles Öffentliche muß familienbezogen sein«. CDU – 3. PARTEITAG, 1952, S. 66–71; R. MOELLER, Geschützte Mütter, 1997, S. 184 f.
[188] BT STEN.BER., 1. WP, 191. Sitzung vom 8. Februar 1952, S. 8166–8168.
[189] BT STEN.BER., 1. WP, 190. Sitzung vom 7. Februar 1952, S. 8118–8128. – Der *Münchner Merkur* schrieb, Strauß habe sich mit dieser Rede »endgültig in die erste Garnitur der Bonner Hierarchie vorgespielt«: Artikel »Ich bin neutral, sagte das Schaf«; MÜNCHNER MERKUR vom 16. Februar 1952.
[190] W. KOEPPEN, Werke, Band 5: Das Treibhaus, 2010, S. 149.
[191] Die *FAZ* stellte Brauksiepes Rede unter die Zwischenüberschrift »Eine Frau sagt ›ja‹«: Artikel »Der Abschluß der großen Wehrdebatte im Bundestag«; FAZ vom 9. Februar 1952.
[192] Hier und Folgenden: BT STEN.BER., 1. WP, 191. Sitzung vom 8. Februar 1952, S. 8166–8168.

samtdeutsche Volkspartei gründen sollte: »Frau Wessel, Sie haben auch den Frauen hinter dem Eisernen Vorhang einen schlechten Dienst erwiesen.« Insbesondere mit dem westlichen Pazifismus, den »Neutralitätsaposteln«, ging Brauksiepe hart ins Gericht. Solche Meinungen seien einer »Infiltration der Angstpropaganda« zuzuschreiben. Die Nein-Sager betrieben gutgläubig das Geschäft der Sowjetunion, ohne dafür jedoch von den Kommunisten belohnt zu werden, so Brauksiepe: Der Ernstfall werde sie nicht verschonen. Sogar an die ungezählten Vergewaltigungen am Ende des Zweiten Weltkriegs erinnerte Brauksiepe, als sie für den westlichen Verteidigungsbeitrag warb, »damit nie wieder an unseren Grenzen das furchtbare Wort in die Ohren der Frauen hineingeht: ›Frau, komm mit!‹«[193] Das Vorhaben der westlichen Verteidigungsgemeinschaft bezeichnete die Abgeordnete Brauksiepe konsequent als »Friedensbeitrag« – im *Treibhaus* heißt es: Sicherheitspakt –, während sie den Friedenswillen der Sowjetunion bezweifelte:

> In dieser Stunde möchte ich dem Bundeskanzler die Versicherung geben: es gibt noch eine Phalanx von Frauen (Zuruf von der KPD: Ei! ei!), denen die Sicherung dieser Werte heilig ist [gemeint sind christlich-westliche Werte, vor allem der hohe Stellenwert der Familie, B.W.], eine Phalanx von Frauen, zusammengeschmiedet mit tapferen Herzen, und dahin gehören nicht zuletzt die Mütter derer, die in Korea kämpfen.

Während Brauksiepes Partei, die CDU, diese Rede begeistert vervielfältigte, reagierten Gegner und Kritiker der ›Wiederbewaffnung‹ gereizt. Der *Spiegel*, den Koeppen regelmäßig gelesen hat, verhöhnte die Abgeordnete anlässlich ihrer außenpolitischen Ausführungen als »Hausfrau Aenne Brauksiepe«.[194] Das *Treibhaus* wiederholt mehrfach die Parole: »Frau Pierhelm schleuderte wieder ihren Werbespruch gegen das Rednerpult SICHERHEIT FÜR ALLE FRAUEN; aber Frau Pierhelm hatte nicht zugehört.« Oder auch: »Frau Pierhelm stieg aufs Pult: Sicherheit, Sicherheit, Sicherheit.«[195]

Schon während Brauksiepe im Plenum sprach, versuchten KPD-Abgeordnete mit polemischen Zwischenrufen wie »NS-Frauenschaft!« oder »Wir marschieren!« zu stören.[196] Der Abgeordnete Friedrich Rische, der der KPD angehörte, versprach ihr: »Sie bekommen eine Uniform!« Es ist daher gut möglich, dass der eigenwillige Name der *Treibhaus*-Figur ein ähnliches Wortspiel mit militärischen

---

[193] A. GROSSMANN, Question on Silence, 1997; R. MÜHLHAUSER, Vergewaltigungen, 2001; M. GEBHARDT, Als die Soldaten kamen, 2015.

[194] Artikel »Volk hört mit«; DER SPIEGEL vom 13. Februar 1952, Nr. 7/1962, S. 5.

[195] W. KOEPPEN, Werke, Band 5: Das Treibhaus, 2010, S. 163 und S. 165.

[196] Für den Zwischenruf »NS-Frauenschaft« erhielt die KPD-Abgeordnete Grete Thiele einen Ordnungsruf: Artikel »Der Abschluß der großen Wehrdebatte im Bundestag«; FAZ vom 9. Februar 1952.

Accessoires ist: Aenne Brauksiepe bekam für ihre Bundestagsrede gleichsam einen Helm aufgesetzt, indem das *Treibhaus* sie als Frau Pier*helm* karikierte – einen Papierhelm vielleicht, weil Abgeordnete nur mit Worten kämpfen, weil es Koeppen um die literarische Existenz ging und weil Brauksiepes Beitrag als CDU-Broschüre vor allem in katholischen Frauenverbänden verbreitet wurde. Oder vielleicht einen Helm der französischen *Pompiers*, was gut zum Kontext der Europäischen Verteidigungsgemeinschaft passen würde, die auf eine Initiative des französischen Ministerpräsidenten René Pleven zurückging. Für diese Deutung spricht, dass die geplante Europaarmee, die wegen des ›Kalten Krieges‹ ins Leben gerufen werden sollte, im *Treibhaus* metaphorisch als Feuerwehr firmiert:

> Keetenheuve stritt dem Kanzler den Glauben nicht ab. Es war sein Weltbild, das er verkündete, für ihn brannte die Welt, und er ließ Feuerwehren herbeirufen und Feuerwehren gründen, um den Brand einzudämmen und zu bekämpfen.[197]

Die Abgeordnete Pierhelm erscheint als eine treue Stütze des Kanzlers, wie es der Souveränität des Regierungschefs im *Treibhaus* entspricht, aber auch dem System der ›Kanzlerdemokratie‹, in der die Abgeordneten der Koalitionsfraktionen den Kurs der Regierung stützen.[198] Am Beispiel der Personalsatire Pierhelm/Brauksiepe zeigen sich mithin mehrere parlamentshistorisch relevante Aspekte: *Erstens* handelt es sich um eine kritische Thematisierung der vermeintlich unselbständigen, machtpolitisch nachgeordneten Rolle der Abgeordneten im bundesdeutschen Parlamentarismus. *Zweitens* veranschaulicht die Polemik gegen eine Propagandistin der ›Wiederbewaffnung‹ die polarisierten Konflikte der frühen Bonner Republik, die inner- sowie außerhalb des Bundestages in aller Schärfe ausgetragen wurden, und zwar nach der binären Logik des Ost-West-Konflikts. *Drittens* greift die Satire grundsätzlich die Rollenkonflikte zwischen (privater) Persönlichkeit und (öffentlichem) Mandat auf, wenn sie das inszenierte Image der Berufspolitikerin als Fürsprecherin der Hausfrauen bloßzustellen versucht. Die provokante Auseinandersetzung mit einer Unterstützerin der Adenauer'schen Westpolitik hat jedoch *viertens* auch einen misogynen Subtext. Dabei steht die poetische Verarbeitung des *Treibhaus*-Romans ihrerseits wiederum in einem zeitgenössischen Zusammenhang, wie ein Artikel aus der *Welt am Sonntag* beweist, in dem Aenne Brauksiepe kurz nach ihrer aufsehenerregenden Parlamentsrede porträtiert wurde:

---

[197] W. Koeppen, Werke, Band 5: Das Treibhaus, 2010, S. 161. – Vgl. B. Wintgens, Bundeskanzler im Treibhaus, 2011, S. 161–172.
[198] A. Doering-Manteuffel, Strukturmerkmale, 1991; M.-L. Recker, Parlament in der Kanzlerdemokratie, 2004; K. Niclauss, Kanzlerdemokratie, ³2014.

Sie selbst faßt ihre politische Arbeit als *eine sehr ernste Verpflichtung* auf, die sie *neben* ihrer Tätigkeit als Ehe- und Hausfrau der Gemeinschaft gegenüber zu erfüllen hat. Und ihr Beispiel zeigt, daß sich beides durchaus vereinen läßt. Von Freitag bis Montag schwingt sie mit Leidenschaft das Küchenzepter. Der Montagabend ist dann bereits wieder mit Parteiarbeit ausgefüllt. An den Tagen, an denen sie in Bonn tätig ist, überläßt sie die Hausarbeit einer bewährten jungen Kraft, so daß *auch während ihrer Abwesenheit* alles wie am Schnürchen klappt. Sie macht jedoch kein Hehl daraus, daß ihr Mann ihr auf diese Weise *ein großes Opfer* bringt. [...] So fährt sie jeden Abend von Bonn nach Duisburg, um – wenn auch nur für kurze Stunden – die Resonanz bei ihm zu suchen, *die sie braucht.*[199]

Das Problem der Vereinbarkeit von Privatleben und Mandat stellte sich nicht nur im *Treibhaus* – und nicht nur für den Witwer Keetenheuve. Es wurde in der frühen Bundesrepublik zugleich in der Presse diskutiert, hier am Beispiel Aenne Brauksiepes, unter stark patriarchalischen Vorzeichen und offensichtlich ohne jegliche Ironie. Das Handbuch des Bundestages, in dem die Abgeordneten biographisch kurz porträtiert wurden (wobei die Informationen auf Eigenangaben beruhten), erwähnte bei Brauksiepe: »Hausfrau, Duisburg«.[200] Das *Treibhaus* geht mit der sexistisch konnotierten Personalsatire der Frau Pierhelm jedoch noch einen Schritt weiter. Der Text wird gleichsam körperlich übergriffig, und zwar in der bereits zitierten Stelle, die man in Kenntnis der Realvorlagen mit anderen Augen liest, weil Brauksiepes politisches Anliegen – Sicherheitspolitik aus Frauensicht – hier in antibourgeois-provokanter Absicht mit einem Werbeversprechen für »intime Tampons« gleichgesetzt wird und lächerlich gemacht werden soll.

Anders als Frau Pierhelm wird der Abgeordnete Korodin, ein weiterer CDU-Politiker[201], im *Treibhaus* mit durchaus sympathischen Zügen versehen.[202] Dieses relativ positive Bild ist insofern bemerkenswert, als im *Treibhaus* sonst eigentlich alle Figuren, gleich welcher Partei, schlecht wegkommen. Keetenheuve und Korodin sind Mitglieder des Parlamentsausschusses, der über den Wohnungsbau berät: »Es war ein wichtiger Ausschuß, er hatte wichtige Fragen zu beraten, er sollte den Menschen Häuser bauen.«[203] Zwar ist Korodin ein politischer, weltanschaulicher und lebensweltlicher Gegner Keetenheuves. In Bonn ist er aber zugleich diejenige Person, die mit dem Oppositionspolitiker am ehesten noch so etwas wie Kontakt hält und ihm mit persönlichem Interesse begeg-

---

[199] Artikel »Hausfrau im Bundestag«; WELT AM SONNTAG vom 17. Februar 1952 [Hervorhebungen B.W.].
[200] DIE VOLKSVERTRETUNG, 1949, S. 119 f.
[201] Hinzu kommt der Abgeordnete Sedesaum. Er wird als »Berufschrist« karikiert und als »ein Jasager, ein Sänger des Herrn«: W. KOEPPEN, Werke, Band 5: Das Treibhaus, 2010, S. 149 und S. 151.
[202] J. QUACK, Koeppen – Erzähler der Zeit, 1997, S. 156.
[203] W. KOEPPEN, Werke. Band 5: Das Treibhaus, 2010, S. 101.

net. Dessen ungeachtet hat Korodin Frau und Kinder, ein beträchtliches Vermögen, mehrere Geschäftsbeteiligungen und seinen Glauben – Dinge, mit denen Keetenheuve nichts anzufangen weiß. Korodin ist ein Mann der Kirche, »ein Freund des Bischofs und stand sich gut mit den Klöstern«. Doch »manchmal schien es Keetenheuve, als ob Korodin, sein Gegner, ihn am Ende noch besser verstand als die Fraktion, mit der er sich verbunden fühlte«.[204]

Die (sehr relative) Nähe zwischen den beiden kommt nicht zuletzt daher, dass sich Korodin – wie Keetenheuve – im Umgang mit anderen Menschen in Bonn nicht immer wohlfühlt. Der CDU-Abgeordnete versteht sich zudem als progressiver Christ, der für »Arbeiterpriester« spendet und seine Schecks für eine urchristliche Gabe hält. Außerdem hat er den französischen Schriftsteller Georges Bernanos gelesen und war davon beunruhigt worden, einen Vertreter des *Renouveau catholique*. Korodin ist also nicht frei von geistigen Interessen, was ihn mit Keetenheuve verbindet.[205] Doch auch Keetenheuve und Korodin können nicht miteinander umgehen. Als sie sich morgens auf dem Münsterplatz begegnen, traut sich Korodin nicht, dem Witwer zu kondolieren, obwohl er das gerne täte. Stattdessen bringt Korodin nur den unbeholfenen Satz heraus: »Wir stehen hier auf einem Gräberfeld aus fränkisch-römischer Zeit.« Keetenheuve, dem schon dieses halbprivate Gespräch zu peinlich ist, greift das Stichwort »Gräber« dankbar auf, um in die vertrauten politischen Gräben auszuweichen. Keetenheuve spricht die Frage der ›Wiederbewaffnung‹ an und antwortet, er wolle »kein neues Gräberfeld«, doch laufe der Kurs der Bundesregierung genau darauf hinaus, auf ein »europäisches oder kleineuropäisches Gräberfeld«.[206]

Ob mit Korodin im *Treibhaus* ein Politiker wie der CDU-Abgeordnete Paul Lücke gemeint ist? Lücke war Familienvater und fest im katholischen Milieu beheimatet, außerdem seit 1950 Vorsitzender des Ausschusses für Wiederaufbau und Wohnungswesen.[207] Auch vom Alter her würde es passen: Der 1914 geborene Lücke zählte nicht zu den Bonner Gründerfiguren, die wie Adenauer und Schumacher bereits in der Weimarer Republik Politik gemacht hatten. Als Angehöriger der Kriegsgeneration gehörte Lücke vielmehr zu denjenigen, die während der Fünfzigerjahre in politische Ämter nachrückten, wie Franz Josef Strauß und Helmut Schmidt. Lücke war nur etwas jünger als die *Treibhaus*-Figuren Korodin und Keetenheuve (sowie der Autor Koeppen). In der ersten Wahlperiode wurde der Christdemokrat einer der profiliertesten Wohnungsbaupolitiker der frühen Bundesrepublik. Auf diesem in der Zeit des ›Wiederaufbaus‹ grundlegenden Gebiet war Lücke der wichtigste Sprecher der Unionsfraktion – und

---

[204] W. Koeppen, Werke, Band 5: Das Treibhaus, 2010, S. 28 f.
[205] A. Pschera, Bloy, 2006, S. 26–36; V. Neumann, *Renouveau catholique*, 2007.
[206] W. Koeppen, Werke, Band 5: Das Treibhaus, 2010, S. 49 f.
[207] G. Schulz, Wiederaufbau, 1994, S. 257–266; J. Aretz, Lücke, 2004.

insofern auch ein koalitionsinterner parlamentarischer Gegenspieler des Bundesministeriums, das von den FDP-Politikern Eberhard Wildermuth und Fritz Neumayer geleitet wurde.[208]

Lücke verkörperte die Wohnungsbau-, Familien- und Eigentumspolitik der CDU.[209] So beschrieb ihn die *Neue Zeitung* im Herbst 1953 als den »Vater und Förderer aller Wohnungsbaugesetze der Bundesrepublik«. Vom Ersten Wohnungsbaugesetz 1950 über das Bergarbeiter-Wohnungsbaugesetz bis zum Prämiengesetz für Bausparer habe Lücke die Gesetzgebung im ›Wiederaufbau‹ vorangetrieben und geprägt.[210] Das Wohnungseigentumsgesetz war überdies eines der eher seltenen Beispiele dafür, dass ein Gesetz aus dem Parlament heraus ohne Vorlage der Regierung verabschiedet wurde. 1957 berief Adenauer den einflussreichen Abgeordneten daher endlich als Wohnungsbauminister in die Bundesregierung, der er bis 1968 angehörte, zuletzt als Innenminister. In den Sechzigerjahren war Lücke dann einer der Wegbereiter der Großen Koalition, die er im Zusammenspiel mit Herbert Wehner und dem CSU-Politiker Karl Theodor zu Guttenberg anbahnen sollte.

Es gibt also Ähnlichkeiten zwischen der Romanfigur Korodin und dem Politiker Lücke: Alter, Konfession und Familienstand, auch das politische Fachgebiet gleichen sich.[211] Hinzu kommt, dass Korodin als Vertreter des sozialpolitischen beziehungsweise sozialkatholischen Parteiflügels gezeichnet wird, insbesondere durch seine Bernanos-Lektüre. Auch Lücke hatte, wie im biographischen Handbuch des Bundestages hervorgehoben wurde, sieben Jahre als Schlosser gearbeitet.[212] Der Politiker aus Nordrhein-Westfalen, dem damaligen Kernland der CDU, sowie der Vorstandsvorsitzende des bodenreformerischen Volksheimstättenwerks pflegte Kontakte zu Gewerkschaften, Wohlfahrtsverbänden und karitativen Organisationen.[213] Wohnungsbaupolitik verstand Lücke als gesellschaftspolitische Aufgabe mit einem (klein-)bürgerlich-katholischen Leitbild, ganz wie Korodin. Es ging ihm um Eigentumsbildung und Familienförderung. Zwar schien es zunächst wichtiger, in der Nachkriegszeit zügig Wohnraum für möglichst viele Menschen zu errichten, also einfache, kleine und preiswerte Wohnungen zu fördern. Nachdem jedoch im Lauf der Fünfzigerjahre die größte Not gelindert war, wollte Lücke marktwirtschaftliche Anreize für die Eigentumsbildung setzen, vor allem mit dem Siedlungsbau für Familien.

---

[208] G. Schulz, Wiederaufbau, 1994, S. 201–203.
[209] G. Schulz, Wiederaufbau, 1994, S. 159.
[210] Artikel »Alles im Dienste der Familie«; Neue Zeitung vom 8. November 1953.
[211] D. Eberl, Kopf und Kragen, 2010, S. 127.
[212] Die Volksvertretung, 1949, S. 190.
[213] G. Schulz, Wiederaufbau, 1994, S. 208.

Lücke hatte während seiner Ausbildung zum Maschinen-Ingenieur in den Dreißigerjahren im Berliner Wedding gewohnt. Die elenden Verhältnisse in den großen Mietshäusern hatten seine politischen Vorstellungen nachhaltig geprägt. Diese Lebenswelt erschien ihm in jeder Hinsicht bedrückend.[214] Sein politisches Ideal war demgegenüber »das Eigenheim mit größerem Garten«.[215] Im September 1952 verkündete Lücke das Ziel, dass »Deutschland wirklich zu einem Land der Heimstätten« werden solle: »Die eigentumslose Familie ist in ihrem Bestand gefährdet und gefährdet damit auch die Existenz und Sicherheit des Staates. Wer deshalb die staatliche Ordnung bejaht, muß privates Eigentum für möglichst alle Familien wollen.«[216] Wie Lücke im Juni 1953 in einem Zeitungsartikel begründete, wollte er »durch die Erstellung von Familienheimen in Form von Siedlungen, Eigenheimen und Eigenwohnungen [...] eine neue staatstragende Schicht von Klein- und Kleinsteigentümern« schaffen helfen.[217] Seine Vorstellungen einer ›sozialen Marktwirtschaft‹ trieb der Vorsitzende des Ausschusses für Wiederaufbau und spätere Wohnungsbauminister beharrlich voran. Angesichts der Wohnungsnot in der frühen Bundesrepublik hatte Lückes Ideal des freistehenden Einfamilienhauses eine durchaus utopische Note, gerade Anfang der Fünfzigerjahre.

Obwohl die Figur Korodin also Ähnlichkeiten mit Paul Lücke aufweist – insbesondere den programmatischen Dreiklang von Familie, Eigentum und Staat –, fehlt der letzte Schlüssel, um mit Sicherheit sagen zu können, dass er gemeint ist. So hatte Lücke im Zweiten Weltkrieg ein Bein verloren, was bei Korodin nicht erwähnt wird (wobei auch bei Schumacher/Knurrewahn die physiognomischen Merkmale am stärksten verfremdet wurden). Allerdings gibt der Name Korodins keinen Hinweis, vielmehr verfremdet er die Allegorie ins Allgemeine. Korodin, so heißt auch ein Kreislaufmittel auf pflanzlicher Basis, das seit 1927 erhältlich ist[218] und das Koeppen, der unter Kreislaufbeschwerden und »Herzschmerzen« litt[219], gekannt haben dürfte. Die Korodin-Tropfen aus chine-

---

[214] G. Schulz, Wiederaufbau, 1994, S. 258; J. Aretz, Lücke, 2004, S. 196 und S. 199.
[215] J. Aretz, Lücke, 2004, S. 200.
[216] Vortrag Lückes am 20. September 1952 anlässlich einer Kundgebung des Deutschen Volksheimstättenwerks in Köln; gedruckt in: Gesetz zur Schaffung von Familienheimen. Vorgeschichte und Entwurf, o.O. o.J. [1956].
[217] Artikel »Häuser wuchsen aus Ruinen« von Paul Lücke; Westfalenpost (Hagen) vom 27. Juni 1953.
[218] Auskunft des Herstellers, Robugen GmbH, vom 25. August 2011.
[219] Brief vom 23. April 1953, in: Wolfgang und Marion Koeppen, 2008, S. 30. – Koeppen schrieb aus Stuttgart: »Ich bin recht bedrückt, weil meine Kreislaufstörungen hier so sehr zunehmen und mich die Kessel-Hitze vielleicht noch mehr mitnimmt als das Münchner Klima. Ich war vorhin sogar bei einem gegenüber liegenden Arzt, der mir 3 Mittel verschrieben hat, die ich aber nicht kaufen kann wegen Geldmangel.« Brief vom 11. Mai 1953, in: Wolfgang und Marion Koeppen, 2008, S. 52. – Ein andermal erwähnte er die Medikamente »Veriazol, Cortiron und Vegedyston [...], die für die Katz sind«. Brief vom 23. Mai 1953, in: Wolfgang und Marion Koeppen, 2008, S. 69.

sischem Campher und dem Extrakt von Weißdornbeeren werden gegen niedrigen Blutdruck und Schwindelanfälle eingenommen.

Dass im *Treibhaus* der Abgeordnete Korodin nach einem pflanzlichen Kreislaufmittel benannt wird, verweist zum einen auf die gesundheitlichen Nebenwirkungen der den Roman beherrschenden Schwüle- und Treibhaus-Metaphorik. Zum anderen verspottet der Name die sozialkatholische Programmatik der Figur als gewissermaßen homöopathisch, zumal dann, wenn der fiktive Abgeordnete Geschäftsbeteiligungen hält und für die ›Wiederbewaffnung‹ stimmt. Zugleich weitet sich das Wortspiel aber derart ins Unverbindliche, dass die mögliche Realvorlage Paul Lücke nicht dechiffriert werden kann. Wenn der Vorsitzende des Ausschusses für Wiederaufbau und Wohnungswesen in die Figur Korodin mit eingeflossen sein sollte, wäre das jedoch ein weiterer Beleg dafür, wie gründlich sich der Roman mit dem Bonner Parlamentsbetrieb auseinandergesetzt hat. Lücke war im Jahr 1953 noch nicht so prominent, dass sein Profil als allgemein bekannt vorausgesetzt werden konnte.

Die These, dass die literarische Beschreibung der Bonner Szenerie im *Treibhaus* näher an der Realität der ersten Wahlperiode dran war, als gemeinhin angenommen wurde, lässt sich schließlich an der Figur des Abgeordneten Dörflich erläutern. Im Roman ist Dörflich »ein aus seiner Fraktion ausgestoßener Abgeordneter, der aber noch nicht die parlamentarischen Weihen verloren« hatte.[220] Er war in eine Finanzaffäre verwickelt, heißt es im *Treibhaus*, und nachdem die Sache aufgeflogen war, hatte man ihn »als Sündenbock in die Wüste der Fraktionslosigkeit geschickt«. Da Dörflich nun keine Chance auf Wiederwahl hat, betreibt er in Bonn – zum Ärger seiner Noch-Kollegen – einen Milch- und Brötchenladen, wobei er seine Handelsware auf Staatskosten befördert. Außerdem hält Dörflich im Plenum, solange ihm diese Bühne offensteht, derart rechtsradikale Reden, dass Keetenheuve den Kanzler wegen einer solchen Opposition bemitleidet. Angesichts der parlamentarischen Tiraden des Ladenbetreibers findet Keetenheuve es nicht weiter verwunderlich, »daß die Milch bei ihm sauer wurde«, und er überlegt, ob Dörflich womöglich in Wahrheit der verschollene Martin Bormann sein könnte.[221]

Für diese Romanfigur, die den meisten Politikern im *Treibhaus* unangenehm und Keetenheuve unheimlich ist[222], stand der Abgeordnete Günter Goetzendorff Vorbild. Dieser Hintergrund geht aus Koeppens Notizen aus Bonn her-

---

[220] Hier und im Folgenden: W. KOEPPEN, Werke, Band 5: Das Treibhaus, 2010, S. 149 f.

[221] W. KOEPPEN, Werke, Band 5: Das Treibhaus, 2010, S. 165. – Martin Bormann, bis April 1945 ›Sekretär des Führers‹, galt in der Nachkriegszeit lange als verschollen, bis sein Selbstmord in Berlin geklärt werden konnte.

[222] Keetenheuve fürchtet, dass Dörflich, wenn er die Macht dazu hätte, Patrioten wie Knurrewahn hängen lassen würde: W. KOEPPEN, Werke, Band 5: Das Treibhaus, 2010, S. 167.

vor[223], zudem klingen die Namen Goetzendorff und Dörflich schon sehr ähnlich. Der aus Schlesien stammende Goetzendorff, der in der Nachkriegszeit zunächst als Journalist bei der *Passauer Neuen Presse* gearbeitet hatte, war 1949 auf der Liste der Wirtschaftlichen Aufbau-Vereinigung in den Bundestag gewählt worden.[224] Dort wollte er sich vor allem für die Belange der Vertriebenen einsetzen; Goetzendorff war der Landesvorsitzende einer bayerischen Flüchtlingsorganisation, des sogenannten Neubürgerbundes.[225] In Bonn wurde der 32 Jahre junge Mann dann jedoch einer der Skandalpolitiker des ersten Bundestages. Sage und schreibe neunmal hob das Parlament die Immunität des Abgeordneten auf.[226] Neben diversen Beleidigungsklagen und einem umstrittenen Gebrauchtwagenverkauf warf man ihm Diätenbetrug vor: Goetzendorff habe mehr Autofahrten zwischen Passau und Bonn abgerechnet, als er nach Aussage seines Chauffeurs unternommen habe; rechtskräftig verurteilt wurde Goetzendorff in der Sache allerdings nicht.[227] Im Februar 1950 wurde er hingegen für zwanzig Sitzungstage von den Verhandlungen ausgeschlossen, weil er den CSU-Politiker Hans Bodensteiner im Bundeshaus geohrfeigt hatte.[228] Ebenso auffällig wie seine Skandale war Goetzendorffs Fraktionslosigkeit, die mit mehreren Parteigründungsversuchen einherging.[229] Schon im März 1950 verließ der Abgeordnete die WAV und versuchte es zwischenzeitlich bei der rechtsradikalen Deutschen Reichspartei. Seit Herbst 1951 war Goetzendorff fraktionslos, eher er sich im Frühjahr 1953 wieder mit den Kollegen von der WAV zusammenraufte. Schließlich scheiterte sein Versuch, als Spitzenkandidat der nordrhein-westfälischen Liste ›Nationale Sammlung‹ in den zweiten Bundestag gewählt zu werden.

---

[223] Als Koeppen Bonn besuchte, wurde er von »M« auch mit Informationen über Goetzendorff versorgt. Aufzeichnungen Bonn; WKA/UB Greifswald, M 436-1; faksimiliert in: H.-U. Treichel, *Treibhaus* – Kommentar, 2010, S. 195. – Vgl. R. Ulrich, Vom »Magischen Sehen«, 1999, S. 356.
[224] Die Volksvertretung, 1949, S. 149 f. – Vgl. M. Schumacher, MdB, 2000, S. 129; Biographisches Handbuch, 2002, S. 271.
[225] BT Sten.Ber., 1. WP, 7. Sitzung vom 23. September 1949, S. 125–129; 12. Sitzung vom 20. Oktober 1949, S. 288 f.; 13. Sitzung vom 21. Oktober 1949, S. 322; 27. Sitzung vom 18. Januar 1950, S. 845.
[226] BT Sten.Ber., 1. WP, 54. Sitzung vom 29. März 1950, S. 2002 f.; 96. Sitzung vom 27. Oktober 1950, S. 3516–3521; 114. Sitzung vom 25. Januar 1951, S. 4329; 135. Sitzung vom 18. April 1951, S. 5269 f.; 164. Sitzung vom 26. September 1951, S. 6668 f.; 189. Sitzung vom 6. Februar 1952, S. 8075; 197. Sitzung vom 29. Februar 1952, S. 8470; 229. Sitzung vom 11. September 1952, S. 10477; 246. Sitzung vom 22. Januar 1953, S. 11724.
[227] BT Sten.Ber., 1. WP, 54. Sitzung vom 29. März 1950, S. 2002 f. – Artikel »Betrug?«; FAZ vom 29. März 1950; »Fünfmal am Tag nach Bonn«; Der Spiegel vom 30. März 1950, Nr. 13/1950, S. 5. – Vgl. G. Goetzendorff, »Das Wort hat …«, 1989, S. 218–226.
[228] BT Sten.Ber., 1. WP, 31. Sitzung vom 26. Januar 1950, S. 964 f. – Protokoll der 40. Sitzung des Ältestenrats vom 26. Januar 1950; BT ParlA, 1. WP, Ältestenrat. – Artikel »Erster Staatsvertrag ratifiziert / Ohrfeigen in den Bonner Wandelgängen«; FAZ vom 27. Januar 1950; »Günter Goetzendorf (!)«; Der Spiegel vom 2. Februar 1950, Nr. 5/1950, S. 28. – Vgl. G. Goetzendorff, »Das Wort hat …«, 1989, S. 240–248.
[229] W. Fischer, Heimat-Politiker?, 2010, S. 104–107.

Im ersten Bundestag waren die Verhältnisse auf der äußersten politischen Rechten ungeklärt – und der Abgeordnete Goetzendorff berüchtigt für seinen Nationalismus, mit dem er gegen die Westbindungspolitik der Koalition opponierte. Seiner Aussage nach habe die Bundesregierung Schuld, wenn bald »Schützengräben in deutscher Erde« ausgehoben würden.[230] Gegen die Europäische Gemeinschaft für Kohle und Stahl stimmte Goetzendorff mit der provokanten Erklärung, es handele sich dabei um »ein Ermächtigungsgesetz« zur »Ausbeutung der deutschen Wirtschaft« und zur »Torpedierung der Wiedervereinigung«.[231] In der ›Wiederbewaffnungs‹-Debatte wiederum stellte er – als einer der Redner nach Aenne Brauksiepe – die Frage, »ob es sich überhaupt lohnt, für diese Bundesrepublik zu sterben«.[232] Am 19. März 1953 gehörte Goetzendorff zu den Rednern in der Ratifizierungsdebatte der Westverträge, genauso wie im *Treibhaus* die Abgeordnetenfigur Dörflich. Dabei erklärte Goetzendorff seine Ablehnung der Europäischen Verteidigungsgemeinschaft und nahm explizit Bezug auf den *Zeit*-Artikel über die angebliche Geheimabsprache der Alliierten über die Teilung Deutschland, die im *Treibhaus* breiten Raum einnimmt: »Der Russe wird behalten, was er hat, und der Westen wird es zufrieden sein.«[233]

Im Bundestag hatte Goetzendorff einen schweren Stand, weil die anderen Abgeordneten ihre Gegnerschaft und seine Isolierung immer wieder zum Ausdruck brachten. Als er einmal die Floskel der »politischen Freunde« bemühte, unterbrachen seine Kollegen die Rede schon nach fünf Worten. Das Protokoll vermerkte »stürmische Heiterkeit«, und Vizepräsident Carlo Schmid setzte noch eine Pointe hinzu, indem er als Sitzungsleiter erklärte, man könne »seine Freunde auch außerhalb des Hauses haben«.[234] Allerdings war Goetzendorff im Parlament nicht ganz allein. Auf der Rechten gab es eine Reihe weiterer Einzelgänger, die sich in immer neuen Formationen zusammenschlossen. Über seinen Einzelfall hinaus war der erste Bundestag ein Parlament mit mehreren Parteien am rechten Rand – und zugleich ein Parlament mit zahlreichen Fraktionswechseln (und Immunitätsfällen). Zwischen 1949 und 1953 wechselten 53 Abgeordnete ihre Fraktion oder parlamentarische Gruppe, zum Teil mehrfach, woraus sich eine Gesamtzahl von 91 Fraktionswechseln ergibt.[235] Zeitweise gehörten bis zu zwanzig Abgeordnete keiner Fraktion an; auch bei den Immunitätsfällen waren die Vertreter der kleinen Parteien überrepräsentiert. Dem Koeppen'schen

230 BT Sten.Ber., 1. WP, 165. Sitzung vom 27. September 1951, S. 6711.
231 BT Sten.Ber., 1. WP, 183. Sitzung vom 10. Januar 1952, S. 7777.
232 BT Sten.Ber., 1. WP, 191. Sitzung vom 8. Februar 1952, S. 8207. – Vgl. auch BT Sten.Ber., 1. WP, 222. Sitzung vom 10. Juli 1952, S. 9915.
233 BT Sten.Ber., 1. WP, 255. Sitzung vom 19. März 1953, S. 12351.
234 BT Sten.Ber., 1. WP, 87. Sitzung vom 21. September 1950, S. 3241.
235 Datenhandbuch, 1999, S. 908–914 und 938.

Prinzip der metaphorischen Mehrdeutigkeit entsprechend, repräsentiert die Figur Dörflich daher nicht Goetzendorff allein, auch wenn sie ihm nachgebildet wurde. Prototypisch steht sie zugleich für die verschiedenen Abgeordneten der Rechten im ersten Bundestag wie Adolf von Thadden, Alfred Loritz, Wolfgang Hedler und Fritz Dorls.

Keetenheuves Überlegung, ob sich hinter Dörflich vielleicht sogar der verschollene Martin Bormann verberge, kann man zudem als Hinweis auf den Fall Rößler/Richter lesen, einen krassen Fall von »Verwandlungspolitik« in der frühen Bundesrepublik.[236] Am 20. Februar 1952 wurde der – gleichfalls fraktionslose – Abgeordnete Franz Richter im Bundeshaus festgenommen; tags darauf legte er sein Mandat nieder.[237] Auch Richter galt als berüchtigter »Sprüchemacher auf dem Rednerpodium«, für die Presse und seine zahlreichen Gegner war er ein rechtsradikaler »Rattenfänger«.[238] Wie die *Süddeutsche Zeitung* schrieb, müsse man »die Bundestagsabgeordneten in ihrer Gesamtheit bedauern«, dass sie diese »Dreckschleuder« in ihren Reihen ertragen mussten.[239]

Demgegenüber waren die Vorwürfe, die der Bonner Oberstaatsanwalt im Februar 1952 erhob, sachlich-nüchtern, aber sie hatten Konsequenzen.[240] Im Einzelnen ging es um Urkundenfälschung und Betrug, um die unbefugte Führung eines akademischen Titels sowie der Amtsbezeichnung Studienrat; außerdem um Personenstandsfälschung, Falschbeurkundung und falsche Versicherung an Eides statt. Richters Lebenslauf im Handbuch des Bundestages lautete in Stich-

---

[236] W. LOTH/B.-A. RUSINEK (Hg.): Verwandlungspolitik, 1998. – Darin wird der Fall des Aachener Germanistikprofessors Hans Schwerte beschrieben. Schwerte hieß eigentlich Hans Ernst Schneider und war als SS-Hauptsturmführer im ›Ahnenerbe‹ an der ›Germanisierungs‹-Politik in den besetzten Niederlanden und Belgien beteiligt. Nach 1945 nahm er einen neuen Namen an, heiratete seine Frau ein zweites Mal und machte Karriere als Hochschullehrer und Wissenschaftsmanager: B.-A. RUSINEK, Von Schneider zu Schwerte, 1998.

[237] Gewählt wurde Richter 1949 auf der niedersächsischen Landesliste der Deutschen Konservativen Partei – Deutschen Rechtspartei, maßgeblich unterstützt von der Sudetendeutschen Landsmannschaft. Im ersten Bundestag gehörte er zur Gruppe der Nationalen Rechten. 1950 ist er aus der Deutschen Reichspartei, wie die DRP (eine Vorläuferpartei der NPD) inzwischen hieß, entweder ausgetreten oder ausgeschlossen worden; darüber gibt es widersprüchliche Angaben. Während Richter im September 1950 zur (1952 verbotenen) Sozialistischen Reichspartei wechselte, gehörte er im Parlament zunächst keiner Fraktion oder Gruppe an. Gemeinsam mit Fritz Dorls schloss er sich im Dezember 1950 vorübergehend der Wirtschaftlichen Aufbau-Vereinigung an, die beide im September 1951 wieder verließen. Als fraktionsloser Abgeordneter galt Richter neben dem Parteivorsitzenden Dorls als parlamentarische Stimme der SRP. – Vgl. O. BÜSCH/P. FURTH, Rechtsradikalismus, 1957, 164–166; H. SCHMOLLINGER, Sozialistische Reichspartei, 1984, S. 2277 und 2314 f.; DATENHANDBUCH, 1999, S. 910; M. SCHUMACHER, MdB, 2000, S. 338; BIOGRAPHISCHES HANDBUCH, 2002, S. 699, H. HANSEN, Sozialistische Reichspartei, 2007, S. 54–56 und 185–189.

[238] Beide Formulierungen stammen aus einem Porträt, das der Journalist Walter Henkels geschrieben hat; RUHR-NACHRICHTEN (Dortmund) vom 2. Juni 1951.

[239] »Streiflicht«; SÜDDEUTSCHE ZEITUNG vom 24. Januar 1951.

[240] Pressemitteilung des Bundestages, 20. Februar 1949; in: BT Pressedokumentation, Sammlung »Franz Richter«.

worten: Dr. Franz Richter, geboren am 6. Juni 1911 im türkischen Izmir; Stu-
dium der Philologie an der Universität Prag; Tätigkeit als Studienrat und Lehrer im Sudetengau;»1940 bis 1945 zur Wehrmacht eingezogen.«[241] Allerdings
waren diese Angaben für die Zeit vor 1945 allesamt falsch. Bundestagspräsident Ehlers erklärte förmlich im Plenum, er habe»die Mitteilung zu machen,
daß mit meiner Zustimmung der Abgeordnete Dr. Franz Richter vorläufig festgenommen ist unter der Beschuldigung, daß er weder Studienrat noch Dr. ist
noch Franz Richter heißt, sondern daß er der ehemalige Gauhauptstellenlei-
ter Fritz Rößler der NSDAP, Gau Sachsen, ist.«[242] Rößler hatte nach 1945 einen anderen Namen angenommen, seine Frau ein zweites Mal geheiratet und
eine politische Karriere in rechtsradikalen Parteien gemacht.[243] Mit seiner Verhaftung im Februar 1952 endete, wie der *Spiegel* süffisant schrieb,»das demokratische Gastspiel« eines Mannes,»der nach dem Krieg seinen Namen wechselte und seine Gesinnung behielt, während andere ihren Namen behielten und
die Gesinnung wechselten.«[244]

Im Plenum hatte Richter alias Rößler als Alt-Nazi von sich reden gemacht.
Wiederholt forderte er Entschädigungen für die vermeintlichen Opfer der Entnazifizierung – und dass alliierte Soldaten, insbesondere Tschechen, vor Gericht
gestellt werden sollten.[245] Dabei beließ er es nicht beim Aufrechnen von Gewalttaten aus dem Zweiten Weltkrieg. Kontinuierlich bediente er sich ressentimentge-
ladener Rhetorik, etwa wenn er von der»Ehre Deutschlands« sprach, gegen»Ver-
räter am deutschen Volk« hetzte[246], Großbritannien als das»perfide Albion«[247]
bezeichnete oder eine antiisraelische Bundestagsrede hielt, die im Tumult endete
und für die ihn Erwin Schoettle (SPD) einen»antisemitische[n] Strolch« nannte.[248] KPD-Abgeordnete störten seine Ausführungen bisweilen mit»Sieg Heil«-
Rufen[249], und aus den Reihen der SPD kam einmal der Zuruf:»Nazi, hau ab!«[250]
Der SPD-Parlamentarier Wilhelm Mellies erhielt einen Ordnungsruf des Sit-
zungsleiters Schmid, der Richters Kommentare demonstrativ ignorierte. Mellies

---

[241] Die Volksvertretung, 1949, S. 223.
[242] BT StenBer., 1. WP, 194. Sitzung vom 20. Februar 1952, S. 8339.
[243] Bericht des Abgeordneten Heinrich Ritzel, Vorsitzender des Immunitätsausschusses, in: BT
StenBer., 1. WP, 194. Sitzung vom 20. Februar 1952, S. 8341–8343.
[244] Artikel»Gesinnung behalten«; Der Spiegel vom 27. Februar 1952, 9/1952, S. 28.
[245] BT StenBer., 1. WP, 5. Sitzung vom 20. September 1949, S. 28; BT StenBer., 1. WP, 7. Sitzung vom 22. September 1949, S. 80–85; BT StenBer., 1. WP, 22. Sitzung vom 9. Dezember
1949, S. 662–664;
[246] BT StenBer., 1. WP, 164. Sitzung vom 26. September 1951, S. 6686.
[247] BT StenBer., 1. WP, 168. Sitzung vom 16. Oktober 1951, S. 6915.
[248] BT StenBer., 1. WP, 175. Sitzung vom 15. November 1951, S. 7185. – Artikel»Antisemitische Äußerungen Richters lösen Tumulte aus«; Neue Zeitung vom 16. November 1951.
[249] BT StenBer., 1. WP, 7. Sitzung vom 22. September 1949, S. 85.
[250] BT StenBer., 1. WP, 72. Sitzung vom 23. Juni 1950, S. 2601.

hatte es als »Schande für das deutsche Volk« bezeichnet, dass »solche schamlosen Burschen« wie Richter »auf dieser Tribüne stehen und reden können«.[251]

4.2 Der Abgeordnete Keetenheuve

Der historische Blick auf die Parlamentarier im *Treibhaus* hat gezeigt, dass der Roman eine Satire auf den ersten Bundestag ist. Hinter den karikierten Figuren stehen reale Vorbilder, die mal mehr, mal weniger eindeutig benannt werden können. Wie es Koeppens Stil der metaphorischen Verdichtung entspricht, wurden sie indes durch Namenswortspiele und andere Fiktionalisierungsmaßnahmen so weit verfremdet, dass sie auch andere, allgemeinere Botschaften transportieren. Sie wurden stilisiert als Repräsentanten des politischen Systems der frühen Bundesrepublik und der sie tragenden Strömungen. Daher führt die Frage, inwieweit das *Treibhaus* als Schlüsselroman zu bewerten ist, unweigerlich zur Hauptfigur Keetenheuve selbst.

Immer wieder heißt es, der SPD-Politiker Carlo Schmid sei das Vorbild für den fiktiven Abgeordneten gewesen. »Daß Koeppen an Schmid dachte, als er Keetenheuve erfand, steht außer Frage«, schreibt etwa die Historikerin Petra Weber in ihrer Schmid-Biographie.[252] Als Verbindung zwischen dem traurigen ›Helden‹ aus dem Roman und dem Vorzeige-Intellektuellen der SPD sieht sie beider Neigung zur Nachdenklichkeit: »Auch Schmid befielen, seit er in Bonn war, Zweifel, ob er recht daran getan hatte, in die Galeere Politik einzusteigen. Aber man konnte nicht aussteigen, ›wenn man nicht ein schlechter Kerl sein‹ wollte.« Elisabeth Gräfin von Werthern, die langjährige Leiterin der Parlamentarischen Gesellschaft in Bonn, nannte Schmid einen »liebenswerte[n] Menschenfreund«, einen »Träumer und Denker«.[253] Der SPD-Politiker und Parteiintellektuelle Peter Glotz schließlich meinte (in einer *Spiegel*-Rezension über Webers Biographie), Schmid sei »ein Geistesaristokrat […] in der noch halbproletarischen SPD« der frühen Fünfzigerjahre gewesen.[254]

Wenn man Keetenheuve mit Schmid vergleicht, zeigen sich zwar Gemeinsamkeiten, aber auch Unterschiede. Wie Koeppens Romanfigur fiel der frankophile, zweisprachig aufgewachsene Schmid in Bonn durch seine geistigen Interessen und literarischen Talente auf. So hatte sich Schmid während des Zweiten Weltkriegs und in der frühen Nachkriegszeit intensiv mit Baudelaire beschäftigt, ähnlich dem Protagonisten im *Treibhaus*.[255] Anders als Keetenheuve vollen-

---

[251] BT StenBer., 1. WP, 164. Sitzung vom 26. September 1951, S. 6694.

[252] Hier und im Folgenden: P. Weber, Carlo Schmid, 1996, S. 490.

[253] E. Werthern, Von Weimar nach Bonn, 1985, S. 155.

[254] Artikel »Glanzvoller Außenseiter«; Der Spiegel vom 23. Dezember 1996, Nr. 52/1996, S. 42.

[255] Ernst Jünger, mit dem Carlo Schmid gut bekannt war, lobte die Baudelaire-Übersetzung in einem Brief an den Juristen Carl Schmitt: Brief vom 2. April 1942; Jünger – Schmitt – Briefe, 2013, S. 147 und 585.

dete Schmid seine Übersetzung der *Fleurs du mal* und publizierte sie sogar; sein
›Baudelaire‹ wurde in mehreren Auflagen gedruckt.[256] Seit 1946 war Schmid zudem Professor für Öffentliches Recht in Tübingen, seit 1953 für Politische Wissenschaft in Frankfurt. Carlo Schmid war mithin gleich mehrfach erfolgreich:
als Übersetzer und Autor, als Wissenschaftler und Politiker, nicht zuletzt als Vorsitzender des Hauptausschusses sowie der SPD-Fraktion im Parlamentarischen
Rat. Schmid lebte eine Mehrfachexistenz als Künstler, Politiker und Intellektueller. In der frühen Bundesrepublik wurden immer wieder Glossen und Bon-
mots von ihm gedruckt oder Berichte verbreitet, denen zufolge Schmid während
langwieriger Fraktions- oder Ausschusssitzungen Gedichte formuliert habe.[257]
Kurz gesagt ähneln sich Schmid und Keetenheuve als feingeistige, feinsinnige
Charaktere, Schmid war aber unterm Strich erfolgreicher.

Was die beiden deutlich unterscheidet, sind ihre Lebensläufe während des
›Dritten Reiches‹. Schmid war – anders als der Romanheld – nicht im Exil, sondern in der Militärverwaltung, als Kriegsgerichtsrat im besetzten Nordfrankreich.
Schmid verbrachte diese Zeit mit seiner Baudelaire-Übersetzung, die er in einem
privaten Lesekreis mit deutschen Soldaten und französischen Studenten diskutierte.[258] Umgekehrt ist Keetenheuve kein Akademiker wie Schmid, kein Staats-
und Völkerrechtsprofessor, sondern ein Autodidakt und Journalist, der aus der
Remigration auf die politische Bühne gekommen war. In politischer Hinsicht
wiederum war Schmid kein Pazifist, sondern setzte sich leidenschaftlich für die
europäische Integration ein – wofür Keetenheuve wiederum im *Treibhaus* gar keinen Sinn hat. Zudem betätigte sich Schmid im Bundestag nicht im Ausschuss für
Wohnungsbau, sondern als Vorsitzender des Auswärtigen Ausschusses.[259]

Schmid und den Abgeordneten aus dem *Treibhaus* verbindet daher, dass beiden der betont nationale Oppositionskurs ihres Parteivorsitzenden fragwürdig
erscheint – und vor allem der (Schmid von Beobachtern zugeschriebene) Exo-
tenstatus im Bonner Betrieb, der aus ihren poetischen Neigungen resultiert.[260]
Der wegen seiner NS-Belastung aufs Private beschränkte Staatsrechtler Carl
Schmitt etwa notierte im August 1950: »Empfehlenswertes Dissertationsthema
für strebsame junge Studenten und Studentinnen der westdeutschen Bundesrepublik des Jahres 1950: *Carlo Schmid et les beaux arts.*«[261] Die politischen An-

---

[256] Schmids Übersetzung: C. Baudelaire, Die Blumen des Bösen, 1947. – Schmids Übersetzung
erschien 1947 im Wunderlich-Verlag, 1957 wurden sie bei Desch neu aufgelegt; 1959 folgte eine
Ausgabe bei Goldmann, 1976 eine im Insel-Verlag.

[257] P. Weber, Schmids Erinnerungen, 2012, S. 277.

[258] C. Schmid, Erinnerungen, 1979, S. 195.

[259] W. Hölscher, Der Auswärtige Ausschuss 1949–1953, 1998, S. XCVII–CIII.

[260] Für Schmid: P. Weber, Carlo Schmid, 1996, S. 390–407.

[261] Carl Schmitt – Glossarium, 2015, S. 235. – Zu Schmitt: D. v. Laak, Sicherheit des Schweigens, 1993.

sichten hingegen passen zwischen Schmid und dem fiktiven Abgeordneten eher nicht – und letztlich auch nicht das Temperament. Schmid stieg eben nicht aus der Politik aus, selbst wenn seine Biographin Petra Weber die melancholischen Stimmungen hervorhebt.[262] Schmid zweifelte vielleicht, aber er verzweifelte nicht, weder politisch noch an der Übersetzung Baudelaires – und selbst nicht, als seine Bemühungen um eine *bipartisan foreign policy*, eine gemeinsame Außenpolitik von Regierung und Opposition, in der ersten Wahlperiode weder bei Adenauer noch bei Schumacher zum Erfolg führten.[263]

Das Exil während des ›Dritten Reiches‹, wie es Keetenheuve zugeschrieben wird, ist generell kein Kriterium, mit dem man die Figur entschlüsseln könnte. Vielmehr waren Emigration und Verfolgung ein Erfahrungshintergrund vieler sozialdemokratischer Politiker und Parteifunktionäre nach 1945.[264] Der langjährige Partei- und Fraktionsvorsitzende Erich Ollenhauer, der Wahlkampfmanager Fritz Heine und der Parteiprogrammatiker Willi Eichler, auch Waldemar von Knoeringen und Erwin Schoettle waren vor den Nazis geflohen und kehrten nach dem Krieg aus London zurück. Daher kommen sie alle – Remigranten, Journalisten, Sozialdemokraten – in der Summe als Vorbilder für Keetenheuve in Frage, der ihnen in dieser Hinsicht ähnlicher erscheint als der Baudelaire-Übersetzer Schmid. Auch Willy Brandt war zunächst Korrespondent für skandinavische Zeitungen aus Norwegen und Schweden in Deutschland, ehe er sich in die Politik begab.[265] Ernst Reuter, der Regierende Bürgermeister von Berlin, war in der Türkei gewesen. Andere führende SPD-Politiker der Nachkriegszeit hatten die Verfolgung im Konzentrationslager überlebt, Kurt Schumacher zum Beispiel, aber auch der Verteidigungspolitiker Fritz Erler. Vor diesem biographischen Hintergrund wirkt Keetenheuve als typischer Vertreter der SPD-Fraktion im ersten Bundestag. Zu dieser Allgemeinverbindlichkeit passt umgekehrt, dass Heineweg und Bierbohm, die beiden anderen SPD-Abgeordneten im *Treibhaus*, völlig gesichtslose Karikaturen sind. Heineweg und Bierbohm treten nur im Doppelpack auf, etwa im Wohnungsbauausschuss, und sie tragen überhaupt keine individuellen Züge. Sie haben bloß ihre Namen, mit denen sie als anti-intellektuelle Biedermänner und Vereinsmeier gezeichnet werden.

Zum *Treibhaus* gehört nebenbei noch der Erzählstrang, dass Keetenheuve den Posten eines Gesandten in Guatemala in Aussicht gestellt bekommt – im Tausch, sollte er seine Opposition in der ›Wiederbewaffnungs‹-Frage aufgeben: »Etwas für Sie! Interessante Menschen. Eine linke Regierung. Aber keine kom-

---

262 P. Weber, Carlo Schmid, 1996, S. 490–496.
263 W. Hölscher, Gemeinsame Außenpolitik, 2010, S. 349.
264 S. Miller, Sozialdemokratie als Lebenssinn, 1995, S. 282–296.
265 U. Wengst, Zerrbild, 2010, S. 93, sieht daher Ähnlichkeiten zwischen Brandt und Keetenheuve, zumal Brandt bei der zweiten Lesung der Westverträge am 3. Dezember 1952 eine Rede hielt.

munistische Diktatur. Eine Republik der Menschenrechte. Ein Experiment.«[266] So lautet das Angebot, mit dem Keetenheuve, wie das *Treibhaus* argwöhnt, aus dem Weg geräumt werden soll. Doch auch für den Wechsel aus dem Bundestag in den diplomatischen Dienst gibt es eine Reihe von realen Beispielen, denn die erste Wahlperiode war zugleich die Phase, in der das Auswärtige Amt wieder aufgebaut wurde. So legte im Dezember 1951 der SPD-Abgeordnete Gustav Herbig sein Mandat nieder, um Gesandter in Montevideo zu werden.[267] Im Frühjahr 1953 wurde Hans Mühlenfeld, der Fraktionsvorsitzende der konservativen Deutschen Partei, Botschafter in Den Haag. Der *Spiegel* spottete, Mühlenfeld »liebäugelte seit längerem mit dem Wunschbild arrivierender Parlamentarier nach – dem Diplomatenfrack«.[268] Insgesamt wurden sieben Abgeordnete zu Diplomaten.[269] Gebhard Seelos, zunächst Fraktionsvorsitzender der Bayernpartei, dann Generalkonsul in Istanbul, arbeitete sich sogar mit einem Büchlein in die neue Materie ein.[270] Damit führt auch diese Nebenhandlung bei dem Versuch, Keetenheuve zu entschlüsseln, auf ein Abstellgleis. Allenfalls der Sozialdemokrat Herbig, der zwei Jahre vor seiner Pensionierung nach Uruguay wechselte, kommt im engeren Sinne in Frage, da es im *Treibhaus* heißt: »*Keetenheuve Staatspensionist. Exzellenz Keetenheuve der deutsche Gesandte sanft entschlafen*«.[271]

Bei der Spurensuche führt nicht einmal Keetenheuves Name weiter, und das obwohl Namen bei Koeppen fast immer Zeichencharakter haben. Keetenheuve klingt niederländisch, und Niederländisch war für Koeppen so etwas wie die »Sprache des Widerstands«, wie Ulla Berkéwicz berichtet hat.[272] 1934 war Koeppen, nachdem er beim *Berliner Börsen-Courier* entlassen worden war, nach Holland gezogen, um nach seinem Debüt *Eine unglückliche Liebe* einen weiteren Roman zu schreiben.[273] Er lebte in Den Haag bei jüdischen Emigranten an deren Exilort – bei der Familie Michaelis, in deren Berliner Haus er bereits 1934 in Schreibklausur gegangen war. Allerdings blieb Koeppen offiziell in Deutsch-

---

[266] W. Koeppen, Werke, Band 5: Das Treibhaus, 2010, S. 88.

[267] Datenhandbuch, 1999, S. 422. – Herbig war 63 Jahre alt, ein Lehrer aus dem Sudetenland, der 1942 von der Gestapo verhaftet worden war und ein Konzentrationslager überlebt hatte.

[268] Artikel »Wir wissen wenig«; Der Spiegel vom 18. Februar 1953, Nr. 8/1953, S. 18. – Biographische Angaben bei: M. Schumacher, MdB, 2000, S. 283.

[269] Artikel »Von welcher Sorte?«; Der Spiegel vom 23. September 1953, Nr. 39/1953, S. 6–8.

[270] Seelos schrieb: »In Deutschland mußten bei der Neueinrichtung des Auswärtigen Dienstes seit 1950, schon als Mangel an Berufsdiplomaten der Vorhitlerzeit, zahlreiche Außenseiter zu Missionschefs ernannt werden. Wie man in früheren Jahrhunderten bei diesen Ernennungen die Träger des Regimes, Aristokraten, Geistliche und Generale heranzog, so beteiligt man unter der Herrschaft der parlamentarischen Demokratie vor allem Innenpolitiker und Parlamentarier. [...] Keinesfalls aber dürfen Politiker nur nach dem Gesichtspunkt zu Gesandten ernannt werden, um sie abzuschieben oder für Verdienste zu belohnen [...].« G. Seelos, Moderne Diplomatie, 1953, S. 38.

[271] W. Koeppen, Werke, Band 5: Das Treibhaus, 2010, S. 88 f.

[272] U. Berkéwicz, Das unerreichte Petra, 2010, S. 237.

[273] J. Döring, Die Mauer schwankt – Kommentar, 2011, S. 302.

land gemeldet; sein Roman *Die Mauer schwankt* wurde 1935 im Reich veröffentlicht, wenig später unter dem Titel *Die Pflicht*.[274] Im Herbst 1938, kurz vor den Novemberpogromen, ließ Koeppen sich wieder in Berlin nieder.

Doch zurück zum Namen Keetenheuve: Niederländisch »Heuvel« ist auf Deutsch der Hügel und »keten« die Kette; »keet« heißt aber auch soviel wie Hütte, Bude oder Baracke. Das könnte – gerade wegen des hohen Stellenwerts, den Wohn- und Architekturfragen im *Treibhaus* spielen – auf die Nachkriegszeit und das Provisorische, Vorübergehende der Nachkriegszeit hindeuten. Leichter fällt die Lösung beim Vornamen: Felix, lateinisch für glücklich und erfolgreich, ist eine ebenso plakative wie (selbst)ironische, fast schon platte Namensgebung für eine tiefunglückliche Figur. Der Buchstabe K ist überdies eine auffällige Initiale, wie Josef K., Hauptfigur aus Kafkas *Prozess* – oder K wie Koeppen.

Hinter Keetenheuve kann man daher keine historische Person identifizieren.[275] Für diese Deutung spricht auch, dass Koeppen in der Vorbereitungsphase des Romans seinem Verleger vorgeschlagen hatte, dass die Geschichte von zwei Personen handeln solle. Zumindest hatte Goverts ihn so verstanden, als er schrieb, er freue sich auf »das Thema mit den zwei tragenden Figuren, von denen die eine emigriert und 1945 zurückkehrt, die andere in Deutschland blieb und ihre Konzessionen machte und dann Bundestagsabgeordneter wird«.[276] Wenn also Keetenheuve aus ursprünglich zwei geplanten Figuren kombiniert wurde, dann wäre es nicht überzeugend, ihn als die literarische Repräsentation *eines* konkreten Politikers zu verstehen. Koeppen betonte Jahre später, Keetenheuve sei vor allem sein Geschöpf und seiner Phantasie entsprungen. In einer Poetik-Vorlesung, die Koeppen im Wintersemester 1982/83 an der Frankfurter Universität hielt, hob er zugleich die zentrale Rolle der Figur Keetenheuve hervor: »Er ist der Roman. Alle anderen sind Personal, sind Bonn oder der Mittelpunkt der Welt.«[277]

Wer also ist Keetenheuve im *Treibhaus*? Die literarische Figur ist ein Mann Mitte vierzig, wobei sein Alter nur an einer Stelle genau datiert wird, in einer Rückblende: Kurz nach dem Zweiten Weltkrieg zählte er 39 Jahre.[278] Keetenheuve ist damit genauso alt wie der 1906 geborene Koeppen. Keetenheuve, wie ihn der Roman vorstellt, ist zudem gebildet, politisch sowie kulturell interes-

---

[274] In diesem Roman gibt es eine weibliche Figur, die Orloga heißt. Der Name bezieht sich auf das niederländische Wort »oorlog« für Krieg. Vgl. D. Erlach, Koeppen als zeitkritischer Erzähler, 1973, S. 37.

[275] H.-U. Treichel, *Treibhaus* – Kommentar, 2010, S. 207.

[276] Goverts an Koeppen, Brief vom 2. August 1952; WKA/UB Greifswald 24463.

[277] Manuskript der Poetikvorlesung; WKA/UB Greifswald M 94-7. – Vgl. die Skizze, die Siegfried Unseld am 24. November 1982 Koeppen geschickt hat: Koeppen/Unseld: »Ich bitte um ein Wort...«, S. 394–403. – Ferner: Artikel »Dichter ohne Programm«; FAZ vom 19. November 1982.

[278] W. Koeppen, Werke, Band 5: Das Treibhaus, 2010, S. 18.

siert. Vor 1933 war er in Berliner Literaten- und Künstlerkreisen ein- und ausgegangen; in den Kaffeehäusern hatte er unter anderem über *Das Unbehagen in
der Kultur* von Sigmund Freud diskutiert. Mit dem Verweis auf Freud und das
Kaffeehaus wird im *Treibhaus* Keetenheuves intellektueller, durchaus bildungsbürgerlicher und zugleich etwas bohèmehafter Hintergrund angedeutet. In politischer Hinsicht sympathisierte die Romanfigur in ihrer fiktiven Vorkriegsver-
gangenheit mit der Linken. Im Gewerkschaftshaus pflegte er Freundschaften
mit Kommunisten, obwohl ihm »die schwarzverbrannten Kartoffelpuffer der
Armut«[279] immer zuwider waren. Keetenheuves gourmandise Neigungen, aber
das nur am Rande, trennen ihn von seinen Mitmenschen; sie sind ein Distink-
tionsmerkmal.

Die ›Machtergreifung‹ erlebte Keetenheuve als Journalist beim »Volksblatt«, einer renommierten liberalen Zeitung in Berlin. Doch angesichts der Lage kündigte Keetenheuve seine Stelle und ging nach Paris, anschließend nach Kanada, um der Politik der Nationalsozialisten auszuweichen. In Kanada wurde
er als Deutscher interniert, doch nachdem man ihn als Anti-Nazi erkannt hatte,
durfte Keetenheuve nach Großbritannien umziehen: »Er kämpfte hinter dem
Mikrophon, und er kämpfte nicht zuletzt für Deutschland, wie er meinte, für
Tyrannensturz und Frieden; es war ein guter Kampf, und nicht er mußte sich
schämen.«[280] Bemerkenswert an diesem Zitat ist, dass Keetenheuve im *Treibhaus*
nicht nur als politischer Emigrant gezeichnet wird, sondern als ein Intellektueller, der – an der Seite der Alliierten – für die Befreiung Deutschlands »gekämpft«
hat. Nicht mit Waffen, denn Keetenheuve ist Pazifist, aber »hinter dem Mikrophon«, so wie Thomas Mann, der als Stimme des ›anderen Deutschland‹ fast
sechzig Radioansprachen für die BBC verfasst hat.[281] Anders als Thomas Mann
kehrte Keetenheuve 1945 nach Deutschland zurück, voller Optimismus, die
Dinge zu verbessern. Im Bonner Parlament hingegen wird Keetenheuve, der als
früherer Berliner Journalist und Rundfunkredner aus London in den Bundestag
kam[282], mehrfach als Außenseiter profiliert: als Remigrant in der westdeutschen
›Restauration‹, als Pazifist im ›Kalten Krieg‹ und als Intellektueller in der Politik:

> Keetenheuve war ein Kenner und Liebhaber der zeitgenössischen Lyrik, und manch-
> mal belustigte es ihn, während er im Plenum einem Redner zuhörte, daran zu den-
> ken, wer im Saal außer ihm wohl Cummings gelesen habe. Das unterschied Keeten-
> heuve von der Fraktion, bewahrte ihm Jugend und machte ihn unterlegen, wenn es
> hieß, rücksichtslos zu sein.[283]

---

[279] W. Koeppen, Werke, Band 5: Das Treibhaus, 2010, S. 32.
[280] W. Koeppen, Werke, Band 5: Das Treibhaus, 2010, S. 66.
[281] S. Valentin, »Steine in Hitlers Fenster«, 2015.
[282] P. Atyame, Nonkonformismus und Utopie, 2001, S. 121.
[283] W. Koeppen, Werke, Band 5: Das Treibhaus, 2010, S. 35.

Wenn man einen realen Menschen hinter der Romanfigur entdecken möchte und wenn man Keetenheuve als einen einzelgängerischen Schöngeist versteht, dann ist Wolfgang Koeppen selbst dem fiktiven Abgeordneten am nächsten, ähnlicher jedenfalls als Carlo Schmid.[284] Bereits in *Tauben im Gras* tragen zwei Figuren viele Züge von Koeppen und seiner Frau: der Schriftsteller Philipp, der am Sinn seines Schreibens zweifelt, und dessen Freundin Emilia. Bei dem Paar Felix und Elke Keetenheuve wiederholt sich dieses Muster, bis hinein in den Altersunterschied, der bei Wolfgang und Marion Koeppen genauso groß ist wie bei den beiden Figuren aus dem *Treibhaus*. Auch Siegfried Pfaffrath, der Protagonist aus *Der Tod in Rom*, dem dritten Teil der Nachkriegstrilogie, ähnelt dem Autor. Die drei männlichen Hauptfiguren sind übersensible Künstlernaturen, die mit ihren Mitmenschen nicht zurechtkommen.[285] Fast alle Figuren Koeppens sind elitäre Außenseiter mit einer religiös zu nennenden Verehrung der Kunst.[286] Schon bei Koeppens erstem Roman *Eine unglückliche Liebe* ist der autobiographische Aspekt ebenso unverkennbar, wie in Koeppens späteren, fragmentarischen Texten fast jeder Unterschied zwischen der eigenen Person und den fiktiven Stoffen verlorengeht. Keetenheuve ist mithin ein literarisches *Alter ego* Koeppens, der als »hochmütig und schüchtern zugleich« beschrieben wurde.[287]

Allerdings ist die Verbindung von Figur und Schöpfer nicht so verstehen, dass man den einen mit dem anderen für identisch hielte.[288] Vielmehr gibt es eine Reihe von markanten Unterschieden: Das beginnt damit, dass Keetenheuve Witwer ist, und selbst wenn Koeppens Ehe im Jahr 1953 in einer Krise war, bleibt die Romanfigur eben doch eine Fiktion. Ein weiterer Unterschied ist, dass Koeppen mit dem *Treibhaus* in Gedanken durchspielte, wie er sich das Leben eines Politikers vorstellte – gerade weil er selbst kein Politiker war, sondern immer Schriftsteller sein wollte. Dessen Spiel mit der Fiktion betrifft zudem das Motiv des Scheiterns: Anders als der Baudelaire-Übersetzer Keetenheuve vollendete Koeppen den *Treibhaus*-Roman, ungeachtet aller Mühen, die er damit hatte.[289]

Gerade was das Verhalten im Nationalsozialismus angeht, spiegelt Keetenheuve ein Wunsch-Selbstbild des Autors. Während Koeppen als junger Redakteur des *Berliner Börsen-Couriers* einigen Erfolg hatte, träumte er davon, Kultur-Korrespondent in Paris zu werden. Im Jahr 1933 reiste er deshalb nach Paris und

---

284 G. & H. Hän̈tzschel, Koeppen, 1996, S. 76 f.
285 D. Erlach, Koeppen als zeitkritischer Erzähler, 1973, S. 50 f.
286 P. Atyame, Nonkonformismus und Utopie, 2001, S. 147 f.
287 M. Hielscher, Koeppen, 1988, S. 36.
288 In der Koeppen-Forschung heißt es einmal sogar, Koeppens Haltung zum ›Dritten Reich‹ sei diejenige Keetenheuves, zudem sei seine Haltung zum Nationalsozialismus nach 1945 dieselbe gewesen wie vor 1945 und vor 1933: A. Schnabel, NS-Vergangenheit, 2008, S. 250.
289 E. Schütz, Dilettant, 1987, S. 277.

schrieb darüber. Anders als seine spätere Romanfigur Keetenheuve, der 1933 seine Stelle kündigt und nach Paris ins Exil geht, fuhr Koeppen jedoch nach Berlin zurück und schrieb eine Reportage, in der er dem deutschen Publikum erklärte, dass die deutsche Exilgemeinde an der Seine keine Rolle spiele und ihrer Rückkehr nach Deutschland »in den meisten Fällen nichts als eine Verwirrung entgegensteht«.[290] Im November 1938 kehrte Koeppen ein zweites Mal ins ›Dritte Reich‹ zurück, diesmal aus den Niederlanden. Die Romanfigur Keetenheuve tat dies erst 1945 – und nachdem er unzweideutig »hinter dem Mikrophon« gekämpft hatte, anders als Koeppen.

So drängt sich der Eindruck auf, dass sich Keetenheuves Traurigkeit auch aus Koeppens Rückblick auf die eigene Biographie nährt.[291] Im Roman jedenfalls macht sich Keetenheuve ständig Vorwürfe: Er fühlt sich schuldig am Tod seiner Frau, genauso wie er bedauert, ihre Liebhaberin nicht erschlagen zu haben. Als Politiker sowie als Intellektueller meint er, sowohl 1933 als auch 1945 versagt zu haben. Melancholie und Depression sind die Folge: Da Keetenheuve derart in der Vergangenheit gefangen bleibt, verpasst er die Gegenwart und verdirbt die Zukunft.[292] Trotz seiner politisch makellosen Vergangenheit wird Keetenheuve zudem in moralischer Hinsicht nicht als schuldlos gezeichnet. Das wird offensichtlich, wenn er junge Mädchen taxierend beobachtet und nach der verlorenen Abstimmung die aus Thüringen kommende Lena missbraucht.[293] Als wollte Keetenheuve seine Freud-Lektüre und dessen Gedanken vom Todestrieb bestätigen, zeigt er destruktive sowie selbstzerstörerische Verhaltensweisen.

Unter den unglücklichen Intellektuellenfiguren in Koeppens Œuvre ist der Abgeordnete die traurigste – was untrennbar mit dem politischen Stoff zusammenhängt.[294] Keetenheuve bleiben am Ende weder die Politik noch die Liebe, noch die Literatur. Als Parlamentarier entzieht er sich sogar der Frage, ob er wiedergewählt werden würde. Insofern ratifiziert der finale Sprung sein Scheitern auf ganzer Linie.[295] Dabei hat der Autor Koeppen Keetenheuve bewusst als dunklen Charakter angelegt und seinen Anti-Helden gegen Änderungswünsche von Seiten des Verlages verteidigt. Er wisse, schrieb Koeppen im September 1953 an Goverts, dass es riskant sei, »die Hauptfigur eines Buches unsympathisch zu schildern«. Aber er halte es für notwendig, der Figur »auch

---

[290] Artikel »Paris in diesem Frühjahr«; BERLINER BÖRSEN-COURIER vom 4. Juni 1933; wieder gedruckt in: W. KOEPPEN, Gesammelte Werke, Band 5, 1986, S. 72–78, hier S. 76. – Vgl. M. HIELSCHER, Koeppen, 1988, S. 49.

[291] H.-U. TREICHEL, Fragment ohne Ende, 1984, S. 48.

[292] H. BUCHHOLZ, Eine eigene Wahrheit, 1982, S. 129 und 139.

[293] P. ATYAME, Nonkonformismus und Utopie, 2001, S. 152 f.

[294] H.-U. TREICHEL, Fragment ohne Ende, 1984, S. 92.

[295] Die Metapher der Ratifikation verwenden auch: E. SCHÜTZ/J. VOGT, Deutsche Literatur, 1980, S. 79.

unsympathische Züge zu verleihen, die mir für das Versagen des an sich gutwilligen Intellektuellen in der Politik typisch zu sein scheinen.«[296] Wenn der unglückliche Abgeordnete das politische *Alter ego* seines Schöpfers ist, dann reflektierte Koeppen in der Figur Keetenheuve seine politischen Ohnmachtsgefühle. Er artikulierte seine Selbstzweifel, ob er – als Person sowie als Künstler – zur Politik berufen sein könnte.

5. Schauspiel oder Debatte? Das Parlamentsbild im *Treibhaus*

5.1 Vorbehalte gegenüber Medien und Kommunikation

Das *Treibhaus* spielt fast ausschließlich an öffentlichen Orten.[297] Zunächst begleitet die Erzählung Keetenheuve im Zug nach Bonn. Dort angekommen, geht es über den Bahnhof und den Platz vor der Münsterbasilika über den Hofgarten bis zum Bundeshaus, in dem das Parlament tagt. Den ganzen Tag über trifft sich Keetenheuve mit Journalisten, Abgeordneten und Beamten in Büros und Kantinen, um über Politik zu sprechen. Auch wenn Keetenheuve allein unterwegs ist, hält er sich meist unter Menschen auf und hört in Restaurants oder Weinlokalen ihren Gesprächen zu. Immer hat er dabei eine Lektüre zur Hand, Zeitungen oder Briefe, also Wortbeiträge in schriftlicher Form. Die privatesten Räume, von denen der Roman berichtet, sind das Büro des Abgeordneten und die kleine Wohnung, in der er sich aber nur zum Übernachten aufhält. Bei diesen beiden Räumen handelt es sich um Orte, denen Keetenheuve nach Kräften aus dem Weg geht, weil er die Einsamkeit fürchtet. Das *Treibhaus* ist daher ein Roman der Geselligkeit, der Gesellschaft sowie der Kommunikation, auch ein Roman des Großstadtlebens – wobei Keetenheuve für das Nachtleben bloß zwei Lokale zur Auswahl stehen und die urbanen Wahrnehmungsmuster von Schnelllebigkeit, Kontaktlosigkeit und Verelendung wie Projektionen wirken, die mit der kleinen Stadt Bonn wenig zu tun haben.[298]

Eng mit den Formen der Öffentlichkeit und Kommunikation verbunden ist die Eigenschaft, dass das *Treibhaus* ein Parlamentsroman ist. Hauptort der Handlung ist der Deutsche Bundestag. Erzählt wird von einer Sitzung des Plenums, einer Sitzung des Ausschusses für den Wiederaufbau und einer Sitzung der größten Oppositionsfraktion. Im Roman werden die verschiedenen Foren und Formate der parlamentarischen Kommunikation durchgespielt, inklusive

---

296 Koeppen an Goverts, Brief vom 4. September 1953, WKA/UB Greifswald [ohne Signatur].
297 K.-H. Götze, Koeppen: Treibhaus, 1985, S. 45.
298 M. Hielscher, Zitierte Moderne, 1988, S. 12; G. Grimm, Flanieren im Geiste, 2002. – Vgl. M. Zierenberg, Stadtgeschichte, 2016.

der sie begleitenden und beeinflussenden Medienberichterstattung. Auch die
Journalisten, Beamten und Interessenvertreter, Sekretärinnen, Fahrer und Stenographen, sogar die Besucher und Demonstranten halten sich nur deshalb in
Bonn auf, weil das Parlament hier zusammenkommt. Das *Treibhaus* ist mithin
ein Roman der Öffentlichkeit – und ein Roman des Parlamentarismus.[299]

Ganz selbstverständlich, ohne dass dies eigens betont würde, hebt der Roman die mediale und kommunikative Verfasstheit des Repräsentativsystems hervor. Alles im *Treibhaus* handelt von Worten, alles ist Kommunikation. Konflikte werden verbal ausgetragen, und Gewalt spielt sich nur in Gedanken ab:
als Phantasie oder in sublimierter Form mit Bezug auf die Psychoanalyse und
Freuds Schrift über das *Unbehagen in der Kultur*.[300] Auch die im Roman zentrale
Intrige, mit der Keetenheuves Oppositionsgeist gebrochen wird, geht von dem
Interview einer Nachrichtenagentur aus. Anschließend wird die Angelegenheit
in mehreren Vier-Augen-Gesprächen beraten, etwa zwischen Keetenheuve und
zwei Bonner Journalisten sowie zwischen dem Abgeordneten und seinem Fraktionsvorsitzenden Knurrewahn. Schließlich wird der Fall während einer Plenardebatte verhandelt und mithilfe eines Zeitungsartikels, eines Telegramms sowie
eines amtlichen Kommuniqués entschieden. Folgerichtig zeigte das *Treibhaus*-
Buchcover aus dem Jahr 1953 mehrere mit Romanzitaten bedruckte Papierstrei-
fen, die aus einem Nachrichten-Ticker sprießen und – wie Pflanzen in einem
Gewächshaus – ins Kraut schießen (Abb. 2, S. 44).

Dabei ist das Bild, das im *Treibhaus* vom Parlament gezeichnet wird[301], in hohem Maße ambivalent. Auch das hat mit der zentralen Bedeutung der Kommunikation und Interaktion zu tun. Einerseits zweifelt und verzweifelt Keetenheuve an der Politik, insbesondere an den Mehrheitsentscheidungen, die gegen
seinen Willen getroffen werden, sowie an den Ansprüchen des Mandats, dem
er nicht gerecht zu werden meint. Besonders sinnfällig wird seine subjektive
Überforderung, als Keetenheuve (obwohl Mitglied des Petitionsausschusses) die
Briefe, die Bürger ihm geschickt haben, unbeantwortet beiseitelegt. Andererseits
versteht sich Keetenheuve natürlich als Streiter für Demokratie und Menschenrechte – und damit für das Parlament als politische Institution. Als er bei seinem
Streifzug durch Bonn inkognito zwischen eine Reisegruppe gerät, die sich das
Bundeshaus anschaut, und als einer der Besucher abschätzig das Wort »Quassel-

---

[299] A. SCHULZ/A. WIRSCHING (Hg.), Parlament als Kommunikationsraum, 2012.
[300] W. KOEPPEN, Werke, Band 5: Das Treibhaus, 2010, S. 32.
[301] Obwohl die repräsentative Demokratie im *Treibhaus* eine zentrale Rolle spielt, ist das Phänomen
bisher nur am Rande analysiert worden, meist von Politologen und in Form von Aufsätzen. Differenziert: P. DREESEN, Der Fall Keetenheuve, 2011; anregend, aber problematisch: T. STAMMEN, Erfahrungen und Vorurteile, 2003; literaturwissenschaftlich: K.-H. GÖTZE, Koeppen: Das Treibhaus,
1985; ferner: D. EBERL, Kopf und Kragen, 2010; U. WENGST, Zerrbild, 2011.

bude« in die Runde wirft, weist Keetenheuve ihn überraschend resolut, ja unflätig in die Schranken:

> Der Besucher war der üble Typ des Bierbanknationalisten, der sich mit Wollust von einem Diktator knechten ließ, wenn er nur selbst ein paar Stiefel bekam, um nach unten zu treten. Keetenheuve sah ihn an. In die Fresse, dachte er. »Na, meinen Sie etwa nicht?« sagte der Mann und blickte Keetenheuve herausfordernd an. Keetenheuve hätte erwidern können: ich weiß nichts Besseres, selbst dieses Parlament ist das kleinere Übel. Er sagte aber: »Halten Sie *hier* Ihr verfluchtes Maul!« Das Gesicht des Mannes lief rot an, dann wurde er unsicher und kuschte feige.[302]

Der Begriff »Quasselbude« nimmt Bezug auf die Tradition antidemokratischer Parlamentskritik, wie man sie in Deutschland aus dem Kaiserreich und der Weimarer Republik kannte. Dazu passt, dass der Besucher als Anhänger eines autoritären Nationalismus gezeichnet wird – ganz so, als sei er dem *Untertan* von Heinrich Mann entsprungen[303] oder als wäre er von George Grosz gemalt worden.[304] Die Frage, ob und wenn ja welche Alternativen es zur repräsentativen Demokratie geben könnte, wird im *Treibhaus* noch ein zweites Mal aufgegriffen, als Keetenheuve sich am Morgen der entscheidenden Abstimmung über die Europäische Verteidigungsgemeinschaft auf dem Weg zum Sitzungssaal befindet:

> Keetenheuve wußte, während er sich dem Bundeshaus näherte, wie verworren und fragwürdig sein Auftrag war. Aber welches System war besser als das parlamentarische? Keetenheuve sah keinen anderen Weg; und die Schreier, die das Parlament überhaupt abschaffen wollten, waren auch seine Feinde. *Quasselbude schließen. Genügt Leutnant mit zehn Mann. Und der Hauptmann von Köpenick.* Gerade darum schämte Keetenheuve sich des Schauspiels, das er sah.[305]

So handeln die Konflikte, die Keetenheuve in sich trägt, vom Problem der Demokratisierung Deutschlands vor dem Erfahrungshintergrund der deutschen Geschichte. Sie handeln im Besonderen von den Widersprüchen zwischen dem öffentlichen Mandat und der privaten Persönlichkeit, auch vom Zwiespalt zwischen Keetenheuves hohen Ansprüchen und dem, was er tatsächlich leistet. Allgemein gesprochen, geht es im *Treibhaus* um das Verhältnis von Ideal und Wirklichkeit am konkreten Beispiel des Parlaments in der frühen Bundesrepublik. Explizit zurückgewiesen werden dabei jedoch – trotz aller Kritik, aller Sorgen

---

[302] W. Koeppen, Werke, Band 5: Das Treibhaus, 2010, S. 55 [Hervorhebung B.W.]
[303] A. Wirsching, Kronzeuge des »Sonderwegs«?, 2010.
[304] T. Hertfelder, Das tote Parlament, 2014, S. 177 f. – Im *Treibhaus* überlegt Keetenheuve, wie Grosz ihn dargestellt hätte: »So hätte George Grosz mich gemalt, dachte er. Sein Gesicht trug nun schon sehr den Ausdruck der herrschenden Schicht.« W. Koeppen, Werke, Band 5: Das Treibhaus, 2010, S. 34.
[305] W. Koeppen, Werke, Band 5: Das Treibhaus, 2010, S. 153 f. [Hervorhebung im Original].

und aller Düsternis – die überkommenen Argumentationsmuster und Erscheinungsformen des Antiparlamentarismus.[306]

Das Parlament im *Treibhaus* soll grundsätzlich verteidigt und verbessert werden. Bei der Bestandsaufnahme, wie es um diese demokratische Institution bestellt ist, zeigt sich allerdings ein dunkles Bild. Die Repräsentation scheint im Roman nicht zu funktionieren. Zwar lebt der gesamte Politikbetrieb von der Kommunikation: Es werden Reden gehalten und Absprachen getroffen; die modernen Medien – das Radio, Fotografien und die Kino-Wochenschau – sind allgegenwärtig. Nahezu altmodisch werden im *Treibhaus* sogar noch Lieder gesungen und Gedichte übersetzt. Doch trotz der ubiquitären Kommunikation scheint nirgendwo ein echtes Gespräch zustande zu kommen, weder im privaten oder politischen Leben noch zwischen dem Volk und seinen Vertretern. Gerade Keetenheuve erfährt mit Schrecken, dass in der Politik alles Reden öffentlich ist.[307] Politik – und im *Treibhaus* erscheint Politik immer als soziale Erscheinungsform von Sprache – wird technisch vermittelt und über Medien erfahren. Diese äußeren Stimmen konfligieren mit Keetenheuves inneren Stimmen, der Literatur und seinen Träumen. Gegenüber einer Welt voll öffentlicher Reden möchte Keetenheuve sich lieber auf seine ästhetischen Spracherfahrungen zurückziehen, möchte er seine Baudelaire-Übersetzung für sich behalten.

Ein weiterer Widerspruch ist das merkwürdige Verhältnis von Nähe und Distanz, das den Roman wie ein roter Faden durchzieht. Einerseits steht immer Keetenheuve im Mittelpunkt der Erzählung; seine Beobachtungen, Erinnerungen und Abgründe füllen den ganzen Roman. Andererseits versucht genau dieser Abgeordnete, den Bundestag, seine Kollegen und nicht zuletzt das Volk auf Abstand zu halten. Vielleicht suchte sogar der Autor Wolfgang Koeppen die Distanz zu seinen Lesern, indem er dem Roman die nicht leicht zugängliche Form gab, die das *Treibhaus* auszeichnet, die abstoßenden Aspekte inklusive.[308] Seine Figur Keetenheuve kann gerade die räumliche Nähe, die ein Charakteristikum der Stadt Bonn ist, kaum aushalten. Auch dem Parlament nähern sich der Abgeordnete und die Erzählung aus der Ferne. Insofern ist es bezeichnend, dass Keetenheuve den Bundestag zunächst mit der besagten Besuchergruppe betritt, obwohl er kein Tourist ist und als Parlamentarier doch eigentlich hierhergehört. Nur die Menschen, die ihn kennen, möchte Keetenheuve gar nicht sehen – und von denen, die nun zufällig in seiner Nähe sind, wird der Abgeordnete nicht erkannt.

Zum Scheitern, von dem das *Treibhaus* in mehrfacher Hinsicht erzählt, gehört insbesondere das Misslingen ›echter‹ Kommunikation inmitten des gan-

---

[306] P. Dreesen, Der Fall Keetenheuve, 2011, S. 31.
[307] H.-U. Treichel, Fragment ohne Ende, 1984, S. 31–33.
[308] O. Lorenz, Öffentlichkeit der Literatur, 1998, S. 136–139.

zen Geredes.[309] Dieses Motiv wird anhand verschiedener parlamentarischer Zusammenhänge erörtert: Da ist zum einen der Ausschuss für Wiederaufbau, dem Keetenheuve angehört: »Es war ein wichtiger Ausschuß, er hatte wichtige Fragen zu beraten, er sollte den Menschen Häuser bauen.«[310] Aber nachdem Keetenheuve zu spät zur Sitzung erschienen ist, findet er überhaupt keinen Zugang, weder zu seinen Kollegen noch zum Gegenstand der Beratung, in der es doch eigentlich um etwas Praktisches geht, um Wohnungen und Häuser:

> Keetenheuve verstand die Ausschußsprache nicht mehr. Was redeten sie? Chinesisch? Sie sprachen das Ausschußdeutsch. Er beherrschte es doch! Er mußte es wieder verstehen. Er schwitzte. [...] Aber wie kompliziert war das schon! Durch gefährliche Strudel mußte jeder Vorschlag gelenkt werden, brachte man ihn gar als Antrag zu Papier, leicht scheiterte das Papierschifflein, strandete an einem der tausend Riffe, wurde leck und sank. Ministerien und andere Ausschüsse mischten sich ein, Fragen des Lastenausgleichs, des Kapitalmarkts, des Steuerrechts wurden berührt, die Zinspolitik war zu bedenken [...]; geriet ein Ungeschickter in den Verhau der Paragraphen, war vielem Mißbrauch das Tor geöffnet. [...] Keetenheuve schwieg. Er konnte sich auf einmal zu Korodins Zahlen so wenig äußern *wie der Zuschauer einer Zaubervorstellung* zu den rätselvollen und eigentlich langweiligen Vorgängen *auf der Bühne*; er weiß, daß ein Trick angewandt und er getäuscht wird. Keetenheuve war von der Nation in diesen Ausschuß gesetzt worden, um aufzupassen, daß niemand hintergangen werde. Dennoch – für ihn war die Beratung jetzt nur noch *ein verblüffender Zahlenzauber!*[311]

Im *Treibhaus* bleibt in der Schwebe, wo die Ursachen für das Misslingen der Kommunikation liegen könnten: bei Keetenheuve, den Abgeordneten, der technisch vermittelten, medialisierten Form der Diskussion oder in der Struktur der parlamentarischen Entscheidungsfindung, in der die Bürokratie und organisierte Interessen ihren Einfluss geltend machen? In der Tat waren die Gesetzgebungsverfahren auf dem Gebiet des Wohnungsbaus und insbesondere die Beratungen des Bundestagsausschusses für Wiederaufbau und Wohnungswesen komplexe Verfahren mit zahlreichen Beteiligten und komplizierten Details.[312] Die Fraktionen waren beteiligt, außerdem das Kabinett und der Bundesrat; das Steuer- und das Bodenrecht waren zu bedenken, ebenso die Zinsentwicklung. Es äußerten sich unter anderem das Kreditgewerbe, die Gewerkschaften und die Bauwirtschaft. Insofern ist das Beispiel nicht nur besonders sinnfällig für die Epoche des ›Wiederaufbaus‹, sondern es ist auch gut gewählt, um schwierige Verhandlungen abzubilden. Im *Treibhaus* scheinen die einzelnen Parlamen-

---

309 H.-U. Treichel, Fragment ohne Ende, 1984, S. 19–34.
310 W. Koeppen, Werke, Band 5: Das Treibhaus, 2010, S. 101.
311 W. Koeppen, Werke, Band 5: Das Treibhaus, 2010, S. 101 f. [Hervorhebung B.W.].
312 G. Schulz, Wiederaufbau, 1994, S. 230–239.

tarier demgegenüber machtlos. Keetenheuve wirkt überfordert, auch gelangweilt von der Sprödigkeit der politischen Prozesse.[313] Mit Blick auf das repräsentative System, das Keetenheuve eigentlich verteidigen möchte, beschreibt der Gedanke, dass jede Kommunikation im Grunde vergeblich sei, ein Grundproblem des Parlamentarismus.

Den anderen Abgeordneten begegnet Keetenheuve mit einer eigentümlichen Mischung aus Über- und Unterlegenheitsgefühlen. Die Mitglieder der Koalitionsfraktionen hält er geringschätzig für »die kleinen Gefolgsleute der braven staatserhaltenden Gesinnung und des montanunionistisch eifersüchtigen Klüngels«.[314] Der CDU-Abgeordnete Sedesaum gilt ihm als bloßer »Jasager, ein Sänger des Herrn« – ein Begriff, mit dem sowohl Gott als auch der Bundeskanzler gemeint sein können, denn »Sedesaum fand immer die Formel, irdischen und himmlischen Herrendienst vor seinem Gewissen und vor der Welt in Einklang und in Wohlklang zu bringen«.[315] Doch auch die Mitglieder seiner eigenen Partei bleiben Keetenheuve fremd, etwa die stets im Doppelpack auftretenden Genossen Heineweg und Bierbohm, wie Keetenheuve beim Besuch der Fraktionssitzung erfährt:

> Sie waren aus der Provinz zur Sitzung gereist, die Luft der Provinz hing in ihren Kleidern, sie brachten sie mit in den Saal, eine dumpfe Luft aus engen Kammern, in denen sie aber anscheinend abgekapselt hausten, denn auch sie vertraten nicht unmittelbar das Volk, dachten nicht mehr wie das Volk, auch sie waren – kleine, ganz kleine – Präzeptoren des Volkes, nicht gerade Lehrer, aber doch Respekts- oder Unrespektspersonen, vor denen die Leute das Maul hielten.[316]

Das *Treibhaus* ist voll von Beispielen, in denen Kommunikation und Öffentlichkeit völlig misslingen: Kein Ausschussmitglied versteht den »Zahlenzauber« der Beratung. Korodin schafft es nicht, Keetenheuve sein Beileid auszusprechen, obwohl er das gerne möchte, während Keetenheuve froh darüber ist, dass ihm diese Peinlichkeit erspart bleibt. Die Zeitungen entscheiden, welche Nachrichten gedruckt werden, und spielen dadurch ihre Macht aus. Darüber hinaus sind Keetenheuve, Knurrewahn und die übrigen Genossen aufeinander angewiesen, obwohl sie nicht dieselben Ziele teilen; sobald aber einer von ihnen mit einem Kollegen von der anderen Seite zu sprechen versucht, machen sie sich intern verdächtig. Frau Pierhelm wiederum hält Werbereden im Radio. Hans-Ulrich Treichel hat auf eine Gemeinsamkeit vieler Romanfiguren Koeppens hingewiesen:

---

[313] Zur Zauber-Metaphorik, die bei Koeppen zur Beschreibung von Wirtschaftsprozessen bemüht wird: B. Uske, Geschichte, 1984, S. 26–32 und 54; K.-H. Götze, Koeppen: Das Treibhaus, 1985, S. 70–73.
[314] W. Koeppen, Werke, Band 5: Das Treibhaus, 2010, S. 152.
[315] W. Koeppen, Werke, Band 5: Das Treibhaus, 2010, S. 151.
[316] W. Koeppen, Werke, Band 5: Das Treibhaus, 2010, S. 155.

auf ihre Technikfeindlichkeit und das Gefühl, dass die menschliche Kommunikation im Lärm erstickt zu werden drohe.[317] In *Tauben im Gras* verzweifelt der Schriftsteller Edwin dabei, einen Vortrag über die Kultur des Abendlands zu halten, weil aus dem Mikrofon »ein Gurgeln und Knacken und Raspeln wie von Jahrmarktpritschen« ertönt.[318] Auch Keetenheuve, der wegen seiner BBC-Radioansprachen in die Politik gekommen war, vermag keine Reden mehr zu halten und möchte verstummen. Insofern ist Frau Pierhelm, die das Reden für ihre Zwecke einsetzt, ein Gegenentwurf zu den Kommunikationszweifeln Keetenheuves: »Auch im *Treibhaus* demonstriert Koeppen das Scheitern individueller und öffentlicher Rede.«[319] Paradoxerweise ist das *Treibhaus* also ein Parlamentsroman, in dem die kommunikative und mediale Verfasstheit der Politik präzise herausgearbeitet wird – während seine Erkenntnis darauf hinausläuft, dass die ganzen Gespräche nichts bewirken, sondern nutzlos sind:

> Und wenn er [Keetenheuve] nicht wieder gewählt wurde? Ihm graute vor der Ochsentour der Wahlschlacht. Immer mehr scheute er Versammlungen, die häßliche Weite der Säle, den Zwang, durch das Mikrophon sprechen zu müssen, die Groteske, die eigene Stimme in allen Winkeln verzerrt aus den Lautsprechern bullern zu hören, ein hohlklingendes und für Keetenheuve schmerzlich hohnvolles Echo aus einem Dunst von Schweiß, Bier und Tabak. Als Redner überzeugte er nicht. Die Menge ahnte, er zweifele, und das verzieh sie ihm nicht. Sie vermißten bei Keetenheuves Auftritt das Schauspiel des Fanatikers, die echte oder die gemimte Wut, das berechnete Toben, den Schaum vor dem Maul des Redners, die gewohnte patriotische Schmiere, die sie kannten und immer wieder haben wollten. […] Phrasen sprangen vielen wie quakende Frösche vom Mund; aber Keetenheuve grauste es vor Fröschen.[320]

5.2 Probleme der Repräsentation

Der Grundgedanke, dass Kommunikation im Allgemeinen und parlamentarische Diskussionen im Besonderen sinnlos seien, wird im *Treibhaus* mit verschiedenen Metaphern umschrieben und literarisch gestaltet, wie das bereits erwähnte Beispiel das »Zahlenzaubers« im Wohnungsbauausschuss zeigt. Die Plenardebatte vergleicht der Roman darüber hinaus mit einem Fußballspiel. Beim Fußball sei es zwar letztlich belanglos, wer gewinnt; dennoch fieberten Zehntausende Zuschauer gespannt mit. Im Parlament würden demgegenüber existentielle Fragen verhandelt, ohne dass sich jemand dafür interessiere. Das sei einerseits der Ignoranz des Publikums zuzuschreiben, doch ursächlich sei andererseits zudem der Umstand, dass im Voraus bekannt sei, wie das Spiel im Plenum ausgehe:

---

[317] H.-U. Treichel, Fragment ohne Ende, 1984, S. 19–26.
[318] W. Koeppen, Werke, Band 4: Tauben im Gras, 2006, S. 191.
[319] H.-U. Treichel, Fragment ohne Ende, 1984, S. 201.
[320] W. Koeppen, Werke, Band 5: Das Treibhaus, 2010, S. 27.

Mit Recht breitet sich Langeweile aus. Die siebenmal gesiebten Zuschauer sind enttäuscht von dem Spiel. Die Journalisten kritzeln Männchen auf ihr Papier; die Reden bekommen sie im Klischee, und das Ergebnis der Abstimmung steht fest. Man
kennt das Torverhältnis zwischen den Gegnern, und niemand wettet auf den Verlie-
rer. Keetenheuve dachte, warum die Umstände, wir könnten das klägliche Resultat
auch ohne jede Rede erfahren, der Kanzler brauchte nicht zu sprechen, wir könnten
uns die Widerrede und sie sich die Verteidigung schenken, und unser gewichtiger
Präsident hätte nur zu sagen, er meine, daß unser Spiel acht zu sechs enden werde,
und wer's nicht glaubt, der kann die Hammel ja noch einmal zählen.[321]

Um die Problematik der parlamentarischen Kommunikation in Worte zu fassen, sind in Koeppens Roman – neben der Treibhaus-Metapher – Verweise auf
Theater, Film, Kultur- und Amüsierbetrieb die wichtigste Quelle von Sprachbil-
dern.[322] So ist Keetenheuve zwar »nicht der Konzertmeister in seiner Partei«, aber
immerhin spielt er »die erste Geige«.[323] Zudem erscheinen ihm seine »würdigen
Kollegen wie Clowns in der Manege«[324], während die Besucher und Demonstranten, die vor dem Bundeshaus gegen die ›Wiederbewaffnung‹ protestieren,
»an die Premiere eines Films« erinnern: »[E]ine nicht zu große Menge dummer
und schaulustiger Leute, die gerade Zeit haben, hat sich vor dem Lichtspielhaus
eingefunden und wartet auf die bekannten Gesichter der Stars.«[325] Nach der Abstimmung heißt es in konsequenter Fortführung der Metaphorik: »Es war nur
Theater gewesen; man konnte sich abschminken.«[326]

Als Keetenheuve eine Rede hält, laufen die Kameras der Wochenschau und
filmen seinen Auftritt im Plenum. Sobald er die Beobachtung wahrnimmt,
schießt ihm der Gedanke durch den Kopf, »auch er würde im Kino zu sehen
sein. *Keetenheuve Held der Leinwand.*«[327] Noch glanzvoller fällt indes der Auftritt des Kanzlers aus. Der Kanzler spielt nicht nur seine Rolle, er ist zugleich der
Regisseur.[328] In diesem Fall verdeutlicht die Film-Metaphorik im *Treibhaus* die
Kanzlerdemokratie der Bundesrepublik[329], wenn es heißt:

---

[321] W. KOEPPEN, Werke, Band 5: Das Treibhaus, 2010, S. 160. – Laut D. EBERL, Kopf und Kragen,
2010, S. 181, versage das Parlament in dieser Szene bei seiner Aufgabe, die Öffentlichkeit zu politisieren.
[322] H. SCHAUER, Denkformen und Wertesysteme, 2004, S. 149; D. EBERL, Kopf und Kragen,
2010, S. 185 f.;
[323] W. KOEPPEN, Werke, Band 5: Das Treibhaus, 2010, S. 59.
[324] W. KOEPPEN, Werke, Band 5: Das Treibhaus, 2010, S. 10.
[325] W. KOEPPEN, Werke, Band 5: Das Treibhaus, 2010, S. 153.
[326] W. KOEPPEN, Werke, Band 5: Das Treibhaus, 2010, S. 169.
[327] W. KOEPPEN, Werke, Band 5: Das Treibhaus, 2010, S. 162 f.
[328] H.-P. SCHWARZ, Adenauer – Staatsmann, 1991, S. 67: »Wenn ein Bundeskanzler fest entschlos-
sen ist, ein Vertragswerk um jeden Preis durchzusetzen, und wenn es ihm dabei gelingt, Washington,
London und Paris auf seiner Linie zu halten, dann können weder die Opposition noch ein Bundesverfassungsgericht, noch die öffentliche Meinung widerstehen.«
[329] A. DOERING-MANTEUFFEL, Strukturmerkmale, 1991; M.-L. RECKER, Parlament in der Kanzlerdemokratie, 2004; K. NICLAUSS, Kanzlerdemokratie, ³2014.

Auf der Tribüne flammten die Scheinwerfer der Wochenschauen auf, die Fernrohr-
objektive der Kameras richteten sich auf *den Weltstar des Hauses*, der in geübter läs-
siger Haltung das Rednerpult bestieg. Der Kanzler trug sein Anliegen vor. Er war
lustlos gestimmt und verzichtete auf Effekte. Er war kein Diktator, aber er war der
Chef, der alles vorbereitet, der alles veranlaßt hatte, und er verachtete das oratorische
Theater, in dem er mitspielen mußte. Er sprach müde und sicher *wie ein Schauspieler*
auf der wegen einer Umbesetzung notwendig gewordenen Durchsprechprobe eines
oft gegebenen Repertoirestücks. Der *Kanzler-Schauspieler* wirkte auch *als Regisseur*.
Er wies den Mitspielern ihre Plätze an. Er war überlegen.[330]

Der Vergleich mit dem Theater – im *Treibhaus*: mit dem Film – ist so alt wie
die Geschichte des modernen Parlamentarismus. Oft ist die Analogie negativ gemeint, aber nicht notwendigerweise. Vielmehr verweist sie auf die symbiotische
Beziehung zwischen dem Parlament – der Bühne, auf der gesprochen wird –
und der Öffentlichkeit, denn ohne Publikum gibt es keine Aufführung, sondern
nur Proben. Das französische Wort *représentation* etwa unterscheidet nicht zwischen Vorstellung und Repräsentation. Ein Parlament hat neben der Aufgabe,
eine Regierung zu wählen und sie zu kontrollieren, sowie der Gesetzgebungs-
und Budgetfunktion immer auch den Anspruch, Diskussionsforum zu sein, ora-
torisches Theater. Auf der parlamentarischen Bühne soll zur Sprache gebracht
werden, was das Land und seine Bürgerinnen und Bürger politisch bewegt. Dabei geht es darum, mit Argumenten zu streiten und stellvertretend die Konflikte
einer pluralistischen Gesellschaft auszutragen. Das geschieht mittels Sprache in
formal-zivilisierten Bahnen – und schon deshalb in der Regel eher inszeniert als
spontan.[331] Im *Treibhaus* trägt das öffentliche Spektakel jedoch zur Ohnmacht
der Abgeordneten und namentlich Keetenheuves bei. Zudem symbolisiert die
Schauspiel-Metaphorik die Krise der Kommunikation. Insofern dienen die The-
atervergleiche im *Treibhaus* einer negativen Bestandsaufnahme des Parlamentarismus in der frühen Bundesrepublik. In der Wirkungsgeschichte des Romans
hatte das zur Folge, dass er bisweilen als »Haßgesang auf die Bonner Scheinde-
mokratie« verstanden wurde, in der Korruption, Lobbyismus und nationalsozi-
alistisch kontaminierte Mächte herrschten.[332]
    Koeppens Parlamentsroman bietet eine Reihe weiterer Anspielungen auf die
uneigentliche, darstellende Seite der Politik: Der Oppositionsführer Knurrewahn
sieht »mit seinen Bürstenhaaren [...] wie Hindenburg aus oder wie ein Schauspieler, der einen alten General spielt«.[333] Als Keetenheuve mit der Reisegruppe
das Parlament besichtigt, sieht er einen Besucherführer, einen »Hausbeamte[n]

---

330 W. Koeppen, Werke, Band 5: Das Treibhaus, 2010, S. 161 f. [Hervorhebungen B.W.]
331 P. Friedland, Political Actors, 2002; A. Biefang, Die andere Seite, 2009, S. 14 f. und S. 133;
M. Wagner, Theater und Öffentlichkeit, 2013, S. 38 und 49.
332 U. Greiner, Geschichte eines Misserfolgs, 1976, S. 18.
333 W. Koeppen, Werke, Band 5: Das Treibhaus, 2010, S. 163.

in dunkler Dienstkleidung«, der »wie der Kanzler aus[sah]. Er hatte ein etwas verkniffenes Gesicht, trocken, listig, mit Falten der Humorigkeit, er sah wie ein kluger Fuchs aus, und er sprach mit dem Dialektanklang des bedeutenden Staatsmannes«.[334] Dieser Vergleich war eine Assoziation, die Koeppen nach seinem eigenen Besuch im Bundeshaus notiert hatte.[335] In der Überblendung mit dem ›eigentlichen‹ Kanzler, der im Parlament als Regisseur die Fäden zieht, entsteht so eine Welt der Verfremdung. Auf die Spitze getrieben wird das Spiel der Verwechslungen im *Treibhaus* durch eine Figur, die vielleicht der Präsident ist, vielleicht der Butler des Präsidenten, der sich aber für den Präsidenten hält – oder vielleicht nur eine Phantasiegestalt:

> Und Keetenheuve [...] dachte sich einen Mann aus, der Musäus hieß und Butler beim Präsidenten war. Wahrscheinlich hatte der Präsident gar keinen Butler, aber Keetenheuve gab ihm nun einen, Musäus mit Namen, und Musäus sah dem Präsidenten ähnlich. Er war so alt wie der Präsident, und er sah so aus wie der Präsident, und er hielt sich für den Präsidenten.[336]

Auch diese Figur war eine Idee, die Koeppen in Bonn gekommen war. »Einfall«, heißt es in seinen Notizen: »Der alte Diener, der Kanzlan, der sich als Präsident fühlt und über den Rhein blickt. Er könnte die Rolle des Heuss spielen.«[337] Schon der Figurenname Musäus ist ein deutlicher Hinweis auf den satirischen Charakter der Szene. Der historische Johann Karl August Musäus war Schriftsteller, Philologe und ein spöttischer Chronist seiner Zeit.[338] Der ›echte‹ Musäus verkehrte im 18. Jahrhundert als teilnehmender Beobachter in den Kreisen der ›Weimarer Klassik‹, zusammen mit Herzogin Anna Amalia, Johann Gottfried Herder, Christoph Martin Wieland und August von Kotzebue. Außerdem sammelte, bearbeitete und publizierte Musäus Märchen wie die Legende vom Berggeist Rübezahl. Die im entsprechenden Märchenstil erzählten *Volksmärchen der Deutschen* waren in zahlreichen Einzel- und Sammelausgaben im 19. Jahrhundert weit verbreitet. Vor diesem Hintergrund kennzeichnet der Name eines Musäus genannten Butlers im *Treibhaus*, der seinerseits den Präsidenten spielt – und das streng genommen nur in der Vorstellungswelt der Romanfigur Keetenheuve –, ein Höchstmaß an Surrealität.

Die Musäus-Figur kann man *erstens* als eine Satire auf die Rolle des Bundespräsidenten interpretieren, der laut dem Grundgesetz vor allem zeremoni-

---

[334] W. Koeppen, Werke, Band 5: Das Treibhaus, 2010, S. 53.
[335] Siehe S. 57.
[336] W. Koeppen, Werke, Band 5: Das Treibhaus, 2010, S. 111.
[337] Aufzeichnungen aus Bonn; WKA/UB Greifswald, M 436 (18720), Entwürfe M 37-3. – Vgl. H.-U. Treichel, *Treibhaus* – Kommentar, 2010, S. 195.
[338] R. Seifert, Musäus, 2008.

elle Aufgaben hat.[339] Nach dem Kaiser, dem direkt gewählten Reichspräsidenten der Weimarer Republik sowie dem ›Führer und Reichskanzler‹ des ›Dritten Reiches‹ wurde die Macht des Staatsoberhaupts in der Bonner Republik auf gleichsam notarielle Funktionen und öffentliche Reden begrenzt. Verfassungsgeschichtlich markierte diese Aufgabenverteilung tatsächlich eine große Veränderung, eine Aufhebung des Dualismus vor allem zugunsten des Regierungchefs. *Zweitens* verweist die Anspielung auf den Märchensammler Musäus abermals auf die literarischen, fiktiven beziehungsweise medial verfertigten Aspekte der Politik. Im Kontext der Treibhaus-Metaphorik ist *drittens* von Bedeutung, dass der historische Musäus in seinen letzten Lebensjahren in Weimar ein Gartentagebuch geführt hat, in dem er das Wetter und den Wachstumsstand der Blumen dokumentiert hat, aber natürlich auch, wer bei ihm zu Besuch kam.[340] Wenn es im *Treibhaus* heißt, dass die Musäus-Figur »auf der rosenumrankten Terrasse des Präsidentenpalais« steht, sich eingesperrt fühlt (und sich deshalb ein Fläschchen genehmigt)[341], wird verständlich, warum sich man sich im Bundespräsidialamt über »ein abfälliges Bild von Heuss« geärgert hat, wie der Historiker Joachim Radkau schrieb.[342] Koeppen selbst hat *viertens* festgehalten, dass Musäus, der »die Rolle des Heuss« spielt, als Karikatur des ersten Bundespräsidenten gedacht war. Der Bonner Journalist Walter Henkels beschrieb Heuss in einem seiner Politikerporträts ganz ähnlich, wenn auch deutlich gemütlicher: »Er trinkt gern sein ›Viertele‹ württembergischen Rotweins. Die Zigarre und das ›Viertele‹ verleihen seinem Bilde echte Form und Farbe und viel Versöhnliches.«[343] Schließlich wurde die Musäus-Szene *fünftens* als Allegorie auf die Geschichte des Bildungsbürgertums und des Liberalismus verstanden[344], die wie im Zeitraffer nachvollzogen wird:

> Musäus hatte das Handwerk eines Friseurs gelernt und war »zu Hof gegangen«, davon sprach er manchmal, das vergaß er nicht, er war in jungen Jahren »zu Hof gegangen«, den jungen Fürsten zu rasieren, mit dem er, während er ihn einseifte, freimütig über die Not des Volkes gesprochen hatte, und als der Fürst neunzehnhundertachtzehn abdankte, wollte Musäus keinen mehr rasieren und wurde Diener in einer Staatskanzlei, dann wurde er Diener bei Hindenburg und dann bewies er Charakter und diente dem Braunauer nicht. Er schlug sich mühsam durch Diktatur und Krieg, bis der neue Staat sich seiner entsann und ihn zum Butler beim Präsidenten

---

339   D. Eberl, Kopf und Kragen, 2010, S. 243.
340   R. Seifert, Musäus, 2008, S. 30–36.
341   W. Koeppen, Werke, Band 5: Das Treibhaus, 2010, S. 166.
342   J. Radkau, Heuss, 2013, S. 333 und S. 352 f. – Vgl. U. Wengst, Zerrbild, 2010, S. 90.
343   W. Henkels, Zeitgenossen, 1953, S. 25.
344   D. Erlach, Zeitkritischer Erzähler, 1973, S. 145; R. L. Gunn, Art and Politics, 1983, S. 89 f.; K.-H. Götze, Wolfgang Koeppen: »Das Treibhaus«, 1985, S. 61; J. Quack, Erzähler der Zeit, 1997, S. 156.

ernannte. Nun gut, nun schön; er war verwirrt, der gute Musäus. Er las zuviel. Er
las zuviel Goethe, den er sich in den prächtigen Bänden der Sophien-Ausgabe aus
der Bibliothek des Präsidenten lieh […]. Musäus wollte gut sein, ein guter Landesvater, vielleicht hatte er schon damals den Fürsten zu einem guten Landesvater erziehen wollen, aber der Fürst hatte nicht lange regiert, und nun herrschte Musäus und
hatte die Erziehungsregeln für Fürsten leider vergessen.[345]

Mit dieser chronologischen Abfolge vom Dienst beim Fürsten, dann bei Hin-
denburg bis hin zur Rolle des Butlers des Bundespräsidenten ist die Musäus-
Phantasie *sechstens* eine Satire auf die Benimm- und Etikette-Literatur, die in
den Fünfzigerjahren Hochkonjunktur hatte.[346] *Man benimmt sich wieder* hieß
beispielsweise einer dieser Ratgeber für gute Manieren.[347] Geschrieben hatte ihn
Hans-Otto Meissner, Sohn des Staatssekretärs Otto Meissner, der seit 1920 das
Büro des Reichspräsidenten geleitet hatte. Damit hatte Meissner senior Friedrich
Ebert und Paul von Hindenburg, bis April 1945 aber auch (und damit anders
als Musäus im *Treibhaus*) Hitler gedient.[348] *Man benimmt sich wieder* – schon in
diesem unfreiwillig ehrlichen Buchtitel verband sich auffälligerweise der Wunsch
nach ›Normalität‹ mit dem kulturpessimistischen Sound der Fünfzigerjahre.
Zum Ausdruck kam eine »offenbar tief empfundene Verhaltensunsicherheit«.[349]
Der Titel war eine Distanzierungsgeste gegenüber dem angeblich unbürgerlich-
plebejischen ›Dritten Reich‹, in dem man gleichsam über die Stränge geschlagen
hatte.[350] Wenn man aber bedenkt, dass Hans-Otto Meissner von 1933 bis 1945
im Auswärtigen Dienst tätig gewesen war[351] und seine NS-Belastung der Grund
dafür war, dass der Konsul I. Klasse a. D. nur mehr als Buchautor tätig war[352],
erscheint eine Satire äußerst naheliegend. Bei Meissner stand ganz ohne Ironie:
»Schweigen ist des Taktes Stärke!«[353] Der durchschnittliche Deutsche sollte höf-
lich und dezent Respekt vor den »wunden Punkten im Herzen unseres Gegen-
übers« wahren und im Gespräch »dunkle Punkte, graue Lebensepochen und bittere Erinnerungen« aussparen.[354]

In der Figur des Musäus, der zuviel Goethe liest, als Butler aber die »Erziehungsregeln für Fürsten« vergessen hat, karikiert das *Treibhaus en passant* sowohl die Benimm-Literatur der Fünfzigerjahre als auch das repräsentative Amt

[345] W. Koeppen, Werke, Band 5: Das Treibhaus, 2010, S. 111 f.
[346] U. Jureit, Höflichkeit, 2004.
[347] H.-O. Meissner, Man benimmt sich, 1950.
[348] O. Meissner, Staatssekretär unter Ebert, Hindenburg, Hitler, 1950.
[349] A. Schildt, Bürgerliche Gesellschaft, 2001, S. 302.
[350] U. Jureit, Höflichkeit, 2004, S. 222–226.
[351] Biographisches Handbuch des Auswärtigen Dienstes 1871–1945, Bd. 3, 2008, S. 216–218; E. Conze/N. Frei/P. Hayes/M. Zimmermann, Das Amt, 2010, S. 576.
[352] Etwa: H.-O. Meissner, So schnell schlägt Deutschlands Herz, 1951.
[353] H.-O. Meissner, Man benimmt sich, 1950, S. 25.
[354] U. Jureit, Höflichkeit, 2004, S. 221.

des Bundespräsidenten. Zugleich verspottet es die politische Anpassungsfähigkeit des deutschen Bürgertums im Allgemeinen, der deutschen Beamten im Besonderen und insgesamt die Beharrlichkeit gesellschaftlicher Eliten, die immer den Ton angeben wollen. So heißt es: »[D]er Posten war zu gut und Küche und Keller waren zu wohl bestellt, Musäus aß ein Ripple, trank ein Fläschchen und nährte und beschwichtigte so sein seelisches Unbehagen.«[355]

Die Politikwissenschaftler Theo Stammen und Dominik Eberl, die sich mit dem *Treibhaus* beschäftigt haben, vertreten die These, dass der Roman ein Parlament anhand von Kriterien entwerfe, die aus der Weimarer Republik stammten und daher für die Beschreibung des Bonner Parlamentarismus ungeeignet seien.[356] Aus historischer Perspektive fällt jedoch auf, dass schon in dem 1953 erschienenen Roman wesentliche Entwicklungen der bundesrepublikanischen Parlamentsgeschichte mit großer Deutlichkeit beschrieben werden: Das gilt für die mediale Verfasstheit der Politik genauso wie für das Phänomen der Kanzlerdemokratie (als deutsche Variante des Westminster-Parlamentarismus) oder die neue Rolle des Bundespräsidenten.[357]

Wenn im *Treibhaus* der Zustand des Parlamentarismus gleichwohl als mangelhaft beschrieben wird, liegt das allenfalls zum Teil daran, dass der Text beziehungsweise sein Autor die repräsentative Demokratie nicht richtig verstanden hätten.[358] Auch der zweifach formulierte Gedanke Keetenheuves, er wisse kein besseres als das parlamentarische System, wirkt nicht etwa aufgesetzt. Mit politologischen Begriffen lässt sich sagen, dass die *Polity*-Dimension der Politik im *Treibhaus* positiv besetzt ist, weil Keetenheuve den bekannten Ausprägungen des Antiparlamentarismus widerspricht: »Vielleicht würde eines Tages eine große Koalition der Unzufriedenen regieren [...], und dann wären Tod und Teufel los.«[359]

Allerdings wird deutlich, dass im *Treibhaus* die Opposition gegen konkrete Politikinhalte, vor allem gegen die Europäische Verteidigungsgemeinschaft und die ›Wiederbewaffnung‹ (gegen *policies*, wie die Politikwissenschaft sagt), zu großen Zweifeln an der Qualität der politischen Prozesse führt (der *politics*-Dimen-

---

[355] W. Koeppen, Werke, Band 5: Das Treibhaus, 2010, S. 112.
[356] T. Stammen, Erfahrungen und Vorurteile, 2003; D. Eberl, Kopf und Kragen, 2010.
[357] F. K. Fromme, Von der Weimarer Verfassung, 1999 [1960]; W. Steffani, Parlamentarische und präsidentielle Demokratie, 1979; K. v. Beyme, Wandlungen des Parlamentarismus, 1989.
[358] T. Stammen, Erfahrungen und Vorurteile, 2003, S. 343: »Dieser evidente Widerspruch rührt daher, dass Koeppen die *neue* Wirklichkeit des Parlamentarismus in Deutschland mit den *alten* Kategorien eines deutlich überholten Parlamentarismus-Verständnisses interpretiert und so verfehlt.« Die These wäre insofern zu modifizieren, als das *Treibhaus* zwar Begriffe zur Beschreibung und Kritik der repräsentativen Demokratie hat, vor dem Hintergrund 1953 aber eine positive Vertrautheit mit dem System nicht gegeben war.
[359] W. Koeppen, Werke, Band 5: Das Treibhaus, 2010, S. 168. – Vgl. D. Eberl, Kopf und Kragen, 2010, S. 189.

sion der Politik). Ursächlich für diese kritische Repräsentation des Parlamentarismus sind Vorbehalte gegenüber der Art und Weise, wie Entscheidungen in
der Praxis zustande kommen beziehungsweise in der ersten Wahlperiode zustande gekommen sind, und an dieser Stelle verbinden sich Politik- und Gesellschaftskritik.[360] Als Probleme des Parlamentarismus, welche die Qualität von
politics sowie *policies* mindern, erscheinen im *Treibhaus erstens* die Parteien und
die ihnen zugrunde liegenden Ideologien, *zweitens* das Volk selbst, *drittens* die
angebliche Isolation der Volksvertreter, die von der Verwaltung und organisierten Interessen beiseitegeschoben werden, und *viertens* der allgemein-philosophi-
sche, kommunikationstheoretische Zweifel, ob Menschen überhaupt sinnvoll
miteinander sprechen können.

Zu den politischen Parteien: Sie stehen sich im *Treibhaus* in gegnerischen Blöcken gegenüber. Dabei spielen ihre Namen keine Rolle (genannt werden allein
die Bayernpartei und die Kommmunistische Partei), stattdessen genügt es dem
Roman, die Parteien der Regierung oder der Opposition zuzurechnen und ihren weltanschaulichen Hintergrund zu skizzieren. Umso auffälliger ist, dass sich
diese Parteien – trotz ihrer ständigen Streitigkeiten – aus Keetenheuves Sicht
ähnlicher sind, als sie selber meinen. Keetenheuve hält sie für »feindliche Brüder. Sie wußten es nicht, daß sie Brüder im Geiste waren. Sie hielten sich für
Feinde. Aber sie waren Brüder.«[361] So muss der Abgeordnete leidvoll erkennen,
dass seine Partei und ihr Vorsitzender Knurrewahn gar nicht pazifistisch eingestellt sind. Auch dass sich Mehrheit und Opposition im Wohnungsbauausschuss
über »die Mindestkosten, die Mindestquadratmeter, die Mindestwohnung« verständigen, liegt daran, dass beide Seiten »das Schrebergartenglück« wollen: Die
eine Partei stellt sich dabei kleine Häuser vor, in denen zufriedene Arbeiter
»klassenbewußt auf eigener Scholle säen«, während die andere an kleine Häuser
denkt, die zu Fronleichnam mit Birken geschmückt werden – im Ergebnis läuft
es in beiden Fällen auf kleine Häuser hinaus.[362] Die beiden großen politischen
Gruppen folgen zudem autoritären Vorsitzenden und haben damit undemokra-
tische Strukturen.[363] Was die Parteien schließlich miteinander verbindet, ist ihre
– wie Keetenheuve findet – anachronistische Rückwärtsgewandtheit. Im Kern
hielten sie an politischen Weltanschauungen fest, die im *Treibhaus* als überlebt
beschrieben werden. In einem Traum sieht Keetenheuve:

---

[360] M. Koch, Nonkonformismus und Resignation, 1973, S. 95 f.
[361] W. Koeppen, Werke, Band 5: Das Treibhaus, 2010, S. 105.
[362] W. Koeppen, Werke, Band 5: Das Treibhaus, 2010, S. 105. – Im ›realen‹ Bonner Bundestag
zerbrach allerdings die anfängliche interfraktionelle Einigkeit im Wohnungsbau zwischen Koalition und Opposition am Ende der ersten Wahlperiode. Vgl. M.-L. Recker, Parlamentarismus, 2018,
S. 398 f.
[363] D. Eberl, Kopf und Kragen, 2010, S. 199.

Vier Hügel waren der Ort, auf den Hügeln der katholische Dom, die protestantische
Kirche, das Kriegerdenkmal aus unfruchtbarem Granit, das Gewerkschaftshaus lieblos und schnell errichtet aus rohem Holz. Die Bauten standen einsam wie die grie-
chischen Tempel in der traurigen Landschaft von Selinunt. Sie waren Vergangenheit,
Staub der Geschichte, Klios erstarrte Losung, kein Mensch kümmerte sich um sie,
doch ihm [dem Abgeordneten, B.W.] war befohlen, einen der Hügel hinauf, zu einer
der Stätten zu laufen, anzuklopfen und zu rufen: ›Ich glaube! Ich glaube!‹«[364]

Außer den Parteien trägt im *Treibhaus* das Volk wesentlich dazu bei, dass die
Repräsentation nicht gut funktioniert. Regierende und Regierte sind sprachlos
voneinander entfremdet, aber auch die Opposition hat keinen rechten Kontakt
zu den Wählern. So öffnen sich der Manipulation durch Medien und andere
Mächte Tür und Tor.[365] Insbesondere Keetenheuve, der Intellektuelle im politischen Betrieb, weiß die Massen nicht zu erreichen, und obwohl er sich für einen Humanisten hält, mag er die Menschen nicht. Das deutsche Volk tritt im
Roman niemals als *Demos* oder ›dritter Stand‹ im Sinne von Rousseau, Abbé
Sieyès und der Französischen Revolution auf – als Subjekt, von dem eine Erneuerung oder gar eine Verbesserung ausgehen könnte. An keiner Stelle finden sich
positive Begriffe des Staatsbürgers oder *Citoyens*.[366] Im Gegenteil erscheinen die
Deutschen als passiv-lethargische, im Zweifel gefährliche Masse. Das Volk im
Treibhaus – das sind die Zuschauer beim Fußball, die der Nationalismus unter
den Fahnen vereint; das sind die Stammtische, die sich über den Bundestag das
Maul zerreißen. Im Übrigen erträgt das deutsche Volk passiv die Politik der Regierung und zeigt keine Initiative für Veränderungen. Deshalb wirkt die Bezugnahme auf Mehrheiten vergeblich, wenn nicht lebensgefährlich naiv:

> Was meinte also das Volk? Das Volk arbeitete, das Volk bezahlte den Staat, das Volk
> wollte vom Staat leben, das Volk schimpfte, das Volk frettete sich so durch.
> Es sprach wenig von seinen Deputierten. Das Volk war nicht so artig wie das Volk
> im Schullesebuch. Es faßte den Abschnitt Staatsbürgerkunde anders als die Verfas-
> ser auf. Das Volk war neidisch. Es neidete den Abgeordneten den Titel, den Sitz, die
> Immunität, die Diäten, den Freifahrschein. Würde des Parlaments? Gelächter in den
> Schenken, Gelächter auf den Gassen. […] Das Ansehen der Demokratie war gering.
> Sie begeisterte nicht. Und das Ansehen der Diktatur? Das Volk schwieg.[367]

Indem das *Treibhaus* sowohl die politischen Eliten als auch das Publikum be-
schimpft, problematisiert der Roman eine demokratische Ordnung, in der
die Mehrheit entscheidet, aus Sicht der Minderheit: »Was heißt dies bei un-

---

[364] W. Koeppen, Werke, Band 5: Das Treibhaus, 2010, S. 27.
[365] S. Craven, Modernist Alienation, 1982, S. 223–233.
[366] D. Eberl, Kopf und Kragen, 2010, S. 122.
[367] W. Koeppen, Werke, Band 5: Das Treibhaus, 2010, S. 37.

glücklicher Zusammensetzung [des Parlaments, B.W.] anderes als Diktatur auf Zeit?«, lautet eine Frage.[368] Die ›Wiederbewaffnung‹ erfolgte im *Treibhaus* auf Grundlage einer »dreiseitigen stillschweigenden Übereinkunft« zwischen Parlament, Militär und Wählerschaft.[369] Der Germanist Dietrich Erlach schrieb: »Die parlamentarische Demokratie [...] dient [im *Treibhaus*, B.W.] zur Wiederherstellung und Verfestigung der überkommenen wirtschaftlichen und sozialen Strukturen.«[370] Wenn man die zeitgenössisch-kritischen Botschaften des *Treibhaus*-Romans in Thesenform wiedergeben wollte, sähen sie so aus: Militärische Interessen und militärische Logik haben im ›Kalten Krieg‹ die Macht wieder an sich gerissen; der Pazifismus hat ihnen gegenüber keine Chance. Gerade weil das Volk selbst nicht demokratisch genug ist, sind Nationalismus und Militarismus erneut auf dem Vormarsch. Und während die Kanzlerdemokratie vor diesem Hintergrund in einer Tradition autoritären politischen Handelns steht, veranstaltet der Bundestag nur Theater.[371]

Die Vereinzelung Keetenheuves in seiner Partei akzentuiert zudem die Rolle der Opposition in der Opposition. Mit Keetenheuve kann und möchte sie keine Opposition gemäß der parlamentarischen Logik sein, die danach strebt, die Mehrheit zu gewinnen und möglichst bald anstelle der Regierungspartei die Macht zu übernehmen. Vielmehr geht es im *Treibhaus* um eine Opposition an sich, für die es entscheidend ist, Minderheit zu bleiben, und die daher auch keine Gefahr für die Mächtigen darstellt. Diese selbstgewählte Ohnmacht ist nicht sonderlich demokratisch; in Verbindung mit der düsteren Metaphorik des Romans haben einige der zeitgenössischen Kritiker sogar befürchtet, dass Koeppen antipolitische Ressentiments verstärken könnte. Daher steht der Roman nicht für große Vertrautheit mit der repräsentativen Demokratie oder für ein besonderes Vertrauen in ihr Gelingen. Vielmehr problematisiert das *Treibhaus* eine neue demokratische Ordnung vor dem zeitgenössischen Erfahrungshintergrund einer abgebrochenen parlamentarischen Tradition und den verheerenden Wirkungen der NS-Diktatur. An dieser Stelle spielt denn auch Keetenheuves Überforderung wieder eine Rolle. Er ist isoliert, »ein Mensch ohne Kontakte, der sich zuweilen nach Kontakten sehnte«[372], ein »Ausländer des Gefühls«[373], der seine eigene Plenarrede widerwillig so erlebt:

---

[368] W. Koeppen, Werke, Band 5: Das Treibhaus, 2010, S. 154.
[369] R. L. Gunn, Art and Politics, 1983, S. 85.
[370] D. Erlach, Zeitkritische Erzähler, 1973, S. 170.
[371] R. L. Gunn, Art and Politics, 1983, S. 116.
[372] W. Koeppen, Werke, Band 5: Das Treibhaus, 2010, S. 62.
[373] W. Koeppen, Werke, Band 5: Das Treibhaus, 2010, S. 124.

Keetenheuve wollte schweigen. Er wollte abtreten. Es hatte keinen Sinn, weiter zu reden, wenn ihm niemand zuhörte; es war zwecklos, Worte von sich zu geben, wenn man nicht überzeugt war, einen Weg weisen zu können.[374]

5.3 Parlamentskritik zwischen Carl Schmitt und Jürgen Habermas

Unter dem Eindruck seiner Niederlagen idealisiert Keetenheuve im *Treibhaus* die Ursprünge des Parlamentarismus. Zugleich verherrlicht der unglückliche Abgeordnete die Rolle des Einzelgängers, der sich jeder Herrschaft widersetzt.[375] Die Geschichte des Parlamentarismus erscheint ihm dabei als Prozess der Emanzipation zuvor ausgegrenzter Gruppen, Klassen und Milieus – als Emanzipationsgeschichte, die jedoch in der Nachkriegszeit nicht mehr fortgeführt werde. In Keetenheuve lebt die Erinnerung an die »kämpferische Tradition« der Parlamentarismusgeschichte, einer zunächst ständischen, dann bürgerlichen und schließlich demokratischen Opposition gegen die jeweilige Herrschaft.[376] Im *Treibhaus* ist das Parlament jedoch kein Motor der Befreiung mehr.[377] Keetenheuves Enttäuschung darüber, dass die Volksvertretung in der Logik des Mehrheitsprinzips nicht automatisch Opposition ist, sondern aus sich heraus die Regierung bestellt, prägt seine Wahrnehmung des Parlaments als eines von Macht-, Partei- und Medieninteressen beeinflussten Staatsorgans. Dabei tragen diese mächtigen Partikularinteressen nicht zur Klärung (oder zum Kompromiss) bei, sondern sie führen zur Verzerrung und Verdunklung humanistischer Anliegen, konkret: zur ›Wiederbewaffnung‹.

Es ist wichtig anzumerken, dass das Parlament im *Treibhaus* nicht zum Scheitern verurteilt ist, weil die Institution an sich untauglich sei. Koeppens Roman zeichnet im Prinzip (!) ein relativ (!) positives Parlamentsbild, gerade weil er von einem düsteren Politik- und Gesellschaftsbild ausgeht. Die Isolation der Abgeordneten im symbolischen ›Treibhaus‹ – und die Klage über Künstlichkeit und Abgeschiedenheit ist ein Topos der Parlamentskritik – erscheint gerade deshalb als verhängnisvoll, weil sie das Parlament für schlechte Einflüsse und Manipulationen anfällig macht. Auffällig ist, wie idealisiert und lebensfremd, ja antipolitisch im *Treibhaus* die Vergleichsmaßstäbe für das Parlamentsbild sind, wenn der Roman »die guten Urzeiten der parlamentarischen Idee«[378] evoziert.

In der Idealisierung eines ›guten Parlamentarismus‹ ähnelt das *Treibhaus* der Analyse, mit der fast zehn Jahre nach Koeppens Roman Jürgen Habermas seine Auffassung von Politik und Medien in der frühen Bundesrepublik mit einem

---

374 W. Koeppen, Werke, Band 5: Das Treibhaus, 2010, S. 163 f.
375 D. Eberl, Kopf und Kragen, 2010, S. 190 f.
376 H. Meyer, Stellung der Parlamente, 1989, S. 118 f.
377 P. Dreesen, Der Fall Keetenheuve, 2011, S. 34 f.
378 W. Koeppen, Werke, Band 5: Das Treibhaus, 2010, S. 154.

Typus der bürgerlich-liberalen Öffentlichkeit kontrastiert hat.[379] Nach dem Ha-
bermas-Modell des Strukturwandels haben Parteien, Medien und Interessengruppen die parlamentarische Debatte im Laufe der Geschichte so unter ihre
Kontrolle gebracht, dass eine ›echte‹ Diskussion kaum mehr möglich sei. »Das
Parlament selbst hat sich dementsprechend aus einer disputierenden zu einer de-
monstrierenden Körperschaft entwickelt«, erklärte Habermas 1962.[380] Mit dem
Treibhaus könnte man metaphorisch ergänzen: zu einer Theatervorstellung. Habermas schrieb:

> Am Funktionswandel des Parlaments wird die Fragwürdigkeit der Öffentlichkeit als
> Organisationsprinzip der staatlichen Ordnung offenbar: aus einem Prinzip der (von
> seiten des Publikums gehandhabten) Kritik ist Publizität zu einem Prinzip der (von
> seiten demonstrierender Instanzen – der Verwaltung und der Verbände, vor allem der
> Parteien) gesteuerten Integration umfunktioniert worden.

Die Klage über das Verschwinden der Deliberation, das Unbehagen am Majo-
ritätsprinzip und das Misstrauen gegenüber den politischen Parteien erweisen
sich als typisch für den theoretischen Diskurs der frühen Bundesrepublik. Sorgen begleiteten den parlamentarischen Neubeginn nach dem Abbruch der Tradition, der mit dem Ende der Weimarer Republik vollzogen wurde. Man findet
dieses Muster der Skepsis im *Treibhaus* sowie etwas später bei Habermas, aber
bei weitem nicht nur dort.

Auch der Bonner Journalist Karl Lohmann schrieb 1951, dass Parlament und
Presse »nur noch in sehr begrenztem Maße die Stätten öffentlicher Diskussion«
seien. Verfassungstheoretisch sei es problematisch, dass die Regierung aus der
Mitte des Parlaments gebildet werde und die Versammlung daher im Schatten der Exekutive stehe. Darüber hinaus sei der Parlamentarismus »ein Produkt
des bürgerlichen Zeitalters« und habe seine beste Zeit in der Mitte des 19. Jahrhunderts gesehen. Hundert Jahre später werde die Repräsentation von der gegenwärtigen »Krise des Bürgertums« nicht verschont, in der Gruppeninteressen,
Verbände und die volatile öffentliche Meinung den Kurs bestimmten, während
»das Volk zu einer echten Diskussion meist weder fähig noch in der Lage« sei.[381]
Der Journalist, von dem diese Analyse stammte, die der Parlamentskritik des
Treibhaus-Romans in vieler Hinsicht ähnelt, war intensiv mit Fragen der Politik
beschäftigt. In Bonn war Lohmann als Korrespondent tätig, unter anderem für
die *Aachener Nachrichten* und den *Evangelischen Pressedienst*. Im Jahr 1952 am-

---

[379] J. HABERMAS, Strukturwandel, 1990 [1962]. – Vgl. P. DREESEN, Der Fall Keetenheuve, 2011,
S. 37.
[380] Hier und im Folgenden: J. HABERMAS, Strukturwandel, 1990 [1962], S. 305 (erstes Zitat) und
307 (zweites Zitat).
[381] K. LOHMANN, Parlament und Publizistik, 1951, S. 198–202.

tierte er zudem als Vorsitzender der Bundespressekonferenz.[382] Der *Spiegel* etikettierte den habilitierten Juristen als »Ehren-Justitiar« der Hauptstadtjournalisten.[383] 1955 wechselte Lohmann in die Verwaltung des Deutschen Bundestages, wo er – ein protestantisch geprägter Konservativer – lange als persönlicher Referent und Sprecher des Bundestagspräsidenten Eugen Gerstenmaier arbeitete.[384]

Doch genauso interessant wie Lohmanns publizistisches Wirken nach 1945 ist seine Biographie zuvor. Insbesondere sein Interesse für juristische Argumente kam nicht von ungefähr, denn Lohmann war ein Schüler des Staatsrechtlers Carl Schmitt und 1928 bei ihm in Bonn promoviert worden.[385] Wie die Schmitt-Schüler Ernst Rudolf Huber, Ernst Forsthoff und Ernst Friesenhahn gehörte Lohmann nach 1930 (inzwischen in Berlin) zu den Autoren der Zeitschriften *Der Ring* und *Deutsches Volkstum*, den wichtigsten Organen des deutsch-nationalen »Schmittianismus«.[386] Dem *Ring* und dem dahinter stehenden ›Deutschen Herrenklub‹ ging es um den politisch-publizistischen Kampf gegen die Weimarer Republik. Sie wollten ihren Parlamentarismus ausschalten zugunsten neoaristokratischer Elitekonzepte. Insofern zählte der 1901 geborene Lohmann zu den Kreisen, die man der ›Konservativen Revolution‹ zugeordnet hat[387], und zwar dem Teil, der unter dem Reichskanzler Franz von Papen besonderen Einfluss hatte. Im Sinne seines Mentors Schmitt behauptete Lohmann 1932 eine Vormacht des Präsidenten und seiner Präsidialkabinette gegenüber dem Reichstag.[388] Nachdem dann Hitler zum Reichskanzler ernannt worden war, trat Lohmann im Mai 1933 der NSDAP bei[389]; er wurde SA-Schulungsreferent und veröffentlichte im September 1933 eine Einführung in *Hitlers Staatsauffassung*.[390] Zwischen 1934 und 1936 war Lohmann Schriftleiter der *Deutschen Juristenzeitung*, die von Schmitt herausgegeben wurde, und mehrfach dessen Assistent.[391]

Carl Schmitt hatte 1923 (und in zweiter Auflage 1926) eine Abhandlung mit dem Titel *Die geistesgeschichtliche Lage des heutigen Parlamentarismus* vor-

---

[382] Zu Lohmann: Archiv der Bundespressekonferenz, Ehemalige Mitglieder 1950–1959, Ordner 2: I–P. – Vgl. Adenauer – Teegespräche 1950–1954, 1984, S. 646.

[383] Artikel »Erst die da unten«; Der Spiegel vom 22. Juni 1950, S. 5.

[384] K. Lohmann, Bundestag, 1967.

[385] Lohmanns Aufsatz über »Parlament und Publizistik« ging aus einem Vortrag hervor, den er im November 1948 bei den Aachener Journalisten-Gesprächen gehalten hatte. Darüber berichtete er Schmitt in einem Brief vom 4. Dezember 1948; gedruckt in: Carl Schmitt und die Öffentlichkeit, 2013, S. 80 f. – Über Lohmann: R. Mehring, Schmitt, 2009, S. 178–180, 273 f., 364 f. und 401 f.; Schmitt – Huber: Briefwechsel, 2014.

[386] S. Breuer, Schmitt im Kontext, 2012, S. 192–202 und 227.

[387] A. Mohler/K. Weissmann, Konservative Revolution, 2005, S. 484.

[388] W. Pyta, Schmitts Begriffsbestimmung, 2003, S. 230.

[389] BArch R 9361-IX Kartei / 26340046.

[390] K. Lohmann, Hitlers Staatsauffassung, 1933. – Vgl. R. Mehring, Schmitt, 2009, S. 350 f.; S. Breuer, Schmitt im Kontext, 2012, S. 193 f.

[391] M. Stolleis, Geschichte des öffentlichen Rechts, Band 3, 1999, S. 301.

gelegt.[392] Darin konstruierte er eine Idealform der parlamentarischen Deliberation, die angeblich im 19. Jahrhundert existiert habe. In dieser guten alten
Zeit des Liberalismus hätten die Abgeordneten in öffentlichen, vernunftgelei-
teten Erörterungen zu ›wahren‹ und ›richtigen‹ Entscheidungen gefunden. Damals habe das Parlament, unterstützt von Presse und Vereinen, die Bürger von
Bildung und Besitz repräsentiert. Im 20. Jahrhundert, das von Freund-Feind-
Gegensätzen, Massenparteien, Propaganda und Lobbygruppen bestimmt sei,
seien demgegenüber die sozialen, medialen und geistigen Grundlagen für solches Räsonnement nicht mehr gegeben, selbst wenn die ausgehöhlten Institutionen des bürgerlichen Parlamentarismus noch weiter existierten. Insbesondere
die Vorschriften über die Unabhängigkeit der Abgeordneten und die Öffentlichkeit der Verhandlungen seien inzwischen »eine überflüssige Dekoration« geworden, so Schmitt: »unnütz und sogar peinlich, als hätte jemand die Heizkörper
einer modernen Zentralheizung mit roten Flammen angemalt, um die Illusion
eines lodernden Feuers hervorzurufen«.[393] Kompromisse und Pluralismus lehnte
Schmitt ab. Während der Staatstheoretiker den Liberalismus und dessen politische Form, die Idee der Repräsentation, *ad acta* legte, definierte er einen anti-
pluralistischen Demokratiebegriff. Als demokratisch galt ihm, wenn ein homo-
genes Volk sich mit einem caesaristischen Führer identifizierte.

Das Parlamentsverständnis, wie Schmitt es in den Zwanzigerjahren ausbuchstabiert hatte, wirkte in der deutschen Öffentlichkeit lange nach. In der frühen
Bundesrepublik wurden viele Deutungsmuster gegen das Repräsentativsystem
aktualisiert, die man aus der späten Weimarer Republik kannte. Insbesondere
die Wiedereinrichtung eines politischen Systems, das sich auf politische Parteien
stützte, wurde explizit als ›Restauration‹ der Weimarer Parteiendemokratie bezeichnet. Da das nicht positiv gemeint war, wurde auch die Kritik aus Weimarer
Tagen wiederholt. Unter dem Eindruck der Präsidialkabinette hatte seinerzeit
etwa der linkssozialistische Staatsrechtler und Schmitt-Schüler Otto Kirchheimer geschrieben, dass im Zeitalter der Massendemokratie das Parlament »keine
Stätte der schöpferischen Diskussion« mehr sein könne, weil es nur mehr darum
gehe, die unterschiedlichen Klassenstandpunkte deklaratorisch darzustellen,
während die »wahren Entscheidungen« hinter verschlossenen Türen fielen.[394]

Wegen der Ähnlichkeit der Argumente wurden in der Forschung mehrfach
Gemeinsamkeiten zwischen Schmitt und der ›Frankfurter Schule‹, etwa Jür-

---

[392] C. Schmitt, Geistesgeschichtliche Lage, ²1926 [1923].
[393] C. Schmitt, Geistesgeschichtliche Lage, ²1926, S. 10 f.
[394] So im Oktober 1928 in einem Essay über den *Bedeutungswandel des Parlamentarismus*, der in
den *Jungsozialistischen Blättern* erschien; wieder gedruckt in: O. Kirchheimer, Von der Weimarer
Republik, 1976, S. 62. – Vgl. R. Bavaj, Kirchheimers Parlamentarismuskritik, 2007, S. 41; F. Schale, Engagement und Skepsis, 2006, S. 33–50.

gen Habermas, diskutiert, insbesondere mit Blick auf die Liberalismuskritik.[395] Folglich müsste der Vorwurf des »Linksschmittianismus« auch schon für das *Treibhaus* gelten. In der Tat glichen sich die kritischen Diagnosen über den Zustand des Repräsentativsystems und insbesondere das Verhältnis von Öffentlichkeit, Wählern und Parteien bei Schmitt, Kirchheimer, Lohmann, Koeppen und Habermas. Der Schmitt-Schüler und Bonner Journalist Lohmann schrieb 1951, dass die erste Erfahrung mit dem »Parlamentarismus alten Stils«, so wie er von den Westalliierten restauriert worden sei, zeige, dass »die Krisenliteratur der Weimarer Zeit noch nicht zur Makulatur geworden« sei.[396]

Eine Überbetonung der Gemeinsamkeiten würde allerdings einen wesentlichen Unterschied verkennen: Carl Schmitt verstand seine Kritik an der vermeintlich ungenügenden Realität der Deliberation als Argument dafür, das parlamentarische System abzuschaffen und anstelle sinnlos erörternder Institutionen einen autoritären Staat zu errichten, der endlich zu Entscheidungen in der Lage sei. Damit spielte Schmitt ein Ideal gegen die Realität aus, ohne an die Kraft des Ideals zu glauben.[397] Aus der (phänotypisch ähnlichen) normativen Übersteigerung der parlamentarischen Deliberation und einem zeitgenössischen Krisenbewusstsein leiteten indes Koeppen (und Habermas) explizit nicht die Forderung nach der Diktatur ab – eben weil es, wie es im *Treibhaus* heißt, kein besseres als das parlamentarische System gebe.[398] Die Frage nach Reformideen, die über Beschreibung und Kritik hinausgehen würden, bleibt bei Koeppen jedoch unbeantwortet.

Daher erinnert der Parlamentsroman aus der frühen Bonner Republik abermals an die *Weltbühne* aus der Weimarer Zeit, in der Koeppen einen seiner ersten Texte veröffentlicht hatte und deren Pazifismus er verehrte. Auch die *Weltbühne*-Herausgeber Carl von Ossietzky und Kurt Tucholsky hatten die Republik zwar im Prinzip, nicht aber als fehlerhafte Wirklichkeit verteidigt.[399] In diesem Graubereich verwischt indes die Grenze zwischen Antiparlamentarismus und Parlamentskritik. Die Wirklichkeit mit einem Ideal zu kontrastieren ist nicht unbedingt antiparlamentarisch, weil Kritik der Verbesserung dienen kann und zwingend zu einer debattierenden Öffentlichkeit gehört. Wenn aber die Kritik, etwa an Parlamenten, Parteien und Medien, Maßstäbe anlegt, die niemals erreicht werden können, kann das zur Lähmung der Demokratie beitra-

---

[395] E. Kennedy, Schmitt und die Frankfurter Schule, 1986. – Vgl. W. Jäger, Öffentlichkeit und Parlamentarismus, 1973; C. Schüle, Parlamentarismuskritik, 1998; H. Becker, Parlamentarismuskritik, ²2003.
[396] K. Lohmann, Parlament und Publizistik, 1951, S. 198.
[397] R. Mehring, Schmitt, 2001, S. 36–42; J.-W. Müller, Ein gefährlicher Geist, 2007, S. 38.
[398] Für Kirchheimer bereits: R. Bavaj, Kirchheimers Parlamentarismuskritik, 2007, S. 45. – Für seine politischen Analysen insgesamt: F. Schale, Engagement und Skepsis, 2006.
[399] R. Bavaj, Von links gegen Weimar, 2005, S. 410–448.

gen und im schlechtesten Fall ihren Gegnern in die Hände spielen. Eine solche Kritik führte dann in der Wirkung eher zur Verfestigung antipolitischer Vorbehalte als zur Aufklärung.

Ein Theater-Bundestag wie im *Treibhaus*, der vom Kanzler und anderen dunklen Mächten orchestriert wird, ist vielleicht kein ›echtes‹ Parlament. Was aber wäre ein ›echtes‹ Parlament? In Koeppens Roman offenbart die Idealisierung der ›guten Prinzipien‹ des öffentlichen Räsonnements, dass in Deutschland nach 1945 zwar nicht die Begriffe zur Analyse und Zeitkritik fehlten, wohl aber eine als positiv empfundene Erfahrung mit Parlamentarismus, Medien und Öffentlichkeit.[400] Im *Treibhaus* nimmt der unglückliche Abgeordnete das Ideal der Deliberation mit ins Grab, weil er an den Möglichkeiten echter Kommunikation zweifelt. Der Roman beschreibt zwar präzise die Kanzlerdemokratie, in der die Regierung aus dem Parlament hervorgeht und ihm verantwortlich ist, versteht diese aber als Widerspruch zur Idee des Parlamentarismus.[401] In der Konsequenz erscheint die Politik metaphorisch als »Dschungel«[402] und als Schauplatz »schmutziger Gangsterkämpfe«.[403] So erfährt der fiktive Abgeordnete das Parlament als Labyrinth, in dem der Einzelne – zumal als Künstler und Außenseiter – keinen Ausweg findet.[404] »Keetenheuve dachte: Das Labyrinth ist leer, der Stier des Minos wandelt verehrt unter dem Volk, und ewig irrt Theseus durch die Gänge.«[405]

6. Künstler und Außenseiter: Das *Treibhaus* als Intellektuellenroman

Im *Treibhaus* stecken mehrere Romane zugleich: Es ist ein in Echtzeit geschriebener Gegenwartsroman, eine scharfe Politik- und Gesellschaftssatire mit An-

---

[400] In derselben Tradition steht noch: R. WILLEMSEN, Das Hohe Haus, 2014.
[401] T. STAMMEN, Erfahrungen und Vorurteile, 2003, S. 343.
[402] W. KOEPPEN, Werke, Band 5: Das Treibhaus, 2010, S. 20.
[403] W. KOEPPEN, Werke, Band 5: Das Treibhaus, 2010, S. 71.
[404] D. ERLACH, Zeitkritischer Erzähler, 1973, S. 104 f., bezeichnete die durchgehende Metaphorisierung von Politik, für die im *Treibhaus* niemals abstrakte, sachliche Begriffe verwendet werden, als »eine der Schwächen des Romans«, der deswegen sein aufklärerisches Potential nicht ausschöpfe.
[405] W. KOEPPEN, Werke, Band 5: Das Treibhaus, 2010, S. 110. – Die Metapher des Labyrinths findet sich im *Treibhaus* an zwei weiteren Stellen – bei einer Beschreibung des Straßenverkehrs und als Keetenheuve ein Kino besucht. Der Kinosaal erscheint ihm als »Labyrinth«, die Platzanweiserin hält er für Ariadne, und er selbst ist so lange Theseus, »der sich ins Dunkle wagte«, bis Keetenheuve in einem Anfall von Platzangst den Saal wieder verlässt: »*Theseus auf der Flucht Minotaurus lebt*«. Dieser dreifache Bezug auf das Motiv des Labyrinths zeigt einmal mehr die Kongruenz von Parlamentarismus und (medialer) Kommunikation im *Treibhaus*. Zugleich versinnbildlicht die Szene die soziophoben Tendenzen der Romanfigur, die überdies – anders als im Mythos – den Stier nicht besiegt: W. KOEPPEN, Werke, Band 5: Das Treibhaus, 2010, S. 123 f. – Vgl. D. ERLACH, Zeitkritischer Erzähler, 1973, S. 119; C. HAAS, Koeppen, 1998, S. 88 f.; V. NÖLLE, »Gestrüppgerüst«, 2002, S. 83; S. THABET, Reisemotiv, 2002, S. 61.

klängen an das Genre des Schlüsselromans, eine Provokation gegen bürgerlich-christliche Moralvorstellungen und nicht zuletzt eine Warnung vor Nationalismus und Militarismus. Wie gesehen ist es ein Parlamentsroman mit einer Grundskepsis gegenüber dem Sinn von Gesprächen. In seinem Pessimismus handelt das *Treibhaus* vor allem vom Scheitern.[406] Das Motiv des Scheiterns wird mehrfach durchdekliniert: So scheitert der Oppositionspolitiker im Bundestag, und der Pazifist kann die ›Wiederbewaffnung‹ nicht verhindern. Als freiheitsliebender Sozialist kommt der unglückliche Abgeordnete weder gegen den ›Kalten Krieg‹ an noch gegen den ›Wiederaufbau‹, noch gegen das kapitalistische ›Wirtschaftswunder‹. Nicht zuletzt scheitert ein Remigrant an der deutschen Nachkriegsrealität, denn Keetenheuve war nach 1933 ins Exil gegangen und 1945 voller Tatendrang zurückgekehrt:

> Keetenheuves […] Eifer, der Nation neue Grundlagen des politischen Lebens und die Freiheit der Demokratie zu schaffen, hatten es mit sich gebracht, daß er in den Bundestag gewählt wurde. […] Das Kriegsende hatte ihn mit Hoffnungen erfüllt, die noch eine Weile anhielten, und er glaubte, sich nun einer Sache hingeben zu müssen, nachdem er so lange abseits gestanden hatte. Er wollte Jugendträume verwirklichen, er glaubte damals an eine Wandlung, doch bald sah er, wie töricht dieser Glaube war, die Menschen waren natürlich dieselben geblieben, sie dachten garnicht daran, andere zu werden, weil die Regierungsform wechselte, weil statt braunen, schwarzen und feldgrauen jetzt olivfarbene Uniformen durch die Straßen gingen und den Mädchen Kinder machten, und alles scheiterte wieder mal an den Kleinigkeiten, an dem zähen Schlick des Untergrundes, der den Strom des frischen Wassers hemmte und alles im alten stecken ließ, in einer überlieferten Lebensform, von der jeder wußte, daß sie eine Lüge war.[407]

Zum politischen Scheitern hinzu kommt das Scheitern an den Deutschen und der deutschen Geschichte. Bildlich gesprochen gibt es kein Entrinnen vor Wagner und dem Rhein. In der durchgängigen Doppelstruktur von öffentlicher Rolle und privatem Charakter scheitert mit Keetenheuve aber auch der Politiker in der Liebe, scheitert der Liebende in der Ehe, ist der Mann seinen Sehnsüchten, seiner Lust und ihren Abgründen ausgeliefert. Auf einer weiteren Ebene scheitern im *Treibhaus* schließlich der Einzelne an seinen Mitmenschen, das Individuum an seiner inneren Zerrissenheit, der Ästhet an der ›Kulturindustrie‹ und der humanistische Freund der Architektur an der Praxis des ›Wiederaufbaus‹. In einem umfassenden Sinne scheitern damit der Künstler und der Bohèmien sowohl in der Politik als auch an der bürgerlichen Gesellschaft.

---

[406] Im Interview nannte Koeppen das *Treibhaus* den »Roman eines Scheiterns, des Scheiterns eines Einsamen, der sich in die Arena begibt, in die Politik«. Gedruckt in: W. Koeppen, Einer der schreibt, 1995, S. 35.

[407] W. Koeppen, Werke, Band 5: Das Treibhaus, 2010, S. 19.

Das *Treibhaus* ist daher auch ein Künstlerroman, so wie alle Protagonisten in Koeppens Œuvre melancholisch-depressive, handlungsgehemmte Künstlerexistenzen sind.[408] Der Abgeordnete Keetenheuve, die politischste unter den sensiblen Intellektuellenfiguren, wird als extrem empfindsames Gemüt beschrieben, wobei diese Empfindsamkeit wesentlich zu seinem Misserfolg beiträgt. Überhaupt wäre es verfehlt zu sagen, dass mit Keetenheuve ein ›guter‹ Mensch an den ›schlechten‹ Verhältnissen scheitert. Vielmehr lautet der vorletzte Halbsatz des Romans: Der Abgeordnete »war *sich selbst* eine Last«[409], und für den Literaturwissenschaftler Bernhard Uske ist das »die Wahrheit des trauernden Narzissten«.[410] Wer so in seinen Zweifeln und Ängsten verstrickt ist wie Keetenheuve, hält es für unmöglich, das Bild der Souveränität aufrechtzuerhalten, wie es Politiker gern zeigen und wie es von ihnen erwartet wird.

Stattdessen ist Keetenheuve ein scheuer, passiver Mensch, der ganz in der Welt der Bücher lebt. Wenig scheint ihm fremder zu sein als die Lebenswelt von Partei- und Berufspolitikern. So ist der fiktive Abgeordnete mit fast allen klischeehaften Eigenschaften eines Geistesmenschen behaftet. Allein in seiner Phantasie kann sich Keetenheuve als aktives Subjekt imaginieren. Da er sich, ganz verkopfter Grübler, im Voraus ausmalt, was er falsch machen könnte, verliert er jeden Impuls zu handeln; ›Macher‹ führen sich anders auf. Als Intellektueller erscheint der Abgeordnete aber auch, weil er im Parlament nicht eine Ideologie oder die Eigenlogik eines Fachgebiets vertritt, sondern sich hehren Ideen verpflichtet weiß: Frieden, Menschenrechten und dem Prinzip des Parlamentarismus als Emanzipationsbewegung.[411] Keetenheuve ist ein Gesinnungsethiker im Sinne Max Webers[412] – ein ›unpolitischer‹ Außenseiter, der (zu seinem Unglück) ein Mandat hat.

Keetenheuves Feingeistigkeit wird durch eine Fülle literarischer Anspielungen untermalt.[413] Er versucht, Baudelaire zu übersetzen, aber er schätzt auch andere Franzosen, Arthur Rimbaud, Paul Verlaine und Guillaume Apollinaire. Immer wieder genannt werden die Bibel, die klassische griechische ebenso wie die germanische Mythologie. Aus Weimar kommen Goethe und Musäus hinzu, und auch der Pazifismus des fiktiven Abgeordneten wird durch andere Autoren beglaubigt: durch Carl von Ossietzky, Bertha von Suttner (*Die Waffen nieder*) und Erich Maria Remarque (*Im Westen nichts Neues*). Im *Treibhaus* heißt es: »Keetenheuve war ein Kenner und Liebhaber der zeitgenössischen Lyrik, und manchmal

---

[408]   B. USKE, Geschichte, 1984, S. 17 f.; M. HIELSCHER, Zitierte Moderne, 1988, S. 11.
[409]   W. KOEPPEN, Werke, Band 5: Das Treibhaus, 2010, S. 184 [Hervorhebung B.W.].
[410]   B. USKE, Geschichte, 1984, S. 121.
[411]   J. QUACK, Erzähler der Zeit, 1997, S. 154 und 162.
[412]   P. DREESEN, Der Fall Keetenheuve, 2011, S. 30.
[413]   D. BASKER, Chaos, control, and consistency, 1993, S. 200 f. – Vgl. M. HIELSCHER, Zitierte Moderne, 1988.

belustigte es ihn, während er im Plenum einem Redner zuhörte, daran zu denken, wer im Saal außer ihm wohl Cummings gelesen habe.«[414]

Einen avantgardistischen Lyriker wie den Amerikaner Cummings zu erwähnen stand in der Tradition von *Tauben im Gras*. Koeppens Roman von 1951 nahm schon im Titel Bezug auf Gertrude Stein. Die Lyrik von Edward Estlin Cummings wiederum war Anfang 1953 der Schwerpunkt der zweiten Ausgabe der Zeitschrift *Perspektiven – Literatur, Kunst, Musik*. Die Vierteljahrsschrift erschien seit Oktober 1952 im S. Fischer-Verlag; sie war der deutschsprachige Ableger der atlantischen Kulturzeitschrift *Perspectives USA*. Die *Perspectives* wurden von dem Dichter James Laughlin herausgegeben, und daher hatten sie ein besonderes Interesse an moderner Poesie. Finanziert wurden die *Perspektiven*, die es auch auf Französisch und Italienisch gab, mittelbar von der *Ford Foundation*, weshalb das Heft zum Kontext der amerikanischen auswärtigen Kulturpolitik im Zeichen der *Re-education* und des Ost-West-Konflikts gehörte. Aus der Mischung dieser beiden Quellen entstand eine Intellektuellen-Zeitschrift, die, wie das *Time*-Magazin formulierte, »uncompromisingly highbrow« sein wollte, um der Welt zu zeigen, dass Amerikaner »Kaugummi kauen *und* denken« können.[415] Gerade was die Vermittlung zeitgenössischer Lyrik angeht, hatte das Projekt, bevor es 1956 eingestellt wurde, durchaus einige Wirkung.[416] Das kann man auch an der Romanfigur Keetenheuve sehen, die im *Treibhaus* genau die Gedichte zitiert, die in den *Perspektiven* vorgestellt wurden, als Koeppen an dem Manuskript arbeitete.

Im Januar 1953 veröffentlichte *Perspektiven* ein Dutzend Gedichte von Cummings im Original sowie in deutscher Erstübersetzung. In dem Heft, das in Koeppens Bibliothek überliefert ist[417], stehen zudem einleitende Bemerkungen des Dichters selbst, ein Aufsatz des Übersetzers[418] und eine Einführung in Cummings' Poetik. Darin erklärte Theodore Spencer, der im englischen Cambridge lehrte, Cummings als »köstlichste[n] Lyriker Amerikas«, vor allem aber als einen radikalen Individualisten.[419] Alles Normierte und Konforme in der Gesellschaft, so Spencer, weise Cummings entschieden zurück, weil er dies als Negation des Lebens, als »Nicht-Sein«, empfinde:

Und gegen dieses »Nicht-Sein«, wie es ständig von Regierungen, politischen Ideologen, »völkischen Interessengruppen« aller Schattierungen und Reklameagenturen nicht nur in die Welt gesetzt, sondern ihr oft aufgezwungen wird – gegen dieses

---

414 W. Koeppen, Werke, Band 5: Das Treibhaus, 2010, S. 35.
415 Artikel »Enter Perspectives USA«; Time vom 14. April 1952.
416 M. Peterfy, Williams in deutscher Sprache, S. 86–116.
417 A. Grafe, *Treibhaus* – Kommentar, 2006, S. 248.
418 Der Übersetzer war Alexander Koval.
419 Hier und im Folgenden: T. Spencer, Poetik der Freude, 1953, S. 32 und 26.

»Nicht-Sein« schwingt der Dichter Cummings sein buntes, ergötzliches Banner der Freude des Individuums.

Es liegt nahe, dass Koeppen die lautmalerischen, auch typographisch unge-wöhnlichen »Gedichte des experimentierenden Dichters E. E. Cummings«, wie er im *Treibhaus* vorgestellt wird, geschätzt hat, zumal Cummings als bohème-hafter Poet galt. Der Literaturwissenschaftler Spencer zitierte in *Perspektiven* ein Cummings-Gedicht, in dem ein Mann, der blaue Augen hat, von einer Beerdi-gung zurückkehrt. Diese Passage klingt im *Treibhaus* wieder an, wenn der Wit-wer Keetenheuve eine Frage aus dem gleichfalls in den *Perspektiven* veröffent-lichten Gedicht über Buffalo Bill zitiert: »he was a handsome man and I want to know is how do you like your blueeyed boy Mr. Death!«[420] Auch Cummings' Gedicht mit der Nummer 41, dessen deutsche Übersetzung zuerst in der atlan-tischen Kulturzeitschrift stand, geht Keetenheuve durch den Kopf: »(kiss me) you will go«.[421]

Allerdings gibt es Unterschiede zwischen dem Cummings-Bild, wie es die *Perspektiven* vermitteln wollten, und der Cummings-Rezeption im *Treibhaus*: Während die *Perspektiven* die Gedichte im Sinne eines amerikanischen Missi-onsauftrags als Ausdruck der Lebensfreude präsentierten, versteht die Koeppen-Forschung ihre Aneignung als Beleg für Keetenheuves Todessehnsucht.[422] In der Tat kommt Keetenheuve mehrfach die Anrede »Mr. Death« in den Sinn; zudem paraphrasiert er den nach Abschied klingenden Vers: »(kiss me) you will go«. Bemerkenswerterweise werden die amerikanischen Verse im *Treibhaus* explizit mit Keetenheuves Mandat im Parlament verknüpft – gewissermaßen als Sym-bol der *Re-education*. Im Roman stecken die Gedichte »in der Aktenmappe eines deutschen Bundestagsabgeordneten«[423], und womöglich stand konkret die von der *Ford Foundation* mitfinanzierte Zeitschrift Vorbild, die Koeppen zur Hand hatte, als er das *Treibhaus* schrieb.[424] Anders als die Baudelaire-Übersetzung ver-bleiben die Gedichte aber im Bundeshaus, als Keetenheuve zum letzten Mal sein Arbeitszimmer verlässt: »Er nahm Elkes Bild zu sich und die angefangene Über-setzung des beau navire. Die Mappe mit den Akten, mit der neuen Lyrik von E. E. Cummings ließ er im Büro *(kiss me) you will go*«.[425] Bei aller Wertschät-zung für den amerikanischen Avantgardisten, heißt das, führen die Gedichte

---

[420] Gedicht »31«; PERSPEKTIVEN 2 (Januar 1953), S. 42 f.; W. KOEPPEN, Werke, Band 5: Das Treib-haus, 2010, S. 34 f. und 176.
[421] Gedicht »41«; PERSPEKTIVEN 2 (Januar 1953), S. 56 f.; W. KOEPPEN, Werke, Band 5: Das Treib-haus, 2010, S. 34 f. und 176.
[422] P. ATYAME, Nonkonformismus und Utopie, 2001, S. 156.
[423] W. KOEPPEN, Werke, Band 5: Das Treibhaus, 2010, S. 35.
[424] Zu Koeppens Amerikabild: C. KAMBAS, Ansichten einer Besatzungsmacht, 2006.
[425] W. KOEPPEN, Werke, Band 5: Das Treibhaus, 2010, S. 170 [Hervorheb. und Zeichensetzung im Original].

Keetenheuve nicht von seinem alteuropäischen Schicksal fort. Das Scheitern des Parlamentariers bedeutet im *Treibhaus* auch einen Misserfolg der amerikanischen Kulturpolitik.

Abb. 8: Leeres Büro im Bundeshaus – im August 1951 fotografiert von Karl Hugo Schmölz. © Archiv Wim Cox / Maurice Cox (Nr. 14586_12).

Gleich zu Beginn der Erzählung wird der Abgeordnete Keetenheuve vorgestellt als »ein Träumer *von des Gedankens Blässe angekränkelt*«[426] sowie als »ein Ritter von der traurigen, [...] von der komischen Gestalt«[427], wie es mit Verweis auf Hamlet und Don Quijote heißt, zwei der berühmtesten Denker-Figuren der abendländischen Kulturgeschichte. Wie Hamlet, behauptet diese Analogie im *Treibhaus*, sei Keetenheuve ein Grübler, der seiner Aufgabe nicht gewachsen

---

[426] W. Koeppen, Werke, Band 5: Das Treibhaus, 2010, S. 10 [Hervorhebung im Original]. Damit zitiert das *Treibhaus* die Übersetzung August Wilhelm von Schlegels. – Bei Shakespeare sagt Hamlet im 3. Akt, 1. Szene, dem berühmten Sein-oder-Nichtsein-Monolog: »Thus conscience does make cowards of us all, / And thus the native hue of resolution / *Is sicklied o'er with the pale cast of thought*, / And enterprises of great pitch and moment / With this regard their currents turn awry / And lose the name of action.« W. Shakespeare, Hamlet, [12]2016, S. 136 [Hervorhebung B.W.].

[427] W. Koeppen, Werke, Band 5: Das Treibhaus, 2010, S. 11. – Dass Don Quijote in seiner romantisch-ritterlichen Abenteuerlust einen nichtbürgerlichen Antitypus zum nüchtern-rationalen Bourgeois beschreibt, betont: F. Moretti, Der Bourgeois, 2014, S. 32 f. – In der deutschen Romantik wurde er zudem als Reisender und Heimkehrer gedeutet: J. Spateneder, Heimkehr, 2010.

ist. Shakespeares Tragödie lebt davon, dass der Protagonist mit seinem Schicksal ringt, hin und herschwankt bei dem Unternehmen, den Mord an seinem Vater zu rächen und zugleich den Königsthron zurückzuerobern, wie es ihm der Geist des Vaters aufgetragen hat.[428] Das tragische Moment ist, dass darüber eine Reihe von Personen ins Unglück stürzen, nicht zuletzt Hamlets Geliebte Ophelia; auch der Prinz überlebt seine zaudernde Rache nicht.

Als im Jahr 1953 im *Monat*, einer politisch-literarischen Zeitschrift, eine Debatte über Hamlet geführt wurde, erklärte der Schweizer Philosoph Denis de Rougemont, Hamlet sei »unfähig zur Gemeinschaft dank der tiefen Melancholie«, die er »unter einer ironischen Maske« zu verbergen versuche.[429] Zur Rezeptionsgeschichte von Shakespeares Stück gehört, dass Hamlet dem elisabethanischen Publikum als typischer Melancholiker galt – depressiv mit manischen Schüben, zugleich aber intelligent und geistreich –, während die deutschen Romantiker in ihm den Prototyp einer Intellektuellen-Figur sahen, die »durch die Neigung zur Selbstreflexion gelähmt« sei.[430] In der Zeit des Vormärz wurde *Hamlet* zudem als literarisches »Menetekel eines Volks der Dichter und Denker« gelesen, »das an seiner realpolitischen Aufgabe scheitert, einen liberalen Nationalstaat zu schaffen«, wie der Anglist Manfred Pfister schreibt.[431] Zu dieser spezifisch deutschen Aneignung des Hamlet-Stoffs als Intellektuellen-Tragödie passte, dass Shakespeares Prinz in Wittenberg studiert hat; er war also durch die Schule des frühneuzeitlichen Humanismus und der Reformation gegangen. Im *Treibhaus* dient die Hamlet-Analogie – die romantische Lesart fortführend – dazu, Keetenheuve als sensiblen und unerlösten Mann zu charakterisieren, der sich unablässig selbst hinterfragt, dem dabei aber auch Weltekel, Misogynie und Selbsthass nicht fremd sind und dessen (politisches) Handeln glücklos bleiben wird.[432]

Dieselbe Tendenz hat im *Treibhaus* der Vergleich mit *Don Quijote*, dem »Ritter von der traurigen, […] von der komischen Gestalt«. Don Quijote verweist darauf, dass ein Ausweg in der Literatur bestehe.[433] Cervantes' Romanfigur repräsentiert die Widersprüche zwischen hohen Idealen und den Enttäuschungen

---

[428] H.-D. GELFERT, Shakespeare, 2015, S. 95–103. – Vgl. E. KRIPPENDORFF, Politik in Shakespeares Dramen, 1992; S. GREENBLATT, Hamlet im Fegefeuer, 2008; N. ECKERT, Wer und was ist Hamlet?, 2016.

[429] Artikel »Kierkegaard und Hamlet«; DER MONAT 5 (1952/53), 56, S. 116. – Vgl. die Beiträge »War Hamlet melancholisch?« von Salvador de Madariaga; DER MONAT 6 (1953/54), 66, S. 620–628; »Prinz von Dänemark« von Walter Boehlich; DER MONAT 6 (1953/54), 66, S. 628–634.

[430] H.-D. GELFERT, Shakespeare, 2015, S. 102. – Zur Rezeption: H. J. LÜTHI, Hamletbild seit Goethe, 1951; A. HÖFELE, No Hamlets, 2016.

[431] M. PFISTER, Hamlet und kein Ende, 2016, S. 365.

[432] M. HIELSCHER, Zitierte Moderne, 1988, S. 88.

[433] E. SCHÜTZ/J. VOGT, Deutsche Literatur, 1980, S. 73.

der Wirklichkeit, zwischen der Hoffnung auf einen politischen Neuanfang und der Realität der ›restaurativen‹ Bundesrepublik:

> [Keetenheuve] eilte wieder auf Wanderschaft, ein törichter Ritter gegen die Macht, die so versippt war mit den alten Urmächten, daß sie über den Ritter lachen konnten, der gegen sie anging, und manchmal stellten sie ihm, fast aus Freundlichkeit, um seinem Eifer ein Ziel zu bieten, eine Windmühle in den Weg, gut genug für den altmodischen Don Quichotte.[434]

Auch was die Rezeption dieses bekanntesten Romans der spanischen Literatur betrifft, steht das *Treibhaus* in der Tradition des Vormärz und der Romantik.[435] Während der selbsternannte Roman-Ritter gegen Windmühlen kämpft, nachdem die Lektüre von Abenteuergeschichten seinen Wunsch nach Ruhm und einer großen Aventüre geweckt hat, verkörperte Don Quijote in vielen Karikaturen den lebensuntüchtigen Künstler, etwa bei Honoré Daumier.[436] Im Jahr 1834 zeichnete Adolph Schrödter einen *Don Quijote in der Studierstube*, eine liebevolle Parodie auf die Gestalt des introvertierten Geistesmenschen. »Auch für Schrödter bedeutete die Beschäftigung mit Don Quijote ein Nachdenken über sein Künstlersein«, erklärte die Kunsthistorikerin Bettina Baumgärtel: Mit »dieser Figur konnte er selbstironisch seine melancholische Seite offenbaren«[437] (siehe Abb. 9).

»Eine ›tiefe Melancholie‹ ist das Geheimnis des Wesens Don Quijotes«, schrieb der Literaturwissenschaftler Harald Weinrich.[438] Das verbindet Don Quijote mit Hamlet und eben mit Keetenheuve. Im Unterschied zu Shakespeares Tragödie steht *Don Quijote* aber auch für Tragikomik und Satire, wenn der Ritter tapfer an seiner subjektiven Weltwahrnehmung festhält, während es – von außen betrachtet – jeder Beschreibung spottet, wie er seinen fixen Ideen und anachronistischen Idealen nachjagt. Schon der politische Dichter und große Spötter Heinrich Heine stellte *Hamlet, Don Quijote* und Goethes *Faust* in eine Traditionslinie und erklärte sie programmatisch zur »große[n] Tragödie unserer eigenen Nichtigkeit«.[439] In diesem Sinne laden die Verweise im *Treibhaus* zur Identifikation mit dem idealistisch und melancholisch gezeichneten ›Helden‹ ein – gerade wenn sie (selbst-)ironisch gebrochen sind.

---

[434] W. Koeppen, Werke, Band 5: Das Treibhaus, 2010, S. 20.
[435] J. Aparicio Vogl, Spötter von der traurigen Gestalt, 2005; Y. Joeres, Don-Quijote-Rezeption, 2012.
[436] G. Gabel (Hg.), Don Quijote in Deutschland, 2005; T. Altenberg (Hg.), Europäische Dimensionen, 2007.
[437] B. Baumgärtel, »König der Arabeske«, 2010, S. 49.
[438] H. Weinrich, Das Ingenium Don Quijotes, 1956, S. 54.
[439] Zitiert nach: Y. Joeres, Don-Quijote-Rezeption, 2012, S. 265.

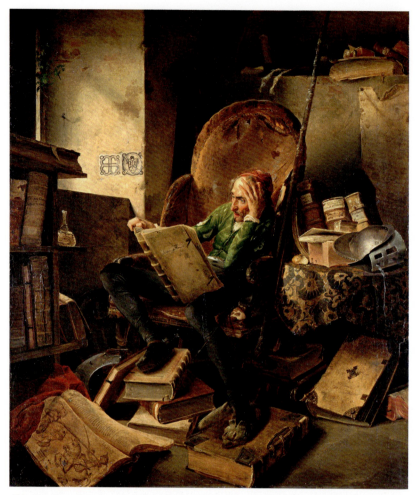

Abb. 9: *Don Quijote, im Lehnstuhl lesend* (1834) – Gemälde von Adolph Schrödter. © Staatliche Museen zu Berlin, Nationalgalerie; Fotografie von Andres Kilger.

Als »törichter Ritter gegen die Macht« wirkt Keetenheuve sympathischer als in vielen anderen Szenen. Zugleich stellt sich das *Treibhaus* durch *Don-Quijote*-Zitate in die Tradition des Schelmenromans. Auch das poetologische Wechselspiel von Fiktion und Realität, wie es für Koeppens Roman kennzeichnend ist, kann sich auf Miguel de Cervantes und die Ursprünge der epischen Literatur berufen, die als Satire auf den Ritterroman begann. Was das *Treibhaus* allerdings von der pikaresken Tradition unterscheidet, ist Keetenheuves Isolation. Anders als der edle Hidalgo von der Mancha hat der Abgeordnete in Bonn keinen Sancho Pansa an der Seite, der inmitten der ganzen Depression für ein paar witzige Momente sorgen würde; Keetenheuve hat nicht mal ein Pferd. Letztlich neigt sich die Waage zwischen Tragik und Komik eindeutig zur Seite der Tragik. Wegen der düsteren Atmosphäre hat das *Treibhaus* eher den Charakter einer Groteske als einer Satire – auch weil beim Lesen das Lachen im Halse stecken bleibt.[440]

Wie der fahrende Ritter unternimmt Keetenheuve seine Reise durch die Bonner Politik mit dem Blick nach innen und in die Bücher; zugleich aber hat er es mit einer realen Außenwelt zu tun, gegen die seine Phantasie nicht ankommt.[441] So geht es im *Treibhaus* um die vielen Widersprüche und Ambivalenzen – etwa zwischen Kunst und Politik, Ideal und Wirklichkeit, Gut und Böse, Einsamkeit und Geselligkeit, Ernsthaftigkeit und Narretei –, die mit dazu führen, dass der einzelne Mensch im permanenten Zwiespalt lebt. Daher gehört schließlich das Faust-Motiv (wie es in dem Heine-Zitat verwendet wurde) mit in diesen Zusammenhang. In diesen vielen intertextuellen Bezügen zeigt sich, dass das *Treibhaus* ein Literatur- und Intellektuellen-Roman ist, eine Art Kommentar zur deutschen Geistesgeschichte. Im *Treibhaus* heißt es:

> Alle Politik war schmutzig, sie glich den Gangsterkämpfen, und ihre Mittel waren dreckig und zerreißend; selbst wer das Gute wollte, wurde leicht zu einem anderen Mephistopheles, der stets das Böse schafft; denn was war gut und was böse auf diesem Feld, das sich weit in die Zukunft ausdehnte, weit in ein dunkles Reich.[442]

Da Keetenheuve Politik für ein schmutziges Geschäft hält und weil der unglückliche Abgeordnete befürchtet, dass es im Parlament nicht besser, sondern schlechter werden wird, reagiert er mit Rückzug – so wie das nach 1933 viele Intellektuelle getan haben. Zunächst zieht sich Keetenheuve in die Welt der Bücher zurück, in das Reservat des Geistigen. Doch als er erkennt, dass seine private Lebenswelt vermeintlich unheilbar Schaden genommen hat, wählt er den letzten Ausweg und springt in den Rhein. Wolfgang Koeppen tat in der frühen Bundesrepublik etwas grundlegend Anderes. Er gab seinen Zweifeln, seinem Pessimismus und seinem Wunsch nach einer anderen Politik eine literarische Form, indem er eben diesen traurigen Abgeordneten entwarf und seine Kritik in einer provokanten Satire über die Bonner Republik zur Diskussion stellte. Seiner Frau meldete Koeppen Anfang Juni 1953:

> Ich habe mich ausgeschrieben, und [kann] das Buch im Augenblick nicht beurteilen. Ich ahne nur, dass es sehr, sehr düster ist, dass Adenauer, Heuss, der Bundestag in seiner Gesamtheit tief verstimmt sein werden [...].[443]

---

[440] D. ERLACH, Zeitkritischer Erzähler, 1973, S. 124 f.; J. QUACK, Erzähler der Zeit, 1997, S. 193 f.
[441] M. HIELSCHER, Zitierte Moderne, 1988, S. 94.
[442] W. KOEPPEN, Werke, Band 5: Das Treibhaus, 2010, S. 71.
[443] Brief vom 4. Juni 1953, in: WOLFGANG UND MARION KOEPPEN, 2008, S. 85.

Abb. 10: Gläserne Wand im Plenarsaal des Deutschen Bundestages – fotografiert von Hans Schafgans. © Schafgans Archiv, Bonn.

Zweites Kapitel

Transparenz und Treibhaus
Die frühe Bundesrepublik und ihr Parlamentarismus im Spiegel der Metaphorik von Architektur, Publizistik und Literatur

1. Klar und modern – oder künstlich und isoliert?
Über das Eigenleben von Metaphern

Bauhaus, Rheinromantik, und wenn's schief geht, drohen die Nazis. In dieser widersprüchlichen Verbindung präsentierte Anfang 1950 die britische *Picture Post* ihrem Millionenpublikum das Neueste aus der deutschen Politik. Die Deutschen rührten sich wieder, berichtete die populäre Illustrierte, die während des Zweiten Weltkriegs mit einer antinazistischen Haltung groß geworden war[1], doch wohin würde das führen? Um diese Frage zu beantworten, hatte die britische Variante des *Life*-Magazins zwei Männer nach Bonn geschickt, in die Hauptstadt der frisch gegründeten Bundesrepublik.[2] Was Lionel Birch und der Fotograf Charles Fenno Jacobs zurück nach London brachten, waren kontrastreiche Eindrücke. Daraus machte die *Picture Post* eine Fotoreportage über den Neuanfang des Parlamentarismus – sieben Seiten, vierzehn großformatige Fotos und eine süffig erzählte Geschichte. Eine Recherche über die neue deutsche Frage:

> Aufgewacht aus kurzer Starre sieht sich die deutsche Nation gefesselt von wirtschaftlichen Problemen. Flüchtlinge, Wohnungsbau, Arbeitslosigkeit. Ihre kritischen Augen richten sich daher auf die neugeborene politische Demokratie in Bonn. Kriegt Bonn das hin?[3]

Spannungsgeladen wirkte die Reportage nicht nur wegen der schwierigen Lage der frühen Bundesrepublik. Auch die Fotos schienen miteinander zu diskutie-

---

[1] Die *Picture Post* wurde 1938 von dem Verleger Edward Hulton gemeinsam mit Stefan Lorant gegründet, einem in Budapest geborenen Filmemacher und Fotojournalisten. Lorant war 1933 als Chefredakteur der *Münchner Illustrierten Presse*, einer der großen Illustrierten der Weimarer Republik, von den Nazis verhaftet worden, wegen der jüdischen Herkunft seiner Mutter sowie seiner Ehefrau. 1934 ging Lorant nach London, 1940 in die USA. T. WILLIMOWSKI, Lorant, 2005, S. 327–391.
[2] Ihre Anfrage, im Bundestag fotografieren zu dürfen, wurde am 30. November 1949 im Ältestenrat beraten: Kurzprotokoll der 27. Sitzung; BT ParlA, 1. WP, Ältestenrat, Protokolle.
[3] Hier und im Folgenden: Artikel »Where Do They Go From Bonn?«; PICTURE POST, 14. Januar 1950, Nr. 46/2, S. 12–17 und 41, hier S. 12 [alle Übersetzungen B.W.].

ren. Das begann mit Aufnahmen Adenauers, die im privaten Umfeld des Bundeskanzlers in Rhöndorf gemacht worden waren. Ein Bild zeigte den »umstrittensten Deutschen« im Gespräch mit seiner Tochter Lotte im heimischen Arbeitszimmer, wo er, korrekt gekleidet mit Anzug und Krawatte, zwischen Akten und Zeitungen sitzt. Auf dem Sideboard in seinem Rücken stand ein Kruzifix, und so vermittelte die Fotoperspektive den Eindruck, als schaute der Gekreuzigte dem Politiker über die Schulter. Der Bundeskanzler, verriet die Unterschrift, sei ein frommer Katholik sowie treuer Familienvater.

Ausdrucksstark waren auch die Bilder, die eher ins Genre der Architekturfotografie gehörten. Insgesamt folgte die Fotoreportage, die von Rhöndorf zum Bundestag führt, einer klaren Anordnung, aus der eine Erzählung entsteht.[4] Das erste Drittel gehörte Adenauer im Siebengebirge. Von dort ging es nach Bonn zum »neugeborenen« Parlament; Porträts weiterer Politiker schlossen sich an, von Ludwig Erhard, Carlo Schmid und Kurt Schumacher. Den Abschluss bildete die Aufnahme eines Ehepaars, das im Foyer des Bundestages wartete. Da die beiden in der Zeitung lasen, symbolisierte das Bild die abwartend-beobachtende Öffentlichkeit. Die Architekturfotos des mittleren Reportage-Drittels aber spielten mit Effekten von Licht und Schatten, mit Ein- und Ausblicken durch große Fenster. Sie schwelgten in Helligkeit und Transparenz, sie feierten die Architektur des Bonner Parlaments.[5] Über dessen Gebäude hieß es, es sei »ein äußeres, sichtbares Zeichen für einen Neubeginn«:

> Der erste Eindruck des Besuchers ist beruhigend: Das hier, spürt er, ist ein völliger Bruch sowohl mit der Nazi- als auch mit der herkömmlichen deutschen Architektur, der Abriss einer Bautradition für gepanzerte militärische Einheiten. Auch in den Debatten bilden sich die *Keime einer parlamentarischen Atmosphäre* unter den 402 Abgeordneten.[6]

Die Bonner Parlamentsarchitektur galt der *Picture Post* als ein Zeichen der Hoffnung, wenigstens das. Zum Dialog der Fotos gesellte sich jedoch noch ein weiteres Element: die Spannungen zwischen Bild und Text. Denn während Charles Fenno Jacobs, der zuvor für die *U. S. Navy* fotografiert hatte[7], in Bonn expressive

---

[4] Die mit Bildern erzählende Struktur war typisch für Fotoreportagen und insbesondere für *Picture Post*. T. Willimowski, Lorant, 2005, S. 329 f.

[5] Eine Symbiose zwischen ›moderner‹ Architektur und Fotografie erkennen: A. Haus, Fotografisches Licht, 2012; G. Breuer, Architekturfotografie, 2012. Demnach verstärkten die Bilder die Formensprache der Architektur. Fotografen und Architekten teilten ein gemeinsames Verständnis von Licht und Schatten, Klarheit und ›Sachlichkeit‹. Vgl. B. Wintgens, Rezension Architekturfotografie, 2012; ders., Neues Parlament, neue Bilder?, 2014.

[6] Artikel »Where Do They Go From Bonn?«; Picture Post, 14. Januar 1950, Nr. 46/2, hier S. 14 [Übersetzung und Hervorhebung B.W.].

[7] B. Bustard, Picturing, 1999, S. 98; D. Barnouw, Germany 1945, 1996, S. 45 f.

Abb. 11: Ausschnitt aus: Picture Post, 14. Januar 1950, Nr. 46/2, S. 14f.

Motive moderner Architektur inszenierte, fand der Reporter Lionel Birch, ein linksliberaler Brite, dessen Leidenschaft das Theater war[8], immer neue Sprachbilder, um sein Staunen über die von ihm als eigentümlich empfundene Atmosphäre in Worte zu fassen. All seine Umschreibungen drehten sich um den Eindruck einer gespaltenen Gesellschaft. Kurz nach der Berlin-Blockade sowie nach Gründung der Bundesrepublik und der DDR meinte Birch jedoch nicht den ›Kalten Krieg‹, sondern eine imaginäre Grenze zwischen Bonn und dem übrigen Deutschland. Bonn, wie er es sah, war demnach nur »ein künstlicher Mittelpunkt«, der mit dem Rest des Landes bloß lose verbunden war. Schon auf dem Weg zum Bundestag, den Birch in seiner Reportage schilderte, bei einer Autofahrt zwischen Drachenfels und Petersberg (einer Gegend also, die britischen Lesern seit Lord Byron wohlvertraut war) registrierte er diese »Grenze«, die er nicht zuletzt als ein klimatisches Phänomen veranschaulichte:

> Just in der letzten Kurve der Waldstraße, kurz bevor man den Rhein sehen kann, wird die Luft plötzlich *ruhig und schwer*, und von hier aus kann man abschalten und eintauchen in diese *gedämpfte Luftblase*, in der die Spielzeugstadt Bonn liegt.[9]

---

[8] Da Birch einige Monate mit der *Magnum*-Fotografin Inge Morath verheiratet war, die seit 1962 mit dem Schriftsteller Arthur Miller zusammenlebte, finden sich biographische Angaben bei: C. Bigsby, Miller, 2008, S. 658f. – Vgl. L. Birch, Germany, 1950; ders., History, 1968.

[9] Hier und im Folgenden: »Where Do They Go From Bonn?«; Picture Post, 14. Januar 1950, Nr. 46/2, S. 12–17 und 41, hier S. 12f. [Hervorhebungen B.W.].

Was der Reporter da schrieb, klingt schon stark nach Treibhaus-Metaphorik, ähnlich den »Keime[n] einer parlamentarischen Atmosphäre« im Zitat zuvor. Zur stimmungsmäßigen Verdichtung erwähnte Birch zudem den sagenumwobenen Siegfried. So wie der Held des Nibelungenlieds im Drachenblut gebadet habe, um dadurch unverwundbar zu werden, solle nun vom Bundestag aus die Genesung Deutschlands beginnen. Bonn, so Birch, sei der Ort, wo Deutschland in einer »Tinktur der Demokratie« baden müsse. Bis dahin aber bleibe eine »geheime Grenze zwischen Deutschland und Bonn«, die eine Grenze sei zwischen dem misstrauischen Volk und seinen Repräsentanten – *denen da oben*, wie es im englischen Text auf Deutsch hieß:

> Hinter Dir, also, liegt Deutschland. Und vor Dir: Bonn. Hinter Dir: Flüchtlingslager und ausradierte Städte – vor Dir: die grünen Rasenflächen und die weißen Wände des Shangri-La-Parlamentsgebäudes. Hinter Dir, die schwierigste Agenda des Jahrhunderts: die große, wuchernde Zusammenballung von wirtschaftlichen, geistigen und machtpolitischen Problemen – eine Problem-Ballung, die man Deutschland nennt. Vor Dir, der improvisierte politische Apparat namens Bonn, der diese Probleme lösen soll – sonst. Sonst?

Das »Sonst?« markierte den Abgrund, die Gefahr – oder, um im Bild zu bleiben: das Lindenblatt auf Siegfrieds Rücken –, sollten die Probleme nicht gelöst werden. Dann sei zu befürchten, dass die Deutschen allemal für die Demokratie verloren wären (»cured of democracy«). Insofern sei der Neubeginn in Bonn, sei das Experiment in Sachen Parlamentarismus »eine letzte Chance«.

Bemerkenswert sind die Sprachbilder, die Birch bemühte, um den Bundestag und seine Architektur zu beschreiben: Shangri-La zum Beispiel war eine Assoziation, die von den weißen Wänden des Parlamentsgebäudes hervorgerufen wurde. Shangri-La, so heißt ein utopischer Ort im Himalaya, der seit Jahrhunderten die Phantasie von Abenteurern, Schriftstellern oder Esoterikern angeregt hat. Im populärkulturellen Kontext der *Picture Post* handelte es sich um eine Anspielung auf den Roman *Lost Horizon*, mit dem der Schriftsteller James Hilton 1933 den fiktiven Ortsnamen in die englische Sprache einführte und der eine Lawine der Tibet-Faszination auslöste.[10] Hiltons Geschichte über die unfreiwillige Expedition in ein Bergkloster auf dem Dach der Welt, wo eine abgeschiedene Bruderschaft von Erleuchteten meditiert, war ein Bestseller, der 1937 vom Hollywood-Regisseur Frank Capra verfilmt wurde. Sogar Franklin D. Roosevelt nannte den Landsitz des amerikanischen Präsidenten (der seit 1953 als Camp David bekannt ist) Shangri-La, wegen seiner einsamen Lage in den Bergen von Maryland.[11]

---

[10] J. Hilton, Irgendwo in Tibet, 1959 [1933]. – Vgl. P. Bishop, Tibetbilder, 1997, S. 213 f. Zum kolonialgeschichtlichen Hintergrund: A. C. McKay, Britische Konstruktion, 1997.
[11] M. Brauen, Traumwelt Tibet, 2000, S. 96–100 und 224.

Wenn aber »die weißen Wände des Shangri-La-Parlamentsgebäudes« aus Bonn in diesen Zusammenhang gestellt wurden, zeichnete eine britische Illustrierte ein ambivalentes Bild vom Bundestag: Einerseits schilderte sie ihn als einen Ort der Ruhe, Weisheit und Gespräche, von dem (wie in Hiltons Roman) eine Wiedergeburt der Zivilisation ausgehen sollte.[12] Andererseits wusste niemand zu sagen, ob es diesen Ort überhaupt gab. Shangri-La ist ein *U-topos*, ein rätselhafter Nicht-Ort, weltabgewandt und unwirklich – und insofern eine ausgesprochen distanzierte Metapher für ein Parlament. »Bonn könnte genauso gut in Tibet liegen«, warnte mit ähnlichen Worten im Dezember 1950 der liberale Abgeordnete Ernst Mayer, als er bei Adenauer für eine Intensivierung der Öffentlichkeitsarbeit warb, um so mehr »Verständnis für die Politik« zu erreichen: »Bonn hat nicht verstanden bzw. wir, die Regierung und das Parlament, haben es nicht verstanden, sich und uns volkstümlich zu machen.«[13]

In der Reportage der *Picture Post* standen die literarischen Vergleiche, die dem *Treibhaus* recht ähnlich sind, im Widerspruch zur Architekturfotografie, die den neuartigen Baustil des Parlaments hervorhob. Zwar gibt es keinen Hinweis für die Annahme, dass Wolfgang Koeppen diesen englischen Illustriertentext aus dem Januar 1950 gekannt hätte, als er seinen Roman schrieb. Dennoch zeigt das Beispiel der *Picture Post* – wie unter einem Vergrößerungsglas – die Themen, um die es in diesem zweiten Kapitel geht: Es interessiert sich dafür, wie mehrdeutig oder vielschichtig Metaphern wirken können, gerade dann, wenn sie aus unterschiedlichen kulturhistorischen Kontexten beziehungsweise ästhetischen Deutungstraditionen stammen. Konkret handeln die folgenden Abschnitte von der Architektur des Bonner Parlaments, ihrer Symbolik und ihrer politischen Bedeutung. Analysiert wird, wie das von dem Architekten Hans Schwippert entworfene Bundeshaus die Formen aus dem ›Neuen Bauen‹, insbesondere die Glasarchitektur und ihre Transparenz-Metaphorik, in die Parlamentsarchitektur übertragen und damit für die frühe Bundesrepublik anschlussfähig gemacht hat – mit Folgen, die bis in die Gegenwart reichen.[14] Die Geschichte der Parlamentsarchitektur steht dabei immer auch für eine Geschichte des Parlamentarismus selbst.[15] An der Art und Weise, wie das Parlament untergebracht wurde, welche Symbole ihm zugedacht waren und in welcher Wechselwirkung die Öf-

---

[12] So erklärt der Hohelama den Zweck seines Klosters: »Hier wollen wir bleiben, mit unsern Büchern und unsern Musiknoten und unsern Meditationen, um die gebrechlichen Verfeinerungen eines sterbenden Zeitalters zu bewahren und jene Weisheit zu suchen, die einst den Menschen nottun wird, wenn alle ihre Leidenschaften aufgebraucht sind.« J. Hilton, Irgendwo in Tibet, 1959 [1933], S. 201.

[13] Ernst Mayer (DVP) an Adenauer, Brief vom 16. Dezember 1950; Stiftung Bundeskanzler-Adenauer-Haus, Rhöndorf (StBKAH 12.32). – Den Fund verdanke ich Holger Löttel.

[14] H. Wefing, Parlamentsarchitektur, 1995, S. 115.

[15] J. Hort, Parlamentsarchitektur im 19. Jahrhundert, 2007, S. 75 f. – Vgl. S. Körner, Transparenz, 2003, S. 12.

fentlichkeit auf das Gebäude reagierte, lässt sich die Stellung der Institution ablesen. Es zeigt sich, welche Erwartungen, Konflikte oder Hoffnungen mit dem Parlament verbunden wurden.

Um die Wahrnehmung der parlamentarischen Demokratie in der frühen Bundesrepublik geht es dann auch, wenn die zeitgenössische Rezeption der Bonner Parlamentsarchitektur in Zeitungen, Zeitschriften und der westdeutschen Öffentlichkeit untersucht wird. Die Presse machte aus dem Bonner Plenarsaal mit seinen gläsernen Wänden zuerst ein ›Glashaus‹, dann einen ›Glaspalast‹ und schließlich ein ›Treibhaus‹. In diesem Kontext projizierte Koeppens Roman die Schatten einer düsteren Halbwelt auf die hellen, gläsernen Oberflächen der modernen Parlamentsarchitektur (die er wiederum stellvertretend sah für die glatten Oberflächen der Nachkriegszeit und des ›Wirtschaftswunders‹). In der literarischen Tradition melancholischer Nachtgedanken und antibourgeoiser Metaphern lenkte das *Treibhaus* den Blick auf Empfindungen der Einsamkeit, Isolation und Entfremdung. Um diese negativen Gefühle auszudrücken, provozierte der Roman mit Mordphantasien sowie Szenen aus tabuisierten Bereichen der Gesellschaft, mit Beschreibungen von Prostitution und Pädophilie – und das ausgerechnet, indem er sich in die Gedankenwelt eines fiktiven Oppositionsabgeordneten einfühlte. Damit wiederum verknüpfte der Parlamentsroman der frühen Bonner Republik literarische Motive aus dem 19. Jahrhundert, wie sie in ihrer drastischen Qualität seit Baudelaire und Dostojewskij weitverbreitet waren, mit einer in den Fünfzigerjahren tagesaktuellen kulturpolitischen Auseinandersetzung: Das *Treibhaus* war ein poetischer Protest gegen die ›Wiederbewaffnung‹ und die Architektur des ›Wiederaufbaus‹ – aber zugleich eine Intervention gegen ein ›Schmutz und Schund‹-Gesetz, um das zu Beginn der Fünfzigerjahre ein kleiner Kulturkampf tobte. Dieses – kulturhistorisch argumentierende – Kapitel beleuchtet die Hintergründe und symbolischen Implikationen der Treibhaus-Metapher, die Koeppens Roman (in Distanzierung von der Parlamentsarchitektur) den Namen gab.

2. Das Bundeshaus in Bonn: Entstehungskontext und Bildsprache

2.1 Der Umbau der Pädagogischen Akademie und das Erbe der Weimarer Reformarchitektur

Am 1. September 1948 trafen sich die 66 Männer und vier Frauen, die man heute die Väter und Mütter des Grundgesetzes nennt, in einem Bonner Museum.[16] Spä-

---

[16] Der Parlamentarische Rat hatte 65 Mitglieder, hinzu kamen fünf Delegierte aus Berlin (West), die kein Stimmrecht hatten. Während der Beratungen legten sechs Mitglieder ihr Mandat nieder,

ter berichtete einer von ihnen, der SPD-Politiker Carlo Schmid, selten zuvor habe der Beginn eines historischen Kapitels »in so skurriler Umgebung« stattgefunden. Im Lichthof des zoologischen Museum Koenig[17], erinnerte sich Schmid, »standen wir unter Länderfahnen – rings umgeben von ausgestopftem Getier aus aller Welt. Unter den Bären, Schimpansen, Gorillas und anderen Exemplaren exotischer Tierwelt kamen wir uns ein wenig verloren vor.«[18] Allerdings ist auf den Fotos, die von dem Festakt überliefert sind, von ausgestopften Tieren nicht viel zu sehen. Die Präparate waren beiseite geräumt oder wenigstens zugedeckt worden.[19] Schmids Memoiren haben also literarisch etwas übertrieben, und die Szene gehört zu den Bonner Legenden, mit denen später der improvisierte Charakter der Nachkriegszeit veranschaulicht wurde.[20]

Doch das Treffen im Naturkundemuseum war lediglich der Auftakt. Als eigentlichen Versammlungsort für den Parlamentarischen Rat, der in einem Dreivierteljahr die Verfassung der Bundesrepublik ausgearbeitet hat[21], hatte die nordrhein-westfälische Landesregierung die Pädagogische Akademie in Bonn vorgesehen.[22] Für die Beratungen in Plenum, Ausschüssen und Fraktionen eignete sich das Akademiegebäude viel besser als das Museum, auch wegen der Tierpräparate. Die Akademie lag einen knappen Kilometer entfernt am Rheinufer, in ruhiger Umgebung zwischen Pappeln und Gärten, und sie war etwa genauso alt wie das 1934 eröffnete Museum Koenig. Deutlich verschieden war indes die Optik: Das neobarocke Museum aus rotem Sandstein war in wilhelminischer Zeit begonnen worden, die ersten Entwürfe für das Akademiegebäude stammten hingegen von 1928.[23]

Die Pädagogische Akademie war ein langgestreckter, weiß verputzter Gebäudekomplex, der aus scharfkantig geschnittenen Blöcken bestand. An der Fassade befanden sich weder Säulen noch schmückende Ornamente; stattdessen gab es viele Fenster. In der späten Weimarer Republik war die Akademie im reinsten Bauhausstil gebaut worden – und zwar nicht nur der Faustregel nach, der zu-

eines starb. Insgesamt gab es 73 Väter und vier Mütter des Grundgesetzes. M. Feldkamp, Der Parlamentarische Rat, 1998, S. 35–43 und 185–198.
[17] A. Denk/I. Flagge, Architekturführer, 1997, S. 82; M. Hannemann/D. Preissler, Bonn, 2014, S. 70–73.
[18] C. Schmid, Erinnerungen, 1979, S. 357.
[19] Artikel »Zur Geschäftsordnung«; Der Spiegel vom 4. September 1948, Nr. 36/1948, S. 3 f. – M. Feldkamp, Der Parlamentarische Rat, 1998, S. 44.
[20] Beispielsweise: O. Schumacher-Hellmold, Wenn es die Päda, 1989, S. 29 f.; G. Müller-List, Bonn als Bundeshauptstadt, 1989, S. 643.
[21] E. Lange, Würde des Menschen, 1993; M. Feldkamp, Der Parlamentarische Rat, 1998; K. Niclauss, Weg zum Grundgesetz, 1998.
[22] R. Pommerin, Von Berlin nach Bonn, 1989, S. 75; M. Feldkamp, Der Parlamentarische Rat, 1998, S. 33; H. Vogt, Der Parlamentarische Rat, 2009, S. 42 f.
[23] Zur Akademie Bonn: G. Knopp, Bundeshaus, 1984; A. Schumacher, Gebäude, 1984; J. Berger, Pädagogische Akademie, 1999, S. 293–316.

folge als Bauhaus durchgeht, »was glatte Fassaden und ein Flachdach hat«[24]. Tatsächlich war die Bonner Akademie eines der wenigen Beispiele des ›Neuen Bauens‹ in diesem Teil des Rheinlands.[25] Die Ähnlichkeit zum Schulgebäude des Staatlichen Bauhauses in Dessau – 1925/26 vom Architekten Walter Gropius als Manifest für Funktionalität und Transparenz konzipiert, mit weißen kubischen Gebäudetrakten und vielen Fenstern der Inbegriff des ›Neuen Bauens‹[26] – war nicht zu übersehen.

Die Bonner Akademie lag am südlichen Stadtrand auf dem Weg ins seinerzeit selbständige Bad Godesberg. Ein paar Wohnhäuser standen hier, Villen und ein Wasserwerk. Der Ortsteil Gronau, wörtlich: grüne Aue, bot eine Mischung aus Vorort, Landwirtschaft und Naherholungsgebiet. Dazu gehörten Schrebergärten, eine Rollschuhbahn und ein Ruderclub. Da die wenigen Villen großzügig von Parks umgeben waren, musste sich die Architektur der Akademie nicht weiter an die bauliche Umgebung anpassen, die in Bonn eher von der Gründer- und Kaiserzeit sowie von preußischen Kasernen geprägt war.[27] Was bei der Gestaltung der Akademie allein zählte, waren der funktionale Zweck der Gebäude – und ihre Beziehung zur Flusslandschaft. Das fünfgeschossige Hauptgebäude verlief parallel zum Rhein. Daran schloss sich in Richtung Norden eine Aula an; am südlichen Ende befand sich eine Turnhalle. Im Innern des Gebäudes gab es zwei Hörsäle, eine Mensa und eine Bibliothek, zudem Räume für Konferenzen, Gruppenarbeit und Musik; das alles war später für die parlamentarische Arbeit sehr praktisch.[28] Zwischen Juli 1930 und Mai 1932 war die Pädagogische Akademie auf dem Gelände eines Sägewerks errichtet worden. Zwei Regierungsbaumeister vom Preußischen Hochbauamt, Martin Witte und Otto Hodler[29], zeichneten als Architekten. Die Straße wurde eigens angelegt und nach Joseph Görres benannt, dem berühmten Publizisten. Dieses Gebäude diente nach 1948 zunächst dem Parlamentarischen Rat, dann wurde es der Ausgangspunkt für das neue westdeutsche Parlament.

Die Geschichte der Pädagogischen Akademie ist deshalb so wichtig, weil das Akademiegebäude vollständig im Bonner Parlamentsbau aufgegangen ist. Auf den Plänen, die unter Leitung des Architekten Hans Schwippert gezeichnet wurden, war immer von einem »Umbau« oder einer »Erweiterung« der Akademie die Rede. Auch die beteiligten Politiker und Baubeamten verwendeten kon-

---

[24] W. Pehnt, Deutsche Architektur, 2005, S. 120. – Vgl. R. Bittner (Hg.), Bauhausstil, 2003.

[25] G. Knopp, Bundeshaus, 1984, S. 251.

[26] A. Schumacher, Gebäude, 1984, S. 278 f. und 283; W. Pehnt, Deutsche Architektur, 2005, S. 125 f.; C. Freigang, Moderne, 2013, S. 237–241.

[27] A. Schumacher, Gebäude, 1984, S. 282.

[28] Zu den baugeschichtlichen Details: J. Berger, Pädagogische Akademie, 1999, S. 293–316. – Aus den städtischen Akten: G. Knopp, Bundeshaus, 1984, S. 252–257.

[29] Biographische Angaben bei: J. Berger, Pädagogische Akademie, 1999, S. 491 und 511.

sequent dieselben Worte. Damit wollten sie die Bescheidenheit des Vorhabens hervorheben, aber auch darauf hinweisen, dass sie gut in einem knappen Zeitplan lagen. Die Umbau-Begrifflichkeit gehörte zum Programm des zur Schau gestellten Pragmatismus (womit nicht gesagt sein soll, dass die Erweiterung nicht tatsächlich pragmatisch war). Bei der Inbesitznahme der Akademie handelte es sich jedoch zugleich um die bewusste Entscheidung für eine bestimmte Tradition. Am Ende der Bauarbeiten konnte niemand mehr unterscheiden, ob nun die Pädagogische Akademie das Parlament in sich aufgenommen hatte oder ob sich umgekehrt der Bundestag mit dem ideellen Erbe der Reformarchitektur der Zwanzigerjahre identifiziert hatte.

Abb. 12: Bauhaus im Rheinland: die Pädagogische Akademie in Bonn; darauf weht die Landesflagge von Nordrhein-Westfalen – im September 1948 fotografiert von Erna Wagner-Hehmke. © Bestand Erna Wagner-Hehmke, Haus der Geschichte, Bonn.

Der Prozess der Aneignung erfolgte *erstens* praktisch-pragmatisch, indem das Akademiegebäude, das relativ heil durch den Krieg gekommen war, übergangsweise genutzt und dann schrittweise umgebaut wurde – eben weil es sich für seine aktuelle Bestimmung bewährt hatte. So prosaisch kann man erklären, warum die Wahl auf das Akademiegebäude fiel. Nachdem es sich für die Arbeit des siebzig Mitglieder zählenden Parlamentarischen Rates »als geeignet erwiesen« hatte – so sagte mehrfach der Architekt Schwippert –, war es eine naheliegende

Lösung, für das neu zu schaffende Bundesparlament das Akademiegebäude »mit heutigen Mitteln fortzusetzen in einer Form, die der neuen, größeren Aufgabe nach Zweck und Sinn gemäß ist«.[30] Die Entscheidung, das Akademiegebäude zum Bundeshaus zu erweitern, war jedoch mehr als der normativen Macht des Provisorischen geschuldet. Der Traditionsbezug meinte *zweitens* – bei einigen Beteiligten explizit, bei anderen eher unbewusst – auch die Atmosphäre und die Formensprache der Akademie. Was der Architekt Schwippert im Sinn hatte, als er sich mit der Bauaufgabe eines westdeutschen Parlamentsgebäudes für die Nachkriegszeit befasste, waren Licht, Helligkeit und klare Linien. Für dieses Programm von Transparenz, Bescheidenheit und ›moderner‹ Architektur, das in seinen Einzelheiten noch erläutert wird und das eine Biographin als »Erneuerung aus dem Ursprung« gedeutet hat[31], hätte Schwippert in Bonn keine besseren Voraussetzungen finden können als das Akademiegebäude am Rheinufer.

Ursprünglich war die Pädagogische Akademie eine Bildungsstätte für angehende Volksschullehrer, die hier vier Semester lang ausgebildet wurden in den Grundlagen der Pädagogik sowie verschiedenen Fächern von Deutsch und Mathematik über Religion, Geschichte und Staatsbürgerkunde bis zu Kunst, Musik und Sport.[32] Nach dem Ersten Weltkrieg hatten Bildungsreformer, namentlich der preußische Kultusminister Carl Heinrich Becker, die Lehrerausbildung zur Großbaustelle erklärt, schulpolitisch, aber auch architektonisch.[33] Ziel dieser Reformbestrebungen war es, die Lehrerausbildung zu professionalisieren, sie akademischer und demokratischer zu gestalten.[34] Es ging um eine Aufwertung des Volksschullehrerberufs durch eine universitätsähnliche Ausbildung, um die Modernisierung der Schule – und vermittelt über die Schule um eine Modernisierung der Gesellschaft. In diesem Sinne ersetzte der preußische Staat die herkömmlichen Lehrerseminare durch Pädagogische Akademien. Seit 1926 richtete

---

[30] Artikel von Schwippert, »Das Bonner Bundeshaus«; Neue Bauwelt, 6. Jg. (1951), 17, S. 65–72, hier S. 65.

[31] C. Werhahn, Schwippert, 1987, S. 192.

[32] Informationen über Lehrkörper, Unterrichtspläne und Programmatik finden sich in: Mitteilungen der Pädagogischen Akademien, 1926–1928; Aufbau und Arbeitsweise, 1929. – Die Notwendigkeit des Geschichtsunterrichts für die Volksschule erläuterte Ermentrude von Ranke, Professorin an der Pädagogischen Akademie in Kiel, Enkelin des Historikers Leopold von Ranke und die erste Frau, die sich an einer deutschen Universität (Köln) in Geschichte habilitiert hat: E. v. Ranke, Erziehungswert, 1926; S. Paletschek, Ermentrude, 1926, S. 176–180.

[33] Über den parteilosen Bildungspolitiker Carl Heinrich Becker (1876–1933), bis 1914 Professor für Orientalistik an der Universität Bonn, einen liberal-bürgerlichen Vernunftrepublikaner, der typische Vorbehalte gegenüber dem Parlamentarismus und den Parteien hatte: G. Müller, Weltpolitische Bildung, 1991; B. Bonniot, Homme de culture, 2012. – Zum Parlamentarismus in Preußen: H. Möller, Parlamentarismus in Preußen, 1985.

[34] Neuordnung der Volksschullehrerbildung, 1925. – Natürlich war die Schulreform ein Kompromiss; die Volksschullehrerausbildung blieb außeruniversitär: R. Weber, Neuordnung, 1982, S. 230–235 und 292–307.

das Staatsministerium für Wissenschaft, Kunst und Volksbildung fünfzehn Akademien ein[35], an Standorten zwischen Elbing in Ostpreußen, Kiel im Norden und Bonn in der Rheinprovinz. Die Bonner Akademie war dabei für männliche katholische Schulamtskandidaten vorgesehen, insbesondere aus den Regierungsbezirken Trier, Koblenz, Aachen, Köln und Düsseldorf. Zwischen 1926 und 1933 haben in ganz Preußen etwa 3500 Volksschullehrer ihre Ausbildung durchlaufen.[36]

Für jede dieser Akademien sollte ein neues Gebäude errichtet werden, nach einem einheitlichen Grundmuster und mit einem gemeinsamen Erscheinungsbild. Insofern waren die Pädagogischen Akademien in architektonischer Hinsicht – genauso wie der soziale Wohnungsbau – eine »Bauaufgabe der Weimarer Republik«[37], mit der sich viele Bauämter, Kommunalpolitiker und Architekten beschäftigt haben. Eine Dauerbaustelle der Weimarer Republik waren die Akademien aber auch, weil die Knappheit der öffentlichen Haushalte, die sich Ende der Zwanzigerjahre nochmals zuspitzte, die Umsetzung vieler Pläne verhinderte. Insbesondere nach der Weltwirtschaftskrise führte die öffentliche Finanznot dazu, dass mehrere Akademien ihren Lehrbetrieb einstellten[38], geplante Bauvorhaben liegen blieben oder sich die Fertigstellung der Gebäude verzögerte; letzteres war auch in Bonn der Fall.

Zuvor sollte das Modernisierungsprogramm sowohl mit einer fortschrittlichen Architektur als auch durch ein bildungsreformerisches Konzept verwirklicht werden. In diesem Sinne hatte Kultusminister Becker Mitte der Zwanzigerjahre den Neuansatz der Lehrerausbildung skizziert. Die ersten drei Akademien in Bonn, Elbing und Kiel seien »Versuchsanstalten«, um die neuen Lehrmethoden auszuprobieren.[39] Den Beruf des Volksschullehrers adelte Becker dabei als »eine den ganzen geistigen Menschen erfüllende Lebensaufgabe im Dienst an unserer Jugend und an der Zukunft unseres Vaterlandes« – eine Aufgabe, für die man eine »volkspädagogische Einstellung im höchsten Sinn des Wortes« brauche.[40] Architektonisch wurden die Akademien betont schlicht geplant. Sie sollten weder herrschaftlich ausfallen (wie etwa das Museum Koenig) noch militärisch (wie die Kasernen in der Stadt). In einer bewussten Abkehr von der Architektur des Wilhelminismus, der für Bonns Kleinstadtbild durchaus typisch war, entschieden sich die Behörden für den Stil des ›Neuen Bauens‹, für Hörsäle, Sporthallen und Musikräume in funktional-kubischer Form, mit hell ver-

35 Bekanntmachungen vom 20. Juli 1925 bzw. 14. Januar 1926 in: MITTEILUNGEN DER PÄDAGOGISCHEN AKADEMIEN I, 1926, S. 7.
36 R. WEBER, Neuordnung, 1984, S. 144 f.
37 So lautet der Untertitel einer kunsthistorischen Studie: J. BERGER, Pädagogische Akademie, 1999.
38 Eine Übersicht bei: R. WEBER, Neuordnung, 1984, S. 143.
39 C. H. BECKER, Pädagogische Akademie, 1926, S. 8.
40 C. H. BECKER, Pädagogische Akademie, 1926, S. 33.

putzten Fassaden, locker gegliedert und eingebettet in ruhige Parkanlagen.[41] Das
›Neue Bauen‹ sollte den Geist der demokratischen Republik repräsentieren –
und wurde so nach 1945 zur Keimzelle des bundesrepublikanischen Parlamentarismus.

Das Akademiegebäude war, als hier nach dem Zweiten Weltkrieg über das
Grundgesetz beraten wurde, von der NS-Architektur völlig unbelastet. Zwar
war der Lehrbetrieb erst nach dem Untergang der Weimarer Republik aufgenommen worden.[42] Streng genommen hat damit der NS-Staat das Bonner Akademiegebäude fertiggestellt, nun unter neuem Namen als ›Hochschule für Lehrerbildung‹. Allerdings machte das ›Dritte Reich‹ aus seiner Verachtung des
›Neue Bauens‹ kein Geheimnis. Bei der Einweihungszeremonie im Oktober
1933 meinte der Bonner Oberbürgermeister gänzlich unfeierlich, »daß wir mit
der äußeren Form des Gebäudes als Nationalsozialisten nicht einverstanden«
sein könnten und dass die Architektur »nicht in den neuen Geist hineinpaßt«.[43]
Dessen ungeachtet wurde die Akademie bis zur Schließung im November 1939
für die Lehrerausbildung genutzt; mit Kriegsbeginn wurden die Studenten als
Soldaten eingezogen. Anschließend diente das Gebäude als Lazarett der Wehrmacht, 1945 kurz auch als College der britischen Truppen.[44] Im Frühjahr 1946
wurde die Pädagogische Akademie wieder eröffnet – bis zwei Jahre später der
Parlamentarische Rat einzog.

Nachdem sich die westdeutschen Ministerpräsidenten Mitte August 1948 für
Bonn als Tagungsort entschieden hatten, richteten Glaser, Maler und Schreiner
die Pädagogische Akademie binnen zwei Wochen in Tag- und Nachtarbeit her.
Das Gebäude bekam neue Stühle und Tische sowie einen frischen Anstrich; eingerichtet wurden Telefonzellen und ein behelfsmäßiges Radiozimmer für den
Rundfunk.[45] Am Akademiegebäude ausgebessert wurde insbesondere das Fens-
terglas, denn in der unmittelbaren Nachkriegszeit waren einige Scheiben nur
notdürftig mit Brettern vernagelt worden.

Im gesamten Akademiegebäude, vor allem in der Aula, dominierte Glas den
optischen Eindruck. Die nach Süden gerichtete Seite der Aula bestand fast vom
Boden bis zur Decke aus Fenstern, dadurch wirkte der Innenraum sehr hell. Die
große Fensterwand weitete den Blick nach draußen: über den Sportplatz in den
Garten, hinaus auf den Rhein und das Siebengebirge. Bisher hatte der Kubus,

---

[41] Zum Gesamtkonzept des Bauprogramms: J. Berger, Pädagogische Akademie, 1999, S. 263 f.
[42] J. Berger, Pädagogische Akademie, 1999, S. 293 f.
[43] Zitiert nach: G. Knopp, Bundeshaus, 1984, S. 255.
[44] J. Berger, Pädagogische Akademie, 1999, S. 311.
[45] D. Höroldt, Bundeshauptstadt Bonn, 1974, S. 26 f.; R. Pommerin, Von Berlin nach Bonn,
1989, S. 75 f. und 81–83; G. Knopp, Bundeshaus, 1984, S. 264 f. – Als Erlebnisbericht des
NWDR-Reporters, der zugleich in der Bonner Kommunalpolitik engagiert war: O. Schumacher-
Hellmold, Entscheidung des Herzens, 1974, S. 25–29.

in dem bis zu 500 Personen Platz fanden, als Festsaal gedient, auch als Raum für
das Gemeinschaftsleben der Studenten. In dieser Aula tagten im Jahr 1948/49
das Plenum und der Hauptausschuss des Parlamentarischen Rates.

Abb. 13: Die Aula der Pädagogischen Akademie, in der 1948/49
der Parlamentarische Rat tagte – bei der konstituierenden Sitzung
am 1. September 1948 fotografiert von Erna Wagner-Hehmke.
© Bestand Erna Wagner-Hehmke, Haus der Geschichte, Bonn.

Wegen der großen Fenster herrschte bei den Grundgesetz-Beratungen »ein
Äußerstes an Licht, Klarheit und Zweckmäßigkeit«. Mit diesen Worten lobte
der sonst so kritische *Spiegel* die »vornehme und freizügige Atmosphäre des
Hauses«.[46] Auch die *Zeit* bemerkte »die Sachlichkeit des Gebäudes«, allerdings
verleihe sie »der parlamentarischen Atmosphäre etwas Kühles«. Überhaupt vermisste der Reporter »etwas von jenem Plüsch«, den es im Berliner Reichstag gegeben hatte.[47] Dem *Spiegel* hingegen gefiel die leichte Glasarchitektur der Akademie. Außerhalb der Aula, in der »großen hellen Vorhalle«, die vormals als
Turnhalle genutzt worden war, und in den Seminarräumen trafen sich Abgeordnete, Journalisten und Besucher des Parlamentarischen Rates zum Gespräch;

---

46   Artikel »Zur Geschäftsordnung«; DER SPIEGEL vom 4. September 1948, Nr. 36/1948, S. 3 f.
47   Artikel »Bonn: Parlamentarier in guter Stimmung«; DIE ZEIT vom 27. Januar 1949.

es tagte laut *Spiegel* ein »Stehkonvent in Permanenz«. In den Fluren hatte man »Schaufenster eingebaut[...], darinnen die Bonner Buchhandlungen und Kunst-gewerbeläden« ausstellten. Das Restaurant bestand »aus einem langgestreckten Raum mit einer Fensterwand zum Rhein und einem sich anschließenden mit-telgroßen, ganz verglasten Rondell.«[48]

Auch der Architekt Schwippert, der aus der Pädagogischen Akademie ein Par-lament machen sollte, lobte stets ihre bauliche Gestaltung. Das war mehr als nur die höfliche Verneigung vor einem Gebäude, das zu erweitern (nicht abzu-reißen) ihm aufgetragen worden war. Der Professor an der Technischen Hoch-schule in Aachen sowie an der Kunstakademie in Düsseldorf erkannte die For-mensprache im Geiste der Bauhaus-›Moderne‹ der Zwanzigerjahre – und er rühmte »ein Bauwerk von hohen gestalterischen Graden«, das ein »weithin be-kanntgewordenes Zeugnis mutigen Willens zu neuem Bauen« geworden sei. Mit Sicherheit wusste Schwippert, Sohn eines Volksschullehrers und Berufsschulrek-tors, auch um die humanistisch-bildungsreformerische Tradition der Akademie, als er meinte:

> Der Bau hatte sich für die Arbeit des Parlamentarischen Rates als geeignet erwiesen. Seine helle Haltung, zur Landschaft hin geöffnet, war angenehm empfunden wor-den. Es galt, sie mit heutigen Mitteln fortzusetzen in einer Form, die der neuen Auf-gabe nach Sinn und Zweck gemäß ist.[49]

2.2 Plädoyer für Bonn: Die Leistungen der Landesregierung von Nordrhein-Westfalen

Wie kam es zur Erweiterung der Pädagogischen Akademie zum Bundeshaus? Seit Sommer 1948 bemühte sich die Landesregierung von Nordrhein-Westfalen, den Verfassungskonvent ins Land zu holen, am besten anschließend auch gleich das Parlament und die übrigen Bundesorgane. In diesem Bestreben war sich die in Düsseldorf regierende große Koalition aus CDU, SPD und Zentrumspar-tei einig mit der britischen Militärregierung. In London hatte das *Foreign Office* bereits Anfang 1946 in einer internen Aufzeichnung die Option notiert: »what about Bonn?«[50] Als im nordrhein-westfälischen Kabinett die Frage aufkam, wel-che Stadt für die Verfassungsberatungen geeignet sei[51], brachte der Chef der Landeskanzlei, Hermann Wandersleb, Bonn ins Spiel. Mit der Akademie stehe

---

[48] Artikel »Sichtlich gealtert«; DER SPIEGEL vom 18. Dezember 1948, Nr. 51/1948, S. 5 f.
[49] Artikel »Das Bonner Bundeshaus«; NEUE BAUWELT, 6. Jg. (1951), 17, S. 65–72, hier S. 65.
[50] R. POMMERIN, Von Berlin nach Bonn, 1989, S. 35. – Vgl. R. MORSEY, Nordrhein-Westfalen, 1997 [1981], S. 500 f.; A. BIRKE, Großbritannien, 1994.
[51] 101. Kabinettssitzung am 5. Juli 1948, in: KABINETTSPROTOKOLLE NRW 1946–50, 1992, Dok. 233, S. 541.

ein »gut geeigneter Versammlungsraum« zur Verfügung.[52] Beim Beethovenfest im Frühjahr 1947 hätten die Besucher die Aula sehr geschätzt, außerdem habe die Stadt Bonn im Herbst 1947 kräftig mitgezogen, den ersten Verwaltungslehrgang für angehende Landesbeamte durchzuführen.[53] Auch in Bezug auf den Parlamentarischen Rat würden die Verwaltung und der Stadtrat, so Wandersleb, sicher alle Bemühungen des Landes unterstützen.[54]

Das Ziel war definiert, ein Ort gefunden. Doch selbst wenn Politik so viel mit Strategie zu tun haben sollte wie Architektur mit Planung – bei der politischen Baugeschichte, die schließlich zum Bundeshaus führte, war eine Menge Improvisation im Spiel. Denn als im September 1948 der Parlamentarische Rat nach Bonn kam, war noch lange nicht entschieden, dass später das künftige Bundesparlament hier tagen sollte. Sogar als der Parlamentarische Rat im Mai 1949 Bonn zum Bundessitz wählte, war dieser Beschluss nur vorläufig. Das letzte Wort sollte der Bundestag haben, dessen Abgeordnete wiederum in der ersten Wahlperiode nicht im luftleeren Raum abstimmten. Vielmehr waren sie im Herbst 1949 von einer Entwicklung beeinflusst, in die Parteien, Landesregierungen und Stadtverwaltungen involviert waren, nicht zuletzt die Besatzungsmächte. Der ›Hauptstadtstreit‹, wie er in der Presse genannt wurde und der sich zu einem Zweikampf zwischen Bonn und Frankfurt am Main auswuchs, war in einem hohen Maße politisiert. Daher war der Aufstieg Bonns zur Bundeshauptstadt ein Entscheidungs*prozess*, der sich über Monate hinzog und an dem sich die *politics*-Aspekte der Politik studieren lassen. Der Weg ins Provisorium erfolgte in Etappen, fast tastend.

Dabei waren die Schwierigkeiten, das politische Zentrum der Bundesrepublik zu verorten, zunächst nicht allein der Strahlkraft Berlins geschuldet. Dass Berlin, inzwischen Frontstadt des ›Kalten Krieges‹, auf (un)absehbare Zeit nicht als Parlamentssitz dienen könnte, war 1948/49 angesichts der sowjetischen Blockade und der ›Rosinenbomber‹ offensichtlich.[55] Zudem repräsentierte der Gedächtnisort – Berlin, wie man es von früher kannte – Preußen und den Protestantismus; es war Industrie- und Großstadt, eine moderne Metropole, in der Kultur und Amüsement zu Hause waren.[56] Bis zuletzt war Berlin zudem die Machtzentrale des ›Dritten Reiches‹ gewesen. Kurzum: In der frühen Nachkriegszeit gab es, jedenfalls vom deutschen Westen und Süden aus gesehen, eine Vielzahl von

---

[52] H. WANDERSLEB, Berufung Bonns, 1969, S. 1. – Vgl. DERS., Bestimmung, 1950. – Als Augenzeugenbericht aus Sicht des Stadtparlaments: O. SCHUMACHER-HELLMOLD, Entscheidung des Herzens, 1974, S. 19–24.
[53] Einige Vorlesungen des ersten Verwaltungslehrgangs wurden von Wandersleb publiziert: H. WANDERSLEB (Hg.), Recht – Staat – Wirtschaft, 1949.
[54] O. SCHUMACHER-HELLMOLD, Entscheidung des Herzens, 1974, insbesondere S. 19–24 und 55.
[55] H. TROTNOW/B. V. KOSTKA (Hg.), Berliner Luftbrücke, 2010.
[56] D. MORAT u.a. (Hg.), Weltstadtvergnügen, 2016.

politischen, landsmannschaftlichen, konfessionellen und soziokulturellen Motiven, die eher gegen Berlin sprachen.[57] Uneingeschränkt für die alte Hauptstadt plädierte eigentlich nur die KPD. In den übrigen Parteien führten demgegenüber Politiker das Wort, die einen mehr oder weniger stark ausgeprägten »Anti-Berlin-Affekt« zeigten.[58] Föderalismus schien das Gebot der Stunde, Zentralismus war ein Schreckgespenst. Das änderte sich erst nach 1949.[59]

Gleichwohl hatte der ›Hauptstadtstreit‹ viel mit Berlin zu tun. Die Entscheidung für Bonn war die Wahl einer »Ersatzhauptstadt«[60], einer Übergangslösung für den westdeutschen Teil- beziehungsweise Kernstaat – ganz so, wie der Berliner Bürgermeister Ernst Reuter argumentiert hatte, demzufolge die Gründung der Bundesrepublik gerade für die Stabilisierung Berlins die vernünftigste Lösung war.[61] Angesichts der ›nationalen Frage‹ versuchten die gleichen westdeutschen Politiker, die sich zögerlich auf den Weg nach Bonn machten, jede Festlegung zu vermeiden, die eine mögliche Wiedervereinigung in Zweifel ziehen könnte. An Berlin als Hauptstadt festzuhalten hieß, die Idee eines ungeteilten Nationalstaats weiterzuverfolgen. In der Scheu vor definitiven Lösungen versprach die rheinische Provinzstadt das Provisorium weit glaubwürdiger zu repräsentieren als Frankfurt.[62] Frankfurt war nicht nur der im Vergleich deutlich urbanere Ort; es konnte auch auf die Tradition als freie Reichsstadt verweisen, auf die römisch-deutschen Könige, die hier gewählt und gekrönt wurden, sowie auf die Nationalversammlung von 1848/49 in der Paulskirche. Seit Juni 1947 tagte am Main mit dem Wirtschaftsrat zudem das Protoparlament der amerikanisch-britischen Bizone. Frankfurt wäre aller Wahrscheinlichkeit nach eine echte Alternative zu Berlin gewesen, kein Ersatz für die Dauer eines Provisoriums.

Der ›Hauptstadtstreit‹ ist mehrfach beschrieben worden und soll hier nicht weiter erörtert werden.[63] Entscheidend ist, dass die politisch-öffentliche Ausei-

---

[57] O. Dann, Hauptstadtfrage, 1983, S. 36 f. und 55.

[58] H.-P. Schwarz, Vom Reich zur Bundesrepublik, 1966, S. 470.

[59] M. C. Bienert, »Berlin ist die Sache aller Deutschen«, 2012.

[60] Die Kategorie stammt aus der Nationalstaatsforschung: T. Schieder, Hauptstadtforschung, 1983, S. 2.

[61] Ernst Reuter erklärte am 21. Juli 1948 bei einer Konferenz der Ministerpräsidenten auf dem Jagdschloss Niederwald: »Wir sind der Meinung, daß die politische und ökonomische Konsolidierung des Westens eine elementare Voraussetzung für die Gesundung auch unserer Verhältnisse und für die Rückkehr des Ostens zum gemeinsamen Mutterland ist.« Der Parlamentarische Rat, Bd. 1, Dok. 11, S. 192. – Den Kernstaats-Gedanken äußerten viele westdeutsche Politiker, allen voran Adenauer in seiner ersten Regierungserklärung: BT StenBer., 1. WP, 5. Sitzung vom 20. September 1949, S. 22.

[62] Das »Prädikat ›provisorisch‹«, meinte der Bonner FAZ-Korrespondent Alfred Rapp rückblickend, »klang eben vor Bonn klarer […] als vor dem Namen Frankfurt«: A. Rapp, Bonn auf der Waage, 1959, S. 16.

[63] Vor allem: R. Pommerin, Von Berlin nach Bonn, 1989. – Außerdem: D. Höroldt, Bundeshauptstadt Bonn, 1974, S. 22–74; G. Müller-List, Bonn als Bundeshauptstadt, 1989, S 646–663;

nandersetzung über Bonn, Frankfurt und die Mitbewerber[64] den Hintergrund bildet für die Entscheidungen, die zum Bau des Bundeshauses führten. Der Ehrgeiz, die Bundesorgane nach Bonn zu holen, erklärt die Motive der beteiligten Akteure, insbesondere der nordrhein-westfälischen Landesregierung. Der Zeit- sowie Kostendruck, der durch die mehrfach politisierte Konkurrenz (Bonn versus Frankfurt, NRW gegen Hessen, CDU kontra SPD) stark erhöht wurde, bildete den Rahmen, in dem Schwippert seine Pläne machte und die Bauarbeiten leitete. Schließlich ist die politische Auseinandersetzung über Bonn und die Kosten der westdeutschen Hauptstadt außerdem die Folie, auf der in der frühen Bundesrepublik die Parlamentsarchitektur und die ersten Sitzungen des Bundestages in der westdeutschen Öffentlichkeit rezipiert wurden.[65]

In Frankfurt war während der Weimarer Republik übrigens ebenfalls eine Pädagogische Akademie entworfen worden. Allerdings konnte das Gebäude nie wie beabsichtigt genutzt werden. Aufgrund der Etat-Notlage wurde der 1930 begonnene Bau in der Bertramstraße vor dem Abschluss stillgelegt.[66] Nach dem Krieg war auch das Frankfurter Akademiegebäude, das 1938 für die Heeresverwaltung fertiggestellt worden war, als Parlamentssitz im Gespräch. Kurioserweise konkurrierten also zwei Pädagogische Akademien der Weimarer Republik darum, zum ersten Parlamentsgebäude der Bundesrepublik erweitert zu werden. Infolge der Entscheidung für Bonn übernahm dann der *Hessische Rundfunk* das Gebäude und erweiterte es um einen Konzertsaal zum Funkhaus am Dornbusch. Bezeichnend ist, dass – wie in Bonn – auch der Frankfurter Plenarsaal, der seit Juni 1949 als Rotunde dem Gebäude angefügt wurde, auf Licht und Helligkeit hin konzipiert war.[67]

Für Bonn verfolgte die nordrhein-westfälische Regierung die Strategie, architektonische Fakten zu schaffen. Die Landesregierung drückte aufs Tempo, und sie war bereit, finanziell in Vorleistung zu treten. Mitte Oktober 1948 berichtete der CDU-Ministerpräsident Karl Arnold seinem Kabinett, aus dem Parlamentarischen Rat sei vorgeschlagen worden, dass das Bundesparlament und die Regierung doch in Bonn unterkommen könnten, solange der Zugang nach Berlin versperrt sei. Daraufhin beschloss die Landesregierung, dem rheinischen

F. Balser, Aus Trümmern, 1995, S. 119–133; M. Feldkamp, Der Parlamentarische Rat, 1998, S. 139–142. – Als Teil der Mythenproduktion: K. Dreher, Kampf um Bonn, 1979.
[64] Außerdem waren Karlsruhe, Koblenz, Celle und Stuttgart für den Parlamentarischen Rat im Gespräch; um den Bundessitz bemühten sich noch Kassel und Stuttgart.
[65] Siehe S. 220–254.
[66] Zu den Baudetails der Frankfurter Akademie: J. Berger, Pädagogische Akademie, 1999, S. 363–385.
[67] Artikel »Der Plenarsaalbau in Frankfurt«; Bauen und Wohnen 4 (1949), 10, S. 470 f.; »Das neue Heim des Hessischen Rundfunks«; Neue Zeitung vom 8. Juni 1951. – C. Werhahn, Schwippert, 1987, S. 219; A. Gehebe, Demokratischer Symbolismus, 1994; S. Körner, Transparenz, 2003, S. 17.

Plan »jede mögliche Förderung« angedeihen zu lassen, »z. B. durch Übernahme von Kosten für bestimmte Vorarbeiten«.[68] Wenige Tage später hielt Wandersleb, der Chef der Landeskanzlei, fest, dass für »das Bundesparlament mit seinen beiden Kammern« in dem Akademiegebäude »genügend Raum« vorhanden sei, wenn man einen Plenarsaal baue, zusätzliche Büroräume und ein größeres Restaurant.[69] Diesen Plan erläuterten Arnold und Wandersleb Ende Oktober dem Ältestenrat des Parlamentarischen Rates, »einschließlich der veranschlagten Kosten«[70] – und auf Grundlage der Skizzen von Hans Schwippert. Am 3. November 1948 unterbreitete Arnold das Konzept offiziell jedem Abgeordneten des Parlamentarischen Rates. Kurz zuvor hatte das Land entschieden, die Akademie vorerst auf eigene Kosten umzubauen.[71]

Der Vorschlag setzte auf Schnelligkeit und Sparsamkeit. Er versprach, eine Wiedervereinigung nicht zu behindern, und architektonisch warb er mit Helligkeit und Glas. Wenn man den Plan, mit dem das Bundeshaus gebaut wurde, auf drei Begriffe bringen möchte, ging es um Praktikabilität, ein Provisorium und bauliche Transparenz. So erklärte Arnold, dass Bonn »den vorläufigen Charakter des staatlichen Aufbaus Deutschlands ganz klar herausstellen würde«. Auch Platz sei ausreichend vorhanden, weitere Unterbringungsmöglichkeiten könnten »innerhalb kurzer Zeit mit einem überraschend niedrigen Kostenaufwand« geschaffen werden. Über das Parlamentsgebäude schrieb der Ministerpräsident:

> Das Bundesparlament mit seinen beiden Kammern kann in das bisherige Tagungsgebäude des Parlamentarischen Rates, die Pädagogische Akademie, einziehen. Dieser im Jahre 1929 fertiggestellte *moderne Bau* hat nach allgemeinem Urteil seine Eignung als Parlamentsgebäude [...] bewiesen. Wenn [...] alle weiteren im Gebäude noch vorhandenen Räume für Bürozwecke mit herangezogen werden und ein Plenarsaal sowie eine Gaststättenterrasse angebaut werden, bietet der Bau in seiner einzigartigen Lage am Rhein, seiner *lichten Bauweise* und seiner *klaren Raumgestaltung* eine ideale Arbeitsmöglichkeit für beide Kammern unter einem Dach.[72]

Anfang Dezember 1948 bewilligte der Landtag zehn Millionen DM für Bauarbeiten und Grundstückskäufe[73]; im Sommer 1949 wurden fünf Millionen nach-

---

[68]   115. Kabinettssitzung am 11. Oktober 1948, in: KABINETTSPROTOKOLLE NRW 1946–1950, 1992, S. 602.

[69]   Vermerk vom 14. Oktober 1948, in: KABINETTSPROTOKOLLE NRW 1946–1950, 1992, Dok. 273, S. 603.

[70]   DER PARLAMENTARISCHE RAT, Bd. 10, Dok. A/9, S. 18.

[71]   Arnold an die Mitglieder des Parlamentarischen Rats vom 3. November 1948, faksimiliert in: NORDRHEIN-WESTFALEN, 1989, Dok. 12.

[72]   Arnold an die Mitglieder des Parlamentarischen Rates vom 3. November 1948, in: NORDRHEIN-WESTFALEN, 1989, Dok. 12 [Hervorhebung B.W.]. – Allerdings wurde das Akademiegebäude nicht 1929 fertiggestellt.

[73]   70. Sitzung vom 7. Dezember 1948 (LD II-772), in: LT NRW, STEN.BER, 1. WP, S. 1316–1318.

geschoben.[74] Insgesamt stellte Nordrhein-Westfalen bis Ende des Jahres 1949 mehr als zwanzig Millionen DM bereit.[75] Abgewickelt wurden alle Baumaßnahmen über das »Büro Bundeshauptstadt«, eine Außenstelle der Landesregierung, die ihr Ziel, die Bundesorgane an den Rhein zu holen, schon im Namen trug und von Wandersleb persönlich geleitet wurde. Der Chef der Landeskanzlei war seit Herbst 1948 ausschließlich damit beschäftigt, die Dinge in Bonn voranzutreiben.[76] Er organisierte, was möglich war, um den Mitgliedern des Parlamentarischen Rates sowie den Journalisten behilflich zu sein, die sich als »willkommene Gäste« fühlen sollten[77] – um so Bonn bestmöglich zu präsentieren.

Wandersleb wirbelte als Bauherr und Lobbyist. Jeden Spatenstich und jedes Richtfest ließ er von der Düsseldorfer Fotografin Erna Wagner-Hehmke ins beste Licht rücken und den Fortschritt in immer neuen Denkschriften in Umlauf bringen. Die Fotoaufnahmen wurden eigens zu Erinnerungsalben zusammengestellt und seitens der Landesregierung denjenigen Politikern zum Andenken geschenkt, die im Parlamentarischen Rat oder als Ministerpräsidenten über die Hauptstadtfrage zu entscheiden hatten.[78] Auch der offizielle Name »Bundeshaus« war eine Erfindung vom »Büro Bundeshauptstadt«. Die Bezeichnung, die abermals eine rhetorische Verneigung vor dem Föderalismus zum Ausdruck brachte und betonte, dass das vom Volk gewählte Parlament sowie die Länderkammer unter einem gemeinsamen Dach beherbergt werden sollten, wurde am 11. August 1949 öffentlich gemacht, drei Tage vor der ersten Bundestagswahl.[79] Bis dahin nannte man die Umbau-Akademie meist schlicht »Parlamentsgebäude«.

Sogar geschichtspolitisch ging Wandersleb in den Wettbewerb mit Frankfurt (was die aussichtsloseste Disziplin im ›Hauptstadtstreit‹ war). Gegen den Trumpf des Paulskirchen-Parlaments versuchte Wandersleb zu beweisen, dass Bonn nicht bloß Rheinromantik zu bieten habe, »nicht nur ein Idyll darstelle, das in feudal-studentische Erinnerungen, Prinzen- und Husarenromantik versponnen sei«. Stattdessen betonte er die liberal-demokratische Tradition der Stadt, indem er für die Mitglieder des Parlamentarischen Rates wöchentlich (!) eine Reproduktion von rheinischen Zeitungen des Jahrgangs 1848/49 zusammenstellen ließ, mit Texten der beiden Bonner Revolutionäre Carl Schurz und Gottfried

---

[74] Mitteilung des Landtagspräsidenten vom 25. Juli 1949, in: Nordrhein-Westfalen, 1989, Dok. 28.
[75] Das vermerkt ein Bericht, den das Wiederaufbauministerium am 10. November 1950 über die Maßnahmen zur Unterbringung der Bundesorgane erstellt hat; LA NRW, NW 73-85. – Vgl. J. Krüger, Finanzierung, 2006, S. 28.
[76] M. Kanther, Kabinettsprotokolle, 1992, S. 48.
[77] H. Wandersleb, Bestimmung, 1950, S. 132.
[78] B. Wintgens, Neues Parlament, neue Bilder?, 2014, S. 300.
[79] Artikel »Parlamentsgebäude – Bundeshaus«; Westdeutsche Zeitung vom 12. August 1949.

Kinkel.[80] Ende 1949, als sich die Bonn-Befürworter zu ihrem Erfolg beglück-
wünschen konnten, dankte einer von ihnen, Adenauer, mit dem für seine Verhältnisse überschwänglichen Lob, Wandersleb habe eine »wirklich große Tat«
vollbracht.[81] Folgerichtig engagierte der Bundeskanzler den Bonn-Manager für
die Bundesregierung: Wandersleb wurde Staatssekretär im Wohnungsbauminis-
terium, wobei ihm dort schon 1952 der junge, ambitionierte CDU-Abgeordnete Paul Lücke das Amt streitig machte.[82]

Als Wandersleb Anfang 1950 dem Land Nordrhein-Westfalen abgeworben
wurde, waren die Pädagogische Akademie termingerecht umgebaut und die
Bundesministerien weitgehend untergebracht, ebenso die Hohen Kommissare
und ihre Stäbe. Nicht zuletzt war Bonn »besatzungsfrei«, wie man sagte, nachdem die belgischen Truppen (auf britische Fürsprache) die Stadt im Sommer
1949 geräumt hatten.[83] Statt alliierter Soldaten beherbergten die Kasernen, die
es in der vormaligen preußischen Garnisonsstadt gab, fortan einen Großteil
des Ministerialapparats.[84] Auch der Wohnungsbau für die Neu-Bonner lief auf
Hochtouren, angeschoben von der Landesregierung und ihren Wohnungsbau-
gesellschaften, bei der Reutersiedlung etwa geplant von dem Architekten Max
Taut (Abb. 44, S. 522). All diese Bemühungen wären im November 1949 durch
eine späte Entscheidung für Frankfurt zu teuren Fehlinvestitionen geworden –
ein Umstand, auf den Bundesfinanzminister Fritz Schäffer vor der Abstimmung
im Bundestag hinwies.[85] Wandersleb, zweifelsfrei parteiisch, bezifferte in einer –
im einsatzbereiten Bundeshaus anberaumten – Pressekonferenz die Höhe der
Investitionen auf 80 Millionen DM, wobei kaum jemand die »Zahlenakrobatik«, mit der Politik gemacht wurde, nur ansatzweise durchschaute.[86]

In der von Anekdoten umrankten Bonn-Literatur wird Wandersleb als »Bon-
nifacius«, als Bonn-Macher, gerühmt; in der Tat ist der Aufstieg der Stadt zum

---

[80] »Bonns demokratische Tradition im Spiegel seiner Presse vor 100 Jahren« hießen die Dossiers,
die in Wanderslebs Nachlass überliefert sind. Das Zitat aus dem vorigen Satz stammt aus einer auf
den 22. Mai 1949 datierten Notiz: STADTARCHIV BONN, Stiftung Dr. Hermann Wandersleb, SN
172/125.
[81] Zitiert nach: R. MORSEY, Adenauer, 1986 [1979], S. 33.
[82] G. SCHULZ, Wiederaufbau, 1994, S. 199–202. – Zu Lücke siehe S. 91–94.
[83] Diesen Zusammenhang betonte Adenauer in seinen Memoiren (in denen er seine Rolle ausspar-
te): K. ADENAUER, Erinnerungen 1949–1953, 1965, S. 173 f. – Zum Thema Adenauer und Bonn:
R. MORSEY, Adenauer, 1986 [1979], S. 32 f. – Zu den belgisch-britischen Verhandlungen: R. POM-
MERIN, Von Berlin nach Bonn, 1989, S. 159–168.
[84] O. SCHUMACHER-HELLMOLD, Bonns Trümpfe, 1989, S. 65–67.
[85] Artikel »Hauptstadt Bonn – eine Ehrenfrage«; GENERAL-ANZEIGER (Bonn) vom 21. Oktober
1949.
[86] Wandersleb widersprach damit konkret dem Bericht des Bundestagsausschusses zur Prüfung
des vorläufigen Sitzes der leitenden Bundesorgane: Artikel »Hauptstadt-Bericht lückenhaft«; GENE-
RAL-ANZEIGER (Bonn) vom 1. November 1949. – Zu den Zahlen: J. KRÜGER, Finanzierung, 2006,
S. 17–19. – Die Einschätzung »Zahlenakrobatik« stammt von: R. POMMERIN, Von Berlin nach
Bonn, 1989, S. 113.

Parlaments- und Regierungssitz mit seinem Namen verbunden. »Ein Mann baut eine Hauptstadt«, meinte etwa die *Welt am Sonntag*.[87] Dabei war Hermann Wandersleb kein Berufsrheinländer, sondern ein preußischer Beamter.[88] 1895 im mitteldeutschen Meiningen geboren, Soldat im Ersten Weltkrieg, hatte er 1921 bei dem pro-republikanischen Staatsrechtler Gerhard Anschütz promoviert.[89] Seit 1927 arbeitete Wandersleb als Landrat in Querfurt, einem Kreis nahe von Saale und Unstrut. Die Nazis versetzten das Mitglied der linksliberalen DDP aus politischen Gründen in den einstweiligen Ruhestand. Das ›Dritte Reich‹ bedeutete auch insofern eine biographische Wende, als Wandersleb nach Aachen wechselte, wo er in der Bezirksregierung arbeitete. Hier gewann Wandersleb das Vertrauen von örtlichen Widerstandskreisen, bald darauf auch der alliierten Offiziere. Wandersleb stand auf der ›Weißen Liste‹, mit der die Amerikaner nach vertrauenswürdigen Deutschen suchten.[90] So nahm seine Nachkriegskarriere ihren Ausgang. Seit Sommer 1945 leitete Wandersleb im Oberpräsidium der Nord-Rheinprovinz[91] die Abteilung Allgemeine Verwaltung, 1946 wurde er Ministerialdirektor und Chef der Landeskanzlei – der ranghöchste Beamte Nordrhein-Westfalens.

2.3 Landesverwaltung und Werkbund: Personennetzwerke

Den Umbau der Pädagogischen Akademie plante und leitete gemäß den Vorgaben der Regierung von Nordrhein-Westfalen der Architekt Hans Schwippert. Schwippert und Hermann Wandersleb kannten einander aus Düsseldorf, vielleicht schon aus Aachen, wo Schwippert an der Technischen Hochschule lehrte und als Architekt arbeitete. In Aachen, das als erste deutsche Stadt im Oktober 1944 von den Alliierten erobert worden war[92], hatte sich Schwippert am ›Wiederaufbau‹ beteiligt. Bis März 1945 leitete er das Bauamt in der Verwaltung des von den Amerikanern eingesetzten Oberbürgermeisters Franz Oppenhoff. Zunächst ging es darum, Notquartiere zu organisieren und mit der Enttrümme-

---

[87] Artikel »Ein Mann baut eine Hauptstadt«; WELT AM SONNTAG vom 7. August 1949. – Autor des Artikels war Rüdiger von Wechmar, Bonner Journalist und späterer Diplomat.
[88] FESTSCHRIFT WANDERSLEB, 1970, S. 649–652; D. HÖROLDT, Wandersleb, 1979; KABINETTSPROTOKOLLE NRW 1946–1950, 1992, S. 967; M. DIX, Wandersleb, 2013. – Von ihm selbst über die Nachkriegsverwaltung: H. WANDERSLEB, Aufbau der Landesregierung, 1949.
[89] H. WANDERSLEB, Präsident, 1922.
[90] H. L. WUERMELING, Weiße Liste, 2015, S. 53. So wie Adenauer, Heuss, Schumacher und andere Politiker oder Intellektuelle wie Karl Jaspers, Walter Dirks, Erich Kästner und Peter Suhrkamp, aber sogar Ernst Jünger.
[91] Der nördliche Teil der preußischen Rheinprovinz, die Regierungsbezirke Aachen, Köln und Düsseldorf, befand sich seit Juni 1945 in der britischen Besatzungszone. Bis zur Gründung des Landes Nordrhein-Westfalen im August 1946 orientierten sich die Briten an der alten Verwaltungseinheit.
[92] F. TAYLOR, Exorcising Hitler, 2011, S. 12–17.

rung zu beginnen.[93] Wenn nicht schon in Aachen, lernten sich Schwippert und Wandersleb in Düsseldorf kennen. Denn mit Gründung der Provinz Nordrhein durch die britische Besatzungsmacht übersiedelte Schwippert nach Düsseldorf, wo er sich seit November 1945 im Oberpräsidium (wo Wandersleb die Verwaltung leitete) um die Enttrümmerung und den ›Wiederaufbau‹ kümmerte.[94] Aus der Bauabteilung des Oberpräsidiums ging nach Gründung des Landes Nordrhein-Westfalen das Wiederaufbauministerium hervor.

Schwipperts Kontakte zu Politik und Verwaltung in Nordrhein-Westfalen stammten aus der unmittelbaren Nachkriegszeit, einer kurzen Zeitspanne zwischen Frühjahr 1945 und November 1946. Neben Wandersleb waren das unter anderem der Ministerpräsident Arnold, Konrad Adenauer und Robert Lehr, der frühere Oberbürgermeister von Düsseldorf und spätere Bundesinnenminister.[95] Diese Verbindungen rissen auch nicht ab, nachdem Schwippert Ende 1946 die Bauverwaltung wieder verlassen hatte, um sich auf seine Lehrtätigkeit und die Arbeit als freier Architekt zu konzentrieren. Im Gegenteil: Wenn das Wiederaufbauministerium Expertise brauchte oder Aufträge zu vergeben hatte, lag es nahe, Schwippert zu fragen, der im Rheinland Architekten ausbildete – in Aachen als Professor an der Technischen Hochschule, in Düsseldorf als Leiter der Baukunstklasse der Kunstakademie.

Die persönlichen Verbindungen und das Tempo, mit dem in Bonn Nägel mit Köpfen gemacht wurden, erklären auch, warum es für das Bundeshaus keine Ausschreibung gegeben hat und schon gar kein Architektenwettbewerb stattfand. Vielmehr war es so, dass Schwippert im Spätsommer 1948 die nordrhein-westfälische Vertretung beim Wirtschaftsrat der Bizone in Frankfurt plante – einen zweigeschossigen Stahlskelettbau mit Fenstern, die vom Boden bis zur Decke reichen sollten.[96] Der Neubau an der Bockenheimer Landstraße wurde jedoch gar nicht erst begonnen, seitdem die Düsseldorfer Regierung alles auf Bonn setzte.[97] Mit dem Geld, das im Haushalt für Frankfurt vorgesehen war, begann Schwippert ab November 1948 stattdessen den Umbau der Pädagogischen Akademie. Die Auftragsvergabe an Schwippert erfolgte »unter der

---

[93] C. WERHAHN, Schwippert, 1987, S. 185; A. BUSLEI-WUPPERMANN, Schwippert, 2007, S. 27. – Oppenhoff wurde im Frühjahr 1945 von Nazi-›Werwölfen‹ ermordet: F. TAYLOR, Exorcising Hitler, 2011, S. 15–17 und 32–44.

[94] H. WANDERSLEB, Aufbau der Landesregierung, 1949, S. 132; C. WERHAHN, Schwippert, 1987, S. 186.

[95] C. WERHAHN, Schwippert, 1987, S. 11, 155, 186 f.; A. BUSLEI-WUPPERMANN, Schwippert, 2007, S. 30. – Der erste Brief Adenauers an Schwippert datiert vom 12. Juli 1945, als der Kölner Oberbürgermeister nach Mitstreitern suchte, um die »geistigen und kulturellen Kräfte Kölns wieder zu entwickeln«. ADENAUER: BRIEFE 1945–1947, 1983, S. 56.

[96] C. WERHAHN, Schwippert, 1987, S. 191–194 und Nr. 103.

[97] H. WANDERSLEB, Berufung Bonns, 1969, S. 5; Kabinettsvorlage des Ministers für Wiederaufbau vom 15. September 1948, in: KABINETTSPROTOKOLLE NRW 1946–1950, 1992, Dok. 264, S. 588.

Hand«[98] – weil es schnell gehen sollte und weil die Wege zwischen Schwippert und dem Landesministerium für Wiederaufbau kurz waren.

Bei den Netzwerken muss schließlich der Werkbund erwähnt werden, der eine weitere Verbindung zwischen Schwippert und den Entscheidungsträgern der nordrhein-westfälischen Verwaltung darstellte. Auch einige von Schwipperts Mitarbeitern, die meisten der mit ihm verbundenen Kollegen und Publizisten sowie viele an der Bundeshaus-Baustelle beteiligte Firmen stammten aus diesem Umfeld. Der Werkbund war nach dem Zweiten Weltkrieg eine einflussreiche Verbindung von Architekten, Designern und Künstlern. Sie setzten sich – entgegen dem Klischee vom ›Wiederaufbau‹ – für einen konsequenten Neuanfang ein. Damit knüpfte der Werkbund an die geistige Tradition der Vorkriegszeit an. Programmatisch hatte der Werkbund seit seiner Gründung im Jahr 1907 vor allem ästhetische und handwerkliche Qualität gefordert.[99]

Die im Werkbund vereinten Architekten, Künstler, Fabrikanten und Intellektuellen gehörten kunsthistorisch insofern zur ›Moderne‹, als sie in den Zwanzigerjahren gegen die Schnörkel des Jugendstils polemisierten: *form follows function* lautete ihre Devise. Sie wandten sich gegen die billig gefertigte Massenware der Industriegesellschaft, die sogar die Muster des *Art Nouveau* bis zum Ramsch reproduziert hatte. Wie die britische *Arts-and-Crafts*-Bewegung schrieben sich die Werkbündler die »Veredelung der gewerblichen Arbeit« auf ihre Fahnen. Zweck des Vereins war die bessere Zusammenarbeit von Kunst, Industrie und Handwerk – verstärkt durch die öffentliche Wirkung mittels »Erziehung, Propaganda und geschlossene[n] Stellungnahmen zu allen einschlägigen Fragen«.[100] Der gestalterische Anspruch war umfassend und reichte von der Wohnungseinrichtung über Kochgeschirr und Trinkgläser bis hin zum Städtebau, beispielhaft durchgeführt vor dem Ersten Weltkrieg in Hellerau bei Dresden, einer Gartenstadt mit Möbelfabrik und Festspielhaus.[101] Mit seinem ganzheitlichen Anspruch gehörte der Werkbund – ähnlich wie andere vor dem Ersten Weltkrieg gegründete Vereine – zum breiten Spektrum der ›Lebensreform‹-Bewegung.[102] Einen ähnlichen Ansatz, der bis hin zu Büroschreibtischen und Blumenvasen reichte, verfolgte Schwippert bei der Gestaltung des Bundestagsgebäudes.

---

[98] C. WERHAHN, Schwippert, 1987, S. 190; G. KNOPP, Plenarsaal, 2000, S. 401; G. BREUER, Bundeshaus, 2009, S. 34; DIES., Architektur der »Stunde Null«, 2010, S. 109. – Ein Architektenvertrag mit Schwippert datiert vom 3. November 1948, ein weiterer vom 25. August 1949; LA NRW, NW 101–104 bzw. 101–105.

[99] W. NERDINGER u. a. (Hg.), 100 Jahre Werkbund, 2007.

[100] W. FISCHER (Hg.), Zwischen Kunst und Industrie, 1975, S. 50.

[101] K.-P. ARNOLD, Vom Sofakissen, 1993; N. SCHINKER, Gartenstadt, 2013; C. FREIGANG, Moderne, 2013, S. 194–199.

[102] LEBENSREFORM, 2 Bde., 2001; F. FRITZEN, Gesünder leben, 2006.

Die Gründung des Werkbunds 1907 war nicht zuletzt Ausdruck einer Politisierung von Kunst und Kultur, insbesondere der Architektur, im 20. Jahrhundert.[103] Dabei wollte der Werkbund weder Maschinen stürmen noch die Industriegesellschaft abschaffen. Vielmehr ging es ihm darum, den ›Markt‹ und die ›soziale Frage‹ durch qualitativ hochwertige Produkte, gutes Design und ästhetische Erziehung (der Produzenten sowie der Konsumenten) zu verbessern – zu »veredeln«, wie es in landwirtschaftlicher Metaphorik hieß –, gerade durch Rationalisierung und die Zusammenarbeit von Künstlern mit Wirtschaftsunternehmen. Wegen seines gesamtgesellschaftlichen, auf Breitenwirkung ausgerichteten Ansatzes, mit dem der Werkbund »die wichtigste deutsche Kulturinstitution« in der Weimarer Republik wurde[104], war er kein kleiner Kreis von Gleichgesinnten, sondern eine Sammlungsbewegung unterschiedlicher Ansichten und Ziele. Politisch war der Werkbund nicht frei von Ambivalenzen und Konflikten; zu seinen Mitgliedern gehörten Liberale, Demokraten, Kommunisten und Nationalsozialisten, und so konnte er sich der Radikalisierung der Zwischenkriegszeit nicht entziehen.[105] Neben der avantgardistischen Strömung, die mit der Stuttgarter Weißenhofsiedlung verbunden ist, wo 1927 moderne Architekten wie Le Corbusier und Ludwig Mies van der Rohe mit neuen Wohnformen experimentierten[106], gab es – ausgehend von der Kapitalismus- und Kulturkritik sowie dem Faible für deutsche Wertarbeit – stark konservative Tendenzen, die einen ›Heimatschutzstil‹ favorisierten und sich im ›Dritten Reich‹ mit dem Nationalsozialismus gut vertrugen.

Hans Schwippert war dem Deutschen Werkbund 1930 als junger Architekt beigetreten.[107] Bedeutend wurde seine Verbandstätigkeit aber erst nach 1945. Bis in die Sechzigerjahre hinein war Schwippert der führende Kopf des Werkbunds. Als sich 1950 eine Bundesorganisation bildete, wählte man Schwippert zu ihrem ersten Vorsitzenden.[108] Zuvor schon war die Wiedergründung des Werkbunds, der im Nationalsozialismus ›gleichgeschaltet‹ und der ›Reichskammer der bildenden Künste‹ eingegliedert worden war, von Alt-Mitgliedern ausgegangen, in mehreren föderal-lokalen Zentren. In Berlin etwa waren das die Architekten Max Taut und Hans Scharoun. Besonders einflussreich wurde der Regionalverband Nord-West in der britischen Besatzungszone. Gegründet wurde er im Spätsommer 1945 in Düsseldorf, von Architekten wie Alfons Leitl

---

103 C. WELZBACHER, Monumente der Macht, 2016, S. 7.
104 W. NERDINGER u. a. (Hg.), 100 Jahre Werkbund, 2007, S. 8.
105 J. CAMPBELL, Werkbund, 1989.
106 K. KIRSCH, Weißenhofsiedlung, 1987; R. BITTNER (Hg.), Bauhausstil, 2003, S. 59–85.
107 W. NERDINGER u. a. (Hg.), 100 Jahre Werkbund, 2007, S. 356.
108 G. BREUER, Moderation des Wiederaufbaus, 2010, S. 90.

und Helmut Hentrich sowie dem Kunstakademieprofessor Ewald Mataré. Der Vorsitzende war schon hier: Hans Schwippert.[109]

Der rheinische Werkbund lud im August 1947 – symbolträchtig vierzig Jahre nach der Urgründung 1907 – die übrigen Gruppen zu einer zonenübergreifenden Tagung nach Schloss Rheydt ein (heute Mönchengladbach). Angesichts der Kriegszerstörungen gehe es beim neuen Werkbund »nicht mehr um ästhetische Veredlung einer ›gesicherten Lebensform‹«, sondern darum »Sinn und Gestalt des Daseins im heutigen Deutschland zu erkennen, zu wollen und zu bilden«, hieß es in der Resolution von Rheydt.[110] Bereits im Vorfeld dieses ersten deutschlandweiten Werkbundtags nach 1945 war ein Manifest verabschiedet worden, in dem sich 38 Werkbündler, unter ihnen Schwippert, zudem Otto Bartning, Max Taut und der Publizist Walter Dirks, dagegen aussprachen, die Städte, Häuser und Denkmäler so wiederaufzubauen, wie sie einst ausgesehen hatten. Vielmehr sollte »der sichtbare Einsturz« als »Ausdruck der geistigen Zerrüttung« verstanden werden. Anstelle von Resignation oder Rekonstruktion gehe um eine »neue sichtbare Welt unseres Lebens«, folgerten sie: »Das zerstörte Erbe darf nicht historisch rekonstruiert werden, es kann nur für neue Aufgaben in neuer Form entstehen.«[111] Die im Werkbund herrschende Meinung zum ›Wiederaufbau‹ illustriert eine Zwiesprache, die der Architekt Hentrich nach seiner Erinnerung mit Schwippert hatte. Dabei habe Hentrich das Prinzip der Reparatur verteidigt, »und Reparatur heißt, die Dinge wieder so herzurichten, wie sie früher gewesen sind«. Schwippert habe dagegengehalten und den Standpunkt vertreten, man solle sichtbar machen, was alt und was neu sei. Hentrich wiederum habe die Situation nach dem Krieg mit dem Verlust mehrerer Frontzähne verglichen, da wolle der Patient doch auch nur, dass der Zahnarzt das gewohnte Lächeln mit einem »möglichst unauffälligen Ersatz« wiederherstelle. Schwippert, so Hentrich, habe diesen Vergleich für unsachlich erklärt und ihn stehenlassen.[112]

Die Haltung des Werkbunds im ›Wiederaufbau‹ wollte offen für Neues sein. Optimismus stellte sich indes nicht ein, und auch das war durchaus zeittypisch. Den technischen Fortschritt etwa versuchten die Werkbündler zu kontrollieren und gewissermaßen metaphysisch zu bändigen, etwa durch religiös klingende Rhetorik. Zugleich gab sich der Werkbund betont nüchtern, bescheiden, ge-

---

[109] Im März 1946 wurde die Wiedergründung formell genehmigt: C. Oestereich, Werkbund im Rheinland, 2000, S. 433; G. Breuer, Moderation des Wiederaufbaus, 2010, S. 94.

[110] Zitiert nach: 50 Jahre Werkbund, 1958, S. 35. – Vgl. C. Oestereich, Werkbund im Rheinland, 2000, S. 435 f.; G. Breuer, Moderation des Wiederaufbaus, 2010, S. 94 f.

[111] »Stimmen zum Neuaufbau: Grundsätzliche Forderungen«; Baukunst und Werkform 1 (1947), S. 29; wieder gedruckt in: 50 Jahre Werkbund, 1958, S. 36. – Vgl. W. Pehnt, Deutsche Architektur, 2005, S. 249.

[112] H. Klotz, Architektur, 1977, S. 121 f.; H. Hentrich, Bauzeit, 1995, S. 230.

mäßigt modern und antitotalitär.[113] In dieser Mischung passte der Werkbund kongenial zum geistigen Klima der frühen Bundesrepublik, und entsprechend einflussreich wurden seine Mitglieder in den Fünfzigerjahren. Auch der zweite Werkbundtag fand im Rheinland statt, am 22./23. Juni 1949 auf Schloss Alfter bei Bonn.[114] Deutlich sichtbare Spuren des Werkbunds ziehen sich vom Bonner Bundeshaus bis zur Weltausstellung 1958 in Brüssel. Politisch unterstützt wurde der Werkbund von Ludwig Erhard, der generell ein Freund der modernen Architektur war, und Theodor Heuss. Der erste Bundespräsident war dem Werkbund seit 1918 verbunden, in der Tradition seines Mentors Friedrich Naumann. Schwipperts Nachfolger als Werkbund-Vorsitzender wiederum wurde 1963 der Bundestagsabgeordnete Adolf Arndt, seines Zeichens der Rechtsexperte der SPD und ein Programmatiker des ›Demokratischen Bauens‹.[115] Die Sympathie für den Werkbund war in der frühen Bonner Republik gewissermaßen großkoalitionär.

Besonders tragfähig war die Brücke zwischen dem Werkbund und dem Personal der nordrhein-westfälischen Landesregierung. Zum Kreis um Schwippert, der im Spätsommer 1945 den Werkbund Nord-West gegründet hatte, gehörte etwa Joseph Busley (1888–1969). Busley war im Oberpräsidium der Nord-Rheinprovinz der für Kultur und Denkmalpflege zuständige Abteilungsleiter. Bald darauf leitete der promovierte Kunsthistoriker[116] die Kulturabteilung im Kultusministerium. Busley förderte den Werkbund nach Kräften mit seinen Kontakten. Auch an der Tatsache, dass das Land Nordrhein-Westfalen mehr als die Hälfte des jährlichen Werkbund-Nord-West-Etats bezahlte, war der Ministerialrat als Abteilungsleiter natürlich beteiligt.[117]

Neben Busley im Kultusressort gab es im Wiederaufbauministerium den Ministerialdirektor Konrad Rühl (1885–1964), auch er ein Akteur der Düsseldorfer Werkbund-Renaissance.[118] Vor dem Ersten Weltkrieg hatte Rühl Architektur studiert, anschließend war er in der preußischen Hochbauverwaltung tätig gewesen, in Lübeck und Magdeburg, wo er eng mit dem Architekten Bruno

---

[113] G. BREUER, Moderation des Wiederaufbaus, 2010, S. 90.
[114] C. OESTEREICH, »Gute Form« im Wiederaufbau, 2000, S. 59 f.
[115] W. NERDINGER u. a. (Hg.), 100 Jahre Werkbund, 2007, S. 351.
[116] Busley war an der Universität Bonn über die karolingische Baugeschichte promoviert worden: J. BUSLEY, Hettische Gründungsbau, 1921. – Anschließend arbeitete er in der Denkmalpflege der Rheinprovinz. Während des Zweiten Weltkriegs war er in der »Heeresverwaltung für den Kunstschutz im besetzten Frankreich« tätig.
[117] C. OESTEREICH, »Gute Form« im Wiederaufbau, 2000, S. 267. – Der Rest kam aus Mitgliedsbeiträgen und Spenden. – An die Förderung durch Busley erinnerte in anderem Zusammenhang, bei der Wiedergründung des Düsseldorfer Künstlervereins Malkasten: H. HENTRICH, Bauzeit, 1995, S. 195 f.
[118] K. RÜHL, Aufbau, 1950; O. GISBERTZ, Taut und Göderitz, 2000, S. 151 f.

Taut zusammengearbeitet hatte.[119] 1934 war Rühl als Leiter der Hochbauabteilung der Provinzialverwaltung in Düsseldorf pensioniert worden, was wegen seines Alters von erst 49 Jahren auf politische Missliebigkeit schließen lässt. Das ›Dritte Reich‹ verbrachte Rühl als Hilfsarbeiter bei der Reichsbahndirektion in Berlin sowie im Rüstungsministerium von Albert Speer, wo sich Rühl mit Wiederaufbauplänen für das Ruhrgebiet beschäftigte. Nach Kriegsende arbeitete er mit Schwippert zusammen im Oberpräsidium der Nord-Rheinprovinz. Bis 1964 war Rühl zudem Geschäftsführer der Werkbundgruppe Nord-West und Mitherausgeber der Zeitschrift *Werk und Zeit*.[120] In Person von Rühl und Busley zählten mithin zwei leitende Beamte der Landesregierung – der eine aus dem Wiederaufbau-, der andere aus dem Kultusministerium – zum Vorstand der von Schwippert geleiteten Werkbundgruppe. Diese enge Verbindung zur Landesregierung gehört mit zu den Gründen, warum die rheinische Gruppe in Westdeutschland so tonangebend war[121] – und sie gehört zu den Hintergründen der Baugeschichte rund um das Bundeshaus.

2.4 Architekten des Bundeshauses: Hans Schwippert und sein Team

In Bonn verliefen im Frühjahr 1949 Bauen und Verfassungsarbeiten fast synchron. Sowohl die Planung als auch die Baustelle standen unter einem außergewöhnlichen Zeitdruck. Die Unordnung, die daraus resultierte, wurde noch dadurch verstärkt, dass es den Staat, für den man sich da anstrengte, ebenso wenig gab wie dessen Parlament. Dafür tagten noch bis Mai 1949 die Mitglieder des Parlamentarischen Rates in der Akademie, insbesondere in der Aula. Fast zeitgleich, zwischen Februar und August 1949, erfolgten die An- und Umbauten, die das Akademiegebäude zum Bundeshaus machten. Die Turn- wurde zur Wandelhalle; daneben entstand ein neuer Plenarsaal. Namentlich Adenauer, der Präsident des Parlamentarischen Rates, der sich bereits als Sachwalter der späteren Volksvertretung verstand, drängte auf einen zügigen Umbau. Auch andere Mitglieder des Rates ließen sich regelmäßig über die Bauarbeiten berichten, etwa der SPD-Politiker Walter Menzel, damals zugleich Innenminister von Nordrhein-Westfalen.[122]

Als die Väter und Mütter des Grundgesetzes am 10. Mai 1949 mit 33 zu 29 Stimmen für Bonn als vorläufige Hauptstadt stimmten[123], konnten sie, wenn

---

[119] O. Gisbertz, Taut und Göderitz, 2000, S. 31, 36, 97 und 117.
[120] B. Kuntzsch, *Werk und Zeit*, 2007, S. 242.
[121] C. Oestereich, Kleine Siege, 2007, S. 230.
[122] Das vermerkt ein Bericht, den das Wiederaufbauministerium am 10. November 1950 über die Maßnahmen zur Unterbringung der Bundesorgane in Bonn erstellt hat; LA NRW, NW 73-85. – Vgl. R. Pommerin, Von Berlin nach Bonn, 1989, S. 125 f.
[123] Der Parlamentarische Rat, Bd. 9, Dok. 11, S 683.

sie durch die großen Fenster der Aula schauten, die weit fortgeschrittene Baustelle für den neuen Plenarsaal sehen. Mit dem Abschluss der Verfassungsberatungen standen dessen Fundamente und die Stahlskelettkonstruktion; Anfang Mai wurde Richtfest gefeiert.[124] Um den Zeitplan einzuhalten, wurde oft auch nachts, an Sonntagen sowie an Pfingsten gearbeitet.[125] Als sich im Herbst der erste Bundestag in ebendiesem Plenarsaal vorerst letztmals mit der Hauptstadtfrage beschäftigte, war der Umbau der Akademie abgeschlossen. Die Architekturzeitschrift *Bauen und Wohnen* fand es »befreiend«, dass die Verfassunggebende Versammlung in einem modernen Gebäude beraten habe, nicht in einem »Palastbau der wilhelminischen Ära«. Im Sinne eines allgemeinen Neubeginns sei es zudem »ermutigend«, dass als Architekt »ein Vertreter des ›neuen Bauens‹« ausgewählt worden sei, um die für den richtigen Parlamentsbetrieb notwendigen Erweiterungen vorzunehmen.[126]

Abb. 14: Der Stahlskelettbau für den Plenarsaal – im Frühjahr 1949 fotografiert von Erna Wagner-Hehmke. © Bestand Erna Wagner-Hehmke, Haus der Geschichte, Bonn.

---

[124] G. Knopp, Plenarsaal, 2000, S. 407.
[125] Der Erlebnisbericht eines 20jährigen Hilfsmonteurs: K. H. Schmitt, Im Dienst, 1995, S. 13–28.
[126] Artikel »Das Bundeshaus in Bonn«; Bauen und Wohnen 4 (1949), 10, S. 466–469, hier S. 466.

Dieser leitende Architekt war Hans Schwippert (1899–1973), ein Mann von knapp fünfzig Jahren und, wie gesehen, hervorragenden Kontakten.[127] Geboren in Remscheid, aufgewachsen im Bergischen Land sowie in Duisburg und Essen, baute Schwippert seit 1930 als selbständiger Architekt, vor allem Einfamilienhäuser im Aachener Raum. Neben seiner praktischen Arbeit betätigte sich Schwippert in der Ausbildung. Schon 1927 lehrte er an der Handwerker- und Kunstgewerbeschule in Aachen, seit 1934 an der Technischen Hochschule.[128] 1943 wurde er dort mit einer Arbeit über Handwerkskunde zum Dr.-Ing. promoviert, kurz darauf habilitierte er sich mit einer Studie zum Thema Werklehre und Werkerziehung.[129] Seit 1946 war Schwippert an der TH als Professor für Werklehre und Wohnbau tätig, außerdem als Leiter der Baukunstklasse an der Kunstakademie Düsseldorf. Schon bei Schwipperts Berufung an die Kunstakademie, die er von 1959 bis 1966 auch als Direktor leiten sollte[130], war der Kultusbeamte Busley beteiligt.[131]

Schwippert, ein Architekt aus dem Rheinland, wurde zum Baumeister der frühen Bonner Republik. Was sein Verhalten im ›Dritten Reich‹ betrifft, galt er als unbelastet, nicht nur gemäß den nachsichtigen Kriterien der frühen Bundesrepublik. Schwippert hatte weder der NSDAP angehört noch an größeren NS-Prestigebauprojekten mitgewirkt. In der Architektur-Maschinerie des ›Dritten Reiches‹ war Schwippert ein eher kleines Rädchen. Allerdings hatte er, als Architekt sowie als Universitätsdozent, Zugeständnisse gegenüber dem Regime gemacht – in der Hoffnung auf Aufträge, seine Weiterbeschäftigung, vielleicht eine reguläre Professur (die er vor 1945 nicht bekam) oder um die Vermittlung seiner Schüler zu ermöglichen.[132] Schwippert arbeitete mit staatlichen Stellen und NS-Parteiorganisationen zusammen. Zu seinen Motiven gehörte nicht zuletzt der Wunsch, dem Kriegsdienst zu entgehen – was ihm gelang, weil seine Tätigkeiten als »kriegswichtig« galten.[133] Er war Mitglied in der ›Nationalsozialistischen Volkswohlfahrt‹, der ›Reichsdozentenkammer‹ und der ›Reichskammer der Bildenden Künste‹. Er plante unter anderem für das Propaganda-Ministerium, etwa im Rahmen der Weltausstellung 1937, für das Reichswirtschaftsmi-

---

[127] C. WERHAHN, Schwippert, 1987; A. BUSLEI-WUPPERMANN, Schwippert, 2007. – Als Kataloge: G. SCHWIPPERT/C. WERHAHN (Hg.), Schwippert, 1984; G. BREUER/P. MINGELS/C. OESTEREICH (Hg.): Schwippert, 2010.
[128] G. BREUER, Moderation des Wiederaufbaus, 2010, S. 90.
[129] A. BUSLEI-WUPPERMANN, Schwippert, 2007, S. 26.
[130] KUNSTAKADEMIE DÜSSELDORF, 2014, 468; A. BUSLEI-WUPPERMANN, Schwippert, 2007, S. 101–108; E. Mai, Kunstakademie, 2000, S. 425–430.
[131] A. BUSLEI-WUPPERMANN, Neuaufbau, 2009, S. 101.
[132] C. WERHAHN, Schwippert, 1987, S. 9 f.; U. KALKMANN, Technische Hochschule Aachen, 2003, S. 380–382; A. BUSLEI-WUPPERMANN, Schwippert, 2007, S. 92–96; A. OELLERS, Geselle, 2010, S. 47–50; C. OESTEREICH, Schwippert im »Dritten Reich«, 2010.
[133] C. OESTEREICH, Schwippert im »Dritten Reich«, 2010, S. 80.

nisterium und die Dienststelle Ribbentrop. Zwei Jahre lang entwarf Schwippert
Wohnungseinrichtungen und Werkzeuge, die für »Umsiedlerdörfer in den ein-
gegliederten Ostgebieten« verwendet werden sollten, also für die Siedlungspoli-
tik der SS im Rahmen des »Generalplans Ost«.[134]

Auch bei Schwippert zeigt sich, dass Architektur, Kriegswirtschaft und NS-
Ideologie im ›Dritten Reich‹ kaum voneinander zu trennen, dass Opportunismus und Konformismus gerade bei den Funktionseliten die Regel waren. Während Schwippert vor 1945 keine steile Karriere gemacht hat – anders als nach
1945 –, war er gleichwohl in das NS-System involviert. Anders als etwa Walter Gropius oder Ludwig Mies van der Rohe war er nicht ins Exil gegangen.
Daher galt Schwippert nach 1945 zwar nicht als belastet, aber er fühlte sich
erst recht nicht unbeschwert. »Jeder für sich saß im Glashaus der eigenen direkten oder indirekten Beteiligung an den deutschen Verbrechen«, bilanzierte
der Kunsthistoriker Christopher Oestereich Schwipperts vergangenheitspoliti-
sche »Gratwanderung«.[135]

Eigentlich hat Schwippert beruflich nie etwas anderes gemacht, als sich mit
Architektur zu beschäftigen – im NS-Staat wie während der Besatzungszeit und
in der frühen Bundesrepublik. Nach 1945 waren, von der Enttrümmerung bis
zum ›Wiederaufbau‹, Fachleute gefragt, selbst wenn die Expertise aus Speers
Arbeitsstab stammte, zumal es völlig unbelastete Architekten in Deutschland
kaum gab.[136] Umso entschiedener war Schwipperts Wunsch nach einem Neuanfang beziehungsweise nach einer Überwindung der Vergangenheit. Im ersten
Heft der Werkbundzeitschrift *Baukunst und Werkform* bezeichnete Schwippert
die Zerstörung, das Elend und die Sorgen der Nachkriegszeit programmatisch
als »greifbare, anschauliche und folgerichtige Verwirklichung jener Ruinen, jenes Verfalls, jener Irrtümer«, die zuvor in Deutschland geherrscht hätten.[137]

In der Nachkriegszeit proklamierte Schwippert seine Tätigkeit im ›Dritten
Reich‹ als persönliche Alternative zur Wehrmacht, und er beschrieb die Jahre
nach 1933 als eine Phase, in der er habe überwintern müssen.[138] Insofern gab

---

[134] U. Kalkmann, Technische Hochschule Aachen, 2003, S. 381 f.; C. Oestereich, Schwippert
im »Dritten Reich«, 2010, S. 81 f. – Da Schwippert vor allem im Westen des Reichs tätig war, wurde der Bombenkrieg ein wichtiger Faktor. Schwippert plante und organisierte Behelfsbauten sowie Notunterkünfte für Wirtschaftsbetriebe; dabei wurden auch ›Ostarbeiter‹ eingesetzt. Aus diesen
Übergangsplanungen ergibt sich eine Kontinuitätslinie zu Schwipperts Tätigkeit bei der Enttrümmerung und dem ›Wiederaufbau‹.

[135] C. Oestereich, Schwippert im »Dritten Reich«, 2010, S. 85.

[136] Zu Wiederaufbauplanungen vor 1945: W. Durth/N. Gutschow, Architekturraum, 1988;
W. Durth, Deutsche Architekten 2001.

[137] Artikel »Theorie und Praxis« von Hans Schwippert; Baukunst und Werkform 1 (1947), 1,
S. 17–19, hier S. 17. – Vgl. W. Pehnt, Deutsche Architektur, 2005, S. 249.

[138] C. Werhahn, Schwippert, 1987, S. 9 f.; C. Oestereich, Schwippert im »Dritten Reich«, 2010,
S. 83 f.

es auch bei ihm ein gerüttelt Maß an Verdrängung – mit den unausgespro-
chenen, aber deutlich sichtbaren, architektonisch artikulierten Schuldgefühlen
sowie dem Wunsch nach Reinigung und Erneuerung. Einer der wichtigsten
Architekturkritiker der Nachkriegszeit, Alfons Leitl, ein weiteres Werkbund-
Mitglied, beschrieb 1949 in *Baukunst und Werkform*, wie Architekten im NS-
Staat den Industriebau als ihre Form der ›inneren Emigration‹ gedeutet hätten.
Aber auch dort hatten sie mit Kriegswirtschaft und Zwangsarbeit zu tun. Leitl
erklärte daher selbstkritisch: »Wir saßen alle auf dem gleichen braungestriche-
nen Schiff.«[139]

Studiert hatte Schwippert, der im Ersten Weltkrieg 1918 einige Monate
als Soldat in Frankreich gewesen war[140], an der Technischen Hochschule in
Stuttgart. Einer seiner Lehrer dort war Paul Schmitthenner, dessen ›Stuttgarter Schule‹ unter den verschiedenen Strömungen der ›Moderne‹ als traditionell
gilt und einen ›Heimatschutz‹-ähnlichen Stil propagierte.[141] In Stuttgart erhielt
Schwippert eine gediegene handwerkliche Ausbildung.[142] Materialbewusstsein,
ein starker regionaler Bezug und ein großes Interesse am sozialen Wohnungsbau – das sind Traditionslinien der ›Stuttgarter Schule‹, die sich bei Schwippert
bis in die Bundesrepublik nachverfolgen lassen und die, gerade was das Materialbewusstsein angeht, auch beim Bundeshaus erkennbar wurden.

Als junger Diplom-Ingenieur assistierte Schwippert einige Monate im Ate-
lier des Berliner Architekten Erich Mendelsohn, woraus bei Schwippert das
Moment des ›Neuen Bauens‹ hervorging. Mendelsohns avantgardistischer Ein-
steinturm in Potsdam hatte damals genauso Furore gemacht, wie seine Kauf-
hausbauten zu sprichwörtlichen Konsumtempeln wurden.[143] Walter Benjamin
schrieb in der *Literarischen Welt* über den Glas-Trend und dessen wichtigste Repräsentanten, die Architekten Mendelsohn und Le Corbusier, sie machten »den
Aufenthaltsort von Menschen vor allem zum Durchgangsraum aller erdenkli-
chen Kräfte und Wellen von Licht und Luft. Was kommt, steht im Zeichen
der Transparenz.«[144] In diesem Berliner Umfeld lernte Schwippert 1925 Ludwig Mies van der Rohe kennen, der ihn künstlerisch nachhaltig beeindruckte
und mit dem er eine lange Freundschaft pflegte.[145] Mies van der Rohe, der aus
Aachen stammte, hatte nach dem Ersten Weltkrieg Wolkenkratzer mit verglas-

---

[139] Artikel »Anmerkungen zur Zeit«; BAUKUNST UND WERKFORM 2 (1949), 1, S. 3. – Vgl.
W. PEHNT, Deutsche Architektur, 2005, S. 220–223.
[140] A. BUSLEI-WUPPERMANN, Schwippert, 2007, S. 18.
[141] W. VOIGT/H. FRANK (Hg.), Schmitthenner, 2003.
[142] C. WERHAHN, Schwippert, 1987, S. 31.
[143] A. BUSLEI-WUPPERMANN, Schwippert, 2007, S. 37–40. – Vgl. R. STEPHAN (Hg.), Mendelsohn,
2006.
[144] W. BENJAMIN, Gesammelte Schriften III, 1972, S. 196 f.
[145] C. WERHAHN, Schwippert, 1987, S. 34 f.

ten Wänden entworfen – einen ›Transparenztraum‹, der zwar nicht verwirklicht, aber berühmt wurde.[146]

Mit Mitte zwanzig ging Schwippert zurück ins Rheinland, zum Kirchenbau-Architekten Rudolf Schwarz.[147] Schwarz war es auch, der seinen Assistenten 1927 in die Ausbildung mit einbezog. Fortan verstand sich Schwippert nicht nur als ein praktizierender Architekt, sondern immer auch als Theoretiker, Rhetoriker, Lehrer und Netzwerker. Diese Talente zusammengenommen, wurde Schwippert in der Nachkriegszeit ein »Politiker im weitesten Sinne«, wie seine Biographin Charlotte Werhahn schrieb.[148] Schwarz und Schwippert arbeiteten in der Aachener Kunstgewerbeschule eng zusammen, Schwarz als Direktor, Schwippert als Organisator und Lehrer für Hochbau und Innenausbau.[149] Ein Vierteljahrhundert später, im Jahr 1953, wurde wiederum Schwarz mit Schwipperts Unterstützung Professor an der Düsseldorfer Kunstakademie. Schwarz, Mies van der Rohe, Mendelsohn und Schmitthenner – das waren vier namhafte Architekten, die alle ihren künstlerischen Einfluss auf Schwippert ausgeübt haben. Er war sehr stark vom ›Neuen Bauen‹ beeinflusst, ohne aber streng einer Schule zu folgen, auch nicht dem Bauhaus.

Beim Parlaments-Projekt in Bonn arbeitete Schwippert, gerade weil 1948/49 die Zeit drängte, mit mehreren anderen Architekten zusammen. Aufgrund der improvisierten Umstände ist anhand der Überlieferung jedoch kaum zu bestimmen, wer im Einzelnen welchen Beitrag geleistet hat. Namentlich genannt wurden – neben dem verantwortlichen »Büro Bundeshauptstadt« – meist nur Schwippert und sein Atelierchef, der Diplom-Ingenieur Stefan Leuer.[150] Fest steht aber, dass der Umbau der Pädagogischen Akademie ein arbeitsteiliger kreativer Prozess war und Schwippert verschiedentlich Rat und Tat hinzugeholt hat. Was die Gesamtplanung der übrigen Bundesbauten in Bonn anging, also was über das Parlamentsgebäude hinausging, hatte die Landesregierung – neben Schwippert – die Architekten Max Taut, Sep Ruf und Otto Ernst Schweizer beauftragt.[151] Im Sommer 1949 war zudem ein »Architekturausschuss für den Aufbau der Bundeshauptstadt Bonn« eingerichtet worden.[152] Zu Schwip-

---

[146] F. Schulze, Mies van der Rohe, 1986, S. 103–112.

[147] K. Becker, Schwarz, 1981; J. Macke, Entwurfspraxis, 2006; W. Pehnt, Plangestalt, 2011.

[148] C. Werhahn, Schwippert, 1987, S. 18 f. und 143 (Zitat).

[149] A. Buslei-Wuppermann, Schwippert, 2007, S. 43–48.

[150] Am nächsten dran und am genausten war eine Architekturzeitschrift: »Diese [äußerst knappe, B.W.] Terminstellung nun hat Professor Schwippert mit seinen Mitarbeitern (in der Mehrzahl ehemalige Schüler) unter Führung von Dipl. Ing. Stefan Leuer im Kampf gegen z. T. widrigste Schwierigkeiten auf verblüffende Weise erfüllt.« Artikel »Das Bundeshaus in Bonn«; Bauen und Wohnen 4 (1949), 10, S. 466–469.

[151] Artikel »Das neue Bonn, die Stadt der weiten Freiräume«; Die neue Stadt 5 (1951), 8, S. 297–300.

[152] C. Werhahn, Schwippert, 1987, S. 197.

perts Team beim Bundeshaus gehörten unter anderem die Architekten Johannes Krahn, Eugen Blanck und Wera Meyer-Waldeck, der Landschaftsarchitekt Hermann Mattern und der Oberste Bauleiter Erwin Mahs. Für das Wiederaufbauministerium kümmerte sich der Ingenieur Paul Hopp um die fachliche Bauführung vor Ort; nach Gründung der Bundesrepublik wechselte Hopp dann in die Staatliche Bauleitung und blieb dort für das Bundeshaus zuständig.

Stefan Leuer (1913–1979) war seit 1946 Schwipperts Assistent und Atelierchef. Im Anschluss an das Bundeshaus-Projekt leiteten die beiden in Bonn noch den Umbau des Palais Schaumburg zum Bundeskanzleramt (worüber sich Adenauer und Schwippert endgültig zerstreiten sollten).[153] Wenig später bauten Leuer, Schwippert und andere zudem in Düsseldorf die Hauptverwaltung der Provinzial-Versicherung (Abb. 19, S. 197) sowie das Hauptgebäude des Deutschen Roten Kreuzes in Bonn. In Köln wurde Leuer Dozent für Sakral- und Profanarchitektur sowie Leiter der Kölner Werkschulen, als Nachfolger des Kirchenbauarchitekten Dominikus Böhm.[154] Seit Mitte der Fünfzigerjahre konzentrierte sich Leuer dann ganz auf den Kirchenbau, dem er eine zeitgemäße, moderne Form zu geben versuchte. Der *Spiegel* zählte ihn deshalb zur »Avantgarde der jungen katholischen Kirchenarchitekten«.[155] In den Bistümern Aachen, Köln und Trier entwarf Leuer mehr als ein Dutzend Kirchen und Gemeindehäuser.[156]

Auch Schwippert war katholisch und stammte aus einem kirchlich gebundenen Elternhaus; viele seiner Texte publizierte er in katholischen Zeitschriften. Zusammen mit Schwarz hatte er, vor allem Anfang der Dreißigerjahre, für kirchliche Auftraggeber entworfen.[157] In der Zeit der Weimarer Republik, aus der kaum politische Äußerungen Schwipperts bekannt sind, pflegte er Kontakte zum ›Quickborner Arbeitskreis‹, dem katholischen Zweig der Jugendbewegung um Romano Guardini.[158] Auch die 1934 von den Nazis geschlossene Aachener Kunstgewerbeschule stand in einem kirchlichen Kontext. Vor diesem Hintergrund galt Schwippert in der frühen Bundesrepublik als ein »katholisch Halblinks-Intellektueller«, wie sich ein jüngerer Kollege an der Düsseldorfer Kunstakademie erinnerte.[159]

---

[153] C. WERHAHN, Schwippert, 1987, S. 193; J. THORN-PRIKKER, Keine Experimente, 1992, S. 249.

[154] R. GÜNTER, Werkbund, 2009, S. 368.

[155] Artikel »Im Netz der Ketzerei«; DER SPIEGEL vom 21. September 1955, Nr. 39/1955, S. 40–42, hier S. 40.

[156] HANDBUCH BISTUM AACHEN, 1993, S. 1224; F. KREUSCH, Kirchen im Bistum Aachen, 1961; K. J. BOLLENBECK, Neue Kirchen, 1995, S. 77.

[157] A. OELLERS, Geselle, 2010, S. 46.

[158] S. WAGNER-CONZELMANN, Kirchenbauten, 2010; A. OELLERS, Geselle, 2010, S. 43 f.; C. OESTEREICH, Schwippert im »Dritten Reich«, 2010, S. 78; G. BREUER, Moderation des Wiederaufbaus, 2010, S. 90 f.; W. PEHNT, Plangestalt, 2011, S. 11–19. – Zu Guardini: H.-B. GERL-FALKOVITZ, Guardini, 2005.

[159] Ernst Althoff, zitiert nach: A. BUSLEI-WUPPERMANN, Schwippert, 2007, S. 9.

Die mit dem Rheinland und dem Kirchenbau verbundene Spur führt zu einem weiteren Architekten, der beim Bundeshaus beteiligt war: zu Johannes Krahn (1908–1974).[160] Krahn, fast gleichalt wie Schwippert, hatte bei Dominikus Böhm und Schwarz studiert und gearbeitet. Gemeinsam mit Schwarz und Schwippert lehrte Krahn 1933/34 in Aachen, zusammen mit Schwarz und anderen war er nach dem Zweiten Weltkrieg bei dem betont lichten und zugleich strengen Wiederaufbau der Paulskirche in Frankfurt beteiligt.[161] Im Bistum Limburg zeichnete Krahn als Diözesanbaumeister – und seit 1954 in Frankfurt als Professor an der Baukunst-Abteilung der Städel-Schule, die er in den Sechzigerjahren als Direktor leitete. Als Architekt entwarf Krahn zudem zwischen 1950 und 1952 die französische Botschaft in Bad Godesberg – mit vielen Fenstern zum Rhein hin – und Schulen in Frankreich sowie in der Bundesrepublik.[162]

Einschlägige Erfahrung und einen Ruf als Vertreter des ›Neuen Bauens‹ hatte auch der Architekt Eugen Blanck (1901–1980).[163] Der von Schwarz, Krahn und Blanck gemeinsam geleitete Wiederaufbau der Paulskirche, in der 1848/49 die erste Nationalversammlung getagt hatte, verstand sich explizit nicht als Rekonstruktion (was heute als Verfälschung des historischen Ortes kritisiert wird). Die Architekten der Nachkriegszeit meinten, dass die Frankfurter Ruine eindrucksvoller sei als der alte Bau, und aus dieser Haltung resultierte die Strenge der Form. Indem die Architekten aber große Leuchtkörper und gläserne Rundbogenfenster hinzufügten, setzten sie zugleich ein erstes Transparenz-Signal in der Parlamentsarchitektur, und zwar als Übertragung der ursprünglich sakralen, aus der Gotik stammenden Licht-Metaphorik.[164] Blanck hatte während der Weimarer Republik in Frankfurt als Planer im Städtischen Hochbauamt bei Ernst May angefangen. In der Bonner Region betätigte er sich in den Fünfzigerjahren im Siedlungsbau.[165]

Die Innengestaltung des Bundeshauses – vom Plenarsaal bis zu den Abgeordnetenbüros – war der Schaffensbereich von Wera Meyer-Waldeck (1906–1964).[166] Meyer-Waldeck hatte zwischen 1927 und 1932 am Bauhaus studiert,

---

[160] H.-J. LORENZ, Krahn, 1980; H. DANNIEN-MAASSEN, Krahn, 1991, K. PRESSLER, Ludwigskirche, 2000, S. 121–132; R. STEGERS, Räume der Wandlung, 2000, S. 88; K. BERKEMANN, Nachkriegskirchen in Frankfurt, 2013.

[161] D. BARTETZKO, Symbol der Republik, 1992; M. SCHWARZ, Beginn in Bescheidenheit, 1994.

[162] Artikel »Bürogebäude der französischen Kommission in Godesberg«; BAUKUNST UND WERKFORM 4 (1951), 7, S. 19. – Vgl. A. SCHYMA, Zurückhaltung, 2003, S. 31 f.; M. HANNEMANN/D. PREISSLER, Bonn – Orte, 2014, S. 88.

[163] C. WELZBACHER, Staatsarchitektur der Weimarer Republik, 2006, S. 292.

[164] D. BARTETZKO, Symbol der Republik, 1992, S. 120.

[165] Artikel »Wohnbauten in Bad Godesberg«; DIE NEUE STADT 5 (1951), 9, S. 341–343. – Vgl. K. KÄHLING, Aufgelockert und gegliedert, 2004, S. 224.

[166] C. BAUER, Bauhaus-Schülerinnen, 2003, S. 232 f.

unter anderem bei Paul Klee und Wassily Kandinsky.[167] Sie war die erste Bauhaus-Studentin, die in Dessau ein Diplom abgelegt hat. Mithin kannte sie die verglaste Werkstatt des Bauhausgebäudes aus eigener Anschauung. Für ihre architektonische Abschlussarbeit bei Mies van der Rohe entwarf sie ein Schulgebäude in Stahlskelettkonstruktion mit hohem Fensteranteil. Für die Zusammenarbeit mit Schwippert und für den Umbau der Pädagogischen Akademie war sie damit geradezu prädestiniert. 1948 war Meyer-Waldeck aus Dresden nach Westdeutschland gekommen und hatte sich Schwippert und dem Werkbund Nord-West angeschlossen. Schon 1949 präsentierte sie bei einer Werkbund-Ausstellung in Köln Möbel und, da sie zugleich gelernte Kindergärtnerin war, eine Muster-Kita.[168]

Die Gartenanlage des Bundeshauses stammte von Hermann Mattern (1902–1971). Mattern war Professor an der Kunstakademie in Kassel und Werkbund-Mitglied seit 1930.[169] Schwippert hatte ihn für die Landschaftsgestaltung in Bonn hinzugezogen, ohne die Personalie vorher mit dem Ministerium abzusprechen; in Düsseldorf hätte man lieber einen rheinischen Gartenarchitekten gesehen.[170] Mattern war jedoch ein ausgewiesener Fachmann, seit er 1939 auf dem Stuttgarter Killesberg das Gelände für die Reichsgartenschau geplant hatte. 1950 wurden hier die Kriegsschäden beseitigt, so dass die erste Gartenschau nach dem Zweiten Weltkrieg stattfinden konnte, die erste (noch nicht offiziell so genannte) Bundesgartenschau.[171] Überhaupt stammten viele Garten- und Landschaftspläne der Nachkriegszeit von Mattern. Aus seinem Leitbild der »Wohnlandschaft«, einer Synthese von Landschaftspflege und Naturschutz[172], sprach eine zeittypische »Verbindung von Hinwendung zur Natur und einer neuen Innerlichkeit«.[173]

---

[167] Zur Biographie: C. BAUER, Bauhaus-Schülerinnen, 2003, insbesondere S. 92 und 377–379; WERKBUND, 2007, S. 354; U. MAASBERG/R. PRINZ, Die Neuen kommen, 2005, S. 86–89.

[168] C. BAUER, Bauhaus-Schülerinnen, 2003, S. 163–165. – Im ›Dritten Reich‹ fand Meyer-Waldeck eine Anstellung in der Obersten Bauleitung der Reichsautobahn, für die sie Brücken mit Naturstein verblendete. Anschließend wechselte sie zur Reichsbahndirektion. In Oberschlesien baute sie eine komplette Zechenanlage.

[169] WERKBUND, 2007, S. 354; V. HEINRICH-HAMPF, Mattern, 1982.

[170] Weitere gärtnerische Aufgaben, etwa bei den Pressehäusern vis-à-vis dem Bundeshaus, übernahmen daher der Bonner Gartenarchitekt Wolfgang Darius, ein früherer Panzer-Hauptmann, und Schwipperts Assistent Leuer: Abrechnung der Architektenhonorare für die Gartenanlagen (1949/50); LA NRW, NW 101–107. – Zu Darius: W.-P. FELLGIEBEL, Träger des Ritterkreuzes, 1993, S. 157; K. KÄHLING, Aufgelockert und gegliedert, 2004, S. 74.

[171] Artikel »Deutsche Gartenschau in Stuttgart«; BAUKUNST UND WERKFORM 3 (1950), 1, S. 40–43. – Vgl. V. HEINRICH-HAMPF, Mattern, 1982, S. 7 und 139. – Für Gartenbauausstellungen im deutsch-deutschen Systemwettbewerb: K. VAGT, Politik durch die Blume, 2013.

[172] Wiedergedruckt in: V. HEINRICH-HAMPF, Mattern, 1982, S. 109 f.

[173] K. VAGT, Politik durch die Blume, 2013, S. 79.

Im Team der technischen Baudirektion des ›Büros Bundeshauptstadt‹ arbeitete seit Mai 1949 zudem der Architekt Erwin Mahs.[174] Er kümmerte sich als Oberbauleiter »um die Bauorganisation, d. h. die bauwirtschaftliche Bewältigung der Maßnahme Bonn«.[175] Dabei war er offensichtlich tüchtig, wie seine Folgeaufträge im Wohnungsbau belegen.[176] Nach dem erfolgreichen Umbau des Bundeshauses wurde Mahs der »meistbeschäftigte Architekt im Bonner Beamtenwohnungsbau«.[177] Zugleich war der Oberbauleiter Mahs aber die biographisch am stärksten belastete Führungskraft auf der Baustelle des westdeutschen Parlamentsgebäudes. Seit Februar 1932 war Mahs Mitglied der NSDAP gewesen.[178] Aus dem ›Dritten Reich‹ stammten auch seine Führungserfahrungen bei größeren Bauaufgaben, die er in der ›Organisation Todt‹ und bei dem Architekten Walter Schlempp gesammelt hatte.[179] Dessen Berliner Ingenieurbüro war Albert Speer zugeordnet, dem Generalbauinspektor für die Reichshauptstadt, seit 1942 Rüstungsminister.[180] Für die ›Baugruppe Schlempp‹ plante und koordinierte Mahs in den Versuchsanstalten des Heeres und der Luftwaffe in Peenemünde, wo unter der Leitung Wernher von Brauns Marschflugkörper und Raketen getestet wurden. Auch wenn hier nicht genauer darauf eingegangen werden kann, weiß man, dass in Peenemünde seit 1943 ein Konzentrationslager bestand und dass die Rüstungsproduktion auf der Ausbeutung von Zwangsarbeitern und Häftlingen basierte, von denen viele ums Leben kamen.[181]

Wie aus einem nüchternen Aktenvermerk des Wiederaufbauministeriums hervorgeht, hat Mahs, als er sich im Mai 1949 beim ›Büro Bundeshauptstadt‹ vorstellte, weder seine NSDAP-Mitgliedschaft verschwiegen noch die Mitarbeit in Peenemünde.[182] Sein Hinweis auf die ›Organisation Todt‹ diente im

---

[174] Vermerk von Ministerialdirigent Ludwig Fütterer, Wiederaufbauministerium, vom 20. Mai 1949; LA NRW, NW 73-61. Darin finden sich auch weitere biographische Angaben zu Mahs.
[175] Ministerialdirigent Ludwig Fütterer, Wiederaufbauministerium, an den Bonner Oberstadtdirektor Johannes Langendörfer vom 30. Mai 1949; LA NRW, NW 73-61.
[176] Artikel »Volkswohnungen in Bonn«; BAUEN UND WOHNEN 5 (1950), 10, S. 569 f. – In den Fünfzigerjahren verwirklichte Mahs (bisweilen Maß) in den Ortsteilen Endenich, Duisdorf, Kessenich, Mehlem und Tannenbusch rund zwanzig Siedlungsbauprojekte, einige davon gemeinsam mit Erich Mattern, dem Bruder des Gartenarchitekten: K. KÄHLING, Aufgelockert und gegliedert, 2004.
[177] K. KÄHLING, Aufgelockert und gegliedert, 2004, S. 72 (Zitat) und 232 f.
[178] BArch R 9361-IX Kartei / 26880169.
[179] Vermerk von Ministerialdirigent Ludwig Fütterer, Wiederaufbauministerium, 20. Mai 1949; LA NRW, NW 73-61.
[180] M. BRECHTKEN, Speer, 2017, S. 117.
[181] R. EISFELD, Mondsüchtig, 1996, S. 95; M. NEUFELD, Rakete, 1997, S. 221; V. BODE/G. KAISER, Raketenspuren, 2004, S. 30 und 62; L. SCHMIDT/U. MENSE, Denkmallandschaft, 2013, S. 39 f. und 49. – Aus ›68er‹-Perspektive: W. KOPPEL/K. SAUER, Führer, 1969, S. 28. – Dass hinsichtlich der ›Baugruppe Schlempp‹ viele Fragen offen sind, betont der Literaturbericht: C. MÜHLDORFER-VOGT, Zwangsarbeit, 2014.
[182] Hier und im Folgenden: Vermerk von Ludwig Fütterer, Wiederaufbauministerium, vom 20. Mai 1949; LA NRW, NW 73-61.

Gegenteil als Nachweis der erwünschten Berufserfahrung. Mahs betonte den formellen Abschluss seiner Entnazifizierung als »Mitläufer«, die »ohne Berufsbeschränkung« ergangen sei. Auch benannte er Heinrich Lübke, den späteren Bundespräsidenten, »als Referenz in politischer Hinsicht«. Lübke amtierte zwischen 1947 und 1952 in Düsseldorf als Landwirtschaftsminister, und weil das ›Büro Bundeshauptstadt‹ ja zur Landesregierung gehörte, war der Name Lübke eine gute Referenz. Darüber hinaus stellte sich Mahs auf Empfehlung des eigentlich vorgesehen Architekten Walter Schlempp (!) vor, der nicht mehr die ›Baugruppe Schlempp‹ leitete, sondern in Frankfurt zusammen mit dem 1937 aus der Sowjetunion zurückgekehrten Architekten Werner Hedebrand ein Büro führte. Es muss jedoch offen bleiben, ob im »Büro Bundeshauptstadt« bekannt war oder ob es eine Rolle spielte, dass Mahs, Schlempp und Lübke einander aus Peenemünde kannten, wo Lübke als Vermessungsingenieur tätig gewesen war.[183]

Beim Bundeshaus arbeiteten Menschen zusammen, deren Vorgeschichten und politische Biographien durchaus unterschiedlich waren; sie reichten vom Bauhaus bis nach Peenemünde. Der Grad der jeweiligen Verstrickung im ›Dritten Reich‹ spielte bei dem neuen Bauprojekt offensichtlich keine Rolle. Belastungen – etwa die NSDAP-Mitgliedschaft von Leuer oder Mattern[184] – wurden nicht unbedingt verschwiegen; aller Wahrscheinlichkeit nach wurden sie schlicht kaum thematisiert. Was zählte, war der Erfolg des aktuellen Vorhabens. Darüber hinaus verband die Architekten, die das erste Parlamentsgebäude der Bonner Republik entworfen haben, ein Moment der generationellen, auch kunsthistorischen Vergemeinschaftung. Ausgebildet wurden sie in den Zwanzigerjahren, in der Blütephase der klassischen ›Moderne‹. Die zweite Zäsur waren der Nationalsozialismus und der Zweite Weltkrieg: Einige wurden in ihrer ästhetischen Entwicklung gestoppt, andere waren in die Verbrechen des NS-Staates verstrickt; geprägt hat das ›Dritte Reich‹ sie alle. Das gilt auch für ihre dritte gemeinsame Erfahrung: das Projekt des ›Wiederaufbaus‹ nach der großen Zerstörung.

An dieser Stelle kommt der Werkbund wieder ins Spiel, dem sie fast alle angehört haben. Der Werkbund fungierte *erstens* als Kontaktbörse, *zweitens* bedeutete er ein programmatisches Bekenntnis zur Architektur der ›Moderne‹. *Drittens* verpflichtete er auf ein gemeinsames Ethos, gemeint ist: ein Mantra der Nüchtern-

---

[183] Die Frage der Verantwortung Lübkes ist teils unbeantwortet und umstritten. Es ist aber davon auszugehen, dass ihm bewusst war, dass auf den Baustellen Zwangsarbeiter und KZ-Häftlinge eingesetzt wurden; gleiches gilt für Mahs. Zu beiden: R. Morsey, Lübke, 1996, S. 122–127. – In den Sechzigerjahren wurde Lübke wegen seiner Rolle im ›Dritten Reich‹ öffentlich stark kritisiert (»KZ-Baumeister«), nicht zuletzt mit Informationsmaterial, das von der DDR-Propaganda verbreitet und teils bearbeitet worden war. Demgegenüber versuchte Mahs, Lübke (und sich selbst) zu verteidigen: Artikel »Wie alle«; Der Spiegel vom 31. Oktober 1966; Nr. 45/1966, S. 42 f.; R. Morsey, Lübke, 1996, S. 289 f.; J. Staadt, Lübke-Legende, 2 Teile, 2005/2006.
[184] BArch R 9361-IX Kartei / 25651152 (Leuer) bzw. 27871218 (Mattern).

heit, Einfachheit und Bescheidenheit, das auch eine Art Brücke über die Brüche des Jahrhunderts hinweg schlagen sollte. »Neuanfang ohne Schatten der Vergangenheit«, so hat der Literatur- und Musikkritiker Joachim Kaiser den Geist der Fünfzigerjahre pointiert bezeichnet.[185] Das Motto beschreibt auch ziemlich genau das, was viele Architekten um 1950 herum bauen wollten. In hellen Räumen, hinter großen Fenstern und klaren Linien war kein dunkler Winkel mehr vorgesehen. Insofern hatten die Ziele von Bescheidenheit, Helligkeit und Nüchternheit – neben dem Moment der Wiedergutmachung – durchaus etwas Exorzistisches, auch Irreales, weil es ja kein Zurück in die Zwanzigerjahre gab.[186] Auffällig ist zudem, wie stark religiöse Findungsprozesse in der frühen Bundesrepublik eine Rolle spielten: Stefan Leuer, Johannes Krahn und Hans Schwippert bauten auch Kirchen; Wera Meyer-Waldeck konvertierte zum katholischen Glauben.[187]

Der Umbau der Pädagogischen Akademie und der Neubau des Plenarsaals wurden pünktlich zu den ersten Sitzungen des Bundestages fertig. Am 14. September 1949, am Vortag der Wahl des Bundeskanzlers, fand im Bundeshaus eine kleine Übergabezeremonie statt.[188] Der Bauleiter übergab dem Bauherrn, dem nordrhein-westfälischen Ministerpräsidenten Karl Arnold, einen großen Schlüssel, dem die Wappen der Stadt Bonn und des Landes Nordrhein-Westfalen eingraviert waren, außerdem die Inschrift »Bundesrepublik Deutschland September 1949«. Anschließend bedankte sich der Ministerpräsident bei Wandersleb sowie den Architekten, Ingenieuren und Bauarbeitern. Er übermittelte ihnen die freundlichen Grüße von Theodor Heuss und versprach, den Schlüssel an Bundestagspräsident Erich Köhler, den neuen Hausherrn, weiterzugeben. Die feierlichsten Worte an diesem recht geschäftsmäßigen Nachmittag fand Hans Schwippert. Der Architekt bezeichnete das Bonner Parlamentsgebäude als das »neue helle Haus für eine Menschenwürde neuer Art«.

2.5   Hell, modern, bescheiden, vorläufig: Die Parlamentsarchitektur der frühen Bonner Republik

Die Bonner Architekten planten das Bundeshaus als politisches Bekenntnis.[189] Ihr Programm offenbarte sich in vier Merkmalen: Hell und transparent sollte das Parlamentsgebäude der frühen Bundesrepublik sein, außerdem modern,

[185] J. Kaiser, Phasenverschiebungen, 1990, S. 71.
[186] Abstrakte Malerei als Medium der Distanzierung deutet: A. Doering-Manteuffel, Kultur der 50er Jahre, 1993, S. 537 f.
[187] K. J. Bollenbeck, Neue Kirchen, 1995, S. 76 f. und 85; C. Bauer, Bauhaus-Schülerinnen, 2003, S. 96.
[188] Artikel »Übergabe des Bundeshauses«, Kölnische Rundschau vom 15. September 1949; »Heute Wahl des Bundeskanzlers«; Westdeutsche Zeitung vom 15. September 1949.
[189] G. Knopp, Plenarsaal, 1989, S. 66.

bescheiden und vorläufig. Der hohe gestalterische Anspruch zeigte sich insbesondere beim Plenarsaal, dem wichtigsten, ja einzigen echten Neubau des Ensembles. Denn alle weiteren Teile des Bundeshauses waren streng genommen Um- oder Anbauten, die dem Akademiegebäude hinzugefügt wurden und so die bescheidene Vorläufigkeit des Ganzen hervorhoben. Der neue Plenarsaal stand im rechten Winkel zum Rheinufer und parallel zur alten Aula. Seine nach Osten, zum Fluss hin verlaufende Wand war eine schmucklos unverputzte Fassade aus hellem Basalttuff. Der rheinische Bimsstein passte farblich gut zum weißen Putz der Akademie, und er verortete das Gebäude zudem bodenständig in der Region.[190] Auffälliger als der Tuff, auch symbolpolitisch bedeutender waren die beiden gläsernen Außenwände, die nach Norden und Süden zeigten. Der Plenarsaal bekam – wie schon bei der Aula der Akademie, in der nun der Bundesrat tagte – zwei Fensterfassaden, vom Boden bis zur Decke und auf der ganzen Länge von zwanzig Metern. »Ich habe gewünscht, daß das deutsche Land der parlamentarischen Arbeit zuschaut«, erklärte der leitende Architekt. Durch die Fenster sehe man den Rhein, so Schwippert, »das gegenseitige Ufer«.[191]

Hans Schwippert entwarf das Bonner Parlament als Glashaus, weil das politische Geschehen vor den Augen der Öffentlichkeit stattfinden sollte. Das Tageslicht fiel in den Saal, und man konnte von außen hinein- beziehungsweise von innen herausschauen. Dabei ging es ihm um Helligkeit und Transparenz im praktischen Sinne, aber eben auch um die Symbolik. »Die Politik ist eine dunkle Sache«, meinte Schwippert einmal zu seinen Freunden, »schauen wir zu, daß wir etwas Licht hineinbringen.«[192] In dieser Hell-und-Dunkel-Metaphorik klang der Wunsch an, dass die neue Parlamentsarchitektur auch die politische Kultur in Deutschland verändern möge: Das Licht treibe die Dunkelheit aus der Politik, auch die Schatten der Vergangenheit. An ihrer Stelle sollten Aufklärung und Öffentlichkeit walten, ermöglicht nicht zuletzt durch den Bezug zur Welt außerhalb des Parlaments und die Effekte der modernen Architektur. In diesem Sinne hoffte auch Wera Meyer-Waldeck auf eine politisch-pädagogische Wirkung des Gebäudes: Der Bundestag sei »durch seine zwei ganzseitigen Glaswände so mit der rheinischen Landschaft verbunden, daß alle verstaubten und veralteten parlamentarischen Gepflogenheiten gebannt sein müßten. Nichts von Geheimniskrämerei, von falschem Pathos und geborgtem Prunk. Licht, Sonne und die heitere rheinische Landschaft dringen in den Saal.«[193]

---

[190] C. Werhahn, Schwippert, 1987, S. 199.
[191] Artikel von Schwippert, »Das Bonner Bundeshaus«; Neue Bauwelt 6 (1951), 17, S. 65–72, hier 65.
[192] Den Satz überlieferte Wera Meyer-Waldeck: »Das Bundesparlament in Bonn«; Architektur und Wohnform 1950, 5, S. 99.
[193] Artikel »Das Bundesparlament in Bonn«; Architektur und Wohnform 1950, 5, S. 102.

Der Zugang zum Plenarsaal erfolgte über die zur sogenannten Wandelhalle, der Lobby, umgestaltete ehemalige Turnhalle. Im Innern des Sitzungssaals wurden erst spät – als der Rohbau schon fortgeschritten war – Sprecherkabinen für den Rundfunk eingebaut. Die Arbeit in diesen »engen, feucht-muffigen und schlecht durchlüfteten Kojen mit Fenstern zum Plenarsaal« war für die Radiojournalisten nicht eben bequem.[194] Alles in allem wurde der Plenarsaal jedoch nicht nur »größer und moderner eingerichtet [...] als der Plenarsaal im ehemaligen Reichstag«, wie die Lokalpresse stolz vermerkte, sondern er werde »zweifellos auch geschmackvoller« aussehen, weil die »beiden vollständig verglasten Seitenwände« so viel Licht hereinließen.[195]

Eine Idee konnte Schwippert hingegen nicht durchsetzen, obwohl sie ihm wichtig gewesen war: eine kreisrunde Bestuhlung in dem viereckigen Plenarsaal, der eigentlich ohne hervorgehobene Rednertribüne auskommen sollte. Nach Schwipperts Vorstellung hätten die Abgeordneten von ihren Plätzen aus sprechen sollen – so wie im britischen Unterhaus und anders als in der deutschen parlamentarischen Tradition. Wandersleb erinnerte sich später, Adenauer habe, als Wandersleb dem Präsidenten des Parlamentarischen Rates die Pläne vorgelegt habe, seine Ablehnung mit dem Argument begründet, man sollte »für den Anfang der parlamentarischen Arbeit« besser nicht gleich mit »so radikalen Neuerungen« beginnen.[196] Also wurden die Rednertribüne, die Sitze des Präsidiums und vor allem die Regierungsbank höher als die übrigen Parlamentariersitze eingerichtet. Durch diese Unterscheidung erhielt der Bonner Plenarsaal seinen typischen, in der Tradition der Pädagogischen Akademie nicht unpassenden, aber vom Architekten ausdrücklich anders gewünschten »Hörsaalcharakter«[197]. In Kombination mit den meist vom Manuskript abgelesenen, nicht frei gehaltenen Reden strukturierte die Tribüne den rhetorischen Stil des Vortrags anstelle der diskursiven Auseinandersetzung.[198] Die Redner richteten sich an ein Publikum – vermittelt durch Presse und Rundfunk sogar stärker noch an ein Publikum draußen als an die Kollegen im Saal. Vor allem aber bedeutete die erhöhte Regierungsbank eine Wiederherstellung der traditionellen, autoritär wirkenden Anordnung der Sitze, wie sie im Reichstag und im preußischen Herrenhaus den Vorrang der Exekutive symbolisch untermauert hatte.

---

[194] O. SCHUMACHER-HELLMOLD, Entscheidung des Herzens, 1974, S. 73; DERS., Bonns Trümpfe, 1989, S. 62.

[195] Artikel »Bonn, die wachsende Stadt«; KÖLNISCHE RUNDSCHAU vom 12. August 1949.

[196] Zitiert nach: C. WERHAHN, Schwippert, 1987, S. 229 f. – Vgl. A. BUSLEI-WUPPERMANN/A. ZEISING, Bundeshaus, 2009, S. 61–67.

[197] Rita Süssmuth in: I. FLAGGE/W. J. STOCK (Hg.), Architektur und Demokratie, 1992, S. 7.

[198] W. GÖTZE, Parlamentsgebäude, 1960, S. 115 f.

Abb. 15: Der Plenarsaal bei der ersten Sitzung des Deutschen
Bundestages am 7. September 1949. © Bestand Erna Wagner-
Hehmke, Haus der Geschichte, Bonn.

Eng mit dem Aspekt der Helligkeit und Transparenz des Parlamentsgebäudes hing das zweite programmatische Ausrufezeichen zusammen: das Bekenntnis zum ›Neuen Bauen‹ und zur Modernität. Es zeigte sich in der Verwendung
von Glas und Stahl, aber auch bei den großen Neonröhren. Überhaupt war der
Plenarsaal als Stahlskelettbau konstruiert worden und verleugnete das explizit
nicht; die Offenlegung der Konstruktion war ein Merkmal des ›Neuen Bauens‹,
ebenso wie die klaren, sachlichen Formen. Charlotte Werhahn, Schwippert-Bio-
graphin und Enkelin Adenauers, hat darauf hingewiesen, dass Schwipperts Bundeshaus stark von den Campusgebäuden beeinflusst war, die Ludwig Mies van
der Rohe, ein Freund und Vorbild Schwipperts, in Chicago für das *Illinois Institute of Technology* entworfen hatte.[199]
   Ästhetisch handelte es sich beim Bundeshaus um ein Gegenprogramm zur
NS-Monumentalarchitektur. Schwippert wendete Transparenz und Sachlichkeit
des ›Neuen Bauens‹ erstmals für offizielle Repräsentationsaufgaben an, und zwar

---

[199] C. WERHAHN, Schwippert, 1987, S. 194 f. – Vgl. F. SCHULZE, Mies van der Rohe, 1986,
S. 231–239.

verdichtet zu einem »Dogma der Bescheidenheit, Reinheit und Klarheit«[200].
Glas statt Stein, Bescheidenheit statt Großmachtanspruch, lautete die Botschaft.
In der Zeitschrift *Baukunst und Werkform* pries denn auch der Herausgeber Alfons Leitl die »baukünstlerische« sowie »bauorganisatorische« Leistung Schwipperts, insbesondere »die Einfachheit und Klarheit des gesamten Raumes«. Aufschlussreicher als das Lob für Schwippert[201] ist die Bewertung der Atmosphäre
des Sitzungssaals in der vormaligen Akademie: Hervorgehoben wurde »die saubere Atmosphäre« der »lichten Räume«.[202]

Das Bekenntnis zur Architektur der ›Moderne‹ war für die Bonner Republik
als kultur- und außenpolitische Botschaft ausgesprochen klug: Mit dem Bezug
auf das Bauhaus rehabilitierte sie eine Architekturschule der Weimarer Republik, die von den Nazis vertrieben worden war. Mit dem Bezug auf Gropius und
Mies van der Rohe re-importierte die frühe Bundesrepublik zugleich einen aktuellen Trend aus den Vereinigten Staaten, den *International Style*, wie man mittlerweile sagte, seitdem eine Ausstellung im *Museum of Modern Art* in New York
diese Marke 1932 etabliert hatte.[203] Die Renaissance der ›Moderne‹ nach 1945
war mithin Vergangenheitsbewältigung, Wiedergutmachung und Westbindung
in einem – ein in Glas und Stahl gefasster Hinweis auf ein besseres, antitotalitäres Deutschland und ein amerikanisch-deutsches Joint Venture im ›Kalten
Krieg‹.[204] Auch vor diesem Hintergrund erwies sich die Entscheidung, das Bonner Akademiegebäude zu erweitern, als überaus gelungene Wahl.

Zum Erweiterungs-Projekt gehörten schließlich die Motive der Bescheidenheit und des Provisorischen. So bekannte sich Schwippert nicht nur zur Tradition der Pädagogischen Akademie, sondern er erklärte bei jeder Gelegenheit,
dass es allein sein Ziel sei, deren gute Architektur zu übersetzen in eine neue Zeit
und für einen neuen Zweck.[205] Kein Neubau sollte es sein, sondern eine maßvolle Erweiterung, weil sich das Akademiegebäude »als geeignet erwiesen« hatte
und von den Mitgliedern des Parlamentarischen Rates als »angenehm empfunden« worden war. Zwar brauchte der Bundestag mehr Platz und neue Gebäude,
doch wollte man es dabei nicht übertreiben, erklärte Schwippert immer wieder – auch weil er zu berücksichtigen hatte, dass die Bauzeit kurz, die Mittel

---

[200] H. Frank, Trümmer, 1983, S. 64 und 75 (Zitat).
[201] Leitl und *Baukunst und Werkform* gehörten zum Umfeld des Werkbunds; Schwippert war Mitherausgeber.
[202] Artikel »Anmerkungen zur Zeit«; Baukunst und Werkform 2 (1949), S. 13.
[203] The International Style, 1932. – Vgl. P. Gay, Moderne, 2008, S. 344 f. – Wegweisend wurde auch die deutsche Katalogfassung der *MoMA*-Ausstellung *In USA gebaut*, die 1944 unter anderem Gropius und Mies van der Rohe präsentierte: C. Welzbacher, Monumente der Macht, 2016,
S. 202.
[204] P. Betts, Bauhaus als Waffe, 2009, S. 196 f.
[205] C. Werhahn, Schwippert, 1987, S. 2.

knapp und der ›Hauptstadtstreit‹ beziehungsweise die Frage der Nachnutzung
offen waren. Für den Fall, dass der Bundestag Bonn wieder verlassen würde,
sollte die umgebaute Akademie für andere Zwecke, für Konzerte, Kongresse
oder die Bonner Universität genutzt werden.[206] Das Vorläufige kennzeichnete
nicht nur, aber insbesondere die Anfänge der Bonner Republik. So wurde das
Bundeshaus zum Symbolbau des Provisoriums. Zum Thema Bescheidenheit erklärte Schwippert:

> Nur wenige Stimmen meinen, Vertretung des Volkes verlange mehr Feierlichkeit.
> Wir werden sie erbauen, wenn die Politik einmal wieder erhabene Erfolge haben
> wird. Einstweilen halte ich es für recht, daß dieser Anfang ein helles Haus habe und
> ein einfaches, ein Haus von heute, das zur Welt hin offen ist.[207]

Aus der alten Akademie stammten der Bundesratssaal (die frühere Aula, wo der
Parlamentarische Rat getagt hatte) sowie der Gebäudeteil an der Görresstraße.
In diesem Mitteltrakt befanden sich die Räume der Fraktionen. Als Neubauten schlossen sich an: der Nord- und der Südflügel sowie ein Restaurant. Der
Nordflügel war fünfgeschossig und beherbergte die Verwaltung des Bundesrates sowie anfangs mehrere Landesvertretungen. Im dreigeschossigen Südflügel
befanden sich die Sitzungsräume der Ausschüsse sowie die Büros des Präsidi-
ums und der Bundestagsverwaltung, ein Rundfunkstudio, die Bibliothek und
das Archiv. Hier gab es zudem einen Friseursalon, einen Zeitungskiosk und eine
Buchhandlung. Zwei Eingänge führten ins Bundeshaus: Eingang I in den Mit-
telbau, Eingang II in die Wandelhalle und auf die Besuchergalerie im Plenarsaal.
Der Sitzungssaal sah betont bescheiden, nüchtern und vorläufig aus. Der einzige
Schmuck war hinter der Rednertribüne ein Wandvorhang mit den aufgestickten
Wappen der Länder sowie Berlins.

Im Verbindungsstück zwischen dem Südflügel des Bundestages und dem
Nordteil des Bundesrates lag »das rheinseitig ganz in Glas aufgelöste neue
Restaurant«.[208] Es war eingeschossig und öffnete sich mit einer großen Glas-
front zum Rhein hin, wo sich eine Terrasse befand. Restaurant und Rheinter-
rasse waren, wenn keine Sitzung war, für jedermann öffentlich zugänglich. Die
Gäste konnten aus dem parkähnlichen Garten in den Plenarsaal hineinschauen.
Jenseits aller Symbolik stellte die Glaswand des Restaurants – wie beim Plenar-
saal – Transparenz in einer ganz unmittelbaren Bedeutung her.[209] Auf dem Gro-

---

[206] Artikel »Das Bundeshaus in Bonn«; BAUEN UND WOHNEN 4 (1949), 10, S. 466–469.
[207] Zitiert nach: »Das Bundesparlament in Bonn«; ARCHITEKTUR UND WOHNFORM, 1950, 5,
S. 102. – Vgl. G. BREUER, Architektur der »Stunde Null«, 2010, S. 107.
[208] Artikel »Das Bundeshaus in Bonn«; BAUEN UND WOHNEN 4 (1949), 10, S. 466–469, hier
S. 468.
[209] H. WEFING, Parlamentsarchitektur, 1995, S. 119 f.

naubunker nebenan trainierten die Rollschuhläufer des Bonner Rollschuh- und Schlittschuhclubs.[210] Weder Zäune noch Absperrungen verdeckten (zunächst) den Blick ins Glashaus. Von innen öffnete sich der Blick in die rheinische Landschaft. »Ich wollte ein Haus der Offenheit, eine Architektur der Begegnung und des Gesprächs«, umschrieb Hans Schwippert 1951 in der *Neuen Bauwelt* sein Gesamtkonzept.[211]

Das Restaurant bot Platz für bis zu 700 Personen, es umfasste ein Bedienrestaurant, eine Kantine und eine fünfzigerjahretypische Milchbar. Charakteristisch war – neben der Fensterfront und der Terrasse – der Fußboden aus Mipolam, einem Mischpolymerisat aus Vinylchlorid, Vinylacetat und Acrylestern. Dieses Weich-PVC war im rheinischen Troisdorf entwickelt worden als rohstoffsparende Alternative zu Gummi oder Linoleum. Mit seinem weißen Farbton hob es die Helligkeit des ganzen Gebäudes hervor; für einen Akzent sorgten rote Streifen. Hinzu kamen zweierlei Stühle: einmal Freischwingerstühle mit Chromgestell und Rohrgeflecht, wie sie Ludwig Mies van der Rohe für das Bauhaus entworfen hatte und die von der Firma Thonet hergestellt wurden; zum anderen der sogenannte »Bundesstuhl« aus schwarzgebeiztem Holz mit verschiedenen Bezügen, eine Neuentwicklung des Architekten Johannes Krahn.[212] Ein Restaurant- und Hotelführer schwärmte 1951 über die »helle und frische Note«, die das Bundestagsrestaurant zu einem außergewöhnlichen Ort der Gastlichkeit mache.[213] Auf sechs Seiten zeigte der Hotelführer Fotos des Parlamentsrestaurants von innen und außen.[214] Im Begleittext lobte er die Beleuchtung und die goldeloxierten Leichtmetallfenster. Insgesamt mache der Speisesaal »einen freundlichen Eindruck«, der »die politischen Gegensätze der Gäste versöhnlich auszugleichen« vermöge.[215] Vor den Fenstern hing im Speisesaal ein Stoffvorhang im Dessin »Bonn«, der zugezogen »wie ein abstraktes Gemälde« wirk-

---

[210] O. SCHUMACHER-HELLMOLD, Bonns Trümpfe, 1989, S. 64.

[211] Artikel von Hans Schwippert, »Das Bonner Bundeshaus«; NEUE BAUWELT 6 (1951), 17, S. 65–72, S. 70.

[212] Artikel »Der Bundesstuhl und seine Variationen«; BAUKUNST UND WERKFORM 3 (1951), 7, S. 20 f.– Vgl. C. BORNGRÄBER, Nierentisch, 1985, S. 230 f.

[213] A. KOCH, Hotels/Restaurants, 1951, S. 220–225.

[214] Mit Aufnahmen der Fotografen Artur Pfau, Albert Renger-Patzsch und Karl Hugo Schmölz.

[215] A. KOCH, Hotels/Restaurants, 1951, S. 225. – Der Restaurant- und Hotelführer erschien in einem auf Architektur und Kunst spezialisierten Verlag, der auch die Werkbund-Zeitschrift *Architektur und Wohnform* herausbrachte. Der Verlag war 1888 von dem Tapetenfabrikanten und Werkbund-Mitglied Alexander Koch gegründet worden. Das Buch über Hotels und Barräume stammte von seinem Sohn und Nachfolger, Alexander Koch junior (1895–1969). – Auskunft der Redaktion *Architektur – Innenarchitektur – Technischer Ausbau* vom 7. März 2016; *AIT* erscheint in der Verlagsanstalt Alexander Koch und ist der Nachfolgetitel der 1890 gegründeten Zeitschrift *Innendekoration*, die nach 1945 als *Architektur und Wohnform* publiziert wurde.

te.[216] Der *Spiegel* fand den Vorhang wegen seiner floralen Optik hingegen »bizarr-exotisch«.[217] In der Wandelhalle vor dem Plenarsaal hing der ebenfalls mit Pflanzenmotiven bedruckte Vorhangstoff »Köln«. Mit den großen, dunkelgrünen Gummibäumen, die überall im Bundeshaus standen[218], entstand die Anmutung eines Gewächshauses.

Abb. 16: Der Vorhangstoff *Bonn* hing im Restaurant des Bundeshauses, der Vorhangstoff *Köln* (siehe Bucheinband) in der Wandelhalle vor dem Plenarsaal. © Landesmuseum Württemberg.

[216] C. Borngräber, Nierentisch, 1985, S. 231. – Die Vorhangmuster wurden eigens für das Bundeshaus entworfen und stammten von Margret Hildebrand (1917–1981). Die Textildesignerin hat für die Gardinenfabrik Stuttgart, deren Geschäftsführerin sie 1951 wurde, mehr als 600 Stoffmuster entwickelt: C. Oestereich, »Gute Form« im Wiederaufbau, 2000, S. 278; J. Beder, Blümchen, 2002, S. 62 f.; K. Thönissen, Hildebrand, 2007, S. 138–143.
[217] Artikel »Die Weihe des Hauses«; Der Spiegel vom 8. September 1949, Nr. 37/1949, S. 5.
[218] Ficus elastica, der tropische Gummibaum, war in den Fünfzigerjahren sehr beliebt.

Viel von dem, was Schwippert und sein Team entwarfen, trug Züge der Bau-
haus-Architektur. Der Plenarsaal mit seinen Glaswänden erinnerte an den voll-
verglasten Werkstattkubus in Dessau. Was beim Bauhaus die Stahlrohrmöbel
waren, kehrte im Bonner Bundeshaus mit Krahns Stühlen wieder. Schwippert
verstand das Bundeshaus werkbundgemäß als »Gesamtkunstwerk«[219], in dem –
von der Lage am Rhein über die Fassaden und die Möblierung bis hin zu Vor-
hängen, Aschenbechern und Blumenvasen – das Ganze mehr sein sollte als die
Summe seiner Teile. Wie das Bauhaus hatte das Bundeshaus zudem keine Zen-
tralansicht, was den Fotojournalisten ihre Arbeit nicht erleichtert hat. Von der
Görresstraße aus war die Pädagogische Akademie, der »Altbau« mit seinen weißen Kuben, weiterhin gut erkennbar, weil sich die Neu- und Anbauten zum
Rhein hin erstreckten und der Plenarsaal von der Straße aus nicht zu sehen
war.[220] Überhaupt schien sich die Ansicht sowohl der alten als auch der neuen
Gebäudeteile visuell zu verändern, je nachdem wo man sich gerade befand. Den
besten Eindruck des Ensembles bekam man ohnehin beim Flanieren – auch das
war ein gewollter Effekt.[221]

Abb. 17: Das Bauhaus-Gebäude in Dessau im Bau – Postkarte eines unbekannten Fotografen, etwa 1925/26. Ein Exemplar erhielt Walter Gropius, der 1934 in die USA emigriert war, aus der DDR. © Bauhaus-Archiv, Berlin.

---

[219] G. KNOPP, Plenarsaal, 1989, S. 66.
[220] J. BERGER, Pädagogische Akademie, 1999, S. 311.
[221] C. FREIGANG, Moderne, 2013, S. 240.

Allerdings hat die Einbettung der Gebäude in die landschaftliche Umgebung, auf die bei der Bundeshaus-Planung so viel Wert gelegt wurde, etwas Pazifizierendes, ja eigentümlich Unpolitisches an sich: An Demonstrationen nach Artikel 8 des Grundgesetzes oder Aufmärsche war offenkundig überhaupt nicht gedacht worden. Auch eine Bannmeile war zunächst kein Thema – und das obwohl man solche Phänomene der Straßenpolitik seit der Weimarer Republik gerade auch in ihrer gewalttätigen Form kannte.[222] Kam hier möglicherweise die Hoffnung zum Ausdruck, diese Dinge seien in Berlin geblieben und würden im beschaulichen Bonn keine Rolle mehr spielen, sozusagen als eine Art »Bonn ist nicht Weimar« *avant la lettre*? Jedenfalls waren Absperrmaßnahmen, die über Eingangstüren oder die Präsenz eines Pförtners hinausgingen, (noch) nicht vorgesehen. Aus konzeptionellen Gründen, im Sinne von Offenheit und Transparenz, lehnten Schwippert und seine Leute dies sogar explizit ab. Die politische Realität, gerade auch der frühen Bonner Republik, sollte indes bald zeigen, wie wenig praktikabel diese Vorstellungen waren.[223] Auch ideengeschichtlich gehört die Demokratie eher auf den Marktplatz beziehungsweise in die Stadt als in eine idyllische Gartenlandschaft – selbst wenn es sich um einen öffentlichen Ort ähnlich dem *Hyde Park* handelt.

Hans Eckstein, ein weiterer Architekturkritiker mit Werkbund-Verbindung, lobte im Frühjahr 1950 »die schlichte, klare, unsensationelle, würdige architektonische Lösung«, die Schwippert für seine Aufgabe gefunden habe.[224] Der Plenarsaal sei technisch auf der Höhe der Zeit, und das angesichts der engen zeitlichen und finanziellen Bedingungen. Zudem sei der Bundestag mit »einer Vollklima- und Belüftungsanlage und allen sonstigen für einen modernen Sitzungssaal erforderlichen technischen Einrichtungen« ausgestattet. Vor allem aber habe er ein ästhetisches Programm und eine entsprechende Wirkung:

> In seiner Lichtheit und dem Geöffnetsein zum Freiraum durch die beiden großen Glaswände löst er ein Geist und Körper befreiendes Gefühl aus. Der Verzicht auf pathetische Monumentalität und schwülstige Rhetorik wird wohl auch von den meisten Parlamentariern wohltuend empfunden. […] Für die Entwicklung der Architektur in Deutschland gibt das Bonner Beispiel ein ermutigendes Vorbild des Bauens in zeiteigenen Formen, das um so bedeutender ist, als es sich um den Bau handelt, in dem die Männer und Frauen tagen, welche die Schicksale der jungen westdeutschen Republik entscheidend bestimmen.[225]

---

[222] T. KAISER, Schutz eines »heiligen Ortes«, 2017.
[223] Siehe S. 224 und 431. – Vgl. P. GASSERT, Bewegte Gesellschaft, 2018, S. 54–56 und 84–90.
[224] Hier und im Folgenden: Artikel »Das Bundeshaus in Bonn am Rhein«; DIE KUNST UND DAS SCHÖNE HEIM 48 (1950), S. 220–224.
[225] Artikel »Das Bundeshaus in Bonn am Rhein«; DIE KUNST UND DAS SCHÖNE HEIM 48 (1950), S. 220–224.

3. Stil und Stilisierung: Glasarchitektur und Transparenz-Metaphorik

Heute kann man sich die deutsche Parlamentsarchitektur ohne Glas kaum noch vorstellen, zumindest nicht seit dem Zweiten Weltkrieg. Ende des 20. Jahrhunderts fügte man in Berlin dem alten Reichstagsgebäude so viel Glas hinzu, wie das angesichts der historischen Bausubstanz gerade möglich war. Die Verglasung war politisch ausdrücklich gewünscht. Schon die Ausschreibung für den Architektenwettbewerb machte zur Bedingung: »Im Entwurf soll Transparenz zum Ausdruck kommen, die Bürgernähe und Freude an Kommunikation, Diskussion und Offenheit spüren lässt.«[226] Während sich die gläserne Kuppel in der Folge schnell zu einem Wahrzeichen der Berliner Republik entwickelt hat, symbolisiert das Glas die bundesrepublikanische Aneignung des alten Reichstagsgebäudes.[227] Kurz vor dem Abschied aus Bonn formulierte Bundeskanzler Gerhard Schröder den Anspruch, die Reichstagskuppel sei »ein Symbol für neue Offenheit und für demokratische Renovierung dieses so sehr geschichtsbeladenen Gebäudes«, sie solle außerdem »ein Symbol für die moderne Kommunikation einer staatsbürgerlichen Öffentlichkeit« werden.[228] Der britische Architekt des Umbaus, Norman Foster, erklärte die neue Kuppel mit den »Leitmotive[n] Leichtigkeit, Transparenz und Zugänglichkeit« und erläuterte: »Wenn die gläserne Kuppel, angestrahlt aus dem darunter liegenden Plenarsaal, in der Dämmerung weithin leuchtet, wird das Gebäude zum Signal für die Kraft der Demokratie in Deutschland.«[229] Die Deutschen, meinte deshalb die amerikanische Historikerin und Architektin Deborah Ascher Barnstone, hegten eben einfach romantische Gefühle fürs Glas. Da Barnstone diese Liebe aber für einen typischen Sonderweg hielt, nannte sie die Bundesrepublik einen »transparent state« und bezeichnete ihre Recherche, wie es zu dieser Vorliebe kam, als einen Beitrag zur deutschen Frage.[230]

Der Ursprung der Glas-und-Transparenz-Tradition in der deutschen Parlamentsarchitektur liegt im Plenarsaal des Deutschen Bundestages, den Hans Schwippert 1949 in Bonn gebaut hat, wobei er zum einen auf die Reformar-

---

[226] Zitiert nach: H. Wefing, Parlamentsarchitektur, 1995, S. 31.

[227] E. Jarosinski, Building on a Metaphor, 2004, S. 59–76. – Eine ähnlich kathartische Aneignung war das *Wrapped Reichstag*-Projekt der Künstler Christo und Jeanne-Claude, das im Sommer 1995 als öffentliches Fest begangen wurde, hier wohlgemerkt durchs Verhüllen: D. M. Meiering, Verhüllen und Offenbaren, 2006, S. 164–169.

[228] BT StenBer, 14. WP, 3. Sitzung vom 10. November 1998, S. 63.

[229] N. Foster, Bundestag im Reichstagsgebäude, 2000, S. 67 (erstes Zitat) und S. 69 (zweites Zitat).

[230] D. A. Barnstone, Transparent State, 2005, insbesondere S. XI–XV. – Skeptisch in Bezug auf die Transparenz-Metaphorik auch: V. M. Lampugnani, Architektur als Kultur, 1986, S. 264 f.; M. Cullen, Parlamentsbauten, 1989, S. 1887; M. Ziegler, Glas in Berlin, 2003; S. Körner, Transparenz, 2003; E. Jarosinski, Building on a Metaphor, 2004, S. 59–76; C. Welzbacher, Monumente der Macht, 2016.

chitektur der Weimarer Republik aufbaute und zum anderen ein programmatisches Gesamtkonzept verfolgte, das weit mehr umfasste als bloß einen gläsernen Plenarsaal. Seine Formensprache setzte auf Helligkeit, um Aufklärung, Reinigung und Erneuerung zu symbolisieren. Vor allem war sie stark zeit- und kontextgebunden, weshalb die Elemente des Provisorischen und des Bescheidenen am Ende des 20. Jahrhunderts keine große Rolle mehr spielten. Im folgenden Abschnitt soll daher die Wirkungsgeschichte untersucht werden, die Schwippert und das Bundeshaus in der Bonner Republik hatten. Die Abschnitte über Glasarchitektur und Transparenz-Metaphorik analysieren zudem die architektur- und kulturgeschichtlichen Vorbilder, die Schwippert seinerseits hatte – und die aus dem Bau von Gewächshäusern stammten. Die Transparenz-Metaphorik gehört zum Kontext, ja zur Vorgeschichte der Treibhaus-Metapher, mit der Koeppens Parlamentsroman die Bonner Republik karikierte.

3.1 Schwippert und die Folgen: Deutsche Landtage und der Bundestag von Günter Behnisch

Der Plenarsaal des Bundestages war in den ersten Jahren der Bonner Republik »der historische Ort der Wiederbegründung, des Aufbaus, der Festigung und der Bewährung unserer parlamentarischen Demokratie«. Mit diesen Worten würdigte ihn Jahrzehnte später Bundestagspräsidentin Rita Süssmuth.[231] In den Fünfzigerjahren wurde Schwipperts Bundeshaus darüber hinaus zu einem architektonischen Vorbild, dem Kollegen, Schüler und Weggefährten nachgeeifert haben. In diesem Sinne hieß es schon 1951 in einem Zeitungsporträt, Schwippert sei es gelungen, »in kürzester Zeit der jungen Bundesrepublik Deutschland ein zeitgemäßes Parlamentsgebäude zu geben«. Gerade durch diese Tat habe der Architekt »dem deutschen Ansehen in der Welt nach den Zeiten der Abschnürung einen sehr wesentlichen Dienst [geleistet, B.W.]; zeigt er doch, daß entscheidende Kräfte in Deutschland sich zu unserer Zeit bekennen und keineswegs ›den Anschluß verpaßt‹ haben.«[232]

Das symbolische Erbe Schwipperts zeigte sich in der verschwenderischen Verwendung von Glas, das sich wie ein Leitmotiv durch die (west-)deutsche Parlaments- und Staatsarchitektur seit dem Zweiten Weltkrieg zieht.[233] Mehrere Landtage schmücken sich mit Glas, etwa die in der Folge Schwipperts neugebauten Landtage von Baden-Württemberg (1961), Bremen (1965/66), Nordrhein-Westfalen (1988), Sachsen (1993) und Schleswig-Holstein (2003).[234]

---

[231] Im Vorwort zu: I. FLAGGE/W. J. STOCK (Hg.), Architektur und Demokratie, 1992, S. 7.

[232] Artikel »Die Meisterbauten: Wer ist wer?«; DARMSTÄDTER ECHO vom 4. August 1951.

[233] H. WEFING, Parlamentsarchitektur, 1995, S. 114–116.

[234] M. CULLEN, Parlamentsbauten, 1989; F. JAEGER, Gehäuse des Föderalismus, 1992, S. 76–99; C. WELZBACHER, Monumente der Macht, 2016, S. 201–203.

In Kiel beispielsweise tagte der Landtag seit 1950 in einer ursprünglich 1888 gebauten Marineakademie. Nach langen Planungen wurde dem historischen Backsteingebäude an der Förde zu Beginn des 21. Jahrhunderts ein gläserner Plenarsaal vorgebaut.[235] Weitere Beispiele für die sinnstiftende Verwendung von Glas bei staatlichen Repräsentationsbauten sind das Bundesverfassungsgericht in Karlsruhe (1969)[236] oder das Anfang der 1990er Jahre gleichsam als Vitrine der demokratischen Sinnstiftung gebaute ›Haus der Geschichte der Bundesrepublik Deutschland‹ in Bonn.[237]

Transparente Parlamentsbauten wurden in der Bundesrepublik *state of the art* und zugleich *art of the state* – was (in veränderter Form) auch für die Berliner Republik des 21. Jahrhunderts noch gilt.[238] Von Anfang an verstand man Schwipperts Bundeshaus dabei als programmatisches Ausrufezeichen – als »hervorragendes Beispiel dafür, wie Staatsbauten in einer Demokratie gestaltet werden können«. Derart enthusiastisch schrieb 1952 Bruno Werner, ein ehemaliger Kunstkritiker aus der Zeit der Weimarer Republik, inzwischen Kulturattaché in Amerika: »Frei von eklektizistischer Pracht und kalter Repräsentation ist hier ein nobler, sachlicher Rahmen für die parlamentarische Arbeit entstanden.«[239] Die Transparenz und Helligkeit des Gebäudes deutete Werner als Überwindung früherer Dunkelheit. »Statt feierlicher Abgeschlossenheit«, schrieb er, »zeigt dieses Haus lichte, zur Außenwelt geöffnete Räume«. Werner zog eine Traditionslinie von der Avantgarde der Jahrhundertwende über die Zwanzigerjahre bis zur Renaissance der Architekturmoderne im westdeutschen ›Wiederaufbau‹, und zwar in der Kombination mit dem *International Style*. Wegen dieser Synthese hat Werners Schrift über das ›Neue Bauen‹, deren Druck von der Bundesrepublik gefördert wurde, programmatischen Wert.

Als Metapher der politischen Bau-Ikonographie steht Glas für Transparenz, und Transparenz meint, dass die Prozesse und Strukturen des politischen Betriebs *durchschaubar* seien oder wenigstens sein sollten, so wie die Fenster und Fassaden außen. In der Architektur wurde damit *eine* optische Eigenschaft von Klarglas sinnstiftend auf die politisch-staatliche Ebene projiziert, die sich dadurch einen Zugewinn an Legitimität erhoffte. Die Transparenzidee der Parlamentsarchitektur beruhte *erstens* auf der metaphorischen Übertragung von visueller Durchsichtigkeit auf die repräsentative Demokratie an sich. Darüber hinaus war die deutsche Parlamentsarchitektur *zweitens* von der Annahme

---

[235] Der vom Kieler Landtag herausgegebene Katalog: KLARHEIT UND TRANSPARENZ [2004].
[236] H. WEFING, Parlamentsarchitektur, 1995, S. 97–99.
[237] T. HERTFELDER, Meistererzählung?, 2016, S. 139–178; DERS., Opfer, Täter, Demokraten, 2017, S. 366 f.
[238] DEMOKRATIE ALS BAUHERR, 2000; M. ZIEGLER, Glas in Berlin, 2003.
[239] B. E. WERNER, Neues Bauen, 1952, S. 10 f.

überzeugt, dass man die Repräsentation eines demokratischen Staates klar und kategorisch vom Bauen in einer Diktatur, namentlich im Nationalsozialismus, unterscheiden könne. Für Architekten und öffentliche Auftraggeber galt demnach die Regel: Wer mit Glas (und Stahl) hell, leicht und ›modern‹ baute, machte alles richtig. Was demgegenüber mit Steinen oder Säulen massiv und monumental aussah, stand in der Tradition einer dunklen Vergangenheit und machte sich des Totalitarismus verdächtig. Glas, so die Idee, zeigt Demokratie – oder aus der Perspektive des Jahres 1949: Glas führt hin zur Demokratie.

Ein eindrucksvolles Beispiel für den Stellenwert, den die Transparenz-Metaphorik in der Repräsentationsarchitektur der Bundesrepublik hatte, sind die Stätten der Olympischen Spiele von München 1972, insbesondere das Zeltdach des Architekten Frei Otto (selbst wenn es nur aus Plexiglas gefertigt wurde).[240] Das Münchner Olympiagelände – optisch leicht und offen wirkend wie das Bonner Bundeshaus – war als baulicher Gegenentwurf gedacht zu den von den Nazis monumentalisierten Spielen 1936 in Berlin. In diesem Sinne schwärmte noch im Sommer 2015 Bundespräsident Joachim Gauck: Gute Architektur könne, so »wie beim Münchener Olympiadach von Frei Otto, das ideale Selbstgefühl eines ganzen Landes zum Ausdruck bringen« – nämlich das Selbstbild, transparent, offen und demokratisch zu sein: »So wie dieses Dach würden wir unseren Staat, unser Land gerne sehen: souverän und schwungvoll, behütend und transparent, sicher gegründet und voller Leichtigkeit.«[241]

Der Höhepunkt der deutschen Glasarchitektur – quantitativ sowie symbol-politisch – war der 1992, kurz nach der Wiedervereinigung fertiggestellte Neu-bau des Bundestages in Bonn. Der Plenarsaal, der am Ort des wegen Baufälligkeit abgerissenen Plenarsaals von 1949 errichtet wurde, war explizit ein Neubau im Geiste Schwipperts.[242] Sein Architekt, Günter Behnisch, hatte nicht nur seit 1967 das Münchner Olympiastadion gebaut. Behnisch war über die Jahrzehnte zudem der vermutlich wichtigste programmatische Vertreter der Transparenz-Metapho-rik. Ein Parlamentsgebäude, erklärte Behnisch schon in den Siebzigerjahren, als er – kurz nach Olympia – seine Bonner Planungen begann, dürfe schlicht nicht monumental aussehen. Schwere beziehungsweise klassische Repräsentationsfor-men waren Behnisch ein Graus, sie galten ihm als Ausdruck staatlicher Gewalt. Ein Parlament müsse »offen sein, es muß schon von außen ›offen‹ wirken, nicht den Eindruck erwecken, als wenn dahinter böse Mächte walten könnten«.[243]

---

[240] H. KLOTZ, Architektur, 1977, S. 257 f.; W. NERDINGER, Frei Otto, 2005. – Frei Otto, das nur am Rande, wohnte privat in einer Art Gewächshaus; 1954 wurde er mit einer Arbeit über *Das hängende Dach* promoviert.
[241] Gauck am 3. Juli 2015 bei einer Matinée zu Ehren der Architektur: J. GAUCK, Architektur, 2015.
[242] H. WEFING, Parlamentsarchitektur, 1995, S. 116 f.; D. GEPPERT, Nation mit »Bundesdorf«, 2015, S. 152.
[243] H. KLOTZ, Architektur, 1977, S. 20.

Den Bundestag entwarf Behnisch daher als ein Haus fast ganz aus Glas – kubisch gebaut, mit gläsernen Wänden und gläsernem Dach, pavillonartig in die Rheinlandschaft eingepasst. Der Sinn des Gebäudes liege in der Versammlung und im Gespräch, erläuterte der Architekt. Fast wirkt es, als habe er Schwipperts Formensprache übertreffen wollen – mit neuen und besseren technischen, terminlichen und finanziellen Möglichkeiten. Im Innern gelang Behnisch sogar die (fast) runde Sitzordnung, die zu Schwipperts Verdruss vom Parlamentarischen Rat verhindert worden war. In einer kongenialen Interpretation der Transparenz-Metapher sagte Bundestagspräsidentin Süssmuth zur Eröffnung, dieser Plenarsaal bringe »ein bestimmtes Demokratieverständnis zum Ausdruck: Offenheit und Transparenz durch Glas«.[244] In einer breit rezipierten Festschrift fügte sie hinzu: »Transparenz und Zugänglichkeit des Plenarsaals verdeutlichen demokratische Grundwerte der Freiheit und Offenheit, Vielfalt und Toleranz.«[245] Die *Süddeutsche Zeitung* jubelte sogar, dieses »Haus für eine offene Gesellschaft« sei »das platonische Idealbild dessen, was wir nach den Jahren der NS-Diktatur an Gemeinschaftlichkeit, an Staat also, erträumt haben: Offenheit, Recht, Freiheitlichkeit.«[246]

Behnisch stellte seinen Neubau bewusst in die Tradition Schwipperts. Mit der Entscheidung, den im Sommer 1949 eilig errichteten und für ein Provisorium gedachten Plenarsaal abzureißen und an seiner Stelle einen besseren, moderneren Glaskubus zu bauen, habe man Schwippert sogar »einen Gefallen getan«, meinte Behnisch.[247] Denn nun seien endlich die unseligen Kompromisse der Nachkriegszeit getilgt. Nun bleibe Schwippert als Schöpfer seiner (von Behnisch realisierten) Idee in Erinnerung: als Urheber einer Parlamentsarchitektur von Transparenz, Offenheit, Leichtigkeit und expliziter Nichtmonumentalität.

---

[244] Der neue Plenarsaal, 1992, S. 6.
[245] Süssmuth in: I. Flagge/W. J. Stock (Hg.): Architektur und Demokratie. 1992, S. 7. – Der Band formulierte das offiziöse Bekenntnis zur Transparenz-Tradition der Bonner Republik.
[246] Artikel »Ein Haus für eine offene Gesellschaft«; Süddeutsche Zeitung vom 27. Oktober 1992; zitiert nach: C. Lankes, Politik und Architektur, 1995, S. 1. – Vgl. H. Wefing, Parlamentsarchitektur, 1995, S. 18.
[247] Zitiert nach: W. J. Stock, Ein Stück gebaute Verfassung, 1992, S. 285. – In jedem Fall wäre die runde Sitzordnung in Schwipperts Sinne gewesen, zumal die hohe Regierungsbank fälschlicherweise Schwippert zum Vorwurf gemacht wurde: C. Schröer, Rheinaue, 1997, S. 159; S. Körner, Transparenz, 2003, S. 22 f.

Abb. 18: Transparenzarchitektur von Günter Behnisch – der Bonner Plenarsaal, aufgenommen im Jahr 1997. © Deutscher Bundestag / Presse-Service Steponaitis (Nr. 2139348).

3.2 Glück und Glas: Schwippert und der ›Transparenztraum‹

In den frühen Fünfzigerjahren reagierten Schwipperts Unterstützer, die im Werkbund organisiert waren, begeistert auf die Architektur des Bundeshauses, insbesondere auf dessen helle und moderne Glasarchitektur. Viele von ihnen äußerten sich in einer Rhetorik, die so überschwänglich war, dass sie nicht recht zu den Idealen von Einfachheit und Nüchternheit zu passen schien. Auch Schwippert geriet ins Schwärmen, als er sich in einem Text, also in literarischer Form, mit dem Baustoff Glas beschäftigte. Für die Zeitschrift *Architektur und Wohnform* verfasste Schwippert 1952 eine Art Manifest mit der programmatischen Überschrift »Glück und Glas«.[248] Der Aufsatz ist eine poetische Apotheose des Glases, die Schwippert mit der existentiellen Feststellung einleitete, dass sowohl das Glück als auch das Glas zerbrechlich seien: »Daß das Leben dauerhaft sei und gesichert, die Zeiten auch dieser Täuschungen sind vorüber«, erklärte Schwippert in expressionistisch anmutender Parataxe: »Leben, Glück und Glas: Zerbrechlichkeiten!«

---

[248] Artikel von Schwippert, »Glück und Glas«, in: ARCHITEKTUR UND WOHNFORM 61 (1952/53), 1, S. 3.

Im Laufe der Geschichte hätten Menschen vergeblich versucht, sich gegen die Vergänglichkeit zu wehren und für die Ewigkeit zu bauen. Schwippert nannte »Höhlen, Burgen, Bunker« als Beispiele, die gekennzeichnet seien durch dicke Wände, »verschlossen und undurchsichtig«, gebaut mit der Absicht, »Dauer zu ertäuschen und das Vorübergehende zu verdecken«. Doch seien alle diese Versuche gescheitert: »Wo ist, betrogener Spießer, die Unvergänglichkeit deines Grabsteins aus Granit, den die Bombe traf?« fragte Schwippert suggestiv. Nichts auf der Welt währe ewig, daher gehörten Schönheit und Vergänglichkeit untrennbar zusammen. Die bauliche Alternative zum Bunker seien – Glas, Transparenz und das Bekenntnis zum Provisorischen. Schwipperts Argumentation, aber auch seine eindringliche, existentialistisch aufgeladene Rhetorik kann man schwer beschreiben; sie kommen (wie bei Koeppen) am besten im Zitat zum Ausdruck:

> Das Glück erst gar nicht suchen, weil es bricht? [...] Leben nicht wollen, weil es im Tode Heimat hat? Schönheit nicht anschaun, weil sie stirbt? Glas nicht wollen, weil es Scherben gibt? [...]
>
> Der Schutz der dicken Wand wurde uns gleichgültig. [...]
>
> Nicht weil dies alles zurückkehren wird zu euren Verliesen und Dunkelheiten, sondern weil aus dem tapferen Ja zum Vorbeigehen, zum Zarten, zum Vergehen, zum »auf dem Wege sein«, zur Zerbrechlichkeit, zur Offenheit, zur *Durchsichtigkeit*, zur *Wahrheit* eine andere, eine neue Stärke erwächst, die zäher und lebensfähiger ist als die Masse eurer Mauern, schöner als die Lüge eurer Dekors, fröhlicher als der tierische Ernst eurer Sicherungen, dauernder als der sentimentale Materialismus eurer Schießschartenhäuser.[249]

Schwipperts emphatische Glas-Poesie erinnert an den ›Transparenztraum‹, wie ihn der Architekt Bruno Taut und andere vor und nach dem Ersten Weltkrieg formuliert hatten. Schon im Sommer 1914 war der Werkbund in Köln mit einer großen Ausstellung hervorgetreten: Walter Gropius steuerte damals eine modernistische Musterfabrik bei, an deren Ecken die Treppenhäuser in verglasten Zylindern einsehbar waren; von Henry van de Velde kam ein Theater, und Bruno Taut baute ein Glashaus, einen Werbepavillon für die Glasindustrie, das er dem Dichter Paul Scheerbart widmete.[250] Im Gegenzug brachte Scheerbart ein Buch namens *Glasarchitektur* heraus, das er wiederum Taut zueignete.[251]

---

[249] Artikel von Schwippert, »Glück und Glas«, in: Architektur und Wohnform 61 (1952/53), 1, S. 3 [Hervorhebung B.W.].
[250] C. Welzbacher (Hg.), Scheerbart-Lesebuch, 2012, S. 88–144. – Vgl. R. Bletter, Glass Dream, 1981, S. 21.
[251] R. Bletter, Glass Dream, 1981, S. 21 f. und 32 f.

Für die Expressionisten war Glas das ideale Material, weil es formbar ist und zugleich immateriell wirkt.[252] Auch Parlamente sollten »ganz aus Stahl und Glas gebaut« werden, meinte Scheerbart, zumal sie dadurch widerstandsfähiger würden als Gebäude aus Backstein.[253] Die Vegetation unter Glas schien ihm eher als »Paradies« denn als »Treibhaus« oder »Urwald«.[254] Vor allem aber hielt Scheerbart Glasarchitektur für ein Mittel, die menschliche Kultur zu verbessern, so wie es vorbildlich dem Gärtner im Gewächshaus gelingt. Die Metaphorik von Architektur, Landwirtschaft, Kultur und Biologie ging ineinander über, als Scheerbart – inspiriert vom Botanischen Garten in Dahlem – programmatisch formulierte:

Wir leben zumeist in geschlossenen Räumen. Diese bilden das Milieu, aus dem unsere Kultur herauswächst. Unsere Kultur ist gewissermaßen ein Produkt unserer Architektur. Wollen wir unsre Kultur auf ein höheres Niveau bringen, so sind wir wohl oder übel gezwungen, unsre Architektur umzuwandeln. Und dieses wird uns nur dann möglich sein, wenn wir den Räumen, in denen wir leben, das Geschlossene nehmen. Das aber können wir nur durch die Einführung der Glasarchitektur, die das Sonnenlicht [...] nicht nur durch ein paar Fenster in die Räume lässt, sondern gleich durch möglichst viele Wände, die ganz aus Glas sind [...]. Das neue Milieu, das wir uns dadurch schaffen, muss uns eine neue Kultur bringen.[255]

Der Architekt Bruno Taut und der Schriftsteller Paul Scheerbart entwarfen in Wort und Skizzen eine utopische Glasarchitektur mit Türmen aus Glas und Kristall[256] – ein Kunstexperiment zwischen Literatur und Architektur, auf das Schwippert nach dem Zweiten Weltkrieg zitierend Bezug nahm. Licht, Transparenz, Verklärung, so lautete in beiden Fällen die Schlussfolgerung (wobei Scheerbart noch von Bunt-, weniger von Klarglas schwärmte). Der Kontrast von Helligkeit und Dunkelheit war bereits ein Gestaltungsprinzip gotischer Kathedralen gewesen.[257] Scheerbart schrieb dazu:

Schon die alten Kirchen des europäischen Mittelalters zeigen sehr viele Glasfenster. Die wollen wir wieder haben, damit unser ganzes Leben kathedralenhaft wird. Heute können wir durch den Eisenbau noch größere Glaswirkungen hervorbringen als im europäischen Mittelalter. Das große Licht soll der Erlöser der Menschheit sein.[258]

---

[252] W. Pehnt, Deutsche Architektur, 2005, S. 84–88.
[253] C. Welzbacher (Hg.), Scheerbart-Lesebuch, 2012, S. 124.
[254] R. Musielski, Bau-Gespräche, 2003, S. 35–41.
[255] C. Welzbacher (Hg.), Scheerbart-Lesebuch, 2012, S. 88.
[256] R. Musielski, Bau-Gespräche, 2003.
[257] R. Bletter, Glass Dream, 1981; R. Musielski, Bau-Gespräche, 2003; M. Schneider: Transparenztraum, 2014, S. 191–207. – Gemeinsamkeiten der Glas-Metaphorik bei Bruno Taut und der Gotik betonte schon: G. Bandmann: Ikonologie des Materials, 1969, S. 81–85.
[258] P. Scheerbart, Das große Licht, 1987 [1912], S. 180.

Zu dieser – im Ursprung religiösen – Emphase der Glasarchitektur[259] kam bei
Schwippert und seinen Zeitgenossen nach 1945 die Erfahrung der großen Zer-
störung hinzu, der moralischen ebenso wie der materiellen, die der Nationalsozi-
alismus und der Zweite Weltkrieg hinterlassen hatten.[260] Anstelle dunkler Bunker
(= Krieg), Steinen und Säulen (Nationalsozialismus) und dem Erbe des Historis-
mus (Kaiserreich) versuchten er und seine Kollegen einen Neubeginn mit Glas.
In der Bonner Republik formulierte ihre Variante des ›Transparenztraums‹ ein
Bedürfnis nach Licht, Aufklärung und Demokratie, in Schwipperts Worten: »die
Sehnsucht nach dem leichten Gehäuse, nach der Helle, nach der Offenheit«.[261]

Anfang der Fünfzigerjahre, kurz bevor er sein *Glück und Glas*-Manifest schrieb,
erläuterte Schwippert sein Programm öffentlich. Beim ›Darmstädter Gespräch‹
im September 1951, das dem Thema »Mensch und Raum« gewidmet war, konstatierte Schwippert (in einer Antwort auf Martin Heidegger) eine besondere Herausforderung des Bauens in der Bundesrepublik. Die Nachkriegszeit sei »durch
Unruhe, durch Angst, durch Bedrohnis ausgezeichnet«. Alle Beteiligten – Architekten, Auftraggeber und Bewohner – seien tief geprägt von den »Jahren, in denen die Zerstörung über uns kam«, und niemand wisse, »welche Zerstörungen
vor uns sind«. Die gestalterische Antwort auf diese Traumata und Ängste dürften indes nicht die »Fluchtburg« sein oder die massive Wand, sagte Schwippert.
Alle Menschen der Nachkriegszeit teilten vielmehr die »Sehnsucht nach dem
leichten Gehäuse, nach der Helle, nach der Offenheit, nach einem Dach zwar,
aber nicht nach der Fluchtburg und nach dem Bunker«. Glücklicherweise kor-
respondiere dieses zeitgemäße Bedürfnis nach Leichtigkeit mit den technischen
Möglichkeiten des modernen Bauens, mit der Architektur von Glas und Stahl.
Denn, so Schwippert:

> Sehr leicht wird es uns, Zelte zu machen dadurch, daß wir Stahl haben und Glas und
> einige andere jener Dinge, die neu sind. Und es fallen die Leichtigkeit unseres Woh-
> nenwollens in Zelten und die Möglichkeiten unserer heutigen Mittel zusammen.

3.3 Schwippert und die Architektur der Fünfzigerjahre

Das Bonner Bundeshaus beeinflusste Architektur und Architekturdebatten der
Fünfzigerjahre, weil es als »Vorreiter eines entschiedenen Modernismus« verstanden wurde.[262] Da es das von den Nazis vertriebene ›Neue Bauen‹ rehabilitierte,
galt es zugleich als »ein Gehäuse aus dem Geist eines besseren Deutschland«.[263]

---

259   R. BLETTER, Glass Dream, 1981, S. 22–26.
260   C. WELZBACHER: Monumente der Macht, 2016.
261   Hier und im Folgenden: DARMSTÄDTER GESPRÄCH – MENSCH UND RAUM, 1952, S. 86.
262   G. BREUER, Architekturfotografie, 2012, S. 18 f.
263   W. PEHNT, Deutsche Architektur, 2005, S. 304.

So rühmte der Architekt Konrad Rühl, Ministerialdirektor im nordrhein-west-fälischen Wiederaufbauministerium, Schwipperts Bundeshaus als »das erste ›moderne‹ Parlamentsgebäude der Welt«.[264] Schwippert habe mit seiner Vor-bildarchitektur die »entscheidende Ermunterung« formuliert, angesichts der vielfältigen Bauaufgaben der Nachkriegszeit an die Tradition des ›Neuen Bau-ens‹ anzuknüpfen.

Die Architekten, die sich in der frühen Bundesrepublik für ihre Vision einer zeitgemäßen ›Nachkriegsmoderne‹ starkmachten, namentlich der von Schwip-pert geleitete Werkbund, waren erfolgreicher, als es das Klischee vom ›Wieder-aufbau‹ vermuten lässt. Die Architektur der Fünfzigerjahre ist oft geschmäht worden, und viele Häuser, auch prominente Beispiele, sind inzwischen abge-rissen, stark verändert oder verfallen – nicht zuletzt das Bundeshaus selbst. Die Entwicklung war nicht nur dem Zahn der Zeit geschuldet, sondern kann durch-aus als logische Folge des Provisoriums-Anspruchs gelten, den die Architekten formuliert hatten. In den Fünfzigerjahren indes erfreuten sich viele am Glas und dem Anblick »lichtstrahlender Fassaden«, wie der *Mittag*, eine Boulevard-zeitung aus Düsseldorf, entzückt beobachtete: »Mehr und mehr formt das Licht unsere Städte. […] Das Licht ist kein malerisches Element mehr wie in den letz-ten Jahrzehnten, sondern ein Element der Architektur.« Und: »Die häßlichen Stuckfassaden versinken, die unharmonischen Maßverhältnisse von Nachbar-bauten bleiben im Dunkeln.«[265]

Den Vertretern der ›Nachkriegsmoderne‹ war es vielfach gelungen, Geschmack und Zeitgeist umzukehren. Sogar ehemalige Nazi-Architekten, die bis 1945 pa-thetische Natursteinmonumente entworfen hatten, bauten in der frühen Bun-desrepublik leicht, funktional und transparent.[266] Das galt beispielsweise für Wil-helm Kreis, den Architekten der Bonner Beethovenhalle. Selbst im Theaterbau, wo Transparenz nicht nur keine Funktion erfüllt, sondern ziemlich unpraktisch ist, hielt Glas in den Fünfzigerjahren Einzug. In Münster wurden 1956 die Städ-tischen Bühnen eingeweiht; sie waren der erste Theaterneubau im modernen Stil. Foyer, Treppenhaus und Fassade bestanden aus Glas. Die Ruine des im Krieg zer-störten Vorgängertheaters wurde, wie eine Skulptur, in die Gesamtanlage einge-fasst.[267] Dem Beispiel aus Münster folgten, was die Verwendung von Glas betrifft, etwa die Theater in Gelsenkirchen, Marl, Mönchengladbach und München, das Schillertheater in West-Berlin und das Opernhaus in Köln.[268] So stilbildend wie

[264] K. RÜHL, Für Schwippert, 1964, S. 15. – Dieselbe Einschätzung später bei: I. FLAGGE/W. J. STOCK (Hg.), Architektur und Demokratie, 1992, S. 8.
[265] Artikel »Architektur lichtstrahlender Fassaden«; DER MITTAG vom 2./3. Januar 1954.
[266] G. BREUER, Architekturfotografie, 2012, S. 31 f.
[267] C. BLÜMLE/J. LAZARDZIG (Hg.), Öffentlichkeit in Ruinen, 2012, S. 9.
[268] C. BLÜMLE/J. LAZARDZIG (Hg.), Öffentlichkeit in Ruinen, 2012.

Schwippert beim Bau von Parlamenten, so einflussreich war im Theaterbau der (allerdings nicht realisierte) Entwurf für das Nationaltheater in Mannheim, bei dem Ludwig Mies van der Rohe 1953 einen Glaskubus vorgeschlagen hatte.[269]

Gläsern bauten sie weiter: In Frankfurt am Main ließ 1953 Ferdinand Kramer, ein aus Amerika remigrierter früherer Mitarbeiter des Stadtbaudezernenten Ernst May, am Hauptgebäude der Universität die alten Ornamente vom Portal schlagen und stattdessen einen gläsernen Eingang in die neobarocke Fassade schneiden.[270] Kramers Ziel: Durch mehrere Glastüren im Eingangsbereich wollte er die Offenheit der demokratisierten Universität visualisieren. Indem er Glas verwendete, stellte Kramer sich in die Tradition von Schwipperts Parlamentsarchitektur (und dessen Vorbild, dem Campus des *Illinois Institute of Technology*).[271] Das neue Portal war der Auftakt von Kramers Tätigkeit als Leiter des Bauamts der Goethe-Universität, für die er zwei Dutzend Universitätsgebäude, die Bibliothek sowie die Innenausstattung von der Türklinke bis zum Mobiliar entwarf. Seine Botschaft lautete: Licht und Transparenz für die Erneuerung der Universität, deren Rektor damals Max Horkheimer war, der prominenteste Vertreter der ›Kritischen Theorie‹.

In Düsseldorf brillierte 1953 der Architekt Paul Schneider-Esleben mit der Haniel-Garage, dem »erste[n] Entwurf eines modernen Parkhauses« in der Bundesrepublik.[272] Eigentlich handelte es sich dabei nur um eine Großgarage, doch diese hier wurde von den Fotografen und Illustrierten der Fünfzigerjahre geliebt – eben weil sie vollständig verglast war. Das Parkhaus erstreckte sich über vier Geschosse, fasste bis zu 500 Autos, und mit einer Tankstelle, einem Restaurant und einem Motel wirkte es modern und ziemlich amerikanisch. Zwar gab es in Westdeutschland noch kaum Parkhäuser, denn die Massenmotorisierung nahm gerade erst Fahrt auf. Städtebaulich aber orientierte man sich vielerorts nach dem Modell der ›autogerechten Stadt‹, und so entstanden Großgaragen als »Kathedralen der neuen Automobilität«.[273] Daher überrascht es nicht, dass Schneider-Esleben Glas verwendete, um seine Garage optisch aufzuwerten: »Der völlig in Glas aufgelöste Baukörper [...] ist ein echtes Gebilde unserer Zeit«, lobte das Fachjournal *Die neue Stadt*: Das Parkhaus sei »ruhend in der Unruhe«.[274] Ein Jahr später

---

269 Siehe S. 255 f.

270 W. STOCK, Stück gebaute Verfassung, 1992, S. 281; A. HANSEN, Frankfurter Universitätsbauten, 2001, S. 83 f. und 141–146; G. BREUER, Kramer, 2014, S. 284–287. – Zum Kontext in Frankfurt: D. BARTETZKO (Hg.), Sprung in die Moderne, 1994.

271 A. HANSEN, Frankfurter Universitätsbauten, 2001, S. 141 f.

272 J. HASSE, Übersehene Räume, 2007, S. 133. – Vgl. R. BECKERS, Schneider-Esleben, 1995; A. LEPIK/R. HESS: Schneider-Esleben, 2015. – Schon die Entwürfe faszinierten die Fachwelt: »Großgarage in Düsseldorf«; DIE NEUE STADT 5 (1951), 10, S. 384–387.

273 J. HASSE, Übersehene Räume, 2007, S. 91.

274 Artikel »Großgarage in Düsseldorf«; DIE NEUE STADT 5 (1951), 10, S. 384–387, hier S. 387.

setzte sich Schneider-Esleben in einem Wettbewerb für den Neubau der Mannesmann-Verwaltung in Düsseldorf durch. Am Rheinufer entstand Europas erstes Hochhaus mit Glasfassade und Stahlskelett. 1958 wurde es fertig; inmitten von zwei Jugendstil-Bauten, die von Peter Behrens stammten.

Abb. 19: Die 1953 gebaute Hauptverwaltung der Provinzial-Versicherung in Düsseldorf, fotografiert von Dolf Siebert. Der Architekturkritiker Hans K. F. Mayer beschrieb das Gebäude als »ein klares, freundliches Haus zur Arbeit«, das auf jede Repräsentation verzichte: Artikel »Ein Hochhaus«; FAZ vom 30. Dezember 1953. © Stadtarchiv Düsseldorf; StaD 0-5-8-0-64-120-010-0000.

In West-Berlin präsentierte 1957 eine Internationale Bauausstellung, die ›Interbau‹, den modernen Wiederaufbau des Hansaviertels.[275] In der Nähe des Tiergartens entstand ein Neubauviertel mit vielen Hochhäusern. Entworfen wurde es von 53 Architekten: 18 von ihnen kamen aus Berlin, 16 aus Westdeutschland und 19 aus dem Ausland, wohlweislich der ›westlichen‹ Hemisphäre. Darunter waren ›Stars‹ wie Oscar Niemeyer aus Brasilien und Alvar Aalto aus Finnland. Aus dem Umfeld des Werkbunds und des Bundeshaus-Baus waren Johannes Krahn, Hermann Mattern, Wera Meyer-Waldeck mit von der Partie, zudem Sep Ruf, Egon Eiermann und Walter Gropius. Allein Le Corbusier brauchte mehr Platz, als ihm im Hansaviertel zur Verfügung stand; daher entstand der Typus Berlin seiner *Unité d'habitation* am anderen Ende Charlottenburgs unweit des Olympiastadions.[276] Die Amerikaner steuerten die Kongresshalle an

---

[275] INTERBAU, 1957. – Unter Berücksichtigung des Ost-West-Konflikts: HANSAVIERTEL, 2007; S. WARNKE, Stein gegen Stein, 2009, S. 119–141; N. PODEWIN, Stalinallee und Hansaviertel, 2014.
[276] C. WEBER, Unité d'habitation, 2012.

der Spree bei, die ›schwangere Auster‹. Die ›Interbau 1957‹ propagierte Licht,
Luft, Sonne und eine dezentrale Gliederung – als Gegenentwurf zur dunklen
Mietskaserne der Jahrhundertwende, vor allem aber als ›westliche‹ Alternative
zur Stalinallee, von wo am 17. Juni 1953 der Arbeiteraufstand in der DDR ausgegangen war. Schwippert entwarf ein 16geschossiges Hochhaus am S-Bahnhof
Bellevue mit 59, teils zweigeschossigen Wohnungen – einen fünfzig Meter hohen Wohnturm, den man an seinen markanten gelben Wandplatten erkennt.[277]
In Berlin gestaltete Schwippert außerdem den modernisierenden Wiederaufbau
der kriegszerstörten Hedwigs-Kathedrale Unter den Linden.

Wieder deutlich mehr Glas als beim Hansaviertel, wo die ›Nachkriegsmoderne‹ insgesamt im Zentrum stand, zelebrierte der Pavillon, mit dem sich die
Bonner Republik bei der Weltausstellung 1958 in Brüssel vorstellte.[278] Bauherr war hier die Bundesrepublik, vertreten durch die Bundesbaudirektion,
doch das inhaltliche Gesamtkonzept stammte von Schwippert.[279] Während das
Wirtschaftsministerium von Ludwig Erhard politisch die Verantwortung trug,
war die Initiative vom Werkbund ausgegangen, unterstützt von Industrie- und
Handwerksverbänden.[280] Schwippert steuerte nicht allein das Programm »Leben und Arbeiten in Deutschland« bei. In seinem Sinne bauten auch die Architekten, die den westdeutschen Pavillon gestalteten, namentlich Egon Eiermann
und Sep Ruf (Eiermann entwarf dann in den Sechzigerjahren das Abgeordnetenhochhaus in Bonn, den sogenannten ›Langen Eugen‹[281]; Ruf baute den transparenten Kanzlerbungalow im Park des Palais Schaumburg).[282] Auch Wera Meyer-
Waldeck und Hermann Mattern gehörten wieder zum Team der ›Expo 1958‹.

In Brüssel verwirklichte Schwippert für die Bonner Republik ein Programm
der ostentativen Zurückhaltung. Die gläsernen Vitrinen, die von Wera Meyer-
Waldeck stammten, präsentierten Alltagsgegenstände des ›Wirtschaftswunders‹
und Designstücke der Fünfzigerjahre. Hinzu kamen Informationen über Handwerk und Industrie; es gab eine Bibliothek, ein Restaurant und eine Weinstube.
Beherbergt wurden die Exponate in acht kubischen Pavillons unter flachen Dä-
chern und hinter komplett verglasten Fassaden. Innen dominierte Glas, außen
dominierte Glas – wenn man überhaupt zwischen Innen und Außen noch un-

---

[277] INTERBAU, 1957, S. 40–43; D. MARKE, Haus Schwippert, 2007, S. 200–205; G. BREUER/P. MIN-
GELS/C. OESTEREICH (Hg.): Schwippert, 2010, S. 354–365.
[278] WELTAUSSTELLUNG, 1958; DEUTSCHE PAVILLONS, 2007. – Wie gut die Architektur der Nachkriegsmoderne zum Konzept einer Weltausstellung passte und wie sehr das tatsächlich ein *International Style* der Fünfzigerjahre war, zeigt der hohe Stellenwert von Glas und Stahl in der Gesamtanlage der Brüsseler Ausstellung: L'ARCHITECTURE MODERNE À L'EXPO 58, 2006. – Vgl. H. WEFING,
Parlamentsarchitektur, 1995, S. 91–94.
[279] P. SIGEL, Rolle Schwipperts, 2010, S. 145.
[280] C. OESTEREICH, Umstrittene Selbstdarstellung, 2000, S. 131–140.
[281] A. JAEGGI (Hg.), Egon Eiermann (1904–1970), 2004.
[282] I. MEISSNER, Sep Ruf, 2013, S. 268–289. – Zu Rufs Hausprojekten am Tegernsee: S. 157–169.

terscheiden wollte, weil die Pavillons in einer Parklandschaft mit Rasenflächen und unter Bäumen lagen. Die Anmutung war hell, transparent und leicht, pathetisch allenfalls in ihrem Ausdruck der Bescheidenheit. Damit setzten die Pavillons ein klares Statement gegen das aggressiv wirkende ›Deutsche Haus‹ der Weltausstellung von 1937 in Paris, das Albert Speer mit Steinen, Säulen und einem Hakenkreuz-Adler massiv-faschistisch überformt hatte. Und diesen Kontrapunkt setzte die Bonner Republik, indem sie explizit den Barcelona-Pavillon 1929 zitierte, den Mies van der Rohe seinerzeit im modernen Stil und im Auftrag des Werkbunds für die Weimarer Republik entworfen hatte.[283]

Abb. 20: Die Pavillons der Bundesrepublik für die Weltausstellung in Brüssel 1958. © Bildarchiv Foto Marburg (LA 5.836/32a) / Fotograf Rudolf Arthur Zichner.

Der Glas-und-Stahl-Pavillon und seine visuelle Botschaft von Transparenz und Bescheidenheit kamen im Ausland gut an. Während die deutsche Presse das Konzept als farblos und allzu tugendhaft kritisierte[284], lobte die belgische Zei-

---

[283] F. SCHULZE, Mies van der Rohe, 1986, S. 159–167.

[284] Der *Spiegel* verspottete die »Zeichen jener einstudierten Bescheidenheit«, mit der »die bundesdeutschen Musterschüler […] Sympathien gewinnen wollen«. Artikel »Babel in Beton«; DER SPIEGEL vom 9. April 1958, Nr. 15/1958, S. 40–52, hier S. 46. – Schwippert wies die Pressekritik in einer Aktennotiz für das Wirtschaftsministerium zurück: »1. In der *Welt* schimpft erst [Joachim] Besser auf das deutsche Haus. Dann schlägt [Erich] Kuby Lärm (statt mit seinem neuesten Geschäft eines Drehbuchs über [Rosemarie] Nitribitt zu beschäftigen). […] 2. Und wie diese Linie es befiehlt, räuspern sich die ›Kleinen‹ landauf-landab nach, bis zur ›Blamage‹. 3. Diesem Radau stehen gegenüber gute, sehr gute und ausgezeichnete deutsche Stimmen und ausgezeichnete Stimmen

tung *Le Soir* den westdeutschen Beitrag genau für seine »Mäßigung«, für die
»Ruhe, Ausgeglichenheit, Schönheit und Beschaulichkeit« des Pavillons: »Das
Deutschland des Heysel [des Brüsseler Parkgeländes, wo die Weltausstellung
stattfand, B.W.] hat den Wunsch unterdrückt, seine Macht zur Schau zu stellen.
Man könnte meinen, dass es das früher so viel gebrauchte Wort ›kolossal‹ ein
wenig scheut.«[285] Auch die *Times* fand, der deutsche Pavillon sei wegen seiner
»poetischen Einfachheit« schlicht »der eleganteste« Beitrag der Weltausstellung:
»In ihm sind alle Qualitäten der Leichtigkeit und Transparenz, die zu diesem Stil
der Architektur gehören, wohl ausgeschöpft. [...] Ein reifes, architektonisches
Werk poetischer Einfachheit.«[286]

Architekturhistorisch war die frühe Bundesrepublik eine Zeit des Wieder- und
Neuaufbaus, auch der stilistischen Erneuerung. Dies gilt vor allem bis etwa 1953,
weil im Verlauf des ›Wirtschaftswunders‹ wieder konventioneller gebaut wurde.[287] Hans Schwippert entwarf in dieser frühen Phase mehrere Repräsentativ-
bauten der Bonner Republik, vor allem die Umbauten in Bonn: das Bundeshaus
und das Palais Schaumburg. Als Werkbund-Vorsitzender, Hochschullehrer und
Netzwerker prägte er zwar nicht die einzige, aber eine starke Strömung der Nachkriegsarchitektur, nicht zuletzt 1957 in West-Berlin und 1958 in Brüssel. Die
Glasarchitektur der Fünfzigerjahre zeichnete das programmatische Selbstbild eines ebenso bescheidenen wie modernen, sich nach Westen öffnenden Landes. In
einer doppelten Distanzierung sowohl von der NS-Architektur als auch vom Stil
des Stalinismus setzte Schwippert im ›Wiederaufbau‹ auf Formen der ›Moderne‹.
Leichtigkeit und Helligkeit sollten Bunker und Luftschutzkeller transzendie-
ren. Das wichtigste Baumaterial, mit dem Schwippert und seine Gefährten ihre
Botschaft auszudrücken versuchten, war Glas. »Transparenz und Aufglasung«,
schreibt dazu die Kunsthistorikerin Irene Meissner, »galten zwar schon in den
Zwanzigerjahren als Zeichen einer ›Befreiung‹ des Menschen, nun aber diente
die Entmaterialisierung als Demonstration eines gewandelten Deutschland«.[288]

3.4 Glas im Plenarsaal: Der Bruch mit der herkömmlichen
Parlamentsarchitektur

Die Glas-Tradition, die 1949 mit Schwipperts Bundeshaus begann, war ein
Bruch mit der sonst üblichen Parlamentsarchitektur. Zwar gab (und gibt) es

---

des Auslandes in wachsender Zahl.« Gedruckt in: G. Breuer/P. Mingels/C. Oestereich (Hg.):
Schwippert, 2010, S. 656 f. – Vgl. C. Werhahn, Schwippert, 1987, S. 176 f.
[285] Zitiert nach: Deutscher Beitrag, 1958, S. 125. – Vgl. C. Oestereich, »Gute Form«, 2000,
S. 13.
[286] Zitiert nach: Deutsche Pavillons, 2007, S. 8.
[287] W. & J. Petsch, Neuaufbau statt Wiederaufbau, 1985.
[288] I. Meissner, Sep Ruf, 2013, S. 238–255 und S. 358 (Zitat).

keine festen Regeln, wie ein Parlament auszusehen hätte.[289] Aber schon zeitgenössische Beobachter wie der Bonner Journalist Walter Henkels erwähnten
immer wieder, dass das Bundeshaus »kein ›echtes‹ Parlamentsgebäude ist mit
kolossalen Stein- und wuchtigen Rustikamauern, dicken Säulen und Streben«.
Deutlich erkennbar sei es nicht mit jenen Attributen versehen, die »dem Staatsbürger die festgefügte Macht des Staates nachdrücklichst und glaubhaft ins Bewusstsein« rufen.[290] Bemerkt wurden also die Unterschiede, und zwar gerade
hinsichtlich der Beeindruckungseffekte, die im Allgemeinen ein ›echtes‹ Parlament auszeichnen. Auch die September-Ausgabe 1950 der *Architectural Review*
demonstrierte, dass der Bundestag anders aussah als das, was man bis dato kannte.[291] In einer Titelgeschichte beschäftigte sich die Architekturzeitschrift vor allem mit den *Houses of Parliament* in London. Der Anlass war die Rückkehr des
Unterhauses in seinen angestammten Sitzungssaal im Westminster-Palast, jener
vormaligen Königsresidenz aus dem Mittelalter, die sich das Parlament Stück für
Stück angeeignet hatte.[292] Im Zweiten Weltkrieg hatte die deutsche Luftwaffe
wesentliche Teile des Gebäudes zerstört. Am 10. Mai 1941, als der schwerste
von einem Dutzend Bombentreffern erfolgte, war der Raum, in dem das Unterhaus tagte, unbrauchbar geworden.[293]

Fast zehn Jahre später, am 26. Oktober 1950, wurde das neue Unterhaus
eingeweiht (rund ein Jahr nach der Konstituierung des Bundestages in seinem
neuen Gebäude), und der allgemeine Eindruck in London war: Es hat sich, zum
Glück, gar nichts verändert.[294] Schon als im Oktober 1943 das Parlament über
den Wiederaufbau beriet, hatte Winston Churchill die Absicht geäußert, dass
das *House of Commons* genau in der Form wiederhergestellt werden solle, wie
es gewesen war, nämlich angemessen, behaglich und würdevoll.[295] Nach diesen Vorgaben leitete der Architekt Giles Gilbert Scott die Bauarbeiten, die – bis
auf Details, die an die Zerstörung erinnern – eine Restauration waren.[296] Wobei: Originalgetreu wiederhergestellt wurde nur die Optik. Die Haustechnik
hingegen, Beleuchtung, Akustik und Klimatisierung, wurden auf den neusten
Stand gebracht. Zudem entstanden 160 zusätzliche Plätze für Journalisten und
Besucher. Allerdings fiel die Modernisierung kaum auf gegenüber den sicht

---

289 H. WEFING, Parlamentsarchitektur, 1955, S. 82.
290 W. HENKELS, Zeitgenossen, 1953, S. 14.
291 ARCHITECTURAL REVIEW, 108. Jg., Nr. 645, September 1950.
292 Ein Klassiker zur englischen Entwicklung: K. KLUXEN, Parlamentarismus,1983.
293 J. FIELD, Story of Parliament, 2002, S. 259–261; R. SHEPHERD, Westminster, 2012, S. 325 f.
294 Artikel »Es hat sich nichts verändert«; FAZ vom 27. Oktober 1950.
295 HOUSE OF COMMONS, 5. Serie, Band 393, 28. Oktober 1943, S. 403–409, hier S. 403. – In der
Debatte sagte Churchill den vielzitierten Satz: »We shape our buildings, and afterwards our buildings shape us.« Vgl. H. WEFING, Parlamentsarchitektur, 1995, S. 140 f.; J. PARKINSON, Democracy
and Public Space, 2012, S. 5; D. GEPPERT, Nation mit »Bundesdorf«, 2015, S. 141.
296 B. COCKS, Mid-Victorian Masterpiece, 1977, S. 116–125.

baren Zeichen der Kontinuität. Während etwa die Galerien erweitert wurden, blieb bei den Sitzplätzen der Abgeordneten alles beim Alten. Für die 625 Abgeordneten gab es, wie früher, exakt 437 Sitze, also eigentlich zu wenige. Farblich dominierten das Braun der Eichenholztäfelung und das matte Grün der Ledersitze. Für Wände und Säulen wurde der gleiche Stein verwendet wie im alten Gebäude.[297]

Holzvertäfelt, behaglich, würdevoll – statt hell, modern und bescheiden: Das Bildprogramm des Westminster-Palasts war komplett anders als das in Bonn. Bei der feierlichen Zeremonie gratulierte denn auch König George VI. dem Architekten, sein Wiederaufbau sei ein herausragendes Beispiel der britischen »Handwerkskunst in Holz, Metall und Stein«.[298] Und schon der im Krieg zerstörte Unterhaussaal war ein Bekenntnis zur Tradition gewesen. Der *Palace of Westminster* stammte – ungeachtet seiner Anmutung – in den meisten Teilen nicht aus dem Mittelalter. Gebaut wurde er Mitte des 19. Jahrhunderts im Stil der Neogotik und als Denkmal nationaler Größe.[299] Politisch gesehen ist der Parlamentspalast von Westminster ein Stück gebauter Verfassung, die Großbritannien in geschriebener Form nicht hat. Beim Oberhaus handelt es sich um eine Art Schloss, Stichwort: *Crown-in-Parliament* (denn nur ins Oberhaus kommt die Monarchin). Demgegenüber ähnelt das Unterhaus, dessen Ursprünge in einer gotischen Stiftskirche liegen, einem *Gentlemen's Club*.[300] Das *House of Commons* gilt sogar als »the best club in London«, wie Melvin Twemlow bemerkt, eine satirische Romanfigur von Charles Dickens, der als Parlamentsjournalist gearbeitet hat.[301] In diesem Sinne ist Westminster schon auf den ersten Blick kein Parlament für die Besucheröffentlichkeit. Transparenz spielt hier keine Rolle, und Glas fällt kaum ins Auge, mit Ausnahme der historisierenden Bleiglasfenster.[302]

Das prunkvolle Westminster-Parlament sieht aus wie die Mischung aus einer Burg und einer Kathedrale, erbaut im Stil des *Gothic Revival* während einer Boom-Phase der Industrialisierung. Im Oktober 1834 war das seit dem Mittelalter gewachsene Sammelsurium verschiedener Räume und Gebäude niedergebrannt. Das Feuer brach aus in den Öfen des *House of Lords* und entwickelte sich durchaus zum Spektakel der Bevölkerung, die – vor dem Hintergrund der

---

[297] Artikel »Es hat sich nichts verändert«; FAZ vom 27. Oktober 1950.
[298] Zitiert nach: B. Cocks, Mid-Victorian Masterpiece, 1977, S. 133.
[299] Zum Stil: K. Clark, Gothic Revival, 1995 [1928]; C. Brooks, Gothic Revival, 1999; E.-M. Landwehr, Historismus, 2012, S. 186–192. – Vgl. F. Moretti, Bourgeois, 2014, S. 165. – Das Moment der nationalen Vergemeinschaftung zeigen auch die Gemälde im Innern. Deren Absicht war es, Schlüsselszenen der Verfassungs- und Religionsgeschichte vom Mittelalter bis ins 19. Jahrhundert zu verbildlichen: S. Kolter, Historienmalerei, 2011.
[300] R. Shepherd, Westminster, 2012, S. 269.
[301] C. Dickens, Our Mutual Friend, 1963 [1865], S. 246.
[302] Für eine Beschreibung der Bleiglasfenster: M. Port, Parliament, 1976, S. 245–257.

Wahlrechtsauseinandersetzung um den ersten *Reform Act* – nicht nur mit Wohlgefallen auf die parlamentarische Elite blickte.[303] Nach dem Brand wurden die Ruinen abgetragen und stattdessen ein Neubau errichtet. Zwischen 1840 und 1870 entstand der *New Palace of Westminster* am Ufer der Themse, wo seit dem Mittelalter ein Königspalast gestanden hatte. Den Architektenwettbewerb hatte 1836 Charles Barry gewonnen, unterstützt von Augustus Welby Pugin.[304] Die beiden entwarfen eine symmetrische Anlage, deren asymmetrische Türme die optischen Akzente setzen. Weltberühmt ist der Uhrenturm mit seiner großen Glocke. Den Gesamteindruck aber bestimmt die mit Spitzen, Gesimsen und Kapitellen reich verzierte Fassade.[305]

In Großbritannien hat die Entscheidung für die Tradition also ihrerseits Tradition: Als während der anglikanischen Reformation im 16. Jahrhundert die königliche Stiftskirche im Westminster-Palast geschlossen und der Kirchenraum dem *House of Commons* zugeteilt wurde, wandelte sich die *St. Stephen's Chapel* zur *St. Stephen's Hall*. Und als 300 Jahre später die historische Bausubstanz abbrannte, wurde aus der gotischen Improvisation ein neogotisches Bekenntnis. Aus dem ursprünglich sakralen Raum übernommen wurden das Chorgestühl und die Sitzordnung *vis-à-vis*. Im Westminster-Parlamentarismus sitzen seither die Abgeordneten, welche die Regierung unterstützen, auf Seiten des Dekans, während sich die Opposition beim Kantor befindet. Das veranschaulicht die Rolle der Opposition als Alternative zur Regierung. In einem kleinen Saal, in dem nicht alle Abgeordneten einen Sitzplatz haben, kommt darin auch ein Charakteristikum des parlamentarischen Systems zum Ausdruck: die Betonung des Konflikts.[306]

1950 erläuterte die *Architectural Review*, dass seit den Tagen der *St. Stephen's Chapel* die »intime Atmosphäre« typisch für die Debatten im Unterhaus sei.[307] Bei der Zeremonie am 26. Oktober 1950 erhob König George VI. die »traditionelle Intimität« sogar zum Merkmal des britischen Parlamentarismus.[308] Schon 1943 hatte Churchill feierlich erklärt, dass der Wiederaufbau im Sinne der Tradition, dass der kleine Saal und dessen »Gefühl der Intimität«, gleichsam zu den britischen Kriegszielen gehörten:

---

[303] Zum Brand: C. SHENTON, The Day, 2012. – Zur Wahlrechtsauseinandersetzung: A. WIRSCHING, Parlament und Volkes Stimme, 1990; W. STEINMETZ, Das Sagbare und das Machbare, 1993.

[304] M. PORT, Parliament, 1976, S. 20–52.

[305] Eine detaillierte Baugeschichte: M. PORT, Parliament, 1976. – Vgl. J. FIELD, Story of Parliament, 2002, S. 178–194; R. SHEPHERD, Westminster, 2012, S. 268.

[306] Zur parlamentarischen Sitzordnung: P. MANOW, Schatten des Königs, 2008, S. 20–37 und 49.

[307] Artikel »The House of Commons«; ARCHITECTURAL REVIEW, 108. Jg., Nr. 645, September 1950, S. 161–176; hier S. 170. – Vom Autor: M. HASTINGS, St. Stephen's Chapel, 1955. – Vgl. R. SHEPHERD, Westminster, 2012, S. 132 134.

[308] Zitiert nach: B. COCKS, Mid-Victorian Masterpiece, 1977, S. 133.

Ich weiß nicht, wie dieses Land anders regiert werden könnte als durch das Unterhaus, das im öffentlichen Leben Großbritanniens in der ganzen Breite der Freiheit
seine Rolle spielt. Wir haben gelernt [...], nicht unbedacht die physische Strukturen zu verändern, die es diesem so beachtlichen Organismus [dem Unterhaus,
B.W.] ermöglicht haben, Diktaturen auf dieser Insel zu verhindern sowie diejenigen Diktatoren zu verfolgen und in den Ruin zu schlagen, die uns von außen behelligt haben.[309]

Ihre historischen Ausführungen kontrastierte die *Architectural Review* mit einem
Blick auf Bonn.[310] Dabei waren die Unterschiede zwischen der Neogotik von
Westminster und dem ›Neuem Bauen‹ unübersehbar: Verspielt, dunkel, artifi-
ziell wirkte das britische Parlament; sachlich, hell und modern präsentierte sich
das Bundeshaus. Pittoresk sah das eine aus, nüchtern das andere. London setzte
sich erhaben ins Bild, Bonn bescheiden und gläsern.

Eine Übereinstimmung zwischen London und Bonn findet sich immerhin im
Würdigen und Religiösen, in der pathetischen Rhetorik, mit der auch Schwipperts Plenarsaal aufgeladen war, allerdings weit weniger offensichtlich. Genauso
entspricht der Gedanke, den Sitzungssaal für den wichtigsten Teil des Parlaments zu halten – und deshalb einsehbar zu machen –, dem Ideal, dass hier
durch Rede und Gegenrede um die richtige, vernünftige Entscheidung gerun-
gen werde, obwohl man diametral entgegengesetzte Schlüsse daraus zog.[311] Eine
weitere Gemeinsamkeit ist die Lage längs eines Flussufers: Westminister liegt
als langgestrecktes, vielgegliedertes Baukonglomerat am Ufer der Themse[312], das
Bundeshaus war ein gleichfalls langgestrecktes, vielgegliedertes Baukonglomerat
am Rhein. Wenn man sich die Stadtkarten aus dem 19. Jahrhundert anschaut,
als Westminster und die *City of London* voneinander unabhängig waren, erinnert das an den Ort des Bundeshauses zwischen Bad Godesberg und Bonn. Sein
Grundriss ähnelte Westminster, das Dekor ausdrücklich nicht – und zwar wegen der politischen Symbolik.

Was aber sind die symbolischen Funktionen von Parlamentsgebäuden? Laut
einem politikwissenschaftlichen Modell führen Parlamentsgebäude die Vergangenheit fort, prägen sie die Gegenwart und konditionieren die Zukunft.[313] Das
britische Parlament steht genau an dem Ort, wo jahrhundertelang der Königspalast gestanden hatte und Könige gekrönt worden waren. In Bonn wäre ein
vergleichbares Bekenntnis zur Tradition aus vielen Gründen nicht in Frage ge-

---

[309] HOUSE OF COMMONS, 5. Serie, Bd. 393, 28. Oktober 1943, S. 406 [Übersetzung, B.W.].
[310] Artikel »Parliament Building at Bonn«; ARCHITECTURAL REVIEW 108 (1950), Nr. 645, S. 183–
186.
[311] W. GÖTZE, Parlamentsgebäude, 1960, S. 109.
[312] W. GÖTZE, Parlamentsgebäude, 1960, S. 13; R. SHEPHERD, Westminster, 2012, S. 268.
[313] C. GOODSELL, Architecture of Parliaments, 1988.

kommen: Die Wahl des Ortes am Rhein war, wie gesehen, dem Umstand geschuldet, dass Berlin keine Option und das Reichstagsgebäude zerstört waren. Ohnehin war die monarchisch-dynastische Tradition abgerissen, und selbst wenn, dann hätte sie für Frankfurt am Main oder für Berlin gesprochen. Einen Bruch vollzog das Bonner Bundeshaus in der Folge auch in architektonischer Hinsicht. Als Symbol des demokratischen Neubeginns knüpfte das Bundestagsgebäude an die Reformarchitektur der Weimarer Moderne an.

Parlamentsarchitektur wird bestimmt durch die jeweilige Geschichte und Tradition des Parlamentarismus; sie folgt aber zugleich einem historischen Entstehungskontext.[314] Das gilt so auch für das Bundeshaus, nämlich im Verzicht auf Erhabenheit und Imposanz sowie insbesondere in der Aufklärungs- und Demokratisierungs-Metaphorik von Glas und Transparenz. Insofern war das Bonner Parlament zwar nicht repräsentabel, aber repräsentativ für die frühe Bundesrepublik, in der es gebaut wurde. Schwipperts Bekenntnis zu Sachlichkeit und Nüchternheit passte zum Pragmatismus-Postulat der ›Wiederaufbau‹-Jahre, so wie seine Ästhetik des Vorläufigen dem provisorischen Charakter der Bonner Republik entsprach. Zugleich steht das Bundeshaus, was die architektonische Repräsentation des Parlamentarismus betrifft, durchaus in einer längeren deutschen Tradition: So hatte Kaiser Wilhelm II. in der Auseinandersetzung mit dem Reichstag beim Architekten Paul Wallot darauf gedrungen, dass dieser eher dem Beispiel eines preußischen Verwaltungsbaus nacheifere, anstatt das Parlament mit Kunst und Ornamentik auszuschmücken, wofür wiederum Parlamentarier wie Eugen Richter oder August Bebel plädiert hatten.[315]

Es gibt noch eine zweite Parallele zwischen Schwippert und Wallot: Beide verwendeten viele Gedanken auf den Sitzungssaal, deswegen hatten sie aus machtpolitisch-ästhetischen Gründen auch einigen Streit – der eine wegen der Kuppel (die Wilhelm II. verhindern wollte), der andere wegen der runden Sitzordnung; der eine mit dem Kaiser, der andere mit Adenauer.[316] Was beide jedoch zu wenig berücksichtigt haben, waren Arbeitsräume für die Abgeordneten und die Parlamentsbürokratie. Regelmäßig beklagten sich in der Weimarer Republik Parlamentarier über die unzureichenden Arbeitsbedingungen, vor allem über den chronischen Platzmangel.[317] Ein Architektenwettbewerb für ein Bürogebäude neben dem Reichstag führte Ende der Zwanzigerjahre zunächst zwar zu keinem Ergebnis. Wegen der politischen und wirtschaftlichen Umstände wurde das Vorhaben nicht realisiert. Im Kontext der Umbau-Diskussion jedoch zog der sozialdemokratische Rechtsphilosoph Gustav Radbruch in der *Vossischen Zeitung* vom

---

[314] H. Münzing, Parlamentsgebäude, 1977, S. 13–16.
[315] W. Götze, Parlamentsgebäude, 1960, S. 81.
[316] Für den Reichstag: W. Götze, Parlamentsgebäude, 1960, S. 82 f.
[317] M. Cullen, Reichstag, 2015, S. 77–82.

15. Dezember 1929 ein enttäuschtes Fazit seiner vier Jahre im Parlament: Der Reichstag sei ein »Haus ohne Wetter«.[318]

Wenn man eine strenge Definition für Parlamentsarchitektur anlegen wollte, nach der nur Bauten zählen, die für eine nach allgemeinem Wahlrecht gewählte Volksvertretung in einem repräsentativ-demokratischen System geplant wurden, dann wäre der Landtag von Baden-Württemberg (1961) der erste Parlamentsbau der deutschen Geschichte – und Behnischs Bundestag von 1992 der erste auf nationaler Ebene.[319] Dieser Maßstab wäre allerdings abwegig, weil damit die Frankfurter Paulskirche und der Berliner Reichstag den Kriterien nicht genügen würden, genauso wenig der Westminster-Palast, das *Palais Bourbon* in Paris oder der römische *Palazzo di Montecitorio*.[320] Die meisten Parlamentsgebäude entstanden im 19. Jahrhundert, sie stammen aus einer Zeit, in der die Demokratie in den Kinderschuhen steckte. Weder waren die meisten Regierungssysteme parlamentarisiert, noch waren die Parlamente repräsentativ. In den allermeisten Fällen ist Parlamentsarchitektur also eine Architektur der Demokratisierung. Aus diesem prozesshaften Charakter resultiert ein Moment der Aneignung: Viele Parlamente haben ältere Gebäude bezogen, die von deren Vornutzern anders gedacht und gebraucht worden waren. Den Weg der Parlamentarisierung beschritt man zugleich praktisch und symbolisch.[321]

Wenn Parlamentsbauten Artefakte sind, in denen eine politische Kultur zum Ausdruck kommt[322], war das Bonner Bundeshaus ein Provisorium hoch zwei. Von Anfang an – vom Parlamentarischen Rat über Schwipperts Erweiterung bis zum Abriss des Plenarsaals 1987 – wurde daran an- und umgebaut. Nahezu ununterbrochen gab es Pläne zur Erweiterung, Veränderung oder zum Neubau. In der Praxis waren der Bundestag und die gesamte Bundeshauptstadt Bonn ein bauliches Provisorium – und insofern wieder repräsentativ für die alte Bundesrepublik. Hier ging es nicht darum, die Stärke, Macht und Dauerhaftigkeit des Staates zu inszenieren oder mit Säulen, Pfeilern und Gesimsen etwas herzumachen. Im Gegenteil: Einfach sollte es sein und vielseitig nutzbar für den erhofften Fall, dass die Politik bald andernorts zuhause sein würde, in Berlin oder in einem vereinten Europa – dessen Parlamentsgebäude übrigens die einzigen außerhalb Deutschlands sind, die auf Glasarchitektur setzen.[323] Im Bundeshaus,

---

[318] G. Radbruch, Gesamtausgabe, Bd. 15, 1999, S. 365. – Vgl. M. Klein, Demokratisches Denken, 2010, S. 27 f.

[319] H. Wefing, Parlamentsarchitektur, 1995, S. 77.

[320] K. v. Beyme, Parlament, Demokratie, Öffentlichkeit, 1992, S. 34; H. Wefing, Parlamentsarchitektur, 1995, S. 77–80.

[321] Anhand der Landtage von Bayern, Kurhessen und Sachsen im 19. Jahrhundert: J. Hort, Parlamentsarchitektur, 2007.

[322] C. Goodsell, Architecture of Parliaments, 1988, S. 287.

[323] Artikel »Haus des Europa-Rates in Straßburg«; Die neue Stadt 5 (1951), 1, S. 22–26.

erklärte Schwippert 1951, fänden sich nirgends »die feierlichen Attribute des Stucks, des Profils, des dunklen Holzes, des Marmors, mit dem Regierungen und Parlamente sich Würde zu verleihen pflegen«. Darauf war Schwippert paradoxerweise stolz, als er hinzufügte:

> Es ist die Würde des Bauens von heute, mit den sparsamen und strengen Mitteln einer technischen Zeit menschliche Liebenswürdigkeit zu versuchen. Kleiner Zwang zu Offenheit und Freundlichkeit, großer Angriff gegen das, was wir den tierischen Ernst nennen.[324]

Wie viel Wert hingegen in London der Tradition beigemessen wurde, zeigte abermals der Verlauf der Unterhaus-Debatte vom 28. Oktober 1943. Mit der Entscheidung für den Wiederaufbau in der alten Form scheiterte eine Intervention des sozialistischen Abgeordneten James Maxton.[325] Als Antwort auf Churchills Plädoyer für eine Rekonstruktion hatte der Schotte dafür geworben, nach dem Zweiten Weltkrieg einen Anfang zu wagen. Anstelle der Barry-Pugin-Kammer, so Maxton, träume er von einem Neubau in »einer schönen englischen Parklandschaft«. Außerhalb Londons wolle er »das beste Gebäude [errichten lassen, B.W.], das die britische Architektur planen kann« – ein Parlament »im besten und größten Rahmen«, mit Bahnhof, Parkhaus und Flughafen. Hier solle Weltpolitik gemacht werden, und dafür brauche man eine ebenso praktische wie komfortable, gastfreundliche Umgebung. Er denke an einen Ort, von dem die ganze Welt wisse, dass man dort zusammenkommen könne, um nach dem Krieg Politik zu machen.[326]

Diesem Vorschlag erteilte der konservative Abgeordnete Henry Crookshank, Mitglied von Churchills Kriegskabinett, eine klare Absage. Maxtons Vorschlag ernte im Haus keinerlei Zuspruch, erklärte Crookshank, weil Westminster nun einmal der Ort sei, an dem das Parlament seinen Sitz habe: »It was born there, and it has sat there for many centuries.« Was Maxton vorgeschlagen habe, sei hingegen vorstädtisch (»suburban«) und fürchterlich »unbequem«. Seine modernistische Phantasie, so Crookshank, laufe hinaus auf die Kreuzung aus einem Flughafen, der Waterloo-Station und dem *Crystal Palace*, dem Gebäude der Weltausstellung von 1851.[327] In seiner Polemik hätte Crookshank auch sagen können: Maxton habe ein Gewächshaus vorgeschlagen.

---

324 Artikel »Das Bonner Bundeshaus«; Neue Bauwelt 6 (1951), 17, S. 65.
325 G. Brown, Maxton, 1986.
326 House of Commons, 5. Serie, Bd. 393, 28. Oktober 1943, S. 410–413, hier S. 411 f.
327 House of Commons, 5. Serie, Bd. 393, 28. Oktober 1943, S. 465–472, hier S. 467.

3.5   Der *Crystal Palace*: Die Geburt der Glasarchitektur aus dem Bau
von Gewächshäusern

Hans Schwippert hatte für das Bundeshaus und seine Glasarchitektur ein
wichtigeres Vorbild als den Westminster-Palast. In welcher Tradition der Architekt das erste Parlamentsgebäude der Bundesrepublik sah, zeigte im August
1951 eine Ausstellung in Darmstadt: Konzipiert war die Retrospektive *Baukunst 1901–1951* als »Schnellkurs durch die vorwiegend deutsche Architekturgeschichte« des 20. Jahrhunderts.[328] Vorgestellt wurden »die bedeutsams-
ten Leistungen der Architektur«[329], insbesondere Entwürfe aus Glas und Stahl,
um einen Kanon des modernen Bauens zu bestimmen. »Man unternimmt einen Gang durch die markanten Zeugnisse der technischen Möglichkeiten, der
künstlerischen Formgebung und der Gestaltung menschlicher Lebensvorgänge«,
berichtete das *Darmstädter Echo* und erkannte: »Das sind die Wurzeln des neuen
Bauens.«[330] In derselben botanischen Wachstums-Metaphorik erklärte der Ar-
chitekturjournalist Heinrich Henning, in Darmstadt präsentiere sich der moderne Baustil »in ausgewogener Reife«.[331] Im Beirat der Ausstellung saßen unter
anderem: die Bauhaus-Architekten Otto Bartning und Ernst Neufert sowie –
natürlich – Hans Schwippert.[332] Von den Genannten stammten zudem drei der
elf sogenannten ›Meisterbauten‹. Mit diesem Neubau-Projekt wollte die stark
kriegszerstörte Stadt die theoretischen Erkenntnisse der Ausstellung in die Praxis des ›Wiederaufbaus‹ übersetzen. Die Ausstellung sollte nach Meinung ihrer
Kuratoren »in erster Linie nicht dem rückblickenden Gedächtnis, sondern der
vorwärtsschauenden Planung« verpflichtet sein.[333]

Die Schau auf der Mathildenhöhe war zugleich eine Hommage an die Gründung der Künstlerkolonie fünfzig Jahre zuvor.[334] Im Jahr 1901 hatten die Architekten Joseph Maria Olbrich, Peter Behrens und andere am gleichen Ort
eine weitbeachtete Ausstellung über Architektur, Kunstgewerbe und Jugend-
stil in Szene gesetzt.[335] Seitdem verstand sich Darmstadt als »Stadt des Avantgardismus, in der man sogar den Mut zum Experiment hatte«, wie sogar der

---

[328] W. PEHNT, Deutsche Architektur, 2005, S. 285. – Zu den Hintergründen der Ausstellung, die
flankiert wurde von einem Wettbewerb, aus dem die ›Darmstädter Meisterbauten‹ hervorgegangen sind, und einem ›Darmstädter Gespräch‹ unter dem Motto »Mensch und Raum«: M. BENDER/
R. MAY (Hg.), Meisterbauten, 1998; B. HERBIG, Meisterbauten, 2000.
[329] Laut der Ankündigung, gedruckt in: DIE NEUE STADT 5 (1951), 1, S. 37.
[330] Artikel »Die Ausstellung ›Mensch und Raum‹«; DARMSTÄDTER ECHO vom 4. August 1951.
[331] Artikel »Architektur 1901–1951«; DIE NEUE STADT 5 (1951), 5, S. 169.
[332] Artikel »Organisatoren und Helfer«; DARMSTÄDTER ECHO vom 4. August 1951.
[333] Artikel »Architektur und Gesellschaft«; FAZ vom 6. August 1951. – Weitere Architekten der
›Meisterbauten‹ waren Max Taut, Hans Scharoun, Rudolf Schwarz und Otto Ernst Schweizer.
[334] B. HERBIG, Darmstädter Meisterbauten, 2000, S. 30–36.
[335] M. FRINGS, Darmstädter Künstlerkolonie, 1998; W. PEHNT, Deutsche Architektur, 2005,
S. 22–28. – Die Ausstellung 1951 stellte sich bewusst in die Tradition der Mathildenhöhe: »Joseph

Stadtkämmerer 1951 stolz erklärte.[336] Um eine Brücke in die Nachkriegszeit zu schlagen, feierte die Retrospektive die Architektur international anerkannter Architekten wie Victor Horta, Henry van de Velde oder Frank Lloyd Wright, zudem Ludwig Mies van der Rohe sowie Le Corbusier. Mit diesem Schwerpunkt war *Baukunst 1901–1951* die erste museale Auseinandersetzung mit der modernen Architektur in der frühen Bundesrepublik.[337] Vor allem aber stellte die Gedenkausstellung zwei Dinge in einen unmittelbaren Kontext, indem sie ihre Bilder nebeneinanderhängte: Schwipperts Bonner Bundeshaus und ein Bild des Londoner Kristallpalasts, der Ausstellungshalle der ersten Weltausstellung von 1851.[338] Deren Erbauer, der Treibhaus-Tüftler Joseph Paxton, wurde in Darmstadt gelobt für die Verwendung »neue[r] Materialien […] in der Ausstellungsarchitektur«, das heißt: für seinen revolutionären Einsatz von Glas. In Paxtons Folge wurde Schwippert zitiert mit seinem programmatischen Satz: »Ich wollte ein Haus der Offenheit, eine Architektur der Begegnung und des Gesprächs.«[339]

Was war der *Crystal Palace*? 1851 lockte in London die erste Weltausstellung, die *Exhibition of the Works of Industry of All Nations*, Millionen Besucher in den Hyde Park.[340] Zur Eröffnung kamen Queen Victoria und Prinzgemahl Albert. Die königliche Familie zeigte sich – nach den europäischen Revolutionsereignissen von 1848 und den Demonstrationen der Chartisten – wieder ihrem Volk, jedenfalls dem Teil, der eine Jahreskarte gekauft hatte.[341] Zu sehen waren Zehntausende Gegenstände aus aller Welt. Ausgestellt und verherrlicht wurde der Handel, die neusten Erzeugnisse der britischen Wirtschaft sowie der Kolonien.[342] Das Konzept der Weltausstellung setzte Industrialisierung und Freihandel programmatisch gleich mit Fortschritt und Wohlstand – und diese wiederum mit Frieden, Zivilisation und der Suprematie Großbritanniens. Das Publikum besichtigte Druck- und Webmaschinen, Baumwolle und andere Stoffe. Die Leute entdeckten Schiffsmodelle und Telegrafen, Parkbänke sowie Kanonen aus Gusseisen. Und sie bestaunten sehr, sehr viel Glas. Beheimatet war die Weltaus-

---

Maria Olbrich zum Gedenken« und »Die Errichtung des Hochzeitsturms«; DARMSTÄDTER ECHO vom 31. Juli bzw. 2. August 1951.

[336] Gustav Feick, in: DARMSTÄDTER GESPRÄCH – MENSCH UND RAUM, 1952, S. 9; Artikel »Die Darmstädtische Tradition des Wagemuts«; DARMSTÄDTER ECHO vom 6. August 1951.

[337] B. HERBIG, Darmstädter Meisterbauten, 2000, S. 17. – 1953 wurde die Ausstellung in Japan gezeigt.

[338] Die Ausstellung ist dokumentiert (und erläutert vom Kurator Hans K. F. Mayer, Heidelberg): in: DARMSTÄDTER GESPRÄCH – MENSCH UND RAUM, 1952, S. 33–48.

[339] DARMSTÄDTER GESPRÄCH – MENSCH UND RAUM, 1952, S. 42.

[340] GREAT EXHIBITION, 4 Bde., 2013. – Vgl. J. AUERBACH, Great Exhibition, 1999; M. LEAPMAN, World for a Shilling, 2001; H. HOBHOUSE, Crystal Palace, 2002; E. GIEGER, Weltausstellung, 2007.

[341] Zum protokollarischen Hintergrund: H. HOBHOUSE, Crystal Palace, 2002, S. 59–63.

[342] Der global- und wirtschaftsgeschichtliche Kontext ist zuletzt stark betont worden: W. KAISER, Cultural Transfer, 2005; E. GIEGER, Weltausstellung, 2007; P. YOUNG, Globalization, 2009.

stellung in einem Gewächshaus, dem größten, das bis dahin gebaut worden war:
dem *Crystal Palace*.[343]

Abb. 21: Bei der Ausstellung *Baukunst 1901–1951* stand ein Foto des Bonner Plenarsaals (exakt Abb. 1 auf S. 6) im Zusammenhang mit einem Bild des *Crystal Palace*. Die
Abbildung hier stammt aus einem Erinnerungsalbum, das im Denkmalamt überliefert
ist. © Stadt Darmstadt – Abteilung für Denkmalschutz und Denkmalpflege / Fotograf
unbekannt.

Die Ausstellungshalle schien gigantisch, 124 Meter breit und 563 Meter
lang.[344] Alles in allem umfasste der Bau eine Ausstellungsfläche von mehr als
90 000 Quadratmetern. Damit war in der großen Gewächshaus-Vitrine so viel
Platz wie auf umgerechnet dreizehn Fußballfeldern. Mindestens genauso bemerkenswert wie die Ausmaße waren die Helligkeit und die optische Leichtigkeit.
Trotz der Größe wirkte die Halle keineswegs schwerfällig, sondern sie schien
zu leuchten. Diese Anmutung verdankte sie dem Glas, das in verschwenderi-

---

[343] J. LESSING, Weltausstellungen, 1900; E. SCHILD, Zwischen Glaspalast, 1967; G. KOHLMAIER/B. v.
SARTORY, Das Glashaus, 1981; H. HOBHOUSE, Crystal Palace, 2002; K. COLQUHOUN, Paxton, 2003,
S. 162–187; L. REINERMANN, Londoner Parks, 2005, S. 56–65; E. GIEGER, Weltausstellung, 2007,
S. 88–94; ART AND DESIGN FOR ALL, 2011, S. 11 und 114–129; C. FREIGANG, Moderne, 2013,
S. 136–140; M. SCHNEIDER, Transparenztraum, 2013, S. 155–160.
[344] Angaben nach: H. HOBHOUSE, Crystal Palace, 2002, S. 35–37; GREAT EXHIBITION, Band 1,
2013, S. VII.

scher Fülle verwendet worden war. Ungefähr 300 000 Scheiben und Fenster zählte man im *Crystal Palace*. Ein Stützskelett aus gusseisernen Säulen, Trägern und Verstrebungen hielt die Konstruktion. Nur im Erdgeschoss waren die Außenwände aus Holz. Sonst bestanden Dach und Wände im ersten und zweiten Obergeschoss entweder ganz aus Glasscheiben oder aus holzgerahmten Fenstern. Insgesamt steckten in der Halle mehr als 80 000 Quadratmeter Glas. Daher war der Name *Crystal Palace,* den die Satirezeitschrift *Punch* der Ausstellungshalle gegeben hatte[345], mehr als berechtigt. Die Sonnenstrahlen, die auf die Scheiben fielen, wurden vielfach gebrochen, das Licht spiegelte und glitzerte in irisierenden Farbtönen. Im Innern war es hell und bunt. Auf paradoxe Weise wirkte die Architektur ebenso schlicht wie zauberhaft.

Abb. 22: *The Crystal Palace seen from the Serpentine* (1852) – Gemälde von William Wyld. © Her Majesty Queen Elizabeth II 2014 / Royal Collection Trust (RCIN 919930).

Der Glaspalast faszinierte die Menschen. Schriftsteller kamen, Künstler, Schaulustige von nah und fern, und die meisten besuchten den *Crystal Palace* gleich mehrfach. Initiiert wurde die Weltausstellung von der Bourgeoisie in Verbindung mit fortschrittlichen Adeligen und dem Prinzgemahl Albert. Doch nicht allein die Königin war begeistert, auch im Kleinbürgertum, bei den Arbeitern und auf dem Land herrschte großes Interesse. Der Unternehmer Thomas Cook organisierte Eisenbahnreisen für Briten, die nie zuvor in London gewesen wa-

---

[345] K. COLQUHOUN, Paxton, 2003, S. 170. – Zur satirischen *Punch*-Perspektive auf die Weltausstellung, die deren propagandistische Aspekte thematisierte: R. PEARSON, Thackeray and *Punch*, 2001.

ren.[346] Ein zeitgenössischer Besucher beschrieb seinen Besuch als eindrucksvolles Erlebnis:

> [D]er Palast leuchtete in seiner ganzen Größe auf. Er sah aus wie ein gigantisches Gewächshaus. Es ragte weit in den Himmel und wurde in der Höhe noch übertroffen von stolz flatternden Fahnen; an jeder Seite schien es sich bis ins Unendliche auszudehnen, denn von meinem Standpunkt aus konnte ich keine Begrenzung des Ausblicks sehen.[347]

Bereits über die Bauarbeiten wurde regelmäßig in der Presse berichtet – auch weil sowohl der Architekturentwurf als auch das Ausstellungsprojekt in Parlament und Öffentlichkeit umstritten waren. Im Mai 1851, als der Glaspalast fertig war, zeigten sich fast alle begeistert; die Fans sprachen von einem »Wunder«.[348] Bis dahin aber hatten die publizistischen Gegner der *Great Exhibition*, namentlich die konservative *Times*, den Entwurf als »monströses Treibhaus« verspottet, in dem es fürchterlich schwül sein werde.[349] Daran wird beispielhaft deutlich: Der Begriff »Treibhaus« ist traditionell eher negativ konnotiert, und hier konkurrierte die Metapher mit der »Palast«-Zuschreibung aus dem *Punch*. Allerdings revidierte sich die *Times* alsbald: Zur Eröffnungsfeier druckte sie ein enthusiastisches Gedicht des Schriftstellers William Makepeace Thackeray, die *May Day Ode*, in dem das Ausstellungsgebäude als »a blazing arch of lucid glass« und »a palace as for a fairy prince« besungen wurde: »A rare pavilion, such as man / Saw never since mankind began / And built and glazed!«[350]

Ein märchenhaft funkelnder Palast war entstanden; rhetorischer Übermut lag in der Luft. Zum einen weil *Fair* (für Ausstellung) und *fairy* (für Fee) im Englischen ein hübsches Wortspiel ergaben, zum anderen weil man im 19. Jahrhundert ein Faible für romantische, mittelalterliche Motive hatte. Davon abgesehen gab es für Stolz und Euphorie handfeste Gründe. Nie zuvor war ein derart großes Gebäude in so kurzer Zeit für so wenig Geld erstellt worden[351] – und dann auch noch aus zerbrechlichem Glas. Der Bau wurde in nur sieben Monaten errichtet, während des Winterhalbjahrs. Das Tempo war nur möglich, weil Hunderte, am Ende zweitausend Arbeiter seriell gefertigte, genormte Einzelteile montierten. Die eisernen Säulen, Träger und Stützen für den *Crystal Palace* wur-

---

[346] J. Mundt, Cook, 2014, S. 64–69.
[347] Great Exhibition, Band 3, 2013, S. 317 [Übersetzung, B.W.].
[348] Zitiert nach: E. Schild, Zwischen Glaspalast, 1967, S. 58.
[349] Zitiert nach: K. Colquhoun, Paxton, 2003, S. 170 f.
[350] Great Exhibition 1, 2013, S. 269–272. – Im Übrigen war Thackeray, Autor des Gesellschaftsromans *Vanity Fair*, bekannt für seine Satiren, die er auch über die Weltausstellung schrieb. Insofern ist es eine ironische Brechung, wenn vor allem seine *May Day Ode* rezipiert wurde: R. Pearson, Thackeray and *Punch*, 2001, S. 193.
[351] C. Freigang, Moderne, 2013, S.139.

den zu Tausenden in Birmingham industriell hergestellt und mit der Eisenbahn nach London gebracht.[352] Dadurch erfolgte die Konstruktion nicht nur zügig und günstig, das ganze Projekt wirkte obendrein als sichtbarer Beweis für die Effizienz der Industrialisierung, als Beitrag zu dem Konzept, das der Weltausstellung zugrunde lag. Im *Crystal Palace* wurde ein Drittel der britischen Jahresproduktion an Glas verbaut.[353]

Glas und Eisen, die verwendeten Baumaterialien, standen Mitte des 19. Jahrhunderts stellvertretend für den technischen Fortschritt. Großartige Bauwerke aus Stein und Mauerwerk hatte die Menschheit schon einige gesehen, Glas und Eisen aber waren modern. Erst im Laufe des 19. Jahrhunderts hatte man die technischen und industriellen Voraussetzungen geschaffen, Eisen so zu schmelzen, zu gießen und zu walzen, dass das Material formbar und zugleich belastbar genug wurde, um als Grundgerüst einer solche Konstruktion zu tragen.[354] Inzwischen war es nicht nur technisch möglich, sondern ökonomisch vernünftig, ganze Gebäude mit einem Eisenskelett und vielen Fenstern zu bauen. So wurde der Kristallpalast zum »Triumph von Eisen und Glas«.[355]

Technisch und ästhetisch hat der Kristallpalast die Architektur bis weit ins 20. Jahrhundert beeinflusst, gerade was die offene Raumwirkung und die Verwendung von Glas betrifft. Die Kombination der Materialien von Glas und Eisen (später Stahl[356]) ermöglichte große Spannweiten und Konstruktionen, die bisher bekannte Maßstäbe übertrafen. Daraus entstand der Eindruck von Leichtigkeit und Transparenz. In der Folge wurde die Bauweise stilbildend für Bahnhöfe, Passagen, Kaufhäuser – für die profanen Tempel der ›Moderne‹.

Glasarchitektur war einerseits sachliches Ingenieurshandwerk, andererseits hatte sie immer stark metaphorische Aspekte. Schon in der Art und Weise, wie Publizistik und Besucher auf den *Crystal Palace* reagierten, zeigte sich ein Phänomen, das typisch für die Wirkung von Glasarchitektur ist: »Ein offensichtlich mit allen Mitteln technischer Vernunft errichtetes Gebäude erzeugte ein Höchstmaß an irrationalen Effekten«, schreibt der Kunsthistoriker Christian Freigang.[357] Dabei fällt auf, dass die Emotionen, die vom *Crystal Palace* hervorgerufen wurden, oft widersprüchlich waren. So wurde der Glaspalast immer wieder als entzückend oder anmutig geschildert. Zugleich wurde der Besuch aber auch als ermüdend und belastend empfunden: wegen der vielen Menschen, der vielfältigen Eindrücke und der betriebsamen Atmosphäre. Viele Zuschauer

---

[352] K. Colquhoun, Paxton, 2003, S. 176.
[353] E. Schild, Zwischen Glaspalast, 1967, S. 54.
[354] C. Schädlich, Eisen, 2015.
[355] E. Schild, Zwischen Glaspalast, 1967, S. 46. – Der »Höhepunkt« dieser Architektur, meint auch: B. v. Sartory, Schalenartige Konstruktionen, 1980, S. 3.
[356] C. Schädlich, Eisen, 2015, S. 47.
[357] C. Freigang, Moderne, 2013, S. 138.

verließen ihn abgespannt und etwas ratlos. Die Schriftstellerin Charlotte Brontë etwa, die den *Crystal Palace* fünfmal besuchte, nannte ihn zuerst »wunderbar« und prächtig, »riesig, eigenartig, neu und unmöglich zu beschreiben«. Bald darauf sprach sie – ambivalenter schon – von dem »phantastischen, ergreifenden und verwirrenden Anblick«. Schließlich äußerte sie ihre Erschöpfung und formulierte ein Unbehagen: Die Erscheinung der Ausstellungshalle sei zwar »eindringlich und hinreichend verwirrend«, die ausgestellten »Wunder« richteten sich aber »zu ausschließlich auf das Auge« und berührten kaum Herz oder Verstand. Brontë sprach daher von einem *coup d'oeil*.[358]

Die märchenhafte Sprache zur Beschreibung der Glasarchitektur findet sich auch in den Berichten, die der deutsche Publizist Lothar Bucher für die liberale Berliner *National-Zeitung* 1851 über den *Crystal Palace* verfasst hat. Bucher, später bekannt geworden als Vertrauter Bismarcks, war nicht wegen der Weltausstellung nach London gekommen, sondern als politischer Flüchtling.[359] Er hatte, nachdem in der 1848er Revolution die reaktionären Kräfte die Überhand gewannen, in der Preußischen Nationalversammlung dazu aufgerufen, die Steuern zu verweigern. Daraufhin wurde er zu einer Haftstrafe verurteilt, der er sich durch Flucht entzog. Die Emigration änderte jedoch sein Englandbild, das anfangs von der Idealisierung liberaler Ideen gekennzeichnet war.[360] In London wurde der Achtundvierziger zum Kritiker des britischen Parlamentarismus und der öffentlichen Meinung.[361] Vom *Crystal Palace* aber schwärmte Bucher in seinen Berichten, die 1851 als Buch veröffentlicht wurden und noch in die positive Frühphase seines Asyls gehören.[362] Genauso wie viele britische Publizisten märchenhafte, verfremdende Sprachbilder fanden, um ihre Eindrücke von der Glasarchitektur der Weltausstellung zu beschreiben, verfiel auch Bucher in den gleichen, etwas blumigen Stil:

> Es ist ein Stück Sommernachtstraum in der Mittagssonne. Zwischen zwei riesigen, mit dem frischesten Grün bedeckten Ulmen, sie beide weit umspannend, wölbt sich eine Glaskuppel, doppelt so hoch als das Längenschiff. Unter dem einen Waldriesen haben die Elfen Titania's Thron aufgebaut, ein Zeltdach von azurblauer Seide, darunter ein indischer Thronsessel auf einem Stufengebirge persischer Teppiche. Davor eine Lilienstaude von Chrystall, fünfmal die Mannesgröße hoch, plätschernde Silberströme aus ihren Kelchen schüttend. Umher ein Garten von Allem, was die Sonne an Duft und Farben schafft, Zedern vom Libanon, Haiden vom Tafelberg, Palmen aus der Südsee, Orchideen vom Amazonasstrom, die prahlerische Aloe vom Atlas und

---

[358]   Brontës Briefe in: GREAT EXHIBITION, Band 3, 2013, S. 300–303. – Vgl. F. ZULLO, Metropolis, 2015, S. 107.
[359]   Zur Biographie: C. STUDT, Bucher, 1992.
[360]   C. STUDT, Bucher, 1992, S. 109.
[361]   L. BUCHER, Parlamentarismus, 1855; C. STUDT, Bucher, 1992, S. 137–152 und 167–188.
[362]   L. BUCHER, Skizzen, 1851; C. STUDT, Bucher, 1992, S. 131.

die schweigsame Camelie von Japan. Und darüber ausgegossen ein Meer grünlichen Lichtes, von dem Zittern des durchsichtigen Laubes gekräuselt.[363]

Im Mittelschiff des *Crystal Palace* standen tatsächlich echte Bäume, was die Illusion einer Aufhebung von innen und außen verstärkte, ebenso den Eindruck, in einem großen Gewächshaus zu sein. Tatsächlich war der *Crystal Palace* um die alten Ulmen des Hyde Parks herumgebaut worden, weil es zu den Bauauflagen gehörte, die Bäume nicht zu fällen. Insofern passt es, dass der Erbauer des *Crystal Palace* kein gelernter Architekt war, sondern ein Fachmann auf dem Gebiet des Gewächshausbaus. Joseph Paxton (1803–1865) galt als »der größte Gartenbaukünstler seiner Zeit«.[364] Beschrieben wird er bis heute als ein selbstbewusster Vertreter des viktorianischen Zeitalters, als Autodidakt und *self-made man*, der aus kleinen Verhältnissen den Aufstieg in die höchsten gesellschaftlichen Kreise geschafft hatte. Paxton war ein Amateur im besten Sinne – in der Botanik, als Ingenieur sowie als teilhabender Direktor der *Midland Railway*.[365] Von 1854 bis zu seinem Tod saß Paxton außerdem im Unterhaus bei der liberalen Fraktion, den *Whigs*.[366]

Angefangen hatte Paxton als Gärtner. Seit 1826 war er für die Anlagen des Herzogs von Devonshire in Chatsworth zuständig, bald darauf für dessen gesamte Ländereien. Dabei kümmerte sich Paxton um mehr als bloß die Pflanzen. Er konstruierte Bewässerungsanlagen und Springbrunnen, kleinere Treibhäuser sowie große Konservatorien. Zudem publizierte er seine Züchtungserfolge und Forschungsergebnisse in botanischen Fachzeitschriften. Vor allem genoss Paxton das Vertrauen von William Cavendish, dem sechsten Herzog von Devonshire. Cavendish wurde zum wichtigsten Mentor seines Gärtners – und Paxton wiederum zum Grund- und Finanzverwalter des Herzogs (was dessen Gärten, Schlösser, Beteiligungen, ganze Dörfer und soziale Einrichtungen einschloss). Paxton selbst investierte in den Eisenbahnbetrieb und knüpfte Kontakte zur metallverarbeitenden Industrie, was wiederum seinen Eisen-und-Glas-Konstruktionen zugutekam. Sein größter gärtnerischer Erfolg war es, eine Riesenseerose, die eigentlich am Amazonas zu Hause war, in Chatsworth zur Blüte zu bringen. Die nach der Queen benannte *Victoria regia* hatte in Großbritannien nie zuvor geblüht. In dem von Paxton eigens für die Seerose konstruierten Glashaus aber trieb sie mehr als hundert Blüten.[367]

In London befasste sich unterdessen seit 1849 eine *Royal Commission* mit der Vorbereitung der Weltausstellung. Zur Baukommission gehörten neben dem

---

[363] L. Bucher, Skizzen, 1851, S. 11.
[364] Zur Biographie: K. Colquhoun, Paxton, 2003, hier S. 5.
[365] H. Hobhouse, Crystal Palace, 2002, S. XX und 23 f.
[366] Zur parlamentarischen Biographie: K. Colquhoun, Paxton, 2003, S. 214, 220–223 und 232.
[367] K. Colquhoun, Paxton, 2003, S. 156–161.

Prinzgemahl Albert, dem die Ausstellung sehr am Herzen lag, der Premierminister John Russell sowie Robert Peel, der Anführer der Opposition, außerdem Charles Barry, der Architekt des Parlamentsgebäudes in Westminster.[368] Zu den Regeln, die sie dem Ausstellungsprojekt gaben, gehörte, dass sich das Unternehmen finanziell ohne staatliche Hilfe tragen müsse, vor allem über den Verkauf von Eintrittskarten. Daher schien es maßgeblich, dass zahlende Besucher in Scharen angelockt würden; auch wäre es praktisch, wenn die Bauteile anderweitig weiterverwendet werden könnten. Schließlich betrug die Frist für die Bauarbeiten weniger als ein Jahr. Schnelligkeit, Sparsamkeit, Weiterverwendung – diese Faktoren sollten ein Jahrhundert später bei Schwippert in Bonn eine wichtige Rolle spielen.

In London kam es zu einem Wettbewerb für die Weltausstellung, zu dem rund 250 Vorschläge eingingen und über den in der Presse eine Architekturdebatte entbrannte.[369] Nachdem das Baukomitee seinen Entwurf vorgestellt hatte – eine Ausstellungshalle aus massivem Mauerwerk mit einer großen Kuppel –, erntete der Plan so viel Kritik, dass ein »Public-Relations-Desaster« drohte und das ganze Projekt auf der Kippe stand.[370] Zu teuer, zu wuchtig, zu hässlich, lauteten die Einwände.[371] Und weil der Hyde Park ein öffentliches Gelände war, das im Leben Londons eine wichtige Rolle spielte, schaltete sich das Parlament ein und bestimmte, dass im Park »kein Gebäude von sehr großer Festigkeit und Dauerhaftigkeit und mit einer gewaltigen Kuppel« errichtet werden dürfe; auch den vorhandenen Baumbestand stellte das Parlament unter Schutz.[372] Leichtigkeit, Bescheidenheit, Vorläufigkeit und die Verbindung zur Landschaft – diese Aspekte waren auch für Schwipperts (und Behnischs) Parlamentsarchitektur entscheidend.

Als Prinzgemahl Albert fürchtete, das Unterhaus könnte das ganze Weltausstellungsprojekt aus dem Hyde Park vertreiben, eröffnete Paxton, der »Bioarchitekt«[373], mit einem Glas-und-Eisen-Entwurf den rettenden Ausweg.[374] Paxtons Vorschlag für den Glaspalast verleugnete nicht, dass es sich um ein riesiges Gewächshaus handelte. Im Gegenteil: Genau das Argument, dass er ›nur‹ ein leichtes Gewächshaus aufstellen wollte, für das keine Bäume gefällt werden

---

[368] Great Exhibition, Band 1, 2013, S. 67–70. – Vgl. H. Hobhouse, Crystal Palace, 2002, S. 14 f.

[369] K. Colquhoun, Paxton, 2003, S. 162–164.

[370] H. Hobhouse, Crystal Palace, 2002, S. 21. – Abgebildet in: Great Exhibition, Band 1, 2013, S. 149.

[371] Great Exhibition, Band 1, 2013, S. 147–153.

[372] So fasste am 4. Juli 1850 Premierminister Lord John Russell die Haltung des Unterhauses zusammen: Great Exhibition, Band 1, 2013, S. 193. – Vgl. L. Reinermann, Londoner Parks, 2005, S. 51–60.

[373] M. Schneider, Transparenztraum, 2013, S. 157.

[374] H. Hobhouse, Crystal Palace, 2002, S. 21–26; K. Colquhoun, Paxton, 2003, S. 168–170.

mussten und das anschließend demontiert werden konnte, verhalf seinem Entwurf zum Durchbruch.[375] Der *Crystal Palace* sollte ein Provisorium sein. Nach dem Ende der Weltausstellung wurde er daher wieder abgebaut. Nicht einmal die vielen Fans, die der Glaspalast inzwischen hatte, stimmten das Parlament noch um, das den temporären Charakter der Ausstellung zur Bedingung gemacht hatte.[376] Auch das Komitee hatte mit dem Finanzüberschuss, den die Weltausstellung erwirtschaftet hatte, bereits andere Pläne: den Kauf der Grundstücke, auf denen die Museumsmeile in South Kensington errichtet wurde.[377] Den *Crystal Palace* baute man stattdessen in Sydenham wieder auf, ein Stück südwestlich von London. In Sydenham war der Kristallpalast ein beliebter Ausflugsort, mit exotischen Pflanzen und Dinosauriermodellen; die Musikkonzerte im *Crystal Palace* hatten einen guten Ruf.[378] Doch auch in Sydenham steht der Palast nicht mehr. Bei einem Brand wurde er 1936 völlig zerstört.[379] Nur der Name eines Fußballvereins, des *Crystal Palace F.C.*, erinnert daran. So hatten Paxton und später Schwippert durchaus Recht, als sie die fragilen Eigenschaften von Glas betonten und der Glasarchitektur einen vorübergehenden Charakter bescheinigten.

Der *Crystal Palace* aus Glas, Eisen und Holz wurde wegen seiner optischen Wirkung, wegen der davon inspirierten Metaphorik und vieler bautechnischer Vorzüge ein Vorbild, dem viele Architekten nacheiferten, nicht zuletzt Hans Schwippert. Paxtons Ausstellungsgebäude begeisterte insbesondere diejenigen, die sich für eine Erneuerung der Architektur und eine funktionale Bauweise aussprachen. In der Verbindung von Ingenieurskunst, Anmut und rhetorischer Aufladung »ging der alte Transparenztraum mit der Glasarchitektur ein frisches Bündnis ein«.[380] Der Glaspalast wurde zur Allegorie für den Fortschritt und das bürgerlich-liberale Selbstbewusstsein weit über Großbritannien hinaus. In diesem Sinne wertete noch fünfzig Jahre nach der *Great Exposition* der Berliner Kunsthistoriker Julius Lessing[381], der erste Direktor des Berliner Kunstgewerbemuseums, den *Crystal Palace* als Symbol der Ideen und Erfindungen, derentwegen Weltausstellungen überhaupt veranstaltet wurden: für Dampfkraft, Elektrizität, Freihandel – eben für alles, was neu und aufregend war.

In der typischen märchenhaften Verklärung, mit der die eigentlich nüchternen Dinge aufgeladen wurden, erzählte Lessing den Zuhörern seines Vortrags in der »Volkswirtschaftlichen Gesellschaft zu Berlin« eine Erinnerung aus seiner

---

[375] L. Reinermann, Londoner Parks, 2005, S. 60.
[376] K. Colquhoun, Paxton, 2003, S. 189–195.
[377] H. Hobhouse, Crystal Palace, 2002; Art and Design for All, 2011.
[378] K. Colquhoun, Paxton, 2003, S. 2 f. und 228.
[379] K. Colquhoun, Paxton, 2003, S. 1–5.
[380] M. Schneider, Transparenztraum, 2013, S. 158.
[381] K. Feilchenfeldt, Lessing, 1985.

Kindheit: Seinerzeit hätten sich Freunde und Verwandte die Bilder des Kristallpalasts an die Wand geheftet. Er selbst, Jahrgang 1843, habe fest geglaubt, dass
in London die Märchen Wirklichkeit geworden seien, die ihm von der Prinzes-
sin im gläsernen Sarg oder den Elfen in kristallenen Häusern erzählt hatten.[382]
Bei aller märchenhaften Metaphorik war jedoch allgemein bekannt, dass sich
der *Crystal Palace* aus dem Gewächshaus-Bau entwickelt hatte. Die *Household
Words* etwa, eine von Charles Dickens herausgegebene Wochenzeitschrift, sprachen von »Abstammung« und »Reife«, um die genetische Herkunft der Weltaus-
stellungsarchitektur zu beschreiben. Mit einem Hauch satirischer Übertreibung
meinten sie sogar, einen Artikel über den *Crystal Palace* mit der Beschreibung
von Treibhäusern einzuleiten, das sei in etwa so, als würde man einen Text über
Apfelkompott mit dem biblischen Garten Eden beginnen – also einen Abklatsch
mit dem Ideal vergleichen.[383]

Glashäuser und Wintergärten, in denen Blumen und exotische Pflanzen
wuchsen, waren »ein realisierter Traum des 19. Jahrhunderts«[384] – künstliche Paradiese aus Glas und Eisen. Das galt im Großen in London, aber auch im kleineren Maßstab: in den Wintergärten der alten Adelsfamilien sowie der neuen
Bürgerschicht. In fast allen großen Städten entstanden öffentliche Palmenhäuser
oder Botanische Gärten. Hier kamen charakteristische Züge des 19. Jahrhunderts zusammen: *Erstens* handelte es sich um Glasbauten auf dem neusten Stand
der Technik. Dann war da *zweitens* der Aspekt der Naturbeherrschung durch
Wissenschaft und Bildung. Die Lebensbedingungen der Pflanzen waren komplett menschengemacht: Sonnenlicht, Luftfeuchtigkeit und Wasser, Wärme und
Belüftung wurden kontrolliert. Man glaubte, dass der menschliche Geist der
Natur ebenbürtig sei. Die Palmengärten holten alle möglichen fremden Pflanzen aus fernen Ländern in die europäische Großstadt, geordnet in Beeten und
akademisch eingehegt mit Beschriftung, lateinischer Bezeichnung und der Botanik als bürgerlichem Hobby. Damit erzeugten die Gärten *drittens* eine Na-
tur-Illusion inmitten der Industrialisierung, die viele Menschen von der überkommenen bäuerlichen Lebensweise entfernte. In dem Maße, in dem die Natur
gezähmt, Flüsse begradigt und Pferde durch Motoren ersetzt wurden[385], holten sich die Menschen exotische Repräsentanten der vormals freien, gefährlichen Natur zurück in die Stadt.[386] Das gilt für die Pflanzen in den Botanischen
Gärten genauso wie für Zoos oder Aquarien. Gemeinsam hatten diese Projekte

---

[382] J. Lessing, Weltausstellungen, 1900, S. 8.
[383] Artikel »The Private History of the Palace of Glass«; Household Words vom 18. Januar 1851,
Nr. 2/43, S. 385–391, hier S. 385 [Übersetzung, B.W]. – Dickens schätzte die Weltausstellung nicht:
F. Zullo, Metropolis, 2015, S. 111.
[384] G. Kohlmaier/B. v. Sartory, Das Glashaus, 1981, S. 7.
[385] U. Raulff, Das letzte Jahrhundert der Pferde, 2015.
[386] C. Wessely, Künstliche Tiere, 2008; dies., Menagerie, 2011; dies., Tiergartentiere, 2011.

viertens einen politischen Subtext: Sie waren »Statussymbole eines selbstbewussten städtischen Bürgertums«[387] – öffentliche Orte, an denen sich die bürgerliche Gesellschaft in Szene setzte. Man konnte die »künstlichen Paradiese« mit
dem Naturkundelehrbuch studieren oder sie sich mit Staffelei und Zeichen-
block aneignen.[388] Während natürliches ›Grün‹ in der modernen Stadt ein knappes Gut wurde, waren die Botanischen Gärten *fünftens* die Keimstätte der florie-
renden Vergnügungsindustrie. Oft handelte es sich um Investitionsprojekte, die
sich rentieren mussten. Für das unter Glas in Szene gesetzte »Naturtheater«[389]
konnte man Eintritt verlangen. So wurde die Welt zur Ware, und die Botanischen Gärten wurden im kolonialen Zeitalter *sechstens* zum Schauplatz orienta-
listischer Projektionen.[390]

Am Anfang der Glasarchitektur war das Treibhaus. In diesem Sinne schrieb
zu Beginn des 20. Jahrhunderts der Berliner Kunsthistoriker Alfred Gotthold
Meyer: »Der Ursprung aller Architektur aus Eisen und Glas im Sinne der Gegenwart ist das Gewächshaus.«[391] Architekturästhetisch bietet das Treibhaus ein
Minimum an Gebäude und ein Maximum an Licht. Damit markiert es die An-
tithese zur Architektur des Historismus, welche die eigentliche Konstruktion
unter dekorativen Elementen verbarg. Die Glas-und-Eisen-Architektur betonte
klare geometrische Formen und legte selbstbewusst ihre Konstruktion offen. Insofern erscheint »das Glashaus des 19. Jahrhunderts heute als eine utopische
Antizipation der Avantgarde-Architektur des frühen 20. Jahrhunderts«.[392] Trotz
aller Begeisterung der Architekten war dem Gewächshaus kulturgeschichtlich
jedoch stets ein doppelter Charakter zu eigen: Einerseits galt es als »Ort der
Glücksverheißung«, wo dem Fortschritt imposante Tempel errichtet wurden.
Andererseits war es ein »Ort des schlechten Gewissens«, an dem ein Verlust von
Natürlichkeit kompensiert wurde, in bunter Schönheit und mit verschwenderi-
schem Luxus.[393]

---

[387] C. Wessely, Künstliche Tiere, 2008, S. 11.
[388] C. Wessely, Kunst des genauen Hinsehens, 2014, S. 197.
[389] G. Kohlmaier/B. v. Sartory, Das Glashaus, 1981, S. 7.
[390] S. Koppelkamm, Der imaginäre Orient, 1987, S. 138 f.
[391] A. G. Meyer, Eisenbauten, 1907, S. 55. – Die Stelle findet sich exzerpiert in Walter Benjamins
Passagen-Werk; gedruckt in: W. Benjamin, Gesammelte Schriften V/1, 1983, S. 221: »Die Passage
ist das Wahrzeichen der Welt, die Proust malt. Merkwürdig wie sie, genau wie diese Welt, in ihrem
Ursprung dem Pflanzendasein verhaftet ist.«
[392] G. Kohlmaier/B. v. Sartory, Das Glashaus, 1981, S. 13.
[393] G. Kohlmaier/B. v. Sartory, Das Glashaus, 1981, S. 8.

4. Vom Glas- zum Treibhaus: Die mediale, politische und literarische
Aneignung der Bonner Parlamentsarchitektur

4.1 Glashaus, Aquarium, Treibhaus: Metamorphosen einer Metapher

Auf den Plenarsaal mit seinen gläsernen Wänden fiel seit Herbst 1949 das Licht
der westdeutschen Medienöffentlichkeit. Nachdem die Verfassungsberatungen des Parlamentarischen Rates eher ein Thema für Spezialisten gewesen waren[394], weckte der Neubeginn des Parlamentarismus weit größere Aufmerksamkeit. Schon die (gemessen an der Ausgangssituation der Bonner Republik) recht
hohe Wahlbeteiligung von 78,5 Prozent belegte das Interesse der Öffentlichkeit.
Bei den ersten Sitzungen des Deutschen Bundestages schauten denn auch Zuschauer von außen durch die großen Fenster des Plenarsaals.[395] Zu Hunderten
saßen sie auf behelfsmäßigen Sitzbänken, die ein Reporter des amerikanischen
Time-Magazins als »football-type« beschrieb.[396] Während das Publikum »voller
Hoffnung durchs Glas« schaute, wie die *Frankfurter Rundschau* zuversichtlich
schrieb[397], begannen im Innern des Saals die politischen Beratungen. Schnell
zeigte sich, dass es in der vormaligen Pädagogischen Akademie nun weit weniger
akademisch zuging. Stattdessen entwickelte sich das parlamentarische Ensemble
von Parteienstreit und Medienberichterstattung.

Vor diesem Hintergrund galt die öffentliche Aufmerksamkeit *auch* dem Gebäude und seiner Architektur, allerdings immer in Kombination mit der Institution, für die sie standen. So meinte beispielsweise der Kunstkritiker Will
Grohmann, als er in der *Neuen Zeitung* das »hellste« und »modernste Parlamentsgebäude der Welt« lobte, dass dessen Bescheidenheit ein neues Verständnis von Politik offenbare.[398] Allerdings war die Rezeption des Bundeshauses –
ähnlich wie beim *Crystal Palace* ein Jahrhundert zuvor – ziemlich ambivalent.
Einerseits reagierten viele Betrachter fasziniert auf den neuen Anblick, andererseits rief das Glas auch kritische Assoziationen hervor, und die Medien machten sich einen eigenen Reim auf den Neubeginn des politischen Geschehens.
Schlagzeilen wie »Sturmszenen im Glashaus« standen dann in der Zeitung:
»[D]as Glashaus, in dem dieses Parlament sitzt, der Plenarsaal mit seinen Glaswänden, hat in der Tat manche Ausbrüche parlamentarischer Leidenschaft
erlebt.«[399] Oder man deutete Reden, die angeblich »zum Fenster hinaus« gehal-

---

[394] E. Lange, Würde des Menschen, 1993, S. 59.
[395] B. Wintgens, Neues Parlament, neue Bilder?, 2014.
[396] Artikel »Trying Over«; Time vom 19. September 1949, S. 17.
[397] Artikel »Der große Tag in Bonn«; Frankfurter Rundschau vom 17. September 1949.
[398] Artikel »Das hellste Parlamentsgebäude der Welt«; Neue Zeitung vom 4. März 1951.
[399] Artikel »Die in Bonn«; Badische Neueste Nachrichten (Karlsruhe) vom 12. August 1953.

ten würden, als Beleg für Probleme der Repräsentation, als Argument für einen Niedergang des Parlamentarismus.[400]

Hans Schwippert hatte dem Bundestag ein helles, bescheidenes und modernes Haus geben wollen, um dadurch Licht in die Politik zu bringen. Zur Wirkungsgeschichte der Transparenzarchitektur gehörte jedoch auch, dass ganz unterschiedliche, ja diametral entgegengesetzte Metaphern, Meinungen und Stimmungen auf den gläsernen Plenarsaal übertragen wurden. Drei zeitgleich erschienene Beispiele aus der illustrierten Presse belegen dieses Muster der Mehrdeutigkeit. Die Zeitschrift *Stern* etwa brachte einen heiteren Bericht über die »Bonner Bundespremiere«.[401] Der Bildaufmacher der vierzehn Fotografien umfassenden Geschichte über die erste Woche im neuen Parlament waren die neugierigen Besucher vor dem Fenster. Dazu dichtete die Illustrierte, frei nach Friedrich Schiller: »›Und Bank an Bank die Menschen sitzen …‹ und blicken als Zaungäste der hohen Politik vom hohen Schaugerüste durch die Scheiben hinab in das Glashaus des ersten deutschen Bundesparlaments.«[402] Beim *Stern* erinnerte man sich vier Jahre nach Ende des Zweiten Weltkriegs jedoch nicht nur an alte Balladen, sondern zudem an den Moment der Einschulung. Auf einem Foto ist die Rückansicht von Parlamentariern zu sehen, und im Bildtext dazu heißt es: »Auf der Schulbank der Demokratie sitzen die Abgeordneten des ersten Deutschen Bundestags zwei zu zwei und üben das parlamentarische ABC. Vorsichtshalber haben die Pulte keine Tintenfässer …« In dieser Anspielung zeigte sich abermals, wie stimmig die frühere Pädagogische Akademie zur lernenden Demokratie der frühen Bundesrepublik passte. Über die Bonner Parlamentsarchitektur befand der *Stern*: »Der von Prof. Schwippert erbaute Plenarsaal gehört zu den schönsten und eindrucksvollsten Werken moderner Architektur.«

Im Unterschied zu diesem freundlichen Blick ins ›Glashaus‹ spielte die Illustrierte *Quick* den Part des Skandalblatts in antiparlamentarischer Tradition. Was sie im Herbst 1949 veröffentlichte, hätte – bis in die Bildästhetik und das Layout hinein – genauso gut in der Weimarer Republik erscheinen können. *Quick* stellte weder die Institution noch deren Architektur in den Mittelpunkt, stattdessen fokussierte sie – nach einem bewährten Erzählschema von Illustrierten – verschiedene Menschen in sieben Fotografien.[403] Ein Bild zeigte die drei alliierten Kommissare, wie sie im mit Blumen geschmückten Plenarsaal saßen. Ihre Stimmung

---

[400] Artikel »Der Niedergang des Parlamentarismus«; Die Rheinpfalz (Ludwigshafen) vom 8. August 1953. – Der Artikel stammte von dem rechts-konservativen Publizisten Winfried Martini.
[401] Artikel »Bonner Bundespremiere«; Stern vom 25. September 1949, S. 5–6.
[402] In Schillers Ballade *Die Kraniche des Ibykus* von 1797 lautet die elfte Strophe: »Denn Bank an Bank gedränget sitzen / Es brechen fast der Bühne Stützen / Herbeigeströmt von fern und nah / Der Griechen Völker wartend da / Dumpfbrausend wie des Meeres Wogen / Von Menschen wimmelnd, wächst der Bau / In weiter stets geschweiftem Bogen / Hinauf bis in des Himmels Blau.«
[403] Hier und im Folgenden: »Bonns großer Tag«; Quick vom 25. September 1949, Nr. 2/39, S. 3.

war jedoch alles andere als feierlich: John McCloy, der amerikanische Hochkom-
missar, lächelte zwar, doch in einer Art, die eher abschätzig aussah. Auch sein
französischer Kollege, André François-Poncet, wirkte skeptisch, während Brian
Robertson besorgt dreinblickte. Dem Bildtext zufolge wurde das Foto aufgenommen, als im Bundestag der SPD-Abgeordnete Erich Ollenhauer einen Entschließungsantrag gegen die Demontagen in der deutschen Wirtschaft vorstellte. Daher
legte *Quick* den drei Kommissaren die Frage in den Mund: »Hören wir richtig?
Schon wieder gegen die Demontage?« Es blieb unklar, ob die Illustrierte mit dem
Abgeordneten sympathisierte, der sich für die deutsche Industrie stark zu machen
versuchte. Aber durch Größe und Anordnung des Fotos sowie durch die Lenkung
des Zuschauerblicks auf die Vertreter der Alliierten brachte *Quick* zum Ausdruck,
dass die tatsächliche Entscheidungsgewalt nicht im Deutschen Bundestag beheimatet sei. Folgerichtig war auch kein Parlamentarier im Bild zu sehen.

   Den Gesamteindruck, dass *Quick* den Bundestag nicht für voll nahm, verstärken die weiteren Bilder. Auf dem Foto unterhalb der Kommissare war Bundespräsident Heuss im Gespräch zu sehen, bei offensichtlich guter Laune. Die Zeitschrift kommentierte indes verstimmt: »Das Staatsoberhaupt erzählt Witze.« Ort
der Aufnahme war das laut *Quick* »feudale Restaurant« im Bundeshaus. Dort
hatte der Fotograf – angeblich »nachts um halb drei« – eine dritte Aufnahme gemacht, die ein knutschendes Pärchen zeigte. Bei dem eleganten Herrn, der ein
Bein um seine Partnerin geschlungen hat, handele es sich, so *Quick*, um den
»Bel Ami« des Bundestages, um einen ungenannten Abgeordneten einer kleinen
Fraktion, der es sich im Restaurant offensichtlich gut gehen ließ. Vom medialen
Bild des leichten Lebens im Parlament war es nicht weit zu der Frage, die *Quick*
drei Monate später stellte: »Leben die ›Bonn-zen‹ wirklich luxuriös?«[404] Und
ihre Kritik an den vermeintlich zu hohen Repräsentationskosten der Bundes-
politik untermauerte die Illustrierte ausgerechnet mit Fotos, welche die Parlamentsgebäude zeigten. Damit vermittelte sie zwar immerhin einen Eindruck der
Schwippert'schen Architektur, allerdings war das alles andere als anerkennend
gemeint. Schon Ende September 1949 hatte einer der ältesten Bundestagsabgeordneten, Heinrich Leuchtgens von der Nationalen Rechten, gegen den »Parlamentspalast« und »den ganzen Luxus und Prunk hier« polemisiert.[405] Auch
Quick vermutete Geldverschwendung in Bonn: »Brauchen wir eine solche Wandelhalle?« fragte die Zeitschrift rhetorisch: »Brauchen die Abgeordneten solche
Polstersessel?« Und weiter: »Muss das Bundeshaus nachts von zwanzig Schein-
werfern angestrahlt werden? Diese Frage stellte einer unserer Berichterstatter an
Präsident Heuss und Bundestagspräsident Köhler. Das Ergebnis dieser Frage:

---

[404] Hier und im Folgenden: »Untermieter Heuß«; Quick vom 18. Dezember 1949, Nr. 2/51,
S. 9 f.
[405] BT StenBer., 1. WP, 7. Sitzung vom 23. September 1949, S. 130–134, hier S. 134.

Vom nächsten Abend an waren die Scheinwerfer abgeschaltet, nur Restaurant und Speiseräume blieben beleuchtet.«[406]
Ausgesucht schöne Bilder vom Bundeshaus publizierte wiederum – als drittes Beispiel für den Wirkungstransfer – die Zeitschrift *Revue*.[407] Das größte und eindrucksvollste Bild war eine Ansicht der im Plenarsaal versammelten Abgeordneten, die aufmerksam einem (nicht abgebildeten) Redner zuhörten (Abb. 23). Fast die Hälfte der Seite nahm die gläserne Wand ein – hinter der das Publikum deutlich zu sehen war. Die Fenster des Plenarsaals waren zum Teil geöffnet; perspektivisch saßen die Zuschauer draußen höher und wirkten größer als die Parlamentarier drinnen, wodurch sie symbolisch als Souverän ins Bild gesetzt wurden. Im Text beschäftigte sich die *Revue* mit dem Problem von Exklusion oder Inklusion, das durch die Transparenzarchitektur nicht gelöst wurde: »Hinter der Glaswand – das Volk.« Doch sei die physische Aussperrung nicht wörtlich zu nehmen, erklärte *Revue*, weil das Grundgesetz jedem Bürger die Möglichkeit gebe zu wählen. Durch die Rückbindung an Wähler und Öffentlichkeit werde das Bonner Parlament schon »nicht im Glashaus sitzen«.

Abb. 23: Ausschnitt aus: REVUE vom 25. September 1949, Nr. 33, S. 6.

[406] Hier und im Folgenden: »Untermieter Heuß«; QUICK vom 18. Dezember 1949, S. 9 f.
[407] Hier und im Folgenden: »Noch zehn Sekunden – nach Jahren des Katastrophe«, REVUE vom 25. September 1949, S. 5 f.

Wer im Glashaus sitzt ... – diese rhetorisch naheliegende Wendung fiel im
Bundestag erstmals am 15. November 1949, als Carlo Schmid den Vorwurf
zurückwies, die Opposition übertreibe es mit ihrer Kritik an der Regierung.[408]
Mit der Rede vom ›Glashaus‹ ließ sich jedenfalls leicht Kritik üben, und viele
Journalisten mochten auf das Wortspiel nicht verzichten. Als – zum Beispiel –
im Februar 1951 Zehntausende Heimatvertriebene in Bonn gegen den Ent-
wurf zum Lastenausgleichsgesetz demonstrierten[409], hatte die Polizei rund ums
Bundeshaus weiträumig abgesperrt (so friedlich-zugänglich wie ursprünglich
erhofft war der ›Ort der Begegnung‹ aus Sicherheitsgründen eben doch nicht).
Über die Demonstration in Bonn berichtete auch der *Stern*[410], und zwar in zwei
Ausgaben über zwei Wochen und mit Hinweis auf die Glaswände des Parlamentsgebäudes:

> Also hatte man, als die Kundgebung der 50 000 Vertriebenen [...] in das sonst so
> geruhsame Dasein des Bundesdorfs Bonn Unruhe zu bringen drohte, das Regie-
> rungsviertel durch einen Polizeikordon *hermetisch abgesperrt* – nach dem bewährten
> Grundsatz, wonach Regierungsviertel nur für heilrufende Massen, nicht aber für un-
> zufriedene Staatsbürger zugänglich sind.[411]

Hermetisch abgesperrt: Hier klang das Motiv der Isolation an, das für die
Treibhaus-Metaphorik wesentlich ist. Der Zweck eines Gewächshauses liegt ja
darin, drinnen ein anderes Raumklima zu ermöglichen als draußen, und dafür braucht es eine Absperrung. Nun beklagte jedoch der *Stern*, dass während
der Demonstration in Bonn Pressefotografen daran gehindert worden seien,
die Straßensperren ins Bild zu nehmen; Polizisten hätten Filme herausgerissen
und Kameras demoliert. In der folgenden Ausgabe berichtete die Illustrierte
daher kaum noch über den Lastenausgleich, das eigentliche Anliegen der Proteste. Stattdessen ging es um das Spannungsverhältnis von Grundrechten und
Polizeigewalt, und zwar vor dem Hintergrund der Demokratisierung sowie
des Ost-West-Konflikts. Unter der Überschrift »Hat das schon Methode?«
druckte der *Stern* zwei verwackelte Bilder von einem Mann im hellen Man-
tel, der von dunkel uniformierten, behelmten Polizisten festgehalten wurde.
Das Vergehen des Mannes war, wie der Bildtext sarkastisch kommentierte,

---

[408] Als Zweiter verwendete den Ausdruck laut Protokoll wenig später Franz Josef Strauß: BT Sten-
Ber., 1. WP, 17. Sitzung vom 15. November 1949, S. 440 (Schmid); 19. Sitzung vom 1. Dezember
1949, S. 532 (Strauß).
[409] Dabei wurden in Sprechchören und auf Transparenten sowohl der Finanzminister als auch die
Bundestagsparteien scharf kritisiert. Zur Demonstration aufgerufen hatten Vertriebenenverbände:
W. Kraushaar (Hg.), Protestchronik 1949–1959, Band I, 1996, S. 385 f.
[410] Stern vom 4. März 1951, Nr. 9/1953, S. 3; Stern vom 11. März 1951, Nr. 10/1953, S. 5.
[411] Hier und im Folgenden: »Hat das etwa schon Methode?«; Stern vom 11. März 1951,
Nr. 10/1953, S. 5.

das Demonstrieren – was nach Auffassung der Polizei, »obwohl im Grundgesetz jedem Deutschen ausdrücklich zugestanden«, auf »Landesverrat« hinauslaufe, so der *Stern*:

> Wir fragen deshalb den Herrn Bundesinnenminister, was er zu tun gedenkt, um derartige Rüpeleien der ›Staatsgewalt‹ ein für allemal zu unterbinden. Denn es wäre gut, wenn wir bei unseren Berichten über die Terrorisierung der Ostzone durch die Volkspolizei nicht befürchten müßten, *die Wände des bundesdeutschen Glashauses* zu beschädigen.

Die Metapher vom Bonner ›Glashaus‹ wurde meist als Mahnung gebraucht, beispielsweise als die *Frankfurter Allgemeine Zeitung* eine Umfrage der Meinungsforscher aus Allensbach über die politische Haltung der Westdeutschen referierte.[412] Die *FAZ* zeigte sich erschrocken über die Ergebnisse, die der Gründer des Instituts für Demoskopie, Erich Peter Neumann[413], vorgestellt hatte. Demnach erschienen die Deutschen als »eine neurotisch angekränkelte Masse«, deren emotionale Hauptregung die Furcht vor der Zukunft und dem Atomkrieg sei: »Ein Volk, das zu Hälfte glaubt, das Ende der Welt sei nahe, ist psychisch wohl nicht intakt«. Generell sei es nach Auskunft der Umfragedaten um die Stabilität des neuen Staates nicht gut bestellt. So meine mehr als die Hälfte der Befragten, dass der Nationalsozialismus eine gute Idee gewesen sei, die nur schlecht ausgeführt worden sei. Die Zustimmung zur Regierung Adenauer sei demgegenüber Anfang 1950 auf 23 Prozent gesunken. Nur ein Fünftel der Befragten habe ein positives Bild vom Bundestag; 32 Prozent meinten das Gegenteil, und die Hälfte der Befragten äußerte sich gar nicht dazu. Alles in allem, fasste die *FAZ* die Studie zusammen, herrsche große Abneigung gegenüber dem, »was man in Bonn Politik nennt«. Die Vorstellungen des Volkes und seiner Vertreter klafften insofern weit auseinander, als sich 41 Prozent für einen mächtigen Präsidenten, aber nur 23 Prozent für ein starkes Parlament aussprachen. In der Öffentlichkeit zeige sich »zwar kein Nihilismus, aber doch ein starker Skeptizismus, der die Deutschen beherrscht«, erklärte die Zeitung und griff, um ihre Besorgnis auszudrücken, auf die Metapher vom ›Glashaus‹ zurück. Weil die Deutschen »politisch labil, ja heimatlos« seien, mahnte die *FAZ*:

> Die Männer im Bonner Glashaus sollten sich vielleicht doch etwas intensiver mit den Ergebnissen derartiger Umfragen beschäftigen, als es nach den resignierenden Bemerkungen des Dr. Neumann der Fall ist.

---

[412] Artikel »Keine Nihilisten, aber Skeptiker«; FAZ vom 25. April 1950.
[413] A. Kruke, Demoskopie, 2007; N. Grube, Politikberatung, 2009.

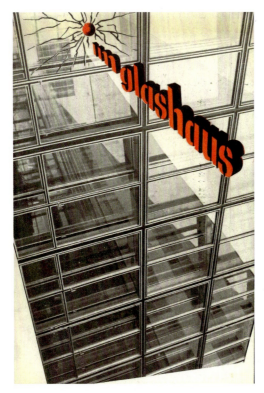

Abb. 24: Ausschnitt aus: im glashaus. Almanach zum Bonner Presseball 1951, Redaktion: Walter Henkels mit Volrad Deneke, Werner von Lojewski, Franz Rodens und Gerd Schroers, [Bonn 1951].

So wurden die gläsernen Wände zum Sinnbild der Isolation der Abgeordneten, die mit den ›Menschen da draußen‹ nicht mehr viel Kontakt hätten. Insgesamt wurde die Glas-Metaphorik in der frühen Bundesrepublik nicht so freundlich aufgenommen und weiterverwendet, wie Schwippert sie gemeint hatte. Nicht alle Betrachter fanden die Botschaft der Transparenz-Symbolik überzeugend. Vielmehr hieß es in der literarisch-politischen Zeitschrift *Die Gegenwart* ebenso spöttisch wie distanziert, der Plenarsaal sei »ein rechtes Spielzeug des Reißbretts«, das zwar »auf jeder Landesausstellung ein achtenswerter Pavillon« wäre. Dennoch seien die Abgeordneten in eine Kammer gewählt worden, und »so sollte es doch stets eine Kammer bleiben und nicht ein Schaukasten«.[414] Insbesondere die Botschaft der Bescheidenheit des Bundeshauses schien vielen Beobachtern unglaubwürdig. Auch die *Frankfurter Hefte* – keine reißerische Illustrierte, sondern eine linkskatholische Intellektuellenzeitschrift – äußerten im Oktober 1949 Bedenken über den »Glaspalast, in welchem das Parlament tagt«.

---

[414] Artikel »Im Bundeshaus zu Bonn«; Die Gegenwart vom 15. Oktober 1949, Nr, 4/20, S. 10–13, hier S. 11.

Dessen »Luxus« stehe »in auffallendem Kontrast zur Not in Deutschland und seinen Ruinen«.[415] Immerhin gab Karl Wilhelm Böttcher, Redakteur der *Frankfurter Hefte*, zu bedenken: »Wenn schon ein Haus für den Bundestag gebaut wird, dann ein neuzeitliches – und neuzeitlich wird immer ein bißchen den Anstrich von Luxus haben, obgleich er es nicht immer ist oder nicht zu sein braucht«.

Auch viele Leser reagierten skeptisch bis missbilligend auf die Bonner Parlamentsarchitektur und deren Symbolik. Von Bescheidenheit war dabei so gut wie nie die Rede, im Gegenteil. Die *Westdeutsche Zeitung* aus dem nördlichen Rheinland veröffentlichte schon im September 1949 mehrere Leserbriefe, die sehr kritisch die Berichterstattung über den neuen Plenarsaal und die ersten Sitzungen reflektierten. Ein Leser aus Köln erklärte:

> Es macht keinen guten Eindruck, wenn man angesichts unserer Not liest, daß im Plenarsaal des neuen Bundestages ›Licht durch riesige, goldumrahmte Doppelfenster in den weißen, goldverzierten Saal fließt, während sich von der weißen Decke an der Rückwand eine Wandbespannung aus schneeigem Velours bis zum Fußboden herabsenkt‹. [...] Ich fürchte, daß diese ganz unzeitgemäße Unbescheidenheit viel böses Blut macht.[416]

»Unserer Not« wurde hier der angebliche Luxus in Bonn gegenübergestellt. Andere Leser fanden es beschämend, dass der Beginn der politischen Arbeit in einem festlichen Rahmen gefeiert wurde, »während unsere Kinder heute noch vom Auslande gespendete Schulspeisungen erhalten«.[417] Unmittelbar mit Gründung der Bundesrepublik und dem Einzug der Abgeordneten ins Bundeshaus stand der Vorwurf im Raum, dass »eine ganz unnötige Repräsentation betrieben« werde, dass in Bonn »Gelder zum Fenster hinausgeworfen« würden.[418]

So durchlief die Glas-Metaphorik in der Medienöffentlichkeit der frühen Bundesrepublik mehrere Metamorphosen. Die Fensterfronten, die laut Schwippert die Durchschaubarkeit der Politik dar- und herstellen sollten, wurden – entgegen dieser Intention – als Barriere gesehen und zu einem Zeichen der Abgeschlossenheit umgedeutet. Auch galt die Architektur des Bundeshauses nicht als so bescheiden, wie sie gedacht war, sondern als Paradebeispiel für eine der Nachkriegszeit unangemessene Repräsentationslust. Schließlich empfanden viele Besucher selbst den visuellen Gesamteindruck und die Einbettung in die rheinische Landschaft rund um das Parlamentsgebäude nicht als ›natürlich‹. Auf

---

[415] Hier und im Folgenden: »Ein Vorteil der Zerstörung«; FRANKFURTER HEFTE 4 (1949), 10, S. 881.
[416] Leserbrief »Viel böses Blut«; WESTDEUTSCHE ZEITUNG vom 26. September 1949.
[417] Leserbrief »Beschämender Widerspruch«; WESTDEUTSCHE ZEITUNG vom 26. September 1949.
[418] Leserbriefe »Anliegen an den Bundestag«; GENERAL-ANZEIGER (Bonn) vom 5. Oktober 1949.

einige wirkte der Gesamteindruck ausgesprochen künstlich. Der Reporter der *Süddeutschen Zeitung*, Hermann Proebst, wähnte sich im September 1949 sogar in einer »Zauberwelt«, in die der Bundestag in Bonn hineingestellt worden sei. Über das Parlamentsgebäude schrieb er:

> Man hat darin nie das Gefühl, in einem *wirklichen Haus* zu sein, eher zwischen den Oberbauten eines Ozeanriesen. Der blaue Nachthimmel hinter riesigen Fensterflächen, die wie symmetrisch angeordnete Sterne darin spiegelnden Reihen von Lampen, die beklemmenden Neonquadrate unter dem schwimmbadähnlichen Plenarsaal, die Kolonnen bauchiger Glasvasen mit ungeheuren Blumenzweigen (im Werte von 50 000 DM) vertiefen das *Bewußtsein des Unwirklichen*. Von außen wird man an Tel Aviv oder Oran erinnert, im Innern hat man das Gefühl, eine Atelieranlage zu durchwandern, in der René Clair demnächst einen Märchenfilm von einem Parlament drehen wird. [...] Wer soll in diesem Gebäude etwas zusammenfassen? Da ist keine Konzentration möglich. [...] Die echte Nachricht stirbt ebenso ruhmlos wie das Gerücht an der nächsten Ecke des Korridors.[419]

Abgesehen davon, dass die Preisangabe der gläsernen Blumenvasen weit übertrieben war, schwieg der Journalist, der hier wortreich die Unwirklichkeit der Bonner Parlamentsarchitektur und deren kommunikative Nachteile beschrieb, beharrlich über seine Vergangenheit.[420] Seit Juni 1949 war Hermann Proebst, Jahrgang 1904, der Ressortleiter für Innenpolitik der *Süddeutschen Zeitung*; in den Sechzigerjahren wurde er sogar Chefredakteur. Als junger Journalist hatte er jedoch in den frühen Dreißigerjahren dem Kreis um die antidemokratische Zeitschrift *Die Tat* nahegestanden. Insbesondere teilte er die geopolitischen Vorstellungen von einer deutschen Vorherrschaft in Südosteuropa. Nach der Besetzung Jugoslawiens und der Gründung eines unabhängigen, aber faschistischen kroatischen Staates, der mit dem ›Dritten Reich‹ verbündet war, betrieb Proebst in Zagreb den Europa-Verlag und leitete die Wochenzeitung *Neue Ordnung*.[421]

Noch fünf Jahre nach seiner *SZ*-Reportage aus dem (seiner Meinung nach surrealen) Bundeshaus fand Proebst, dass die parlamentarische Demokratie in der deutschen Bevölkerung nur schwach verwurzelt sei. Oberflächlich betrachtet verlaufe Politik zwar in Formen, die demokratisch aussähen. Bei genauer Betrachtung zeigten sich dem »Beobachter der deutschen Zustände« aber die vermeintlichen Defizite, welche die Bundesrepublik von einer lebendigen De-

---

[419] Artikel »Parlamentseröffnung wie in einer Zauberwelt«; Süddeutsche Zeitung, 10. September 1949 [Hervorhebungen B.W.].
[420] K. v. Harbou, Seele retten, 2015, S. 196–200.
[421] A. Korb, Von der Ustaša, 2014. – Der Korrespondent Michael Martens hat die NS-Verstrickungen der Südosteuropa-Forschung thematisiert, insbesondere von Proebst sowie vom späteren CDU-Bundestagsabgeordneten Rudolf Vogel: Artikel »Durch dick und dünn mit Adolf Hitler«; Frankfurter Allgemeine Sonntagszeitung vom 10. Februar 2013; »Nur mit den Wölfen geheult«; FAZ vom 31. Dezember 2013.

mokratie unterschieden: »Die Politik wird ihm dann wie ausgesondert erscheinen, als eine Art von Überbau, der beinahe wie ein Fremdkörper empfunden und vielleicht doch nur geduldet wird.«[422] Abseits dieses Fremdkörpers blühten die Ressentiments, so Proebst. Die Nachkriegszeit habe nur »denkbar schlechte Bedingungen für die Keimkraft politischer Ideen und auch Institutionen« geboten. Daher sei die historische Frage, ob die repräsentative Demokratie in Deutschland heimisch werden könne, weiter offen – wobei der Bundestag zwischen der Verwaltung, den Interessenverbänden und der übermächtigen Bundesregierung zerrieben zu werden drohe.

Analysen und Klagen, denen zufolge die westdeutsche Demokratie irgendwie künstlich sei, gehörten ebenso zur politischen Kultur der frühen Bundesrepublik wie die Übertragung dieser Entfremdungswahrnehmungen auf das Bundeshaus in Bonn. Vor dem Hintergrund einer parlamentarischen Tradition, die in der frühen Bundesrepublik erst wieder etabliert werden musste, wurde das Glashaus metaphorisch zum Treibhaus. Koeppens Zeitroman von 1953 steht in diesem Kontext und ist ein besonders drastisches Beispiel, gerade was die Zweifel an der Lebensfähigkeit des Parlaments betrifft.

Ein weiteres Sprachbild, das von der Glasarchitektur hervorgerufen wurde, war das ›Aquarium‹. Der Begriff fällt auch im *Treibhaus*: »[…] und Keetenheuve entsann sich, daß er selber gern in einem ähnlich zwielichtig erleuchteten Aquarium arbeitete. Was waren sie doch für gezüchtete, in Aquarien und Treibhäuser gesetzte Wesen!«[423] Allerdings sprachen sogar Bonner Politiker von einem Aquarium, wenn sie die Glasarchitektur Schwipperts kritisierten, etwa Marie-Elisabeth Lüders, die 1953 als Alterspräsidentin die zweite Legislaturperiode eröffnete und nach der heute eines der mit Glas prunkenden Bürogebäude des Bundestages in Berlin benannt ist. Das Bonner Bundeshaus hielt die FDP-Politikerin »für einen parlamentarischen Betrieb absolut ungeeignet«.[424] Noch 1955 klagte sie in einer Debatte über den Etat des Bundestages, dass vor allem das Restaurant einem »Aquarium« gleiche, dem »Wartesaal eines Zentralbahnhofs« oder »vielleicht auch […] einer Kreuzung von beidem«; denn es sei von außen verglast und innen ungemütlich belebt. Es sei unmöglich, so Lüders, dass das Parlamentsrestaurant für Besucher zugänglich sei, weil sich die Leute von dort

---

[422] Hier und im Folgenden: H. PROEBST, Demokratie ohne Publikum, 1954, S. 150 f. – Auch die *Süddeutsche Zeitung* berichtete über Proebsts Vergangenheit: »Die innere Haltung«; SÜDDEUTSCHE ZEITUNG vom 1. Oktober 2014.

[423] W. KOEPPEN, Werke, Band 5: Das Treibhaus, 2010, S. 97.

[424] BT Sten.Ber., 2. WP, 86. Sitzung vom 15. Juni 1955, S. 4735. – Lüders war keine grundsätzliche Gegnerin ›moderner‹ Architektur. Zwischen 1927 und 1931 gehörte die Reichstagsabgeordnete zu den Mitgliedern der ›Reichsforschungsgesellschaft für Wirtschaftlichkeit im Bau und Wohnungswesen‹ in Berlin, gemeinsam mit den Architekten Bruno und Max Taut, Walter Gropius und Ernst May: M. BIENERT, Moderne Baukunst in Haselhorst, 2013.

auf den Weg durch das gesamte Gebäude machten: »In den übrigen Räumen
aber wälzt sich das Publikum, das ich sonst an sich sehr gern habe, das jedoch,
finde ich, an Plenartagen in dem Aquarium des Bundesrestaurants nichts zu suchen hat.«[425]

Doch nicht nur das Restaurant, sondern auch der Plenarsaal selbst wurde immer wieder mit einem Aquarium verglichen. Der FDP-Politiker Erich Mende
etwa überlieferte den spontanen Scherz aus dem Publikum, das draußen vor
dem Fenster einer Sitzung zusah, nachdem dort gerade ein Gewitter nieder-
gegangen war: »Bonner Bundesaquarium«.[426] Karl Georg Pfleiderer, ein Par-
teifreund von Mende und Lüders, zudem Vorsitzender der Parlamentarischen
Gesellschaft, fühlte sich »von den gläsernen Seitenwänden […] zu einem Vergleich mit Aquarien« inspiriert – in einem Zeitungsartikel wohlgemerkt.[427] Sogar Horst Ferdinand, der in der ersten Wahlperiode als Stenograph begann und
anschließend jahrzehntelang in der Bundestagsverwaltung tätig war, fand, dass
der Plenarsaal »Züge eines Aquariums« trug.[428]

Dass diese Metapher von Leuten benutzt wurde, die mit dem Bonner Parlamentarismus eng verbunden waren, mag damit zu tun haben, dass sie als Beschreibung der Binnenperspektive taugt. Wenn man sich die Bilder der Zuschauer ansieht, wie sie in den Sitzungssaal schauen, erinnert ihr Anblick in der
Tat an Besucher eines öffentlichen Aquariums. Umgekehrt beschrieb der Vergleich womöglich den Eindruck der Zuschauer draußen – vor allem wenn nicht,
wie bei den ersten Sitzungen, Lautsprecher das Geschehen übertrugen. Ohne
akustische Verstärkung konnten die Zuschauer zwar durch die Scheiben in den
Sitzungssaal hineinsehen und Abgeordnete dabei beobachten, wie diese miteinander sprachen; sie konnten sie aber kaum hören. Die Transparenz-Architektur
machte den Saal zwar einsehbar, aber dadurch die Parlamentssitzung noch lange
nicht verständlich. Im ungünstigen Fall blieben die Abgeordneten stumm wie Fische. Daher hielt der *Manchester Guardian* es für kurios, dass »normale Deutsche in großer Zahl« sich immer wieder vor ihrem Parlament versammelten –
ganz so, als würden sie »die geräuschlosen Bewohner im Innern eines Aquariums
beobachten«.[429] Einige Jahre später beschrieb der Architekturkritiker Eberhard
Schulz einen allgemeinen »Aquariumseffekt« moderner Glasfassaden: »Man gehört von außen her nicht dazu, aber man hat alles vor Augen, beinahe neidvoll,
beinahe auch als ein unserer Beobachtung unterworfenes Spiel. Den Leuten drin-

[425] BT Sten.Ber., 2. WP, 86. Sitzung vom 15. Juni 1955, S. 4735.
[426] E. Mende, Die neue Freiheit, 1984, S. 113.
[427] Artikel »Ein weiter Weg zur Rednertribüne« von Pfleiderer; Christ und Welt vom 30. April 1952.
[428] H. Ferdinand, Impressionen aus dem Plenarsaal, 1985, S. 42.
[429] Artikel »Four Years› Toil – and Good Conduct«; Manchester Guardian vom 4. Juli 1953.

nen aber scheint die Entblößung, der sie ausgesetzt sind, nichts anzuhaben. Das ist modern.«[430] Schon im November 1953 hatte Schulz in der *FAZ* über die Bonner Transparenzarchitektur notiert: »Diese gläserne Nähe ist der kokette Zug unseres jungen Parlaments. Man bietet sich den Spaziergängern zur Prüfung an.«[431]

Die klangtechnischen Probleme, die aus der Glasarchitektur resultierten, wurden am Beispiel des Bonner Bundeshauses insbesondere vom *Baumeister* aufgegriffen, einer Architekturzeitschrift, die nicht zum Milieu des Werkbunds gehörte. Stattdessen propagierte der traditionsreiche *Baumeister* in den Fünfzigerjahren eine traditionelle, wenn nicht traditionalistische Architektur. Die Zeitschrift erfreute sich nicht an der modernen Parlamentsarchitektur, sondern sie beschäftigte sich lieber mit der schlechten Akustik, derentwegen bereits kurz nach Eröffnung der Beratungen »Nachhallkorrekturen« notwendig geworden seien. Bei einem Plenarsaal, erläuterte ein Akustikfachmann des *Baumeisters*, sei die Sprachverständlichkeit hingegen die wichtigste Funktion, und genau hier habe Schwipperts Saal einige Schwächen. Einerseits sei er sehr groß. Wenn alle Plätze besetzt sind, müssten bis zu 800 Anwesende den Redner verstehen können; in der Regel sei der Saal aber weniger voll. Andererseits erschwerten die Seitenwände aus Glas die Lösung dieser bautechnischen Herausforderung zusätzlich. Nun müssten zudem die Schalldämpfung von Außengeräuschen sowie Echo-Erscheinungen berücksichtigt werden, erklärte der Gutachter:

> Eine besondere Gefahr bildeten die Fensterfronten. Es wurden daher Doppelfenster, die in Gummidichtung eingepaßt waren und dadurch *praktisch luftdicht* nach außen abschließen, verwandt. Alle Türen zu den Gängen wurden als Doppeltüren *mit einwandfrei abschließenden Gummidichtungen* vorgesehen. Damit war eine ausreichende *Isolation* gegen von außen kommende Störgeräusche gegeben.[432]

Wegen der Akustik wurden die Fenster des Bonner Plenarsaals »praktisch luftdicht« abgeschlossen. In diesen Worten klingt eine weitere Wandlung an, welche die Glas-Metapher in der Medienöffentlichkeit der frühen Bundesrepublik erlebte. Zusammen mit der hohen Luftfeuchtigkeit, die das Bonner Klima typischerweise bestimmte[433], und in Verbindung mit den Motiven der Künstlichkeit sowie Isolation – auch unter dem Eindruck hitziger politischer Debatten – entwickelte sich aus dem ›Glashaus‹ das Sprachbild vom schwülen ›Treibhaus‹.

---

[430] E. Schulz, Glashaus und Wohnfabrik, 1959, S. 91 f.
[431] Artikel »Die Transmissionen der Macht«; FAZ vom 28./29. November 1953.
[432] Artikel »Die Hörsamkeitsregulierung des Plenarsaales in Bonn«; Baumeister 47 (1950), Heft 7, S. 450–452, hier S. 450 f. [Hervorhebungen B.W.].
[433] Die *FAZ* beschrieb Bonn als »ein großes Treibhaus. Die Sonnenstrahlen fallen hier senkrecht auf. Es ist wärmer als in der Ebene. Obst und Gemüse wachsen um die Wette und reifen zu schneller Fülle heran.« Artikel »Bonner Markt-Impressionen«; FAZ vom 1. März 1950 – Vgl. H. Emonds, Bonner Stadtklima, 1954.

Dabei ging es manchmal nur um pointierte Formulierungen, in der Regel aber um deutliche Kritik – und zwar wahlweise an Schwipperts Bauwerk, am Parlament, das im Bundeshaus tagte, oder an der Bundesrepublik an sich. Wiederum im *Baumeister* polemisierte der Herausgeber Rudolf Pfister dagegen, dass inzwischen »die Glaser in Architektur machen«[434]. Namentlich wandte er sich gegen das Parlamentsgebäude seines Kollegen Schwippert, der den Bundestag in ein Glashaus gesetzt hatte, um mehr Licht in die Politik zu bringen. Pfister hingegen schrieb:

> Daß die Abgeordneten *im Bundeshaus schwitzen* und die Röcke ausziehen müssen, ist vielleicht manchen politischen Verhandlungen förderlich, nicht aber förderlich dem Wohlwollen der Abgeordneten dem Stande der Architekten gegenüber, gerade jetzt, da sie das Architekten-Schutzgesetz beschließen sollen und auch sonst auf die Vergebung größerer Bauaufgaben an qualifizierte Architekten Einfluß nehmen werden.[435]

Auch der FDP-Politiker Pfleiderer kritisierte, als er vom Aquarium sprach, dass der Plenarsaal für parlamentarische Debatten »völlig ungeeignet« sei.[436] Er sei zu groß und »mit der menschlichen Stimme nicht mehr zu erfüllen«. Stattdessen brauche der Redner zwingend ein Mikrofon, um gehört zu werden. Durch die »Zwischenschaltung der technischen Mittel« entstehe jedoch zwischen ihm und den Zuhörern »eine bedenkliche Ungleichheit«, führte Pfleiderer einen Gedanken aus, der den im *Treibhaus* formulierten Vorbehalten gegenüber den verzerrenden Wirkungen technischer Mittel auf die menschliche Kommunikation recht ähnlich ist.[437] Zwischenrufe seien kaum zu verstehen, und sogar über Beifall oder andere Reaktionen könnten die Redner dank technischer Verstärkung hinwegreden. Die Konsequenz sei, dass man im Bundestag nicht diskutiere, vielmehr werde »der Stil der Volksversammlung und der Saalschlacht« von draußen ins Parlament hineingeholt. Hinzu kamen laut Pfleiderer weitere Nachteile des Raumes: dass von einer erhöhten Tribüne aus gesprochen werde und der Redner einen weiten Weg zum Pult gehen müsse. Alles in allem begünstige, ja schütze der Saal die Regierung, erklärte Pfleiderer, dessen Partei immerhin zur Koalition gehörte: »Das Haus ist aus räumlichen Gründen dazu verurteilt, Vorlesungen entgegenzunehmen.« Der Plenarsaal sei »nicht von Parlamentariern« entworfen, erklärte Pfleiderer, »sondern, wie es heißt, von einem Bühnenkünstler«.

---

434 Artikel »Wenn die Glaser Architektur machen«; BAUMEISTER 47 (1950), Heft 8, S. 529.
435 Artikel »Das Bundeshaus wurde ›zu rasch‹ gebaut«; BAUMEISTER 47 (1950), Heft 8, S. 537 [Hervorhebungen B.W.].
436 Hier und im Folgenden: »Ein weiter Weg zur Rednertribüne«; CHRIST UND WELT vom 30. April 1952.
437 Siehe S. 110–113.

Mit der Treibhaus-Metapher äußerte sich nicht der ›Transparenztraum‹, wie Schwippert ihn in der Tradition von Joseph Paxton und Paul Scheerbart vor Augen gehabt hatte. Stattdessen diente sie dazu, jene Gefühle der Verwirrung, Überforderung und Entfremdung zum Ausdruck zu bringen, die seinerzeit der *Crystal Palace* bei vielen Zeitgenossen hervorgerufen hatte. Dass das Sprachbild in der westdeutschen Publizistik vor allem benutzt wurde, um große Distanz zum politischen Betrieb in Bonn zu umschreiben, zeigt exemplarisch eine Reisereportage, die im September 1950 in der *Constanze* erschien; *Constanze* war die führende Frauenzeitschrift der frühen Bundesrepublik, die von John Jahr und Axel Springer verlegt wurde.[438] Für diese Zeitschrift beschrieb im Spätsommer 1950 Joe Lederer eine Reise durch Westdeutschland.

Joe Lederer war vielleicht einigen Leserinnen der *Constanze* noch ein Begriff, zumindest kündigte die Zeitschrift an, sie freue sich, dem Publikum die Autorin wieder vorstellen zu können.[439] Lederer hatte in der späten Weimarer Republik einigen Erfolg als Schriftstellerin gefeiert. Der Vorname Joe war die flottandrogyne Kurzform von Josefine. Vermarktet hatte man sie damals als Girlie, als eine Art ›Fräuleinwunder‹ des mondänen Berliner Literaturbetriebs.[440] Heute gilt sie daher, wenn sie überhaupt erwähnt wird, als Verfasserin von Unterhaltungsliteratur (obwohl sie keine Herz- und Schmerzgeschichten schrieb). Joe Lederer war eine Weggefährtin von Irmgard Keun (*Das kunstseidene Mädchen*), der nach 1945 die Erfolge und der Ruhm aus der Weimarer Republik verwehrt blieben. Literarisch waren Lederers Schilderungen der Großstadt rasant erzählt. Ihre expressive Prosa bezog Reklametexte und Zeitungsschlagzeilen ein, und sie beschrieb die Verkehrsmittel, die Wirtschaftskrise und das Nachtleben.[441] Zwischen Unterhaltung und Gesellschaftskritik wechselnd, auch mit autobiographischen Elementen spielend, probierten Lederers weibliche Romanfiguren verschiedene Rollen- und Beziehungsmodelle am Ende der Zwanzigerjahre aus.[442] Im ›Dritten Reich‹ wurden diese Texte verboten, vor allem weil die Autorin jüdischer Herkunft war. Lederer publizierte unter Pseudonym, ging nach Shanghai und zurück in ihre Geburtsstadt Wien, doch Geldnöte und Sorgen blieben.[443] Vor dem Zweiten Weltkrieg ging sie nach England ins Exil, wo sie nicht recht Fuß fassen konnte. Lederer, die als Fabrikantentochter mit Personal aufgewachsen war, musste nun als Dienstmädchen ihren Lebensunterhalt verdienen; zwischen 1944 und 1952 arbeitete sie als Schreibkraft im *Foreign Office*. 1956

---

[438] C. Jahnz, Geschlechterrollen, 2016, insbesondere S. 20–22.
[439] Artikel »Und Joe schlendert durch Deutschland«; Constanze vom 28. August 1950.
[440] M. Lickhardt, Lederer und Keun, 2010, S. 155.
[441] E. Polt-Heinzl, Zeitlos, 2005, S. 126; M. K. Hagen, Sehnsucht, 2011, S. 125.
[442] M. Hagen, Sehnsucht, 2011, S. 137.
[443] G. Heidegger, »Zuflucht« in der Heimat?, 2003, S. 52–54.

kehrte Joe Lederer nach München zurück, aber an den Erfolg der Jahre vor 1933 ließ sich nicht mehr anknüpfen.[444]

Im Jahr 1950 besuchte Joe Lederer von England aus die ferne Heimat, um für *Constanze* darüber zu berichten.[445] Sie traf alte Bekannte und verflossene Liebschaften; sie sprach mit Irmgard Keun und Hans Albers, und sie versuchte, mit Gustaf Gründgens zu telefonieren. Schließlich besuchte sie Bonn und das Bundeshaus, das – so neu, »weiß und sachlich« sowie »mit vielen Fenstern« versehen – ihr ein wenig »wie ein Filmatelier« erschien. Allerdings, berichtete Lederer, sei sie beim Bundeshaus zum ersten Mal bei dieser Reise von einem Deutschen, einem der Pförtner, »herablassend« behandelt worden. Im September 1950 umschrieb Joe Lederer ihre ambivalenten Eindrücke als »Bonner Treibhausluft«:

> Tja – also wie hat mir Bonn gefallen? Hand aufs Herz und ganz ehrlich: ich weiß nicht, wie mir Bonn gefallen hat.
> Bonn ist eine Dornröschenstadt. Als ich ankam, dampfte der Rhein in der Morgensonne. Auch die Luft dampfte. Nicht nur am Morgen, sondern Tag und Nacht. Eine warme, feuchte, beklemmende Luft, sie legte sich um die Schläfen, drückte aufs Herz, verstopfte einem die Lungen und blieb im Halse stecken. Diese Prießnitzumschlag-Atmosphäre ist bestimmt gut für die Rebstöcke – für Menschen ist sie weniger bekömmlich.[446]

Bei der Metamorphose der Glas-Metaphorik in der Medienöffentlichkeit fällt schließlich auf, dass die Redewendung vom ›Treibhaus‹ nicht allein Empfindungen von Distanz und Fremdheit transportierte, sondern oft erotisch konnotiert war. Sogar in der *Frankfurter Allgemeinen Zeitung*, die gemeinhin im Ruf großer Ernsthaftigkeit stand, schrieb Walter Henkels im Sommer 1952 einen entsprechenden Artikel über »die Hundstage im Bonner Treibhaus«.[447] Der Journalist schilderte, dass die dort ohnehin übliche Schwüle im Hochsommer noch schwerer zu ertragen sei als sonst: »Bonn also kocht«, doch weil das Land trotzdem regiert werden wolle, sei in der Bundeshauptstadt die »Zeit der offenen Türen und der Hemdsärmel« angebrochen, erklärte Henkels: Die Frauen in den Büros seien »eine Delikatesse des Anblicks in ihrer luftigen sommerlichen Robe«, und in ihren Gedanken seien sie vermutlich »allesamt woanders als bei den Stenogrammblöcken; sie sind in den Bergen oder an der See, wo sie gratis und franko Besuch beim Hirtenknaben Pan machen und den Zug der Wolken und Winde oder des Meeres und der Liebe Wellen geboten bekommen und wo ihnen Lastenaus-

---

[444] E. POLT-HEINZL, Zeitlos, 2005, S. 134.
[445] Artikel »So hatt ich mir's nicht vorgestellt«; CONSTANZE vom 13. September 1950, S. 7 f. und 42; »Joe ließ ihr halbes Herz zurück«; CONSTANZE vom 27. September 1950, S. 18 und 20.
[446] Artikel »Joe ließ ihr halbes Herz zurück«; CONSTANZE vom 27. September 1950, S. 18.
[447] Hier und im Folgenden: »Die Herrschaft des Herrn Celsius«; FAZ vom 8. August 1952.

gleich, Verteidigungsbeitrag, Deutschlandvertrag, Bundesgrenzschutz, Gesetze, Verordnungen und Verfügungen gestohlen bleiben können.«

Ähnlich schwüle Eindrücke aus dem »Treibhaus Bonn« hatte am 10. August 1950 schon die Zeitschrift *Wochenend* enthüllt, eine Illustrierte, die weniger Anspruch auf Seriosität erhob als die *FAZ*, sondern sich als »Bilderzeitung zur Erholung vom Alltag« bezeichnete.[448] Im Winter 1949/50 hatte das (keineswegs unpolitische) *Wochenend* einige Aufmerksamkeit erregt, als das wöchentlich erscheinende Boulevardblatt drei Monate lang über die erste »große deutsche Sexual-Analyse« berichtete. Die hatte sie eigens beim Institut für Demoskopie Allensbach in Auftrag gegeben, um dem »Sexualproblem in Deutschland« nachzugehen; anschließend wurde die Studie massenmedial aufbereitet.[449] *Wochenend* war eine der größten Unterhaltungszeitschriften der Nachkriegszeit. Anfang der Fünfzigerjahre hatte die Bilderzeitung eine Auflage von mehr als einer halben Million Exemplaren.[450] Daher ist es nicht ausgeschlossen, dass Koeppen diese früheste bekannte publizistische Verbindung der Begriffe ›Treibhaus‹, ›Bonn‹ und ›Bundestag‹ kannte; immerhin war Koeppen auch ein Leser von Klatschgeschichten sowie der Münchner *Abendzeitung*.[451]

Im Sommer 1950 beschrieb *Wochenend* die angeblich landläufige Meinung, dass in Bonn eine »bedrückende Treibhausluft« herrsche und der Ort »etwas Unwirkliches« habe.[452] Das rühre wohl daher, vermutete die Zeitung, dass in den Medien immer nur über »das offizielle Bonn« berichtet werde, »das tagtäglich in den Zeitungen zu Wort kommt«. Demgegenüber wollte *Wochenend* einmal »die hektische Treibhaus-Atmosphäre in einer Stadt« beleuchten, »die wie weiland Dornröschen über Nacht wachgeküßt wurde und nun die grellen Scheinwerfer der ›publicity‹ manchmal etwas unangenehm im Gesicht spürt.« Zu diesem Zweck stellte das *Wochenend* mehrere Fotografien zusammen, die mit ein paar gezeichneten Blütenblättern als Blumen illustriert wurden (Abb. 25). Daneben stand auf einer kleinen Schleife der Schriftzug: »Treibhaus Bonn«, versehen mit der Ankündigung: »Die Bundeshauptstadt einmal anders gesehen«.

Eine dieser Blüten zeigte das Bild von zwei Abgeordneten beim Lesen von Zeitschriften. Die beiden Männer wurden von oben fotografiert, so dass vor allem ihre über das Papier gebeugten Hinterköpfe zu sehen sind. Der Bildtext dazu lautet: »Lesestunde im Bundestag. Vier Zeitschriften werden für den Nach-

[448] Artikel »Treibhaus Bonn«; WOCHENEND vom 10. August 1950, S. 9.
[449] Die ersten Folgen dieser Adaption des Kinsey-Reports erschienen Mitte November 1949: »Urmacht Liebe in unserer Zeit«; WOCHENEND vom 10. November 1949, S. 1 und 6; »Umstrittenes Problem: Aufklärung«; WOCHENEND vom 17. November 1949, S. 1 und 6. – Vgl. S. STEINBACHER, Wie der Sex, 2011, S. 156–165.
[450] DEUTSCHE PRESSE, 1956, S. 330.
[451] Brief vom 5. Mai 1953, in: WOLFGANG UND MARION KOEPPEN, 2008, S. 46 f.
[452] Hier und Folgenden: »Treibhaus Bonn«; WOCHENEND vom 10. August 1950, S. 9.

mittag wohl reichen. Vorne spricht irgendein Abgeordneter ...« Ungewöhnlicher als die Reproduktion dieses alten Parlamentsklischees – des lesenden Abgeordneten, der nicht zuhört – ist das zweite Motiv. Abgebildet sind zwei Politiker, die irgendwie fremd nebeneinanderstehen und erkennbar unerwartet auf den ›Schnappschuss‹ geraten sind: Der eine trägt Lederhosen, der andere Anzug und Krawatte – und eine Milchflasche in der Hand, während er am Trinkhalm zieht: »Milch erhält jung und verschönt den Teint«, spottete *Wochenend*.

Abb. 25: Ausschnitt aus: WOCHENEND vom 10. August 1950, S. 9.

Das größte der fünf Bilder zeigt das Rednerpult im Plenarsaal: Ein Sprecher redet, die Stenographen schreiben, das Präsidium präsidiert – doch die übrigen Sitzreihen scheinen leer. *Wochenend* führte das auf die hohen Temperaturen im »Treibhaus Bonn« zurück: »Der Redner versucht mit eindringlicher Stimme die leeren Bänke des Hohen Hauses von der Meinung seiner Fraktion und seiner Wähler zu überzeugen. Ja, die Sommerhitze ...« Passend zur vermeintlichen Ferienstimmung zeigt ein weiteres Bild zwei Besucher mit Kniebundhosen und Rucksäcken vor dem Bundeshaus. Auf der fünften Fotografie sind schließlich zwei junge Frauen zu sehen: die eine, blond, sommerlich gekleidet im schulterfreien Kleid, macht sich Notizen; die andere, dunkelhaarig und über irgendwelche Papiere gebeugt, hat das Kinn auf die linke Hand gestützt. Man kann nicht erkennen, um wen es sich handelt oder wann, wo und wie das Bild gemacht wurde. *Wochenend* fragte bloß: »Zu gewagt? Bonner Sekretärinnen ...«[453]

Mit dieser Bild-Text-Kombination hatte die Illustrierte, die im Herbst 1950 mehrfach eine Volksbefragung über die ›Wiederbewaffnung‹ forderte[454], den Ton ins Bild gesetzt, in dem der Bericht über das »Treibhaus Bonn« verfasst war: anzüglich, etwas verklemmt und (angeblich) aus Frauenperspektive geschrieben:

> Bonn ist in diesen Monaten eine Stadt, in der wir Frauen uns wohlfühlen [...], weil die neue westdeutsche Residenz [!] die einzige deutsche Stadt mit Männerüberschuß ist. Inzwischen aber hausen die Ministerialräte, Sachbearbeiter, Journalisten mehrere hundert Kilometer von ihren Familien getrennt in möblierten Zimmern. Die Regierung hat ihnen einen Eheurlaub geschenkt.[455]

Wochenend erwähnte weiterhin, dass die meisten Sekretärinnen, die mit dem politischen Betrieb nach Bonn gekommen waren, jung und ledig seien. Daher betrachteten die einheimischen Bonnerinnen die Konkurrentinnen angeblich mit Argwohn: »Jedes Bonner Ladenmädchen sah sich schon am Arm eines Abgeordneten ins Bundesrestaurant stolzieren. Aber sie hatten ihre Rechnung ohne die Sekretärinnen gemacht.« Der zu den Bildern gehörende Artikel handelte von den Klagen ausländischer Diplomaten über das fehlende Flair am Rhein, von Nachtlokalen, den Spesenabrechnungen einzelner Parlamentarier sowie der Zahl der »registrierten Damen«. Allerdings, beruhigte die Reportage in der behaupteten Perspektive der häuslichen Ehefrauen, sei Bonn kein Ort fürs Ausgehen und erst recht kein Ort des Lasters – denn »was ich in Bonn sah und hörte, schaute nicht nach dem Glück der Ungebundenheit aus und sprach für uns Frauen«. Es werde von früh bis spät gearbeitet, »allerdings weniger aus überzeugter Pflichterfüllung als aus – Verzweiflung«:

---

[453] Bei einer der abgebildeten Frauen handelte es sich um eine Bonner Journalistin, die von einem Pressefotografen in einem, wie sie meinte, privaten Rahmen nach einer Pressekonferenz aufgenommen worden war. Gegenüber der Bundespressekonferenz beschwerte sie sich daher im August 1950 über den Kollegen: Er habe das Bild ohne Absprache weitergegeben; zudem seien Retuschierungen vorgenommen worden, die sie als die »Fälschung eines sommerlich verständlicherweise ›freimütigen‹ Kleides in die nicht oder nur wenig verbergende Unbekleidetheit eines Revuegirls« empfand. Im Übrigen sei sie keine Sekretärin, sondern Journalistin. Der Fotograf wiederum erklärte an Eides statt, er habe keine Veränderungen vorgenommen. Seine Agentur versicherte, das Bild nicht mehr zu verwenden: Archiv der Bundespressekonferenz, Ordner »Schlichtungsausschuss ab 1949«.
[454] Artikel »Es geht um Leben und Tod – *Wochenend* fordert Volksbefragung zur Wiederbewaffnung«; WOCHENEND vom 12. Oktober 1950, S. 1 f.; »Sind Sie für eine Volksbefragung – Ja oder Nein?«; WOCHENEND vom 9. November 1950, S. 1; »Warum fragt uns der Kanzler nicht?«; WOCHENEND vom 16. November 1950, S. 1; »98,5 Prozent der *Wochenend*-Leser antworten hier ganz eindeutig: Volksbefragung – ja!«; WOCHENEND vom 23. November 1950, S. 1 f.
[455] Hier und Folgenden: »Treibhaus Bonn«; WOCHENEND vom 10. August 1950, S. 9.

Doch auch die »Männer in den besten Jahren« kommen in Bonn nicht auf ihre Rechnung. Die Stadt ist zu klein, um sich ungesehen amüsieren oder um gar sündigen zu können. […] Kein Wunder, daß man, immer gerade dann, wenn man mit einer netten jungen Dame ausgeht, auf Kollegen stößt, die entweder die eigene Frau kennen oder sie zumindest in wenigen Monaten kennenlernen werden. […] Kann man uns Frauen ein bißchen Schadenfreude verdenken?[456]

4.2 Transparenz in der Praxis: Das Bundeshaus als Dauerbaustelle

Der Bundestag hatte in den frühen Fünfzigerjahren nicht nur freundliche Presse. Inhaltlich wurden die Politiker, wie es sich für eine demokratische Öffentlichkeit gehört, beobachtet und kritisiert (was die Abgeordneten ihrerseits nicht unbedingt schätzten). Im ungefestigten System der frühen Bundesrepublik kam jedoch als spezifisches Merkmal hinzu, dass weder die Beobachteten noch die Beobachter im Umgang mit der öffentlichen Kritik geübt waren. Zudem waren sie unsicher, wie weit der Konsens reichte und ob diese Grundlagen tragfähig waren. Im Dezember 1950 regte deshalb der liberale Abgeordnete Ernst Mayer im Ältestenrat an, »zu Presseartikeln, die die Arbeit des Hauses böswillig herabsetzen, Strafantrag wegen Beleidigung zu stellen«.[457] Der Bundestag könne nicht länger tatenlos zusehen, wenn das Parlament über Gebühr attackiert werde, meinte Mayer. Dem Abgeordneten war während der NS-Diktatur die Arbeit als Redakteur verboten worden.[458] Der ehemalige Journalist wusste also, wie Zensur und Berufsverbote wirkten; als Politiker wusste er aber auch, wie eine Republik zugrunde gegangen war.

In der lernenden Demokratie war die mit dem Parlament und der Bonner Politik verbundene Treibhaus-Metapher kritisch konnotiert, und so wurde sie auch verstanden. Vor allem diente sie als Umschreibung von Fremdheit und Unwirklichkeit. Die Glas-Symbolik des Parlamentsgebäudes, aus der heraus sich die Metapher entwickelt hatte, wurde zudem oft anders gesehen, als sie intendiert war. Das zeigte sich – wie gesehen – in öffentlichen Äußerungen, es lässt sich aber auch anhand der Entwicklung belegen, die das Parlamentsgebäude nahm, nachdem es bezogen war. Denn ungeachtet der schönen Worte, mit denen Hans Schwippert und seine Gefährten die Glasarchitektur rhetorisch aufgeladen hatten, wurden die funktionalen Mängel, die das Bundeshaus eben auch hatte, schnell offenbar. Während Zeitschriften, die aus dem Umfeld des Werkbunds stammten, die Parlamentsarchitektur lobten und während sich die Presse ihre eigenen Reime auf das Bonner ›Glashaus‹ machte, fanden Abgeordnete des-

---

[456] Artikel: »Treibhaus Bonn«; WOCHENEND vom 10. August 1950, S. 9.
[457] Kurzprotokoll der 94. Sitzung vom 13. Dezember 1950; BT ParlA, 1. WP, Ältestenrat, Protokolle.
[458] M. SCHUMACHER, MdB, 2000, S. 266.

sen praktische Aspekte von Anfang an unzureichend. Vor allem klagten sie über Enge und Raumnot. In den frühen Fünfzigerjahren erfolgten deshalb schrittweise Umbauten und Erweiterungen – gerade am Plenarsaal –, die Schwipperts Bildsprache der Helligkeit, Offenheit und Begegnung zum Teil einschränkten und dem Gebäudekomplex insgesamt einen stark improvisierten Charakter verliehen. Schon im Sommer 1950 ließ die Bundesbauverwaltung etwa die Außenfassade des Plenarsaals verputzen, der bis dahin im Rohbau gestanden hatte. Mit Bedauern stellten Bonner Journalisten daraufhin fest, dass unter dem Dachgesims wohl keine Schwalben mehr brüten würden.[459]

Unmittelbar nach seinem Bezug durch den Bundestag wurde das als vorläufig konzipierte Parlamentsgebäude zu einer Dauerbaustelle der provisorischen Hauptstadt. Der Architekt Schwippert war an diesen Umbauten seit Mitte 1950 nicht mehr beteiligt, ebenso wenig das nordrhein-westfälische Wiederaufbauministerium. Für Schwippert bedeutete die Gründung der Bundesrepublik eine Zäsur, weil sich sein Verhältnis zu Politikern und Behörden auf Bundesebene sehr viel konfliktreicher gestaltete, als das zuvor bei seinen Vertrauten in Düsseldorf der Fall gewesen war. Von dem Team, das die Pädagogische Akademie zum Bundeshaus umgebaut hatte, blieb allein der Baurat Paul Hopp übrig, der mittlerweile für die Bundesverwaltung arbeitete.

Schon im Juli 1949 schrieb Konrad Adenauer, damals noch Präsident des Parlamentarischen Rates[460], einen Brief an Schwippert.[461] Der Anlass war, wie bei vielen Gelegenheiten zwischen diesen beiden Rheinländern, unerfreulich.[462] Während sich der Plenarsaal noch im Bau befand, hatte Adenauer von den Bauleuten gehört, dass Schwippert plane, den Nord- und Südflügel »ganz aus Glas herzustellen«.[463] Adenauer fürchtete das Schlimmste und teilte dem »sehr geehrten Herr[n] Professor« seine »größten Bedenken« mit: »Es gibt nichts Ungemütlicheres, fast möchte ich sagen, Unerträglicheres als einen Aufenthalt in einem solchen Glaskasten.« Er sei erst kürzlich in Genf gewesen, berichtete Adenauer, wo er sich mit anderen europäischen Christdemokraten getroffen habe, »in dem Hauptbau von Corbusier, der ganz aus Eisen und Glas hergestellt ist«.

Dieses Gebäude sei »von außen betrachtet fürchterlich«, so Adenauer, und der Aufenthalt im Innern sei »im höchsten Maßen unerfreulich«, vor allem die Lichtverhältnisse seien »unangenehm«. Er halte es für völlig unvorstellbar, »dass

459 Artikel »Plenarsitzungen ohne Spatzenschilpen«; RHEINISCHER MERKUR vom 20. August 1950.
460 R. MORSEY, Rolle Adenauers im Parlamentarischen Rat, 1970.
461 ADENAUER: BRIEFE 1949–1951, 1985, S. 46f.
462 Daher erhielten Hermann Wandersleb, Chef des ›Büros Bundeshauptstadt‹, und Karl Arnold, Ministerpräsident von Nordrhein-Westfalen, einen Durchschlag. Für weitere Korrespondenz zwischen Adenauer und Schwippert: ADENAUER: BRIEFE 1949–1951, 1985, S. 220 f.; G. BREUER, Bundeshaus, 2009.
463 Hier und im Folgenden: ADENAUER: BRIEFE 1949–1951, 1985, S. 46f.

ein normaler Mensch in einem solchen Raum vernünftig denken und sprechen
kann«. Adenauer teilte dem Architekten und dessen Auftraggebern in Düsseldorf daher mit, dass »ein solcher Bau von der weitaus größten Zahl der zukünftigen Abgeordneten des Bundestages und den Vertretern des Bundesrates
grundweg abgelehnt werden wird«. Eine Umsetzung ihrer Glas-Pläne werde die
Chancen Bonns, Bundeshauptstadt zu werden, schmälern, unkte Adenauer. Sogar dem »persönlichen Ruf« des Architekten könne das »einen großen Stoß ver-
setzen«.

Der Brief ist in zweierlei Hinsicht bemerkenswert. Zum einen mangelte es
Adenauer nicht an Selbstvertrauen und Sendungsbewusstsein, denn der CDU-
Vorsitzende in der britischen Zone brachte schon sechs Wochen *vor* der ersten
Bundestagswahl die »Mehrzahl der zukünftigen Abgeordneten« für sich in Stellung. Zum anderen ist nicht ganz klar, auf welchen Genfer »Hauptbau von Corbusier« Adenauer sich überhaupt bezog.[464] Der in den Dreißigerjahren gebaute
Palais des Nations, in dem bis 1946 der Völkerbund tagte, stammte nicht von Le
Corbusier; auch hatte der Sitzungssaal vergleichsweise kleine Fenster. Berühmt
war indes Le Corbusiers Entwurf für den Völkerbundpalast, für einen Bau mit
zwanzig Meter langen Fenstern zum Genfer See hin, für einen modernen ›Transparenztraum‹, der allerdings nie realisiert wurde.[465] Le Corbusiers Kompagnon, der Architekt Hannes Meyer, hatte seinerzeit die vorgesehenen Fenster in
schönster Transparenz-Rhetorik als Mittel der Erneuerung erklärt: »Keine mit
Säulen bewehrten Räume für müde Monarchen [...], sondern offene verglaste
Räume für öffentliche Verhandlungen aufrichtiger Männer.«[466] Bei Gründung
der Bonner Republik fand Adenauer offensichtlich schon die Aussicht auf einen
gläsernen Plenarsaal schrecklich, und vermutlich konnte er sich keinen anderen
Schuldigen vorstellen als eben einen modernen Architekten.

Im Bundeshaus galten die Arbeitsbedingungen als das drängendste Problem.
Zwar gab es 1949 immerhin rund 220 Räume, die nach dem Belegungsplan der
NRW-Landesregierung noch von Bundestag und Bundesrat gemeinsam genutzt
werden sollten. Da aber nun 410 gewählte Abgeordnete ihren Platz suchten, zudem die Bundestagsverwaltung und die Mitarbeiter der Fraktionen, sorgte die
Raumnot für chronischen Unmut. Die CDU/CSU-Fraktion etwa, mit 139 Mitgliedern die größte Gruppe im Bundestag, hatte nur knapp zwei Dutzend Büros.[467] Zu mehreren teilten sich die Politiker einen Raum, oder sie arbeiteten
gleich woanders. Wie Bundestagspräsident Hermann Ehlers sagte, verfügten fast

---

[464] Die Erläuterung der Edition geht vom Naheliegenden aus: dass die Besprechung Adenauers im
      Palais des Nations stattgefunden habe. Vgl. ADENAUER: BRIEFE 1949–1951, 1985, S. 410.
[465] W. GÖTZE, Parlamentsgebäude, 1960, S. 93.
[466] Zitiert nach: M. WIGGINTON, Glas in der Architektur, 1997, S. 58.
[467] H. HEIDEMEYER, CDU/CSU-Fraktion, 1998, S. XXXI.

drei Viertel der Abgeordneten über kein Zimmer im Bundeshaus.[468] Parlamentarier »saßen auf den Fluren, im Vestibül, im Lesezimmer und schrieben oder diktierten ihren Sekretären oder Sekretärinnen oft unter Umständen, die einer gründlichen Arbeit, der zuverlässigen Materialauswertung und der gewissenhaften Durchdenkung ihrer Aufgaben abträglich war«, klagte der SPD-Abgeordnete Heinrich Ritzel: »Unzulänglich war das Bundeshaus für alle Abgeordneten, die nicht das Glück hatten, […] über ein eigenes Zimmer zu verfügen.«[469] Doch sogar das Privileg eines Büros, das Ritzel als Vorsitzender des Ausschusses für Geschäftsordnung, Wahlprüfung und Immunität immerhin hatte, bedeutete nur einen bescheidenen Luxus. In seinem »Zimmerchen von 4,60 auf 2,40 m« sei es »im Winter zu kalt und im Sommer unerträglich heiß« gewesen. Zudem beschrieb er die Wände der Arbeitsräume und Sitzungssäle als so dünn, dass man immer etwas mithören musste, selbst wenn man gar nicht wollte.

Am 21. November 1950 beschloss der Bundestag einen ersten Anbau. An der Südseite des Bundeshauses plante und baute die mit Gründung der Bundesrepublik neu eingerichtete Bundesbauverwaltung ein siebengeschossiges Bürogebäude von 24 m Höhe, das die übrigen Gebäudeteile weit überragte und das später (seitdem der nochmals größere ›Lange Eugen‹ die Ansicht prägte) als ›Altes Hochhaus‹ in die Annalen der Bonner Republik einging. Ehlers erklärte 1951 beim Richtfest: »Es war kein Zustand, daß die Abgeordneten des Deutschen Bundestages in irgendeinem Flur oder an einer Fensternische (!) ihre Besucher empfangen mussten.«[470] Auch Oberbaudirektor Karl Badberger, der nun für Entwurf und Bauleitung zuständig war, begründete das Hochhaus mit den praktischen Erfordernissen der parlamentarischen Arbeit.[471] Da die Legislative »in einem völlig neu aufzubauenden Staat« intensiver arbeiten müsse als »in normalen Zeiten«, habe man den »unhaltbaren Zustand« der Raumnot beenden müssen, so Badberger. Der einzig verfügbare Platz für das Hochhaus war ein ehemaliger Luftschutzbunker, auf dem bis dahin Roll- und Schlittschuhläufer trainiert hatten. Eine vollständige Entfernung des Bunkers wäre zu teuer und zu aufwändig gewesen, daher wurden die sieben Stockwerke einfach obendrauf gesetzt. »Schade« fanden es hingegen die Jungen und Mädchen, die durch den Neubau ihre Rollschuhbahn verloren; sie waren bis dahin eine beliebte Impression für Parlamentsreporter gewesen.[472]

[468] Artikel »Sieben Stockwerke, 150 Zimmer«; DIE WELT vom 20. Januar 1951.
[469] Hier und im Folgenden: H. RITZEL, Einer von vierhundertzwei, 1953, S. 30 f.
[470] Artikel »Keine endgültige Lösung«; DIE WELT vom 21. September 1951.
[471] Artikel »Erweiterungsbau des Bundeshauses in Bonn« von Karl Badberger; DIE BAUVERWALTUNG 1 (1952), Heft 7, S. 209–214, hier S. 209.
[472] Artikel »Erweiterungsbauten am Bundeshaus«; RHEINISCHE ZEITUNG vom 5. Juni 1951 (Zitat); »Der Bunker«; DEUTSCHE ZEITUNG UND WIRTSCHAFTSZEITUNG vom 4. Juli 1951; »Empfang in Bonn nicht mehr bei Limonade«; WESTFALENPOST vom 29. August 1951.

Schwippert hatte mit diesem Abgeordnetenhochhaus nichts mehr zu tun, obwohl sich das nordrhein-westfälische Wiederaufbauministerium nochmals für
ihn verwendete. Am 24. Februar 1951 erinnerte Ministerialdirektor Rühl den
Bundestagspräsidenten wegen des geplanten Erweiterungsbaus an die großen
»Anstrengungen, die das Land Nordrhein-Westfalen im Sommer 1949« unternommen habe.[473] Trotz der Eile habe man großen Wert darauf gelegt, »Architekten heranzuziehen, die durch frühere Bewährung bereits einen Namen hatten« – um dadurch sicherzustellen, »dass die Gesamtplanung wie das Niveau der
einzelnen Bauten in Bonn der zu erwartenden geistigen Haltung einer Bundeshauptstadt entspräche.« Daher sei zu hoffen, so Rühl weiter, dass »die seinerzeit
in der Sorge um das Landschaftsbild und die besondere Bedeutung von Bonn
als Bundeshauptstadt getroffenen Maßnahmen des Landes« in der Weise fort-
gesetzt würden, dass »auch, nachdem der Bund diese Verantwortung übernommen hat, weiterhin die Architekten zu Wort kommen, die die Grundhaltung des
bisherigen Geschehens – wie mir scheint mit Erfolg – bestimmt haben«. Namentlich warb er dafür, »auch den Erweiterungsbau des Bundeshauses wiederum Herrn Professor Dr. Schwippert anzuvertrauen, zumal andernfalls eine einheitliche Erscheinung für den Gesamtgebäudekomplex des Bundeshauses und
die Aufrechterhaltung der bisherigen architektonischen Qualität wohl kaum erwartet werden kann«. Der Einspruch aus Düsseldorf blieb jedoch vergeblich.

Bezogen wurde das Abgeordnetenhochhaus, ein eher schmuck- und gesichts-
loses Verwaltungsgebäude mit Schwemmsteinmauer, im Februar 1952.[474] Es bot
Raum für 170 Abgeordnetenbüros. Immerhin fanden nun 340 Parlamentarier
einen Arbeitsplatz, also nur noch zwei pro Zimmer. Auch das Archiv und die Bibliothek kamen hier unter, zudem gab es vier zusätzliche Sitzungssäle. »Die Aus-
stattung des Hauses im Äußeren sowohl wie im Inneren ist auf ausdrückliche
Anordnung des Deutschen Bundestages in allergrößter Einfachheit vorgesehen
worden«, erläuterte Badberger das optische Ambiente, für das sich kein Archi-
tekturfreund mehr begeisterte, sondern das im Gegenteil immer wieder als Beleg
für die vermeintliche Ideenlosigkeit staatlicher Baubehörden gewertet wurde.[475]
Umgekehrt war das »vorhandene Bundeshaus« nach Auffassung der Bundesbauverwaltung »keine einheitliche Neuschöpfung«, deren Ästhetik besonders beachtet werden müsse, sondern ein durch Um- und Erweiterungsbauten entstande-

[473] Ministerialdirektor Rühl an Bundestagspräsident Ehlers, 24. Februar 1951; LA NRW, NW
101–112.
[474] Artikel »Erweiterungsbau des Bundeshauses in Bonn« von Karl Badberger; DIE BAUVERWALTUNG
1 (1952), Heft 7, S. 209–214; »In 100 Tagen reif für das Richtfest«; GENERAL-ANZEIGER (Bonn) vom
19. Dezember 1951; »Erweiterungsbau des Bundeshauses bessert Arbeitsbedingungen der Abgeordneten«; NEUE ZEITUNG vom 21. Dezember 1951.
[475] C. WERHAHN, Schwippert, 1987, S. 220 und 226 f.

ner Gebäudekomplex.[476] Was die Inneneinrichtung anging, hatte man, wie die *Neue Zeitung* berichtete, »Doppelschreibtische beschafft, die eine Ersparnis von 100 DM gegenüber einem Einzelschreibtisch« ausmachten.[477]

Allerdings haderten viele Abgeordnete nicht nur wegen der Arbeitsbedingungen mit Schwipperts Bundeshaus. Der Sozialdemokrat Ritzel berichtete, dass ihn ein »eigentümliches Gefühl« überkommen habe, als er erstmals das Bonner Parlament betreten habe. Im Vergleich mit dem »stolzen Wallotbau«, meinte Ritzel, der von 1930 bis 1933 im Reichstag gesessen hatte, mache das Bundeshaus »so gar nicht den Eindruck eines Parlamentes«. Es sei bloß »ein leichter Bau« und »nicht wie der Wallotbau in Berlin für Jahrhunderte« ausgelegt.[478] Hier äußerte sich eine Art Provisoriums-Komplex, bei dem Bonn immer in Verbindung mit Berlin gesetzt wurde und bei diesem Vergleich – wegen des Ziels der Wiedervereinigung – nie zu gut aussehen durfte. Was in Ritzels Einschätzung außerdem mitschwang, war das Unbehagen gegenüber einer Parlamentsarchitektur, die den Staat nicht so repräsentierte, wie man das gewohnt war, sondern betont sachlich, modern und bescheiden wirken wollte – wobei allerdings ja das Argument der Funktionalität die meisten Nutzer gerade nicht überzeugte. Aber auch aus Gründen der demokratisch-republikanischen Symbolik hätte es aus Sicht vieler Parlamentarier ruhig etwas mehr Schmuck sein dürfen. Es kam nicht von ungefähr, dass in Äußerungen und Berichten über den Bundestag in dieser Zeit immer wieder die Rede von der ›Würde des Parlaments‹ bemüht wurde. So schrieb etwa Walter Henkels, es sei wohl so, »daß das gläserne Bundeshaus immer eine Mischung von Ausstellungsraum, politischem Schlachtfeld und Kaffeegarten« bleiben werde: »Aber es ließe sich doch vermutlich einiges dazu tun, sich Gedanken über die Würde eines Parlaments im allgemeinen, die Würde des Bonner Bundestages im besonderen zu machen.«[479]

In dem Bemühen, das Vertrauen der Bevölkerung zu gewinnen, hätten in der frühen Bundesrepublik viele Politiker einer klassischen Staatsarchitektur mehr Wirkung zugetraut als Schwipperts Transparenzarchitektur, deren Hell-und-Dunkel-Metaphorik skeptische, ja sogar antiinstitutionelle oder antipolitische Deutungen nicht ausschloss. Transparenz, Bescheidenheit, die visuelle Rückkopplung mit der Außenwelt – die Symbolik von Schwipperts Parlamentsarchitektur implizierte durchaus auch Vorbehalte gegenüber der Politik: Die Abgeordneten sollten sichtbar gemacht und kontrollierbar werden. Die Architektur

[476] Artikel »Erweiterungsbau des Bundeshauses in Bonn« von Karl Badberger; DIE BAUVERWALTUNG 1 (1952), Heft 7, S. 209–214, hier S. 214.
[477] Artikel »Erweiterungsbau des Bundeshauses bessert Arbeitsbedingungen der Abgeordneten«; NEUE ZEITUNG vom 21. Dezember 1951.
[478] H. RITZEL, Einer von vierhundertzwei, 1953, S. 30.
[479] Artikel »Besichtigung des Bundeshauses inbegriffen«; FAZ vom 2. August 1954.

der Mäßigung sollte sie zur Zurückhaltung anhalten. Die Verbindung zur Land-
schaft sollte ihrer Isolation entgegenwirken und sie an ihre politische Verantwor-
tung erinnern. So artikulierte sich ein Misstrauen gegenüber dem politischen
Geschäft, in das Schwippert nach eigenen Worten »Licht hineinbringen« wollte.
Darüber hinaus stand der Bundestag unter dem Eindruck der ›schlechten
Presse‹, die das Parlament an sich hatte, die aber – wie gesehen – zugleich die
Parlamentsarchitektur aufs Korn nahm. Zum Beleg sei nochmals der Abgeord-
nete Ritzel zitiert:

> Das Bundeshaus wurde das Ziel vieler Besucher. Mit Autocars und mit der Bundes-
> bahn, im eigenen Wagen, mit Motor- und Fahrrädern kamen nach und nach Hun-
> derttausende, um das Parlament, seine Einrichtung, sein Wirken kennenzulernen.
> Am Anfang gingen die tollsten Gerüchte über die angeblich teure Ausstattung des
> Bundeshauses. Diese Gerüchte führten zu wenig geschmackvollen, teilweise unbe-
> rechtigten Bemerkungen, die ihren Gipfel in dem Kölner Karnevalslied fanden: ›Wer
> soll das bezahlen, wer hat das bestellt?‹ Wenn die Abgeordneten irgendwo stehend
> auf einer Fensterbank schreiben mußten, oder die Sekretärinnen auf ihren Knien ih-
> ren Schreibblock hielten und Mühe hatten, dem Diktat nachzukommen, während
> draußen entweder aus voll besetzten Autobussen Stimmen ertönten, die dieses Lied
> im Chor sangen oder der an der Nordseite des Bundeshauses vorüberziehende Rhein
> Ausflüglerschiffe trug, deren Bordkapelle darauf gewartet hatte, während des Vorü-
> bergleitens am Bundeshaus diese Melodie spielen zu können, dann bemächtigte sich
> der Abgeordneten oftmals je nach Temperament ein Gefühl der Bitterkeit oder auch
> des Zorns über so viel unbegründete Kritik eines Zustandes, der eher bedauernswert
> war und heute zum Teil noch ist.«[480]

Mit Blick auf den Plenarsaal wurden insbesondere dessen gläserne Wände sowie
die Sitzordnung bemängelt, die nach Meinung vieler Mitglieder des Bundestages
nicht parlamentarisch genug war (auch wenn die Sitzordnung ein Zugeständnis Schwipperts gewesen war). In der *Neuen Zeitung* fasste der Korrespondent
Wilhelm Papenhoff »die Ansicht der überwiegenden Mehrheit der Abgeordneten«, aber auch aller anderen, die beruflich dort zu tun hätten, so zusammen:
»Der Bonner Plenarsaal ist kein Raum, in dem ein Parlament arbeiten, in dem
es sich ohne Schwierigkeiten entfalten kann.«[481] Bei nächster Gelegenheit sollten daher die größten Mängel beseitigt werden – »[n]otfalls dadurch, daß man
diesen unzweckmäßigen Bonner ›Würfel‹ ganz aufgibt und ein wirkliches Parlamentsgebäude errichtet«. Die damit verbundenen Kosten, so Papenhoff, würden
sich »für die deutsche Demokratie in kürzester Zeit bezahlt« machen. Zu den
wichtigsten Maßnahmen zählte die *Neue Zeitung* »die Beseitigung der ›Fenster-

---

480 H. Ritzel, Einer von vierhundertzwei, 1953, S. 31 f.
481 Artikel »Betrachtungen über ein Parlament«; Neue Zeitung vom 7. Februar 1953.

wände‹, die [...] den Blick nach außen ziehen, statt die volle Aufmerksamkeit in den Plenarsaal zu konzentrieren«.

Bereits im Mai 1950 hatte Bauleiter Hopp beim nordrhein-westfälischen Wiederaufbauministerium angerufen und seinen früheren Auftraggebern mitgeteilt, »daß seitens des Bundestages beanstandet worden ist, daß die Öffentlichkeit mehr oder weniger ungehindert in unmittelbare Nähe des Plenarsaales gelangen kann«. Vor allem »die Einblickmöglichkeit [...] aus großer Nähe« durch die Glaswände werde im Parlament als »störend empfunden«. Der Bundestag habe daher vorgeschlagen, mit »einer Umwehrung« des Bundeshauses zu beginnen, so Hopp, mit einem Zaun oder dichten Hecken. Der Leiter der Parlamentsverwaltung, Direktor Hans Troßmann, habe »die Absicht, diesen Wünschen in irgend einer Form Rechnung zu tragen«.[482] Der NRW-Ministerialdirektor und Schwippert-Vertraute Rühl gab seinen Landesbeamten daraufhin die Weisung, sich »unter allen Umständen« gegen den Plan »einer Umwehrung« einzusetzen. »Gerade auf ausländische Besucher hat es immer wieder einen großen Eindruck gemacht, dass das Gebäude frei in die Landschaft gesetzt ist und für gewöhnlich dem Bürger der Zutritt zum Gelände nicht verwehrt ist.« Wenn es dennoch einmal zu Belästigungen während der Sitzungen kommen sollte, »so dürfte es doch keine Schwierigkeiten machen, durch Aufsichtsbeamte (Polizei) die unmittelbare Umgebung des Sitzungssaales und die Zugänge von unerwünschten Zeugen freizuhalten«, argumentierte Rühl. In keinem Fall sei dies ein Grund, »die großangelegte gärtnerische Verbindung des Gebäudes mit dem Rhein zu zerstören«.[483]

Unterdessen hatte Hopp im Gespräch mit Troßmann und unter Hinweis auf den Gartenbauarchitekten Hermann Mattern vorgeschlagen, »lediglich die Zugangswege durch unauffällige Gartentüren abzusperren, da es sich gezeigt habe, daß die Rasenflächen bisher nicht betreten worden seien«.[484] Auf diesen Vorschlag kam der Bundestagsdirektor nicht mehr zurück, und so verlief sich der erste Vorstoß des Bundestages gegen die Transparenzarchitektur des Plenarsaals im Sande. Dennoch vollzog das Bauprogramm des Bundestages in den frühen Fünfzigerjahren eine praktische Abkehr von der Glasarchitektur. Schon bei der Renovierung am Ende der ersten Wahlperiode wurde der Plenarsaal umgebaut und in seiner optischen Anmutung stark verändert. Der frühe Umbau war notwendig geworden, weil der zweite Bundestag, der nach einem neuen Wahlrecht gewählt wurde, mindestens 80 Abgeordnete mehr zählen würde als der erste. Man brauchte daher einen größeren Plenarsaal, und bei dieser Gelegen-

---

[482] Vermerk des Ministeriums für Wiederaufbau, Referat II B, für Ministerialrat Rühl vom 12. Mai 1950; LA NW 101–115, 121.
[483] Weisung von Ministerialrat Rühl an das Referat IIB vom 20. Mai 1950; LA NW 101–115, 123.
[484] Vermerk des Ministeriums für Wiederaufbau, Referat II B, für Ministerialrat Rühl vom 13. Mai 1950; LA NW 101–115, 124.

heit sollte auch im Innern »alles besser und bequemer« werden.[485] Wie der Berliner Reichstags-Historiker Michael Cullen schrieb, war der Bonner Bundestag »wie ein Kind, das jedes Jahr neue und größere Kleidung brauchte«.[486]

Im Sommer 1953 wurde die rheinseitige Rückwand des Plenarsaals um sechs Meter versetzt, wodurch Platz für weitere Sitzreihen gewonnen wurde; nach deutscher Tradition sollte jeder Abgeordnete einen eigenen Platz im Plenarsaal haben (auch wenn das zu den vielbeklagten Bildern leerer Sitzreihen führte). Hinzu kam ein weiterer Anbau an der gegenüberliegenden Seite, hinter der Rednertribüne mit der Regierungs- und Bundesratsbank. Hier entstanden zusätzliche Räume für das Bundestagspräsidium, die Parlamentsstenographen und vor allem die Vertreter der Bundesregierung, die bisher keine Rückzugsmöglichkeit im Bundeshaus gehabt hatten. Doch auch die beiden seitlichen Glaswände des Plenarsaals wurden verändert, zugebaut. Bundestag und Bundesbaudirektion schränkten die Transparenz für die Versammlungsöffentlichkeit draußen vor dem Fenster deutlich ein. Selbst die visuelle Einbeziehung der Rheinlandschaft, auf die Schwippert und sein Team so großen Wert gelegt hatten, spielte keine Rolle mehr. Tageslicht fiel nach dem Umbau kaum noch in den Raum, weshalb gleich auch eine neue Deckenbeleuchtung notwendig wurde, nachdem die ursprünglichen Neonröhren von Anfang als nervös machendes Kunstlicht kritisiert worden waren.[487] Selbst Bundestagspräsident Ehlers, der sich unablässig als Pädagoge des Parlamentarismus betätigte, kritisierte die Lichtverhältnisse im Plenum. Jedenfalls erklärte er den Umstand, dass einige hitzige Debatten aus dem Ruder gelaufen waren, mit den »merkwürdigen Auswirkungen einer Beleuchtung, die anscheinend die Reizbarkeit sonst durchaus friedfertiger und vernünftiger Menschen in einer unkontrollierten Weise erhöht«.[488] In der ersten Wahlperiode hatten im Rundfunk übertragene Lärmszenen aus dem Bundestag wenig Beifall in der Öffentlichkeit gefunden.

Mit dem Entwurf und der Oberleitung für den Umbau des Plenarsaals wurde wieder der Oberbaudirektor Karl Badberger beauftragt, der bereits das Abgeordnetenhochhaus geplant hatte. Badberger, geboren am 14. Januar 1888, war ein konservativer Baubeamter, der im Dezember 1949 zum Leiter der Bundes-

---

[485] Artikel »Das Bundeshaus wird größer«; FAZ vom 8. April 1953. – Vgl. »Bonner Bundeshaus wächst weiter«; SÜDDEUTSCHE ZEITUNG vom 18. Juni 1953; »Zweite Erweiterung des Bundeshauses«; NEUE ZEITUNG vom 18. Juni 1953; »Am Bundeshaus arbeiten die Bagger«; KÖLNISCHE RUNDSCHAU vom 10. Juli 1953.

[486] M. CULLEN, Parlamentsbauten, 1989, S. 1868.

[487] Artikel »Dem Bundestag ins Fenster geguckt«; WESER-KURIER (Bremen) vom 13. Februar 1953: »Das Schachbrett der Neonröhren an der Decke erhellt bei eintretender Dunkelheit den Plenarsaal zwar ›taghell‹, wie es der Architekt damals verhieß, aber man sagt, diese veredelte Form der ›Tageshelle‹ sei dem Bundestag nicht immer bekömmlich. Nervosität, Überreiztheit und platzende Gemüter führt man neuerdings gerne auf diese Schachbrettbeleuchtung zurück.«

[488] Am 17. Dezember 1952 im Bayerischen Rundfunk; gedruckt in: H. EHLERS, Reden, 1991, S. 221–226, hier S. 225.

baudirektion in Bonn ernannt worden war.[489] Nach dem Umbau des Plenarsaals 1953 ging er in den Ruhestand, auch wenn er noch den begonnenen Neubau des Auswärtigen Amtes an der Koblenzer Straße zum Abschluss brachte. Badberger hatte – nach dem Architekturstudium und der Teilnahme am Ersten Weltkrieg – von 1920 bis 1935 in der bayerischen Bauverwaltung gearbeitet. 1935 wechselte er nach Berlin in die Reichsbauverwaltung, zuletzt als Ministerialrat. Nach dem Zweiten Weltkrieg versicherte Badberger an Eides statt, dass die Reichsbauverwaltung nicht für die SS gearbeitet habe und auch keine Konzentrationslager gebaut habe, genauso wenig für die Wehrmacht, die Reichsbahn oder die Post.[490] Bis 1942 baute Badberger indes für die Polizei, das Auswärtige Amt und die Kaiser-Wilhelm-Gesellschaft, und zwar Polizeigebäude, die Gesandtschaft in Teheran, die Nuntiatur in München und verschiedene Institutsgebäude. Pläne für die deutsche Botschaft in Rom und das Polizeipräsidium in Wien wurden wegen des Kriegsverlaufs nicht mehr ausgeführt.

Der Rückbau der Bonner Glasarchitektur ließ sich auch mit praktischen Erfordernissen der Parlamentsöffentlichkeit begründen. Denn die einzige Besuchertribüne im Innern des Plenarsaals hatte sich als viel zu klein erwiesen. Schon die behelfsmäßigen Zuschauerränge, die man im Spätsommer 1949 vor dem Fenster aufgestellt hatte, verdankten sich der Tatsache, dass wesentlich mehr Leute die Debatten mitverfolgen wollten, als auf die Tribüne passten. Daher waren zusätzliche Besuchersitze notwendig und sinnvoll. Vor allem die Parlamentskorrespondenten hatten sich immer wieder darüber beklagt, dass es zu wenige Plätze für sie gab und dass sie – vom hinteren Ende des Plenarsaals aus – nur auf die Hinterköpfe und Rückansichten der Abgeordneten schauen konnten. Daher wurden beim Umbau des Plenarsaals zwei weitere Tribünen eingebaut, von denen fortan eine für die Presse, die andere für Ehrengäste und Diplomaten vorgesehen war. Statt einer hatte der Bundestag nun drei Tribünen für die Versammlungsöffentlichkeit. Insgesamt konnten nun bis zu 650 Besucher gleichzeitig einer Plenarsitzung zuschauen sowie zuhören, und die Presse »freut[e] sich darüber, daß sie den Abgeordneten nicht mehr in den Nacken, sondern ins Gesicht« sah.[491] Allerdings befanden sich die neuen Tribünen ausgerechnet vor den symbolpolitisch so wichtigen Glaswänden links und rechts. Deren obere Fenster wurden deshalb demontiert; das Klarglas ersetzte man durch Milchglas. Unterhalb der Tribünen, die auf schlanken Säulen ruhten, trennte man den Plenarbereich ganz durch gläserne Türen von den ›alten‹ Fensterwänden ab. Sollte

[489] Zur Biographie: »Oberbaudirektor Karl Badberger 65 Jahre«; Die Bauverwaltung 2 (1953), 2, S. 57.
[490] Eidesstattliche Erklärung Karl Badbergers vom 21. April 1948; IfZ München – Zeugenschrifttum, ZS 478.
[491] Artikel »Mehr Licht im neuen Plenarsaal«; Rheinische Post vom 11. September 1953.

also nach 1953 ein flanierender Spaziergänger von außen in den Bundestag hineinschauen wollen, so hätte er nicht mehr den Eindruck von Nähe gewonnen. Wenn er überhaupt so weit vorgelassen wurde, konnte er nicht mehr direkt in den Sitzungssaal hineinsehen, sondern allenfalls in die von den Tribünen verschatteten Wandelgänge hinter den Glastüren.

Einerseits ließ die Renovierung des Jahres 1953 deutlich mehr Besucher in den Saal hinein, während sie andererseits die optische Transparenz zwischen Innenraum und rheinischer Umwelt einschränkte. Die Bonner Journalisten jedenfalls waren zufrieden. »Sichtbarkeit, Belüftung und die akustischen Bedingungen wurden deutlich verbessert«, schrieb lobend *Le Monde* über den Umbau, der ohne Beitrag Schwipperts beziehungsweise gegen dessen Konzept vorgenommen wurde.[492] »Die Luft war herrlich frisch, die Atmosphäre drinnen wie draußen freundlich«, berichtete auch die *Kölnische Rundschau*.[493] Der Raum sei »festlicher geworden«, meinte schließlich die *Neue Zeitung*: Der wesentlich veränderte Plenarsaal zeige »in seinem äußeren Bild deutlicher die ›Würde des Hauses‹, ohne jedoch die Atmosphäre intensiver Arbeit zu verlieren«.[494]

Abb. 26: Seit Sommer 1953 verstellten Besuchertribünen und Wandelgänge den Blick durch die gläsernen Außenwände, hier unter den Besuchertribünen im Plenarsaal – fotografiert von Hans Schafgans. © Schafgans Archiv, Bonn.

---

[492] Artikel »L'aigle empâté qui préside aux débats a tenu la vendette à la rentrée de Bundestag«; Le Monde vom 8. Oktober 1953.
[493] Artikel »Bundeshaus innen und außen belagert«; Kölnische Rundschau vom 7. Oktober 1953.
[494] Artikel »Das Hohe Haus geht an sein Werk«; Neue Zeitung vom 6. Oktober 1953.

Es hat eine gewisse Ironie, dass die symbolische Transparenz des Parlamentsgebäudes im Interesse der Medien- und Besucheröffentlichkeit zurückgenommen wurde. Seit Herbst 1953 standen zwei Fernsehkameras sowie eine Filmkamera der Wochenschau auf der seitlichen Pressetribüne; hinzu kamen ungezählte Fotoapparate der Bildjournalisten. Das »Auge der Welt« hielt Einzug im Bundeshaus, schrieb etwas pathetisch die Wochenzeitung *Das Parlament*.[495] Mit dem neuen visuellen Medium verband sich ein neue Variante des ›Transparenztraums‹, der scheinbar direkten Kommunikation mit der Bevölkerung, die womöglich ohne Vermittlungsinstanzen wie Journalisten auskommen und obendrein als Einbahnstraße funktionieren sollte. In der frühen Bundesrepublik verbanden Politiker, welche die Massenpresse der Weimarer Republik gewöhnt waren und den Rundfunk kannten, wie er im ›Dritten Reich‹ instrumentalisiert worden war, große Hoffnung mit dem neuen Medium, dem Fernsehen.[496]

Symbolpolitisch setzte der Bundestag in der ersten Phase nach Schwippert zudem mehr Wert auf klassische Repräsentationsformen. So war der Vorhang mit den Wappen der Länder sowie Berlins – eine Art Traditionsüberhang der föderalen Weststaatsgründung –, der in der ersten Wahlperiode die Stirnwand des Plenarsaals geschmückt hatte, nach dem Umbau verschwunden. An seiner Stelle hing nun ein großer Adler aus Gips, den der Bildhauer Ludwig Gies entworfen hatte.[497] In der Presse wurde dieser Bundesadler mit ein wenig Schrecken, aber auch reichlich Belustigung kommentiert. Der französische Korrespondent Alain Clément schrieb in *Le Monde*, der Adler sei »fett, rachsüchtig und vermutlich herzkrank« – und in dieser merkwürdigen Anmutung das »Monster einer bürgerlichen Apokalypse«.[498] Mit dem ironisch gebrochenen Selbstbewusstsein des westdeutschen ›Wirtschaftswunders‹ befand hingegen die *Rheinische Post*, der Adler stehe »so gut im Futter […], daß er einem Prospekt über die Vorzüge der sozialen Marktwirtschaft zu entstammen scheint«.[499]

Die äußere Entsprechung des großen Adlers, der bald als »fette Henne« karikiert wurde, war am Eingang des Abgeordnetenhochhauses ein Relief, das von dem Glasmaler und Bildhauer Hannes (Odo) Schulz-Tattenpach gestaltet wurde.[500] Bei der Kalkstein-Plastik handelte es sich um das erste Kunst-am-Bau-Projekt der Bundesrepublik. Als im Mai 1953 der Gestaltungswettbewerb ausgeschrieben wurde, erläuterte Oberbaudirektor Badberger, der zur Jury gehörte,

---

[495] Artikel »Das Auge der Welt im Deutschen Bundeshaus«; DAS PARLAMENT vom 11. November 1953.
[496] B. WINTGENS, Turn Your Radio On, 2014.
[497] J. HARTMANN, Bundesadler, 2008, S. 503–505.
[498] Artikel »L'aigle empâté qui préside aux débats a tenu la vendette à la rentrée de Bundestag«; LE MONDE vom 8. Oktober 1953.
[499] Artikel »Mehr Licht im neuen Plenarsaal«; RHEINISCHE POST vom 11. September 1953.
[500] R. BEHRENDS, Tattenpach, 2013.

warum sichtbare Kunst seiner Meinung nach unerlässlich sei: »Die Architektur der Gegenwart, bestimmt durch die Baustoffe Stahl, Glas und Beton, läßt einem Schmuck wenig Raum.«[501] Umso schöner sei es, dass der Bundestag eine Architekturplastik öffentlich ausgeschrieben habe, und er hoffe, dass dieses Beispiel für staatliche Bauten Schule machen werde. Das Motiv, das schließlich umgesetzt wurde, stammte aus der Mythologie: ein Phoenix aus der Asche. Acht Jahre nach Kriegsende und vier Jahre nach Gründung der Bundesrepublik war das ein eindeutiges Signal.

Auch im Bundeshaus-Restaurant hielten 1953 neue Sitten Einzug. Ein Vorhang aus Stoff trennte jetzt den großen Saal in zwei Teile, von denen einer exklusiv den Abgeordneten vorbehalten blieb, während Gäste und Journalisten mit dem anderen Teil sogar dann vorlieb nehmen mussten, wenn sie sich hier mit Parlamentariern trafen.[502] Seit längerem hatten das Restaurant und insbesondere die Praxis des Kantinenpächters immer wieder Anlass zur Klage gegeben. Das Restaurant, »das einem Verpflegungszelt auf der Oktoberwiese ähnelte«[503], galt seinen Kritikern als zu groß, belebt und unruhig, so dass nicht mal während der Essenspause so etwas wie Entspannung möglich gewesen sei.

In der Tat waren das Bundeshaus und insbesondere das Restaurant wirklich als Ort der Begegnung genutzt worden; nicht zuletzt Koeppens Besuch und seine Ansichtspostkarten zeugen davon (Abb. 5, S. 56). Den Korrespondenten, die in eilig hochgezogenen Behelfsbauten ebenfalls vergleichsweise spartanische Arbeitsbedingungen hatten, diente das Parlamentsrestaurant als verlängerter Schreibtisch. Hans Wendt, von 1949 bis 1953 der Hörfunkkorrespondent des *Nordwestdeutschen Rundfunks*, nannte es deshalb ein »Heim der Gerüche und Gerüchte«.[504] Auch was die Anwesenheit anderer Besucher anging, gab es eine Schnittmenge zwischen der ursprünglichen Vorstellung Schwipperts, der den Austausch unterstützen wollte, und dem pädagogischen Eifer des Parlamentspräsidenten Ehlers, die westdeutsche Bevölkerung mit dem Bundestag bekanntzumachen und für die bundesdeutsche Demokratie zu gewinnen. In den frühen Fünfzigerjahren entwickelte sich das Bundeshaus zum beliebten Ausflugsziel, insbesondere für Schulklassen und Jugendgruppen, die zur politischen Bildung nach Bonn gebracht wurden. Zwischen 1949 und 1953 kamen, wie Ehlers am Ende der ersten Wahlperiode im Plenum verkündete, 920 000 Besucher ins Parlament, also immerhin mehrere Hundert pro Tag:

---

[501] Artikel »Architekturplastik am Bundeshaus«; DIE BAUVERWALTUNG 2 (1953), 5, S. 137–141, hier S. 137.
[502] Artikel »Im ›Entenpfuhl‹; FAZ vom 7. Oktober 1953; »Ein neuer Vorhang«; DIE ZEIT vom 8. Oktober 1953.
[503] B. OTTO, Ausgerechnet Bonn, 1989, S. 162. – Bertram Otto (1924–2016) war Publizist und in den Fünfziger- und Sechzigerjahren Mitarbeiter der CDU, vor allem bei ihren Wahlkampagnen.
[504] Artikel »Gesetzgebungs-Gänge«; MERIAN 8 (1955), 11, S. 38–43, hier S. 40.

Es sind kürzlich Parlamentarier aus einem anderen europäischen Staate hiergewesen, die gesagt haben, daß nach ihrer Meinung noch niemals eine Schulklasse in ihrem Parlament gewesen sei. Ich möchte hier aussprechen, es ist der Stolz (!) und die Freude des Deutschen Bundestages, daß die deutsche Jugend in diesem Maße an der parlamentarischen Arbeit und somit am Aufbau ihres Staates einen lebendigen Anteil genommen hat (Beifall).[505]

Das Parlamentsgebäude und andere Schauplätze der Politik waren ein wichtiger Faktor für den Tourismus in der Bonner Region. Die Reise-Literatur informierte über Lage und Architektur der Bundesbauten und erklärte die Funktion der verschiedenen Organe des neuen Staates.[506] Auch dem englischsprachigen *Baedeker* war das Bundeshaus-Restaurant einen besonderen Hinweis wert: Besucher sollten sich die »attractive terrace overlooking the Rhine« nicht entgehen lassen.[507] Das Fremdenverkehrsamt der Stadt behauptete Mitte der Fünfzigerjahre sogar, das Bundeshaus sei »das meistbesuchte Gebäude in Deutschland«.[508] Gemessen an der Zahl der Übernachtungen, lag der Fremdenverkehr in Bonn um 75 Prozent über den Zahlen von 1938, während der westdeutsche Tourismus insgesamt erst 1954 wieder das Vorkriegsniveau erreichte. Wesentlich für diesen Boom war »zweifellos der Umstand, daß Bonn im Jahre 1949 zur provisorischen Hauptstadt der Bundesrepublik gewählt worden ist«, erklärte der Verkehrsdirektor Hans Bungert: »Eine Sehenswürdigkeit [...], die neuerdings alle anderen in den Schatten stellt, ist das Bundeshaus, die Stätte hochpolitischer Entscheidungen.«[509]

Die zahlreichen Besucher hatten freilich eigene Wahrnehmungsmuster von der Politik mit im Gepäck. Davon erzählt nicht zuletzt das *Treibhaus*, wenn der fiktive Abgeordnete einen Touristen zurechtweist, nachdem der den Bundestag als »Quasselbude« bezeichnet hat.[510] Einen für die frühe Bundesrepublik typischen Ausdruck fanden parlaments- und bonnkritische Vorbehalte in einem Karnevalsschlager der Session 1949/50: »Wer soll das bezahlen, wer hat das bestellt?« tönte es immer wieder, wenn Ausflugsschiffe, Reisebusse oder Besuchergruppen das Bundeshaus passierten. Wie bereits in verschiedenen Zitaten angeklungen ist – in der »Bonn-zen«-Klage der *Quick* oder in der Kritik des

---

505 Ehlers in der 282. Sitzung vom 29. Juli 1953, in: BT Sten.Ber., S. 14277. – Artikel »Wie wird man Bundestagspräsident, Herr Ehlers?«; General-Anzeiger (Bonn) vom 24. April 1954.
506 Bonn, 1955, S. 73–78; K. Baedeker, Cologne and Bonn, 1961, S. 161 f.
507 K. Baedeker, Cologne and Bonn, 1961, S. 161. – Der Rhein-Tourismus war seit den 1830er Jahren die Basis, auf die Baedeker und seine Nachfolger ihr Verlagshaus gründeten. Die *Rheinreise von Mainz bis Cöln* war der erste Reiseführer des Verlags, *The Rhine* die erste englische Ausgabe: B. Bock, Baedeker & Cook, 2010.
508 H. Bungert, Fremdenverkehr, 1955, S. 39.
509 H. Bungert, Fremdenverkehr, 1955, S. 37. – Mit minimal abweichenden Zahlen: Bonn 1950–1955, 1956, S. 24.
510 W. Koeppen, Werke, Band 5: Das Treibhaus, 2010, S. 55. – Siehe S. 108 f.

SZ-Reporters an den Glasvasen, die angeblich 50 000 DM kosteten – wurde die
politische Legitimität in der Phase zwischen Nachkriegsnot und ›Wirtschaftswunder‹ nicht zuletzt in Geld gemessen. Da Sparsamkeit eine Tugend war, stand
sogar das jeden Prunk vermeidende Bundeshaus unter dem Verdacht der Groß-
mannssucht. So schimpfte im katholisch-konservativen *Rheinischen Merkur* Paul
Wilhelm Wenger – nach der Fußballweltmeisterschaft 1954, bei der die Deutschen überraschend ihr ›Wunder von Bern‹ feierten – über die nationalistische
»Fußballapotheose«. Die Bonner Republik sei »ein Staat ohne Stil«, meinte
Wenger. Das brachte er nicht nur mit dem ›Wirtschaftswunder‹ und der ›Kulturindustrie‹ in Verbindung. Wenger hielt die moderne Glasarchitektur und das
Bonner Parlament für den Ausgangspunkt dieser Entwicklung (schließlich war
ja auch der *Crystal Palace* ein Ort der Unterhaltung gewesen):

> Man mag derweilen darüber nachdenken, daß die Vorstufen zu dieser Aufpluste-
> rung im Weißen Haus am Rhein, das jedes Jahr neu gestrichen werden muß, in einer
> Weise inszeniert worden sind, die Berlin durchaus nicht als das ›ganz Andere‹ erschei-
> nen lassen. [...] Diese lemurenhaft aus der Erde gewühlten, in gemordeten Näch-
> ten hochgetriebenen Betonglaskästen haben nur eine Transparenz: die der geistigen
> und politischen Stillosigkeit, der arbeitswütigen Leere, der mußelosen Unrast. [...]
> Zwangsläufig wird in diesen Symbolen der absoluten Distanz und Geheimnislosig-
> keit als nationales Idol ein banaler runder Fußball sichtbar, der dann auch noch die
> Politiker unter der Masse der Adepten sieht.[511]

Der öffentliche Streit über die Architektur der Bundesbauten in Bonn, über deren Kosten, Mängel und weiteren Ausbau, war auch der Hintergrund für den
›Fall Schwippert‹ im Sommer 1950, in dessen Folge der Architekt das Bundeshaus verlassen musste.[512] Da in den Etatberatungen knapp 300 000 DM beantragt wurden, um – ein Jahr nach dem Einzug – Schäden auszubessern, forderte
der Haushaltsausschuss des Bundestages, dass Schwippert sein kleines Büro im
Parlamentsgebäude räumen müsse. Darüber hinaus sollten in Zukunft keine
freischaffenden Architekten, sondern nur mehr die Bundesbauverwaltung mit
den nötigen Erweiterungen beauftragt werden. Dieser Vorstoß richtete sich insbesondere gegen Schwippert.

Die tatsächlichen oder vermeintlichen Kosten der Bundeshauptstadt[513], die nur
ein Provisorium sein wollte, waren Munition für alle, die mit der Bundesrepublik und ihrer parlamentarischen Demokratie nicht einverstanden waren. Darüber
hinaus diente das Geld als Argument im Nachspiel des ›Hauptstadtstreits‹.[514] In

---

[511] Artikel »Staat ohne Stil«; Rʜᴇɪɴɪsᴄʜᴇʀ Mᴇʀᴋᴜʀ von 16. Juli 1954 [Hervorhebung B.W.].
[512] Artikel »Erbauer des Bundeshauses entlassen«; FAZ vom 13. Juli 1950.
[513] J. Kʀüɢᴇʀ, Finanzierung, 2006, S. 24 f.
[514] Siehe S. 157 f.

der ersten Wahlperiode beschäftigte sich ein parlamentarischer Untersuchungsausschuss mit der Frage, ob bei der Vergabe von öffentlichen Aufträgen in Bonn
alles mit rechten Dingen zugegangen war, insbesondere »aus welchen Gründen
und in welcher Höhe größere Summen ausgegeben wurden, als dem Bundestage
vor seiner Entscheidung über den Bundessitz als erforderlich bekannt waren«.[515]
Für die Legitimität der Bonner Republik sogar noch heikler war ein weiterer Untersuchungsausschuss: Der sogenannte *Spiegel*-Ausschuss prüfte, ob vor der Bun-
destagsabstimmung über den Sitz von Parlament und Regierung einzelne Abgeordnete bestochen worden waren. Das Nachrichtenmagazin hatte im September
1950 behauptet, dass Abgeordnete der Bayernpartei gegen Geld für Bonn gestimmt hätten.[516] Der *Spiegel*-Ausschuss verhandelte in mehreren Dutzend Sitzungen und stellte schließlich fest, dass es keine Beweise für eine Manipulation
der Abstimmung gebe. Wegen Falschaussagen gegenüber dem Ausschuss forderte
der Bundestag jedoch drei Abgeordnete der Bayernpartei und ein Mitglied der
Wiederaufbau-Vereinigung auf, ihr Mandat niederzulegen.[517]

Der wichtigste Grund für die Verstetigung des Provisoriums Bonn waren jedoch die Frage der Wiedervereinigung und der Hauptstadtanspruch Berlins, vor
allem seit dem niedergeschlagenen Aufstand in der DDR vom 17. Juni 1953.
In der zweiten Wahlperiode wurde daher ein Baustopp in Bonn gefordert, der
1956 förmlich beschlossen wurde. Am 6. Februar 1956 bekannte der Bundestag: »Berlin ist die Hauptstadt Deutschlands.«[518] In der Folge wurde das kriegszerstörte Reichstagsgebäude wiederaufgebaut, und es gab immer wieder Plenar-,
Ausschuss- und Fraktionssitzungen an der Spree. Der Beginn der dritten Wahlperiode im Oktober 1957 wurde sogar als Feierstunde in Berlin begangen, um –
wie Marie-Elisabeth Lüders als Alterspräsidentin formulierte – symbolisch »aus
einem achtjährigen Provisorium zurück in die angestammte Heimat der deutschen Volksvertretung« zu kommen. Lüders äußerte sogar den Wunsch, die »berühmte ›Berliner Luft‹« möge die Arbeit am Rhein beleben.[519] Allerdings fand
auch die Konstituierung des dritten Bundestages in einem Provisorium statt, in
der neu errichteten Kongresshalle im Tiergarten, die als ›Schwangere Auster‹ bekannt ist. Der Stahlbetonbau des amerikanischen Architekten Hugh A. Stubbins
war gerade als Teil der ›Interbau‹ eröffnet worden.[520]

---

[515] Zur Einsetzung: BT Anl., Drs. I/523; BT StenBer., 1. WP, S. 1503–1505. – Zum ersten Bericht vom 25. Mai 1951: BT Anl., Drs. I/2275; BT StenBer., 1. WP, S. 6054–6068. – Zum zweiten Bericht vom 19. Juli 1952: BT Anl., Drs. I/3624; BT StenBer., Bd. 13, S. 10349–10356.
[516] Artikel »Klug sein und mundhalten«; Der Spiegel vom 27. September 1950, S. 5–7.
[517] K.-H. Gärtner, Parlamentarische Untersuchungsausschüsse, 1954; J. Krüger, Finanzierung,
2006.
[518] BT StenBer., 2. WP, 190. Sitzung vom 6. Februar 1957, S. 10812–10836.
[519] BT StenBer., 3. WP, 1. Sitzung vom 15. Oktober 1957, S. 2.
[520] M. C. Bienert, »Berlin ist die Sache aller Deutschen«, 2012, S. 151.

Die Jahre 1956 und 1957 waren der Höhepunkt einer Zurück-nach-Berlin-Rhetorik, die in Parlament und Öffentlichkeit vor allem durch den CDU-Abgeordneten Gerd Bucerius, Herausgeber der *Zeit* und Verleger des *Stern*, angestimmt wurde.[521] »Jetzt oder nie« war in diesem Sinne ein Leitartikel überschrieben, in dem Marion Dönhoff forderte, »das Glashaus der rheinischen Gartenstadt« möglichst bald zu verlassen.[522] Angesichts der weltpolitischen Lage handelte es sich bei diesen Bekenntnissen zweifellos um Symbolpolitik, aber solche Symbolpolitik war wichtig, gerade weil die Wiedervereinigungsfrage bis 1989/90 ungelöst blieb.[523] So wurde paradoxerweise das als Provisorium geplante Bundeshaus in Bonn eine lang andauernde Zwischenlösung. Erst als die westdeutsche Bundesrepublik in den Achtzigerjahren im Begriff war, sich mit der Teilung abzufinden, kam es zum »Abschied vom Provisorium«.[524]

4.3 Glas in der Kritik: Der Bauhaus-Streit 1953

Glasarchitektur stieß in der frühen Bundesrepublik nicht nur auf Begeisterung. Sogar ein Lehrer und langjähriger Weggefährte Schwipperts, der Kirchenbauarchitekt Rudolf Schwarz, fand die Phrasendrescherei von Transparenz und Modernität zunehmend »unerträglich«. Unter der Überschrift »Bilde Künstler, rede nicht« schrieb Schwarz Anfang 1953 einen polemischen Aufsatz in der Werkbund-Zeitschrift *Baukunst und Werkform*.[525] Schwarz schimpfte darin über all die modernen »Glaswürfel«, bei denen es »beruhigend und beinahe metaphysisch notwendig« sei, »wenn es […] von oben hereinregnet und das Ganze als Treibhaus funktioniert«. Dabei solle doch bitte niemand der Architekten-Rhetorik auf den Leim gehen und glauben, derartige Gebäude seien funktional. »Das Schlimme am Bauhaus«, ging Schwarz ins Grundsätzliche, »war überhaupt nicht sein Versagen im Technischen, sondern seine unerträgliche Phraseologie.«

Im Frühjahr 1953 (während Koeppen über dem *Treibhaus*-Manuskript brütete), veröffentlichte die *Neue Zeitung* eine pointierte Zusammenfassung der Bauhaus-Polemik, in der Schwarz die Glaswürfel abschätzig als ›Treibhaus‹ bezeichnet hatte.[526] Ein paar Wochen später wiederum verteidigten Walter Gropius und andere die moderne Architektur gegen aus ihrer Sicht »unfruchtbare, chauvinistische Polemiken«. Sie wiesen aber auch den Vorwurf des »Histori-

---

[521] O. Dann, Hauptstadtfrage, 1983, S. 54 f.
[522] Artikel »Jetzt oder nie«; Die Zeit vom 18. Oktober 1956.
[523] M. C. Bienert, »Berlin ist die Sache aller Deutschen«, 2012; D. Geppert, Nation mit »Bundesdorf«, 2015, S. 147.
[524] A. Wirsching, Abschied vom Provisorium, 2006; D. Geppert, Nation mit »Bundesdorf«, 2015.
[525] Artikel, »Bilde Künstler, rede nicht«; Baukunst und Werkform 6 (1953), 1, S. 11–17; wiedergedruckt in: Bauhaus-Debatte 1953, 1994, S. 34–47.
[526] Artikel »Angriff auf das Bauhaus«; Neue Zeitung vom 4. März 1953.

schen Materialismus«, also der Sympathie für den Kommunismus, zurück.[527] So folgte dem Schwarz-Text eine Debatte, die auf mehr als achtzig Seiten im 1953er-Jahrgang der Zeitschrift *Baukunst und Werkform* sowie in vielen Briefen und Gesprächen ausgetragen wurde: Es begann der sogenannte ›Bauhaus-Streit‹ der frühen Bundesrepublik.[528] Dabei ging es vordergründig um »Glaswürfel« und »Treibhäuser«, vor allem aber um die Bauhaus-Geschichte und die Haltung der Nachkriegsarchitektur zur Tradition des nicht mehr ganz so neuen Stils. Immerhin war ja gerade auch Schwarz einer der Wegbereiter des ›Neuen Bauens‹.

Schwarz' Kritik hatte durchaus ein konkretes Ziel, jedenfalls nach Auffassung des Architekturprofessors Thilo Hilpert: Auch wenn Schwarz Mies van der Rohe nicht explizit nannte (dafür fiel der Name Gropius), habe sich Schwarz mit seinem Angriff gegen einen Entwurf gerichtet, den der berühmte Kollege aus Chicago für den Neubau des Nationaltheaters in Mannheim eingereicht hatte.[529] Mies van der Rohe wollte das Theater als Glashaus bauen – ähnlich seinem Barcelona-Pavillon von 1929 oder der nach seinen Plänen 1967 in West-Berlin errichteten Neuen Nationalgalerie: »Die beste Weise, diesen umfangreichen Raumorganismus einzuschließen, schien mir, ihn mit einer großen, sich selbst tragenden Halle aus Glas und Stahl zu überdecken oder, anders ausgedrückt, diesen ganzen Theaterorganismus in eine solche Halle gewissermaßen hineinzustellen.«[530] In der Situation des Jahres 1953 war der öffentliche Angriff also durchaus eigennützig von Schwarz, der sich mit einem Konkurrenzentwurf um das Theaterprojekt beworben hatte. Entscheidend aber ist, dass Schwarz darüber hinaus die Glas-Mode an sich meinte.

Im Lauf des Jahres 1953 war aus der Bauhaus-Debatte eine Schwarz-Debatte geworden; er galt nun als aus der Zeit gefallen. So resümierte der Kritiker Albert Schulze Vellinghausen in der *FAZ*, die Debatte sei »zehn zu eins für Gropius« ausgegangen. Zudem nannte er Schwarz einen »spontan-wirren Pamphletisten«, der als Architekt seinen »volkstümlichen Traditionalismus« nun abendländisch zu bemänteln versuche: »Man sagt Europa. Und meint Euskirchen.«[531] Der Architekturhistoriker Wolfgang Pehnt erklärte später: »Wie so viele große Polemiken beruhte auch diese auf einem Missverständnis.«[532] Doch selbst wenn sich

527 Artikel »Der zurückgewiesene Angriff auf das Bauhaus«; NEUE ZEITUNG vom 11./12. April 1953; wiedergedruckt in: BAUHAUS-DEBATTE 1953, 1994, S. 122 f.

528 BAUHAUS-DEBATTE 1953, 1994. – Vgl. W. PEHNT, Deutsche Architektur, 2005, S. 284–286; T. HILPERT, Theaterprojekt, 2001, S. 125–141.

529 F. SCHULZE, Mies van der Rohe, 1986, S. 273 f.; T. HILPERT, Theaterprojekt, 2001, S. 127; C. BLÜMLE/J. LAZARDZIG, Öffentlichkeit in Ruinen, 2012, S. 27.

530 Zitiert nach: T. HILPERT, Theaterprojekt, 2001, S. 77

531 Artikel »Indirekte Festschrift für Gropius«; FAZ vom 22. Mai 1953; wiedergedruckt in: BAUHAUS-DEBATTE 1953, 1994, S. 129–133.

532 W. PEHNT, Deutsche Architektur, 2005, S. 286.

der Bauhaus-Streit aus der Konkurrenz zweier Architekten entwickelte, zeigt die Debatte, dass die Glas-Architektur mitsamt ihrer Metaphorik keineswegs unumstritten war.

Hans Schwippert selbst hielt sich aus der Auseinandersetzung öffentlich heraus.[533] Weder verteidigte er die Glasarchitektur oder sein Vorbild Mies van der Rohe, noch kommentierte er die Äußerungen seines Lehrers Schwarz, die Schwippert auch auf sich bezogen haben dürfte. Vor die Alternative zwischen seinen beiden Gefährten gestellt, sah sich Schwippert in einer Zwickmühle. Den Modernisten um Gropius galt er ohnehin als Schwarz-Parteigänger; sie hielten ihn für einen katholisch geprägten Mann, der seine Vorbehalte gegenüber der ›Moderne‹ habe.[534]

Allerdings schwieg Schwippert im Bauhaus-Streit nur in der Öffentlichkeit. Intern, als im März 1953 in Mannheim eine erste Entscheidung getroffen wurde, bezog Schwippert als Jurymitglied klar Position.[535] Mies van der Rohe, erklärte er, sei »der größte lebende Baumeister deutscher Zunge« und »ein Baumeister von Weltgeltung«, außerdem habe Deutschland ihm gegenüber noch »einen Wechsel einzulösen«. Insbesondere den Theaterentwurf Mies van der Rohes fand Schwippert großartig. Einen Plan von »dieser Gelassenheit und Ruhe« habe man »seit [dem preußischen Baumeister Karl Friedrich] Schinkel nicht mehr erlebt«. Diesen Entwurf nun anzunehmen und in Mannheim umzusetzen, das bedeutete laut Schwippert »die Möglichkeit, [...] in einer neuen Weise wieder anzufangen, ohne zu revolutionieren«.[536] Auch in Düsseldorf, wo Schwippert größeren Einfluss hatte als in Mannheim, machte er sich für Mies van der Rohe stark. Am 18. Juni 1953 – während der ersten Deutschlandreise des 1938 in die USA emigrierten Architekten – ernannte die Kunstakademie Mies van der Rohe zu ihrem Ehrenmitglied. Das Gleiche tat bald darauf der Werkbund. In Mannheim fand unterdessen die zweite Phase des Wettbewerbs statt, inzwischen ohne die beiden Konkurrenten Schwarz und Mies van der Rohe. Ihnen war nahegelegt worden, ihre Entwürfe zu überarbeiten – was beide nicht taten. Dafür freute sich schließlich ein Dritter; gebaut wurde das Nationaltheater von Gerhard Weber, einem Schüler Mies van der Rohes aus Dessauer Zeiten.[537]

Angedeutet hatte sich die Bauhaus-Kontroverse bereits zwei Jahre zuvor bei einer prominent besetzten Podiumsdiskussion in Darmstadt – in dem Zusammenhang just der Ausstellung, die Schwipperts Plenarsaal mit dem *Crystal Pa-*

---

533   G. Breuer, Moderation des Wiederaufbaus, 2010, S. 108.
534   So argumentierte der Architekt Richard Döcker, ehemals Bauleiter der Stuttgarter Weißenhof-Siedlung, in zwei Briefen an Gropius, 5. März und 18. April 1953; gedruckt in: Bauhaus-Debatte 1953, 1994, S. 55 f. und 116 f.
535   T. Hilpert, Theaterprojekt, 2001, S. 147.
536   Zitiert nach: T. Hilpert, Theaterprojekt, 2001, S. 156–159, hier S. 158 f.
537   T. Hilpert, Theaterprojekt, 2001, S. 174 f.

lace verknüpft hatte. Parallel zu der Retrospektive auf der Mathildenhöhe, aus
der elf sogenannte ›Meisterbauten‹ hervorgingen, darunter ein Realgymnasium von Schwippert, widmete sich das ›Darmstädter Gespräch‹, ein exklusi-
ves Gesprächsforum der westdeutschen Öffentlichkeit[538], im Sommer 1951 dem
Thema »Mensch und Raum«.[539] Es diskutierten Martin Heidegger, der Publizist Dolf Sternberger und der spanische Bestseller-Intellektuelle José Ortega y
Gasset (*Der Aufstand der Massen*) mit Architekten wie Schwarz, Otto Bartning
und Schwippert. Schwippert erklärte, die Menschen der Nachkriegszeit einige
die »Sehnsucht nach dem leichten Gehäuse, nach der Helle, nach der Offenheit, nach einem Dach zwar, aber nicht nach der Fluchtburg und nach dem
Bunker«.[540] In der überfüllten Stadthalle zählte man 1200 Besucher, und das
im heißen August. »Die Menschen waren«, wie die *FAZ* berichtete, »nur deswegen gekommen, um zu hören, was einige große Architekten und zwei berühmte
Philosophen über das Bauen und Wohnen in unserer Zeit zu sagen hätten«.[541]
    Immer wieder äußerte sich das Publikum mit Beifall – allerdings nicht, wenn
Schwippert sprach. Die Zuhörer applaudierten stattdessen traditionellen Thesen. So fragte der Architekt Richard Riemerschmid, mit 83 Jahren ein alter
Mann, der 1907 den Werkbund mitgegründet hatte, ob nicht Glas inzwischen
zum »modischen Unsinn« verkommen sei.[542] Auch als Paul Bonatz sich Schwipperts ›Meisterbau‹-Entwurf für ein Realgymnasium vorknöpfte und meinte, es
sei »uniform« und »voller Anonymität«, klatschte das Publikum.[543] Derart ermutigt, weitete Bonatz die Kritik auf die seiner Meinung nach überschätzten
und rhetorisch überhöhten Moden der Gegenwartsarchitektur aus. Er meinte
damit insbesondere das Bauen mit Glas und Stahl:

> So warte ich darauf, bis die speziellen Einengungen kommen, etwa: […] daß in Zu-
> kunft alle Bauten von oben bis unten und rechts nach links nur noch Glas zeigen
> dürften (Beifall) oder: daß Mauern verpönt seien, vor allem aber die Symmetrie […].
> Macht aus solchen Dingen nicht immer gleich eine Weltanschauung und Kampfpa-
> role.

Beim ›Darmstädter Gespräch‹ 1951 meldeten sich daraufhin Schwipperts Vertraute zur Verteidigung: Bartning erklärte – Schwipperts »Glück und Glas«-The-

---

538 A. SCHULZ, Parallelwelten, 2017.
539 DARMSTÄDTER GESPRÄCH – MENSCH UND RAUM, 1952; B. HERBIG, Darmstädter Meisterbauten, 2000, S. 138–163; I. MEISSNER, Sep Ruf, 2013, S. 140–143.
540 DARMSTÄDTER GESPRÄCH – MENSCH UND RAUM, 1952, S. 86 f.
541 Artikel »Die Baumeister und die Weltweisen«; FAZ vom 8. August 1951. – Ferner: »Randbemerkung Organisation«; DARMSTÄDTER ECHO vom 8. August 1951. – Vgl. B. HERBIG, Meisterbauten, 2000, S. 157.
542 DARMSTÄDTER GESPRÄCH – MENSCH UND RAUM, 1952, S. 104.
543 Hier und im Folgenden: DARMSTÄDTER GESPRÄCH – MENSCH UND RAUM, 1952, S. 91.

sen paraphrasierend –, dass der Zeitgeschmack »die offenen Räume« bevorzuge. Den Architekten seien »Eisen und Glas« in die Hand gegeben worden, um damit ihrer Gegenwart gerecht zu werden.[544] Auch Sep Ruf, der später – in Schwipperts Geiste – den Brüsseler Weltausstellungspavillon sowie den Bonner Kanzlerbungalow entwarf, bezeichnete die Glasarchitektur als Ausdruck eines »ursprünglich und unabdingbaren neuen Lebensgefühls«.[545] Am deutlichsten wehrte sich schließlich Egon Eiermann, der zweite im Team der ›Expo 1958‹ und der Architekt des Abgeordnetenhochhauses ›Langer Eugen‹, gegen die kulturpessimistische »Postkutschenromantik« der Traditionalisten. Auch Eiermanns polemische Riposte wurde mit Beifall quittiert. »Temperamentvoll«, schrieb das *Darmstädter Echo*, habe er die Debatte mit einem »sympathischen Optimismus« beendet.[546] Eiermann erklärte den *International Style* zur »neuen Heimat« der Nachkriegsgeneration. Mithilfe moderner Architektur könne sich die deutsche Gesellschaft von ihrer Vergangenheit lösen, ein neues Zuhause sowohl in sich als auch in der Welt finden: »Ich kann mit dem besten Willen nicht einsehen, warum die Zukunft, die uns bevorsteht, so schlecht sein soll […]. Je mehr ich also in die Zukunft schreite, je mehr ich blind an sie glaube, um so besser wird sie sein.«[547]

Diese beiden Auseinandersetzungen über das ›Neue Bauen‹ zeigen, dass die Glasarchitektur in der frühen Bundesrepublik alles andere als unumstritten war. Vielmehr war die Transparenzarchitektur seit dem 19. Jahrhundert Teil eines größeren Diskurses über Öffentlichkeit, ›Moderne‹ und Demokratisierung. Dabei wurde metaphorisch zwar immer wieder die Gleichsetzung von Glasarchitektur mit Aufklärung und Fortschritt behauptet. Auch war es unbestritten modern, mit Glas zu bauen. Allerdings war die Architekturmoderne nicht automatisch demokratisch. Im Prinzip vertrug sie sich mit vielen Ideologien, solange diese mit einer Erneuerung von Kunst und Kultur einhergingen – wobei viele Exponenten der ›Moderne‹ in Kunst, Literatur und Architektur zu den Opfern der totalitären Regime zählten.[548] Kritiker der Transparenz-Metaphorik verweisen etwa auf den italienischen Faschismus, der eine sehr eigene Beziehung zum Avantgardismus hatte. Die *Casa del Fascio* in Como etwa, gebaut zwischen 1933 und 1936, sollte »ein Haus aus Glas« sein, licht und hell. Mit diesen Worten meinte ihr Architekt, Giuseppe Terragni, sowohl ein Bekenntnis zur ›modernen‹ Bauweise als auch zum Wesen des Faschismus. Über den hatte Mussolini einmal gesagt, »er sei ein Haus aus Glas, in das alle hineinschauen können«.[549] In

544   Darmstädter Gespräch – Mensch und Raum, 1952, S. 108.
545   Darmstädter Gespräch – Mensch und Raum, 1952, S. 105 f.
546   Artikel »Das Prisma der Meinungen«; Darmstädter Echo vom 8. August 1951.
547   Darmstädter Gespräch – Mensch und Raum, 1952, S. 136 f.
548   P. Gay, Moderne, 2008, S. 24 und 454–478.
549   Zitiert nach: R. Etlin, Modernism in Italian Architecture, 1991, S. 439 f.

der Tat bestanden die Konferenzzimmer in Como aus Glas, wurde der atrium-
artige Innenhof in Glas gefasst, und auch die Eingangstüren, die den Innenhof
mit der Piazza draußen verbanden, waren gläsern. Wenn man diese Glastüren
öffnete, so der Plan, sollten die Volksmassen von der Piazza bis ins Innere strö-
men können.[550] Damit wollte die *Casa del Fascio* die Identität des Volkes mit seinen faschistischen Anführern symbolisieren: Trennung und Distanz waren hier
nicht vorgesehen.[551]

4.4 Künstlich, abgegrenzt und schwül: Das Treibhaus-Motiv in Kunst und Literatur

Von Schwipperts Glashaus zum ›Treibhaus Bonn‹ – metaphorisch war das nur
ein kleiner Schritt. Er lag umso näher, als Koeppens Parlamentsroman einen Topos literarisch verdichtete, der in verschiedenen Medien und Diskursen der frühen Fünfzigerjahre immer wieder beschrieben wurde. Die Treibhaus-Metapher
wurde vom Bundeshaus mit seinen gläsernen Wänden inspiriert, und sie wurde
beeinflusst von der Schwüle des Bonner Klimas. Zugleich entstand sie unter
dem Eindruck des politischen Geschehens der ersten Wahlperiode, insbesondere
der atmosphärisch hitzigen Debatten über die ›Wiederbewaffnung‹. In der frühen Bundesrepublik diente die Rede vom ›Treibhaus Bonn‹ nicht zuletzt dazu,
implizite Fremdheitserfahrungen in der jungen Demokratie zu umschreiben.

In diesem umfassenden Sinne übertrug Koeppens Roman die Metapher vom
Bundestag über die Stadt hinaus auf das ganze Land: »Deutschland war ein großes öffentliches Treibhaus«, heißt es an einer entscheidenden Stelle.[552] Da hier
einfach »Deutschland« gesagt wird, löst sich sogar der konkrete Bezug auf den
westdeutschen Staat – und das im Jahr 1953! Aber gerade weil es im *Treibhaus*
um die Kontinuität der deutschen Geschichte geht, gerade weil Keetenheuve
Wagner und die *Weltbühne* vor Augen hat, als er nach Bonn fährt und den
zitierten Satz denkt, verschwimmen die zeitlichen Strukturen: Vergangenheit,
Gegenwart und pessimistische Zukunftserwartungen werden eins. Sein düste-
res Deutschlandbild bezieht das *Treibhaus* aus dem Eindruck einer fatalen Abfolge vom Ersten Weltkrieg über das Scheitern der Weimarer Republik und das
›Dritte Reich‹ bis hin zum ›Kalten Krieg‹.

Das Treibhaus-Motiv ist auch deshalb konstitutiv für die Komposition des
Romans, weil das *Treibhaus* nicht allein ein Parlaments-, sondern zugleich ein
Architekturroman ist. Während die Erzählung Adenauer, Heuss oder die Ab-

---

[550] C. Lankes, Politik und Architektur, 1995, S. 64 f. – Vgl. W. Nerdinger, Politische Architektur, 1992, S. 18 f.; K. Frampton, Architektur der Moderne, 1983, S. 177.
[551] R. Etlin, Modernism in Italian Architecture, 1991, S. 445.
[552] W. Koeppen, Werke. Band 5: Das Treibhaus, 2010, S. 39. – Siehe S. 16.

geordneten nicht beim Namen nennt, verhält sie sich bei bekannten Architekten explizit anders: »*Keetenheuve Van-de-Velde-Gatte*«, lautet eine Anspielung auf
den Belgier Henry van de Velde, der 1907 zu den Mitbegründern des Werkbunds gehört hatte.[553] Während der Sitzung des Ausschusses für den Wiederaufbau träumt Keetenheuve zudem in einer utopischen Phantasie – der einzigen
utopischen Szene des Romans – davon, den Arbeitern »Corbusier-Hausungs-
Maschinen« zu bauen, um so ihr Leben zu verbessern.[554] Damit formuliert das
Treibhaus, wie die Germanistin Sabine Doering konstatierte, »deutliche Kritik
an der Missachtung des Privatlebens durch den organisierten Wohnungsbau«.
Keetenheuves Entfremdungsvorwurf trifft das Wohngetto, in dem die Abgeordneten leben (Abb. 44, S. 522), sowie generell die vielen Siedlungen, die in den
Fünfzigerjahren überall entstanden: »Nach den Beschreibungen des Romans
ist unter den Bedingungen des zeitgenössischen Wohnungsbaus ein zufrieden-
stellendes Privatleben kaum möglich.«[555] Architekturbeschreibungen sind also
bei Koeppen elementar. Die Beobachtung von Städten und Häusern verbinden
seine in vielerlei Hinsicht heimatlosen Protagonisten mit dem Leben und der
›Wirklichkeit‹.[556]

Daher ist es einigermaßen überraschend, dass der Plenarsaal nicht als modernes
Glashaus dargestellt wird. Das *Treibhaus* verschleiert den Ursprung der Metapher
eher, als dass es ihn transparent machte. Die Szene, in der sich der fiktive Abgeordnete unter eine Besuchergruppe mischt und so eine Beschreibung der Bonner
Parlamentsarchitektur ermöglicht[557], stellt den historisch korrekten Bezug zur ursprünglichen Pädagogischen Akademie her. So erinnert der Plenarsaal im *Treibhaus* an »ein leeres großes Klassenzimmer mit aufgeräumten Schülerpulten«:

> [D]er Führer erklärte nun, daß der Bau, den sie begingen, eine pädagogische Aka-
> demie gewesen sei, und leider ließ er sich's entgehen, nun, deutsch gebildet weltan-
> schaulich, goethisch zu werden und auf die pädagogische Provinz hinzuweisen, die
> von hier sich ausbreiten konnte. Wußte der Kanzler-Kanzlist, daß es seinem Parla-
> ment an Philosophen mangelte, von hier aus geistig pädagogisch zu ackern?[558]

Der Erzähler wiederum lässt es sich hier entgehen, den Ursprung der Treibhaus-
Metapher im Plenarsaal zu verorten. Vermutlich handelt es sich dabei um eine

---

[553] W. KOEPPEN, Werke. Band 5: Das Treibhaus, 2010, S. 142 [Hervorhebung im Original].
[554] W. KOEPPEN, Werke. Band 5: Das Treibhaus, 2010, S. 107.
[555] S. DOERING, Schreckenskammer und Puppenstube, 2001, S. 35 und 37. – Die These, derzufolge der ›Wiederaufbau‹ kein Thema der Literatur gewesen sei, nicht einmal bei Koeppen, findet
sich bei: D. SCHÖTTKER, Wirklichkeit, 2008, S. 319. – Vgl. W.G. SEBALD, Luftkrieg und Literatur,
1999.
[556] U. LEUSCHNER, Koeppen unterwegs, 2008, S. 336.
[557] Siehe S. 108 f.
[558] W. KOEPPEN, Werke. Band 5: Das Treibhaus, 2010, S. 54.

Art Tarnung, weil im *Treibhaus* viele öffentliche Gebäude in Bonn als Beispiele
für Glasarchitektur beschrieben werden: das Dienstgebäude des amerikanischen
Hohen Kommissars[559] ebenso wie die Terrasse des Rheinhotels Dreesen in Bad
Godesberg (die in der Tat beide viel Glas aufweisen). »Die Fenster des Treibhauses waren schlecht geputzt; die Lüftung funktionierte nicht«, heißt es anlässlich
eines Mittagessens im Rheinhotel, bei dem sich Keetenheuve ein Tischgespräch
mit Hitler, Chamberlain und Stendhal imaginiert: »Er saß in einem Vakuum,
dunstumgeben, himmelüberwölbt. Eine Unterdruckkammer für das Herz.«[560]
Im *Treibhaus* ist so viel von der Glasarchitektur die Rede, dass der Erzähler-Flâ-
neur dies beim Plenarsaal übergehen konnte. Auch die Villa Hammerschmidt
und das Palais Schaumburg, wo der Bundespräsident und das Bundeskanzleramt ihren Sitz hatten, erscheinen als »botanische Landschaft« und »botanischer
Garten« aus dem 19. Jahrhundert.[561] Das Treibhaus-Motiv steht – dem Prinzip
der politischen Repräsentation entsprechend – für Deutschland im Allgemeinen. Nachgerade musikalisch intensiviert sich die Metaphorik, je näher Keetenheuve dem Bundestag kommt, wobei insbesondere meteorologische Beschreibungen der Schwüle und ihrer körperlichen Folgen, des Schwitzens etwa, zur
Sprache kommen:

> Es tropfte und blitzte, und Regenschleier legten sich wie Nebel über die Häupter
> der Bäume, aber der Donner grollte kraftlos und matt, als wenn das Gewitter schon
> müde oder noch fern wäre. Es roch intensiv nach Feuchtigkeit, Erde und Blüten, da-
> bei wurde es immer wärmer, man schwitzte, das Hemd klebte am Leib, und wie-
> der hatte Keetenheuve die Vorstellung, sich in einem großen Treibhaus zu befinden.

Im Unterschied zur Symbolik der Glas-Architektur, die auf Klarheit und Sachlichkeit abhob, betont der *Treibhaus*-Roman die unwirklichen, märchenhaften
Aspekte. Damit reproduzierte er ein kulturgeschichtliches Wahrnehmungsmuster, das sich schon beim *Crystal Palace*[562], aber auch in der westdeutschen Medienberichterstattung gezeigt hatte. Im *Treibhaus* lautet beispielsweise die Beschreibung des Bürogebäudes, das für die Mitarbeiter der Hohen Kommission
gebaut worden war:

> Das amerikanische Kommissariat war ein Pfahlbau im Wald, *eine nüchterne Kon-*
> *struktion aus Beton, Stahl und Glas* und doch, wie es dastand, *ein romantisches Schloß*
> *aus dem deutschen Märchen*, ein Wolkenkratzer, vom Broadway hierher verschlagen
> und auf Betonklötze gesetzt, als fürchte er, der Rhein werde aus seinem Bett steigen,
> ihn zu verschlingen […] Das Kommissariat war wie *der Palast eines mächtigen Zau-*

---

[559] W. KOEPPEN, Werke. Band 5: Das Treibhaus, 2010, S. 96.
[560] W. KOEPPEN, Werke. Band 5: Das Treibhaus, 2010, S. 90.
[561] Hier und im Folgenden: W. KOEPPEN, Werke. Band 5: Das Treibhaus, 2010, S. 52.
[562] Siehe S. 213 f.

berers, und es war auch wie ein ungeheurer Bienenkorb, in dem die neonerleuchteten Fenster wie aneinander geschichtete Waben wirkten. Keetenheuve hörte das Haus summen.[563]

Der Roman greift einzelne Stilelemente der ›Moderne‹ auf, um ihre Symbolik umzudeuten: Aus nüchternen Konstruktionen werden Märchenschlösser, und in der Folge scheint die (deutsche) Romantik den *International Style* zu überwältigen. Zu diesem *Reframing* gehört auch, dass die Einbettung der Bonner Gebäude in die »heitere rheinische Landschaft«, wie die Bauhaus-Schülerin Wera Meyer-Waldeck gesagt hatte[564], im *Treibhaus* kaum übernommen wird, sondern ihrerseits eine Verbindung zu Ernst Moritz Arndt und Wagners *Ring des Nibelungen* bekommt. Arndt, der Schriftsteller, Historiker und Paulskirchen-Abgeordnete, Professor der Universitäten Greifswald und Bonn, hatte 1813 – während der napoleonischen Kriege – postuliert, dass der Rhein Deutschlands Strom, aber nicht Deutschlands Grenze sei. Vor diesem Hintergrund heißt es im *Treibhaus* mit Blick auf die symbolisch erwünschten Effekte der Glasarchitektur:

> Keetenheuve konnte von seinem Platz aus den Rhein nicht strömen sehen. Aber er dachte sich sein Strömen, er wußte ihn hinter dem großen Fenster, dem pädagogisch-akademischen, und er wähnte ihn völkerverbindend, nicht völkerscheidend, er sah das Wasser wie einen freundlichen Arm sich um die Länder legen, und das Wagalaweia klang nun wie Zukunftsmusik, ein Abendlied, ein Wiegenlied im Frieden.[565]

Ein positiveres, hoffnungsvolleres Zitat über den Rhein als dieses findet man im gesamten Roman nicht. Darin mag man einen Teilerfolg der Architektur sehen, immerhin. Ausdrücklich zurückgewiesen wird indes die symbolische Analogie von Licht, Klarheit und Aufklärung – und zwar mithilfe des gleichfalls symbolischen Treibhaus-Motivs der Schwüle und Gewittrigkeit (welche die dräuenden Gefahren der ›Restauration‹ evoziert):

> Keetenheuve war […] *dem Himmel näher, aber nicht der Klarheit*; neue Wolken, neue Gewitter zogen herauf, und der Horizont hüllte sich in bläuliche und in giftig gelbe Schleier. Keetenheuve hatte, um sich zu konzentrieren, das Neonlicht eingeschaltet und saß, wo Tagesschimmer und künstlicher Schein sich brachen, *im Zwielicht*. […] Bleich wie ein Verdammter saß Keetenheuve im Bundeshaus, bleiche Blitze geisterten vor dem Fenster und über dem Rhein, Wolken geladen mit Elektrizität, beladen mit dem Auspuff der Essen des Industriegebiets, dampfende trächtige Schleier, gasig, giftig, schwefelfarben, die unheimliche ungezähmte Natur zog sturmbereit über Dach und Wände des Treibhauses und pfiff Verachtung und Hohn *dem Mimo-*

---

563 W. Koeppen, Werke. Band 5: Das Treibhaus, 2010, S. 96 [Hervorhebungen B.W.].
564 Artikel »Das Bundesparlament in Bonn«; Architektur und Wohnform, 1950, 5, S. 102.
565 W. Koeppen, Werke. Band 5: Das Treibhaus, 2010, S. 159.

sengewächs, dem trauernden Mann, dem Baudelaireübersetzer und Abgeordneten im Neonbad *hinter dem Glas des Fensters.*[566]

Das durch Künstlichkeit und Schwüle bestimmte Treibhaus-Motiv zeichnet ein dunkles Gegenbild zur Transparenz-Metaphorik von Helligkeit und Aufklärung. Aus dieser bildlichen Opposition bezog die Politik- und Gesellschaftssatire im *Treibhaus* einen Großteil ihrer Energie. Kraft bekam die drastische Kritik aber gerade auch deshalb, weil Koeppens Roman, was die düstere Interpretation von Gewächshäusern angeht, ihrerseits genauso in einer kulturgeschichtlichen Tradition stand, wie das unter anderen Vorzeichen Hans Schwippert mit seiner optimistischen Sinnstiftung tat. Im Zusammenprall der Transparenz- mit der Treibhaus-Metapher wird deutlich, wie mehrdeutig der Werkstoff Glas ist, das klar und opak sein kann. Darüber hinaus zeigten sich aber auch die Dynamik von Symbolen – sowie die Ambivalenzen von Kunst, Literatur und der ganzen frühen Bundesrepublik.

In der Traditionslinie, auf die Koeppens Roman sich bezieht, sind Gewächshäuser meist negativ, mindestens aber widersprüchlich konnotiert. Gleichsam in ihrem Schatten hatte sich seit dem 19. Jahrhundert in Literatur, Malerei und Publizistik ein Milieu der Dissidenz entwickelt. Während Glasbauten im Garten das Überwintern von Zitruspflanzen und anderen Exoten ermöglichten; während sie Naturwissenschaftlern das Beobachten erleichterten und Malern ein Motiv gaben, während sie schließlich Architekten von Helligkeit und Transparenz schwärmen ließen, riefen Treibhäuser bei Schriftstellern und anderen Künstlern eher Unbehagen und Misstrauen hervor. Anstelle von Licht und Klarheit betonten sie die Künstlichkeit einer vom Menschen manipulierten Lebensform. Sie formulierten Angst vor Krankheit, Verfall und Entartung.[567]

Ein negativer Treibhaus-Topos ist *erstens* der Aspekt der Widernatürlichkeit. In diesem Sinne benutzten Pädagogen den Begriff bereits im 18. Jahrhundert als polemische Kritik an falschen, weil nicht naturgemäßen Erziehungsformen.[568] Die Metapher wanderte von der Botanik zur Pädagogik; man denke an Worte wie: Pflanzen ziehen/Kinder erziehen, Kultur oder ›veredeln‹. Hinter dieser Übertragung stand die Vorstellung, dass Wachstumsprozesse in einem Treibhaus künstlich forciert würden und daher zu schnell, eben getrieben abliefen. In der Folge seien die Geschöpfe aus dem Gewächshaus – Pflanzen ebenso wie Kinder – stärker bedroht, vor allem aber weniger wert als Freilandexemplare, frühreif eben. So schrieb 1778 der Schriftsteller und Pädagoge Joachim Heinrich Campe über *Das schädliche Frühwissen und Vielwissen der Kinder:*

[566] W. KOEPPEN, Werke. Band 5: Das Treibhaus, 2010, S. 72–74 [Hervorhebungen B.W.].
[567] R. BAUER, Treibhaus, 1979.
[568] K. HEINZE, Treibhaus, 2009, S. 107–131.

[D]ie Lehrzimmer wurden in Treibhäuser verwandelt, um den jungen Menschen-
pflanzen diejenigen Früchte, deren Wachsthum durch eine sorgfältige Wartung nur
befördert werden sollte, durch unnatürliche treibende Mittel gewaltsam abzupres-
sen [...].[569]

In der *Pädagogischen Encyklopädie* von 1797 erklärte der Philosoph Gottfried
Immanuel Wenzel:

> Sie [die Natur, B.W.] zeigt dem Menschen an der Pflanze, wie von Stufe zu Stufe
> er mit seinem Ebenbilde fortschreiten soll; er überzeugt sich an der durch erborgte
> Kraft des Treibhauses widernatürlich früher entwickelten Frucht, daß sie eben darum
> nichts tauge, und gebohren werde, um sogleich zu sterben, und ziehet sich daraus
> die Lehre, daß das Kind – Kind, der Knabe – Knabe, das Mädchen – Mädchen eine
> Zeitlang seyn müssen, bevor sie das werden können, was sie ihrer Bestimmung nach
> seyn sollen – ausgebildete Menschen – ausgereifte Menschenfrüchte.[570]

Ausgerechnet Pädagogen der Aufklärungsepoche kontrastierten die Wesen aus
dem Gewächshaus mit dem Leitbild einer naturgemäßen, organischen kindli-
chen Entwicklung. Das geht zurück bis zu Jean-Jacques Rousseau, seinem Roman *Émile ou De l'éducation* und der Entdeckung der Kindheit. Auch Rousseau lehnte Gewächshäuser ab, obwohl er sonst die Idee seelischer Transparenz
verklärte.[571] In seinem Briefroman *Nouvelle Héloïse* von 1761 werden »exotische Gewächse und Pflanzen, wie sie in Indien wachsen« verspottet – genauso
wie die barocken Gärten als Inbegriff der Künstlichkeit gelten.[572] Das Treibhaus-Motiv und die Transparenz-Metapher der Architektur transportieren also
diametral entgegengesetzte Botschaften, und das obwohl sie ihren gemeinsamen kulturhistorischen Ursprung im Bau von Gewächshäusern haben. Während die Glas-Architektur den Abbau des Trennenden behauptet, versteht die
literarische Tradition Treibhäuser als Symbol der Distanz, der Isolation und der
Krankheit.

Theodor W. Adorno schrieb noch nach dem Zweiten Weltkrieg in seinen
»Reflexionen aus einem beschädigten Leben«, dass das Verhältnis zwischen der
»Treibhauspflanze« und ihrer Außenwelt »leicht die Farbe des neurotisch Spielerischen« annehme: »Die Fühlung mit dem Nicht-Ich [...] wird dem Frühreifen zur Not.«[573] Wer in einem künstlichen Habitat unnatürlich schnell heran-
wachse, so Adorno, wer rein narzisstisch auf sich selbst bezogen bleibe, komme

---

[569] Zitiert nach: K. HEINZE, Treibhaus, 2009, S. 119.
[570] Zitiert nach: K. HEINZE, Treibhaus, 2009, S. 123.
[571] M. SOËTARD, Rousseau, 2012, S. 99; J. STAROBINSKI, Welt von Widerständen, 1988, S. 123–
       133. – Das französische Original von Starobinskis Rousseau-Biographie erschien 1957 mit dem Un-
       tertitel: »la transparence et l'obstacle«.
[572] K. HEINZE, Treibhaus, 2009, S. 118.
[573] T. ADORNO, Minima Moralia, 1980 [1951], S. 181.

mit der Umwelt draußen nicht klar – und zwar gleich ob Pflanze oder Mensch. Auch der wohl berühmteste Satz der *Minima Moralia* – »Es gibt kein richtiges Leben im falschen«[574] – klingt dabei an. Und passenderweise stand Adornos Aphorismus über die »Treibhauspflanze« neben einem Baudelaire-Zitat aus den *Fleurs du mal.*

Abb. 27: *Das Innere des Palmenhauses [auf der Pfaueninsel]* (1832–34) – Gemälde von Carl Blechen. © Staatliche Schlösser und Gärten Berlin-Brandenburg; Fotografie von Wolfgang Pfauder.

---

[574] T. Adorno, Minima Moralia, 1980 [1951], S. 43.

Zum Treibhaus-Motiv gehören *zweitens* die Schwüle, eine verschwitzte Körperlichkeit und die damit verbundene erotische Spannung.[575] Schon in der Romansatire *Le diable boiteux* des französischen Barockschriftstellers Alain-René Lesage ist es dem Teufel vorbehalten, nach Belieben hinter Wände zu schauen, Dächer abzudecken, Häuser zu öffnen und so alle Geheimnisse der Menschen, insbesondere ihre erotische Ausschweifungen, zu beobachten.[576] Seit Mitte des 19. Jahrhunderts wurden Gewächshäuser und Wintergärten in Kunst, Musik und Literatur zu einem, genauer: zu *dem* Ort sinnlicher Ausschweifung. Zeitgleich zur ersten Hoch-Phase der Glas- und Eisenarchitektur, im Kontrast zu den Repräsentationsprojekten des ›bürgerlichen Zeitalters‹[577], wurden Gewächshäuser zu einem Gegenort der ›schönen Künste‹ stilisiert. Auffällig ist dabei, wie die Germanistin Heide Eilert formulierte, »die Kontinuität in der Akzentuierung der erotischen Konnotationen des Treibhausmotivs«.[578] Ob in Gustave Flauberts *Education sentimentale*, wo Frédéric Moreau Madame Dambreuse im Wintergarten besucht und ihr Liebhaber wird, ob in Wagners Wesendonck-Lied *Im Treibhaus* oder in *À rebours* von Joris-Karl Huysmans – als literarischer Topos repräsentierten Gewächshäuser ein ›künstliches Paradies‹, einen separaten, intimen Ort zwischen bürgerlicher Privatheit und Öffentlichkeit, zwischen romantischer Liebe, Lust und den Abgründen bürgerlicher Moralvorstellungen.[579] Im *Bel Ami* von Guy de Maupassant, auch bei Theodor Fontane (*L'Adultera*) kommt es im Wintergarten zum Äußersten.[580]

Kein Wunder also, dass Treibhäuser ein zentrales Symbol im Zeichensystem der *décadence* wurden![581] Seit Baudelaire wurde der Dekadenz-Begriff, die (ursprünglich negativ konnotierte) Bezeichnung für allerlei Verfallsprozesse, in der europäischen Literatur und Malerei zum Programm eines feinen, stark selbstbezüglichen, eben ›künstlichen‹ Stils umgedeutet.[582] In diesem Sinne ging es nicht mehr zuerst um das Gute, Schöne, Wahre, sondern mindestens ebenso sehr um das Böse, Hässliche und Verderbte – beziehungsweise um die Übergänge dazwischen, um Ambivalenzen und Zwischentöne. So erklärte Théophile Gautier, dem Baudelaire seinen Gedicht-Zyklus gewidmet hatte, im Nachruf auf Baudelaire das Titelmotiv der *Fleurs du mal* programmatisch: »Diese giftigen Pflanzen

[575] R. Bauer, Treibhaus, 1979; ders., Die schöne Décadence, 2001; H. Eilert, Im Treibhaus, 1978; K. Stierle, Imaginäre Räume, 1987; N. Werber/E. Ruelfs, Zeit- und Raummanipulation, 1999.
[576] H. Brüggemann, Das andere Fenster, 1989, S. 17 f.
[577] S. Koppelkamm, Künstliche Paradiese, 1988.
[578] H. Eilert, Im Treibhaus, 1978, S. 507.
[579] R. Sennett, Verfall und Ende des öffentlichen Lebens, 1983 [1977].
[580] H. Eilert, Im Treibhaus, 1978, S. 504 f.; N. Werber, Glashaus, 2012, S. 372.
[581] R. Bauer, Die schöne Décadence, 2001; C. Pross, Dekadenz, 2009.
[582] C. Pross, Dekadenz, 2009, S. 31 f.

mit ihren bizarren Blättern, schwarzgrün und metallisch fahl, wie mit Kupfervitriol übergossen, sind von düsterer und unglaublicher Schönheit.«[583] Der »Ort der Perversion« repräsentierte die Macht kaum beherrschbarer Triebe (auch das ist so ein doppeldeutiger Begriff).[584] Über »bleich und lüstern zitternde Lianen« und »kranke Triebe« dichtete denn auch der frühexpressionistische Lyriker Ernst Stadler, auf dessen *Fahrt über die Kölner Rheinbrücke bei Nacht* Keetenheuves Zugreise Bezug nimmt.[585]

Im Europa des *Fin de siècle* repräsentierten Gewächshäuser sowohl den Lebenshunger als auch krankhafte Sehnsüchte. Dem Fortschrittsglauben der kapitalistischen ›Moderne‹ begegneten die *décadents* mit Zweifeln. Statt Vernunft und anderer praktischer Tugenden verehrten sie *femmes fatales* oder *femmes fragiles*. Den Vitalismus der zweiten Hälfte des 19. Jahrhunderts beantworteten sie mit Melancholie und Todessehnsucht. Werden und Vergehen wurden widersprüchlich synonym, als Bürgerkinder der bürgerlichen Gesellschaft den Spiegel vorhielten: Generation und Degeneration kreuzten sich in Gedanken. »Der Hermetismus des Treibhauses«, schreiben die Kulturwissenschaftler Niels Werber und Esther Ruelfs, »lässt sich als Modell für die dezidierte Selbstisolierung des Ästhetizismus von allem Natürlichen verstehen.«[586] Auch Baudelaires Drogenbericht, *Les paradis artificiels* von 1860, spielt mit den bewusstseinsverändernden Wirkungen, wenn Haschisch und Orientalismus kleine Zimmer zu »weite[n] Räume[n]« und »feenhaften Landschaften« voll tropischer Vögel machen.[587] Koeppens *Treibhaus* bezieht sich konsequent auf diese Themen- und Motivtradition der *décadence*, nicht zuletzt in der ästhetischen Durchdringung des Negativen und Abstoßenden. Sein trauriger Abgeordneter ist ein Flaneur mit dem literarischen, gourmandisen und erotischen Geschmack eines Dandys. Keetenheuve scheitert als Baudelaire-Übersetzer und Bohèmien mit überspannten Nerven.

Ein *dritter* Aspekt ist schließlich das Motiv der menschlichen Isolation. Bereits in der frühneuzeitlichen Epik galt Glas als Zeichen der Melancholie, mit heutigen Worten: der Depression. Ein Beispiel ist die 1613 veröffentlichte Novelle *Der gläserne Lizentiat* von Cervantes (*El licenciado vidriera*). Im Diskurs über die *Melancholia* gibt es zahlreiche Beispiele von Menschen, die fürchteten, dass ihre Körper aus Glas seien und zerspringen könnten, sobald jemand anderes sie berührte. Das meinte, dass soziale Kontakte das fragile Selbstbild der Melancho-

---

583   Zitiert nach: R. Bauer, Treibhaus, 1979, S. 8.
584   N. Werber/E. Ruelfs, Zeit- und Raummanipulation, 1999, S. 281.
585   *Im Treibhaus* (1904), gedruckt in: E. Stadler, Der Aufbruch, 2014, S. 64. – Vgl. H. Eilert, Im Treibhaus, 1978, S. 508; R. Bauer, Treibhaus, 1979, S. 21.
586   N. Werber/E. Ruelfs, Zeit- und Raummanipulation, 1999, S. 271.
587   C. Baudelaire, Sämtliche Werke, Briefe – Bd. 6, 1991 [1860], S. 80 f.

liker gefährdeten. Motivgeschichtlich stehen Fenster oder der Blick durch Fenster daher auch für die negativen Folgen von Transparenz: für Vereinzelung, für das Schweigen der Fische im Aquarium, für die grüblerische Passivität der Melancholiker und für den »Abbruch aller lebendigen Kommunikation mit der Außenwelt«, wie der Literaturwissenschaftler Heinz Brüggemann bilanzierte: »Der Blick in andere Fenster als Blick auf die Anderen ist eine Wahrnehmungsform des *vereinzelten Subjekts* der großen Städte«.[588]

In der literarischen Tradition bleiben Fenster, selbst wenn sie unverstellt und durchsichtig sind, eine Grenze. Damit veranschaulichen sie das Gegenteil dessen, was die Transparenzarchitektur intendierte: die Aufhebung von trennenden Barrieren. Auch bei Koeppen kehrt das Motiv der gläsernen Wand in mehreren Romanen wieder – aber eben als Zeichen einer unüberwindlichen Grenze zwischen den Menschen. Schon in seinem Debütroman *Eine unglückliche Liebe* von 1934, der von einem jungen Mann und einer jungen Frau erzählt, die nicht zueinanderfinden, gibt es das Bild der gläsernen Wand. Um zu beschreiben, was zwischen den beiden steht und was ihre Liebe verhindert, verdichtet sich das Motiv zur Metapher scheiternder Kommunikation und menschlicher Isolation.[589] *Eine unglückliche Liebe* schließt mit den Worten:

> Sie lachten beide, und sie wußten, daß nichts sich geändert hatte, und daß die Wand aus dünnstem Glas, durchsichtig wie die Luft und vielleicht noch schärfer die Erscheinung des anderen wiedergebend, zwischen ihnen bestehen blieb. Es war dies eine Grenze, die sie nun respektierten [...]. Es hatte sich nichts geändert.[590]

Ein wichtiger Vertreter der literarischen »Transparenzangst«[591] war Fjodor M. Dostojewskij. So wie Paxtons *Crystal Palace* Schwipperts großes Vorbild war, so wie Keetenheuve Baudelaire zu übersetzen versucht, lassen sich drei Schriften aus Dostojewskijs Œuvre als Paratext für das *Treibhaus* identifizieren. Das ist zum einen der Roman *Verbrechen und Strafe*, auf den eine Aggressionsphantasie zu Beginn von Koeppens Romans anspielt.[592] Während Keetenheuve, von der Beerdigung seiner Frau kommend, nach Bonn fährt, hängt er dem Wunschtraum nach, er könnte Elkes Liebhaberin erschlagen haben. Wie Raskolnikow, die Hauptfigur bei Dostojewskij, spielt Keetenheuve den Mord in Gedanken durch; wie Raskolnikow ist Keetenheuve gereizt und in sich gekehrt. Ein Unterschied zwischen den beiden besteht darin, dass Raskolnikow tatsächlich tö-

---

[588] H. Brüggemann, Das andere Fenster, 1989, S. 10 [Hervorhebung B.W.].
[589] M. Koch, Literatur zwischen Nonkonformismus und Resignation, 1973, S. 27–32
[590] W. Koeppen, Werke. Band 1: Eine unglückliche Liebe, 2006, S. 166.
[591] M. Schneider, Transparenztraum, 2013, S. 190.
[592] M. Hielscher, Zitierte Moderne, 1988, S. 87 und 95 f.; H.-P. Söder, Schuld und Sühne, 1994, S. 36 f.; H. Schauer, Denkformen und Wertesysteme, 2004, S. 125 f.

tet und dafür büßen muss (wobei in *Verbrechen und Strafe* gleichfalls nie ganz klar wird, was vielleicht nur in der Einbildung geschieht).[593] Auch Raskolnikow möchte sich von einer Brücke stürzen, um seine Tat zu sühnen. Doch nachdem er Sonja, die ihn liebt, alles gebeichtet hat, stellt er sich der Polizei (wohingegen die Liebe im *Treibhaus* keinen Halt gibt).[594] Im Epilog von *Verbrechen und Strafe* fragt sich Raskolnikow im sibirischen Lager: »Warum hatte er damals über dem Fluß gestanden, es aber doch vorgezogen, sich zu stellen?«[595] Übrigens wird St. Petersburg, wo der Roman spielt, bei Dostojewskij als heiß, schwül und stinkend beschrieben. So klagt der böse Gutsbesitzer Swidrigajlow, ein dunkler Doppelgänger Roskolnikows, über die nach Westen orientierte Hauptstadt Russlands (ein Vergleich mit Bonn, dem Zentrum der Westbindung, liegt nahe):

> Selten findet man einen Ort, der so viele düstere, prägende, eigenartige Einflüsse auf die Seele des Menschen ausübt wie Petersburg. Allein schon die klimatischen Einflüsse! Indessen ist es das administrative Zentrum von ganz Rußland, und sein Charakter muß sich überall geltend machen.[596]

Im kulturhistorischen Kontext von Glas und Transparenz sind zudem die *Winteraufzeichnungen über Sommereindrücke* relevant, ein Reisefeuilleton Dostojewskijs, in dem der russische Schriftsteller 1863 die Eindrücke einer Europatour reflektierte und den Moloch London einer ätzenden Kritik unterzog.[597] Insbesondere den *Crystal Palace*, den er anlässlich der Weltausstellung von 1862 besuchte, empfand Dostojewskij als Sinnbild der Industrialisierung und des Materialismus, als Inbegriff all dessen, was ihm an Großbritannien missfiel.

Eigentlich könnte man meinen, dass sich Dostojewskij an dieser Europareise erfreut hätte. Immerhin war er noch am Leben und befand sich wieder auf freiem Fuß, nachdem er die Fünfzigerjahre des 19. Jahrhunderts als politischer Häftling in Sibirien verbracht hatte. Das Zarenregime sah sich durch Dostojewskijs Verbindungen zu Frühsozialisten bedroht und bestrafte den potentiellen Aufrührer schwer. Es verhängte die Todesstrafe, die zu Haft und Zwangsarbeit abgemildert wurde.[598] Aus Sibirien kehrte Dostojewskij verändert zurück:

[593] H.-J. GERIGK, Dostojewskijs Entwicklung, 2013, S. 91–98.
[594] H. SCHAUER, Denkformen und Wertesysteme, 2004, S. 126.
[595] F. DOSTOJEWSKIJ, Verbrechen und Strafe, 2008 [1866], S. 707.
[596] F. DOSTOJEWSKIJ, Verbrechen und Strafe, 2008 [1866], S. 608.
[597] W. LANGE, Kristallpalast oder Kellerloch, 1986, S. 21 f.; H.-J. GERIGK, Dostojewskijs Entwicklung, 2013, S. 53 f.; R. CHAPMAN, Dostoyevsky and the *Crystal Palace*, 2014, S. 37 f.
[598] In den *Aufzeichnungen aus einem Totenhaus*, dem autobiographisch motivierten Bericht über die Haft in Sibirien, ist der Ich-Erzähler, angeblich der inzwischen verstorbene Verfasser, ein Mann, der aus Eifersucht seine Frau ermordet hat. Diese Verschlüsselung war politisch motiviert, denn über die tatsächlichen Hintergründe seiner Haft hätte Dostojewskij aus Zensurgründen nicht schreiben können: U. ELSÄSSER-FEIST, Glaube und Skepsis, 2003, S. 49–59; H.-J. GERIGK, Dostojewskijs Entwicklung, 2013, S. 17 f.; R. BUCK, Dostojewskij, 2013, S. 37–56, insbesondere 47.

Vom »christlich-utopischen Sozialrevolutionär« wandelte er sich zum »orthodo-xen Christen und Monarchisten«, wie der Slawist Rudolf Neuhäuser schrieb.[599] Hatte Dostojewskij die politischen Umstände in Russland vorher als unzeitge-mäß kritisiert, dominierte nun der Zweifel an den Erfolgsaussichten, auch am Sinn einer Modernisierung. Die Ziele seiner Reise sah Dostojewskij unter diesen Vorzeichen: Einerseits empfand er Russland als rückständig (und seine persön-liche Armut machte die Erfahrung noch nachdrücklicher). Andererseits lehnte er die Art und Weise ab, wie im ›Westen‹ Politik, Wirtschaft und Gesellschaft organisiert waren, in einem zeitgenössischen Wort: bürgerlich. Die *Winterli-chen Aufzeichnungen* sind Ausdruck seiner Kritik am ›Westen‹ und gelten daher als Ausdruck seiner russischen Weltanschauung.[600] Die Europareise führte bei Dostojewskij zu Gefühlen der Fremdheit sowie Unterlegenheit, und beides ver-stärkte sein Heimweh. Insbesondere den Aufenthalt in London, wo er den *Crys-tal Palace* besuchte, beschrieb Dostojewskij als Kulturschock: Die große Stadt, die Eisenbahn, die Menschen und deren Armut wirkten abstoßend:

> Diese Tag und Nacht hastende und wie ein Meer unumfaßbare Stadt, dieses Ge-pfeif und Geheul der Maschinen, diese über den Häusern (und bald auch unter ih-nen) hinjagenden Eisenbahnen, diese Dreistigkeit des Unternehmungsgeistes, [...] diese vergiftete Themse, diese mit Kohlenstaub durchsetzte Luft, diese großartigen Squares und Parks, diese unheimlichen Stadtwinkel wie Whitechapel mit seiner halb-nackten, wilden und hungrigen Bevölkerung, die City mit ihren Millionen und dem Welthandel, der Kristallpalast, die Weltausstellung... Ja, die Ausstellung kann einen stutzig machen. Man spürt die furchtbare Kraft, die hier alle diese unzähligen Men-schen aus der ganzen Welt zu einer einzigen Herde zusammengetrieben hat; man er-kennt einen Riesengedanken; man fühlt, daß hier bereits etwas erreicht ist: ein Sieg, ein Triumph: Und eine Angst vor irgend etwas beginnt sich in einem zu erheben. Wie frei und unabhängig man auch sein mag, um irgend etwas überkommt einen doch eine Angst.[601]

Der dritte Dostojewskij-Text, der im Hinblick auf die Transparenz-Kritik im *Treibhaus* von Bedeutung ist, sind die *Aufzeichnungen aus einem Kellerloch*. Der fiktive Monolog eines menschenscheuen Einzelgängers ist eine Suada wider den Optimismus – und eine Satire auf die utopische Literatur, insbesondere von Ni-kolaj Tschernyschewskij.[602] Dessen Roman *Was tun?* entwirft den Traum einer besseren Zukunft, in der die Menschen verglaste Biotope bewohnen und so-gar in Russland Orangen gedeihen.[603] Da sich Tschernyschewskij auf den *Crys-*

---

[599] R. Neuhäuser, Dostojewskij, 2013, S. 19.
[600] R. Neuhäuser, Dostojewskij, 2013, S. 21 und 83.
[601] F. Dostojewskij, Werke – 1/11, 1923, S. 213 f.
[602] B. Lambeck, Dostoevskijs Auseinandersetzung, 1980, S. 90.
[603] W. Lange, Kristallpalast oder Kellerloch, 1986; M. Schneider, Transparenztraum, 2013, S. 180–190; R. Chapman, Dostoyewsky and the Crystal Palace, 2014, S. 35–55.

tal Palace bezieht, handelt es sich bei Dostojewskijs Antwort um eine Kritik der ›westlichen‹ Bourgeoisie in Gestalt der Architekturkritik, aber auch um die satirische Auseinandersetzung mit einem russischen Utopisten.[604] Den schönen, gesunden, freien und glücklichen Menschen in Tschernyschewskijs Glashäusern stellte Dostojewskij einen galligen Kellerbewohner gegenüber, der voller Welthass und Selbstekel mit niemandem mehr redet.[605] Der sitzt in Petersburg, »der abstraktesten und künstlichsten Stadt der ganzen Welt«[606], und quält sich in seinem Überdruss. Metaphorisch verdeutlicht werden Entfremdung und Einsamkeit durch die steinernen Mauern, hinter die sich der Kellermensch wie in den Untergrund zurückzieht.[607] Künstlichkeit, Einsamkeit, Überdruss – *Treibhaus*-Leser erkennen die Motive, an die womöglich auch Koeppen in seinem Stuttgarter Bunker gedacht hat:

> Sie, meine Herren, glauben an einen ewig unzerstörbaren Kristallpalast, also an etwas, dem man heimlich weder die Zunge noch die Faust zeigen kann. Nun, ich aber fürchte diesen Palast vielleicht gerade deshalb, weil er aus Kristall und ewig unzerstörbar ist, und weil man ihm nicht einmal heimlich wird die Zunge zeigen können.[608]

Noch ein zweiter Russe stand bei Koeppens Konstituierung der Treibhaus-Metapher Pate: Lew Tolstoj und die *Kreutzersonate*. Diese Novelle, 1890 zunächst in Deutschland erschienen, ist die düstere Schilderung einer enttäuschten, zerrütteten Ehe.[609] Darüber hinaus wird die *Kreutzersonate* als eine sozialkritisch-antimoderne Auseinandersetzung mit den Geschlechterbeziehungen und der russischen Gesellschaft insgesamt gelesen – gerade wegen eines Nachworts, in dem Tolstoj zur Enthaltsamkeit auffordert. Wie das *Treibhaus* beginnt die *Kreutzersonate* mit einer nächtlichen Zugfahrt, und wie das *Treibhaus* verbindet sie das Eisenbahnmotiv mit einer Lebensbeichte, mit dem Bericht eines Mannes über die vermeintliche Untreue seiner (namenlos bleibenden) Frau, die er aus Eifersucht getötet hat.[610] So ist die *Kreutzersonate* die (larmoyante und teils wahnhafte) Klage über die Vergeblichkeit romantischer Liebe und zugleich ein Pamphlet gegen die Lust. Sie überträgt den Weltekel, der von ei-

---

[604] Lambeck, Dostoevskijs Auseinandersetzung, 1980, S. 85 f.; R. Neuhäuser, Die großen Romane, 1993, S. 7; H.-J. Gerigk, Dostojewskijs Entwicklung, 2013, S. 44 f.
[605] W. Lange, Kristallpalast oder Kellerloch, 1986, S. 23 f.
[606] F. Dostojewskij, Werke – 1/20, 1922, S. 8.
[607] B. Lambeck, Dostoevskijs Auseinandersetzung, 1980, S. 96 f.
[608] F. Dostojewskij, Werke – 1/20, 1922, S. 45.
[609] L. Tolstoj, Kreutzersonate, 1947. – Tolstojs Ehefrau, Sofja Tolstaja, fühlte sich durch die *Kreutzersonate* öffentlich vorgeführt und schrieb einen Gegenroman aus weiblicher Sicht, der zu ihren Lebzeiten jedoch nicht publiziert wurde: S. Tolstaja, Frage der Schuld, 2008 [1994].
[610] N. Werber/E. Ruelfs, Zeit- und Raummanipulation, 1999, S. 255–258.

ner vermeintlich zerstörerischen, tierisch-triebhaften Sexualität hervorgerufen wird, auf eine misogyne Kritik an selbstbewussten Frauen. Weibliche Attraktivität und Verführung stehen in der *Kreutzersonate* stellvertretend für einen städtisch-bürgerlichen, ›westlich‹-kapitalistischen Lebensstil, der sich mit dem bäuerlich-religiösen, ›ursprünglichen‹ Russland nicht vertrage.[611] So hat Tolstojs Novelle – darin Dostojewskij ähnlich – einen fortschrittsskeptischen, kulturpessimistischen Subtext, und zwar ausdrücklich versinnbilicht durch die Eisenbahn und das Gewächshaus.

Vom Exempel einer unglücklichen Liebe ausgehend, beklagt die *Kreutzersonate* »das Leben unserer höheren Klassen in all seiner Nacktheit«, zeichnet sie die sich modernisierende, spätfeudale Gesellschaft »als ein einziges allgemeines öffentliches Haus«. Vor allem in den Städten und bei der russischen Oberschicht, beklagt der Protagonist, verschwimmen zusehends die Unterschiede zwischen Liebe, Ehe und käuflichem Sex. Er sehe kaum Unterschiede zwischen »Prostituierten für kurze Fristen« und »solche[n] für längere Fristen«. Es gehe immer nur um dieselben Kleider und Parfüms (also Waren), um die gleichen Gesten der Verführung. Der Mann fährt fort:

> Ja, diese Jerseys, die Locken und Haartouren nahmen auch mich schließlich gefangen.
>
> Mich zu fangen, war nicht schwer, denn ich war unter Verhältnissen aufgewachsen, unter denen, wie Gurken im Glashause, ewig verliebte Jünglinge hochgetrieben werden. Unser Übermaß an gewürzter Nahrung bei völliger körperlicher Untätigkeit ist ja nichts anderes als ein systematisches Aufstacheln des Geschlechtstriebes.[612]

Damit findet sich bei Tolstoj nicht nur die seit der Aufklärung gebräuchliche Verwendung der Treibhaus-Metapher als Kritik an ›Widernatürlichkeit‹ und ›Frühreife‹. Die *Kreutzersonate* verwendet auch dieselbe Bordell-Gewächshaus-Analogie, wie sie rund sechzig Jahre später das *Treibhaus* für die Bonner Republik formuliert. Als Keetenheuve vom Zug aus traurig über den Rhein schaut, erscheint ihm Deutschland als »ein großes öffentliches Treibhaus«, in dem »fleischfressende Pflanzen« wie »Riesenphallen« gedeihen.[613] ›

---

[611] Zur Dämonisierung der Sexualität bei Tolstoj: R. Nohejl, Dostoevskij und/oder Tolstoj?, 2015, S. 66–69. – Geschlechtermetaphern waren Teil eines größeren literarischen Diskurses über die Selbstverständigung Russlands, gerade in Beziehung zum ›Westen‹. Allerdings lässt sich die Metaphorik nicht im Sinne einer binären Gegenüberstellung (männlich–weiblich, westlich–russisch, modern–ursprünglich) auflösen: R. Nohejl, Russische Identität, 2014.
[612] L. Tolstoj, Kreutzersonate, 1947, S. 25. – Vgl. N. Werber/E. Ruelfs, Zeit- und Raummanipulation, 1999, S. 258 f.
[613] Siehe S. 16.

Abb. 28: *Dans la serre* (1878/79) – Gemälde von Édouard Manet. © Staatliche Museen zu Berlin, Nationalgalerie; Fotografie von Jörg P. Anders.

Auch das Bild *Dans la serre* des französischen Malers Édouard Manet vereint die für das Treibhaus-Motiv typischen Ambivalenzen: die Momente der Isolation, der Introversion und der Erotik. Vordergründig zeichnet das Gemälde von 1879 das Porträt eines Paares; die Vorbilder waren mit Manet befreundet und in der wohlsituierten Gesellschaft von Paris wohlbekannt. Dennoch wirkt das Paar auf dem Bild merkwürdig distanziert. Die beiden machen den Eindruck, als herrsche Sprachlosigkeit zwischen ihnen, Gleichgültigkeit oder Schwermut. Daher lässt sich das Bild leicht als »nachdenkliche Eheszene« charakterisieren.[614] Sogar die Rückenlehne der Bank, auf der die Frau sitzt, ist ein Trennelement, und das obwohl die Sprossen fast transparent ausschauen. Der Mann und die Frau, könnte man meinen, haben sich nicht mehr viel zu sagen; ihre Liebe scheint ebenso matt geworden zu sein wie das dunkle Blaugrün der sie umgebenden Pflanzen, so schwer wie die stickige Luft. Irgendetwas ist zwischen sie getreten, wie im *Treibhaus* die Politik und der Alkohol bei Keetenheuve und Elke. Michel Foucault hat darauf hingewiesen, dass ein kompositorischer Clou von Manets Gemälde darin bestehe, dass der Eindruck von Raumtiefe und Transparenz kon-

---

[614] H. DÜCHTING, Manet, 1995, S. 106.

sequent beseitigt werde: durch die Sitzbank, durch das Paar und durch »diesen
grünen Pflanzenteppich, den kein Blick zu durchdringen mag«.[615]

Die Frau auf Manets Bild schaut in sich versunken. Der Kritiker und Deka-
denzschriftsteller Huysmans meinte daher, dass ihr Blick »ein wenig vertieft und
verträumt«[616] sei – so als befände sie sich in der hermetisch abgeschirmten In-
nenwelt ihrer Gedanken. Sie ist eine Schönheit, die sich selbst genügt.[617] Auch
der Mann kauert eher, als dass er aufrecht steht. Dadurch wirken die beiden an-
wesend und abwesend zugleich. Aber handelt es sich überhaupt um ein Paar? Es
könnte sich auch um die Anbahnung einer Bekanntschaft handeln, eines Flirts,
gerade weil sie sich nicht direkt anschauen. Status und Qualität der Paarbezie-
hung bleiben in der Schwebe, *Dans la serre* wurde als Sinnbild der Ehe verstanden, aber auch der Untreue.[618] Für die zweite Variante sprechen mehrere Symbole im Zentrum des Gemäldes: die Hände, die Ringe, die Zigarre. Und vor
allem der Kontext, das Gewächshaus und die Blüten, die bei genauerem Hinsehen wie Finger oder Lippen aussehen.[619]

Diese angedeutete Metamorphose erinnert an ein literarisches Vorbild, an
den Roman *La Curée* von Émile Zola – und zwar nicht nur weil Manet und
Zola miteinander befreundet waren.[620] *La Curée* gehört zu Zolas breit angeleg-
ter Roman-Serie über den Aufstieg und Fall der Familie Rougon-Macquart. Der
Zyklus gilt als sozialkritische Sittengeschichte des Zweiten Kaiserreichs; auch
die Romane *Le Ventre de Paris*, *Nana* und *Germinal* zählen dazu.[621] Die zweite
Folge, geschrieben im deutsch-französischen Krieg und veröffentlicht in der
Frühphase der Dritten Republik, handelt von dem großen Stadtumbau in Paris,
den Napoleon III. und der Präfekt Georges-Eugène Haussmann ins Werk gesetzt haben. Breite Boulevards wurden gezogen, wo zuvor mittelalterliche Gas-
sen gewesen waren. Markthallen aus Glas und Eisen schossen aus dem Boden,
während ganze Armenviertel abgerissen wurden. Die spektakuläre und speku-
lationsgetriebene Stadterneuerung steht bei Zola synonym für die beginnende
›Moderne‹ und den Kapitalismus. Insofern verbindet sein Roman die Stadtar-
chitektur mit einer politisch motivierten Gesellschaftskritik, und die repräsentative Metapher dafür ist das Gewächshaus. Treibhaus heißt hier Luxus, Lust

---

[615] M. Foucault, Malerei von Manet, 1999, S. 22–24, hier S. 22.

[616] In einer Rezension von 1879, hier zitiert nach: J. Crary, Suspensions of Perception, 1999,
S. 94.

[617] H. Körner, Manet, 1996, S. 174 f.

[618] J. Crary, Suspensions of Perception, 1999, S. 106.

[619] J. Crary, Suspensions of Perception, 1999, S. 105 f.

[620] K. Schmidt (Hg.), Manet, Zola, Cézanne, 1999.

[621] Der Titel lautete: »Les Rougons-Macquart. Histoire naturelle et sociale d'une famille sous le seconde empire«. Zwischen 1871 und 1893 erschienen 20 Romane, die seit 1880 mehrfach übersetzt
wurden. Vgl. C. Pross, Dekadenz, 2009, S. 60–70.

und Laster. So karikiert die Satire die spezifische Mischung von Geld, Macht und Sex, die Zola für den perversen Zeitgeist des Zweiten Kaiserreichs hielt.[622] Auch in *La Curée* hat die Metaphorik verschiedene Facetten. Gewächshäuser sind hier *erstens* ein Zeichen der neureichen Bourgeoisie. Während man das ›alte Paris‹ an kleinen getönten Scheiben und schmiedeeisernen Gittern erkennt, protzen die Aufsteiger mit Glas und Wintergärten. Zum Stadtpalais der Familie gehört standesgemäß »ein geräumiges Gewächshaus«, und dieses Gebäude hat, wie der Erzähler kommentiert, »die üppige und alberne Aufdringlichkeit eines Emporkömmlings«. Seine »großen klaren Fensterscheiben« hatten vor allem den Zweck, »den inneren Prunk nach außen zur Schau zu stellen« und die Passanten neidisch zu machen.[623] *En détail* und naturalistisch werden »dünne eiserne Säulchen« beschrieben, Springbrunnen, herabhängende Lianen und andere exotische Flora – »alles wunderliche Pflanzen, deren Laub von fremdartigem Leben erfüllt ist, mit der düsteren oder bleichen Pracht schädlicher Blumen«.[624] Der Treibhaus-Ästhetik entsprechend transportiert die minutiöse Beschreibung des Gewächshauses *zweitens* die typischen Empfindungen von Fremdheit und Orientalismus.

Drittens ist der Wintergarten in *La Curée* Schauplatz von Intimität und Sinnlichkeit, nicht zuletzt ein Zufluchtsort der weiblichen Hauptfigur. Diese Aufladung wiederum ist eine direkte Folge der schwülen Atmosphäre, wie der Erzähler weiß: »Eine maßlose Leidenschaft, ein wollüstiges Begehren wogte in diesem geschlossenen Raum, in dem der heiße Saft der Tropenpflanzen kochte.«[625] Die Protagonistin des Romans, Renée Saccard, ist eine Frau von dreißig Jahren, die eigentlich alles hat. In dunklen Momenten aber ahnt sie, dass die Schecks nicht gedeckt sind. Aus Langeweile beginnt sie eine Liebschaft mit dem frühreifen Sohn ihres Manns aus erster Ehe, einem verwöhnten, völlig verzogenen und androgynen Dandy. Der Bursche gilt als »ein mangelhaftes Erzeugnis«[626], während sein Vater, Renées Ehemann, der als Bauspekulant mit krummen Geschäften zu einigem Reichtum gekommen ist, gegen den Bankrott kämpft. Eigentlich funktioniert diese Familie gar nicht als Familie, denn jeder der drei ist selbstsüchtig auf der Suche nach Genuss und Befriedigung. »Diese drei Geschöpfe«, heißt es, waren »die reife, sonderbare Frucht einer Epoche«.[627] Und: »Paris glich einem riesigen Alkoven, in dem mit der letzten Kerze das letzte Schamgefühl erlischt.«[628]

---

622 J.-P. SAINT-GÉRAND, La serre, 1986; A. VERRET, La serre, 2016.
623 E. ZOLA, Die Beute, 1974, S. 24 f.
624 E. ZOLA, Die Beute, 1974, S. 58–60.
625 E. ZOLA, Die Beute, 1974, S. 62.
626 E. ZOLA, Die Beute, 1974, S. 177.
627 E. ZOLA, Die Beute, 1974, S. 178.
628 E. ZOLA, Die Beute, 1974, S. 193.

Immer wieder wird Renées Schönheit durch Blumen hervorgehoben, durch
»Efeugirlanden« und »Veilchenbuketts«[629], die sie an ihren kostbaren Kleidern
trägt. In einer Ballszene fällt Renée sogar dem Diktator-Kaiser in die Augen, er
mustert Renée und scherzt im Vorübergehen zu seinem Begleiter: »Sehen Sie
doch, General, da wäre eine Blume zu pflücken, eine seltene, schwarz-weiß ge-
streifte Nelke.«[630] Ihrem Ehemann und ihrem Schwager, einem einflussreichen
Minister, kommt es durchaus gelegen, dass die Pariser Elite der Frau bei jeder
Gelegenheit ins Dekolletee schaut: »Fast der ganze Corps législatif war zugegen,
und aus der Art, mit der die Abgeordneten die junge Frau betrachteten, versprach sich der Minister [...] einen schönen Erfolg in der heiklen Frage der Pariser städtischen Anleihe.«[631] Letztlich nimmt Renées ›widernatürliches‹ Leben
kein gutes Ende. Die Leidenschaft verfliegt, der inzestuöse Ehebruch fliegt auf,
der Reichtum geht verloren. Schließlich welkt sie vorzeitig dahin; Renée stirbt
einsam an einer Hirnhautentzündung.

Zuvor aber gibt sie sich im Wintergarten ihrem Begehren, der »tolle[n] Liebe«
hin: »Das Treibhaus liebte, entbrannte mit ihnen.«[632] Hinter Glas und unter
exotischen Pflanzen kann die Frau, die im gesamten Roman fast nur als Objekt
behandelt wird, »der Mann, der leidenschaftliche, handelnde Wille« sein. Auch
diese Verkehrung der (für das bürgerliche 19. Jahrhundert konstitutiven) Ge-
schlechterstereotype gehört also in die Schwüle, allerdings zu Renées Verderben:
»Sie liebte mit der Leidenschaft der großen Weltdame, mit ihren ängstlich-bür-
gerlichen Vorurteilen, mit all den Kämpfen, den Freuden und dem Ekel einer
Frau, die in Selbstverachtung untergeht.«[633] Wie auf Manets Bild angedeutet,
verschmilzt die Frau im Wintergarten – faszinierend und schrecklich zugleich –
mit den sonderbaren Pflanzen:

> Die großen Purpurblüten dieser Riesenmalve, von denen unaufhörlich neue entste-
> hen, leben nur wenige Stunden. Sie erinnern an einen halbgeöffneten sinnlichen
> Frauenmund, an die roten, weichen und feuchten Lippen einer gigantischen Messa-
> lina, die wund sind von Küssen und dennoch immer wieder mit ihrem gierigen blu-
> tigen Lächeln zu neuem Leben erblühen.[634]

---

[629] E. Zola, Die Beute, 1974, S. 31.
[630] E. Zola, Die Beute, 1974, S. 201.
[631] E. Zola, Die Beute, 1974, S. 258 f.
[632] E. Zola, Die Beute, 1974, S. 274 f.
[633] E. Zola, Die Beute, 1974, S. 271.
[634] E. Zola, Die Beute, 1974, S. 61.

Abb. 29 und 30: Ausschnitte aus: Das Leben, 8. Jg. (1930/31), Nr. 9, Kunstdruckteil 2 und 3 (fotografiert von Steffi Brandl); © Universitätsbibliothek Dresden / Universität Erfurt (Illustrierte Magazine der Klassischen Moderne).

Nun kommt es nicht auf den Nachweis an, ob Koeppen all diese Beispiele bewusst vor Augen hatte, als er im Jahr 1952/53 die politische Kultur der frühen Bundesrepublik auf den Prüfstand stellte (und dabei seine eigene Ehe reflektierte). Die Spuren zu Baudelaire und Zola, Dostojewskij und Tolstoj sind so deutlich, dass wohl kein Zufall am Werk war. Entscheidend aber ist, dass Koeppens Roman in einer reichen Tradition der Treibhaus-Metaphorik stand, die viele Leser und Rezensenten in den Fünfzigerjahren wiedererkannt, wenigstens geahnt haben dürften. So gesehen, versinnbildlicht der Roman sowohl die existentielle Einsamkeit des Menschen als auch die Vergeblichkeit der Liebe. Genauso wie Mann und Frau miteinander nicht glücklich werden, finden – in der Verbindung von privatem Leid und öffentlichen Verhältnissen – auch das Volk und seine Vertreter nicht zusammen, allen Transparenz-Versprechen zum Hohn. Das Parlament steht demnach fremd in seiner deutschen Umgebung am düster-romantischen Rhein. Auch der kontaktunfähige Abgeordnete bleibt isoliert in diesem künstlichen Milieu. Damit karikiert das Symbol vom Glashaus die Abkapselungstendenzen des politischen Betriebs, und zugleich reflektiert es die fruchtlose Unsitte empfindsamer Flaneure, sich aus der Welt zurückzuziehen. Insofern bietet der Roman auch einen Kommentar zur Künstler-Bürger-Problematik, wie sie in der deutschen Literatur namentlich von Thomas Mann verkörpert wurde. Bei Koeppen besteht ein ›inneres Treibhaus‹ aus wilden Trieben und enttäuschten Wünschen, das Keetenheuve als Gefängnis seiner Seele empfindet. Daneben und damit im Widerspruch existieren zudem die ›äußeren Treibhäuser‹, undurchschaubar und gefährlich: das Parlament und die Politik, Deutschland und das Provinznest Bonn, die ›Restauration‹ und der ›Kalte Krieg‹.

In der Nachfolge Dostojewskijs richtet sich Koeppens Architektursatire gegen die utopische Transparenz-Rhetorik. Mit Zola zeichnet der Parlamentsroman ein kritisches Panorama der (klein)bürgerlichen Gesellschaft im ›Wiederaufbau‹, dessen Ergebnisse in ästhetischer Hinsicht anscheinend weder mit dem Paris von Haussmann noch mit den Wohnmaschinen Le Corbusiers konkurrieren können. Wie Tolstojs *Kreutzersonate* vergleicht das *Treibhaus* die frühe Bundesrepublik mit einem Bordell. So zeigt sich, dass der Roman einen Zeithorizont hat, der auf das ›lange 19. Jahrhundert‹ und dessen Traumata orientiert ist. Die ›Restaurations‹-Kritik erhält ihre spezifische Gestalt durch den Rückbezug auf die Phase nach der Revolution von 1848. Stilbildend war in diesem Sinne das Zweite Kaiserreich Napoleons III. und seiner Opponenten von Baudelaire über Flaubert bis Zola. Deutlich klingen bei Koeppen zudem die melancholisch-misanthropischen Elemente der Zivilisationskritik an, für welche die russischen Romanciers stehen. Mit antibourgeoisen Provokationen formulierte das *Treibhaus* schließlich eine aktuelle Intervention: Es bezog Stellung gegen das ›Schmutz und Schund‹-Gesetz der frühen Fünfzigerjahre.

4.5 Bündnis der Spießer und Zensoren? Der ›Schmutz und Schund‹-Diskurs und die Opposition der Schriftsteller

Im Dezember 1926 schrieb Wolfgang Koeppen als unbekannter zwanzigjähriger Regievolontär zwei Aufsätze für das Programmheft des Stadttheaters von Würzburg, die beiden frühesten Koeppen-Texte, die je für eine Veröffentlichung vorgesehen waren.[635] Der eine ehrte in einem Nachruf Siegfried Jacobsohn, den verstorbenen Herausgeber der *Weltbühne*. Das zweite Stück war eine Polemik gegen das ›Schmutz und Schund‹-Gesetz, das der Reichstag gerade zum Schutz von Kindern und Jugendlichen erlassen hatte.[636] Kurt Tucholsky, aber auch Schriftsteller wie Thomas Mann, Gerhart Hauptmann und Ricarda Huch hatten sich öffentlich gegen das Gesetz ausgesprochen. In Würzburg wurde das Programmheft seinerzeit, obwohl es schon gedruckt war, nicht veröffentlicht. Auf Veranlas-

---

[635] Artikel »Als ich in Würzburg am Theater war«; FAZ vom 17. Februar 1979; wiedergedruckt in: W. KOEPPEN, Gesammelte Werke, 5, 1986, S. 332–343, insbesondere S. 337. – Vgl. U. LEUSCHNER, Erlesene Stadt, 2003, S. 255 f.; ferner: M. HIELSCHER, Koeppen, 1988, S. 39; G. & H. HÄNTZSCHEL, Koeppen, 2006, S. 17; DIES., Koeppen – »Romanfigur«, 2006, S. 40.
[636] A. HELLWIG, Jugendschutz, 1927, S. 127–129; U. DETTMAR, Schmutz und Schund, 2012.

sung der Theaterdirektion ließ man die Exemplare einstampfen, und zwar wegen der Artikel Koeppens.

Sein Aufsatz mit dem Titel »Schund« war in der Tat ein scharfer Angriff gegen den seiner Meinung nach spießbürgerlichen Moralismus. Das Gesetz zur Bewahrung der Jugend vor Schund- und Schmutzschriften, wie das ›Schmutz- und Schund‹-Gesetz offiziell hieß, hielt Koeppen für ein Zensurregelwerk. Mit dessen Hilfe sollten »der wagemutige Geist« unterdrückt und »Werke junger Künstler« erstickt werden, fürchtete Koeppen: Auf Grundlage des Gesetzes hätte Goethe wegen der Gretchen-Figur aus dem *Faust* genauso belangt werden können, wie »ein ehebrechender Tristan« Wagner in die Bredouille gebracht hätte. Die Vermutung liegt nahe, dass sich der junge Mann, der publizieren wollte, persönlich in seiner Freiheit angegriffen sah. Deshalb schrieb er: »Hinter diesem Gesetz steht in muffiger Luft [!] nicht eine zu schützende Jugend, sondern der Mucker, vor ihm aber der Polizist.«[637]

Bemerkenswert an diesen frühen, nichtveröffentlichten Texten ist, dass vier Themen, von denen Koeppens publizistischer Debütversuch handelte, fast dreißig Jahre später im *Treibhaus* wiederkehren sollten: die Hommage an die *Weltbühne*, die Erwähnung Wagners (und zwar des *Tristan*), das Treibhaus-Motiv der muffigen Luft sowie die Opposition gegen ein ›Schmutz- und Schund‹-Gesetz. Denn darum ging es von neuem, als sich Schriftsteller und Intellektuelle zum ersten Mal nach 1949 in ein laufendes Gesetzgebungsverfahren einzumischen versuchten.[638] Während Koeppen in der frühen Bundesrepublik seinen Parlamentsroman schrieb, tobte ein kleiner Kulturkampf um den Jugendschutz. Erst vor diesem zeitgenössischen Hintergrund werden die Metaphorik und die Übertragung des Treibhaus-Motivs auf den Bundestag in Bonn, aber auch der gesellschaftskritische Charakter und das provokative Potential der *Treibhaus*-Satire voll verständlich. Das gilt beispielsweise für die Heuss-Persiflage in der Musäus-Figur[639], denn in der *Weltbühne* hatte einst Tucholsky den liberalen Politiker zusammen mit der Frauenrechtlerin Gertrud Bäumer als die »guten Eltern des Reichs-Schund-Gesetzes« verspottet.[640]

Was aber besagten die Begriffe ›Schmutz‹ und ›Schund‹? Unter ›Schund‹-Literatur verstand man Kriminal-, Abenteuer- und Western-Geschichten, die sogenannte Heft- oder Trivialliteratur mit *action*-betonten Inhalten. Ein bekanntes Beispiel war *Billy Jenkins*, eine Wildwest-Serie, die schon in den Dreißi-

---

[637] Hier und im Folgenden: W. KOEPPEN, Gesammelte Werke, 5, 1986, S. 11 f.
[638] F. BÖSCH, Später Protest, 2008, S. 93 f.
[639] Siehe S. 116 f.
[640] Artikel »Old Bäumerhand, der Schrecken der Demokratie«; WELTBÜHNE vom 14. Dezember 1926; wiedergedruckt in: K. TUCHOLSKY, Gesamtausgabe, Bd. 8, 2004, S. 206 f. – Für Tucholskys Nachruf auf Jabobsohn: ebd., S. 201 f.

gerjahren verlegt wurde; hinzu kamen amerikanische Importe wie *Tarzan* oder
Jerry Cotton. Laut Kaspar Maase ging der ›Schund‹-Begriff immerhin auf Gott-
hold Ephraim Lessing zurück.[641] Ursprünglich hatten Gerber die von der Tier-
haut geschabten Fleischabfälle als Schund bezeichnet. Diesen Ausdruck habe
Lessing dann als derbe Metapher auf schlechte Literatur übertragen – nach dem
Motto: Schund stinkt und gehört auf den Müll. ›Schmutz‹ hingegen meinte –
mit unmissverständlich abwertender Tendenz – den Bereich sexuell aufreizender
Stoffe und Motive. Gegen den gewerbsmäßigen Vertrieb von pornographischen
Darstellungen gab es zwar die Strafrechtsparagraphen 184 und 184 a. Doch bezeichnete der Ausdruck ›Schmutz‹ den Graubereich, der vom Strafrecht nicht
unbedingt betroffen war. Dazu gehörten Aktbild-Sammlungen, Zeitschriften
der FKK-Bewegung sowie Magazine mit schlüpfrigen Witzen und Zeichnungen, außerdem Aufklärungsschriften, frivole Kontaktanzeigen oder das, was
Robert Schilling, der langjährige Vorsitzende der Bundesprüfstelle für jugend-
gefährdende Schriften, die »Industrie der Liebesmittel« nannte: Dieser ganze
›Schmutz‹, so Schilling, »ergibt – vor aller Augen – ein Erscheinungsbild höchst
bedenklicher Art, welches kennzeichnend ist für eine offenbar weitverbreitete
Sexualisierung«.[642] In einer Stellungnahme für den Ausschuss für Jugendfürsorge, der sich im ersten Bundestag mit der Materie beschäftigte, definierten die
Pädagogen Eduard Spranger und Hans Wenke die Begriffe wie folgt:

> Schund ist, was nach übereinstimmendem Urteil keinen Anspruch auf Schutz als hö-
> heres künstlerisches Kulturgut machen kann. Schmutz ist, was auf eine unsaubere
> Gesinnung des Urhebers schließen lässt und also ebenfalls unter sittlichen und kultu-
> rellen Gesichtspunkten keinen zu verteidigenden Wert darstellt. Diese Kriterien sind
> in dem Grade objektiv, wie es auf dem in Betracht kommenden Gebiete erreichbar
> ist. […] Getroffen werden soll aber vor allem das moralisch ›Schmutzige‹ und dieses
> Genre ist ziemlich eindeutig erkennbar.[643]

Nach Meinung der Jugendschützer beeinträchtigten ›Schmutz‹-Schriften die
Triebkontrolle sowie den ›natürlichen‹ Reifungsprozess der psychosexuellen Entwicklung von Heranwachsenden, während ›Schund‹-Literatur sie zu Gewalt und
Kriminalität verführe. So findet sich im Schrifttum, aber gerade auch in der
Presseberichterstattung der frühen Bundesrepublik regelmäßig das Argument,
dass nahezu jeder jugendliche Delinquent vor seiner Tat schlechte Literatur gelesen (!) habe.[644] »Immer hat der Held der Geschichte eine Unzahl von Kämpfen

---

641 K. MAASE, Kinder der Massenkultur, 2012, S. 59.
642 R. SCHILLING, Schund- und Schmutzgesetz, 1953, S. 52–66, hier S. 60 (erstes Zitat) und 66
(zweites Zitat).
643 Stellungnahme zum Gesetzentwurf über den Vertrieb jugendgefährdender Schriften von Eduard Spranger und Hans Wenke [Nov. 1950], BT PARLA GDok I/430, B1, Dok. 15.
644 F. KEBBEDIES, Außer Kontrolle, 2000.

zu bestehen mit Totschlägereien, Morden, Grausamkeiten oder anderen Gewalttaten oder Verbrechen am laufenden Band«, klagte der spätere Behördenleiter Schilling. Aus der Praxis kenne er viele Fälle von Straßenraub und Rohheitsdelikten, bei denen »tatsächlich kein anderes Motiv ermittelt« werden konnte »als die Behauptung des nicht schwachsinnigen Jugendlichen: er habe mal sehen wollen, wie das geht, wenn man jemanden totschlägt, wie er das verschiedentlich gelesen und im Kino gesehen habe«.[645]

Neben dem Aspekt der Gewaltverherrlichung hielten Lehrer, Jugendrichter, Ärzte und Kirchenleute insbesondere ›Schmutz‹-Schriften für verderblich. Hier gelte es, wie Schilling im ersten juristischen Kommentar zum ›Schmutz und Schund‹-Gesetz erklärte, »die erforderlichen Triebhemmungen aufzubauen«, um dadurch das »Entwicklungsstadium der sexuellen *Reifezeit* [zu schützen, B.W.], wo die Jugendlichen sich vielfach in einem *Zustande schwüler Sinnlichkeit* befinden, der nach Entladung drängt«. Andernfalls drohe »ein verbreitetes Abgleiten in nihilistische Zustände«. Wer sich demgegenüber für den Schutz der Jugend einsetze, solle sich nicht irritieren lassen von »den zahlreichen *Sumpfblüten*, denen es zur eigenen Rechtfertigung darauf ankommt, ihr unmoralisches Verhalten zur Norm zu machen«, oder von »den Vielen, denen an einer sexuellen Suchthaltung gelegen ist, weil sie damit gute Geschäfte machen«.[646]

In der frühen Bundesrepublik sprachen Befürworter, Gegner und Beobachter des Gesetzes wie selbstverständlich meist von ›Schmutz‹ und ›Schund‹.[647] Es gehörte zu den Merkmalen dieses Diskurses, dass er einerseits einen konkreten Bezugspunkt hatte: das Gesetz über die Verbreitung jugendgefährdender Schriften, das am 9. Juni 1953 nach fast vier Jahren der parlamentarischen Beratung im Bundesgesetzblatt verkündet wurde (und dessen offizieller Name die Begriffe explizit vermied).[648] Andererseits hatte das Gesetz eine lange Vorgeschichte, die bis zum Anfang des 20. Jahrhunderts zurückreichte und zu der die ähnliche Regelung von 1926 gehörte. Das Begriffspaar ›Schmutz‹ und ›Schund‹ hatte sich in den gehobenen Schichten eingebürgert – auch motiviert durch den Wunsch der ›Männer von Bildung und Besitz‹, ihre Deutungsmacht gegenüber Frauen, Arbeitern, Jugendlichen, der ›Moderne‹ und ihrer Massenkultur zu behaupten. Der soziale Wandel, vor allem die zunehmende Lesefähigkeit weiter Bevölkerungsteile, veränderten das – mit Pierre Bourdieu gesprochen – mediale und literarische, aber auch das politische Feld. Im ›Jahrhundert der Massenmedien‹ beeinflussten sich Popularisierung, Medialisierung, Kommerzialisierung und

[645] R. Schilling, Schund- und Schmutzgesetz, 1953, S. 66 f. und 69.
[646] R. Schilling, Schund- und Schmutzgesetz, 1953, S. 93 f. und 98 [Hervorhebungen B.W.].
[647] E. Heineman, Sexuality in Germany, 2011, S. 243; K. Maase, Kinder der Massenkultur, 2013, S. 310.
[648] BGBl. 1953, Teil I, Nr. 27 vom 16. Juni 1953, S. 377–379.

Demokratisierung wechselseitig.[649] Was die einen dabei als Siegeszug der Lektüre im Lebensalltag breiter Schichten begrüßten, erschien anderen als bedrohlicher Einbruch des Barbarentums ins Arkanum der Künste.[650]

Als das Lesen vom Eliten- zum Massenphänomen wurde, war die Sexualität – neben den privaten und intimen Aspekten des Themas – eine öffentliche Frage *par excellence*.[651] In ganz Europa berichtete die Presse regelmäßig über tatsächliche oder vermeintliche Sexskandale, gerne mit voyeuristischen Zügen in Form von *Sex and Crime*. In diesem Zusammenhang entstand als Gegenbewegung der Wunsch, wenn schon nicht den Medienkonsum der Erwachsenen, dann wenigstens die Lektüre von Heranwachsenden zu kontrollieren. Es bildeten sich Vereine, die sich den Kampf gegen verderbliche Hefte auf die Fahnen schrieben, zusammengeschlossen in der »Allgemeinen Konferenz der deutschen Sittlichkeitsvereine«. Schon 1910 und 1911 fanden im Reichstag die ersten parlamentarischen Erörterungen zur ›Schund‹-Literatur statt; ein erster Gesetzentwurf vom Februar 1914 erlangte im Ersten Weltkrieg allerdings nicht Gesetzeskraft.[652] Den Umstand, dass die Auseinandersetzung über ›Schmutz‹ und ›Schund‹ in den Zwanzigerjahren wiederaufgenommen wurde, bezeichnete die Historikerin Elizabeth Heineman daher als einen »post-First World War battle«.[653]

In der Weimarer Republik verknüpfte sich der Kampf gegen die ›Schund‹-Literatur mit der Legitimität der Demokratie. Das Argument lautete: Wenn massenhafter ›Schund‹ als Symptom eines kranken Volkes verstanden wurde und der Staat dagegen anscheinend nichts unternahm, dann wäre er seinerseits nichts wert und das ganze System dem Untergang geweiht. Laut Kaspar Maase bildete der ›Schund‹-Kampf daher »eine der Brücken, über die nicht nur Bildungsbürger ins Nazireich gelangten«.[654] 1935 wurde das ›Schmutz und Schund‹-Gesetz jedoch förmlich aufgehoben. Im NS-Staat, in dem Zensur und Propaganda herrschten, war es praktisch gegenstandslos geworden. Die Diktatur mit totalitärem Anspruch propagierte ›saubere‹ Kunst für die ›Volksgemeinschaft‹, und damit waren viele kulturkonservative ›Schmutz und Schund‹-Kämpfer mindestens einverstanden.[655] Dass dann in der Bonner Republik das Gesetz aus den Zwanzigerjahren wieder herangezogen wurde, ist ein Beleg dafür, in wie vielen Aspekten ›Weimar‹ ein Bezugspunkt der frühen Bundesrepublik war.[656] Bei den Gegnern eines

---

[649] A. Schildt, Jahrhundert der Massenmedien, 2001.

[650] K. Maase, Grenzenloses Vergnügen, 1997, S. 16 und 35.

[651] D. Herzog, Sexuality in Europe, 2011, S. 3 und 6–8. – Vgl. F. Bösch, Öffentliche Geheimnisse, 2009.

[652] R. Schilling, Schund- und Schmutzgesetz, 1953, S. 40.

[653] E. Heineman, Sexuality in West Germany, 2011, S. 242.

[654] K. Maase, Kinder der Massenkultur, 2012, S. 324.

[655] A. v. Saldern, »Kunst fürs Volk«, 1995, S. 61–66.

[656] P. Jäschke, Produktionsbedingungen, 1993, S. 315.

›Schmutz und Schund‹-Gesetzes wuchs zudem das Empfinden, in einer Zeit der ›Restauration‹ zu leben. Typischerweise wurde die Debatte in den frühen Fünfzigerjahren besonders hitzig geführt.

In der frühen Bundesrepublik aktualisierte sich die seit der Jahrhundertwende bekannte Schlachtordnung.[657] *Erstens* beanspruchten Erwachsene das Recht oder die Pflicht, für Minderjährige zu sprechen. Auf einer *zweiten* Ebene distinguierte sich die Bildungselite vom ›einfachen Volk‹, das man für den Adressaten der Massenkultur hielt (auch wenn der soziale Aspekt inzwischen weniger wichtig war als im Kaiserreich). In jedem Fall hofften Lehrer und andere Erziehungspersonen darauf, ihr soziales Kapital zu vermehren, indem sie sich sowohl um die Jugend als auch um den Kanon der bürgerlichen Kultur verdient machten. Eine weitere Konfliktdimension war *drittens* die Auseinandersetzung zwischen christlich-kirchengebundenen Milieus und einer sich säkularisierenden Gesellschaft. Auch dieser Hegemonialkampf wurde bezeichnenderweise auf dem Feld von Anstand und Sexualmoral ausgetragen.[658] Gegen die Koalition von Lehrern und Erziehern, Pfarrern und Priestern, Richtern, Ärzten und anderen Fürsorgern bezogen wiederum *viertens* viele Künstler und Literaten Position. Sie versuchten die Autonomie ihrer ästhetischen Ausdrucksformen sowie ihrer unkonventionellen Lebenswelten zu behaupten. Da sie Zensurmaßnahmen fürchteten, verteidigten Intellektuelle den Primat der Meinungs-, Presse- und Kunstfreiheit. Sie erklärten sich solidarisch mit den Produzenten von ›Schmutz‹ und ›Schund‹ – zumal es seit Baudelaire eine bewährte Praxis war, die Bourgeoisie zu piesacken, indem man ihren ›guten Geschmack‹ strapazierte. Vor allem schien es den Schriftstellern unabsehbar, wo genau die Grenzen von ›Schmutz‹ und ›Schund‹ gezogen würden und ob man nicht schon wieder auf ein Zensurregime zusteuere.

Mediengeschichtlich war der ›Schmutz und Schund‹-Diskurs ein Reflex auf die Pressefreiheit seit 1949 sowie auf die marktwirtschaftliche Struktur des Zeitschriftenmarktes.[659] Nach der NS-Propaganda und -Zensur und nach der besonderen Phase der *Re-education* erlebte die frühe Bonner Republik eine Art Übergangsschock. Zu keiner anderen Zeit im 20. Jahrhundert hatte es in Deutschland weniger ›Schmutz und Schund‹-Literatur gegeben als unmittelbar vor 1948/49. Die politische Lizenzierungspraxis der Besatzungsmächte, vor allem aber der Papiermangel und die materielle Not wirkten effektiver als jedes Verbot.[660] Die Heftchen und Illustrierten kehrten erst mit der D-Mark auf den

---

[657] Für die erste Jahrhunderthälfte: K. Maase, Kinder der Massenkultur, 2012, das Modell nach: S. 314–321.

[658] D. Herzog, Sexuality in Europe, 2011, S. 17.

[659] P. Jäschke, Produktionsbedingungen, 1993, S. 351.

[660] P. Jäschke, Produktionsbedingungen, 1993, S. 317.

Markt zurück (auch wenn die meisten Magazine bald wieder eingingen). Gehandelt wurden die ›Magazine‹, wie man diese Publikationen nannte, um sie von seriösen Zeitungen und Zeitschriften zu unterscheiden, vor allem an Kiosken in Bahnhofsnähe. Deren Geschäft wurde genau beobachtet: So hieß es, 1948/49 hätten sich 140 Verleger auf dem Sex-Markt versucht, die meisten von ihnen im Kleinbetrieb.[661] Aus einer Liste des Kölner Landgerichts geht hervor, dass im Jahr 1950 39 Publikationen beschlagnahmt wurden auf Grundlage der Paragraphen 184 und 184a StGB.[662] Die beanstandeten Titel hießen: *Casanova* oder *Mephisto*, *Der bunte Vorhang* oder *Die Akt-Palette*. Der Kampf gegen die ›Schmutz und Schund‹-Literatur war nicht zuletzt deshalb eine öffentliche Auseinandersetzung, weil es um Fragen der Sichtbarkeit ging: um Kioske, Schaufenster und Kinos, um den öffentlichen Raum insbesondere in Großstädten.[663]

Ein Topos, der die Debatte der frühen Bundesrepublik kennzeichnete, war darüber hinaus die ›gefährdete Jugend‹. Kinder und Jugendliche galten auch über den Bereich von ›Schmutz und Schund‹ hinaus als extrem bedroht und zugleich als etwas Bedrohliches. Beispielsweise mahnte der *Industriekurier*, eine in Wirtschaftskreisen gelesene Tageszeitung: »Unsere durch den Hexensabbat der Kriegsjahre und der moralisch angefaulten Nachkriegsjahre hindurchgegangene Jugend, durch fehlende elterliche Führung und das schlechte Beispiel der Erwachsenen seelisch haltlos geworden und der Genußgier verfallen, ist in schwerer sittlicher Gefahr.«[664] Vor dem Hintergrund dieser allgemeinen Sorge um die nachwachsende Generation wurde die Jugend zum Forschungsgegenstand der Sozialwissenschaft. Maria Zillig etwa, eine Lehrerin und Psychologin, befragte junge Frauen, die im Fürsorgeheim lebten. Alle diese »gefährdeten Mädchen«, so Zillig, hätten Not und emotionalen Mangel erfahren. Außerdem fehlten ihnen erwachsene Vorbilder. Dabei habe ihre seelische Entwicklung mit der körperlichen nicht Schritt gehalten; insbesondere Liebesbeziehungen kämen zu früh.[665]

Auch der Sozialpsychologe Gerhard Baumert, der die Lebensverhältnisse von Jugendlichen in Darmstadt beschrieb, stellte fest, dass für viele während des Krieges Geborene die Wohnumstände weiterhin »unzureichend« seien, vor allem bei Flüchtlingen oder Ausgebombten. Die Stadt sei »trotz intensiv betriebenem Wiederaufbau stark überbevölkert«. Jeder vierte Vierzehnjährige habe kein eigenes Bett, und nur ein Drittel der Mädchen unter achtzehn verfüge über ein

---

[661] Die Zahl der 140 Verleger stammt aus dem Protokoll einer Konferenz, auf der 1951 Richter, Staatsanwälte und Vertreter des ›Volkswartbunds‹ in Düsseldorf Probleme der ›Sittlichkeit‹ diskutiert haben: S. STEINBACHER, Wie der Sex, 2011, S. 27 und Anm. 15.

[662] Schreiben des Kölner Landgerichts-Präsidenten an den Bundestagsausschuss für Fragen der Jugendfürsorge vom 9. Dezember 1950, BTParlA, GDok I/430, B1, Dok. 18.

[663] K. MAASE, Kinder der Massenkultur, 2012, S. 315.

[664] Artikel »Die sittliche Gefährdung unserer Jugend«; INDUSTRIEKURIER vom 16. Oktober 1952.

[665] M. ZILLIG, Gefährdete weibliche Jugend, 1951.

eigenes Zimmer.[666] Zugleich hätten die Jugendlichen in dieser Enge niemals ein geregeltes Familienleben kennengelernt. Rund zwanzig Prozent wuchsen ohne Vater auf; den Anteil der intakten, harmonischen Familien bezifferte Baumert auf höchstens zehn Prozent. Es dürfe daher »nicht erwartet werden, daß die Jugend die alten Familienformen restaurieren werde«, schlussfolgerte Baumert.[667] Der chronische Mangel der Kriegskinder an Geborgenheit sei wohl eine der schwerwiegendsten immateriellen Folgen des Zweiten Weltkriegs.[668]

Angesichts dieser allgemeinen Besorgnis gab erst eine im November 1953 breit angelegte demoskopische Studie so etwas wie Entwarnung. Sie wurde im Auftrag des Mineralölkonzerns Shell vom Emnid-Meinungsforschungsinstitut durchgeführt, um »zuverlässige Informationen über den derzeitigen geistig-seelischen Standort« der westdeutschen Jugend zu erhalten.[669] Für die Geburtsjahrgänge 1929 bis 1938 zeichneten die Demoskopen das Bild einer Jugend, die im Ganzen recht vernünftig wirkte und keinen Anlass zur Sorge gab, fast ein wenig brav wirkte. Mehr als zwei Drittel der Befragten bekannten sich demnach zur westdeutschen Demokratie und zur europäischen Integration; nur zehn Prozent äußerten sich positiv zum Nationalsozialismus.[670] Mehr als 80 Prozent besuchten regelmäßig ein Kino, doch fast zwei Drittel auch die Kirche und nahezu jeder zweite das Theater. 73 Prozent sagten sogar, sie wollten ihre Kinder so erziehen, wie sie es selbst erfahren hatten. Die erste Shell-Jugendstudie kam daher zu dem Ergebnis, dass »viele der weit verbreiteten Verallgemeinerungen über die geistige Orientierung der heutigen Jugend als problematisch« einzuschätzen seien.[671]

In jedem Fall war der Jugendschutz ein breit diskutiertes Thema. Im März 1952 fand etwa im nordrhein-westfälischen Landtag eine Konferenz zum Thema statt, an der Verbände und gesellschaftliche Gruppen, aber auch Politiker von Bund und Land teilnahmen. Eröffnet wurde die Jugendschutz-Tagung durch Bundestagspräsident Ehlers. Der CDU-Abgeordnete Paul Bausch erklärte pathetisch: »Wir Erwachsenen sind schuld, wenn die Jugend in Not ist. […] Die Jugend erntet heute, was die Väter und Großväter in den letzten 50 und 100 Jahren gesät haben.«[672] Es spricht deshalb einiges für die Vermutung, dass in der Sorge um die Jugend auch das kollektive schlechte Gewissen gegen-

666   G. BAUMERT, Jugend der Nachkriegszeit, 1952, S. 13–16.
667   G. BAUMERT, Jugend der Nachkriegszeit, 1952, S. 54.
668   G. BAUMERT, Jugend der Nachkriegszeit, 1952, S. 35. – Vgl. W. MÜLLER, SOS – Jugend in Not, 1955.
669   So Emnid-Gründer Karl-Georg von Stackelberg im Vorwort: JUGEND ZWISCHEN 15 UND 24, 1954, S. 5.
670   Hier und im Folgenden: JUGEND ZWISCHEN 15 UND 24, 1954, S. 17–21 und Grafiken I–V.
671   JUGEND ZWISCHEN 15 UND 24, 1954, S. 21.
672   Referat von Bausch, in: JUGENDSCHUTZ – AUFGABE UND VERPFLICHTUNG, 1952, S. 23.

über den Kriegskindern zum Ausdruck kam. Einer der Akteure der ›Schmutz
und Schund‹-Kampagne meinte, die Frage müsse lauten: »Wie kann ein solches
Druckwerk auf einen jungen Menschen unserer Tage, der *inmitten einer epocha-
len Verwirrung* aufwächst, wirken?«[673] Für den Parlamentarier Bausch resultierte
daraus die Verpflichtung, die Jugend so zu schützen, wie man die Demokratie
zu verteidigen versuche gegen Angriffe linker und rechter Extremisten sowie aus
der DDR. Daher sei es eine »Schande«, so Bausch, dass es im Frühjahr 1952 immer noch kein ›Schmutz und Schund‹-Gesetz gab. Der Staat müsse gegenüber
»dieser übelsten Sorte von Kapitalismus« hart bleiben, denn Jugendschutz sei ge-
lebter Verfassungsschutz:

> Unsere ganze Liebe und Hingabe muß dem Aufbau eines Staates gehören, in dem
> die Jugend eine politische Heimat findet. [...] Alle Institutionen aber, die öffentliche
> Verantwortung für unser Volk tragen, die Kirchen, Schulen, Presse, Film und Rund-
> funk, mögen mehr als bisher zusammenarbeiten, allem Schlechten entgegentreten
> und das Gute mit Eifer verteidigen und *lichtvoll* herausheben.[674]

So wurde die ›Schmutz und Schund‹-Debatte nach 1949 – trotz der alten Begriffe
und der deutlichen Kontinuitätslinien – durch zwei wesentliche Veränderungen
bestimmt.[675] Der eine Unterschied war der ›Kalte Krieg‹; der andere betraf den
Schutz der demokratischen Ordnung, und beide Aspekte hingen miteinander zusammen: In der Bonner Republik stand die repräsentative Demokratie nicht mehr
ernsthaft in Frage. Vielmehr galt der junge (!) Staat als genauso schützenswert wie
die Kinder, die in ihm heranwuchsen. Im Namen der Jugend bedankte sich Josef
Rommerskirchen, Mitbegründer des Bundes der Deutschen Katholischen Jugend
und Vorsitzender des Deutschen Bundesjugendrings, bei den »Frauen und Männern der Parlamente«, dass sie um »der lebendigen Demokratie willen« die Meinung der Jugendlichen berücksichtigen wollten. Rommerskirchen erklärte, auch
die Jugendorganisationen setzten sich »*für eine Sauberkeit der ganzen Atmosphäre*«
ein, damit »der ganze Mensch frei atmen und gesund bleiben« könne. In diesem
Sinne müsse der »Bazillus Unsittlichkeit« bekämpft werden, um die Jugend vor
der »Infektion« zu schützen, die drohe, wenn »der Zügellosigkeit keine Schranken
gesetzt« würden.[676] In den Siebzigerjahren wurde Rommerskirchen, nach Jahren
im Bundestag, Direktor der Bundeszentrale für politische Bildung.

---

[673] Schund- und Schmutz-Gesetz und unsere Verantwortung, 1954, S. 25 [Hervorhebung
B.W.].
[674] Referat von Bausch, in: Jugendschutz – Aufgabe und Verpflichtung, 1952, S. 27 [Her-
vorhebung B.W.]
[675] A. v. Saldern, Kulturdebatte, 2000, S. 89–91; K. Maase, Kinder der Massenkultur, 2012,
S. 324–327.
[676] Ansprache von Rommerskirchen, in: Jugendschutz – Aufgabe und Verpflichtung, 1952,
S. 6 f. [Hervorhebng B.W.].

»Wer der Jugend wirklich helfen will, der muß den Kampf gegen den Amerikanismus aufnehmen«, forderte dagegen im Juli 1952 die KPD-Abgeordnete Grete Thiele.[677] Allerdings wurde solche Polemik im Bundestag demonstrativ nicht mehr ernst genommen. Was in den Zwanzigerjahren ein schlagkräftiges kulturkonservatives Argument gewesen wäre – die Gleichsetzung von ›Schmutz‹ und ›Schund‹ mit der amerikanischen Massenkultur –, wurde im Ost-West-Konflikt in den Randbereich des Links- und Rechtsradikalismus verwiesen, wenigstens im Parlament. »Schluß, Schluß«, schallte es aus den Reihen der CDU, als Thiele verkündete, die »Hollywood-Kitschkultur« sei eine »amerikanische Gangster-Kultur«, die nach Westdeutschland eingeführt werde, um »unsere nationale Kultur zu zersetzen« und die deutsche Jugend für die »schmutzigen Kriege der Dollarkönige« zu missbrauchen. Solche Worte gehörten in Zeiten der Westbindung im Bundestag nicht mehr in den Bereich des Sagbaren. Der CDU-Abgeordnete Franz-Josef Wuermeling – als Katholik und späterer Familienminister jeder Parteinahme für ›Schmutz‹ und ›Schund‹ völlig unverdächtig – rief ihr zu: »Sie verwechseln den Osten mit dem Westen!« Auch die Republik stand nicht mehr zur Disposition, im Gegenteil: Gerade die Jugendschützer vertrauten auf den politischen Prozess und setzten sich selbstbewusst für ihre Überzeugung ein. Parlamentarismus und Paternalismus, Westbindung und Pädagogik hatten sich auf eine – für die frühe Bundesrepublik charakteristische Weise – amalgamiert.

Insbesondere im katholischen Milieu betätigten sich kirchennahe Vereine im Kampf gegen ›Schmutz‹ und ›Schund‹. Besonders rührig war der ›Volkswartbund‹, die wichtigste katholische Lobby-Gruppe im Feldzug für eine strengere Sexualmoral. Der reine Männerverein mit Sitz in Köln-Klettenberg war direkt dem Erzbischöflichen Generalvikariat unterstellt, zunächst mit dem Beinamen »Katholischer Verband zur Bekämpfung der öffentlichen Unsittlichkeit«; bald hieß er offiziell »Bischöfliche Arbeitsstelle für Fragen der Volkssittlichkeit«.[678] Der ›Volkswartbund‹ sammelte das anstößige Material, leitete es weiter, nicht zuletzt an Polizei und Staatsanwaltschaften, und drängte Politiker, ein Gesetz durchzusetzen. Noch vor Gründung der Bundesrepublik hatte der ›Volkswartbund‹ im Januar 1949 zusammen mit dem nordrhein-westfälischen Sozialminis-

---

677 Hier und im Folgenden: BT StenBer., 1. WP, 74. Sitzung vom 13. Juli 1952, S. 2670 f.
678 S. Steinbacher, Wie der Sex, 2011, S. 47. – Als Generalsekretär des ›Volkswartbunds‹ wirkte von 1927 bis Ende der Fünfzigerjahre, mehr als dreißig Jahre lang, Michael Calmes, geboren 1894. Den ›Kampf gegen Schmutz und Schund‹ habe Calmes als Lebensaufgabe empfunden. Unermüdlich schrieb er Briefe an Bischöfe, Politiker, Polizei und Justiz. Im ›Dritten Reich‹ habe er mit den Behörden des NS-Staates kooperiert und seinen Verband nach 1945 erfolgreich als unverdächtige, sogar verfolgte Organisation dargestellt. Der ›Volkswartbund‹ wurde ab 1949 nicht mehr allein aus kirchlichen Mitteln finanziert, sondern auch vom Bundesinnenministerium sowie dem nordrhein-westfälischen Sozial- und Kultusministerium.

terium, das von dem Zentrumspolitiker Rudolf Amelunxen geleitet wurde, zu einer »Schundkampftagung« ins Kölner Kolpinghaus geladen.[679]

Politisch stand die neue, überkonfessionelle CDU durchaus unter Druck. Vor allem im Rheinland, aber auch in anderen katholisch geprägten Gegenden belebte die Konkurrenz um kirchentreue Wähler mit dem Zentrum, der traditionellen Milieupartei, den legislativen Kampf gegen ›Schmutz‹ und ›Schund‹. Der Parlamentarische Rat hatte zwar die Meinungs- und Pressefreiheit im Grundgesetz verankert[680], doch hatte er sich auch darüber verständigt, dass der Gesetzgeber diese zugunsten des Jugendschutzes einschränken könne.[681] Im Bereich von Film und Kino war so bereits die Freiwillige Selbstkontrolle der Filmwirtschaft (FSK) entstanden.[682] Fast alle Landtage berieten über ›Schmutz und Schund‹-Maßnahmen. Das ländlich-katholische, CDU-regierte Rheinland-Pfalz erließ im Herbst 1949 ein Gesetz, nach dessen Bestimmungen – neben staatlichen Behörden – auch die bischöflichen Ordinariate sowie Bildungs- und Jugendwohlfahrtsverbände die Indizierung jugendgefährdender Medien beantragen konnten.[683] So kam es, dass die CDU/CSU-Fraktion schon am 14. Oktober 1949 – fünf Wochen nach Beginn der ersten Wahlperiode – die Bundesregierung ersuchte, ein »Bundesgesetz gegen Schmutz und Schund« vorzulegen. Das sei nötig »angesichts der die deutsche Jugend und die öffentliche Sittlichkeit bedrohenden Entwicklung gewisser Auswüchse des Zeitschriftenwesens«.[684] Unterschrieben hatten den Antrag neben dem Fraktionsvorsitzenden Heinrich von Brentano und Paul Bausch weitere 24 Abgeordnete der Union, darunter alle elf Frauen der 162köpfigen Fraktion.[685] Die in Aachen beziehungsweise Köln gewählten Abgeordneten Helene Weber und Aenne Brauksiepe (die wie gesehen im *Treibhaus* besonders drastisch karikiert wird) besprachen sich mehrfach mit dem ›Volkswartbund‹, dessen Generalsekretär Michael Calmes auch vom Ausschuss für Jugendfürsorge als Sachverständiger gehört wurde.[686]

---

[679] S. STEINBACHER, Wie der Sex, 2011, S. 52.

[680] Artikel 5 Absatz 1 des Grundgesetzes in der Fassung vom 23. Mai 1949 lautete: »Jeder hat das Recht, seine Meinung in Wort, Schrift und Bild frei zu äußern und zu verbreiten und sich aus allgemein zugänglichen Quellen ungehindert zu unterrichten. Die Pressefreiheit und die Freiheit der Berichterstattung durch Rundfunk und Film werden gewährleistet. Eine Zensur findet nicht statt.« BGBl. 1949, Teil I, Nr. 1 vom 23. Mai 1949, S. 1–2.

[681] Mit Beleg der Verhandlungen des Parlamentarischen Rates: S. STEINBACHER, Wie der Sex, 2011, S. 50–51.

[682] J. KNIEP, »Keine Jugendfreigabe!«, 2010.

[683] Das rheinland-pfälzische Landesgesetz wurde dem Entwurf eines Bundesgesetzes beigefügt, genauso wie das Reichsgesetz von 1926: BT ANL., Drs. I/1101 vom 28. Juni 1950. – Vgl. S. STEINBACHER, Wie der Sex, 2011, S. 52.

[684] BT ANL., Drs. I/103 vom 14. Oktober 1949.

[685] S. STEINBACHER, Wie der Sex, 2011, S. 53.

[686] S. STEINBACHER, Wie der Sex, 2011, S. 55.

Gemessen an diesem hohen Tempo zu Beginn der Bonner Republik mussten sich die ›Schmutz und Schund‹-Kämpfer jedoch bald in Geduld üben. Das Gesetzgebungsverfahren zog sich in die Länge, und je länger es dauerte, desto offensichtlicher wurde »ein parlamentarischer Pragmatismus«, wie die Historikerin Sybille Steinbacher schrieb.[687] Der erste Bundestag hatte durchaus anderes zu tun, und zugleich erwies sich das Parlament als Kompromissmaschine. Da das Gesetz rechtsstaatlich einwandfrei sein sollte, gingen die Abgeordneten mit Gründlichkeit ans Werk. Zwei Jahre lang berieten die Ausschüsse; sie hörten Sachverständige, darunter Befürworter, aber auch Kritiker wie die Schriftsteller Stefan Andres und Erich Kästner. Immer wieder warfen sie einen vergleichenden Blick ins Ausland, wo es – in Belgien, den Niederlanden, Frankreich sowie der Schweiz und Österreich – ähnliche Debatten gab. Auch der deutsch-deutsche Systemkonflikt war ein wichtiger Faktor, weil man der DDR weder den Vorwurf der Zensur noch der sittlichen Dekadenz ermöglichen wollte.[688]

Angesichts der stockenden Verhandlungen mahnte am 8. August 1950 der Kölner Kardinal Joseph Frings gegenüber Bundestagspräsident Erich Köhler sowie Bundesratspräsident Karl Arnold, die »dilatorische Behandlung des Gesetzentwurfs« erfülle »den Episkopat mit größter Sorge«.[689] Als auch im Mai 1951 noch kein ›Schmutz und Schund‹-Gesetz beschlossene Sache war, klagten die »Hochwürdigsten Herrn Erzbischöfe« von Bamberg, Freiburg, Köln, München-Freising und Paderborn in einem gemeinsamen Brief an den Bundestag, dass die Beratungen des Gesetzentwurfs »trotz der Dringlichkeit scheinbar vollständig festgefahren« seien.[690] Während »anständige Verlage Not leiden«, erlebten »diese erotischen und halberotischen, kriminellen und verrohenden Schriften dank einer lauten und schamlosen Propaganda *eine neue Blüte*«, erklärten die südwestdeutschen Erzbischöfe. Da der Bundestag »in eine unerklärliche Lethargie« verfallen sei, verlangten sie »in tiefster Sorge um die sittlichen Schäden« eine schnellere Beratung: »Alle Rücksichten auf eine vermeintliche Schädigung der Geistes- und Pressefreiheit« seien »völlig abwegig angesichts der Gefahren« und der Zunahme der Sittlichkeitsverbrechen. Adressiert war der Brief an den Bundestag, angesprochen fühlten sich aber vor allem die CDU/CSU und das Zentrum. Daher antwortete nicht der Bundestag, auch nicht sein Präsident oder der Bundeskanzler, sondern – wie aus einem handschriftlichen Vermerk hervorgeht – einzelne Abgeordnete, etwa Franz Josef Strauß und Helene Wessel.[691]

---

[687] S. STEINBACHER, Wie der Sex, 2011, S. 63.
[688] S. STEINBACHER, Wie der Sex, 2011, S. 74–75.
[689] Frings an Köhler vom 8. August 1950, BT ParlA, GDok I/430, B1, Dok. 13.
[690] Hier und im Folgenden: Frings u. a. an den Bundestag vom 26. Mai 1950; BT ParlA, GDok I/430, B1, Dok. 22 [Hervorhebung B.W.].
[691] Frings u .a. an den Bundestag vom 26. Mai 1950; BT ParlA, GDok I/430, B1, Dok. 22 – Vgl. S. STEINBACHER, Wie der Sex, 2011, S. 66.

Am 17. September 1952 passierte das Gesetz schließlich doch den Bundestag. Es wurde mit 165 gegen 133 Stimmen bei sieben Enthaltungen angenommen.[692] CDU/CSU, Bayernpartei und Zentrum votierten für das Gesetz, die SPD geschlossen dagegen; Adenauers bürgerliche, aber nichtkatholische Koalitionspartner waren gespalten: Die anwesenden Abgeordneten von FDP und Deutscher Partei sagten je zur Hälfte Ja, zur Hälfte Nein. Allerdings stand das Gesetz über den Vertrieb jugendgefährdender Schriften damit noch nicht im Bundesgesetzblatt.

Vor allem die Zeitungen äußerten im Herbst 1952 nahezu unisono massive Kritik und staatspolitische Einwände. »Zuviel Zensur und zuwenig Rechtssicherheit«, kommentierte die *Zeit*.[693] Auch die *Frankfurter Rundschau*, die *FAZ* und die *Neue Zeitung* hielten den Rechtsstaat für gefährdet. Die *Welt der Arbeit* aus Köln, die Zeitung des Deutschen Gewerkschaftsbundes, kommentierte, der Bundestag habe sich nicht mal die Mühe gemacht, »eine tragbare Abgrenzung zwischen klerikaler und freiheitlicher Auffassung« zu finden, und fürchtete, das Gesetz werde sich in »den Händen der Bürokratie und geistiger Dunkelmänner […] gegen den freien Geist wenden.«[694] So bewährte sich die westdeutsche Presse »als wichtige Kontrollinstanz der Regierung, und ihre massiven Einwände wirkten sich unmittelbar auf das Gesetzgebungsverfahren aus, das sich letztlich immer weiter von dem entfernte, was die Sittlichkeitsverfechter hatten durchsetzen wollen«.[695] Parallel zum Vorhaben eines autoritären Bundespressegesetzes, das nach der überwältigenden Kritik in der Öffentlichkeit fallengelassen wurde (es wurde erst gar kein parlamentarisches Verfahren eingeleitet)[696], hatte die Medienöffentlichkeit der frühen Bonner Republik bewiesen, dass sie als liberales Korrektiv wachsam war.[697]

Im bundesrepublikanischen Föderalismus wurde anschließend der Vermittlungsausschuss einberufen. Das Ergebnis der jahrelangen ›Schmutz und Schund‹-Debatte – das Gesetz über die Verbreitung jugendgefährdender Schriften – war »ein Formelkompromiss«[698], mit dem die meisten Beteiligten irgendwie leben konnten. Zunächst waren viele verwaltungsrechtliche Details ungeklärt und harrten noch der ministeriellen Ausführungsbestimmungen. Insbesondere zählte der ›Volkswartbund‹ – anders als es zwischenzeitlich schien –

---

[692] BT STenBer., 1. WP, 230. Sitzung vom 17. September 1952, S. 10532–10556.

[693] Artikel »Zuviel Zensur und zuwenig Rechtssicherheit«; Die Zeit vom 30. Oktober 1952.

[694] Artikel »Wirklich nur Säuberung der Kioske?«; Welt der Arbeit (Köln) vom 26. September 1952.

[695] S. Steinbacher, Wie der Sex, 2011, S. 78.

[696] N. Frei, »Was ist Wahrheit?«, 1988; S. Buchloh, Zensur, 2002, S. 47–80; F. Bösch, Später Protest, 2008.

[697] Eine weitere Intervention der Presse für die Publikationsfreiheit war der ›Fall Platow‹. Siehe S. 321–331.

[698] S. Steinbacher, Wie der Sex, 2011, S. 81.

nicht zu den Institutionen, welche die Indizierung beantragen durften; das war nun allein dem Bundesinnenministerium sowie den obersten Jugendbehörden der Länder vorbehalten.

Seit dem Sommer 1953 war es verboten, an Jugendliche unter achtzehn Jahren Medien zu verkaufen, die geeignet seien, sie »sittlich zu gefährden«. Kinder und Jugendliche sollten vor Bildern und Texten bewahrt werden, in denen Gewalt, ideologische Inhalte und insbesondere Sexualität dargestellt wurden. Auch durften entsprechende Schriften öffentlich nicht beworben werden, etwa im Buch- und Zeitschriftenhandel. Als jugendgefährdend galten nach dem Gesetz »vor allem unsittliche« Medien und ausdrücklich solche, »die durch Bild für Nacktkultur werben«; generell galten Bilder als »Schriften im Sinne dieses Gesetzes«. Gemeint waren zwar gleichermaßen Publikationen, die »Verbrechen, Krieg und Rassenhass« verherrlichten. Genannt wurde dieses Kriterium aber erst an zweiter Stelle, nach den »unsittlichen« Inhalten. Nicht beanstandet werden durften Schriften wegen ihres politischen, weltanschaulichen oder religiösen Inhalts, ebenso wenig dann, wenn sie Kunst waren oder der Wissenschaft dienten.

Die offiziell verworfenen Schriften sollten fortan in einer Liste zusammengefasst werden. Mit der Indizierung war zwar kein allgemeines Verbot verhängt. Was als jugendgefährdend galt, konnte weiter gedruckt, gekauft und angeschaut werden (sofern keine Strafrechtsbestimmungen griffen). Allerdings wurde der Handel stark eingeschränkt. Daher hatte das Verbot, an Jugendliche zu verkaufen, Konsequenzen für Erwachsene. Da solche Schriften nicht mehr beworben werden durften, da sie am Kiosk nicht offen auslagen, gab es sie nur noch ›unter dem Ladentisch‹, und man musste danach fragen. Insofern begründete das Gesetz durchaus »eine Form der Nachzensur«.[699] Dazu passt, dass Jugendliche als mögliche Konsumenten straffrei blieben (denn sie galten als Opfer und Geschädigte). Das Gesetz richtete sich gegen Produzenten, Händler und Vertrieb. Wer dagegen verstieß, etwa als Buchhändler oder Kioskbetreiber, konnte mit einer Geldstrafe oder sogar Gefängnis bis zu einem Jahr bestraft werden.

Der repressive Umgang mit ›Schmutz und Schund‹ war die eine Seite der Medaille. Positiv ergänzt wurde er durch die Förderung des ›guten‹ Jugendbuchs, durch den Aufbau öffentlicher Bibliotheken, Bücherbusse und Buchsparmarken.[700] Schulen, Kirchengemeinden und Jugendämter organisierten Umtauschaktionen, bei denen man Heftchen gegen ein ›gutes‹ Buch einlösen konnte. So berichtete die evangelisch-konservative Zeitung *Christ und Welt* anerkennend über eine »Jugendschutzwoche« im münsterländischen Bocholt. Im Rathaus tauschte die Stadtverwaltung Sagenbände und Abenteuer-Romane gegen

---

[699] F. Bösch, Später Protest, 2008, S. 94. – Vgl. S. Buchloh, Zensur, 2002, S. 86.
[700] P. Jäschke, Produktionsbedingungen, 1993, S. 321–333.

›Schund‹ Literatur zum Kurs von 1:15. Die Jugendlichen »kamen in hellen Scharen und brachten ihre Pakete«, berichtete der Reporter.[701] Ein Junge erstand ein neues Lexikon für 15 Heftchen, die er eigens am Kiosk gekauft hatte. »Aber weshalb die neuen Hefte? Der Junge hatte dieses Buch in den Regalen gesehen [...], aber es kostete zwölf Mark. So viel Geld besaß er nicht. Aber sechs Mark für 15 Schmöker konnte er zusammenkratzen, und so bekam er sein Buch zum halben Preis.« Die eingesammelte ›Schund‹-Literatur wurde bisweilen öffentlich beerdigt oder sogar verbrannt.[702] »Man braucht nur unvermittelt die Schultaschen der Acht- bis Vierzehnjährigen zu kontrollieren und wird entsetzt sein über die Menge von Comics, die man hier finden wird«, erklärte Georg Schückler, einer der Protagonisten der Debatte, daher solle man »nicht zu ängstlich [sein], wenn man einen Scheiterhaufen für minderwertige und unsittliche Literatur errichten will«.[703]

Die Wirkungen des Gesetzes sind schwer zu bilanzieren. Einerseits berichteten Zeitzeugen, dass die Kioske sofort auf die Auslage von ›Erotica‹ verzichtet hätten; andererseits sind Serien wie *Billy Jenkins* nicht vom Markt verschwunden.[704] Dass Comics etwa seit 1953 immer beliebter wurden, beobachteten ›Schund‹-Kritiker mit Argwohn, weil Comics als ›Schund‹ »in konzentrierter Form« galten.[705] 1961 wurde das Gesetz novelliert, um Kriegs- und Landser-Hefte und deren »verrohende« Wirkungen mit aufzunehmen.[706] Kinderbuchforscher meinen, das Gesetz habe die Erneuerung der Jugendliteratur nach dem Zweiten Weltkrieg gehemmt und eine brave Betulichkeit befördert, wie sie dem verbreiteten Klischee der Fünfzigerjahre nahekommt: Welcher Jugendbuchautor hätte, als ständig der Verfall der Familie beklagt wurde, die propagierte Rollenverteilung zwischen Mann und Frau, Jungen und Mädchen angezweifelt? Wer hätte die Autorität der Kirche oder des Lehrers in Frage gestellt? Und welcher Verlag hätte das gedruckt? Eine originelle (west-)deutsche Kinderliteratur entwickelte sich demnach erst seit Mitte der Fünfzigerjahre, mit Michael Ende und Ofried Preußler, James Krüss, Janosch und Ursula Wölfel.[707]

---

[701] Artikel »Tauschgeschäfte«; CHRIST UND WELT vom 15. Januar 1953.

[702] Bei der Praxis, Literatur zu verbrennen, denkt man heute sofort an die Bücherverbrennung der Nationalsozialisten. Doch schon im Kaiserreich gab es ähnliche Aktionen: »Immer wieder stößt man in den Quellen darauf, dass Eltern bei den Kindern entdeckte Romanhefte mit größter Selbstverständlichkeit in den Ofen warfen. Die Symbolkraft des Ausbrennens, des Autodafé, prägte wirksamer als jedes Argument«, erklärt K. MAASE, Kinder der Massenkultur, 2012, S. 20. Die ›Schmutz und Schund‹-Aktivisten übersetzten diese symbolische Handlung vom privaten in den öffentlichen Bereich: ebd., S. 31.

[703] G. SCHÜCKLER, Jugendgefährdung durch Comics, 1954, S. 14 und 22.

[704] P. JÄSCHKE, Produktionsbedingungen, 1993, S. 324.

[705] G. SCHÜCKLER, Jugendgefährdung durch Comics, 1954, S. 1 und 18.

[706] P. JÄSCHKE, Produktionsbedingungen, 1993, S. 327.

[707] W. KAMINSKI, Kinder- und Jugendliteratur, 1993; P. JÄSCHKE, Produktionsbedingungen, 1993; G. MATTENKLOTT, Zauberkreide, 1994 [1989].

In jedem Fall trübte der ›Schmutz und Schund‹-Diskurs die Atmosphäre zwischen Schriftstellern und Intellektuellen auf der einen und den Kirchen, der CDU und der Bonner Republik auf der anderen Seite. Noch Jahrzehnte später erinnerte sich der Verleger Klaus Wagenbach, der in den Siebzigerjahren die Wortführer der linken Protestbewegung herausgegeben hat, mit Grausen der »scheinheiligen, verlogenen, bigotten Nachkriegsumwelt«, in der er aufgewachsen war. »Die Sexualfeindlichkeit der katholischen Kirche war empörend«, zürnte er, und dieser Zeitgeist habe ihm, Geburtsjahr 1930, das Leben lange schwer gemacht. Zudem: »Kaum war das Grundgesetz in Kraft, wollte es die CDU schon wieder durch ein Gesetz gegen ›Schmutz und Schund‹ einschränken (ohne darüber nachzudenken, dass Goebbels mit denselben Worten die Bücherverbrennung gerechtfertigt hat).«[708] Fast gleichlautend hatte im Jahr 1950 bereits Erich Kästner gegen das geplante ›Schmutz und Schund‹-Gesetz polemisiert, indem er es mit der Regelung aus dem Jahr 1926 gleichsetzte und auf das Schicksal der Weimarer Republik hinwies:

> Damals, zwischen Inflation und Hitlerei, gelang es ihnen [den ›Schmutz und Schund‹-Kämpfern, B.W.] durch ein ähnliches Gesetz mit dem gleichen ungezogenen Titel, das Ansehen der freien Künste in den Augen der Bevölkerung so herabzusetzen, daß es etliche Jahre später keiner sonderlichen Anstrengungen bedurfte, angesichts von Bücherverbrennungen und Ausstellungen ›entarteter‹ Kunst das erforderliche Quantum Begeisterung zu entfachen.[709]

Schriftstellern und Intellektuellen galt das ›Schmutz und Schund‹-Gesetz als ein wesentlicher, ihre Freiheit bedrohender Teil der politisch-kulturellen ›Restauration‹ in der frühen Bundesrepublik, ebenso wie die ›Wiederbewaffnung‹, der ›Wiederaufbau‹ und die Integrationspolitik gegenüber früheren Nazis. Im Herbst 1952 protestierte daher nicht allein die Presse gegen das Gesetz über den Vertrieb jugendgefährdender Schriften, sondern mehr oder weniger der gesamte Literaturbetrieb. Hans Henny Jahnn, Hans Erich Nossack und Wolfgang Weyrauch legten gegen das vom Bundestag beschlossene Gesetz »öffentliche Verwahrung« ein. Sie forderten den Bundesrat auf, »Verständnis für eine Lebensfrage der deutschen Freiheit zu zeigen und das Gesetz zurückzuweisen«.[710] Erich Kästner, der Vorsitzende des westdeutschen PEN-Zentrums, wandte sich im Namen von neunzig Schriftstellern und Verlegern an den Bundesrat, mit dem Argument, dass durch das vorliegende Gesetz die literarische Produktion beeinträchtigt werde.[711] Auch der Deutsche

---

[708] Artikel »Als Bub war ich ein Schwarzmarktkönig«; FAZ vom 1. Juni 2013.
[709] E. KÄSTNER, Werke, Band 2, 1998, S. 199. – Vgl. F. BEER, Jugend als Vorwand, 2012.
[710] Artikel »Schriftsteller protestieren«; DIE NEUE ZEITUNG vom 23. September 1952.
[711] Artikel »Kästner protestiert«; HAMBURGER ABENDBLATT vom 30. September 1952.

Journalisten-Verband, der Verband der Zeitungsverleger und der Gesamtrat
für das Deutsche Buch-, Musikalien- und Zeitschriftengewerbe stimmten mit
ein.[712]

Von Nossack stammte die Pointe, dass der Gesetzgeber konsequenterweise
»viele Märchen verbieten« müsste, denn durch deren Lektüre könnte irgendjemand auf die Idee kommen, »seine Stiefmutter in ein Faß mit Nägeln zu stecken und den Berg hinabzurollen«.[713] Weniger spöttisch als besorgt fügte Nossack hinzu, dass die ›Restauration‹ von Zensurmaßnahmen einmal als »ein erster
Schritt zur Uniformität und damit *zur Sterilität* unseres gesamten Lebens« bewertet werden könnte: »Und wenn Sie dann eines Morgens aus Protest einen
unsauberen Kragen anlegen, wird man Sie auffordern, Ihr Leben im Konzentrationslager zu beschließen.« Ähnlich grundsätzlich konstatierte der Psychologe
Alexander Mitscherlich »eine schlimme Kluft […] zwischen den geistigen und
politischen Exponenten unseres Landes«, und er fürchtete die »Handschellen
der Restauration«.[714] Leider werde in Deutschland Erziehung weiter mit Dressur
verwechselt, wobei man verkenne, dass die Lieblosigkeit der Erwachsenen und
ihre Neurosen für Heranwachsende weit gefährlicher seien als ein paar Aktfotos.
Mitscherlich fand es »erschütternd zu sehen, daß das deutsche Volk nicht quer
durch alle Parteien hindurch Männer und Frauen im Parlament hat, die soviel
Instinkt des Herzens, soviel eigene pädagogische Kunst mitbringen, daß ein Gesetz wie das von ihnen gebilligte nicht in seinen Anfängen in homerischem Ge-
lächter untergegangen wäre«.

Im Kontext des Intellektuellen-Protests meldete sich auch Wolfgang Koeppen zu Wort, und zwar im Oktober 1952 in der Zeitschrift *Die Literatur*. Diese
Blätter für Literatur, Film, Funk und Bühne, wie der Untertitel lautete, waren
1952 von Hans Werner Richter aus der Taufe gehoben worden. Damit waren
sie ein (wenn auch kurzlebiges) Organ der Gruppe 47.[715] Im Sinne des Herausgebers Richter hatte die *Literatur* den Zweck, Autoren, die er zum Umfeld
der Gruppe zählte, publizistisch zu unterstützen, indem er ihnen ein Forum
gab. Koeppen etwa schrieb für die *Literatur* den Essay *Die elenden Skribenten*,
in dem er sich über die Schlüsselroman-Rezeption seines Romans *Tauben im
Gras* beschwerte.[716] In der *Literatur* wurde zudem ein Auszug aus Alfred An-

---

[712] Artikel »Gegen Schmutz und Schund«; Südkurier (Konstanz) vom 9. Oktober 1952; »Zeitungsverleger gegen Schund- und Schmutzgesetz«; Die Neue Zeitung vom 21. Oktober 1952;
»Gegen das ›Schund‹-Gesetz«; FAZ vom 3. Oktober 1952.

[713] Artikel »Warum ich protestiere«; Die Neue Zeitung vom 8. Oktober 1952.

[714] Artikel »Wen kann man verführen?«; Rhein-Neckar-Zeitung vom 28. Oktober 1952.

[715] C. Hu, Vom absoluten Gedicht, 2004. – Die *Literatur* wurde nach 16 Ausgaben im November 1952 eingestellt.

[716] Artikel »Die elenden Skribenten« von Wolfgang Koeppen; Die Literatur vom 15. März 1952,
Nr. 1, S. 8; wiedergedruckt in: W. Koeppen, Gesammelte Werke, Band 5, 1986, S. 231–235.

derschs *Kirschen der Freiheit* gedruckt, genauso Heinrich Bölls *Bekenntnis zur Trümmerliteratur*.[717] Der 25jährige Student Jürgen Habermas schrieb einen Artikel gegen die konservative Kulturkritik im Allgemeinen und die christliche Sauberkeitsbewegung im Besonderen.[718] Die Redaktion der Zeitschrift besorgten Hans Georg Brenner, Klaus Heller und Walter Jens.

Im Oktober 1952, als Koeppen am *Treibhaus* schrieb, wandte sich die *Literatur* gegen das »neue Schund-und-Schmutz-Gesetz«, mit »Protest-Stimmen« von Luise Rinser, Günther Weisenborn und anderen. Auch Verleger wie Eugen Claassen äußerten sich gegen die »Sünde wider den Geist«.[719] Koeppen beteiligte sich gleich mit zwei Texten, fast so wie 1926 im Programmheft des Stadttheaters Würzburg. Einmal ließ er die seinerzeit eingestampfte Polemik gegen das ›Schmutz und Schund‹-Gesetz des Weimarer Reichstags wieder abdrucken, versehen mit dem Hinweis, dass dieser Text schon einmal der Zensur zum Opfer gefallen sei. Zum anderen erklärte Koeppen, dass auch das neue ›Schmutz und Schund‹-Gesetz seinen Zweck verfehlen werde, aber fatale Folgen nach sich ziehe könne:

> Die Dunkelmänner im Lande und in den Fraktionen werden Geisteskritiker, der Staatsanwalt und der Polizist Kunstrichter. Was unsittlich sei, bestimmen sie, und was ihnen unbequem ist, wird verboten. […] Unter dem Vorwand, die Jugend zu schützen, wird ein Weg beschritten, der schon einmal gegangen wurde und der heute, wie einst im Weimar-Staat, zu den Tafeln des *Stürmers* führte, zur öffentlich angeschlagenen und in den Schulen vorgelesenen Pornographie von Staats und Mordes wegen.[720]

Vor dem Hintergrund der ›Schmutz und Schund‹-Debatte liest man das *Treibhaus*, das ein Jahr nach dem öffentlichen Protest der Schriftsteller veröffentlicht wurde, mit anderen Augen. Koeppens Parlamentsroman war eine bittere Satire auf den ersten Bundestag sowie – in der Tradition von Dostojewskij und Tolstoj – eine tieftraurige Wutrede gegen bürgerlich-christliche Moralvorstellungen. *Épater les bourgeois*: Seit Baudelaire und Zola klappte das besonders gut mit Obszönitäten und der Treibhaus-Metapher, aber was hieß das im Einzelnen? Im *Treibhaus*-Roman springt der todtraurige Abgeordnete von der Brücke, während auf der Beueler Rheinseite ein »Gewinde von Glühbirnen das Wort RHEIN-

---

[717] Artikel »Die Kirschen der Freiheit«; DIE LITERATUR vom 15. September 1952, Nr. 13, S. 5.; »Bekenntnis zur Trümmerliteratur« von Heinrich Böll; DIE LITERATUR vom 15. Mai 1951, Nr. 5, S. 1 f.

[718] Artikel »Wider den moralpädagogischen Hochmut der Kulturkritik«; DIE LITERATUR vom 15. September 1952, Nr. 13, S. 6. – Vgl. C. HU, Vom absoluten Gedicht, 2004, S. 186–192.

[719] DIE LITERATUR vom 15. Oktober 1952, Nr. 15, S. 1 f.

[720] Artikel »Wolfgang Koeppen 1952«; DIE LITERATUR vom 15. Oktober 1952, Nr. 15, S. 1 f.

LUST« herüberleuchtet.[721] Keetenheuve sicht in Bonn Ehebruch, Homosexualität und Prostitution, nicht zuletzt bei seinen Streifzügen durch die Kneipen der Stadt. In einem Weinlokal beobachtet er, wie ein Priester einem »kleine[n] Mädchen« ein Achtel Wein bestellt, den *Osservatore Romano* liest und womöglich von den »roten Söckchen« träumt, die das Mädchen trägt.[722] »*Keetenheuve Kind Pädagoge und Paidophilist*«[723], heißt es in einem der selbstreflexiven Einschübe; auch er vermag »keinen Sieg über das Tier [in sich] zu erringen«.[724] Schon Elke, seine junge tote Frau, war in lesbischen Affären nicht glücklich geworden und dem Alkohol verfallen. Vor seinem eigenen Suizid verführt oder missbraucht der Abgeordnete in einem »Akt vollkommener Beziehungslosigkeit« das Flüchtlingsmädchen Lena auf einem Trümmergrundstück. Gleichzeitig verkehrt dort der Strippenzieher Frost-Forestier mit einem Strichjungen (im *Treibhaus* verkörpert Frost-Forestier, der die ›Wiederbewaffnung‹ organisiert, allegorisch einen militärisch-geheimdienstlichen ›Staat im Staate‹). All diese Beispiele zeigen: Bei Koeppen werden konsequent dunkle beziehungsweise verdrängte Phänomene von Verlangen, Schuld und Tod auf die Politik übertragen.

›Deutschland war ein großes öffentliches Treibhaus«, im Kontext der ›Schmutz und Schund‹-Debatte bedeuteten die Titelmetapher und jedes ihrer Motive – von der Geschlechtlichkeit über Gewaltphantasien bis zum Selbstmord – eine wüste Provokation. Gerade weil Treibhäuser in der europäischen Literatur- und Kulturgeschichte Triebhaftigkeit ebenso wie Einsamkeit repräsentieren, das Künstliche, Kranke und Abgründige, dienten sie dem antibourgeois motivierten Künstlerroman als Vorwurf gegen die ganze Nachkriegsgesellschaft, gegen ihre Politik, ihren Materialismus und ihre Wohnungsbaupolitik. Hier kreuzten sich zwei Symboltraditionen, denn der *Treibhaus*-Roman widerspricht den Intentionen der Architektur-›Moderne‹: »Wirklich, die Gründerjahre waren wiedergekehrt, ihr Geschmack, ihre Komplexe, ihre Tabus«, geht es Keetenheuve durch den Kopf.[725] In Opposition zur ›Wiederbewaffnung‹ und zum kleinbürgerlichen »Schrebergartenglück«[726] im ›Wiederaufbau‹ wollte Koeppen sein Buch – wie einen Stein – gegen das Glashaus werfen«, in dem das westdeutsche Parlament tagte.

---

[721] Hier und im Folgenden: W. KOEPPEN, Werke. Band 5: Das Treibhaus, 2010, S. 183 f. [Hervorhebung im Original].

[722] W. KOEPPEN, Werke. Band 5: Das Treibhaus, 2010, S. 126–128.

[723] W. KOEPPEN, Werke. Band 5: Das Treibhaus, 2010, S. 178.

[724] W. KOEPPEN, Werke. Band 5: Das Treibhaus, 2010, S. 11.

[725] W. KOEPPEN, Werke. Band 5: Das Treibhaus, 2010, S. 117.

[726] W. KOEPPEN, Werke, Band 5: Das Treibhaus, 2010, S. 105.

Abb. 31: *Les Fleurs du mal* von Charles Baudelaire – unveröffentlichtes Frontispiz von Félix Bracquemond (um 1857). © The Miriam and Ira D. Wallach Division of Art, Prints and Photographs: Print Collection / The New York Public Library Digital Collections (http://digitalcollections.nypl.org/items/510d47da-4521-a3d9-e040-e00a18064a99). Baudelaire beschrieb dem Karikaturisten und Fotografen Nadar, wie er sich das Titelbild für die zweite Auflage der *Fleurs du mal* ausmalte: »Hier ein baumartig gestaltetes Gerippe, dessen Beine und Rippen den Stamm bilden; die ins Kreuz gereckten Arme tragen Blätter und Knospen und breiten sich schützend über mehrere Reihen giftiger Pflanzen in kleinen Töpfen, die wie in einem Gewächshaus gestaffelt stehen.« Zitiert nach: C. Baudelaire, Sämtliche Werke und Briefe – Bd. 6, 1991, S. 21.

Abb. 32: Ein Zeitungsverkäufer auf der Königsallee in Düsseldorf – am 19. Mai 1951 fotografiert von Dolf Siebert. © Stadtarchiv Düsseldorf; StaD 5-8-0-410-150.0007.

Drittes Kapitel

Der Streit der Rezensenten
Die frühe Bundesrepublik und ihr Parlamentarismus im Spiegel der zeitgenössischen Rezeption des *Treibhaus*-Romans

1. Das *Treibhaus* und die Koeppen-Rezeption

Eine Leserin, Vicky Gräfin von Leyden, regte sich mächtig auf. Im März 1954 schilderte sie dem Bundespräsidenten ihr »Gefühl des Ekels und des Abscheus«, das von der Lektüre hervorgerufen worden sei.[1] Sie habe vom *Treibhaus* aus der Zeitung erfahren[2] und sich den Roman ins Krankenhaus bringen lassen, weil sie sich »für alles Weltgeschehen« und das Neuste aus »der engeren Heimat« interessiere. Doch seit sie das entsetzliche Machwerk gelesen habe, lasse die Empörung ihrem »kranken Herzen keine Ruhe« mehr. Täglich hoffe sie zu erfahren, dass man gegen das *Treibhaus* und dessen Verfasser vorgehe, zur Not gerichtlich. Aber leider, nichts dergleichen geschehe. »Läßt man sich das in Regierungskreisen gefallen?« fragte sie empört: »Fehlt der Mut?«[3]

Theodor Heuss antwortete, dass er »das Skandal-Buch« nur vom Hörensagen kenne. Die Lektüre nachzuholen habe er »keineswegs die Zeit und auch keine Lust«. Alles, was ihm darüber berichtet worden sei, spreche dafür, das *Treibhaus* für »literarisch minderwertig« zu halten. Die Geschichte unterscheide sich kaum von einigen Illustrierten, die angebliche Skandalberichte aus Bonn reißerisch in Szene setzten. Betont distanziert kanzelte Heuss, der als sprichwörtlicher Bildungsbürger gerade seine Jugenderinnerungen publiziert hatte[4], Koeppens Buch ab. Auch Hans Bott, der persönliche Referent des Präsidenten, ein ehemaliger Buchhändler und Verleger, zeigte sich unbeeindruckt. Er rechne damit, dass das *Treibhaus* keine Wirkung haben werde.[5] Freundlich im Ton und bestimmt in der Sache versuchte Heuss, die alte Dame, die aus der Kölner Familie von Op-

---

[1] Hier und im Folgenden: HEUSS: BEVÖLKERUNG, 2010, S. 323–325.
[2] Gräfin von Leyden bezog sich auf eine Rezension in der *Weltwoche* aus Zürich: »Bonner Skandälchen«, DIE WELTWOCHE vom 2. Januar 1954. – Autor der Rezension war der deutsche Journalist und spätere Publizistikwissenschaftler Harry Pross. Siehe S. 412–415.
[3] HEUSS: BEVÖLKERUNG, 2010, S. 323–325.
[4] Ein »menschlich erzählendes Buch«, wie Heuss schrieb: T. HEUSS, Vorspiele des Lebens, 1953, S. 15.
[5] Botts Notiz in: HEUSS: BEVÖLKERUNG, 2010, S. 323–325. – Heuss als Bildungsbürger und Intellektueller ist vielfach thematisiert worden: T. HERTFELDER, Das symbolische Kapital, 2000; A. WIRSCHING, Demokratie als Lebensform, 2012; P. MERSEBURGER, Heuss, 2012; J. RADKAU, Heuss,

penheim stammte[6], zu besänftigen. »Ein gerichtliches Einschreiten wird immer mit einem Mißerfolg endigen«, erklärte er, »da es ja, soweit ich weiß, ein Roman mit lauter unklaren Angaben ist, und die Erfahrung zeigt, daß ein solcher Prozeß eigentlich nur eine Reklame für das Buch darstellen würde.« Stattdessen empfehle er, gelassen über den Dingen zu stehen – gerade dann, wenn man von der Öffentlichkeit beobachtet werde.[7] Immerhin, tröstete der Bundespräsident, sei das *Treibhaus* ja fast in der gesamten deutschen Presse »um seiner rein boshaften Einstellung willen« abgelehnt worden.

Aber stimmt das? Haben die Rezensenten den Roman so einhellig abgelehnt, wie Heuss meinte? Das *Treibhaus*, so die gängige Erzählung der Koeppen-Rezeption, sei für den Literaturbetrieb und das Publikum eine Zumutung gewesen – unerträglich wegen der rücksichtslos kritischen Sicht auf die bundesrepublikanische Politik, aber auch wegen der anspruchsvollen Form des Romans. Daraufhin habe die Reaktion der Öffentlichkeit, hätten die Kritiken in der Presse sowie das weitgehende Desinteresse des Publikums mit dazu geführt, dass Wolfgang Koeppen, ein sensibler und nun offen verkannter Autor, seit 1954 keinen weiteren Roman mehr zum Abschluss gebracht habe. »Die meisten Rezensenten schrieben – sofern sie sich überhaupt äußerten – kühl oder geradezu feindlich«, meinte 1961 Marcel Reich-Ranicki, als er in der *Zeit* den Kritikern des Jahres 1953 rückblickend ihre Ignoranz vorwarf: »Es erwies sich also, daß die bundesrepublikanische Öffentlichkeit für Koeppens epische Formulierungen anstößiger Wahrheiten zunächst wenig und später überhaupt kein Verständnis hatte.«[8] Ein paar Jahre später, 1976, befand der Journalist Ulrich Greiner, der damals für das Feuilleton der *FAZ* arbeitete, in einem Suhrkamp-Bändchen: »Die deutsche Literaturkritik, genauer: die literarische Öffentlichkeit hat bei Wolfgang Koeppen versagt.«[9]

Da Koeppen ein kritischer Autor gewesen sei, reagierten die von ihm kritisierten Zeitgenossen beleidigt mit Gegenkritik, so lautet seit langem die Mehrheitsmeinung der Literaturgeschichte.[10] Angeblich folgte ein Verriss auf den an-

---

2013. – H. Möller, Staatsmann und Schriftsteller, 1990, S. 69 f., hebt hervor, dass Heuss einen traditionellen Literaturgeschmack hatte.
  [6] Victoria (Vicky) Gräfin von Leyden war die Witwe des Diplomaten Kasimir von Leyden. Geboren wurde sie 1861 als Victoria Ernestine Luise Leonie von Oppenheim, als Schwester des Bankerben.
  [7] Dass man sich im Präsidialamt geärgert habe über »ein abfälliges Bild von Heuss«, wie es im *Treibhaus* gezeichnet werde, erwähnt: J. Radkau, Heuss, 2013, S. 333 und S. 352 f.
  [8] Artikel »Der Fall Wolfgang Koeppen«; Die Zeit vom 8. September 1961; u. a. wieder gedruckt in: U. Greiner (Hg.), Über Wolfgang Koeppen, 1976, S. 105 f.
  [9] U. Greiner, Geschichte eines Misserfolgs, 1976, S. 9; ders., Literatur eines Unpolitischen, 1992, S. 102–104.
  [10] Chronologisch in der Tradition der zuvor zitierten Autoren: F. Trommler, Realismus in der Prosa, 1971, S. 202 f.; J. Peters, Koeppen, 1977, S. 303–305; E. Schütz/J. Vogt, Deutsche Literatur, 1980, S. 77; Literatur der BRD, 1983, S. 181 f.; K.-H. Götze, Koeppen: Das Treibhaus 1985, S. 124; L. Fischer, Leitfiguren, 1986, S. 209 f.; J. Hermann, Kultur im Wiederaufbau,

deren, und möglicherweise aufgeschlossene Leser (in der frühen Bundesrepublik vermutlich eh nur ein kleiner Kreis) seien daraufhin zurückgeschreckt. Eine der ersten Koeppen-Dissertationen etwa, die stark von Reich-Ranicki inspiriert war, kam daher Anfang der Siebzigerjahre zu dem Schluss: »Koeppens Standpunkt wurde völlig verkannt.« Zudem belege die »Empfindlichkeit« der Rezensenten, »wie weit die Restauration auch im Literaturbetrieb unter dem politischen Druck des Kalten Krieges schon gediehen war«.[11] Im Fall Koeppen – so schien es zunehmend unhinterfragt – hätten sich die Rezensenten, die Öffentlichkeit, fast ein ganzes Land gegen einen Schriftsteller verschworen. Tatsächlich war die *Treibhaus*-Polemik »zum Teil hasserfüllt«.[12] Bisweilen war der Ton so heftig, dass heutige Leser staunen. Stellenweise wirkt die Debatte wie ein Kritiker-Wettbewerb um die schärfste Formulierung und das härteste Urteil. Insofern scheint der Schluss nahezuliegen, dass Koeppens Roman abgelehnt wurde, dass der einsame Dichter, der Mahner und Warner, völlig allein stand. Doch wäre das nur die halbe Wahrheit. Beim genaueren Hinsehen wird deutlich, dass – neben der Ablehnung – viele anerkennende Rezensionen gedruckt wurden.[13]

Das *Treibhaus* wurde gelobt – für seine literarische Qualität, aber auch wegen der politischen Thematik. Nicht wenige Rezensenten haben Koeppens Buch verständnisvoll, ja wohlwollend besprochen. Neben der lauten Empörung kam Nachdenklichkeit zum Ausdruck; nur war diese vergleichsweise leise. Alles in allem waren Lob und Kritik in etwa gleich verteilt.[14] Lediglich wenn man negative Kommentare über die Hauptfigur, den ›Anti-Helden‹ Keetenheuve, als Ablehnung des ganzen Buches deutet (was man aus verschiedenen, nicht zuletzt literaturtheoretischen Gründen nicht tun sollte), überwiegt die Ablehnung. Noch wichtiger aber ist ein qualitatives Argument: Wichtige Medien, namhafte Rezensenten, einflussreiche Akteure des westdeutschen Kulturbetriebs zählten früh zu Koeppens Befürwortern und Unterstützern.

1986, S. 585; T. Michaelis, Paradigmen der Literaturkritik, 1986, S. 615; J. Vogt, Nonkonformismus, 1986, S. 283 f.; E. Schütz, Dilettant, 1987, S. 278 f.; H. Mayer, Die umerzogene Literatur, 1988, S. 119; Geschichte der Deutschen Literatur, 1989, S. 681–683; D. Basker, Chaos, control, and consistency, 1993, S. 11–16; H.-P. Söder, Schuld und Sühne, 1994, S. 35; A. Schalk, Bundesrepublik im Roman, 1997, S. 237; S. Eggert, Koeppen, 1998, S. 49 f. und 55; R. Ulrich, Vom »Magischen Sehen«, 1999, S. 354; P. Atyame, Nonkonformismus und Utopie, 2001, S. 38–47; L. Veit, Einsam in der Menge, 2002, S. 36 f.; R. Schnell, Geschichte, 2003, S. 209; A. Fürst, Im deutschen Treibhaus, 2003, S. 29 f.; G. & H. Häntzschel, Koeppen, 2006, S. 97 f.; O. Kobold, »Keine schlechte Klausur«, 2008, S. 14; C. Linder, Schwirren, 2009, S. 373; U. Berkéwicz, Das unerreichte Petra, 2010, A. Manola, Dichter-Seher, 2010, S. 224–227; S. 241; J. Ahmadi, Papst und Bienenkorb, 2015, S. 121; C. Adam, Traum, 2016, S. 348–351.
[11] D. Erlach, Koeppen als zeitkritischer Erzähler, 1973, S. 199–204, hier 200 f.
[12] H.-U. Treichel, *Treibhaus*-Kommentar, 2010, S. 222.
[13] A. Grafe, *Treibhaus* – Kommentar, 2006, S. 211; O. Bazarkaya, Zur Autorenrolle, 2013, S. 63 und S. 107–111.
[14] Siehe dazu das Verzeichnis im Anhang, S. 530–534.

Unabhängig davon, ob die literarische Öffentlichkeit das *Treibhaus* gefeiert oder verdammt hat – auf keinen Fall lassen sich die Besprechungen über einen Kamm scheren.[15] Die Meinungen über das *Treibhaus* gingen weit auseinander, die Argumente waren unterschiedlich, entgegengesetzt und gleichwohl meist aufeinander bezogen: Koeppens zweiter Nachkriegsroman wurde in der frühen Bundesrepublik zum Gegenstand eines intensiven Selbstverständigungsdiskurses über Literatur, Politik und den Zusammenhang der beiden gesellschaftlichen Teilsysteme. »Ist Bonn wirklich so«, fragte beispielsweise die *Hannoversche Allgemeine*: Der Gedanke an den politischen Gegenwartsbezug müsse »sich jedem Leser des Buches aufdrängen«.[16] Eine Woche später erwiderte der Rezensent der *Hannoverschen Presse*, dass er diese aktuelle Lesart für »wenig sinnvoll« halte: »Indem man so fragt, wird sogleich Verschiedenes absurd und unmöglich«.[17] Die zweite Meinung stammte von einem Schriftsteller, dem Lyriker Karl Krolow[18], der das *Treibhaus* für die Literaturseite der *Hannoverschen Presse* rezensierte. Demgegenüber stand die Besprechung der *Hannoverschen Allgemeinen* auf der Titelseite bei den politischen Nachrichten.[19] Von diesem Beispiel ausgehend, stellt sich die Frage, wie Schriftsteller und Journalisten, wie Feuilleton- und Politikjournalismus mit Koeppens Roman umgegangen sind.[20] Wie unterschiedlich reagierten – mit Pierre Bourdieu gesprochen – das literarische und das politisch-journalistische Feld, als mit dem *Treibhaus* ein Roman erschien, der vom Bonner Parlamentarismus handelte?

Die *Treibhaus*-Debatte offenbart die Widersprüche der Gesellschaft, in der das Buch geschrieben, publiziert, gelesen oder auch (wie von Heuss) nicht gelesen wurde. Umgekehrt verdeutlicht die zeitgenössische Rezeption die Ambivalenzen des Romans, der seinerseits den politischen, sozialen und kulturellen Zustand seiner Zeit reflektierte. Über das *Treibhaus* entbrannte eine lebhafte,

---

[15] Zur Begriffsdefinition: T. Anz, Rezensionswesen, 2013. – Als literatursoziologische Untersuchung der damaligen Literaturkritik: G. Häntzschel/A. Hummel/J. Zedler, Buchkultur der 50er Jahre, 2009.

[16] Artikel »Treibhaus Bonn«; Hannoversche Allgemeine Zeitung vom 20. November 1953.

[17] Artikel »Schillernder Film überm Abgrund?«; Hannoversche Presse vom 28. November 1953.

[18] Krolow hat 1952 vor der Gruppe 47 gelesen, zudem übersetzte er französische Gedichte. K. Krolow, Zeichen der Welt, 1952. – Vgl. A. Schäfer, Krolow, 2007; H. Klessinger, Bekenntnis, 2011, S. 72–95; F. Lampart, Nachkriegsmoderne, 2013, S. 192–255.

[19] Geschrieben hat die Rezension Wolfgang Wagner, der in Bonn als freier Korrespondent einen »Bauchladen« betrieb, d. h. mehrere Lokalzeitungen mit Berichten belieferte. Zu Wagner: Archiv der Bundespressekonferenz, Ehemalige Mitglieder 1967–1973, Ordner 3: S–Z.

[20] Der historischen Forschung gilt das Feuilleton der Fünfzigerjahre als vielstimmiges »Erprobungsfeld einer demokratischen Öffentlichkeit« sowie als »Ort elitär-intellektueller Selbstfindungen und Selbsterfindungen« [M. Payk, Geist der Demokratie, 2008, S. 216], während der Politik- und Nachrichtenjournalismus konsensorientiert, streitvermeidend und brav gewesen sei [C. v. Hodenberg, Konsens und Krise, 2006].

teils rabiate Debatte, mit der sich Politik und Öffentlichkeit der frühen Bundesrepublik charakterisieren lassen. Zur Aufführung kam eine Art Drama, in dem so unterschiedliche Akteure und Temperamente auftraten wie der Journalist Fritz René Allemann (*Bonn ist nicht Weimar*) und der Feuilleton-Herausgeber der *FAZ*, Karl Korn. Des Weiteren meldeten sich Schriftsteller zu Wort, Ernst von Salomon (*Der Fragebogen*) und Alfred Andersch (*Die Kirschen der Freiheit*) – sowie überhaupt viele Grenzgänger zwischen Literatur, Presse und Film. Zudem äußerten sich junge Journalisten, etwa Klaus Harpprecht und Georg Hensel, denen später, in den Sechziger- und Siebzigerjahren, eindrucksvolle Karrieren im bundesrepublikanischen Medienbetrieb gelungen sind. Sie alle haben Ende 1953, Anfang 1954 binnen weniger Monate das *Treibhaus* rezensiert.

Die Auseinandersetzung über das *Treibhaus* war immer politisch motiviert, sogar dann, wenn mit ästhetischen Kriterien argumentiert wurde. Auch Koeppen, das wird aus mehreren seiner zeitgenössischen Einlassungen deutlich, hob den politischen Charakter seines Romans hervor. Daher geben die *Treibhaus*-Rezensionen Aufschluss über die politische Mentalität der Fünfzigerjahre – selbst wenn man diese weniger sarkastisch bewerten mag als der Germanist Karl-Heinz Götze. Nach dessen Meinung zeigte die westdeutsche Öffentlichkeit damals genau jene Eigenschaft, die der Roman an ihr kritisiert habe: eine Feindseligkeit allem Feinsinnig-Geistigen gegenüber, eine Haltung, die der westdeutschen ›Restauration‹ entspreche.[21] Beim genauen Blick auf die zeitgenössische Rezeption wird deutlich, dass die Gemengelage der Fünfzigerjahre vielschichtiger war als oft angenommen.[22] Bei fast allen Beteiligten zeigen sich Unsicherheiten und Ambivalenzen; es gab überraschende Allianzen. Zudem scheinen einige Argumente nicht recht in die Bundesrepublik zu passen, weil sie aus dem Begriffsfundus der Weimarer Republik stammen. Koeppen und sein Roman sehen nicht mehr so unzweifelhaft linksintellektuell aus, wie man später meinte. Überhaupt mussten die meisten Akteure ihre Rollen erst üben. Insofern ist die Debatte über das *Treibhaus* ein Beispiel für die lernende Öffentlichkeit der frühen Bundesrepublik.

Doch zunächst noch ein paar Worte zur *Treibhaus*-Rezeption: Lange haben Reich-Ranicki und andere versucht, sich für Koeppen stark zu machen, für einen ihrer Meinung nach nicht angemessen gewürdigten Schriftsteller.[23] Dabei ging es ihnen um Gerechtigkeit und um Literaturpolitik. Ihre Mission ist ein wichtiges Motiv, warum die Koeppen-Rezeption seit 1961 als so negativ empfunden wurde. Lobende Rezensionen, viele Buchverkäufe, dazu der ein oder an-

---

[21] K.-H. Götze, Koeppen: Das Treibhaus, 1985, S. 13 und 130.
[22] G. Häntzschel/A. Hummel/J. Zedler, Buchkultur, 2009, am Beispiel von Hans Fallada: S. 69–91.
[23] C. Winter, Der Lautsprecher als Fürsprecher, 2014.

dere Literaturpreis – so hätte für Koeppens Freunde und Unterstützer der richtige Umgang mit dem Autor aussehen sollen. Die Wirkungsgeschichte verlief anders. Koeppen erhielt den Büchner-Preis, die wichtigste Auszeichnung des deutschen Literaturbetriebs, nachdem Reich-Ranicki öffentlich den ›Fall Koeppen‹ beklagt hatte. Zugleich war dieser Fall einer der Positionskämpfe, mit denen sich Reich-Ranicki, damals freier Literaturkritiker der *Zeit*, auf dem literarischen Feld durchgesetzt hat.[24] Noch im April 2012, kurz vor seinem Tod, erklärte der Kritiker: »Koeppen hat uns alle enttäuscht.« Mit Blick auf einen Autor, der ihm seit der ersten Begegnung 1957 viel bedeutete, resümierte Reich-Ranicki: Koeppen »*hätte* die große deutsche Figur der Nachkriegsliteratur werden *sollen*, wie in der ersten Jahrhunderthälfte Thomas Mann.«[25]

An diesem Anspruch gemessen, waren die meisten Rezensionen in der Tat enttäuschend, denn sie haben nicht dazu beigetragen, dass Koeppen die ihm zugedachte Rolle ausgefüllt hätte.[26] Reich-Ranicki jedoch hat hartnäckig für seine Wahrnehmung gekämpft. Als Literaturchef der *FAZ*[27] und im Verein mit anderen, namentlich dem Suhrkamp-Verleger Siegfried Unseld, für den Koeppen »der bedeutendste Chronist westdeutscher Nachkriegsgeschichte« war[28], versuchte Reich-Ranicki jahrzehntelang, dem Autor Mut zu machen, ihm unter die Arme zu greifen und ihn zu motivieren, damit er weiter schreibe und weiter publiziere. In dieser historischen Studie geht es jedoch um das Jahr 1953/54. Von Interesse ist dabei nicht, ob das *Treibhaus* nun (genug) gelobt oder (zu stark) kritisiert wurde. Entscheidend ist vielmehr, wer was getan hat und welche Motive oder Muster dahinter steckten. So gelesen, erhellt die *Treibhaus*-Debatte die politische Kultur der frühen Bundesrepublik.

---

[24] Vgl. J. AHMADI, Papst und Bienenkorb, 2015, S. 169–177. – 1958 war Reich-Ranicki als weitgehend unbekannter Remigrant in die Bundesrepublik gekommen. Mit Talent und Energie wurde er zum berühmtesten Kritiker, nicht zuletzt als Literaturchef der *FAZ* zwischen 1973 und 1988.

[25] Artikel »Es ist ein ekelhaftes Gedicht«; FRANKFURTER ALLGEMEINE SONNTAGSZEITUNG vom 8. April 2012 [Hervorhebungen B.W.]. In diesem Interview, in dem es um ein politisch umstrittenes Gedicht von Günter Grass ging, versuchte Reich-Ranicki letztmals, Koeppen als Hätte-könnte-wäre-Alternative zu positionieren.

[26] Alle Aufsätze und Reden über Koeppen, die Reich-Ranicki zu Lebzeiten des Schriftstellers verfasst hat, finden sich in dem Band: M. REICH-RANICKI, Koeppen, 1996. – Reich-Ranickis *FAZ*-Nachruf auf Koeppen erschien am 16. März 1996 unter der anspielungsreichen Überschrift »Der Dichter unserer Niederlagen«, wieder gedruckt in: M. REICH-RANICKI, Meine Geschichte, 2014, S. 379–385.

[27] Reich-Ranicki schrieb 1974 an Koeppen: »Mir ist ein Manuskript von Ihnen über jedes Thema und zu jeder Zeit höchst willkommen. Lassen Sie mich also bitte wissen, worüber Sie für uns schreiben könnten.« Zitiert nach: O. BAZARKAYA, Zur Autorenrolle, 2013, S. 154.

[28] Artikel »Auf dem Fantasieroß« von Siegfried Unseld; FAZ vom 13. April 1996. – Unselds Nachsicht war immens. Eine Suhrkamp-Abrechnung aus dem Jahr 1993 bilanzierte für Koeppen ein Minus von 268 574,01 DM an nicht zurückgezahlten Vorschüssen: G. & H. HÄNTZSCHEL, Koeppen – »Romanfigur«, 2006, S. 163; KOEPPEN/UNSELD: »ICH BITTE UM EIN WORT…«, 2006, S. 559.

2. Die *Treibhaus*-Debatte im Jahr 1953/54

2.1 »Ich finde Bonn ein Problem«: Koeppen im *Süddeutschen Rundfunk*

Schon bevor das *Treibhaus* in die Buchhandlungen kam, war im Radio davon die Rede. Im September 1953 gab es fünfzehn Minuten lang Wolfgang Koeppen im O-Ton. Im *Süddeutschen Rundfunk* las der Schriftsteller erstmals aus seinem neuen Roman.[29] Der Radiobeitrag war am 17. Juni 1953 (!) in Stuttgart aufgenommen worden, wo Koeppen gerade seine Schreibklausur im Bunkerhotel verlassen hatte. Kaum ans Tageslicht zurückgekehrt[30], wurde er von seinem Lektor, dem späteren Verleger Heinrich Seewald, interviewt. Auf dessen beflissene Äußerungen – »Herr Koeppen, ich glaube, wir brauchen Sie dem deutschen Publikum nicht mehr vorzustellen ...« – gab der Autor mit leiser Stimme kurze, präzise Antworten. Dabei bezogen sich Koeppen und sein Stichwortgeber von Anfang an auf den politischen Stoff des kommenden Romans. »Ich finde Bonn ein Problem«, erklärte Koeppen seine Gründe, warum er das *Treibhaus* geschrieben habe – ein Problem, »das uns alle angeht und uns alle berührt. Und da es mich etwas bedrückt, unsere ganze gegenwärtige Politik, fand ich eines Tages ein Thema für einen Roman da drin.«[31]

Nach diesem Auftakt las Koeppen fast neun Minuten aus dem Manuskript, das in Details noch überarbeitet werden würde.[32] Für die Radio-Lesung ausgewählt worden war die Szene aus dem *Treibhaus*, in welcher Keetenheuve zu spät zur Sitzung des Wohnungsbauausschusses erscheint und auch sonst keinen Zugang findet, weder zu seinen Parlamentskollegen noch zu der Materie, um die es geht – und erst recht nicht zum »Ausschussdeutsch«, mit dem sich die anderen Abgeordneten so scheinbar selbstverständlich verständigen: »Keetenheuve schwieg.«[33]

---

[29] Sendung »Wolfgang Koeppen liest aus seinem Roman *Das Treibhaus*«, Südwestrundfunk – Historisches Archiv, Archivnummer W0102164; erstmals ausgestrahlt am 12. September 1953.

[30] Koeppen blieb bis Anfang Juli 1953 in Stuttgart, um mit seinem dortigen Verlag Absprachen zu treffen; die erste Fassung des *Treibhaus*-Manuskripts hatte er Anfang Juni in Stuttgart abgeschlossen. Zum Bunkerhotel und dem *Genius loci*: O. Kobold, »Keine schlechte Klausur«, 2008, S. 14, sowie S. 45 f.

[31] Sendung »Wolfgang Koeppen liest aus seinem Roman *Das Treibhaus*«, Südwestrundfunk – Historisches Archiv, Archivnummer W0102164; erstmals ausgestrahlt am 12. September 1953, Minute: 01:05–01:23. – Gleichfalls im *Süddeutschen Rundfunk* hat Koeppen 1952 aus *Tauben im Gras* und 1954 aus dem *Tod in Rom* gelesen. Die Sendungen erwähnt, fürs *Treibhaus* allerdings mit falschem Datum: A. Estermann, Koeppen-Bibliographie, 1987, S. 409. Vgl. zudem Koeppens Brief an seine Frau vom 4. Juni 1953, in: Wolfgang und Marion Koeppen, 2008, S. 84 f.

[32] Seiner Frau schilderte Koeppen die Sorge, »dass S. [gemeint ist Seewald, B.W.] noch an grosse Änderungen und Ergänzungen denkt [...].« Brief vom 4. Juni 1953, in: Wolfgang und Marion Koeppen, 2008, S. 84.

[33] W. Koeppen, Werke. Band 5: Das Treibhaus, 2010, S. 99–103, hier S. 102.

Zwei Dinge waren bei dieser *Treibhaus*-Premiere im *Süddeutschen Rundfunk* nicht zu überhören. Das war *erstens* die Nachricht, dass ein deutscher Schriftsteller über den Bundestag geschrieben hat, einen Roman, der sich unmittelbar auf die politische Gegenwart 1953 bezog. Diese Botschaft der Aktualität und Relevanz wurde von Anfang bis Ende des Beitrags in aller Deutlichkeit ausgeführt: weil die vom Autor gelesene Szene im Innern des Bundestages spielte, in einem nichtöffentlichen Ausschuss; weil sie von der Entfremdung des Protagonisten im parlamentarischen Betrieb erzählte – und weil Koeppen einleitend betonte: »Ich muss dazu noch sagen, dass mich die nähere Beschäftigung mit der Politik unserer Tage sehr traurig gestimmt hat und dass wahrscheinlich auch etwas von diesem Empfinden der Traurigkeit in dem Buche drin sein wird.«[34]

Zweitens war das Motiv der Traurigkeit nicht zu überhören, das der folgenden Debatte wie in einer Ouvertüre den Grundton mitgab. Schon anlässlich der ersten *Treibhaus*-Lesung im *Süddeutschen Rundfunk* bezog Koeppen als Autor eine Position des Beobachters, der nicht dazugehört. Den durch Misstrauen und Traurigkeit bestimmten Abstand zum politischen Geschehen in Bonn versuchten der Autor und sein Lektor im Weiteren sogar noch zu vergrößern, indem sie die Distanz durch Bildungswissen und einen Gestus von Geist und Feinfühligkeit hervorhoben.[35] In diesem Sinne erklärte Koeppen, dass die Traurigkeit seines Buches politische Ursachen habe, während Dr. phil. Heinrich Seewald, Jahrgang 1918, sich an ein bürgerliches Trauerspiel erinnert fühlte. Seewald bemühte zudem einen Sinnspruch, der dem Grafen Oxenstierna zugeschrieben wird, einem schwedischen Kanzler aus dem Dreißigjährigen Krieg: »Du weißt nicht, mein Sohn, mit wie wenig Weisheit die Welt regiert wird.« Koeppen, der aus Vorpommern stammte, das im Dreißigjährigen Krieg verwüstet worden war, stimmte zu: Ja, das schöne Zitat könne als Motto über seinem Buch stehen.[36]

Trafen da also zwei Welten aufeinander, Geist und Macht? Einerseits der Bundespräsident, der das *Treibhaus* als Illustriertenmachwerk abtat, andererseits der Schriftsteller, der sich Politik als geistloses Geschäft vorstellte, das ihn traurig stimmte? Der *Süddeutsche Rundfunk* jedenfalls strahlte die Sendung am 12. September 1953 aus – immerhin drei Monate nachdem der Beitrag aufgenommen

---

[34] Sendung »Wolfgang Koeppen liest aus seinem Roman *Das Treibhaus*«, Südwestrundfunk – Historisches Archiv, Archivnummer W0102164; erstmals ausgestrahlt am 12. September 1953, Minute: 02:13–02:30.
[35] Seiner Frau schrieb Koeppen, dass Seewald »ein sehr gebildeter Mann ist, der Homer liest und die Griechen liebt«. Brief vom 27. April 1953, in: Wolfgang und Marion Koeppen, 2008, S. 35.
[36] Sendung »Wolfgang Koeppen liest aus seinem Roman *Das Treibhaus*«, Südwestrundfunk – Historisches Archiv, Archivnummer W0102164; erstmals ausgestrahlt am 12. September 1953, Minute: 01:45–02:15. – Der Ausspruch Oxenstiernas ist überliefert etwa in: E. Friedell, Kulturgeschichte der Neuzeit, Bd. 2, 1928, S. 13 f., wenn auch nicht als Aussagesatz, sondern als rhetorische Frage: »*An nescis, mi fili, quantilla prudentia regatur orbis?*; aber weißt Du denn nicht, mein Sohn, mit wie wenig Verstand die Welt regiert wird?«

worden war und trotzdem immer noch Wochen vor der Publikation des Romans Anfang November. Auch dieses Sendedatum war politisch motiviert, und es hatte mit dem Aufmerksamkeitskalkül der Beteiligten zu tun. Der *Treibhaus*-Beitrag lief genau am Samstag nach der zweiten Bundestagswahl. Eine knappe Woche nachdem die Westdeutschen am 6. September 1953 ihr Parlament neu gewählt hatten, konnte man im *Süddeutschen Rundfunk* dem Schriftsteller Koeppen dabei zuhören, wie er sich in die Seelenwelt eines fiktiven Abgeordneten hineinversetzte. Die Sendung wurde nicht mehr im Wahlkampf ausgestrahlt – das war mindestens dem Stuttgarter Verlag Scherz & Goverts zu heikel. Die Sendung lief aber auch nicht erst Wochen nach der Wahl, wenn das Thema nicht mehr aktuell gewesen wäre. Der Zeitpunkt war gut gewählt: So entsteht Interesse.

2.2 Ein beachtetes Buch: Das *Treibhaus* im Interesse der Medien

Das *Treibhaus* weckte die Aufmerksamkeit der Medien. Sofort nachdem es am 4. November 1953 erschienen war, berichteten in der ersten Woche die *Frankfurter Allgemeine,* die *Zeit*, die *Frankfurter Rundschau* und die *Süddeutsche Zeitung*. Schon am Tag der Veröffentlichung des Romans brachte der *Spiegel* einen ausführlichen Bericht; zudem druckte das Magazin mehrere Zitate und einen langen Textauszug: Alles in allem räumte der *Spiegel* dem *Treibhaus* etwa ein Zehntel seines Heftumfangs ein! Die allererste Rezension stand indes in der *Welt am Sonntag*, drei Tage bevor das *Treibhaus* in den Handel kam. Die Besprechung fällte zwar ein vernichtendes Urteil, sie erregte aber ihrerseits einiges Aufsehen.

Allein im November 1953 erschienen rund zwei Dutzend Rezensionen.[37] Darüber hinaus spielte der Roman auch in anderen medialen Formaten eine nicht unbedeutende Rolle. Zum Beispiel stellte die *Neue Zeitung* eine Analyse der parteiinternen Debatten der SPD nach ihrer Wahlniederlage unter die Überschrift »Diskussion bei Knurrewahns«. Sie leitete den Artikel mit einem langen Zitat aus dem *Treibhaus* ein, inklusive Quellenangabe.[38] Auch die *Süddeutsche Zeitung* belebte einen Bericht über die neu konstituierten Ausschüsse des zweiten Bundestages mit einem Verweis auf die Romanfigur Keetenheuve. Da ein Parlamentsausschuss »ein abstraktes Gebilde« sei, bemühte sich Fritz Brühl, Bon-

---

[37] Nicht mitgezählt sind bloße Hinweise auf das *Treibhaus*, etwa in: Die Neue Rundschau 64 (1953), 4, S. 638.; Das deutsche Buch 1954, 1, S. 19. – Als Beispiel für ein deutsch-französisches Forum eine von Louis Clappier redigierte Zeitschrift: Allemagne d'aujourd'hui 1 (1952/53), 7, S. 855. Von Clappier stammt die französische Übersetzung von *Tauben im Gras*: W. Koeppen, Pigeons sur l'herbe, 1953. Dass Clappier, der in Mainz lebte, mit Koeppen bekannt war, belegt Koeppens Briefwechsel: Wolfgang und Marion Koeppen, 2008, S. 49 f. und 60.
[38] Artikel »Diskussion bei Knurrewahns«; Neue Zeitung vom 28. November 1953.

ner Korrespondent der *SZ*[39], die Arbeit der Ausschüsse mit »dem zur Zeit meist genannten Mitglied des Bundestags« anschaulich und interessant zu machen.[40] Nicht nur Keetenheuve genoss also einige Bekanntheit. Vermutlich hat der Journalist Brühl selbst mit Koeppen über seinen geplanten Artikel gesprochen und ihm sogar den Zeitpunkt der Veröffentlichung angekündigt. Der Schriftsteller erwähnte Brühls Ausschuss-Bericht in einem Brief an Goverts Wochen bevor der Text in der *Süddeutschen Zeitung* stand.[41]

Zu den Besprechungen in den großen Blättern kamen im Spätherbst 1953 zahlreiche regionale, auch milieuspezifische Zeitungen hinzu, und zwar aus dem gesamten deutschsprachigen Raum: von Aachen über Bremen bis nach Bozen in Südtirol, wo Horst Rüdiger, ein späterer Bonner Literaturprofessor, das *Treibhaus* sehr lobte.[42] Auch als im Dezember 1953 einige der in der Nachkriegszeit so wichtigen politisch-kulturellen Zeitschriften mitzogen – die *Frankfurter Hefte*, die *Gegenwart* oder der *Merkur* –, war die Debatte über Koeppens neues Buch noch längst nicht zu Ende. Bei 80 Rezensionen, die 1953/54 erschienen und heute bekannt sind, lässt sich feststellen, dass das *Treibhaus* in der literarischen Öffentlichkeit weithin beachtet wurde.

Fast jede Rezension betonte den spektakulären Charakter des Romans, der aus seinem politischen Gegenwartsbezug resultierte. »Wolfgang Koeppens Aufsehen erregende[r] Bonn-Roman«, hieß es dann beispielsweise.[43] Oder: »Bonn hat seine erste literarische Sensation.« Der politische Korrespondent der *Hannoverschen Allgemeinen*, von dem diese Einschätzung stammte[44], berichtete weiter: »Vierzehn Tage nach seinem Erscheinen« sei das *Treibhaus* »in Bonn in keiner der vielen Buchhandlungen noch zu erhalten«.[45] Das aktuelle, ungewöhnliche Thema passte hervorragend zu den Erwartungen der Medien. Allerdings hat Koeppens Verlag Scherz & Goverts das Interesse der Öffentlichkeit anscheinend nicht weiter geschürt. Mehrere Rezensenten erwähnten bedauernd, dass sie das *Treibhaus*, von dem seit längerem schon die Rede sei, auf der Frankfurter Buchmesse nicht bekommen hätten.[46] Auch bei den Buchanzeigen und der Verlags-

---

[39] Zu Brühl: Archiv der Bundespressekonferenz, Ehemalige Mitglieder 1950–1959; Ordner 1: A–H.

[40] Artikel »Bonns verlockendste Bastionen: die Ausschüsse«; SÜDDEUTSCHE ZEITUNG vom 12./13. Dezember 1953.

[41] Brühls Artikel erschien am 12./13. Dezember 1953, Koeppen erwähnte ihn aber schon am 21. November und kündigte das Erscheinen für Mitte Dezember an: Koeppen an Goverts, Brief vom 21. November 1953, WKA/UB Greifswald 24436.

[42] Artikel »Wespennest im Treibhaus«; DER STANDPUNKT (Bozen) vom 11. Dezember 1953, Nr. 50/1953, S. 7; wiedergedruckt in: U. GREINER (Hg.), Über Wolfgang Koeppen, 1976, S. 54–59.

[43] Artikel »Der Ekel der Unzulänglichkeit«; RUHRWACHT (Oberhausen) vom 28. November 1953.

[44] Siehe S. 302.

[45] Artikel »Treibhaus Bonn«; HANNOVERSCHE ALLGEMEINE ZEITUNG vom 20. November 1953.

[46] Zur Buchmesse, die 1949/50 in der Paulskirche stattfand: P. WEIDHAAS, Frankfurter Phoenix, 2009.

reklame, die ein fester Bestandteil vieler Zeitschriften war, tauchte die Neuerscheinung im Herbst 1953 nicht auf. Für die Annahme, dass Koeppens Verlag sich zumindest indifferent verhalten hat, spricht zudem das Timing der Publikation. Das *Treibhaus* kam Anfang November 1953 auf den Markt, irgendwann zwischen der zweiten Bundestagswahl, der Buchmesse und dem Weihnachtsgeschäft. Vom verlegerischen Standpunkt scheint das nicht besonders günstig.

In Anbetracht der Tatsache, dass in der Bundesrepublik damals pro Jahr 14 000 Bücher neu erschienen[47], war die mediale Resonanz des *Treibhaus*-Romans mit 80 Rezensionen sehr hoch. Zum Vergleich: Während vom Scherz & Goverts-Verlag leider keine einzige *Treibhaus*-Rezension überliefert wurde, geht die literaturwissenschaftliche Forschung bei Alfred Anderschs *Kirschen der Freiheit* von 77 Rezensionen aus.[48] Anderschs autobiographisch inspirierte Erzählung über seine Desertion als Wehrmachtssoldat erschien ein Jahr vor dem *Treibhaus* und war (geschichts-)politisch ähnlich streitbar.[49] In den Fünfzigerjahren wurde Andersch, nicht zuletzt infolge der *Kirschen der Freiheit*, als Schriftsteller, Radio-Redakteur und Zeitschriften-Herausgeber eine Schlüsselfigur des westdeutschen Literaturbetriebs und zu einem linken Intellektuellen *par excellence*.[50] In dieser Bilderbuchkarriere brachte sein Bekenntnis von 1952, ein Anti-Kriegsheld gewesen zu sein, den Durchbruch. Da aber die öffentliche Resonanz auf das *Treibhaus* gleich stark war[51], lässt sich vermuten, dass Koeppens Parlamentsroman über die Frage der ›Wiederbewaffnung‹ mindestens so umstritten war wie die Schilderung einer Desertion im Zweiten Weltkrieg. Mediale Aufmerksamkeit war jedenfalls vorhanden.

Auch bei Heinrich Böll urteilten die Rezensenten uneinheitlich wie bei Koeppen. Dem seit 1953 rasant wachsenden Ruhm Bölls konnte das nichts anhaben, im Gegenteil.[52] Im Jahr 1953/54 wurde das Interesse der Öffentlichkeit sogar so stark, dass sich der Schriftsteller zeitweise in die Abgeschiedenheit Irlands zurückzog.[53] Übrigens war Bölls Frühwerk (*Der Zug war pünktlich*, 1949; *Wanderer kommst Du nach Spa …*, 1950; *Wo warst Du Adam?*, 1951) noch

---

[47] Eine »Überproduktion« konstatierte der Sprecher des Börsenvereins Deutscher Verleger- und Buchhändlerverbände: S. Taubert, Buch und Buchmarkt, 1954, S. 89. – Gleiche Zahlen bei: »Kritisches und Interessantes vom Buchmarkt der Bundesrepublik«; Frankfurter Hefte 8 (1953), 10, hier S. 757.

[48] V. Wehdeking, Andersch, 1983, S. 61, mit Bezug auf das Archiv des Claassen-Verlags.

[49] A. Andersch, Werke Band 5, 2004 [1952]. – Vgl. J. Döring/F. Römer/R. Seubert, Andersch desertiert, 2015.

[50] Siehe S. 491 f.

[51] V. Wehdeking, Andersch, 1983, S. 61, kommt zum Eindruck einer »leicht positiven Bewertung« bei 40 zustimmenden, 23 ambivalenten und 14 negativen Rezensionen für die *Die Kirschen der Freiheit*.

[52] So auch: K.-H. Götze, Koeppen: Das Treibhaus, 1985, S. 122 f.

[53] C. Linder, Schwirren, 2009, S. 392 und 356–358.

in dem Opladener Verlag von Friedrich Middelhauve erschienen, dem Vorsitzenden des politisch rechtslastigen FDP-Landesverbandes in Nordrhein-Westfalen.[54] Im März 1953 erschien Bölls erster Titel bei Kiepenheuer & Witsch: *Und sagte kein einziges Wort*.[55] Das Buch und der Verlagswechsel brachten den großen, nicht zuletzt finanziellen Erfolg. Hinzu kamen die Literaturpreise: 1951 der Preis der Gruppe 47, 1952 der René-Schickele-Preis, 1953 neben anderen der Preis des Verbands Deutscher Kritiker sowie der Erzählerpreis des *Süddeutschen Rundfunks*, außerdem die Aufnahme in die Deutsche Akademie für Sprache und Dichtung.[56] Ende der Fünfzigerjahre hatten Bölls Bücher eine Auflagenhöhe von mehr als zwei Millionen erreicht.[57] Dass Wolfgang Koeppen keinen nur ansatzweise vergleichbaren Erfolg beim Publikum hatte (nicht einmal nachdem Koeppen zu Suhrkamp gewechselt war und seit den Sechzigerjahren mit Preisen geehrt wurde), mag verschiedene Ursachen haben. Sicher ist indes: Zu diesen Gründen zählte nicht das mangelnde Interesse der Rezensenten.

In der Kritik war der *Treibhaus*-Roman zwar umstritten, er wurde aber stark beachtet. Im Dezember 1953 zeigte sich selbst Koeppen ganz zufrieden mit den kontroversen Reaktionen auf sein Buch. Jedenfalls schrieb er seinem Verleger selbstbewusst, dass man »dieses Gerede [...] ruhig mal weitergehen lassen« solle.[58] Selbstverständlich sei »man in Bonn verstimmt; aber auch das wird vorübergehen«. Außerdem habe er »von einem grossen Fest in Bad Neuenahr« erfahren, bei dem das *Treibhaus* »Gesprächsstoff« gewesen sei. Bei dem großen Fest, das Koeppen meinte, handelte es sich um den Bundespresseball, der seit 1951 von den Bonner Journalisten der Bundespressekonferenz ausgerichtet wurde. Tatsächlich ging es am 28. November 1953 im Kurhaus von Bad Neuenahr mehrfach um das *Treibhaus*, wie ein Blick in die Ballzeitung belegt. Schon auf der ersten Seite, im Geleitwort an die »teuerste[n] Festbesucher«, gab Walter Henkels, der Conférencier unter den Bonner Journalisten, den heiteren Ton vor. Henkels schrieb namens der Bundespressekonferenz allen »Gästen einen Gruß zum Presseball«, die Tischvorlage für einen ausgelassenen Abend – adressiert an alle, »wie ich euch hier erblicke, Präsidenten und Minister, Oppositionelle und Kanzler-Schuhputzer, [...] Hansdampfe und Hanswurste der Gutenbergschen Erfindung, [...] ihr Keetenheuves des Koeppenschen *Treibhauses*«.[59]

---

[54] V. Böll/M. Schäfer/J. Schubert, Böll, 2002, S. 63–74. Zu Middelhauve: N. Frei, Vergangenheitspolitik, ²2003, S. 365–380; K. Buchna, Nationale Sammlung, 2010.

[55] F. Möller, Buch Witsch, 2014, S. 15–18 und 600 f.; ders., Glücksrad, 2015, S. 186–207.

[56] Eine Aufzählung aller Preise bei: V. Böll/M. Schäfer/J. Schubert, Böll, 2002, S. 115 und 176 f.

[57] V. Böll/M. Schäfer/J. Schubert, Böll, 2002, S. 86.

[58] Hier und im Folgenden: Koeppen an Goverts, Brief vom 9. Dezember 1953, WKA/UB Greifswald 24437.

[59] Almanach 1951, S. 1.

So hatte das *Treibhaus* seinen Auftritt beim Bundespresseball: als Gegenstand des Amüsements und als Bezugspunkt, dessen Bekanntheit unter den anwesenden Politikern und Journalisten vorausgesetzt werden konnte. Belustigte Anspielungen ziehen sich – mal mehr, mal weniger subtil – durch den gesamten *Almanach*. Sie stehen neben einem Gedicht des Bundespräsidenten Heuss und einer »Elegie im November«, mit welcher Carlo Schmid die Journalisten bedachte. Auf das *Treibhaus* gemünzt waren sogar einige der »Bonn Mots«, die ein englischsprachiger Journalist als Glossar der westdeutschen Politik gesammelt hat. Unter O wie Opposition hieß es: »A novelty in German politics which is so *novel* it can't believe in its own existence.« Das war ein Wortspiel mit dem mehrdeutigen Wort »novel«, das als Adjektiv »neu« oder »ungewöhnlich« bedeutet, als Nomen aber auch den »Roman« bezeichnet. Und unter C wie »climate« stand da: »Eins von zwei Themen in Bonn«.[60] Schließlich bekam das *Treibhaus* in der Ballzeitung der Hauptstadtpresse sogar die Ehre einer eigenen Satire: »Das Treibhaus«, verfasst von einem gewissen »Wolfgang Doeppen« vom »Best & Seller Verlag«, »Copy riecht 1984«, hieß es da. Durch den Kakao gezogen werde »dieses Treibhausklima, in dem man sich an den Koeppen kriegt«.[61]

2.3 Ein großer Wirrwarr? Koeppen beim Kölner ›Mittwochgespräch‹

Ein Jahr nach den ersten Rezensionen antwortete Wolfgang Koeppen seinen Kritikern. Am 1. Dezember 1954 diskutierte er in Köln über »Sinn und Unsinn der Literaturkritik«, wie das Thema des 192. ›Mittwochgesprächs‹ lautete.[62] Diese ›Mittwochgespräche‹ waren eine Institution im öffentlichen Leben Kölns und weit über die Stadt hinaus bekannt: als regelmäßig stattfindende, lebhafte Diskussionsveranstaltung. Organisiert wurden sie vom Kölner Buchhändler Gerhard Ludwig – um mehr Bücher zu verkaufen, wie er unumwunden einräumte.[63] Es ging ihm aber auch darum, die Menschen ins Gespräch zu bringen über Literatur, Politik und aktuelle Themen aus Kunst und Sozialwissenschaft. Die ›Mittwochgespräche‹ waren eine frühe Form der Talkshow, allerdings unter Anwesenden und unter Einbeziehung des Publikums. Seit 1950 wurde an einem öffentlichen Ort *par excellence* diskutiert: dem Hauptbahnhof. Bis 1956 lautete hier wöchentlich das Motto: »Freier Eintritt, freie Fragen, freie Antworten«.[64] In den

---

[60] Artikel »Bonn Mots – Deft Definitions for the Politically Puzzled« von Arthur Williamson; Almanach 1953, S. 29.
[61] Artikel »Das Treibhaus«, laut Impressum von Peter Kempnich: Almanach 1953, S. 64–69. Der Journalist Kempnich wechselte später ins Auswärtige Amt. Vgl. W. Henkels, Lokaltermin, 1968, S. 88.
[62] Kölner Mittwochgespräche, 1991, S. 188.
[63] R. Steinberg, Kölns Kopfbahnhof, 1991, S. 25.
[64] Über die ›Mittwochgespräche‹ gibt es kaum Literatur. Vgl. Kölner Mittwochgespräche, 1991. – Daher ist es ein großer Verlust, dass der Nachlass Ludwigs, zu dem Fotos, Korrespondenz

Bahnhof kamen prominente Gäste, von Ludwig Erhard über Rudolf Augstein bis zu Gustaf Gründgens. Und gerade weil die Debatten ›nur‹ im Wartesaal der dritten Klasse stattfanden, ergab sich eine direkte Gesprächskultur ohne starre Hierarchien und Konventionen.

In der frühen Bundesrepublik wirkten Gesprächsforen wie die ›Mittwochgespräche‹ als Schule der freien Debatte.[65] Das Format der Diskussion war genauso wichtig wie deren Inhalte, weil das an Zensur und Propaganda gewöhnte Publikum direkt miterlebte, dass der Austausch kontroverser Meinungen sogar Spaß machen konnte. In Köln begann der Mittwochabend jeweils um 18 Uhr, er dauerte zwei Stunden, und davon gehörten dem prominenten Gast gerade einmal die ersten fünfzehn Minuten für ein knappes Eröffnungsreferat. Zuspitzung und Polemik waren ausdrücklich erwünscht, weil es ja keine akademische Veranstaltung sein sollte. Im Publikum drängten sich regelmäßig Hunderte Zuhörer und Mitdiskutanten. Die Luft im überfüllten Saal war meist stickig – und die Diskussionen oft so hitzig, dass man auf Fotos sieht, wie Referenten ihre Jacketts abgelegt hatten und in Hemdsärmeln diskutierten. »Geist in der Sauna«, überschrieb daher die *Frankfurter Allgemeine* einen Artikel, in dem sie über einen Abend mit Ernst Rowohlt berichtete: »Im Saale schwebte tropische Hitze, und manche Teilnehmer fühlten sich einer Ohnmacht nahe«.[66]

In dieser Schule des öffentlichen Diskurses war natürlich auch die Auseinandersetzung über das *Treibhaus* von Interesse. So begab sich Koeppen in die geistreiche Sauna, um über »Sinn und Unsinn der Literaturkritik« zu sprechen. Der Buchhändler, Kunsthistoriker und Kritiker Albert Schulze Vellinghausen erläuterte in seinem Bericht für das Feuilleton der *FAZ*, Koeppen habe mit dem *Treibhaus* »ein tatsächlich farbfrohes Bukett extrem entgegengesetzter Beurteilungen« geerntet; »farbfroh insofern, als die Skala von flammender Entrüstung und pechschwarzem Ekel bis zu hoffnungsfrohen Segenswünschen und azurblauer Begeisterung reichte«.[67] Koeppen sei, und das dürfe er »sich zur Ehre rechnen«, mit seinem Buch in »ein wahres Kreuzfeuer« geraten.

Am 1. Dezember 1954 rekapitulierte Koeppen die *Treibhaus*-Kontroverse aus seiner Sicht, indem er auf die Widersprüchlichkeit der Rezensionen hinwies. Nach Meinung seiner Kritiker habe er seine Chance als Autor verpasst *oder* aber wahrgenommen; habe er ein langweiliges *oder* ein aufregendes Buch geschrieben; sei er ein Nihilist *oder* ein Moralist, der die ewige Aufgabe des Dichters er-

---

und Tonbandmitschnitte gehörten, am 3. März 2009 mit dem Einsturz des Stadtarchivs versunken ist.

65 N. Verheyen, Diskussionslust, 2010; A. Parkinson, Emotional State, 2015; A. Schulz, Parallelwelten, 2017.

66 Artikel »Geist in der Sauna«; FAZ vom 9. Oktober 1953.

67 Artikel »Mittwoch, der 192.«; FAZ vom 4. Dezember 1954.

fülle – »und alle diese so gegensätzlichen Behauptungen«, so Koeppen in Köln, »lassen sich wörtlich belegen«.[68] Was manche Kritiker für krass pornographisch hielten, sei für andere ein Ausdruck von Welttraurigkeit. Koeppen resümierte, sein Roman sei von vielen »Ignoranten« besprochen worden, die ihm vorgeworfen hätten, nicht mehr im Stil von Fontane und Storm zu schreiben, sondern stattdessen James Joyce nachzuahmen, der doch längst überholt sei.[69] Auch ihre ständige Frage nach dem Positiven, nach dem, was in seinem Buch denn Anlass zur Hoffnung gebe, könne er nur mit Verweis auf den biblischen Hiob, auf *Hamlet* und *Macbeth*, auf Kafka und Proust beantworten – wo sei denn bei denen das Positive, außer dass es sich um große Kunst handele?

Koeppens Replik bestand darin, die Kritiker zu kritisieren. Er bezweifelte – und vielleicht äußerte sich darin seine Verletztheit –, dass ihr Urteil gerecht sei. Darüber hinaus ging er zum Gegenangriff über, als er die Literaturkritik der Fünfzigerjahre für weitgehend einflusslos erklärte. Sie habe den Kontakt zu den Menschen und die Anbindung an die Öffentlichkeit verloren. Daher werde jeder Kinofilm rezensiert, während Literaturbesprechungen in der Presse nur nebenbei liefen und die Kritiker »ein Aschenbrödeldasein« führten.[70] Nutzlos seien ihre Rezensionen obendrein, sagte Koeppen, denn wenn er auf seine Kritiker hören würde, könnte er keinen Satz mehr schreiben. Deutete sich hier bereits das ›Schweigen‹ an, für das Koeppen jahrzehntelang berühmt war? Im Kölner Hauptbahnhof meldete sich daraufhin ein Zuhörer und meinte, Koeppen könne doch mit der öffentlichen Resonanz, die das *Treibhaus* hervorgerufen habe, ganz zufrieden sein. Das Für und Wider der Rezensionen mache schließlich deutlich, dass sein Roman »etwas Produktives« sei.

Nach den Maßstäben des Buchhändlers Ludwig, dem es nicht zuletzt ums Spektakel ging, war der Abend mit Koeppen jedoch keine Glanzstunde der ›Mittwochgespräche‹. Die Zeitungsberichte schilderten den Schriftsteller als schüchtern und introvertiert; sie erwähnten sein für jedermann erkennbares »Lampenfieber«.[71] Schon vor dem Auftritt hatte Koeppen geschrieben: »Beide Termine, das Mittwoch-Gespräch in Köln und die Lesung in Hamburg [am 3. Dezember 1954, B.W.] sind mir furchtbar, sind wahre Albträume und lähmen mich. Wie unangenehm ist es mir schon, einem Leser zu begegnen, von einem Menschen auf ein Buch hin angesprochen zu werden! Und nun soll ich

---

[68] Mit allergrößter Wahrscheinlichkeit handelt es sich bei einem undatierten Vortragsentwurf, der in Koeppens Nachlass überliefert ist und der im Nachwort der Werkausgabe zitiert wird, um sein Manuskript für das ›Mittwochgespräch‹. Hier und im Folgenden: WKA/UB Greifswald Vortrag M 317-4 und M 317-5. – Vgl. H.-U. Treichel, *Treibhaus*-Kommentar, 2010, S. 230 f.

[69] Artikel »Mittwoch, der 192.«; FAZ vom 4. Dezember 1954.

[70] Hier und im Folgenden nach: »Die Frage nach dem Maßstab«; Kölner Stadt-Anzeiger vom 3. Dezember 1954; »Wieder einmal unentschieden«; Die Welt vom 4. Dezember 1954.

[71] Artikel »Wieder einmal unentschieden«; Die Welt vom 4. Dezember 1954.

mich gleich in einen Saal stellen.«[72] Im Hauptbahnhof sei der Funke denn auch nicht übergesprungen, bedauerte der *Kölner Stadt-Anzeiger*, weil Koeppen »gewandter mit dem geschriebenen als mit dem gesprochenen Wort« sei: »So haftete diesem Mittwochgespräch mit dem *Treibhaus*-Autor mehr die gläserne, esoterische Kühle eines Gefrierschrankes an, der in einem ›kleinen Teehaus‹ steht, das von einigen Intellektuellen besucht wird.«[73]

Koeppen hatte, wie sein Vortrag beim ›Mittwochgespräch‹ belegt, den Eindruck einer kontroversen, widersprüchlichen Rezeption des Romans. War also alles ein großer Wirrwarr? Nachdem zunächst gezeigt wurde, wie intensiv sich die westdeutsche Medienöffentlichkeit 1953/54 mit dem *Treibhaus* beschäftigt hat, geht es in den kommenden Abschnitten darum, die vielstimmigen Rezensionen zu ordnen und zu interpretieren. Dabei zeigt sich, dass sich die Argumente in der *Treibhaus*-Debatte nicht nur wiederholten und aufeinander bezogen. Deutlich werden auch bestimmte Muster. Die widersprüchlichen Meinungen über das *Treibhaus* lassen sich verschiedenen politischen, weltanschaulichen, medialen oder kulturellen Kontexten, Hintergründen oder Gruppen zuordnen. Auch persönliche Kontakte, Netzwerke und Interessen spielten eine Rolle. So wirken die einzelnen *Treibhaus*-Rezensionen wie Mosaiksteinchen, aus denen ein Panorama der politischen Kultur der frühen Bundesrepublik entsteht.

3. Weimar im Gepäck: Curt Bley – oder: Nihilismus-Furcht in der frühen Bundesrepublik

3.1 Pornographie und Nihilismus: Die Vorwürfe der *Welt am Sonntag*

»Dieses Buch will besprochen sein«, eröffnete die erste *Treibhaus*-Rezension die Debatte über Koeppens Parlamentsroman. Zugleich aber mahnte die *Welt am Sonntag* ihre Leser zur Vorsicht, weil man das Buch »nur mit der Feuerzange anfassen« könne.[74] Zwar hatte die Besprechung eine klare Meinung, allerdings stellte sie zunächst nur scheinbar harmlose Fragen wie: »Ist das *Treibhaus* ätzende Kritik an Bonn oder böswillige Karikatur?« Ob bloß ätzend oder schon böswillig – stilistisch sei der Roman in jedem Fall überwältigend, schrieb die *Welt am Sonntag* anerkennend und näherte sich doch einem Verriss. Das *Treibhaus* habe »Stellen«, wo man »nicht mehr zu entscheiden wage, ob sie Dreck der Schöpfung oder nur noch Dreck sind«. Dreck? Das mehrfach geäußerte Lob für

---

[72] Zitiert nach: Wolfgang und Marion Koeppen, 2008, S. 93 f.

[73] Artikel »Die Frage nach dem Maßstab«; Kölner Stadt-Anzeiger vom 3. Dezember 1954.

[74] Hier und im Folgenden: »Ein Roman – hart an der Grenze«; Welt am Sonntag vom 1. November 1953.

Koeppen, einen Dichter (»die Gerechtigkeit gebietet es zu sagen«), war tatsächlich vergiftet, denn unter der Hand hatten sich die Fragen in ein Urteil verwandelt: Das *Treibhaus* sei »hart an der Grenze« zur Pornographie, hieß es.

Während die Rezension der *Welt am Sonntag* recht gewunden ihr Unbehagen über die vermeintlichen Anstößigkeiten des Romans ausdrückte (»Seine Stilkunst kann man nicht beschreiben. Da muß man zitieren, aber wo kann man zitieren? Doch, auf Seite 76 steht etwas Harmloses«), waren die politischen Themen des Buches komplett beiseite geräumt. Bloß am Rande wurde den Leserinnen und Lesern der *Welt am Sonntag* erläutert, dass die Erzählung im Bundestag spielt und dass es sich bei der Hauptfigur um einen Abgeordneten handelt. Kein Wort verlor die Besprechung über den politischen Betrieb in der Bundesrepublik oder über die Themen, von denen das *Treibhaus* handelt, weder über das Parlament noch über die ›Wiederbewaffnung‹. Der Vorspann hatte noch angekündigt, dass es sich bei dem Roman um eine »Kritik an Bonn« handele, doch inzwischen spielte Bonn keine Rolle mehr. Stattdessen empörte sich der Rezensent über »die Untreue der blutjungen, ständig betrunkenen Ehefrau« und das trostlose Stelldichein Keetenheuves mit dem Flüchtlingsmädchen Lena, das leider explizit geschildert werde – »mit Einzelheiten natürlich, damit man etwas davon hat«.

Abb. 33: Ausschnitt aus: Welt am Sonntag vom 1. November 1953.

Die erste Rezension rückte das *Treibhaus* in die Nähe der Pornographie. Erst ein paar Monate zuvor war – nach langer Diskussion – das Gesetz über die Verbreitung jugendgefährdender Schriften verabschiedet worden. Die ›Schmutz und Schund‹-Debatte hatte Parlament und Öffentlichkeit seit Jahren beschäftigt.[75] Im Herbst 1953 war Pornographie daher nicht irgendein Tadel, vielleicht eine Frage des Geschmacks. Der Hinweis konnte vielmehr als Warnung aufgefasst werden, mit denkbaren juristischen Konsequenzen. Vielleicht war das Anstößige, wie die *Welt am Sonntag* über Koeppen schrieb, »noch lange nicht die

---

75 Siehe S. 278–296.

Wahrheit«. In jedem Fall war die Kritik ziemlich politisch: »Die Grenze der Pornographie ist erreicht.«[76]

Koeppen selbst hat den Vorwurf, ein pornographischer Schriftsteller zu sein, immer zurückgewiesen. Als sein Verlag prüfte, ob, wann und wie das *Treibhaus* veröffentlicht werden sollte, erklärte er Goverts, dass es in seinem »ganzen bisherigen Werk nicht eine Stelle [gebe], die man als lüstern bezeichnen könnte oder die dazu angetan wäre, den Leser lüstern zu stimmen.«[77] Einerseits trifft diese Selbsteinschätzung den Nagel auf den Kopf: Bei Koeppen wird Sexualität mindestens so düster und schäbig geschildert wie das übrige menschliche Leben und die Gesellschaft an sich. Zwar erinnert sich der trauernde Witwer Keetenheuve an einige sinnliche Augenblicke mit Elke. Doch insbesondere wenn er Lena verführt, herrschen eher Abscheu und Verzweiflung als Lust. Der Vorwurf der Pornographie richtete sich vielmehr dagegen, dass Sexualität überhaupt erwähnt wird – im Kontext der Bonner Politik! –, und vor allem gegen die unromantische, obszöne Art und Weise, wie das geschieht. Sexualität im *Treibhaus* heißt: Ehebruch, Prostitution, Pädophilie und Homosexualität. Es spricht daher viel für die Vermutung, dass die Rezension der *Welt am Sonntag* die provokative Absicht antibourgeoiser Ästhetik wiedererkannte, für die Baudelaire und die literarische Treibhaus-Metaphorik Pate standen.

Bevor das *Treibhaus* veröffentlicht war, im Spätsommer 1953, hatte der Scherz & Goverts-Verlag befürchtet, dass er wegen des ›Schmutz und Schund‹-Gesetzes politische Schwierigkeiten bekommen könnte. Koeppen willigte deshalb – relativ widerstandslos – in den Kompromiss ein, einige Sätze zu streichen und einzelne Wörter zu entschärfen.[78] Goverts wiederum schrieb verständnisvoll: »Ich weiss auch, lieber Herr Koeppen, dass Sie als Romancier ›schockieren‹ müssen.«[79] Nachdem das Buch dann erschienen war, zeigten einige Rezensionen, dass die Provokationen trotz der Entschärfung noch wirkten. So verglichen die *Stimmen der Zeit*, eine im Herder-Verlag erscheinende, jesuitische Kulturzeitschrift, das »Chaos der Leidenschaften« im *Treibhaus* mit den »Kritzeleien in einer verwahrlosten Bedürfnisanstalt«.[80] Auch eine Postkarte, die den Verlag erreichte, passt in dieses Muster: Eine Leserin beschwerte sich, dass Koeppens Roman »für Menschen mit Kultur nicht zu lesen« sei und besser »Das Mistbeet« heißen sollte.[81] Auch der »Ekel«, den die Gräfin von Leyden dem Bundespräsi-

---

[76] Artikel »Ein Roman – hart an der Grenze«; WELT AM SONNTAG vom 1. November 1953.

[77] Koeppen an Goverts, Brief vom 4. September 1953, WKA/UB Greifswald (ohne Signatur).

[78] A. GRAFE, Beziehung zu Rowohlt, 2006; H.-U. TREICHEL, *Treibhaus*-Kommentar, 2010, S. 204 f. und 239–247.

[79] Goverts an Koeppen, Brief vom 21. Juli 1953, WKA/UB Greifswald 24465.

[80] »Besprechungen« von Hubert Becher SJ; STIMMEN DER ZEIT 154 (1953/54), S. 233. – Vom selben Verfasser: H. BECHER, Ernst Jünger, 1949; DERS., Liebe und Ehe in der modernen Literatur, 1959.

[81] Faksimiliert in: G. & H. HÄNTZSCHEL, Koeppen – »Romanfigur«, 2006, S. 99.

denten meldete, mag hier seinen Ursprung haben. Was die Rezension der *Welt am Sonntag* angeht, war der Vorwurf der Pornographie aber weder der einzige noch der wichtigste Einwand.

Laut der ersten Rezension erfüllte das *Treibhaus* – in Tateinheit sozusagen – den Tatbestand des Nihilismus, und genau deshalb fand die *Welt am Sonntag* das Buch so abscheulich. Zwar sei das *Treibhaus* »dichterisch blendend, gleißend geschrieben«, meinte die Zeitung, aber im Ganzen sei es doch mutlos, verneinend, dem Untergang geweiht.[82] Koeppen, so der Rezensent, übertrage »seelische, politische und sexuelle Traumata« auf seine schemenhaften Romanfiguren. Sein Buch »landet im blanken Nichts«, die Lektüre hinterlasse »ein Gefühl der Leere«. Schließlich gipfelte die Besprechung in dem Verdikt: Das *Treibhaus* heile nicht und helfe niemandem. Koeppen – und nun ging die Rezension in ein fast koeppen'sches Stakkato über – »reißt ein, schreit auf, zerstört, analysiert, zerfasert, seziert die Seelen«. Am Ende sei der Roman tot, wegen seines Pessimismus gleichsam literarisches Aas: Das *Treibhaus* berge »fleischig-leuchtende Orchideen, die den Geruch der Verwesung ausströmen«.

Ton und Urteil der ersten *Treibhaus*-Rezension waren schon heftig. Perfekt scheint die *Welt am Sonntag* damit jedes unpolitische und bigotte Klischee der Fünfzigerjahre zu bestätigen. Dazu passt, dass die Koeppen-Forschung den Rezensenten nicht kannte: einen gewissen Curt Bley. Man könnte vielleicht vermuten, dass es sich um einen alten Mann handelte, der einem verlorenen Anstand nachtrauerte, um einen katholischen Moralapostel oder um einen Biedermann, der vom politischen Alltag in der frühen Bundesrepublik nicht behelligt werden wollte und stattdessen gegen Literatur wetterte. War der Rezensent ein »Mucker«, der »in muffiger Luft« nach der Polizei rief, wie Koeppen 1926 und 1952 gegen das ›Schmutz und Schund‹-Gesetz polemisiert hatte?[83] Die *Treibhaus*-Rezension in der *Welt am Sonntag* wird erst dann verständlich, wenn man weiß, wer Curt Bley war.

3.2 Auf Bleys Spuren: Eine Geheimhaltungsaffäre in Bonn

Schlaglichter erhellen die Biographie des *Treibhaus*-Rezensenten: Zwischen 1946 und 1950 hat Curt Bley als stellvertretender Chefredakteur die *Welt* geleitet.[84] Die in Hamburg erscheinende *Welt* war damals die Modellzeitung der britischen

---

[82] Hier und im Folgenden: »Ein Roman – hart an der Grenze«; WELT AM SONNTAG vom 1. November 1953.
[83] Siehe S. 279.
[84] Zur Geschichte der *Welt* und zu Bley: K.-H. HARENBERG, *Die Welt*, 1976; H.-D. FISCHER, Reeducations- und Pressepolitik, 1978, S. 44 und 61; K. KOSZYK, Pressepolitik für Deutsche, 1986, S. 224; D. GOSSEL, Hamburger Presse, 1993, S. 86 f.; C. SONNTAG, Medienkarrieren, 2006, S. 331; K. C. FÜHRER, Medienmetropole Hamburg, 2008, S. 446.

Pressepolitik. Sie wurde zunächst vom *Chief Controller* der Militärregierung, anschließend von der Hohen Kommission und dem *Foreign Office* in London herausgegeben. Als stellvertretender Chefredakteur verfasste Bley hier eine Vielzahl von Beiträgen und Leitartikeln; er kommentierte Fragen der deutschen und internationalen Politik, insbesondere die Kriegsverbrecherprozesse und die juristische Aufarbeitung des Nationalsozialismus.[85] Zudem kümmerte Bley sich um die Meinungsseite der *Welt*, die er zu einem Forum der offenen Debatte machen wollte. Wie sich einer der Redakteure dieser ›Seite zwei‹ später erinnerte, war Bley »eine wahrhaft dynamische Natur« und ein »brillanter Journalist«.[86]

Vor 1945 war Bley mit Gegnern des NS-Regimes befreundet gewesen, mit Adam von Trott zu Solz, dem im August 1944 hingerichteten diplomatischen Kopf des Kreisauer Kreises.[87] Noch nach dem gescheiterten Hitler-Attentat hatte Bley mit ihm über die Situation der Verschwörer gesprochen.[88] Auch mit Rudolf Küstermeier war Bley eng verbunden, einem sozialistischen Journalisten, der im ›Dritten Reich‹ zwölf Jahre in Haft gewesen war und 1945 aus dem Konzentrationslager Bergen-Belsen befreit wurde.[89] Ein Jahr darauf, 1946, wurde ebendieser Küstermeier Chefredakteur der *Welt*. Angestellt hat ihn Oberst Henry Garland, im Zivilberuf Germanistikprofessor in Exeter und nun in Hamburg für die Pressepolitik zuständig. Die Personalentscheidung wurde vermutlich auch durch eine Empfehlung von Küstermeiers altem Bekannten Curt Bley beeinflusst.[90] Bei der *Welt* ergänzten sich Küstermeier und Bley »auf eine unwahrscheinliche Weise«[91], wie sich Kollegen später erinnerten: Küstermeier, der »nahezu direkt aus dem Lager zu uns gekommen war«[92], blieb schweigsam, zurückgenommen und sachlich, während sich Bley – ungestüm und unentwegt tätig – »mit breiter Brust« in jede Diskussion gestürzt habe.

---

[85] Auch außerhalb von *Welt* und *Welt am Sonntag*, etwa über den Prozess gegen den ehemaligen Militärbefehlshaber in Belgien und Nordfrankreich: Artikel »Falkenhausen vor den Richtern«, FRANKFURTER HEFTE 6 (1951), 3, S. 159–167.
[86] E. SPIELMANN, Die Seite zwei, 1962, S. 142.
[87] C. v. TROTT ZU SOLZ, Adam, 2009 [1958], S. 68, 128 und 200; W. M. SCHWIEDRZIK, von Trott zu Solz, 1994, S. 345–347 und 355–358; H. L. WUERMELING, Doppelspiel, 2004; S. 52 f.; B. v. KRUSENSTJERN, von Trott zu Solz, 2009, S. 272 und 510; S. VOGT, Nationaler Sozialismus, 2006, S. 415 f. – Der frühere *Welt*-Redakteur Erwin Topf schilderte, Bley habe nach dem Krieg »die besondere Qualifikation« gehabt, dass er mit dem Sozialdemokraten und Widerstandskämpfer Theodor Haubauch befreundet gewesen sei. Das sei »eine denkbar gute Empfehlung«, so die Nachrede: E. TOPF, Kleine *Welt*-Geschichte, 1962, S. 28.
[88] C. v. TROTT ZU SOLZ, Adam, 2009 [1958], S. 311 und 314.
[89] Küstermeiers Bericht in: D. SINGTON, Die Tore öffnen, 1995 [1948]. – Zu Küstermeier: P. STEINBACH/J. TUCHEL (Hg.), Lexikon des Widerstandes, ²1998, S. 123 f.
[90] B. WITTER, Chefreporter, 1962, S. 168; H.-D. FISCHER, Reeducations- und Pressepolitik, 1978, S. 67.
[91] G. SAWATZKI, Aufbau unter Küstermeier, 1962, S. 88.
[92] A. LUBISCH, Wie es begann, 1962, S. 13.

Kennengelernt hatten sich Bley und Küstermeier während des Studiums in sozialistischen Hochschulgruppen. 1932 hatten die beiden mit weiteren jungen Leuten in Berlin den ›Roten Stoßtrupp‹ aus der Taufe gehoben, ein Netzwerk, mit dem sie versuchten, der nationalsozialistischen ›Machtergreifung‹ noch etwas entgegenzusetzen.[93] »Wir wollten verhindern«, so Küstermeier später, »daß auf der deutschen Linken schlechthin jedermann den Mut verlor.«[94] In einer Zeit, in der man später das fatale Schlusskapitel der Weimarer Republik erkannte, in der junge Sozialisten allen Grund zur Entmutigung hatten[95], schrieben und verteilten Bley und Küstermeier die Ausgaben des *Roten Stoßtrupps*. Mit ihrer Untergrundzeitschrift wollten sie das Netzwerk zusammenhalten, sobald – was zu befürchten war – die Gewerkschaften, die SPD und das Reichsbanner Schwarz-Rot-Gold verboten wurden. Im Herbst 1933 flog der konspirative Stoßtrupp auf.[96]

Der ›Rote Stoßtrupp‹ war aus den *Neuen Blättern für den Sozialismus* hervorgegangen. Dabei handelte es sich um eine Zeitschrift, die dem rechten, gewerkschaftlichen Flügel der SPD nahestand und ein breites Mitte-Bündnis gegen Nazis und Kommunisten bilden wollte.[97] Weltanschaulich forderte die Zeit-

---

[93] Jetzt: D. Egginger-Gonzalez. Der Rote Stoßtrupp, 2018. – Vgl. P. Steinbach/J. Tuchel (Hg.), Lexikon des Widerstandes, ²1998, S. 166.

[94] R. Küstermeier, Der rote Stoßtrupp, 1980 [1970], S. 7, zu Bley: S. 4.

[95] Für das breite Spektrum sozialistischer Jugendgruppen: F. Walter, Republik, Partei und Jugend, 2011.

[96] Im Herbst 1933 wurden 240 Aktivisten von der Gestapo verhaftet, Küstermeier überlebte fast zwölf Jahre Zuchthaus, zuletzt in Bergen-Belsen. Als Küstermeier verhaftet wurde, zählte Bley nicht mehr zum engsten Führungskreis der Gruppe, wie Küstermeier später erklärte: Bley »machte sein Referendar-Examen und hatte sich aus der Arbeit beurlaubt«, auch die Verhöre durch die Gestapo blieben folgenlos. Anschließend kümmerte sich Bley um die Verhafteten und deren Angehörige. R. Küstermeier, Der rote Stoßtrupp, 1980 [1970], S. 17; D. Egginger-Gonzalez, Der Rote Stoßtrupp, 2018. – Vgl. H. Hurwitz/K. Sühl, Autoritäre Tradierung und Demokratiepotential, 1984, S. 154 f. und 164 f.; S. Vogt, Nationaler Sozialismus, 2006, S. 397–403; H.-R. Sandvoss, Widerstand aus der Arbeiterbewegung, 2007, S. 76–84; C. Sonntag, Medienkarrieren, 2006, S. 192–198. – Im November 1945 erwähnte Bley in einem Lebenslauf, den er vermutlich für den SPD-Parteivorstand verfasst hat, dass er »eine Hilfsorganisation für die Opfer der Gestapo« ins Leben gerufen habe, nachdem die meisten Kameraden verhaftet worden waren. Daneben legte er seine juristischen Examina ab und wurde promoviert. Anschließend arbeitete er zunächst in der Rechtsabteilung des Berliner Chemiekonzerns Schering, anschließend von 1940 bis 1943 im Auswärtigen Amt. Lebenslauf vom 22. November 1945, in: FES/AdsD, Sammlung Personalia, Curt Bley.

[97] M. Martiny, Entstehung, 1977; P. Zimmermann, Haubach, 2002, S. 401–410; A. Schildt, National gestimmt, jugendbewegt und antifaschistisch, 2002; ders., Übergänge ins »Dritte Reich«, 2003; M. Rudloff, Totalitarismustheoretische Kontroversen, 2007. – S. Vogt, Nationaler Sozialismus, 2006, betont und überzeichnet Gemeinsamkeiten zwischen der ›Konservativen Revolution‹ und den »jungen Rechten« in der SPD wie Lebensalter, generationelle Prägung und nationale Rhetorik. Da sich die *Neuen Blätter für den Sozialismus* noch für die parlamentarische Demokratie aussprachen, als diese seit 1930 offensichtlich nicht mehr funktionierte, überwiegen jedoch die politischen Unterschiede. Vgl. A. Schildt, National gestimmt, jugendbewegt und antifaschistisch, 2002, S. 368.

schrift eine Erneuerung des Sozialismus auf christlich-idealistischer Basis, um so die Mittelschichten und die junge Generation zu gewinnen. Die *Neuen Blätter für den Sozialismus* waren unter dem Schock der Reichstagswahl vom September 1930 gegründet worden, als die NSDAP zur zweitstärksten, die KPD zur drittstärksten Fraktion gewählt wurden; eine Fortsetzung der sogenannten Weimarer Koalition von SPD, Zentrum und Linksliberalen war damit unmöglich geworden. Gegenüber dieser Bedrohung propagierte der Chefredakteur der *Neuen Blätter*, August Rathmann, Anfang 1931 einen »positiven Radikalismus«.[98] Entscheidend war dabei das Vorzeichen »positiv«, denn es meinte das Gegenteil des »negativen Radikalismus«, dem sich die rechten, aber auch die linksradikalen Republikfeinde verschrieben hatten. Zu den Herausgebern der *Neuen Blätter für den Sozialismus* gehörten der protestantische Theologe Paul Tillich, der Reformpädagoge Fritz Klatt und der Soziologe Eduard Heimann. Zu den Autoren zählten Walter Dirks, Theodor Haubach und Carlo Mierendorff – sowie Adam von Trott zu Solz, Rudolf Küstermeier und eben Curt Bley.[99]

Der scharfe *Treibhaus*-Kritiker war also dreierlei: ein politischer Journalist, Hitler-Gegner schon vor 1945 und Sozialdemokrat. Als Abiturient war Bley 1929 der SPD beigetreten, und vermutlich erneuerte er seine Parteimitgliedschaft im Spätherbst 1945. Im April 1948 jedenfalls erklärte Bley gegenüber dem SPD-Vorstand, er gehöre seit 1929 zur SPD.[100] Anlässlich der Bundestagswahl 1953 überlegte der Kreisverband Hamburg-Nord, Bley als Kandidaten für das westdeutsche Parlament aufzustellen.[101] Vor allem aber war Bley ein Mann der Presse. Auch nachdem er Anfang 1950 aus der Chefredaktion der *Welt* ausgeschieden war, blieb er dem Aufbau des westdeutschen Mediensystems verbunden, bis September 1953 etwa als treuhänderischer Gesellschafter der *Welt*-Verlagsgesellschaft.[102] Denn eigentlich war Bley ein auf Medien- und Rundfunkfragen spezialisierter Jurist und Rechtsanwalt.[103] Neben

---

[98] Zitiert nach: A. Schildt, National gestimmt, jugendbewegt und antifaschistisch, 2002, S. 364.

[99] A. Schildt, Übergänge ins »Dritte Reich«, 2003, S. 412; S. Vogt, Nationaler Sozialismus, 2006, S. 397–403.

[100] Fragebogen für Redakteure vom 22. April 1938, in: FES/AdsD, Sammlung Personalia, Curt Bley.

[101] C. Oldenburg, Tradition und Modernität, 2009, S. 211.

[102] Auskunft von Rainer Laabs, Leiter des Unternehmensarchivs der Axel Springer SE, vom 9. Januar 2015.

[103] 1935 war er, unter der Schreibweise Kurt Bley, in Berlin mit einer Arbeit *Über die Grundlagen des Rundfunkrechts* promoviert worden. Im Carl-Schmitt-Sound redete er darin einer Anpassung des Rundfunkrechts an die »lebendige Wirklichkeit« der nationalsozialistischen »Revolution« das Wort. Nach dem Triumph der »völkischen Nation« über den »Geist von 1789« bedeutete das die Durchsetzung des Führerprinzips und die Eingliederung in den Propagandaapparat: C. Bley, Grundlagen des Rundfunkrechts, 1935, S. 7 und 31. – Etwa die halbe Arbeit besteht aber daraus, die frühere liberale Auffassung im Detail nachzuzeichnen. Auf Seite 34 etwa erläutert Bley den prinzipiellen Widerspruch zwischen dem »liberalen Rundfunk«, welcher der »Befriedigung privater Bedürfnis-

seiner Gesellschafter-Tätigkeit schrieb Bley als ständiger Autor politische Artikel und Rezensionen, vor allem für die *Welt am Sonntag*. Mit seinen Kommentaren war Curt Bley, wie sich eine Redakteurin erinnerte, »vor allem dem aktuellen Geschehen verbunden, ein wortgewaltiger Fürsprecher der Straßburger Europaidee«.[104]

Chefredakteur der *Welt am Sonntag* war damals Bernhard Menne, ein sozialistischer Remigrant.[105] In den Zwanzigerjahren hatte Menne vielleicht noch an die Revolution geglaubt, jedenfalls schrieb er da für verschiedene kommunistische Parteizeitungen: für die *Rote Fahne*, den *Klassenkampf* oder die *Arbeiter-Zeitung für Schlesien*. 1928 war er aber aus der KPD ausgeschlossen worden und der SPD beigetreten. 1933 floh Menne nach Prag, wo er eine Emigrantenzeitung, den *Prager Mittag*, leitete; 1939 ging er nach Großbritannien. 1948 kehrte Menne ins Nachkriegsdeutschland zurück, um Chefredakteur der *Welt am Sonntag* zu werden. Die Leute, die für die erste *Treibhaus*-Rezension verantwortlich zeichneten, hatten biographisch mehr mit der Romanfigur, dem Remigranten Keetenheuve, gemeinsam, als man auf den ersten Blick erwarten mag.[106]

Auch in Bonn kannte Bley sich bestens aus. Nach Angaben eines Pressehandbuchs aus dem Jahr 1956 praktizierte Bley als Rechtsanwalt in der Koblenzer Straße 208[107], in einer Villa gegenüber dem Palais Schaumburg. In der Bundeshauptstadt betreute der promovierte Jurist ein außergewöhnliches Mandat. Die Geschichte, von der nun die Rede sein soll, um Bleys politischen Hintergrund zu erläutern, beschäftigte Journalisten und Ministerialbeamte, die Justiz sowie den Bundestag. Die Affäre verdeutlicht, wie spannungsgeladen die Atmosphäre der frühen Bundesrepublik war – genau in der Zeit, in der Koeppen die Idee reifen ließ, einen Roman über die parlamentarische Demokratie zu schreiben. Damit zeigt sich – neben der ›Schmutz und Schund‹-Debatte und dem gescheiterten Bundespressegesetz – ein dritter Fall, in dem sich Journalisten und Intellektuelle für liberale Freiheitsrechte eingesetzt haben und der trotzdem bis heute

---

se unter Ausschaltung des Politischen« folge, und dem »nationalsozialistischen Rundfunk«, der ein »politischer Rundfunk im Dienste der Volksgemeinschaft« sei. – Das Rundfunkrecht beschäftigte Bley später weiter: Zwischen Mai 1940 und Mai 1943 war er als wissenschaftlicher Hilfsarbeiter für Rundfunkfragen im Auswärtigen Amt beschäftigt, in Berlin, Rom und Kopenhagen. Biographisches Handbuch des Auswärtigen Dienstes 1871–1945, Bd. 1, 2000, S. 178.

[104] U. Knief, Die erste deutsche Sonntagszeitung, 1962, S. 221.

[105] Zu Menne: U. Knief, Die erste deutsche Sonntagszeitung, 1962, S. 210; N. Frei, Menne, 1994; G. Clemens, Remigranten, 2002, S. 60; C. Sonntag, Medienkarrieren, 2006, S. 350. – Zu anderen Remigranten in der Presse: C. Prüver, Willy Haas, 2007, S. 40 f.; M. Biller, Exilstationen, 1994, S. 381 (mit einem sachlichen Fehler bei Menne); dies., Remigranten in der Publizistik, 1997.

[106] Zum Thema Nachkriegsjournalismus und Widerstand: C. Studt, »… aus einer Nacht«, 2005.

[107] Wer schreibt worüber?, 1956, S. 28.

weitgehend unbekannt ist.[108] Doch die Öffentlichkeit der frühen Bundesrepublik war durchaus wachsam.

Ende 1951 verfasste Curt Bley im Auftrag der Bundespressekonferenz, des Vereins der in Bonn akkreditierten Korrespondenten, sowie des Deutschen Journalisten-Verbandes ein juristisches Gutachten.[109] Sein Rat: Die Kollegen sollten sich gegenüber der Bundesregierung und bei den Bundestagsfraktionen darum bemühen, die Bestimmungen der Strafrechtsparagraphen 353 b und 353 c außer Kraft setzen zu lassen. Paragraph 353 b StGB drohte Staatsdienern mit Strafe, wenn sie ein amtliches Geheimnis offenbaren sollten.[110] Gemäß Paragraph 353 c war es sogar jedermann, also auch Journalisten verboten, ein amtliches Schriftstück bekanntzumachen, wenn es als »geheim« oder nur als »vertraulich« ausgewiesen war.[111] Damit ging es um die Themen Informationsweitergabe und Geheimnisverrat. Bereits elf Jahre vor der berühmten *Spiegel*-Krise[112] gab es deswegen in Bonn einen schweren Konflikt zwischen Politik und Presse.

Nach Meinung der Journalisten passten die beiden Strafrechtsnormen nicht zu einer Demokratie, in der Pressefreiheit herrschte. Zum Hintergrund: Im August 1951 war in Hamburg der Wirtschaftsjournalist Robert Platow, der Herausgeber des *Platow-Informations- und Pressedienstes*, verhaftet worden.[113] Platow wurde verdächtigt, ein Amtsgeheimnis verletzt zu haben; zudem soll er Ministerialbeamte bestochen und zur Preisgabe von Dienstgeheimnissen verleitet haben. Von der Verhaftung aufgeschreckt, bemühten sich sowohl die Bundespres-

---

[108] Bisher nur bei: G. Krüger, »Kein exklusiver Club!«, 2005, S. 80–88. – Am Rande bei: N. Frei, Vergangenheitspolitik, ²2003, S. 111 f.; B. Löffler, Soziale Marktwirtschaft, 2002, S. 108 und 293 f.; C. Safferling, Strafrecht, 2013, S. 183 f. und 187. – Vgl. N. Frei, »Was ist Wahrheit?«, 1988; F. Bösch, Später Protest, 2008; B. Wintgens, Turn Your Radio on, 2014. – Daher ist es fraglich, ob der Begriff »Konsensjournalismus« für die frühen Fünfzigerjahre angemessen ist, wie ihn die hervorragende Studie von C. v. Hodenberg, Konsens und Krise, 2006, verwendet.

[109] C. Bley, Gültigkeit der §§ 353 b und 353 c StGB, 1951.

[110] Paragraph 353 b StGB in der 1951 gültigen Fassung: »Ein Beamter oder früherer Beamter, der unbefugt ein ihm bei Ausübung seines Amtes anvertrautes oder zugänglich gewordenes Geheimnis offenbart und dadurch wichtige öffentliche Interessen gefährdet, wird mit Gefängnis, in besonders schweren Fällen mit Zuchthaus bis zu zehn Jahren bestraft [...] Der Versuch ist strafbar.« Zitiert nach A. Schönke, Strafgesetzbuch, ⁵1951, S. 811–813. – Vgl. M. Löffler, Presserecht, 1955, S. 606–609. – Nach Paragraph 353 b war für Beamte und Staatsdiener ihre Pflicht zur Verschwiegenheit nicht nur eine dienstrechtlich relevante Disziplinarfrage (wie bis 1936), sondern ein Straftatbestand. Als zeitgenössische juristische Dissertation: O. Probst, Schutz des Amtsgeheimnisses, 1939, S. 19.

[111] Paragraph 353 c StGB in der 1951 gültigen Fassung: »Wer [...] unbefugt ein amtliches Schriftstück, das als geheim oder vertraulich bezeichnet worden ist, oder dessen wesentlichen Inhalt ganz oder zum Teil einem anderen mitteilt und dadurch wichtige öffentliche Interessen gefährdet, wird mit Gefängnis bestraft. [...] In besonders schweren Fällen ist die Strafe Zuchthaus bis zu zehn Jahren. [...] Der Versuch ist strafbar.« Zitiert nach A. Schönke, Strafgesetzbuch, ⁵1951, S. 813 f. Vgl. M. Löffler, Presserecht, 1955, S. 606–609.

[112] M. Doerry/H. Janssen, Spiegel-Affäre, 2013.

[113] Artikel »Platow in Hamburg verhaftet«; FAZ vom 27. August 1951.

sekonferenz als auch der Deutsche Journalisten-Verband um eine grundsätzliche Klärung. Schließlich stammten die beiden Strafrechtsparagraphen noch aus dem ›Dritten Reich‹; 1936 waren sie auf Grundlage des ›Ermächtigungsgesetzes‹ erlassen worden.[114] Seitdem war der Paragraph 353 c fünfzehn Jahre lang nicht angewendet, aber auch nicht aufgehoben worden. Auf entsprechende Vergehen stand Gefängnis, in schweren Fällen sogar Zuchthaus bis zu zehn Jahren. Das sollte vor allem Staatsdiener zur Verschwiegenheit disziplinieren.[115] Allerdings war es nach Paragraph 353 c jedermann verboten, vertrauliche Schriftstücke bekanntzumachen. Es spielte keine Rolle, wie der ›Täter‹ davon Kenntnis bekommen hatte, ob auf legale oder illegale Weise. Da die Regelung Informanten bedrohte, waren insbesondere diejenigen betroffen, die auf sprechende Quellen angewiesen waren. Wie das Branchenblatt des Vereins deutscher Zeitungsverleger schrieb, herrschte in der frühen Bundesrepublik »nach übereinstimmender Ansicht der Bonner Journalisten« eine panikartige »Geheimhaltungsangst«.[116]

Der *Spiegel* berichtete, dass sich »unter den fast zweitausend Beziehern« von Platows Informationsdienst »Zeitungsleute, Politiker, Behörden und bekannte Wirtschaftsführer« befanden.[117] Insbesondere unter Lobbyisten galten die exklusiven Detailmeldungen über Interna aus der Gesetzgebungsarbeit als überaus wertvoll. Für die Bundesregierung waren sie indes ein leidiges Thema. Als die *Platow-Briefe* 1951 einen Referentenentwurf über das geplante Kartellgesetz verbreiteten, brachte dies das Fass zum Überlaufen. Die Polizei durchsuchte Platows Büro und Wohnung, beschlagnahmte Unterlagen und nahm einen Mitarbeiter in Gewahrsam. Platow selbst blieb mehrere Wochen in Haft, bis die Strafverfolgung gegen Zahlung einer Kaution ausgesetzt, aber nicht aufgehoben wurde. Die Weisung an den Oberstaatsanwalt, sich der Sache anzunehmen, war direkt aus dem Bundesjustizministerium gekommen. Der Journalist Platow brauchte also einen guten Anwalt, und das war – Dr. Curt Bley.[118]

In Bonn weitete sich die Affäre schnell aus. Schon am 10. Oktober 1951 setzte der Bundestag einen Untersuchungsausschuss ein, um die Missstände in der Bundesverwaltung aufzuklären, die zum ›Fall Platow‹ geführt hatten – parallel zu den Ermittlungen von Polizei und Justiz, was im Hinblick auf die Gewal-

---

[114] Anlass war, dass ein Journalist Informationsmaterial über die heimliche deutsche Aufrüstung an eine ausländische Botschaft weitergegeben hatte: Artikel »Paragraph 353 c«; FAZ vom 26. November 1951; »Wandlungen eines Paragraphen«; KÖLNER STADT-ANZEIGER vom 28. August 1951.
[115] So auch: O. PROBST, Der strafrechtliche Schutz des Amtsgeheimnisses, 1939, S. 49.
[116] ZEITUNGS-VERLAG, Nr. 18/1951, S. 12.
[117] Artikel »Der Staat«; DER SPIEGEL vom 5. September 1951, Nr. 36/1951.
[118] Die *Frankfurter Rundschau* schrieb am 26. November 1951 unter der Überschrift »Das Strafgesetzbuch auf dem Redaktionstisch«: »Ein bekannter Hamburger Redakteur hat sich jüngst als Rechtsanwalt niedergelassen und die Verteidigung des unter Anklage des Geheimnisverrats stehenden Dr. Platow übernommen.«

tenteilung bemerkenswert war und im Untersuchungsausschuss auch diskutiert wurde.[119] Im November wurde dann der Journalist Alfred Schulze festgenommen, Vorstandsmitglied der Bundespressekonferenz und leitender Redakteur des *Parlamentarisch-Politischen Pressedienstes* der SPD.[120] Während die Bundespressekonferenz einen Teil der Kaution stellte, um Schulze freizubekommen[121], und während Bley gleichfalls dieses Mandat übernahm, stand nun der Vorwurf im Raum, dass Vertrauliches nicht nur der Presse, sondern direkt der Opposition durchgestochen worden sei, ein Verdacht, dem der Bundestag bereits in einem anderen Untersuchungsausschuss nachspürte.[122] Die Stimmung war mithin gespannt. In der Zeitung konnte man lesen, dass den Bonner Korrespondenten das Strafgesetzbuch inzwischen »zur Lieblingslektüre« geworden sei. In der Bundeshaus-Buchhandlung und überall in der Stadt sei die entsprechende Rechtsliteratur »bis zum letzten Exemplar ausverkauft«.[123] Jeder Journalist stehe »mit einem Bein im Zuchthaus«, während er gleichzeitig damit beschäftigt sei, sich Nachrichten aus den Fingern zu saugen, weil ihm die relevanten Informationen ausgingen, so brachte in bitterer Ironie die *Frankfurter Rundschau* die Situation auf den Punkt.[124]

Die Sorge schien nicht unbegründet, denn im Oktober hatte Bundeskanzler Adenauer dem Bundestag mitgeteilt, dass die Beamten, Angestellten und Arbeiter des Bundes »nochmals eindringlich auf die straf-, dienststraf- und arbeitsrechtlichen Folgen eines Verstoßes gegen die Geheimhaltungspflicht und gegen das Verbot der Annahme von Geschenken hingewiesen« würden.[125] In den Ministerien waren daraufhin die internen Vorschriften verschärft worden. Dieser »Geheimhaltungsukas« erschwere die Arbeit der Korrespondenten erheblich, klagte der Verlegerverband; besorgt registrierte die *Neue Zeitung*, dass in Bonn »nur noch geheime und vertrauliche Dokumente und Angelegenhei-

---

[119] BT ParlA, 1. WP, Sitzungsprotokolle des 46. Ausschusses: Untersuchungsausschuss zur Überprüfung von Missständen in der Bundesverwaltung (Platow-Ausschuss). – Zur Einsetzung: BT Drs. I/2657 vom 5. Oktober 1951; BT STen.Ber., 167. Sitzung vom 11. Oktober 1951, S. 6821.

[120] Artikel »Die zweite Verhaftung eines Journalisten in Bonn«; Neue Zeitung vom 26. November 1951.

[121] Artikel »Bonner Journalisten stellen 5000 DM Kaution für Haftentlassung Schulzes«; Neue Zeitung vom 28. November 1951. Die zweite Hälfte zahlte der *Parlamentarisch-Politische Pressedienst*.

[122] Gemeint ist der (parallel eingesetzte) Untersuchungsausschuss betr. Dokumentendiebstahl im Bundeskanzleramt. Vgl. BT Drs. I/2655 vom 5. Oktober 1951; BT STen.Ber., 167. Sitzung vom 11. Oktober 1951, S. 6821.

[123] Artikel »Der Weg zur ›guten Presse‹«; Deutsche Zeitung und Wirtschaftszeitung vom 28. November 1951.

[124] Artikel »Strafgesetzbuch auf dem Redaktionstisch«; Frankfurter Rundschau vom 26. November 1951.

[125] BT Drs. I/2695 vom 12. Oktober 1951. Vgl. die Anfrage der SPD: BT Drs. I/2552 vom 11. September 1951.

ten« existierten.[126] Die Feindseligkeit bestimmter Regierungskreise gegenüber der Presse sei so immens, argwöhnte ein Kommentator, dass die Sache »schon jetzt genügend Romanstoff für einen Émile Zola oder einen Sinclair Lewis abgeben würde«.[127]

Außer drei Journalisten – Platow, seinem Mitarbeiter und Schulze – verhaftete die Polizei im Herbst 1951 einen Regierungsdirektor und einen Ministerialdirigenten aus dem Wirtschaftsministerium.[128] Weitere Beamte wurden vom Dienst entbunden, darunter Abteilungsleiter und Pressereferenten. Betroffen waren neben Erhards Haus das Finanz-, das Verkehrs- und das Ernährungsministerium sowie die diplomatische Vertretung in London. Wie im Untersuchungsausschuss zu erfahren war, wurden im ›Fall Platow‹ mehr als 100 Personen verdächtigt und überprüft.[129] In 42 Fällen leitete die Staatsanwaltschaft Ermittlungsverfahren ein, die meisten gegen Angehörige der Bundesverwaltung.[130] Doch auch die Journalisten fühlten sich bedroht.

Die Presse fand das Handeln der Behörden, die »Verhaftungspsychose«[131], willkürlich und einem Rechtsstaat unangemessen. Die *Deutsche Zeitung und Wirtschaftszeitung* etwa rügte, die Wiederbelebung von juristischen »Fossilien aus dem Polizeistaat« gefährde die Arbeit der Presse.[132] Es sei unbestreitbar, ergänzte die *Frankfurter Rundschau*, dass »unter der Schockwirkung dieses Vorgehens und bei der Höhe der angedrohten Strafe in Bonn so leicht kein Beamter mehr Auskünfte an die Presse geben wird«.[133] Auch die *FAZ* kritisierte das Vorgehen der Exekutive: »Unter Bismarck, unter Bülow, unter Stresemann, unter Brüning, ja sogar unter Hitler haben grundsätzlich alle Amtsstellen in Reich, Land und Staat über ihr zuständiges Arbeitsgebiet der Presse unbeschränkt Auskünfte gegeben. Niemandem wäre es eingefallen, sie wegen Verletzung des Amtsgeheimnisses zu maßregeln.«[134] Daher liege die Vermutung nahe, dass der Bonner Staat nur auf die vergessenen Paragraphen zurückgegriffen habe, »um

---

[126] Zeitungs-Verlag, Nr. 18/1951, S. 12 (erstes Zitat); »Die zweite Verhaftung eines Journalisten in Bonn«; Neue Zeitung vom 26. November 1951 (zweites Zitat). – Vgl. Zeitungs-Verlag, Nr. 17/1951, S. 11.

[127] Artikel »Strafgesetzbuch auf dem Redaktionstisch«; Frankfurter Rundschau vom 26. November 1951.

[128] Artikel »Neue Verhaftung im Fall Platow«; FAZ vom 24. November 1951. – Vgl. B. Löffler, Soziale Marktwirtschaft, 2002, S. 108 und S. 293 f.

[129] Bericht des Oberstaatsanwalts: BT ParlA, 1. WP, Stenographisches Protokoll der 3. Sitzung des 46. Ausschusses vom 3. Dezember 1951, S. 2; »Der Fall Platow zieht weite Kreise«; FAZ vom 4. Dezember 1951.

[130] Zeitungs-Verlag, Nr. 6/1952, S. 165.

[131] Artikel »Kalter Ministerialkrieg«; Frankfurter Neue Presse vom 19. April 1952.

[132] Artikel »Fossilien aus dem Polizeistaat«; Deutsche Zeitung und Wirtschaftszeitung vom 28. November 1951.

[133] Artikel »Der Fall Platow«; Frankfurter Rundschau vom 29. August 1951.

[134] Artikel »Das Kabinett ohne Schatten«; FAZ vom 1. November 1951.

zunächst den Journalismus zu treffen«.[135] Kämpferisch meinte das *Handelsblatt*, dann komme jetzt eben das »gesamte Verhältnis zwischen Regierung, Presse und Öffentlichkeit zur Erörterung«.[136] Sogar die sonst so vornehm-akademische *Gegenwart* forderte, dass »die Regierung den Maulkorb lockert«.[137]

Insbesondere auf den »Maulkorbparagraphen« 353 c und dessen »gefährliche Handhabung« hatte sich die Presse eingeschossen.[138] Die Zeitschrift des Verlegerverbandes verkündete, das rechtspolitische Problem müsse grundsätzlich geklärt werden. Zu den »Kinderkrankheiten der Bundesrepublik« gehöre »eine gewisse Rechtsunsicherheit über die Formen und die Begrenzung geheimzuhaltender Dokumente«.[139] Dabei sei es doch die Aufgabe jedes Journalisten, Geheimnisse ans Licht zu bringen, schon aus Ehrgeiz und als Ausdruck seiner Standesehre. Auch die *Welt* hielt die Sache für eine »Grundsatzfrage […] im nationalen Interesse« – für eine Frage, »von deren Lösung sehr viel für die Zukunft des demokratischen Lebens abhängt«.[140] Curt Bley kämpfte also an vorderster Front für die Presse und seine Mandanten. Dafür verfasste er eine Denkschrift, auf die Justizminister Dehler mit einer offiziellen Gegenschrift antwortete.[141]

Im Namen aller Journalisten appellierte Bley an den Bundestag, die Paragraphen 353 b und c außer Kraft zu setzen.[142] Zugleich solle das Parlament den Minister ersuchen, sofort auf deren Anwendung zu verzichten, um dadurch dem »politischen Willen der Demokratie« einen Dienst zu erweisen und die »Entfremdung« zwischen Politik und Presse zu überwinden. Die Strafnorm aus dem ›Dritten Reich‹ sei »Ausdruck totalitären Rechtes« und führe in einen neuen Polizeistaat. Sie stehe im Widerspruch zum Grundgesetz, verstoße gegen das Naturrecht und die gesamte abendländische Tradition sowie die Prinzipien der Demokratie. Deshalb wäre es »ein großes und bedeutsames politisches Ereignis«, schrieb Bley, wenn nun »alle Parteien im Kampf gegen die Restbestände des totalen Machtstaates und für die Pressefreiheit zusammenfinden könnten«.[143]

Tatsächlich fielen seine Argumente auf fruchtbaren Boden. Schon im November 1951, nach Verhaftung der drei Journalisten, hatte Adenauer beim ›Teege-

---

135 Artikel »Mit Gummi, Spürhund und Maulkorb«; FAZ vom 8. April 1952.
136 Artikel »Die ›gefährliche‹ Information«; HANDELSBLATT vom 29. August 1951.
137 Artikel »Den Maulkorb lockern«; DIE GEGENWART vom 15. September 1951, 6. Jg., Nr. 18/1951, S. 1.
138 ZEITUNGS-VERLAG, Nr. 1/1952, S. 7 (erstes Zitat); Artikel »Die zweite Verhaftung eines Journalisten in Bonn«; NEUE ZEITUNG vom 26. November 1951 (zweites Zitat).
139 ZEITUNGS-VERLAG, Nr. 17/1951, S. 11.
140 Artikel »Man muß darüber reden«; DIE WELT vom 30. November 1951.
141 Für die Denkschrift vom 20. Dezember 1951 vgl. DENKSCHRIFT § 353 C, 1951. – Der Verein der Zeitungsverleger bezeichnete Dehlers Denkschrift »als Erwiderung auf das Gutachten des Platow-Verteidigers«. Vgl. ZEITUNGS-VERLAG, Nr. 1/1952, S. 7 und 31–35.
142 Artikel »Totalitäres Recht«; FAZ vom 12. Dezember 1951; »Zur Verteidigung Platows«; FAZ vom 28. April 1952.
143 C. BLEY, Gültigkeit der §§ 353 b und 353 c StGB, 1951, S. 22.

spräch‹ mit ihm vertrauten Bonner Korrespondenten gesagt, es stehe dahin, ob der strittige Paragraph so richtig sei. Der Bundestag könne das Strafrecht ändern, wenn er wolle, und er, der Bundeskanzler, begrüße »das Gespräch zwischen den Journalisten und dem Bundesjustizminister, um den Paragraphen 353 c zu klären«.[144] Wenige Wochen später stellte Otto Lenz, Staatssekretär im Kanzleramt, den ›Maulkorbparagraphen‹ auch öffentlich zur Disposition.[145] Der Leiter des Presse- und Informationsamts, Werner Krueger, schätzte die Sache intern so ein: »Die Presse ist geneigt, in diesem Paragraphen, der selbst unter dem Diktatursystem Adolf Hitlers nur ein einziges Mal zur Anwendung gekommen ist, ein mögliches Instrument der Staatsgewalt zu erblicken, mit dem die freie Informationsmöglichkeit entscheidend eingeschränkt werden könnte.« Daraus resultiere die »Frage an den Bundesminister der Justiz, ob 353 c noch gerechtfertigt ist.«[146] Damit konzentrierte sich die politische Auseinandersetzung nun auf den FDP-Politiker Dehler.[147]

Der Justizminister geriet im Januar 1952 auch im Plenum des Bundestags in die Defensive. Hier hatten die Föderalistische Union[148] und die Deutsche Partei (immerhin eine Koalitionspartei) jeweils beantragt, den 353 c »aus dem Abschnitt über die Beamtendelikte herauszuwerfen«, wie der konservative Abgeordnete Hans Ewers bei der ersten Lesung formulierte: aus rechtssystematischen Gründen und weil der Paragraph »hier in Bonn und bei der gesamten Presse größte Unruhe hervorgerufen« habe.[149] Für die SPD erklärte Friedrich Wilhelm Wagner knapp: »Wir halten den Paragraphen 353 b für unnötig und unerwünscht, den Paragraphen 353 c für unmöglich.«[150] Dagegen versuchte Dehler – rhetorisch ungewohnt hilflos –, der Dynamik Herr zu werden. Lieber als im Plenum wollte er die Angelegenheit in der ruhigen Atmosphäre des nicht-öffentlichen Rechtsausschusses behandelt wissen; dort würden wenigstens keine »Reden für die Tribüne« gehalten. Ausgerechnet der Minister Dehler, der bei

---

[144] Adenauer – Teegespräche 1950–1954, 1984, S. 170.
[145] Artikel »Kein Knigge für Journalisten«; FAZ vom 7. Dezember 1951. – Vgl. Lenz' Tagebucheintrag: Im Zentrum der Macht, 1989, S. 188.
[146] Zitiert nach: G. Krüger, »Kein exklusiver Club!«, 2005, S. 84.
[147] Angriffslustig hieß es: »Er [Dehler] hat den Kampf um die Nazibestimmungen gewünscht; also soll er ihn auch haben.« Artikel »Kalter Ministerialkrieg«; Frankfurter Neue Presse vom 19. April 1952.
[148] Das war die Fraktionsgemeinschaft von Bayernpartei und Zentrum, der zusätzlich der Abgeordnete Hermann Clausen vom Südschleswigschen Wählerverband (SSW) angehörte.
[149] BT Sten.Ber., 188. Sitzung vom 24. Januar 1952, S. 7994 f.
[150] BT Sten.Ber., 188. Sitzung vom 24. Januar 1952, S. 7999. – Schon zu Beginn der Affäre, im September 1951, hatte der SPD-Rechtsexperte Adolf Arndt die Auffassung vertreten, der Paragraph 353 c sei »unmöglich und keine rechtsstaatliche Vorschrift«. Artikel »Journalistenverband bittet Dehler um Aufklärung über den ›Fall Platow‹«; Neue Zeitung vom 18. September 1951. – Für die Haltung der SPD ist nicht zu vergessen, dass Fritz Sänger, Geschäftsführer der DPA und im Vorstand des Deutschen Journalisten-Verbands, für die SPD im Bundestag saß.

Freund und Feind für seine flamboyanten ›Sonntagsreden‹ berüchtigt war[151], bemängelte nun: »Wir haben in unserem Strafrechtsänderungsgesetz hundertfach wichtigere Probleme erwogen als dieses, über die hier im Plenum kein Wort gesprochen worden ist.«[152] Immerhin hatte der Minister den Gang des parlamentarischen Verfahrens auf seiner Seite. Der Bundestag verwies die beiden Anträge zur weiteren Beratung an den Rechtsausschuss.[153]

Kurz darauf, im März 1952, reichten der Deutsche Journalisten-Verband und sein Vorsitzender Klage beim Bundesverfassungsgericht ein. Der Paragraph 353 c verstoße gegen das Grundgesetz und müsse für nichtig erklärt werden. Gezeichnet war die Klage durch den Prozessbevollmächtigten Curt Bley.[154] Auch wenn der Gang nach Karlsruhe ohne Richterspruch blieb, gibt er Gelegenheit für ein Zwischenfazit: Im Frühjahr 1952 beschäftigten die ›Affäre Platow‹ und der Streit über die Geheimhaltung inzwischen die Journalisten und das Justizministerium, einen parlamentarischen Untersuchungsausschuss, den Rechtsausschuss, das Bonner Landgericht sowie das Bundesverfassungsgericht – und das just zu der Zeit, als die außen- und rechtspolitischen Fragen des EVG- und des Deutschlandvertrages eigentlich alle Aufmerksamkeit für sich beanspruchten, nicht zuletzt beim Bundesverfassungsgericht.

Eine Lösung musste her. So kam, während alle Beratungen, Ermittlungen und Eingaben ihren Gang gingen, eine Idee auf, die schnell immer attraktiver schien: der pragmatische Gedanke einer Strafbefreiung durch den Bundestag (wobei es juristisch um die Niederschlagung von laufenden Verfahren ging). Mit einer Amnestie hätte man die unglückliche, weil verfahrene Angelegenheit zügig und für alle gesichtswahrend vom Tisch. Entsprechend stellte sich zuerst der Deutsche Journalisten-Verband auf den Standpunkt, der Bundestag möge eine Presseamnestie beschließen.[155] Um »eine Generalbereinigung der in der Vergangenheit so oft getrübten Atmosphäre« zu erreichen[156], wurde die Forderung nach einer Amnestie seit dem Spätsommer 1952 von der Presse beständig wiederholt, sowohl von ihren Verbänden und ihrem Syndikus Bley als auch in Kommenta-

---

[151] Vermutlich auf Heinrich von Brentano, den Vorsitzenden der CDU/CSU-Fraktion, geht die Pointe zurück, Dehler sei als Redner wie eine Rakete, bei der niemand wisse, wann er sie wo hochgeht. U. WENGST, Dehler, 1996, S. 181. Vgl. H.-P. SCHWARZ, Adenauer – Aufstieg, 1986, S. 693 und 698; H. LÖTTEL, Adenauer und Dehler, 2012.
[152] BT STEN.BER., 188. Sitzung vom 24. Januar 1952, S. 8002.
[153] Artikel »Debatte über den Geheimnisparagraphen«; FAZ vom 25. Januar 1952.
[154] Die Verfassungsbeschwerde ist dokumentiert in: ZEITUNGS-VERLAG, Nr. 4/1952, S. 126 und 159 f.
[155] Die Initiative des DJV für ein Amnestiegesetz (9. September 1952) ist überliefert in der Materialiensammlung des Parlamentsarchivs. Vgl. BT PARLA, GDok 1104. – Artikel »Ein Vorstoß für Platow«; FAZ vom 10. September 1952.
[156] ZEITUNGS-VERLAG, Nr. 19/1952, S. 465. – Vgl. auch ZEITUNGS-VERLAG, Nr. 15/1952, S. 346 und 378 f.

ren und Artikeln – zumal nachdem im September 1952 offiziell Anklage gegen Schulze erhoben worden war. In der *Welt* hieß es: »Klarer würde die Situation« erst, wenn der Bundestag »eine Amnestie über den ganzen Komplex gesetzlich bestimmen würde«.[157]

Der Bundestag ging darauf ein. Eine Woche nach der Initiative des Journalisten-Verbandes trafen sich mehrere Abgeordnete nach einer Sitzung des Untersuchungsausschusses zu einer interfraktionellen Besprechung, um eine Amnestieregelung in die Wege zu leiten.[158] Im Dezember 1952 wurde der entsprechende Antrag eingebracht, den – mit Ausnahme der Kommunisten und der (fraktionslosen) rechten Abgeordneten, die immer außen vor blieben – alle Fraktionen des Hauses unterstützten.[159] Zufrieden applaudierte die *Zeit*: »Es gibt wenige Dinge, über die 95 vom Hundert der Bundestagsabgeordneten einer Meinung sind. Der Fall Platow hat nach anfangs schweren Divergenzen eine solche einigende Kraft hervorgebracht.«[160] Ein halbes Jahr später, kurz vor Ende der ersten Wahlperiode, beschloss das Parlament mit breiter Mehrheit ein Straffreiheitsgesetz – wohlgemerkt gegen Widerspruch des Justizministers.[161] Bis auf Dehler schien es fast allen Beteiligten »staatspolitisch angebracht«, die zwischen Presse und Behörden »zutage getretenen Mißstände durch eine Amnestie zu erledigen«. So lautete die Begründung des CDU-Abgeordneten Matthias Hoogen, der den Untersuchungsausschuss geleitet hatte.[162]

Dehler jedoch sträubte sich hartnäckig. Er hielt es für rechtspolitisch unmöglich, dass der Bundestag ein Spezialgesetz beschließen wollte, durch das nicht mal vierzig Leute begünstigt würden: ein Verleger, einige Journalisten, vor allem Beamte.[163] Der DP-Abgeordnete Ewers, der die Sache mittlerweile ebenfalls kritischer sah als anderthalb Jahre zuvor, erklärte seine Bedenken: »Abgeschrie-

---

[157] Artikel »Nicht auf halbem Wege…«; DIE WELT vom 9. Oktober 1952.
[158] Niederschrift der interfraktionellen Besprechung vom 17. September 1952; BT PARLA, GDok 1104.
[159] Paragraph 1 des Entwurfs eines Gesetzes über Straffreiheit: »Wer in der Zeit bis zum 12. Oktober 1951 als Verleger, Journalist, Beamter oder in ähnlicher Stellung direkt oder indirekt Nachrichten, Informationen oder Artikel in strafbarer Weise mitgeteilt, entgegengenommen oder verbreitet hat, bleibt straffrei.« Vgl. BT Drs. I/3935 vom 5. Dezember 1952: Antrag der Fraktionen CDU/CSU, SPD, FDP, DP/DPB, FU (BP/Z). – Artikel »Amnestie für 353 b und c«; FAZ vom 9. Dezember 1952.
[160] Artikel »Amnestie auf Gegenseitigkeit«; DIE ZEIT vom 18. Dezember 1952.
[161] Die Chronologie der Beratungen: Erste Lesung: BT STEN.BER., 244. Sitzung vom 11. Dezember 1952, S. 11654. – Bericht des Rechtsausschusses: BT Drs. I/4428 vom 1. Juni 1953. – Zweite und dritte Lesung: BT STEN.BER., 273. Sitzung vom 18. Juni 1953, S. 13543–13550. – Artikel »Notwendige Amnestie«; DIE WELT vom 24. Juni 1953.
[162] BT STEN.BER., 273. Sitzung vom 18. Juni 1953, S. 13543.
[163] BT STEN.BER., 273. Sitzung vom 18. Juni 1953, S. 13545 f. – Aus dem gleichen Grund verlangte der Bundesrat die Einberufung des Vermittlungsausschusses. Vgl. BT Drs., I/4650 vom 3. Juli 1953, um das Gesetz zu beseitigen. Der Vermittlungsausschuss kam jedoch zu dem Schluss, das Straffreiheitsgesetz sei zulässig und »politisch notwendig«. Am 29. Juli 1953 stimmte der Bun-

ben ist eine Vorlage, die seitens des Herrn Dr. Bley, des Verteidigers betroffener Journalisten, formuliert und angeregt wurde.« Dessen ungeachtet halte er eine Amnestie weiter »für sehr wichtig«, um in Bonn »den Frieden herzustellen«.[164] Natürlich war Dehlers Einwand zuvor im Rechtsausschuss diskutiert – und verworfen worden. Zwar betreffe das Gesetz nur einen kleinen Personenkreis, gab Karl Weber von der CDU zu verstehen, man müsse jedoch berücksichtigen, wer dahinter stehe: die »Großmacht Presse«.[165]

Gleichwohl nahm die Geschichte noch eine allerletzte Wendung, denn die vom Bundestag beschlossene Amnestie trat so nie in Kraft. Mit Verweis auf den Gleichheitsgrundsatz aus Artikel 3 des Grundgesetzes weigerte sich Dehler im Sommer 1953, das Gesetz zu unterzeichnen.[166] Dabei kam dem eigensinnigen Justizminister (der nach der Bundestagswahl nicht erneut ins Kabinett berufen wurde) das Ende der Wahlperiode zupass. Doch auch danach fand die ›Platow-Amnestie‹ nicht ins Bundesgesetzblatt. Der verfassungsrechtliche Konflikt, warum ein vom Parlament beschlossenes Gesetz nicht ausgefertigt wurde, blieb ungeklärt. Vielmehr beendete das Straffreiheitsgesetz von 1954 die Geheimhaltungs-Affäre um den *Platow-Dienst*, die nun im großen Topf einer breit angelegten Amnestie aufging.[167] Mit einem Aufwasch beseitigte das Straffreiheitsgesetz eine Reihe von Kriegs- und Nachkriegsdelikten, die wenig miteinander zu tun hatten. Unter anderem ging es um Eigentums- und Devisenvergehen, die in der Besatzungszeit hart bestraft worden waren. Außerdem amnestierte es Tatbestände wie Schwarzhandel oder Urkundenfälschung, wovon Flüchtlinge und *Displaced Persons* betroffen waren, die lange in ungeklärten Verhältnissen lebten; hierfür hatten sich auch jüdische Verbände eingesetzt. Der sogenannte »Zusammenbruchs-Paragraph« begnadigte hingegen auch NS-Täter, womit die ›Amnestie‹-Lobby um den Rechtsanwalt und späteren FDP-Abgeordneten Ernst Achenbach einen Teilerfolg erreichte. Personenstandsverschleierung wurde straffrei gestellt, wenn sie aus politischen Gründen erfolgt war. Das hieß, dass etwaige Nazis und Kriegsverbrecher, die sich eine falsche Identität angeeignet hatten, nun strafrechtlich nicht mehr verfolgt wurden.

---

destag dem zu, der Bundesrat erhob keinen Einspruch mehr. Vgl. BT Sten.Ber., 282. Sitzung vom 29. Juli 1953, S. 14270 f.

[164] BT Sten.Ber., 273. Sitzung vom 18. Juni 1953, S. 13546–13548. – Anfang 1953 hatte Ewers im Rechtsausschuss auch die Doppelfunktion Bleys als Strafverteidiger der Journalisten und Syndikus des Verbandes kritisiert. Stenographisches Protokoll der 227. Sitzung des Rechtsausschusses vom 12. Januar 1953, S. 1 f.; BT ParlA, GDok 1104.

[165] Protokoll der 1. Sitzung des Unterausschusses »Straffreiheitsgesetz«, den der Rechtsausschuss gebildet hatte, vom 12. März 1953, S. 6; BT ParlA, GDok 1104.

[166] N. Frei, Vergangenheitspolitik, 1996, S. 111 f.

[167] Ausführlich: N. Frei, Vergangenheitspolitik, 1996, 100–131. – Demnach lähmte das Straffreiheitsgesetz die justizielle Ahndung von NS-Verbrechen über den materiellen Bezug hinaus, vor allem weil es als ›Schlussstrich‹-Signal des Gesetzgebers verstanden wurde: N. Frei, Vergangenheitspolitik, 1996, S. 101 und 128 f.

Mit Verweis auf dieses Straffreiheitsgesetz[168] beantragte die Staatsanwaltschaft vor dem Bonner Landgericht mit den Angeklagten im ›Fall Platow‹, die zwanzig anhängigen Verfahren einzustellen.[169] Auch der Paragraph 353 c hatte seit 1954 praktisch keine Bedeutung mehr; 1980 wurde er aufgehoben.[170] In der ersten Wahlperiode aber erfolgte keine Bereinigung der ›Platow-Affäre‹, so wie auch der parlamentarische Untersuchungsausschuss ohne förmlichen Abschluss auseinanderging. Er tagte am 9. Juni 1952 zum letzten Mal. Entscheidend ist: Als im Herbst 1953 das *Treibhaus* erschien und Curt Bley seinen Verriss für die *Welt am Sonntag* schrieb, war die Bonner Geheimhaltungsaffäre noch nicht zu den Akten gelegt.

3.3 Dem neuen Staat den Boden bereiten: Motive der Nihilismus-Kritik

Curt Bleys Biographie, seine Nähe zum Medien- und Politikbetrieb der frühen Bundesrepublik sowie sein anwaltlicher Einsatz für die Pressefreiheit scheinen nicht zu der harten Rezension zu passen, die das *Treibhaus* in die Nähe der Pornographie rückte. Immerhin war Pornographisches vor dem Hintergrund der ›Schmutz und Schund‹-Debatte zwar keinem Verbot, aber allerlei praktischen Einschränkungen unterworfen. Sorgfältig und präzise achtete der Jurist Bley daher darauf, dass er das *Treibhaus* zwar »hart an der Grenze« verortete, diese Grenze aber nicht überschritten werde. Einige Sätze aus der *Welt am Sonntag* liest man im Lichte von Bleys Engagement im ›Fall Platow‹ genauer: »Die Grenze der Pornographie ist erreicht. Wenn sie nicht überschritten wird, so deshalb, weil *Das Treibhaus* von einem großartigen Stilisten geschrieben wurde.«[171] Kunst, hieß das, darf in einem freien Staat eine ganze Menge, und zwar aus Prinzip.

Ein meinungsfreudiger Journalist wie Bley, der als Strafverteidiger drei Kollegen vertrat und sich für die Pressefreiheit mit dem Justizminister anlegte, der rief nicht nach der Polizei, wenn ihm ein Roman nicht gefiel. Seine Kritik am *Treibhaus*, an Pornographie und Nihilismus, mag man als Zugeständnis an einen christlich-konservativen Zeitgeist werten, zumal bei einer Sonntagszeitung. Im Kern hatte Bleys Empörung aber andere, politische Ursachen. Er vermisste beim *Treibhaus* ein positives Bekenntnis – wenn schon kein religiöses, dann

---

[168] Paragraph 8: »Für Straftaten, welche die Mitteilung, Beschaffung oder Verbreitung von Nachrichten über Angelegenheiten zum Gegenstand haben, mit denen Angehörige des öffentlichen Dienstes befaßt sind, oder welche damit derart in Zusammenhang stehen, daß sie solche Taten vorbereiten, fördern, sichern oder decken sollten, […] wird Straffreiheit gewährt, wenn die Tat vor dem 1. Januar 1952 begangen worden ist.« Vgl. BGBl. 1954, I, S. 203.

[169] Entscheidungen BVerfG, 10. Band, 1960, S. 234–250.

[170] Für die heutige Rechtslage: Handbuch des Presserechts, 2012, S. 530–534.

[171] Artikel »Ein Roman – hart an der Grenze«; Welt am Sonntag vom 1. November 1953.

ein Bekenntnis im republikanischen Sinne. Bley forderte eine Haltung, keinen Nihilismus. Die Romanfigur Keetenheuve aber, der seelische Spiegel so vieler »politische[r] und sexuelle[r] Traumata«, lasse keine Macht gelten, keine höhere und keine politische; er propagiere, so Bley, die »Opposition an sich«.[172] Keetenheuve leugne jede Autorität, im weltlichen Bereich sogar die demokratisch-parlamentarische Variante einer Mehrheitsregierung, die durch Wahlen bestimmt wird. Bley schrieb:

> Wer aber jeden Wert, jede Stütze, jede Autorität leugnet, vertritt nicht die Freiheit, auch wenn er Pazifist ist. Er zerstört sie durch die Entfesselung aller Triebhaftigkeit. Er richtet ein Sinnbild des Anarchischen, des Nihilistischen auf. [...] Das Buch endet dann auch mit der Selbstzerstörung.

Den Rezensenten der *Welt am Sonntag* störte insbesondere, dass das *Treibhaus* mit dem Selbstmord des schwermütigen Abgeordneten endet. Koeppens Roman schien keinen Ausweg zu eröffnen. Die politische Depression und den Selbstmord einer ganzen Republik aber, das hatte Curt Bley, geboren am 19. April 1910, schon einmal erlebt. Im Sinne der *Neuen Blätter für den Sozialismus* hatte er sich gegen den Nihilismus gewandt; mit dem ›Roten Stoßtrupp‹ hatte er sich gegen die Agonie der Weimarer Republik zu wehren versucht, vergeblich. 1944 hatte er aus nächster Nähe erlebt, wie sein Freund Adam von Trott zu Solz verhaftet und zum Tode verurteilt wurde. Mit der »Opposition an sich«, wie er sie im *Treibhaus* aktualisiert wiederkehren sah, würde in Bleys Augen indes der neue Staat, die Bonner Republik, abermals der Ausweglosigkeit überlassen.

Den demokratischen Rechtsstaat zu schützen – das war Bleys Anliegen seit den Tagen mit Rudolf Küstermeier bei der *Welt*, und deshalb kritisierte er das *Treibhaus* in dieser Schärfe. Sicherlich fand Bley an dem konkreten westdeutschen Staat einiges verbesserungswürdig; dafür stand er ja der SPD-Opposition, den Gewerkschaften und der Presse nahe. Aber um die Bundesrepublik zu reformieren, konnte man: Zeitungsartikel schreiben, Gutachten verfassen, Klage einreichen, Petitionen formulieren, Verbündete suchen, Mehrheiten sammeln und den Justizminister in Zugzwang bringen. Bleys Hoffnung für die frühe Bundesrepublik lautete: Wenn man sich anstrengte, müsste Bonn nicht Weimar werden!

Seine Haltung gegen Pessimismus und Passivität passte perfekt zur *Welt am Sonntag*. Die Sonntagszeitung war in den Fünfzigerjahren sicher nicht die erste Wahl für schöngeistige oder akademische Betrachtungen. Ihr Gründer und Chefredakteur Menne dachte eher an ein breites Publikum. Leserfreundlichkeit und lockere Unterhaltung waren sein journalistisches Leitbild; Gesellschaftsthe-

---

[172] Hier und im Folgenden: »Ein Roman – hart an der Grenze«; WELT AM SONNTAG vom 1. November 1953.

men hatten Vorrang vor elitärer Kunst und Literatur, und der Auflagenerfolg gab diesem Konzept Recht.[173] Dahinter aber stand bei der *Welt am Sonntag* eine politische Haltung: dass die Demokratie, konkret der parlamentarische Neubeginn in Bonn, ihre Chance bekommen sollte. Nicht allein der Redakteur Warnfried Encke meinte, diese Mission habe dem Programm sowie dem Selbstbild der Zeitung und ihrer Journalisten entsprochen. Seit den Anfangsjahren, schrieb der spätere stellvertretende Chefredakteur, »als es nach 1948 darauf ankam, den jungen Staat zu festigen, sah es die *Welt am Sonntag* als eine ihrer vornehmsten Aufgaben an, den Leser an diesen Staat heranzuführen«.[174] Eindringlicher noch beschreibt es Ursula Knief, zuerst Volontärin und seit 1949 Redakteurin: »Der junge Staat brauchte Ruhe, Zeit, um Wurzeln schlagen zu können. Die *Welt am Sonntag* hat sich bemüht, den Boden dafür zu bereiten.«[175]

Das Ziel, der Bonner Republik publizistisch den Boden zu bereiten, war auch bei anderen Rezensionen das Motiv, aus dem heraus das *Treibhaus* als gefährliche Provokation abgelehnt wurde. Das zeigte sich besonders markant bei einer *Treibhaus*-Kritik, die Peter Holz für die *Welt der Arbeit* verfasst hat.[176] Die *Welt der Arbeit* war die in Köln erscheinende Wochenzeitung des Deutschen Gewerkschaftsbundes, und als es um eine Besprechung von Koeppens Roman ging, interessierte sich der Rezensent nicht im Ansatz für die literarischen Aspekte oder eine Unterscheidung zwischen Autor, Erzähler und Hauptfigur. Holz stellte konsequent den Parlamentarismus in den Mittelpunkt seiner »notwendige[n] Betrachtungen zu einer ›Buchsensation‹«. Am entscheidenden Punkt seiner Argumentation zitierte er einen der Gedanken Keetenheuves – »Aber welches System wäre besser als das parlamentarische?«[177] –, um anschließend Koeppen unmissverständlich zurechtzuweisen:

> Die gleiche Frage hätte sich der Autor vor dem Schreiben dieses Buches sehr gründlich überlegen müssen [...]. Man mag der Meinung sein, daß ›das politisch Lied ein garstig Lied‹ ist, doch wir alle und auch Herr Koeppen sollten uns darüber im klaren sein, daß es zuletzt darauf ankommt, nach welchen Noten die Musik gespielt wird, und uns scheint, daß ein großes Bundestagsorchester mit manchmal nicht zu über-

---

[173] C. Prüver, Haas, 2007, S. 50, 77 und 115–117. – Die Redakteurin Helene Rahms, Jahrgang 1918, die beim *Reich* gearbeitet hatte und später fürs *FAZ*-Feuilleton schrieb, verachtete Menne, den sie für hemdsärmelig und amusisch hielt. Ihr missfiel sein Anspruch, »keine Intellektuellen-Zeitung« zu machen, sondern »eine Zeitung für die Waschfrau«. Menne wiederum mochte »die akademischen Überschriften« der Redakteurin nicht. Ihre Zusammenarbeit war deshalb schwierig: »Ich hasste ihn, und ich spürte, dass ich ihn hasste.« H. Rahms, Clique, 1999, S. 78 f.

[174] W. Encke, Kampf um den Sonntagsleser, 1962, S. 229.

[175] U. Knief, Die erste deutsche Sonntagszeitung, 1962, S. 216.

[176] Hier und im Folgenden: »Treibholz im Strom der Gesinnungslosigkeit«; Welt der Arbeit vom 24. Dezember 1953.

[177] W. Koeppen, Werke. Band 5: Das Treibhaus, 2010, S. 153 f.

hörenden Mißtönen noch immer den vielleicht verlockend klingenden, alles übertönenden Soloklängen einer Diktatur vorzuziehen ist.[178]

Die *Welt der Arbeit* formulierte eine politische Erwiderung auf einen Roman, den ihr Rezensent als gefährlichen Kommentar zur Ordnung von Staat und Gesellschaft gelesen hatte. Ihm schien es »ganz unwesentlich«, ob Koeppen »mit den Nazis oder mit den Kommunisten sympathisiert oder beide Extreme ablehnt«. Entscheidend – und bedrohlich – fand Holz, dass der durchschnittliche Leser »in diesem Buch in seiner Abneigung gegen den demokratischen Staat« und in seiner Sehnsucht nach dem Führer noch »bestärkt« werde. Koeppen greife antiparlamentarische Ressentiments auf und verstärke sie dadurch. Daher tauge er weder als Chronist noch als zeitkritischer Schriftsteller, denn »hierfür fehlte ihm die hierzu notwendige demokratische Gesinnung als Markierung«.

In der *Treibhaus*-Debatte war der Verriss der *Welt der Arbeit* einer der polemischsten Beiträge. Die Gewerkschaftszeitung unterzog Koeppens politische Geisteshaltung der Fundamentalkritik. Fast möchte man meinen, Peter Holz habe Koeppen in seiner Ehre als Schriftsteller treffen wollen, als er eine Reihe von Namen aus der deutschsprachigen Literatur nannte, die sich in der Weimarer Republik mit der politischen Entwicklung auseinandergesetzt hatten: Alfred Döblin und Ernst Glaeser, Erich Maria Remarque und Theodor Plievier, Kurt Tucholsky und Arnold Zweig. Für Holz hätten alle diese Autoren eins gemeinsam gehabt: eine Haltung. Doch »dieser geistige Standort« fehle Koeppen, der »die negierende Gesinnungslosigkeit zum Prinzip erhoben« habe.

So fasste die Rezension der *Welt der Arbeit* das *Treibhaus* als Angriff auf die Grundlagen der Demokratie auf. In ihrer Nihilismus-Kritik vertrat sie damit eine Meinung, die als erster Curt Bley formuliert hatte. Zwar kam die *Welt der Arbeit* zu ihrem negativen Urteil, ohne sich über die vermeintlich obszönen Stellen des Romans empören zu müssen. Was das Pornographische anging, zeigte sich die Rezension eher unempfindlich, als sie formulierte: »Eine gewisse Auflockerung erfährt dieser *Treibhaus*-Bericht durch abnormale Damen!« Doch die politischen Argumente der Kritik – von der »alles negierenden Unzufriedenheit« bis zur fehlenden »demokratische[n] Gesinnung« – glichen genau dem Nihilismus-Vorwurf, wie ihn die *Welt am Sonntag* erhoben hatte.

---

[178] Hier und im Folgenden: »Treibholz im Strom der Gesinnungslosigkeit«; WELT DER ARBEIT vom 24. Dezember 1953.

4. Nachhutgefechte: Ernst von Salomon – oder: Weimarer Rechtsintellektuelle in der Bonner Republik

4.1 Merkwürdige Bekannte: Im Land des Fragebogens

Öffentlich verteidigt wurde Wolfgang Koeppen im November 1953 von einem auf den ersten Blick überraschenden Verbündeten. Drei Wochen nach dem so eindeutig negativen Auftakt in der *Welt am Sonntag* stärkte ihm in der *Welt* der Schriftstellerkollege Ernst von Salomon den Rücken.[179] Ausgerechnet in der *Welt* und ausgerechnet Ernst von Salomon! Unter der Überschrift »Gewitter in der Bundeshauptstadt« verfasste Salomon eine für Koeppen äußerst schmeichelhafte Rezension, in der er das *Treibhaus* von allen Anschuldigungen freizusprechen versuchte. Der Roman sei »weder ätzend noch bösartig« und »an keiner Stelle lüstern«, sondern »erstaunlich friedfertig und versöhnlich«. Darüber hinaus diene das *Treibhaus* der ›Wahrheit‹, schrieb Salomon, und sei einfach große Literatur. Daran gemessen verblasse die »heilige Allianz der falschen Biedermänner«, die sich in Bonn über das Buch echauffierten, zu »Sensationen des Alltags«.[180]

Wolfgang Koeppen und Ernst von Salomon waren alte Bekannte.[181] Während des Zweiten Weltkriegs hatten sie in Deutschland Filmdrehbücher geschrieben und in ihrer ›inneren Emigration‹ ein durchaus gutes Auskommen gehabt. Der NS-Propaganda lag viel am Kino, Unterhaltung war wichtig.[182] Beim Film lebten die Drehbuchschreiber vor allem relativ sicher, denn wer hier arbeitete, galt für die Wehrmacht als ›unabkömmlich‹. Um nicht Soldat werden zu müssen, habe er sich »beim Film untergestellt«, so hat Koeppen es nach dem Zweiten Weltkrieg immer wieder formuliert.[183] Zunächst stellte er sich bei der Tobis-Filmkunst in Berlin unter, anschließend bei der Bavaria-Filmkunst in München. Seit seiner Rückkehr aus Holland im November 1938 war Koeppen ein »Drehbuchautor minderen Ranges im Getriebe der NS-Filmindustrie«.[184]

---

[179] K. Prümm, Literatur des Soldatischen Nationalismus, 1973; K. Theweleit, Männerphantasien, 1977/78; U. Hass, Militante Pastorale, 1993; M. J. Klein, Ernst von Salomon, 1992; U. Bielefeld, Nation und Gesellschaft, 2003; M. Walkowiak, Salomons Romane, 2007; A. Parkinson, Emotional State, 2015.

[180] Artikel »Gewitter in der Bundeshauptstadt«, Die Welt vom 21. November 1953; wieder gedruckt in: U. Greiner (Hg.), Über Wolfgang Koeppen, 1976, S. 50–53. – Vgl. M. Payk, Geist der Demokratie, 2008, S. 198.

[181] G. & H. Häntzschel, Koeppen, 2006, S. 35.

[182] H. Segeberg (Hg.), Mediale Mobilmachung I, 2004; M. Köppen/E. Schütz (Hg.), Kunst der Propaganda, 2008; mit Augenmerk auf Goebbels: F. Moeller, Filmminister, 1998.

[183] Etwa im Interview mit H. L. Arnold, Gespräche mit Schriftstellern, 1975, S. 126. – Zu Koeppens Zeit beim Film als hervorragende Recherche: J. Döring, Koeppen 1933–1948, 2001.

[184] J. Döring, Koeppen 1933–1948, 2001, S. 29.

Abb. 34: Ausschnitt aus: DIE WELT vom 22. November 1953.

Die relative Sicherheit fernab der Front und ein selbstbestimmtes Leben außerhalb der Kaserne; ein gutes Einkommen (und das in Schwabing beziehungsweise am Starnberger See, wo Bohème und Schickeria unterwegs waren); eine kreative, aber arbeitsteilig-anonyme Tätigkeit (was zwischen Propaganda und Zensur kein Nachteil sein musste) – all diese annehmlichen Aspekte der Arbeit für die deutsche Filmindustrie[185] teilten mit Koeppen auch andere Schriftsteller oder der Journalist Felix von Eckardt, seit Anfang 1952 Leiter des Presse- und Informationsamts und Sprecher der Bundesregierung.[186] Axel Eggebrecht, zunächst Autor der *Weltbühne*, 1933 im KZ inhaftiert und nach 1945 einer der prominentesten Kommentatoren beim *Nordwestdeutschen Rundfunk*, hat seine Erfahrungen beim Film später so pointiert: »Der Nazismus nötigte mich zum Geldverdienen.«[187]

---

185   J. DÖRING, Drehbuchschreiben im ›Dritten Reich‹, 2002, S. 225.
186   S. BRÜGGEMANN, Felix von Eckardt, 2016, S. 66–74.
187   A. EGGEBRECHT, Der halbe Weg, 1975, S. 310. – Zur Biographie: A . GALLUS, Heimat *Weltbühne*, 2012, S. 157–209, hier S. 209: »Eggebrecht zählt zu jenen Intellektuellen, die tatkräftig mithalfen, in der Bundesrepublik nach 1945 eine ›politische Kultur des Widerspruchs‹ (Jürgen Habermas) zu etablieren und so die Demokratisierung des politischen Systems voranzubringen.«

Koeppen hatte nie so wenig materielle Sorgen wie in diesen Jahren.[188] Allerdings waren die Unterhaltungsfilme, die während des Zweiten Weltkriegs produziert wurden, auch nicht so unpolitisch, wie Koeppen später behauptete.[189] Selbsttäuschungen und retrospektive Verklärungen waren ein weit verbreiteter Teil des Umgangs mit der NS-Vergangenheit; sie zeigten sich auch bei Koeppen. Ernst von Salomon bezeichnete den deutschen Film in einer dreisten Übertreibung sogar als »neutrales Ausland«.[190] Jedenfalls war Salomon als Drehbuchautor eine von Koeppens Bezugspersonen beim Film: Salomon hatte Routine, er verfügte über gute Kontakte in Babelsberg und München, und er war dem guten Leben zugetan.[191] Kennengelernt haben sich Koeppen und Salomon 1939 vor Beginn des Zweiten Weltkriegs auf Sylt.[192] Etwas später wohnten sie eine Zeitlang sogar im selben Hotel, im mondänen Hotel Königshof in München, wo sie an einem gemeinsamen Filmprojekt arbeiteten, der Hochstaplergeschichte *Die Nacht der Zwölf*; ein gemeinsamer Freund, der *Jud-Süß*-Darsteller Ferdinand Marian, sollte die Hauptrolle spielen.[193]

Wer in Koeppen einen links stehenden Kritiker der Adenauer-Republik sieht, wird sich über Salomons Schützenhilfe wundern.[194] Im Jahr 1953 war Ernst von Salomon nicht nur ein ehemaliger Kollege vom Film; er war auch ein immens erfolgreicher Buchautor. 1951 hat Salomon im Verlag von Ernst Rowohlt, für den er zudem als Lektor arbeitete, ein Buch veröffentlicht mit dem Titel *Der Fragebogen*. Er hatte damit einen Bestseller verfasst, der sich in der nicht mehr so unmittelbaren Nachkriegszeit großer Beliebtheit erfreute. Binnen zweier Jahre verkaufte Rowohlt mehr als 200 000 Exemplare, zunächst in einer fast zwanzig

---

[188] G. & H. Häntzschel, Koeppen, 2006, S. 36–41; dies., Koeppen – »Romanfigur«, 2006, S. 59.

[189] Zum Politischen im NS-Film: C. Zimmermann, Medien im Nationalsozialismus, 2007, S. 170–175.

[190] E. v. Salomon, Der Fragebogen, 1951, 292 f.

[191] Koeppen erwähnt Salomon und Ille Gotthelft, die »Salomons«, auch in einem vermutlich 1944 geschriebenen Brief, mit dem er um Marion Ulrich, seine spätere Frau, warb: Marion und Wolfgang Koeppen, 2008, S. 341 f.

[192] So hat es Koeppen 1985 Marcel Reich-Ranicki und dem Fernsehpublikum berichtet. Demnach kannte Koeppen aus einem Berliner Kabarett ein reizendes Mädchen, das sich als Freundin Salomons vorstellte. Den schätzte Koeppen »bis zu einem gewissen Grad [...] als einen guten Schriftsteller«, auch wenn er vermutete, Salomon müsse »ein furchtbarer Mensch« sein. Auf Sylt habe er ihn dann jedoch näher kennengelernt. Vgl. das Interview in der Reihe »Zeugen des Jahrhunderts«, gedruckt in: W. Koeppen, Ohne Absicht, 1994 [1985], S. 116.

[193] Zum Filmprojekt: J. Döring, Koeppen 1933–1948, 2001, S. 229–235; zur Bekanntschaft von Koeppen und Salomon: S. 171 und 194. Zum Drehbuchautor Salomon: M. J. Klein, Ernst von Salomon, 1992, S. 233–236.

[194] A. Borgstedt, Entnazifizierung und Integration, 2009, S. 104, geht (in einer vorzüglichen Analyse) davon aus, dass Koeppen und Salomon in der literarischen Vergangenheitsbewältigung weltanschaulich-politische Antipoden gewesen seien. – W. Barner, Literaturstreite, 2009, behauptet sogar eine Opposition von Koeppen und Salomon, ohne ihre Bekanntschaft oder die *Treibhaus*-Rezension zu erwähnen.

Maik teuren Leinenausgabe, seit 1952 zudem als Taschenbuch.[195] Das Buch war
»der erste echte Bestseller« des Rowohlt-Verlags nach dem Zweiten Weltkrieg, zu
vergleichen allenfalls mit den Taschenbüchern der *rororo*-Reihe und dem populären Archäologie-Dauerbrenner *Götter, Gräber und Gelehrte*.[196]

Ein alter Bekannter war Ernst von Salomon jedoch auch in der übertragenen
Bedeutung der Worte. Im besagten *Fragebogen*, einer Mischung aus Autobiographie, Roman und historischem Lang-Essay, verknüpfte Salomon seine Le-
benserinnerungen mit dem Unterfangen, die 131 Fragen des amerikanischen
Entnazifizierungsfragebogens zu beantworten. Dieses oder ähnliche Formulare
hatte nach dem Krieg ein Großteil der deutschen Bevölkerung ausfüllen müssen, Koeppen etwa am 15. November 1945.[197] Mit den Fragebögen gelangte der
›Persil-Schein‹ in den Sprachgebrauch, als Umschreibung für die plötzlich rein-
gewaschenen Lebensläufe. Bei Salomons Fragebogen-Projekt handelte es sich
hingegen um eine Persiflage. Er wollte nicht so sehr die eigene Biographie be-
schönigen, sondern die bürokratische Praxis der alliierten Militärregierung ad
absurdum führen. Schon die Tatsache, dass Salomon 808 engbedruckte Seiten dafür beanspruchte, so weitschweifig wie möglich Auskunft zu geben, sollte
das Vorhaben lächerlich machen. Das Buch erschien in einem schwarz-weiß-roten Schutzumschlag. Über sein Drehbuchschreiben vor 1945 spottete Salomon:
»Ho ho … mir kann gar nichts passieren! Ich war beim Film!«[198]

Der Ton des *Fragebogens* strotzte vor Selbstgerechtigkeit und Überheblichkeit.
Zugleich waren die saloppen und schneidigen Sprüche getragen von Selbstmitleid. Was die Schuldfrage angeht, war das Werk apologetisch – und voll antiame-
rikanischer Ressentiments.[199] Bei jeder Gelegenheit wurden die Amerikaner als
ignorant und kulturlos vorgeführt.[200] Sie hätten keine Ahnung, schon gar nicht

---

[195] E. v. SALOMON, Der Fragebogen, 1951. – Auflagenzahlen nach G. STREIM, Diktatur des Fragebogens, 2004, S. 87; D. OELS, Rowohlts Rotationsroutine, 2013, S. 360. Mitte der Fünfzigerjahre
kamen Lizenzausgaben von Buchklubs auf den Markt sowie französische, englische und amerikanische Übersetzungen.

[196] So hieß ein (laut Untertitel) »Roman der Archäologie«, den unter dem Pseudonym C. W. Ceram der *Welt*-Gründungsredakteur Kurt W. Marek geschrieben hat. Das Buch war eine Art Prototyp des nichtakademischen Sachbuchs: D. OELS, Rowohlts Rotationsroutine, 2013, S. 13 und 360
(Zitat). – Für personelle Verbindungen zwischen der *Welt*, der damals größten Tageszeitung, und
dem Rowohlt-Verlag, deren Anfänge Tür an Tür im gleichen Haus lagen: D. OELS, Rowohlts Rotationsroutine, 2013, S. 174.

[197] Im Juni 1947 entschied die Spruchkammer auf »nicht betroffen«. J. DÖRING, Koeppen 1933–
1948, 2001, S. 189 f.; G. & H. HÄNTZSCHEL, Koeppen, 2006, S. 41 f.; DIES., Koeppen – »Romanfigur«, 2006, S. 59.

[198] E. v. SALOMON, Der Fragebogen, 1951, S. 361.

[199] Die Passagen aus dem amerikanischen Internierungslager, die im *Fragebogen* am Schluss stehen,
sollen als erste entstanden sein. Sie wären insofern die Grundidee des Buches: D. OELS, Rowohlts
Rotations-Routine, 2013, S. 363.

[200] Vgl. G. WETTBERG, Amerika-Bild, 1987, S. 34–43, hier S. 42. – Um wie viel positiver ist dagegen Koeppens Amerikabild! Schon in *Tauben im Gras*, wo Amerika mit der deutschen Volksseele

von den Deutschen, sondern lediglich den Krieg gewonnen und seitdem Oberwasser. Im dritten Jahr der Bonner Republik hätte man die Nachkriegsgeschichte auch anders schreiben können: Zuerst hatten GIs die Nazis besiegt und Westeuropa befreit. Dann versorgten die Amerikaner West-Berlin während der sowjetischen Blockade aus der Luft; sie halfen mit dem Marshall-Plan der Wirtschaft auf die Beine und schützten Westeuropa vor dem Kommunismus. Im *Fragebogen* sah das ganz anders aus. So kolportierte das Buch die Sprüche der bayerischen Bauern, bei denen Salomon im Frühjahr 1945 untergekommen war. »Du, wos hoaßt denn USA?«, fragt da der eine den anderen. »Dös hoaßt: Uhren stehlens aa.«[201] Im *Fragebogen* diente die Vormacht des Westens als Negativfolie. Dabei ging es eigentlich nicht um die Vereinigten Staaten, sondern um Deutschland.

Ami go home: Im Kontrast zu den vermeintlichen Dummköpfen aus Übersee sollte das angeblich höhere Niveau der deutschen Kultur von der deutschen Schuld entlasten. »Im *Fragebogen* gibt es keine Schuldigen, und durch die Abwesenheit von schuldigen Deutschen wird jedwede deutsche Schuld weggezaubert«, beschreibt der Historiker Hermann Graml die Argumentationsweise.[202] Genau in diesem Sinne sprach Salomon konsequent weder vom ›Dritten Reich‹ noch vom Nationalsozialismus, sondern ausschließlich von der Phase der nationalsozialistischen Regierung. Darüber hinaus behauptete er, dass unter dieser Regierung achtzig Prozent der Deutschen gegen die Nazis gewesen seien. Salomon ging sogar so weit, die gefühlte Mehrheit des deutschen Volkes als Mitglieder »einer verbotenen Oppositionsgruppe« zu bezeichnen.[203] Wenn fast alle Deutschen im Widerstand gewesen waren, so seine Logik, erübrigte sich jede Entnazifizierung.

Die Internierungslager der Alliierten setzte der *Fragebogen* ungerührt mit deutschen Konzentrationslagern gleich, denn zur Entlastung der Deutschen gehörte bei Salomon untrennbar die Beschuldigung der Amerikaner. Wer deutsche und alliierte Lager unterscheide – und was gab es nicht für verschiedene Lager in den Kriegs- und Nachkriegsjahren: für Kriegsgefangene, Flüchtlinge, *Displaced Persons*, Auswanderer und so weiter –, der messe mit zweierlei Maß. Solange Deutsche unschuldig festgehalten würden, so Salomon, sei die Herrschaft der Siegermächte nichts anderes als eine Fortsetzung der NS-Diktatur.[204] Mit dieser

---

kontrastiert, allerdings positiv, und auch in der späteren *Amerikafahrt*. Vgl. G. Wettberg, Amerika-Bild, 1987, S. 55–67. – Ein dialogisches Verhältnis zu Amerika hebt mit Blick auf *Tauben im Gras* auch M. Payk [Geist der Demokratie, 2008, S. 270] hervor. Kritischer sieht das: D. Diner, Verkehrte Welten, 1993, S. 148.

[201] E. v. Salomon, Der Fragebogen, 1951, S. 636. – Das Uhrenklauen ist im *Fragebogen* ein wiederkehrendes Motiv.

[202] H. Graml, Unfreiwilliger Helfer, 2010, S. 75.

[203] E. v. Salomon, Der Fragebogen, 1951, S. 470–476.

[204] G. Streim, Diktatur des Fragebogens, 2004, S. 106. – So wie der *Fragebogen* dachten übrigens auch Ernst Jünger und sein Bruder Friedrich Georg, weshalb bei ihnen regelmäßig Salomon vorgelesen wurde: D. Morat, Von der Tat zur Gelassenheit, 2007, S. 286–290.

leitmotivischen Gleichsetzung des Nationalsozialismus mit den USA markierte
der *Fragebogen* die sichtbare Spitze eines Eisbergs des Antiamerikanismus in der
Nachkriegszeit, dessen tatsächliche Größe der Verkaufserfolg des Buches andeuten mag.[205] In der deutschen Geschichte war Antiamerikanismus jedoch oft antidemokratisch (sowie antisemitisch) motiviert.[206] Kennzeichnend für die Fünfzigerjahre war eine Dialektik von überkommenen Vorbehalten gegenüber den
USA und der politischen Westbindung.[207]

Ernst von Salomon schilderte im *Fragebogen* ausführlich den Sadismus amerikanischer Soldaten, auch Antisemitismus gab es demnach nur bei Amerikanern. Die Deutschen hingegen waren die Opfer. Einem Mitgefangenen im Lager schlug Salomon sogar vor, »er solle sich neben die Bilder von Mauthausen
stellen, die der [amerikanische] Kommandant hatte an einer Barackenwand an-
nageln lassen«. Der Kamerad »hatte längst *mit Stolz* festgestellt, daß er sich in
bezug auf die Kunst der Abmagerung vor den Opfern des Mauthausener KZs
nicht zu verstecken brauche.«[208] Jenseits solch geschmackloser Projektionen war
von den vielen Opfern des NS-Terrors nicht die Rede, so wie es angeblich keine
deutschen Täter gab. Im *Manchester Guardian*, der Vorläuferzeitung des *Guardian*, meinte deshalb der Deutschland-Korrespondent Terence Prittie, als er (am
zehnten Jahrestag des Kriegsendes) über das literarische Phänomen des *Fragebogens* berichtete, mit allem Understatement: »Nur ein einziges Wort des Bedau-
erns wäre nicht unangebracht gewesen.«[209]

Ernst von Salomon – und bei seinem autobiographischen Buch kann man
zwischen Autor und Erzähler nicht unterscheiden – verübelte den Amerikanern, dass sie ihn als Sicherheitsrisiko und möglichen Nazi inhaftiert hatten.
Im Sommer 1945 hatten Geheimdienstleute ihn als *security threat* festgenommen und mehr als ein Jahr später entlassen – irrtümlich verhaftet, lautete nun
ihre Begründung. Das Verhaftetwerden war zwar, wie ein *Fragebogen*-Rezensent
spottete, »der Bumerang seines Lebens«[210], doch Salomon übte keine Nachsicht. Seitdem hielt er alle Amerikaner für ahnungslos, er verübelte ihnen die
Schläge, den Hunger und die Demütigungen, die er am eigenen Leib erlebt
hatte. Aber auch den Triumph über die Nazis, die Befreiung, verzieh er ihnen
nicht. »Ihr Sieg war nichts wert«, heißt es im *Fragebogen*, »und unsere Niederlage nichts.«[211] Oder: »In der Tat, mein Zorn über die Amerikaner wuchs täg-

---

[205] D. DINER, Verkehrte Welten, 1993, S. 148.
[206] J. SCHOLTYSECK, Anti-Amerikanismus, 2003, S. 24 und 40 f.
[207] A. SCHILDT, Zur sogenannten Amerikanisierung, 2007.
[208] E. V. SALOMON, Der Fragebogen, 1951, S. 736 [Hervorhebung B.W.].
[209] Artikel »The unrepentant German«; MANCHESTER GUARDIAN vom 5. Mai 1955 [Übersetzung,
B.W.]; zitiert nach: D. OELS, Rowohlts Rotationsroutine, 2013, S. 358.
[210] Artikel »Zynischer Landsknecht zwischen den Stühlen«; FRANKFURTER HEFTE 6 (1951), 7, S. 511.
[211] E. V. SALOMON, Der Fragebogen, 1951, S. 678.

lich. Es war mir klar, daß es ein Zorn allein aus dem Gefühl und nicht aus der Vernunft heraus war. Es war ein echt deutscher Zorn über verpaßte Gelegenheiten, über die Diskrepanz zwischen der Proklamation und dem tatsächlichen Handeln.«[212] Zwar war Salomon nicht unbedingt ein glühender Nazi gewesen. Aber dass Deutschland den Krieg verloren hatte, dass das Reich zerschlagen und besetzt war – das war für einen Nationalisten wie ihn unerträglich.[213] Auf diese Kränkung reagierte er mit einer Mischung aus Zorn, Hass und Selbstmitleid.

Seinen deutschen Lesern galt Salomon als hervorragender Stilist. Er schrieb schnörkellos und mit *drive*, so wie er auch unumwunden aussprach, was er offenlegen wollte. Damit war Salomon der literarischen Tradition der ›Neuen Sachlichkeit‹ oft näher als den Manierismen von Ernst Jünger und Martin Heidegger.[214] In jedem Fall versprachen Süffisanz und Sarkasmus eine unterhaltsame Lektüre voller schmissiger Anekdoten und einem Feuerwerk an Pointen. Dessen ungeachtet war der *Fragebogen* ein durch und durch zynisches Buch. Geschrieben von einem Nationalisten, »der mit schamloser Ehrlichkeit zur Sache« kam.[215] In der Tat war der *Fragebogen* ohne Mitgefühl für die zahllosen wirklichen Opfer. Der Bestseller des Jahres 1951 war ein bemerkenswertes Beispiel einer »offensiven Täter-Opfer-Umkehr«[216].

Als »Schlüsseldokument des Genres gehobener Rechtfertigungsliteratur«[217] erschien der *Fragebogen* allerdings nicht während der Besatzungszeit vor 1949, sondern bezeichnenderweise kurz danach, im spezifischen vergangenheitspolitischen Klima der frühen Bundesrepublik, als die Entnazifizierung weitgehend zu den Akten gelegt worden war.[218] Übrigens gibt es im *Treibhaus* eine Fragebogen-Szene, die man als Koeppens Reverenz an Salomon lesen kann – und als verdeckten Hinweis auf die eigene Biographie. Auch Koeppen hielt die Entnazifizierung für »eine Groteske«, erinnerte er sich gegenüber Marcel Reich-Ranicki im Interview. Den entsprechenden Fragebogen habe er zunächst nicht ausfüllen wollen und sei dann überredet worden. »Es ist auch vorgekommen – ich war irgendwie in den Ruf eines Antinazis gekommen –, daß mich Leute […] um Persilscheine baten.« Darunter sei ein Hotelier aus Feldafing gewesen, bei dem Koeppen während des Krieges lebte. »Dem Hotelbesitzer habe ich ihn auch ge-

---

[212] E. v. Salomon, Der Fragebogen, 1951, S. 644.
[213] R. Herzinger, Ein extremistischer Zuschauer, 1998, S. 90.
[214] R. Herzinger, Ein extremistischer Zuschauer, 1998, S. 84; S. Becker, Neue Sachlichkeit, 2000.
[215] A. Fürst, Im deutschen Treibhaus, 2003, S. 36.
[216] T. Fischer, Salomon: Fragebogen, 2007, S. 114. – Vgl. D. Oels, Rowohlts Rotations-Routine, 2013, S. 362 f.
[217] A. Schildt, Umgang mit der NS-Vergangenheit, 1998, S. 41.
[218] D. Morat, Von der Tat zur Gelassenheit, 2007, S. 288 f.

geben, da er mir das Leben gerettet hat.«[219] Dass dieser »Hotelbesitzer« mit der
Schwester von Marion Ulrich, Koeppens späterer Ehefrau, verheiratet war[220],
erwähnte Koeppen im Fernsehen nicht. Im *Treibhaus* jedenfalls heißt es über
Keetenheuve, den nach Deutschland zurückgekehrten Emigranten, der die ver-
waiste Tochter eines ehemaligen Gauleiters geheiratet hat:

> In allen Fragebogen, die, von den Nationalsozialisten erfunden, doch erst von ih-
> ren Besiegern vollkommen entwickelt waren, in allen Fragebogen war Keetenheuve
> nun der Schwiegersohn des toten Gauleiters. Das befremdete viele, aber ihn scherte
> es nicht, denn er war gegen Sippenhaftung in allen Fällen, und so auch in dem sei-
> ner Frau.[221]

Bevor aber Ernst von Salomon auf dem Buchmarkt schönste Erfolge erzielte,
war der *Fragebogen* in vielen Zeitungsrezensionen verrissen worden – was als
ein Argument gegen die Behauptung gelten kann, dass vor allem positive Besprechungen absatzfördernd wirkten.[222] Und im November 1953, als das *Treibhaus* von mehreren Kritikern angegriffen wurde, ergab sich für Salomon die Gelegenheit zur Revanche. Salomon griff nicht ganz selbstlos in die Harfe, um ein
Loblied auf Koeppen anzustimmen. Sein *Welt*-Artikel war mehr als ein Freundschaftsdienst. Der Rezensent verfolgte ein eigenes Programm.

4.2 Wie Salomon mit seiner Rezension eigene Rechnungen beglich

Als Ernst von Salomon das *Treibhaus* lobte, hatte er mit Sicherheit die Vorwürfe nicht vergessen, die ihm einige Rezensenten und bestimmte Medien wegen des *Fragebogens* gemacht hatten.[223] Friedrich Luft etwa, der als Feuilletonchef der *Neuen Zeitung* auch das *Treibhaus* verreißen sollte[224], hatte 1951
geschrieben, der *Fragebogen* sei »böse«, und es gebe »Stellen darin, die Brech-
reiz hervorrufen«. Salomons übles Buch sei ein Gebräu aus Zynismus, feuille-
tonistischer Eleganz und Nihilismus (bereits hier tauchte der Nihilismus-Vorwurf
auf). Die Schwarte sei »das gemeinste literarisch-politische Kalkül dieser unsi-

---

[219] Das Interview »Zeugen des Jahrhunderts«, gedruckt in: W. Koeppen, Ohne Absicht, 1994
[1985], S. 142 f.

[220] G. & H. Häntzschel, Koeppen, 2006, S. 38–46; dies., Koeppen – »Romanfigur«, 2006,
S. 60.

[221] W. Koeppen, Werke, Band 5: Das Treibhaus, 2010, S. 16.

[222] Positiv schrieben Salomons persönliche Bekannte und Sympathisanten: Josef Müller-Mar-
ein (Jan Molitor) in der *Zeit*, Hans Zehrer im *Sonntagsblatt* und Armin Mohler im *Merkur*. Vgl.
G. Streim, Diktatur des Fragebogens, 2004, S. 113; D. Oels, Rowohlts Rotations-Routine, 2013,
S. 359 f.

[223] Eine Diskrepanz zwischen Rezensionen und Publikumserfolg betont: W. Barner, Literaturstreite, 2009, S. 370.

[224] Siehe S. 390–393.

cheren Jahre«. Ad personam des Autors hatte Luft polemisch hinzugefügt, Salomon sei ein »literarischer Remer«.[225]

Dieser Vergleich war im Mai 1951 ein scharfer Vorwurf, denn der besagte Otto Ernst Remer war in der frühen Bundesrepublik als Alt- sowie als Neonazi berüchtigt.[226] Nach dem gescheiterten Hitler-Attentat am 20. Juli 1944 hatte der Major Remer als Kommandeur des Berliner Wachregiments seinen Teil dazu beigetragen, den Umsturzversuch des militärischen Widerstands, die ›Operation Walküre‹, niederzuschlagen.[227] Seitdem galt Remer als Vorzeigesoldat des ›Dritten Reiches‹, zuletzt im Rang eines Generalmajors. Nach 1945 begab er sich als »die propagandistische Galionsfigur« der Sozialistischen Reichspartei und als »umjubelter Wahlkampfrabauke« auf die politische Bühne.[228] Vor allem in der norddeutschen Provinz hetzte er als Saalredner gegen die Alliierten, die Bonner Republik und Adenauers Westbindungspolitik – so lange, bis die Sozialistische Reichspartei im Oktober 1952 wegen ihres (neo)nazistischen Programms und Personals vom Bundesverfassungsgericht verboten wurde. Ein halbes Jahr vor dem Parteiverbot, im März 1952, war Remer zu drei Monaten Haft verurteilt worden, weil er die Hitler-Attentäter als »Landesverräter« verunglimpft hatte.[229] Genau im Mai 1951, als der *Fragebogen* erschien und Luft seinen polemischen Vergleich artikulierte, beantragte die Bundesregierung zudem das Verbot der SRP. Alles in allem: Ein »literarischer Remer« – das saß.

Luft blieb nicht allein mit seiner Kritik. Kurz nach ihm schrieb in der *Welt am Sonntag* kein anderer als Curt Bley, dass sich der *Fragebogen* »gegen den Bestand der neuen Republik, ja gegen die abendländische Ordnung überhaupt« richte.[230] Indem Salomon Antiamerikanismus predige, wiegele er alle »Mißvergnügten« auf, »die ein Hühnchen mit den Alliierten zu rupfen haben«. Dabei nutze Salomon »bereits wieder die legale Humanität der Demokratie aus, um einen Sprengstoff ungestraft zu zünden, der diese Demokratie in die Luft jagen soll«. Der *Fragebogen* führe »in das Nichts, in die Verzweiflung und in den Haß«. Das Nichts, die Verzweiflung und der Hass – wie sein Kollege Luft hatte Bley schon

---

[225] Hier und zuvor: »Ein literarischer Remer«; Die Neue Zeitung vom 19. Mai 1951.
[226] E. Jesse, Otto Ernst Remer, 1994.
[227] J. Fest, Staatsstreich, 1997 [1994], S. 272–274. – Den 20. Juli 1944 haben Koeppen und Salomon möglicherweise gemeinsam erlebt, wie sich Koeppen später erinnerte, im Fernsehgespräch mit Reich-Ranicki: »[A]ls wir eine Zeitlang im selben Hotel in München wohnten während des Krieges und der 20. Juli kam, da sagte er [Salomon, B.W.] zu mir etwas zynisch und schnoddrig: ›Putschen muss man können!‹«. Das Interview der Reihe »Zeugen des Jahrhunderts« in: W. Koeppen, Ohne Absicht, 1994 [1985], S. 116.
[228] H. Hansen, Die Sozialistische Reichspartei, 2007, Zitat S. 53 f.
[229] Angezeigt hatte ihn Bundesinnenminister Robert Lehr (CDU) als Privatperson; auf Seiten der Anklage betrieb der Generalstaatsanwalt Fritz Bauer das Verfahren, der in den Sechzigerjahren den Auschwitz-Prozess in die Wege leitete: M. Munzert, Strafverfahren, 2007, S. 63 f.; P. Reichel, Nationalsozialismus vor Gericht, 2009, S. 33–35.
[230] Hier und im Folgenden: »Ein fragwürdiger *Fragebogen*«; Welt am Sonntag vom 27. Mai 1951.

1951 am Beispiel Salomons genau die weltanschaulichen Kriterien ausformuliert, die er zwei Jahre später zum Maßstab für die Besprechung des *Treibhaus*-Romans nehmen sollte. Und wie Luft wurde Bley durchaus persönlich, als er in der *Welt am Sonntag* konstatierte: »Ernst von Salomon wirft wieder Bomben.«

Diese Hinweise auf Bomben oder Salomons Absicht, die Demokratie in die Luft zu jagen, waren nicht nur Metaphern, sondern biographische Volltreffer.[231] Salomons Geschichte begann nach dem Ersten Weltkrieg, in den Wirrnissen der Revolution von 1918/19. Schon damals hatte Ernst von Salomon, Jahrgang 1902, das Gefühl, zu spät zu kommen, überflüssig zu sein und der ›nationalen Sache‹ nicht mehr nützen zu können. Das Gefühl wurde zum Brennstoff starker Aggressionen; möglicherweise hat es ihn sein Leben lang nicht mehr verlassen.[232] Zunächst jedoch schloss sich der Sohn eines preußischen Offiziers und leitenden Kriminalpolizisten den Freikorps an, jenen antirevolutionären Freischärlern, die den Krieg nicht aufgaben, um (mehr oder weniger im Einvernehmen mit der Obersten Heeresleitung und der Regierung im Rat der Volksbeauftragten) an den Grenzen des Reiches und im Landesinnern zu kämpfen. Ausgebildet an der Kadettenanstalt in Karlsruhe, seit Herbst 1917 an der Königlich-Preußischen Hauptanstalt in Berlin-Lichterfelde, fühlte sich der Sechzehnjährige durch den Waffenstillstand um sein Fronterlebnis betrogen und um den Sinn seiner Erziehung gebracht, als die Kadetten im August 1918 nach Hause geschickt wurden.[233] Stattdessen kämpfte er in Berlin gegen Spartakisten, gegen Bolschewisten im Baltikum, wo »der kriminelle Restbestand der wilhelminischen Armee«[234] von einem deutschen Soldaten- und Siedlerstaat träumte, und in Oberschlesien gegen polnische Aufständische. Auch beim Kapp-Putsch im März 1920 war Salomon mit dabei. Anschließend schloss er sich der ›Brigade Ehrhardt‹ an.[235]

Ernst von Salomon marschierte mit seinen Kameraden weiter in den Rechtsterrorismus, zur ›Organisation Consul‹, die aus den Freikorps hervorgegangen war. 1922 gehörte Salomon zu den Attentätern, die den Außenminister Walther Rathenau ermordet haben.[236] Ein Jahr zuvor schon war der Zentrumspolitiker Matthias Erzberger derselben Gruppe zum Opfer gefallen. Auch beim Versuch eines sogenannten ›Feme-Mordes‹, womit die ›Organisation Consul‹ Abtrünnige und Mitwisser beiseite räumen wollte, war Salomon beteiligt. Er unternahm

---

231 Da bei Salomons Auskünften nicht zwischen Tatsachen, Pointen und Auslassungen unterschieden werden kann, zur Biographie: M. J. KLEIN, Ernst von Salomon, 1992; J. HERMAND, Salomon, 2002; G. Fröhlich, 2017.
232 R. HERZINGER, Extremistischer Zuschauer, 1998, S. 83.
233 M. J. KLEIN, Salomon, 1994, S. 38 und 45.
234 B. BARTH, Europa nach dem Großen Krieg, 2016, S. 53.
235 M. J. KLEIN, Salomon, 1994, S. 84 f.
236 M. SABROW, Rathenaumord, 1994; DERS., Die verdrängte Verschwörung, 1999.

Kurier- und Kontaktdienste im Milieu der Terroristen. Für den Rathenau-Mord beschaffte Salomon unter anderem das Auto, aus dem heraus der Außenminister in Berlin erschossen wurde. Mit seinen Mittätern plante Salomon in einer Pension am Schiffbauerdamm die Einzelheiten des Attentats und beobachtete Rathenaus Haus im Grunewald. Wegen Beihilfe zum Mord wurde Salomon, der kurz nach dem Anschlag verhaftet wurde, zu fünf Jahren Zuchthaus verurteilt; die ›Organisation Consul‹ wurde verboten.

Nationalistisch, militant und antirepublikanisch war Salomons Spur in der Weimarer Republik auch nach seiner Haftentlassung, inzwischen mit einem Schuss ins Sozialrevolutionäre. Ende der Zwanzigerjahre gehörte Salomon zum Umfeld der Landvolkbewegung in Schleswig-Holstein. Um gegen fallende Agrarpreise zu demonstrieren, waren hier Zehntausende Bauern auf den Beinen, zunächst politisch heimatlos, ohne Anbindung an die Mitte-Rechts-Parteien und die Agrarverbände. In kurzer Zeit radikalisierte sich der Protest der Bauern in einer paradoxen Mischung aus konservativer Gesinnung und revolutionärer Stimmung. Bald kam es zwischen Nord- und Ostsee zu einem Steuerstreik sowie kleineren Sprengstoffanschlägen auf Finanzämter, Polizeistationen und andere staatliche Einrichtungen. Die Landbevölkerung stellte der Weimarer Republik die Systemfrage, und diese Gemengelage lockte unterschiedlichste Rechtsextremisten in den Norden. Die Anliegen der notleidenden Landbevölkerung waren ihnen dabei Mittel zum Zweck; der Protest wurde aufgeladen mit völkischem Nationalismus, ›Blut und Boden‹-Rhetorik und einem antisemitisch grundierten Antikapitalismus. Am Ende profitierten die Nazis, denn die Radikalisierung in Schleswig-Holstein bereitete dort dem Nationalsozialismus den Boden.[237]

Zuvor hofften rechte Revolutionäre auf den Auftakt zum Umsturz, mit dem das verhasste liberal-demokratische System hinweggefegt werden würde. Ein politisch unverdächtiger Zeuge der Ereignisse war der Schriftsteller Hans Fallada, der als Lokaljournalist über die Landvolkbewegung und den Strafprozess gegen ihren Rädelsführer Claus Heim berichtete und in Neumünster die verschiedenen Akteure und Intrigen kannte. 1931 erschien sein Kleinstadt-Schlüsselroman *Bauern, Bomben und Bonzen* im Rowohlt-Verlag.[238] Auch Ernst von Salomon, der als Draufgänger Henning in Falladas Geschichte seinen Auftritt hat, verlegte sich nun vom bewaffneten Kampf mehr und mehr aufs Schreiben, zunächst von Zeitungsartikeln. Für die *Landvolk*-Zeitung seines Bruders verfasste er Agitationsprosa, wie sie – so sein Selbstlob – »das mündige Volk bislang nur aus dem

---

[237] G. Stoltenberg, Landvolk, 1962; G. Schulz, Aufstieg des Nationalsozialismus, 1975, S. 469–471; B. Weisbrod, Krise der Mitte, 1990. – Zur Vorgeschichte: M. Schumacher, Land und Politik, 1978.
[238] H. Fallada, Bauern, Bomben und Bonzen, 1931. – Zum Hintergrund: P. Walther, Fallada, 2017, S. 161–183.

Munde seiner Vertreter im Reichstage gewohnt war«[239]. Der Historiker Gerhard
Stoltenberg, der vor seiner politischen Karriere an der Universität Kiel geforscht
hat, attestierte Salomons Propaganda einen »glühende[n] Hass gegen die westliche bürgerlich-liberale Staats- und Gesellschaftsordnung«.[240] Gerade weil der
Bauer konservativ sei, schrieb Salomon, »muß er revolutionär sein«. In immer
schriller werdenden Tönen hetzte die *Landvolk*-Zeitung gegen das »jüdisch-parla-
mentarische System mitsamt seinen Parteien, Bonzen und Cliquen«.[241]

Ernst Rowohlt brachte 1930 Salomons Buchdebüt auf den Markt: *Die Geächteten.*[242] Darin berichtete der Autor, »antibürgerlich aus Instinkt und Erlebnis«[243],
seine Kampferlebnisse im Freikorps. Er schilderte den Rathenau-Mord und die
anschließende Zeit im Gefängnis. Aus dem nationalrevolutionären Terroristen
wurde um 1930 ein Krieger des Wortes, ein Akteur in der literarischen Öffentlichkeit. Sein Feindbild blieb dabei dasselbe: die Weimarer Republik, das liberale System, die Demokratie. »Neben Ernst Jünger«, bilanziert die historische
Forschung, wurde Salomon »zwischen 1930 und 1933 zum sichtbarsten Repräsentanten jener Kreise von Rechtsintellektuellen, die sich als Apostel einer ›Konservativen Revolution‹ verstanden.«[244]

Sein Buch verfasste »der antibürgerliche Revolutionär von rechts«[245] wieder im
Gefängnis. Er saß in Moabit in Untersuchungshaft, weil ihm ein Anschlag (oder
Scheinanschlag) auf den Reichstag vorgeworfen wurde. Am 1. September 1929
war am Reichstagsgebäude ein mit Schwarzpulver gefülltes Paket gefunden worden, das allerdings nicht sprengfähig war.[246] Während die Justiz Salomons Täter-
schaft diesmal nicht beweisen konnte, nutzte er die Untersuchungshaft, um *Die
Geächteten* zu schreiben. Im *Fragebogen* schilderte er das kokett als eine Art Stipen-
dium: »Ich hatte es nun nicht notwendig, mich um Nahrung, Kleidung und Un-
terkunft zu kümmern, ich hatte eine schöne, ruhige Zeit zur Arbeit vor mir.«[247]
Die Frage, was er mit der Bombe am Reichstag zu tun hatte, überging er dabei.

---

[239] E. v. SALOMON, Der Fragebogen, 1951, S. 273.

[240] G. STOLTENBERG, Landvolk, 1962, S. 132.

[241] Zitiert nach: B. WEISBROD, Krise der Mitte, 1990, S. 402 f.

[242] E. v. SALOMON, Die Geächteten, 1930. Vgl. D. OELS, Rowohlts Rotationsroutine, 2013,
S. 44 f. und 67. – Auch über die Landvolkbewegung schrieb er: E. v. SALOMON, Die Stadt, 1932.

[243] E. v. SALOMON, Der verlorene Haufe, 1930, S. 123.

[244] H. GRAML, Unfreiwilliger Helfer, 2010, S. 74. – Vgl. D. MORAT, Von der Tat zur Gelassenheit,
2007, S. 51 und 424 f. – Armin Mohler, der sympathisierende Archivar der ›Konservativen Revolution‹, der deren Autoren systematisierte wie Ernst Jünger seine Käfer, zählte Salomon zum Kern der
›Nationalrevolutionäre‹; von 1949 bis 1953 war Mohler Jüngers Sekretär. A. MOHLER, Konservative
Revolution, 1950, S. 84; A. MOHLER/K. WEISSMANN, Konservative Revolution, 2005, S. 146–148
und 292. – Zur Kritik des von Mohler geprägten Begriffs ›Konservative Revolution‹: S. BREUER,
Anatomie, 1993.

[245] R. HERZINGER, Ein extremistischer Zuschauer, 1998, S. 85.

[246] M. J. KLEIN, Ernst von Salomon, 1992, S. 154–157.

[247] E. v. SALOMON, Der Fragebogen, 1951, S. 307.

Der Untergang der Weimarer Republik war für Salomon natürlich eine Zäsur, und zwar durchaus ein Triumph. Auf dieses Ende hatte er hingearbeitet,
zunächst mit Taten, dann mit Worten. Doch ausgerechnet 1933, nach der Er-
nennung Hitlers zum Reichskanzler, erfolgte für Salomon eine biographische
Wende. Nachdem er den demokratischen Staat bekämpft hatte, verabschiedete
er sich nun aus der ersten Reihe der politischen Publizistik – ähnlich wie Ernst
Jünger und vermutlich auch deshalb, weil die NS-Bewegung ihn zu den nati-
onalbolschewistischen Abweichlern um Ernst Niekisch und Otto Strasser zählte.[248] Schon im rechtsradikalen Spektrum der Weimarer Republik hatte Salomon nicht zu den Anhängern der NSDAP gehört, sondern zu einem diffusen
nationalrevolutionären Umfeld – weshalb er, anders als in der Literatur manchmal behauptet wird, nie der Partei beigetreten ist.[249]

Zu Beginn des ›Dritten Reiches‹ zählte Salomon »zu jenen Nationalisten,
die den autoritären Staat ohne Hitler errichten wollten und dabei von der Geschichte überfahren wurden«. Präziser als Curt Bley, aus dessen *Fragebogen*-
Rezension dieser Satz stammt[250], kann man es nicht auf den Punkt bringen:
Salomon und seine Freunde wollten die »nationale Diktatur«, bloß ohne die
Nazis.[251] Dazu gehört, dass Salomon den Nationalsozialismus für ein Phänomen der Masse, für einen Ausdruck der Demokratie hielt – zwei Phänomene,
die er kategorisch ablehnte. Im *Fragebogen* steht: »Das Erklären der Welt aus einem Zentralpunkt heraus«, wie es für Hitlers Ideologie kennzeichnend gewesen
sei, »das Gewinnen der Massen durch Überreden, die Legitimation des Weges
zur Macht durch Wahlen, die Legitimation der Macht selbst durch das Volk –
ich fürchte, es wird schwer zu widerlegen sein, daß dies demokratische Stigmen
sind, vielleicht sehr späte und überhitzte Formen der Demokratie anzeigend,
aber Formen der Demokratie.«[252] Die Nazis waren Salomon zu »demokratisch«,
nicht revolutionär, nicht elitär genug und auch zu wenig sozialistisch.[253] Er verachtete den legalistischen Kurs der NSDAP, die Macht nicht durch einen Staatsstreich, sondern über Wahlen, die Hilfe des Reichspräsidenten und im Rahmen

---

[248] L. Dupeux, »Nationalbolschewismus«, 1985 [1976], S. 258 f. und 269.
[249] Eine NSDAP-Mitgliedschaft behaupten: B. Sauer, Fememorde, 2004, S. 99; H. Sarkowicz/
A. Mentzer, Schriftsteller im NS, 2011, S. 513. – Bei dem ›Parteigenossen‹ namens Ernst Salomon,
dessen Mitgliedschaft anhand der Karteikarte im Bundesarchiv belegt ist, handelt es sich jedoch um
eine Verwechslung: BArch R 9361-IX Kartei / 36291491. – Ebenso: G. Fröhlich, Soldat ohne
Befehl, 2017, S. 16 f.
[250] Artikel »Ein fragwürdiger *Fragebogen*«; Welt am Sonntag vom 27. Mai 1951.
[251] Der Ausdruck ›nationale Diktatur‹ stammt von Jünger: E. Jünger, Politische Publizistik, 2001,
S. 152.
[252] E. v. Salomon, Der Fragebogen, 1951, S. 415.
[253] Dass Salomon damit nicht der einzige war in der kleinen Gruppe der Nationalrevolutionäre, zeigt die Biographie von Friedrich Wilhelm Heinz: S. Meinl, Nationalsozialisten gegen Hitler,
2000, S. 13.

der Verfassung zu erlangen. Er verachtete die vermeintliche Abkehr der Nationalsozialisten vom Konzept des elitären Männerbunds, der außerparlamentarischen Avantgarde. Kurz nach der ›Machtergreifung‹ war Salomon sogar wieder
mal verhaftet worden, zusammen mit seinem Rowohlt-Kollegen Fallada. Die
beiden waren denunziert worden, nachdem Fallada seinem Vermieter den Besuch eines Attentäters angekündigt, er mit Salomons Vergangenheit gescherzt
hatte (Falladas *Wer einmal aus dem Blechnapf frißt* war das literarische Ergebnis
seiner Verhaftung).[254] Von 1933 bis 1937 arbeitete Salomon als Lektor für Rowohlt. *Wer einmal aus dem Blechnapf frißt* war sein erstes Projekt, Falladas *Wolf
unter Wölfen* sein letztes.[255] Als Ernst Rowohlt 1938 Berufsverbot erhielt, ging
Salomon zum Film; 1940 teilte ihn die Wehrmacht der Bavaria-Filmgesellschaft
als Drehbuchautor zu.[256]

Nach dem Zweiten Weltkrieg galt Ernst von Salomon nicht als NS-belastet,
weil er im ›Dritten Reich‹ auf Distanz ging (wenn auch aus rechts-nationalistischen Gründen). Man hielt ihn für einen radikalen Einzelgänger, der sich allen
bestehenden Verhältnissen immer widersetzt habe, weshalb ihm nicht nur »Persönlichkeit«, sondern vor allem »Charakter« zugeschrieben wurde.[257] Das entsprach insofern Salomons Eigenbild, als er weder im Nationalsozialismus noch
im Untergang des ›Dritten Reiches‹ einen Grund sah, seine Weltanschauung zu
verändern. Diese beruhte auf preußisch-deutschem Nationalismus und der Verehrung alles Militärischen. Die Bonner Republik hielt er für ein den Deutschen
fremdes, vorübergehendes Produkt der Besatzungszeit.[258]

Im engeren Sinne war Salomon in der Tat kein Nazi; da lag Friedrich Luft
mit seinem Remer-Vergleich nicht ganz richtig. Die Dinge waren komplizierter:
Salomons Freundin, die Schauspielerin Ille Gotthelft, galt laut den Nürnberger Rassegesetzen als »Volljüdin«, und Salomon stand bis zum Ende des ›Dritten Reichs‹ zu ihr. Um sie zu schützen, gab er sie als seine Ehefrau aus (obwohl
er offiziell mit einer anderen Frau verheiratet war) und lebte mehr oder weniger
unauffällig als Drehbuchautor das Leben eines Bohèmiens im NS-Staat. 1945

[254] P. WALTHER, Fallada, 2017, S. 209 und 233.
[255] M. J. KLEIN, Salomon, 1994, S. 225–229.
[256] M. J. KLEIN, Salomon, 1994, S. 235 und 250.
[257] D. v. LAAK, »Persönlichkeit« und »Charakter«, 2009, S. 13 f.: »Als ›Persönlichkeiten‹ [...] sahen
sich dabei diejenigen, die nach 1945 vorgaben, die wechselnden Zeitläufe auf jeweils hohem Niveau
erfasst und kommentiert zu haben. [...] ›Charakter‹ dagegen hatten für andere vor allem diejenigen Denker bewiesen, die auch gegen die Zeitläufe an ihren Grundüberzeugungen festgehalten und
die primäre Aufgabe des Intellektuellen ausgefüllt hatten, nämlich kritisch distanziert geblieben zu
sein gegenüber den suggestiven Sphären der politischen Macht und der historischen Tat.« Vgl. D. v.
LAAK, Sicherheit des Schweigens, 1993, S. 105–119. – Die Parallelen zwischen Salomon und Jünger sind offensichtlich: M. PAYK, Geist der Demokratie, 2008, S. 196 f.; H.-P. SCHWARZ, Der konservative Anarchist, 1962.
[258] M. WALKOWIAK, Salomons Romane, 2007, S. 334 f.

hat sich das Paar dann getrennt.[259] Wolfgang Koeppen, der Salomon beim Film kennenlernte, erinnerte sich im Gespräch ausgerechnet mit Marcel Reich-Ranicki:»Aber ich entdeckte in ihm, was er auch war, einen Gegner Hitlers. Er war ein absoluter Gegner Hitlers, merkwürdig, aber er war es. [...] Er sagte immer wieder: ›Wir haben damals den falschen umgebracht, Walther Rathenau.‹«[260]

Auch Carl Zuckmayer hielt Salomons Läuterung für glaubhaft. In den Dossiers, die der Schriftsteller 1943/44 für den amerikanischen Militärgeheimdienst schrieb und in denen er die Autoren, Regisseure und Verleger beurteilte, die in Deutschland geblieben waren, darunter auch Koeppens späteren Verleger Henry Goverts, hieß es über Salomon:»Er meinte es vollkommen ehrlich mit seiner Abkehr von nationalistischem Verschwörertum, demagogischem Antisemitismus und völkischem Ressentiment.« Dass er sich im ›Dritten Reich‹ nicht als Held habe verehren lassen, hielt Zuckmayer für»eine ziemliche Charakterleistung«, und er bezeichnete ihn sogar als einen»anständigen Menschen«:»Sein menschliches Niveau war zu gut, um sich ins Nazitum abbiegen zu lassen.«[261]

Vom ›Dritten Reich‹ völlig distanziert hat sich Salomon jedoch auch nicht, zumindest nicht so kategorisch wie im *Fragebogen* suggeriert. Seine ›innere Emigration‹ sah eben so aus, dass er im Filmgeschäft fast jeden kannte, auch Goebbels, den übrigens schon seit den Zwanzigerjahren[262], sowie Eva Braun. Salomon besuchte die Partys, bei denen Parteigrößen mitfeierten. Darüber hinaus publizierte er, sozusagen als Chronist der Freikorpsbewegung. Er gab eine Zeitschrift heraus mit dem Titel *Reiter gen Osten*; auch für das *Reich* hat er geschrieben, zuletzt in der Ausgabe vom 8. April 1945. Mit guten Gründen kann man den selbsternannten Nonkonformisten als einen Teil der ›Deutungselite‹ des ›Dritten Reichs‹ bezeichnen.[263]

Eine hohe Meinung von Salomon hatte freilich – wie Koeppen und Zuckmayer – der frühere *Weltbühne*-Autor Axel Eggebrecht, ein weiterer Kinokollege, der sich dankbar an Salomons Unterstützung erinnerte:»Kam es aber darauf an, einem Gefährdeten zu helfen, dann mobilisierte er seine Verbindungen zu solchen alten Putschkameraden, die anders als er in einflußreiche Stellungen gelangt waren«, erläuterte Eggebrecht. Allein mit Salomons Hilfe habe er es geschafft, beim Film unterzukommen:»Nie und nimmer war er ein Nazi!« Viel-

---

[259] M. J. KLEIN, Salomon, 1994, S. 216–219.

[260] Das Interview der Reihe *Zeugen des Jahrhunderts* in: W. KOEPPEN, Ohne Absicht, 1994 [1985], S. 116.

[261] C. ZUCKMAYER, Geheimreport, 2002, S. 108–110.

[262] So hatte Salomon 1928 im *Angriff* publiziert, der Zeitung der Berliner NSDAP, die von Goebbels herausgegeben wurde. Vgl. I. SCHMIDT, Herr des Feuers, 2004, S. 52.

[263] U. BIELEFELD, Nation und Gesellschaft, 2003, S. 285–293. Wohlgemerkt nicht als Funktionselite wie etwa Werner Best. Vgl. U. HERBERT, Best, 1996.

mehr könne man kann sagen, dass er »immer ein unzeitgemäßer Typ« sein wollte.[264]

Nach 1945 wollte Salomon unzeitgemäß bleiben – nun unter ›westlichen‹
Vorzeichen. Seine Abneigung gegen die Amerikaner reagierte er mit dem *Fragebogen* ab, und beim Publikum hatte er damit Erfolg. Sein Nonkonformismus von rechts spielte auf dem literarischen Feld der frühen Bundesrepublik
eine Menge symbolisches (und tatsächliches) Kapital ein, auch wenn Friedrich
Luft ihn kritisierte. In der *Welt am Sonntag* beschrieb Curt Bley, dass er zwar ursprünglich der Meinung gewesen sei, »Schwamm drüber«, man könne »über einen Abgrund hinweg« selbst einem Mann wie Salomon »den Respekt nicht versagen«, zumal dieser seine Taten nie geleugnet habe.[265] Doch der *Fragebogen*,
Salomons Nihilismus und seine antidemokratischen Gehässigkeiten machten
ihm, Bley, jedes Entgegenkommen unmöglich. »Apage, Satanas!«, wolle er ihm
»mit leiser, aber scharfer Stimme« erwidern, schrieb Bley, »hebe Dich hinweg,
Satan«. Auch die folgenden Sätze aus der *Welt am Sonntag* sind für eine Buchbesprechung außergewöhnlich:

> Wenn Ernst v. Salomon auftaucht, so ist man versucht, vorsichtig nach der nicht
> mehr vorhandenen Pistolentasche zu fühlen. Feder und Tinte genügen ihm gegen-
> über nicht. Er fordert eine existentielle Entscheidung.

Die publizistische Duellforderung Bleys von 1951 hatte Ernst von Salomon,
der alte Freischärler, sicher nicht vergessen, als er 1953 das *Treibhaus* rezensierte.[266] Der frühere Bombenleger am Reichstagsgebäude leitete seinen Text mit
den Worten ein: »Es hat eingeschlagen, in Bonn.« Im Folgenden widersprach
er ausgerechnet in der *Welt* jedem einzelnen der Kritikpunkte, anhand derer die
Welt am Sonntag das *Treibhaus* als polit-pornographisches Problem verhandelt
hatte. Salomon beließ es nicht bloß bei der Verteidigung seines alten Bekannten
Koeppen. Vielmehr ging er zum Gegenangriff über: zur publizistischen Atta-
cke auf Bley, der durch die britische Besatzungsmacht zur *Welt* gekommen war.
Er agierte auch gegen Luft, der von West-Berlin aus für die amerikanische *Neue
Zeitung* schrieb. Die beiden waren für Salomon so etwas wie Besatzungsoffiziere
ohne Uniform, Kollaborateure, mit denen er eine Rechnung offen hatte. Koep-

---

[264] A. Eggebrecht, Der halbe Weg, 1975, S. 254 und 295.
[265] Hier und im Folgenden: »Ein fragwürdiger *Fragebogen*«; Welt am Sonntag vom 27. Mai 1951.
[266] Bleys und Lufts Polemik blieb bis zu Salomons Tod 1972 unvergessen. Im Vorwort zu einer
fragmentarischen Publikation aus dem Nachlass schrieb der Herausgeber gewunden: »[G]ereifte sozialdemokratische Feuilletonredakteure schlagen erschaudernd drei Kreuze wider den Geist des ›literarischen Remer‹, welch gräßlichen Fluch sie der weiland amerikanischen Zeitung *Neuen Zeitung* in
Deutschland entlehnten, in der Friedrich Luft seinerzeit den feierlichen Exorzismus gegen den Autor des *Fragebogens* zelebrierte.« E. v. Salomon, Der tote Preuße, 1973, S. VIII.

pens Kritikern – darunter ungenannt, aber unverkennbar Curt Bley – hielt er Ignoranz und Biederkeit vor:

> Nun, dieses Buch ist weder ätzend noch bösartig, es ist im Gegenteil erstaunlich friedfertig und versöhnlich, es ist in seiner Grundtendenz traurig. Und es ist an keiner Stelle lüstern oder regt zur Lüsternheit an. […] Es richtet sich, wenn es sich überhaupt richtet, gegen eine Mentalität, und diese Mentalität hat auch sofort reagiert, so wie sie es fast immer tut, mit fast der gleichen, wütenden Vehemenz […] und mit fast der gleichen, penetranten Sucht, zur Wahrung von Belangen die Staatsgewalt anzurufen. Die Ausdrücke lauten »ätzend« und »bösartig« – und »lüstern«, und im Zusammenhang damit erfolgte der Vorwurf der Pornographie und ein Schielen nach dem Schund-und-Schmutz-Gesetz.[267]

Wort für Wort griff Ernst von Salomon Bleys Kritik auf und versuchte sie lächerlich zu machen. Darüber hinaus wandte er sich grundsätzlich gegen jede politische Lektüre des *Treibhaus*-Romans. Weder ›Bonn‹ noch der westdeutsche Staat würden attackiert; Koeppens Buch sei auch keine Satire und »kein Politikum«. Die »Aufregung in Bonn« beruhte Salomons Meinung nach auf einem Missverständnis. Den Lärm, den jetzt manche Zeitungen machten, hielt er für unerheblich, für »Sensationen des Alltags«, die bald vergessen sein würden. Die Vergänglichkeit gelte möglicherweise bald sogar für das ganze westdeutsche Polittheater, über das Salomon sich gerne mokierte. Die Aufregung über das *Treibhaus* könne er allenfalls damit erklären, dass sich die junge Bundesrepublik inzwischen zwar an die Beobachtung durch die Massenmedien gewöhnt habe, im Umgang mit Kunst aber völlig überfordert sei:

> Mußte Bonn nicht gefaßt und gerüstet sein, eines Tages Objekt einer literarischen Darstellung zu werden? […] Bonn ist gewohnt, sich den Blitzlichtern der Photographen zu stellen; nun aber stand es plötzlich im Blitzlicht eines Literaten, und es hatte nicht Bedacht genommen, sich zu stellen.[268]

Man kann diese Passage, zumal wegen der Ausdrücke »gerüstet« und »sich zu stellen«, als verbale Drohung verstehen; zumindest war es Kraftmeierei. Was dann jedoch in der *Treibhaus*-Rezension folgte, waren keine weiteren Sprengsätze. Was Ernst von Salomon stattdessen formulierte, war ein Abschied von der Politik. Anstelle der politischen Einwände gewisser Rezensenten schlug Salomon eine metaphysisch-philosophische Lektüre des Romans vor. Das *Treibhaus* beschreibe den Kummer, den der Einzelne angesichts des menschlichen Lebens

---

[267] Artikel »Gewitter in der Bundeshauptstadt«, Die Welt vom 21. November 1953; wieder gedruckt in: U. Greiner (Hg.), Über Wolfgang Koeppen, 1976, S. 50–53.
[268] Hier und im Folgenden: »Gewitter in der Bundeshauptstadt«, Die Welt vom 21. November; wieder gedruckt in: U. Greiner (Hg.), Über Wolfgang Koeppen, 1976, S. 50–53.

und Leidens empfinde. Das Buch sei »in seiner Grundtendenz traurig« und enthalte etwas »von der Welttraurigkeit des Paulus«. Deshalb sei Koeppens Roman auch kein Angriff auf konkrete Personen oder gegen die Regierung – das sei alles zu weltlich gedacht, zu real. Das Geschöpf des »literarischen Einsiedlerkrebses« Koeppen – der Abgeordnete Keetenheuve – klage niemanden an, »weder Menschen noch Zustände«, sondern er ringe allein mit den eigenen Gedanken, er hadere mit seinem Gewissen, so Ernst von Salomon, der das *Treibhaus* als Intellektuellen-Roman hervorhob:

> Keetenheuve ist in seiner Umwelt eine tragische Gestalt, sie geht lieber an sich selbst zugrunde, als daß sie von den Prinzipien läßt, die ihrem Leben Gehalt verleihen, selbst wenn es evident wird, daß die anderen, daß die Umwelt im Recht ist, gar nicht anders sein kann, als sie ist, und nur darum auch ihre Aufgaben auf das beste erfüllt, besser als die tragische Gestalt sie zu erfüllen imstande ist. […] Für den Gewissensmenschen darf Politik im Grunde nicht existieren, außer als ein ständiger Angriff auf das Gewissen.

Ist diese Dichotomie von Politik und Gewissen, wie Ernst von Salomon sie anlässlich seiner *Treibhaus*-Verteidigung postulierte, eine Tradition der deutschen Geistesgeschichte? Oder ist sie eine Konsequenz seiner Biographie, in der er sich weigerte, von ›alten Idealen‹ abzurücken? Was bezweckte Salomon mit der Anrufung des Apostels, der, wie es heißt, vom Saulus zum Paulus geworden war? Im *Fragebogen* hatte Salomon noch fröhlich bekannt, sich niemals für religiöse Fragen interessiert zu haben. Daher war es wohl vor allem der berühmteste Imagetransfer der abendländischen Tradition, der den Apostel so interessant machte. Paulus hatte die Gemeinde in Korinth ermahnt und dabei unterschieden zwischen einer Welttraurigkeit, die zum Tod führe, und einer guten, gottgewollten Traurigkeit, die zur Besinnung und zur Umkehr führe:

> Die gottgewollte Traurigkeit verursacht nämlich Sinnesänderung zum Heil, die nicht bereut zu werden braucht; die weltliche Traurigkeit aber führt zum Tod. Wie groß war doch der Eifer, zu dem euch diese gottgewollte Traurigkeit geführt hat, wie aufrichtig eure Entschuldigung, euer Unwille, eure Furcht, eure Sehnsucht, wie wirksam eure Anstrengung und am Ende die Bestrafung! In jeder Hinsicht hat es sich gezeigt, dass ihr in dieser Sache unschuldig seid.[269]

Als Ernst von Salomon in seiner *Treibhaus*-Rezension den Apostel Paulus bemühte, ging es ihm um den Zusammenhang von Trauer und Reue, um die Alternative Tod oder Umkehr.[270] Er selbst hatte sich vom Terroristen zum Schrift-

---

[269] 2. Kor. 7, 10–11; zitiert nach der Einheitsübersetzung der Heiligen Schrift.
[270] Zur religiösen Struktur des radikalkonservativen Denkens: D. MORAT, Von der Tat zur Gelassenheit, 2007, S. 16 f.

steller gewandelt. Aus dem sehnigen Kämpfer war ein Bonvivant geworden. Fotografien der Fünfzigerjahre zeigen einen Lebemann mit Wohlstandsbauch und antibürgerlicher, spät-bohèmehafter Attitüde. Er lebte von seinen Erinnerungen, seinem Sarkasmus und seinen Provokationen. Aber eigentlich, lautete der Subtext seiner Botschaft, wollte er angeblich von der Politik nichts mehr wissen. Für die Bonner Republik gehe von ihm keine Gefahr aus. Der Rückzug war sein Weg der Umkehr. Zwar wollte er nicht gleich zum Paulus der Demokratie werden, aber immerhin ein braves Mitglied der Gemeinde. Er erwartete Erlösung nur mehr jenseits der Politik. Das mochte man glauben oder nicht.

Salomon hatte mehrere Gründe für seine hymnische *Treibhaus*-Rezension: Er konnte einem alten Bekannten vom Film einen Freundschaftsdienst erweisen. Zugleich nahm er Rache an pro-westlichen, sozialdemokratischen Journalisten, die nun Koeppen scharf kritisiert hatten. Außerdem konnte er sein Image pflegen, das darauf beruhte, immer seinen eigenen Kopf zu haben. So lobte der vermeintlich Unangepasste das vermeintliche Skandalbuch auch deshalb, weil er jede Gelegenheit zur Provokation auskostete. Ein Jahr zuvor hatte Salomon im *Stern* damit geprahlt, bei sich daheim auf Sylt einen Mann beherbergt zu haben, der aus dem britischen Militärgefängnis getürmt war. Mochten die Briten diesen früheren Luftwaffenfeldwebel als Kriegsverbrecher verurteilt haben – der *Stern* und Salomon hielten ihn »für einen anständigen, geraden Kerl«.[271] Und wenn sich Curt Bley, Friedrich Luft und »die heilige Allianz der falschen Biedermänner« über Koeppens »Krach«, »Geknatter« und »Schwefelgeruch« in der nervösen, unreifen Bundeshauptstadt Bonn erregten – dann stand Ernst von Salomon, der sich auskannte mit Krach, Geknatter und Schwefelgeruch, an der Seite seines Kollegen.[272] Schließlich sei die westdeutsche Republik sowieso, und »da beißt die Maus keinen Faden ab, außerhalb Bonns unpopulär«.

Allerdings – und das konnte Salomon nicht gefallen – waren seine Schriften bei weitem nicht mehr so radikal und gefährlich wie um 1930. Sie waren nur noch kleine Scharmützel im Feuilleton. Wer den *Fragebogen* liest, stutzt auch über die Larmoyanz, die das Buch durchzieht. Salomon inszenierte sich als Außenseiter. Aber zugleich litt er wohl an dieser Rolle: daran, dass er bloß meckern konnte.[273] Nach dem Getöse um den *Fragebogen* wurde es still um Salomon. Zwar schrieb er weitere Bücher.[274] Auch engagierte er sich in der Frie-

---

[271] Artikel »Nehmt den Topf vom Feuer!«; Stern vom 12. Oktober 1952, 41/1952, S. 16, bzw. die Fortsetzungsgeschichte »Feldwebel Hans Kühn: Ich floh aus Werl«; Stern vom 28. September und 5. Oktober 1952, 39 bzw. 40/1952. – Vgl. N. Frei, Vergangenheitspolitik, 1996, S. 285; U. Bielefeld, Nation und Gesellschaft, 2003, S. 301.

[272] Hier und im Folgenden: »Gewitter in der Bundeshauptstadt«, Die Welt vom 21. November 1953; wieder gedruckt in: U. Greiner (Hg.), Über Wolfgang Koeppen, 1976, S. 50–53.

[273] J. Hermand, Trotzreaktionen, 2004, S. 137.

[274] E. v. Salomon, Schicksal des A.D., 1960; ders., Kette der tausend Kraniche, 1972.

ERNST VON SALOMON dessen Tatsachenroman „Der Fragebogen" zum größten Bucherfolg im Nachkriegsdeutschland wurde, unterhielt sich in seiner Inselkate auf Sylt viele Abende und Nächte hindurch mit dem flüchtigen „Kriegsverbrecher" Hans Kühn. Salomon gehört zu den Männern, die das Kriegsverbrecherproblem des ersten Weltkrieges schließlich dadurch lösten, daß sie die inhaftierten Soldaten einfach aus den Gefängnissen befreiten. In der nächsten Nummer des „Stern" wird Ernst von Salomon aus dem Bericht Hans Kühns die Nutzanwendung ziehen und die Frage „Revision oder Generalamnestie" beantworten. Unser Foto entstand bei einer der nächtlichen Unterhaltungen zwischen Salomon (links) und Hans Kühn, den wir bewußt im Dunkeln ließen, den wir kein Foto für einen Steckbrief zu liefern

Abb. 35: Ernst von Salomon im Jahr 1952; Ausschnitt aus: Stern vom 5. Oktober 1952, Nr. 40, S. 13. – Im Bildtext hieß es: »Ernst von Salomon, dessen Tatsachenroman *Der Fragebogen* zum größten Bucherfolg im Nachkriegsdeutschland wurde, unterhielt sich viele Abende und Nächte hindurch mit dem flüchtigen ›Kriegsverbrecher‹ Hans Kühn. […] Unser Foto entstand bei einer der nächtlichen Unterhaltungen zwischen Salomon (links) und Hans Kühn, den wir bewußt im Dunkeln ließen, um kein Foto für einen Steckbrief zu liefern.«

densbewegung, für die Deutsche Friedens-Union und die Deutsche Kommunistische Partei. In Hiroshima sprach sich Salomon gegen Atomwaffen aus, und er schwärmte ein wenig für Che Guevara. Neutralismus und Antikolonialismus, sogar ein Flirt mit dem Pazifismus (!)[275] – das waren Ableitungen seines antiamerikanischen Nationalismus.[276] Doch eigentlich war seine Zeit seit Mitte der Fünfzigerjahre vorbei.[277] Salomon selbst schrieb:

> So rang ich mir also auch noch das Bekenntnis ab, meine Tragik sei nicht die Alternative zwischen parlamentarischen Begriffen, sondern ich sei ein Deutscher ohne Deutschland, ein Preuße ohne Preußen, ein Monarchist ohne Monarchie, ein Nationalist ohne Nation, ein Sozialist ohne Sozialismus.[278]

[275] M. WALKOWIAK, Salomons Romane, 2007, S. 339, treffend: ein »Pazifist aus Machtlosigkeit«.
[276] U. BIELEFELD, Nation und Gesellschaft, 2003, S. 300–305; J. HERMAND, Trotzreaktionen, 2004, S. 139–142.
[277] Die negative Salomon-Rezeption setzte erst in den Siebzigerjahren ein. Besonders einflussreich war dafür Klaus Theweleit. Sein Buch *Männerphantasien* ist eine Studie über die Freikorpsliteratur und stark von der Psychoanalyse beeinflusst. Theweleit erklärt den Faschismus mit der autoritär-soldatisch-sadistischen Prägung einer toxischen Männlichkeit, gerade was Frauenbild, Sexualität und Gefühlskälte angehe. Dafür galt ihm Salomon als prototypisch sowie als (neben Ernst Jünger) wichtiger Referenzautor: K. THEWELEIT, Männerphantasien, v.a. Bd. 1, 1977/78.
[278] E. v. SALOMON, Kette der tausend Kraniche, 1972, S. 234.

Bei Salomons *Treibhaus*-Rezension handelte es sich mithin um das Nachhut-
gefecht eines früheren Rechtsterroristen, der sich einst zur Avantgarde gezählt
hatte. Wolfgang Koeppen wiederum war nicht besonders glücklich über die Besprechung in der *Welt*, jedenfalls äußerte er sich Goverts gegenüber peinlich
berührt. Seinem Verleger schrieb Koeppen Anfang Dezember 1953, Salomon
habe den Artikel wenigstens »freundlich gemeint«. Auch sei es ihm »diesmal bestimmt nur um ein paar blendende Formulierungen« gegangen. Doch weil Salomon nun mal »naiv« sei, habe sein Artikel doch »wieder neue Verwirrung geschaffen«, klagte Koeppen.[279]

4.3 Hans Zehrer: Warum die *Welt* das *Treibhaus* anders beurteilte als die *Welt am Sonntag*

Als die literarische Öffentlichkeit im November 1953 über das *Treibhaus* debattierte, markierten Ernst von Salomon und Curt Bley zwei fundamental entgegengesetzte Standpunkte. Zugleich handelte es sich um eine mediale
Kontroverse zwischen der *Welt am Sonntag* und der *Welt*. Unter aufmerksam-
keitsökonomischen Aspekten gab es einerseits gute Gründe für ein Rollenspiel
zwischen den beiden Blättern: Der Autor des *Fragebogens* war ein prominenter
Provokateur, ein verlässliches Zugpferd, dem das Interesse der Öffentlichkeit sicher war. Andererseits kann man den weltanschaulichen Spagat zwischen einem
früheren Rechtsterroristen, der ›Bonn‹ für unpopulär erklärte, und dem sozialdemokratischen Gründungsredakteur der britisch inspirierten *Welt* nicht allein mit dem Binnenpluralismus eines Verlagshauses erklären. Die beiden waren
ja keine Unbekannten. Warum also bezogen die Schwesterzeitungen so unterschiedliche Positionen?

Eine Antwort ergibt sich aus dem unmittelbaren zeitlichen Kontext der *Treib-
haus*-Debatte. Im September 1953, wenige Wochen bevor das *Treibhaus* und die
beiden Rezensionen erschienen, hatten die *Welt* und die *Welt am Sonntag* ihren
Besitzer gewechselt. Axel Springer, der Verleger der Programmzeitschrift *Hörzu*,
der Erfinder der *Bild*-Zeitung, kurz: der »König der Massenpresse«[280], hatte den
Briten die beiden *Welt*-Blätter abgekauft, für 2,7 Millionen DM und mit der
Unterstützung Adenauers sowie vieler weiterer Politiker in Bonn und Hamburg.
Übrigens war im Frühjahr 1953, als man im Stab des britischen Hochkommis-
sars die Bewerber um den Zuschlag für die damals größte Tageszeitung Westdeutschlands prüfte, auch eine Anfrage Bleys aussortiert worden, hinter dem
man die Gewerkschaften vermutete.[281]

---

279 Koeppen an Goverts, Brief vom 9. Dezember 1953, WKA/UB Greifswald 24437.
280 H.-P. SCHWARZ, Springer, 2008, S. 177.
281 K.-H. HARENBERG, *Die Welt* 1946–1953, 1976, S. 253.

An Bleys Stelle bekam Springer den Zuschlag. Springer wollte mit den beiden renommierten Zeitungen ein respektierter und einflussreicher Verleger werden.[282] Bevor sie aber als Flaggschiffe seines Hauses dienen konnten, musste insbesondere die vom Auflagenschwund gebeutelte *Welt* wieder flottgemacht werden. Springers erste Maßnahme war, dass er Hans Zehrer zum Chefredakteur ernannte.[283] Am 30. September 1953 übernahm dieser Vertraute des neuen Besitzers das Ruder bei der *Welt*, ausdrücklich aber nicht bei der *Welt am Sonntag*. Für die Sonntagszeitung war bei der Übernahme vertraglich vereinbart worden, dass Zeitungsgründer Bernhard Menne, der Remigrant aus Großbritannien, weiter Chefredakteur sein sollte; er blieb in dieser Position bis zu seinem Tod im Jahr 1968.[284]

Eine der ersten Ideen, mit denen Zehrer seine *Welt* inhaltlich umgestalten wollte, verwirklichte er auf den Kulturseiten. »Die geistige Welt« hieß das Projekt des ehrgeizigen Zeitungsmachers: eine Wochenendbeilage von vier Seiten (was damals ein großer Umfang war).[285] »Die geistige Welt« sollte die Samstagsausgabe mit Literaturbesprechungen und Essays, Erzählungen, einer Filmseite sowie Unterhaltungstexten attraktiver machen. Schon nach ein paar Wochen erschien hier die *Treibhaus*-Rezension. »Gewitter in der Bundeshauptstadt« lautete die Überschrift, und wegen seiner Länge und Aufmachung war die Rezension der zentrale Text der »Geistigen Welt« von diesem Samstag: ein aktuelles, sensationelles, sowohl politisch als auch literarisch relevantes Thema, verfasst von dem bekannten Autor Ernst von Salomon. Für dieses Aufmerksamkeitskalkül spricht auch, dass sich die *Welt am Sonntag* etwa doppelt so gut verkaufte wie die *Welt*, der neue Chefredakteur also schnell ein Zeichen setzen wollte.[286]

Aufgrund der personellen Konstellation erscheint die *Treibhaus*-Rezension als eine doppelte Provokation: Salomon versus Bley, aber auch Zehrers *Welt* gegen Mennes *Welt am Sonntag*. Zehrer hatte nicht nur den *Fragebogen* rezensiert.[287] Wie man dem *Fragebogen* entnehmen kann, kannte er Salomon aus dem Berlin der krisengeplagten Weimarer Republik.[288] Auch während des ›Dritten Reichs‹

---

[282] Die Zäsur des *Welt*-Kaufs für Springer betont G. KRUIP, *Welt-Bild*, 1999, S. 92 f. und S. 156: Es begannen »die politischen Jahre« des Verlegers. Derselben Meinung: H.-P. SCHWARZ, *Springer*, 2008, S. 177. Zur Transaktion: K. C. FÜHRER, *Medienmetropole Hamburg*, 2008, S. 535–541; T. v. ARNIM, *Unternehmer Springer*, 2012, S. 102–111.

[283] H.-P. SCHWARZ, *Springer*, 2008, S. 200. – Zu Zehrers Biographie vor allem: E. DEMANT, *Zehrer*, 1971; ferner: H. B. v. SOTHEN, *Zehrer nach 1945*, 2005.

[284] T. v. ARNIM, *Unternehmer Springer*, 2012, S. 112–115.

[285] C. PRÜVER, *Willy Haas*, 2007, S. 51, 63 und 81; M. PAYK, *Geist der Demokratie*, 2008, S. 185; T. v. ARNIM, *Unternehmer Springer*, 2012, S. 112–115.

[286] Während die *Welt* ein chronisches Zuschussgeschäft wurde, bescherte die *Welt am Sonntag* dem Verlag jahrelang stabile, wenngleich nicht überragende Erträge: K. C. FÜHRER, *Medienmetropole Hamburg*, 2008, S. 539; T. v. ARNIM, *Unternehmer Springer*, 2012, S. 115.

[287] Artikel »Sprengstoff«; SONNTAGSBLATT vom 22. April 1951.

[288] E. DEMANT, *Zehrer*, 1971, S. 87 f. und 110.

waren die beiden so etwas wie geistige Verbündete – vereint durch den gleich-zeitigen Rückzug aus der Politik, nachdem sich unter den vielen Feinden der Weimarer Republik schließlich die NSDAP durchgesetzt hatte. Zehrer gehörte seinerzeit zum Umfeld des Generals Kurt von Schleicher, des letzten Reichs-kanzlers vor Hitlers ›Machtergreifung‹. Den 30. Januar 1933 empfand Zehrer daher als »die große Backpfeife des Schicksals«.[289]

In der Abgeschiedenheit auf Sylt kamen sich Zehrer und Salomon auch räum-lich nahe. Der *Fragebogen* erzählt von einem der Gespräche mit Zehrer und gibt dessen Einschätzung wieder: »Es erwies sich, daß nicht wir den Auftrag hatten, sondern er, der Widersacher«; gemeint war Hitler: »Nun war die Entscheidung nicht gegen ihn gefallen, sondern gegen uns.«[290] Um sich in der »schwersten Depression meines Lebens« aufzumuntern, schrieb Zehrer auf Sylt ein »lusti-ges Buch«, den Roman *Percy auf Abwegen*.[291] Dieser zunächst in einer Illustrier-ten veröffentlichte und nach dem Krieg bei Rowohlt wiederaufgelegte Unter-haltungsroman war so beliebt, dass er 1940 mit Hans Albers verfilmt wurde; Zehrer verfasste das Drehbuch: *Ein Mann auf Abwegen*. Bezeichnenderweise lau-ten die letzten Zeilen des Romans: »Da gab er Gas und fuhr rücksichtslos über die gesperrte Straßenkreuzung zum Western Building.«[292] Auf Sylt trafen sich in den Dreißigerjahren auch die Verleger Rowohlt und Henry Goverts immer wie-der. Die Nordseeinsel lag für die ›besseren‹ Kreise aus Hamburg – nach deren eigener Stilisierung – weit weg vom Festland, wo die Nazis herrschten. Rowohlt und Goverts haben damals in Kampen den jungen Axel Springer mit Zehrer be-kanntgemacht; die Begegnung war der Anfang ihrer freundschaftlichen Verbin-dung.[293]

Doch hat die Biographie des 1899 geborenen Hans Zehrer noch drei wei-tere Facetten: *Erstens* hatten die Briten Zehrer schon einmal, Ende 1945, an die Spitze der *Welt* berufen – und ein Vierteljahr später, noch bevor die erste Ausgabe gedruckt war, wieder abgesetzt; zu den Gründen später mehr. Sein Nachfolger in der Chefredaktion wurde damals der aus dem KZ befreite Ru-dolf Küstermeier[294], und bevor Küstermeier seine Arbeit beginnen konnte, führte interimistisch Curt Bley die Geschäfte, der alte Bekannte aus dem ›Roten Stoßtrupp‹.[295] Ben Witter, in den Nachkriegsjahren ein junger Reporter bei der

---

[289] So Zehrer 1938 in einem privaten Brief; zitiert nach: E. DEMANT, Zehrer, 1971, S. 142.
[290] E. v. SALOMON, Der Fragebogen, 1951, S. 227.
[291] Unter dem Pseudonym Hans Thomas: H. ZEHRER, Percy auf Abwegen, 1951 [1938], ohne Seitenzahl.
[292] H. ZEHRER, Percy auf Abwegen, 1951 [1938], S. 237. Vgl. E. DEMANT, Zehrer, 1971, S. 131 f.
[293] So hat Springer das später bestätigt: E. DEMANT, Zehrer, 1971, S. 130 und 164. – Vgl. M. JÜRGS, Springer, 1995, S. 61; H. B. v. SOTHEN, Zehrer nach 1945, 2005, S. 126 und 129 f.
[294] Siehe S. 318–320.
[295] H.-D. FISCHER, Reeducations- und Pressepolitik, 1978, S. 67.

Welt und später langjähriger Autor der *Zeit,* kommentierte den Personalwechsel etwas spitz: »Curt Bley, Zehrers Stellvertreter, wollte sich an dessen Schreibtisch setzen.« Temperamentvoll sei Bley gewesen, flott und selbstsicher, »der britische Stab suchte aber einen Chefredakteur, der den Nazis von Kopf bis Fuß entschieden Widerstand geleistet hatte«. Sie fanden ihn in Küstermeier.[296]

Zehrer war 1946 von den britischen Kontrolloffizieren entlassen worden, weil sie darauf aufmerksam geworden waren, dass Zehrer – und das ist der *zweite* Aspekt seiner Biographie – in den letzten Jahren der Weimarer Republik eine der tonangebenden Stimmen im Chor der Rechtsintellektuellen gewesen war. In der *Tat,* einer Monatszeitschrift für Politik und Kultur, der Zehrer seit 1929 als Herausgeber und wichtigster Autor einen enormen Aufschwung beschert hatte, wetterte er gegen den Weimarer Parlamentarismus und seine Parteien.[297] Kontinuierlich und sich immer weiter radikalisierend, propagierte die *Tat* einen autoritären Staat, an dessen Spitze einige Auserwählte und die ›technische Intelligenz‹ stehen sollten. Man träumte von einem nationalen Sozialismus, der deutschen ›Volksgemeinschaft‹ und einer außenpolitischen Abkehr vom Westen. Das Weltbild der *Tat* war ebenso antidemokratisch wie antibürgerlich, und sie berauschte sich an der chronisch werdenden Krise nach dem Börsenkrach 1929. In ihrer Lust an der Apokalypse sehnten die *Tat*-Texte den Zusammenbruch des Kapitalismus herbei, welcher der bürgerlichen Gesellschaft und der verhassten Republik den Garaus machen würde. Im großen Abgesang auf den Liberalismus verwarf die *Tat* insbesondere dessen politisches Ordnungsmodell: die parlamentarische Demokratie.

Die Kritik der Repräsentation war für Zehrer eine Art Lebensthema. Schon 1923 im Alter von 24 Jahren, zu Beginn seiner journalistischen Karriere, hatte er seinen ersten Artikel über die »Krisis des Parlamentarismus« geschrieben.[298]

---

[296] B. WITTER, Schritte und Worte, 1990, S. 237. – Witter zeichnet hier ein vergleichsweise negatives Charakterbild Bleys. Der Text erschien zuerst in der *Zeit:* »Verhöre im Plauderton«; DIE ZEIT vom 25. März 1988, Nr. 13/1988, S. 78 f. – Einige Zeit zuvor klang Witter noch anders: »Und ständig hörte ich Schritte auf dem Korridor, sie hatten es eilig. Der Mann schien ein wenig zu hinken. Sollte er langsamer gehen! Aber er konnte nicht anders! Es war Dr. Curt Bley. Topf und Tüngel waren zur *Zeit* hinübergewechselt, und Bley versuchte nun, sich den Weg nach oben zu bahnen. [...] Daß sich Oberst Garland an Küstermeier wandte, [...] geschah auf Bleys Betreiben.« B. WITTER, Chefreporter inkognito, 1962, S. 168. – Nachdem in dieser frühesten Phase der *Welt* mehrere Journalisten die Redaktion zur *Zeit* verlassen hatten, und sich die *Zeit* zunächst konservativer positionierte als die *Welt,* scheint Witters *Welt*-Geschichte in der *Zeit* wie ein später Nachhall dieser Konflikte.

[297] Die *Tat* bzw. der *Tat*-Kreis kann als eines der am besten erforschten Phänomene der Presse- und Intellektuellengeschichte gelten. Aus der Vielzahl der Titel: K. SONTHEIMER, Antidemokratisches Denken, 1962; E. DEMANT, Zehrer, 1971; K. FRITZSCHE, Politische Romantik, 1976; S. BREUER, Anatomie, 1993.

[298] Zehrers Artikel druckte die *Vossische Zeitung:* E. DEMANT, Zehrer, 1971, S. 19. – Zum Antiparlamentarismus der *Tat:* K. FRITZSCHE, Politische Romantik, 1976, S. 112–121.

Später konstruierte Zehrer in der Theorie einen Staat, in dem drei Elemente herrschen sollten: die *auctoritas* in Person des Reichspräsidenten, die *potestas*, repräsentiert durch die Armee, und der Volkswille, der durch Berufsorganisationen und Kameradschaftsbünde unter Einschluss der NS-Bewegung formuliert werden sollte. Für den Reichstag, politische Parteien und eine liberale Öffentlichkeit war in diesem Weltbild kein Platz. Der Politikwissenschaftler Kurt Sontheimer vertrat deshalb die Auffassung, dass Zehrer ein »unbewusste[r] Wegbereiter des Nationalsozialismus« gewesen sei.[299]

Als Zehrers Einstellung zur Weimarer Republik 1946 bekannt wurde, verzichteten die Briten lieber auf seine Mitarbeit, schließlich wollten sie eine Zeitung nach dem Vorbild der *Times* aufbauen.[300] Immerhin hatten schon einige Deutsche an der Personalie Anstoß genommen: Die Hamburger SPD protestierte; auch die Berufsvereinigung Hamburger Journalisten sprach sich dagegen aus, Zehrer zu beschäftigen. Insbesondere der Journalist Erich Klabunde, Gründer des Deutschen Journalisten-Verbandes, der 1949 für die SPD in den Bundestag gewählt wurde, erklärte Zehrer für untragbar.[301] So verdichtete sich in dem verhinderten *Welt*-Chefredakteur das Gefühl, dass ihn Sozialdemokraten mithilfe der Besatzungsmacht »abgeschossen« hätten.[302] Zudem war er überzeugt davon, dass in dieser Situation nicht alle in der Redaktion zu ihm gehalten hätten, womit vermutlich der mit den Sozialdemokraten sympathisierende Konkurrent Bley gemeint war. »Beim Abschied gab Hans Zehrer nicht jedem die Hand«, be-

---

[299] K. SONTHEIMER, Antidemokratisches Denken, 1962, S. 256 f. und 369 (Zitat). – Als 1962 Sontheimers Beitrag zur Weimarer Intellektuellengeschichte erschien, hatte das einen Bezug zur medialen Gegenwart. Zehrer war immerhin Chefredakteur der *Welt*. Sontheimers Buch vorausgegangen war ein pointierter Aufsatz in den *Vierteljahrsheften für Zeitgeschichte*, in dem Sontheimer die Frage stellte, ob die Autoren der *Tat*, »die heute zum großen Teil wieder führende Positionen in der deutschen Publizistik einnehmen, [...] an der historischen Erfahrung geläutert« seien: K. SONTHEIMER, Der Tatkreis, 1959, S. 260. – Die *FAZ* publizierte Sontheimers Thesen, wohl nicht zuletzt um die Konkurrenten von der *Welt* zu provozieren: »Romantiker der mittelständischen Revolution«; FAZ vom 1. Juli 1959. – Vgl. E. DEMANT, Zehrer, 1971, S. 237.

[300] Übrigens fand Zehrer nach seiner Entlassung einen Platz in der Obhut der evangelischen Kirche. Bis Ende September 1953 Springers Angebot kam, konzipierte und leitete Zehrer in Hamburg das *Sonntagsblatt*, das von Hanns Lilje, dem Bischof von Hannover, herausgegeben wurde. Damit wurden in Person von Zehrer und Giselher Wirsing (seit 1954) die beiden großen protestantischen Nachkriegszeitungen, das *Sonntagsblatt* und *Christ und Welt*, von Autoren der vormaligen *Tat* geleitet – eine beachtliche Quote, wenn man berücksichtigt, dass deren Redaktion zwischen 1929 und 1933 nur aus vier Personen bestanden hatte: E. DEMANT, Zehrer, 1971, S. 57, 62–66 und 155–161; K. FRITZSCHE, Politische Romantik, 1976, S. 52–54 und 61–64; H. B. v. SOTHEN, Zehrer nach 1945, 2005, S. 143–156. – Zu Wirsing: N. FREI/J. SCHMITZ, Journalismus im Dritten Reich, 1999, 179–180.

[301] E. DEMANT, Zehrer, 1971, S. 152 f.; H. B. v. SOTHEN, Zehrer nach 1945, 2005, S. 139; C. SONNTAG, Medienkarrieren, 2006, S. 93 f.; K. C. FÜHRER, Medienmetropole, 2008, S. 454–456; H.-P. SCHWARZ, Springer, 2008, S. 179.

[302] Zehrers eigene Wortwahl: E. DEMANT, Zehrer, 1971, S. 153.

richtete Ben Witter.[303] Die Redaktion der *Welt* war ein »Schlangennest«, meinte später auch die Feuilleton-Redakteurin Helene Rahms: »Machtkämpfe, Intrigen, Verleumdungen waren an der Tagesordnung«.[304]

Einige Jahre später, nachdem die *Welt* 1953 an Axel Springer verkauft war, hatte man weder in London noch in Hamburg größere Bedenken gegen die Personalentscheidung des neuen Eigentümers.[305] Dieser Umschwung hatte mit dem Machtwechsel in Großbritannien zu tun, wo 1951 die seit Kriegsende regierende *Labour Party* von Churchills Konservativen abgelöst worden war. Es hing aber auch mit einer geistig-biographischen Wende Zehrers zusammen, der man 1946 noch nicht vertraut hatte. Schon als Springer Zehrer auf Sylt kennenlernte[306], hielt er ihn keineswegs für einen rechtsrevolutionären Ideologen, der am Kapp-Putsch beteiligt gewesen war. Er meinte, in Zehrer einen Gegner des Nationalsozialismus zu erkennen, einen Menschen, der sich intensiv mit philosophischen und religiösen Sinnfragen beschäftigte – und die Gottsuche faszinierte Springer zeitlebens.[307] So wurde Hans Zehrer zum Vorbild des Verlegers, zum Mentor, Freund und Chefredakteur. Die beiden lebten in einer Art geistigen Symbiose.[308]

Vor dem Hintergrund dieser Personalkonstellation erscheint Salomons *Treibhaus*-Rezension als Provokation gegen Curt Bley, den Zehrer seit Anbeginn der *Welt* kannte und den er für einen jener *left-liberals* hielt, »die gerade in der *Welt* eine große Rolle gespielt« und »immer Unfug« angerichtet hätten.[309] Das Nachkriegsprofil des Zeitungsmanns Zehrer blieb in politischer Hinsicht nationalkonservativ[310], allerdings nun christlich-protestantisch gewendet. Auf Sylt hatte Zehrer sich sein neues Weltbild zurechtgelegt. Die Politik interessierte ihn angeblich nicht mehr; die Zeitungen bestellte er ab. Wie in einer Flucht aus der

---

[303] B. WITTER, Schritte und Worte, 1990, S. 236. – Der Text erschien zuerst in der *Zeit.* »Verhöre im Plauderton«; DIE ZEIT vom 25. März 1988, Nr. Nr. 13/1988, S. 78 f. – E. DEMANT, Zehrer, 1971, S. 172, meint sogar, von Anfang an habe bei der *Welt* »das Unvermögen« geherrscht, konträre Auffassungen zu artikulieren, ohne dass es »dabei gleich zu persönlichen Fehden« gekommen wäre.
[304] H. RAHMS, Die Clique, 1999, S. 72.
[305] H.-P. SCHWARZ, Springer, 2008, S. 200 f.
[306] K. SONTHEIMER, Antidemokratisches Denken, 1962, S. 370.
[307] »Gottsucher« ist ein Ausdruck aus Springers Grabrede auf Zehrer; zitiert nach: E. DEMANT, Zehrer, 1971, S. 121; H.-P. SCHWARZ, Springer, 2008, S. 213.
[308] Springers abenteuerliches Leben und das ambivalente Nebeneinander von prowestlicher Haltung und deutschen Denktraditionen haben zahlreiche Bücher inspiriert. Die interessantesten: G. KRUIP, Welt-Bild, 1999; M. JÜRGS, Springer, 1995; H.-P. SCHWARZ, Springer, 2008.
[309] Das Zitat stammt aus einem Brief Zehrers an Springer vom 2. September 1954, in dem er die Probleme seines ersten Amtsjahres erläutert; gedruckt in: H. B. v. SOTHEN, Zehrer nach 1945, 2005, S. 162 f.
[310] Für 1945/46 wird berichtet, dass Zehrer bei verschiedenen konservativen Parteigründungsbemühungen beteiligt gewesen sei – was aber einen episodischen Charakter hatte, da er Parteien an sich ablehnte. Vgl. E. DEMANT, Zehrer, 1971, S. 154 f.; H. B. v. SOTHEN, Zehrer nach 1945, 2005, S. 131; D. OELS, Rowohlts Rotationsroutine, 2013, S. 256.

Gegenwart vertiefte sich Zehrer stattdessen in philosophische Schriften. Mitte des 20. Jahrhunderts, so stellte er fest, sei die geistige und politische Entwicklung eines halben Jahrtausends kulminiert – und dann entgleist. Seit 500 Jahren hätten die Menschen eine »Wolke von Staub, Schmutz und Dreck« aufgewirbelt, und »in dieser Wolke hausen die Dämonen«.[311] Ursächlich für diese Katastrophe sei die fixe Idee des Menschen, sich für das Maß aller Dinge zu halten. Alles schien aus den Fugen, und schuld war der Abfall des modernen Menschen von Gott. Ein Ausweg, so Zehrer, sei allein möglich durch die »Rückwendung nach innen«, um so – durch den Glauben, durch die Gnade – Gott zu finden.[312]

4.4 Koeppen als Rezensent: Zeuge politischer Deradikalisierungsprozesse

Am Ausgang der *Treibhaus*-Debatte, im Sommer 1954, schrieb auch Wolfgang Koeppen für *Welt* von Hans Zehrer. Am 7. August 1954 erschien hier eine von Koeppen verfasste Buchbesprechung unter der Überschrift: »Immer dagegen«.[313] Allerdings folgte dem Motto, das bei Curt Bley und anderen wohl Nihilismus-Verdacht ausgelöst hätte, nicht etwa ein innerer Monolog des Abgeordneten Keetenheuve, sondern die Rezension einer weiteren Neuerscheinung aus dem Rowohlt-Verlag. Koeppen besprach die Memoiren von Friedrich Hielscher.[314] Auch diese Konstellation war bemerkenswert: Ein paar Monate nach Ernst von Salomons *Treibhaus*-Rezension schrieb Koeppen für die »Geistige Welt« über Hielschers Memoiren – oder, wie es in der Besprechung hieß: über »einen neuen Beitrag zur nahen Vergangenheit«, über »eine Autobiographie aus dem deutschen Untergrund«. Da Hielscher wenig bekannt ist, seien hier einige Ausführungen zu seiner Biographie gemacht.

Friedrich Hielscher gehörte – so wie Salomon und Zehrer – zum publizistischen Milieu der ›Konservativen Revolution‹ aus den Zwanzigerjahren.[315] Ernst Jünger schrieb einmal seinem Bruder Friedrich Georg, dass er Hielscher für »den schärfsten Kopf unter den Nationalisten« halte, »freilich ist er bizarr«.[316] Was

---

[311] H. ZEHRER, Mensch in dieser Welt, 1948, S. 647.

[312] H. ZEHRER, Mensch in dieser Welt, 1948, S. 655 f. – Vgl. E. DEMANT, Zehrer, 1971, S. 134 f.; D. OELS, Rowohlts Rotationsroutine, 2013, S. 254–257.

[313] Artikel »Immer dagegen«; DIE WELT vom 7. August 1954.

[314] Der kurze Text fehlt in der älteren Werkausgabe, im Unterschied zu vielen von Koeppens Essays über andere Autoren und Bücher. Bibliographisch erfasst ist die Rezension bei: A. ESTERMANN, Koeppen-Bibliographie, 1987, S. 409. Allerdings fehlt auch hier, anders als bei anderen aufgeführten Rezensionen, der Hinweis auf den besprochenen Autor beziehungsweise das Buch.

[315] I. SCHMIDT, Herr des Feuers, 2004; K. LEHNER, Hielscher, 2015; ferner: P. BAHN, Hielscher, 2004; JÜNGER – HIELSCHER – BRIEFE, 2005; A. MOHLER/K. WEISSMANN, Konservative Revolution, 2005, S. 147 und 505.

[316] Zitiert nach: JÜNGER – HIELSCHER – BRIEFE, 2005, S. 488.

Jünger und Hielscher aneinander faszinierte, war die Radikalität ihrer Standpunkte, sie waren elitär und nationalistisch. Die bizarre Note indes kam durch Hielschers esoterisch-heidnische Religiosität: Hielscher fühlte sich zum germanischen Gott Loki hingezogen, er predigte einen Pantheismus, auch der Glaube an Geister, Elfen und anderen Zauber war ihm nicht fremd.[317] Mit einem Gemisch aus nationalrevolutionärer Politik und nordisch-neuheidnischer Mystik scharte Hielscher Gleichgesinnte um sich. Das tat er zunächst in einem ›Kreis von Schülern‹, dann in einem ›Bund‹, in dem vom ›geheimen Deutschland‹ die Rede war. Nach 1945 gründete Hielscher eine ›Unabhängige Freikirche‹.[318] Die Parallelen zu Stefan George und dessen Kreis drängen sich auf: Da waren das Gefühl, auserwählt zu sein; die Struktur des Männerbunds; die Schwärmerei vom ›geheimen Reich‹; der antibürgerliche Habitus; in politischer Hinsicht die Ablehnung der parlamentarischen Demokratie.[319] In den Zwanzigerjahren zählte man Hielscher und Salomon zu den »fünf Apostel[n] des Neuen Nationalismus«.[320] Zusammen mit Zehrer waren sie die führenden Köpfe des antidemokratischen Denkens in der Weimarer Republik.

Hielscher, Jahrgang 1902, hatte sich nach dem Abitur einem Freikorps in Niederschlesien angeschlossen, um gegen Polen zu kämpfen[321], vor allem aber, weil er die bürgerliche Gesellschaft verachtete. Trotzdem studierte er Jura, bis Hielscher die Rechtswissenschaft nach der Promotion aufgab, den Staatsdienst quittierte und sich mit dem Schreiben politischer Pamphlete durchschlug. Er publizierte und redigierte in einer ganzen Reihe von Zeitschriften des rechtsradikalen Spektrums: dem *Arminius*, dem *Vormarsch* oder seinem eigenen Projekt, dem *Reich* (nicht zu verwechseln mit der späteren Wochenzeitung gleichen Namens). Für Kurt Sontheimer gehörten Hielschers Texte zu den abstrusesten Publikationen der ›konservativen Revolution‹.[322]

Ernst von Salomon und Hans Zehrer, Ernst und Friedrich Georg Jünger sowie Otto Strasser – sie und andere kannte Hielscher aus der Landvolkbewegung in Schleswig-Holstein sowie aus dem Berliner Salon von Hans Dietrich Salinger, bei dem die Radikalen verkehrten: neben rechten Nationalisten auch Schriftsteller, die mit dem Kommunismus sympathisierten, Ernst Toller oder Arnolt Bronnen.[323] Im

---

[317] I. Schmidt, Herr des Feuers, 2004, S. 139–151.
[318] I. Schmidt, Herr des Feuers, 2004, S. 151–157; P. Bahn, Hielscher, 2004, S. 114–161.
[319] I. Schmidt, Herr des Feuers, 2004, S. 148 f. – Zum George-Kreis: C. Groppe, Macht der Bildung, 1997; T. Karlauf, George, 2007; U. Raulff, Kreis ohne Meister, 2009.
[320] Die anderen ›Apostel‹ waren Ernst Jünger, Friedrich Wilhelm Heinz und Franz Schauwecker: S. Meinl, Nationalsozialisten gegen Hitler, 2000, S. 98; U. Bielefeld, Nation und Gesellschaft, 2003, S. 305.
[321] F. Hielscher, Fünfzig Jahre, 1954, S. 22 und 26 f.
[322] K. Sontheimer, Antidemokratisches Denken, 1962, S. 231.
[323] Jünger – Hielscher – Briefe, 2005, S. 384; S. Meinl, Nationalsozialisten gegen Hitler, 2000, S. 152; K. Lehner, Hielscher, 2015, S. 33 f.

Fragebogen, in dem Hielscher meist unter dem Pseudonym »Bogumil« vorkommt, bekannte Salomon, er sei damals »lange Zeit im sprudelnden Kielwasser der Bogumilschen Philosophie« gesegelt.[324]

Hielschers Weltbild war antiparlamentarisch, weil er die repräsentative Demokratie als ›westlich‹ und bürgerlich ablehnte. Den Reichstag bezeichnete er als eine »Gespensterversammlung«. Das erläuterte er noch 1954 in seinen – von Koeppen rezensierten – Memoiren am Beispiel eines Tribünenbesuchs in Berlin. Demnach vermisste er bei den Debatten der Abgeordneten »die menschliche Ansprache, das von Mann zu Mann Packen, nach dem draußen verlangt wurde, das konnte hier keiner, das wollte hier keiner, und davon wußte hier keiner«. Auch den parlamentarischen Neubeginn in der Bundesrepublik betrachtete Hielscher aus großer Distanz. Hielscher hielt ›Bonn‹ für die Restauration der Strukturen, Parteien und Probleme der Weimarer Republik, vielleicht sogar in verschärfter Form. Im Bundestag, schrieb Hielscher in einer ›Wiederbewaffnungs‹-skeptischen Passage seiner Memoiren, »spürt man bei diesen selben Parteien [wie in Weimar, B.W.] nicht, worum es geht und was es gilt. Und die Herren würden sich wundern, wenn sie wüßten, wie das Gesindel jener Mordjahre abermals das Haupt erhebt und sich der Wiederaufrüstung freut, welche ihnen die verlorenen Waffen wiedergeben soll.«[325]

Über Waffen und einen apokalyptischen Konflikt hatte Hielscher sich bereits 1930 geäußert, in *Krieg und Krieger*, einem von Ernst Jünger herausgegebenen Band.[326] Hier entwarf Hielscher das Endzeitszenario einer Auseinandersetzung zwischen dem »Westen« und dem »heimlichen Reich«. Während der »Westen« seine materialistische Weltsicht und seine Wirtschaftsweise über den Globus ausgebreitet habe – beginnend »westlich des Rheines« (in Frankreich) und »jenseits des atlantischen Ozeans« (in Amerika), stehe das »heimliche Reich« in der Tradition von Luther, Goethes *Faust* und Bismarck, von Richard Wagner sowie Friedrich Nietzsches ›Übermenschen‹-Theorie. »Erst wenn die weltweite Herrschaft des Reiches bzw. der es tragenden Deutschen erreicht sei [...], würden alle Kriege aufhören«, erläutert eine Biographin Hielschers Weltbild.[327] Erst das Ende der Geschichte bedeute Erlösung, meinte Hielscher, und mit dem Sieg des Reiches gehe die Erlösung von der bürgerlichen Gesellschaft sowie der Demokratie einher. Den dafür unabwendbaren Konflikt nannten Hielscher und seine

---

[324] E. v. SALOMON, Der Fragebogen, 1951, S. 219. – Umgekehrt hat Hielscher Salomon 1928 zur redaktionellen Mitarbeit bei der Zeitschrift *Vormarsch* rekrutiert: JÜNGER – HIELSCHER – BRIEFE, 2005, S. 338.
[325] F. HIELSCHER, Fünfzig Jahre, 1954, S. 44.
[326] Hier und im Folgenden: F. HIELSCHER, Die große Verwandlung, 1930, S. 129–134.
[327] I. SCHMIDT, Herr des Feuers, 2004, S. 157. – Für eine Rekonstruktion und Analyse von Hielschers Weltanschauung: ebd., S. 97–131 und 179–182.

Freunde bis in die Dreißigerjahre hinein oft den »zweiten Weltkrieg« – Jahre bevor dieser 1939 tatsächlich entfesselt wurde.[328]

Im ›Dritten Reich‹ arbeitete Hielscher beim ›Ahnenerbe‹, einem völkischen Forschungsinstitut. Es war 1935 auf Anregung von Heinrich Himmler, dem ›Reichsführer SS‹, gegründet worden, um die germanische Frühgeschichte zu untersuchen und die Theorie einer ›arischen‹ Überlegenheit ›wissenschaftlich‹ zu belegen. Der Geschäftsführer des ›Ahnenerbes‹ wiederum, Wolfram Sievers, Jahrgang 1905, gehörte zum Hielscher-Kreis.[329] Während Sievers bei den Nazis das spirituelle Element vermisste, verehrte er Hielscher als seinen Mentor.[330] So zogen Sievers und das ›Ahnenerbe‹ eine Verbindungslinie zwischen Hielscher und der NS-Kultur- und Wissenschaftsförderung; die ›Studiengesellschaft für Geistesurgeschichte‹ gehörte zum ideologisch-institutionellen Umfeld der SS. Beim ›Ahnenerbe‹ betrieb Hielscher volkskundliche Studien, etwa über indogermanische Jahreskreisfeste. 1941 und 1942 machte er zudem zwei Besuche im ›Ghetto Litzmannstadt‹. Hielscher verfügte über Herrschaftswissen des ›Dritten Reiches‹, an dem er unter anderem Ernst Jünger teilhaben ließ.[331] Als Hielscher nach dem 20. Juli 1944 verhaftet wurde[332], kam er dank Sievers wieder frei.[333] Hielscher selbst zählte sich zum Widerstand, weil er mit Hilfe seiner Vertrauten versucht habe, die SS von innen her auszuhöhlen, so lautete später seine Rechtfertigung.[334] In der Tat verhalf Hielscher einigen Bekannten zur Flucht, etwa Alfred Kantorowicz. Hielscher versteckte den Publizisten, der aus einer jüdischen Familie stammte und mit den Kommunisten sympathisierte, kurz nach dem Reichstagsbrand bei sich zu Hause, bis Kantorowicz nach Frankreich fliehen konnte.[335]

Zum Verantwortungsbereich des Forschungsmanagers Sievers, eines »ambitionierte[n] Technokraten«[336], gehörten seit 1942 die medizinischen Menschen-

---

[328] I. Schmidt, Herr des Feuers, 2004, S. 160. – Zu den Autoren des *Krieg und Krieger*-Bandes gehörten neben Jünger auch Salomon und Werner Best. Best trat 1930 der NSDAP bei, später wurde er Stellvertreter Heydrichs bei der SS. Best war Ideologe, Personalchef und Organisator im ›Reichssicherheitshauptamt‹ und der Prototyp des ›Schreibtischtäters‹. U. Herbert, Best, 1996, zu Bests Beitrag in *Krieg und Krieger*: S. 96–99. – Zum Kontakt zwischen Best und Hielscher: I. Schmidt, Herr des Feuers, 2004, S. 214 f.

[329] Wie auch Otto Ernst Schüddekopf, der eine Studie über die Weimarer Nationalrevolutionäre schrieb: O. E. Schüddekopf, Linke Leute von rechts, 1960.

[330] M. Kater, »Ahnenerbe«, 1974, S. 28–36 und 337; I. Schmidt, Herr des Feuers, 2004, S. 245–254; J. Reitzenstein, Himmlers Forscher, 2014, S. 47–49.

[331] M. Kater, »Ahnenerbe«, 1974, S. 325 f.

[332] Vor allem wegen Hielschers Bekanntschaft mit Theodor Haubach und Fritz-Dietlof von der Schulenburg.

[333] M. Kater, »Ahnenerbe«, 1974, S. 317.

[334] F. Hielscher, Fünfzig Jahre, 1954, S. 265.

[335] A. Kantorowicz, Deutsches Tagebuch, Bd. 1, 1959, S. 104–106.

[336] F. Schmoll, Vermessung der Kultur, 2009, S. 174.

versuche an KZ-Häftlingen, die mit Fleckfieber- und Malariaerregern infiziert und biologischen Kampfstoffen ausgesetzt wurden. Das ›Institut für wehrwissenschaftliche Zweckforschung‹ war auf Weisung Himmlers dem ›Ahnenerbe‹ angegliedert worden, das inzwischen zum Persönlichen Stab des ›Reichsführers SS‹ gehörte.[337] Fortan leitete Sievers, zum SS-Standartenführer aufgestiegen, beide Einrichtungen in Personalunion. Seinem Vertrauten Hielscher habe Sievers von den Menschenversuchen berichtet. Laut eigener Aussage habe Hielscher Sievers geraten, im Amt zu bleiben – um den Widerstandskreis im ›Ahnenerbe‹ nicht zu gefährden und »Sand im Getriebe«[338] zu sein. So lautete jedenfalls Hielschers Aussage vor dem Nürnberger Ärzteprozess.[339] Für Sievers blieb diese Verteidigungsposition ohne Erfolg: Er wurde verurteilt und 1948 hingerichtet. Hielscher zog für sich daraus den Schluss, künftig nur noch religiös, nicht mehr politisch aktiv sein zu wollen.[340]

Angesichts seiner Vergangenheit war es vermutlich ein Segen, dass Friedrich Hielscher sich in der Bonner Republik mit knapp fünfzig Jahren darauf beschränkte, seine Memoiren zu schreiben. Die Weimarer Nationalrevolutionäre waren früh gealtert. Nahezu erleichtert meinte ein Rezensent in der *FAZ*, dass bei Hielschers Lebensbericht »kaum von schädlichen Nebenwirkungen« gesprochen werden könne.[341] Zu den Nebenwirkungen der Memoiren, die 1954 von der Kritik ausgesprochen wohlwollend aufgenommen wurden[342], gehörte es allerdings, dass Hielschers Version der ›Ahnenerbe‹-Geschichte noch in den Sechzigerjahren kursierte, nicht zuletzt in den Erinnerungen von Kantorowicz sowie in der Sievers-Apologie der Wochenzeitung *Die Zeit*.[343]

In seinen Memoiren verbreitete Hielscher die »Legende«[344] seiner angeblichen Attentatspläne auf Himmler. In aller Ausführlichkeit schilderte er die Schikanen, mit denen die Nazis versucht hätten, ihn als völkischen Mystiker aus dem Feld zu drängen. Mit Blick auf die Bundesrepublik war er der Meinung, der Bonner Parlamentarismus sei ein schwaches System und der Weimarer Re-

---

[337] V. Koop, Germanenwahn, 2013; J. Reitzenstein, Himmlers Forscher, 2014. – Zum Hintergrund vgl. R. Hachtmann, Wissenschaftsmanagement, 2007.
[338] F. Hielscher, Fünfzig Jahre, 1954, S. 350.
[339] I. Schmidt, Herr des Feuers, 2004, S. 250 f.; J. Reitzenstein, Himmlers Forscher, 2014, S. 60 f. – Vgl. F. Hielscher, Fünfzig Jahre, 1954, S. 350 f. – M. Kater, »Ahnenerbe«, 1974, S. 318 und 337 f., ist der Auffassung, das von Hielscher überlieferte Gespräch habe wahrscheinlich nie stattgefunden.
[340] I. Schmidt, Herr des Feuers, 2004, S. 21 und 173.
[341] Artikel »Memoiren, nationalistisch und naiv«; FAZ vom 11. September 1954.
[342] M. Kater, »Ahnenerbe«, 1974, S. 319 f.
[343] A. Kantorowicz, Deutsches Tagebuch, Bd.1, 1959, S. 496–507. – Siehe auch den Vorabdruck in der *Zeit*: »Einer der helfen wollte, wurde hingerichtet«; Die Zeit vom 3. April 1959, Nr. 14/1959. – Vgl. M. Kater, »Ahnenerbe«, 1974, S. 319; I. Schmidt, Herr des Feuers, 2004, S. 258.
[344] M. Kater, »Ahnenerbe«, 1974, S. 313 und 328.

publik ähnlich. Allerdings erklärte Hielscher, im Laufe seines Lebens »nach links gewandert« zu sein.[345] Die materialistisch gewordene Rechte der Nachkriegszeit interessiere ihn nicht mehr. So verortete sich Hielscher im politischen Niemandsland, in dem sich die Extreme berühren. Schon in Weimar hatte er dafür die Metapher vom »Hufeisen« benutzt[346], in dem man die Parteien einsortieren könne: rechts die Nationalsozialisten, links die Kommunisten – das Zentrum, die Demokraten und die SPD in der (als klerikal-kapitalistisch gescholtenen) Mitte.[347] Er und seine Freunde aber, die elitären Revolutionäre und Nonkonformisten von rechts, seien Einzelgänger genau in der Lücke, die zwischen dem linken und dem rechten Schenkel zum Kreis fehlte.[348]

Nach dem Zweiten Weltkrieg schrieb Hielscher, früher habe er gehofft, dass »diese Haufen auf der Erde sich in ihren Kriegen gegenseitig umbrächten, und daß man dann eines gesegneten Tages aufatmen dürfe, und Licht und Schönheit und Wohlgeratenheit und Geist würden wieder herrschen«. Inzwischen wisse er, dass Gewalt und Krieg zwar Zerstörung brachten, jedoch keine Erlösung: »Aber die Barockkirchen liegen unter der Schutte des Zweiten Weltkrieges, und die Kasernen und Gefängnisse und Banken und Behördensilos wuchern fröhlich weiter. Es ist fürwahr Winterszeit, und der Frühling wird dir und mir nicht mehr leuchten.«[349] Diese Passagen lesen sich wie der Ausdruck einer politischen Depression alter Rechtsintellektueller. Schon Ernst von Salomon hatte dieses Motiv der »Welttraurigkeit« in seiner *Treibhaus*-Rezension zum Klingen gebracht; hier wurde es von Hielscher erneut aufgegriffen. Er war völkischer Nationalist gewesen und Verächter der parlamentarischen Demokratie, mithin ein Feind der Weimarer Republik. Er war Mitwisser der Verbrechen des ›Dritten Reiches‹. In der frühen Bundesrepublik waren einige Deutsche durchaus geneigt, seinen Ausführungen Beachtung zu schenken. Noch 1955 bekam er Besuch vom Bundespräsidenten Heuss.[350] Dann fiel er dem Vergessen anheim.

Doch zurück zu Koeppens Rezension von Hielschers Memoiren in der *Welt*. In dieser knappen Besprechung ging Koeppen weder auf die politischen Implikationen ein noch auf Hielschers antirepublikanische Publizistik. Hielscher wurde schlicht als »ein anständiger Mensch«, als »guter Freund« und »verläßlicher Gefährte, ein Kamerad in Todesnot« vorgestellt. Ein politischer Autor sei Hielscher nur wegen der Novemberrevolution von 1918 geworden, erklärte Koeppen verständnisvoll; mit der Abdankung des Kaisers sei die alte Ordnung, in der Herkunft und Erziehung Hielscher einen angemessenen Platz gesichert hätten,

---

[345] F. HIELSCHER, Fünfzig Jahre, 1954, S. 274; I. SCHMIDT, Herr des Feuers, 2004, S. 173 f.
[346] F. HIELSCHER, Fünfzig Jahre, 1954, S. 119.
[347] I. SCHMIDT, Herr des Feuers, 2004, S. 178; K. LEHNER, Hielscher, 2015, S. 29 f.
[348] F. HIELSCHER, Fünfzig Jahre, 1954, S. 118; I. SCHMIDT, Herr des Feuers, 2004, S. 205 f.
[349] F. HIELSCHER, Fünfzig Jahre, 1954, S. 24.
[350] K. LEHNER, Hielscher, 2015, S. 133 f. und Abb. 10.

zerbrochen. Aus dieser Verlusterfahrung heraus habe Hielscher gegen die »Unordnung« gekämpft. Koeppen attestierte Hielscher »ein unruhiges Herz in der ersten Republik«, er sei ein »unabhängiger Mann mit Gewissen« gewesen – und »kein Schmutz hat ihn berührt«, sogar das schrieb Koeppen. Was Hielscher anstelle der Weimarer Demokratie angestrebt habe? In dieser Frage, formulierte der *Treibhaus*-Autor dunstig, habe jeder seine eigene Vorstellung, »und der Weg dahin liegt unter Nebel«. Wichtig sei im Übrigen der individuelle Charakter eines jeden Einzelnen, und da meinte Koeppen, in Hielscher »einen freien Mann mit dem Mut zur Unpopularität« erkannt zu haben. Das Einzige, was man ihm vorwerfen könne, sei, dass Hielscher »nicht schlau genug war, sich abseits zu halten«.

Es spricht viel für die Annahme, dass diese kurze, von Sympathie gekennzeichnete Rezension vor allem eine Gefälligkeit war. Koeppen schrieb sie für die *Welt*, deren Chefredakteur Hans Zehrer wohl kein Interesse an einem Verriss seines alten Bekannten Hielscher hatte. Zugleich handelte es sich bei dem wohlwollenden Text um eine Verbeugung vor Ernst Rowohlt, dessen Lektor Ernst von Salomon und dem Rowohlt-Autor Hielscher. Denn während im Sommer 1953 der Versuch fehlgeschlagen war, das *Treibhaus* bei Rowohlt unterzubringen, gehörte Hielscher zu Rowohlts Umfeld, und mit Rowohlt wollte Koeppen es sich bestimmt nicht verderben.

In der Tat war Hielscher Teil einer Gruppe von Rowohlt-Autoren, die ihren Verleger am 7. Oktober 1953 zu einem öffentlichen Auftritt beim Kölner ›Mittwochgespräch‹ begleitet haben. Im Verein mit Salomon und Walter Jens, dem Bonner Journalisten Walter Henkels, dem Schriftsteller Wolfgang Weyrauch und vielen anderen hat Rowohlt das Bad in der Menge sehr genossen.[351] Auch Hielscher gefiel der Abend in der Öffentlichkeit. An Ernst Jünger, mit dem er in der Bonner Republik mehrfach auf Moseltour ging[352], schrieb Hielscher, er sei mit Rowohlt und Salomon in Köln »sozusagen auf Erholungsurlaub« gewesen. Der Journalist und Literaturwissenschaftler Ludwig Marcuse hingegen meinte im Rückblick, schon im Berlin der Weimarer Republik habe Rowohlt »einiges Spaß [gemacht, B.W.], was recht widerwärtig war«. Mit großer Distanz schrieb Marcuse, der 1933 nach dem Reichstagsbrand in die USA geflohen war (und dem das *Treibhaus* gut gefiel[353]), über die Partys des Verlegers: »Rowohlt merkte bisweilen vor Stimuliertsein den eklen Geruch nicht – und so ging er, der norddeutsche Seemann aus dem Panoptikum, nicht wenig Mesalliancen ein.« Immer wieder führte Rowohlt »seine Hof-Kommies und Hof-Nazis, Chauvinisten und

---

[351] Artikel »Geist in der Sauna«; FAZ vom 9. Oktober 1953. – Die *Zeit* druckte einen Bericht Salomons, der Rowohlts »Parade der Autoren« als Beleg wertete, dass sich in Deutschland wieder »eine literarische Atmosphäre« gebildet habe: »Parade der Autoren«; DIE ZEIT vom 15. Oktober 1953.
[352] Brief Hielschers an Jünger vom 1. Februar 1952: JÜNGER – HIELSCHER – BRIEFE, 2005, S. 242 und 439.
[353] Siehe S. 448.

Anarchisten zusammen, füllte sie mit viel Bier und viel ›Moselchen‹ und ließ sie aufeinander los; er fand es ganz großartig, daß manches in Scherben ging und es (nicht nur metaphorisch) blutige Köpfe gab.«[354]

Auch beim ›Mittwochgespräch‹ mit Ernst von Salomon ging es kontrovers zu. So meldete sich ein Zuhörer und kritisierte die Gleichsetzung der alliierten Kriegsgefangenenlager mit den deutschen KZs, die sich bei Salomon sowie bei Hielscher findet. Der Mann berief sich auf seine Erfahrungen als Soldat. Er habe die Schornsteine von Auschwitz mit eigenen Augen gesehen, während Salomon bequem durchs ›Dritte Reich‹ gekommen sei. Salomons zynisches Buch sei eine Katastrophe, mit der »alte deutsche Kavaliere« die neue Demokratie diskreditieren wollten.[355]

Nun war Koeppen kein rechter Nationalist wie (einst) Hielscher, Salomon und Zehrer. Dazu war Koeppen vor 1933 noch zu jung, vom Temperament her nicht soldatisch und ›heroisch‹ genug. Vom politischen Rechtsextremismus der ersten Jahrhunderthälfte trennen ihn sein Pazifismus, seine Sympathie für Carl von Ossietzky und die *Weltbühne* sowie seine vermeintlich ›unmännliche‹ Distanz zur tätigen Gewalt.[356] Auch in seinen übrigen Verbindungen war Koeppen zu links, wegen seiner Bekanntschaft mit Max Tau und Bruno Cassirer auch zu jüdisch.

Allerdings kannte Koeppen die rechten Nationalisten und ihre Thesen aus seiner Berliner Zeit in den frühen Dreißigerjahren. Am 19. November 1932 hatte schon einmal ein Text Koeppens über Hielscher in einer deutschen Zeitung gestanden. Für den *Berliner Börsen-Courier* schrieb der damals 26jährige Journalist ein Feuilleton über eine Diskussionsveranstaltung mit Hielscher und dessen Gesinnungsgenossen Franz Schauwecker, dem Autor des Buches *Aufbruch der Nation*, sowie Friedrich Wilhelm Heinz, der an der Ermordung von Matthias Erzberger und Walther Rathenau beteiligt gewesen war.[357] Im November 1932 erklärte Koeppen, die Auseinandersetzung mit Hielscher und den Nationalisten sei sinnvoll, »weil es sich um Menschen handelt, die ihre Sache ernst nehmen«.[358] Zwar seien Schauwecker und Heinz »Gläubige, Idealisten«, mit denen kaum reden könne, wer »nicht von dem Religionsglauben an ihre mystischen Formulierungen (Ein Volk – Ein Reich – Ein Gott) erfüllt« sei. Da sei

---

[354] L. Marcuse, Mein 20. Jahrhundert, 1960, S. 147.

[355] R. Steinberg, Kölns Kopfbahnhof, 1991, S. 20 f.

[356] Für eine praxeologische Faschismus-Definition, derzufolge die Ästhetisierung von Gewalt und die kultische Verehrung von Nation und Gemeinschaft elementar sind: S. Reichardt, Faschistische Kampfbünde, ²2009 [2002].

[357] Artikel, »Die Nation greift an!«; Berliner Börsen-Courier vom 19. November 1932, Nr. 541. – Über Schauwecker: U. Fröschle, Schauwecker, 2003. – Über Heinz: S. Meinl, Nationalsozialisten gegen Hitler, 2000. – Vgl. D. Basker, Chaos, control, and consistency, 1993, S. 34; M. Sabrow, Rathenaumord, 1994, S. 128–134.

[358] Hier und im Folgenden: Artikel »Die Nation greift an!« von Wolfgang Koeppen; Berliner Börsen-Courier vom 19. November 1932, Nr. 541.

Hielscher interessanter, »konkreter«. Hielscher sei ein »Revolutionär von rechts, der für den Osten und gegen den Westen« sei und »sich auf Nietzsche beruft«. Sogar etwas vergnügt notierte Koeppen im *Berliner Börsen-Courier*, mit wieviel Verve Hielscher in der Urania über den BVG-Streik gesprochen habe, so dass »den alten Damen im Saal« Hören und Sehen verging. Im Herbst 1932 hatte eine Arbeitsniederlegung bei der Berliner Verkehrsgesellschaft – im Kontext einer Reichstagswahl und der Notverordnungen des Kanzlers Franz von Papen – den öffentlichen Nahverkehr lahmgelegt, nachdem die KPD und die NSDAP dazu aufgerufen hatten. Walter Ulbricht und Joseph Goebbels hielten einen gemeinsamen Auftritt ab, und bei gewaltsamen Protesten wurden drei Menschen getötet. Eine Erwähnung des BVG-Streiks findet sich noch im *Treibhaus*, wo es heißt, dass Keetenheuve als junger Journalist im »Volksblatt« eine weithin beachtete »Reportage über den großen Berliner Verkehrsstreik« geschrieben habe, »der Nazis und Kommunisten zu einer merkwürdigen und hochexplosiven Einheitsfront zusammengeführt hatte«.[359] Koeppens kleines Feuilleton über die Nationalisten offenbarte die Gemengelage der Weimarer Diskurse zwischen Demokratie und Extremismus. Es wurde nicht nur wenig zwischen linken und rechten Ideen oder Argumenten unterschieden, sondern auch nicht zwischen pro- und antidemokratischen.[360] Vor diesem Hintergrund irritiert es, dass Koeppen in der frühen Bonner Republik erneut in diesem geistigen Umfeld verkehrte – und insbesondere dass Ernst von Salomon das *Treibhaus* so sehr gelobt hat.

Drei Monate nach seiner Hielscher-Rezension in der *Welt* berichtete Koeppen in der *Zeit* über sein nächstes Buch, den im Herbst 1954 publizierten Roman *Der Tod in Rom*. Koeppen erklärte, wie sein neues Werk entstanden sei, und er schilderte insbesondere seine Eindrücke aus Rom.[361] Allerdings erwähnte Koeppens Artikel in der *Zeit* mit keinem Wort, dass seine italienische Reise mit einer Einladung durch die Gruppe 47 verbunden gewesen war. Zum allerersten Mal hatte sich der *Treibhaus*-Autor im Frühjahr 1954 zu einer Tagung der Gruppe aufgemacht, die in Cap Circeo stattfand. Das heißt, wie sich Hans Werner Richter später erinnerte, »die Tagung war in Cap Circeo, aber er [Koeppen] erreichte Cap Circeo nicht.«[362] Koeppen blieb rund 100 Kilometer nordwestlich in Rom, wo er lesend und flanierend ein paar Tage verbrachte. Richter vermutete: »Es war ja damals für uns noch eine günstige Gelegenheit, sich Rom anzusehen. Es war ungeheuer beeindruckend.« Die Gruppe 47 schien Koeppen nicht wichtig

---

[359] W. Koeppen, Werke. Band 5: Das Treibhaus, 2010, S. 69.
[360] A. Gallus, Heimat *Weltbühne*, 2012, S. 37.
[361] Artikel »Wie ich dazu kam«; Die Zeit vom 4. November 1954; wieder gedruckt in: W. Koeppen, Gesammelte Werke, Band 5, 1986, S. 242 f. – Vgl. H.-U. Treichel, *Tod in Rom* – Kommentar, 2015, S. 210 f.
[362] Zitiert nach: V. Wehdeking, Anfänge, 1989, S. 174. – Vgl. H. Böttiger, Gruppe 47, 2012, S. 182.

genug, so wie er schon im Frühjahr 1953, als er in Stuttgart über dem *Treibhaus* brütete, seiner Frau erklärt hatte: »Und dann – die Tagung der Gruppe 45 (!) interessiert mich wenig.«[363] Wen er jedoch in der *Zeit* erwähnte, war Ernst von Salomon. Koeppen beschrieb, dass man in den römischen Buchhandlungen zwei deutsche Schriftsteller kenne, Goethe und Salomon, dessen *Fragebogen* auch auf Italienisch erschienen war. »Ernst von Salomons Buch *Io resto Prussiano* lag überall an hervorragender Stelle. Ernst von Salomon blieb Preuße. Was bleibe ich, fragte ich mich.«[364] Eine Antwort blieb Koeppen schuldig – auch im *Treibhaus*.

»Immer dagegen«, lautete die vielsagende Überschrift von Koeppens Hielscher-Rezension. In den Fünfzigerjahren gehörte die stilisierte Außenseiterrolle bei vielen Intellektuellen – auch bei denen, die (einst) rechts standen – fest zum Repertoire. Das galt für Ernst von Salomon, Ernst Jünger und ihre Gefährten ebenso wie für den Philosophen Martin Heidegger oder den Juristen Carl Schmitt. Indem sie in der frühen Bundesrepublik behaupteten, abseits zu stehen, pflegten sie eine Attitüde der politischen Teilnahmslosigkeit. Dabei kennzeichnet das demonstrative ›Schweigen‹ zu politischen Fragen ihre Strategie in einer Öffentlichkeit, in der sie zwar prominente Plätze einnehmen konnten, in der sie gedruckt, gehört und verehrt wurden, in der sie aber politisch nicht mehr den Ton angeben konnten.[365] Ernst Jünger etwa publizierte in der Bonner Republik keine Agitationsschriften mehr, sondern enthielt sich aller Interventionen. Stattdessen schrieb er seinen Essay *Im Waldgang*, kümmerte sich um seine Käfersammlung und verweigerte die Edition seiner politischen Publizistik aus Weimarer Zeiten.[366] Der Abschied aus der Politik war Teil einer Biographie-Strategie, mit der Jünger die Grundlagen dafür legte, dass er in seinen letzten Lebensjahrzehnten von Politikern und Prominenten des Kulturbetriebs besucht und mit Preisen bedacht wurde. Er verwaltete seinen Nachlass und organisierte seinen Nachruhm, während die Öffentlichkeit ratlos auf seinen Rückzug reagierte. Mehr und mehr wurde Jünger zu einer Symbolfigur der Geschichte.[367]

Neben den beredten ›Schweigern‹ gab es vormalige Rechtsintellektuelle, die sich regelmäßig äußerten, Salomon zum Beispiel und vor allem Hans Zehrer. Doch auch sie behaupteten, ›unpolitisch‹ geworden zu sein; sie bezogen ihren Posten als Beobachter und Kommentierer am Rande des Geschehens. Dabei ging es Zehrer, Salomon und anderen weiter um ihre Wirkung. Aber Wirkung erzielten sie nur noch auf dem publizistisch-literarischen Feld – Salomon immerhin als Bestseller-

---

[363] Brief Koeppens vom 21. Mai 1953, in: Wolfgang und Marion Koeppen, 2008, S. 66.

[364] Artikel »Wie ich dazu kam«; Die Zeit vom 4. November 1954; wieder gedruckt in: W. Koeppen, Gesammelte Werke, Band 5, 1986, S. 242 f.

[365] D. v. Laak, Sicherheit des Schweigens, 1993; D. Morat, Von der Tat zur Gelassenheit, 2007; ders., Entpolitisierung des Politischen, 2012; G. Streim, Esoterische Kommunikation, 2012.

[366] M. Schöning, Poetik des Interims, 2012, S. 312.

[367] H.-P. Schwarz, Der konservative Anarchist, 1962, S. 13.

autor, Zehrer als *Welt*-Chefredakteur sowie »Hans im Bild«-Kolumnist der *Bild*-Zeitung, als der vermutlich meistgedruckte Journalist der Fünfziger- und Sechzigerjahre.[368] Insofern lässt schon die Aufmerksamkeit, die sie im Journalismus und im Literaturbetrieb genossen, ihre Außenseiter-Attitüde als absurd erscheinen.

In der Beschränkung auf das publizistische Feld war ein Programm der Deradikalisierung enthalten, das zunächst auch mit einer Hinwendung zu metaphysisch-religiösen Themen einherging. Zum Wesen der politischen Deradikalisierung gehörte es vor allem, die Autonomie des politischen Betriebs in Bonn zu beachten – zumal sie so gleichzeitig auf Distanz achten konnten. Den alt gewordenen Rechtsintellektuellen war in der frühen Bundesrepublik die Botschaft ihres Nicht-mehr-Mittuns auch aus eigenen Interessen wichtig: *Erstens* gaben sie damit zu verstehen, dass sie mit den Entscheidungen, die in Bonn getroffen wurden, nicht viel zu tun hatten, dass sie also diesmal nicht schuld waren: weder an der von Kulturkritikern vielbeklagten Amerikanisierung noch am ›Kalten Krieg‹, noch am westdeutschen Teilstaat oder an dessen parlamentarischer Demokratie. Dafür sollte man jetzt bitte andere verantwortlich machen![369] *Zweitens* ging es ihnen darum, ihr Engagement für den Nationalismus, ihren Beitrag zum Scheitern der Weimarer Republik, die ideologische Nähe zum Faschismus und ihre Komplizenschaft mit dem ›Dritten Reich‹ zu verschleiern. Die nach 1945 desavouierten Aspekte ihrer Biographien sollten durch politische Weltabgewandtheit überdeckt werden. So diente die wiederbelebte Dichotomie von Macht und Geist oft auch dem Zweck der Camouflage.

Neben diesen Manövern vollzog sich tatsächlich eine Deradikalisierung der deutschen Rechten.[370] So konnte Zehrers national-konservatives Weltbild bundesrepublikanisch eingehegt werden, indem ihm bei Springer unter anderem ein deutsch-amerikanischer Remigrant an die Seite gestellt wurde: Ernst J. Cramer.[371] Demokratie und Westbindung standen politisch bald nicht mehr zur Disposition; Bonn wurde nicht Weimar. Der Kulturpessimismus wurde christlich-philosophisch verbrämt oder mutierte zur melancholischen Welttraurigkeit. Dabei war die Kulturkritik inhaltlich nicht sonderlich weiter gediehen als in den Krisenjahren der Weimarer Republik: Massendemokratie, Kapitalismus, der Niedergang des Geistes, so lauteten weiterhin die Themen. Doch gab es einen entscheidenden Unterschied: Es fehlten der politisch-aktive Impuls und die entsprechende Wirkung.[372] Mit der Wendung in die Innerlichkeit war den altrechten Revolutionären in Bonn ihre Tatkraft abhandengekommen. Sie waren de-

---

[368] E. Demant, Zehrer, 1971, S. 238.
[369] D. Morat, Von der Tat zur Gelassenheit, 2007, S. 526.
[370] D. Morat, Von der Tat zur Gelassenheit, 2007, S. 15 f. und 20 f.
[371] G. Kruip, *Welt-Bild*, 1999.
[372] E. Demant, Zehrer, 1971, S. 140.

radikalisiert worden, was nicht dasselbe meint wie demokratisiert.[373] Allerdings
war die Frage, ob sie politisch geläutert waren und inwieweit man ihrer Wende
glauben konnte, zweitrangig geworden.

Zu Koeppens Rolle als Zeuge der politischen Deradikalisierungsprozesse
passt, dass die Rezension der Hielscher-Memoiren in der *Welt* konsequent im
Präteritum formuliert war.[374] Das sollte heißen: Sie waren »immer dagegen«,
aber gehören zur Vergangenheit. Im *Treibhaus* gibt es eine ähnliche Erwähnung
von Ernst Jünger und Martin Heidegger, die in dieser satirischen Passage gleichsam in den Ruhestand verabschiedet werden. Jünger und Heidegger scheinen
demnach noch dafür geeignet zu sein, elegische Szenarien von »deutsche[r] Ge-
birgslandschaft« zu entwerfen. Das westdeutsche Publikum beachte das sogar
mit freundlichem Interesse, bleibe im Übrigen aber völlig unberührt und gehe
unbeirrt im ›Wirtschaftswunder‹ seinen Geschäften nach. In einer Parabel auf
die Sinnlosigkeit engagierter Kunst heißt es im *Treibhaus*:

> Ein paar Schritte weiter traf Keetenheuve auf einen Maler. Der Maler war mit sei-
> nem Wohnauto zum Rhein gefahren. Er saß im Licht seiner Autoscheinwerfer am
> Ufer des Stromes, er blickte sinnend in den Abend, und er malte eine deutsche Ge-
> birgslandschaft mit einer Hütte, mit einer Sennerin, mit gefährlichen Steilhängen,
> mit viel Edelweiß und mit drohenden Wolken, es war eine Natur, die Heidegger er-
> funden haben und die Ernst Jünger mit seinen Waldgängern beschreiten könnte, und
> das Volk stand um den Maler herum, erkundigte sich nach dem Preis des Kunst-
> werkes und bewunderte den Meister.[375]

Distanz, Zynismus und ein Habitus der Überlegenheit sowohl gegenüber der
›Masse‹ des Volkes als auch gegenüber dem Staat und seinen Repräsentanten –
das waren demgegenüber Eigenschaften, wie sie Ernst von Salomon und andere
seit Jahrzehnten kultiviert hatten.[376] Ihr Spott ergoss sich über die vermeintlich
unpolitische Bourgeoisie des ›Wirtschaftswunders‹, die Untertanen der ›Ära Adenauer‹ und die brav ›umerzogenen‹ Gefolgsleute der Amerikaner. Distanz, Verachtung und der mit Stolz behauptete Außenseiterstatus bilden auch die Schnittmenge zum *Treibhaus* und zu Wolfgang Koeppen, bei dem sich antibürgerliche
Affekte genauso finden wie Zweifel an den Erfolgsaussichten der Demokratie.
Koeppen und Salomon trafen sich in der Sehnsucht nach einem Leben fernab
der Adenauer-Republik: Sie trafen sich im ›Ohne mich‹-Nonkonformismus von
Einzelgängern inmitten einer Öffentlichkeit, welche die Demokratie entdeckte.

---

373 D. Morat, Von der Tat zur Gelassenheit, 2007, S. 527.
374 Eher als Distanzierung interpretiert die Rezension: P. Bahn, Hielscher, 2004, S. 325 f.
375 W. Koeppen, Werke. Band 5: Das Treibhaus, 2010, S. 173 f.
376 U. Bielefeld, Nation und Gesellschaft, 2003, S. 294.

5. Für Bonn und Berlin: Fritz René Allemann – oder: Das *Treibhaus* im Streit über die Westbindung der Bundesrepublik

5.1 Zentrum der Westbindung: Die Kritik der Bonner Journalisten

Die Bonner Republik, meinte Fritz René Allemann, sei »ein ganz junges Pflänzchen, im aufgewühlten Erdreich geschichtlicher Katastrophen angesiedelt, in Stürmen noch unerprobt, von ungewisser Wetter- und Frostfestigkeit und überdies am Rande jenes Abgrunds erwachsen«, der vom ›Kalten Krieg‹ mitten durch Europa gezogen wurde.[377] Bei einer derart schwierigen Lage könnte man meinen, wäre ein schützendes Gewächshaus nicht die schlechteste Lösung. Doch ein paar Monate bevor der Schweizer Journalist Allemann sorgenvoll das »Pflänzchen« der westdeutschen Demokratie beschrieb, zeigte er für den *Treibhaus*-Roman und dessen Metaphorik keinerlei Verständnis. Im Jahr 1954 verfasste Allemann sogar gleich zwei Rezensionen, in denen er sich mit Koeppens Parlamentsroman auseinandersetzte. Die eine erschien in der Zürcher Tageszeitung *Die Tat*, die andere etwas später im atlantischen Intellektuellenmagazin *Der Monat*. In beiden Texten lehnte er das *Treibhaus* rundweg ab.[378]

Allemann ging dabei durchaus auf literarische Aspekte ein und sparte nicht mit polemischen Spitzen: Ein paar gelungene Formulierungen machten lange keinen Dichter, schimpfte er etwa im *Monat*.[379] Auch seien Koeppens vermeintliche Anleihen bei James Joyce und Alfred Döblin nur der Versuch, »seine literarische Impotenz mit den Manierismen der epischen Erneuerer von vorgestern zu kaschieren«. Alles in allem sei der *Treibhaus*-Roman langweilig, und sein Verfasser verschwende zu viele Worte darauf, »lyrisierende Leitartikel abzureagieren«. Schon mit dieser Wertung ging es Allemann also doch eher um Politik als um Literatur: »Das *Treibhaus* ist ein politischer Roman«, erklärte er enstprechend, »auch wenn Koeppen eine solche Charakterisierung ablehnen möchte«. Allemann hielt das Buch deshalb für missraten, weil die frühe Bundesrepublik darin seiner Meinung nach zu schlecht wegkam und weil der »Un-Epiker« Koeppen die historische Entwicklung in Bonn völlig verkenne.

---

[377] F. R. Allemann, Stabilität und Krise, 1963, S. 15. – Der Artikel erschien zuerst 1956 in der *Politischen Meinung*.

[378] Artikel »Treibhaus Bonn im Zerrspiegel« von Fritz René Allemann; Die Tat (Zürich) vom 9. Januar 1954; »Restauration im Treibhaus«; Der Monat 6 (1954), 67, S. 81–85. – Wenn man die beiden Texte vergleicht, wiederholen sich zwar nicht die Formulierungen, aber die Argumente waren dieselben. Die in der April-Ausgabe des *Monat* erschienene Rezension ist vom Ton her sogar polemischer als die frühere aus der *Tat*. – In der Dokumentation zur Rezeptionsgeschichte Koeppens [U. Greiner (Hg.), Über Koeppen, 1976, S. 60–64] wurde die *Tat*-Rezension abgedruckt, beim bibliographischen Nachweis indes wohl mit der aus dem *Monat* verwechselt.

[379] Hier und im Folgenden: »Restauration im Treibhaus«; Der Monat 6 (1954), 67, S. 81–85.

Zugleich verwarf der Journalist in seinen *Treibhaus*-Rezensionen die verbreitete These, dass Koeppen einen Schlüsselroman über den politischen Betrieb der Bundesrepublik geschrieben habe. Freilich hatte auch dieses Argument bei Allemann eine polemische Funktion. Für einen richtigen Schlüsselroman hätte Koeppen irgendetwas über das Milieu wissen müssen, so seine Argumentation, aber der Autor sei ja nur zwei Tage in der Bundeshauptstadt zu Besuch gewesen. Koeppen kenne weder die Akteure noch die Mechanismen der Politik: »Sein Bonn ist nicht das des *insider*«, vermerkte Allemann. Koeppens Erzählperspektive charakterisierte er als die »des Schlachtenbummlers, der seine Nase ein paar Stunden lang hier- oder dorthin steckt und mit flinken Augen manches Sehenswerte notiert«. Etwas gönnerhaft fügte der Schweizer hinzu, dass er Koeppens Bonner Beobachtungen durchaus gerne in einer Zeitung oder Zeitschrift gelesen hätte – »aber ach, er hat den Artikel nicht geschrieben, sondern statt dessen einen Roman, der keiner geworden ist; der brillanten Reportage war es beschieden, durch die Wurstmühle der Imagination gedreht zu werden.« Daher sei das *Treibhaus*, wie Allemann in der *Tat* meinte, »ein Stück böser literarischer Unehrlichkeit«. Das, was Koeppen beschreibe, habe »mit Bonn, wie es ist, mit der deutschen Politik, wie sie dort getrieben wird, [...] nichts zu tun«.[380]

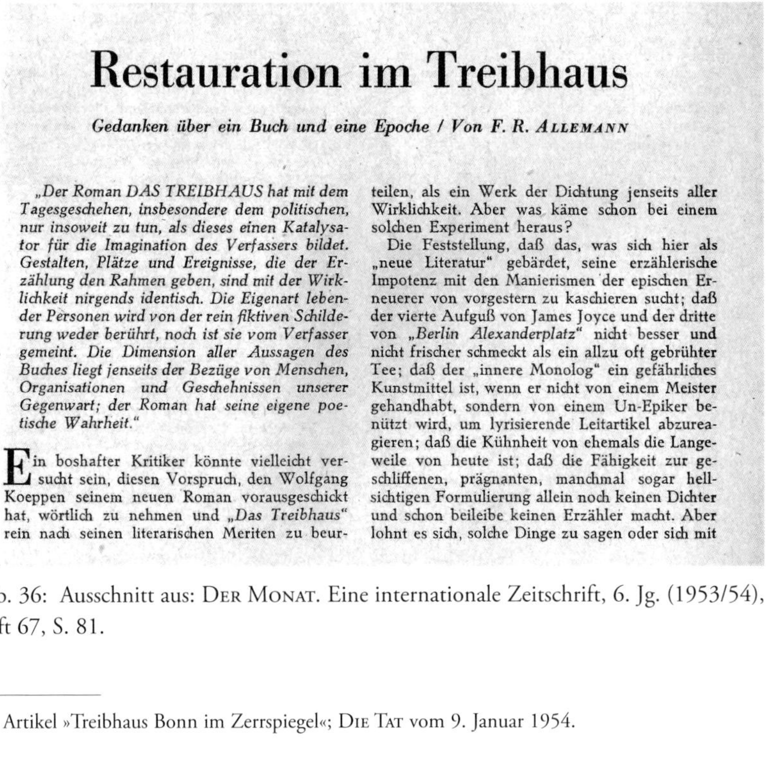

Restauration im Treibhaus

Gedanken über ein Buch und eine Epoche / Von F. R. ALLEMANN

„Der Roman DAS TREIBHAUS hat mit dem Tagesgeschehen, insbesondere dem politischen, nur insoweit zu tun, als dieses einen Katalysator für die Imagination des Verfassers bildet. Gestalten, Plätze und Ereignisse, die der Erzählung den Rahmen geben, sind mit der Wirklichkeit nirgends identisch. Die Eigenart lebender Personen wird von der rein fiktiven Schilderung weder berührt, noch ist sie vom Verfasser gemeint. Die Dimension aller Aussagen des Buches liegt jenseits der Bezüge von Menschen, Organisationen und Geschehnissen unserer Gegenwart; der Roman hat seine eigene poetische Wahrheit."

Ein boshafter Kritiker könnte vielleicht versucht sein, diesen Vorspruch, den Wolfgang Koeppen seinem neuen Roman vorausgeschickt hat, wörtlich zu nehmen und „Das Treibhaus" rein nach seinen literarischen Meriten zu beur-

teilen, als ein Werk der Dichtung jenseits aller Wirklichkeit. Aber was käme schon bei einem solchen Experiment heraus?

Die Feststellung, daß das, was sich hier als „neue Literatur" gebärdet, seine erzählerische Impotenz mit den Manierismen der epischen Erneuerer von vorgestern zu kaschieren sucht; daß der vierte Aufguß von James Joyce und der dritte von „Berlin Alexanderplatz" nicht besser und nicht frischer schmeckt als ein allzu oft gebrühter Tee; daß der „innere Monolog" ein gefährliches Kunstmittel ist, wenn er nicht von einem Meister gehandhabt, sondern von einem Un-Epiker benützt wird, um ein lyrisierende Leitartikel abzuregieren; daß die Kühnheit von ehemals die Langeweile von heute ist; daß die Fähigkeit zur geschliffenen, prägnanten, manchmal sogar hellsichtigen Formulierung allein noch keinen Dichter und schon beileibe keinen Erzähler macht. Aber lohnt es sich, solche Dinge zu sagen oder sich mit

Abb. 36: Ausschnitt aus: DER MONAT. Eine internationale Zeitschrift, 6. Jg. (1953/54), Heft 67, S. 81.

---

[380] Artikel »Treibhaus Bonn im Zerrspiegel«; DIE TAT vom 9. Januar 1954.

Fritz René Allemann verstand sich selbst als Bonner *Insider* und Deutschlandkenner, und so spielte er seinen Bonner Heimvorteil in den Rezensionen voll aus. Seit Gründung der Bundesrepublik berichtete Allemann für die Zürcher Zeitung *Die Tat* aus der westdeutschen Bundeshauptstadt. Als Auslandskorrespondent hatte er zuvor schon in London und Paris Station gemacht, zudem Lateinamerika, die Türkei und den Iran bereist und die außenpolitische Redaktion seiner Zeitung geleitet. Studiert hatte Allemann Geschichte, Soziologie und Nationalökonomie, zunächst in seiner Geburtsstadt Basel, wo er für die *National-Zeitung* mit dem Schreiben begonnen hatte, aber auch an der ›Deutschen Hochschule für Politik‹ in Berlin. Zwischen 1930 und 1932 erlebte er dort den »Todeskampf des ersten deutschen demokratischen Staates« aus der Nähe mit.[381] Seine Berliner Beobachtungen und die journalistische Arbeit in London während des Zweiten Weltkrieges waren daher die Folie, auf der er nach 1945 die Entwicklung in der frühen Bundesrepublik und eben das *Treibhaus* bewertete – die eine positiv, das andere negativ.

Allemann hielt Koeppens Buch für das Symptom einer geistigen sowie einer gesellschaftlichen Krise.[382] Schließlich habe der Schriftsteller mit dem Schicksal seiner Romanfigur – »melodramatisch wie es ist, dunkel in dunkel gemalt, mit überscharfen zynischen Glanzlichtern und krassen fleischfarbenen Effekten darin« – mehr gewollt, als nur »eine Ballade von der Sinnlosigkeit menschlichen Strebens« zu schreiben. Diesseits der philosophischen Betrachtung habe Koeppen seinen Abgeordneten in politischer Hinsicht zum Sinnbild all jener Phänomene stilisieren wollen, die in der Bundesrepublik unter dem Stichwort ›Restauration‹ diskutiert würden. Im Kern sei diese Absicht sogar erst »das, was den Fall wirklich interessant« mache und weshalb »ein literarisch mißratenes Buch zum Zeitsymptom« geworden sei. Nach Auffassung des Bonner Korrespondenten hatte Koeppen mit seinem Roman einem in Deutschland verbreiteten Unbehagen am Zustand der Nachkriegsgesellschaft »Gestalt gegeben – eine sehr unbefriedigende Gestalt, zugegeben, eine mehr rhetorische als dichterische, aber er hat […] Empfindungen, Ängsten, Bedrückungen Worte gegeben, die nicht nur die seinen sind«. In der Klage über ›Bonn‹, die westdeutsche Politik und die dort ins Werk gesetzte ›Restauration‹ handele es sich um »die geistige Haltung, die der Pseudo-Roman widerspiegelt«. Allemanns *Treibhaus*-Rezension im *Monat* trug deshalb den Untertitel: »Gedanken über ein Buch und eine Epoche«, und er gab zu bedenken, dass man sich mit diesen Vorbehalten und Ressentiments auseinandersetzen müsse.

---

[381] F. R. ALLEMANN, Bonn ist nicht Weimar, 1956, S. 10.
[382] Hier und im Folgenden nach: »Restauration im Treibhaus«; DER MONAT 6 (1954), 67, S. 81–85.

Bald darauf fand Allemanns Auseinandersetzung mit den Kritikern der Bonner Republik ihren Ausdruck in mehreren Aufsätzen, die der Journalist im Jahr 1955 in seiner Rubrik »Brief aus Bonn« ebenfalls für die Zeitschrift *Der Monat* schrieb.[383] 1956 wurden diese Essays dann in einem Buch zusammengefasst: *Bonn ist nicht Weimar*. Der programmatische Titel brachte eine politische Hoffnung in der frühen Bundesrepublik auf den Punkt, und er wirkte zeitlich weit über die Fünfzigerjahre hinaus – auch weil das zunächst noch schwache westdeutsche Selbstbewusstsein durch den Zuspruch eines Schweizer Beobachters stabilisiert wurde.[384] Dabei waren die Weimarer Krisenjahre nach 1930, die Allemann als Politikstudent in Berlin beobachtet hatte, der Maßstab seines Vergleichs. Die Botschaft lautete: Zum Glück verlief in Bonn vieles anders als in Berlin nach 1930 – und ganz anders obendrein, als Koeppens in seinem »Zerrspiegel« prophezeit habe. *Bonn ist nicht Weimar*: Eine der einflussreichsten publizistischen Reflexionen über die frühe Bundesrepublik ging also direkt aus einer *Treibhaus*-Rezension hervor. So erfüllte, wie Allemann selbst hoffte, »dieses rundherum mißratene Buch eines talentierten und undisziplinierten Zeitkritikers« doch wenigstens eine wichtige Funktion: Das *Treibhaus* vermochte »zum Nachdenken über den Gegenstand anzuregen, den es zu treffen meint«.[385]

Allemanns Bonn-Weimar-Vergleich verselbständigte sich in den folgenden Jahren. ›Weimar‹ stand in diesem Sinne paradigmatisch für eine politisch gespaltene Gesellschaft am Rande des Bürgerkriegs; für eine Überzahl an Republikfeinden; für Massenarbeitslosigkeit, Inflation und eine insgesamt wenig erfolgreiche Außenpolitik. Es stand insbesondere für eine Verfassung beziehungsweise ein politisches System, das diese Probleme nicht bewältigen konnte, sondern den Feinden der Demokratie wehrlos ausgeliefert war. Demgegenüber repräsentierte ›Bonn‹ die ungeahnt schnelle Stabilisierung einer neuen demokratischen Ordnung; einen wirtschaftlichen Liberalismus, der im ›Wirtschaftswunder‹ ungeheures Wachstum produzierte; für eine kluge Außenpolitik, die auf die Partnerschaft sowohl mit den USA als auch mit den westeuropäischen Nachbarn setzte und sogar dem ›Kalten Krieg‹ gewachsen war. Die Bestandsaufnahme von

---

[383] Artikel »Zurück zu Rapallo?«; DER MONAT 7 (1954/55), 73, S. 42–49 »Kein Urlaub von der Außenpolitik«; DER MONAT 7 (1954/55), 74, S. 106–112; »Bonn ist nicht Weimar«; DER MONAT 7 (1954/55), 76, S. 333–341; »Das Weltbild des Souveräns«; DER MONAT 7 (1954/55), 77, S. 402–408; »Die Nemesis der Ohnmacht«; DER MONAT 7 (1954/55), 80, S. 99–105; »Was ist eine demokratische Armee?«; DER MONAT 7 (1954/55), 81, S. 195–201; »Nochmals: Die deutschen Soldaten«; DER MONAT 7 (1954/55), 84, S. 563–566; »Was kommt nach Adenauer«; DER MONAT 8 (1955/56), 86, S. 3–12; »Die Krise der deutschen Außenpolitik«; DER MONAT 8 (1955/56), 89, S. 3–13; »Die Krise in Bonn«; DER MONAT 8 (1955/56), 94, S. 3–13;
[384] F. R. ALLEMANN, Bonn ist nicht Weimar, 1956. – Vgl. M. HOCHGESCHWENDER, Freiheit in der Offensive?, 1998, S. 58 und 478; M. MARTIN, Orwell, Koestler und all die anderen, 1999, S. 37–46.
[385] Artikel »Restauration im Treibhaus«; DER MONAT 6 (1954), 67, S. 85.

Mitte der Fünfzigerjahre wurde zu einer Chiffre, unter der alle Unterschiede zwischen der Bundesrepublik und der deutschen Geschichte subsumiert wurden, sie wurde zum Signal der geglückten Demokratie. Vielleicht habe es die westdeutsche Bevölkerung dabei in ihrem Wunsch nach Ruhe vor der Politik und nach einer »Reprivatisierung des Daseins« etwas übertrieben, fand Allemann. Insgesamt aber gab die Entwicklung der Bundesrepublik seiner Meinung nach jeden Anlass zur Hoffnung.

Allemann beschrieb den schnellen Aufstieg der Bonner Republik von einer »Besatzungskolonie« nach der bedingungslosen Kapitulation zu einem stabilen Staatswesen.[386] Auch auf den Ost-West-Konflikt ging er ein: Wie am Zustand der sowjetischen Besatzungszone deutlich werde, könne der Gegensatz zum Kommunismus nicht überbrückt werden. Erst die »Amputation« der östlichen Besatzungszone ermöglichte demnach die »Regeneration« des übrigen Körpers.[387] In jedem Fall betonte Allemann, dass man im Vergleich mit der Weimarer Republik, der DDR und der Besatzungszeit die Erfolge der Bonner Republik nicht hoch genug schätzen könne. Das gelte insbesondere für die westdeutsche Demokratie: Nachdem Wahlen, Parteien und Parlamente in der Weimarer Republik als ›undeutsch‹ geschmäht worden seien, werde die repräsentative Demokratie inzwischen als ›normal‹ empfunden – und das obwohl sie nach 1945 »synthetisch, aus der Retorte eines auferlegten Besatzungsregimes«[388] etabliert worden sei.

Was hingegen Koeppen und andere Intellektuelle als ›Restauration‹ kritisierten, fiel laut Allemann kaum ins Gewicht. Zwar registrierte der Bonn-Korrespondent die Fortdauer antidemokratischer Ressentiments; auch die ›Wiederbewaffnung‹ beobachtete er nicht ohne Sorge. Doch im Ganzen bewertete er die westdeutsche Entwicklung mit großer Nachsicht und hielt an seiner optimistischen Diagnose fest. Schließlich gebe es einen »leichtfertigen Pessimismus«, so Allemann, »vorhandene Chancen nicht wahrnehmen und wahrhaben zu wollen«. Dabei sollten Chancen lieber genutzt werden, meinte Allemann, und die Motive, wegen derer die Bundesrepublik als ›restaurativ‹ gescholten werde (was wiederum dem Pessimismus Nahrung gab), bezeichnete er als eine gewissermaßen notwendige Reaktion auf die jüngste Vergangenheit – als eine in historisch-prozessualer Perspektive »Pause des Atemholens«, in der sich all jene Kräfte regenerieren könnten, mit denen die Deutschen dann den Aufbruch ins Neue beginnen könnten.

So formulierten Allemanns Essays und Koeppens *Treibhaus* zwei diametral entgegengesetzte Sichtweisen auf den Zustand nach der ersten Wahlperiode des

---

[386] F. R. ALLEMANN, Bonn ist nicht Weimar, 1956, S. 15.
[387] F. R. ALLEMANN, Bonn ist nicht Weimar, 1956, S. 29 und 45 (Zitat).
[388] Artikel »Bonn ist nicht Weimar«; DER MONAT 7 (1954/55), 76, S. 333–341, hier S. 333.

Deutschen Bundestages: nüchtern und optimistisch die eine, düster und pessimistisch die andere; auf der einen Seite die Diagnose eines Journalisten aus seiner intimen Kenntnis der Bundeshauptstadt; auf der anderen Seite die auf Bonn projizierte Gesellschaftskritik eines Schriftstellers, der sich als Außenseiter sah. Mit seiner Fundamentalkritik an Koeppens Roman war Fritz René Allemann jedoch bei weitem nicht der einzige politische Journalist aus der Bundeshauptstadt. Mehrere Vertreter der Hauptstadtpresse fühlten sich durch den Parlamentsroman herausgefordert, und sie nahmen die Provokation an, indem sie in der *Treibhaus*-Debatte die schärfsten Urteile formulierten. Kein einziger Bonner Journalist, der eine Rezension über das *Treibhaus* schrieb, kam zu einer positiven Bewertung. Dieses Muster erkannte nicht zuletzt Koeppen, der aufmerksam registrierte, wie sein Roman in der Öffentlichkeit aufgenommen wurde. »Gerade die politischen Korrespondenten in Bonn haben mein Buch gründlich missverstanden«, lautete sein Resümee gegenüber seinem Verleger Goverts, zehn Wochen nachdem das *Treibhaus* veröffentlicht worden war: »Sie lesen es als einen Kommentar zur Politik der Bundesrepublik.«[389]

Einen dieser Verrisse in Bausch und Bogen schrieb der Franzose Alain Clément für *Le Monde* aus Paris sowie für die belgische Zeitung *Le Soir*.[390] Clément war von 1948 bis 1962 der Deutschland-Korrespondent vor allem von *Le Monde*, zunächst in Koblenz, danach in Bonn.[391] Nach einem Philosophiestudium an der Sorbonne hatte er mit Berichten aus der französischen Besatzungszone auf sich aufmerksam gemacht und war so zu der renommierten Pariser Tageszeitung gestoßen.[392] Als Korrespondent von *Le Monde* genoss Clément bei den allermeisten Kollegen und Politikern in Bonn, aber auch am *Quai d'Orsay*, dem französischen Außenministerium, hohes Ansehen. Die westdeutsche Politik der Westbindung und ›Wiederbewaffnung‹ begleitete Clément durchaus mit Vorbehalten. Während er ihre pro-französischen Aspekte lobend kommentierte, hielt er sowohl den Antikommunismus als auch die starke atlantische Orientierung der Bonner Außenpolitik für übertrieben und – aus französischer Perspektive – durchaus für nachteilig.[393]

Als Clément über das *Treibhaus* schrieb, war er gerade 28 Jahre alt. Ungeachtet seines jungen Alters galt der Vertreter von *Le Monde* in Bonn als ein bestens informierter und einflussreicher Journalist sowie als ein präziser Analytiker. 1953 leitete er den Verein der ausländischen Presse, in dem sich, äquivalent zur

---

[389] Koeppen an Goverts, Brief vom 15. Januar 1954, WKA/UB Greifswald 24439.
[390] Artikel »*Das Treibhaus* ou la nausée de Parsifal«; LE MONDE vom 5. Dezember 1953; LE SOIR (Brüssel) vom 5. Dezember 1954.
[391] K. POKORNY, Französische Auslandskorrespondenten, 2009, S. 64 f. und 305.
[392] P. EVENO, Histoire du *Monde*, 2004, S. 52.
[393] K. POKORNY, Französische Auslandskorrespondenten, 2009, S. 253–255, 260 f. und 321.

Bundespressekonferenz, die ausländischen Korrespondenten zusammengefunden hatten.[394] Clément genoss den Ruf, ein »Gelehrter« zu sein und seine philosophischen Neigungen zu pflegen.[395] Politisch wurde er eher der Linken zugerechnet. Seine Konkurrenten vom konservativen *Figaro* etwa meinten, Clément sympathisiere zu sehr mit der SPD, namentlich mit ihrem frankophilen Vorzeigeintellektuellen Carlo Schmid.[396] Adenauer unterhielt einen sachlichen Umgang mit dem politisch wichtigen Vertreter von *Le Monde* – selbst wenn ihm der im Vergleich jugendliche Journalist zu akademisch und zu selbständig war. Umgekehrt fand Clément den Bundeskanzler autoritär und nicht besonders geistreich.[397] Nach Meinung des deutsch-französischen Historikers und Journalisten Joseph Rovan war Clément »ein brillanter und seriöser junger Mann«.[398]

Entsprechend analytisch und kritisch beschäftigte sich Clément mit dem *Treibhaus*. Sein Artikel für die beiden französischsprachigen Zeitungen trug die nahezu poetische Überschrift: »Das Treibhaus oder der Ekel des Parsifal«.[399] Allerdings kam es Clément nicht auf eine Literaturkritik im engeren Sinne an, zumal keine französische *Treibhaus*-Übersetzung zu besprechen war. Bemerkenswert schien dem Bonner Korrespondenten vielmehr die Tatsache, dass die westdeutsche Öffentlichkeit lebhaft über einen aktuellen politischen Roman debattierte, und zwar in einer Art und Weise, die »den ausländischen Beobachter irritiert[e]«. Indem Clément seinen Bericht mit einem Zitat aus der *Treibhaus*-Rezension Ernst von Salomons einleitete (den zu kennen in Frankreich und Belgien vorausgesetzt wurde[400]), unterrichteten mithin zwei ausländische Zeitungen ihre Leser über Koeppens Roman, weil ihr Korrespondent darin ein politisch-publizistisches Phänomen der Bundesrepublik erkannte:

> Die Erstausgabe (sechstausend Exemplare) war in drei Wochen vergriffen. Überschwängliche oder wütende Artikel empfehlen das Buch der allgemeinen Aufmerksamkeit; Kontroversen im Radio, in der Presse, auf den Straßen wurden in Gang gesetzt oder sind spontan entstanden.

---

[394] K. Pokorny, Französische Auslandskorrespondenten, 2009, S. 191–193.
[395] K. Pokorny, Französische Auslandskorrespondenten, 2009, S. 65.
[396] K. Pokorny, Französische Auslandskorrespondenten, 2009, S. 197.
[397] K. Pokorny, Französische Auslandskorrespondenten, 2009, S. 159–161 und 241. – So gab Adenauer Clément im Mai 1950 ein Interview, das kurz nach der Initiative von Robert Schuman zur Gründung der Montanunion weithin beachtet wurde. Zudem war Clément der erste französische Journalist gewesen, der Adenauer im August 1949 die Kanzlerschaft zugetraut hatte.
[398] J. Rovan, Erinnerungen eines Franzosen, 2000, S. 282.
[399] Hier und im Folgenden: »Das Treibhaus ou la nausée de Parsifal«; Le Monde vom 5. Dezember 1953 [Übersetzungen B.W.].
[400] Der *Fragebogen* erschien 1953 bei Gallimard, auch seine früheren Bücher wurden übersetzt, und schon 1950 verfasste der Journalist und ehemalige *Résistance*-Kämpfer Roger Stéphane das Buch *Portrait de l'aventurier*. Vgl. T. Seruya, Übersetzen von Salomon, 1997, S. 229 f.; A. Parkinson, Emotional State, 2015, S. 104 und 203.

Clément fand, dass man es mit einem »Skandal« zu tun habe, denn der Stoff des Romans sei »höchst subversiv«. Das *Treibhaus* handele von einem Mann, der aus dem Exil zurückkommt und ins Parlament gewählt wird, wie der Franzose den Plot skizzierte, um »ein neues Deutschland zu errichten – gereinigt vom Nazismus, demokratisiert, wiedergeboren durch seine Prüfungen und das Bewusstsein seiner Fehler«. Dennoch missfiel Clément die Umsetzung des Themas: Der dokumentarische Wert des Romans sei »gleich null«. Clément nannte das *Treibhaus* zudem »ein unlesbares Werk«, bei dem es »viel Nachsicht oder Blindheit [brauche], um in dem Buch die stilistischen Wunder zu entdecken, wie es die Mehrzahl der deutschen Kritiker« gerade tue:

> Koeppen indes spult [...] einen nicht enden wollenden inneren Monolog ab, in einem Tonfall des geschwätzigen Protests, aber von der ersten Zeile an ist klar, dass sein Held nichts zu hoffen hat, denn er hat auch nichts zu sagen, und er weiß nicht, was er tun soll. In diesem Sinne ist *Das Treibhaus* ein Roman der Ohnmacht, aber einer jammernden Ohnmacht, die älter ist als jedes Hindernis oder jeder Konflikt und die sich vor allem selbst beargwöhnt.

Mit der »jammernden Ohnmacht« kritisierte Alain Clément die passive Haltung der unglücklichen Hauptfigur im *Treibhaus*. Auch mit Keetenheuves Ideen einer demokratischen Erneuerung sei es »nicht so weit her«, meinte der französische Journalist: »Nur beiläufig erfahren wir, dass er ein kompromissloser Pazifist ist, dass er die Architektur Le Corbusiers derjenigen des Bundesministeriums für den Wiederaufbau vorzieht und dass er den Chef seiner Partei, Knurrwahn (alias Schumacher), für einen rückständigen Bourgeois hält. Und er selbst?« Substantiell, politisch und charakterlich komme da sonst nichts, jedenfalls nichts Erfreuliches, sondern stattdessen Keetenheuves intensives Interesse an sehr jungen Mädchen. »*Keetenheuve Kind Pädagoge und Paidophilist*«, heißt es im *Treibhaus*.[401] Clément schrieb, Keetenheuve sei in seiner Grübelei, in seinem Welt- und Selbstekel »der letzte Sprössling einer Reihe von Verweigerern aus Gewissensgründen gegenüber den bestehenden Verhältnissen; aber welch körperlichen und geistigen Verfall sehen wir in dem Jahrhundert seit den großen Rednern der Paulskirche bis hin zu diesem verschlossenen und verderbten Bundestagsabgeordneten von 1949!«[402]

Verärgert reagierte der Deutschland-Korrespondent von *Le Monde* auf die Figur Keetenheuve, der ein »pathologischer Fall« sei und dessen Gejammer ihn »wütend« mache, wie Clément offen zugab. Der »schwarze Roman eines farblosen Schriftstellers« löste bei ihm großes Unbehagen aus. Clément bezeichnete

---

[401] W. KOEPPEN, Werke, Band 5: Das Treibhaus, 2010, S. 178.
[402] Hier und im Folgenden: »*Das Treibhaus* ou la nausée de Parsifal«; LE MONDE vom 5. Dezember 1953 [Übersetzungen B.W.].

das *Treibhaus* als einen nihilistischen Roman. Vermutlich werde davon keine Gefahr für die junge westdeutsche Demokratie ausgehen, aber das Interesse an dem Roman stimmte ihn nachdenklich. Im Kern hielt der Journalist das *Treibhaus* für antipolitisch, und diese dunkle Geisteshaltung zurückzuweisen war dem Bonner Korrespondenten von *Le Monde* und *Le Soir* ein wichtiges Anliegen.

Die gleiche Mission verfolgte Klaus Harpprecht, der das *Treibhaus* in der Wochenzeitung *Christ und Welt* verriss.[403] Auch ihm passte die Romanfigur nicht, denn Keetenheuve sei, wie Harpprecht schrieb, »dazu verurteilt, an dem Katzenjammer Wolfgang Koeppens zu leiden«. Folglich missfiel Harpprecht auch die Atmosphäre des Romans, für die er dem Autor die Schuld gab: Dessen Temperament sei zu melancholisch, zu schwach. Vor allem aber lehnte Harpprecht den Versuch ab, einen fiktionalen Text über die reale Bundeshauptstadt zu schreiben: »Jammernd und jammerwürdig wandelt Herr Keetenheuve durch Bonn, läuft allerhand prominenten Leuten über den Weg, die diesem und jenem ähnlich sehen – aber auch wieder nicht zu ähnlich, weil allzu treffsichere Porträts Scherereien bereiten und der Schriftsteller ja ein Schriftsteller und kein Reporter ist, bitteschön.« Polemisch und mit Pathos nahm Harpprecht den politischen Betrieb der Bundeshauptstadt in Schutz gegen die vermeintlich verzerrte Darstellung im *Treibhaus*:

> Herr Koeppen mag Bonn nicht. Anderen Leuten geht es ebenso. Aber es liegt ihnen fern, die blaurockigen Boten des Bundeshauses als Gespenster zu betrachten. […] Sie meinen auch nicht, daß die Abgeordneten in der Mehrzahl Assoziationen ausschwitzen und von der Sinnlosigkeit ihres Tuns überzeugt sind. Die Parlamentarier arbeiten nämlich, sie bauen Häuser, errechnen Haushaltspläne, redigieren Gesetze, schwatzen auch, intrigieren und machen zuweilen Lärm, machen sich im übrigen Sorgen, bittere Sorgen: um die Wiedervereinigung und um den Verteidigungsbeitrag, vermutlich auch um ihre Diäten (und das ist kein Verbrechen).[404]

Das sollte heißen: Während Keetenheuve und sein Schöpfer Koeppen nur »Assoziationen ausschwitzen«, handelten die ›echten‹ Abgeordneten. Sie arbeiteten, diskutierten Haushaltspläne und Gesetze. Doch was machte der Dichter? Er packte nicht mit an, half nicht mit, sondern stand daneben und erklärte – in angemaßter Überlegenheit – all diese Bemühungen für sinnlos. Daher hielt Harpprecht das *Treibhaus* für ein Beispiel traditioneller deutscher Politikverachtung, und er fürchtete, der Roman könnte mit seiner negativen Tendenz die Legitimität des Parlamentarismus untergraben.

Demgegenüber identifizierte sich der Bonner Korrespondent Harpprecht grundsätzlich mit der Arbeit der Abgeordneten (unbeschadet aller im Einzelfall

---

[403] Hier und im Folgenden: »Die Treibhausblüte«, Christ und Welt vom 17. Dezember 1953.
[404] Artikel »Die Treibhausblüte«, Christ und Welt vom 17. Dezember 1953.

möglichen Kritik). Daraus lässt sich schließen, dass die »bitteren Sorgen«, die er in dem zitierten Textauszug den Politikern bescheinigte, seine eigenen waren. Aus Harpprechts Rezension sprach auch die Angst, dass es mit der westdeutschen Demokratie vielleicht doch ein böses Ende nehmen könnte. Die Demokratie war wenig mehr als ein zartes Pflänzchen, fand Harpprecht – und in dieser Situation kam der Herr Koeppen, imaginierte sich den Herrn Keetenheuve und ertränkte mit seinen Zweifeln den Schössling der Bonner Republik. Sowohl bei Koeppen als auch bei seinem Kritiker herrschten mithin Misstrauen und Sorgen. Es hat eine gewisse Ironie, dass einige *Treibhaus*-Rezensenten von den Dämonen des Romans nicht unbehelligt waren. Harpprecht wertete das *Treibhaus* als »Krankheitssymptom«, als ein Zeichen dafür, dass »die Dichter (und die es sein wollen) rettungslos um zwei oder drei Jahrzehnte hinter der Gegenwart herhinken« – in politischer Hinsicht, aber durchaus auch ästhetisch. Koeppens Stil sei überlebt und abstoßend, so »wie eine Art widerwärtig pseudorevolutionärer Pubertät überlebt« sei. Leidenschaftlich bekannte Harpprecht im Dezember 1953: »Wir finden uns lieber für einige Jahrzehnte damit ab, das Feld junger deutscher Literatur unbewohnt anstatt es als Rummelplatz dürftigen Hochstaplertums mißbraucht zu sehen.«

Die Wochenzeitung *Christ und Welt*, für die Harpprecht seine Rezension schrieb, hatte ein protestantisch-lutherisches, sehr konservatives Profil, und sie richtete sich an eine bildungsbürgerliche Leserschaft.[405] In politischer Hinsicht war das Blatt national orientiert, was auch im Untertitel »Deutsche Wochenzeitung« zum Ausdruck gebracht wurde. *Christ und Welt* kam aus Stuttgart, wo die Zeitung im schwäbischen Theologenmilieu verwurzelt war. Seit 1948 erschien sie zunächst im Evangelischen Verlagswerk, seit 1951 im Verlag Georg von Holtzbrincks. Einer der Herausgeber war Eugen Gerstenmaier, Leiter des Hilfswerks der EKD und später Präsident des Deutschen Bundestages.[406] Im Jahr 1949 war Gerstenmaier für die CDU ins Parlament gewählt worden, doch in Personalunion blieb er zugleich Herausgeber. Dass *Christ und Welt* meist auf einer gemeinsamen Linie mit der Bundesregierung lag, insbesondere in den Fragen von Westbindung, ›Wiederbewaffnung‹ und Antikommunismus, hieß jedoch nicht unbedingt, dass es sich um eine CDU-treue Zeitung gehandelt hätte. Vielmehr fanden sich hier immer wieder Artikel, in denen die Erneuerung des deutschen Konservatismus gefordert wurde oder die Gründung einer ›echten‹ Rechtspartei nach dem Vorbild der alten Deutsch-Nationalen Volkspartei beziehungsweise der britischen *Tories*.[407]

---

[405] K. GROSSE KRACHT, »Schmissiges Christentum«, 2008, S. 506.
[406] Zur Gründung der Zeitung und zur Kritik der Amerikaner vgl. D. GNISS, Gerstenmaier, 2005, S. 198–202. Der Herausgeber musste mehrere Male zwischen der amerikanischen Militärregierung und der Redaktion vermitteln.
[407] K. GROSSE KRACHT, »Schmissiges Christentum«, 2008, S. 524–527.

Die Elite des deutschen Protestantismus brauchte ein wenig länger, um in der Bonner Republik und ihrem parlamentarischen System anzukommen, als das bei vielen Katholiken der Fall war.[408] Exemplarisch belegt das sogar ein Artikel Gerstenmaiers, der noch am 27. April 1950 – als er immerhin schon ein halbes Jahr im Bundestag saß – skeptisch fragte: »Wird sich die liberale Demokratie behaupten?« Das Bonner Grundgesetz erscheine ihm jedenfalls »nicht [als] das endgültig Befriedigende«. Was ihm für den Verfassungspatriotismus fehlte, war in Ergänzung des Bundestages »eine Staatskonstruktion [...], die nicht dem parlamentarischen Mehrheitsbeschluß unterliegt«. Denn, so Gerstenmaier: »Im politischen Denken der Christenheit darf nicht die Mehrheit, sondern nur das Gebot Gottes bestimmend sein.«[409] In dem Artikel des *Christ und Welt*-Herausgebers aus dem Bundestag artikulierte sich ein Vorbehalt gegenüber dem Parlamentarismus, hier konkret gegenüber der Mehrheitsentscheidung und der Volkssouveränität, die mit dem Fortgang der Säkularisierung gleichgesetzt wurden.[410] Es wäre daher interessant zu fragen, inwieweit Gerstenmaiers Amtsführung als Bundestagspräsident zwischen 1954 und 1969, als er besonderen Wert auf die ›Würde des Hauses‹ und auf das freie Mandat gemäß Artikel 38 des Grundgesetzes legte, von diesen Vorbehalten geprägt war – oder positiv formuliert: von einer protestantisch geprägten Hochachtung des Gewissens.[411] Die Integration des konservativ-protestantischen Milieus in die Bonner Republik erfolgte über die programmatisch interkonfessionelle, zugleich katholisch dominierte Adenauer-CDU.[412] Auch der Niedergang von *Christ und Welt* seit den Sechzigerjahren war eine Folge dieser Integration, die mit der Erosion der konfessionellen Milieus und der Liberalisierung der westdeutschen Gesellschaft einherging.

In der frühen Bundesrepublik jedoch war *Christ und Welt* die führende konservative Wochenzeitung. Auch was die Auflagenzahlen betrifft, lag sie bis in die Sechzigerjahre hinein vor der *Zeit*, die damals gleichfalls ein betont national-protestantisches, bildungsbürgerliches Blatt war. Klaus Harpprecht, der lange für beide Zeitungen geschrieben hat, erklärte später den Unterschied pointiert:

---

[408] K. GROSSE KRACHT, »Schmissiges Christentum«, 2008, S. 526 f.

[409] Artikel »Wird sich die liberale Demokratie behaupten?«; CHRIST UND WELT vom 27. April 1950.

[410] Zu Gerstenmaiers Weg in die Politik und seinen Zweifeln, sich überhaupt um ein Mandat zu bewerben: D. GNISS, Gerstenmaier, 2005, S. 203–212 und 222. Wegen seiner Distanz zur Politik versuchte Gerstenmaier, so lange wie möglich an seinen kirchlichen Ämtern festzuhalten, auch als Herausgeber von *Christ und Welt*.

[411] Ausführlich zu den Details, wenn auch weitgehend ohne ideen- oder kulturgeschichtliche Perspektive: D. GNISS, Gerstenmaier, 2005, insbesondere S. 307 f. und 470.

[412] F. BÖSCH, Adenauer-CDU, 2001. – Im Kalkül der rheinisch-katholischen CDU sollte Gerstenmaier evangelische Wähler der mittleren Generation ansprechen, auch unter Vertriebenen und Flüchtlingen.

»Der Kurs von *Christ und Welt* wurde von bekehrten Nazis, jener der *Zeit* von unbekehrten Deutschnationalen bestimmt.«[413] In der Tat berichtete *Christ und Welt* kritisch über die Politik der Besatzungsmächte im Allgemeinen und im Besonderen über die Entnazifizierung. Auch der Zweite Weltkrieg und der Nationalsozialismus wurden breit thematisiert, wobei die Artikel in ihrer Tendenz zwischen einer Dämonisierung Hitlers und der Opferperspektive der ›gewöhnlichen‹ Deutschen, insbesondere der Flüchtlinge und Vertriebenen, oszillierten.

Trotz des religiösen Namens und der Kirchenbindung der Herausgeber war die Redaktion von *Christ und Welt* ein Nest früherer Nazis. »Die Redakteure hatten mit der Kirche wenig zu schaffen«, berichtete Harpprecht (was im Fall seiner Familie nicht stimmte)[414], und auch die Amerikaner argwöhnten, dass es sich um ein »under cover Nazi-Paper« handele.[415] Man kann sagen, dass bei *Christ und Welt* am rechten Rand das seriöse Spektrum der deutschen Nachkriegspresse endete.[416] Chefredakteure waren zuerst der vormalige Diplomat Ernst A. Hepp, seit 1949 Klaus Mehnert, seit 1954 Giselher Wirsing – zwei Bekannte, die vor dem Untergang der Weimarer Republik für Hans Zehrers Zeitschrift *Die Tat* geschrieben hatten. Mehnert, der während des Zweiten Weltkriegs in der Propagandaabteilung des Auswärtigen Amts gearbeitet hatte, veröffentlichte in der Bundesrepublik einige populäre Sachbücher.[417] Wirsing wiederum, ein ehemaliger SS-Sturmbannführer und ebenfalls im Auswärtigen Amt tätig, war von 1943 bis Kriegsende der Chefkommentator und schließlich der Chefredakteur der Illustrierten *Signal*. *Signal* war eine modern aufgemachte Illustrierte, deren Zweck es war, in den besetzten Ländern Europas Propaganda für die Wehrmacht und den Nationalsozialismus zu machen.[418] Dabei war *Signal* durchaus beliebt, sogar in neutralen Ländern wie der Schweiz und Portugal.[419] Seit 1948 schrieb Wirsing dann für *Christ und Welt* – auch wenn er seine Artikel während der Besatzungszeit namentlich nicht zeichnen durfte. Da die ehemaligen Diplomaten Hepp, Mehnert und Wirsing ihrerseits weitere Journalisten aus Ribbentrops Propagandaapparat für *Christ und Welt* rekrutierten, etwa Hans-Georg von Studnitz und Ernst Forsthoff, liegt der Schluss nahe, dass es sich bei dem christlichen Bekenntnis der Zeitung auch um einen Deckmantel handelte, unter dem

---

[413] K. Harpprecht, Schräges Licht, 2014, S. 139.

[414] K. Harpprecht, Schräges Licht, 2014, S. 135.

[415] Zitiert nach P. Köpf, Schreiben nach jeder Richtung, 1995, S. 74.

[416] M. Weiss, Journalisten, 2005, S. 273.

[417] P. Longerich, Propagandisten im Krieg, 1987, S. 264–272; N. Frei/J. Schmitz, Journalismus im Dritten Reich, 1999, S. 173–180.

[418] Nachdem das Deutsche Reich im Dezember 1941 den USA den Krieg erklärt hatte, erschien Wirsings Buch *Der maßlose Kontinent* in einer Wehrmachtsausgabe: J. Scholtyseck, Anti-Amerikanismus, 2003, S. 29 f.

[419] Viele Journalisten, die in der Nachkriegszeit *Quick*, *Revue* oder *Hörzu* machten, hatten vor 1945 bei *Signal* gearbeitet: R. Rutz, *Signal*, 2007; ders. Alte Netze – neu gestrickt, 2009.

belastete Biographien verborgen werden konnten.[420] Jedenfalls war die Zeitung beim Vergeben recht schnell bei der Hand, wohlgemerkt in eigener Sache und auch ohne Beichtbekenntnis.

Klaus Harpprecht war bei *Christ und Welt* zunächst Volontär, dann Redakteur und Bonner Korrespondent. Er war über den Herausgeber Gerstenmaier zur Zeitung gestoßen, denn Harpprecht stammte aus einem evangelischen Pfarrhaus in Württemberg.[421] Vater Harpprecht war Dekan in Nürtingen, einer Stadt zwischen Stuttgart und Tübingen, und er war eine Art väterlicher Freund Gerstenmaiers; die beiden Familien waren seit längerem eng miteinander verbunden.[422] Der Stammbaum der Familie Harpprecht wies väter- wie mütterlicherseits über Generationen hinweg Pfarrer und Theologen auf. Als sich Eugen Gerstenmaier nach einigem Zögern 1949 entschloss, für den ersten Bundestag und die CDU zu kandidieren, half der junge *Christ und Welt*-Journalist Harpprecht seinem Herausgeber beim Wahlkampf. Er machte die Pressearbeit und kümmerte sich um die Wahlveranstaltungen.[423]

So war der Bonner Journalist Harpprecht, als er seinen Verriss über das *Treibhaus* schrieb, ein junger Mann von 26 Jahren – jünger noch als sein französischer Kollege Alain Clément. Geboren 1927, war Harpprecht zunächst Hitlerjunge gewesen, dann Flakhelfer. Im Winter 1944/45 wurde er Reserveoffiziersanwärter bei der Wehrmacht, aber zu diesem Zeitpunkt war der Zweite Weltkrieg schon fast vorüber. Bei letzten Gefechten wurde Harpprecht verwundet; seine beiden älteren Brüder sind gefallen. Nach Kriegsende holte Harpprecht das Abitur nach – und er wurde, eben über Vermittlung Gerstenmaiers, Korrespondent von *Christ und Welt*.

Für Harpprecht waren die frühen Jahre in Bonn aber auch der Beginn einer Freundschaft mit Fritz René Allemann. Für ihre enge Beziehung gibt es mehrere publizistische Belege: 1989 schrieb der frankophile Harpprecht ein Buch über deutsche Revolutionäre in Paris, das er im *Bicentenaire de la Révolution* seinem »alten Freund und Lehrer« Allemann widmete.[424] Umgekehrt widmete Allemann eines seiner Bücher dem jüngeren Kollegen »in Erinnerung an viele fruchtbare Gespräche«.[425] Als die *Süddeutsche Zeitung* einmal in einer Serie fünf-

---

[420] K. GROSSE KRACHT, »Schmissiges Christentum«, 2008, S. 512–514.

[421] C. EICHEL, Das deutsche Pfarrhaus, 2012, S. 118, 264 und 232.

[422] K. HARPPRECHT, Schräges Licht, 2014, S. 18, 33 und 134; K. GROSSE KRACHT, »Schmissiges Christentum«, 2008, S. 509.

[423] K. HARPPRECHT, Schräges Licht, 2014, S. 185 f.

[424] K. HARPPRECHT, Lust der Freiheit, 1989, S. 5. – Das Buch war aus einer *Stern*-Serie entstanden. Darüber hinaus war Harpprecht ein sehr produktiver Autor. Als kleine Auswahl seiner Buchpublikationen, die einen inhaltlichen Bezug zum Kontext dieser Studie haben: K. HARPPRECHT, Poelchau, 2004; DERS., Gräfin Dönhoff, 2008.

[425] F. R. ALLEMANN, Stabilität und Krise, 1963, S. 5. Das Buch ist vier Freunden gewidmet: Richard Löwenthal, Klaus Harpprecht, Franz Wördemann und Gerd Schroers.

zig ›Helden‹ des Journalismus porträtierte, steuerte Harpprecht ein Porträt von
Allemann bei. Darin schrieb Harpprecht, er habe »in seinen frühen Bonner Jahren« das Glück gehabt, von Allemann und dem Berliner Politikwissenschaftler
Richard Löwenthal »als Freund in ihren Kreis gezogen zu werden, trotz des Ab-
standes der Jahre«.[426] Als Bonner Journalisten halfen sich Harpprecht und Allemann in kollegialer Weise. So bediente sich Allemann einmal bei einem Artikel
Harpprechts, den er für gelungen hielt, um seine eigenen Recherchen abzukür-
zen. Umgekehrt musste Harpprecht, der als junger Korrespondent von *Christ
und Welt* zum Teil nach Zeile bezahlt wurde – bei einer Wochenzeitung! – und
der nebenbei für eine Werbeagentur Sprüche klopfte, Allemann bisweilen um
Geld bitten, weil der arrivierte Schweizer Kollege materiell deutlich besser gestellt war.[427]

Noch in seinen Memoiren zitierte Harpprecht ausführlich aus der »vernich-
tenden Kritik« des *Treibhaus*-Romans durch den »bewunderten Lehrer« und
»wunderbaren Freund Allemann«.[428] Obwohl diese Rezension da schon ein halbes Jahrhundert alt war, schien der Text Harpprecht am besten geeignet, um
Allemann zu charakterisieren, zusammen mit dem (aus der Rezension hervor-
gegangenen) Buch *Bonn ist nicht Weimar*. Sich selbst verortete Harpprecht in
Bonn wie folgt: Für die Linken sei er ein ›Kalter Krieger‹ gewesen, »antikom-
munistisch bis ins Mark«, pro-amerikanisch und ein »Adenauer-Europäer«. Den
Rechten hingegen habe er als »ein linker Vogel« gegolten, zumal seit seinem Engagement für Willy Brandt und dessen Ostpolitik.[429] So blieb Harpprecht ein
Befürworter der »Bonner Republik«, als die Politik schon wieder nach Berlin zurückgekehrt war. Die alte Bundesrepublik, meinte Harpprecht, sei weder idyl-
lisch noch biedermeierlich gewesen, sondern voller Konflikte – und in der Bewältigung dieser Konflikte »das beste Staatswesen«, das die Deutschen je ins
Werk gesetzt hätten: »Der Umzug der Abgeordneten [nach Berlin, B.W.] bedeutete einen Qualitätsverlust unserer Demokratie.«[430]

So wie die journalistische Arbeit in Bonn die lange Freundschaft zwischen
Allemann und Harpprecht begründet hat, so war die *Treibhaus*-Rezension für
Harpprecht auch der Beginn einer dauerhaften Abneigung gegenüber Koeppen.
Noch in den Memoiren kehrte der alte Zorn wieder, der schon die *Christ und
Welt*-Rezension befeuert hatte.[431] Harpprecht hielt das *Treibhaus* weiterhin nicht

---

426   Artikel »Der Gebildete«; SÜDDEUTSCHE ZEITUNG vom 27. Oktober 2003; wieder gedruckt als:
      K. HARPPRECHT, Der Gebildete, 2004.
427   K. HARPPRECHT, Schräges Licht, 2014, S. 190 f.
428   K. HARPPRECHT, Schräges Licht, 2014, S. 185.
429   K. HARPPRECHT, Schräges Licht, 2014, S. 456. – DERS., Brandt, 1970; DERS., Im Kanzleramt,
      2000.
430   K. HARPPRECHT, Schräges Licht, 2014, S. 474 f.
431   Hier und im Folgenden: K. HARPPRECHT, Schräges Licht, 2014, S. 217.

für einen guten Roman, sondern für »eine unaufgeräumte Waschküche voller verschwitzter Hemden und Socken«. Die Handlung sei dürftig, und thematisch biete das *Treibhaus* keine Auseinandersetzung mit dem Nationalsozialismus, wie viele falsch vermuteten. Im Gegenteil sei es selbst »von nach-nazistischem Mief durchsetzt«. Der literarische Stil sei, so Harpprecht, von »der Erinnerung an die heftige spätexpressionistische Erregungsprosa getränkt, die man 1930 als modern empfunden haben mochte, als Marcel Reich-Ranicki eine Berliner Gymnasialbank drückte«. Außer »Winzfragmenten« habe Koeppen anschließend nichts mehr zustande gebracht, schon gar nicht den allseits erwarteten großen Roman: Koeppens »geniale Lebensleistung« bestand für Harpprecht, einen extrem fleißigen Vielschreiber, schlicht darin, dem Suhrkamp-Verleger Siegfried Unseld das Geld aus der Tasche zu ziehen.

Mit diesem Rundumschlag gegen Koeppen und seine Förderer waren die Memoiren kein Einzelfall im publizistischen Œuvre Harpprechts. Auch in seiner mehr als 2000 Seiten umfassenden Biographie über Thomas Mann verspottete er Koeppens literarische Leistungen, und das obwohl man bei einer Thomas-Mann-Biographie durchaus ohne Erwähnung Koeppens auskommen könnte. Harpprecht porträtierte den ihm unsympathischen Autor jedoch auf einer einzigen (!) Seite im ferneren Umkreis der Familie Mann.[432] Ende der Zwanzigerjahre, Anfang der Dreißigerjahre war Koeppen unglücklich in die Schauspielerin Sybille Schloß verliebt, die ihrerseits der *Pfeffermühle* angehörte, der politisch-literarischen Kabarettgruppe von Erika Mann.[433] So kam es – wie Harpprecht schrieb –, dass »der blutjunge Wolfgang Koeppen ein Couplet über die Psychoanalyse« beisteuerte, einen Sketch, der nicht vermuten ließ, »daß an dem aufstrebenden Schriftsteller ein begnadeter Kabarettist verlorengegangen sei«.[434]

Harpprechts Abneigung saß tief, und das hat mit dem *Treibhaus* zu tun. Harpprecht erwähnte Koeppen und seinen Roman in seinen Memoiren nicht etwa in einem literarischen Kontext oder im Zusammenhang von Freunden und Feinden im Kulturbetrieb. Das *Treibhaus* diente ihm vielmehr als Kontrastfolie seiner eigenen Erinnerungen an die Jahre, in denen Harpprecht als Journalist in Bonn gelebt hatte – und die ihm als wunderbare Jahre im Gedächtnis waren. So verteidigte Harpprecht in der Auseinandersetzung mit Koeppen nicht allein die Bundesrepublik, sondern zugleich seine eigene Bonner Lebenswelt, die »nichts, aber auch gar nichts« mit dem Bonn zu tun gehabt habe, wie es im

---

[432] T. Lahme, Die Manns, 2015, S. 99 f.
[433] H. Keiser-Hayne, Erika Mann und die *Pfeffermühle*, 1995; J. Döring, Koeppen 1933–1948, 2001; G. & H. Häntzschel, Koeppen, 2006, S. 18–20.
[434] K. Harpprecht, Thomas Mann, 1995, S. 706. – Das Kabarettprogramm *Komplexe – Träumerei* ist wieder gedruckt in: H. Keiser-Hayne, Erika Mann und die *Pfeffermühle*, 1995, S. 50 f.

Roman beschrieben wird.[435] In den Erinnerungen ehemaliger Journalisten, die damals jung waren, erscheint das Bonn der frühen Bundesrepublik in der Tat als ein auf- und anregender Ort, gerade aufgrund der räumlichen Nähe zwischen Medien und Politikbetrieb. »Wir fühlten uns als Journalisten in Bonn in der aufregendsten Zeit unseres Lebens. Alles war neu, und jeden Tag gab es etwas Neues«, sagte etwa der spätere SPD-Politiker Egon Bahr, der 1949 zunächst für den Berliner *Tagesspiegel* aus Bonn berichtete, seit Herbst 1950 als Korrespondent für den RIAS, den Rundfunk im amerikanischen Sektor.[436] Auch Klaus Harpprecht beschrieb, wie er sich regelmäßig mit Willy Brandt, einem der zahlreichen »Bonner Strohwitwer«, zum Abendessen getroffen habe, »das dank des guten Rotweins um Mitternacht noch nicht beendet war«.[437]

Selbst wenn man den Übertreibungen gut formulierter Abenteuergeschichten nicht auf den Leim gehen möchte, kann man festhalten, dass Bonn in den Fünfzigerjahren gerade für junge Journalisten ein interessanter Ort und auch ein Ort der Lebenslust war, zumal für Rundfunkjournalisten, die, wie sich Bahr erinnerte, gut verdient haben. »Die Nächte waren selten zum Schlafen da«, berichtete der ehemalige *Christ und Welt*-Korrespondent Harpprecht, und morgens sei er mit Freunden und Kollegen »zu den Botschafter-Residenzen, damals noch im Umkreis des Bundestags«, gelaufen. Dort »stahlen [wir] beim Australier die Brötchen und beim Kanadier die Milch (oder umgekehrt)« und hatten ein »köstliches Frühstück am Ufer des Rheins.«[438] Zwar habe man in der Bundeshauptstadt großen Wert auf einen betont bürgerlichen Kleidungsstil gelegt; sogar junge Leute trugen Hut und Krawatte. Doch deutete Harpprecht ihren vestimentären Habitus als Reaktion auf die Uniformen, deren Reste in der Nachkriegszeit zunächst aufgetragen werden mussten. »Hinter der jung-bürgerlichen Fassade ging es, gottlob, noch lange unordentlich zu«, meinte Harpprecht, »vor allem in erotischer Hinsicht«. Davon abgesehen habe er zu einer »kleinen Literaturgemeinde« um den SPD-Politiker Carlo Schmid gehört, bei dem sie beispielsweise den *Faust II* diskutiert hätten – eben weil in Bonn »nicht nur die Politik, sondern auch die Kultur zu Hause« gewesen sei.[439]

Die Journalisten, die von Bonn aus über das *Treibhaus* schrieben und seine aus ihrer Sicht antipolitische Haltung kritisierten, waren mithin keine ›finsteren Reaktionäre‹, nicht einmal wenn sie, wie Klaus Harpprecht, für *Christ und Welt*

---

[435] K. HARPPRECHT, Schräges Licht, 2014, S. 217.
[436] Egon Bahr im Gespräch mit dem Verfasser am 26. August 2010. – Vgl. E. BAHR, Zu meiner Zeit, 1996.
[437] K. HARPPRECHT, Schräges Licht, 2014, S. 201.
[438] K. HARPPRECHT, Schräges Licht, 2014, S. 213.
[439] K. HARPPRECHT, Schräges Licht, 2014, S. 198–202.

schrieben. Was sie einte, waren vielmehr das Projekt beziehungsweise der feste Wille, dass es mit der Demokratisierung der Bundesrepublik gelingen möge. Sie fühlten sich als politische Berichterstatter verantwortlich für die Akzeptanz der parlamentarischen Demokratie. Das verbindet sie mit Curt Bley, der ebenfalls in Bonn nach Kräften für Pressefreiheit und Rechtsstaat kämpfte. Erforderlich schien ihnen dafür in politischer Hinsicht vor allem eine atlantische beziehungsweise ›westliche‹ Orientierung der Bundesrepublik. Fritz René Allemann, Alain Clément und Klaus Harpprecht verstanden sich als Streiter für die Westbindung der Bonner Republik, und aus diesem politischen Motiv erklärt sich ihre Ablehnung von Koeppens Parlamentsroman. Schon den *Fragebogen* hatte Harpprecht für die *Zeitwende* rezensiert, eine protestantische Zeitschrift, die für das Evangelische Verlagswerk Stuttgart herausgegeben wurde.[440] Dabei bemerkte Harpprecht, dass Ernst von Salomon die (angeblich von ihm verachteten) Nazis nicht so sehr gehasst habe, wie er seit 1945 die Amerikaner hasste: »Das geschlagene Deutschland, das Deutschland von 1945 hat sein Buch!«

Es ist kein Widerspruch, dass mit Allemann und Clément zwei *Treibhaus*-Verrisse aus Bonn von nichtdeutschen Korrespondenten geschrieben wurden, zum Teil für ein nichtdeutsches Publikum. Vielmehr gehörte es zu den besonderen Kennzeichen des Politikjournalismus der frühen Bonner Republik, dass in der provisorischen Hauptstadt des jungen, nicht souveränen Teilstaates ausländische Korrespondenten eine hervorgehobene Stellung hatten, vor allem wenn sie aus dem ›Westen‹ beziehungsweise aus gefestigten Demokratien kamen.[441] Diese Beobachtung findet sich auch im *Treibhaus*: in der besonderen Rolle, die dort Dana, der Nestor der Korrespondenten, alias Joseph Kingsbury Smith beziehungsweise Jacob Kronika spielt.

Reinhard Appel, der 1950 als junger Korrespondent der *Stuttgarter Zeitung* nach Bonn kam und der später lange Jahre als Intendant des Deutschlandfunks sowie als Chefredakteur des ZDF den Journalismus in der Bundesrepublik mit geprägt hat, schilderte als seinen »ersten Eindruck« aus Bonn: »Als ich hier in Bonn ankam, traf ich auf viele Auslandsjournalisten, die mit ihren jeweiligen Besatzungsmächten engeren Kontakt hatten und dadurch auch eine gewisse Informationsüberlegenheit ausgespielt haben, einen Informationsvorsprung hatten.«[442] Gegenüber älteren Journalisten hätten sich die ausländischen Korrespondenten in Bonn zwar eher reserviert verhalten, bisweilen etwas von oben herab, insbesondere gegenüber denen, die schon vor 1945 geschrieben hatten oder

---

[440] Artikel »Salomonisches«; ZEITWENDE 23 (1951), 3, S. 249–254.
[441] D. GEPPERT, Pressekriege, 2007; F. BÖSCH/D. GEPPERT (Hg.): Journalists as Political Actors, 2008; K. POKORNY, Französische Auslandskorrespondenten, 2009; A. ROBRECHT, »Diplomaten in Hemdsärmeln«?, 2010.
[442] Reinhard Appel im Gespräch mit dem Verfasser am 10. November 2009.

bei denen man das nicht wusste. Im Umgang mit jüngeren Deutschen hingegen seien die Korrespondenten aus dem Ausland aufgeschlossen gewesen, so Appel. Umgekehrt hätten die jüngeren deutschen Journalisten sie als Vorbilder gesehen – und sich politisch sowie journalistisch einiges von ihnen abgeschaut. Er selbst, erinnerte sich Appel, sei froh gewesen, als »Youngster« von Allemann in dessen »Montagskreis« eingeladen zu werden – in einen Hintergrundzirkel, der sich regelmäßig bei Allemann daheim traf. Auch der RIAS-Journalist Egon Bahr bestätigte diesen Eindruck: »Die Bonner Korrespondenten waren ein Elitekorps, und innerhalb des Elitekorps gab es eine weitere Elite, und zwar die Auslandskorrespondenten«, sagte er: »Wenn man den einen oder anderen kannte, profitierte man auch davon, selbst wenn sie einem Deutschen Fragen stellten der Art: Haben Sie denn eigentlich ...?« Über die älteren Kollegen berichtete Bahr: »Die nahmen uns, die kleinen Jüngelchen, die da frisch hinzugekommen waren, eigentlich an die Hand.«[443] Gemeinsam mit Harpprecht und Appel gehörte auch Bahr zum Kreis um Fritz René Allemann.

5.2 Brennpunkt der Westbindung: Die Ablehnung aus West-Berlin

Von West-Berlin aus kommentierte die *Neue Zeitung* das *Treibhaus*. In der frühen Nachkriegszeit, als die *Neue Zeitung* in München für die gesamte amerikanische Besatzungszone redigiert wurde (und als Erich Kästner ihren Kulturteil leitete), hatte Koeppen etwa ein Dutzend Texte hier veröffentlicht.[444] Im Herbst 1953 aber gab es die einstige US-Modell-Zeitung für Deutschland, die so etwas wie das Äquivalent der britisch inspirierten *Welt* war, nur noch mit einer Ausgabe aus Berlin. Dort schrieb immerhin der prominente Feuilletonist Friedrich Luft, dessen Theaterkritiken, Buchrezensionen und Filmbesprechungen ein Markenzeichen der *Neuen Zeitung* geworden waren.[445] Bekannt war Luft zudem durch seine Programme im Radiosender RIAS, dem Rundfunk im amerikanischen Sektor. Jeden Sonntagvormittag berichtete Luft kurzweilig über die Kulturszene der Stadt.[446] In den Fünfzigerjahren galt er daher als der »prominenteste Kritiker Berlins«, wie der gleichfalls aus Berlin stammende spätere Verleger

---

[443] Egon Bahr im Gespräch mit dem Verfasser am 26. August 2010.
[444] G. & H. Häntzschel, Koeppen, 2006, S. 41 und 44.
[445] Von 1947 bis zur Einstellung der *Neuen Zeitung* im Januar 1955 war Luft Feuilleton-Chef der Berliner Ausgabe; seit September 1953 erschien die Zeitung nur noch in Berlin. – Zur *Neuen Zeitung* und ihrem Niedergang: J. Gienow-Hecht, Transmission Impossible, 1999. – Ein Textbuch [W. Schoeller, Diese merkwürdige Zeit, 2005], in dem viele Artikel nachgedruckt wurden, gibt den Texten bekannter Schriftsteller zu viel Raum und verkennt so den politischen Anspruch der Zeitung.
[446] »Die Stimme der Kritik«: Unter diesem Sendetitel sprach Luft zwischen 1946 und 1990 jeden Sonntagvormittag im RIAS: P. Kohse, Gleiche Stelle, gleiche Welle, 1998; E. Fischer-Lichte, Unterhaltung – Verstörung – Orientierung, 2007, S. 182–184.

Wolf Jobst Siedler meinte: Im Westteil der Stadt und darüber hinaus sei Luft so populär gewesen wie einst Alfred Kerr in der Weimarer Republik.[447]

1951 hatte Luft schon gegen den *Fragebogen* polemisiert und Ernst von Salomons Buch als nihilistisch und »böse« abqualifiziert.[448] Daher verwundert es nicht, dass Luft das *Treibhaus* mit großem Vorbehalt prüfte.[449] Zwar könne Koeppen schreiben, und vom literarischen Standpunkt aus sei das *Treibhaus* ohne Zweifel beachtlich. Streiten wollte Luft aber darüber, »ob man eine Begabung so anwenden darf«, wie Koeppen das getan habe. Schließlich erzähle sein *Treibhaus* nicht irgendeine beliebige, ausgedachte Geschichte, sondern es handele vom jungen westdeutschen Staat. Der Roman thematisiere dessen Institutionen, Debatten und Politiker. Daher sei sehr fraglich, so Luft, »ob es statthaft ist, eine Imagination […] amoklaufen zu lassen«. Bedenklich fand er das *Treibhaus*, weil es als ein vermeintliches Phantasieprodukt »auf eine unzulässige und unzulässig private Weise das bißchen Staatssubstanz und Bürgerbewußtsein, das sich gerade langsam und ehrlich bilden will, verwirrt und in Frage« stelle.

Das *Treibhaus* solle besser »Mein Alpdruck« heißen, meinte Luft, und zwar weil der Roman stark von Koeppens Sorgen und Ängsten motiviert sei. Natürlich stehe es jedermann frei, »seinen privaten Alpdruck [zu] haben«, aber niemand dürfe behaupten, »sein ganz eigener Alpdruck sei unser Staat«. In diesem Fall überschreite ein Autor die Grenzen der Literatur: »Damit beginnt er zu schaden«, fand Luft. Der Berliner Feuilletonist beanstandete, dass Koeppen mit seinem Roman die westdeutsche Öffentlichkeit durcheinanderbringe, anstatt sie bei ihrem demokratischen Lernprozess zu unterstützen. Sein Vorwurf war also in erster Linie volkspädagogisch begründet. »Kritiker wie Luft fühlen sich in ihren Befürchtungen bestätigt«, seufzte daher Koeppen gegenüber seinem Verleger: »Es wird hier alles so stur genommen.«[450]

Lufts Kritik ähnelte in ihrer Sorge um »Staatssubstanz und Bürgerbewußtsein« stark der politischen Argumentation, die Curt Bley in der *Welt am Sonntag* geäußert hatte. Es wiederholte sich auch der Vorwurf, Koeppen projiziere sein privates Unbehagen auf den Bundestag und die Bundesrepublik, was Bley als pornographisch und nihilistisch abgetan hatte. Damit zeigten sich deutliche argumentative Parallelen zwischen der amerikanischen *Neuen Zeitung* und der von den Briten gegründeten *Welt am Sonntag*, wo sich dieselben Kritiker schon mit dem nationalistischen Westbindungs-Gegner Ernst von Salomon auseinandergesetzt hatten. Zugleich schlug Lufts Rezension eine Brücke zur *Treibhaus-*

---

[447] Siedler schrieb für den *Monat*, die *Neue Zeitung* und den *Tagesspiegel*: W. J. SIEDLER, Noch einmal davongekommen, 2006 [2004], S. 309 und 165.
[448] Siehe S. 342 f.
[449] Hier und im Folgenden: »gelesen – wiedergelesen«; NEUE ZEITUNG vom 15. November 1953.
[450] Koeppen an Goverts, Brief vom 9. Dezember 1953, WKA/UB Greifswald UB 24437.

Kritik der Bonner Journalisten um Fritz René Allemann – und das, obwohl Luft als ›echter‹ Berliner mit der Bonner Republik, insbesondere ihrer rheinischen Prägung, nur wenige Berührungspunkte hatte. Interessanterweise hatten Bley, Luft und Allemann auf der einen Seite, aber auch Koeppen und Salomon auf der anderen einen biographischen Hintergrund im Berlin insbesondere der späten Zwanziger- und frühen Dreißigerjahre.

Friedrich Luft war 1911 in Friedenau geboren worden. Seit 1932 schrieb er Feuilletons und Rezensionen, zunächst für das *Berliner Tageblatt*, dann vor allem für die *Deutsche Allgemeine Zeitung*.[451] Seinen Militärdienst während des ›Dritten Reiches‹ verbrachte Luft damit – auch hier vergleichbar mit Koeppen und Salomon –, dass er für die ›Heeresfilmstelle‹ und die Ufa Drehbücher schrieb.[452] Nach dem Zweiten Weltkrieg wirkte Luft dann als Redakteur der *Neuen Zeitung* und als Kritiker beim RIAS »entscheidend am Wiederaufbau des demokratischen Lebens« mit, wie seine Biographin Petra Kohse schreibt. Ihr zufolge waren seine Kritiken und sein Kunstverständnis durchaus stilbildend, denn »das Amt des Kritikers muss[te] nach neun Jahren Kritikverbot in gewisser Weise neu erfunden werden«.[453]

Insbesondere das Theater verstand Luft im Sinne Schillers als ›moralische Anstalt‹.[454] In bildungsbürgerlicher Tradition setzte er große Hoffnungen in die aufklärerische Wirkung von Kunst und Literatur. Das Theater sei »im Grunde […] von Aischylos bis Max Frisch« immer politisch gewesen, erklärte er einmal im Radio.[455] Selbst wenn den Kritiker die Umsetzung nicht überzeugte, hob Luft meist die Tatsache, dass ein politisches Thema verarbeitet wurde, positiv hervor, gerade bei aktuell umstrittenen Themen wie der NS-Vergangenheit. Luft sah sich als einen Idealisten, der eher zur politischen Linken neigte. Zugleich war seine Einstellung »unzweifelhaft westlich«.[456] Die notwendige Voraussetzung für Kritik schien ihm jedoch Stabilität zu sein. Und da sich ein demokratisches Bewusstsein in Deutschland erst entwickeln müsse, hielt er das Publikum der Nachkriegszeit für noch nicht reif genug, um die scharfe literarische Behandlung politischer Themen richtig verarbeiten zu können. »Angemessen, unangemessen, noch nicht angemessen«, so lautete in diesem Sinne der Maßstab,

---

[451] Nach 1945 hat Luft über diese Texte kaum gesprochen – obschon sie nach dem Urteil seiner Biographin thematisch und stilistisch prägend waren: P. Kohse, Gleiche Stelle, gleiche Welle, 1998, S. 40 f.

[452] P. Kohse, Gleiche Stelle, gleiche Welle, 1998, S. 46 f.

[453] P. Kohse, Gleiche Stelle, gleiche Welle, 1998, S. 76.

[454] Gemeint ist Schillers Schrift »Was kann eine gut stehende Schaubühne eigentlich wirken?« von 1784. Vgl. zum Kontext: R. Safranski, Schiller, 2004, S. 194 f. – Für Lufts Verwendung des Begriffs: P. Kohse, Gleiche Stelle, gleiche Welle, 1998, S. 81.

[455] Zitiert nach: P. Kohse, Gleiche Stelle, gleiche Welle, 1998, S. 207.

[456] P. Kohse, Gleiche Stelle, gleiche Welle, 1998, S. 113.

den Luft anlegte.[457] Was das *Treibhaus* betrifft, lautete seine Einschätzung: unangemessen, zumindest im Jahr 1953 noch nicht angemessen.

Nachdem die *Neue Zeitung* im Januar 1955 endgültig eingestellt wurde, berichtete Luft weiterhin für den RIAS, außerdem schrieb er für die *Welt* und den *Monat* – für Medien also, die sich der außenpolitischen Westbindung der Bundesrepublik verpflichtet hatten. Deshalb sind die Westbindung und deren mediale Netzwerke auch die Verbindung zwischen der *Treibhaus*-Kritik aus Bonn und derjenigen aus West-Berlin. Nachdem Bleys Fundamentalkritik in der *Welt am Sonntag* erschienen war, formulierte der RIAS-Kritiker Luft seine Bedenken gegen die angebliche Verwirrung des demokratischen Bewusstseins in der amerikanischen *Neuen Zeitung*. Allemann wiederum veröffentlichte sowohl den schärferen seiner beiden *Treibhaus*-Verrisse als auch die Artikel, die später unter dem Titel *Bonn ist nicht Weimar* als Buch erschienen, im *Monat*, der antitotalitär durchwirkten Intellektuellen-Zeitschrift, die von Melvin J. Lasky in Dahlem, im amerikanischen Sektor Berlins, herausgeben wurde.

Der *Monat* stand, wie der *Congress for Cultural Freedom*, mit dem die Zeitschrift in den frühen Fünfzigerjahren personell und organisatorisch eng verbunden war, ganz im Zeichen des amerikanischen Liberalismus der Kriegs- und Nachkriegsjahre.[458] Die Autoren, die im *Monat* publizierten, verstanden sich als Intellektuelle mit einem politischen Anliegen.[459] Die Zeitschrift befürwortete die amerikanische Hegemonie, wie sie mit dem Sieg im Zweiten Weltkrieg entstanden war, gleichwohl aber drei starke weltanschauliche Gruppen zum Gegner hatte.[460] Dazu zählten *erstens* Nazis und Faschisten. Auch wenn dieser Kampf im Wesentlichen entschieden war, schienen intellektuelle Nachhutgefechte weiter erforderlich, um auch die *hearts and minds* der Deutschen für die Demokratie und den Liberalismus zu gewinnen. Feinde waren *zweitens* die Kommunisten, die es im Sinne der Truman-Doktrin einzudämmen galt, insbesondere während der sowjetischen Blockade West-Berlins und vor Stalins Tod im März 1953. Auf Deutschland bezogen waren *drittens* die sogenannten Neutralisten

---

[457] P. KOHSE, Gleiche Stelle, gleiche Welle, 1998, S. 85. – Genauso mit einem weiteren Beispiel: O. LORENZ, Öffentlichkeit der Literatur, 1998, S. 111.

[458] Zum *Monat* und dem *Congress for Cultural Freedom* vor allem: M. HOCHGESCHWENDER, Freiheit in der Offensive?, 1998. – Außerdem: P. COLEMAN, Liberal conspiracy, 1989; A. DOERING-MANTEUFFEL, Wie westlich?, 1999, S. 75–90; G. SCOTT-SMITH, Radical Democratic Political Offensive, 2000; DERS., The Politics of Apolitical Culture, 2002; V. BERGHAHN, America and the Intellectual Cold Wars, 2001, S. 215–218; F. SAUNDERS, Wer die Zeche zahlt..., 2001; M. PAYK, Geist der Demokratie, 2008, S. 146–150. – Stärker auf die Zeitschrift bezogen: B. BÖDEKER, Amerikanische Zeitschriften, 1993, S. 157–189 und 279–302; M. MARTIN, »Zeitschrift gegen das Vergessen«, 2003; J. GMEHLING, Monat, 2010. – Mit Textauszügen: M. MARTIN, Orwell, Koestler und die anderen, 1999.

[459] Dazu gehörten etwa Arthur Koestler, Raymond Aron, Manès Sperber, François Bondy, Daniel Bell, Arthur Schlesinger, Seymour Martin Lipset und Hans Kohn.

[460] M. HOCHGESCHWENDER, Freiheit in der Offensive?, 1998, S. 49.

ein Gegner, mit dem sich der *Monat* intensiv auseinandersetzte. Dabei handelte es sich um einen Sammelbegriff für diejenigen Deutschen, die sich im ›Kalten Krieg‹ nicht einfach ins westliche Lager einfügen wollten – vor allem weil sie befürchteten, dass so die Wiedervereinigung nicht erreicht werden könne.[461] Aus unterschiedlichen Motiven, die von pazifistischen, linken Ideen bis zu national-konservativen Positionen reichten, hielten die ›Neutralisten‹ an einer unabhängigen Rolle eines möglichst ungeteilten Deutschlands fest. Auch antiamerikanische Vorbehalte spielten hier eine große Rolle.

In Kontrast dazu druckte der *Monat* international renommierte Autoren, allen voran den britischen Schriftsteller George Orwell, der in der Satire *Animal Farm* und in der Dystopie *1984* mit dem Totalitarismus abgerechnet hatte. Zwischen November 1949 und März 1950 druckte der *Monat* den kompletten *1984*-Roman erstmals auf Deutsch, und damit er brachte seinen Lesern die Unterdrückung des Ministerialangestellten Winston Smith durch den ›Großen Bruder‹ nahe. Im *Monat* ging es um Literatur, Theater und Kunstgeschichte, vor allem aber um Politik, Geschichte und Ökonomie. Der Subtext der Zeitschrift war eindeutig: Sie wollte die Deutschen an westliche Debatten anbinden und so ihre politische Neuorientierung nach dem ›Dritten Reich‹ und während des ›Kalten Krieges‹ beeinflussen. In der Tat konnte der Hunger nach geistiger Nahrung nach den Zeiten der Zensur und des Weltkrieges hier auf hohem Niveau gestillt werden. Insofern war die Zeitschrift *Monat* vor allem ein Produkt der *Re-education*-Politik – ein Prestigeprojekt der amerikanischen Militärregierung mit dem Ziel politisch-intellektueller Aufbauhilfe. Auch Koeppen zählte zu den Lesern dieses ›atlantischen‹ Kulturaustauschs, wie seine Verarbeitung der Lyrik von Cummings im *Treibhaus* belegt.[462]

Geld bekam der *Monat* aus verschiedenen, mehr oder weniger offiziellen amerikanischen Quellen, denn finanziell war die Zeitschrift ein Zuschussgeschäft. Gegründet wurde sie 1948 im Auftrag des amerikanischen Oberkommandierenden. Bezuschusst wurde der *Monat* unter anderem von der Hohen Kommission (der Nachfolgerin der Besatzungsbehörden) und dem Außenministerium. Im Jahr 1954 trat die *Ford Foundation* an die Stelle des *State Departments*, und seit 1958 beglich der *Congress for Cultural Freedom* die Rechnungen. Da dieser wiederum eine Arena des Ost-West-Konflikts war, wurde er nicht zuletzt von der CIA finanziert. Das war schon ein bemerkenswertes Tätigkeitsfeld für einen Geheimdienst, weil sowohl der *Monat* als auch der *Congress for Cultural Freedom* in die Öffentlichkeit drängten, wo sie nur konnten. Überhaupt hält die Geschichte der CIA-Kulturpolitik in den Fünfzigerjahren einige Pointen bereit. So

---

[461] A. GALLUS, Neutralisten, 2001; D. GEPPERT/U. WENGST (Hg.), Chance oder Chimäre?, 2005.
[462] Siehe S. 131 f.

verfolgte der Geheimdienst kein reaktionäres Programm, sondern er propagierte ein fortschrittliches, linksliberales Verständnis von Freiheit, das – von Amerika ausgehend – zur Grundlage des nordatlantischen ›Westens‹ wurde, letztlich aber universell gelten sollte. Zugleich kopierten die CIA und ihre Leute die propagandistischen Methoden, wie sie die ›Komintern‹, die Kommunistische Internationale, seit den Zwanzigerjahren mit einigem Erfolg praktiziert hatte – und das obwohl der Kampf gegen den Totalitarismus ein Schlüsselbegriff der ›westlich‹-demokratischen Kulturpolitik war.

Herausgegeben wurde der *Monat* von einem jungen Mann: Melvin J. Lasky. Als im Herbst 1953 das *Treibhaus* erschien, war Lasky gerade einmal 33 Jahre alt, und da existierte der *Monat* bereits seit fünf Jahren.[463] Lasky wurde 1920 als Matthes Jonah Chernilowski in der Bronx geboren, wo zahlreiche Einwanderer aus Osteuropa lebten, viele von ihnen mit jüdischem Hintergrund, so wie Laskys Eltern.[464] Die Familie stammte aus Łódź; die Großeltern mütterlicherseits, die mit nach New York gekommen waren, sprachen Jiddisch. Laskys Elternhaus war politisch interessiert, der deutschen Kultur und Sprache zugewandt – und sehr ehrgeizig, was die Bildung und den Schulerfolg der Kinder anging. Daher war es folgerichtig, dass Lasky studierte, und zwar Sozialwissenschaft am *City College* von New York, anschließend Geschichte in Michigan. Zudem belegte er Kurse in deutscher Literatur. Als Student sympathisierte Lasky mit linken Positionen. Kontaktfreudig diskutierte er mit Kommilitonen über den *New Deal* oder den Bürgerkrieg in Spanien, über die Kriegspolitik des ›Dritten Reiches‹ und die Entwicklungen in der Sowjetunion. Aus dieser Zeit kannte er die späteren Intellektuellen Daniel Bell, Seymour Martin Lipset und Irving Kristol. Lasky zählte zu den undogmatischen, nichtstalinistischen Sozialisten; er hielt zu Trotzki, bis er sich vom Kommunismus lossagte. Dass beim *Monat* später so viele konvertierte Kommunisten zu Wort kamen – Orwell oder Arthur Koestler –, hatte also mit der Weltpolitik, aber auch mit der Biographie des Herausgebers zu tun. Entsprechend breit rezipiert wurde im *Monat* der Aufsatzband *The God that failed*, der 1949 von dem britischen Labour-Abgeordneten Richard Crossman herausgegeben wurde und der einer der wirkungsmächtigsten Texte der Abkehr vom Stalinismus war.[465]

Als sich der junge Akademiker Lasky im Kreis der *New York Intellectuals* einen Namen zu machen begann, als Autor der *Partisan Review* und des *New Leader*, wurde er 1943 zum Wehrdienst einberufen. Als *combat historian* begleitete Oberleutnant Lasky die amerikanischen Truppen der 7. Armee von Südfrankreich

---

[463] M. Roth, Lasky, 2012; dies.: »In einem Vorleben«, 2014.

[464] M. Roth, »In einem Vorleben«, 2014, S. 141.

[465] Zu den Autoren gehörten neben vier anderen Koestler und André Gide. – Vgl. M. Martin, »Zeitschrift gegen das Vergessen«, 2003, S. 68–71.

über das Elsass bis nach Bayern, Österreich und Berlin.[466] Als Berichterstatter dokumentierte er die Kämpfe, Lasky sammelte Eindrücke und sprach mit amerikanischen Soldaten, deutschen Zivilisten und *Displaced Persons* aus allerhand Ländern. Er besuchte Karl und Gertrud Jaspers, denen er Pakete von Hannah Arendt mitbrachte.[467] Er traf Marianne Weber sowie Ernst Jünger, und er hatte unzählige weitere Begegnungen, ungeachtet des offiziellen Fraternisierungsverbots. So blieb Lasky nach Ende seines Militärdienstes in Deutschland, nachdem er in Berlin Brigitte Newiger, seine spätere Ehefrau, kennengelernt hatte. Dank seiner Kontakte zu Journalisten und Schriftstellern begann Lasky ein transatlantisches Netzwerk zu knüpfen, zunächst als Korrespondent der *Partisan Review* und des *New Leader* – bis der ›Kalte Krieg‹ seinen Bemühungen, Deutsche und Amerikaner in einem atlantischen Sinne zu verbinden, weiter Auftrieb gab.

Talk Back – so hieß Ende 1947 eine kulturpolitische Initiative, mit der die amerikanische Militärregierung den Deutschen liberal-demokratische Vorstellungen vermitteln wollte, und mit Widerworten kannte Lasky sich aus. Denn im Oktober 1947 hatte er auf dem Ersten Deutschen Schriftstellerkongress in Berlin, der von der sowjetischen Militärregierung organisiert worden war, offen die Einschränkungen der Meinungsfreiheit im kommunistischen Machtbereich beklagt. Im Frühjahr 1948 wurde Lasky Kulturoffizier der Militärregierung und mit der Aufgabe betraut, ein Magazin zu gründen.[468] Der *Monat* sollte zwei Aufgaben erfüllen: Er sollte *erstens* deutschen Lesern intellektuell hochwertige Artikel von renommierten Autoren bieten, besonders von solchen, die hier vor 1945 nicht zu lesen waren; *zweitens* sollte er eine unmissverständlich ›westliche‹, antitotalitäre Haltung haben. Der Zeitschrift folgte im Juni 1950 der von Lasky organisierte ›Kongress für kulturelle Freiheit‹ in Berlin – eine Veranstaltung, die bei der (ebenfalls 1947 gegründeten) CIA als so erfolgreich galt, dass sie fortan gefördert wurde und ein Hauptquartier in Paris errichten konnte. Obwohl es der CIA angebracht schien, auf eine formelle Mitarbeit Laskys zu verzichten, um die personellen und finanziellen Verbindungen nicht allzu transparent zu machen, war der *Monat*-Herausgeber auch beim *Congress for Cultural Freedom* die »graue Eminenz«.[469] Ein wesentliches Ziel war es dabei, die politische Linke nicht an den Kommunismus zu verlieren, sondern sie gegen jeden Infiltrationsversuch zu imprägnieren. Es ging Lasky darum, die weltanschauliche Auseinandersetzung mit dem Stalinismus diskursiv zu führen, und zwar unter Einschluss von so vielen sozialdemokratischen und linksliberalen Stimmen wie möglich.[470]

---

[466] Sein Tagebuch von 1945: M. J. Lasky, Und alles war still, 2014.
[467] M. J. Lasky, Und alles war still, 2014, S. 362.
[468] M. Roth, »In einem Vorleben«, 2014, S. 149.
[469] M. Roth, »In einem Vorleben«, 2014, S. 152 f.
[470] A. Doering-Manteuffel, Wie westlich?, 1999, S. 83 f.

In politischer Hinsicht war Lasky eindeutig an der amerikanischen Ostküste verankert. Dort hatten *New York Intellectuals* den sogenannten *consensus liberalism* entwickelt.[471] Dieser akzentuierte die Leitideen von Demokratie, Liberalismus und Marktwirtschaft, letztere nicht als *Laisser-faire*-Kapitalismus, sondern pragmatisch modernisiert durch den *New Deal* und in Verbindung mit einem optimistischen Glauben an Vernunft und Fortschritt. In Washington wurde der Konsensliberalismus von der Demokratischen Partei, aber auch von vielen Republikanern unterstützt. Für die Außen-, Wirtschafts- und Kulturpolitik der Vereinigten Staaten war die Ideologie außerordentlich prägend, gerade als Ordnungsmodell für Westeuropa und die ›atlantische‹ Welt in den Nachkriegsjahrzehnten. Bei Lasky schloss der Konsensliberalismus Sympathie für die Deutschen, ein persönliches Erschrecken über die Kriegszerstörungen und manche Kritik an der Besatzungspraxis nicht aus, im Gegenteil.[472] Kritik und Selbstkritik verstand er als demokratische Tugend. Dennoch ging es vor allem um einen Ideen-Transfer *zu* den Deutschen, ging es um deren Demokratisierung im ›Wiederaufbau‹. Dabei war Lasky Antistalinist von missionarischem Eifer. Erika Mann hielt ihn deshalb für einen Spion (was man nach aktuellem Kenntnisstand weder bestätigen noch ausschließen kann[473]), und ihr Vater, Thomas Mann, war überzeugt, dass Lasky »in seiner amerikanischen Propaganda-Sphäre lebt und denkt und sich auch noch für einen Hamlet hält«.[474]

Laskys deutscher Mitherausgeber beim *Monat* war Hellmut Jaesrich, der sich vor allem um die literarische Berichterstattung kümmerte. Jaesrich war bei dem Bonner Literaturwissenschaftler Ernst Robert Curtius promoviert worden. Obwohl Jaesrich, der den Zweiten Weltkrieg im Innendienst der Wehrmacht überstanden hatte, sich selbst zur ›inneren Emigration‹ zählte, wurde den deutschen Autoren der ›inneren Emigration‹ im *Monat* eher kein Forum geboten.[475] Wenn man die Fünfzigerjahre vor allem für eine konservative Phase hält, galt das nicht für den *Monat*. Auch in emotionaler Hinsicht herrschte beim *Monat* eine zuversichtliche Grundstimmung, zumal man hinter Sorgen und Zweifeln verdeckte Vorbehalte gegenüber der allgemeinen Modernisierung unter amerikanischen Vorzeichen vermutete. So hatte im Januar 1952 der Kritiker Hans Schwab-Felisch Koeppens Roman *Tauben im Gras* im *Monat* verrissen, weil sich das Buch »fast ausschließlich im Morbiden, im Sumpf tummelt, weil es außer in der Ana-

---

[471] Diesen Kontext behandelt im Einzelnen: M. HOCHGESCHWENDER, Freiheit in der Offensive?, 1998, S. 68–96.
[472] M. J. LASKY, Und alles war still, 2014, S. 274 oder 417.
[473] M. ROTH, »In einem Vorleben«, 2014, S. 154–156.
[474] Zitiert nach: K. HARPPRECHT, Thomas Mann, 1996, S. 1934 f.
[475] M. MARTIN, »Zeitschrift gegen das Vergessen«, 2003, S. 18 und 82.

lyse dieser Gegebenheiten keine Kraft aufweist, weil sein Pessimismus keine substantielle Größe hat«.[476] Umgekehrt hielten verschiedene deutsche Schriftsteller den *Congress for Cultural Freedom* für »eine kulturelle Institution des Kalten Krieges«, wie Alfred Andersch durchaus zutreffend, aber zugleich sehr distanziert bemerkte. »Auch den Kalten Krieg haben die jüngeren deutschen Schriftsteller nicht mitgemacht«, ergänzte Andersch in Anspielung auf das von ihm formulierte Eigenbild seiner Generation von Nachkriegsschriftstellern, die im ›Dritten Reich‹ eben nicht mitgemacht hätten.[477]

Zu den regelmäßigen Autoren im *Monat* gehörten die *Treibhaus*-Rezensenten Friedrich Luft[478], Fritz René Allemann und Klaus Harpprecht. Damit wird die personelle Verbindung zwischen der *Treibhaus*-Kritik aus Bonn und der aus West-Berlin offensichtlich. Wolf Jobst Siedler beispielsweise erinnerte sich an Luft als westlichen »Wortführer« bei verschiedenen Berliner Schriftstellerkongressen.[479] Als wiederum Lasky 1958 die Leitung des *Monats* abgab und nach London umzug, wurde Allemann sein Nachfolger.[480] Über Allemann war zuvor Harpprecht zum *Monat* gekommen, der überdies der Kölner Gruppe des *Kongresses für kulturelle Freiheit* angehörte.[481] Harpprecht war zudem nicht allein der Bonner Berichterstatter der Wochenzeitung *Christ und Welt*, er schrieb auch aus Berlin, unter dem Pseudonym ›Stefan Brant‹. Dort berichtete er über den gewaltsam niedergeschlagenen Aufstand vom 17. Juni 1953 in der DDR.[482] Auf Empfehlung von Egon Bahr war Harpprecht zudem jahrzehntelang Mitarbeiter und zeitweise Bonn-Korrespondent des RIAS.[483]

In West-Berlin pflegte das *Monat*-Netzwerk besonders enge Beziehungen zur SPD, namentlich zu Ernst Reuter[484], Otto Suhr, Richard Löwenthal[485] und

---

[476] Rezension »Wolfgang Koeppen: *Tauben im Gras*«; DER MONAT 4 (1952), Heft 40, S. 427 f.; wieder gedruckt in: U. GREINER (Hg.), Über Wolfgang Koeppen, 1976, S. 36–38. – Zur Vollständigkeit sei erwähnt, dass Schwab-Felisch seine Kritik später widerrufen hat, und zwar ebenfalls im *Monat*: »Widerruf«; DER MONAT 18 (1966), Heft 218, S. 89–93; wieder gedruckt in: U. GREINER (Hg.), Über Wolfgang Koeppen, 1976, S. 38–44.

[477] So Andersch 1974 im Gespräch mit Enzensberger; zitiert nach: M. HOCHGESCHWENDER, Freiheit in der Offensive?, 1998, S. 62. – Vgl. R. W. WILLIAMS, Andersch and the Cold War, 1992. – Zu Andersch auch S. 491–511.

[478] M. HOCHGESCHWENDER, Freiheit in der Offensive?, 1998, S. 320 und 530 f.

[479] W. J. SIEDLER, Noch einmal davongekommen, 2006 [2004], S. 309.

[480] M. HOCHGESCHWENDER, Freiheit in der Offensive?, 1998, S. 166 und 548 f.

[481] M. HOCHGESCHWENDER, Freiheit in der Offensive?, 1998, S.492, 506 f. und 550.

[482] 1954 veröffentlichte Harpprecht – unter dem Pseudonym ›Stefan Brant‹ und in Zusammenarbeit mit dem späteren Regierungssprecher Klaus Bölling – eine der ersten Monographien über den Arbeiteraufstand in der DDR, die auf seinen Reportagen beruhte: S. BRANT [d.i. K. HARPPRECHT], Der Aufstand, 1954.

[483] K. HARPPRECHT, Schräges Licht, 2014, S. 217.

[484] Allemann schrieb im *Monat* beispielsweise den Nachruf auf Reuter: »Der Türmer von Berlin«; DER MONAT 6 (1953/54), 62, S. 116–124.

[485] O. SCHMIDT, »Meine Heimat«, 2007; M. KESSLER, Kommunismuskritik, 2011.

Willy Brandt.[486] »Ihr Völker der Welt […], schaut auf diese Stadt und erkennt, daß ihr diese Stadt und dieses Volk nicht preisgeben dürft, nicht preisgeben könnt«, hatte Bürgermeister Reuter im September 1948 als De-facto-Stadtoberhaupt vor dem ausgebrannten Reichstagsgebäude gerufen, um während der sowjetischen Blockade den Durchhaltewillen der Berliner Bevölkerung sowie der Westalliierten anzustacheln.[487] Ernst Reuter war Antikommunist aus Erfahrung.[488] Die Zeit unmittelbar nach der Oktoberrevolution 1917 hatte er als russisch sprechender Kriegsgefangener in Moskau erlebt, in einem Zirkel, aus dem dann die Kommunistische Internationale hervorging. Reuter kannte Lenin, Stalin, Tito und viele andere persönlich. 1922 hatte er jedoch mit dem Kommunismus gebrochen, und er wurde aus der KPD ausgeschlossen; sein Nachfolger als Generalsekretär wurde Wilhelm Pieck.

Reuter kehrte zur SPD zurück. Der Bruch mit dem Kommunismus sei ein schmerzhafter Akt, so beschrieben es Brandt und Löwenthal am Beispiel Reuters; wer der Revolution entsage, fühle »statt der emotionellen Treibhauswärme der ›Bewegung‹ die kühle Luft der Vereinzelung und des Existenzkampfes, doch es ist die frische Luft der Wirklichkeit«.[489] Im ›Dritten Reich‹ emigrierte Reuter, nach einer KZ-Haft, über England in die Türkei, wo er sich als Berater des Wirtschafts- und des Verkehrsministeriums für den Ausbau der Infrastruktur einsetzte. Im Nachkriegsberlin wurde er schließlich als Oberbürgermeister beziehungsweise Regierender Bürgermeister zum Verteidiger des ›freien‹ Westens. Im Juni 1950 eröffnete er die Gründungssitzung des ›Kongresses für Kulturelle Freiheit‹, und auf der Abschlusskundgebung rief er kämpferisch: »Wir haben uns geeinigt in der Erkenntnis, daß es nur ein Nein-Nein oder ein Ja-Ja geben kann, daß es keine Neutralität gibt zwischen Freiheit und Unfreiheit.«[490]

In West-Berlin hatte sich unter dem Eindruck der Blockade, wie Brandt und Löwenthal schrieben, »eine Art Frontstadt-Ideologie« herausgebildet: »Der einzelne Berliner nahm in erstaunlichem Maße am politischen Leben teil. Er spürte, daß es nicht nur auf ›die da oben‹, sondern gerade auch auf ihn selbst ankam. Alles drehte sich um die für ihn sonst so undurchsichtige ›große Politik‹ – nun hingen von ihr die kleinsten Fragen des täglichen Lebens ab.«[491] Die so beschriebene existentielle Politisierung war ein genaues Gegenteil der ebenso existenti-

---

[486] M. Roth, Lasky, 2012, S. 10; D. Geppert, Intellektuelle und Antikommunismus, 2014, S. 330.
[487] E. Reuter, Schriften–Reden, Bd. 3, 1974, S. 479.
[488] W. Brandt/R. Löwenthal, Leben für die Freiheit, 1957 (an dieser Biographie war Harpprecht beteiligt). – J. Wetzel, Reuter, 2003; M. Oppermann, Liberaler Sozialismus, 2013. – A. Wirsching, Antikommunismus, 2014, bezeichnete das als empirischen Antikommunismus.
[489] W. Brandt/R. Löwenthal, Leben für die Freiheit, 1957, S. 207.
[490] Zitiert nach: W. Brandt/R. Löwenthal, Leben für die Freiheit, 1957, S. 612.
[491] W. Brandt/R. Löwenthal, Leben für die Freiheit, 1957, S. 439.

ellen, aber eher antipolitischen Verzweiflung der Romanfigur Keetenheuve im
Treibhaus. In West-Berlin löste jeder Zweifel am Sinn der westlichen Verteidigungsgemeinschaft heftigste Gegenreaktionen aus, und der Blick auf die atlantischen und antikommunistischen Verbindungen rund um den *Monat* schärft das
Profil der *Treibhaus*-Kritik.

In den Vierziger- und Fünfzigerjahren war Berlin nicht nur ein Ort, an dem
der ›Kalte Krieg‹ besonders frostig war. Hier flogen immer wieder auch Funken.
West-Berlin war – in einer etwas anderen Metaphorik – das »Erdbebenzentrum«
des westdeutschen Teilstaats.[492] Die Teilstadt verstand sich als ›Außenposten‹
von Freiheit und Demokratie, und für diese Mission brauchte man »Vorkämpfer des Antikommunismus«.[493] Ein ohnmächtiger Zweifler wie Keetenheuve, der
wegen pazifistischer Motive die ›Wiederbewaffnung‹ ablehnt, passte nicht ins
Programm eines »Kreuzzugs für die Freiheit«. Diese Entwicklung begann spätestens mit der Blockade 1948/49, welche die Gründung der Bundesrepublik
beschleunigt hatte. In diese Zeit fielen auch die Auseinandersetzungen um die
Universität Unter den Linden und die folgende Gründung der Freien Universität in Dahlem. In Berlin stießen die beiden Blöcke aufeinander, hier schmerzte
die Teilung besonders, lange vor dem Mauerbau vom August 1961. Der Kritiker Friedrich Luft etwa erklärte im Sommer 1950, keine Theateraufführungen
im Ostteil Berlins mehr zu besuchen. Dem erwiderte der Intendant des Deutschen Theaters, Luft möge von weiteren Besuchen absehen, denn eine objektive
Berichterstattung sei von ihm ohnehin nicht zu erwarten.[494]

Wenn sich West-Berlin schon nicht auf unsichere Kantonisten wie die Romanfigur Keetenheuve verlassen konnte, dann aber auf die Amerikaner. Seit
Ende des Zweiten Weltkriegs lag der Westteil Berlins, die Insel innerhalb
der sowjetisch besetzten Zone, vielen amerikanischen Politikern am Herzen.
Der großen Popularität, die die Amerikaner bei der Berliner Bevölkerung inzwischen genossen, entsprach umgekehrt ein Ansehensgewinn der einstigen
Reichshauptstadt.[495] Diesen ›Außenposten‹, wie es in Wild-West-Metaphorik
hieß, zu halten war ein wunderbares Symbol der Freiheit. Eine materielle Aus-
gestaltung dieser Idee war die Freiheitsglocke am Schöneberger Rathaus, eine
von Amerikanern gespendete Nachbildung der *Liberty Bell* von Philadelphia.
Der RIAS sendete ihr Glockengeläut jeden Sonntagmittag, direkt im Anschluss
an Friedrich Lufts »Stimme der Kritik«.[496] Zu den Zeichen der Verbunden-

---

[492] H.-P. SCHWARZ, Berlin als Zentrum, 2005, S. 295.
[493] H.-P. SCHWARZ, Berlin als Zentrum, 2005, S. 301. – Vgl. D. PROWE, Weltstadt in Krisen, 1973;
       W. RIBBE (Hg.), Geschichte Berlin, ³2002, S. 1047–1141; D. C. LARGE, Berlin, 2002, S. 366–406;
       W. ROTT, Die Insel, 2009.
[494] W. ROTT, Die Insel, 2009, S. 83 f.
[495] A. DAUM, America's Berlin, 2000; W. ROTT, Die Insel, 2009, S. 36–41.
[496] D. GEPPERT, Freiheitsglocke, 2001.

heit zwischen den Vereinigten Staaten und Berlin zählen zudem die Freie Universität mit dem Henry-Ford-Bau, die Kongresshalle im Tiergarten sowie die 1954 eröffnete Amerika-Gedenkbibliothek.[497] Und eben der *Monat* von Melvin J. Lasky.

In den West-Berliner Kontext des ›Kalten Krieges‹ passte auch die *Treibhaus*-Rezension, die Walther Karsch im *Tagesspiegel* schrieb.[498] Karsch hielt Koeppens Roman, dessen Kritik an der ›Wiederbewaffnung‹ an die pazifistische Tradition der *Weltbühne* und Carl von Ossietzkys anknüpfte, für eine »verpaßte Gelegenheit« – trotz beziehungsweise gerade wegen Keetenheuves »rosa Pazifismus der Zwanzigerjahre«.[499] Diese Ablehnung war für Koeppen vielleicht keine Überraschung, vermutlich aber eine große Enttäuschung, denn Karsch gehörte zum Umfeld der *Weltbühne*, für die er mehrere Dutzend Artikel geschrieben hatte.[500] Karsch, Jahrgang 1906 (wie Koeppen), war Ende der Zwanzigerjahre als mittelloser Germanistikstudent aus Neukölln über Kurt Hiller und dessen linkslibertäre ›Gruppe junger Revolutionärer Pazifisten‹ zur *Weltbühne* gestoßen: »Man kämpfte gegen Krieg und gesellschaftliche Not, wollte aber Literatur und Ästhetik nicht aus den Augen verlieren.«[501] Als Ossietzky nach dem *Weltbühnen*-Prozess im Mai 1932 seine Haftstrafe antreten musste, gehörten sowohl Karsch als auch Koeppen zu den Freunden und Bekannten, die den Herausgeber demonstrativ begleiteten. Nach dem Zweiten Weltkrieg verstand sich Karsch als eine Art Nachlassverwalter der linkspazifisch-intellektuellen Zeitschrift aus Weimarer Tagen, zumal Ossietzky 1938 an den Folgen seiner KZ-Haft gestorben war – und seine Witwe, Maud von Ossietzky, seit 1946 im sowjetischen Sektor Berlins eine linientreue Zeitschrift unter dem Namen *Weltbühne* herausgab. Zwischen 1929 und 1933 hatte Karsch zunächst als Redaktionsassistent gearbeitet, dann als, wie Karsch immer wieder betonte, »zuletzt verantwortlicher Redakteur« der ›richtigen‹ *Weltbühne* bis zu ihrem Verbot durch die Nazis.[502] Im Sommer 1945 organisierte er mit seiner ersten Frau, der Journalistin und Schauspielerin Pauline Nardi, die wegen der »Mischehe« mit Karsch den Holocaust überlebt hat, in Nikolassee und Zehlendorf Lesungen aus der *Weltbühne*.[503]

---

[497] R. Kreis, Orte für Amerika, 2012.
[498] Artikel »Verpaßte Gelegenheit«; Der Tagesspiegel (West-Berlin) vom 24. Januar 1954.
[499] Artikel »Verpaßte Gelegenheit«; Der Tagesspiegel vom 24. Januar 1954.
[500] E. E. Holly/B. Sösemann, Weltbühne, 1989, S. 23 und 173 f. – Zu Karsch: A. Gallus, Heimat Weltbühne, 2012, S. 21, 63 f. und 133 f.; A. Petersen, Trauma-Deutschland, 2017.
[501] A. Petersen, Trauma-Deutschland, 2017, S. 174–178, hier S. 177. – Zu Hiller: D. Münzner, Hiller, 2015.
[502] Brief Karschs an Johannes R. Becher vom 3.7.1945; zitiert nach: A. Gallus, Heimat *Weltbühne*, 2012, S. 63. – Die Ost-Berliner Weltbühne verurteilte Karsch im *Tagesspiegel* als »Leichenschändung«; zitiert nach: A. Petersen, Liebe in Trauma-Deutschland, 2017, S. 195. – Hiller verwendete dieselben Worte: D. Münzner, Hiller, 2015, S. 268.
[503] A. Petersen, Trauma-Deutschland, 2017, S. 186 f.

Bald darauf wurde Karsch – auf Vermittlung von Peter de Mendelssohn[504], ebenfalls vormals Autor der *Weltbühne*, inzwischen amerikanischer Presseoffizier – Mitherausgeber des *Tagesspiegels*, einer Zeitung, die im amerikanischen Sektor lizenziert wurde und sich bald als eine Institution West-Berlins etablierte.[505] In den späten Vierzigerjahren war der *Tagesspiegel* die antikommunistischste Zeitung der Stadt – zumal im September 1948 einer ihrer Parlamentsreporter, Wolfgang Hansske, nicht von einer Sitzung der Stadtverordnetenversammlung, die von SED-Demonstranten gestürmt wurde, aus Mitte zurückgekehrt war. Hansske wurde wegen Spionage und Propaganda zu mehrjähriger Haft verurteilt. So verstand sich der *Tagesspiegel* als publizistische »Speerspitze gegen den neuen Terror« im Ostteil der Stadt.[506]

1945 war Karsch zunächst Mitglied der wiederbegründeten KPD geworden, doch wurde er schon nach ein paar Monaten als Renegat ausgeschlossen. Vor diesem Hintergrund des Ost-West-Konflikts formulierte Karsch in einer Rezension mehrerer Essays des amerikanisch-englischen Dichters T. S. Eliot ein Programm der Westbindung, in dem er sich grundsätzlich gegen die Trennung von Politik und Kultur aussprach.[507] Dies war schon Karschs Anspruch im Umfeld Hillers gewesen, und die programmatische Verbindung entsprach durchaus auch Koeppens Ideal. Allerdings waren unter dem Eindruck des ›Kalten Krieges‹ ihre inhaltlichen Positionen nicht mehr vereinbar. Die beiden vormaligen Autoren der *Weltbühne* entzweiten sich über einen Roman gegen die westdeutsche ›Wiederbewaffnung‹.

In der *Treibhaus*-Rezension spottete Karsch über den »rosa Pazifismus der Zwanzigerjahre«. Selbstverständlich dürfe man eine Satire über die Europäische Verteidigungsgemeinschaft und den ›Wiederaufbau‹ schreiben. Die entscheidende Frage sei dabei aber, wie man das tue (und wie gesehen hatte Luft in der *Neuen Zeitung* dasselbe Argument verwendet). Es sei »nur zur Kritik befähigt«, wer »sein Objekt liebt«, erklärte Karsch im *Tagesspiegel*. Wie Fritz René Allemann wollte er sich des kleinen Pflänzchens der westdeutschen Demokratie annehmen, die er für besonders schutzbedürftig hielt:

[504] M. Payk, Geist der Demokratie, 2008, insbesondere S. 94.

[505] Die anderen Herausgeber waren Erik Reger, Heinrich von Schweinichen und Edwin Redslob.

[506] A. Petersen, Trauma-Deutschland, 2017, S. 199. – Vgl. den Artikel »Zeitung im Visier der Stasi«; Der Tagesspiegel vom 18. März 2015.

[507] Artikel »Zuviel Politik?«; Der Tagesspiegel vom 29. November 1946: »Wenn zum Beispiel in den Spalten dieses Blattes der Durchleuchtung der modernen englisch-amerikanischen Literatur ebenso wie der französischen ein so weiter Platz eingeräumt wird, dann zielt dies doch nicht nur darauf ab, das Verständnis für die trennenden Besonderheiten und die einenden Gemeinsamkeiten der Kulturen dieser Länder und Deutschlands zu vermitteln, sondern nicht weniger darauf, von diesem Verständnis aus auch den Blick für die politischen Besonderheiten und Gemeinsamkeiten zu öffnen.«

Doch auf dem Bunkersofa sitzen und übelnehmen, den politischen Klatsch für die politische Wahrheit halten, ist nicht die rechte Perspektive für eine Satire. Kein Wunder also, daß der Autor in dieser Atmosphäre unter dem gewiß üppig treibenden Unkraut das kleine Pflänzchen, die eben wiedergewonnene Demokratie, übersah, das so dringend der Liebe des wahren Satirikers bedurft hätte.[508]

Natürlich war Berlin gerade auch für Koeppen ein Sehnsuchtsort. Allerdings entzog sich der Autor, der seit 1943 nicht mehr an der Spree lebte, der Halbstadt des ›Kalten Krieges‹, sowohl räumlich als auch weltanschaulich. Vom kämpferischen Freiheitspathos der Fünfzigerjahre wollte er nichts wissen. Sein Berlin blieb »die ideale Weltstadt«[509] seiner jugendlichen Lektüre in Greifswald und Ostpreußen. Sein Berlin blieb der Ort, den er in den späten Zwanzigerjahren entdeckt hatte. Sein Berlin blieb das Milieu, in dem er in den frühen Dreißigerjahren als junger Feuilletonjournalist Fuß gefasst hatte – ein Berlin, das es spätestens seit Kriegsende, eigentlich aber schon seit 1933 nicht mehr gab. Das politische Zentrum der früheren Reichshauptstadt lag im Ostsektor der Stadt; das Reichstagsgebäude stand am Rand des Westens. Das alte Zeitungsviertel rund um den Spittelmarkt war Vergangenheit.[510] Das Deutsche Theater von Max Reinhardt, Brechts Ensemblebühne am Schiffbauerdamm und der Admiralspalast befanden sich im Osten. Preußen, der Staat von Potsdam und Fontane, war mit Beschluss des Alliierten Kontrollrats aufgelöst worden.[511] Das Berlin der Nachkriegszeit konnte weder in industrieller Hinsicht noch als Metropole von Kultur und Vergnügen an die Vorkriegszeit anknüpfen.[512] Das lag an der Teilung der Stadt, und es fehlten die Exilanten und die Juden.

Die Bonner Republik schien Koeppen nicht zuletzt wegen seiner Erinnerungen an Berlin so fremd, so provinziell und befremdlich. Die Melancholie und der Hass der westdeutschen Nachkriegs-Trilogie nährten sich auch aus dem Berlin-Schmerz des Autors. Als Koeppen im Jahr 1957 West- sowie Ost-Berlin besuchte, notierte er die ihn irritierenden Eindrücke, wie sie ein Reisender in der Fremde empfinden mag: Im Hotel Kempinski am Kurfürstendamm fand er »amerikanische Frühstücksspeisen und überseeische Zeitungen«, schön und gut, aber die Omnibusse fuhren nicht mehr »zur City«, sondern nur bis zum Potsdamer Platz: »Für manchen endet hier die Welt«, schrieb Koeppen verdrießlich. Die Stadtbahn und die Untergrundlinien verbanden noch »die getrennte Welt, westdeutsches Theater, ostdeutsches Theater – die Zeitungen des Ostens,

---

508 Artikel »Verpaßte Gelegenheit«; Der Tagesspiegel vom 24. Januar 1954.
509 Artikel »Es wird wieder sein«; FAZ vom 26. Juni 1991.
510 P. de Mendelssohn, Zeitungsstadt Berlin, 2017 [1959].
511 W. Haefs, Koeppen und das Leiden an Preußen, 2002; R. Werner, Resonanzfeld Preußen, 2012.
512 D. Morat u. a., Weltstadtvergnügen, 2016.

die Zeitungen des Westens, und Mißmut reist mit den Menschen in diesen Zügen.«[513]

Im Jahr 1965, vier Jahre nach dem Bau der Mauer, setzte Koeppen in seiner Erzählung *Ein Kaffeehaus* dem bohèmehaften Berlin der Jahre um 1930 ein literarisches Denkmal.[514] Der über vier Druckseiten gehende Text besteht aus einem einzigen Satz, der sich aus Dutzenden aneinandergereihten Teilen zusammensetzt. Vordergründig geht es in der Erzählung um das ›Romanische Café‹, einen Künstler- und Intellektuellen-Treffpunkt am Breitscheidplatz. Hintergründig wird mit dem Kaffeehaus ein symbolischer Gegenort der geistig-politischen, anarchistisch angehauchten Opposition zur preußisch-deutschen Geschichte bezogen. Im Kontrast zum konservativen Milieu der staatstreuen Beamten, Pfarrer und Militärs wird das Kaffeehaus zum Miniaturbild »eines geheimen Vaterlandes« – eines Vaterlands, das jedoch 1933 verlorengegangen ist:

> … und als ich mich zugesellte, das gelobte Land erreichte vom pommerschen Acker her […], da schien mir der Tempel zu strahlen, wie mein Verlangen es mir verkündet hatte, ich lauschte den Dichtern und Philosophen, hörte den Malern und Schauspielern zu, begegnete den klugen Herren der großen und mächtigen Zeitungen, den zuversichtlichen Abgeordneten der großen und mächtigen Volksparteien, ich liebte die Anarchisten und die anarchistischen Mädchen, die bei ihnen saßen, und die Träumer vom ewigen Frieden und die Schwärmer von Freiheit, Gleichheit und Brüderlichkeit […].[515]

Nach der Wiedervereinigung bekannte Koeppen, dass er an »die Auferstehung« Berlins glaube.[516] Als der Bundestag im Juni 1991 mit knapper Mehrheit für den Umzug von Parlament und Regierung an die Spree stimmte, rekapitulierte Koeppen in der *Frankfurter Allgemeinen Zeitung* die positiven Aspekte seines Berlin-Bilds, wie er sie in der Erzählung *Ein Kaffeehaus* beschrieben hatte: die mobilen Buchhändler vor der Gedächtniskirche, das Romanische Café, die Lektüre der *Weltbühne*. »Berlin war für mich die Weltstadt schlechthin mit Arm und Reich«, erinnerte er sich, »ich fuhr für die Zeitung nach Paris und sah Berlin bedeutender«. Doch nun, nach dem Ende der Teilung und des Ost-West-Konflikts, sei er guten Mutes, erklärte Koeppen, inzwischen Mitte achtzig. Er ergänzte die wehmütige Erinnerung um einen optimistischen Ausblick auf die Zukunft:

---

[513] W. Koeppen, Werke, Band 8: Nach Rußland, 2007, S. 108 f.
[514] M. Hielscher, Koeppen, 1988, S. 44 f.; U. Leuschner, Koeppen unterwegs, 2008, S. 336f.
[515] W. Koeppen, Gesammelte Werke, Band 3, 1986, S. 165–168, hier S. 167. – *Ein Kaffeehaus* wurde mehrfach wieder abgedruckt, etwa: M. Reich-Ranicki (Hg.), Kanon – Erzählungen, Bd. 8, 2003, S. 350–451.
[516] Hier und Folgenden: »Es wird wieder sein«; FAZ vom 26. Juni 1991. – Vgl. G. u. H. Häntzschel, Koeppen – »Romanfigur«, 2006, S. 39.

Berlin, die ideale Weltstadt meiner Jugend, gab es nicht mehr. Soll man rufen, »Das gibt's nur einmal, das kommt nicht wieder.« Nein, ich glaube an die Auferstehung. Der deutsche Raum ist größer geworden. Das Tor nach Osten geöffnet. Ich wünsche mir russische Gäste in der Stadt, Studenten aller Völker der Welt auf der Universität. Zeitungen in jeder Sprache, Kaffeehäuser mit philosophischen Gästen für utopische Gespräche, die lustigen Mädchen der Nacht, Musik und Theater, Verlagshäuser wie Bruno Cassirer, Samuel Fischer und Malik. Es wird wieder sein.

5.3 Generation der Westbindung: Das Unverständnis der ›45er‹-Generation

Ein eher positives Echo fand das *Treibhaus* bei Rezensenten, die ungefähr so alt waren wie der 47jährige Autor. Zu Koeppens Unterstützern gehörten – neben Ernst von Salomon (51) – die Journalisten Werner Gilles (44), Horst Rüdiger (48), Richard Kirn (48) oder Karl Silex (57).[517] Da zu dieser Altersgruppe allerdings auch vehemente Gegner des Romans zählten – Curt Bley (43), Fritz René Allemann (43) oder Friedrich Luft (42) – soll damit nicht gesagt sein, dass das Lebensalter ein entscheidender Maßstab gewesen wäre, an dem sich Pro und Contra getrennt hätten. Zwar fiel die Reaktion bei vielen jüngeren Rezensenten eher negativ aus, wie das Beispiel der Bonner Journalisten Klaus Harpprecht (26), Alain Clément (28) und Wolfgang Wagner (28) gezeigt hat. Es haben jedoch einige jüngere Autoren das *Treibhaus* nachdrücklich gelobt, Helmut M. Braem (30) zum Beispiel oder Johannes M. Hönscheid (31).[518]

In generationeller Hinsicht auffällig ist vielmehr, dass fast alle Rezensenten der jüngeren Generation ein gemeinsames Argumentationsmuster geäußert haben – unabhängig davon, ob sie den Roman nun schätzten oder nicht. Nahezu alle Rezensenten, die nach 1920 geboren worden waren, die also der heute sogenannten ›45er‹-Generation angehörten, hatten überhaupt kein Problem damit, dass das *Treibhaus* die frühe Bundesrepublik einer scharfen Fundamentalkritik unterzog. Koeppens jüngere Rezensenten stießen sich auch nicht daran, dass der Roman im Kontext der Kritik an den ›restaurativen‹ Tendenzen der Nachkriegszeit gelesen wurde; sie verwendeten den Begriff umstandslos und ohne Anführungszeichen. Was (oder besser gesagt: wer) die Jüngeren störte, war die Hauptfigur des Romans, der traurige Abgeordnete, und zwar selbst dann, wenn sie das *Treibhaus* insgesamt gelungen fanden.

---

[517] Artikel »Das Buch von Treibhaus Bonn« von Richard Kirn; Frankfurter Neue Presse vom 4. November 1953; »In Koeppens *Treibhaus* geht der Abgeordnete Keetenheuve ins Wasser« von Werner Gilles; Abendpost (Frankfurt) vom 13. November 1953; »Wespennest im Treibhaus« von Horst Rüdiger; Der Standpunkt (Bozen) vom 11. Dezember 1963; wieder gedruckt in: U. Greiner (Hg.), Über Wolfgang Koeppen, 1976, S. 54–59; »Bonn im Roman« von Karl Silex; Deutsche Kommentare vom 12. Dezember 1953.

[518] Artikel »Bonn – Das Treibhaus. Der deutsche Bundestag wurde Romanstoff« von Johannes M. Hönscheid; Die Kultur (Stuttgart) vom 20. November 1953; Stuttgarter Leben 28 (1954), 2.

»Keetenheuve ist ein Versager« – so schonungslos formulierte das etwa im *Darmstädter Echo* in einer sonst rundum positiven Besprechung der dreißig-jährige Georg Hensel.[519] Hensel nahm Koeppen darin zunächst vor dem Vor-wurf in Schutz, ein destruktives Buch geschrieben zu haben. Seiner Auffassung nach war hier stattdessen »der Fall gegeben, daß ein Autor aus tiefer Sorge um die künftige Entwicklung beunruhigt und auch provoziert«. Einen Roman zu-nächst einmal als Roman zu lesen – so viel Kunstverstand dürfe schon sein, meinte Hensel und beschäftigte sich eingehend mit dem Charakter des Prota-gonisten. Das *Treibhaus* sei vor allem die Geschichte »eines Mannes, der an ei-ner bestimmten Umwelt scheitern und zugrundegehen muß«. Keetenheuve sei zwar ein Antiheld, so Hensel, aber Koeppen »verlangt nirgends, daß man sich Keetenheuve gleichsetze«. Im Ost-West-Konflikt, »in der Zeit der Wehr- und Sicherheitsdebatten«, werde ein Pazifist zwangsläufig zerrieben »zwischen den Mühlsteinen der Regierungsparteien und seiner eigenen Partei, die unter gewis-sen Umständen ebenfalls für eine Armee eintreten wird«. Hensel erkannte, dass Keetenheuve trotz seiner Verzweiflung »ein entschiedener Anhänger des Parla-mentarismus« sei. Gerade angesichts seines eigenen Versagens respektiere, ja be-wundere er seine politischen Gegner, »denn sie handeln wenigstens, während er nur räsoniert«, schrieb Hensel. Allerdings sei Keetenheuve müde geworden in seinem immer wiederkehrenden Gefühl zu scheitern: Er sei ein Träumer, ein Utopist, ein Versager – und daher als Vorbild ungeeignet.

Literarische Kritik am Autor des *Treibhaus*-Romans übte Hensel dezidiert nicht. Ein Jahr später lobte er auch Koeppens nächsten Roman *Der Tod in Rom*, wiederum im *Darmstädter Echo*.[520] Dass Hensel das ästhetische und formale Kön-nen Koeppens schätzte, resultierte auch aus Hensels eigenen schriftstellerischen Neigungen. 1949 hatte er selbst einen Roman bei Rowohlt veröffentlicht: *Nacht-fahrt*[521], publiziert zusammen mit Arno Schmidts *Leviathan* und der Anthologie *Tausend Gramm* von Wolfgang Weyrauch.[522] Einen Auszug aus *Nachtfahrt* hatte 1947 schon Alfred Döblin, ein von Hensel und Koeppen gleichermaßen verehr-ter Schriftsteller, in der Zeitschrift *Das Goldene Tor* gedruckt.[523] *Nachtfahrt* ver-dankte seine Form zudem der Hilfe des Rowohlt-Lektors Hans Georg Brenner, von dem Hensel nach eigenem Bekunden »mehr über das Schreiben gelernt [hat] als von jedem anderen Menschen«. Zweimal trug Hensel auch bei der Gruppe

---

[519] Hier und im Folgenden: »Elegie der Ratlosigkeit«; Darmstädter Echo vom 5. Dezember 1953.
[520] Artikel »Zeitkritik und Kolportage«; Darmstädter Echo vom 19. November 1954; wieder ge-druckt in: U. Greiner (Hg.), Über Wolfgang Koeppen, 1976, S. 65 f.
[521] G. Hensel, Nachtfahrt, 1949.
[522] D. Oels, Rowohlts Rotationsroutine, 2013, S. 262.
[523] Hier und im Folgenden: G. Hensel, Glück gehabt, 1994, S. 120–122.

47 vor, 1948 in Jugenheim, 1949 in Marktbreit.[524] »Das war ein oft grausamer Vorgang«, berichtete Hensel aus der Rückschau pointiert, »durch den man aber auch etwas lernen und selbstsicherer werden konnte, indem man beispielsweise das Schreiben aufgab«.[525]

Die Erzählung *Nachtfahrt* handelt von einem Kriegsheimkehrer, dem ehemaligen Soldaten Anton, der in den Ruinen seiner Heimatstadt nach innerer Ruhe und Antworten sucht. Ihn plagen Schuldgefühle, weil er einen russischen Soldaten erschossen hat. Zudem trauert er um seine Eltern, die bei einem Luftangriff ums Leben gekommen sind. Heimgekehrt aus dem Krieg, aber ohne Familie und Zuhause, erzählt Anton einem Druckereibesitzer, was auf seinem Gewissen lastet. Der Mann gibt ihm den Tipp: »Hängen Sie eine Nacht daran [...], und kommen Sie mit sich ins Reine, es ist einfacher, als Sie glauben.«[526] Die folgenden Stunden, in denen Anton diesen Rat umzusetzen versucht, indem er fünfmal mit der Bahn im Kreis fährt, sind der Inhalt der titelgebenden *Nachtfahrt*. Die Groteske der alptraumhaften Szenen ist Hensels Kniff, um das Grauen des Krieges und den subjektiven Umgang mit Schuld annähernd »realistisch« erzählen zu können.[527]

Bei seiner Fahrt trifft Anton unter anderem ein Paar, mit dem er ein Gespräch beginnt. Doch die beiden hören seiner Geschichte nicht zu, weil sie ganz damit beschäftigt sind, so zu tun, als würden ihre Kinder noch leben. Mit Menschen zu sprechen erscheint daher illusorisch, und so verbindet das Motiv scheiternder Kommunikation den Roman durchaus mit dem *Treibhaus*. Doch auch als Anton betet, offenbart Gott ihm keine Reaktion. Daraufhin versucht Anton es mit Frauen; er besäuft sich mit anderen Veteranen, und immer wieder erinnert er sich seiner Tat, die in mehreren Varianten erzählt wird. Man könne nichts dafür, wenn man Wache hat – dieser Satz fällt dreimal während der Nacht, ein an den biblischen Petrus (dreimal krähte der Hahn) erinnerndes Symbol menschlicher Schwäche und des Verrats. Antworten findet Anton keine, aber irrsinnigerweise findet er so etwas wie Halt: einen Platz unter denen, die auch noch am Leben sind. Irgendwie geht's weiter, wenn die Alpträume vorüber sind, lautet die skeptische Erfahrung der *Nachtfahrt*.[528] Anton will sich mit der Undurchschaubarkeit der Welt abfinden und beschließt, mit der Trauer und dem Selbstmitleid aufzuhören. »Nach so viel nüchternem Neuanfangswitz«, schrieb der Kritiker Gerhard Stadelmaier in einem Nachruf, »war Georg Hensels belletristische Trauerarbeit erledigt«.[529]

---

[524] H. Böttiger, Gruppe 47, 2012, S. 107.
[525] G. Hensel, Glück gehabt, 1994, S. 124.
[526] G. Hensel, Nachtfahrt, 1949, S. 13.
[527] Y. Staets, Aufschwung in das Phantastische?, 2012, hier S. 53; R. Louis, Gleichnisse, 2007.
[528] Zur Analyse der Kreis- und Wegmetaphorik bei Hensel: R. Louis, Gleichnisse, 2007, S. 147.
[529] G. Stadelmaier, Lachender Melancholiker, 1997, S. 193.

Seit 1941 hatte Hensel am Zweiten Weltkrieg teilgenommen, als Funksoldat
bei der Artillerie, in Südrussland, Rumänien und Ungarn, wie der Klappentext
des Buches beglaubigte; Hensels Vater war Lokomotivführer. Es liegt daher nahe,
die *Nachtfahrt* als einen der vielen Romane zu lesen, in denen der Zweite Weltkrieg und die jüngste Vergangenheit verhandelt und verarbeitet wurden. Bölls
Frühwerk ist dafür ein eindrückliches Beispiel. Bei Hensel tragen die symbolis-
tischen, surrealistischen Szenen, gerade auch in der sich wiederholenden Erfahrung der Vergeblichkeit, Züge des Existentialismus: Alles kehrt wieder im Leben,
alles scheint vorherbestimmt – bis Anton, gemeint ist: der Mensch, den Freiraum
erkennt, der ihm gerade durch diese Einsicht entsteht.[530] Diese lebensbejahende
Schlussfolgerung ist das Gegenteil von Keetenheuves Sprung in den Rhein, und
daher meinte Hensel im *Darmstädter Echo*: »Keetenheuve ist ein Versager«.

Ein Schriftsteller ist Hensel tatsächlich nicht geworden, trotz oder auch we-
gen der *Nachtfahrt*. Einen Roman zu schreiben fand er zu mühsam, zudem sei
sein Debüt, wie Hensel später selbstironisch bemerkte, »von mehr Kritikern als
Lesern« gelesen worden, »also von kaum jemand«.[531] In der Tat war *Nachtfahrt*
einer der Worstseller des Rowohlt-Verlags. Die *Frankfurter Hefte* etwa spotteten:
»Das Rezensionsexemplar liegt in der Redaktion zur Abholung bereit.«[532] Georg
Hensel spielte fortan auf der journalistischen Bühne, und das sehr erfolgreich.
Schon 1945 hatte er beim *Darmstädter Echo* angefangen, und ein Vierteljahrhundert lang leitete er das Feuilleton der renommierten Regionalzeitung. Hensel schrieb vor allem über das Theater der Stadt, das in den 1950er Jahren eine
durchaus überregionale Bedeutung hatte.[533] 1975 wurde Hensel der für die The-
aterkritik verantwortliche Redakteur im Feuilleton der *Frankfurter Allgemeinen
Zeitung*.[534] Rückblickend erklärte Hensel, er habe sein journalistisches Hand-
werkszeug bei der Lektüre der *Neuen Zeitung* gelernt. Die von den Amerikanern gegründete Modellzeitung sei »die erste demokratische Zeitung« gewesen,
die er in seinem Leben gelesen habe, mit Anfang zwanzig wohlgemerkt.[535] Entsprechend bezeichnete Hensel auch die Fünfzigerjahre als »Schulzeiten für Erwachsene«, seinen Interessen gemäß als Schulzeit im Theater, in der Literatur
und in der Kunst.[536]

---

[530] Y. Staets, Aufschwung in das Phantastische?, 2012, S. 61.
[531] So 1984 in Hensels Antrittsrede als Mitglied der Deutschen Akademie für Sprache und Dichtung, gedruckt in: Wie sie sich selber sehen, 1999, S. 270.
[532] Artikel »Feuilleton in Permanenz«; Frankfurter Hefte 5 (1950), 1, S. 104. –Vgl. D. Oels,
Rowohlts Rotationsroutine, 2013, S. 267 f.
[533] G. Hensel, Kritiken, 1962. Vgl. den mehrfach aufgelegten Schauspielführer von der Antike
bis zur Gegenwart: G. Hensel, Spielplan, zuerst 1966, zuletzt 1993.
[534] G. Hensel, Glück gehabt, 1994.
[535] Zitiert nach: J. Gienow-Hecht, Transmission Impossible, 1999, S. 175.
[536] G. Hensel, Glück gehabt, 1994, S. 183.

Hensel äußerte sich als ein typischer Vertreter der ›45er‹-Generation: Dieser Begriff wurde zu Beginn des 21. Jahrhunderts von Historikerinnen und Historikern geprägt, um eine Generation zu verstehen und einzuordnen, die großen Einfluss auf die Geschichte der Bonner Republik genommen hat.[537] Bei den ›45ern‹ geht es um die Geburtsjahrgänge etwa zwischen 1920 und 1930 – und um Menschen, mit denen sich die Modernisierung, Liberalisierung und Verwestlichung der deutschen Gesellschaft verbindet. Geprägt wurden die ›45er‹ durch die Demokratie, aber zuvor auch noch durch die totalitäre Diktatur. Den Zweiten Weltkrieg hatten sie als Heranwachsende und junge Erwachsene erlebt, die männlichen ›45er‹ in der Regel als Soldaten, Flakhelfer oder Hitlerjungen. Wesentliche, prägende Jahre ihrer Sozialisation lagen in der Zeit des Nationalsozialismus. Getauft wurde die Generation hingegen nach dem Jahr des Kriegsendes. Der Untergang des ›Dritten Reiches‹ und der Neubeginn in der Nachkriegszeit gelten als das gemeinschaftsstiftende Ereignis, die Urszene oder der Wendepunkt, der die Altersgruppe zur Generation zusammengeschlossen hat.[538] So unterschiedlich die Biographien, Charaktere und Temperamente im Einzelnen sein mochten (und natürlich machte es einen Unterschied, ob man Soldat war oder ein Kriegskind) – im Jahr 1945 standen alle ›45er‹ vor derselben Ausgangslage: Das System, das bis dahin alle Regeln und über ihr Leben bestimmt hatte, war zusammengebrochen. Nicht nur der Krieg war vorüber, auch der Staat, in dem sie aufgewachsen waren, der sie ideologisiert, begeistert und/oder gegängelt hatte, existierte nicht mehr. Die Generationserfahrung der ›45er‹ war mithin *erstens* der Zwang, sich komplett neu zu orientieren – wobei dies mehr oder weniger für fast alle erwachsenen Deutschen galt. Die ›45er‹ einte darüber hinaus *zweitens* der Umstand, dass sie jung genug beziehungsweise im richtigen Alter waren, um unter neuen Vorzeichen voll durchzustarten. Einerseits waren sie alt genug, um die NS-Diktatur und ihre Ideologie noch bewusst miterlebt zu haben. Andererseits waren sie jung genug, um sich auf Neues einzulassen. Als junge Erwachsene waren sie zudem noch nicht so alt, dass man sie für den Untergang der Weimarer Republik und die Verbrechen des Nationalsozialismus verantwortlich machen konnte. Das war die »Gnade der späten Geburt«, wie das der ›45er‹-Journalist Günter Gaus nannte.[539]

---

[537] H. BUDE, Deutsche Karrieren, 1987; D. MOSES, 45er, 2000; R. SCHÖRKEN, Niederlage als Generationserfahrung, 2004; C. v. HODENBERG, Konsens und Krise, 2006; D. MOSES, German Intellectuals, 2007, S. 55–73.
[538] D. MOSES, 45er, 2000, S. 235. – Zum Zusammenhang von Generationalität und Geschichte: U. HERBERT, Drei politische Generationen, 2003; A. SCHULZ/G. GREBNER, Generation und Geschichte, 2003; B. WEISBROD, Generation, 2005; A. WIRSCHING, Politische Generationen, 2006. – Zur Wissenschafts- und Kulturgeschichte des Generationenbegriffs: O. PARNES/U. VEDDER/S. WILLER, Konzept der Generationen, 2008.
[539] Gemeint nicht als Entlastung, sondern »in streng lutherischem Sinne« als unverdient gewährte Gnade, aus der eine Verpflichtung entstehe: G. GAUS, Widersprüche, 2004, S. 114.

In der Nachkriegszeit fanden viele ›45er‹ ihren Platz in Beruf und Gesellschaft. Spätestens seit den Sechzigerjahren bestimmten Vertreter dieser Generation die Geschicke der Bonner Republik. In Politik, Wirtschaft, Kultur und Wissenschaft waren sie mehr als drei Jahrzehnte lang in Amt und Würden, bis sie am Ende des 20. Jahrhunderts schleichend abgelöst wurden. Zu den ›45ern‹ gehörten beispielsweise Helmut Schmidt (Jahrgang 1918), Egon Bahr (1922), Rainer Barzel (1924), Hans-Dietrich Genscher (1927) und Helmut Kohl (1930). Hinzu kamen der *Spiegel*-Herausgeber Rudolf Augstein (1923), die Schriftsteller Günter Grass (1927) und Hans Magnus Enzensberger (1929), der Philosoph Jürgen Habermas (1929), der Soziologe Niklas Luhmann (1927) oder die Historiker Hans-Ulrich Wehler (1931) sowie Hans und Wolfgang J. Mommsen (1930). »Unter allen Deutschen waren es die 45er, bei denen die neue Demokratie die günstigsten Voraussetzungen fand«, definierte der Historiker Dirk Moses.[540] Dabei ist der Name der ›45er‹ eine Selbstbeschreibung, die der Literatur- und Musikkritiker Joachim Kaiser (1928) vielleicht nicht erfunden, aber immerhin verwendet hat.[541] Dass der Begriff insofern auch ein Eigenbild weiterträgt, gehört zu seinen analytischen Schwächen. Doch das Selbstverständnis der ›45er‹ hat der spätere FDP-Politiker Karl Moersch (1926), der als junger Journalist seit Mitte der Fünfzigerjahre für die Zeitschrift *Die Gegenwart* die Rubrik »Aus dem Bundeshaus« redigierte, so auf den Punkt gebracht: »Wir Jüngeren waren uns einig, daß wir für den neuen demokratischen Staat Verantwortung übernehmen müßten.«[542] Mit Vernunft Verantwortung für die Demokratie übernehmen – dieses Leitbild, das nach dem Einfluss von Max Weber und Karl Popper klingt, wäre Ernst von Salomon wohl eher nicht eingefallen.

Genauso wenig wie der ›45er‹-Journalist Georg Hensel störte sich in der *Treibhaus*-Debatte Hermann Schreiber an der ›Restaurations‹-Kritik. Im Gegenteil hielt Schreiber, der den Roman für die *Stuttgarter Zeitung* rezensierte[543], sie für eine zutreffende Diagnose der westdeutschen Fünfzigerjahre, für eine Beschreibung des Zeitgeists. Schreiber lobte, es sei ein großes Verdienst des Autors, »die Situation des Intellektuellen in einer restaurativen Gesellschaft« einmal festgehalten zu haben. »Wohlhäbigkeit macht selbstgerecht«, mahnte Schreiber mit Blick auf eine weitverbreitete Denkfigur, die er wie »mancher gute Deutsche« eher mit Sorge beobachtete: »Wozu auch umlernen – haben wir es nicht schon wieder herrlich weit gebracht?«

---

[540] D. Moses, 45er, 2000, S. 260.
[541] J. Kaiser, Phasenverschiebungen, 1990, S. 73. – Zum Transfer: D. Moses, 45er, 2000, S. 235.
[542] K. Moersch, Pro und Contra, 1998, S. 307 f. – Vgl. C. v. Hodenberg, Politische Generationen, 2005, S. 278.
[543] Hier und im Folgenden: »Fruchtlose Opposition aus dem Treibhaus«, Stuttgarter Zeitung vom 28. November 1953.

Allerdings verfasste Schreiber keine positive *Treibhaus*-Rezension, und zwar weil ihm – auch das verbindet ihn mit Hensel – Keetenheuve zu schwach und pessimistisch erschien. Was den jungen Redakteur der *Stuttgarter Zeitung* an der Romanfigur am meisten störte, war dessen trauriges Ende: der Sprung von der Brücke. Ein echter Politiker gehe nicht ins Wasser, erklärte Schreiber apodiktisch. Doch weil Keetenheuve an der Vergeblichkeit seines eigenen Tuns verzweifele und aufgebe, »darum glaubt man ihm den Politiker nicht«. Vielleicht sei Keetenheuve authentisch als vergrübelter Künstler. Bloß sei er dann charakterlich als Parlamentarier ungeeignet – beim Bohren dicker Bretter, möchte man mit Max Weber hinzufügen. »Anstatt wenigstens das ihm Verbleibende zu besorgen, träumt, trinkt, diniert, bramarbasiert, greint er sich in den Selbstmord«, schimpfte Schreiber: »Der Effekt solchen Versagens ist gleich null. Man zuckt die Achseln. Es hätte überzeugt, ja erregt, den immer wieder und auch ohne greifbare Alternative um einen neuen Geist Bemühten an der Restauration scheitern zu sehen.« Doch was tut Keetenheuve? Seine Konsequenz seien Depression und Weltschmerz, und aus diesem Grund sei sein Beispiel unnütz, »fruchtlos dem Politiker«.

Kritik an Bonn, die Opposition zur Bundesregierung, sein Unbehagen wegen des Zustands der Oppositionspartei – bitteschön, Schreiber hatte nichts dagegen. Er hielt allgemeine und scharfe Grundsatzkritik weder für nihilistisch, noch fürchtete er deswegen gleich um die Staatssubstanz der Bundesrepublik. Ihn ärgerte nicht der Oppositionsgeist, sondern die Jämmerlichkeit der Figur des Opponenten: »Den Lebenden hinterläßt er das unangenehme Gefühl, daß er mit seiner Handlungsweise die Restaurateure erst so ganz ins Recht gesetzt habe«, schloss Schreiber seine Besprechung. Wie hatte Hensel geschrieben? »Keetenheuve ist ein Versager.«

Zum Zeitpunkt seiner Rezension war Hermann Schreiber, damals Redakteur der *Stuttgarter Zeitung*, 24 Jahre alt.[544] Mit dem Geburtsjahr 1929 war er in der *Treibhaus*-Debatte der jüngste Akteur. Gut zehn Jahre später wechselte Schreiber zum *Spiegel*, für den er bis Ende der Siebzigerjahre in einer hervorgehobenen Position schrieb. Schreibers Reportagen und Kommentare wurden namentlich gezeichnet, obwohl das beim *Spiegel* damals unüblich war. Die Lüftung der Anonymität war ein Privileg für die ›Edelfedern‹ des Magazins: für den Herausgeber Rudolf Augstein, für Günter Gaus und eben Schreiber (›45er‹-Journalisten alle drei). Als *Spiegel*-Reporter begleitete Schreiber die sozial-liberalen Jahre unter Bundeskanzler Willy Brandt, und er begleitete sie aus großer Nähe: räumlich, politisch und persönlich.[545] Nach Brandts Rücktritt setzte Schreiber seine

---

[544] Schreiber hat eine Auslese seiner Artikel bei der *Stuttgarter Zeitung* publiziert: H. SCHREIBER, Zwischenzeit, 1964.
[545] Beispielsweise (mit einem Vorwort von Günter Grass): H. SCHREIBER/F. SOMMER, Heinemann – Bundespräsident, 1969. – Später äußerte sich der Publizist als Zeitzeuge: H. SCHREIBER, Kanzlersturz, 2003.

journalistische Karriere fort: als Reporter und Chefredakteur des Weltenbumm-
ler-Magazins *Geo*, als Sachbuchautor und als Moderator der *NDR-Talkshow* im
Fernsehen.

Ein weiterer linksliberaler *Treibhaus*-Kritiker aus der ›45er‹-Generation war
Harry Pross.[546] In der *Weltwoche* aus Zürich bezeichnete Pross Koeppens Roman als ein »Bonner Skandälchen« und als ein »geiles Trugbild [...] mit aktuellen Ungeistern«. Über den fiktiven Abgeordneten heißt es darin: »Keetenheuve hat nicht gesiegt, er taugt nicht einmal dazu, zu überstehen.«[547] Auch in
dieser Rezension zeigte sich, dass das Scheitern eines Oppositionsabgeordneten
in Bonn – und sei es ›nur‹ fiktiv im Rahmen eines Romans – insbesondere für
die energischen Vertreter einer nachwachsenden Generation schwer zu ertragen
war.[548] Einerseits hatten die ›45er‹ die Westbindung des politischen Systems der
Bundesrepublik schnell verinnerlicht, und zur westlichen Demokratie gehörte
notwendigerweise die Kritik. Andererseits (beziehungsweise gerade deshalb) reagierten sie auf einige innenpolitische Entwicklungen und vor allem auf die verschiedenen Beharrungskräfte eben mit Widerspruch – im Vertrauen darauf, die
Dinge verbessern zu können.

Auch Harry Pross hatte am Zweiten Weltkrieg als Soldat teilgenommen und
anschließend in Heidelberg unter anderem Soziologie studiert; 1949 wurde
er mit einer Arbeit über die bündische Jugend promoviert.[549] Bis 1952 redigierte er in Berlin zusammen mit dem vormals kommunistischen Intellektuellen Franz Borkenau die Zeitschrift *Ost-Probleme*, die Pross selbst unumwunden
dem »amerikanische[n] Propagandaministerium« zuordnete.[550] Wie die *Neue
Zeitung* oder der *Monat* wurde sie von den Amerikanern finanziert. Die *Ost-Probleme* informierten in deutscher Sprache über die Sowjetunion und den Welt-
kommunismus. Seit 1953 schrieb Pross als freier Journalist unter anderem aus
Bonn, vor allem für die niederländische Tageszeitung *Haagse Post*. Daher gehört
Pross sowohl zum Umfeld der *Treibhaus*-Kritik aus Bonn als auch zum Kontext
der *Treibhaus*-Kritik aus West-Berlin. Allerdings wollte er sich mit diesen nicht
unbedingt gemeinmachen. »Die institutionellen Fortschritte des Provisoriums
Bonn in der Mitte der Fünfzigerjahre bestärkten meine Angst vor der nazisti-
schen Restauration«, erklärte Pross später.[551] Er hatte zwar am ›Kongress für kulturelle Freiheit‹ teilgenommen, doch fand er diese Veranstaltung zu propagan-

[546] C. v. Hodenberg, Konsens und Krise, 2006, S. 43 und 54; D. Moses, German Intellectuals, 2007, S. 68.
[547] Artikel »Bonner Skandälchen«; Die Weltwoche (Zürich) vom 2. Januar 1954.
[548] K.-H. Götze, Koeppen: Das Treibhaus, 1985, S. 129.
[549] H. Pross, Nationale und soziale Prinzipien, 1949.
[550] H. Pross, Memoiren, 1993, S. 188.
[551] H. Pross, Memoiren, 1993, S. 209.

distisch; er hielt sie für den Ausdruck einer »Kreuzfahrerpsychose«.[552] Auch den rabiaten Antikommunismus à la McCarthy kritisierte er 1952 in der *Deutschen Rundschau* als »ideologischen Nullpunkt« des ›Kalten Krieges‹; er forderte stattdessen politische Lösungen.[553] Insbesondere seine Kenntnis der NS-belasteten Personennetzwerke der Osteuropaforschung, die Pross seiner Tätigkeit für die *Ost-Probleme* verdankte und die er als »Rehabilitation der deutschen Ostdränger« bezeichnete, weckten seinen Widerspruch.[554] So war Pross zugleich kritisch und durch und durch westlich-liberal orientiert – nicht zuletzt nach mehreren Stipendienaufenthalten in Übersee, unter anderem im Jahr 1952/53 an der *New School für Social Research* in New York.

Mit »Oppositionsgeist gegen Bonn«[555] beschrieb Pross in ungezählten Artikeln, Aufsätzen und Vorträgen seine Sorgen vor einer drohenden Renazifizierung und einer Wiederkehr des Antisemitismus.[556] Seit 1955 tat er dies als Redakteur und später als Mitherausgeber der *Deutschen Rundschau*, einer traditionsreichen politisch-literarischen Kulturzeitschrift. Später wurde er Chefredakteur von Radio Bremen und Publizistikprofessor an der Freien Universität in Berlin. Pross sympathisierte mit Alfred Andersch, Hans Werner Richter und anderen Intellektuellen, die sich im Grünwalder Kreis engagierten.[557] Immer wieder sprach Pross kritisch von der ›Restauration‹ in der Nachkriegszeit. Er beschrieb sie als »Stickluft« oder als »öffentliche[n] Mief«[558] und führte diese antiliberalen Tendenzen auf den Ost-West-Konflikt, das ›Wirtschaftswunder‹, den Einfluss der Kirchen und nicht zuletzt auf die Personalkontinuität NS-belasteter Eliten zurück. »Die Korrektur der Restauration muß von der Publizistik kommen«, forderte Pross noch 1965.[559] Es waren also nicht die Gegenstände der Kritik, die ihn am *Treibhaus* störten, sondern dessen pessimistisches Temperament.

Zum Jahreswechsel 1953/54 schrieb Pross eine sehr ambivalente *Treibhaus*-Rezension. Einerseits sah er in Bonn das »Felix-Krullhafte der deutschen hauptstädtischen Situation«, und er lobte, dass Koeppen »eine virtuose, wenn auch an Untiefen reiche Spiegelei des Bonner Bildes« gelungen sei. Andererseits stellte

---

[552] H. Pross, Memoiren, 1993, S. 189–191 und 218 (Zitat).

[553] Artikel »Am ideologischen Nullpunkt des Kalten Krieges«; Deutsche Rundschau 78 (1952), 6, S. 578–583; »Senator McCarthy«; Deutsche Rundschau 79 (1953), 6, S. 575–578.

[554] H. Pross, Memoiren, 1993, S. 193. – Für die NS-Verstrickungen der Südosteuropa-Forschung: A. Korb, Von der Ustaša, 2013; ders., Schatten des Weltkriegs, 2013; Artikel »Durch dick und dünn mit Adolf Hitler« von Michael Martens; Frankfurter Allgemeine Sonntagszeitung vom 10. Februar 2013; »Nur mit den Wölfen geheult« von Michael Martens; FAZ vom 31. Dezember 2013.

[555] H. Pross, Memoiren, 1993, S. 237. – Vgl. C. v. Hodenberg, Konsens und Krise, 2006, S. 275–281.

[556] H. Pross, Zerstörung, 1959.

[557] D. Geppert, Alternativen zum Adenauerstaat, 2011.

[558] H. Pross, Memoiren, 1993, S. 244.

[559] H. Pross, Dialektik der Restauration, 1965, S. 88.

Pross die Frage in den Raum, ob der Skandalroman, der trotz seiner hochwertigen Leinenbindung nur 6,90 DM kostete, vielleicht subventioniert worden sein könnte: »Und wenn, von welcher Seite?«[560] Als Koeppen diesen ziemlich raunenden Verdacht östlicher Propaganda bemerkte, hat er sich darüber sehr geärgert. Seinem Verleger gegenüber nannte er die Vermutung schlicht »grotesk«.[561]

Möglicherweise hatte die Bipolarität dieser Rezension, die zwischen harschen Werturteilen und gemeinsam empfundener Zeitkritik schwankte, mit der Zeitung zu tun, in der die Besprechung publiziert wurde. Auch die seit 1933 in Zürich erscheinende *Weltwoche* vollzog in ihrer Geschichte mehrere weltanschauliche Metamorphosen: Nach einer Anfangsphase, in der sie mit der ›Frontenbewegung‹ sympathisierte, der Schweizer Variante der faschistischen Rechtsströmungen in Europa, hatte sich die *Weltwoche* im Laufe der Dreißigerjahre gegen den Nationalsozialismus gewandt. Im ›Kalten Krieg‹ verfocht sie dann in der Schweiz, wo die Staatsmaxime der Neutralität seit langem sakrosankt war, einen prowestlichen Kurs.[562] Im Kontext der frühen Bundesrepublik aber offenbarte diese Rezension vor allem das Unbehagen, das viele Journalisten der ›45er‹-Generation bei der *Treibhaus*-Lektüre empfunden haben. Sie teilten zwar viele Kritikpunkte, erwarteten aber mehr Tatkraft bei der Lösung der Probleme und wollten am Leben bleiben. So bilanzierte Harry Pross recht kühl: »Die Bundesrepublik befindet sich nicht mehr auf den Pfaden von Weimar – und die Literatur noch nicht.«[563]

Ein »Mißbehagen« und die gleichzeitige »Sehnsucht nach etwas Neuem« war die ›45er‹-Stimmung, die in der *Treibhaus*-Rezension der deutschen Wochenzeitung *Die Zeit* zur Sprache kamen. Paul Hühnerfeld, der junge Feuilleton-Leiter, der im November 1953 über Koeppens Roman schrieb, war ebenfalls ein Vertreter dieser Generation: Geboren 1926, hatte er im Zweiten Weltkrieg bei der Marine gedient. In der Nachkriegszeit studierte er zunächst Medizin, doch als er ein Volontariat bei der *Zeit* bekam, ergriff er die Chance, Journalist zu werden. Als Hühnerfeld 1960 bei einem Autounfall getötet wurde, porträtierte ihn sein Chefredakteur Josef Müller-Marein als einen temperamentvollen Literaturkritiker der ›45er‹-Generation: »Paul Hühnerfeld war unter den Nachkriegsjournalisten von Format einer der ersten seiner Generation: Er begann mit vernünftigem Mißtrauen und mit der Begierde, sich die Dinge ganz aus der Nähe anzusehen; er war für jede Beobachtung dankbar, die ihn positiv reagieren ließ. Er fing als Vertreter der ›skeptischen Generation‹ an und wühlte sich vorwärts.«[564]

---

560 Artikel »Bonner Skandälchen«; Die Weltwoche (Zürich) vom 2. Januar 1954.
561 Koeppen an Goverts, Brief vom 15. Januar 1954, WKA/UB Greifswald UB 24439.
562 G. Kreis, Weltwoche, 2013.
563 Artikel »Bonner Skandälchen«; Die Weltwoche (Zürich) vom 2. Januar 1954.
564 Artikel »Adieu P. H.«; Die Zeit vom 16. August 1960, Nr. 34/1960.

Über das *Treibhaus* schrieb Hühnerfeld im November 1953, es handele sich um »ein gefährliches Buch«, weil es provozieren werde. Zugleich sei das *Treibhaus* aber »ein gutes Buch«, weil es literarische Beschreibungen und »tatsächlich in Bonn in den letzten Jahren geschehene Dinge mit Absicht durcheinanderwirft«.[565] Wie Georg Hensel lobte Hühnerfeld die literarische Qualität des Romans, und wie Hensel, Hermann Schreiber und Harry Pross missfiel Hühnerfeld die »Unzulänglichkeit« der Hauptfigur. Keetenheuve wurde als »kleiner Hamlet in Bonn« eher verspottet als bedauert. Nach Hühnerfelds Charakterisierung empfinde der *Treibhaus*-Protagonist es als »Zumutung«, die Republik von innen heraus zu verändern. Zudem verzweifle der fiktive Abgeordnete daran, dass dies aus der parlamentarischen Opposition heraus angeblich unmöglich sei. Diese Schlussfolgerung aber, so Hühnerfeld in der *Zeit*, sei:

> eine politische Aussage und so muß sich der Autor Koeppen gefallen lassen, daß man diesem Satz auf der Ebene realer Politik widerspricht: man sehe sich nur einmal die Behandlung der EVG-Verträge an! Wäre die nicht wesentlich schneller und auch anders verlaufen ohne den Widerstand der Opposition? […] Und immer noch handhaben wir die Maschinerie der Demokratie mit ungeübten Fingern.«

5.4 Gegner der Westbindung: Das *Treibhaus* im Urteil von Pazifisten und ›Neutralisten‹

In der *Treibhaus*-Debatte 1953/54 wurde – unter anderem, ja insbesondere – die Frage der Westbindung der Bundesrepublik verhandelt. Das zeigte sich *erstens* in der Einhelligkeit, mit der Koeppens Roman von Bonner Parlamentsjournalisten abgelehnt wurde. Ihnen lag die Stabilisierung der jungen Demokratie am Herzen, für die sie sich – als Vermittler – verantwortlich fühlten. Das galt *zweitens* für die *Treibhaus*-Kritik aus West-Berlin, wo man keinen Zweifel an der außenpolitischen Westbindung aufkommen lassen wollte. Insbesondere antiamerikanische Tendenzen, wie Ernst von Salomon sie artikuliert hatte, galten an diesem Brennpunkt des ›Kalten Krieges‹ als gefährlich. Auffällig waren dabei die inhaltlichen und personellen Netzwerke, die zwischen Bonn, West-Berlin und der amerikanischen Ostküste bestanden. Etwas anders gelagert war der Fall *drittens* bei den *Treibhaus*-Rezensenten aus der ›45er‹-Generation: Sie sorgten sich nicht (mehr) so sehr um »das kleine Pflänzchen« der wiedergewonnenen Demokratie, wie es im Berliner *Tagesspiegel* der *Weltbühnen*-Erbe Walther Karsch formuliert hatte. Vielmehr teilten die jungen Kritiker einige der im *Treibhaus* zur Sprache gebrachten Sorgen vor der Beharrungskraft alter oder der Wiederkehr reaktionärer Kräfte, die unter dem Stichwort ›Restauration‹ diskutiert wurden – wohlge-

---

[565] Hier und im Folgenden: »Ein Hamlet in Bonn«; DIE ZEIT vom 5.November 1953, Nr. 45/1953.

merkt auch aus Sorge um die Demokratie. Als Angehörige der Frontgeneration des Zweiten Weltkrieges beobachteten viele ›45er‹ gerade die ›Wiederbewaffnung‹ nicht vorbehaltlos. Zugleich hatten sie aber eine andere Weltsicht und ein anderes Temperament, als es die Figur Keetenheuve und die Atmosphäre des Romans vermitteln. Viele ›45er‹ hielten wenig von dunkler Romantik; ihnen stand der Sinn nach nüchternem Optimismus. Insbesondere die Verwestlichung des deutschen politischen und medialen Systems, die mit den Alliierten, dem Grundgesetz und dem Neubeginn in Bonn aufs Gleis gesetzt wurde, hatten sie früh verinnerlicht. Auf dieser Basis schien ihnen Kritik an den bestehenden Verhältnissen oder konkreten politischen Entwicklungen nicht nur möglich, sondern wünschenswert – aber bitte mit Reformperspektive.

Vor dem Hintergrund, dass das *Treibhaus* bei verschiedenen geistigen Trägergruppen der Westbindung auf große Bedenken stieß (um das Mindeste zu sagen), stellt sich umgekehrt die Frage nach der Rezeption in Zeitungen und Zeitschriften, welche die außen- und sicherheitspolitische Dimension der Westbindung ablehnten: Wie also wurde der Roman von Pazifisten und ›Neutralisten‹ beurteilt? Weite Teile der inner- und außerparlamentarischen Opposition in der Ära Adenauer wollten – aus durchaus unterschiedlichen Motiven – insbesondere die ›Wiederbewaffnung‹ vermeiden. Die Angst vor dem Krieg, einem Atomkrieg gar, spielte dabei eine Hauptrolle, aber auch die nationale Frage in Zeiten der sich vertiefenden Teilung. Viele Gegner der Westbindung hielten demgegenüber an einer Deutschland-Konzeption fest, die einen ›dritten Weg‹ zwischen dem östlichen und dem westlichen Bündnis vorsah.[566]

Im *Treibhaus* scheitert Keetenheuve ja nicht zuletzt an seiner vergeblichen Opposition gegen die Ratifizierung des EVG-Vertrages. Bis heute gilt die Nachkriegs-Trilogie Koeppens zudem als »ein pessimistisches Plädoyer für den radikalen Pazifismus«.[567] Daher erwartet man Lob und Sympathie von Rezensenten, die ebenfalls gegen die ›Wiederbewaffnung‹ opponierten. Die Erwartung bestätigt sich bei der Zeitung *Das andere Deutschland*. Das *Treibhaus* sei ein »tapferes Buch«, geschrieben »von einem Mann, der die Wahrheit will«.[568] Koeppen wolle die Satten, Zufriedenen, Einschlafenden aufrütteln – all jene, die nicht einsehen wollten, dass die Bundesregierung mit ihrer Politik der ›Wiederbewaffnung‹ schon wieder auf einem »Todesritt« unterwegs sei. Im *Treibhaus* könne man endlich lesen, »daß in Bundesdeutschland die Macht den Geist erschlagen hat und wir uns dem dunklen Abgrund nähern ohne Fackel in der Hand.« Da-

---

[566] A. Gallus, Neutralisten, 2001; D. Geppert/U. Wengst (Hg.), Chance oder Chimäre?, 2005.

[567] P. Atyame, Nonkonformismus und Utopie, 2001, S. 2.

[568] Hier und im Folgenden: »Koeppen – der echte Zeitgenosse«; Das andere Deutschland vom 10. Dezember 1953, Nr. 25/1953.

bei gehe es – wie im realen Bonn – um das »gefährliche, mit Menschenleben be-
triebene Spiel der Politik«.

Das andere Deutschland, aus dem dieses *Treibhaus*-Lob stammt, war die Mit-
gliederzeitung der Deutschen Friedensgesellschaft, und damit gehörte die Zeitung zum Umfeld der Friedensbewegung. Herausgegeben wurde sie von Fritz
Küster, der nach dem Zweiten Weltkrieg mit anderen die Deutschen Friedensgesellschaft neu gegründet hatte.[569] Die Friedensgesellschaft wiederum hatte
sich schon vor dem Ersten Weltkrieg als mitgliederstärkste pazifistische Vereinigung im deutschsprachigen Raum etabliert. »Die Waffen nieder!« Unter diesem Motto hatte 1892 Bertha von Suttner die Deutsche Friedensgesellschaft
als parteipolitisch und religiös neutrale Gemeinschaft mit aus der Taufe gehoben.[570] In dieser Tradition hatte *Das andere Deutschland* in den Zwanzigerjahren
für eine »Einheitsfront aller ehrlichen Friedensfreunde« geworben. Ihre Gegner
fand sie im Imperialismus und Militarismus, nach dem Ersten Weltkrieg in der
Hugenberg-Presse, bei den paramilitärischen Republikfeinden vom Stahlhelm
und den Nationalsozialisten. In den Weimarer Jahren bekämpfte sie aber auch
die vermeintlich zu nachgiebige Regierungspolitik der SPD oder das Reichsbanner Schwarz-Rot-Gold, den Verband, der sich für die Verteidigung der Republik einsetzte.[571]

Die Waffen nieder! So lautete auch der Titel eines Antikriegsromans von Bertha von Suttner[572], über den der habsburg-polnische Finanzminister Julian von
Dunajewski 1890 im Wiener Parlament, dem Reichsrat, gesagt hatte: »Ich bitte
einige Stunden diesem Werk zu widmen, und wer dann noch für den Krieg Pas-
sion hat, den bedaure ich wirklich.«[573] Auch im *Treibhaus* wird Suttners Schlüs-
seltext des Pazifismus zitiert, und zwar als Keetenheuve sich mit seinem Par-
tei- und Fraktionsvorsitzenden Knurrewahn berät: »Keetenheuve war für reinen
Pazifismus«, heißt es da, »für ein endgültiges Die-Waffen-Nieder!«[574] Daher war

---

[569] *Das andere Deutschland* führte diesen Namen seit 1925. Gegründet wurde die Zeitung 1921 von
Fritz Küster als *Der Pazifist*; 1933 wurde sie verboten. Nach dem Zweiten Weltkrieg erhielt Küster die alliierte Lizenz, mit der *Das andere Deutschland* wieder erscheinen konnte. 1969 wurde die
Zeitung eingestellt. Vgl. H. DONAT, Das Andere Deutschland, 1983; S. APPELIUS, Geschichte des
kämpferischen Pazifismus, 1988, S. 16–18 und 75; DERS., Fritz Küster, 2002.
[570] B. HAMANN, Bertha von Suttner, 1986, S. 182 f.
[571] K. ROHE, Reichsbanner, 1966, S. 188 f.; A. SCHILDT, Arbeiterbewegung und Reichswehr,
1981.
[572] B. V. SUTTNER, Die Waffen nieder!, 1977 [1889]. – Der Roman erzählt in Form einer Autobiographie die Geschichte von Martha, einer Adeligen, deren Leben von Krieg und Nationalismus
mehr als überschattet wird. Ihr erster Ehemann fällt 1859 kurz vor der Schlacht von Solferino, der
zweite kämpft auf Seiten Österreichs in Dänemark und gegen Preußen, bevor er 1870 in Paris als
Deutscher von einem Nationalisten erschossen wird. – Vgl. A. NAGEL, Fanfare der Friedensbewegung, 2011.
[573] Zitiert nach: B. HAMANN, Bertha von Suttner, 1986, S. 135.
[574] W. KOEPPEN, Werke. Band 5: Das Treibhaus, 2010, S. 80 f.

es stimmig, dass die hymnische *Treibhaus*-Besprechung in *Das andere Deutschland* mitfühlend hervorhob, dass der fiktive Abgeordnete an der ›Wiederbewaffnung‹ verzweifelt. Gegen die argumentierte und demonstrierte die Friedensbewegung schließlich seit Jahren:

> Das Buch hat Pathos und Atmosphäre und gestaltende Dichtung wie kaum ein zweites, das so hart in die Gegenwart und alle Herzen vorstößt. Es pocht heftig, will Einsichten vermitteln und Türen öffnen. Es ist ein hart drängender Ton in diesem Kampfruf für die Wahrhaftigkeit.[575]

Innenpolitisch befürchtete der Herausgeber Küster, dass Deutschland nach dem Zweiten Weltkrieg den gleichen Weg gehen werde wie nach 1918. Zunächst aber wiederholte sich etwas anderes: 1951 wurde Küster aus der SPD ausgeschlossen, wie bereits 1931.[576] Vermutlich hat ihm daher auch die Satire gefallen, mit der das *Treibhaus* Knurrewahn charakterisiert, den preußisch-national gestimmten Anführer der Bonner Oppositionspartei (der als Karikatur des SPD-Vorsitzenden Schumacher verstanden wurde): »Knurrewahn wollte der Befreier und Einiger des zerrissenen Vaterlandes werden, schon sah er sich als Bismarckdenkmal in den Knurrewahnanlagen stehen [...], er war für Generäle, aber sie sollten sozial und demokratisch sein.«[577]

Über das *Treibhaus* meinte *Das andere Deutschland* im Dezember 1953: »Es ist ein Glück, daß einer die Wahrheit sagen konnte.«[578] Was die pazifistisch motivierte Kritik an der ›Wiederbewaffnung‹ betrifft, lag diese Wertschätzung nahe, sie stimmte. Was aber meinte der Rezensent in der Zeitung der Deutschen Friedensgesellschaft, als er schrieb: »Erbarmungslos und fanatisch wahr zeigt Koeppen die Fragwürdigkeit der parlamentarischen Demokratie am Bonner Beispiel auf«? Neben dem Lob für den Pazifismus kam in der Rezension ein Motiv der Parlamentarismuskritik zur Sprache. Der Satz war insofern problematisch, als Küster und das Schicksal der Deutschen Friedensgesellschaft auch ein Beleg waren für die Zersplitterung und die fatalen Feindschaften auf der politischen Linken, die mit zur Erosion der Weimarer Republik beigetragen haben. Vor diesem Hintergrund erscheint es wie ein blinder Fleck, dass die *Treibhaus*-Rezension die vielfältigen Gründe, die im Roman für Keetenheuves Scheitern erwogen werden, und die inneren Motive der Figur geflissentlich übergeht. Was für *Das andere Deutschland* zählte, war allein seine Angst vor dem Militarismus. Diese Ver-

---

[575] Artikel »Koeppen – der echte Zeitgenosse«; Das andere Deutschland vom 10. Dezember 1953, Nr. 25/1953.

[576] S. Appelius, Geschichte des kämpferischen Pazifismus, 1988, S. 78; ders. Fritz Küster, 2002, S. 358.

[577] W. Koeppen, Werke. Band 5: Das Treibhaus, 2010, S. 76 f.

[578] Hier und im Folgenden: »Koeppen – der echte Zeitgenosse«; Das andere Deutschland vom 10. Dezember 1953, Nr. 25/1953.

engung war bezeichnend für eine traditionsreiche pazifistische Zeitung, die im ›Kalten Krieg‹ keinen leichten Stand hatte, die aber nicht zuletzt deshalb auf dem absteigenden Ast war, weil ihr im linken beziehungsweise ›neutralistischen‹ Spektrum die Verbündeten fehlten.[579] Auch dieser Aspekt klingt im *Treibhaus* an, und zwar in dem Satz, der auf das Suttner-Zitat folgt:

> Keetenheuve war für reinen Pazifismus, für ein endgültiges Die-Waffen-Nieder! Er wußte, welche Verantwortung er auf sich nahm, sie bedrückte ihn, sie ließ ihn nicht schlafen, aber wenn er sich auch *ohne Bundesgenossen* sah, *ohne Freund in West und Ost* und verkannt hier wie dort, die Geschichte schien ihn zu lehren, daß der Verzicht auf Wehr und Gewalt niemals zu solchem Übel führen konnte wie ihre Anwendung.[580]

Opposition gegen die ›Wiederbewaffnung‹ und Kritik am realen Zustand des westdeutschen Parlamentarismus – diese Argumente waren auch das wichtigste Kriterium der *Deutschen Volkszeitung*, die das *Treibhaus* als »wahrhaft ketzerischen Roman« vorstellte.[581] Die just 1953 ins Leben gerufene *Deutsche Volkszeitung* wurde von dem früheren Reichskanzler Joseph Wirth herausgegeben.[582] In der Weimarer Republik war Wirth ein Vertreter des linken Flügels der katholischen Zentrumspartei gewesen. Von Rechtsaußen wurde Wirth damals als ›Erfüllungspolitiker‹ geschmäht, weil er 1921 auf die Reparationsforderungen der Westmächte eingehen musste.[583] In der frühen Bundesrepublik gehörte Wirth jedoch zu den Kritikern der Westbindungspolitik von Adenauers Mitte-Rechts-Koalition.[584] Er glaubte, das Vorbild des 1922 von ihm geschlossenen Vertrags von Rapallo in die Zeit des ›Kalten Kriegs‹ übertragend, dass ein Ausgleich mit der Sowjetunion möglich wäre, mindestens versucht werden sollte. Mit nationaler Rhetorik behauptete Wirth daher in der ersten Ausgabe der *Deutschen Volkszeitung*, dass mit dem Ja zum EVG-Vertrag »eine verantwortungslose Mehrheit des Bundestages sich dem Lebenswillen unseres Volkes entgegengestellt« habe.[585]

So zeigt sich, dass im Protest gegen die Westbindungspolitik immer wieder auch grundsätzlich die Legitimität des Bonner Systems in Frage gestellt wurde. Eher innerhalb des Repräsentativsystems versuchten jedoch zur Bundestagswahl 1953 mehrere außerparlamentarische Gegner der ›Wiederbewaffnung‹, eine

---

[579] Bei A. GALLUS, Neutralisten, 2001, kommen *Das andere Deutschland* und die Deutsche Friedensgesellschaft daher nicht vor.

[580] W. KOEPPEN, Werke. Band 5: Das Treibhaus, 2010, S. 80 f. [Hervorhebung B.W.]

[581] Artikel »Im Treibhaus der Restauration«; DEUTSCHE VOLKSZEITUNG vom 12. Dezember 1953.

[582] DEUTSCHE PRESSE, 1956, S. 185.

[583] H. KÜPPERS, Wirth, 1997; U. HÖRSTER-PHILIPPS, Wirth, 1998; D. GEPPERT, Adenauer, Wirth, Brüning, 2011.

[584] G. HERBSTRITT, Weg der Verständigung?, 1993; A. GALLUS, Die Neutralisten, 2000, S. 253–261; D. MELLIES, Trojanische Pferde?, 2007, S. 38–40.

[585] Artikel »Wir haben es gewagt!«; DEUTSCHE VOLKSZEITUNG vom 12. Mai 1953.

neutralistische Alternative zur CDU auf die Beine zu stellen. Zu diesen Bemühungen zählte der Bund der Deutschen (BdD), den Joseph Wirth gemeinsam mit dem aus der CDU ausgeschlossenen Politiker Wilhelm Elfes gegründet
hatte. Die *Deutsche Volkszeitung* war das Parteiorgan des BdD, deren Herausgabe übrigens auch dem Verleger Ernst Rowohlt angeboten worden war.[586] Zeitung und Partei waren aus Protest gegen die Westbindungspolitik gegründet
worden – oder, wie Elfes in der *Deutschen Volkszeitung* schrieb: weil der Bundestag »nur Wachs in den Händen des Bundeskanzlers« war.[587] Allerdings hatte
der Bund der Deutschen keinen Erfolg. Bei der Bundestagswahl 1953, bei der
er mit der Gesamtdeutschen Volkspartei antrat, erreichte er kaum mehr als ein
Prozent der Stimmen. Später verschmolz er mit einer weiteren Kleinpartei, der
Deutschen Friedens-Union.[588] Seitdem gehörte die *Deutsche Volkszeitung* zum
Umfeld der Deutschen Kommunistischen Partei (DKP). Nach der Wiedervereinigung 1990 ist sie mit dem Ost-Berliner *Sonntag* in der Wochenzeitung *Freitag* aufgegangen.[589]

In der frühen Bonner Republik trafen sich unter dem Dach der *Deutschen
Volkszeitung* und des Bunds der Deutschen sowohl Pazifisten als auch Sozialisten, freischwebende Konservative und Kommunisten. Die Ablehnung der
Adenauer'schen Trias von Westbindung, ›Wiederbewaffnung‹ und Antikommunismus war ihr gemeinsamer Nenner. Hinzu kamen der positive Bezug zur Nation und die daraus folgende stete Thematisierung der deutschen Teilung. Insofern war es vor dem Hintergrund des ›Kalten Krieges‹ nicht überraschend,
dass sowohl die *Deutsche Volkszeitung* als auch der ›Bund der Deutschen‹ von
der SED bezuschusst wurden. Im Bundestagswahljahr 1953 suchte Ost-Berlin angesichts des absehbaren Niedergangs der westdeutschen KPD nach einer
neuen Stimme im Westen.[590] Die SED dachte dabei insbesondere an Leute,
die national argumentierten und in Westdeutschland nicht sofort als kommu-
nistisch galten. Schon 1951 war Wirth daher vom DDR-Ministerpräsidenten
Otto Grotewohl empfangen worden. Wirth sollte im bürgerlichen Lager für die
Deutschlandpolitik der DDR werben: gegen die Westverträge, für eine Zusammenarbeit mit Moskau und für direkte Verhandlungen mit Ost-Berlin.

Vor diesem politischen Hintergrund stellte Hans Ernst, der *Treibhaus*-Rezen-
sent der *Deutschen Volkszeitung*, mehrere Szenen aus dem Roman als zutreffende
Wirklichkeitsbeschreibung heraus. Dabei äußerte er *erstens* die Auffassung, dass
man es bei der SPD mit »einer unzulänglichen Oppositionspartei« zu tun habe;

---

[586] D. MELLIES, Trojanische Pferde?, 2006, S. 65.
[587] Artikel »Neue Partei gegründet«; DEUTSCHE VOLKSZEITUNG vom 12. Mai 1953.
[588] D. MELLIES, Trojanische Pferde?, 2006.
[589] A. KAPITZKA, Transformation, 1997, S. 89 f. und 168 f.
[590] D. MELLIES, Trojanische Pferde?, 2006, S. 40–44 und 70–77.

dass *zweitens* die ›Restauration‹ die »Hoffnungen auf ein friedliches und endlich demokratisches Deutschland« zu ersticken drohe – und dass der Roman *drittens* die »fast symbolische Misere eines Bonner Abgeordneten« skizziere. Allerdings vermisste Ernst eine politische Konsequenz dieser Beobachtungen – ihn störte die ›westlich‹-individualistische Perspektive des Romans, der nicht für den Sozialismus Partei ergriff:

> Weder Keetenheuve […] noch sein Autor denken je daran, daß diese hilflose Verdinglichung des einzelnen nur in Gemeinschaft mit anderen zu überwinden ist. Beide versuchten, Probleme der Gemeinschaft durch individuelle Arbeit zu lösen und müssen daher scheitern. […] Der Blick in das Treibhaus vermittelt wichtige Einsichten. Daß die Sonne schwarz erscheint, wird aber nur daran liegen, daß auch der Autor nur durch die blinden Scheiben des Treibhauses blicken kann.[591]

Am 29. Januar 1954 befasste sich schließlich die *Gesamtdeutsche Rundschau* mit dem *Treibhaus*, die Zeitung der Gesamtdeutschen Volkspartei.[592] Die Gesamtdeutsche Volkspartei (GVP) war – anders als von ihrem Namen beansprucht und so wie die bereits vorgestellten Gruppen – nur eine kleine Protestpartei. Sie wurde 1952 gegen die Westbindungspolitik der Bundesregierung gegründet und forderte Verhandlungen über die deutsche Wiedervereinigung anstelle der ›Wiederbewaffnung‹ und eines Beitritts zur Europäischen Verteidigungsgemeinschaft.[593] Deutlicher als die Opposition im Bundestag versuchte die GVP, außerhalb des Parlaments »eine klare Alternative« zu Adenauer zu formulieren.[594] Wie es jedoch bei Protestbewegungen nicht selten vorkommt, vereinigte sich der Widerspruch gegen konkrete politische Inhalte mit einem allgemeineren Unbehagen an der Art und Weise des Regierens; die *Policy*-Kritik verband sich mit Elementen der *Politics*- und *Polity*-Kritik. Der Argwohn der GVP richtete sich gegen die inzwischen etablierten Parteien und insbesondere gegen die CDU, deren scheinbare Übermacht als Gefahr für die Demokratie gedeutet wurde.

Die Gesamtdeutsche Volkspartei scharte sich hinter zwei Leitfiguren, die zugleich zwei politische Strömungen repräsentierten, die es in und mit der Adenauer-CDU nicht leicht hatten. Bei der kleineren Strömung handelte es sich um Linkskatholiken, für die Helene Wessel stand, bis 1952 Partei- und Fraktionsvorsitzende der Zentrumspartei. Die Hauptströmung der protestantisch-bürgerlich geprägten GVP verkörperte hingegen Gustav Heinemann. Im Jahr 1945 hatte Heinemann, der im ›Dritten Reich‹ zur Bekennenden Kirche gehörte, die CDU mitgegründet, gerade wegen der Idee einer überkonfessionellen Union.

---

[591] Artikel »Im Treibhaus der Restauration«; Deutsche Volkszeitung vom 12. Dezember 1953.
[592] Artikel »Bonn ist kein ›Treibhaus‹«; Gesamtdeutsche Rundschau vom 29. Januar 1954.
[593] J. Müller, Gesamtdeutsche Volkspartei, 1990; A. Gallus, Neutralisten, 2001, S. 76–85.
[594] A. Baring, Außenpolitik, Bd. 2, 1969, S. 89.

Auch Adenauer versuchte zunächst, den einflussreichen Protestanten einzubinden, denn Heinemann war von 1949 bis 1955 Präses der (gesamtdeutschen) Synode und Mitglied der Rates der EKD, mithin der ranghöchste Laie der evangelischen Kirche. Im Spätsommer 1949 berief der Bundeskanzler Heinemann als Innenminister in sein erstes Kabinett.

Schon im Jahr darauf aber eskalierte der Konflikt zwischen Adenauer und dem ehemaligen Oberbürgermeister von Essen.[595] Dabei ging es vor allem um den Primat der Wiedervereinigung, aber auch um das autoritäre Verhalten Adenauers. Inhaltlich setzte der Kanzler auf die Westbindung; er hoffte, auf diesem Weg nicht nur die Konsolidierung der Bundesrepublik (sowie Westeuropas) zu erreichen, sondern auch die Wiedervereinigung. Heinemann hingegen wertete jede ›Wiederbewaffnung‹ als Hindernis für die Wiedervereinigung, wenn sie sowjetische Sicherheitsinteressen nicht berücksichtigte. Nachdem der Kanzler den Westmächten die Aufstellung kasernierter Einheiten der Bundespolizei als Verteidigungsbeitrag zugesagt hatte, ohne den für die innere Sicherheit zuständigen Minister informiert zu haben, fühlte sich Heinemann übergangen. Aus Protest trat er zurück, und seine inhaltliche Kritik verband er mit dem Argument, dass die demokratische Willensbildung in der Bonner Republik durch den einsam entscheidenden Bundeskanzler untergraben werde. Die Mitglieder des Bundeskabinetts, dem Grundgesetz nach als Kollegialorgan verfasst, hätten von Adenauers weitreichendem »Memorandum über die Sicherung des Bundesgebietes nach innen und außen« erst aus der Zeitung erfahren.

Heinemann war zum Außenseiter geworden, zumal er kein Bundestagsmandat hatte, aber der Kabinettsdisziplin unterworfen war. Im Jahr 1952 trat er aus der CDU aus – was auch ein Schlaglicht auf die konfessionellen Spannungen in der Frühzeit der Partei wirft. Mit Heinemanns Rückzug begann der innerparteiliche Aufstieg der Protestanten Hermann Ehlers und Eugen Gerstenmaier.[596] In der westdeutschen Öffentlichkeit jedoch wurde Heinemann einer der bekanntesten Kritiker Adenauers. Außerdem gründete er die sogenannte ›Notgemeinschaft für den Frieden Europas‹, aus der bald darauf die Gesamtdeutsche Volkspartei hervorging. Sie war keine programmatisch pazifistische Partei, zudem bekannte sie sich zur sozialen Marktwirtschaft und war eine eher bürgerliche als linke Partei. Sie beharrte jedoch auf dem Vorrang der Wiedervereinigung, selbst wenn das ein neutrales Gesamtdeutschland bedeuten sollte. Im ersten Bundestag war die GVP sogar mit drei Abgeordneten vertreten, die aus anderen Parteien zur GVP gewechselt waren: mit Helene Wessel vom Zentrum, Hermann Etzel von der Bayernpartei und Hans Bodensteiner von der CSU.

---

[595] H.-E. VOLKMANN, Heinemann und Adenauer, 1987; J. TREFFKE, Heinemann, 2009; T. FLEMMING, Heinemann, 2014; D. BALD, Heinemann und die Opposition, 2014.
[596] H.-E. VOLKMANN, Heinemann und Adenauer, 1987, S. 23.

Aus der Rückschau betrachtet, hatte die mit Blick auf die zweite Bundestagswahl gegründete Gesamtdeutsche Volkspartei im Jahr 1953 ihre besten Zeiten zwar schon hinter sich. Sie erreichte nur 1,16 Prozent der Stimmen – trotz (oder wegen) eines Bündnisses mit dem Bund der Deutschen von Wirth und Elfes, derentwegen die GVP auch eine zumindest indirekte finanzielle Verbindung in die DDR hatte. Bis zum Wahltag am 6. September aber galt Heinemann als einer der prominentesten Widersacher der Westbindung. Weder der Erdrutschsieg der CDU/CSU noch das schwache Ergebnis der Heinemann-Partei waren vor der Bundestagswahl im September 1953 so erwartet worden. Zur Geschichte der Gesamtdeutschen Volkspartei gehörten im Übrigen mehrere Politiker, die in der Bundesrepublik noch von sich reden machten. Zur GVP zählten die späteren SPD-Minister Erhard Eppler, Jürgen Schmude und Diether Posser oder der langjährige nordrhein-westfälische Ministerpräsident Johannes Rau. Insofern war die Gesamtdeutsche Volkspartei eine Schule der Opposition. Als Heinemann, Wessel, Rau, Eppler und Posser 1957 der SPD beitraten, war dies eine wichtige Etappe auf dem Weg zur Volkspartei. Die Wahl Heinemanns zum Bundespräsidenten wurde 1969 zum Symbol des sozial-liberalen ›Machtwechsels‹.

Als Heinemann und seine Freunde die Opposition noch in der GVP übten, äußerten sie sich regelmäßig in der *Gesamtdeutschen Rundschau*. Helene Wessel publizierte hier Artikel über das Wesen der parlamentarischen Demokratie, Johannes Rau berichtete über literarische Neuerscheinungen, und Heinemann verfasste Leitartikel um Leitartikel. Weitere Autoren kamen hinzu. Leider lässt es sich daher nicht zweifelsfrei klären, wer im Januar 1954 das *Treibhaus* besprochen hat. Die Rezension wurde mit dem Kürzel »hm.« gezeichnet. Für die Annahme, dass der Text von Heinemann selbst stammen könnte, spricht, dass er von Stil und Duktus her vermutlich nicht von einem geübten Literaturkritiker geschrieben wurde. Das Interesse an einer Besprechung des Romans rührte eindeutig daher, dass das *Treibhaus* vom politischen Betrieb handelte. Gegen die Annahme einer Urheberschaft Heinemanns spricht, dass das Kürzel »hm.« bei seinen vielen Texten nicht bekannt ist[597] und natürlich für eine Vielzahl möglicher Namen stehen kann.

Gleichwohl lässt die *Treibhaus*-Rezension der *Gesamtdeutschen Rundschau* eine spezifische Form der Auseinandersetzung mit Koeppens Roman sowie mit den Themen Bonn und ›Wiederbewaffnung‹ erkennen. Diese Form unterscheidet die Rezension aus dem Umfeld der GVP von der Rezeption anderer ›Neutralisten‹ und lässt eine mögliche Autorschaft des ehemaligen Bundesinnenministers

---

[597] Auskunft der Heinemann-Biographen Jörg Treffke und Thomas Flemming vom 9.10. bzw. 25.9.2017.

zumindest nicht unplausibel erscheinen. Einerseits bemängelte der Rezensent »hm.«, der gewisse Insider-Kenntnisse für sich beanspruchte, den distanzierten Blick von außen auf den politischen Betrieb, der mit der Treibhaus-Metapher verbunden war: »Bonn ist kein Treibhaus, trotz seines Klimas, das nicht jeder verträgt, und der mancherlei Wucherungen, die es da zu studieren oder auch anzustaunen gibt.« Andererseits teilte der Autor die niedergeschlagene Stimmung der Romanfigur Keetenheuve angesichts der politischen Realitäten in der frühen Bundesrepublik: »Das Treibhaus ist nicht Bonn, aber Bonn steht stellvertretend für eine erloschene Hoffnung.« Alles in allem fand die *Gesamtdeutsche Rundschau* den Roman aber doch zu pessimistisch, vor allem zu unpolitisch: »Um der poetischen Wahrheit willen macht der Autor es sich mit der politischen allzu leicht. Er ist verbittert; und das ist nur zu verständlich. Wir denken nicht daran [...], uns in den Fluß, den Lethe-Strom, zu stürzen.«[598]

Eine enthusiastische Rezension über das *Treibhaus* schrieb schließlich Günther Elbin in der *Deutschen Woche*.[599] Koeppens Roman sei »hochaktuell« und »hochpolitisch«, lobte er, »sehr erregend und aufschlußreich«. Wegen der geistreichen Analyse, die das Buch auszeichne, wegen seiner schonungslosen Einblicke in die »harten, veramerikanisierten Bonner Realitäten« sei das *Treibhaus* »in der deutschen Belletristik seit 1945 ein weißer Rabe unter allzuviel Nichtssagendem und allzuviel Nichtsnutzendem.« Zwar bemängelte Elbin, dass der Roman außer der Kritik keine positive Botschaft transportiere.[600] Vor allem aber lobte er, dass im *Treibhaus* »die Bonner Atmosphäre, Gefahr, Arroganz und Scheinstärke, die Bonner Schwüle und die ganze gründerzeitähnliche Aufgeblasenheit der dort wirkenden Apparate und ihrer Monteure und Maschinisten« endlich einmal offengelegt würden. Dabei sei der Roman »rücksichtslos der Wahrheit verpflichtet [...] in dem so gern gemäßigt erscheinen wollenden Klima der Bundesrepublik«.

Gemäßigt wollte die *Deutsche Woche* nun nicht erscheinen. Die Zeitung äußerte seit 1950 nationalistische, genauer: linksnationalistische Positionen.[601] In scharfer Weise agitierte sie gegen die Westverträge und die ›Wiederbewaffnung‹. Chefredakteur des Blattes war Carl August Weber, Jahrgang 1911, ein litera-

---

[598] Artikel »Bonn ist kein ›Treibhaus‹«; GESAMTDEUTSCHE RUNDSCHAU vom 29. Januar 1954.

[599] Hier und im Folgenden: »Das Treibhaus«; DEUTSCHE WOCHE vom 25. November 1953, Nr. 47/1953.

[600] Günther Elbin, 1924 in Ratibor geboren, veröffentlichte 1948 im *Ruf* eine Kurzgeschichte: »Die Wölfe«; DER RUF 3 (1948), 10, S. 11 f. – Später schrieb Elbin eine Vielzahl historischer Sachbücher und Reiseberichte, insbesondere vom Niederrhein und aus den Niederlanden: G. ELBIN, Düsseldorf, Maas und Rhein, 1989; DERS., Rhein, Ruhr und Lippe, 1992. – Artikel »Günther Elbin ist tot«; RHEINISCHE POST (Ausgabe Kleve) vom 17. Januar 2007.

[601] DEUTSCHE PRESSE, 1956, S. 777. – Vgl. A. GALLUS, Neutralisten, 2001; D. MELLIES, Trojanische Pferde?, 2007.

turaffiner, frankophiler Journalist, der – wie der *Treibhaus*-Rezensent Elbin – schon zu den Autoren der Zeitschrift *Der Ruf* gehört hatte.[602] In der *Deutschen Woche* schrieben außerdem der bayerische Kommunist, spätere Theaterwissenschaftler und Brecht-Forscher Ernst Schumacher, der 1962 in die DDR übersiedelte.[603] Den Sportteil wiederum redigierte Franz Schönhuber, ein ehemaliger SS-Unterscharführer, der später Hauptabteilungsleiter beim Bayerischen Rundfunk wurde und in den Achtzigerjahren die Rechtspartei ›Die Republikaner‹ gründete. Im Jahr 1951 porträtierte der *Spiegel* die *Deutsche Woche* als »Zeitschrift mit Nationale-Front-Tendenzen« und stellte diesen Bericht unter die Überschrift »Propaganda«.[604] Auch die *Zeit* deutete die Wochenzeitung als Versuch kommunistischer Einflussnahme, hinter der vermutlich die Westarbeit der DDR stehe: »*Die Deutsche Woche* tut so, als wüßte sie nicht, daß in der Sowjetzone ein national-bolschewistisches Blatt unter gleichem Namen erscheint, das von den Sowjets dirigiert wird.«[605] In der Tat wurde die *Deutsche Woche* von der SED finanziert.[606]

Unmittelbar vor der Bundestagswahl 1953 schrieb der Chefredakteur Weber in einem Leitartikel apodiktisch: »Der Herr Bundeskanzler und seine Koalitionsparteien führen diesen Wahlkampf gegen die Demokratie, und das deutsche Volk führt diesen Wahlkampf gegen Dr. Adenauer!«[607] Da die *Deutsche Woche* in der medialen Öffentlichkeit der frühen Bundesrepublik unverblümt gegen die ›Wiederbewaffnung‹ politisierte und für Verhandlungen mit der DDR warb, galten die *Deutsche Woche* und ihre Autoren als kommunistische *fellow travellers*. 1962, ein Jahr nach dem Mauerbau, stellte die Zeitung ihr Erscheinen ein. Der Chefredakteur Weber wurde verhaftet. Noch vor diesem Ende rezensierte in der *Deutschen Woche* Ernst von Salomon den von Martin Walser herausgegebenen Band *Die Alternative oder Brauchen wir eine neue Regierung?*, in dem viele Schriftsteller der Gruppe 47, darunter Günter Grass, Peter Rühmkorf und Hans Magnus Enzensberger dazu aufriefen, bei der Bundestagswahl 1961 nicht die Regierungsparteien zu wählen. Die Überzeugung, politisch links zu stehen, trug wesentlich zum Zusammengehörigkeitsgefühl der Gruppe 47 bei.[608] Aus Sicht der linksnationalen, ›neutralistischen‹ *Deutschen Woche* waren jedoch die SPD und ihr Spitzenkandidat Willy Brandt keine Alternative. Daher stellte Sa-

---

[602] M. BOLL, Nachtprogramm, 2004, S. 43 f.; C. HU, Vom absoluten Gedicht, 2004, S. 146 f.; T. KROLL, Linksnationale Intellektuelle, 2011, S. 443 f.
[603] M. SCHWARTZ (Hg.), Schumacher, 2007.
[604] Artikel »Propaganda«; DER SPIEGEL vom 27. Juni 1951, Nr. 26/1951, S. 4.
[605] Artikel »Den Frieden, den sie meinen«; DIE ZEIT vom 21. Juni 1951, Nr. 25/1951.
[606] D. MELLIES, Trojanische Pferde?, 2007, S. 65 f.
[607] Artikel »Alles für Deutschland – alles gegen Adenauer«; DEUTSCHE WOCHE vom 26. August 1953, Nr. 34/1953.
[608] D. GEPPERT, Von der Staatsskepsis, 2008, S. 47.

lomon fest: »Brauchen wir eine neue Regierung? Wir werden sie kriegen, und
sie wird nicht anders sein als die jetzige. Was wir wirklich brauchen, ist eine
Opposition.«[609] In diesem Sinne ging es der *Deutschen Woche* um ein kategori-
sches, grundsätzliches Nein zur bundesrepublikanischen Politik, die – 1953 in
der Rezension des *Treibhaus*-Romans – als »Paralysierung der Demokratie« vorgestellt wurde, wie sie »hier tagaus, tagein von Bösen, Geschäftstüchtigen, Kon-
junkturbeflissenen oder zutiefst Gleichgültigen vorgenommen« werde.[610]

Da die Zeitung in München erschien, wo Wolfgang Koeppen lebte, ist es
möglich, dass er sie kannte, zumal der Chefredakteur Weber schon im *Ruf* geschrieben hatte. Wenn man den 1953er Jahrgang der *Deutschen Woche* durch-
sieht, fällt auf, wie viele Elemente aus ihrer ›neutralistischen‹ Berichterstattung
im *Treibhaus* erwähnt werden. Damit soll nicht apodiktisch behauptet werden,
dass Koeppen diese Passagen direkt übernommen habe. Anhand der, was die
Entstehung des *Treibhaus*-Romans angeht, spärlichen Überlieferung im Nachlass des Schriftstellers ließe sich weder beweisen noch widerlegen, dass er diese
Zeitung rezipiert hat. Ähnliche Reflexionen des Bonner Parlamentarismus finden sich außerdem so auch in anderen Medien. Markant sind die Parallelen im
Blick auf Bonn in jedem Fall. Es gibt so viele Überschneidungen zwischen der
Parlamentsberichterstattung der *Deutschen Woche* und dem *Treibhaus*, dass die
›neutralistische‹ Wochenzeitung mit einiger Wahrscheinlichkeit mit zu den Inspirationsquellen des Romans gehörte. Doch selbst wenn es kein Ideen-Transfer
gegeben haben sollte, handelt es sich um eine eindeutige Korrelation in der Beurteilung der bundesrepublikanischen Politik des Jahres 1953.

Beispielsweise erschien im Mai 1953, während Koeppens intensiver Schreib-
phase, in der *Deutschen Woche* ein Artikel, der einen Rundgang durch die
Bundeshauptstadt unternimmt, dabei Bonns »kleinbürgerliche Atmosphäre«
karikiert, das Stadtklima mit dem der »Riviera« vergleicht, die Parlamentsarchitektur als »Konfektionsware« abtut und den Plenarsaal ein »Aquarium« nennt.
Auch dem Bundeskanzler wird »die Perspektive seines Rosengartens in Rhöndorf« zugeschrieben.[611] All diese Elemente konstituieren die Treibhaus-Metaphorik der westdeutschen Publizistik, und sie stehen so auch in Koeppens Roman: die »rheinische Riviera«[612], »die Rosendörfer am anderen Ufer«[613] und das
»Aquarium«[614]. Am 18. März 1953 erschien in der *Deutschen Woche* sogar ein
wehmütiges Feuilleton über das Hotelschiff »Knurrhahn«, dem das »kleinstädti-

---

[609] Artikel »Brauchen wir eine neue Regierung?«; DEUTSCHE WOCHE vom 23. August 1961,
Nr. 34.
[610] Artikel »Das Treibhaus«; DEUTSCHE WOCHE vom 25. November 1953, Nr. 47/1953.
[611] Artikel »Fassade Bonn«; DEUTSCHE WOCHE vom 13. Mai 1953, Nr. 19/1953.
[612] W. KOEPPEN, Werke, Band 5: Das Treibhaus, 2010, S. 39.
[613] W. KOEPPEN, Werke, Band 5: Das Treibhaus, 2010, S. 94.
[614] W. KOEPPEN, Werke, Band 5: Das Treibhaus, 2010, S. 97.

sche Bonner Binnenluftklima« einen »Schuß Salzwasserbrise« verdankte.[615] Drei Jahre lang habe das Schiff in Bonn vor Anker gelegen. Doch nun werde die »Knurrhahn« über Rotterdam und Hoek van Holland (!) zurück nach Bremerhaven gebracht, weil die amerikanische Marine, die das Schiff 1945 beschlagnahmt hatte, die »Knurrhahn« zurückverlangt habe. Die *Deutsche Woche* betrauerte deshalb die »erste US-Einberufung«.

Abb. 37 und 38 (auf den folgenden Seiten): Agitation gegen die ›Wiederbewaffnung‹ vor der Wahl 1953 – antiparlamentarischer Protest gegen den Bundestag nach der Wahl: Die Bildreihe mit den Tierfotografien steht unter der Überschrift »Parlamentarische Schnappschüsse«. Unter dem Stichwort »Fraktionszwang« zeigt sie Schafe, die von einem Hütehund im Gatter gehalten werden, und einen traurig blickenden Hund hinter Gittern als »Opposition«. Beim ersten Bild auf der rechten Seite handelt es sich um ein Adenauerplakat, das zu einem Hitlerbild verfremdet wurde, auf dem dritten Foto (»… und nach der Wahl«) schreitet der Bundeskanzler an uniformierten Sicherheitskräften vorbei. Ausschnitte aus: DEUTSCHE WOCHE vom 2. September 1953, Nr. 35, S. 16 bzw. 16. September 1953, Nr. 37, S. 13.

Im April 1953 setzte sich in der *Deutschen Woche* Heinrich Slaaden mit dem Repräsentativsystem in der Bundesrepublik auseinander.[616] Anlässlich der Ratifikationsentscheidung des Bundestages in der Frage der Westverträge kam Slaaden grundsätzlich zu dem Schluss, dass sich der Parlamentarismus »selbst überlebt« habe.[617] Der ganze Aufwand, der dennoch um Wahlen, Debatten und Abstimmungen betrieben werde, werde nur deshalb noch aufrechterhalten, »weil man nichts Besseres fand« und weil »die eigentlichen Machthaber« auch so ihren Willen durchsetzen könnten. Daher seien Parlamente und namentlich der Bundestag in Bonn keineswegs »das Hirn der Nation«, sondern »institutionalisierte Kriegsschauplätze, auf denen sich mit unheimlicher Präzision immer dasselbe vollziehe: die dem Stimmverhältnis entsprechende Niederlage der Opposition und der Sieg der Regierung.« Selbst der beste und klügste Redner, erklärte Slaaden, scheitere an »der Spießgesellentreue der jeweiligen Macht- oder Ohnmachtsblöcke«. Im *Treibhaus* heißt es, als Keetenheuve am Tag der entscheidenden Debatte das Parlament betritt, ganz ähnlich:

---

[615] Hier und im Folgenden: »Knurrhahn von Bonn zum Militär«; DEUTSCHE WOCHE vom 18. März 1953, Nr. 11/1953. – Zum Thema Knurrewahn im *Treibhaus* siehe S. 82 f.
[616] Artikel »Der Stimmzettel – Die große Illusion der Gegenwart«; DEUTSCHE WOCHE vom 1. April 1953, Nr. 13/1953; »Funktion und Grenzen der parlamentarischen Demokratie«; DEUTSCHE WOCHE vom 22. April 1953, Nr. 16/1953.
[617] Hier und im Folgenden: »Der Stimmzettel – Die große Illusion der Gegenwart«; DEUTSCHE WOCHE vom 1. April 1953, Nr. 13/1953

wenn Ihr das wollt

dann

wählt
DIE EVG-PARTEIEN

Das aktuelle Bild

Vor . . .   während . . .   . . . und nach der Wahl

Parlamentarische Schnappschüsse

Der Finanzausschuß   Die Fraktion   Die Lobby

Fraktionszwang   Die Presse   Die Opposition

Die Fronten standen fest, und leider war es undenkbar, daß ein Redner der oppositionellen Minderheit die regierende Mehrheit überzeugen konnte, daß er einmal recht und sie unrecht habe. Aus der Opposition den Kurs der Regierung zu ändern, gelänge in Bonn selbst Demosthenes nicht; und auch wenn man mit eines Engels Zunge spräche, man predigte tauben Ohren, und Keetenheuve wußte [...], daß es genau besehen zwecklos war, daß er hier erschien, um im Plenum zu reden. Er würde nichts ändern. Er hätte ebensogut im Bett bleiben und träumen können.[618]

Wie die *Deutsche Woche* erklärte, stützte sich jede politische Ordnung auf Gewalt und Täuschung, in jeweils unterschiedlichem Maße. Den »bürgerlichen Parlamentarismus«, der in der historischen Entwicklung die Feudalherrschaft abgelöst habe, kennzeichne dabei, dass er sich zwar auch auf Polizei- und Militärgewalt beziehe. Wichtiger aber, so Slaaden, seien Aspekte der »Täuschung« und der kollektiven »Selbsttäuschung«. Eine dieser Täuschungen sei im Parlamentarismus der Anschein der Demokratie. Auch die Vorstellung der Mitbestimmung sei nur eine »Illusion«, eben weil die Gesellschaft nach wie vor und seit dem Feudalismus von sozialer Ungleichheit bestimmt werde. Deshalb gehöre gerade die Unterscheidung der politischen Weltanschauungen von links bis rechts zu den Irreführungen des parlamentarischen Systems. In Wahrheit sei »in der Person des professionellen Volksvertreters zwangsläufig ein Typus [entstanden], der dem Wähler gegenüber genau so Korpsgeist entwickelte wie die Advokaten es gegenüber den Rechtsuchenden oder die Akademiker gegenüber den Ungelehrten tun«.

Dieser Befund der Isolation der parlamentarischen Kaste klingt sehr nach der Außenseiterfigur Keetenheuve, der sich von seinen Wählern genauso abgeschnitten fühlt wie von seinen Kollegen in Bonn und der die ideologischen Strömungen der christlichen beziehungsweise der sozialen Demokratie für überlebt hält. Keetenheuve grübelt:

> Vielleicht wußte das Volk, was es will. Aber seine Vertreter wußten es nicht, und so taten sie so, als ob wenigstens ein starker Parteiwille da sei. Aber wo kam er her? Aus den Büros. Er war impotent. Von den Samensträngen der Volkskraft war der Parteiwille abgeschnitten, die Kraftstränge verliefen im Unsichtbaren, und einmal mußte es irgendwo im Volksbett Pollutionen und Befruchtungen geben, die unerwünscht waren.

In der *Deutschen Woche* zog Slaaden aus der angeblichen Isolation des Parlaments den Schluss, dass sich »in der formalen Demokratie« der Bundesrepublik »die bürgerliche Machtklasse« von neuem »hinter einem Schleier von Täuschungen« verberge. Zugleich sei sie im Zweifel aber bereit, sich »hinter dem zusätz-

---

618 Hier und Folgenden: W. KOEPPEN, Werke, Band 5: Das Treibhaus, 2010, S. 154–156.

lichen Quantum« von Gewalt zu verschanzen. Wie vorne dargelegt[619], zeichnet das *Treibhaus* genau dasselbe schematische, dualistische Bild der Parlamentsgeschichte, die in der *Deutschen Woche* so rekapituliert wird:

> Das Parlament an und für sich hatte nämlich niemals die Qualifikation zum Kernstück einer selbständigen Regierungsform; vielmehr war es immer nur ein Spezialwerkzeug zur Befreiung der Völker vom feudalen Joch. Und nun machte man es gleichsam von heute auf morgen zum zentralen Machtorgan des angeblich neuen Souverains »Volk«, und bald schon kam es sogar dahin, daß einfach die Exekutive in diese legislative Vertretungskörperschaft einbezogen wurde, statt daß sie ihr weiter, wie vordem, in einer für sie bedrohlichen Distanz gegenübergestanden hätte.[620]

Im *Treibhaus* heißt es mit Bezug auf die Absperrungen, die anlässlich der Ratifizierungsdebatten Demonstranten vom Bundeshaus fernhielten (Abb. 39 auf der folgenden Seite):

> Der Präsident des Bundestages ließ sein Haus durch Polizisten bewachen, während jedes echte Parlament bestrebt sein sollte, die bewaffneten Organe der Exekutive seinem Domizil möglichst fernzuhalten, und in den guten Urzeiten der parlamentarischen Idee hätten sich die Abgeordneten geweigert, unter Polizeischutz zu tagen, denn das Parlament war damals, wie es auch zusammengesetzt sein mochte, polizeifeindlich, weil es die Opposition an sich war, die Opposition gegen die Krone, die Opposition gegen der Mächtigen Willkür, die Opposition gegen die Regierung, die Opposition gegen die Exekutive und ihren Säbel, und so bedeutete es eine Pervertierung und Schwächung der Volksvertretung, wenn aus ihrer Mitte die Mehrheit zur Regierung wird und die vollziehende Gewalt an sich reißt.[621]

So offenbart der Blick in die *Deutsche Woche*, dass Koeppens Roman im ›neutralistischen‹ Teil der deutschen Publizistik, wo gegen Westbindung und ›Wiederbewaffnung‹ polemisiert wurde, *erstens* besonders positiv aufgenommen wurde. Darüber hinaus zeigt sich *zweitens*, dass die ›neutralistische‹ Bonn- und Parlamentsberichterstattung umgekehrt im *Treibhaus* reflektiert oder wenigstens gespiegelt wurde. Damit erhält die verzweifelte Opposition des Abgeordneten Keetenheuve in politischer Hinsicht nicht nur eine pazifistische, sondern zugleich eine gegen die Westbindung gerichtete ›neutralistische‹ Note. Daraus erklärt sich *drittens* – nämlich unter den Bedingungen des ›Kalten Krieges‹ und vor dem Hintergrund der Systemkonkurrenz zwischen Bonn und der DDR – die Kritik, die das *Treibhaus* bei Parlamentsjournalisten, in West-Berlin, in pro-

---

[619] Siehe S. 121–128.
[620] Hier und im Folgenden: »Funktion und Grenzen der parlamentarischen Demokratie«; DEUTSCHE WOCHE vom 22. April 1953, Nr. 16/1953.
[621] W. KOEPPEN, Werke, Band 5: Das Treibhaus, 2010, S. 154.

amerikanischen Zeitschriften und unter Rezensenten der ›45er‹-Generation ausgelöst hat.

Abb. 39: »Ratifizierung hinter Stacheldraht«; Ausschnitt aus: Deutsche Woche vom
25. März 1953, Nr. 12, S. 1.

Da das *Treibhaus* einen bitter-zornigen Protest gegen die ›Wiederbewaffnung‹
formuliert, steht der Roman unzweifelhaft in der Tradition des pazifistischen
Denkens. Das zeigte sich in der identitätsstiftenden Bezugnahme auf Bertha
von Suttner und die *Weltbühne* der Weimarer Republik. Es führte aber auch zur
positiven Rezeption des Romans in der westdeutschen Friedensbewegung. Darüber hinaus ist der Protest gegen vom Parlament gefällte Rüstungsentscheidun-
gen ein bislang unbekannter Aspekt der Treibhaus-Metapher, insbesondere im
Medium der politischen Karikatur. So zeichnete der Maler Eugen Croissant im
Jahr 1948 ein (recht behelfsmäßig aussehendes) Gewächshaus, aus dem Soldaten
herauswachsen, mit Stahlhelmen, Hakenkreuzen und Totenköpfen (Abb. 40).
Die Zeichnung stand unter der Überschrift »Treibhausphantasie eines Ost-Eu-
ropäers« und evozierte in der Frühphase des ›Kalten Krieges‹ die Wiederkehr einer Nazi-Armee. Erschienen ist das Treibhaus-Bild im *Simpl*, einer Satirezeitschrift, die 1946 in München gegründet wurde, 1950 wieder einging, sich aber
mit Namen, Erscheinungsort und Anspruch in eine Linie mit dem *Simplicissi-
mus* stellte: »Kunst – Karikatur – Kritik«, lautete das selbstgesteckte Motto.[622]
Wie beim *Wochenend* und der *Deutschen Woche* erscheint es denkbar, dass der

---

[622] W. Jendricke, Nachkriegszeit im Spiegel, 1982.

Wahl-Münchner und leidenschaftliche Leser Wolfgang Koeppen die Satirezeitschrift kannte.

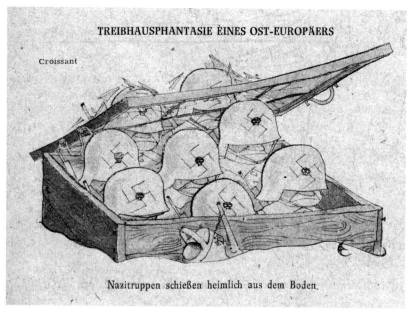

Abb. 40: Ausschnitt aus: DER SIMPL, 3. Jg. (1948), Nr. 13, S. 149. © Universitätsbibliothek Heidelberg (https://digi.ub.uni-heidelberg.de/diglit/simpl1948/0149).

Motivgeschichtlich führt der satirisch-pazifistische Protest vom Ost-West-Konflikt zurück ins Kaiserreich vor dem Ersten Weltkrieg, in eine Zeit des Imperialismus und der Flottenpolitik – hin zu einer Karikatur, die 1897 in der Zeitschrift *Der Wahre Jacob* gedruckt wurde. Der *Wahre Jacob* gehörte damals zum Umfeld der Sozialdemokratie und erschien als populäre »illustrierte Zeitschrift für Satire, Humor und Unterhaltung« im Verlag des SPD-Reichstagsabgeordneten Johann Heinrich Wilhelm Dietz.[623] In diesem oppositionellen Milieu spottete 1897 eine Karikatur über eine Szene aus dem »Treibhause der Reichsgesetzgebung« (Abb. 41).

Im Innern eines großen öffentlichen Gewächshauses, wie es im 19. Jahrhundert zur Repräsentation einer modernen Großstadt gehörte, erkennt man eine Reihe bekannter Parlamentarier des Kaiserreichs: zwar nicht den Herausgeber Dietz, wohl aber unter anderen den Liberalen Eugen Richter, den preußischen Konservativen Wilhelm von Kardorff und den katholischen Sozialpolitiker

---

[623] A. ROBERTSON, Karikatur im Kontext, 1992.

Franz Hitze. Auch August Bebel, einer der Vorsitzenden der SPD, ist zu sehen. Die verschiedenen Politiker beugen sich konzentriert über drei Setzlinge, die in relativ kleinen Tontöpfen stecken. Wie es sich für ein ordentliches Gewächshaus gehört, sind die jungen Pflänzchen wissenschaftlich exakt benannt. Herangezogen werden sollen drei innenpolitische Reformvorhaben: die »Arbeiterschutzgesetzgebung«, die »Entschädigung Unsch[uldig] Verurteiler« und die »Militär-Strafprozess-Reform«. Was der Aufmerksamkeit der Abgeordneten jedoch zu entgehen scheint (wobei es Richter sogar wie ein Dorn ins Gesicht sticht), ist das, was in der Treibhaus-Atmosphäre üppig vor sich hinwuchert: ein undurchdringliches Dickicht der »Militärforderungen« und der gigantische Kaktus der »Marineforderungen«. Da die Karikatur die Ungleichheit zwischen dem Rüstungsetat und der Reformpolitik aufspießte, handelte es sich um eine linke, antimilitaristische Intervention im Zeichen der Treibhaus-Metapher. Im Jahr darauf, 1898, wurde das Erste Flottengesetz dennoch im Reichstag verabschiedet.[624]

Dieselbe satirische Verbindung der Motive ›Treibhaus‹ und ›Rüstungsbudget‹ (also dem Parlament) fand sich 1863 bereits im *Kladderadatsch*, einer berühmten Satirezeitschrift, die in Berlin erschien. Die Zeichnung (Abb. 42) spielte auf den preußischen Heeres- und Verfassungskonflikt an, in dem das Machtverhältnis zwischen König, Regierung und Armee auf der einen sowie dem mehrheitlich liberalen Abgeordnetenhaus auf der anderen Seite neu verhandelt wurde. Inmitten der Auseinandersetzung wurde 1862 Bismarck zum Ministerpräsidenten ernannt, der die Erhöhung des Heeresetats ohne parlamentarische Zustimmung durchsetzte und damit den Machtkonflikt noch anheizte. Erst die Erfolge der preußischen Soldaten gegen Dänemark und Österreich ermöglichten eine Einigung, und zwar zugunsten Bismarcks, als das Abgeordnetenhaus die Militärausgaben rückwirkend bewilligte.

Nun gibt es zwar keinen Anhaltspunkt für die Annahme, dass Koeppen die alten Karikaturen aus dem *Kladderadatsch* sowie dem *Wahren Jacob* gekannt hätte (eine andere Frage wäre, ob der Zeichner des *Simpl* das Motiv aus dem 19. Jahrhundert bewusst auf die Situation des ›Kalten Krieges‹ übertragen haben könnte). Sicher und an dieser Stelle entscheidend ist: Im ästhetisch geformten Widerspruch gegen Aufrüstungsentscheidungen haben mehrere deutsche Karikaturen das Treibhaus-Motiv für eine satirische Parlamentskritik verwendet. Ihnen schien die Volksvertretung ohnmächtig gegenüber dem exekutiv-militärischen ›Komplex‹. Wiederholt in der deutschen Geschichte, so die Deutungslinie, hätten Parlamente einer Weichenstellung zugestimmt, die in den Krieg führte. Genauso formulierte 1953 der *Treibhaus*-Roman seine pessimistische, pazifistisch motivierte Politikkritik.

---

[624] D. Geppert, Pressekriege, 2007.

Im Treibhause der deutschen Reichsgesetzgebung.

Abb. 41: Ausschnitt aus: Der Wahre Jacob, 14. Jg. (1897), Nr. 294, S. 2572. © Universitätsbibliothek Heidelberg (https://digi.ub.uni-heidelberg.de/diglit/wj1897/0232).

Abb. 42: Ausschnitt aus: KLADDERADATSCH, 16. Jg. (1863), Nr. 31, S. 124. © Universitätsbibliothek Heidelberg (https://digi.ub.uni-heidelberg.de/diglit/kla1863/0124).

5.5 Die *Treibhaus*-Rezeption in der DDR und im europäischen Ausland

Der Streit über das *Treibhaus* und die Westbindung war eine Debatte über das Selbstverständnis der Bundesrepublik, inklusive medialer oder propagandistischer Interventionen aus den USA und der DDR. Da diese Auseinandersetzung also zugleich ein inter- und transnationales Ereignis war, soll im Folgenden auch der Blick von außen untersucht werden. Dabei war die *Treibhaus*-Rezeption in der DDR zunächst dadurch gekennzeichnet, dass es lange Zeit keine eigene ostdeutsche Ausgabe des Romans gab. Zwar wollte im Jahr 1956 der Mitteldeutsche Verlag Koeppens Nachkriegs-Trilogie drucken, doch scheiterte das an der Zensur.[625] Erst 1983, dreißig Jahre nach der Veröffentlichung im Westen, erschien das *Treibhaus* in einer Koeppen-Sammelausgabe des Ost-Berliner Verlags Volk & Welt.[626] Bis dahin waren ostdeutsche Leser auf *Treibhaus*-Exemplare aus der Bundesrepublik angewiesen. Obwohl der deutsch-deutsche Literaturmarkt

---

[625] S. BARCK/S. LOKATIS, Zensurspiele, 2008, S. 120–122.
[626] S. BARCK/S. LOKATIS (Hg.), Fenster zur Welt, 2003, S. 108 f. und 333 f. – Vgl. I. C. STREUL, Westdeutsche Literatur in der DDR, 1988, S. 192; H.-U. TREICHEL, *Tod in Rom* – Kommentar, 2015, S. 251 f.

in den Fünfzigerjahren noch nicht so strikt geteilt war wie nach dem Mauerbau und auch wenn Koeppen zu den Autoren aus dem Westen gehörte, deren Werke in die DDR eingeführt werden durften[627], machte das Fehlen eines DDR-Nachdrucks die Bücher rar und relativ teuer. In ostdeutschen Universitätsbibliotheken außerhalb Berlins findet sich bis heute kaum ein *Treibhaus*-Exemplar, vermutlich aus diesem Grund.

Im Jahr 1953/54 wurde das *Treibhaus* allerdings von Zeitungen und Zeitschriften in der DDR durchaus stark beachtet, wenngleich etwas später als im Westen. Den Anfang machte das *Neue Deutschland*, indem es einen Auszug aus dem Roman abdruckte (also keine Rezension im engeren Sinne brachte). Für das Zentralorgan der SED erfüllte die Beschäftigung mit dem *Treibhaus* den Zweck, die westdeutsche ›Wiederbewaffnung‹ und den bürgerlichen Parlamentarismus zu diskreditieren beziehungsweise – wie es im redaktionellen Vorspann hieß – »die Demoralisierung jenes Bundestages« in Bonn offenzulegen.[628] Schon ein paar Tage zuvor hatte das *Neue Deutschland* mit Hinweis auf die westdeutsche *Treibhaus*-Debatte kommentiert, dass die Literatur in der Bundesrepublik weder frei noch fortschrittlich genannt werden könne.[629] Fortan gehörte eine Schelte der »reaktionären Kritikermeute des Westens« und seiner angeblich »offiziellen Presse« zu jeder *Treibhaus*-Thematisierung in der DDR.[630]

Nach dem *Neuen Deutschland* befasste sich eine Literaturzeitschrift mit dem *Treibhaus* – und zwar just zu der Zeit, als DDR-Literaturzeitschriften überhaupt begannen, westdeutsche Neuerscheinungen zu thematisieren.[631] Im Februar 1954 brachte die *Neue Deutsche Literatur* einen weiteren Textauszug aus dem Roman. Den Abdruck erklärte sie ausdrücklich als Reaktion auf die *Treibhaus*-Debatte in der Bundesrepublik: Es gehe darum, den Roman, der im Westen »ein außerordentliches starkes Echo« gefunden habe, allgemein bekanntzumachen.[632] Zugleich offenbarte die *Neue Deutsche Literatur* in einer knappen Einleitung, dass sie sich in ihrem eigenen Urteil über das *Treibhaus* unsicher war. »Koeppens literarischer Trompetenstoß« werde Bonns Mauern zwar nicht zum Einsturz bringen, hieß es da in Anspielung auf das Alte Testament, er sei

---

[627] J. Frohn, Literaturaustausch, 2014, S. 77 f.

[628] Artikel »Der Bundestagsausschuß«; Neues Deutschland vom 6. Dezember 1953. – Das Zitat stammt aus dem Vorspann, in dem es hieß, einerseits sei der Roman im Westen »in Grund und Boden gestampft« worden, andererseits seien zum *Treibhaus* »zweifellos in politischer und literarischer Hinsicht kritische Bemerkungen zu machen«.

[629] Artikel »Das Buch muß frei sein!«; Neues Deutschland vom 1. Dezember 1953.

[630] Artikel »Das Bonner Treibhaus«; Sonntag (Ost-Berlin) vom 14. März 1954.

[631] I. C. Streul, Westdeutsche Literatur in der DDR, 1988, S. 33.

[632] »Wolfgang Koeppen: Das Treibhaus«; Neue Deutsche Literatur 2 (1954), 2, S. 76–85, hier S. 76.

aber »Ausdruck eines wachsenden Unbehagens vieler Intellektueller im Bonner Staat« und deshalb für ostdeutsche Leser durchaus interessant. Allerdings sei das *Treibhaus* »voller Widersprüche und Inkonsequenzen«, und es erschöpfe sich »in spielerischen Verneinungen ohne jede reale Perspektive«. Gute Beobachtungen wechselten sich darin ab »mit völliger Blindheit« gegenüber den gesellschaftlichen Zusammenhängen.

Auffällig ist, dass die Zeitungen und Zeitschriften, die sich in der DDR mit dem *Treibhaus* beschäftigten, zunächst darauf verzichteten, den Roman explizit zu bewerten, insbesondere nicht nach literaturkritischen Maßstäben. Sie schätzten das *Treibhaus* als politische Kritik *aus* der Bundesrepublik *an* der Bundesrepublik. Diese Lesart versuchten sie zu verbreiten und zu verstärken. Im Westen wiederum haben genau diese Teilabdrucke der DDR-Publizistik einem möglichen Erfolg des Buches eher geschadet. Publizität im Osten wurde unter den binären Bedingungen des ›Kalten Krieges‹ als kommunistische Zustimmung aufgefasst. So argwöhnte etwa der Berliner Kritiker Günther Birkenfeld, der auch für den RIAS kommentierte und dem ›Kongress für kulturelle Freiheit‹ angehörte[633], dass es »kein Zufall« gewesen sein könne, dass »in der sowjetisch lizenzierten deutschen Presse« ganze *Treibhaus*-Kapitel »mit bösartigen Glossierungen Bonns« nachgedruckt worden seien.[634]

In der Tat ist es aufschlussreich, worauf sich die DDR-Medien bei der Auswahl der Auszüge aus dem *Treibhaus* konzentriert haben: Sowohl das *Neue Deutschland* als auch die *Neue Deutsche Literatur* wählten Szenen, die im Bundestag spielen: einmal die Szene aus dem Wohnungsbauausschuss, ein andermal die Plenardebatte über die Ratifizierung der Westverträge. In beiden Fällen ging es also um den Parlamentsroman; die anderen Aspekte schienen weniger wichtig. Koeppens Buch wurde in der DDR-Presse als Zeugnis des »korrupten Bonner Parlamentarismus« gegen dessen »Renazifizierung«, den »Wahlrummel« und die »Schaufensterpolitik« in Szene gesetzt.[635]

Sobald es jedoch um Rezensionen im engeren Sinn ging, zeigten sich auch bei den ostdeutschen Kritikern ambivalente Reaktionen auf Koeppens *Treibhaus*. Einerseits lobten sie den Roman wegen seiner Kritik an den westdeutschen Verhältnissen. Sie versuchten, das *Treibhaus* zu instrumentalisieren gegen »jene stickige, fäulnisschwüle Atmosphäre der vom Volk getrennten, ja volks-

---

[633] U. Heukenkamp (Hg.), Unterm Notdach, 1996, S. 531 f.
[634] Birkenfeld in einem Referat auf der Frühjahrstagung der Deutschen Akademie für Sprache und Dichtung im Mai 1954; »Literatur der Beunruhigung«, in: Akademie 1953/54, S. 106–111, hier S. 109. – Birkenfeld nannte das *Treibhaus* einen »Zerrspiegel«, der »Ressentiments« gegen die Bundesrepublik legitimieren könne. – Zur *Treibhaus*-Kritik aus West-Berlin, zu der Birkenfelds Beitrag gehört, siehe S. 390–405.
[635] Hier und im Folgenden: »Die Freiheit im Treibhaus«; Die Nation 4 (1954), 4, S. 194–201, hier S. 194.

feindlichen Abenteurerpolitik, der amerikanischen Adenauerpolitik des Militarismus und des Faschismus«. Auf der anderen Seite bemängelten ostdeutsche Rezensenten ihrerseits die ideologisch unklare Haltung des Romans, der keine Sympathie für den Marxismus-Leninismus äußert, sondern jede Weltanschauung verneint: »Koeppen besitzt einfach keine Orientierungsmöglichkeit auf die Kräfte der Nation, deren gesunde Einstellung zum Leben und zu den Lebensfragen der Nation die Treibhausatmosphäre hinwegwischen könnte«, schrieb etwa Alfred Antkowiak im *Sonntag*, einer Ost-Berliner Wochenzeitung.[636] Immerhin lobte er Keetenheuves Pazifismus und freute sich, dass die Sozialdemokratie als »Scheinopposition im Bundestag [...] entlarvt« würde. Antkowiak, der 28 Jahre alte Autor dieser Rezension, kann seinerseits als weltanschaulich gefestigt gelten. Seit Sommer 1953 arbeitete er als Abteilungsleiter im Aufbau-Verlag; zuvor war das Mitglied der SED-Landesleitung in Thüringen Vorsitzender des dortigen Schriftstellerverbandes gewesen.[637]

Die Kritik in der DDR bemängelte, dass im *Treibhaus* keine politische Alternative aufgezeigt werde. Insbesondere störten sich ostdeutsche Rezensenten an Koeppens Romanfigur, dem Abgeordneten Keetenheuve. Dessen Handlungsschwäche, seine Verzagtheit, schließlich sein Selbstmord empörte sie. Selbst eine wohlmeinende Besprechung des Romans, die des Schriftstellers Wolfgang Joho, kam nicht umhin zu betonen, dass Koeppen »nicht nur als ein Chronist, sondern auch als ein Opfer jenes verhängnisvollen Fatalismus [zu sehen sei, B.W.], von dem sein Buch erfüllt ist«.[638] Im gleichen Sinne tadelte der Schriftsteller Franz Fühmann, Funktionär der National-Demokratischen Partei Deutschlands, dass Keetenheuve von der Brücke springe, statt den »Sturz des Adenauerregimes« zu betreiben. Der NDPD, der national auftretenden Blockpartei, war im DDR-System die Aufgabe zugedacht, kleinbürgerliche Schichten, ehemalige Nazis und Wehrmachtssoldaten in den Arbeiter- und Bauernstaat zu integrieren.[639] Fühmann, ein »Parteisoldat«[640], der im Kriegsgefangenenlager zum Kommunismus konvertiert war, führte die Perspektivlosigkeit von Koeppens Roman »auf politische und ideologische Mängel des Autors« zurück, welche auch die literarische Qualität des Textes beeinträchtigten. Zu diesen Schwächen zählte Fühmann ausdrücklich die Thematisierung von Keetenheuves Intimleben. Aber im Westen, so Fühmann, sei Pornographie in-

---

[636] Hier und im Folgenden: »Das Bonner Treibhaus«; Sonntag (Ost-Berlin) vom 14. März 1954.
[637] Zu Antkowiak: T. Kaiser, Griewank, 2007, S. 253 f.
[638] Artikel »Verlorene Illusionen«; Sonntag (Ost-Berlin) vom 5. September 1954.
[639] H. Richter, Fühmann, 1992; G. Rüther, Fühmann, 2000. – Reich-Ranicki meinte, dass Fühmann »unverfälschte NS-Lyrik« schreibe, wenn auch aus antifaschistischer Überzeugung: M. Reich-Ranicki, Deutsche Literatur in Ost und West, 1963, S. 426.
[640] G. Rüther, Fühmann, 2000, S. 18.

zwischen wohl obligatorisch.[641] In der Tat entsprach Dekadenz nicht dem Programm des sozialistischen Realismus, und sie wurde auf »amerikanische Zersetzung« zurückgeführt.[642]

Die *Treibhaus*-Rezeption in der DDR ist gekennzeichnet durch eine spezifische, ideologisch bedingte Ambivalenz, die zwischen Instrumentalisierung, Ablehnung und dem Versuch schwankte, die DDR in Konkurrenz mit der Bundesrepublik als die wahre Heimat der deutschsprachigen Literatur zu präsentieren.[643] Dieses Muster wiederholte sich 1956, als der Mitteldeutsche Verlag aus Halle für die geplante Publikation von Koeppens Nachkriegstrilogie in der DDR eine positive Begutachtung und die Druckgenehmigung durch das Amt für Literatur und Verlagswesen benötigte. Wie erwähnt scheiterte das Vorhaben an der Zensur, allein der *Tod in Rom* durfte erscheinen.[644] Zuvor gutachtete der staatliche Lektor zwar, dass das *Treibhaus* ein »starker Angriff auf das Bonner System« sei, »das sich demokratisch nennt, es aber nicht ist«.[645] Auch die eindeutig antifaschistische Haltung des Romans wurde gelobt. Kritisch bewertete Arno Hausmann hingegen die sexuell anstößigen Passagen in Koeppens Werk: »Verherrlicht das Päderastentum«, lautete sein Tadel. Damit orientiere sich Koeppen allzu sehr an den Standards der westdeutschen und amerikanischen Boulevardpresse.[646]

Kunst sollte in der DDR dem Aufbau der sozialistischen Gesellschaft dienen. So galt Literatur staatlicherseits als Medium der Beeinflussung, mit dem Ziel einer »politische[n] Aktivierung des Lesers«.[647] ›Gute Literatur‹ waren in diesem Sinne der sozialistische Realismus aus der DDR sowie der Sowjetunion, aber auch Literatur aus dem Westen, wenn sie die Krise der bürgerlichen Gesellschaft beschrieb. Gleichzeitig war der Kampf gegen die vermeintlich destruktive Literatur ein Bestandteil der offiziellen Kulturpolitik: Dekadente Literatur galt hier zwar als Symptom der bürgerlich-westlichen Krise, allerdings fehle ihr die Einsicht, dass die Zeit ebenjener bürgerlichen Kultur abgelaufen sei. Anstelle dieser Einsicht fliehe dekadente Literatur in den Elfenbeinturm, den Nihilismus oder in ›amerikanische‹ beziehungsweise ›volksfeindliche‹ Verirrungen. Damit sei sie allenfalls für Literatursnobs interessant.

---

[641] Artikel »Die Freiheit im Treibhaus«; DIE NATION 4 (1954), 4, S. 194–201, hier S. 197. – Der Parteiverlag der NPDP, der Verlag der Nation, hatte eine Option auf eine *Treibhaus*-Ausgabe, die im Dezember 1953 aufgegeben wurde: J. FROHN, Literaturaustausch, 2014, S. 198 f.

[642] ZK-Kulturabteilung vom 3. Januar 1951; zitiert nach: H. PEITSCH, Nachkriegsliteratur, 2009, S. 167.

[643] J. FROHN, Literaturaustausch, 2014, S. 172 f.

[644] H.-U. TREICHEL, Koeppen und die Dekadenz, 2014, S. 70.

[645] Hier und im Folgenden zitiert nach: S. BARCK/S. LOKATIS, Zensurspiele, 2008, S. 122.

[646] S. BARCK/S. LOKATIS, Zensurspiele, 2008, S. 122; J. FROHN, Literaturaustausch, 2014, S. 172 f.

[647] I. C. STREUL, Westdeutsche Literatur in der DDR, 1988, S. 5.

Die *Treibhaus*-Rezeption in Zeitungen und Zeitschriften der DDR bewegte sich zwischen diesen beiden Polen: Einerseits beschrieb der Roman die vermeintliche Krise der bürgerlich-kapitalistischen Gesellschaftsordnung, andererseits galt er selbst als in hohem Maße dekadent und ideologisch unklar.[648] Aus diesem Widerspruch fanden die Kritiker zunächst keinen Ausweg. Erst seit Mitte der Fünfzigerjahre, seit dem *Tod in Rom*, galt Koeppen auch in der DDR als politisch linker Autor, dessen ›Restaurations‹-Kritik weltanschaulich willkommen war, wobei sein nichtmarxistischer Pessimismus weiterhin einigen Argwohn erregte.[649] In diesem Sinne erklärte 1959 Anatolij Fjodorow in der Zeitschrift des sowjetischen Schriftstellerverbands, Koeppen sei »charakterfest und konsequent in seinem Haß auf den deutschen Militarismus« und er beschreibe in seinen Romanen »den Prozeß des Sterbens der Bourgeoisie«, indem er wie Thomas Mann »den dekadenten Verirrungen seiner Helden« nachspüre. Dennoch bleibe es Koeppen verschlossen, den »konkreten Klassencharakter« zu verstehen und »den Schritt zur neuen Welt« zu tun.[650]

Auch die ausländische Presse hat das *Treibhaus* mit bemerkenswert großem Interesse besprochen. Immerhin etwa ein Drittel der Rezensionen standen in Zeitungen und Zeitschriften, die außerhalb der Bundesrepublik gedruckt wurden – wobei hier noch die Publikationen aus der DDR sowie deutschsprachige Titel aus Österreich, Südtirol und der Schweiz mitgerechnet sind, außerdem der *Aufbau*, eine seit 1934 in New York erscheinende Zeitschrift jüdischer Emigranten. Insgesamt elf Rezensionen richteten sich aber ausdrücklich an nichtdeutschsprachige Leser. Diese Resonanz ist auch deshalb erstaunlich, weil diese ausländischen Leser entweder nur die jeweilige Rezension hatten oder zum deutschen Original greifen mussten. Auf Englisch etwa erschien das *Treibhaus* erst 2001.[651] In französischer, spanischer oder italienischer Sprache existiert bis heute keine Übersetzung (im Unterschied zu *Tauben im Gras* oder *Der Tod in Rom*).

Über die Gründe, warum es kaum Übersetzungen gibt, lässt sich nur mutmaßen. Der Germanist Karl-Heinz Götze erwähnte in den Achtzigerjahren als »ein kurioses Detail der Verlagsgeschichte«, dass sich Koeppen und der Scherz & Goverts Verlag »in der allgemeinen Aufregung nach Erscheinen des Buchs verpflichteten, keine Auslandsrechte zu vergeben«.[652] Ob das stimmt, ist unklar.

---

[648] K.-H. Götze, Koeppen: Das Treibhaus, 1985, S. 130.

[649] K. Hermsdorf, Apologie und Kritik des Militarismus, 1961; I. C. Streul, Westdeutsche Literatur in der DDR, 1988, S. 47 f.; H.-U. Treichel, Koeppen und die Dekadenz, 2014.

[650] A. Fjodorow, Koeppen, 1959, S. 133–139.

[651] Es wurde als moderner Klassiker und als Zeitdokument mit Wohlgefallen aufgenommen: »Too Good to Live«; New York Times vom 1. Juli 2001; »A German Novelist's Dissent to His Country's Postwar Miracle«; New York Times vom 5. Juli 2001; »A Leap from the Bridge«; London Review of Books 24 (2002), 24, S. 33 f.

[652] K.-H. Götze, Koeppen: Das Treibhaus, 1985, S. 123.

Koeppens Nachlass gibt darüber wenig Auskunft, insbesondere nicht über die Frage, von wem dies veranlasst worden sein sollte. Eine Archivüberlieferung des Verlags ist unbekannt. Auch Götze, der »Formen der indirekten Zensur« vermutete und den »Druck der Öffentlichkeit« für ursächlich hielt, blieb einen Quellenbeleg schuldig.[653]

Für die Annahme, dass Koeppens Verlag das *Treibhaus* nicht zur Übersetzung angeboten hat, spricht ein Brief von Goverts aus dem Juli 1953 – aus einer Zeit also, in der sogar die Frage der westdeutschen Publikation noch ungeklärt war.[654] Nachdem der Verleger Koeppen um Entschuldigung gebeten hatte für die »Enttäuschung«, die »das Hinausschieben des *Treibhauses*« unweigerlich bedeutete, berichtete Goverts beschwichtigend von seinen Gesprächen mit Armand Pierhal vom französischen Verlag Robert Laffont (*Tauben im Gras* war hier erschienen) sowie Milton Waldman aus London (von Robert Hart-Davis). Beide Verlage seien an einem zukünftigen Buch interessiert, so Goverts: »Aber beim *Treibhaus* ist es das konkrete, heutige Bonner Milieu mit den Alliierten und dem humorlosen Adenauer wie dem humorlosen Bundestag, das meinen Entschluss (!) bedingte.«[655] Wie auch immer dieser (frühe) Entschluss von Goverts lautete: Merkwürdig ist es schon, dass das *Treibhaus* seit den Sechzigerjahren zwar ins Russische und Polnische übersetzt wurde, nicht aber in westeuropäische Sprachen – und das nachdem der mit Koeppen bekannte Louis Clappier, der *Tauben im Gras* übersetzt hatte, sogar eine Erstveröffentlichung in Frankreich vorgeschlagen hatte.[656]

In keinem Fall gibt jedoch die *Treibhaus*-Debatte 1953/54 Anlass zu der Annahme, das Ausland sei dem parlamentarischen Neubeginn in Bonn gegenüber gleichgültig gewesen oder es habe sich nicht für dessen literarische Verarbeitung interessiert. Die Vielzahl der außerhalb der Bundesrepublik erschienenen Rezensionen spricht im Gegenteil für ein starkes Interesse an der Demokratisierung der deutschen Nachbarn. Dabei war die internationale Resonanz vor allem genau das: ein Anliegen der unmittelbaren Nachbarländer. Während keine zeitgenössische englische oder amerikanische Rezension bekannt ist, war in immerhin vier niederländischen Zeitungen vom *Treibhaus* die Rede. Je drei Besprechungen wurden in Österreich und der Schweiz publiziert, zwei in Belgien (sowohl flämisch als auch französisch), zwei in Paris. Hinzu kamen eine dänische sowie eine schwedische Zeitung. Das *Treibhaus* war mithin ein kontinentaleuropäisches Thema, was aus der sprachlichen und kulturellen Nähe resultierte. Es war

---

653 Die neuesten Kommentare geben dazu keine Auskunft: A. GRAFE, Kommentar, 2006, S. 214; H.-U. TREICHEL, *Treibhaus*-Kommentar, 2010, S. 236–238.
654 A. GRAFE, Beziehung zu Rowohlt, 2006.
655 Goverts an Koeppen, Brief vom 21. Juli 1953, WKA/UB Greifswald 24465.
656 H.-U. TREICHEL, *Treibhaus*-Kommentar, 2010, S. 200. – Zu Clappier vgl. auch S. 307.

zugleich eine durch den Zweiten Weltkrieg und die deutsche Besatzung motivierte Aufmerksamkeit.

Ein extremes Beispiel der *Treibhaus*-Rezeption ist die diabolische Freude, mit
der Koeppens Roman in der französischen Wochenzeitung *Rivarol* aufgenommen wurde. Der Namenspatron des Blattes, Antoine de Rivarol, war ein Zeitgenosse der Großen Revolution.[657] Der historische Rivarol hatte gegen die Ideen
von 1789 polemisiert, *Rivarol* hingegen war eine Zeitung der äußersten französischen Rechten nach dem Zweiten Weltkrieg.[658] So war der Name der Zeitung
ein weltanschauliches Bekenntnis: »Zeitschrift der nationalen Opposition«, lautete ihr Untertitel. Das 1951 gegründete Blatt forderte, die Kollaborateure des
Vichy-Regimes zu rehabilitieren, es stand in der Tradition des Rechtsintellektuellen Charles Maurras und äußerte sich immer wieder antisemitisch. Durch
die *Treibhaus*-Lektüre fühlte sich *Rivarol* bestens unterhalten.[659] Der Rezensent Charles Schneider begrüßte den Roman als ein »bissiges Pamphlet«, das
die Bundesrepublik politisch lahmgelegt habe, als »giftige Satire«. Insbesondere
freute es ihn – und die folgenden Zitate entstammen alle seiner Rezension –,
dass das Bonner Parlament im *Treibhaus* als ein »Tempel des Konformismus und
der Langeweile« beschrieben werde, »in dem leblose Geister umherirren«. In ihrem Provinzstädtchen bildeten die Abgeordneten »eine lymphatische Versammlung der pflichtbewussten Wortklauber, die um die völlige Leere ihrer unnützen
Aufgabe wissen und die deshalb irgendetwas ausbrüten im lauwarmen Aquarium einer überflüssigen Kammer«.

Rivarol deutete das *Treibhaus* sowie die Treibhaus-Metapher antiparlamentarisch und fühlte sich dadurch in seiner Weltsicht bestätigt, zumindest amü-
siert. In der Tat lässt sich die satirische Tradition der Treibhaus-Metapher bis
zu dem namengebenden Antirevolutionär zurückverfolgen. Im Jahr 1956 hat
kein anderer als Ernst Jünger einige von Rivarols Aperçus ins Deutsche übersetzt und publiziert.[660] Darin heißt es über den historischen Rivarol: »Er nannte
Redner der Konstituante, deren Namen in aller Munde waren, ohne daß man
sie zuvor gehört hätte: politische Champignons, über Nacht hervorgetrieben
in den Warmhäusern der modernen Philanthropie.«[661] In der *Rivarol*-Rezen-
sion wurde die antiparlamentarische Metaphorik ergänzt durch einschlägige Ge-
waltbegriffe, wie sie für die rechtsradikale Publizistik des 20. Jahrhunderts typisch waren und wie sie auch Ernst von Salomons Besprechung gekennzeichnet

---

[657] V. Baranger, Rivarol, 2007.
[658] A. Chebel d'Appollonia, L'extrême-droite, 1988, S. 20–23 und 279–281; Encyclopédie
politique, 1992, S. 622 f.; J.-P. Rioux, Des clandestins, 1993, 219–221.
[659] Hier und im Folgenden: »La république desaffecté«; Rivarol vom 25. Dezember 1953 [Über-
setzungen B.W.].
[660] E. Jünger, Rivarol, 1956; ders., Sämtliche Werke, Bd. 14, 1998, S. 210–329.
[661] E. Jünger, Rivarol, 1956, S. 174; ders., Sämtliche Werke, Bd. 14, 1998, S. 312.

haben. So wurden das *Treibhaus* und sein Autor mit den Worten eingeführt: »Der despektierliche und surrealisierende Nihilist, der diese Taschenbombe fabriziert hat, heißt Wolfgang Koeppen und seine Höllenmaschine *Das Treibhaus, La Serre chaude.*«[662] Vielleicht habe Koeppen dem englischen *Gunpowder Plot* nachgeeifert, in der vagen Hoffnung, mit seinem Buch den Bonner Bundestag zu sprengen.[663]

Dass die europäische *Treibhaus*-Debatte stark mit der Nachgeschichte des ›Dritten Reiches‹ verbunden war, unterstreicht auch die Rezension, die in der niederländischen Tageszeitung *Het Parool* erschien. Dabei stand *Het Parool* in einer gänzlich anderen Tradition als die rechtsradikale französische Zeitung. Das in Amsterdam redigierte Blatt war im Sommer 1940 während der deutschen Besatzung als Widerstandzeitung gegründet worden; nach dem Krieg sympathisierte *Het Parool* mit den niederländischen Sozialdemokraten.[664] Aber auch diese *Treibhaus*-Besprechung stellte die naheliegende Frage, ob es nicht »gerade im Nachkriegsdeutschland gefährlich« sei, ein Buch herauszubringen, das man als kritische Auseinandersetzung mit dem Parlamentarismus lesen müsse: »Könnte das Resultat dessen nicht sein, dass einige zu dem Schluss kommen: ›Gebt uns nur wieder einen Führer, der mit dem Bundestag, dieser ›Quasselbude‹, radikal aufräumt‹?«[665] Gegen diese Lesart verwahrte sich indes ausdrücklich der Rezensent H. Wiclck. Das *Treibhaus* sei nicht gegen den Parlamentarismus an sich gerichtet, sondern es wolle »eine Mahnung« sein.

›H. Wielek‹ war das Pseudonym des Publizisten Wilhelm Kweksilber.[666] Kweksilber hatte 1947 eine der ersten Dokumentationen über die Judenverfolgung in den von den Deutschen besetzten Niederlanden veröffentlicht: *De oorlog die Hitler won* (*Der Krieg, den Hitler gewann*). Ursprünglich stammte Kweksilber aus Köln, 1912 geboren als Sohn staatenloser Juden, die kurz zuvor aus der Nähe von Warschau an den Rhein gekommen waren. In Köln ging Kweksilber zur Schule, er machte bei der Sozialistischen Arbeiter-Jugend mit, kurzzeitig auch bei den Kommunisten. Der junge Mann schrieb für die *Rheinische Zeitung,*

---

662 Artikel »La république desaffecté«; Rivarol vom 25. Dezember 1953 [Übersetzung B.W.].
663 Vor dem Hintergrund dieser nicht-deutschen, rechtsradikalen Rezension wäre der Vergleich mit der Besprechung interessant, die Kurt Ziesel im *Europäischen Kulturdienst* verfasst hat. Allerdings ist der Jahrgang in keiner deutschen oder österreichischen Bibliothek mehr erhältlich. Der *Europäische Kulturdienst*, zwischen 1952 und 1963 von Ziesel im Eigenverlag herausgegeben, war Teil der rechten Presse, die zwischen Neofaschismus, Antikommunismus, Antiliberalismus, Antiamerikanismus und ›Abendland‹ changierte; A. Schildt, NS-Vergangenheit, 2016. – Ein negatives Urteil über Koeppens vermeintlich pornographische Literatur findet sich bei: K. Ziesel, Das verlorene Gewissen, 1958, S. 108 f. Damit gleicht seine Argumentation der von Ilse Leitenberger, siehe dazu S. 446 f.
664 M. de Keizer, Het Parool, 1991.
665 Artikel »Een eenzame in de broiekas Bonn«; Het Parool vom 19. Dezember 1953 [Übersetzung B.W.].
666 Zur Biographie: F. Zindler, Wielek, 2017.

ein Parteiorgan der SPD, und für ein politisch-literarisches Kabarett namens *Kolibri*. Im ›Dritten Reich‹ war Kweksilber als linker Jude ohne deutsche Staatsbürgerschaft in Lebensgefahr. 1933 floh er nach Amsterdam, wo er sich sein Pseudonym zulegte, heiratete und Fuß fasste. Kweksilber publizierte in sozialdemokratischen Exilblättern, bald darauf in niederländischen Zeitungen und im Rundfunk. 1935 folgte der Gedichtband *Verse der Emigration*. Während Kweksilber die deutsche Besatzung überlebte, wurden seine Eltern und seine Schwester in Sobibor und Auschwitz ermordet.[667] Nach der Befreiung nahm Kweksilber die niederländische Staatsbürgerschaft an; er wurde Mitglied der *Partij van de Arbeid* und in den Siebzigerjahren Mitglied der Ersten Parlamentskammer in Den Haag.

Aufmerksam verfolgte Kweksilber die Entwicklung der Bundesrepublik. Er setzte sich für die deutsch-niederländische Aussöhnung ein. Er holte Schriftsteller wie Heinrich Böll, dem sich Kweksilber verbunden fühlte, und Günter Wallraff zu Lesungen nach Holland und trat seinerseits bei Diskussionsveranstaltungen in der Bundesrepublik auf. Die westdeutsche Politik und das mit dem ›Wirtschaftswunder‹ wachsende Selbstbewusstsein in der alten Heimat registrierte er mit Sorge, weil er die Entwicklung für geschichtsvergessen und durchaus gefährlich hielt.[668] Insbesondere kritisierte Kweksilber die westdeutsche Innen- und Justizpolitik während des linken Terrorismus in den Siebzigerjahren, vor allem den sogenannten Radikalenerlass.[669]

Im Dezember 1953 hat Kweksilber das *Treibhaus* vor dem persönlichen Hintergrund seiner Verfolgung gelesen und seine Zweifel an der deutschen Nachkriegspolitik in seine Rezension mit hineingenommen.[670] Als er das Buch den niederländischen Lesern der sozialdemokratischen Zeitung vorstellte, beschäftigte ihn insbesondere die Biographie der Romanfigur Keetenheuve. Man kann sich vorstellen, wie sehr ihn dessen Erfahrungen der Fremdheit und Isolation berührt haben mögen. Der fiktive Abgeordnete aus dem *Treibhaus* hatte vor 1933 als Journalist geschrieben, dann war er wegen der Nazis ins Exil gegangen, und nach dem Krieg kehrte er nach Deutschland zurück. In der Politik und im Bundestag wollte Keetenheuve Gutes bewirken, sich als Menschenrechtsidealist für den Frieden einsetzen. Aber, und so paraphrasierte Kweksilber in *Het Parool* die Erfahrung des literarischen Remigranten:

---

[667] Für die autobiographischen Bezüge seiner Holocaust-Studie: F. Vollmer, Wieleks *De oorlog*, 2012.

[668] A.J.C.M. Gabriëls, Kwecksilber, 2002.

[669] Zur Vorgeschichte: D. Rigoll, Staatsschutz in Westdeutschland, 2013.

[670] Es ist unbekannt, ob Kwecksilber und Koeppen, der zwischen 1934 und 1938 in den Niederlanden lebte, einander kannten. In Kwecksilbers Nachlass finden sich dazu keine Hinweise. Auskunft von Frederike Zindler, geborene Vollmer, vom 12. Juni 2015: F. Zindler, Wielek, 2017; F. Vollmer, Wieleks *De oorlog*, 2012.

Von einer Zukunft träumt er; und er muss erkennen, dass er, der »Ex«-Emigrant, der ein Vakuum füllen wollte, der den Boden unter den Füßen fühlen wollte, der sich in die Politik gestürzt hat, dass er *ein Einsamer bleibt in einem fremden Land.* Er ist nicht mehr imstande, zu glauben oder den Fanatiker – welcher Rolle denn auch – zu spielen. Seine Abneigung gegen Parteien, Instanzen und Institutionen nimmt zu. [...] Und als er einsieht, dass ein Mensch reicht, um dem Leben Bedeutung zu geben, ist es zu spät und er ist zurückgeworfen auf eine Vereinsamung, aus der er allein auf eine Weise flüchten zu können meint.[671]

Wiederum ganz anders als diese nachdenkliche *Treibhaus*-Rezension aus den Niederlanden reagierten die *Salzburger Nachrichten.* Die österreichische Rezensentin, Ilse Leitenberger, störte vor allem der »porno-politische Nihilismus« des Romans.[672] Bereits auf dessen ersten fünfzehn Seiten werde »ein Übersoll an pornographischen Gedanken absolviert«, empörte sie sich. Erst nachdem sie »den Rotstift zur Markierung pornographischer Blüten« weggelegt hatte, äußerte sie auch einige politische Schlussfolgerungen. Am wichtigsten war ihr dabei, dass »wir Bücher dieser Art [...] hier nicht importiert wissen wollen«. Es sei schon eine Krux mit den Deutschen: Sie ließen eine »Wollust des Ekels [...] peinlicherweise so oft als Realismus« durchgehen – und das, obwohl derartige »Umerziehungsmethoden« doch »heute keinen Hund mehr hinter dem Ofen hervor[lockten]«.

Die Autorin der *Salzburger Nachrichten* hatte ihre journalistische Ausbildung vor 1945 bei der *Transkontinent-Press* erhalten, dem Südosteuropadienst des *Deutschen Nachrichtenbüros,* der offiziellen Agentur des ›Großdeutschen Reiches‹. Im April 1939 beantragte sie, kurz vor ihrem zwanzigsten Geburtstag, die Mitgliedschaft in der NSDAP.[673] Als Korrespondentin arbeitete Leitenberger in Bukarest, Sofia und Preßburg, etwa für die deutschsprachige *Donau-Zeitung* aus Belgrad.[674] Im Nachkriegsösterreich wurde sie dann Kulturredakteurin der *Salzburger Nachrichten,* anschließend eine der einflussreichsten Journalistinnen des Landes, insbesondere als Kommentatorin der *Presse* und zumal in dem Teil des national-konservativen Spektrums, der zunächst dem Verband der Unabhängigen, dann der FPÖ nahestand.[675] Die *Salzburger Nachrichten* wiederum pflegten in den Fünfzigerjahren eine dezidiert antikommunistische und proamerikanische Haltung.[676] Damit scheint Leitenbergers Aufregung über das *Treibhaus* politisch doppelt codiert: Es war ihr nicht westlich genug (›westlich‹ im

---

[671] Artikel »Een eenzame in de broiekas Bonn«; HET PAROOL vom 19. Dezember 1953 [Übersetzung und Hervorhebung B.W.].

[672] Hier und im Folgenden: »Porno-politischer Nihilismus«; SALZBURGER NACHRICHTEN vom 14. November 1953.

[673] BArch R 9361-IX Kartei / 25391097.

[674] F. HAUSJELL, Journalisten, 1989, S. 665.

[675] P. MALINA, Ilse Leitenberger, 1989.

[676] B. MOLDEN, Ost-West-Drehscheibe, 2010, S. 721.

Sinne eines kämpferischen Antikommunismus), zugleich aber fürchtete sie zu viel ›Umerziehung‹, eine Gefährdung der nationalen kulturellen und moralischen Substanz. Übrigens fiel auch die Schweizer *Treibhaus*-Rezeption viel negativer aus als die deutsche. So bemängelte die *National-Zeitung* aus Basel, dass Koeppen allein deshalb im Dreck wühle, um »seine eigenen Schuldkomplexe abzureagieren«. Das wiederum gehe »dem Leser so auf die Nerven, dass er nur noch angeekelt das Buch aus der Hand legt«.[677]

Es zeigte sich, dass die meisten ausländischen *Treibhaus*-Rezensenten einen persönlichen Bezug zu Deutschland hatten. Das galt für Emigranten wie Wilhelm Kweksilber – oder für frühere ›Volksgenossen‹ wie Ilse Leitenberger. Oder es handelte sich um Auslandskorrespondenten, die ständig aus Bonn über die westdeutsche Nachkriegspolitik berichteten. Das war der Fall bei dem Schweizer Fritz René Allemann, der das *Treibhaus* in der Zürcher *Tat* vorgestellt hat[678], und bei dem Franzosen Alain Clément, der seine Besprechung sowohl in *Le Monde* als auch im französischsprachigen *Soir* aus Brüssel unterbringen konnte.[679] Zu den Bonner Korrespondenten zählte auch Harry Pross, ein Deutscher, dessen Rezension zwar in der *Weltwoche* aus Zürich erschien[680], der im Übrigen aber für die *Haagse Post*, eine niederländische Wochenzeitung, aus der Bundeshauptstadt berichtete.[681]

Ein transnationaler Vermittler war zudem Günter Klingmann, der für *Expressen* (Stockholm) und *Information* (Kopenhagen) über den »Skandal in Bonn« berichtete, den das *Treibhaus* ausgelöst habe.[682] Allerdings war Klingmann kein politischer Journalist, sondern eine Art Literaturbotschafter. Der gebürtige Münchner, Jahrgang 1928, lebte inzwischen in Malmö, wo er als Übersetzer und Publizist arbeitete.[683] Klingmann schrieb für skandinavische Medien über deutsche Schriftsteller, insbesondere der Gruppe 47.[684] Umgekehrt berichtete er für das deutsche Publikum über schwedische Bücher. Bemerkenswert an seiner Koeppen-Besprechung ist, wie er den skandinavischen Lesern erklärte, was man in Westdeutschland unter dem Stichwort ›Restauration‹ diskutierte: das, wie er es beschrieb, *Joint Venture* von Wirtschaftsunternehmen, Nazi-Generälen, Kirchen und politischen Altparteien der Weimarer Republik.[685]

---

[677] Artikel »Wolfgang Koeppen: Das Treibhaus«; NATIONAL-ZEITUNG (Basel) vom 8. Mai 1954.
[678] Siehe S. 373–378.
[679] Siehe S. 378–381.
[680] Artikel »Bonner Skandälchen«; DIE WELTWOCHE vom 2. Januar 1954.
[681] H. PROSS, Memoiren, 1993, S. 200.
[682] Artikel »Skandalen i Bonn«; EXPRESSEN vom 29. Januar 1954; INFORMATÍON vom 24. Februar 1954.
[683] KÜRSCHNERS LITERATUR-KALENDER, 1958, S. 363.
[684] F. BENZINGER, Gruppe 47 in Schweden, 1983, S. 17 und 150.
[685] »Die alten Füchse der Weimarer Republik [...] verbündeten sich zuerst mit Kirchen und Industriekartellen, jetzt auch mit finanziellen und militärischen Experten, die zuvor im Nazi-Sold ge-

Unterdessen wurde die Frage, wer in der Bundesrepublik fehlte, durch eine Rezension des Literaturwissenschaftlers Ludwig Marcuse beantwortet. Marcuse, der vor den Nazis über den südfranzösischen Küstenort Sanary-sur-Mer in die USA geflohen war, schrieb seine *Treibhaus*-Besprechung in Los Angeles, wo der vormalige Berliner Feuilletonist inzwischen als Professor an der *University of Southern California* lehrte.[686] Veröffentlicht wurde seine Rezension in der jüdischen Emigrantenzeitung *Aufbau*.[687] Zwar lobte Marcuse das *Treibhaus* als »ausgezeichnete[n] Roman«. Zugleich bekannte er offen, wie wenig er über den tagesaktuellen Stoff des Buches Bescheid wusste: »Die Abgeordneten sind von meinem Standpunkt (Beverly Hills) 6000 Meilen entfernt und schon gar nicht mehr zu identifizieren.« Auch die politischen Themen, die ›Wiederbewaffnung‹ und der ›Wiederaufbau‹, spielten keine Rolle in Marcuses wohlwollender Besprechung. So zeigt sich *erstens*, wie eng die Debatte über das *Treibhaus* mit dem westdeutschen Kontext verbunden war. *Zweitens* wird deutlich, wie untrennbar diese Nachkriegszeit mit dem ›Dritten Reich‹ und der Weimarer Republik verstrickt war. Auch Koeppens Schreibweise erinnerte Marcuse an die spätexpressionistische Epik der Zwanziger- und frühen Dreißigerjahre. Während ihm das politische Geschehen in Bonn (sowie im *Treibhaus*) wenig sagten, beschrieb Marcuse eine melancholische Wehmut, die er beim Lesen empfunden habe, eine Art Heimweh nach der Welt, aus der er stammte – Heimweh nicht unbedingt nach Bonn am Rhein, sondern nach dem Berlin der Zwanzigerjahre.[688] Marcuses Fazit über Koeppens Roman lautete: »Eine Schwalbe macht noch keinen Sommer. Aber sie hält wenigstens die Erinnerung an einen früheren wach.«

6. Münchner Szenen: Hardt, Kirst, Kuby – oder: ›Restaurations‹-Kritiker zwischen Anziehung und Abstoßung

6.1 Kritik an der ›Restauration‹: Die Hintergründe des *Spiegel*-Abdrucks

»Das Bundes-Treibhaus« hieß es am 4. November 1953 im *Spiegel*.[689] Unter dieser Überschrift berichtete das Hamburger Nachrichtenmagazin über Koeppens

---

standen haben.« Artikel »Skandalen i Bonn«; EXPRESSEN vom 29. Januar 1954 [Übersetzung B.W.]. Zum Deutungsmuster der ›45er‹: S. 405–415.

[686] L. MARCUSE, Mein 20. Jahrhundert, 1960.

[687] Hier und im Folgenden: »Bonn-Roman«; AUFBAU vom 16. April 1954, Bd. 20, Nr. 16.

[688] Melancholie und Distanz durchziehen auch die Erinnerungen, mit denen Marcuse seine Eindrücke aus Nachkriegsdeutschland schildert: »Wo gehöre ich hin? Ich bin ein Deutscher. Ich bin ein Jude. Ich bin ein Amerikaner. Ich bin ein Schriftsteller. Ich bin ein Professor.« L. MARCUSE, Mein 20. Jahrhundert, 1960, S. 368.

[689] Hier und im Folgenden: »Das Bundes-Treibhaus«; DER SPIEGEL vom 4. November 1953, Nr. 45/1953, S. 37–40.

Roman, den es als aktuelle literarische Neuerscheinung vorstellte und zugleich in erster Linie politisch interpretierte. Der 4. November war just der Tag, an dem die ersten *Treibhaus*-Exemplare in den Buchhandel kamen. Obwohl die Gleichzeitigkeit der Publikation der wöchentlichen Erscheinungsweise des *Spiegels* geschuldet war, kennzeichnet sie auch die Beziehung zwischen dem Magazin und dem Roman auf das Genauste. Nähe ist hier das entscheidende Kriterium, und zwar sowohl zeitlich und räumlich als auch politisch. Auf vier Heftseiten brachte der *Spiegel* viele Zitate sowie einen langen Textauszug aus dem *Treibhaus*. Anders als man meinen könnte, hielt sich die normalerweise so spöttisch-distanzierte Zeitschrift mit ihrer eigenen Meinung zurück. Allenfalls Ansätze von Kritik finden sich in dem knappen Hinweis, Keetenheuves finaler Sprung von der Rheinbrücke sei »nicht eben überzeugend«. Anstelle einer Auseinandersetzung, einer Rezension im Wortsinn, war der Bericht im *Spiegel* vielmehr eine Art Verstärker für das *Treibhaus*, das als die interessanteste Neuerscheinung aus dem Programm des Verlegers Henry Goverts vorgestellt wurde. Ergänzt wurden die Roman-Zitate durch einen detaillierten, informativen Hintergrundbericht.

Der Artikel war inhaltlich so dicht, weil er auf mehreren Vorgesprächen eines *Spiegel*-Journalisten mit Koeppen beruhte. Trotz des Umfangs, trotz des Zeitpunkts und trotz des hohen Nachrichtenwerts ist der *Spiegel*-Artikel in der Koeppen-Forschung jedoch bisher nicht als eigenständige Rezension gewertet worden – vielleicht weil der *Spiegel* dem *Treibhaus* so nahe kam, dass man seine eigene Position kaum erkennen kann.[690] Auf den ersten Blick wirkt der Beitrag unscheinbar. Gerade wenn man als späterer Leser mit dem Roman und Koeppens Biographie besser vertraut ist als das Publikum im Herbst 1953, erfährt man wenig Neues. Übergehen sollte man den *Spiegel* trotzdem nicht, denn immerhin hat er dem *Treibhaus* fast ein Zehntel des gesamten Heftes gewidmet. Der Artikel »Das Bundes-Treibhaus« war kein hymnisches Lob des Romans, aber erst recht kein Verriss. Er beruhte auf einer einfühlsamen Lektüre und zeichnete ein wohlwollendes Porträt des Autors. Eben die Tatsache, dass die kritische Auseinandersetzung fehlte, macht den Beitrag so bemerkenswert. Außerdem wusste nun jeder, der den *Spiegel* gelesen hatte, über das Treibhaus-Motiv Bescheid. Auch dem angeblich unkundigen Bundespräsidenten Heuss hätte ein Blick in die Zeitschrift genügt, um die Figur des Präsidentenbutlers Musäus zu kennen.[691] Der *Spiegel*, der genau diesen Auszug druckte, stellte ihn unter die Überschrift: »Der Traum vom guten Präsidenten«.[692]

---

[690] Sogar H.-U. Treichel, *Treibhaus*-Kommentar, 2010, S. 229. – Auch sonst spielte die *Spiegel*-Rezension bei der Analyse der *Treibhaus*-Rezeption bislang keine Rolle.

[691] Siehe S. 116 f. und 299 f.

[692] Auszug »Der Traum vom guten Präsidenten«; Der Spiegel vom 4. November 1953, Nr. 45/1953, S. 39.

Dennoch war sich der *Spiegel* mit Koeppen einig, dass es abwegig sei, das *Treibhaus* als Schlüsselroman zu lesen: »Porträts bestimmter Abgeordneter oder Beamter werden auch versierte Kaffeeriecher vergeblich aufzuspüren suchen«, heißt es in dem Artikel; die Roman-Figuren hätten »alle keine auch noch so entfernte Ähnlichkeit mit leibhaftigen Bonner Persönlichkeiten. Sie sind alle Homunculi aus des Autors Retorte.«[693] Diese Sätze aus dem *Spiegel* sind Variationen zu Koeppens Behauptung einer poetischen Wahrheit, die der Autor seinem Roman vorangestellt hatte.[694] Mit dieser Absage an die Lektüre als Schlüsselroman transportierte der Artikel einen Hinweis, der Koeppen sehr am Herzen lag. Zwar konnte Koeppen dem politisch motivierten Interesse am *Treibhaus* unmöglich ausweichen. Wie seine Äußerungen etwa im *Süddeutschen Rundfunk* belegen, wollte er das zunächst auch nicht.[695] Auf keinen Fall aber wollte Koeppen sein Werk auf diese sensationshungrige Lesart verengt wissen. Die Schlüsselloch-Interpretation, die sich beim Gegenstand Bonn nicht vermeiden ließ, war für Koeppen ein leidiges Thema, seit im Jahr 1951 der Roman *Tauben im Gras* in München, wo die Handlung unverkennbar spielt, vielfach so verstanden worden war.[696] Kurz darauf hatte Koeppen sich daher in einem Essay namens *Die elenden Skribenten* gegen derartige Deutungen verwahrt – und sich zugleich in eine illustre Ahnengalerie von Aristophanes bis Thomas Mann eingereiht, die Ähnliches erlebt hatten. Ihm sei es nicht um den »Klatsch kleiner Kreise« in München gegangen, schrieb Koeppen im März 1952 in der Erstausgabe der von Hans Werner Richter, dem Organisator der Gruppe 47, gegründeten Zeitschrift *Die Literatur*, sondern um »das Allgemeine [...], die Zeit und damit die Nähe und das Ärgernis«.[697] Man kann davon ausgehen, dass es Koeppen sehr willkommen war, diese Auffassung ein paar Monate später anlässlich seines neuen, provokanten Buchs bestätigt zu bekommen und im *Spiegel* zu lesen, die Figuren aus dem *Treibhaus* hätten »alle keine auch noch so entfernte Ähnlichkeit mit leibhaftigen Bonner Persönlichkeiten«.

---

[693] Artikel »Das Bundes-Treibhaus«; Der Spiegel vom 4. November 1953, Nr. 45/1953, S. 37–40.

[694] Siehe S. 79 f.

[695] Siehe S. 305 f.

[696] Auch das Debüt *Eine unglückliche Liebe* (1934) kann man – wegen des autobiographischen Hintergrunds – als einen Schlüsselroman über die Kabarettgruppe *Pfeffermühle* lesen, in dem Sybille Schloß, Erika Mann, Willy Haas und andere ihren Auftritt haben: G. & H. Häntzschel, Koeppen, 2006, S. 79.

[697] Artikel »Die elenden Skribenten« von Wolfgang Koeppen; Die Literatur vom 15. März 1952, Nr. 1, S. 8; wiedergedruckt in: W. Koeppen, Gesammelte Werke, Band 5, 1986, S. 231–235.

„Er richtet seinen Blick ins Leere": Autor **Koeppen** (r.) und Verleger **Goverts**

Aber es war eine Üppigkeit ohne Mark und Jugend, es war alles morsch, es war alles alt, die Glieder strotzten, aber es war eine Elephantiasis arabum."

„Das Treibhaus" ist üppig bepflanzt mit giftigen Bonmot-Pilzen. Über die kleinen Schachts, die auf den fahrenden NS-Zug aufgesprungen waren, damit auch gute Menschen an Bord kamen, und nun teils wieder in Bonn gelandet sind: „Es hatte ja nie Regisseure und Protagonisten gegeben. Das Taxi begegnete lauter Verhütern, die Schülimnes verhütet hatten. Die vernete gerade: sonst hätten sie sich in ihrem Ruhm gesonnt."

Oder über die fünfzig pensionierten Oberbürgermeister, die — der Sage nach — in Godesberg wohnen und „alle nun einem großen Vorbild nachstrebten und wie Morgensterns Polyp erkannt hatten, wozu sie in die Welt gesetzt, zur Staatsführung natürlich, und sie übten sie am Familientisch. Über den Napfkuchen stülpte sich schon unsichtbar der Ehrendoktorhut".

gazin koofen, verjeß sonst, wie'n Weib jebaut is. Ich passe. Sie spielten Berliner Skat und tranken ihre Weiße mit Schuß muren."

Aus dem Mosaik solcher Beobachtungen entsteht das Treibhausbild. Den größten Teil nehmen dabei die Steinchen aus dem politischen Betrieb in Bonn ein. Allerdings, Porträts bestimmter Abgeordneter oder Beamter werden auch versierte Kaffeerieoher vergeblich aufzuspüren suchen. Der Fraktionsführer der Opposition, bei Koeppen Knurrewahn genannt, oder der prominente christliche Abgeordnete Korodin, der sich jeden Morgen am Hochreck stählt, ehe er seine jüngernst-kalten politischen Spiele beginnt, sie haben alle keine auch noch so entfernte Ähnlichkeit mit leibhaftigen Bonner Persönlichkeiten. Sie sind alle Homunculi aus des Autors Retorte, Funktionäre in seinem Roman-Apparat.

Von dieser Seite her war also die Be-

des politischen Lebens und der Freiheit der Demokratie" verschaffen wollte.

„Er wollte Jugendträume verwirklichen, er glaubte damals an eine Wandlung, doch bald sah er, wie töricht dieser Glaube war, die Menschen waren natürlich dieselben geblieben, sie dachten gar nicht daran, andere zu werden, weil die Regierungsform wechselte, weil statt braunen, schwarzen und feldgrauen jetzt olivfarbene Uniformen durch die Straßen gingen und den Mädchen Kinder machten, und alles scheiterte wieder mal an Kleinigkeiten, an dem zähen Schlick des Untergrundes, der den Strom des frischen Wassers hemmte und alles im alten stecken ließ, in einer überlieferten Lebensform, von der jeder wußte, daß sie eine Lüge war. Keetenheuve stürzte sich zunächst mit Eifer in die Arbeit der Ausschüsse, es trieb ihn, die verlorenen Jahre einzuholen und *wie in Blüte wäre er gewesen wenn er mit den Nazis marschiert wäre denn das war der Aufbruch der verfluchte Irrbruch seiner Generation und jetzt wäre all sein Eifer der Verdammnis preisgegeben der Lächerlichkeit eines grauwerdenden Jünglings er war geschlagen als er anfing."*

Dieser Keetenheuve spricht, denkt, träumt einen ununterbrochenen Monolog von Anfang bis zu Ende des Buches. Alles, was geschieht, wird in diesen Monolog aufgenommen, in ihn eingebettet, von ihm assimiliert.

Und dieser Monolog schwemmt Keetenheuve unaufhaltsam seinem Ende zu, das er mit einem Sprung von der Bonn-Beueler Brücke dann auch im nächtlichen Rhein findet, indem dem überzeugend.

Die Gedanken des Mannes, der an nichts mehr glaubt, zerfasern alles, alle Personen und alle Situationen, an denen er vorbeitreibt. Die „Ideale" bleiben als Schreckbild stehen. Sie sahen kleine Giebelhäuser entstehen und hielten sie für gemütlich; sie sahen zufriedene Arbeiter

---

Abb. 43: Ausschnitt aus: DER SPIEGEL vom 4. November 1953, Nr. 54, S. 38.

Geschrieben und recherchiert hat den *Treibhaus*-Artikel vermutlich Claus Hardt.[698] Genauer lässt sich das nicht sagen, weil es beim *Spiegel* damals nicht üblich war, Artikel namentlich zu zeichnen. Im Sommer 1953 rief jedenfalls Claus Hardt, *Spiegel*-Mitarbeiter in München, bei Koeppen an und fragte, worum es in dem »politischen Roman« gehe, von dem er gehört habe. Auch die Hamburger Redaktion habe schon danach gefragt und wolle mehr erfahren.[699] Als sich der *Spiegel* Anfang August bei Koeppen meldete, hatte dieser das *Treibhaus* endlich abgeschlossen; doch nun war unklar, ob, wann und in welchem Verlag das Buch erscheinen würde. Goverts und vor allem sein Kompagnon Alfred Scherz hatten kalte Füße bekommen. Nach der jahrelangen ›Schmutz- und Schund‹-Debatte in der westdeutschen Öffentlichkeit und im Vorfeld der Bundestagswahl am 6. September 1953 befürchtete Scherz »politische Schwierigkeiten für den Verlag«, sollten sie das *Treibhaus* während des Wahlkampfes veröffentlichen.[700] Daher versuchten Scherz und Goverts, den Titel bei Rowohlt unterzubringen. Bei Rowohlt wiederum wurden drei Lektoren mit Fachgutach-

---

[698] Beim *Spiegel* ist über die Entstehung des Artikels nichts überliefert. Auskunft von Hauke Janssen, Leiter der Dokumentation des Spiegel-Verlags, vom 23. Juli 2018.

[699] Koeppen an Goverts, Brief vom 7. August 1953, WKA/UB Greifswald 24432.

[700] Goverts an Koeppen, Brief vom 3.9.1953, WKA/UB Greifswald 24467.

ten beauftragt. Die Sache zog sich in die Länge, nicht nur Scherz und Goverts spielten auf Zeit.[701]

In dieser Situation berichtete Koeppen seinem Verleger beschwingt von dem Anruf des *Spiegel*-Journalisten, und er erwähnte, dass er sich persönlich mit Hardt getroffen habe. Der *Spiegel* wolle »einen Artikel über das ungedruckte Buch schreiben und Proben veröffentlichen«, freute sich Koeppen. Obwohl er – zurückhaltend und etwas umständlich, wie es wohl seine Art war – den Journalisten darauf hingewiesen habe, »dass der Roman keineswegs so politisch sei, wie er wohl annehme«, und dass überdies viele Fragen der Publikation noch ungeklärt seien, habe der *Spiegel* bisher keinen Rückzieher gemacht. »Hardt versprach mir darauf, sich ruhig zu verhalten«, erklärte Koeppen, »bat mich aber, ihn zu verständigen, wenn man was schreiben könne.«[702] Ein paar Wochen später drängte nun sogar Koeppen einmal seinen Verleger zur Eile: »Claus Hardt vom *Spiegel* ist weiterhin sehr interessiert«, schrieb er: »Ich habe ihm Fahnen versprochen, und er will dann gleich einen Artikel schreiben.«[703]

Man kann annehmen, dass sich Koeppen und der 28jährige Hardt bei ihren Treffen bestens verstanden haben. Sie hatten gemeinsame Bekannte und dieselben Interessen: Bücher und Filme. 1949/50 beispielsweise hatte Hardt Hans Werner Richter in ein Flüchtlingslager bei Nürnberg mitgenommen. Hardt recherchierte dort über *Displaced Persons* vor allem aus Osteuropa. Richter verarbeitete seine Eindrücke und Gespräche in dem Roman *Sie fielen aus Gottes Hand* (1951).[704] Umgekehrt war Hardt im Mai 1950 auf Einladung Richters bei einem Treffen der Gruppe 47, als in Inzigkofen dem Hörspielautor und Lyriker Günter Eich der erste Preis der Gruppe verliehen wurde.[705] Im Dezember 1951 hatte Hardt zudem im *Spiegel* wohlwollend über *Tauben im Gras* berichtet und dabei den Autor so charakterisiert, wie Koeppen sich selbst sah: »Ein Außenseiter ein Leben lang«.[706] Schon bei dieser Gelegenheit hatten sich die beiden ausgetauscht, auch über Filme und das Schreiben von Drehbüchern. »Als ›konsequenter Zivilist‹ scriptete er sich beim Film durch die Kriegsjahre«, las man 1951 im *Spiegel* über Koeppens Weg vor 1945. Wenige Monate nachdem Hardt den *Treibhaus*-Artikel im *Spiegel* eingefädelt hatte, »scriptete« er auch selbst.

---

701 A. GRAFE, Beziehung zu Rowohlt, 2006, S. 82; hier werden auch die drei Gutachten publiziert.
702 Koeppen an Goverts, Brief vom 7. August 1953, WKA/UB Greifswald 24432.
703 Koeppen an Goverts, Brief vom 4. September 1953, WKA/UB Greifswald [ohne Signatur].
704 H. W. RICHTER, Sie fielen aus Gottes Hand, 1951, eine dankende Erwähnung Hardts steht auf S. 688. – Vgl. W. FERCHL, »Schlüsselroman«, Kolportage und Artistik, 1991, S. 175; M. HARDER, Erfahrung Krieg, 1999, S. 65; kritisch hinsichtlich der politischen Tendenzen des Romans: F. FUTTERKNECHT, Nachkriegspositionen, 1997.
705 H. BÖTTIGER, Gruppe 47, 2012, S. 103.
706 Artikel »Atempause auf Schlachtfeld«; DER SPIEGEL vom 26. Dezember 1952, Nr. 52/1952, S. 32 f.

Hardt machte sich seinen Namen nicht weiter im Journalismus, sondern bei Film und Fernsehen. Schon für die *Frankfurter Hefte* hatte er über das Kino berichtet.[707] 1954 kam dann *08/15* in die Kinos, ein Kriegsfilm, genauer: ein Kasernenfilm, in dem Joachim Fuchsberger die Hauptrolle spielte. 08/15, so lautet die Typbezeichnung eines leichten Maschinengewehrs, das 1908 entwickelt und 1915 verändert worden war. Deutsche Infanteristen haben es standardmäßig benutzt, im Zweiten Weltkrieg vor allem beim Schießtraining.[708] Im Jargon der Soldaten wurde 08/15 daher ein Synonym für alles Alltägliche und Gewöhnliche, dessen man überdrüssig geworden war. Im Jahr 1954 adaptierte der Film einen gleichnamigen, aber nicht alltäglichen Erfolgsroman. Dessen Autor, der Schriftsteller Hans Hellmut Kirst, verfasste insgesamt drei *08/15*-Romane, und so folgten 1955 zwei weitere Filme, und die deutsche Umgangssprache übernahm den Begriff 08/15.[709] Den jungen »Blacky« Fuchsberger, Jahrgang 1927 und selbst ein Veteran des Zweiten Weltkriegs, machte die Rolle populär. Auch Mario Adorf gab hier sein Debüt.[710]

Die *08/15*-Bücher und Filme, vor allem der erste Teil, waren ein Stein des Anstoßes, ein Politikum, über das in der Öffentlichkeit kontrovers diskutiert wurde. Der Journalist Adelbert Weinstein etwa, lange Jahre der Militärexperte der *Frankfurter Allgemeinen Zeitung* und vor 1945 ein Major im Generalstab der Wehrmacht, meinte anerkennend, *08/15* habe geschafft, »was weder die Debatten im Bundestag« noch die Bemühungen der ›Wiederbewaffnungs‹-Planer bis dahin geschafft hätten: eine Debatte in Gang zu setzen über »das politische Thema […], das den ›jungen‹ Mann, der vielleicht Soldat werden muß, und den ›alten‹ Mann, der Soldat werden mußte, heute schon wieder oder noch leidenschaftlich bewegt«.[711] Es ging um die Themen ›Wiederbewaffnung‹ und Zweiter Weltkrieg, und zwar aus dem persönlichen Blick des einfachen Soldaten.

Als der Bestseller 1954 verfilmt wurde, verfasste der Romanautor Kirst gemeinsam mit Hardt das Drehbuch. Auch Ernst von Salomon war wieder mit von der Partie. (Der vierte Mann im *08/15*-Filmteam war der Regisseur Paul May, von dem hier sonst nicht die Rede ist, auch wenn Kirst ihm den größten

---

[707] Artikel »Hilfe für den deutschen Film«; Frankfurter Hefte 5 (1950), 9, S. 916–918; »Der Rat der Defa-Götter«; Frankfurter Hefte 6 (1951), 8, S. 580–583.
[708] H. Schäfer, 100 Objekte, 2015, S. 388–393.
[709] J. Stave, Wie die Leute reden, 1964, S. 25: »*Null-acht-fünfzehn* wurde erst zum Schlagwort, als Hanns Helmut Kirst es zum Titel seiner drei Kriegsbücher machte.«
[710] H. H. Kirst, 08/15 (3 Romane), 1954/55. – Zu Romanen und Filmen: K. Hickethier, Militär und Krieg: *08/15*, 1990; M. Kumpfmüller, Krieg für alle und keinen, 1997; R. Moeller, Fighting to Win the Peace, 2007.
[711] Artikel »Allgemeine Wehrpflicht gleich Leibeigenschaft?«; Der Monat 6 (1954), 69, S. 259–263, hier S. 260.

Anteil am Erfolg des Films beimaß.[712]) Für den *Spiegel* hat Hardt seit Mitte der Fünfzigerjahre nicht mehr gearbeitet. Er wechselte ganz ins Filmgeschäft und machte dort Karriere. 1960 gründete er eine eigene Produktionsfirma. Mit seinem Kompagnon Bernd Burgemeister hat er viele Projekte ins Fernsehen gebracht, *Tatort*-Krimis ebenso wie bekannte Serien, etwa den ZDF-Mehrteiler *Timm Thaler* über den Jungen, der sein Lachen verkaufte – ebenfalls eine Romanverfilmung, diesmal nach James Krüss. Eine Nebenrolle hat Hardt zudem im *Tagebuch einer Schnecke*, dem politisch-literarischen Wahlkampf-Tagebuch von Günter Grass über sein Engagement für die SPD. Dort wird berichtet, wie Hardt dem heiseren Redner Grass etwas Scharfes zum Gurgeln gibt. Zudem habe Hardt im Dienste der Kampagne für die Bundestagswahl 1969 »die Wählerinitiative München aufgebaut«.[713]

Doch zurück zur *Treibhaus*-Rezension im November 1953. Darin erörterte der *Spiegel* zwei Aspekte, die für die Wirkungsgeschichte des Romans zentral sind. Immer wenn das Schlagwort der ›Restauration‹ auftaucht, sobald vom *Treibhaus* die Rede ist, obwohl der Begriff im Roman nur ein einziges Mal explizit genannt wird (allerdings auf der ersten Seite), dann ist das nicht zuletzt eine Folge des *Spiegel*-Artikels. Chronologisch war er der zweite Beitrag der *Treibhaus*-Debatte – und der erste, in dem stand, dass Koeppens Roman eine literarische Kritik an den restaurativen Tendenzen der Nachkriegszeit sei. Insofern ist die Geschichte auch ein Beispiel für Medienwirkung. Vermutlich ist die unlösbare Verknüpfung des *Treibhaus*-Romans mit dem zeitgenössischen ›Restaurations‹-Diskurs die *eine* zugespitzte These, die nach der Lektüre eines recht langen Artikels im Gedächtnis blieb. Jedenfalls hielt sich der *Spiegel* nicht lange damit auf, das *Treibhaus* als Parlamentsroman, als Drama der ›Wiederbewaffnung‹, als Bildungsroman oder als literarische Variation des Hamlet-Motivs in der Politik zu deuten. Stattdessen interpretierte der *Spiegel* ›Bonn‹ konsequent allegorisch – als repräsentative Hauptstadt der frühen Bundesrepublik:

> Das »Treibhaus« ist Bonn, Bonn wieder ist nur symptomatisch für die bundesrepublikanische Aufbau- und Aufstiegs-Atmosphäre, und die nur wieder Gleichnis für den Wahnglauben, den Fortschrittsturm zu Babel mit frischen Kräften errichten zu können, nachdem er gerade mal wieder umgepurzelt ist.[714]

Von Bonn nach Babel: Der Bezug zur biblischen Erzählung diente hier dem Spott über das Klima des westdeutschen ›Wiederaufbaus‹. Das *Treibhaus* galt

---

[712] Paul May war mit Ille Gotthelft verheiratet, der frühen Partnerin Ernst von Salomons. Im *Fragebogen* taucht May unter dem Namen »Pablo« auf. Vgl. M. J. Klein, Salomon, 1994, S. 262.
[713] G. Grass, Tagebuch einer Schnecke, 1997 [1972], S. 275.
[714] Hier und im Folgenden: »Das Bundes-Treibhaus«; Der Spiegel vom 4. November 1953, Nr. 45/1953, S. 37–40.

dem *Spiegel* vor allem als Gegenwartsroman: weniger als Beschreibung des politischen Betriebs und schon gar nicht als Auseinandersetzung mit dem parlamentarischen System im engeren Sinne – vielmehr verstand der Rezensent, ein Kultur- und Filmjournalist aus München, die Allegorie als Zeitporträt, als umfassende Kritik am Zeitgeist der frühen Fünfzigerjahre. Bonn sei dem Schriftsteller Koeppen groß genug, um ein Panorama seiner Zeit zu entwerfen, und der Begriff, mit dem die westdeutsche Nachkriegsentwicklung auf den Punkt gebracht werden könnte, war für den *Spiegel* die »Verzweiflung an der Restauration schlechthin«:

> Die richtige Perspektive für das *Treibhaus* erhält man, wenn man als Thema nicht eine Kritik am tatsächlichen Bonner Parlamentarismus annimmt, sondern: die Verzweiflung an der Restauration schlechthin und darüber hinaus die Verzweiflung an allen möglichen ›Ideen‹, die eine echte Evolution einleiten könnten. Denn: alle Ideen, die das moderne Arsenal zu bieten hat, sind ebenfalls alt und im Kern restaurativ.

›Restauration‹ und Verzweiflung – diese beiden Begriffe wurden nicht nur wiederholt genannt, sondern auch leitmotivisch überblendet. Im Vergleich zu dieser wirkmächtigen These ist ein weiterer Aspekt, der Keetenheuve betrifft, fast nebensächlich. Dennoch gehört die schonungslose Analyse der Romanfigur mit zum Gesamtbild dieser Rezension, zumal sich Hardt hier als typischer Vertreter der ›45er‹-Journalisten präsentierte. Nach Auffassung des *Spiegels* wurde Keetenheuve im *Treibhaus* nicht (nur) als Opfer der Bundesregierung oder allgemein der Umstände und der ›Restauration‹ angelegt. Trotz seiner Ohnmachtsgefühle bleibe Keetenheuve ein handelndes Subjekt, das für sein Schicksal selbst verantwortlich sei. Koeppen habe Keetenheuve absichtlich als Anti-Helden angelegt, als »Idealisten, dem sein Idealismus endgültig verdächtig und zum Ekel geworden« sei. »Die Gedanken des Mannes, der an nichts mehr glaubt, zerfasern alles, alle Personen und alle Situationen, an denen er vorbeitreibt.« Diese Haltung, so der *Spiegel*, sei »angewandter Nihilismus«. Anlass zur Hoffnung gäben weder Regierung noch Opposition, weder die Linken noch die Rechten, nicht das Volk und nicht seine Vertreter. Auch die Ideale, an die Keetenheuve früher geglaubt habe – Freiheit, Gleichheit, Brüderlichkeit –, seien »intellektueller Wahnsinn«; das wisse Keetenheuve am besten. »Aber ihm fällt nichts Besseres ein. Alle derartigen ›Lösungen‹, die er findet, sind wie geseifte Seile, an denen er sich einen Moment halten kann, um dann um so sicherer abzurutschen.«

In der Beschreibung, wie Hoffnungslosigkeit und Verzweiflung den fiktiven Abgeordneten bedrängen, scheint der *Spiegel*-Artikel nicht weit entfernt von der existentiellen Interpretation Ernst von Salomons, der Wochen später von der »Welttraurigkeit des Paulus« sprechen sollte.[715] Im historischen

---

[715] Siehe S. 352.

Rückblick kann man sagen, dass diese desillusionierte Schwermut, die sich sowohl im Roman als auch in mehreren Rezensionen findet, darauf verweist, dass grundsätzliche Alternativentwürfe zum in der Bundesrepublik entstehenden Nachkriegssystem nicht wirklich erwogen wurden. Die Verzweiflung an der ›Restauration‹ begleitete das Ende der Utopien. Mit dieser Einsicht mag der vormalige Rechtsterrorist Salomon größere Probleme gehabt haben als der *Spiegel*-Rezensent, aber beide sind atmosphärisch nah bei Winston Churchill, der die Demokratie 1947 im britischen Unterhaus als »die schlechteste Regierungsform« der Welt definierte – »except all those other forms that have been tried from time to time«.[716]

Churchills Diktum war illusionslos, und mit diesem Zitat lassen sich die nüchtern-bescheidenen Demokratiekonzepte der späten Vierzigerjahre insgesamt charakterisieren.[717] Auch westlich der Bonner Republik waren die frühen Fünfzigerjahre keine optimistische Phase, in der große Erwartungen gehegt wurden.[718] Es waren die Jahre nach der Weltwirtschaftskrise, deren Preis noch nicht bezahlt war; die Zeit nach dem erschöpfenden Sieg über den deutschen Aggressor, der Großbritannien ein Weltreich gekostet hatte. Nachdem die Sowjetunion halb Europa in ihre Gewalt gebracht hatte, herrschten nun die Drohszenarien des ›Kalten Krieges‹. Auf der frühen Bundesrepublik lastete zudem die NS-Vergangenheit. Beim demokratischen Neubeginn erklangen emphatische Bekenntnisse eher leise. Der Zeitgeist war post-utopisch; was zählte, waren Taten und Ergebnisse. Vor dem Hintergrund des massenhaften Tötens passte auch das Menschenbild der Fünfzigerjahre nicht mehr recht zu den optimistischen Idealen der Aufklärung.

Damit verdeutlicht die Betrachtung der *Spiegel*-Besprechung, wieviel das *Treibhaus* über den geistigen Zustand der westdeutschen Demokratie in der Mitte des 20. Jahrhunderts aussagt. Anders als der Roman zeigt sie aber auch, in welcher Richtung ein Weg aus der Verzweiflung führte. Einerseits fand der *Spiegel* Keetenheuves Sprung von der Brücke »nicht eben überzeugend«; andererseits meinte er, dass Koeppen den Abgeordneten bewusst anti-utopisch und negativ gezeichnet habe. Bringt man diese beiden Gedanken dialektisch zusammen, ergibt sich eine Synthese: Wer nicht verzweifelt, wer nicht aufgibt wie Keetenheuve, wer nicht den Halt verliert, dem müsse doch »im tatsächlichen Bonner Parlamentarismus […] eine echte Evolution« möglich sein. Durch Kritik zur Partizipation, lautete die Devise. Sich auseinandersetzen, Kritik üben: das ge-

---

[716] Churchill – Speeches, Bd. 7, 1974, S. 7566. – Vgl. M. Schmidt, Demokratietheorien, 2000, S. 538 f.; S. Kailitz, Staatsformen, 2004, S. 301 f. und 367.
[717] P. Nolte, Was ist Demokratie?, 2012, S. 284–293. – Vgl. R. Saage, Demokratietheorien, 2005, S. 237–260.
[718] D. Geppert (Hg.), The Postwar Challenge, 2003.

hört mit zur Demokratie, und dadurch finden auch die Mahner, Zweifler und kritischen Intellektuellen ihren Platz.

6.2 ›Wiederbewaffnung‹ konkret: *08/15* von Hans Hellmut Kirst

Zu den Münchner Kreisen gehörte auch Hans Hellmut Kirst, der Verfasser der bereits erwähnten Soldaten-Trilogie *08/15*. Schon am 6. November 1953 – nur zwei Tage später als der *Spiegel* – stellte Kirst das *Treibhaus* in der Tageszeitung *Münchner Merkur* vor. In einer Doppelbesprechung porträtierte er Koeppen und den Schriftsteller Arno Schmidt »als Faune im Treibhaus der Literatur«.[719] Koeppen galt Kirst dabei als »ein vitaler zynischer Moralist«, der mit seiner Satire auf die westdeutsche Politik »das aufregendste Buch [...] unserer Zeit« geschrieben habe. Kirst fand: »Es ist, als werde hier ein junger, eben grünender Baum [die Bonner Republik, B.W.] mit einer riesigen Motorsäge zu Fall gebracht, als werde eine Kiste Dynamit unter einen Kinderwagen gelegt.« Offensichtlich pflegte der Feuilleton-Redakteur eine Vorliebe für starke Vergleiche, und er war ein fleißiger Autor. Fünfundzwanzig Jahre lang arbeitete Kirst in München tagsüber als »Zeitungsschreiber«[720], vor allem als Filmkritiker.[721] Abends verfasste er als Schriftsteller seine Romane, fast fünfzig an der Zahl.[722]

1951 hatte Kirst im *Münchner Merkur* bereits *Tauben im Gras* rezensiert, so wie Claus Hardt das im *Spiegel* getan hatte. Kirst nannte Koeppen damals »die explosivste Kraft« der zeitgenössischen Literatur und seinen schmalen Roman den »dickste[n] Brocken Herausforderung, der den deutschen Lesern seit zwei Jahrzehnten vorgeworfen« worden sei. Kirst schrieb sogar, die Schilderung des Nachkriegsalltags in einer süddeutschen Großstadt erscheine ihm wie »ein einziges Treibhaus, wild wuchernd und voll Hitze; und dieses Treibhaus ist München«.[723] Mit Sicherheit kannte Koeppen, der Wahl-Münchner und notorische Zeitungsleser, diese Rezension aus dem *Münchner Merkur* – selbst wenn die Behauptung wohl zu weit ginge, dass Kirst mit seiner Metapher einen wesentlichen Anteil an der Titelgebung des *Treibhaus*-Romans gehabt hätte.[724] Aber – und darauf kommt es an – Koeppen, Kirst und Hardt kannten einan-

---

[719] Hier und im Folgenden: »Faune im Treibhaus der Literatur«; Münchner Merkur vom 6. November 1953.

[720] H. H. Kirst, Schaf im Wolfspelz, 1985, S. 96 f.

[721] Artikel »Von rechts nach links und wieder zurück« von Willi Winkler; Die Zeit vom 30. November 1984, Nr. 49/1984, S. 61; H. H. Kirst, Schaf im Wolfspelz, 1985, S. 170–176.

[722] Die Germanistik zählt Kirst zum Genre der ambitionierten Unterhaltungsliteratur, so wie Heinz Günther Konsalik oder Johannes Mario Simmel. Vgl. L. Fischer, Strategien, 1986, S. 326.

[723] Artikel »Bis an den Abgrund«; Münchner Merkur vom 14. Dezember 1951.

[724] Kirsts Besprechung gehört zu den wenigen Rezensionen, die Koeppen selbst gesammelt hat, sie befindet sich in seinem Nachlass: WKA/UB Greifswald 6143. Den Hinweis verdanke ich Philip Koch, Greifswald. – Vgl. H.-U. Treichel, *Treibhaus*-Kommentar, 2010, S. 199.

der. Sie waren Akteure in dem von Kirst so bezeichneten »Treibhaus« München. Als Kirst im *Treibhaus*-Jahr 1953 seinen dritten Roman geschrieben hatte (*Aufruhr in einer kleinen Stadt*), lernte er beispielsweise den Lektor Max Tau kennen, den er – in einer weiteren auffälligen Formulierung Kirsts – als einen seiner »väterliche[n] Brüder« bezeichnete.[725] Tau gehörte seinerseits zu den engsten Bezugspersonen Koeppens. Als Lektor bei Bruno Cassirer hatte Tau den jungen Koeppen gefördert und ihm bei seinen Romanen aus den Dreißigerjahren geholfen, bis Tau 1938 – der jüdische Lektor eines jüdischen Verlegers – aus Deutschland fliehen musste.[726] Claus Hardt wiederum kannte Kurt Desch, den Verleger Kirsts (und Hans Werner Richters), für den er eine Feuilleton-Korrespondenz redigiert hatte.[727] Wolfgang Koeppen war – trotz seiner einzelgängerischen Anwandlungen – schon zu Beginn der Fünfzigerjahre durchaus »eine feste Größe der Münchner literarischen Kultur«.[728]

Wichtiger noch als die Verwendung der Treibhaus-Metapher waren das Thema, der Stoff und das Timing, mit denen der Schriftsteller Kirst 1954 einen außergewöhnlichen Publikumserfolg erzielte, unmittelbar im Anschluss an die *Treibhaus*-Debatte der westdeutschen Öffentlichkeit. In Kirsts Roman ging es, wie im Zusammenhang der Verfilmung von *08/15* kurz erwähnt, um die ›Wiederbewaffnung‹ und den Zweiten Weltkrieg. Insofern wurden bei Kirst wie bei Koeppen aktuelle, politisch sowie erinnerungskulturell hochumstrittene Themen verhandelt. Anders als im *Treibhaus* beleuchtete die *08/15*-Trilogie diese Themen jedoch *erstens* aus der Perspektive einfacher Soldaten – nicht aus der Flughöhe eines Künstler-Intellektuellen, den es ins Parlament verschlagen hat; der Blick kam gleichsam von unten, nicht von oben herab oder außen wie im *Treibhaus*. *Zweitens* standen bei Kirst nicht die politischen Entscheidungsprozesse im Mittelpunkt, sondern Alltagsszenen aus einer Kaserne vor dem Zweiten Weltkrieg. In beiden Fällen aber wurden die Begriffe ›Wiederbewaffnung‹ und ›Restauration‹ miteinander verknüpft. Zugleich erfolgte dies *drittens* im Genre literarischer und filmischer Unterhaltung, in der vermeintlich harmlosen ›leichten Muse‹ und nicht in einem formal anspruchsvollen und zugleich tief pessimistischen Roman.

08/15 schildert die ›typischen‹ Militärerfahrungen aus der Perspektive des Gefreiten, dann des Soldaten, schließlich des Leutnants Asch – Asch mit dem, wie

---

[725] H. H. Kirst, Schaf im Wolfspelz, 1985, S. 279–285, hier S. 280.
[726] »Ich habe einen Freund, es macht mich froh, daß ich ihn als Freund habe, das ist Max Tau.« Koeppen im Interview mit: H. L. Arnold, Gespräche mit Schriftstellern, 1975, S. 120. – Vgl. M. Tau, Das Land, das ich verlassen musste, 1961, S. 216 f. – Vgl. H. H. Kirst, Schaf im Wolfspelz, 1985, S. 287. – 1950 erhielt Tau, der in Oslo lebte, als erster den Friedenspreis des Deutschen Buchhandels.
[727] V. Böll/M. Schäfer/J. Schubert, Böll, 2002, S. 56.
[728] G. Häntzschel, Koeppens München, 2006, S. 141.

der *Spiegel* kalauerte, »beziehungsvollen Namen Herbert Asch ohne r«.[729] Der Gefreite Asch steht stellvertretend für das anonyme Millionenheer der Soldaten und ihre Erlebnisse. Der erste und wichtigste Teil der Trilogie spielt im Sommer 1938; er beginnt in einer Kaserne, wo der neue Jahrgang von Rekruten gedrillt, gedemütigt und gebrochen wird. *08/15* handelt vom Exerzieren und Latrinenschrubben, vom Strafen und Bestraftwerden, von dem Prozess, mit dem sich Menschen in Soldaten verwandeln, wie es mehrfach heißt, von den »klassischen Methoden des deutschen Kommiss, Menschen zur Sau zu machen«. Die (laut Untertitel) »abenteuerliche Revolte« des Gefreiten besteht darin, dass Asch noch die unsinnigsten Vorschriften und Befehle peinlichst genau ausführt und dadurch seine Ausbilder gegeneinander ausspielt. Wegen dieses Verhaltens wird er einerseits von einem Militärarzt für unzurechnungsfähig erklärt, andererseits zum Unteroffizier befördert. Während Asch also lernt, sich durchzumogeln, durchschaut der Leser die Schikanen der Schleifer; die ganze Situation erscheint überaus absurd. Was demgegenüber völlig unerwähnt bleibt, sind die politischen Aspekte von Soldatentum und Gehorsam. Das kritisierte etwa die *FAZ* in einer Rezension, in der sie Kirst zwar als einen »Kenner des militärischen Apparates« lobte, dem »Einblicke in die psychologischen Hintergründe« gelungen seien. Zugleich bemängelte sie aber eine »überdurchschnittliche Labilität gegenüber den herrschenden politischen Tendenzen«.[730]

Der zweite Teil von *08/15*, der schon 1954 auf den Markt kam, führt dann in den Zweiten Weltkrieg, an die Ostfront im Winter 1941: »Noch mehr feindliche Panzer rollten dort hinein«, heißt es beispielsweise: »Sie rissen die Erde auf, und die Soldaten, die sich ihnen in den Weg stellten, rissen sie um. Feuer, Blut, Wasser, Schnee und Erde – alles das vermengte sich zum Brei des Krieges.«[731] Das Zitat deutet an, dass keiner der drei Romane den Krieg »wirklich erzählt«[732], jedenfalls nicht in einer literarischen Form, die über rollende Panzer und den Brei des Krieges hinausgeht. So handeln die *08/15*-Bücher zwar von Soldaten, Kriegshandlungen aber spielen kaum eine Rolle.[733] Bemerkenswert ist auch, dass es sich bei den wenigen militärischen Szenen aus Russland, die in dem Roman geschildert werden, um Rückzugsgefechte handelt. Asch und seine Kameraden sind also nicht Teil des Angriffskriegs. Beide Aspekte – die Aussparung von Krieg und Gewalt sowie die Konzentration auf den Rückzug – bestimmen auch den abschließenden Teil der Trilogie, deren Handlung im Frühjahr 1945

---

[729] Hier und im Folgenden: »Waren Sie Soldat?«; DER SPIEGEL vom 14. April 1954, Nr. 16/1984, S. 37–40.
[730] Artikel »Negative Dienstvorschrift«; FAZ vom 9. April 1954.
[731] H. H. KIRST, 08/15 [Zweiter Teil], 1954, S. 399.
[732] M. KUMPFMÜLLER, Krieg für alle und keinen, 1997, S. 257.
[733] E. SCHÜTZ, Kirst, 2013, S. 183.

in amerikanischer Kriegsgefangenschaft endet. Der Nationalsozialismus spielt in allen drei Teilen kaum eine Rolle. Nicht mal an der Ostfront werden Juden erwähnt. Die Soldaten sind »eher Opfer als Täter«.[734] Mit dieser generellen Unterscheidung von einfachen Soldaten, unfähigen Vorgesetzten und einem brutalen Apparat sowie der Dichotomie von einer ›guten‹ Wehrmacht und ›bösen‹ Nazis in der SS beziehungsweise der NSDAP war *08/15* einer der erfolgreichsten Vertreter der Kriegsliteratur – und damit kennzeichnend für den Publikumsgeschmack der Fünfzigerjahre.[735] »Millionen ehemaliger deutscher Landser konnten sich hier nicht nur an deutschem Kasernenhofhumor erfreuen«, erläuterte der Germanist Hans Wagener, »sondern auch ihre eigene Kriegsteilnahme in den ›anständigen‹ Gestalten der Trilogie gerechtfertigt sehen.«[736]

Über die relativ dürftige literarische Qualität der Trilogie war man sich in den Fünfzigerjahren durchaus einig. Sogar der Verfasser meinte, nicht die höchsten Ansprüche gehabt zu haben. Seine Prosa war bescheiden, eher Illustrierten-Masche als anspruchsvolle Literatur.[737] Der Schriftsteller Rolf Schroers etwa kommentierte in einer Rezension lapidar, Kirst sei kein Dichter, und wenn er schreibe, »schreibt er sprachlichen Unsinn«.[738] Allerdings konnte sich die *Neue Illustrierte*, die am 30. Januar 1954 – wenige Wochen nachdem das *Treibhaus* erschienen war – mit dem Vorabdruck von *08/15* begonnen hatte, über eine Auflagensteigerung freuen und Zehntausende Exemplare mehr verkaufen als sonst.[739] Auch die gebundenen *08/15*-Ausgaben waren Bestseller auf dem westdeutschen Buchmarkt; der Verlag verkaufte fast zwei Millionen Exemplare. Schließlich waren die Kinoadaptionen die kommerziell erfolgreichsten Kriegsfilme der Fünfzigerjahre – zeitgleich übrigens mit der großen amerikanischen Literaturverfilmung *Verdammt in alle Ewigkeit*, mit der sich Hollywood des gleichen Themas angenommen hatte. Die *08/15*-Bücher und -Filme fanden ein Millionenpublikum, und das in einer Zeit, als immerhin jedes Jahr Dutzende Filme vom Zweiten Weltkrieg handelten, von der Kriegsliteratur ganz zu schweigen.[740] *So weit die Füße tragen*, ein Roman über die abenteuerliche Flucht eines deutschen Kriegsgefangenen und seinen monatelangen Heimweg aus Sibirien, verkaufte sich seit 1955 mehrere hunderttausendmal; 1959 wurde das Buch verfilmt.[741]

[734]   P. Reichel, Erfundene Erinnerung, 2007 [2004], S. 44.
[735]   U. Baron/H.-H. Müller, Kriegsromane, 1989, S. 33.
[736]   H. Wagener, Soldaten, 1977, S. 244.
[737]   M. Kumpfmüller, Krieg für alle und keinen, 1997, S. 253.
[738]   Artikel »Kritik nicht geduldet«; Der Monat 6 (1954), 69, S. 253–256, hier S. 254.
[739]   Artikel »Waren Sie Soldat?«; Der Spiegel vom 14. April 1954, Nr. 16/1984, S. 37–40.
[740]   K. Hickethier, Militär und Krieg: 08/15, 1990, S. 223; R. Moeller, Fighting to Win the War, 2007, S. 320. – Als bibliographische Zusammenstellung, deren Urheber auf Trivialliteratur und Landser-Hefte verzichtet haben: J. Egyptien/R. Louis, 100 Kriegsromane, 2007, sowie J. Egyptien (Hg.): Der Weltkrieg in erzählenden Texten.
[741]   J. M. Bauer, So weit die Füße tragen, 1955. –Vgl. C. Adam, Traum, 2016, S. 145–152.

Der Krieg war im Bewusstsein der Überlebenden allgegenwärtig. Die Fünfzigerjahre waren stark vom Krieg überschattet – und die Westdeutschen, wie es im
Französischen heißt, eine Gesellschaft im *sortie de guerre*.[742]
Wenn nicht die literarische Qualität den Erfolg erklärt, ja weder Handlung
noch Haltung besonders originell waren, gab es eine andere Ursache für die
große Aufmerksamkeit, die *08/15* entgegengebracht wurde. Bücher und Filme
erschienen zur rechten Zeit am rechten Ort, und sie waren gleich doppelt relevant: einerseits als Beitrag zur jüngsten Vergangenheit, als Variation des Themas:
deutsche Soldaten im Zweiten Weltkrieg. Andererseits war *08/15* brandaktuell.
Das erste Buch erschien Ende März 1954, ein Jahr nachdem der Deutsche Bundestag den Beitritt zur Europäischen Verteidigungsgemeinschaft ratifiziert und
damit die ›Wiederbewaffnung‹ erstmals beschlossen hatte (auch wenn das wegen
des Scheiterns der EVG langsamer und anders kommen sollte, als man im Frühjahr 1954 wissen konnte). Am 26. Februar 1954 wiederum, während die *Neue
Illustrierte* Folge um Folge druckte, debattierte das Parlament eine Änderung
des Grundgesetzes, um die Gesetzgebungskompetenz des Bundes für die Verteidigung zu ermöglichen.[743] Die zweite Folge von *08/15* wurde dann bereits im
Herbst 1954 veröffentlicht, als die westlichen Verbündeten und die Bundesregierung übereinkamen, anstelle der EVG die Westeuropäische Union zu gründen und die Bundesrepublik in die Nato aufzunehmen. Schließlich folgte der
dritte Teil von *08/15*, kurz bevor im November 1955 die ersten Rekruten der
Bundeswehr zur Ausbildung einrückten. Aufmerksamkeitsökonomisch war das
Timing der *08/15*-Trilogie an Perfektion nicht zu übertreffen. Da die drei Romane die tagespolitischen Ereignisse der ›Wiederbewaffnung‹ mit dem Solda-
tenalltag vor 1945 verknüpften, war *08/15* auch ein Beitrag zur Debatte über
die ›restaurativen‹ Verhältnisse in der Bonner Republik. Als Heinrich Böll die
erste Episode in *aufwärts*, der Jugendzeitschrift des Deutschen Gewerkschaftsbundes, rezensierte, fand er es in diesem Sinne auffällig, dass es so viel Aufregung über *08/15* gebe. Eigentlich sei es doch »kein EVG-Roman«, sondern ein
Buch, das »in der Wehrmacht der Vergangenheit« spiele, mit der wiederum die
neue »Institution [...], die es noch gar nicht gibt«, angeblich keine Ähnlichkeit
haben werde.[744]
Kirsts glücklicher Verlag bewarb die »drei Bände in der Geschenk-Kassette«
als den »größte[n] deutsche[n] Romanerfolg seit 1945«. Im »Zeichen der Wiederaufrüstung« habe der Autor ein brisantes Thema aufgegriffen – und zwar
»mit dem weithin vernehmbaren Ruf: Nie wieder Krieg!«[745] Selbst Adenauers

---

[742] J. ECHTERNKAMP, Soldaten im Nachkrieg, 2014.
[743] BT STEN.BER., 2. WP, 17. Sitzung vom 26. Februar 1954, S. 552–584 und S. 610.
[744] Artikel »Warum die Aufregung?«; AUFWÄRTS (Köln) vom 1. April 1954, Nr. 7, S. 1.
[745] Verlagsanzeige in: H. H. KIRST, 08/15 [Dritter Teil], 1955, S. 399.

Moskau-Reise im September 1955, die zur Freilassung der letzten deutschen
Kriegsgefangenen aus der Sowjetunion führte, gehört noch mit zum zeitgenös-
sischen Kontext von *08/15*, und so kam eins zum anderen: die Veteranen des
Zweiten Weltkriegs und der Aufbau der Bundeswehr; der deutsche Militarismus
und das neue Leitbild des ›Staatsbürgers in Uniform‹; der Pazifismus und der
›Kalte Krieg‹. Das waren die Zutaten eines enormen Publikumserfolgs – und ei-
ner lebhaften politischen Auseinandersetzung. Der dritte Band endet mit einem
Gebet und steigert damit das Pathos ins Existentielle:

> Jetzt rief Pfarrer Westhaus: »Du hast Deutschland geschlagen, o Herr – und Dein
> Name sei gelobt. Du hast Millionen sterben lassen – und Dein Name sei gelobt. Du
> hast über die Menschheit Grauen und Furcht und Angst kommen lassen, damit sie
> endlich weiß, was Krieg ist. Dein Name, o Herr, sei gelobt!«
> »Das alles«, sagte Westhaus erstickt, »damit in den Ohren für alle Zeiten das Gebrüll
> des Krieges klingt, damit die Augen blind werden von Tränen über das, was sie sehen
> mußten, damit die Menschen endlich wissen, was sie nie wieder tun dürfen. Niemals
> wieder! So ist es. Ist es so, o Herr?«
>
> Und er vernahm keine Antwort.[746]

Kirst hatte »das richtige Thema zum richtigen Zeitpunkt« angepackt, bescheinigte ihm der spätere Fernsehjournalist Thilo Koch im *Monat*: »Kein Hahn hätte
gekräht, kein Bundesminister und keine Filmfirma Interesse gezeigt, wenn *08/15*
vor fünf Jahren erschienen wäre.« So aber habe Kirst »das Verdienst, in dem Augenblick, da eine neue deutsche Armee geschaffen werden soll (und muß!), den
ersten deutschen Kasernenhof-Roman herausgebracht zu haben«.[747] Vor diesem
Hintergrund endet der erste Band von *08/15* mit dem Blick auf ebenjene Kaserne, in der der Gefreite Asch seine Soldatenstiefel zu schnüren gelernt hatte:
»Die Kaserne aber steht immer noch.« Wie ein politischer Leitartikel liest sich der
Wunsch: »Möge den Soldaten, die hier Dienst tun müssen, erspart bleiben, was
fünfzehn Jahre vorher dort geschah! Es muß sich manches ändern.«[748]

Kirst hatte, bevor der Roman als Buch veröffentlicht wurde, das Manuskript
der *Neuen Illustrierten* geschickt. Die in Köln erscheinende Zeitschrift erfand
dann im Januar 1954 den prägnanten Titel *08/15* – oder wie sie es noch schmissiger in schwarz-weiß-roten Lettern auf der Titelseite anpries: »In dieser Nummer beginnt: Null-acht-fuffzehn. Der große Kasernen-Roman von Hans Hellmut Kirst«.[749] Die ersten Fortsetzungen bewarb die Illustrierte selbstbewusst:

---

[746] H. H. Kirst, 08/15 [Dritter Teil], 1955, S. 393.
[747] Artikel »Des Teufels Hauptwachtmeister«; Der Monat 6 (1954), 69, S. 245–250, hier S. 248 f.
[748] H. H. Kirst, 08/15 [Erster Teil], 1954, S. 396.
[749] Neue Illustrierte vom 30. Januar 1954, Nr. 5, Titel und S. 11–19. – Die letzte Folge erschien in der Ausgabe vom 22. Mai 1954, Nr. 21. – Vgl. H. H. Kirst, Schaf im Wolfspelz, 1985,
S. 319–321.

»Der Roman für jeden, der Soldat war.«[750] Darauf setzte eine Dynamik ein, in der sich Kirst fühlte »wie ein Schneeball, dem es gegeben war, eine Lawine auszulösen«.[751] Während mit jeder Episode mehr Hefte der *Neuen Illustrierten* verkauft wurden, die den Roman vier Monate lang abdruckte, erhielt die Redaktion zahlreiche Zuschriften. Schon am 20. Februar 1954 zog die *Neue Illustrierte* zufrieden eine erste Bilanz: »Wirbel um Null-acht-fuffzehn – den großen Erfolgsroman«.[752] Der Verlag Kurt Desch musste den Roman innerhalb der ersten zwei Wochen fünfmal nachdrucken, und sie behauptete: »Seit Remarques *Im Westen nichts Neues* hat kein Buch die Öffentlichkeit in Deutschland so erregt.«[753]

In der *Neuen Illustrierten* entwickelte sich eine Debatte unter männlichen Lesern, von denen die einen die Kaserne genauso in Erinnerung hatten (nicht unbedingt in schlechter Erinnerung), während andere empört die Herabsetzung von Kameradschaft und Disziplin zurückwiesen. Einige Leser protestierten gegen die »schändliche Verhöhnung all dessen, was Preußen und somit Deutschland groß gemacht« habe. Wieder andere bedankten sich dafür, selten »etwas Köstlicheres« gelesen zu haben. Nicht wenige Leserbriefschreiber beglaubigten ihre Meinung mit ihrem ehemaligen Dienstgrad, und meist nahmen sie auf die aktuelle Frage der ›Wiederbewaffnung‹ Bezug. Skeptiker befürchteten, die in *08/15* beschriebene »Dummbeutelung« werde auch den Rekruten »in einer kommenden Wehrmacht« blühen. Anhänger soldatischer ›Tugenden‹ beklagten indes, dass »der militärische Geist der Bundesrepublik« bereits untergraben werde, bevor die Kasernen überhaupt gebaut worden seien. Weitere Leser erklärten lakonisch im Landser-Jargon: »Wenn wir überleben wollen, müssen wir die Knarre wieder in die Hand nehmen!«[754]

Kirsts Fans, die auf den Leserbriefseiten bald in der Überzahl waren, verstanden seine Geschichte nicht als Fiktion, sondern als einen flott erzählten Erfahrungsbericht, in dem sie eigene Erlebnisse wiedererkannten; die meisten identifizierten sich mit der Figur des »unheldischen Helden«.[755] Immer wieder nahmen die in der *Neuen Illustrierten* veröffentlichten Zuschriften Bezug auf frühere Meinungsäußerungen, die Kritik an Kirst geäußert hatten. Eine dieser Unterstützer-Stimmen lautete: »Es gibt also immer noch Zeitgenossen, welche aus der Vergangenheit nichts gelernt haben oder, weil sie sich nur als ›Marschie-

---

[750] Neue Illustrierte vom 6. Februar 1954, Nr. 6; Neue Illustrierte vom 13. Februar 1954, Nr. 7.
[751] H. H. Kirst, Schaf im Wolfspelz, 1985, S. 322.
[752] Neue Illustrierte vom 20. Januar 1954, Nr. 8, Titel.
[753] Verlagsanzeige, gedruckt etwa in: Neue Illustrierte vom 24. April 1954, Nr. 8, S. 33.
[754] Leserbriefseite »Für und wider: Null-acht-fuffzehn«; Neue Illustrierte vom 20. Januar 1954, Nr. 8, S. 19. – Weitere Zuschriften in: Neue Illustrierte vom 6. März 1954, Nr. 10, S. 2; Neue Illustrierte vom 27. März 1954, Nr. 13, S. 2.
[755] K. Hickethier, Militär und Krieg: 08/15, 1990, S. 232.

rer‹ wohlfühlen, nichts lernen wollen«. Ein anderer Leser meinte: »Bezeichnenderweise sprechen gegen den Roman nur die ›Herren Offiziere‹«, daher eigne
sich *08/15* »als Aufklärungsschrift für Mannschaften und Offiziere einer neuen
kameradschaftlichen Gemeinschaft«.[756]

Der Verlauf der Debatte rief nicht zuletzt Politiker auf den Plan, und in kurzer Zeit hatte sich, wie Kirst sagte, eine »Treibhausatmosphäre« entwickelt.[757] In
der *Deutschen Rundschau* bedauerte Rudolf Pechel, dass Kirsts Buch seinen Erfolg »der allgemeinen Hysterie« verdanke, welche die Gründung der Bundeswehr begleite, und beides – der Bucherfolg und die Hysterie – schienen Pechel
völlig unangemessen. Stilistisch sei das Buch bedeutungslos, und zur Reklame
hätten »in erste Linie Bonner Kreise, darunter ein Abgeordneter, erheblich beigetragen«. In Wahrheit aber sei kaum jemand ernsthaft für »eine Wiederein-
führung des verhaßten Drills«, insofern renne *08/15* offene Türen ein.[758] Für
Politiker indes, die sich im Bedrohungsszenario des ›Kalten Krieges‹ für einen
Verteidigungsbeitrag der Bundesrepublik einsetzten, insbesondere für christlich-
demokratische Politiker, war Kirsts Bestseller-Kombination aus ›Ohne-mich‹-
Rhetorik und Veteranen-Kitsch ein Ärgernis.

Theodor Blank etwa, offiziell der Beauftragte der Bundesregierung für alle
Fragen, die mit der Verstärkung der alliierten Besatzungstruppen zusammenhin-
gen, inoffiziell der Verteidigungsminister in spe, erklärte, er und die Mitarbeiter
seiner Dienststelle würden »von irgendwelchen Schwätzern und Artikelschrei-
bern« nicht berührt.[759] Im April 1954 soll der CDU-Abgeordnete Paul Bausch
die Buchhandlung im Foyer des Bundeshauses gebeten haben, den *08/15*-Ro-
man aus der Auslage zu nehmen.[760] Nachdem sich Franz Josef Strauß, Bundesminister für besondere Aufgaben, eingeschaltet hatte, war das Buch im Bundeshaus weiter erhältlich.[761] Doch ungeachtet von Strauß' Intervention waren Kirst

---

[756] Leserbriefseite; NEUE ILLUSTRIERTE vom 27. März 1954, Nr. 13, S. 2.

[757] H. H. KIRST, Schaf im Wolfspelz, 1985, S. 326.

[758] Artikel »Null-Acht Fünfzehn«; DEUTSCHE RUNDSCHAU 80 (1954), 9, S. 977.

[759] Artikel »In Bonn wird ›Null-acht-fünfzehn‹ angegriffen«; NEUE ILLUSTRIERTE vom 27. März
1954, Nr. 13, S. 2.

[760] Artikel »Null-acht-fuffzehn im Bundeshaus«; FAZ vom 3. Mai 1954; W. KRAUSHAAR (Hg.),
Protestchronik, Band II, 1996, S. 967 f. – Im Ausschuss für Fragen der Presse, des Rundfunks und
des Films, wo Bausch den Vorsitz führte, bezeichnete er die Pressedarstellungen als irrtümlich. Es
habe sich nur um »ein rein persönliches und privates Gespräch zwischen ihm als langjährigem Kunden und der Inhaberin der Buchhandlung« gehandelt, »wobei die Inhaberin um seinen Rat gebeten
habe«. Davon abgesehen legten vor allem SPD-Abgeordnete im Ausschuss Wert auf die Feststellung,
dass Bausch nicht als Vorsitzender gehandelt habe und »dass der Ausschuss an der Angelegenheit
nicht beteiligt sei«. Kurzprotokoll der 4. Sitzung des Ausschusses für Fragen der Presse, des Rundfunks und des Films vom 4. Mai 1954; BTParlA, 10. Ausschuss, Protokoll Nr. 4, S. 2.

[761] Inhaberin der Buchhandlung war Hedwig Wirmer, die Witwe des Widerstandskämpfers Josef
Wirmer, der nach dem gescheiterten Hitler-Attentat vom 20. Juli 1944 hingerichtet worden war. –
Artikel »Strategischer Gewinn«; DER SPIEGEL vom 25. März 1953, Heft 13/1953, S. 5.

und der CSU-Politiker erbitterte Gegner. Der Gegenstand ihrer politischen sowie persönlichen Auseinandersetzung war zum einen die westdeutsche ›Wiederbewaffnung‹. Zum anderen ging es in ihrem Streit aber auch um die NS-
Vergangenheit, genauer: um ihre je individuellen Soldatenbiographien. Beide
hatten den Zweiten Weltkrieg im Rang des Oberleutnants beendet, noch dazu
in derselben Garnison. Es wiederholte sich also die chronologisch-thematische
Überschneidung von Sicherheitspolitik und biographischer Verwicklung, von
EVG und Wehrmacht, die schon den Erfolg von *08/15* begründet hatte.

Strauß und Kirst kannten einander, seit sie in den letzten Kriegswochen 1945
in einer Flakartillerieschule des Heeres erstmals aufeinandergestoßen waren.[762]
Der Oberleutnant Strauß sei schon damals eine »kaum zu übersehene Persönlichkeit« gewesen, erinnerte sich Kirst später, und habe im Ruf gestanden, ein
Nazi-Gegner zu sein, im Unterschied zu ihm selbst.[763] Bei einer zweiten Begegnung wenig später habe Strauß als Dolmetscher der amerikanischen Soldaten bei einer Befragung von Kirst vermitteln sollen – einer Befragung, der Kirst
sich aber durch Flucht entzog. Schließlich war Strauß im Zuge der Entnazifizierung Vorsitzender eines Spruchausschusses, der über Kirst beriet und dem
Wehrmachtsoffizier, der nun Journalist werden wollte, zwei Jahre Publikations-
verbot auferlegte (Kategorie: »minderbelastet«).[764] In der Tat hielten die Amerikaner große Stücke auf Strauß, der sich im Kreis Schongau auskannte, tatkräftig
war und englisch sprach; schon Anfang Juni 1945 hatten ihn die Besatzungsbehörden wegen seiner »weißen Weste« zum stellvertretenden Landrat ernannt.[765]

Kirst, 1914 in Ostpreußen geboren, war während des ›Dritten Reiches‹ zwölf
Jahre lang Berufssoldat gewesen, von April 1933 bis ins Frühjahr 1945. Als im
Frühjahr 1954 in der Debatte über seinen Roman das öffentliche Interesse an
seiner Person immer stärker wurde, erklärte Kirst – beispielsweise in einem autobiographischen Beitrag für die Illustrierte *Lies mit!* –, er sei »ein sogenannter
guter Soldat« gewesen, ohne Strafen, dafür mit guten Beurteilungen, einigen
Auszeichnungen und »Fronterfahrungen in drei Feldzügen«; ein Soldat zudem,
der »die Leiter der Dienstgrade Sprosse um Sprosse emporgeklettert« war.[766] Für
den Eindruck der Authentizität, den viele Leser bei der *08/15*-Lektüre hatten,
war es von unschätzbarem Wert, dass der Autor über einen militärischen Hintergrund verfügte. Da der Desch-Verlag sogar mit Kirsts soldatischer Vita Wer-

---

[762] H. H. KIRST, Schaf im Wolfspelz, 1985, S. 329–334. – Vgl. S. FINGER, Strauß, 2005, S. 37–
40.
[763] H. H. KIRST, Schaf im Wolfspelz, 1985, S. 330.
[764] Mit Verweis auf Kirsts Entnazifizierungsakte: C. ADAM, Traum, 2016, S. 143.
[765] S. FINGER, Strauß, 2005, S. 46 f.; P. SIEBENMORGEN, Strauß, 2015, S. 45 f. – Das Zitat stammt
aus dem Artikel »Franz Josef Strauß« von Walter Henkels; FAZ vom 12. November 1953.
[766] Artikel »Sturm um einen Roman«; LIES MIT!, Mai 1954, Heft 9, S. 5

bung machte, kann man im Hinblick auf die Leserbindung von einem Kame-
radschaftsgefühl zwischen dem Autor und seinem Publikum sprechen.

Dazu passt auch, dass Kirst zugleich behauptete, dass er »niemals etwas mit
der Partei und einer ihrer Gliederungen zu tun gehabt« habe. Als »guter Soldat«
habe er freilich »eine Riesendummheit« begangen: Er habe »den Nationalsozialismus mit Deutschland verwechselt und Hitler für einen Ehrenmann gehalten«. Noch in den Achtzigerjahren hielt er diese Aussage fast bis in den Wort-
laut hinein aufrecht. Kirst berichtete, er sei bis 1945 »Zeit seines Lebens – und
was konnte man denn in Ostpreußen schon anderes sein – ein nationaler sozialistischer deutscher Mensch gewesen; nicht nur ein Soldat«.[767] Mit der NSDAP
habe er jedoch nichts zu tun gehabt, auch habe er Hitler nicht gewählt (er war
zu jung), und insbesondere sei er kein hauptamtlicher, von der Partei bestellter
›Nationalsozialistischer Führungsoffizier‹ gewesen.[768] Stattdessen sei er »neben-
amtlich« als Ausbildungsoffizier eingesetzt worden, Soldat eben.[769] Diese jahrzehntelang vorgetragene Behauptung war mindestens stark geschönt: Kirst war
Ende Januar 1933 in die NSDAP eingetreten; dann erlosch seine Parteimitgliedschaft aufgrund ausstehender Beiträge; schließlich ruhte sie, seit er im April 1933 Soldat geworden war.[770] In der Auseinandersetzung über *08/15* erklärte
Kirst nur scheibchenweise, was wohl der Wahrheit entsprach: nämlich dass er
bis 1945 als Soldat und Nationalist fest ans ›Dritte Reich‹ geglaubt hatte – und
dass erst mit der Niederlage und der amerikanischen Kriegsgefangenschaft ein
Lernprozess, eine biographische Wende einsetzte, in deren Folge ihm ein Neubeginn als Schriftsteller gelang. Nach 1945 habe er – das freilich bekannte Kirst
immer wieder – »auf über zehntausend Seiten […] versucht, mit der deutschen
Vergangenheit – und mit meiner eigenen – fertig zu werden. […] Alle amtlichen
Instanzen, die sich eingeschaltet hatten, mußten mich freisprechen. Große Teile
der Öffentlichkeit taten das auch. Ich selbst vermochte das niemals zu tun.«[771]

Auch Franz Josef Strauß, 1915 in München geboren, war im Zweiten Weltkrieg Soldat gewesen, und zwar ebenfalls die gesamten Kriegsjahre hindurch, zuerst in Frankreich, seit Sommer 1941 an der Ostfront.[772] Er hat, wie der Journalist Walter Henkels im November 1953 in der *FAZ* schrieb, »Europa durchquert
vom Atlantik bis zum Don«.[773] Bei Lemberg beobachtete Strauß Massenerschie-

---

[767] H. H. Kirst, Schaf im Wolfspelz, 1985, S. 27 f. – Vgl. ders., Der Schein trügt, 1968, S. 91.

[768] H. H. Kirst, Der Schein trügt, 1968, S. 89–93.

[769] H. H. Kirst, Schaf im Wolfspelz, 1985, S. 334. – Dies galt freilich für die meisten NS-Füh-
rungsoffiziere. Vgl. C. Adam, Traum, 2016, S. 143.

[770] C. Adam, Traum, 2016, S. 138.

[771] H. H. Kirst, Der Schein trügt, 1968, S. 99.

[772] S. Finger, Strauß, 2005, S. 30–42; W. Biermann, Strauß, 2015, S. 41–61; P. Siebenmorgen,
Strauß, 2015, S. 32–44; H. Möller, Strauß, 2015, S. 39–46.

[773] Artikel »Franz Josef Strauß«; FAZ vom 12. November 1953.

ßungen, bei denen Einsatzkommandos der Einsatzgruppe D Zivilisten, darunter Juden und kommunistische Funktionäre, erschossen. Aus eigener Anschauung sprach Strauß daher in seinen *Erinnerungen* vom »Vernichtungskrieg« – einige Jahre vor der berühmten Wehrmachtsausstellung des Hamburger Instituts für Sozialforschung.[774] Nachdem Strauß wegen Erfrierungen nicht mehr an die Front musste, wurde er Ausbildungsoffizier bei einer Flakartillerieschule in der Nähe von Schongau, in der Kaserne, in der Kirst später sein Nachfolger wurde. Für Strauß war der Krieg eine der prägendsten Erfahrungen seines Lebens. Die Berufung zur Politik, aber auch Charaktereigenschaften wie Härte, Unruhe, Unberechenbarkeit und seinen Hang zu Alleingängen führt der Biograph Horst Möller auf diese Erfahrungen zurück.[775] Im Entnazifizierungsverfahren bescheinigten Kameraden und andere Zeugen Strauß eine bloß nominelle Mitgliedschaft beim ›Nationalsozialistischen Kraftfahrerkorps‹ und eine nüchtern-realistische Beurteilung der militärisch aussichtslos gewordenen Lage, außerdem eine oppositionelle Haltung gegenüber dem NS-Regime und ein starkes religiöses Bekenntnis.[776]

In der öffentlichen Kontroverse über *08/15*, die auch ein persönlicher Zweikampf zwischen Strauß und Kirst war, erklärte der Bundesminister mehrfach, dass er den Bestsellerautor in schlechter Erinnerung habe; er halte ihn für einen ehemaligen Nazi.[777] Zum Beleg seiner Einschätzung erwähnte Strauß biographische Details aus Kirsts Zeit als ›Nationalsozialistischer Führungsoffizier‹, etwa in einer Rede vor dem Verband deutscher Soldaten[778], gegenüber der Wochenzeitung *Die Zeit*, zudem in einem Beitrag für den *Monat*.[779] Strauß behauptete immer wieder, der damalige Oberleutnant Kirst habe sich noch in den letzten Kriegswochen bei Wehrmachtseinheiten nach deren Verteidigungsbereitschaft erkundigt – und das obwohl im April 1945 amerikanische Truppen schon tief nach Bayern vorgerückt waren. Vor allem habe Kirst diese Fragen in einer Art und Weise gestellt, die von verschiedenen Zeugen als bedrohlich aufgefasst worden sei. Vor dem Hintergrund fanatischer Durchhalte-Befehle und drakonischer Strafen hätten gleich mehrere Offiziere das »Verhalten und Reden des Herrn Kirst als eine akute Gefahr empfunden«, so Strauß. Bis Kriegsende habe Kirst das NS-System gestützt, ja »gepriesen«; bald darauf habe er jedoch eilig die Seiten zu wechseln versucht und sich dem amerikanischen Militärgeheimdienst angedient.

---

[774] F. J. Strauss, Erinnerungen, 1989, S. 48. – Vgl. H. Möller, Strauß, 2015, S. 40–42.
[775] H. Möller, Strauß, 2015, S. 44 f.
[776] H. Möller, Strauß, 2015, S. 49.
[777] Artikel »Strauß wendet sich erneut gegen Kirst«; Süddeutsche Zeitung vom 27./28. März 1954; »Streitgespräch über ›Null-acht-fuffzehn‹«; FAZ vom 14. April 1954.
[778] Artikel »Auf höherer Ebene«; Der Spiegel vom 19. Mai 1954, Nr. 21/1954, S. 30–32.
[779] Artikel »… der Bundesminister«; Der Monat 6 (1954), 69, S. 247. – F. J. Strauss, Erinnerungen, 1989, S. 333 f.

Strauß warf Kirst wiederholt vor, in seinem Roman wohlfeil genau das anzuprangern, was er zehn Jahre zuvor selbst praktiziert habe. Während er, Strauß, Entlassungspapiere ausgestellt habe, damit die ihm untergebenen 2500 Soldaten straffrei und ungefährdet nach Hause gehen konnten[780], habe Kirst noch Lobeshymnen zu Hitlers Geburtstag angestimmt. Seine »schlimmsten Erinnerungen«, so Strauß, seien daher »nicht die Übergriffe der Unteroffiziere« gewesen wie in *08/15* beschrieben, »sondern der Terror, der [...] in der Wehrmacht besonders durch die nationalsozialistischen Führungsoffiziere verbreitet wurde«.[781] Auch auf Kirsts Entnazifizierungsverfahren, bei dem Strauß als Spruchkammervorsitzender beteiligt gewesen war, ging der Minister wieder ein. Damals, so Strauß 1954, habe er seine schlechten persönlichen Erinnerungen für sich behalten, um Kirst nicht zu schaden.[782] Jetzt aber könne er, Strauß, nicht mehr hinnehmen, dass Kirst mit seinen Schmökern die westliche Verteidigungsbereitschaft unterminiere. Als Kirst die ›Wiederbewaffnung‹ in Frage stellte, attackierte der Verteidigungspolitiker Strauß den Schriftsteller öffentlich als ehemaligen Nazi. Der Minister war eben ein »Vollblutpolitiker«, schrieb Kirst in seinen Erinnerungen – wobei offen bleibt, ob er das anerkennend gemeint hat.[783]

Im Frühjahr 1954 antwortete Strauß mit einer Klarstellung auch auf die *08/15*-Rezension von Heinrich Böll in der Zeitschrift für die Gewerkschaftsjugend. Er habe sich nicht wegen des Romaninhalts aufgeregt, so Strauß, sondern wegen des Autors Kirst. »Ehemalige Untergebene kennen ihn als echten Soldatenschleifer, ehemalige Vorgesetzte haben ihn wegen seines nationalsozialistischen Verhaltens gefürchtet.« Als Politiker sei ihm – gerade aufgrund eigener Erfahrungen – der »Kampf gegen den Militarismus« ein »heiliges Anliegen«. Daher halte er die aktuelle Geschäftstüchtigkeit dieses »ehemaligen NS-Propagandisten« für peinlich. Strauß forderte Kirst auf, über seine Vergangenheit die Wahrheit zu sagen.[784] Nicht allein die der SPD nahestehende Zeitschrift *Geist und Tat* hielt hingegen diese fortgesetzten persönlichen Attacken von Strauß, einem der »Paradepferde der Regierungsparteien bei den EVG-Debatten im Bundestag«, für eine politisch motivierte Diffamierungskampagne »nach altbewährter Methode«, um einen unliebsamen Kritiker mundtot zu machen.[785]

Kirst reagierte auf die Vorwürfe, insbesondere die Berichterstattung im *Monat*[786], indem er seine Erwiderung mit einem Rechtsanwalt abstimmte. Er ver-

---

780 P. Siebenmorgen, Strauß, 2015, S. 45.
781 Artikel »Militärdienst und Demokratie« von Strauß; Süddeutsche Zeitung vom 3. April 1954.
782 Artikel »Auf höherer Ebene«; Der Spiegel vom 19. Mai 1954, Nr. 21/1954, S. 30–32.
783 H. H. Kirst, Schaf im Wolfspelz, 1985, S. 332 f.
784 Artikel »Eine Buchbesprechung und die Folgen«; aufwärts (Köln) vom 27. Mai 1954, Nr. 11, S. 1.
785 Artikel »War es schön, Soldat zu sein?« von Rudolf Schnell; Geist und Tat 9 (1954), 10, S. 333 f.
786 Artikel »Der NSF-Null...«; Der Monat 6 (1954), 69, S. 246.

wahrte sich sogar gegen die an und für sich anerkennende Rezension von Paul Hühnerfeld in der *Zeit*, die Strauß mit den Worten zitiert hatte, Kirst sei ein »Nazispitzel« gewesen, der »noch Ende April 1945 drei Offiziere aufhängen lassen wollte, die zu keinem Widerstand mehr bereit waren«.[787] In dem »überheizten Klima«, fasste der *Spiegel* süffisant zusammen, »reichte Kirst Beleidigungsklage gegen Strauß […] ein und beantragte bei dem Präsidenten des Deutschen Bundestages, die Immunität des Abgeordneten Strauß aufzuheben«.[788] Dabei bestritt Kirst nicht, als Führungsoffizier im April 1945 Untergebene nach ihrer Verteidigungsbereitschaft gefragt zu haben. Er widersprach aber der seiner Auffassung nach »unwahr[en]« Darstellung, dabei gedroht zu haben. Im Übrigen sei er »nicht behaglich ins Zivilleben zurückgekehrt«, sondern von den Amerikanern »blutig geschlagen« und »zwangsverhört« worden. Auf jede Behauptung Kirsts folgte eine Gegenbehauptung von Strauß und umgekehrt. So sei er, erklärte Kirst, »in einen Sumpf hineingeraten […], in dem er nicht schwimmen konnte«.[789] Andererseits hätte er ohne die sich ständig wiederholenden Attacken von Strauß wohl nie so viele Bücher verkauft.

Der Schriftsteller Michael Kumpfmüller hat darauf hingewiesen, dass die Lektüre von Kirsts Romanen in politischer Hinsicht unterschiedliche Schlussfolgerungen zulässt: beispielsweise eine pazifistische (nie wieder Krieg), aber ebenso gut auch eine militärreformerische (kein Schinden von Rekruten, stattdessen Staatsbürger in Uniform).[790] Die in der *Neuen Illustrierten* veröffentlichten Reaktionen bestätigen das. Reformerisch reagierte auch die neu eingerichtete Bundeswehr auf ein allgemeines Anliegen, das in der Nachkriegsgesellschaft der Bonner Republik in der *08/15*-Trilogie seinen populären Ausdruck gefunden hatte. So bezog sich das *Handbuch Innere Führung*, das im September 1957 vom Bundesministerium der Verteidigung herausgegeben wurde, explizit auf das »Schlagwort *08/15*« und namentlich auf die literarische Figur des »Schleifers Platzek«, der zu den besonders unsympathischen Vorgesetzten zählt.[791] Einerseits tat das Handbuch das Bild des Soldatischen, wie es in *08/15* gezeichnet werde, als »abschätzig übertriebene Kritik« ab[792], andererseits versprach die Bundeswehr in ihren Leitlinien, nicht zur Unkultur des Drills und der Demütigungen zurückzukehren. Im *Handbuch Innere Führung* war sogar zu lesen:

---

[787] Artikel »Dienstpistole 08/15«; Die Zeit vom 1. April 1954; Nr. 13/1954; »Dienstpistole 08/15« von Hans Hellmut Kirst; Die Zeit vom 24. Juni 1954, Nr. 25/1954.
[788] Artikel »Auf höherer Ebene«; Der Spiegel vom 19. Mai 1954, Nr. 21/1954, S. 30–32.
[789] H. H. Kirst, Schaf im Wolfspelz, 1985, S. 339.
[790] M. Kumpfmüller, Krieg für alle und keinen, 1997.
[791] J. Echternkamp, Soldaten im Nachkrieg, 2014, S. 204 f., 355, 359 und 442. – Vgl. H. Tänzler, Vorbereitende Planungen, 1975, S. 209; D. Bald, Reform des Militärs, 2002.
[792] Handbuch Innere Führung, 1957, S. 107.

Was ist das für ein Mensch, dieser »Schleifer Platzek«? Er ist der Repräsentant des aggressiven Menschentyps, der die Macht mißbraucht, um sich selbst durchzusetzen und hervorzuheben. In manchen Fällen erweist er sich als entartet triebhaft, ganz ungeistig und wenig verantwortungsbewußt. Meist ist Platzek aber nur dumm und faul: Er kann nichts oder er traut sich nichts, er hat bewußt oder unbewußt Minderwertigkeitsgefühle. [...]

Es hängt vieles, wenn nicht sogar alles davon ab, daß es gelingt, diesen Ausbildertyp schon bei der Auswahl der Unterführer auszuschalten (was nicht immer glücken wird); [...] den Unterführern [...] die Grenzen ihrer Macht und das Gewicht der Verantwortung eindringlich ins Bewußtsein zu rücken; den Mannschaften entsprechend die Pflicht der Selbstachtung und Selbstbehauptung deutlich zu machen.[793]

Verteidigungspolitiker und Offiziere nahmen regelmäßig Bezug auf die *08/15*-Romane und ihre populäre Verfilmung. In einer der Wehrdebatten des Bundestages kritisierte im Dezember 1954 der SPD-Fraktionsvorsitzende Erich Ollenhauer den »idiotischen Barras«, woraufhin der FDP-Abgeordnete Erich Mende, ein ehemaliger Major und Ritterkreuzträger, behauptete, dass Typen wie »der Schleifer Platzek bei Kirst [...] Ausnahmeerscheinungen des deutschen Militärlebens waren und nicht die Regel«. Helmut Schmidt, früher Oberleutnant der Wehrmacht, tadelte diese Äußerungen mit einem »Na! Na!«, und ein anderer SPD-Abgeordneter rief Mende zu, es habe »noch Schlimmere als Platzek gegeben, das wissen Sie genau!«[794] Als Mitte der Fünfzigerjahre die Bundeswehr als Wehrpflichtarmee aufgebaut wurde – das Wehrpflichtgesetz trat im Juli 1956 in Kraft –, wurde das mit dem Versprechen verbunden, dass es Zustände, wie Kirst sie beschrieben hatte und wie viele Veteranen sie offensichtlich in Erinnerung hatten, nicht mehr geben werde. Mit dem »Schleifer Platzek« wurde eine literarische Figur offiziell zur Negativfolie für das neue Leitbild des ›Staatsbürgers in Uniform‹. Schon vorher hatte die ›Gesellschaft für Wehrkunde‹, die man der Öffentlichkeitsarbeit der Bundesregierung zurechnen kann, damit geworben, dass es in der »neuen Wehrmacht« kein schikanöses Regiment mehr geben werde.[795]

Das alles – die Leitbilder der Bundeswehr, die Auseinandersetzung über *08/15* und der Streit mit Franz Josef Strauß – waren noch Zukunftsmusik, als Hans Hellmut Kirst, früher Soldat und nunmehr Schriftsteller, im *Münchner Merkur* das *Treibhaus* rezensierte. So wie aber Hardt, Koeppen und Kirst einander kannten, so gehören die Bücher und Filme über den Soldaten Asch in den Kontext der *Treibhaus*-Debatte 1953/54, weil beide Romane mehr oder weniger di-

---

[793] Handbuch Innere Führung, 1957, S. 114.
[794] BT Sten.Ber., 2. WP, 62. Sitzung vom 16. Dezember 1954, S. 3221.
[795] J. Echternkamp, Soldaten im Nachkrieg, 2014, S. 204 f.

rekt von der Europäischen Verteidigungsgemeinschaft handeln. Sie erschienen, nachdem der Bundestag den Beitritt der Bundesrepublik im April 1953 ratifiziert hatte und noch bevor das Projekt in der französischen Nationalversammlung am 30. August 1954 von der Tagesordnung genommen wurde. Wenn man jedoch die Wirkungsgeschichte der beiden Bücher vergleicht, fallen die Unterschiede auf: *08/15* wurde – trotz und wegen seiner ästhetisch bescheidenen Form – ein Bestseller. Von einer nur ansatzweise ähnlichen Nachfrage konnten Koeppen und sein Verlag Scherz & Goverts nur träumen. Ein wesentlicher Faktor für Kirsts Erfolg war die schnelle und äußerst populäre Adaption durch den Film, der im selben Jahr in die Kinos kam.

Noch wichtiger war der Vorabdruck in der *Neuen Illustrierten*, der am 30. Januar 1954 begann, also unmittelbar nachdem sich das erste mediale Interesse am *Treibhaus* gelegt hatte. Eigentlich setzte erst die *Neue Illustrierte* den Kirst-Zug in Bewegung, auf den dann andere aufgesprungen sind: der Verlag von Kurt Desch, Franz Josef Strauß und die westdeutsche Öffentlichkeit, aber auch die Filmemacher um Paul May, Claus Hardt, Ernst von Salomon und Joachim Fuchsberger.[796] Mit Blick auf das *Treibhaus* erscheinen daher die zögerliche, etwas ambivalente Haltung des Scherz & Goverts-Verlags, aber auch das Misslingen eines größeren Vorabdrucks (als dem im *Spiegel*) in einem anderen Licht. Im Spätherbst 1953 – bevor *08/15* viel Aufmerksamkeit absorbierte – hatte Koeppens politischer Roman durchaus das Interesse von Medien und Öffentlichkeit geweckt.

Ein weiterer Unterschied zwischen dem *Treibhaus* und *08/15* liegt im Schwerpunkt der Romane. Auch wenn beide von ›Wiederbewaffnung‹ handeln und das Thema ›Restauration‹ akzentuieren, unterscheiden sie sich in der Herangehensweise: Kirsts flott erzählter Kasernenhof-Roman versuchte die ehemaligen Wehrmachtssoldaten anzusprechen. Nicht nur Kirst hatte im Zweiten Weltkrieg gekämpft, auch sein größter Kritiker, Strauß, war Soldat gewesen, genauso die Ex-Offiziere Erich Mende und Helmut Schmidt – oder der ehemalige Leutnant Rudolf Augstein, der als *Spiegel*-Herausgeber später zum Intimfeind von Strauß wurde. Auch Heinrich Böll, der *08/15* in einer Gewerkschaftszeitung rezensiert hat, der *FAZ*-Journalist Adelbert Weinstein oder Fuchsberger und nicht zuletzt weite Teile des Lese- und Filmpublikums teilten diesen Wehrmachts-Hintergrund. Wolfgang Koeppen hingegen war nicht Soldat gewesen; insofern lag es nahe, dass er einen ganz anderen Ansatz zu den Themen ›Wiederbewaffnung‹ und NS-Vergangenheit wählte. Sein literarischer Zugang war der parlamentarische Weg über Bonn und den Bundestag. Er verfasste eine bittere Satire über ei-

---

[796] Kirst schrieb dem ersten Film entscheidende Bedeutung zu: H. H. Kɪʀsᴛ, Schaf im Wolfspelz, 1985, S. 346–352.

nen Ort und eine Institution – über einen Ort und eine Institution allerdings, mit denen die westdeutsche Öffentlichkeit weit weniger vertraut war als mit den Kasernenerfahrungen ehemaliger Soldaten. So wurde die sicherheitspolitische Frage eines westdeutschen Verteidigungsbeitrages im Bundestag debattiert und von Radio und Fernsehen in beispielloser Weise in die Gesellschaft der frühen Bundesrepublik hineingetragen. Literarisch hingegen wurde das Drama der ›Wiederbewaffnung‹ über die Erinnerungen an den Zweiten Weltkrieg verhandelt, und zwar insbesondere von Angehörigen der Kriegsgeneration. Demgegenüber rief der Parlamentarismus als literarisches Sujet nicht dasselbe Interesse hervor, vor allem nicht in der hochliterarischen und zugleich provokanten Form, in der Koeppen ihn beschrieben hat.

6.3 »Wie schade!?« Erich Kuby in der *Süddeutschen Zeitung*

In der *Süddeutschen Zeitung* beschäftigte sich am 7. November 1953 Erich Kuby mit dem *Treibhaus*. Zwar verstand auch Kuby das Buch als »Roman gegen die Restauration«, doch war er damit sehr unzufrieden. So gehörte der Chefreporter der *SZ*[797] einerseits mit zu den Münchner Kreisen der *Treibhaus*-Rezeption, die ganz im Zeichen des ›Restaurations‹-Diskurses standen. Andererseits zeigt sein Beispiel, dass in der frühen Bundesrepublik nicht alle Publizisten, die sich als nonkonformistische Intellektuelle inszenierten, für Koeppen Partei ergriffen haben. Vielmehr formulierte die ›restaurations‹-kritische Rezension des Münchners Kuby in der *Süddeutschen Zeitung* die Gegenthese zu der gleichfalls ›restaurations‹-kritischen Rezension des Münchners Claus Hardt im *Spiegel*. Kuby urteilte schroff über das *Treibhaus*: »Es möchte gern, und es kann nicht. Ist es einem kritischen Berichterstatter erlaubt, auszurufen: wie schade!?«[798]

Kuby war sich sicher, dass Koeppen seinen Roman geschrieben habe, um gegen die ›Restauration‹ zu protestieren. Seine negative Meinung rührte also nicht daher, dass Kuby in politischer Hinsicht andere Vorstellungen gehabt hätte. Im Gegenteil bekannte er bei diesem Thema seine »Voreingenommenheit« und äußerte die Hoffnung, in Koeppen »einem Gesinnungsgenossen zu begegnen, der seine Kassandrarufe nicht nur zu Hause zum Privatgebrauch ausstößt, sondern damit auf den Markt geht«, auf den Buchmarkt und in die Öffentlichkeit. Kuby wünschte sich einen Verbündeten, einen Mitstreiter, der genauso unter jener westdeutschen Entwicklung litt wie er, die er kursorisch mit Stichworten wie »Adenauerglanz« und den »Verlockungen der Konjunktur« umschrieb, mehrfach aber schlicht als »Restauration« bezeichnete. Schon im Frühjahr 1950 hatte

---

[797] K. v. HARBOU, Seele retten, 2015, S. 183.
[798] Hier und im Folgenden: »Wer selbst im Treibhaus sitzt«; SÜDDEUTSCHE ZEITUNG vom 7./8. November 1953. – Vgl. K. v. HARBOU, Seele retten, 2015, S. 338 f.

er in den *Frankfurter Heften* das »Ende der Flitterwochen in Bonn« ausgerufen, um zum Protest gegen Adenauer anzuregen: »Wohin wird sich die junge west-deutsche Republik unter seiner – wie schwer fällt mir hier das Wort! – christlichen, autoritären Restaurationsregierung entwickeln?« fragte Kuby da.[799] Etwa drei Jahre später schrieb er über Koeppens Roman:

> Sein Thema ist die Entwicklung Westdeutschlands, die einmal im Geschichtsbuch mit dem rheinischen Städtchen Bonn verbunden sein wird. Alles spricht dafür, daß sie im Geschichtsbuch nicht ganz so glänzend wegkommen wird, wie sie uns heute erscheint. Es kann sehr leicht sein, daß dort von der Daseinsverfehlung der geschlagenen Deutschen die Rede sein wird, die in eine harte Schule gegangen sind und nichts gelernt haben.[800]

Ein Grund, warum Kuby mit dem *Treibhaus* haderte, war die Hauptfigur Keetenheuve, der zu Kubys großem Bedauern überhaupt »keine sympathische Figur« war. Stattdessen sei der unglückliche »Anti-Restaurations-Abgeordnete« so fürchterlich ratlos, zaghaft und kaputt. Insbesondere habe Koeppen ihm keine Idee mitgegeben, was man der Regierungspolitik entgegensetzen könne. Für den ›Restaurations‹-Kritiker Kuby war Keetenheuves Schwäche daher schwer erträglich: »Wenn ich ein richtiger Bonner Bonze wäre«, hieß es in der *Süddeutschen*, »so würde ich dieses Buch überall herumzeigen und sagen: Seht ihr wohl, wie recht wir haben!«

»Der Roman der westdeutschen Restauration ist noch nicht geschrieben«, brachte Kuby seine Enttäuschung über das *Treibhaus* auf den Punkt. Außerdem suchte er in seiner Besprechung nach Wegen, wie man es literarisch besser machen könne als Koeppen. Als Beispiel nannte er den Roman *All the King's Men*, für den der amerikanische Schriftsteller Robert Penn Warren den Pulitzer-Preis erhalten hatte und der 1949 verfilmt worden war. »Wenn Koeppen diese Zeilen zu Gesicht kommen, wird er vielleicht sagen: ›Pah, ein Reißer, ganz gewöhnliche Unterhaltungslektüre!‹«, argwöhnte Kuby. Demgegenüber habe Koeppen zwar mehr Anspruch und durchaus eine »gute Gesinnung«, aber das *Treibhaus* bleibe wahrscheinlich ohne Wirkung, weil es einen falschen Ansatz habe.

In der Folge unternahm Kuby, den der konservative Kritiker Friedrich Sieburg einmal einen »zürnenden Propheten« mit einem »überwältigenden Mangel an Schüchternheit« nennen sollte[801], mehrfach den Versuch, es besser zu machen als Koeppen. Vor der Bundestagswahl 1957 etwa, bei der die Adenauer-CDU trium-

---

[799] Artikel »Das Ende der Flitterwochen in Bonn«; FRANKFURTER HEFTE 5 (1949), 3, S. 225–228, S. 227.

[800] Hier und im Folgenden: »Wer selbst im Treibhaus sitzt«; SÜDDEUTSCHE ZEITUNG vom 7./8. November 1953.

[801] Artikel »Der Donnerkeil des Plauderers«; FAZ vom 17. August 1957.

phal die absolute Mehrheit der Stimmen gewann, erschien bei Scherz & Goverts (!) Kubys Buch *Das ist des Deutschen Vaterland*. In diesem 500-Seiten-Essay über verschiedene Fragen der deutschen Gegenwart verschraubte Kuby Reportageeindrücke zwischen Cottbus und Bonn mit düsteren politischen Prophezeiungen. Einerseits beklagte das Buch die vermeintlich selbstgefällige Apathie einer wohlstandsgesättigten Nachkriegsgesellschaft, zum anderen befürchtete es ein apokalyptisches Zukunftsszenario: die Rückkehr von Nationalismus und Krieg. Der *Spiegel* meinte, bei Kubys nicht ganz durchkomponierten Buch wechselten Szenen von »stilistische[m] Glanz« mit Passagen »von erstaunlicher Nichtigkeit«.[802]

In dem Buch *Das ist des Deutschen Vaterland*, das weder Reportage noch Leitartikel, noch Roman war, nahm Kuby deutliche Anleihen beim *Treibhaus*, auch wenn er diesen Titel nicht mehr erwähnte. Motive aus Koeppens Roman, die bei Kuby wiederkehren, sind beispielsweise ein architekturkritischer Rundgang durch die provisorische Bundeshauptstadt Bonn und die amerikanischen Siedlungen in Mehlem. Im Bundeshaus bekommt eine Besuchergruppe »ein Viertelstündchen Anschauungsunterricht« in demokratischer Bildung. »Die Abwesenheit der Abgeordneten, die vollständige Leere des Saales, erlaubt dem Führer der Besuchergruppen, ein ideales Bild parlamentarischer Arbeit zu entwerfen«, heißt es bei Kuby.[803] Im *Treibhaus* steht: »Der Saal war leer. Ein leeres großes Klassenzimmer mit aufgeräumten Schülerpulten.«[804] Für die Sicherheit sorgt bei Kuby »ein blaulivrierter Pförtner des Bundeshauses«[805], im *Treibhaus* erklärt der »Hausbeamte in dunkler Dienstkleidung« den Sitzungssaal und den Parlamentarismus.[806] Kubys Erzähler beobachtet Sekretärinnen, Journalisten und Referenten, wie sie »in den Wabenzellen ministerialer Hochhäuser« herumwuseln[807], während die Büros Keetenheuve »wie ein ungeheurer Bienenkorb« erscheinen, »in dem die neonerleuchteten Fenster wie aneinandergeschichtete Waben wirkten. Keetenheuve hörte das Haus summen. Die Bienen waren emsig.«[808] In der gleichen Metaphorik wie im *Treibhaus* betonte Kuby die künstliche Atmosphäre der Bundeshauptstadt, die zwischen nüchterner Geschäftigkeit und tiefen Abgründen changiere:

> Die künstliche Hauptstadt ist eine Anhäufung von Ministerien, und ihr soziologisches Bild ist ähnlich dem von Wolfsburg, einer Stadt, in der die Auseinandersetzung mit der Wirklichkeit auch auf ein Minimum zusammengeschrumpft ist. Nur

---

[802] Artikel »Neu in Deutschland«; DER SPIEGEL vom 21. August 1957, 34/1957, S. 45.
[803] E. KUBY, Vaterland, 1957, S. 96.
[804] W. KOEPPEN, Werke, Band 5: Das Treibhaus, 2010, S. 54.
[805] E. KUBY, Vaterland, 1957, S. 98.
[806] W. KOEPPEN, Werke, Band 5: Das Treibhaus, 2010, S. 53.
[807] E. KUBY, Vaterland, 1957, S. 96.
[808] W. KOEPPEN, Werke, Band 5: Das Treibhaus, 2010, S. 96.

mit dem Unterschied, daß in Wolfsburg Autos, in Bonn jedoch Macht produziert wird. Das ist weitaus gefährlicher. Aber die Gefahr ist verdeckt. Das Bonner Credo ist, das Wunder werde ewiglich währen. Zentralgeheizt und airconditioned, betrachten die Bonner Machthaber die Welt durch Glas, und was sie hinter dem Glas sehen, ist ein Idyll. Ein Idyll mit Komfort. […] Das bißchen Zusammenbruch dazwischen bemerkt man aus der Distanz nicht.[809]

Ein Jahr später, 1958, schrieb Erich Kuby mit am Drehbuch für den Film *Das Mädchen Rosemarie*. Kuby beschrieb damit einen der großen Sittenskandale der frühen Bundesrepublik – eine *Sex and Crime*-Geschichte aus der Männerwelt des ›Wirtschaftswunders‹ in einem »von Heuchelei wie von Schimmel überzogenen Lande«.[810] Die Vorlage dafür war der nie aufgeklärte Tod von Rosemarie Nitribitt, die im Herbst 1957 umgebracht wurde. Der Mord an der Prostituierten, die in Frankfurt zu einigem Wohlstand und einiger Bekanntheit gekommen war und unter deren Kunden man reiche Männer der Großbourgeoisie vermutete, war ein Stoff, der nicht nur die Klatschblätter faszinierte.[811] In dem Kriminalfall waren offensichtlich die Anstandsregeln der Fünfzigerjahre an der Bigotterie des ›Wirtschaftswunders‹ zerschellt. Es entfaltete sich, wie der Journalist Ansgar Fürst schrieb, »ein Klima, in dem sich Heuchelei und Prüderie wie in einem Treibhaus zum Schlinggewächs einer peinlichen Doppelmoral entfalten« konnten.[812] Verfilmt wurde die sozialkritische Geschichte mit der Schauspielerin Nadja Tiller, außerdem mit Gert Fröbe, Mario Adorf und Hubert von Meyerinck. Der Drehbuchautor Kuby machte im selben Jahr einen Roman daraus: *Rosemarie. Des deutschen Wunders liebstes Kind*.[813]

Mit dem realem Schicksal von Rosemarie Nitribitt hatte Kubys Adaption nur am Rande zu tun.[814] Ihr Fall diente ihm vielmehr als Allegorie für die sozialpsychologische Dynamik des ›Wirtschaftswunders‹: Ein Mädchen aus einfachen, zerrütteten Verhältnissen verkehrt mit immer reicheren Männern, weshalb innerhalb kürzester Zeit auch ihre Preise steigen. Provokant setzt *Rosemarie* das verpönte, ›unmoralische‹ Geschäft der Prostitution mit der Erfolgsmoral der Wirtschaftswelt gleich, in der Geld einfach zu mehr Geld führt. Prostitution erscheint als Paradebeispiel kapitalistischer Logik, bis schließlich die Frau aus dem Weg geräumt wird. Die Herren im Verborgenen bleiben hingegen auch bei Kuby namenlos. Man weiß nur, dass sie aus der Industrie kommen, vom »Isoliermattenkartell«, das seinerseits die im Herbst 1955 neu gegründete Bundeswehr beliefert und damit an der Aufrüstung verdient.

[809] E. Kuby, Vaterland, 1957, S. 100 f.
[810] E. Kuby, Rosemarie, 1958, S. 6.
[811] M.-L. Recker, Nitribitt, 2001; C. Steiger, Nitribitt, 2007.
[812] A. Fürst, Im deutschen Treibhaus, 2004, S. 107.
[813] E. Kuby, Rosemarie, 1958
[814] A. Schildt, Bürgerliche Gesellschaft, 2001, S. 301.

Kubys Text ist keine Kriminalgeschichte, bei der es darum ginge, einen Mord aufzuklären (für den alle beteiligten Männer ein Motiv hätten). Auch wird der Skandal insofern entpersonalisiert, als Kuby sich nicht an den Spekulationen beteiligt, wer der Täter gewesen sein könnte oder wer womöglich zu den prominenten Freiern zählte. Ein Schlüsselroman ist *Rosemarie* also nicht, vielmehr geht es – ganz im Sinne von Kubys *Treibhaus*-Rezension – darum, Gesellschaftskritik an einem aktuellen, spektakulären Beispiel öffentlichkeitswirksam durchzuspielen.[815] Wer jedoch etwas Reißerisches erwartet, wird von der *Rosemarie*-Lektüre enttäuscht sein. Was Kuby dem Stoff beigibt, sind folgende Zutaten: *erstens* Kritik an der Aufrüstung und am Kapitalismus. Der Ost-West-Konflikt etwa erscheint nicht als weltanschauliche und machtpolitische Konfrontation, sondern als Produkt von Wachstumsinteressen der Industrie, deren Akteure wiederum mit dem Geheimdienstmilieu verstrickt sind. *Zweitens* kommt der politische Betrieb schlecht weg, weil Industrie, Lobbyisten, Geheimdienste und Regierung derart miteinander verfilzt sind, dass der Eindruck eines ›tiefen Staates‹ beziehungsweise des ›militärisch-industriellen Komplexes‹ entsteht. Schon in seinem Essay *Das ist des Deutschen Vaterland* hatte Kuby geschrieben, dass man die Frage, wie Bonn zur Bundeshauptstadt gemacht worden sei, als »eine Kriminalstory« darstellen könne oder als ein »Bonner Possen-Stück«.[816] *Drittens* formuliert *Rosemarie* eine recht allgemein gehaltene Konsumkritik. Dabei balancierte Kuby aufmerksamkeitsökonomisch gleichsam auf dem Drahtseil, als er sich des Illustrierten-Stoffs annahm. Es hat eine gewisse Ironie, dass weder der käufliche Sex noch die mit dem Fall verbundenen Markenartikel – insbesondere das Mercedes-Cabrio der Nitribitt[817] – den Kapitalismus desavouiert haben, wie es Erich Kuby wohl beabsichtigt hat.

7.   Last der Jahrhundertgeneration: Karl Korn – oder: Für die Autonomie von Kunst und Kultur

7.1   Politik und Literatur: Eine Rezension als Verteidigungsbeitrag

In der *Frankfurter Allgemeinen Zeitung* bemühte sich Karl Korn, Mitherausgeber und Leiter des Feuilletons, in großer Ausführlichkeit auf 220 Zeilen um ein ausgewogenes Urteil über Koeppens Roman.[818] Dabei lobte Korn dessen hohe

---

[815]   W. FERCHL, »Schlüsselroman«, Kolportage und Artistik, 1991, S.185–189.
[816]   E. KUBY, Vaterland, 1957, S. 94.
[817]   A. FÜRST, Im deutschen Treibhaus, 2003, S. 106.
[818]   Hier und im Folgenden: »Satire und Elegie deutscher Provinzialität«, FAZ vom 7. November 1953; wieder gedruckt in: U. GREINER (Hg.), Über Wolfgang Koeppen, 1976, S. 45–49, sowie in: LITERATURKRITIK – BAND 7, 1988, S. 230–233. – Die *Treibhaus*-Rezension erschien, noch bevor

Qualität: Das *Treibhaus* befinde sich in einer literarischen Klasse, »wie sie nur selten erreicht« werde. Mit seinem Hinweis auf das Können des Autors versuchte Korn, Koeppen in Schutz zu nehmen, weil »das Buch alle Bannflüche auf sich ziehen« werde, »deren unser säkularisiertes Jahrhundert fähig« sei. Zwar fand auch der *FAZ*-Mitherausgeber das *Treibhaus* »eminent politisch«, und diese Einschätzung ist später immer wieder zitiert worden. In diesem politischen Zusammenhang aber argumentierte Korn für eine weitreichende Autonomie von Kunst und Kultur, wo eigene und unterscheidbare Regeln gelten sollten. Die »Unabhängigkeit und Überlegenheit des Geistes gegenüber dem politischen Feld« waren stets eine Maxime seines Denkens, so hat es Korns Biograph Marcus Payk formuliert.[819]

Der Koeppen-Forschung galt Korn lange als die große Ausnahme in der *Treibhaus*-Rezeption – als der einzige namhafte Rezensent, der Koeppens literarische Leistung schon in den Fünfzigerjahren erkannt hatte und sie auch öffentlich zu würdigen wusste.[820] In der Tat ist Korns Rezension besonders wichtig. Ihre Bedeutung besteht *erstens* darin, dass sich Korn sehr differenziert mit dem *Treibhaus* auseinandergesetzt hat und er sich dabei für einen großen kreativen Freiraum der Literatur stark gemacht hat. *Zweitens* ist die Besprechung besonders aufschlussreich wegen biographischer und generationeller Verbindungen zwischen Koeppen und Korn. Die Rezension hat einen persönlichen Subtext, weil sich Korn im Medium der *Treibhaus*-Rezension mit seiner eigenen Rolle als Kulturjournalist im ›Dritten Reich‹ auseinandergesetzt hat. Sie war der Versuch einer impliziten autobiographischen Vergangenheitsbewältigung. Das dürfte den meisten zeitgenössischen Lesern unbekannt, ja unverständlich gewesen sein. Koeppen und andere Akteure des westdeutschen Literaturbetriebs, diejenigen, die Bescheid wussten, haben es indes mit Sicherheit verstanden. Bemerkenswert ist *drittens* die Rolle, die Koeppen selbst in seiner Publikationsstrategie für die *FAZ* vorgesehen hatte. Korn und die von ihm geleitete Feuilleton-Redaktion haben schon die Drucklegung des *Treibhaus*-Romans beratend begleitet. Darin ähneln sie dem *Spiegel* und Claus Hardt, wenn auch mit einem anderen Ergebnis. Als im August 1953 – wenige Wochen vor der zweiten Bundestagswahl – noch nicht entschieden war, ob, wann und in welchem Verlag das *Treibhaus*

Friedrich Sieburg 1956 bei der *FAZ* die Leitung des Literaturteils übernahm. Sieburg wurde später ein Antipode Korns in der Redaktion, überdies war Sieburg der Gruppe 47 in inniger Ablehnung verbunden. 1953 war Sieburg jedoch noch Mitherausgeber der Zeitschrift *Die Gegenwart*. C. v. BUDDENBROCK, Sieburg, 2007, S. 247–250; M. PAYK, Geist der Demokratie, 2008, S. 224 f. und 349 f.

[819] M. PAYK, Geist der Demokratie, 2008, S. 215.
[820] U. GREINER, Geschichte eines Misserfolgs, 1976, S. 12 f.; D. BASKER, Chaos, control, and consistency, 1993, S. 16; L. VEIT, Einsam in der Menge, 2002, S. 38; G. & H. HÄNTZSCHEL, Koeppen, 2006, S. 97.

schließlich erscheinen würde, teilte Koeppen seinem zögernden Verleger Goverts mit, dass er ein Roman-Manuskript an Korn sowie an den Redakteur Herbert Nette geschickt habe.[821] Schon im Frühjahr 1950 hatte die *FAZ* zu Pfingsten eine Kurzgeschichte Koeppens über die abenteuerliche Reise einer Lehrerin nach Italien gedruckt.[822] Möglicherweise sollte nun Nette, ein erfahrener Lektor und Kulturjournalist, prüfen, ob die Zeitung an einem Vorabdruck aus dem *Treibhaus* interessiert war. Das wiederum würde, so Koeppens mutmaßliche Hoffnung, die Entscheidungsfindung seines Verlags positiv beeinflussen.[823] Jedenfalls meldete sich Nette kurze Zeit später direkt bei Goverts und beriet sich mit ihm über Koeppens Manuskript. An einem Vorabdruck war die *FAZ* zwar nicht interessiert, jedenfalls war davon nicht die Rede. Allerdings – und das war in Koeppens Interesse – zerstreute der Redakteur die Bedenken, die auf Seiten von Scherz & Goverts bestanden. Bald darauf überbrachte Goverts seinem Autor die gute Nachricht, dass auch das *Treibhaus* in seinem Verlag publiziert werde: »Herr Scherz hat gegen die Herausgabe Ihres neuen Romans nichts einzuwenden, nachdem ich ihn über meine Unterhaltung mit Herrn Nette orientierte und nachdem ich ihm sagte, dass nach der Überarbeitung politische Schwierigkeiten für den Verlag nicht mehr zu befürchten wären.«[824]

Wie Goverts berichtete, hielt der *FAZ*-Redakteur Nette das *Treibhaus* für »ein trauriges, ernstes Buch für Männer und die junge Generation«. Vom verlegerischen Standpunkt aus, so Nettes Hinweis, sollte man es daher möglichst preisgünstig und »vorbereitet« herausbringen; zudem sei auf das Timing zu achten. Das Weihnachtsgeschäft eigne sich eher nicht, besser solle das *Treibhaus* erst 1954 erscheinen. Schließlich legte Nette nahe, dass Koeppen einige der »den Bürger schockierenden Stellen« noch überarbeiten möge. Insbesondere das Ende des Romans – als Keetenheuve nach der verlorenen Abstimmung auf einem Trümmergrundstück das Flüchtlingsmädchen Lena missbraucht und anschließend in den Rhein springt, eine rauschhaft erzählte Szene, in der Realität und Wahn verschwimmen – hielt Nette für »verfehlt und obszön«. Goverts erläuterte seinem Autor diese Kritik genauso wie die inzwischen beruhigte Reaktion seines Kompagnons. Nachdem Alfred Scherz seine Bedenken zurückgestellt hatte, befolgte Goverts nicht alle Ratschläge des *FAZ*-Redakteurs. Koeppen tauschte zwar ein paar Wörter aus, die als anstößig empfunden worden waren.

---

[821] Koeppen an Goverts, Brief vom 20. August 1953, WKA/UB Greifswald 24433.
[822] Erzählung »Gemeinsame Reise«; FAZ vom 27. Mai 1950 (Pfingstausgabe).
[823] Diese Aufgabe hatte Nette im Zusammenhang mit dem zweiten Roman von Siegfried Lenz, der zu Lebzeiten nicht publiziert wurde. Bevor der Verlag Hoffmann und Campe und Lenz übereinkamen, das Manuskript nicht zu drucken, hatte Nette seitens der *FAZ* einen Vorabdruck abgelehnt: S. LENZ, Der Überläufer, 2016, S. 345.
[824] Hier und im Folgenden: Goverts an Koeppen, Brief vom 3. September 1953, WKA/UB Greifswald 24467.

Den Schluss musste er aber nicht überarbeiten. Zudem kam der traurige Roman, der Nette zufolge als Weihnachtsgeschenk ungeeignet war, am 4. November 1953 in den Handel.

Diese Vorgeschichte gehört zum Hintergrund von Korns eingehender und überaus wohlwollender *Treibhaus*-Besprechung. »Der verlegerische Herbst hat eine Sensation hervorgebracht«, erklärte er in der *FAZ*.[825] Unter der Überschrift »Satire und Elegie deutscher Provinzialität« wiederholte Korn die Einschätzung, dass der Roman ein trauriges, ernstes Buch sei; auch formulierte Korn Vorbehalte im Hinblick auf die den Bürger schockierenden Stellen. Diese Übereinstimmungen lassen die Vermutung zu, dass sich Herausgeber und Redakteur in der Einschätzung des Manuskripts ausgetauscht hatten, jedenfalls einer Meinung waren. Korn schrieb, dass Koeppen »zu oft der Wollust des Ekels« erliege. Die düstere Atmosphäre sei »nicht frei von forcierter Verruchtheit und gelegentlichem Abgleiten in die Perversion«. Koeppen sei nun mal »ein Schriftsteller, den das Dunkle und Anrüchige besessen macht«. Obwohl das seinen Gesamteindruck etwas trübte, lobte Korn die formale und literarische Qualität des Romans. Er erklärte sogar, dass ihm das *Treibhaus* besser gefalle als *Tauben im Gras* – wobei Korn schon Koeppens Nachkriegsdebüt als einen »Roman, der Epoche macht«, gepriesen hatte.[826] In seinem neuen Buch sei Koeppen nun in höchster Könnerschaft »eine Spiegelung modernen Bewußtseins« gelungen.[827] Auch inhaltlich verstehe er das *Treibhaus* als »[e]in bedeutendes Buch, das für die gesellschaftliche Außenseiterposition der Intellektuellen in hohem Grade symptomatisch ist«.

Schließlich erläuterte und verteidigte der *FAZ*-Herausgeber sogar Koeppens Neigung zu morbiden und anrüchigen Motiven, obwohl er sie selbst nicht unbedingt schätzte, indem er den Roman in die Tradition der *décadence* einreihte: »Kein Geringerer als Thomas Mann«, so Korn, »hat in Reden und Essays über die Rolle der Kunst und des Künstlers in der Gesellschaft immer wieder die einwohnende Lüsternheit und den Hang zum Morbiden und zur Auflösung in der spätbürgerlichen Kunst aufgewiesen und gerechtfertigt.« Daher sei nun mit dem *Treibhaus* ein Stück großer Literatur entstanden, während sich andere Autoren und die deutsche Tagespublizistik »inmitten einer onkelhaften Gartenlaubenharmlosigkeit« versteckten. Allerdings werde Koeppen es schwer haben, fürchtete Korn. Man werde ihm »im besten Falle schnöden Undank für die notorischen Wohltaten« vorhalten, »die wir seit der Währungsreform empfingen«.

825 Rezension »Satire und Elegie deutscher Provinzialität«; FAZ vom 7. November 1953.
826 Artikel »Ein Roman, der Epoche macht«; FAZ vom 13. Oktober 1951; wieder gedruckt in: U. GREINER (Hg.), Über Wolfgang Koeppen, 1976, S. 25–29.
827 Hier und im Folgenden: »Satire und Elegie deutscher Provinzialität«, FAZ vom 7. November 1953.

Leider wolle in der Nachkriegszeit kaum jemand von Literatur wachgerüttelt werden. Nach den gewaltsamen und totalitären Erfahrungen des Jahrhunderts, meinte Korn, »seit die dunklen Mächte in unsere Wirklichkeit eingebrochen sind«, erwarte man von der Literatur nicht noch mehr Düsternis. Man verspreche sich Heilung, wenigstens Hoffnung. Daher werde »nach dem Erbaulichen gerufen und wird das Dunkle gehaßt oder gar verfolgt, weil man Grund hat, es zu fürchten«.

Korn ging davon aus, dass die meisten seiner Kritikerkollegen sowohl die literarische Qualität des *Treibhaus*-Romans als auch dessen Botschaft angreifen würden. Er rechnete damit, dass die düstere Atmosphäre sowie die vermeintlichen Obszönitäten stark provozieren würden, und zwar weil das Buch eben »eminent politisch« sei. Deshalb könne Koeppen so oft behaupten, wie er wolle, das *Treibhaus* sei ein Roman und einfach ›nur‹ das Werk seiner Phantasie. Das werde dem Autor niemand durchgehen lassen bei einem Roman, der »einen intellektuellen Abgeordneten der Opposition zum Helden hat«; nicht bei einer Erzählung, in der sich das politische Personal der Republik tummelt, so Korn, »der Präsident und der Kanzler gar, zusammen mit der provinziellen Bevölkerung in dem von lauen und schwülen Lüften dampfenden Treibhaus« der Bundeshauptstadt.

Gegenüber dem »dampfenden Treibhaus« war Koeppen für Korn ein Schriftsteller, »der im deutschen Heute nicht zu Hause ist«. Daher werde vermutlich der erste Vorwurf lauten, dass sein Buch destruktiv sei, anstatt beim ›Wiederaufbau‹ zu helfen. Man werde das *Treibhaus* zum Skandal machen, erwartete Korn, und in seinem publizistischen Verteidigungsbeitrag betonte er, dass gerade in dieser »destruktiven Gesamttendenz«, in seiner Kompromisslosigkeit, die »Wahrhaftigkeit« des Romans liege. Indem Korn die »zeitpolitische Aktualität« hervorhob und mit dem »literarische[n] Können« Koeppens rechtfertigte, wandte er sich gegen die politische Nihilismus-Kritik, wie sie etwa Curt Bley in der *Welt am Sonntag* erhoben hatte. Zugleich argumentierte der *FAZ*-Mitherausgeber gegen die *Treibhaus*-Interpretation, wie sie Ernst von Salomon formulieren sollte, der dem Roman einen unpolitischen Charakter im Zeichen der Melancholie attestierte. Zwar habe das *Treibhaus* »einen elegischen Grundton«, so Korn, vor allem aber sei es eine ebenso virtuose wie bittere Satire über die aktuelle westdeutsche Misere.

Korn versuchte Koeppen gegen politische beziehungsweise weltanschaulich motivierte Kritik zu verteidigen. Das tat er allerdings nicht, indem er den politischen oder polemischen Charakter des Romans zu relativieren bemüht war. Im Gegenteil stellte er dies als lobenswert heraus. Korns Strategie bestand darin, einem Autor von hohen literarischen Graden auch ein Höchstmaß an künstlerischer Autonomie zuzugestehen. Es sollten eben unterschiedliche Regeln gelten für Kunst und Politik. Ein Roman sollte nicht nach den Maßstäben beurteilt werden, die im politischen Bereich üblich seien. Ein Künstler dürfe sich anders verhalten als ein Redner im Parlament oder ein Journalist, der einen Leitartikel verfasst. Allerdings wollte Korn die Politik keinesfalls aus der Kultur heraushalten oder diese nur auf das Wahre, Schöne, Gute festlegen. Literatur sollte niemals weltabgewandt sein, meinte der Feuilleton-Herausgeber der *FAZ*. Sie dürfe sich genauso wenig in ein umzäuntes Reservat sperren lassen wie die Politik. Exakt diese Trennung vom geistigen Leben, das Abgehobensein und die Isolation seien ja das Bonner Treibhaus-Problem, so Korn, das Koeppen mit seiner Satire angegriffen habe.

Korn fand, dass Koeppen »das große politische Trauer- und Satyrspiel der Entscheidung über die Wiederbewaffnung« geschrieben habe. Dieses aktuelle Schauspiel werde nicht mittels einer Reportage in Szene gesetzt oder als Rundfunkbeitrag – »[d]amit und mit ähnlichen Erzeugnissen der Tagespublizistik hat Koeppens Roman nichts gemein« –, sondern in literarischer Gestalt: eben als Roman. Das *Treibhaus* sei »eine deutsche Phantasmagorie«, aufwendig komponiert, vielseitig und komplex. Phantasmagorie bedeutet Trugbild, und insofern geht es laut Korn im *Treibhaus* auch nur vordergründig um die aktuellen politischen Machthaber, die sich am Rhein »hauptstädtisch aufführen«. Etwas schwermütig angesichts der Medienwirklichkeit formulierte Korn im kulturpessimistischen Duktus der Fünfzigerjahre:

> Wäre Literatur noch eine Macht im öffentlichen Bewußtsein, könnte sie mit Illustriertenfotos oder Wochenschauen konkurrieren, dann würde Koeppens Roman alsbald auf Ähnlichkeiten und Bezüge abgeschnüffelt. Ob das geschieht oder nicht, erscheint uns unerheblich.

Unerheblich sei das, weil in Wahrheit nicht reale Menschen hinter den Roman-Figuren stünden, sondern Geister – oder, in etwas anderer Metaphorik: »Koeppen sieht die Lemuren hinter gewissen glatten Visagen.« Von und mit diesen Geistern lebe Koeppens Phantasmagorie, so Korn: »Unversehens ist die flache Vordergründigkeit dessen, was man mit einem gräßlichen Wort der Bürokratie den Geschäftsgang, nämlich der politischen Maschinerie, nennt, durchbrochen.« Das ›Treibhaus‹ in Bonn, das öffentliche Leben in Westdeutschland, werde bevölkert und geplagt von den Dämonen der deutschen Vergangenheit, die sich, heimlich und unheimlich, abermals der Gegenwart bemächtigten. Diese Beobachtung ästhetisch gekonnt formuliert zu haben – das war laut Korn Koeppens Verdienst: Die westdeutsche Gegenwart sei nicht unschuldig, alles andere als das; daran könne auch alle Rhetorik des Neubeginns nichts ändern. Zudem gebe die Gegenwart wenig Anlass zur Hoffnung – eben weil alle Versuche, von neuem anzufangen, erdrückt würden von der Last der Vergangenheit. Das

Zeitalter der ›Restauration‹ sei eine Geisterstunde, die Korn schier zum Verzweifeln fand:

> Das neudeutsche Amalgam aus Spießig und Mondän, Bayreuth und Alabama, Abendland und Exportförderung, EVG und Spesenrechnungen – dies ist die »Substanz«, die Koeppen mit den ätzenden Laugen von Haß, Verachtung und Ekel übergießt.

Dabei sei nicht zu leugnen, so Korn, »daß der kalte Haß Koeppen die Feder geführt hat«. Koeppen verabscheue Generäle und Diplomaten, die Lobbyisten und die Journalisten, die noch jeder Regierung gedient hätten. Genau für diese Wut auf die »Vertreter der westdeutschen Besitzbourgeoisie« brachte der Mitherausgeber der *Frankfurter Allgemeinen* aber viel Verständnis auf; teilweise empfand er sie wohl selbst. Beim Stichwort der opportunistischen Journalisten wird Korn zudem an sich selbst gedacht haben – mit Unbehagen beim Rückblick auf seine eigene Karriere.[828] In der frühen Bundesrepublik misstraute Korn der Generation der Vierzig- bis Fünfzigjährigen. Diese Skepsis schloss nicht zuletzt ihn selbst mit ein.

7.2 »Chance der Bewährung«: Kulturjournalismus im Schatten der NS-Vergangenheit

Karl Korn wurde 1908 in Wiesbaden geboren. Damit war er ein Altersgenosse sowohl von Koeppen als auch von Curt Bley. Korn stammte aus einer katholisch-kleinbürgerlichen Familie, in der die Bindung an die Heimat zur Erziehung gehörte. Seit seiner Kindheit im Rheingau, schrieb Korn später, empfinde er eine »Sehnsucht nach dem Hegen und Pflegen«, wie es Gärtner und Winzer kultivierten. Zugleich rühre daher ein diffuses Bedrohungsgefühl, nämlich die Sorge, dass ein Berufsleben in der entfremdenden Umwelt der Großstadt, fernab der ursprünglichen Landwirtschaft, nicht wirklich fruchtbringend sein könne.[829] Übrigens hat sich Korn just Anfang 1953 einen Schrebergarten angeschafft; zwei Jahre darauf wurde er Vizepräsident der »Deutschen Gartenbau-Gesellschaft«.[830] Einen noch höheren Stellenwert als das Landleben hatte in Korns Familie aber eine fundierte bürgerliche Bildung, die den sozialen Aufstieg sowohl ermöglichte als auch bescheinigte.[831] Korns Vater war Volksschullehrer in Wiesbaden; sein ältester Sohn studierte in Frankfurt Germanistik, Latein und

---

[828] Zum Muster »reumütiger Selbstkritik« bei Korn: A. Schildt, Intellektuelle Positionen, 2011, S. 24 (Zitat), sowie ausführlich M. Payk, Geist der Demokratie, 2008.
[829] K. Korn, Rheingauer Jahre, 1955, S. 49 f. – Zur Biographie: M. Payk, Geist der Demokratie, 2008, S. 34–56.
[830] M. Payk, Geist der Demokratie, 2008, S. 228.
[831] K. Korn, Rheingauer Jahre, 1956, S. 39.

Französisch. Nach Promotion und Staatsexamen ging Korn jedoch weder ins Referendariat, um Lehrer zu werden, noch blieb er an der Universität, auch wenn er zwischen 1932 und 1934 zunächst zwei Jahre in Toulouse deutsche Literatur lehrte. Stattdessen wandte er sich dem Journalismus zu, und es folgte eine »Karriere im NS-Feuilleton«.[832]

1934 wurde Korn zuerst Volontär und anschließend Redakteur für Literatur und Geisteswissenschaften beim angesehenen *Berliner Tageblatt*. Von journalistischer Unabhängigkeit konnte da längst keine Rede mehr sein.[833] Theodor Wolff, der legendäre Chefredakteur, war schon im März 1933 auf Betreiben der Nazis entlassen worden und aus Deutschland geflohen. Das *Berliner Tageblatt* galt seinen Feinden als Blatt der jüdischen und liberalen Intelligenz. Der Verlag der Erben von Rudolf Mosse stand unter massivem ›Gleichschaltungs‹-Druck, das *Tageblatt* wurde vom Propagandaministerium streng beobachtet. Zugleich wurde die verbliebene Rest-Redaktion durch einige Nachwuchskräfte ergänzt. Dazu gehörte neben Korn auch die Journalistin Margret Boveri.[834] Die jungen Leute verdankten ihre Anstellung und ihren publizistischen Einfluss mithin der ›Arisierung‹, die viele dem Regime nicht genehme Journalisten aus der Redaktion vertrieben hatte. Sie waren sich dieser Tatsache und der prekären Lage durchaus bewusst. Der Historiker Marcus Payk meint: »Die Mehrzahl von Korns Veröffentlichungen bewegte sich im Rahmen des feuilletonistisch Üblichen, war unauffällig-unspektakulär und durch eine betonte Abwesenheit extremer Ansichten gekennzeichnet.«[835]

Die Nachwuchsredakteure versuchten eine Gratwanderung zwischen Anpassung und Eigenständigkeit, später stilisiert als ›innere Emigration‹.[836] Sie waren auch durchaus von den scheinbaren Erfolgen des ›Dritten Reiches‹ beeindruckt. Vor allem wollten sie den Beruf des Journalisten nicht aufgeben. Übrigens hat Korn bereits 1936 im *Berliner Tageblatt* gefordert, dass die deutsche Literatur mehr Mut zur »Wirklichkeit« haben müsse; sie solle »von heute« sein. Im deutschen Gegenwartsroman – am besten geschrieben nach Manier der Amerikaner William Faulkner und Thomas Wolfe – »muß es brodeln wie in dem Hexenkessel unserer vielschichtigen, von Schlacken und neuen Elementen durchsetzten

---

[832] M. PAYK, Geist der Demokratie, 2008, S. 40.
[833] N. FREI/J. SCHMITZ, Journalismus im Dritten Reich, 1999, S. 39–53; aus der älteren Literatur: K. KOSZYK, Deutsche Presse 1914–1945, 1972. – Als Erlebnisbericht aus der Redaktion: M. BOVERI, Wir lügen alle, 1965.
[834] M. BOVERI, Wir lügen alle, 1965, S. 170: Einige jüngere Leute hätten sich »durch den Ausbruch des Dritten Reichs aus der Bahn geworfen« gefühlt, und die »ehemaligen liberalen Zeitungen […] schienen manchen von ihnen ein von der Partei noch kaum besetztes Feld zu sein«. Korn habe von der »Zeitungsinsel« gesprochen (S. 188).
[835] M. PAYK, Geist der Demokratie, 2008, S. 49.
[836] M. PAYK, Geist der Demokratie, 2008, S. 40–43 und 56.

Wirklichkeit«.[837] Grundlegend anders sollte Korn auch nach 1945 nicht formulieren, wie seine *Treibhaus*-Rezension belegt. Doch noch bevor das *Berliner Tageblatt* 1939 endgültig eingestellt wurde, hatte Korn die Stelle gewechselt. 1938 leitete er im S. Fischer Verlag als Chefredakteur die Literaturzeitschrift *Neue Rundschau*. Auch zu deren Beiträgen zählten regimetreue Artikel ebenso wie solche, bei denen man zwischen den Zeilen Spuren der ›inneren Emigration‹ ausmachen mag. Beim verdeckten Schreiben war die Verschlüsselung oft so erfolgreich, dass sie kaum zu dechiffrieren war.[838] Anpassungsdruck, der ausgeübt, vor allem aber antizipiert wurde, und Opportunismus wirkten oft ununterscheidbar. Die Spielräume, sich frei zu äußern, empfanden viele als sehr klein.[839]

Im Mai 1940, mit gerade 32 Jahren, wurde Korn der Feuilletonleiter der neu gegründeten Wochenzeitung *Das Reich*. Das *Reich* erschien als Renommierprojekt im Deutschen Verlag, dem ›arisierten‹, 1934 zwangsverkauften Ullstein-Verlag. Während des Frankreichfeldzugs, auf dem Höhepunkt deutscher Kriegserfolge gestartet, sollte die Zeitung für das ›Dritte Reich‹ werben, sowohl international als auch im deutschen Bürgertum. Das *Reich* »diente dem totalitären Anspruch, indem es ihn verbarg«, schreibt die Pressehistorikerin Victoria Plank.[840] Der geistreiche Austausch, den ein weiter Kreis namhafter Autoren pflegte, war ganz im Sinne des NS-Systems – und insofern nur das Alibi einer echten Debattenkultur. Zum Konzept des *Reichs* gehörten ein modernes Layout und ein seriös-gepflegter Sprachstil, aber auch die Leitartikel, die regelmäßig von Joseph Goebbels stammten.[841] Der Zweck dieser bildungsbürgerlichen Zeitung war die Camouflage. Immerhin war das von Korn geleitete Feuilleton »von erstaunlicher Liberalität«.[842] Überdies war Korn nur sechs Monate

---

[837] Korn schrieb dies in einer lobenden Besprechung des Romans *Der Gang durch das Ried* von Elisabeth Langgässer, bei dem er das Schuld-und-Sühne-Thema hervorhob: »Die Wirklichkeit im Roman«; BERLINER TAGEBLATT vom 5. April 1936, zitiert nach: M. BOVERI, Wir lügen alle, 1965, S. 527. – Korns Wertschätzung für Langgässer zeigen auch sein Nachruf: »Satan und Gnade«; FAZ vom 2. August 1950, sowie seine Rezension der *Märkischen Argonautenfahrt*; »Elisabeth Langgässer letztes Werk«; FAZ vom 18. November 1950. – Vgl. U. REINHOLD, Langgässers Berliner Jahre, 1996.
[838] So im Besonderen für Korn: M. PAYK, Geist der Demokratie, 2008, S. 48. Für den Journalismus im Allgemeinen: N. FREI/J. SCHMITZ, Journalismus im Dritten Reich, 1999, S. 121–135. – Die Möglichkeiten und Grenzen des Konzepts, in einer Diktatur zwischen den Zeilen Kritik zu üben, sind insbesondere am Beispiel der *Frankfurter Zeitung* diskutiert worden. Dazu dezidiert: G. GILLESSEN, Auf verlorenem Posten, 1986, S. 8 f., der mit Blick auf die Redaktion sogar meint, »jeder in dieser Gruppe war auf eigene Weise oppositionell, hatte individuell zurechtzukommen«. Doppeldeutigkeit setze »nicht, wie es dem späteren Leser erscheinen könnte, die oppositionelle Absicht in Zweifel«; Eindeutigkeit sei damals nur den Anhängern des NS-Regimes vergönnt gewesen.
[839] M. PAYK, Geist der Demokratie, 2008, S. 44.
[840] V. PLANK, Das Reich, 2010, S. 328.
[841] N. FREI/J. SCHMITZ, Journalismus im Dritten Reich, 1999, S. 108–120. – Zum *Reich*: H. D. MÜLLER, Porträt einer Deutschen Wochenzeitung, 1964; mit sprachwissenschaftlichem Schwerpunkt: M. A. WINDE, Bürgerliches Wissen – Nationalsozialistische Herrschaft, 2002.
[842] N. FREI/J. SCHMITZ, Journalismus im Dritten Reich, 1999, S. 112.

lang Kulturchef beim *Reich*. Dann wurde er beurlaubt, bald darauf entlassen. Er hatte über ein Bild des Künstlers Karl Truppe, den Hitler sehr schätzte, von einer »verbrauchten malerischen Technik« geschrieben.[843] Diese Kritik war jedoch kein bewusster Akt des Widerspruchs, sondern eine versehentliche Randbemerkung, mithin Künstlerpech.[844] Kurz zuvor hatte Korn noch eine lobende Besprechung des Films *Jud Süß* verfasst, wie dies alle Zeitungen nach einer Weisung des Propagandaministers getan haben.[845] »Man spürt aus diesem Film«, so Korn am 29. September 1940 im *Reich*, »daß das jüdische Problem in Deutschland innerlich bewältigt ist.«[846]

Zwar war Korn wohl kein ›gläubiger‹ Nationalsozialist; als Regimegegner war er jedoch erst recht nicht zu erkennen. Er entsprach dem Typus des »konservativen Mitläufers«.[847] Sein Biograph Marcus Payk attestiert dem jungen Journalisten der Dreißigerjahre zudem eine Affinität zu den geistigen Ausläufern der ›konservativen Revolution‹: autoritär, antiliberal, in hochmütiger Ablehnung gegenüber der bürgerlichen Gesellschaft, deren Krise und Verfall man analysierte sowie herbeisehnte.[848] Nationalistisch, elitär und diffus revolutionär war diese rechtsintellektuelle Modebewegung der späten Weimarer Republik nach 1933 vom ›Dritten Reich‹ absorbiert worden. Auch der Kulturredakteur Korn versuchte zu lavieren zwischen der Anpassung an das NS-Regime (die unvermeidlich war, wenn man Journalist bleiben wollte) und dem Versuch, wenigstens den Eigenanspruch geistiger Unabhängigkeit zu behaupten. Dies erfolgte bei Korn jedoch auf einem Karrierekurs, der vom *Berliner Tageblatt* über die *Neue Rundschau* bis hin zum *Reich* führte – einer Linie, die sich nicht nur als beruflicher Aufstieg lesen lässt, sondern auch als zunehmende Kompromittierung, als politische Anpassung an den Nationalsozialismus, der bis 1941 gleichfalls von Triumph zu Triumph eilte. Korns Artikel hielten sich »im Bereich des Erlaubten, ohne daß das Bemühen spürbar wird, die Grenzen dieses Bereichs zu erkunden«.[849]

Nachdem Korn beim *Reich* entlassen worden war, wurde er zur Wehrmacht eingezogen. Den Krieg verbrachte er zunächst in Potsdam, wo er beim Oberkommando des Heeres militärisches Schulungsmaterial redigierte. Im Herbst

---

[843] K. KORN, Lange Lehrzeit, 1975, S. 311. – Vgl. E. MARTENS, Zum Beispiel *Das Reich*, 1972, S. 135; M. PAYK, Geist der Demokratie, 2008, S. 46.

[844] Korns Rauswurf sei »unter kuriosen Umständen« erfolgt: H. D. MÜLLER, Porträt einer Deutschen Wochenzeitung, 1964, S. 12.

[845] E. MARTENS, Zum Beispiel *Das Reich*, 1972, S. 135–140; F. SIERING, Zeitung für Deutschland, 2002, S. 63 f.; M. PAYK, Der Journalist Korn, 2011, S. 152.

[846] Korns Artikel »Der Hofjude«; DAS REICH vom 29. September 1940, wieder gedruckt in: E. MARTENS, Zum Beispiel *Das Reich*, 1972, S. 141–143, hier S. 141.

[847] M. PAYK, Geist der Demokratie, 2008, S. 12.

[848] M. PAYK, Geist der Demokratie, 2008, S. 51–54.

[849] E. MARTENS, Zum Beispiel *Das Reich*, 1972, S. 135.

1944 wurde er an die Westfront versetzt und geriet in französische Kriegsgefangenschaft. Nach 1945 versuchte Korn, wieder im Journalismus Fuß zu fassen, zunächst freiberuflich in Berlin, dann im Rhein-Main-Gebiet. Im Sommer 1948 wurde er in Mainz Leiter des Kulturteils der *Allgemeinen Zeitung*. Aus dieser ging, einige Monate später und etwa fünfzig Kilometer mainaufwärts, die *FAZ* hervor.[850] Der Mainzer Wiederbeginn erfolgte nicht zufällig in der französischen Zone. Dort gab sich die Besatzungsmacht weniger Mühe, die Presse zu entnazifizieren, als das in Frankfurt die Amerikaner taten. Die französischen Offiziere waren pragmatisch, solange die Regierung in Paris nicht zu hart kritisiert wurde.[851] Für Korn war dabei nicht zuerst ausschlaggebend, dass er bei den Amerikanern eventuell unerwünscht gewesen wäre. Vor allem traf er bei den Zeitungsprojekten im französischen Sektor Berlins oder in Mainz eben einige der Kollegen wieder, die er vom *Berliner Tageblatt*, dem *Reich* und der *Frankfurter Zeitung* kannte, zum Beispiel Margret Boveri. In jedem Fall hielt Korn stets Distanz zu amerikanischen Medien wie etwa dem *Tagesspiegel*.[852]

Über seine journalistische Karriere im ›Dritten Reich‹ hat sich Karl Korn mehrdeutig geäußert. »Wir waren alles andere als Helden«, bekannte er in seiner Autobiographie: »Wir haben gelebt, oft voller Bitterkeit, oft leichtfertig und vergessend, oft gleichgültig und abgestumpft, aber uns doch immer wieder aufraffend.«[853] Auf die Widersprüche des angepassten Schreibens zwischen Zensur und Propaganda, Opportunismus und Verführung fand er keine Antwort. Einerseits schrieb er rückblickend: »Wir haben damals alle mehr oder weniger in der Gefahr gestanden, gewisse vorgestanzte Sätze, Stereotypen, zynisch herunterzutippen, um die Last der ›weltanschaulichen‹ Sollerfüllung möglichst rasch hinter uns zu bringen.« Andererseits erklärte er: »Was wir meldeten, schrieben und redigierten, hat noch jahrelang so etwas wie ein Gegengewicht gegen den Druck und die verordnete Willkür bedeutet.« Doch vor allem gab er zu: »Es hat nicht ausgereicht, um die Schrecken und Greuel zu verhindern. Vor diesem Ende versagt alles.«

In seiner *Treibhaus*-Rezension sprach Korn im November 1953 ausdrücklich von »Zeitungsleuten, die sich tausend Jahre lang geschickt bewährt haben«; von Journalisten, die ein paar Jahre später nun »in einer neuen ›Bewährung‹ stecken«. Mit dieser Passage paraphrasierte Korn zwei Sequenzen aus Koeppens Roman, in denen sich Keetenheuve an seine vergangene Karriere als Journalist erinnert. Im Berlin der späten Weimarer Republik hatte Keetenheuve für das

---

850 F. SIERING, Zeitung für Deutschland, 2002.
851 H. HURWITZ, Pressepolitik, 1965; DERS., Amerikanische Pressepolitik, 1972; S. SCHÖLZEL, Pressepolitik, 1986, S. 67–70; K. KOSZYK, Presse unter alliierter Besatzung, 1999.
852 M. PAYK, Geist der Demokratie, 2008, S. 98 f. und 107.
853 Hier und im Folgenden: K. KORN, Lange Lehrzeit, 1975, S. 249–251 und 265 f.

fiktive »Volksblatt« geschrieben, das wie ein Querschnitt mehrerer demokratischer Berliner Zeitungen erscheint – bis zu dem Tag, an dem die Nazis die Zeitung übernahmen, wie es im *Treibhaus* heißt:

> Die jüdischen Redakteure flogen gleich, kluge Leute, gewandte Leitartikler, hervorragende Stilisten, die alles falsch vorausgesehen hatten, alles falsch gemacht hatten, ahnungslose Kälber im Gatter des Schlachthofes; *die anderen bekamen die Chance, sich zu bewähren.* Keetenheuve *verzichtete auf die Bewährung.* Er holte sein Gehalt und reiste nach Paris.[854]

In der zweiten *Treibhaus*-Szene, in der von einer Bewährungschance oder Bewährungsprobe die Rede ist, wird die Journalistenfigur Mergentheim, der im ›Dritten Reich‹ anders als Keetenheuve nicht seinen Abschied genommen hat, als Opportunist vorgestellt:

> Aber dreiunddreißig trennte sich's wie in Scheidewasser. Keetenheuve, gutmütiger Trottel geschimpft, wanderte ins Exil, und Mergentheim begab sich erfolgreich auf den *Pfad der Bewährung,* der ihn Chefredakteur, man sagte Hauptschriftleiter des gewandelten Blattes werden ließ.[855]

Offensichtlich zitierte Korn diese Formulierung aus dem Roman mit Bedacht. Seine *Treibhaus*-Rezension ist auch der implizite Versuch einer persönlichen Vergangenheitsbewältigung – selbst wenn das wohl für die meisten zeitgenössischen Leser der *FAZ* undurchschaubar bleiben musste. In Keetenheuves Fall scheint die Sache jedoch klar: Auf der einen Seite stehen die Journalisten wie Mergentheim, die sich nach 1933 »bewährt« hatten, die nach 1945 weitermachten und daher in Bonn zum Personal der ›Restauration‹ gehören. Ihnen gegenüber steht der Romanheld aus dem *Treibhaus,* der im ›Dritten Reich‹ auf diese Bewährung verzichtet hat, ins Exil ging, später nach Deutschland zurückgekehrt ist, doch nun in Bonn den Boden unter den Füßen verliert.

Karl Korn war im Sommer 1934 beim *Berliner Tageblatt* eingestiegen, nachdem die jüdischen und anderen unerwünschten Journalisten entlassen worden waren. Er war nicht wie Keetenheuve nach Paris gegangen, sondern nach 1945 wieder Journalist geworden, in der französischen Zone wie viele seiner ehemaligen Kollegen aus der angepassten NS-Presse. Trotz und gerade wegen dieser biographischen Unterschiede fühlte sich der Herausgeber dem unglücklichen Roman-Abgeordneten verbunden. Er hatte ein Gespür für die Dämonen der Vergangenheit, die er hinter Koeppens Phantasmagorie erkannte – namentlich hinter Keetenheuve, über den Korn in der *FAZ* formulierte: »Sein Wachen und

---

854 W. Koeppen, Werke, Band 5: Das Treibhaus, 2010, S. 33 [Hervorhebung B.W.].
855 W. Koeppen, Werke, Band 5: Das Treibhaus, 2010, S. 57 [Hervorhebung B.W.].

sein Träumen wird die deutsche Misere und das Elend des eigenen Lebens nicht mehr los.«[856] Mithin war es auch eine Selbstbeschreibung, wenn der 1908 geborene Feuilletonchef die Generation seines Altersgenossen Koeppen, Jahrgang 1906, wie folgt einordnete:

> Der Autor Wolfgang Koeppen, ein typischer Vertreter jener intellektuellen Zwischengeneration, die 1933 gerade schon zu alt war, um dem Schwindel des sogenannten weltanschaulichen Umbruchs arglos zu verfallen, und 1945 zu jung, zu wissend und zu gefährlich, um von den Senioren der politischen Wohlanständigkeit herangelassen zu werden.

Korn und Koeppen waren nicht nur gleich alt, sie kannten einander seit den Jahren 1932 und 1933, die sie beide in Berlin erlebten.[857] Insofern enthielt Korns sinnfälliges *Treibhaus*-Zitat über die Journalisten in der Bewährung eine persönliche Note und eine Reverenz an den Weggefährten. Auch Koeppen hatte vor 1945 einmal im *Reich* veröffentlicht, wie viele andere Intellektuelle von Theodor Heuss über Max Planck und Werner Höfer bis hin zu der Meinungsforscherin Elisabeth Noelle und ihrem späteren Ehemann, dem CDU-Politiker Erich Peter Neumann; die Liste der Mitarbeiter des *Reichs* las sich »wie ein Gotha des deutschen Journalismus und der Literatur« zwischen den Dreißiger- und Sechzigerjahren.[858] Kurz nach Korns Entlassung erschien im *Reich* eine Buchrezension Koeppens über eine Einführung in den Zen-Buddhismus.[859] Wie der Germanist Jörg Döring vermutet, ist diese Besprechung wahrscheinlich auf Vermittlung Korns ins *Reich* gekommen.[860] Nach 1945 hatte Koeppen viel Verständnis für Korn: »Er mußte sich ja auch irgendwo unterstellen«[861], meinte der Schriftsteller im Gespräch mit Marcel Reich-Ranicki – und verwendete damit genau jene Formulierung, mit der er selbst immer seine Zeit in der Filmindustrie beschrieb.

In seiner *Treibhaus*-Rezension zeigte sich Korn beeindruckt von der Radikalität Koeppens, die ihm »aus einem tiefen Leiden an der deutschen Gegenwart zu kommen« schien. In Korns Augen war das *Treibhaus* damit authentisch, echte

---

[856] Hier und im Folgenden: »Satire und Elegie deutscher Provinzialität«; FAZ vom 7. November 1953.

[857] Im Gespräch mit Reich-Ranicki sind Koeppens Angaben unpräzise. Der Kontakt sei etwa 1939 geknüpft worden, also nach Koeppens Rückkehr aus Holland; Korn habe noch beim *Berliner Tageblatt* geschrieben. Vielleicht wollte Koeppen das Gespräch nicht aufs *Reich* lenken, was Reich-Ranicki allerdings in seiner nächsten Frage tat. Interview in der Reihe »Zeugen des Jahrhunderts«; gedruckt in: W. KOEPPEN, Ohne Absicht, 1994 [1985], S. 116

[858] N. FREI/J. SCHMITZ, Journalismus im Dritten Reich, 1999, S. 112.

[859] Artikel »Die große Befreiung: Einführung in den Zen-Buddhismus«; DAS REICH vom 9. März 1941, Nr. 10/1941, S. 23. – Vgl. D. BASKER, Chaos, control, and consistency, 1993, S. 51.

[860] J. DÖRING, Koeppen 1933–1948, 2001, S. 189 und 210.

[861] Gedruckt in: W. KOEPPEN, Ohne Absicht, 1994 [1985], S. 79 f.: »Er stellte seine Tätigkeit beim *Reich* als keineswegs ernstzunehmend dar, und wir nahmen sie auch nicht ernst. Das ist typisch für die Intellektuellen im Dritten Reich.«

Kunst. »Die Klage um die hoffnungslose Verprovinzialisierung unseres privaten und öffentlichen Lebens hat sich Luft gemacht«, schrieb er in der *FAZ.* Jörg
Döring hat mit Blick auf Koeppens Nachkriegsprosa die Frage aufgeworfen, ob
die »exponierte Kritik an der Nachkriegsgesellschaft nicht auch als Substitut verstanden werden kann für die scheiternde erzählerische Bewältigung der eigenen
Vergangenheit im Dritten Reich«.[862] Korns *Treibhaus*-Besprechung legt die Vermutung nahe, im Lob und im bewussten Zitieren eben ein solches Substitut zu
sehen für die schwierige Bewältigung seiner eigenen journalistischen Tätigkeit
vor 1945. So wie man in vielen literarischen Werken der Nachkriegszeit – von
Alfred Andersch bis Günter Grass – »Spuren des Unaussprechlichen im fiktionalen Werk« finden kann[863], erfolgte gleichermaßen verdeckte Selbstkritik auch in
Rezensionen, im Medium der öffentlichen Auseinandersetzung über Literatur.

Korns Blick auf die Bonner Republik ist mit den Adjektiven skeptisch, reserviert und enttäuscht zu umschreiben. Nach den Erfahrungen seiner Generation und mit den kulturkritischen Deutungsmustern, die er im Gepäck hatte,
gab Korn nicht viel auf die Zukunftsfähigkeit des jungen Staates und seiner
parlamentarischen Demokratie. Statt einer umfassenden moralischen Neubesinnung – einer vielleicht wünschenswerten, aber überaus romantischen
Idealvorstellung – beobachtete Korn die liberal-kapitalistische Staatswerdung
Westdeutschlands unter amerikanischen Vorzeichen. Daran störte ihn der ›massendemokratische‹ Charakter des *American way of life*, von seinem bildungsbürgerlichen Horror vor der ›Konsumgesellschaft‹ und der ›Kulturindustrie‹ ganz zu
schweigen. In einem Bändchen unter dem Titel *Die Kulturfabrik*, das im gleichen Jahr publiziert wurde wie das *Treibhaus*, formulierte Korn seine Fundamentalkritik an der ›Moderne‹: »In unserer sozialen, ökonomischen, politischen,
geistigen Wirklichkeit«, schrieb er, »ist das Sein des Menschen heil- und heimatlos geworden.«[864] Die Leute läsen zu wenig, und wenn, dann das Falsche. Au
ßerdem hörten sie Radio, gingen ins Kino oder ins Stadion, sie fühlten sich mit
ihrer Arbeit ausgelastet und blätterten in Kaufhauskatalogen. Korn fand das alles zutiefst deprimierend, und so stimmte er in den vielstimmigen Chor der ›Restaurationskritik‹ mit ein. In der *Kulturfabrik* schrieb er: »Wort und Begriff Kultur können darum ehrlicherweise nur noch in einem Atemzug mit Wort und
Begriff ›Krise‹ genannt werden.«

In puncto Westbindung war Karl Korn bestenfalls ein Nachzügler, ja nicht
mal das. Eher bewahrte der Feuilleton-Herausgeber das gedankliche Muster des
›deutschen Geistes‹, der im Ersten Weltkrieg gegen die vorgeblich flache Zivili

---

862 J. Doering, Koeppen 1933–1948, 2001, S. 14.
863 M. Joch, Existentialismus light, 2016, S. 214.
864 Hier und im Folgenden: K. Korn, Kulturfabrik, 1953, S. 16. – Vgl. M. Payk, Geist der Demokratie, 2008, S. 233 f.

sation des ›Westens‹ in Stellung gebracht worden war. 1950 kritisierte Korn die Freiheitsideologie, wie sie vor allem vom ›Kongress für kulturelle Freiheit‹ propagiert wurde.[865] Mit seiner reservierten Haltung befand sich Korn immer wieder im Clinch mit seinen formal gleichberechtigten Herausgeberkollegen bei der *FAZ*. Politisch am nächsten stand ihm Paul Sethe, der 1955 im Streit über die Adenauer'sche Westbindungspolitik die Zeitung verlassen musste. Während Erich Welter, der *primus inter pares* im Herausgebergremium, stets die Loyalität zur sich entwickelnden westdeutschen Staatsräson betonte und während der Wirtschaftsteil der *FAZ* für das Konzept der ›sozialen Marktwirtschaft‹ und die Interessen des Mittelstands warb, verachtete Korn den »engherzigen Spießerhorizont« der ›Wirtschaftswunder‹-Gesellschaft.[866]

In seinem Feuilleton amalgamierte der überkommene Kulturskeptizismus mit Formen einer eher linken Zeitkritik. Helene Rahms, freie Mitarbeiterin der *FAZ*, erinnerte sich, dass in der *FAZ* »allerhand antibürgerliche, avantgardistische, links durchwirkte Werke« gelobt worden seien, weshalb sie Korn als einen »Pionier« der Gruppe 47 charakterisierte.[867] Im Juli 1953 ließ Korn zudem eine Kritik an Martin Heidegger drucken: Auf einer ganzen Zeitungsseite forderte ein junger Bonner Philosophie-Doktorand, dass sich Heidegger selbstkritisch mit seiner Rolle im ›Dritten Reich‹ auseinandersetzen möge. Der Name des jungen Mannes war Jürgen Habermas.[868] In der Medien-, Konsum- und Kapitalismuskritik zeigte sich eine Schnittmenge zwischen bildungsbürgerlichen Affekten und den marxistischen Argumentationsmustern der ›Frankfurter Schule‹. Korns Kulturkritik und sein Engagement für Schriftsteller wie Koeppen, Böll und Andersch waren »von oppositionellen Einlagerungen durchzogen, die sich als Fortführung antibürgerlicher, idealistischer und aktivistischer Impulse aus der Weimarer Republik lesen lassen«.[869]

»Pardon, wie war das eigentlich damals?« Das fragte 1979 der Literaturkritiker Fritz J. Raddatz, als er in der *Zeit* ein zorniges Dossier über die Anfänge der westdeutschen Nachkriegsliteratur publizierte. Um zu belegen, dass

---

[865] M. Payk, »Amerikakomplex«, 2005, S. 198, ders., Geist der Demokratie, 2008, S. 107 f., 132–138 und 234 f.
[866] Artikel »Literaten gestern und morgen«; FAZ vom 6. Mai 1950. – Vgl. M. Payk, Geist der Demokratie, 2008, S. 187.
[867] H. Rahms, Die Clique, 1999, S. 118 f. und S. 114 (zweites Zitat).
[868] Artikel »Mit Heidegger gegen Heidegger denken«; FAZ vom 25. Juli 1953. Vgl. D. Morat, Von der Tat zur Gelassenheit, 2007, S. 311–313; D. Moses, German Intellectuals, 2007, S. 115–121; M. Payk, Geist der Demokratie, 2008, S. 209 f. – In einer Verteidigung des Artikels erklärte Korn, dass Habermas einer Generation »fähige[r] junge[r] Leute« angehöre, »die nicht noch einmal aus philosophischem Mißverständnis die Opfer einer Bewegung werden wollen, die nicht im Sein, sondern *im Nichts* endet«. Vgl. »Warum schweigt Heidegger?«; FAZ vom 14. August 1953 [Hervorhebung B.W.]. Bemerkenswert, dass Korn später Koeppen auch »im Nichts« verortet hat!
[869] M. Payk, Geist der Demokratie, 2008, S. 286.

es in der Literatur keine ›Stunde null‹ gegeben habe, nannte Raddatz bekannte Schriftsteller und Journalisten, die schon vor 1945 publiziert hatten, darunter auch Koeppen.[870] »Max Frischs erste Prosabände erschienen 1934 und 1937 in Deutschland. Karl Korn redigierte und Friedrich Luft feuilletonierte.« Und: »Man trank gewiss auch mal Champagner, ging aus, flirtete – kein Mensch ist je dauernd bedrückt.« Natürlich war das so, und dafür hatte Raddatz Verständnis. Als unbeantworteter Rest irritierten ihn jedoch zwei Fragen: »Aber da fehlten doch ein paar Kollegen? Die früher dabei waren?« Außerdem: »Aber Gedichte schrieb man weiter? Muss man eigentlich Gedichte schreiben?«

Die *Treibhaus*-Debatte 1953/54 zeigt: Exakt diese Fragen haben sich – im Subtext ihres öffentlichen Gesprächs über die Exilfigur Keetenheuve – auch Karl Korn und Wolfgang Koeppen gestellt. Die von Korn geschätzte, ambivalente Antwort Koeppens darauf waren Zeitkritik und Satire – sowie Melancholie und Elegie. Die Voraussetzung ihrer Zeit- und Selbstkritik war für beide die literarische Form dieser Kritik, wenn man so will: eine ästhetische Sublimierung. Für die nötigen Freiräume solcher Kritik sorgte der *FAZ*-Herausgeber Korn, nicht zuletzt indem er sich für die Autonomie der Kunst einsetzte. Dabei war die Haltung, dass die literarische Öffentlichkeit unabhängig sein sollte, ja der politischen Sphäre im Zweifel überlegen sei, ein antitotalitärer Reflex, eine Lehre aus der NS-Vergangenheit – und zugleich ein spezifisch bildungsbürgerliches Entlastungsargument.[871]

8. Auftritt der linken Intellektuellen: Alfred Andersch – oder: Der Ausgang der *Treibhaus*-Debatte

8.1 »Brief an eine Dame in Chicago«: Koeppen im Kulturradio

Alfred Andersch war in den Fünfzigerjahren als Schriftsteller, Kulturradio-Redakteur und Zeitschriften-Herausgeber eine Schlüsselfigur des westdeutschen Literaturbetriebs – und ein linker Intellektueller *par excellence*.[872] 1946 hatte er, kaum aus dem amerikanischen Kriegsgefangenenlager entlassen, zusammen mit Hans Werner Richter die Zeitschrift *Der Ruf* gegründet, aus der auf Umwegen die Gruppe 47 hervorging.[873] Sein Essay *Die deutsche Literatur in der Entschei-*

---

870 Hier und im Folgenden: »Wir werden weiterdichten, wenn alles in Scherben fällt…«; Die Zeit vom 12. Oktober 1979, Nr. 42/1979. Weitere Namen waren Erich Kästner, Günter Eich, Karl Krolow und Hans Erich Nossack.

871 T. Michaelis, Paradigmen der Literaturkritik, 1986, S. 612 f.

872 Unter Berücksichtigung Anderschs: D. Bering, »Intellektueller« bei der Gruppe 47, 2007.

873 V. Wehdeking: Der Nullpunkt, 1971. – Zu Leben und Werk: I. Heidelberger-Leonhard, Andersch, 1986; U. Reinhold, Andersch, 1988; S. Reinhard, Andersch, 1990; J. Döring/

dung, vorgetragen im November 1947, war so etwas wie die programmatische Grundlage der Gruppe in der Nachkriegszeit.[874] 1952 folgte das Buch *Die Kirschen der Freiheit*, Anderschs autobiographisch inspirierte Erzählung über seine Desertion als Wehrmachtssoldat in Italien. Den Augenblick des Übergangs im Juni 1944, als er seine Flinte wortwörtlich ins Korn geworfen hatte und er für einen kurzen Moment weder Soldat noch *prisoner of war* war, beschrieb Andersch als bewusste Fahnenflucht.[875]

Heinrich Böll lobte in einer Rezension des Buchs, Anderschs »privater 20. Juli« sei wie ein »Trompetenstoß, der in die schwüle Stille fährt und die Gewitter zur Entladung zwingt«.[876] Mit diesem Anklang der Treibhaus-Metaphorik meinte Böll die öffentliche Debatte über die ›Wiederbewaffnung‹, in deren Kontext Anderschs Beitrag erschienen war und die – wie am Beispiel von Hans Hellmut Kirst gesehen – vor dem Erfahrungshintergrund des Zweiten Weltkriegs geführt wurde. 1957 veröffentlichte Andersch dann den Schullektüren-Klassiker *Sansibar oder der letzte Grund*, eine literarische Parabel, in der Verfolgungserfahrungen im ›Dritten Reich‹ beschrieben werden, die Kraft der Kunst und die Frage menschlicher Handlungsspielräume.[877] Hier rettet die Romanfigur Gregor, der mit den Kommunisten gebrochen hat, ein verwöhntes Mädchen aus jüdischer Familie, indem er sie ins Exil bringt; zugleich geht es darum, ein Kunstwerk in Sicherheit zu bringen. Bei Andersch verbanden sich Flucht, Widerstand und Desertion zu einer Haltung des individuellen Nonkonformismus. In existentialistisch verdichteter Symbolik verhandelten seine Texte das Verhältnis von Unabhängigkeit, Kunst und Politik, von Freiheit und Außenseitertum.

Besonders einflussreich wirkte Andersch als Studioleiter beim Kulturradio. Zuerst beim *Hessischen*, später beim *Süddeutschen Rundfunk* förderte er ausgewählte Autorenkollegen und entdeckte junge Redakteure, darunter Hans Magnus Enzensberger.[878] Ähnlich wie Hans Werner Richter, der Kopf der Gruppe 47, war Andersch nach ästhetischen Kriterien vermutlich nicht der bedeutendste Autor der deutschsprachigen Nachkriegsliteratur. In den Fünfziger-

---

M. Joch (Hg.), Andersch revisited, 2011; N. Ächtler (Hg.), Andersch, 2016. – Vgl. W. G. Sebald, Luftkrieg und Literatur, 1999.

[874] A. Andersch, Werke – Band 8, 2004 [1948], S. 187–218. – Vgl. H. Böttiger, Gruppe 47, 2012, S. 61–76.

[875] A. Andersch, Werke – Band 5, 2004 [1952]. – Vgl. J. Döring/F. Römer/R. Seubert, Andersch desertiert, 2015.

[876] Artikel »Trompetenstoß in schwüler Stille«; Welt der Arbeit (Köln) vom 28. November 1952; wieder gedruckt in: A. Andersch, Kirschen der Freiheit, 2002, S. 127 f. – Vgl. H. Peitsch, Nachkriegsliteratur, 2009, S. 153.

[877] A. Andersch, Werke – Band 1, 2004 [1957]. – Vgl. M. Korolnik/A. Korolnik-Andersch (Hg.), Sansibar ist überall, 2008.

[878] U. Reinhold, Andersch, 1988, S. 92; A. Warner, Radio-Essays, 2007, S. 58; H. Sarkowicz, Rundfunkarbeit, 2016.

jahren aber – und auch das verbindet ihn mit Richter – war er einer der maß-
geblichen Vermittler, Organisatoren, Antreiber und Multiplikatoren zwischen
dem literarischen, dem medialen und dem politischen Feld. Für die weitere
Koeppen-Rezeption war es daher ein folgenreiches Ereignis, als sich Andersch
im März 1954 eingehend mit dem *Treibhaus* auseinandergesetzt hat.

Andersch tat dies in einem Feature, das am 16. März 1954 im *Abendstudio* des
Hessischen Rundfunks gesendet wurde. Der sechzigminütige Beitrag hatte den etwas langatmigen Titel: *Brief an eine Dame in Chicago, die mich nach der deutschen
Literatur 1953 fragte.*[879] Doch dieser Brief bot ihm den erzählerischen Rahmen
für eine Bilanz der literarischen Entwicklung in der frühen Bundesrepublik. Mit
dem Wunsch nach einer solchen Zusammenfassung, erläuterte Andersch einleitend, habe sich bei ihm Marilyn Robb Trier gemeldet, eine Redakteurin der *American Peoples Encyclopedia*. Die »Dame aus Chicago« bat ihn »mit jener Mischung
aus Charme und Selbstbewusstsein, die viele berufstätige Amerikanerinnen so an
sich haben«[880], für das Jahrbuch der Enzyklopädie einen Artikel zu schreiben, in
dem er die aktuelle deutsche Literatur einordnen sollte. Wegen des lexikalischen
Formats müsse er sich kurzfassen; sein Beitrag sollte nicht mehr als 500 Worte
zählen, und er bekomme dafür zehn Dollar (was schon 1954 nicht mehr viel
Geld war). Da Andersch der hochkondensierte Lexikonartikel[881] zu knapp erschien, schickte er ihm einen ausführlichen Brief hinterher. Darin wollte er sich,
seiner amerikanischen Adressatin und dem heimischen Radio-Publikum seinen
Überblick über »die innersten Tendenzen«[882] des literarischen Lebens verschaffen
und eine Bilanz des Literaturjahres 1953 ziehen.

Das Radio-Feature setzte das Geschehen in der frühen Bundesrepublik mehrfach als diskursives, ziemlich umstrittenes Phänomen in Szene: *erstens* in Form
des offenen Briefes, der im Radio von einem Sprecher vorgelesen wurde; *zweitens* indem ein transatlantischer Kulturaustauch simuliert wurde, denn Andersch
malte sich aus, nach Chicago zu fliegen, um Frau Robb Trier am Ufer des Mi-
chigan-Sees aus den besprochenen Büchern vorzulesen – und *drittens* durch den
Dialog zwischen Andersch und einem anonymen Radioredakteur, mit dem der
Vortrag des Sprechers mehrmals unterbrochen wurde. So erklärte der Redakteur
zu Beginn: »Wir, die Redaktion des *Abendstudios* hier im *Hessischen Rundunk,*

---

[879] HR-Abendstudio: »Brief an eine Dame aus Chicago, die mich nach der deutschen Literatur 1953
fragte«, Hessischer Rundfunk – Dokumentation und Archive, Archivnummer: 3253073.100/200;
erstmals ausgestrahlt am 16. März 1954. – Vgl. U. REINHOLD, Andersch, 1988, S. 91. – Dort findet
sich der Nachweis des Manuskripts im Andersch-Nachlass, der im Deutschen Literaturarchiv Marbach überliefert ist.
[880] Zitiert als: Andersch–Chicago; HR-Abendstudio: 3253073.100/200, Minute: 01:25–01:30.
[881] Vermutlich erschien Anderschs Beitrag in: American Peoples Encyclopedia Yearbook 1954.
Events and Personalities of 1953, Chicago 1954.
[882] Andersch–Chicago; HR-Abendstudio: 3253073.100/200, Minute: 03:11–03:13.

stimmen keineswegs mit allen Punkten Ihres Briefes überein.« Wenn Anderschs
Beitrag dennoch gesendet werde, dann geschehe dies deshalb, weil sein Brief
»eine notwendige Übersicht über die wichtigsten Bücher des vergangenen Jahres gibt, soweit es sich um schöne Literatur handelt«. Allerdings habe Andersch
seine Auswahl vor allem nach politischen Maßstäben getroffen, und das werde
»den Widerspruch geradezu provozieren«.[883] Dabei wurde es nicht deutlich, ob
die Warnung ernst gemeint war oder vor allem Aufmerksamkeit wecken sollte –
klar war indes, dass Anderschs Kanon sowohl literarisch als auch politisch motiviert war.

In seinem *Brief an eine Dame in Chicago* versuchte Andersch, zunächst einmal den zeitgenössischen Kontext zu erläutern, indem er die neue deutsche Literatur als »die Literatur eines engen, übervölkerten, von der Geschichte belasteten und von ihr geschlagenen Landes« vorstellte. Hauptmerkmal dieser Literatur
sei es, dass sie sich »aus der Verfilzung mit der Geschichte nicht lösen« könne.[884] Der Zwang zur Bewältigung sei ein Faktum, dem sich kein Deutscher
entziehen könne, so Andersch, daher müsse auch jede Betrachtung literarischer
Neuerscheinungen von der Betrachtung des historischen Moments ausgehen,
in dem sie geschrieben wurden. Während Deutschland wirtschaftlich in einer
Phase der Prosperität lebe, skizzierte Andersch, hätten in der Politik »gemäßigte
Rechts-Tendenzen den Sieg davongetragen«. Im allgemeinen Bewusstsein habe
»der Stolz auf das deutsche Wunder« den »Wunsch nach innerer Regeneration,
der nach 1945 vorherrschte«, inzwischen verdrängt.[885] Nur die Literatur reagiere
darauf mit Widerspruch und Oppositionsgeist: »Fast alle Schriftsteller, die im
Jahre 1953 wichtige Bücher herausgebracht haben, wenden sich gegen die sogenannte Restauration, gegen das Vergessen in nationaler Selbstzufriedenheit.«[886]
Sogar Ernst Jünger – Andersch erwähnte dessen Essay *Der gordische Knoten* – gehöre mit in diese Reihe.[887]

Weil sie politisch unzufrieden seien, war Andersch zufrieden mit den Schriftstellern, die er in seiner Bilanz präsentierte: »Sie erfüllen die gesellschaftskritische Funktion, die der Literatur nun einmal zukommt, wenn sie denn Literatur sein will.«[888] Die ›restaurations‹-kritische Position der Literatur wurde laut

---

883 Andersch–Chicago; HR-Abendstudio: 3253073.100/200, Minute: 03:33–04:09.
884 Andersch–Chicago; HR-Abendstudio: 3253073.100/200, Minute: 05:51–06:10.
885 Andersch–Chicago; HR-Abendstudio: 3253073.100/200, Minute: 06:39–06:56.
886 Andersch–Chicago; HR-Abendstudio: 3253073.100/200, Minute: 07:00–07:12.
887 Zum Verhältnis zwischen Andersch und Jünger, das als Problemgeschichte gedeutet wurde, vor
dem Hintergrund der Beziehung Koeppen–Salomon aber weniger überraschend erscheint: H.-U.
Treichel, Andersch und Jünger, 1989; J. R. Weber, Im »Niemandsland«, 2016. – Koeppen selbst
erklärte die Wertschätzung als »Anziehung der Meister.« W. Koeppen, Gesammelte Werke, Band 6,
1986, S. 385.
888 Andersch–Chicago; HR-Abendstudio: 3253073.100/200, Minute: 07:33–07:40.

Andersch im Wesentlichen von der Generation der Vierzigjährigen getragen. Sie seien erst nach 1945 in die Öffentlichkeit getreten, weil sie während der Hitler-Diktatur weder veröffentlichen wollten noch konnten. Nun äußerten sich diese Autoren umso vernehmlicher, mit »Schärfe und Genauigkeit von Sprache und Denken«.[889] Dabei handele es sich um eine Gruppe, deren Existenz man in Deutschland noch nicht so recht wahrgenommen habe. Umso wichtiger sei es, diese Strömung bekanntzumachen.

Programmatisch erklärte Andersch das Jahr 1953 zum »Beginn einer Erneuerung der deutschen Literatur«.[890] Die wichtigsten Schriftsteller schrieben »tapfere Bücher« gegen die ›Restauration‹ und gegen eine Literaturkritik, die entweder ästhetizistisch sei oder – auch in politischer Hinsicht – offen reaktionär.[891] Um öffentlich Kritik zu üben, setzten die Autoren »ihre ganze Existenz aufs Spiel«. Der beste Beleg dafür sei das *Treibhaus*, erklärte Andersch im *Hessischen Rundfunk*. Er zollte Koeppen hohen Respekt für das Verfassen einer »mutigen und vollkommen pessimistischen Anklage gegen gewisse Zustände im deutschen Parlamentarismus und Regierungssystem«.[892]

Andersch wollte offensichtlich eine Auslese treffen. Es ging ihm darum, eine Gruppe von Schriftstellern zu konstituieren, deren Schaffen Vorbehalte gegenüber dem ›deutschen Wunder‹ zum Ausdruck bringe und denen es deswegen nicht leicht gemacht werde innerhalb vermeintlich reaktionärer Strukturen, Institutionen und Mentalitäten. Das *Treibhaus* war in Anderschs enzyklopädischen Essay der dritte Buchtitel, der nach zehn Minuten in dem Radio-Feature genannt wurde (nach *Der gordische Knoten* von Ernst Jünger sowie *Draußen vor der Tür* von Wolfgang Borchert). In dieser Reihe präsentierte Andersch Koeppen jedoch als den wichtigsten Vertreter der von ihm hervorgehobenen Gruppe ›restaurations‹-kritischer Autoren. Entsprechend folgte auf das Lob eine lange Wiedergabe aus dem Roman – damit, wie sich nun wieder der Redakteur einschaltete, die Zuhörer sich ein eigenes Bild machen konnten. So wurde der Vortrag des Briefes unterbrochen, es folgte eine fast fünfzehn Minuten dauernde Lesung aus dem *Treibhaus*, die rund ein Viertel der gesamten Sendezeit einnahm. Vorgelesen wurde die Szene, in der die Abgeordneten im Ausschuss für Wiederaufbau über Bergarbeiterwohnungen und Mindestquadratmeter verhandeln.[893] Dabei opponiert Keetenheuve gegen den Geist der Beschwichtigung und gegen das »Schrebergartenglück« des westdeutschen ›Wiederaufbaus‹. Andersch nannte diese Szene prototypisch für die geistige Haltung, die ›seine‹ Autoren

---

[889] Andersch–Chicago; HR-Abendstudio: 3253073.100/200, Minute: 08:05–08:09.
[890] Andersch–Chicago; HR-Abendstudio: 3253073.100/200, Minute: 08:18–08:23.
[891] Andersch–Chicago; HR-Abendstudio: 3253073.100/200, Minute: 09:45–09:55.
[892] Andersch–Chicago; HR-Abendstudio: 3253073.100/200, Minute: 10:02–10:12.
[893] Andersch–Chicago; HR-Abendstudio: 3253073.100/200, Minute: 10:13–24:25.

auszeichnen sollte. Zudem handelt es sich um eine der wenigen Stellen in dem insgesamt düsteren *Treibhaus*, in denen Keetenheuves Gedanken ins Utopische ausgreifen, als er davon träumt, anstelle bescheidener Kleinsiedlungen große, moderne »Corbusier-Hausungs-Maschinen« für die Menschen zu errichten.[894]

In literarischer Hinsicht lobte Andersch Koeppens Roman als »ein Kunstwerk«, weil es in der Tradition von James Joyce konsequent als innerer Monolog verfasst sei. Von seiner Haltung her sei das *Treibhaus* »eminent mutig«.[895] Dass das Buch als Politiker-, Eliten- und Publikumsbeschimpfung inmitten der allgemeinen ›Restauration‹ kein Kassenschlager werden könne, verstand sich laut Andersch von selbst. Stattdessen trage der Roman wesentlich zur »Erneuerung der deutschen Literatur« bei, und zwar durch Schärfe, Satire und soziale Anklage. Andersch stellte Koeppen also in die erste Reihe jener kritischen Autoren, die er in seinem Essay vorstellen wollte. Außer Koeppen erwähnte er zunächst noch Heinrich Böll (*Und sagte kein einziges Wort*) sowie Georg Glaser (*Geheimnis und Gewalt*), wobei Andersch den einen als Katholiken vorstellte, den anderen als ehemaligen Kommunisten:

> Koeppen, Böll und Glaser nenne ich Ihnen, verehrte Mrs. Robb Trier, aber nur als Stellvertreter einer ganzen Generation, die die Strömung trägt, von der ich Ihnen zu Beginn meines Briefes an Sie gesprochen habe [sic]. Es sind die drei, die ich in mein beschränktes Fluggepäck packen würde, wenn ich in der Lage wäre, zu Ihnen zu fliegen, um Ihnen Proben aus neuerer deutscher Literatur vorlesen zu können.[896]

Einen nach dem andern benannte Andersch im *Hessischen Rundfunk* die Gruppe oppositioneller Autoren, denen seiner Vorstellung gemäß die Zukunft gehören sollte. Auf Koeppen, Böll und Glaser folgten eine Vielzahl von Namen und Romanen, darunter Hans Werner Richter (*Spuren im Sand*), Rolf Schroers (*Jakob und die Sehnsucht*) und Paul Celan (*Mohn und Gedächtnis*). Weitere Textauszüge wurden vorgelesen, von Arno Schmidt (*Die Umsiedler*), Wolfdietrich Schnurre (*Sternstaub und Sänfte*), Wolfgang Hildesheimer (*Lieblose Legenden*) und Wolfgang Weyrauch (*Im Gehäuse*). Außer Ingeborg Bachmann war keine Frau dabei. Dennoch sei, wie Andersch pathetisch ausführte, das literarische Schaffen dieser Gruppe ein Anzeichen für den »Heilungsprozess des deutschen Geistes«.[897] In einem Postskriptum erklärte er zudem, warum er ausschließlich Autoren aus der Bundesrepublik genannt hatte: »In der sowjetisch besetzten Zone ist infolge des dort herrschenden geistigen Terrors kein einziges Werk von auch nur einigem literarischen Rang von einem deutschen Autor veröffentlich worden«, meinte An-

---

894 W. Koeppen, Werke. Band 5: Das Treibhaus, 2010, S. 103–110, hier S. 107.
895 Andersch–Chicago; HR-Abendstudio: 3253073.100/200, Minute: 24:26–24:35.
896 Andersch–Chicago; HR-Abendstudio: 3253073.100/200, Minute: 25:45–26:08.
897 Andersch–Chicago; HR-Abendstudio: 3253073.100/200, Minute: 48:04–48:08.

dersch apodiktisch, der in jungen Jahren mit dem Kommunismus sympathisiert hatte. Im Frühjahr 1954 erklärte Andersch, kritische Literatur sei nur möglich in einer offenen, pluralistischen Gesellschaft, die sich »die Möglichkeit zur Revision ihrer Selbst bewahrt« habe.[898]

Für Wolfgang Koeppen und die weitere *Treibhaus*-Rezeption war es eine entscheidende Zäsur, dass Andersch den Roman als zentralen »Beitrag zur Erneuerung der deutschen Literatur« hervorgehoben hat. Indem er Koeppen in den Orden nonkonformistischer Autoren aufnahm, setzte Andersch eine Entwicklung in Gang, in deren Folge Koeppen immer häufiger als ein linker Intellektueller wahrgenommen wurde.[899] Umgekehrt hat die Lektüre von Koeppens Nachkriegsromanen Anderschs Verständnis von politischer Literatur geschärft.[900] Ihre in geistiger Koproduktion (wenngleich aus der Ferne) formulierte Poetik des Politischen bestand *erstens* in der Forderung, dass sich Literatur auf politische Themen und Stoffe einlassen sollte. Politik verstanden sie dabei nicht im engeren Sinne als das, was von Regierungen und Parteien entwickelt und im Parlament öffentlich verhandelt wird. Politik galt ihnen vielmehr als ein existentiell wichtiges Phänomen, das jeden Einzelnen betreffe. Daher müsse sich *zweitens* ein jeder politisch verhalten; eben auch jeder Künstler müsse versuchen, sich gegenüber einer Politik, die potentiell bedrohliche Folgen habe, zu behaupten. Hier klingt das Pathos der subjektiven Autonomie wieder an, wie Andersch es in den *Kirschen der Freiheit* ausformuliert hatte.

Ein möglicher Weg der Selbstbehauptung öffnete sich für Andersch und Koeppen im Feld von Kunst und Literatur. Insofern lief ihr Konzept des Nonkonformismus auf eine Synthese der in der Nachkriegszeit vieldiskutierten Konzepte von *littérature engagée* und *poésie pure* hinaus.[901] Sie wollten sich weder auf das eine noch auf das andere beschränken oder begrenzt wissen wollen. Sie dachten Literatur und Politik miteinander zu verbinden, politische Zeitkritik zu üben mit literarischen Mitteln. Damit war *drittens* die formale Seite ihrer Poetologie der Politik angesprochen. Politische Literatur beschränkte sich ihrer Meinung nach nicht auf realistische Darstellungsformen, sondern sie sollte sich in Symbolen, Gleichnissen und Metaphern ausdrücken. In Bildern konnten sie ihre subjektive wie ästhetische Weltwahrnehmung formen – mit Koeppen Worten: die »poetische Wahrheit« aussprechen. Diese Poetik der Politik praktizier-

---

[898] Andersch–Chicago; HR-Abendstudio: 3253073.100/200, Minute: 59:27–59:54.

[899] Die Erwähnung von Koeppen und Andersch findet sich etwa bei: J. Vogt, Nonkonformismus, 1986, S. 280; W. Barner, Zwischen »Wendejahr« und »Durchbruch«, 1994, S. 173–176.

[900] K. R. Scherpe, Andersch, 2016, S. 65 f.; C. Sieg, Gleichnishaftes Erleben, 2016, S. 135 f.

[901] H. Peitsch, Gruppe 47 und Engagement, 1999, S. 25–28; ders., Vorgeschichte des Hamburger Streitgesprächs, 2000, S. 318 f.; C. Hu, Vom absoluten Gedicht, 2004, S. 55–80.

ten sie in den *Kirschen der Freiheit* und mit der Sansibar-Parabel ebenso wie im *Treibhaus* und in Koeppens gesamter Nachkriegstrilogie.

Über deren dritten Teil schrieb Andersch im Februar 1955 eine euphorische Rezension in der von ihm herausgegebenen Literaturzeitschrift *Texte und Zeichen*.[902] Der im Herbst 1954 erschienene *Tod in Rom* reflektiert die Vermutung, dass der Nationalsozialismus mitsamt der ihn tragenden Geisteshaltung und Gewaltbereitschaft längst nicht überwunden sei. Die Hauptfigur des Romans ist ein junger, vermutlich schwuler Komponist, der mit seinem Nazi-Vater gebrochen hat und in der Zwölftonmusik nach Erlösung sucht. Symbolisch steht dieser avantgardistische Außenseiter-Intellektuelle für die »radikale Verweigerung«[903] der auf Sachlichkeit, Erfolg und Unauffälligkeit getrimmten Gesellschaft des ›Wiederaufbaus‹. Der Vater indes hat sich nach Kriegsende zur Christlichen Demokratie bekehrt und wurde mit dem Amt des Oberbürgermeisters belohnt, das er bereits vor 1945 ausgeübt hatte. In Rom, wo eine Art Wiedervereinigung der durch das ›Dritte Reich‹ entzweiten Familie erfolgt, trifft der Komponist zu seinem Leidwesen auf einige Angehörige, darunter seinen Onkel, einen ehemaligen SS-Offizier, der zu neuem Wohlstand gekommen ist, weil er von Italien aus arabische Kämpfer mit Waffen beliefert. Am Ende des Plots erschießt diese paradigmatisch-faschistische Figur namens Gottlieb Judejahn eine jüdische Frau. Dies ist der titelgebende Tod in Rom, der wie die Revanche der alten Nazis erscheint, wie ein »Totentanz der deutschen Demokratie«.[904]

In seiner Rezension beschäftigte sich Andersch intensiv mit Koeppens Schreibstil, und auch auf das *Treibhaus* kam er noch einmal zu sprechen. Koeppens Prosa, so Andersch, vereine gleichsam fotografische Szenen mit dem inneren Monolog. Dadurch gelinge ihm die Synthese von größtmöglicher Objektivität und tiefer Innerlichkeit, auch die Verbindung von Vergangenheit, Gegenwart und Zukunft. Vor allem aber interpretierte Andersch den geschätzten Kollegen als »politische[n] Romancier«:

> Seit 1953, also seit sehr kurzer Zeit [seit dem *Treibhaus*, B.W.], ist ein Künstler von unbedingtestem Formanspruch unter uns erschienen, der sich als politischer Romancier verwirklicht. […] Die Kühnheit seines Versuches, dem politischen Moment eine epische Form zu geben, wird höchstens noch von seinem Mut übertroffen, eben diesen Moment schonungslos zu deuten.[905]

---

[902] Artikel »Choreographie des politischen Augenblicks«; Texte und Zeichen 1 (1955), 2, S. 251–256; wieder gedruckt in: U. Greiner (Hg.), Über Wolfgang Koeppen, 1976, S. 72–78.
[903] U. Timm, Seine Zeit, 2007, S. 180.
[904] H. Buchholz, Eine eigene Wahrheit, 1982, S. 178.
[905] Artikel »Choreographie des politischen Augenblicks«; Texte und Zeichen 1 (1955), 2, S. 251–256; wieder gedruckt in: U. Greiner (Hg.), Über Wolfgang Koeppen, 1976, S. 72–78.

Über das *Treibhaus* und seine langfristige Wirkung (die Andersch interpretativ beeinflussen wollte) schrieb er:

> Es ist der Roman vom Untergang eines Politikers, der das Gute will, in der Atmosphäre der Politik, die das Böse ist. Als erster Vorstoß eines deutschen Schriftstellers in den Raum gegenwärtiger deutscher Politik wurde das Buch interessiert aufgenommen; die 12 000 verkauften Exemplare des *Treibhaus* werden eine tiefere Wirkung ausüben als die Hunderttausende verkaufter Kirsts oder Salomons, weil ein Werk der Kunst in tiefen Schichten des Bewußtseins Kettenreaktionen auslöst, wie sie von den Oberflächen-Explosionen der Bestseller niemals bewirkt werden.

8.2 Poetik des Politischen im ›Kalten Krieg‹: Der Subtext von Koeppens Reiseberichten

Zwischen Mai und September 1955 war der *Tod in Rom* in einem Blatt zu lesen, das sich *Die andere Zeitung* nannte.[906] Bei dieser Serie in zwanzig Teilen handelte es sich nicht um einen Vorabdruck; der *Tod in Rom* war bereits ein halbes Jahr zuvor, im Oktober 1954, veröffentlicht worden.[907] Gleichwohl war der Fortsetzungsroman eine Premiere, weil *Die andere Zeitung* just im Mai 1955 von Gerhard Gleissberg und Rudolf Gottschalk ins Leben gerufen worden war.[908] Mit dem Abdruck wollten die beiden ein programmatisches Ausrufezeichen setzen. Den besonderen Stellenwert, den der *Tod in Rom* hatte, unterstreicht die redaktionelle Vorbemerkung zur ersten Folge: Ungeachtet des beklemmenden Plots bezeichnete *Die andere Zeitung* den *Tod in Rom* als »ein positives Buch«. Man spüre beim Lesen »den Glauben an eine Zukunft« – und zwar gerade weil Koeppen »eine Welt schildert, wie sie existiert«, und weil er deutlich mache, wie »morastig der nazistische Sumpf sein mag«. Dazu druckte die Zeitung ein Foto von Koeppen, das vermutlich aus Privatbesitz stammte.[909]

Koeppen seinerseits hielt *Die andere Zeitung* für »eine gute Zeitung mit bedeutenden Mitarbeitern«.[910] In der Tat hatte sie ein ambitioniertes Feuilleton, was sich insbesondere in der grafischen Aufmachung mit Zeichnungen und Fotografien zeigte. Zu den Autoren aus dem Literaturbetrieb zählten – neben Koeppen – Heinrich Böll und Wolfdietrich Schnurre, außerdem James Krüss

---

[906] Die andere Zeitung vom 12. Mai 1953; die Fortsetzung endete am 22. September 1955. – Brief Koeppens vom 14. Mai 1955, in: Wolfgang und Marion Koeppen, 2008, S. 99. – Vgl. H.-U. Treichel, *Tod in Rom* – Kommentar, 2015, S. 248.
[907] H.-U. Treichel, *Tod in Rom* – Kommentar, 2015, S. 208 und 238.
[908] Deutsche Presse, 1956, S. 776.
[909] Marion Koeppen schrieb ihrem Mann, der sich in Hamburg aufhielt: »Ist das nicht ein Foto von mir, beim *Tod in Rom*?« Brief Marion Koeppens vom 21. Mai 1955, in: Wolfgang und Marion Koeppen, 2008, S. 106 f.
[910] Brief Koeppens vom 14. April 1953, in: Wolfgang und Marion Koeppen, 2008, S. 99.

und Michael Ende.[911] Politische Analysen und Kommentare kamen von Kurt Hiller, einem früheren *Weltbühne*-Mann, der aus dem Exil zurückgekehrt war, von Rudolf Küstermeier aus dem ›Roten Stoßtrupp‹ sowie anderen Linksintellektuellen, etwa den Wirtschaftswissenschaftlern Viktor Agartz und Theo Pirker, die sich mit dem DGB überworfen hatten. Auch der Politikwissenschaftler Wolfgang Abendroth schrieb für *Die andere Zeitung*. Sogar der Hamburger Bundestagsabgeordnete Helmut Schmidt verfasste einmal einen Text über Verkehrspolitik.[912]

Die andere Zeitung war betont links und sozialistisch, aber sie war zugleich bemüht, einen pluralistischen Debattenstil zu pflegen. Sie wollte eine Plattform sein für Sozialdemokraten, Pazifisten und auch Kommunisten. Damit war sie selbstredend ein Oppositionsblatt gegenüber der Adenauer-Regierung. *Die andere Zeitung* verstand sich aber auch als Alternative zur SPD – was schon in ihrem Titel zum Ausdruck kam. Ein inhaltliches Anliegen war ihr, das Blockdenken des Ost-West-Konflikts zu überwinden. Daher lehnte sie insbesondere die Sicherheits- und Rüstungspolitik des westlichen Bündnisses ab. Ziel ihrer Kritik waren eher der ›Westen‹ und die Sozialdemokratie, weniger die Kommunisten im Ostblock (an deren Publikum sie auch nicht gerichtet war). Von der SPD wurde die Zeitung argwöhnisch beobachtet.[913] Das Vorstandsmitglied Fritz Heine, der als Wahlkampfmanager der Jahre 1949 bis 1957 keinem Streit mit der CDU aus dem Weg ging, erklärte auf dem SPD-Parteitag 1956, bei der *anderen Zeitung* handele es »nicht um ein Organ der freien Aussprache«, sondern um eine »eindeutig gegnerische Publikation«.[914]

Die Opposition zur Sozialdemokratie war den beiden Herausgebern der *anderen Zeitung* ein besonderes Anliegen, denn sie gehörte zur Gründungsgeschichte des Blattes. Bevor Gerhard Gleissberg sein neues Projekt vom Stapel ließ, war er als Chefredakteur der SPD-Parteizeitung *Neuer Vorwärts* ausgebootet worden. Grund hierfür war, dass Gleissberg den Kompromisskurs des Parteivorstands in der ›Wiederbewaffnungs‹-Frage kategorisch ablehnte, während die SPD die Aufstellung der Bundeswehr akzeptierte. Zudem wollte Gleissberg aus der Parteizeitung eine Theoriezeitschrift mit linkem Profil machen. Auch der Mitherausgeber Rudolf Gottschalk hatte bis dahin für die sozialdemokratische Zeitung

---

[911] G. Kritidis, Linkssozialistische Opposition, 2008, S. 287.
[912] Artikel »Straßenverkehr und Mineralölkonzerne«; Die andere Zeitung vom 9. Juni 1955. – Vgl. W. Abendroth, Leben in der Arbeiterbewegung, 1976, S. 226; G. Kritidis, Linkssozialistische Opposition, 2008, S. 286; A. Gallus, Heimat *Weltbühne*, 2012, S. 137 f.; D. Münzner, Hiller, 2015, S. 270–281.
[913] E. Richert, Radikale Linke, 1969, S. 71 f.; G. Kritidis, Linkssozialistische Opposition, 2008, S. 284–308.
[914] Protokoll des SPD-Parteitags 1956, S. 281. Zur Diskussion über *Die andere Zeitung* auf dem Parteitag vgl. auch S. 264 f. und 278 f. – Zur Biographie: S. Appelius, Heine, 1999.

gearbeitet, die 1955 ihren zwischenzeitlichen Namen *Neuer Vorwärts* ablegte und sich wieder traditionell *Vorwärts* nannte.[915] Mit dem Wechsel waren jedoch politisch-publizistische Veränderungen verbunden, bei denen Gleissberg und Gottschalk im Frühjahr 1955 unter Protest von Bord gingen. 1956 wurde Gleissberg sogar aus der Partei ausgeschlossen. Die SPD bewertete sein Engagement für *Die andere Zeitung* als parteischädigendes Verhalten – nicht nur, aber auch weil eine unabhängige linke Zeitung, die von ehemaligen Sozialdemokraten redigiert wurde, der SPD-Presse publizistisch Konkurrenz machte.[916] Der spätere SPD-Abgeordnete Ulrich Lohmar diffamierte sie im *Vorwärts* sogar als »restaurativ«.[917]

Gerhard Gleissberg hatte eine Biographie, die an den *Treibhaus*-Politiker Keetenheuve erinnert. Nach einer Promotion über Heinrich von Kleist hatte der aus einer bürgerlichen Familie stammende Gleissberg seit 1927 als Journalist und Theaterkritiker gearbeitet, unter anderem für die *Vossische Zeitung*. 1933 floh er, Enkel eines jüdischen Großvaters aus Breslau[918], nach Prag und arbeitete dort für die Exilzeitung *Der Sozialdemokrat* sowie für die sozialdemokratische Flüchtlingshilfe; 1939 ging Gleissberg nach London, wo er bis 1947 die *Sozialistischen Mitteilungen* redigierte.[919] Aufgrund der publizistischen Arbeit für die Exil-SPD kannte er die beiden Gründerfiguren der *Welt* und der *Welt am Sonntag*, Rudolf Küstermeier und Bernhard Menne, außerdem Kurt Hiller. 1948 kehrte Gleissberg nach Westdeutschland zurück und wurde der erste Chefredakteur des *Neuen Vorwärts*. Im Laufe der Fünfzigerjahre entfremdete er sich jedoch von der SPD, deren Mitte-, Modernisierungs- und Kompromisskurs er nicht mittragen wollte. Bald fand er sich als Linksabweichler in der außerparlamentarischen Opposition wieder. Entsprechend oppositionell fielen denn auch die Positionen der *anderen Zeitung* aus. Sie bekannte sich zum Antimilitarismus, zum Antikapitalismus und zum Antifaschismus – aber nicht zum Antikommunismus.[920]

Wie der *Spiegel* in einer Titelgeschichte über »Atomtod-Gegner, militante Pazifisten, sektiererische Christen, bürgerliche Ost-Kontaktler und Marxisten« schrieb, stand »der wegen notorischen Linksdralls von der SPD geschaßte […] Chefredakteur des ultralinken Hamburger Wochenblatts« *Die andere Zeitung* zu

---

[915] H. D. Fischer, Parteien und Presse, 1971, S. 284 und 334–339; K. Klotzbach, Weg zur Staatspartei, 1982, S. 318 f.; K. Krauter, Sozialisten in der Adenauer-Zeit, 1986, S. 146; S. Appelius, Heine, 1999, S. 376–370; J. Scholten, Markt und Parteiräson, 2008, S. 92–94.
[916] S. Appelius, Heine, 1999, S. 369 f.; G. Krittidis, Linkssozialistische Opposition, 2008, S. 298.
[917] Artikel »*Die andere Zeitung* und die Sozialdemokratie«; Vorwärts vom 9. Dezember 1955. – Vgl. S. Appelius, Heine, 1999, S. 369; G. Krittidis, Linkssozialistische Opposition, 2008, S. 294.
[918] A. Rieber, Wolfgang Gleissberg, 2014, S. 103.
[919] K. Nilius, Vorwärts, nicht vergessen, 2013.
[920] E. Richert, Die radikale Linke, 1969, S. 71–73.

Beginn der Sechzigerjahre der Deutschen Friedens-Union nahe.[921] Gleissberg warb für gesamtdeutsch-sozialistische, ›neutralistische‹ Positionen und einen SED-freundlichen Kurs, etwa in der Frage des Alleinvertretungsanspruchs der Bundesrepublik. Spätestens seit 1957 wurde *Die andere Zeitung*, die hohe Kosten verursachte, aber kaum Einnahmen hatte, aus der DDR finanziert.[922] Als sie jedoch im Sommer 1955 in ihren ersten Ausgaben Koeppens Roman *Der Tod in Rom* druckte, hatte sie während einer kurzen ›Tauwetter‹-Periode eine gewisse Anziehungskraft im linken Milieu. Erst nachdem sich die Position der Sowjetunion infolge des Ungarn-Aufstands 1956 wieder verhärtete, wurde die linkssozialistische Oppositionszeitung zunehmend dogmatisch. Das hatte nicht zuletzt damit zu tun, dass sie sich in Streitereien mit der SPD verbiss. Nach Gründung der DKP 1969 stellte *Die andere Zeitung* ihr Erscheinen ein.[923]

In der Bonner Republik hatte die KPD schon vor dem Parteiverbot durch das Bundesverfassungsgericht 1956 politisch abgewirtschaftet. Angesichts der geringen Attraktivität der DDR sowie infolge strenger polizeilicher und juristischer Verfolgung gelang es der Partei schon bei der zweiten Bundestagswahl nicht mehr, ins Parlament zurückzukehren.[924] Während die westdeutschen Kommunisten zu einer Art Sekte wurden und sich die SPD reformierte und zur Mitte hin orientierte, öffnete sich zwischen diesen beiden Parteien ein Raum, in dem die ›heimatlose Linke‹ verortet wurde.[925] Die Weltordnung des ›Kalten Krieges‹ brachte es mit sich, dass – in den zugespitzten Worten des Politikwissenschaftlers Arno Klönne – die KPD zu einer sowjetrussischen, die SPD aber zu einer westlich-amerikanischen Partei wurden.[926] Linkssozialistische ›Neutralisten‹ wehrten sich gegen diese Alternative. In der Repräsentationslücke organisierten sich Ostermärsche und die ›Anti-Atomtod-Bewegung‹; hier gab es linke Intellektuelle und Hochschullehrer wie Wolfgang Abendroth[927] – oder Kleinparteien

---

[921]   Artikel »Rot und rosa«; DER SPIEGEL vom 23. August 1961, Nr. 36/1961, S. 20–29, hier 20 f.

[922]   G. KRITIDIS, Linkssozialistische Opposition, 2008, S. 289 f. – S. APPELIUS, Heine, 1999, S. 370, geht davon aus, dass *Die andere Zeitung* 1955 viel Geld, mehr als 300 000 DM, mehr oder weniger indirekt von der Hamburger Verlagsdruckerei Auerdruck erhalten habe, die der SPD gehörte; der Konfrontationskurs seitens der SPD habe *Die andere Zeitung* anschließend der DDR finanziell in die Arme getrieben. Vgl. C. OLDENBURG, Tradition und Modernität, 2009, S. 555; D. MÜNZNER, Hiller, 2015, S. 270.

[923]   G. LANGGUTH, Protestbewegung, 1976, S. 272–277.

[924]   T. KÖSSLER, Abschied von der Revolution, 2004.

[925]   Das Wort griff eine Formulierung Carl von Ossietzkys auf, der 1929 in der *Weltbühne* geschrieben hatte: »Die Torheiten der Kommunisten machen die Politik der offiziellen Sozialdemokratie nicht schmackhafter, sondern verstärken nur das Gefühl der Heimatlosigkeit, das die besten der deutschen Linken so oft befällt. Über den Gräbern der beiden Märtyrer des 15. Januar [gemeint sind Karl Liebknecht und Rosa Luxemburg, B.W.] schwebt ein melancholisches Fragezeichen. Wofür? Wofür?« C. v. OSSIETZKY, Schriften – Band 5, 1994, S. 28–33, hier S. 29.

[926]   A. KLÖNNE, Linkssozialisten, 2010, S. 101.

[927]   A. DIERS, Abendroth, 2006; R. HEIGL, Oppositionspolitik, 2007; G. KRITIDIS (Hg.), Abendroth, 2015.

wie die Vereinigung unabhängiger Sozialisten oder die Deutsche Friedens-Union. Eine der publizistischen Plattformen war seit 1955 *Die andere Zeitung*, mit mehreren Tausend politisch interessierten Leserinnen und Lesern.[928] Wolfgang Koeppen wiederum war nach der *Treibhaus*-Debatte des Jahres 1953/54, spätestens mit dem *Tod in Rom* und in Begleitung von Alfred Andersch, endlich zu einem politisch-kritischen, nonkonformistischen Schriftsteller der ›heimatlosen Linken‹ geworden.

Persönlich kennengelernt haben sich Koeppen und Andersch im Frühjahr 1955 in Hamburg.[929] »Er sprach mich in einer dunklen Straße hinter der Oper an und fragte mich, ob ich Lust hätte zu verreisen«, berichtete Koeppen 1983: »Ich war erstaunt, daß Andersch mich überhaupt kannte, [...] daß er die Romane, die inzwischen von mir erschienen waren, gelesen hatte. Als Leiter des Radio-Essays in Stuttgart war er ein Gott, der mir die Welt anbot.«[930] Diese Erinnerung Koeppens scheint zu stilisiert, um völlig glaubhaft zu sein. Wenn es aber zutreffen sollte, dass sich die beiden im Mai 1955 in Hamburg zum ersten Mal begegnet sind[931], dann geschah dies vielleicht, als Koeppen sich in der Hansestadt aufhielt, um mit Redakteuren der *anderen Zeitung* über den Abdruck des *Tod in Rom* zu beraten.[932] Über Andersch schrieb Koeppen später: »Er war schon mein Freund, bevor ich ihn kennenlernte« – weil er dessen Texte mit Sympathie gelesen hatte, die Artikel aus dem *Ruf* und die *Kirschen der Freiheit*; weil der Pazifist Koeppen Andersch als einen »Freund der Fahnenflüchtigen aus allen Heeren der Welt in den bitteren Jahren des verfluchten Krieges« verehrte und in ihm, ebenso wie in Hans Werner Richter, »Überlebende der wahrhaft verlorenen Generation junger Schriftsteller der Hitlerzeit« sah.[933]

Zwischen Andersch und Koeppen gibt es eine Reihe von Parallelen – und nachdem Koeppen die *Kirschen der Freiheit* und umgekehrt Andersch das *Treibhaus* gelesen hatte, ergab sich in den Fünfzigerjahren eine intensive Verbindung zwischen den beiden.[934] Koeppen war acht Jahre älter. Generationell wurden beide durch die hochpolitisierten Krisenjahre der Weimarer Republik und das ›Dritte Reich‹ geprägt.[935] Hier liegen die Wurzeln ihrer Weltsicht und ihres künstlerischen Antriebs. Aus dieser Prägung ergab sich aber auch eine ge-

---

[928] K. Krauter, Sozialisten in der Adenauer-Zeit, 1986, S. 146 f.; A. Klönne, Linkssozialisten, 2010, S. 94 f.
[929] G. & H. Häntzschel, Koeppen, 2006, S. 50.
[930] W. Koeppen, Gesammelte Werke, 6, 1986, S. 393. – Der Text erschien zuerst 1983.
[931] S. Reinhardt, Andersch, 1990, S. 240 f.
[932] Im Mai 1955 war Koeppen in Hamburg: Wolfgang und Marion Koeppen, 2008, S. 106 f.
[933] W. Koeppen, Gesammelte Werke, 6, 1986, S. 391–396, hier S. 391.
[934] V. Wehdeking, Andersch, 1983, S. 75 f.
[935] V. Wehdeking, Andersch, 1983, S. 13; U. Reinhold, Andersch, 1988, S. 12; S. Reinhardt, Andersch, 1990, S. 12 f.

wisse Ambivalenz, weil beide Gruppen und Kreise studiert hatten, die zur Radikalität neigten: links, rechts, manchmal beides – und weil beide auf das ›Dritte
Reich‹ mit einer Art Rückzug, mit Innerlichkeit und Fatalismus reagiert hatten.
Eine weitere Gemeinsamkeit war, dass Koeppen und Andersch die Schule bereits mit vierzehn Jahren verlassen haben – auch weil sie aus Familien stammten,
die nach konventionell-bürgerlichen Maßstäben inzwischen deklassiert waren.
Beide mussten sich mit schwierigen Vaterfiguren auseinandersetzen: Koeppen
mit dem abwesenden Augenarzt in Greifswald, der die Vaterschaft leugnete; Andersch mit einem rechtsradikal gewordenen Offizier des Ersten Weltkriegs, der
in München nach langem Siechtum verstarb.

Aus dem Elend und der autoritär-konservativen Atmosphäre ihrer Adoleszenz
flüchteten sich Koeppen und Andersch in die Welt der Bücher – was sich im
Nationalsozialismus noch intensivierte. Weil ihnen wegen fehlender Schulab-
schlüsse die Universität verschlossen blieb, waren beide zudem ihr Leben lang
Autodidakten. Früh hatten sie verinnerlicht, Außenseiter zu sein, und mehr
oder weniger bewusst (oder stolz) bekannten sie sich zu ihrem Außenseitertum.
In politischer Hinsicht sympathisierten sie mit einem undogmatischen Linkssozialismus, wovon im ›Kalten Krieg‹ aber nur der melancholisch verdüsterte
Traum einer Synthese von Freiheit, Humanismus und Sozialismus übrig blieb.
Beide liebten sie die Werke von Thomas Mann[936], beide schätzten aber auch
Ernst Jünger und andere Autoren des soldatischen Nationalismus. Schließlich
waren sowohl bei Koeppen als auch bei Andersch die Fünfzigerjahre die literarisch kreativste und produktivste Phase ihres Lebens – und das obwohl beziehungsweise gerade weil sie die politische Entwicklung der Bonner Republik kritisch begleiteten.[937] Im Jahr 1948 benutzte Andersch den Ausdruck »Sinn für
wildes Blühen« als ein Symbol für Freiheit und Demokratie.[938] Fünf Jahre später diente Koeppen die Treibhaus-Metapher zur Beschreibung aller Fehlentwick-
lungen in der westdeutschen Politik und Gesellschaft.

Als sie sich persönlich kennenlernten, war Alfred Andersch gerade beim *Süddeutschen Rundfunk* Leiter der Redaktion für den Radio-Essay geworden, einem
jener Rundfunkphänomene der Nachkriegszeit, bei dem Literatur, Rundfunk
und Zeitkritik eine symbiotische Beziehung eingegangen waren. Auch wenn
die Sendungen zum Kulturprogramm zählten, waren sie »eminent politisch«.[939]
Schriftsteller wurden hier zu öffentlichen Intellektuellen, weil sie mit Essays und

---

[936] V. WEHDEKING, Andersch, 1983, S. 2–8 und S. 22.
[937] V. WEHDEKING, Andersch, 1983, S. 66 f.
[938] V. WEHDEKING, Andersch, 1983, S. 13.
[939] A. WARNER, Radio-Essays, 2007, S. 9. – Zum »Radio-Essay« des *Süddeutschen Rundfunks*:
M. LIEBE, Andersch, 1990, E. LERSCH, Redaktion »Radio-Essay«, 1995. – Zum Phänomen Kulturradio: M. BOLL, Nachtprogramm, 2004; I. SCHEFFLER, Schriftsteller im NWDR, 2005.

Features ein publizistisches Ausdrucksmittel für sich entdeckten, das sie zu »einer literarischen Kunstform unter funkspezifischen Bedingungen«[940] entwickelten (und das zudem sehr gut bezahlt wurde).[941] Zu den Autoren gehörten unter anderen Hans Werner Richter, Heinrich Böll, Walter Jens und Wolfgang Hildesheimer; Anderschs Assistent in der Stuttgarter Redaktion war der junge Hans Magnus Enzensberger.

Wolfgang Koeppen wiederum wurde zwischen 1955 und 1958 einer der produktivsten Radio-Essayisten. Der Redaktionsleiter Andersch förderte den frei schaffenden Schriftsteller, wo er nur konnte, durch Buchbesprechungen und mehrere Reisen, über die Koeppen ausführlich Bericht erstattete. Eine ähnliche Förderung ließ Andersch Arno Schmidt zukommen, der über Karl May und James Fennimore Cooper referierte. Andersch gab dem öffentlich-rechtlichen Rundfunk »eine dezidiert mäzenatische Funktion«.[942] In Koeppens Worten: Andersch verstand die »Sendeanstalten als Überlebenskassen für schon wieder verrufene Schriftsteller«.[943] In vier Jahren lieferte Koeppen knapp ein Dutzend große Beiträge ab – Siegfried Unseld oder Marcel Reich-Ranicki hätten sich später über eine vergleichbare Produktivität sicher gefreut. Vier von Koeppens Texten wurden parallel in *Texte und Zeichen* veröffentlicht, einer von Andersch herausgegebenen Literaturzeitschrift, die eine »große, sehr vornehme, sehr abgehobene Vierteljahreszeitschrift auf der Vittorini-Beckett-Borges-Faulkner-Koeppen-Ebene« zu sein beanspruchte.[944]

Koeppens Essays sind auch deshalb bemerkenswert, weil die Texte nicht unbedingt als radiokompatibel gelten können. Die Manuskripte waren lang – so lang, dass die fertig produzierten Sendungen zwei bis drei Stunden dauerten und meist bis Mitternacht liefen. Die komplizierten Texte strotzten vor Anspielungen und Assoziationen, die ein breites Wissen ebenso voraussetzten wie hohe Konzentration. Hinzu kam, dass es sich um Monologe handelte, was im Radio einen eintönigen Klang haben kann. Koeppen war ja kein Reporter; er nahm kein einziges Interview auf Band auf, deshalb gab es in seinen Essays auch keine O-Töne oder Zitate außer Anspielungen auf Dichter und Künstler. Die Redaktion des *Süddeutschen Rundfunks* war gewillt, aus dieser Not eine Tugend zu machen, indem sie den experimentellen Charakter des Formats herausstellte. Das belegt eine Werbebroschüre aus dem Jahr 1957, mit der eine Sendung Koeppens

---

[940] M. Liebe, Andersch, 1990, S. 7.
[941] A. Warner, Radio-Essays, 2007, S. 53.
[942] A. Warner, Radio-Essays, 2007, S. 58–61, hier S. 60. – Vgl. U. Reinhold, Andersch, 1988, S. 91–93; S. Reinhardt, Andersch, 1990, S. 8, 258 und 264 f.
[943] W. Koeppen, Gesammelte Werke, Band 6, 1986, S. 393.
[944] Andersch an Enzensberger, 1. November 1961; zitiert nach: C. Hu, Vom absoluten Gedicht, 2004, S. 198.

angekündigt wurde und bei der die konsequente Kleinschreibung Ausdruck des
avantgardistischen Konzepts war:

> wenn das wort nonkonformist überhaupt noch einen sinn hat, dann ist wolfgang
> koeppen einer, und er ist es vielleicht weniger aus politischer überzeugung als aus
> künstlerischer sensibilität, aus gerechtigkeitsliebe und aus sinn für guten stil. [...] lei-
> der handelt es sich bei [seinem reisebericht aus russland, b.w.] um ein wahres ungetüm
> von sendung, denn der autor übergab uns freundlich lächelnd 115 manuskriptseiten
> und empfahl sich. So müssen wir also unsere hörer bitten, [...] von 20 uhr an am ap-
> parat zu bleiben – wie lange? wir wissen es nicht. wir wissen nur, daß wir die zumu-
> tung, die in der länge dieser sendung liegt, mit ihrer qualität rechtfertigen können.[945]

In Anderschs Auftrag unternahm Koeppen ausgedehnte Reisen in verschiedene
Länder, über die er anschließend im Rundfunk berichtete. Der Sender bezahlte
die Reisen, Kost und Logis sowie ein beachtliches Honorar für die (immer wieder verspäteten) Manuskripte. Der Verleger Henry Goverts, der seinerseits seit
längerem auf einen neuen Roman Koeppens wartete, ließ die redigierten Radio-Essays zwischen 1958 und 1961 als Reisebücher veröffentlichen. In der
Koeppen-Rezeption herrschte daher lange die Auffassung, die Reiseberichte *erstens* als Flucht vor dem nächsten Roman-Projekt zu bewerten und sie *zweitens*
für unpolitisch zu halten – und sie aus beiden Gründen nicht besonders zu
schätzen.[946] Allerdings hatten Koeppens Berichte aus Spanien, den Vereinigten
Staaten oder der UdSSR nicht nur einen sehr literarischen Charakter, sondern
zugleich einen stark politischen Subtext.[947] Damit zeigte sich dieselbe Doppelstruktur von politischer Zeitkritik und literarischer Form, wie sie auch die drei
Nachkriegsromane auszeichnet.[948]

Koeppens Reiseberichte waren eminent politisch: Da reiste ein westdeutscher
Schriftsteller, der einen umstrittenen Parlamentsroman geschrieben hatte, im
September 1955 einen Monat lang in das international vergleichsweise isolierte
Spanien – in ein Land, das trotz der national-autoritären Militärdiktatur Fran-
cisco Francos mit den USA verbündet war.[949] Amerikanische Matrosen fielen
dem Spanien-Reisenden immer wieder auf; in Koeppens Bericht erscheinen sie
als »Verteidiger Francos und Europas«[950] sowie als reiche Eindringlinge aus dem

---

[945] Zitiert nach: A. WARNER, Radio-Essays, 2007, S. 64.

[946] D. ERLACH, Zeitkritischer Erzähler, 1973, S. 185–188; U. GREINER, Geschichte eines Misserfolgs, 1976, S. 10 f.; S. EGGERT, Koeppen, 1998, S. 70. – Dass zu diesem Missverständnis die positiven Rezensionen der Reiseberichte beigetragen haben, betont: W. ERHART, Koeppen, 2012, S. 167.

[947] O. LORENZ, Öffentlichkeit der Literatur, 1998, S. 234 f.; G. & H. HÄNTZSCHEL, Koeppen –
»Romanfigur«, 2006, S. 127; A. WARNER, Radio-Essays, 2007, S. 69–71.

[948] C. HAAS, Koeppen, 1998, S. 98 f.; W. ERHART, *Nach Rußland* – Kommentar, 2007, S. 410;
DERS., Koeppen, 2012, S. 158.

[949] A. WARNER, Radio-Essays, 2007, S. 138–141.

[950] W. KOEPPEN, Werke, Band 8: Nach Rußland, 2007, S. 32.

Kapitalismus. Ungeachtet der fundamentalen innenpolitischen Unterschiede verdankten sowohl Spanien als auch die Bundesrepublik ihre diplomatische Rehabilitierung dem geostrategischen Paradigmenwechsel des Ost-West-Konflikts, insbesondere nach dem Korea-Krieg. Im westdeutschen Kontext war Koeppens Reise daher alles andere als unpolitisch, nachdem die Bundesrepublik kurz zuvor in die Nato aufgenommen worden war. Während die Bundesregierung Adenauers damit ihr wichtigstes außenpolitisches Ziel endlich erreicht hatte, hatten Koeppens Eindrücke aus einem Land, in dem ein im 19. Jahrhundert geborener Diktator seine Macht auf das Militär, die katholische Kirche und einen rabiaten Antikommunismus stützte, eine ziemlich provokante Note. Dies galt umso mehr, als die deutsch-spanischen Beziehungen noch unter dem Eindruck des Bürgerkriegs standen, in dem die Wehrmacht auf Seiten der antirepublikanischen Putschisten interveniert hatte. Die um ihre Reputation bedachte Bonner Republik konnte es sich nicht erlauben, gute Beziehungen zu einem Regime zu unterhalten, das als spätfaschistisch galt, zumal Spanien ein Refugium von ehemaligen SS-Angehörigen und mutmaßlichen Kriegsverbrechern war.[951]

Ein die westdeutsche Öffentlichkeit herausfordernder Charakter kennzeichnete erst recht den Radio-Bericht über die Reise, die Koeppen im Juni 1957 in die UdSSR unternahm, mit einer offiziellen Einladung des sowjetischen Schriftstellerverbandes. Aber selbst die Reisepläne, die nur erwogen, nicht verwirklicht wurden, hatten einen politischen Subtext. So wurde eine Reise nach Ägypten im November 1956 unter dem Eindruck der Suezkrise[952] vom *Süddeutschen Rundfunk* abgesagt – zu Koeppens großem Bedauern, wie er Andersch wissen ließ: »In Kairo ist das Zentrum des Aufstandes der mohammedanischen arabischen Welt, in Kairo brechen drei Jahrhunderte europäischer christlicher technischer Vorherrschaft zusammen. Wahrscheinlich entscheidet sich nun dort auch die Tragödie Israels.«[953]

In seinen literarischen Reiseberichten versuchte Koeppen, sich den bipolaren Diskurs-Regeln des ›Kalten Krieges‹ zu entziehen, denen er programmatisch das Mantra der Persönlichkeit des Schriftstellers sowie der Autonomie der Kunst entgegensetzte. Groß war sein Distanzierungswunsch auch gegenüber ›gewöhnlichen‹ Reisenden in einer Frühphase des Massentourismus. Als »unzeitgemäße[r] Individualist«[954] suchte er in Spanien das genuin Spanische, und es verdross ihn, dass dort dieselben Waren angeboten wurden, »wie man sie

---

[951] B. Aschmann, »Treue Freunde…«?, 1999; W. Lehmann, Bundesrepublik und Franco-Spanien, 2006.

[952] Zum weltpolitischen Hintergrund: T. Freiberger, Allianzpolitik in der Suezkrise, 2013.

[953] Koeppen an Andersch, 27.11.1956; zitiert nach: W. Erhart, *Nach Rußland* – Kommentar, 2007, S. 405.

[954] W. Koeppen, Werke, Band 8: Nach Rußland, 2007, S. 12.

in Paris, in London und in Düsseldorf kaufen kann«.[955] Zu dieser kapitalismuskritischen Haltung kam hinzu, dass Koeppen ein apokalyptisches Szenario des Ost-West-Konflikts zeichnete. Er deutete die Fünfzigerjahre als neue Vor- oder Zwischenkriegszeit, als Vorgeschichte eines Dritten Weltkriegs.[956] Damit wiederholten die Reiseberichte in aktualisierter Form die Themen und Motive von Koeppens Romanen. Wie in der Nachkriegs-Trilogie ging es in allegorischer, ästhetisierter Form um die Themen Nationalismus, Militarismus und Faschismus; um die jüngste Vergangenheit, um Fragen von Kontinuität und Kollaboration – um seine Vorbehalte gegenüber der Nato, dem ›Abendland‹ und der Westbindung sowie um seine Zweifel am demokratischen Neubeginn in Bonn. Entsprechend flanierte der Reisende in Madrid, einer »künstlichen«, durch königlichen Befehl geschaffenen Hauptstadt[957], an den Cortes vorbei, »dem parteilosen Parlament, einem kleinen Säulenbau ohne Bedeutung«, hinter dem ein deutsches Lokal liegt, in dem sich alte Nazis treffen, die 1945 in Spanien gestrandet sind.[958] So gesehen, war auch das *Treibhaus* eine Art *Sentimental Journey* durch Bonn und die frühe Bundesrepublik.

Der Spanien-Essay wurde im April 1956 knapp drei Stunden lang gesendet, ein Jahr später wurde ein Teil davon in der *Süddeutschen Zeitung* gedruckt[959], und im Jahr darauf erschien er als Buch unter dem Titel *Ein Fetzen von der Stierhaut*. Wie bei Koeppen üblich wurden die Unterschiede zwischen Vergangenheit und Gegenwart bewusst verwischt, im spanischen Fall zudem die Grenzen zwischen Morgenland und Abendland, zwischen Katholizismus und Islam, zwischen Europa und Amerika. Auch auf den Bürgerkrieg und Francos Diktatur kam der Bericht mehrfach zu sprechen. Zwar werde das Land ruhig gehalten, aber »[a]uch Bomben sind ruhig, solange der Funke nicht in die brisante Seele schlägt«.[960] In Barcelona erscheinen dem Besucher die Männer auf der Rambla, als würden sie eine Szene von der antiken Polis zu Aufführung bringen: »Männer stehen im Gespräch, Männer sitzen in Gruppen unter den Bäumen. Sie debattieren. Ihre Gesten sind ausdrucksvoll und doch von gemessener Würde. Dieser könnte Demosthenes sein. Jener Kleon, der Gerber. So bildeten sich einst Parteien. So wurden Tyrannen gestürzt.«[961] Doch der politische Konjunktiv wird durchbrochen durch die Realität der Gegenwart: Die Spanier reden nur über Fußball oder Radsport; immer sind Polizisten unter ihnen »wie

---

[955] W. KOEPPEN, Werke, Band 8: Nach Rußland, 2007, S. 26.
[956] A. WARNER, Radio-Essays, 2007, S. 123.
[957] W. KOEPPEN, Werke, Band 8: Nach Rußland, 2007, S. 10.
[958] W. KOEPPEN, Werke, Band 8: Nach Rußland, 2007, S. 45.
[959] Artikel »Der Schriftsteller, der Stier und der Tod«; SÜDDEUTSCHE ZEITUNG vom 13./14. April 1957.
[960] W. KOEPPEN, Werke, Band 8: Nach Rußland, 2007, S. 11.
[961] W. KOEPPEN, Werke, Band 8: Nach Rußland, 2007, S. 18 f.

die Katze unter den Mäusen«. Nicht von ungefähr beschwerte sich der spanische Generalkonsul beim Intendanten des *Süddeutschen Rundfunks*.[962] Koeppens Spanien-Essay hatte zudem eine Art Motto:

> Hier ruht die eine Hälfte Spaniens; sie starb durch die andere Hälfte. Das ist ein Grabspruch. Der Grabspruch eines spanischen Satirikers. Mariano José de Larra wurde nur achtundzwanzig Jahre alt. Er erschoß sich im Lande der vielen Denkmäler des Cervantes, des Don Quijote und des Sancho Pansa.[963]

Dieser markante Satz, den die Hörer und Leser als Anspielung auf das Schicksal der spanischen Republik in den Dreißigerjahren verstehen konnten, war ein Zitat des Journalisten und Schriftstellers Mariano José de Larra. Der hatte sich 1837 erschossen – wegen einer unglücklichen Liebe und zerfressen vom Pessimismus angesichts der politischen Zustände nach der Restauration der Bourbonen.[964] Larra gehörte mithin zum europäischen Vormärz, und so erscheint er als eine Art iberischer Keetenheuve. Das Zitat aus Koeppens Spanien-Essay war jedoch insofern anachronistisch, als nicht weiter erläutert wurde, wer der erwähnte Dichter war, Koeppen ihn also bewusst dekontextualisierte: Das Publikum konnte und sollte genauso gut meinen, es handele sich um einen Spanier aus dem 20. Jahrhundert.

Demgegenüber ist Koeppens Russland-Essay, der im November 1957 gesendet wurde, das Dokument einer skrupulösen Suche nach einem eigenen Standpunkt. Das begann schon mit der Beschreibung des Kuverts, mit dem die Einladung des sowjetischen Schriftstellerverbandes Koeppen erreicht hatte: »›Botschaft der UdSSR in BR‹ hieß der Stempel. Das BR war unsere Bundesrepublik.«[965] Auch wegen dieser Details, die der Selbstvergewisserung des Autors dienten, handelte es sich um einen der längsten Essays, die wohl je im Radio liefen: 190 Minuten lang, mit Pausen ausgestrahlt von 20.00 bis 23.30 Uhr. Koeppens Reisebericht aus Russland wurde sein bekanntester Radiobeitrag, den auch der *Hessische* sowie der *Norddeutsche Rundfunk* in ihr Programm übernahmen.[966]

---

[962] »Herr Koeppen, Schriftsteller niedrigster Kategorie, unwissend und mittelmäßig, hat alle gewöhnlichen Ausdrücke der spanienfeindlichen, schwarzen Legende und alle Vorurteile, die seine Phantasie gegen unser Land […] gespeichert hat, herausgeschleudert«, schrieb Federíco Oliván am 25. Juni 1956: Es sei »nicht möglich, mehr Dummheiten und Unsinn über Spanien zu schreiben«. Der Intendant des *Süddeutschen Rundfunks*, Fritz Eberhard, der als Sozialdemokrat während des ›Dritten Reichs‹ im Exil gewesen war, beschied den Diplomaten unbeeindruckt: »Ein Kunstwerk können Sie nicht berichtigen.« Zitiert nach: G. & H. Häntzschel, Koeppen – »Romanfigur«, 2006, S. 127.
[963] W. Koeppen, Werke, Band 8: Nach Rußland, 2007, S. 9. – Vgl. A. Warner, Radio-Essays, 2007, S. 82 f.
[964] S. Zantop, Heine und Larra, 1988, zur Metaphorik: S. 129 und 138.
[965] W. Koeppen, Werke, Band 8: Nach Rußland, 2007, S. 104.
[966] A. Warner, Radio-Essays, 2007, S. 143 f.; W. Erhart, *Nach Rußland* – Kommentar, 2007, S. 409.

Dem Anspruch künstlerischer Autonomie gemäß kam es Koeppen auf größt-
mögliche Eigenständigkeit an. Er wollte weder in den antikommunistischen
Chor des ›Kalten Krieges‹ einstimmen, noch hatte er irgendein Interesse daran, die Sowjetunion zu verharmlosen. Russland begegnete er mit einer eher romantischen Mischung aus biographischen Erinnerungen an Ostpreußen und
der Lektüre von Dostojewskij und Tolstoj. Den ›sozialistischen Realismus‹, das
Leitbild für Kunst und Literatur, hielt er für veraltet und von archivalischem
Interesse. Überhaupt betrachtete er den Kollektivismus mit Grauen. So betrauerte Koeppen die Gleichförmigkeit, den Konformismus der Städte, Häuser
und Menschen, als er Stalingrad besuchte (und »Angst vor dieser Stadt« bekun-
dete[967]) oder nach Sotschi kam (das »Stalingrad der Erholung«).[968] Die Sowjetunion sei ein »verriegeltes, ein dreimal vermauertes Land«, in dem der »schlechte
Geschmack eines Diktators« zum allgemeinen Gesetz erhoben worden sei.[969]
Koeppen sah mit Staunen, dass sich im Alltag der sozialistischen Gesellschaft
viel Gleichheit zeigte, aber er fand das Essen, die Musik und das Kulturleben
fad und lieblos, ja kleinbürgerlich. Anerkennend schrieb er, dass »sehr viel Idealismus im Reich des Materialismus« herrsche, dennoch ärgerte er sich, »daß dieses große, liebenswerte Land so brav, so puritanisch, so konformistisch war«.[970]
In der UdSSR wurde der Text des Russland-Essays übrigens nicht publiziert.[971]

Sogar im ›Kalten Krieg‹ suchte Koeppen nach Ambivalenzen. Er sah im real
existierenden Sozialismus keine Alternative zur westlichen Lebensweise. Im westdeutschen Kontext wiederum wollte er kein Antikommunist sein. Sich im Osten nicht umzusehen hielt er für »provinziell«, selbst wenn »für den beschränkten
Verstand einiger Leute gleich ein sowjetischer Propagandist« sei, wer nach Moskau fahre.[972] In der Sowjetunion hingegen fühlte sich Koeppen fremder als andernorts in der Ferne, ständig unter Beobachtung und wie auf dem Präsentier-
teller. Zugleich fand er die Einseitigkeit der russischen Zeitungen langweilig, das
Land nicht anregend. Als er in Moskaus Buchhandlungen kein einziges Buch aus
der Bundesrepublik entdeckte, wohl aber Verlage aus der DDR, registrierte er
mehrfach bedauernd: »Mitteldeutschland vertritt hier allein die deutsche Literatur und den deutschen Geist; es vertritt sie vor dem Forum der halben Welt.«[973]

---

[967] W. Koeppen, Werke, Band 8: Nach Rußland, 2007, S. 177: »Ich wollte Stalingrad nicht sehen,
ich hatte Angst vor dieser Stadt, Angst vor dem Namen, Angst vor der Tragödie, vor dem Verhängnis, vor der Legende, aber nun lag Stalingrad vor mir, lag in drückender Schwüle unter einem beinahe schwarzen Himmel, unter einer Wolke, die nicht Regen, sondern Staub barg und wie ein allzu
schweres Zudeck die Stadt in Hitze und Fieber hielt.«

[968] W. Koeppen, Werke, Band 8: Nach Rußland, 2007, S. 186.

[969] W. Koeppen, Werke, Band 8: Nach Rußland, 2007, S. 203.

[970] W. Koeppen, Werke, Band 8: Nach Rußland, 2007, S. 193.

[971] A. Warner, Radio-Essays, 2007, S. 158.

[972] W. Koeppen, Werke, Band 8: Nach Rußland, 2007, S. 122.

[973] W. Koeppen, Werke, Band 8: Nach Rußland, 2007, S. 133.

Bei einer Diskussion der *Literaturnaja Gazeta* erklärte Koeppen auf die Frage, was die westdeutschen Schriftsteller vom Krieg hielten, sie hielten »nichts von Heeren und nichts von Rüstungen auf aller Welt, sie lieben keine Staaten und keine Grenzen, und sie möchten, daß in einer friedlichen Welt der Freiheit und der Freizügigkeit ein jeder nach seiner Façon selig werden und schreiben könne« (wobei diese Schriftsteller ihn gar nicht beauftragt hätten, in ihrem Namen zu sprechen).[974] Belustigt berichtete Koeppen anschließend, wie sehr er das Moskauer Publikum provoziert habe, als er sich zu Joyce, Proust, Kafka, Faulkner und insbesondere zu Dostojewskij bekannt habe. Gegenüber der *Literaturnaja Gazeta*, welche »die Staatsmacht in allen literarischen Fragen vertrat«, habe er in Russland »die Partei der Avantgarde genommen«.[975] Indem er diese Szenen im westdeutschen Kulturradio schilderte, unterlief Koeppen ein ums andere Mal bewusst die Regeln des Ost-West-Konflikts. Den ›Eisernen Vorhang‹, die »große gefährliche Chimäre unserer Zeit«, wie er meinte[976], deutete Koeppen – stark literarisiert und in allegorischer Form wie immer, hier mit Bezug auf Dante – zu einem einfachen »Warnschild« um:

> Es gibt Leute, die mich schelten werden. Aber hat Dante nicht die Einladung in die Hölle angenommen? Und die Hölle auf Erden? Ist sie ein geographisch zu erfassender Ort, ein begrenztes Territorium? Gibt es irgendwo ein Schild: Hier beginnt die Hölle, hier endet das Paradies? Und wenn es dieses Schild geben sollte – wer hat es aufgestellt? Darf man ihm trauen? Ich halte nichts von Schildern. Ich reiste in die Sowjetunion.[977]

8.3 Linke Intellektuelle: Schriftsteller in der westdeutschen Öffentlichkeit und Koeppens ›Schweigen‹

1967 redete der SPD-Politiker Horst Ehmke wie ein Indianer. Dieser Vergleich stammt von Hans Magnus Enzensberger, demzufolge dort, »wo man deutsch spricht«, Politiker und Literaten »seit eh und je miteinander verfeindete Indianerstämme« seien.[978] Wenn Enzensberger dabei nicht nur an Heine, Börne und den Fürsten Metternich gedacht hat[979], sondern wenn das auch für die Große Koalition in Bonn gelten sollte, zählte Ehmke zu dem einen Clan. Immerhin war er Staatssekretär im Bundesjustizministerium, als er sich bei Hans Werner

---

[974] W. KOEPPEN, Werke, Band 8: Nach Rußland, 2007, S. 141.
[975] W. KOEPPEN, Werke, Band 8: Nach Rußland, 2007, S. 140 (erstes Zitat) und 143 (zweites Zitat).
[976] W. KOEPPEN, Werke, Band 8: Nach Rußland, 2007, S. 106.
[977] W. KOEPPEN, Werke, Band 8: Nach Rußland, 2007, S. 105. – Vgl. A. WARNER, Radio-Essays, 2007, S. 148.
[978] H. M. ENZENSBERGER, Macht und Geist, 1988, S. 207.
[979] Dass sich gerade Schriftsteller untereinander aufs Heftigste entzweien können, belegt die von Enzensberger bearbeitete Edition: BÖRNE UND HEINE, 1986.

Richter beklagte.[980] Dem Mentor der Gruppe 47 erklärte Ehmke seine Unzufriedenheit über »die zunehmende Manie« der Schriftsteller »in Sachen Tagespolitik«. Statt schlaue Ratschläge zu erteilen, sollten sich die Autoren wieder
mehr »in die Bücher« verlegen, maulte Ehmke, zumal ihre Hinweise »nicht immer von Sachkenntnis getrübt« seien. Überliefert hat diesen Rüffel ausgerechnet
Günter Grass, der immer wieder versucht hat, Ehmke zu überzeugen, wie nützlich der Austausch mit Schriftstellern sei. An einem anderen Abend im Herbst
1967 wurde jedenfalls kräftig diskutiert. »Irgendwann gegen Morgen«, erinnerte
Grass Ehmke später, »zwischen drei und vier Uhr, fragte ich Dich nach dem
Stand der Untersuchungen in Sachen Schützenpanzer HS 30«. Außer Ehmke
und Grass waren noch der Schriftsteller Paul Schallück sowie Bundesjustizminister Gustav Heinemann beteiligt. Im Anschluss schrieb der Autor der *Blech-*
trommel dem Staatssekretär einen ausführlichen Brief ins Ministerium – als
»kleine Gedächtnisstütze« auf vier mit Schreibmaschine getippten Seiten.

Verfeindete Indianerstämme führen sich anders auf. Allerdings ist das eine
hübsche Vorstellung: Grass und Ehmke (beide aus Danzig und mit großem
Selbstbewusstsein gesegnet), wie sie in Brandts Büro die Friedenspfeife rau-
chen und sich dann wieder an die Arbeit machen. Vielleicht schauten Egon
Bahr, Klaus Harpprecht oder Günter Gaus zur Tür herein, allesamt frühere
Politikjournalisten, die inzwischen Willy Brandt und die SPD unterstützten.[981]
Wenn man auf die späten Sechziger- und frühen Siebzigerjahre schaut, kann
sich jedenfalls der Eindruck aufdrängen, da seien beste Freunde am Werk gewesen. Für die Meinung, dass das Verhältnis von Politik und Literatur »in der Geschichte der Bundesrepublik nie so eng wie in der Ära Brandt« war[982], muss man
nicht einmal an die Zensurpolitik des 19. Jahrhunderts erinnern oder, schlim-
mer noch, an die Bücherverbrennung der Nazis.[983]

Im Engagement einiger Autoren der Gruppe 47 für die SPD zeigte sich, dass
viele Schriftsteller und Intellektuelle in der Bundesrepublik angekommen waren, wie es der Historiker Dominik Geppert namentlich am Beispiel Richters
beschrieben hat.[984] Auf die ›Restaurations‹-Kritik folgten seit Mitte der Fünfzi-

---

[980]   Die Zitate stammen aus einem Brief von Grass an Ehmke vom 8. November 1967, sie sind also
eine Wiedergabe durch den Schriftsteller: BRANDT UND GRASS: BRIEFWECHSEL, 2013, S. 837–840.
[981]   »[W]ir mögen uns nur teilweise«, schrieb Grass 1972 über das Miteinander in der Sozialdemokratischen Wählerinitiative: »Sobald [Kurt] Sontheimer, [Arnulf] Baring, [Günter] Gaus, Jä-
ckel d[er] Ä[ltere] [gemeint ist Eberhard Jäckel] und ich auf Ehmke und [Erhard] Eppler (die beide Minister sind) stoßen, beginnen sich schon oder bald Vierzigjährige mit Worten einzureißen«.
G. GRASS, Tagebuch einer Schnecke, 1997 [1972], S. 54.
[982]   D. MÜNKEL, Trommeln für die SPD, 2011, S. 190.
[983]   V. WEIDERMANN, Buch der verbrannten Bücher, 2008.
[984]   D. GEPPERT, Von der Staatsskepsis, 2008, S. 47, vertritt die These, »dass letztlich das Politische
von größerer Bedeutung für die Gruppe 47 war als die Literatur oder das Geschäft […]. Insofern
war das gemeinsame ›links sein‹ ein Ersatz für das fehlende literarische Programm.«

gerjahre Proteste und Manifeste sowie anschließend die Wahlkampfhilfe für die SPD. Zwar sahen sich viele Schriftsteller weiterhin in der Opposition gegen Adenauer und die CDU. Gleichzeitig aber waren sie im westdeutschen Staat insofern heimisch geworden, als sie sich für dessen Reform und eine Erneuerung der Verhältnisse einsetzten. Anders als Keetenheuve im *Treibhaus* wählten sie nicht die Resignation. Während der vierzehn Jahre der Weimarer Republik hatte es eine derartig glückliche Dialektik von Konsens und Kritik, von Stabilität und Opposition, von Politik und Literatur nicht gegeben. Auch Enzensberger sieht das so: »Im Grunde ist die Bundesrepublik Deutschland ja nicht 1949, sondern ungefähr 1962 oder 1963 gegründet worden, ganz ohne Proklamationen und Feierstunden«, schrieb er ein halbes Jahrhundert später: »Damals hatte sich die Mehrheit ihrer Bewohner mit der Demokratie abgefunden oder sogar angefreundet.«[985]

Wolfgang Koeppen nahm am parteipolitischen Engagement allenfalls am Rande teil. Ohne seinen Beitrag kam etwa das 1961 bei Rowohlt von Martin Walser herausgegebene, von Richter initiierte Wahlbuch *Die Alternative oder Brauchen wir eine neue Regierung?* zustande.[986] 21 Schriftsteller und Intellektuelle steuerten je einen Text bei, darunter Grass, Enzensberger, Martin Walser und Siegfried Lenz, auch Erich Kuby, Axel Eggebrecht und Carl Amery – nicht aber Koeppen. Den Autoren ging es nicht um die Vollbeschäftigung auf dem Arbeitsmarkt oder die Westintegration; weder die Außenpolitik noch die Berlinkrise spielten eine Rolle.[987] Die Autoren der *Alternative* protestierten vielmehr gegen die drohende Atombewaffnung der Bundeswehr und die vermeintliche Klerikalisierung der Gesellschaft – gegen politische Streitthemen also, die schon im *Treibhaus* ausbuchstabiert worden waren und die immer wieder den allgemeinen »Pflichthaß auf Bonn« nährten, über den sich sogar Hans Schnier, die Hauptfigur in Bölls *Ansichten eines Clowns*, lustig macht.[988] Vor der Bundestagswahl 1961 riefen die Schriftsteller daher dazu auf, nicht (noch einmal) CDU zu wählen, sondern die SPD als »das geringere Übel« – auch weil »der junge demokratische Willy Brandt als Kanzler der Bundesrepublik sympathischer als der autokratische Urgroßvater Konrad Adenauer« sei, wie Richter meinte.[989]

Grass reiste im VW-Bus von Wahlveranstaltung zu Wahlveranstaltung, trommelte die Sozialdemokratische Wählerinitiative zusammen, in der sich neben vielen anderen Claus Hardt engagierte, und schrieb lange Briefe.[990] Brandt war ein Politiker, der sich mit Journalisten und Literaten umgeben wollte, der zu-

[985] Artikel »Die falschen Fünfziger«; Neue Zürcher Zeitung, 16./17. Juni 2007.
[986] M. Walser (Hg.), Alternative, 1961.
[987] J. Scholtyseck, Mauerbau und Deutsche Frage, 2008, S. 74.
[988] H. Böll, Kölner Ausgabe – Bd. 13, 2007 [1963], S. 66.
[989] M. Walser (Hg.), Alternative, 1961, S. 75 und 123.
[990] D. Münkel, Trommeln für die SPD, 2011; Brandt und Grass: Briefwechsel, 2013.

hören konnte und der ein »Gespür für die sprachliche Verfaßtheit politischen Handelns«[991] hatte. Ihm an die Seite stellte sich ein Schriftsteller, der mitmischen wollte, in allen Details der Partei- und Regierungsarbeit, nicht ›nur‹ in der Arena der Öffentlichkeit.[992] Parteilichkeit (im Sinne der politischen Praxis), die Suche nach Mehrheiten und Verbündeten – für den Parlamentarismus ist das elementar. Wie das Schicksal der Romanfigur Keetenheuve zeigt, schien das lange mit dem Individualismus, dem einzelgängerischen Temperament und der bohèmehaften Antibürgerlichkeit nur schwer vereinbar. Insofern war Grass' von Sympathie getragenes Leben und Leiden an und mit der SPD außergewöhnlich.[993] Sogar die berühmte Formel aus Brandts erster Regierungserklärung – »wir wollen mehr Demokratie wagen« – könnte von Grass beeinflusst worden sein.[994] Ein unzweifelhaft originaler Grass-Satz, eine bekannte Metapher aus diesen Jahren lautet, dass der Fortschritt »eine Schnecke« sei:

> Sie siegt nur knapp und selten. Sie kriecht, verkriecht sich, kriecht mit ihrem Muskelfuß weiter und zeichnet in geschichtliche Landschaft, über Urkunden und Grenzen, zwischen Baustellen und Ruinen, durch zugige Lehrgebäude, abseits schöngelegener Theorien, seitlich Rückzügen und vorbei an versandeten Revolutionen ihre rasch trocknende Gleitspur.[995]

Koeppen galt währenddessen seit den Sechzigerjahren als der ›große Schweiger‹ der deutschen Literatur. Nicht nur, dass Siegfried Unseld, Marcel Reich-Ranicki und andere vergeblich auf einen neuen Roman warten mussten. Auch zeitkritisch-publizistische Äußerungen waren von Koeppen nur in Ausnahmefällen zu vernehmen. Zwar hatte er Ende der Fünfzigerjahre einige der Aktionen unterstützt, die im Umfeld der Gruppe 47 entworfen wurden. Er unterzeichnete etwa einen Aufruf gegen die Atombewaffnung der Bundeswehr, den Richter, Amery und ihr ›Komitee gegen Atomrüstung‹ organisiert hatten. Allerdings war Koeppen keine zentrale Gestalt der Friedensbewegung der späten Fünfzigerjahre.[996] Auch zum Grünwalder Kreis gehörte der in München lebende Schriftsteller nicht.[997]

---

991 M. Kölbel, Briefe als Instrument, 2013, S. 1123.

992 Zu Grass' politischer Biographie: B. Hein, Grass, 2012.

993 W. Ferchl, »Schlüsselroman« und Artistik, 1991, S. 53; D. Geppert, Von der Staatsskepsis, 2008, S. 48.

994 Nach M. Kölbel, Briefe als Instrument, 2013, S. 1120 f., ist die Urheberschaft nicht belegt, schon gar nicht schriftlich. Sicher von Grass stammt ein Redeentwurf von Anfang Oktober 1969, in dem es heißt: »Wer kein Stillstand will, der soll mit uns für dieses Land die Reform wagen.« Der Redenschreiber K. Harpprecht, Im Kanzleramt, 2000, S. 10, nennt Grass als Urheber. K. Schlüter, Grass auf Tour, 2011, S. 23, erwähnt zudem Überlegungen der Sozialdemokratischen Wählerinitiative, ein Buch unter dem Titel »Mehr Demokratie wagen« zu publizieren.

995 G. Grass, Tagebuch einer Schnecke, 1997 [1972], S. 9.

996 H. K. Rupp, Außerparlamentarische Opposition, 1970; M. Werner, »Ohne-mich«-Bewegung, 2006; H. Nehring, Nachgeholte Stunde Null, 2008; D. Bald/W. Wette (Hg.), Alternativen zur Wiederbewaffnung, 2008; dies. (Hg.), Friedensiniativen, 2010; »Kampf dem Atomtod!«, 2009.

997 D. Geppert, Alternativen zum Adenauerstaat, 2011.

Die Diskussion über die Atombewaffnung der Bundeswehr beherrschte jahrelang die öffentliche Debatte. Als Beispiel sei die ›Göttinger Erklärung‹ genannt, mit der 1957 achtzehn renommierte Professoren der Physik und Chemie öffentlich den Verzicht auf Atomwaffen forderten.[998] Seit dem Beitritt der Bundesrepublik zur Nato wurden amerikanische Trägersysteme auf westdeutschem Boden stationiert. Adenauer und Verteidigungsminister Strauß äußerten mehrfach die Erwartung, dass auch die Bundeswehr taktische Atomwaffen bekommen solle, aus militärischen sowie aus bündnispolitischen Erwägungen. Am 28. März 1958, drei Tage nachdem der Bundestag einen Entschließungsantrag angenommen hatte, die Bundeswehr »mit den modernsten Waffen« auszurüsten, erschien in der Münchner Zeitschrift *Die Kultur* eine Erklärung, in der gegen den Parlamentsbeschluss protestiert wurde. Das in Anlehnung an die CDU-Wahlwerbung entworfene Plakat »Keine Experimente, keine Atomrüstung«, auf dem eine stilisierte Pilzwolke aus den Sitzreihen des Bundestags aufsteigt, nannte Koeppen als einen von dreißig prominenten Protestierern; sein Name stand zwischen Alfred Andersch, Richter und Hans Hellmut Kirst, Ingeborg Bachmann und Hildegard Brücher, Erich Kästner und Loriot.[999] Schon am 19. Juli 1957 gehörte Koeppen zu den Unterzeichnern einer Petition, mit der der ›Fränkische Kreis‹ den Bundestag aufforderte, auf atomare Ausrüstung zu verzichten und die Lagerung von Atomwaffen in der Bundesrepublik zu verhindern.[1000] Mit dabei waren Ernst Rowohlt und Ernst von Salomon, Hans Henny Jahnn, Ernst Fraenkel, Wolfgang Abendroth und Helmut Gollwitzer. Koeppen und seine Kollegen waren jedoch keine kleine Minderheit. Nach Meinungsumfragen waren 1958 mehr als vier Fünftel der Befragten gegen eine nukleare Ausrüstung der Bundeswehr. In der *Bild*-Zeitung schrieb Hans Zehrer: »Keine Atomwaffen für uns!«[1001]

Von den Gegnern der Protestbewegung wurde umgekehrt Koeppen diesem Lager zugerechnet – nicht als Einzelgänger, sondern als einer von vielen. Das Komitee ›Rettet die Freiheit‹, das als Reaktion auf die Anti-Atomtod-Kampagne unter anderem von dem CDU-Politiker Rainer Barzel gegründet worden war und das schrill vor kommunistischen Umtrieben warnte[1002], verzeichnete Koeppen auf einer »Renommierliste«. Darauf standen Presseorgane wie *Die andere Zeitung*, die *Deutsche Volkszeitung* oder die *Deutsche Woche*, aber auch 400 Personen des öffentlichen Lebens, in der großen Mehrzahl Professoren. Inso-

---

[998] A. Schildt, Gründe und Hintergründe, 2009; R. Lorenz, Protest der Physiker, 2011. – Vgl. M. Küntzel, Bonn und die Bombe, 1992; D. Bald, Atombewaffnung, 1994; B. Thoss, Nato-Strategie, 2006.

[999] W. Kraushaar (Hg.), Protestchronik, Band III, 1996, S. 1831 und 1834. – Vgl. H. Rupp, Außerparlamentarische Opposition, 1970, S. 163.

[1000] Petition des ›Fränkischen Kreises‹ an den Bundestag, 19. Juli 1957, in: Blaubuch, 1957, S. 20–26, hier S. 25.

[1001] Zitiert nach: A. Schildt, Protestbewegungen, 2011, S. 132.

[1002] B. Wintgens, Barzel, 2004, S. 33.

fern handelte es sich einerseits wirklich um eine Renommierliste, andererseits
erinnerte die öffentliche Denunziation an die »Machart von der Hexenjagd«,
wie Walter Henkels in Anspielung auf den amerikanischen Senator McCarthy
schrieb.[1003] Gleichsam an den Pranger gestellt wurden neben Erich Kästner und
Richter auch »Wolfgang Koeppen, Schriftsteller, München«.[1004] Mit dabei waren außerdem Rowohlt, Kirst, Kuby und Salomon.[1005]

In dieser Zeit zwischen dem öffentlichen Protest und dem Engagement einiger Schriftsteller, am 20. Oktober 1962, neun Jahre nach dem *Treibhaus*, erhielt Koeppen in der Orangerie von Darmstadt den Georg-Büchner-Preis, die
renommierteste literarische Auszeichnung der Bundesrepublik.[1006] Die Deutsche Akademie für Sprache und Dichtung, die den Preis seit 1951 verleiht[1007],
ehrte Koeppen für »ein Gesamtwerk, das sich gleichermaßen durch Mut wie
durch künstlerische Darstellungskraft auszeichnet«.[1008] Gewürdigt wurde Koeppen sowohl für die Qualität seiner Texte als auch für die Courage, sie zu veröffentlichen. Insbesondere seine Romane, heißt es im Urkundentext, seien »von
der Verantwortung des Schriftstellers« getragen, »gesellschaftliche Zustände zu
beobachten und ihre Schwächen aufzudecken«. Damit war Koeppen auf dem
Olymp der literarischen Öffentlichkeit angekommen – allerdings, wie er in seiner Dankesrede erklärte, zu seiner subjektiven »Qual«.[1009]

Um Koeppen zu loben, trat Walter Jens aufs Podium. Der damals 39jährige
Tübinger Professor für Klassische Philologie und Allgemeine Rhetorik war seit
Mai Mitglied der Akademie[1010], außerdem ein der Gruppe 47 und dem Ro-
wohlt-Verlag verbundener Kritiker und Romanautor.[1011] Auf dieser Grundlage

---

[1003] W. Henkels, Neue Bonner Köpfe, 1975, S. 33.

[1004] Verschwörung, 1960, S. 140.

[1005] H. Rupp, Außerparlamentarische Opposition, 1970, S. 297–301.

[1006] Georg-Büchner-Preis, 1978. – Vgl. J. Ulmer, Geschichte des Büchner-Preises, 2006.

[1007] Die Tradition des Preises vor 1951 soll hier nicht ausgeklammert werden: Erstmals verliehen
wurde der Georg-Büchner-Preis am 11. August 1923, dem Verfassungstag der Weimarer Republik, gestiftet vom Landtag des Volksstaates Hessen und der Stadt Darmstadt. Ausgezeichnet wurden Künstler, Schriftsteller und Komponisten aus Hessen beziehungsweise mit hessischen Bezügen
und in Erinnerung an den bei Darmstadt geborenen Büchner. Kulturpolitisch handelte es sich um
ein Projekt der sogenannten ›Weimarer Koalition‹ aus SPD, DDP und Zentrumspartei. Im ›Dritten
Reich‹ wurde der Preis nicht vergeben. Seit 1951 verleiht die Deutsche Akademie für Sprache und
Dichtung gemeinsam mit dem Land Hessen und der Stadt Darmstadt den Georg-Büchner-Preis als
reine Literaturauszeichnung mit deutlich überregionalem Anspruch, so wie die Akademie den Anspruch nationaler Repräsentation erhebt. Vgl. Georg-Büchner-Preis, 1978, S. 1–78; J. Ulmer,
Geschichte des Büchner-Preises, 2006, S. 57–166.

[1008] Hier und im Folgenden: Akademie 1962, S. 53.

[1009] »Rede zur Verleihung des Georg-Büchner-Preises 1962«, in: Akademie 1962, S. 103–110, hier
S. 104.

[1010] Akademie 1962, S. 6 f. und 56 f.

[1011] Seine frühen Romane und Novellen erschienen bei Rowohlt: W. Jens, Nein – die Welt der Angeklagten, 1950; ders., Der Blinde, 1951; ders., Vergessene Gesichter, 1952; ders., Der Mann,

wurde Jens in den kommenden Jahrzehnten zu einem Star auf dem intellektuellen Feld der Bonner Republik, stets auf der Suche nach einer Synthese von Wissenschaft, Politik und Literatur, Hauptherausgeber schließlich von *Kindlers Neuem Literatur-Lexikon*.[1012] Doch stellte dieser Walter Jens seine Laudatio auf den frisch gebackenen Büchner-Preis-Träger ausgerechnet unter das Motto der Melancholie. Koeppen und die Hauptfiguren seiner Romane, die Jens als ein einheitliches Œuvre verstand, sortierte er in »die große Schule der Schwermut«, zu der er Shakespeares Hamlet ebenso zählte wie Baudelaire.[1013] »Koeppens Helden sind Saturnier«, erklärte Jens mit Bezug auf die alte Symbolik, nach der Saturn die Stimmung verdüstere[1014], »der älteste Planet gab ihnen die Schwermut, und mit der Schwermut die Weisheit, gab ihnen Witz und Gedanken, und mit den Gedanken die Tränen.«

Jens geizte weder mit geschliffener Rhetorik noch mit großen Namen, noch mit emphatischen Lob für Koeppen, dessen Texte er mit Proust und Thomas Mann in Beziehung setzte, mit Flaubert, Sartre und Hugo von Hofmannsthal, natürlich auch mit Büchner: »Der Tod und die Melancholie, der Kampf des Ritters von der traurigen Gestalt gegen den schwarzgekleideten Schlächter, den es zu stellen, zu entlarven und in allen seinen Masken zu beschreiben gilt: das ist Koeppens großes, einziges, wahrhaft Büchnersches Thema.«[1015] Die Laudatio war überaus freundlich, immerhin waren Jens und Koeppen seit Jahren miteinander bekannt, nicht zuletzt seit beider Mitarbeit an der Gruppe-47-Zeitschrift *Die Literatur*.[1016] Die Rede war zudem dem festlichen Anlass angemessen pathetisch, wobei Jens nicht nur als Redner die Register bediente, sondern auch etwas zu sagen hatte. Feinsinnig arbeitete er Kontinuitätslinien im Gesamtwerk heraus und betonte insbesondere die atmosphärische Dichte der in den späten Fünfzigerjahren erschienenen Reiseberichte Koeppens. Dennoch war seine Interpretation eine Vereinnahmung.

---

der nicht alt werden wollte, 1955. – Zu seiner Rolle in der Gruppe 47: H. Böttiger, Gruppe 47, 2012, S. 228 f. und 265–271.

[1012] Beispielsweise: W. Jens, Statt einer Literaturgeschichte, 1957 [jüngste Neuauflage 2004]; ders., Literatur der Gegenwart, 1961; ders., Literatur und Politik, 1963; ders., Von deutscher Rede, 1969; ders., Republikanische Reden, 1976; ders., Ort der Handlung, 1981. – Vgl. U. Berls, Schriftsteller und Rhetor, 1984; J. Knape u. a. (Hg.), Jens, 2014.

[1013] Hier und im Folgenden: »Rede auf den Preisträger«, in: Akademie 1962, S. 93–102, hier S. 93.

[1014] Als kulturhistorischer Klassiker: R. Klibansky/E. Panofsky/F. Saxl, Saturn und Melancholie, 1990.

[1015] »Rede auf den Preisträger«, in: Akademie 1962, S. 93–102, hier S. 99.

[1016] Koeppen schrieb in einer Festgabe zum 65. Geburtstag von Jens, obwohl sich die beiden zu selten sehen würden, »halte ich uns für Freunde«. Seit der ersten Begegnung sei ihm der öffentliche Intellektuelle Jens zudem »einer der nächsten Menschen im Vaterland«. K. Marti (Hg.), Festgabe für Jens, 1988, o. S. – In einer Publikation zum 60. Geburtstag pries Koeppen Jens als »Rhetor deutscher Demokratie, unserer Friedensliebe«, er sei »Prediger der Vernunft, der Architekt am Prinzip Weisheit, ein gütiger und kritischer Betrachter der Literatur heute«. W. Barner/M. Gregor-Dellin/P. Härtling/E. Schmalzriedt (Hg.), Literatur in der Demokratie, 1983, S. 13.

Obwohl (oder weil) Jens Koeppens gesamtes Werk gelesen hatte, kamen dessen Gegenwartsromane, die bei der Preisbegründung ausdrücklich hervorgehoben worden waren, etwas kurz. Das Gleiche gilt für die politischen Themen, von denen diese Romane handeln – und das bei einem Literaturpreis, der in Erinnerung an den Vormärzautor Georg Büchner verliehen wurde: an den frühsozialistischen Publizisten, dessen Flugschriften 1834 das Motto trugen: »Friede den Hütten! Krieg den Palästen« und der daraufhin aus dem Großherzogtum Hessen fliehen musste[1017]; an den Dichter des Revolutionsdramas *Danton's Tod*, das die Fraktionskämpfe der Jakobiner nachempfindet und mit ihnen die Widersprüche der Revolution offenlegt; an den Schöpfer des *Woyzeck*, eines Trauerspiels von der sozialen Tragödie breiter Bevölkerungsschichten, die als strukturelles Verbrechen angeklagt wird – literarischen Stoffen zumal, die Büchner »als genialer Quellenplünderer«[1018] aus dem realen Leben gegriffen hatte.

Georg Herwegh, ein weiterer Vormärzdichter und 1848er-Revolutionär, hatte zum Andenken an den jung im Zürcher Exil gestorbenen Büchner und in Anspielung auf die schwierigen politischen Verhältnisse in Deutschland 1841 gedichtet: »Der Lorbeer will im Treibhaus nur gedeihn, / Ein freier Mann holt sich ihn aus dem Freien!«[1019] In ähnlicher Metaphorik hatte Büchner bereits 1832 aus dem nachrevolutionären Straßburg geschrieben, »die teutsche naßkalte Holländeratmosphäre ist mir zuwider, die französische Gewitterluft ist mir lieber«.[1020] Die Carmagnole schließlich, ein Revolutionslied von der Art der Marseillaise, das Büchner in Straßburg sang und zu dem in *Danton's Tod* vom Volk an der Guillotine getanzt wird[1021], kehrt im *Treibhaus* nur mehr in der alptraumhaften Phantasie vor Keetenheuves Brückensturz wieder, dargeboten von den »dürftigen Schönheiten des anderen Nachtlokals« in Bonn[1022], kurz vor dem Büchner-Schiller-Zitat[1023], mit dem das *Treibhaus* endet.

Es hätte also Anknüpfungspunkte gegeben für eine Re-Lektüre des *Treibhaus*-Romans unter besonderer Berücksichtigung Büchners, für eine Auseinandersetzung mit der politischen Tradition der deutschen Literatur oder dem

---

[1017] D. Till, Rhetorik der Revolution, 2012; M. May/U. Roth/G. Stiening (Hg.), Der *Hessische Landbote*, 2016.

[1018] H. Kurzke, Büchner, 2013, S. 290.

[1019] G. Herwegh, Lieder eines Lebendigen, 2014, S. 81. – Vgl. J.-C. Hauschild, Büchner – Studien, 1985, S. 198–200; U. Enzensberger, Herwegh, 1999, S. 79–89.

[1020] Büchner an Adolph Stoeber, 3. November 1832, gedruckt in: Georg Büchner Briefwechsel, 1994, S. 17. – Vgl. H. Kurzke, Büchner, 2013, S. 165.

[1021] G. Büchner, Sämtliche Werke: Band 1, 1992, S. 87. – Vgl. M. Selge, Marseillaise oder Carmagnole?, 1987, S. 235–240.

[1022] W. Koeppen, Werke, Band 5: Das Treibhaus, 2010, S. 183.

[1023] »Der Abgeordnete war gänzlich unnütz, er war sich selbst eine Last, und ein Sprung von dieser Brücke machte ihn frei.« – Siehe S. 15.

›Restaurations‹-Diskurs in den Fünfzigerjahren – zumal der Büchner-Preis seit 1923 einen »politisch-literarischen Doppelcharakter« hatte, die Laureaten in der Bundesrepublik als »Kritiker des politischen Felds« in der Nachfolge Büchners positioniert wurden und die Auszeichnung Koeppens den »Übergang zur end-gültigen Repolitisierung des Büchnerbildes« markierte.[1024] In einer solchen In-terpretation hatte der SPD-Oberbürgermeister von Darmstadt, Ludwig Engel, Koeppen als »Dichter des Engagements« vorgestellt, der »manchen provoziert und vielleicht auch ein bißchen aus dem Schlaf geweckt« habe.[1025] Stattdessen betonte Jens die »Partisanen der tristesse«, denen Koeppen ein Denkmal gesetzt habe: »Narren auf brüchigem Seil, Schattenkämpfer im Dienst einer verlorenen Sache, früh gealtert und von der Schwermut bestimmt.«[1026]

Resignation statt Revolution, lautete der Tenor dieser Koeppen-Interpreta-tion: Poesie statt *littérature engagée*. Koeppens Liebe gelte »dem ziellosen Trei-ben der Bohème« sowie dem Misslingen, dem Scheitern. Sein Zorn erwache »erst im Angesicht eines Bürgeridylls, das sich so gut mit dem Terror verträgt«, dann werde Koeppen zum Kritiker, zum Moralisten – wobei das Lyrische, Har-monische, Sanfte seine größeren Talente seien.[1027] Jens entschied sich für das Deutungsmuster der Melancholie, und zwar auch bei Büchner[1028], durchaus im Einklang mit einer breiten Strömung der vielstimmigen Büchner-Rezep-tion[1029], allerdings gegen die Deutung Hans Mayers, der zwischen dem Revolu-tionär und dem Literaten nicht unterscheiden wollte.[1030] Das Verbindende zwi-schen Büchner und Koeppen, das *Tertium comparationis*, war laut Jens weniger die Politik als die Melancholie. Er interpretierte Koeppen in der Tradition von Büchners Erzählungsfragment *Lenz*, in dem ein sensibler, unglücklicher Autor sich seiner Umwelt entfremdet und der Melancholie verfällt, dem Porträt eines zerrissenen Künstlers am Abgrund von Depression und Wahnsinn, dem unvoll-endet gebliebenen »Bruchstück eines Dichterlebens«.[1031] »Ich habe Anlagen zur

---

[1024]   J. Ulmer, Geschichte des Büchner-Preises, 2006, S. 175–177 und 193.
[1025]   »Begrüßungsansprache«, in: Akademie 1962, S. 91 f.
[1026]   »Rede auf den Preisträger«, in: Akademie 1962, S. 93–102, hier S. 94.
[1027]   »Rede auf den Preisträger«, in: Akademie 1962, S. 93–102, hier S. 101.
[1028]   W. Jens, Von deutscher Rede, 1967, S. 80–102.
[1029]   Für Büchner gibt es ein breites Spektrum der Interpretation, Projektion beziehungsweise Ver-einnahmung. Es reicht vom Bild des frühsozialistischen Revolutionärs über den depressiven Fata-listen bis zum ästhetizistischen Sprachkünstler. Vgl. J.-C. Hauschild, Büchner – Studien, 1985; ders., Büchner, 1993, S. XI–XIX; ders., Verschwörung für die Freiheit, 2013, S. 335–337; D. Goltschnigg, Büchner und die Moderne, 3 Bde.; hier insbesondere Bd. 2, 2002, S. 34–44; H. Kurzke, Büchner, 2013, S. 23–26 und 462–474; C. Kapraun/P. Röcken, Weltanschauung und Interpretation, 2012.
[1030]   H. Mayer, Büchner und seine Zeit, 1946. – Für eine politische Rezeption aus der Nach-kriegszeit: L. Büttner, Revolutionär und Pessimist, 1948; K. Viëtor, Büchner als Politiker, ²1950; M. Greiner, Zwischen Biedermeier und Bourgeoisie, 1953.
[1031]   J.-C. Hauschild, Büchner, 1993, S. 498.

Schwermuth«, schrieb Büchner seiner Familie.[1032] Auch im *Woyzeck* geht es um einen zerrissenen Charakter, herrscht Düsternis, wie der Büchner- und Heine-Forscher Jan-Christoph Hauschild hervorhebt: »Schwärzeren Nihilismus als hier bei Büchner findet man in der gesamten Literatur der Epoche nicht.«[1033]

Bei Koeppen ist das Deutungsmuster der Melancholie sicher nicht falsch. Unbestritten sind die zahllosen Momente der Traurigkeit, der Resignation, des Unverstandenseins, auch der Scheu anderen Menschen gegenüber, die das Handeln beziehungsweise Nichthandeln der Romanfiguren bestimmen, von seinem ersten Roman *Eine unglückliche Liebe* angefangen. Zugleich hat diese Interpretation den Nachteil, dass sie ein anderes, älteres Muster zu verschatten drohte: die Interpretation der Romane als Gegenwartsromane mit stark politischen Bezügen, als Ausdrucksmittel der Zeitkritik. Dabei war diese politische Lesart selbst ein Politikum, jedenfalls in literaturpolitischer Hinsicht. Denn schon in einem Bericht über die Verleihung des Büchner-Preises bemerkte der Literaturkritiker Günther Rühle in der *FAZ*, die Auszeichnung sei »in richtiger Stunde« erfolgt.[1034] Mit diesem zustimmenden Kommentar bezog sich Rühle auf die öffentliche »Diskussion über Wolfgang Koeppen«, die »im letzten Jahr sehr heftig geworden« sei. Damit wiederum war der Aufsatz angesprochen, den Marcel Reich-Ranicki in der *Zeit* geschrieben hatte. »Der Fall Wolfgang Koeppen«, hieß es da, sei »ein Lehrbeispiel dafür, wie man in Deutschland mit Talenten umgeht.«[1035] Zum einen sei Koeppen vielleicht der beste und stilistisch modernste Vertreter der Nachkriegsliteratur: »Es gibt in der deutschen Prosa dieser Zeit nur sehr wenig, was man Koeppen an die Seite stellen könnte.« Zum anderen interessiere das leider kaum jemanden, klagte der spätere ›Literaturpapst‹.

Koeppen selbst erklärte, als er sich 1962 für den Georg-Büchner-Preis bedankte, dass er kein Intellektueller sein wolle, sondern Schriftsteller. Nachdem Jens seine Laudatio beendet hatte, behauptete der Geehrte, er könne »die angefangene, philologisch, historisch, literaturgeschichtlich fundierte Büchnerrede« leider nicht vortragen.[1036] Weil er sich umso unfähiger gefühlt habe, den Vortrag zu vollenden, je mehr er sich damit beschäftigt habe. »Es wuchsen und steigerten sich unüberwindliche Hemmungen in mir und ließen mich langsam verzweifeln.« Er sei auch kein Redner, meinte Koeppen, sondern ein scheuer Mensch, der sich »nicht zur Podiumsdarstellung eines Schriftstellers« eigne und

[1032] Büchner an die Familie, vermutlich Anfang 1834, in: GEORG BÜCHNER BRIEFWECHSEL, 1994, S. 35.

[1033] J.-C. HAUSCHILD, Verschwörung für die Freiheit, 2013, S. 252.

[1034] Artikel »Spuren in den Hades«; FAZ vom 22. Oktober 1962.

[1035] Hier und im Folgenden: »Der Fall Wolfgang Koeppen«; DIE ZEIT vom 8. September 1961; wieder gedruckt in: U. GREINER (Hg.), Über Wolfgang Koeppen, 1976, S. 105 f.

[1036] Hier und Folgendes: »Rede zur Verleihung des Georg-Büchner-Preises 1962«, in: AKADEMIE 1962, S. 103–110, hier S. 103 f.

der es im Nachhinein bereue, nicht früh ein Pseudonym gewählt zu haben. Eigentlich wolle und könne er ausschließlich mit seinen Büchern und Texten sprechen:

> Ich bin, glaube ich nun, nicht zuletzt deshalb Schriftsteller geworden, weil ich kein Handelnder sein mag. [...] Ich bin ein Zuschauer, ein stiller Wahrnehmer, ein Schweiger, ein Beobachter, ich scheue die Menge nicht, aber ich genieße gern die Einsamkeit in der Menge, und dann gehe ich in mein Zimmer, an meinen Tisch und schreibe oder versuche es wenigstens.

Während Koeppen also öffentlich Distanz wahrte, wurde er, wie Hans Werner Richter anerkennend notierte, eine »Legende«.[1037] Koeppen verweigerte sich der Rolle des öffentlichen Intellektuellen, indem er behauptete, nur als Autor wirken zu wollen. Fast scheint es, als habe er es anderen (wie Richter) und Jüngeren (wie Böll und Grass) überlassen, das Wort zu ergreifen.

[1037] Hans Werner Richter: Mittendrin, 2013, S. 149.

Abb. 44: Die Reutersiedlung in Bonn – fotografiert von Hans Schafgans. © Schafgans Archiv, Bonn.

Fazit

Treibhaus Bonn

Als die Westdeutschen am 14. August 1949 mit einer Wahlbeteiligung von 78,5 Prozent ihren ersten Bundestag wählten, nahmen sie eine Tradition des Parlamentarismus wieder auf, die spätestens 1932/33, eigentlich schon im März 1930 abgerissen war. Damals war die letzte nach parlamentarischen Regeln gebildete Große Koalition der Weimarer Republik zerbrochen. Fast zwanzig Jahre später, nach der NS-Diktatur, dem Zweiten Weltkrieg und Abermillionen von Toten, stellte sich von neuem die Frage, ob und wie die repräsentative Demokratie in Deutschland Wurzeln schlagen könnte.

Diese Studie hat den politischen Neubeginn in unterschiedlichen Zusammenhängen erörtert, die weit über den Kreis der 410 Bundestagsabgeordneten in Bonn hinausreichen. Sie hat gezeigt, wie Schriftsteller, Journalisten und andere Intellektuelle das sich neu entwickelnde Verhältnis von Parlament und Öffentlichkeit beobachtet, reflektiert, verarbeitet und beeinflusst haben, und zwar in je eigenen Formen und Formaten. In der frühen Bundesrepublik wurde die politische Zukunft des Landes gerade auch im Medium der Belletristik und der Literaturkritik verhandelt. Zur Debatte stand dabei nicht zuletzt die Frage von Kontinuität, Bruch oder Neubeginn, die Frage nach dem Ort der Nachkriegsdemokratie in der deutschen Geschichte. Daher ging es immer wieder darum, ideengeschichtliche Entwicklungen in längeren Linien zu verstehen.

Anhand des *Treibhaus*-Romans von Wolfgang Koeppen, im Spiegel der Treibhaus-Metapher, die weit über die Fünfzigerjahre hinaus ein geflügeltes Wort war (beziehungsweise bisweilen noch ist), und durch die eingehende Untersuchung der Erstrezeption des Romans wurde deutlich, auf welch ›krummen Wegen‹ Intellektuelle, Medien und die westdeutsche Öffentlichkeit das Ziel einer funktionierenden Demokratie erreicht haben. Dieser Findungsprozess erfolgte Schritt für Schritt, und er war geprägt durch Zweifel, Sorgen und den immer wieder neu unternommenen Versuch, Kritik zu üben. Die Suche nach Konsens und Kritik war ein Merkmal, das die politische Kultur der alten Bundesrepublik ausgezeichnet hat. Die ›geglückte Demokratie‹ entstand gegen viele Erwartungen.

Mit dem *Treibhaus* wurde eine literarische Quelle für die Geschichtswissenschaft erschlossen, die bislang nahezu ausschließlich ein Thema für Literaturwissenschaft und Publizistik war. Die Verortung des Romans im Entstehungskontext des Jahres 1953 machte *erstens* deutlich, wie unmittelbar das *Treibhaus* mit seiner politischen, medialen und sozialen Gegenwart verbunden war. Damit offenbarte sich *zweitens*, dass der Roman – weit stärker, als die Koeppen-Forschung das (zuletzt) gesehen hat – einen eminent politischen und bitter-satirischen Charakter hat. Koeppens Buch war eine scharfe Karikatur des ersten Bundestags und seiner politischen Entscheidungen. Es scheint ein Phänomen der Literaturgeschichte zu sein, dass Satire mit der Zeit an Schärfe verliert. Das beste Beispiel dafür ist Jonathan Swift, der mit *Gulliver's Travels* eine misanthropische Literatursatire auf die *Utopia* von Thomas Morus schrieb und als vermeintlich harmloser Kinderbuchautor berühmt wurde. Im *Treibhaus* wird sogar Swift verspottet, und zwar ausgerechnet wegen seiner soziophoben, leibfeindlichen Züge: »Jonathan Swift, Dechant von St. Patrick zu Dublin, hatte sich zwischen Stella und Vanessa gesetzt und war empört, daß sie Leiber hatten.«[1] So wie der Kontext von Koeppens Roman und insbesondere die Vermischung von Fakten und Fiktionen rekonstruiert wurde, so wurde wieder sichtbar, wie scharf das satirische Profil des Romans wirklich war. Er sollte daher (auch) als politische Literatur gelesen werden.

Indem das *Treibhaus* sich in die pazifistische Tradition namentlich der *Weltbühne* und Carl von Ossietzkys stellte, richtete es seine Kritik auf die ›Wiederbewaffnung‹, die – infolge des Ost-West-Konflikts – zunächst im Rahmen der Europäischen Verteidigungsgemeinschaft, später dann der Nato erfolgte. Darüber hinaus verspottete der Roman die Architektur des westdeutschen ›Wiederaufbaus‹, die in der Nachkriegszeit vor allem das Sozialmodell der Kleinfamilie reproduziert habe. Als antibourgeoise Provokation versuchte das *Treibhaus* insbesondere in den ›Schmutz und Schund‹-Diskurs zu intervenieren, mit dem im ›Kalten Krieg‹ christlich-kleinbürgerliche Moralvorstellungen propagiert wurden und einer heterosexuellen Normalität das Wort geredet wurde.

Der Parlamentsroman reflektierte die sich entwickelnde Demokratie konsequent aus der Perspektive seines fiktiven Protagonisten, des unglücklichen Abgeordneten Keetenheuve. Der fühlt sich isoliert und verliert sich in der verzweifelten Opposition gegen die sicherheitspolitische Westbindung und das *Juste milieu* der frühen Bonner Republik. Aus dieser inhaltlichen Absage an konkrete Politikinhalte der Regierung Adenauer folgte ein Vertrauensverlust in die politische Neuetablierung des Parlamentarismus. So vereinte das *Treibhaus* eine linke, pazifistische und nonkonformistische Opposition mit Restbeständen einer eher unpolitischen, teilweise antipolitischen Kulturkritik – zwei Traditionslinien, welche die Diskurse der Nachkriegszeit mit der Weimarer Republik verbinden. Wie der Bundestag erscheint die provisorische Bundeshauptstadt Bonn im *Treibhaus* als ein von »drei Ks« beherrschter Ort: als eine vom Katholizismus

---

[1] W. Koeppen, Werke, Band 5: Das Treibhaus, 2010, S. 39.

geprägte Kleinstadt, in der eine fatale Kontinuität autoritärer Politik und militärischer Logik beheimatet sei.[2] Das Parlament und die Stadt standen in diesem Sinne repräsentativ für die gesamte Bundesrepublik. Demgegenüber inszenierte das *Treibhaus* eine dissidente Gegenwelt in der Literatur – auch weil Koeppen ein bohèmehafter Autor »aus dem Geist des *Fin de siècle*, der *décadence* und der Weimarer Republik« war.[3]

Wegen der Konfliktfelder ›Wiederbewaffnung‹, ›Wiederaufbau‹ und ›Schmutz und Schund‹ vollzog das *Treibhaus* eine deutliche Distanzierung vom ersten Bundestag. Früher, vor allem im 19. Jahrhundert, war das Parlament ein Ort der Opposition gegen König, Kirche und Obrigkeit. Doch angeblich kümmerte sich das Parlament nun nicht (mehr), wie es seine Aufgabe gewesen wäre, um die politische Emanzipation. Es diente stattdessen einer Art Diktatur der Mehrheit: Mit dieser Vorstellung vom Parlamentarismus offenbarte das *Treibhaus* – über die Aspekte der zeitgenössischen politischen Opposition hinaus – ein idealistisches, gewissermaßen vordemokratisches Verständnis des Repräsentativsystems, das durch einen Dualismus von Herrschaft und Opposition, Macht und Ohnmacht gekennzeichnet sei. Diese Art der Parlamentskritik (die nicht antiparlamentarisch intendiert war) verdeutlicht verbreitete Zweifel am Erfolg der Demokratie in Deutschland nach dem Abbruch der parlamentarischen Tradition – zumal ähnliche Argumente in der zeitgenössischen Publizistik auch von anderen Akteuren geäußert wurden. So kann das *Treibhaus* als Speicher politischer Bewusstseinslagen gelesen werden. Es veranschaulicht die Phase der Parlamentarismusgeschichte, als der aus dem 19. Jahrhundert überkommene Dualismus von Politik und Öffentlichkeit abgelöst wurde, während sich die Willensbildung parlamentarisierte. Nicht zuletzt aufgrund fehlender positiver Traditionen in Deutschland wurde genau diesem Wandel im Roman kein Glauben geschenkt.

In einem zweiten Schritt beleuchtete diese Studie mehrere ›reale‹ Vorbilder und Inspirationsquellen für das *Treibhaus* und dessen Metaphorik, vor allem das von dem Architekten Hans Schwippert umgebaute Bundeshaus mit seiner Bildsprache von Glas und Transparenz. Entgegen der allgemeinen Erfahrung, dass Gewächshäuser Wachstumsprozesse eigentlich begünstigen, zeigt die Kulturgeschichte der Treibhaus-Metapher, dass diese in der literarischen Tradition vor allem negativ konnotiert war und für Künstlichkeit und Dekadenz steht. In diesem Sinne deutete der *Treibhaus*-Roman die gläsernen Wände des Bonner Plenarsaals konsequent als Element der Exklusion und als Zeichen der Isolation. In der medialen und literarischen Öffentlichkeit der frühen Bundesrepublik wiederum wurde die Treibhaus-Metapher auf das Parlament und die Bundeshauptstadt pro-

---

[2] G. Hofmann, Abschiede, Anfänge, 2004, S. 360.
[3] W. Erhart, Koeppen, 2012, S. 121.

jiziert, um vor allem Eindrücke der Fremdheit zu beschreiben. Das war eine Wirkung, die der Absicht des Architekten fundamental widersprach. Ursprünglich hatte Schwippert, nach dessen Entwürfen der Bundestag ein Parlamentsgebäude mit gläsernen Wänden bekam, eine Symbolik der Klarheit und Bescheidenheit intendiert, um »Licht ins Dunkel« der deutschen Politik zu bringen.

Schwippert wollte die Wandlungsprozesse, die seit 1945/49 im Zeichen von Westbindung und Demokratisierung standen, explizit unterstützen, indem er an das ›Neue Bauen‹ aus den Zwanzigerjahren anknüpfte und diese Tradition mit dem *International Style* aus den USA in Verbindung brachte. Metaphorisch entwickelte sich indes aus dem Glashaus des Parlaments das Aquarium am Rhein sowie das Treibhaus in Bonn. Diese Metamorphose lässt darauf schließen, dass die Gleichsetzung von baulicher Transparenz und Demokratie, wie sie in Deutschland seit Schwippert und bis in die Gegenwart gilt, eine metaphorische »Leerformel« ist, wie die Architektin Sabine Körner sagte.[4] Die Praxis, wie in den Fünfzigerjahren mit dem Bundeshaus umgegangen wurde, offenbart zudem, dass die Transparenz-Architektur die nachträgliche Erfindung einer Tradition der alten Bundesrepublik war, bei der wesentliche Aspekte von Schwipperts Botschaft – vor allem das Moment der Bescheidenheit, aber auch seine Vorbehalte gegenüber der Politik – übersehen wurden.

Schließlich wurde die Erstrezeption des *Treibhaus*-Romans im Jahr 1953/54 untersucht. Dafür wurden zahlreiche bisher unbekannte Rezensionen und eine neue Quellenbasis erschlossen. Wie sich zeigte, wurde das *Treibhaus* zwar kein Verkaufserfolg (was auch dem Kunstanspruch sowie dem antibourgeoisen Habitus des Schriftstellers widersprochen hätte), es wurde aber von einflussreichen Medien breit rezipiert, von namhaften Rezensenten diskutiert – und bei Weitem nicht nur negativ. So räumte diese Studie mit der in der Koeppen-Forschung verbreiteten Auffassung auf, das *Treibhaus* sei weithin ignoriert oder verrissen worden. Darüber hinaus wurden nicht nur einzelne Rezensionen systematisch eingeordnet, sondern auch deren Autoren sowie die Publikationsorgane medien- und kulturgeschichtlich kontextualisiert. Anhand ihrer Argumente und Motive, unterschiedlicher Biographien, Generationszusammenhänge und Personennetzwerke wurden abermals die ›krummen Wege‹ in die westdeutsche Nachkriegsdemokratie erkennbar. Alles in allem charakterisierte diese Studie verschiedene Medien der frühen Fünfzigerjahre sowie die Journalisten und Intellektuellen, die für sie geschrieben haben. Indem sie zudem verschiedene Diskurse des Jahres 1953/54 beleuchtete, entstand ein Panorama der politischen Kultur in der frühen Bundesrepublik, als keineswegs gesichert war, ob diese Bonner Republik ein Erfolg werden würde.

---

[4] S. Körner, Transparenz, 2003, S. 9.

Verschiedene Schriftsteller – Wolfgang Koeppen, aber auch Alfred Andersch, Ernst von Salomon oder Hans Hellmut Kirst – haben politische Gegenwartsfragen in literarischer Form zur Diskussion gestellt. In der Folge haben sie und hat die Literaturkritik wesentlich zur geistigen Klärung des politischen Neubeginns beigetragen, gerade als Schule der Auseinandersetzung über den Parlamentarismus, die Westbindung und die jüngste Vergangenheit. Koeppen fand seine Sympathisanten und Verteidiger im Kulturbetrieb, insbesondere im Umfeld der Gruppe 47. Seine vehementesten Kritiker kamen hingegen aus Bonn, wo sich politische Journalisten wie Curt Bley, Fritz René Allemann und Klaus Harpprecht sowohl mit dem parlamentarischen Neubeginn als auch mit der sicherheitspolitischen Westbindung identifizierten. Sie wollten der – ihrer Meinung nach – destruktiven Fundamentalkritik keinen Raum geben.

Wenn es zutrifft, dass eine gelingende Demokratisierung ein Elitenprojekt ist, dann ging dieser Prozess nach 1949 – im Verein mit den westlichen Alliierten – von Bonn aus: vom Bundestag und den dortigen Journalisten. Überhaupt haben die Medien in der frühen Bundesrepublik ihre Autonomie gegenüber staatlichen Eingriffsversuchen verteidigt, wie der ›Fall Platow‹ und der ›Schmutz und Schund‹-Diskurs gezeigt haben. Erkennbar wird zudem ein Konflikt zwischen Koeppens Generation, der nach 1900 geborenen sogenannten Jahrhundert- oder Kriegsjugendgeneration, und den ›45ern‹. Im Streit über das *Treibhaus*, namentlich in der Kontroverse zwischen Salomon und Bley, blitzte zudem die Konfliktsituation vom Ende der Weimarer Republik noch einmal auf, als der Antiparlamentarismus, wie der Soziologe Ralf Dahrendorf schrieb[5], zur »Mode der späten Zwanzigerjahre« geworden war. Die Auseinandersetzung verlief jedoch unter umgekehrten Vorzeichen: Bonn wurde nicht Weimar, wie der *Treibhaus*-Rezensent Allemann optimistisch prognostizierte. Am Beispiel Bleys, aber auch im positiven Rückbezug der Parlamentsarchitektur auf das ›Neue Bauen‹ und die Pädagogische Akademie zeigte sich zudem, was der amerikanische Historiker Udi Greenberg die »*Weimar intellectual roots*« der demokratischen Renaissance nach 1945 genannt hat.[6]

Diese Studie warf Schlaglichter auf ein für die Etablierung der parlamentarischen Demokratie entscheidendes Jahr. Aus der Rückschau weiß man, dass im *Treibhaus*-Jahr 1953 die politische Formierung der Bonner Republik gefestigt und mehrheitlich bestätigt wurde. Mit der Ratifizierung der Westverträge war ein wesentlicher Baustein der außenpolitischen Westbindung gesetzt (obwohl die Sicherheitsarchitektur nach dem Scheitern der Europäischen Verteidigungsgemeinschaft dann etwas anders ausgebaut wurde als zunächst geplant). Innen-

---

[5] R. Dahrendorf, Gesellschaft und Demokratie, 1965, S. 18.
[6] U. Greenberg, Germany's Postwar Reeducation, 2011, S. 13 f.

politisch war die Gesetzgebung im Bereich des ›Wiederaufbaus‹ im Wesentlichen abgeschlossen, auch die Konjunktur nahm weiter Fahrt auf. Einen zusätzlichen Schub in Richtung Stabilisierung brachte die zweite Bundestagswahl im September, bei der die Adenauer-CDU einen Erdrutschsieg feierte und mehrere radikale Parteien auf der Rechten und Linken ihr parlamentarisches Ende erlebten. Der Politikwissenschaftler und Publizist Dolf Sternberger konstatierte, dass die Wählerinnen und Wähler bei einer Beteiligung von 86 Prozent »eine wirkliche Entscheidung« getroffen hätten. Deshalb würdigte Sternberger den Ausgang der Wahl 1953 als »das deutsche Wahlwunder«: als »Entscheidung für ein konzentriertes Parteiensystem« sowie als »Entscheidung für eine neue Regierung Adenauer«.[7] Damit festigten sich die Strukturen der Bonner Republik, die nicht zuletzt für die Opposition der Schriftsteller in dreifacher Hinsicht grundlegend waren: als Voraussetzung, als Ursache sowie als Ziel des Widerspruchs.

Auch für Wolfgang Koeppen bedeuteten die Fünfzigerjahre eine entscheidende Weichenstellung: Aus dem Nachwuchsjournalisten der frühen Dreißigerjahre, aus dem unbekannten Talent seines literarischen Frühwerks, aus dem »kleinen Rädchen« in der NS-Filmindustrie wurde innerhalb kürzester Zeit *der* zeitkritische Beobachter der Bonner Republik. In der ihm eigenen poetologischen Doppelstruktur von politischem Thema und komplex literarisierter Form wurde Koeppen ein Wegbereiter von Günter Grass, Peter Rühmkorf und vielen anderen. Seit den späten Fünfzigerjahren konnten sie die Rolle des öffentlichen Intellektuellen anders ausfüllen als der zweifelnde Einzelgänger Koeppen. Ohne Konflikte war dieser Erfolg nicht zu haben, auch nicht ohne Vereinfachungen und Glättungen. Koeppen stand, wie auch Andersch, Salomon und Karl Korn (bei allen Unterschieden!), zwischen dem Krisenszenario der späten Weimarer Republik und dem Nonkonformismus der Gruppe 47, zwischen ästhetisch motivierten Vorbehalten gegenüber der Politik sowie dem Parlamentarismus und einer linken, pazifistischen Kritik an der Adenauer-Republik.[8] Mit Bourdieu gesprochen, begab sich Koeppen mit dem *Treibhaus* auf das politische Feld beziehungsweise in den Teil der Öffentlichkeit, wo sich Politiker und Journalisten tummelten. Dabei inszenierte er sich als Außenseiter, als *poète maudit*, der stolz darauf ist, den vorgeblich rechtschaffenen Bürgern die lange Nase zu zeigen (oder den Stinkefinger). Seinen Roman schrieb er nach den Regeln des literarischen Feldes, denn vor allem auf diesen Erfolg kam es ihm an.[9] Koeppens

---

[7] Hier und im Folgenden: »Das deutsche Wahlwunder«; DER WÄHLER 3 (1953), 7, S. 243–250, hier S. 243 f.

[8] K. NICKLAUS, Zwischen Abendland und Wirtschaftswunder, 2001.

[9] Bourdieu hat die auffälligen Vorbehalte von Schriftstellern und Künstlern sowohl gegenüber dem ›gemeinen Volk‹ als auch gegenüber den ›Bourgeois‹ mit ihrem Verhältnis zum Feld der Macht erklärt, von dem sie sich in ihrem literarischen Feld dominiert fühlten. Gegen die bürgerliche Kunst setzten einige, die nach Selbstbestimmung strebten, die Idee, »irdisches Scheitern als Zeichen der Er-

Stil, seine Idee, einen Roman zu schreiben, der ohne *happy end* und ohne Helden auskommt – all das rückt ihn auf der Avantgardismus-Skala weit nach oben. Das alles überstrahlende politische Thema der frühen Bundesrepublik war die Westbindung. Die Reaktion der meisten Rezensenten auf das pazifistisch-›neutralistisch‹ wirkende *Treibhaus* machte deutlich, dass von der Antwort auf diese Frage fast alles Weitere abhing. Koeppens Gegnern ging es nicht zuerst um die literarische Qualität des Romans. Sie forderten eine produktive Haltung zur frühen Bundesrepublik bei ihrem Prozess der Westbindung und Demokratisierung. Währenddessen äußerten Koeppens Unterstützer – so unterschiedlich sie im Einzelnen waren – Sympathie für seine Vorbehalte, seine Wehmut und Zeitkritik. Das System des ›Kalten Krieges‹ und dessen »Ensemble von Neuorientierung«, das die Fünfzigerjahre bestimmte, war etwas, mit dem sich Koeppen, Jahrgang 1906, nicht abfinden wollte.[10] Allerdings wurden durch den Ost-West-Konflikt alle anderen Bereiche – hier eben Literatur und Medien – geprägt, ja definiert. Mit der Integration der Bonner Republik in das westliche Bündnis wurde eine Entwicklung in Gang gesetzt, die im Innern eine Stabilisierung des neuen Parlamentarismus ermöglichte, der wiederum ein Prozess der Demokratisierung und gesellschaftlichen Liberalisierung folgte.

Wenn eine Politik- und Gesellschaftssatire – wie bei Swift und Thomas Morus – auf eine Utopie, auf deren Erneuerungsgeist und Modernisierungsenergie reagiert, war das *Treibhaus* eine Satire auf den parlamentarischen Neubeginn in Bonn (sowie auf den utopischen Charakter der Glasarchitektur). Damit wird deutlich, wie unwahrscheinlich und unwirklich im Nachkriegsdeutschland lange der Versuch einer stabilen Demokratiegründung wirkte. Wenn aber die Reaktion des Publikums auf das literarische Kunstwerk nicht so enthusiastisch ausfiel, wie sich Koeppens Freunde und Förderer das gewünscht hätten, heißt das umgekehrt auch, dass vier Jahre nach Gründung der Bundesrepublik weite Teile der Öffentlichkeit die These, dass der Parlamentarismus in Deutschland fremd sei, nicht wirklich überzeugend fanden. Doch das Wetter in Bonn blieb weiterhin schwül.

---

wähltheit« zu bewerten. Erfolg galt demgegenüber als Unterwerfung unter den Zeit- oder Massengeschmack: P. BOURDIEU, Schriften 12.2 – Kunst und Kultur, 2011, S. 343–346.

[10] H.-P. SCHWARZ, Ort der Bundesrepublik, 1996, S. 6f. und 21.

Anhang

Treibhaus-Rezensionen 1953/54

Diese Übersicht umfasst alle bekannten *Treibhaus*-Rezensionen, die zwischen November 1953 und Herbst 1954 in der Presse erschienen sind – bis zu dem Zeitpunkt, als mit *Der Tod in Rom* Koeppens nächster Roman veröffentlicht wurde. Damit stellt diese Liste das bislang größte Sample zur Erstrezeption zusammen. Eigene Quellenfunde ergänzen, bestätigen oder korrigieren dabei die älteren Hinweise nach: D. ERLACH, Koeppen als zeitkritischer Erzähler, 1973; U. GREINER (Hg.), Über Wolfgang Koeppen, 1976; A. ESTERMANN, Koeppen-Bibliographie, 1987; A. GRAFE, *Treibhaus*-Kommentar, 2006; H.-U. TREICHEL, *Treibhaus*-Kommentar, 2010. Angesichts der Vielzahl von Zeitungen und Zeitschriften in den Fünfzigerjahren kann man jedoch nicht ausschließen, dass es vereinzelt weitere Rezensionen gegeben hat. Daher ist es umso bedauerlicher, dass es keine Überlieferung des Scherz & Goverts-Verlags gibt. Auch im Wolfgang-Koeppen-Archiv sowie im Deutschen Literaturarchiv Marbach finden sich kaum Rezensionen.

Die Tabelle ist chronologisch geordnet, um den zeitlichen Verlauf der *Treibhaus*-Rezeption abzubilden. Autorenkürzel der Rezensenten wurden aufgelöst und, soweit möglich, die Namen in den meisten Fällen um das Alter ergänzt. Bei anonymen Texten, deren Verfasser nicht zweifelsfrei ermittelt werden konnte, bleibt die Autorenzeile leer. Abschließend wurde die Tendenz der Rezension bewertet, und zwar in drei Kategorien: positiv (+), negativ (–) oder unentschieden (+/–). Wenn es sich nur um einen Teilabdruck aus dem Roman handelte, wurde das vermerkt.

Datum	Zeitung	Rezensent (Alter)	Tendenz
01.11.1953	*Welt am Sonntag* (Hamburg)	Curt Bley (43)	–
04.11.1953	*Der Spiegel* (Hamburg)	Claus Hardt (28)	+
04.11.1953	*Frankfurter Neue Presse*	Richard Kirn (48)	+
05.11.1953	*Die Zeit* (Hamburg)	Paul Hühnerfeld (27)	+
06.11.1953	*Münchner Merkur*	Hans Hellmut Kirst (38)	+
07.11.1953	*Frankfurter Allgemeine Zeitung*	Karl Korn (45)	+
07.11.1953	*Frankfurter Rundschau*		–
07.11.1953	*Süddeutsche Zeitung* (München)	Erich Kuby (43)	–
07.11.1953	*Abendzeitung* (München)		Abdr.
07.11.1953	*Stuttgarter Nachrichten*	Wilhelm Plünnecke (59)	–
11.11.1953	*Mannheimer Morgen*	Werner Gilles (44)	+

Datum	Zeitung	Rezensent (Alter)	Tendenz
13.11.1953	*Rheinischer Merkur* (Koblenz)	Gert H. Theunissen (46)	–
13.11.1953	*Abendpost* (Frankfurt am Main) (wie *Mannheimer Morgen*)	Werner Gilles (44)	+
14.11.1953	*Salzburger Nachrichten*	Ilse Leitenberger (34)	–
14.11.1953	*Norddeutsche Zeitung* (Hannover)	Sb.	–
14.11.1953	*Deutsche Zeitung und Wirtschaftszeitung* (Stuttgart)	T.P.	+
15.11.1953	*Die Neue Zeitung* (West-Berlin)	Friedrich Luft (42)	–
20.11.1953	*Hannoversche Allgemeine*	Wolfgang Wagner (28)	–
20.11.1953	*Die Kultur* (Stuttgart)	Johannes M. Hönscheid (31)	+
21.11.1953	*Die Welt* (Hamburg)	Ernst von Salomon (51)	+
21.11.1953	*Die Gegenwart* (Frankfurt am Main)	Robert Haerdter (46)	+/–
25.11.1953	*Deutsche Woche* (München)	Günther Elbin (29)	+
28.11.1953	*Stuttgarter Zeitung*	Hermann Schreiber (24)	–
28.11.1953	*Ruhrwacht* (Oberhausen)	Bernhard Kemper	+/–
28.11.1953	*Hannoversche Presse*	Karl Krolow (38)	+/–
12/1953	*Frankfurter Hefte – Zeitschrift für Kultur und Politik*	Peter Stadelmayer (32)	–
12/1953	*Deutsche Rundschau* (Baden-Baden)		–
12/1953	*Politische Literatur – Berichte über das internationale Schrifttum zur Politik* (Frankfurt am Main)	Hans Zielinski (40)	–
05.12.1953	*Darmstädter Echo*	Georg Hensel (30)	+
05.12.1953	*Le Monde* (Paris)	Alain Clément (28)	–
05.12.1953	*Le Soir* (Brüssel) (wie *Le Monde*)	Alain Clément (28)	–
06.12.1953	*Neues Deutschland* (Ost-Berlin)		Abdr.
09.12.1953	*Weser-Kurier* (Bremen)		+
10.12.1953	*Das andere Deutschland – Unabhängige Zeitung für entschieden demokratische Politik* (Hannover)	A.M.	+

Datum	Zeitung	Rezensent (Alter)	Tendenz
11.12.1953	*Der Standpunkt – Wochenzeitung für abendländische Kultur, Politik und Wirtschaft* (Bozen)	Horst Rüdiger (45)	+
12.12.1953	*Deutsche Volkszeitung – Wochenzeitung für demokratischen Fortschritt* (Düsseldorf)	Hans Ernst	+/–
12.12.1953	*Deutsche Kommentare – Wochenzeitung für das ganze Deutschland* (West-Berlin/Stuttgart)	Karl Silex (57)	+
12.12.1953	*Westfälische Neue Presse* (Köln) (wie *Die Kultur*)	Johannes M. Hönscheid (31)	+
15.12.1953	*Europäischer Kulturdienst*[1] (Salzburg)	Kurt Ziesel (42)	
17.12.1953	*Christ und Welt* (Stuttgart)	Klaus Harpprecht (26)	–
19.12.1953	*Het Parool* (Amsterdam)	H. Wielek (d.i. Wilhelm Kweksilber, 41)	+
22.12.1953	*General-Anzeiger* (Bonn)	Hermann Josef Kraemer	–
22.12.1953	*Niewsblad van het Noorden* (Groningen)		–
23.12.1953	*Aachener Nachrichten*	dhs.	+
24.12.1953	*Welt der Arbeit* (Köln)	Peter Holz	–
25.12.1953	*Allgemeine Wochenzeitung der Juden in Deutschland* (Düsseldorf)		+/–
25.12.1953	*Die Presse* (Wien)	Roland Nitsche (47)	–
25.12.1953	*Rivarol* (Paris)	Charles Schneider	+
30.12.1953	*Südkurier* (Konstanz) (wie *Hannoversche Allgemeine*)	Wolfgang Wagner (28)	–
01/1954	*Die Barke – ein illustriertes Büchermagazin* (Frankfurt am Main)		+
01/1954	*Weltstimmen – Weltbücher in Umrissen* (Stuttgart)	A.S.	
01.01.1954	*Die Weltwoche* (Zürich)	Harry Pross (30)	–
09.01.1954	*Die Tat* (Zürich)	Fritz René Allemann (43)	–
24.01.1954	*Der Tagesspiegel* (West-Berlin)	Walther Karsch (47)	–
29.01.1954	*Expressen* (Stockholm)	Günter Klingmann (25)	+

---

[1] Nach A. ESTERMANN, Koeppen-Bibliographie, 1987, S. 459. – Der Jahrgang 1953 des *Europäischen Kulturdienstes* – und damit die *Treibhaus*-Rezension – ist heute in keiner deutschen oder österreichischen Bibliothek mehr zu finden.

Datum	Zeitung	Rezensent (Alter)	Tendenz
29.01.1954	Gesamtdeutsche Rundschau – Organ der Gesamtdeutschen Volkspartei (Essen)	Hm.	–
02/1954	Stuttgarter Leben	Helmut M. Braem (30)	+
02/1954	Welt und Wort – Literarische Monatshefte (Tübingen)	Helmut Günther	+/–
02/1954	Agis – Blätter zur Förderung der Humanität (Krefeld)	Karl G. Fischer (52)	–
02/1954	Neue Deutsche Literatur (Ost-Berlin)		Abdr.
02/1954	Die Feder – Mitteilungsblatt der Berufsgruppe Journalisten in der IG Druck und Papier	L.E.	+/–
24.02.1954	Information (Kopenhagen) (wie Expressen)	Günter Klingmann (25)	+
01.03.1954	Mercure de France (Paris)	Joseph-François Angelloz (60)	+
06.03.1954	Het Vaderland (Den Haag)	Pierre Hubert Dubois (36)	+/–
14.03.1954	Sonntag (Ost-Berlin)	Alfred Antkowiak (28)	+/–
04/1954	Der Monat – eine internationale Zeitschrift (West-Berlin)	Fritz René Allemann (43)	–
04/1954	Die Nation (Ost-Berlin)	Franz Fühmann (31)	–
16.04.1954	Aufbau / Reconstruction – an American Weekly published in New York	Ludwig Marcuse (59)	+
08.05.1954	National-Zeitung (Basel)	C.F.	–
14.05.1954	Braunschweiger Zeitung	Horst Knape	+
20.05.1954	Neues Vaterland – Wochenschrift für freiheitliche Politik, Wirtschaft und Kultur (Stuttgart)	K.	–
26.05.1954	Het Handelsblad (Antwerpen)	Ivo Michiels (30)	+
12.06.1954	Haagse Post (Den Haag)	Pieter Minderhout	+
07/1954	Bücherei und Bildung – Fachzeitschrift des Vereins Deutscher Volksbibliothekare e.V. und Mitteilungsblatt des Verbandes Deutscher Bibliotheken (Reutlingen)	Werner Reinhold	+
07/1954	Junge Kirche – Protestantische Monatshefte (Oldenburg/Dortmund)	O.S.	+

Datum	Zeitung	Rezensent (Alter)	Tendenz
07/1954	*heute und morgen –Literarische Monatsschrift* (Ost-Berlin/ Schwerin)	Lutz Joachim	–
08/1954	*Merkur – deutsche Zeitschrift für europäisches Denken* (Stuttgart)	Karl August Horst (40)	–
19.08.1954	*Badisches Tagblatt* (Baden-Baden)	-ert	–
09/1954	*Stimmen der Zeit* (Freiburg i. Breisgau)	Hubert Becher SJ (58)	–
09.09.1954	*Sonntag* (Ost-Berlin)	Wolfgang Joho (45)	+

Abbildungsverzeichnis

Hinweis: Die KGParl hat sich bemüht, alle Inhaber der Bildrechte zu ermitteln. Bei Versehen bittet sie um Nachricht, damit berechtigte Ansprüche abgegolten werden können.

Quellen und Literatur

A. Werke von Wolfgang Koeppen
(chronologisch nach Erscheinungsjahr)

Das Treibhaus, Stuttgart 1953 (Scherz & Goverts).

Pigeons sur l'herbe, traduit de l'allemand par Louis Clappier, Paris 1953 (Robert Laffont, Pavillons).

Gespräch mit Wolfgang Koeppen, in: Heinz Ludwig Arnold (Hg.): Gespräche mit Schriftstellern: Max Frisch, Günter Grass, Wolfgang Koeppen, Max von der Grün, Günter Wallraff, München 1975 (C. H. Beck), S. 109–141.

Die elenden Skribenten. Aufsätze, hg. von Marcel Reich-Ranicki, Frankfurt am Main 1981 (Suhrkamp).

Gesammelte Werke in sechs Bänden, hg. von Marcel Reich-Ranicki in Zusammenarbeit mit Dagmar von Briel und Hans-Ulrich Treichel, Frankfurt am Main 1986 (Suhrkamp)
Band 1: Romane I [Eine unglückliche Liebe; Die Mauer schwankt]
Band 2: Romane II [Tauben im Gras; Das Treibhaus; Der Tod in Rom]
Band 3: Erzählende Prosa
Band 4: Berichte und Skizzen I
Band 5: Berichte und Skizzen II
Band 6: Essays und Rezensionen.

Es war einmal in Masuren, Frankfurt am Main 1991 (Suhrkamp).

Ohne Absicht. Gespräch mit Marcel Reich-Ranicki in der Reihe *Zeugen des Jahrhunderts* [gesendet im Oktober 1985], hg. von Ingo Hermann, Göttingen 1994 (Lamuv).

Einer der schreibt. Gespräche und Interviews, hg. von Hans-Ulrich Treichel, Frankfurt am Main 1995 (Suhrkamp).

Das Treibhaus. Mit einem Kommentar von Arne Grafe, Frankfurt am Main 2006 (Suhrkamp).

Werke [in 16 Bänden], hg. von Hans-Ulrich Treichel, Frankfurt am Main/Berlin 2006 ff. (Suhrkamp)
Band 1: Eine unglückliche Liebe, hg. von Jörg Döring (2007)
Band 2: Die Mauer schwankt, hg. von Jörg Döring (2011)
Band 4: Tauben im Gras, hg. von Hans-Ulrich Treichel (2006)
Band 5: Das Treibhaus, hg. von Hans-Ulrich Treichel (2010)
Band 6: Der Tod in Rom, hg. von Hans-Ulrich Treichel (2015)
Band 7: Jugend, hg. von Eckhard Schumacher (2016)
Band 8: Nach Rußland und anderswohin, hg. von Walter Erhart unter Mitarbeit von Anja Ebner und Arne Grafe (2007)
Band 9: Amerikafahrt und andere Reisen in die Neue Welt, hg. von Walter Erhart unter Mitarbeit von Anja Ebner und Arne Grafe (2008)
Band 10: Reisen nach Frankreich und andere Reisen, hg. von Walter Erhart unter Mitarbeit von Anja Ebner und Arne Grafe (2008).

Gleich Kanonen hämmert Gas! Unveröffentlichte Gedichte, in: Sinn und Form 67 (2015), 3, S. 293–299.

B. Literarische Werke anderer Autoren

Andersch, Alfred: Die Kirschen der Freiheit. Ein Bericht, Frankfurt 1952 (Frankfurter Verlagsanstalt).

Andersch, Alfred: Gesammelte Werke in zehn Bänden. Kommentierte Ausgabe, hg. von Dieter Lamping, Zürich 2004 (Diogenes)
Band 1: Sansibar oder der letzte Grund / Die Rote
Band 5: Erzählungen 2 / Autobiographische Berichte
Band 8: Essayistische Schriften 1.

Arnold, Heinz Ludwig (Hg.): Die deutsche Literatur 1945–1960, München 1995 (C. H. Beck)
    Band 1: »Draußen vor der Tür« (1945–1948)
    Band 2: »Doppelleben« (1949–1952)
    Band 3: Im Treibhaus (1953–1956)
    Band 4: Die Wunderkinder (1957–1960).
Baudelaire, Charles: Sämtliche Werke und Briefe, hg. von Friedhelm Kemp und Claude Pichois in Zusammenarbeit mit Wolfgang Drost, aus dem Französischen übersetzt von Guido Meister und Friedhelm Kemp, München/Wien 1975–1992 (Heimeran/Carl Hanser).
Baudelaire, Charles: Die Blumen des Bösen, übertragen von Karl Schmid (= Carlo Schmid), Tübingen/Stuttgart 1947 (Rainer Wunderlich).
Bauer, Josef Martin: So weit die Füße tragen, München 1955 (Ehrenwirth).
Böll, Heinrich: Kölner Ausgabe, Köln 2002 ff. (Kiepenheuer & Witsch)
    Band 4: 1949–50 [u.a. Der Zug war pünktlich], hg. von Hans-Joachim Bernhard (2003)
    Band 5: 1951 [u.a. Wo warst Du, Adam], hg. von Robert C. Conard (2004)
    Band 6: 1952–53, hg. von Árpád Bernáth (2007)
    Band 7: 1953–54, hg. von Ralf Schnell (2006)
    Band 8: 1954 [Haus ohne Hüter], hg. von Ralf Schnell (2009)
    Band 13: 1963 [Ansichten eines Clowns], hg. von Árpád Bernáth (2007)
Büchner, Georg: Sämtliche Werke und Briefe. Historisch-kritische Ausgabe mit Kommentar. Erster Band: Dichtungen und Übersetzungen mit Dokumentationen zur Stoffgeschichte, hg. von Werner R. Lehmann, Hamburg 1958 (Christian Wegner).
Büchner, Georg: Briefwechsel. Kritische Studienausgabe, hg. von Jan-Christoph Hauschild, Frankfurt am Main 1994.
Le Carré, John: Eine kleine Stadt in Deutschland, aus dem Englischen von Dietrich Schlegel und Walther Puchwein, Wien/Hamburg 1968 (Paul Zsolnay) [original: A Small Town in Germany 1968].
Cervantes, Miguel de: Leben und Taten des scharfsinnigen Edlen Don Quijote von La Mancha, mit fünf Originalradierungen von Adolph Schrödter und einer Vorrede von Heinrich Heine, nach der Tieckschen Übersetzung für Schule und Haus bearb. von Guido Höller, Köln [um 1927] (Hermann und Friedrich Schaffstein).
Dickens, Charles: Our Mutual Friend, mit 40 Illustrationen von Marcus Stone und einer Einleitung von E. Salter Davies, London 1963 [1865] (Oxford University Press).
Dos Passos, John: Das Land des Fragebogens. 1945: Reportagen aus dem besiegten Deutschland, aus dem Amerikanischen von Michael Kleeberg, Frankfurt am Main 1997 (Neue Kritik).
Dostojewskij, Fjodor Michailowitsch: Sämtliche Werke, hg. von Arthur Moeller van den Bruck unter Mitwirkung von Dmitri Mereschkowski, München 1906–1922 (R. Piper & Co.)
    Erste Abteilung, Band 1 und 2: Rodion Raskolnikoff. Schuld und Sühne, aus dem Russischen von E. K. Rahsin [d.i. Elisabeth Kaerrick] (1922).
    Zweite Abteilung, Band 11: Autobiographische Schriften, aus dem Russischen von E. K. Rahsin [d.i. Elisabeth Kaerrick] (1923)
    Zweite Abteilung, Band 20: Aus dem Dunkel der Großstadt. Acht Novellen, aus dem Russischen von E. K. Rahsin [d.i. Elisabeth Kaerrick] (1922).
Dostojewskij, Fjodor Michailowitsch: Rodion Raskolnikoff. Schuld und Sühne, aus dem Russischen von E. K. Rahsin [d.i. Elisabeth Kaerrick], Neuauflage, München 1949 [zuerst 1922] (R. Piper & Co.).
Dostojewskij, Fjodor Michailowitsch: Verbrechen und Strafe, aus dem Russischen von Swetlana Geier, Frankfurt am Main 2008 (Fischer Taschenbuch).
Fallada, Hans: Bauern, Bonzen und Bomben, Berlin 1931 (Rowohlt).
Glaeser, Ernst: Jahrgang 1902, hg. von Christian Klein, Göttingen 2013 (Wallstein) [zuerst 1928].
Grass, Günter: Aus dem Tagebuch einer Schnecke, 1997 [1972] (Werkausgabe Band 7), Göttingen 2007 (Steidl).
Hensel, Georg: Nachtfahrt, Stuttgart/Hamburg/Baden-Baden 1949 (Rowohlt).
Herwegh, Georg: Lieder eines Lebendigen, hg. von Karl Maria Guth, Berlin 2014 (Hofenberg).
Hilton, James: Irgendwo in Tibet, aus dem Englischen von Herbert E. Herlitschka, Frankfurt am Main 1959 (Büchergilde Gutenberg).
Jünger, Ernst (Hg.): Rivarol, Frankfurt am Main 1956 (Vittorio Klostermann).
Jünger, Ernst: Politische Publizistik 1919 bis 1933, hg. von Sven Olaf Berggötz, Stuttgart 2001.

Kästner, Erich: Wir sind so frei. Chanson, Kabarett, Kleine Prose (= Werke, Band 2), hg. von Hermann Kurzke in Zusammenarbeit mit Lena Kurzke, München/Wien 1998 (Carl Hanser).

Kästner, Erich: Der Gang vor die Hunde [bekannter als: Fabian. Die Geschichte eines Moralisten], hg. von Sven Hanuschek, Zürich 2013 (Atrium) [zuerst 1931].

Kaja, Hans F.: Stips spioniert im Bundeshaus, Berlin 1953.

Kirst, Hans Hellmut: Null-acht-fünfzehn, Wien/München/Basel (Kurt Desch)
Band 1: Die abenteuerliche Revolte des Gefreiten Asch [später: Null-acht-fünfzehn in der Kaserne] (1954)
Band 2: Die seltsamen Kriegserlebnisse des Soldaten Asch (1954)
Band 3: Der gefährliche Endsieg des Soldaten Asch (1955).

Krolow, Karl: Die Zeichen der Welt. Neue Gedichte, Stuttgart 1952 (Deutsche Verlags-Anstalt).

Kuby, Erich: Rosemarie, des deutschen Wunders liebstes Kind, Stuttgart 1958 (Henry Goverts).

Lenz, Siegfried: Der Überläufer, Hamburg 2016 (Hoffmann und Campe).

Littner, Jakob: Mein Weg durch die Nacht. Mit Anmerkungen zu Wolfgang Koeppens Textadaption, hg. von Roland Ulrich und Reinhard Zachau, Berlin 2002.

Musäus, Johann Karl August: Volksmährchen der Deutschen. Prachtausgabe in einem Bande, hg. von Julius Ludwig Klee, mit Holzschnitten nach Originalzeichnungen von Rudolf Jordan, Georg Osterwald, Ludwig Richter und Adolph Schrödter, Leipzig 1842 (Mayer und Wigand).

Richter, Hans Werner: Die Geschlagenen, München 1949 (Kurt Desch).

Richter, Hans Werner: Sie fielen aus Gottes Hand, München 1951 (Kurt Desch).

Rühmkorf, Peter (Hg.): 131 expressionistische Gedichte, Berlin 1976 (Klaus Wagenbach).

Salomon, Ernst von: Die Geächteten, Berlin 1930 (Rowohlt).

Salomon, Ernst von: Die Stadt, Berlin 1932 (Rowohlt).

Salomon, Ernst von: Der Fragebogen, Hamburg 1951 (Rowohlt).

Salomon, Ernst von: Schicksal des A.D. Ein Mann im Schatten d. Geschichte. Ein Bericht, Reinbek bei Hamburg 1960 (Rowohlt).

Salomon, Ernst von: Die Kette der tausend Kraniche, Reinbek bei Hamburg 1972 (Rowohlt).

Salomon, Ernst von: Der tote Preuße. Roman einer Staatsidee, mit einem Vorwort von Hans Lipinsky-Gottersdorf, München 1973 (Langen Müller).

Schalansky, Judith: Blau steht dir nicht. Matrosenroman, Hamburg 2008 (marebuchverlag).

Schalansky, Judith: Der Sohn des Luftschiffers, in: Text + Kritik – Zeitschrift für Literatur 12 (2014), Heft 34, S. 3–13.

Schiller, Friedrich: Sämtliche Werke. Zweiter Band: Dramen II, München 1959 (Carl Hanser).

Shakespeare, William: Hamlet, zweisprachige Ausgabe, übersetzt und mit Anmerkungen versehen von Frank Günther, mit einem Essay von Manfred Pfister, [12]München 2016 (dtv).

Stadler, Ernst: Der Aufbruch und andere Gedichte, hg. von Heinz Rölleke, Stuttgart 2014 (Reclam).

Stadler, Ernst: »Denn der Zukunft dient alle wahre Kunst!« Lyrik, Prosa, Essays, Briefe, Tagebuchaufzeichnungen, hg. von Christian Luckscheiter und Hansgeorg Schmidt-Bergmann, Halle 2016 (Mitteldeutscher Verlag).

Suttner, Bertha von: Die Waffen nieder!, mit einem Geleitwort von Willy Brandt und einer Einführung von Friedrich Heer, Hildesheim 1977 (Gerstenberg) [zuerst 1889].

Tigerström, Hanns [d. i. Hans Wendt]: 1:0 für die »2M«, Abenteuer und Streiche, München 1952 (Münchner Buchverlag).

Tolstaja, Sofja: Eine Frage der Schuld. Roman anläßlich der Kreuzersonate von Lew Tolstoi / Kurze Autobiographie der Gräfin Sofja Andrejewna Tolstaja, aus dem Russischen von Alfred Frank und Ursula Keller, mit einem Nachwort von Ursula Keller, Zürich 2008 (Manesse).

Tolstoj, Leo: Die Kreutzersonate, aus dem Russischen von Arthur Luther, Leipzig 1947 (Insel-Verlag zu Leipzig).

Vaterland, Muttersprache. Deutsche Schriftsteller und ihr Staat seit 1945. Offene Briefe, Reden, Aufsätze, Gedichte, Manifeste, Polemiken, zusammengestellt von Klaus Wagenbach, Winfried Stephan, Michael Krüger und Susanne Schüssler, mit einem Vorwort von Peter Rühmkorf, Berlin 1994 (Klaus Wagenbach).

Zehrer, Hans [hier als: Hans Thomas]: Percy auf Abwegen, Hamburg 1951 (Rowohlt) [zuerst: Berlin 1938 (Deutscher Verlag)].

Zola, Emile: Die Beute [Die Rougon-Macquart. Natur- und Sozialgeschichte einer Familie aus dem Zweiten Kaiserreich, Band 2], aus dem Französischen von Rita Schober, München 1974 (Winkler) [zuerst: Paris 1871].

C. Archivquellen

Archiv der sozialen Demokratie, Bonn
Sammlung Personalia: Curt Bley (1175).

Bundesarchiv, Berlin
NSDAP-Mitgliederkartei (BArch R 9361-IX)

Bundespressekonferenz e. V., Geschäftsstelle, Berlin
Sammlung »Geschichte der Bundespressekonferenz«
Akten »Satzung & Beitragsordnung«
Akten »Ehemalige Mitglieder 1950–1959«, Ordner: A–H/I–P/R–Z
Akten »Ehemalige Mitglieder 1960–1967«, Ordner: A–G/H–R/S–Z
Akten »Ehemalige Mitglieder 1967–1973«, Ordner: A–G/H–R/S–Z
Akten »Schlichtungsausschuss ab 1949«.

Deutscher Bundestag, Parlamentsarchiv, Berlin
Ältestenrat
Ausschuss für Bücherei (39. Ausschuss); seit 1952: Büchereibeirat
Ausschuss für Fragen der Presse, des Rundfunks und des Films (34. Ausschuss)
Ausschuss für Geschäftsordnung und Immunität (3. Ausschuss)
Ausschuss für Jugendfürsorge (33. Ausschuss)
Ausschuss für Wiederaufbau und Wohnungswesen (18. Ausschuss)

Präsidialregistratur Erich Köhler (3004)
Präsidialregistratur Hermann Ehlers (3004)

Bestand der Presse- und Informationsstelle (3030)

Gesetzesdokumentation: Entwurf eines Gesetzes über Straffreiheit (1104)
Gesetzesdokumentation: Entwurf eines Gesetzes über die Verbreitung jugendgefährdender Schriften (I/430).

Hessischer Rundfunk, Frankfurt am Main – Dokumentation und Archive
»Brief an eine Dame aus Chicago, die mich nach der deutschen Literatur 1953 fragte«, Feature von Alfred Andersch (Abendstudio), gesendet am 16. März 1954 (3253073.100/200).

Institut für Zeitgeschichte, München
Zeugenschrifttum, ZS 478 (online unter: http://www.ifz-muenchen.de/archiv/zs/zs-0478.pdf) [zuletzt abgerufen am 3. Oktober 2018].

Landesarchiv Nordrhein-Westfalen, Abteilung Rheinland, Duisburg (früher Düsseldorf)
Ministerium für Wiederaufbau:
– Bestand NW 73 (Bundesbauten, Wohnungsbau und Städtebau)
– Bestand NW 101 (Behördenbauten, Landesbauten, Bundesbauten).

Norddeutscher Rundfunk, Hamburg – Schallarchiv
»Ein weißes Haus am Rhein«; Feature von Henri Regnier, gesendet am 23. Oktober 1952
(F 832433000).

Südwestrundfunk, Stuttgart – Historisches Archiv
»Wolfgang Koeppen liest aus seinem Roman *Das Treibhaus*«, gesendet am 12. September 1953
(W0102164).

Stadtarchiv Bonn
Nachlass von Hermann Wandersleb (Bestand SN 172).

Wolfgang-Koeppen-Archiv der Universität Greifswald
Nachlass von Wolfgang Koeppen, insbesondere:

Aufzeichnungen aus Bonn
Briefwechsel mit dem Verleger Henry Goverts
Manuskript eines geplanten Vortrags 1954 in Köln
Notizen
Romanmanuskript *Das Treibhaus*.

D. Presseausschnittsammlungen

Deutscher Bundestag, Pressedokumentation, Berlin

021	Deutscher Bundestag allgemein
021-4	Plenarsitzungen
021-2/42	Untersuchungsausschuss Platow
021-7	Kritik am Bundestag allgemein
021-7/1	Besucher, Besuchergruppen
021-8/3	Verhältnis zur Presse, Presse- und Informationszentrum
021-9/0	Gebäude [Bundeshaus Bonn]
021-8/4	Verhältnis zum Staatsbürger, Institutionen, Organisationen, Verbänden
031	Parlamentarismus, Kritik am Parlamentarismus
702	Journalisten.

Presse- und Informationsamt der Bundesregierung, Dokumentation, Berlin

010	Parlamentarisches System
012	Bundestag
821	Presse und Justiz und Polizei
822	Presse und Regierung und Verwaltung
823	Presse und Parlament und Parteien
824	Kritik an der Presse
840	Journalisten
841	Journalisten-Vereinigungen.

E. Zeitungen und Zeitschriften

Abendpost
Allemagne d'aujourd'hui
Das andere Deutschland
Architectural Review
Architektur und Wohnform
Aufwärts – illustrierte Jugendzeitschrift des Deutschen Gewerkschaftsbundes
Die Barke – ein illustriertes Büchermagazin
Bauen + Wohnen
Baukunst und Werkform
Baumeister
Deutsche Kommentare
Die Bauverwaltung – Zeitschrift für behördliches Bauwesen
Begegnung – Korrespondenz für Kultur und Geistesleben
Berliner Börsen-Courier
Börsenblatt für den deutschen Buchhandel
Bonner Hefte
Bücherei und Bildung
Christ und Welt
Colloquium – Zeitschrift der freien Studenten Berlins
Darmstädter Echo
Das Deutsche Buch
Deutsche Illustrierte
Deutsche Rundschau
Deutsche Volkszeitung
Deutsche Zeitung und Wirtschaftszeitung
Europäische Illustrierte – Tribüne für Politik, Wirtschaft und Kultur
Film und Frau
Frankfurter Allgemeine Zeitung
Frankfurter Hefte – Zeitschrift für Kultur und Politik
Frankfurter Neue Presse
Frankfurter Rundschau
Die Gegenwart
Geist und Tat
General-Anzeiger (Bonn)
Gesamtdeutsche Rundschau
Glasforum – Architektur, Kunst, Gebrauch
Handelsblatt
Hannoversche Allgemeine Zeitung
Hannoversche Presse
Hochland – Zeitschrift für alle Gebiete des Wissens und der Schönen Künste
Kölner Stadtanzeiger
Kölnische Rundschau

Kristall
Die Kultur
Le Monde
Le Soir
Lies mit! Die neuartige Illustrierte
Merkur – deutsche Zeitschrift für europäisches Denken
Der Mittag
Der Monat – eine internationale Zeitschrift
Die neue Ordnung
Die neue Rundschau
Die neue Stadt
Die Neue Zeitung
Neue Bauwelt
Neue Illustrierte
Neue Zeitung
Neues Abendland
Quick
Perspektiven – Literatur, Kunst, Musik
Picture Post
Revue
Rheinische Post (Düsseldorf)
Ruhr-Nachrichten (Dortmund)
Ruhrwacht (Oberhausen)
Sonntagsblatt
Der Spiegel
Süddeutsche Zeitung
Der Standpunkt (Bozen)
Stern
Stuttgarter Leben
Stuttgarter Zeitung
Der Tagesspiegel
Universitas – Zeitschrift für Wissenschaft, Kunst und Literatur
Der Wähler
Die Wandlung
Die Welt / Welt am Sonntag
Die Weltwoche (Zürich)
Welt der Arbeit (Köln)
Westdeutsche Zeitung
Westermanns Monatshefte
Wochenend – Bilderzeitung zur Erholung vom Alltag
Wort und Wahrheit – Monatsschrift für Religion und Kultur
Die Zeit
Zeitungs-Verlag
Zeitwende – die neue Furche

F. Zeitgenössisches Schrifttum, Quelleneditionen und Memoiren

Abendroth, Wolfgang: Ein Leben in der Arbeiterbewegung – Gespräche, hg. von Barbara Dietrich und Wolfgang Perels, Frankfurt am Main 1976.

Adenauer, Konrad: Erinnerungen 1945–1953, Stuttgart 1965.

Adenauer: Briefe 1945–1947, bearb. von Hans Peter Mensing, Berlin 1983.

Adenauer: Briefe 1949–1951, bearb. von Hans Peter Mensing, Berlin 1985.

Adenauer: Teegespräche 1950–1954, bearb. von Hanns Jürgen Küsters, Berlin 1984.

Adorno, Theodor W.: Minima Moralia. Reflexionen aus dem beschädigten Leben (= Gesammelte Schriften, Band 4), hg. von Rolf Tiedemann, Frankfurt am Main 1980 [1951].

Akademie 1953/54 = Deutsche Akademie für Sprache und Dichtung, Jahrbuch 1 (1953/54), Heidelberg 1954.

Akademie 1961 = Deutsche Akademie für Sprache und Dichtung, Jahrbuch 9 (1961), Heidelberg/ Darmstadt 1962.

Akademie 1962 = Deutsche Akademie für Sprache und Dichtung, Jahrbuch 10 (1962), Heidelberg/ Darmstadt 1963.

Allemann, Fritz René: Bonn ist nicht Weimar, Köln/Berlin 1956.

Allemann, Fritz René: Zwischen Stabilität und Krise. Etappen der deutschen Politik 1955–1963, München 1963.

Almanach 1951 = im glashaus. Almanach zum Bonner Presseball 1951, Redaktion: Walter Henkels mit Volrad Deneke, Werner von Lojewski, Franz Rodens und Gerd Schroers, o. O o. J. [Bonn 1951].

Almanach 1952 = bonner hammelsprünge. Almanach zum Presseball der Bundespressekonferenz am 15. November 1952 im Kurhaus Bad Neuenahr, Redaktion: Walter Henkels, Peter Kempnich und Franz Rodens, o. O o. J. [Bonn 1952].

Almanach 1953 = dringend presse bonn. Almanach zum Presseball der Bundespressekonferenz am 28. November 1953 im Kurhaus Bad Neuenahr, Redaktion: Ernst Goyke, Walter Henkels, Peter Kempnich und Eugen Skasa-Weiß, o. O o. J. [Bonn 1953].

Almanach 1954 = Bonnfusionen. Almanach zum Presseball am 27. November 1954, Redaktion: Ernst Goyke und Peter Kempnich, o. O o. J. [Bonn 1954].

Arndt, Adolf: Demokratie als Bauherr, Berlin 1961 [Akademie der Künste – Anmerkungen zur Zeit 6].

Arndt, Adolf: Das zeitgemäße Parlamentsgebäude, in: Die neue Gesellschaft 9 (1962), 6, S. 429–444.

Arndt, Adolf: Geist der Politik – Reden, Berlin 1965.

Arndt, Adolf: Gesammelte Juristische Schriften. Ausgewählte Aufsätze und Vorträge 1946–1972, hg. von Ernst-Wolfgang Böckenförde und Walter Lewald, München 1976.

Aufbau und Arbeitsweise einer Pädagogischen Akademie, hg. vom Lehrkörper der Pädagogischen Akademie Kiel (Beiträge zur Lehrerbildung und Lehrerfortbildung, Heft 1), Frankfurt am Main 1929.

Baedeker, Karl [Friedrich]: Cologne and Bonn with Environs. Handbook for Travellers with 15 Maps and Plans, and 96 Sketches, Freiburg/London/New York 1961.

Bahr, Egon: Zu meiner Zeit, München 1996.

Baring, Arnulf (unter Mitarbeit von Dominik Geppert): Scheitert Deutschland? München 1997.

Barner, Wilfried und Martin Gregor-Dellin/Peter Härtling/Egidius Schmalzriedt (Hg.): Literatur in der Demokratie. Für Walter Jens zum 60. Geburtstag, München 1983.

Die Bauhaus-Debatte 1953. Dokumente einer verdrängten Kontroverse, hg. von Ulrich Conrads, Magdalena Droste, Winfried Nerdinger und Hilde Strohl, Braunschweig/Wiesbaden 1994.

Baumert, Gerhard: Jugend der Nachkriegszeit. Lebensverhältnisse und Reaktionsweisen, Darmstadt 1952.

Bebel, August: Aus meinem Leben, hg. von Ursula Hermann unter Mitarbeit von Wilfried Henze und Ruth Rüdiger, 7. Auflage, Berlin (Ost) 1988.

Becher, Hubert: Ernst Jünger. Leben und Werk, Warendorf 1949.

Becher, Hubert: Liebe und Ehe in der modernen Literatur, Frankfurt am Main 1959.

Becker, Carl Heinrich: Die Pädagogische Akademie im Aufbau unseres nationalen Bildungswesens, Leipzig 1926.

Becker, Kurt: Drei Chefredakteure, in: Die ersten Jahre. Erinnerungen aus den Anfängen eines Zeitungshauses. Beiträge zur Geschichte des Verlagshauses Die Welt, Hamburg 1962, S. 93–107.

Benjamin, Walter: Gesammelte Schriften, unter Mitwirkung von Theodor W. Adorno und Gershom Scholem hg. von Rolf Tiedemann und Hermann Schweppenhäuser, Frankfurt am Main 1972–1999
Band 3: Kritiken und Rezensionen, hg. von Hella Tiedemann-Bartels, 1972
Band 4/1: Charles Baudelaire, Tableaux parisiens, Einbahnstraße und andere Texte, hg. von Tillman Rexroth, 1972
Band 5: Das Passagenwerk (2 Teilbände), hg. von Rolf Tiedemann, 1982.
Berkéwicz, Ulla: Das unerreichte Petra oder Die Wahrheit geht auf den Strich. Versuch über Wolfgang Koeppen, in: Raimund Fellinger (Hg.): Suhrkamp, Suhrkamp. Autoren über Autoren: 60 Jahre Suhrkamp, Berlin 2010, S. 235–244.
Berkholz, Stefan (Hg.): Carl von Ossietzky. 227 Tage im Gefängnis – Briefe, Texte, Dokumente, Darmstadt 1988.
Birch, Lionel: Germany and Western Union, London 1950.
Birch, Lionel: The History of the T.U.C. 1868–1968. A Pictorial Survey of a Social Revolution, London 1968.
Blaubuch über den Widerstand gegen die atomare Aufrüstung der Bundesrepublik, hg. vom Friedenskomitee der Bundesrepublik Deutschland, Düsseldorf o. J. [1957].
Bley, Curt [hier: Kurt]: Über die Grundlagen des Rundfunkrechts (Sonderheft des Amtsblattes »Archiv für Funkrecht«, Nr. 1, hg. von der Reichsrundfunkkammer), Berlin 1935.
Bley, Curt: Geheimnis Radar. Eine Geschichte der wissenschaftlichen Kriegführung, Hamburg/Stuttgart/Baden-Baden/Berlin 1949.
Bley, Curt: Die Gültigkeit der §§ 353 b und 353 c StGB. Rechtsgutachten vorgelegt im Auftrag des Deutschen Journalisten-Verbandes und des Vorstandes der Bundespressekonferenz, o. O. [Bonn] 1951.
Bley, Curt: Tatsachen über Kredit und Kreditmissbrauch. Anregungen an den Gesetzgeber, Köln/Berlin 1954 (Arbeitskreis für Absatzfragen, Heft 2).
Bölling, Klaus: Die zweite Republik. 15 Jahre Politik in Deutschland, Köln/Berlin 1963.
Börne und Heine = Ludwig Börne und Heinrich Heine. Ein deutsches Zerwürfnis, bearbeitet von Hans Magnus Enzensberger, Nördlingen 1986.
Bonn, Bad Godesberg, Beuel und Königswinter. Mit ausführlichem Behördenführer, Straßenverzeichnis und Verkehrsverbindungen, 7. Auflage, Bonn 1957 (= Stollfuß-Plan 50).
Bonn. Führer durch die Bundeshauptstadt, hg. vom Städtischen Verkehrsamt, bearb. von Karl-Heinz Esser unter Mitwirkung von Ernst Baltes, 9. Auflage, Bonn 1955 (= Stollfuß-Führer 17).
Bonn 1950–1955. Fünfjahresbericht der Stadt Bonn, hg. von der Stadtverwaltung, Bonn 1956.
Boveri, Margret: Wir lügen alle. Eine Hauptstadtzeitung unter Hitler, Olten/Freiburg im Breisgau 1965.
Brandt, Willy und Richard Löwenthal: Ernst Reuter. Ein Leben für die Freiheit. Eine politische Biographie, München 1957.
Brandt und Grass: Briefwechsel = Willy Brandt und Günter Grass: Der Briefwechsel, hg. von Martin Kölbel, Göttingen 2013.
Brant, Stefan [d. i. Klaus Harpprecht] unter Mitarbeit von Klaus Bölling: Der Aufstand. Vorgeschichte, Geschichte und Deutung des 17. Juni 1953, Stuttgart 1954
BT StenBer. = Verhandlungen des Deutschen Bundestages: Stenographische Berichte, Bonn 1949 ff.
BT Drs. = Verhandlungen des Deutschen Bundestages: Anlagen zu den Stenographischen Berichten, Bonn 1949 ff.
Bucher, Lothar: Kulturhistorische Skizzen aus der Industrieausstellung aller Völker, Frankfurt am Main 1851.
Bucher, Lothar: Der Parlamentarismus wie er ist, Berlin 1855.
Büttner, Ludwig: Georg Büchner. Revolutionär und Pessimist, Nürnberg 1948.
Bungert, [Hans]: Der Fremdenverkehr und seine Bedeutung für Bonn, in: Der Aufbau der Bundeshauptstadt Bonn. Öffentliche Neubauten, Sonderbeilage des Amtsblatts für den Regierungsbezirk Köln, [Köln] 1955.
Busley, Joseph: Der Hettische Gründungsbau von St. Castor-Koblenz. Eine Studie zur karolingischen Baugeschichte, Diss. Uni Bonn 1921 [1929].
Der Bundestag, mit einem Vorwort von Hermann Ehlers, zusammengestellt von Friedrich K. Schramm, Bonn 1952.

Calmes, Michael (Hg.): Das Schund- und Schmutzgesetz und unsere Verantwortung. Referate der Jahrestagung des Volkswartbundes am 10. November 1953, Köln/Siegburg 1954.

Carl Schmitt – Glossarium. Aufzeichnungen aus den Jahren 1947 bis 1958, hg. von Gerd Giesler und Martin Tielke, Neuausgabe, Berlin 2015.

Carl Schmitt und die Öffentlichkeit. Briefwechsel mit Journalisten, Publizisten und Verlegern aus den Jahren 1923 bis 1982, hg. von Kai Burkhardt in Zusammenarbeit mit Gerd Giesler und Stefan Krings, Berlin 2013.

CDU – 3. Parteitag = Dritter Parteitag der Christlich-Demokratischen Union Deutschlands: Berlin 17.–19. Oktober 1952, Bonn 1952.

Ceram, C. W. [d. i. Kurt W. Marek]: Götter, Gräber und Gelehrte, Oldenburg 1949.

Claassen, Eugen: Von der Arbeit eines Verlegers. Mit einer Bibliographie der Verlage H. Goverts, Claassen & Goverts, Claassen (1935–1966), bearb. von Reinhardt Gahrt, Marbach 1981 (Marbacher Magazin 19/1981).

Conrads, Ulrich (Hg.): Die Städte himmeloffen. Reden und Reflexionen über den Wiederaufbau des Untergegangenen und die Wiederkehr des Neuen Bauens 1948/49, ausgewählt aus den ersten beiden Ausgaben der Vierteljahrshefte *Baukunst und Werkform*, Gütersloh/Berlin u. a. 2003.

Dahrendorf, Ralf: Gesellschaft und Demokratie in Deutschland in Deutschland, München 1965.

Dahrendorf, Ralf: Versuchungen der Unfreiheit. Die Intellektuellen in Zeiten der Prüfung, München 2006.

Däumling, Hans (Hg.): Das Leben lieben. Max Tau in Briefen und Dokumenten 1945–1976, Würzburg 1988.

Darmstädter Gespräch 1950 = Das Menschenbild in unserer Zeit, hg. von Hans Gerhard Evers, Darmstadt o. J. [1951].

Darmstädter Gespräch 1951 = Mensch und Raum, hg. von Otto Bartning, Darmstadt 1952.

Darmstädter Gespräch 1952 = Mensch und Technik. Erzeugnis – Form – Gebrauch, hg. von Hans Schwippert, Darmstadt 1952.

Darmstädter Gespräch 1953 = Individuum und Organisation von Fritz Neumark unter Mitarbeit von Egon Vietta, Darmstadt 1954.

Demokratie als Bauherr. Die Bauten des Bundes in Berlin 1990–2000, hg. vom Bundesministerium für Verkehr, Bau- und Wohnungswesen, Hamburg 2000.

Denkschrift zur Entstehungsgeschichte und rechtspolitischen Bedeutung des § 353 c des Strafgesetzbuches, hg. vom Bundesminister der Justiz, Bonn 1951 [20. Dezember 1951].

Deutsche Presse 1956 = Die deutsche Presse 1956: Zeitungen und Zeitschriften, hg. vom Institut für Publizistik der Freien Universität Berlin, bearb. von Heinz August und Friedrich Medebach unter Mitwirkung von Hans Ulrich Behn, Jürgen Gärtner, Carlos Kühn und Julian Lehnecke, Berlin 1956.

Dirks, Walter: War ich ein linker Spinner? Republikanische Texte – von Weimar nach Bonn, mit einem Vorwort von Fritz Boll, München 1983.

Eggebrecht, Axel: Der halbe Weg. Zwischenbilanz einer Epoche, Hamburg 1975.

Eggebrecht, Axel: (Hg.): Die zornigen alten Männer. Gedanken über Deutschland seit 1945, Hamburg 1979.

Ehlers, Hermann: Präsident des Deutschen Bundestages. Ausgewählte Reden, Aufsätze und Briefe 1950–1954, hg. und mit einer Einleitung von Karl Dietrich Erdmann, bearbeitet von Rüdiger Wenzel, Boppard 1991.

Elbin, Günther: Düsseldorf und die Lande zwischen Maas und Rhein, München 1989.

Elbin, Günther: An Rhein, Ruhr und Lippe: Die Geschichte des westlichen Ruhrgebiets, Düsseldorf 1992.

Emonds, Hubert: Das Bonner Stadtklima, mit 35 Abbildungen und 6 Tabellen, Bonn 1954.

Encke, Warnfried: Kampf um den Sonntagsleser, in: Die ersten Jahre. Erinnerungen aus den Anfängen eines Zeitungshauses. Beiträge zur Geschichte des Verlagshauses *Die Welt*, Hamburg 1962, S. 223–230.

Enzensberger, Hans Magnus: Macht und Geist: Ein deutsches Indianerspiel, in: Ders.: Mittelmaß und Wahn. Gesammelte Zerstreuungen, Frankfurt am Main 1988, S. 207–220.

Ernst Jünger – Carl Schmitt. Briefe 1930–1983, hg., kommentiert und mit einem Nachwort von Helmuth Kiesel, 2. Auflage, Stuttgart 2012.

Ernst Jünger – Friedrich Hielscher. Briefe 1927–1985, hg., kommentiert und mit einem Nachwort von Ina Schmidt und Stefan Breuer, Stuttgart 2005.

Die ersten Jahre. Erinnerungen aus den Anfängen eines Zeitungshauses. Beiträge zur Geschichte des Verlagshauses *Die Welt*, Hamburg 1962.

Ferdinand, Horst (Hg.): Beginn in Bonn. Erinnerungen an den ersten Deutschen Bundestag, Freiburg 1985.

Ferdinand, Horst: Impressionen aus dem Plenarsaal, in: Ders.: Beginn in Bonn. Erinnerungen an den ersten Deutschen Bundestag, Freiburg 1985, S. 40–57.

Fjodorow, Anatoli: Vom Werk Wolfgang Koeppens, in: Sowjet-Literatur – Zeitschrift des Schriftstellerverbands der UdSSR 1959, 6, S. 133–139.

Foster, Norman: Bundestag im Reichstagsgebäude, in: Demokratie als Bauherr. Die Bauten des Bundes in Berlin 1990–2000, hg. vom Bundesministerium für Verkehr, Bau- und Wohnungswesen, Hamburg 2000, S. 52–69.

Friedell, Egon: Kulturgeschichte der Neuzeit. Die Krisis der europäischen Seele von der schwarzen Pest bis zum Ersten Weltkrieg. Band 2: Barock und Rokoko / Aufklärung und Revolution, München 1928.

Gauck, Joachim: Rede vom 3. Juli 2015 bei einer Matinée im Schloss Bellevue zu Ehren der Architektur, www.bundespraesident.de/SharedDocs/Reden/DE/Joachim-Gauck/Reden/2015/07/150703-Matinee-Architekten.html [zuletzt abgerufen am 3. Oktober 2018].

Gaus, Günter: Widersprüche. Erinnerungen eines linken Konservativen, Berlin 2004.

Der Georg-Büchner-Preis 1951–1978. Eine Ausstellung des Deutschen Literaturarchivs Marbach und der Deutschen Akademie für Sprache und Dichtung Darmstadt, bearb. von Dieter Sulzer, Hildegard Dieke und Ingrid Kußmaul, Marbach 1978.

Georg Büchner: Briefwechsel. Kritische Studienausgabe von Jan-Christoph Hauschild, Basel/Frankfurt am Main 1994.

Gesetz zur Schaffung von Familienheimen. Vorgeschichte und Entwurf, hg. von Paul Lücke, o.O. o.J. [1956].

Giedion, Sigfried: Architektur und Gemeinschaft. Tagebuch einer Entwicklung, Hamburg 1956.

Glotz, Peter: Von Heimat zu Heimat. Erinnerungen eines Grenzgängers, Berlin 2005.

Goetzendorff, Günter: »Das Wort hat der Abgeordnete …« Erinnerungen eines Parlamentariers der ersten Stunde, München 1989.

Goverts, Henry: Wahlverfahren und lebendige Demokratie in Deutschland, in: Soziologische Studien zur Politik, Wirtschaft und Kultur der Gegenwart. Alfred Weber gewidmet, Potsdam 1930, 121–163.

The Great Exhibition: A Documentary History, hg. von Geoffrey Cantor, London 2013
Band 1: Organizing the Exhibition / Reactions to the Proposed Exhibition
Band 2: Reactions to the Proposed Exhibition / The Opening in 1 May 1851
Band 3: Guides to the Exhibition and Other Material Addressed to Visitors / Visitors' Accounts
Band 4: Visitors' Accounts / Perspectives on the Exhibition / The Closing Ceremony and Assessments.

Greiner, Martin: Zwischen *Biedermeier* und *Bourgeoisie*. Ein Kapitel deutscher Literaturgeschichte im Zeichen Heinrich Heines, Göttingen 1953.

Grohmann, Will: Bildende Kunst und Architektur, Berlin 1953.

Gründel, E. Günther: Die Sendung der jungen Generation. Versuch einer umfassenden revolutionären Sinndeutung der Krise, München 1932.

Habermas, Jürgen: Strukturwandel der Öffentlichkeit. Untersuchungen zu einer Kategorie der bürgerlichen Gesellschaft, Frankfurt 1990 [1962].

Haffner, Sebastian: Geschichte eines Deutschen. Die Erinnerungen 1914–1933, Stuttgart/München 2000.

Handbuch Innere Führung. Hilfen zur Klärung der Begriffe, hg. vom Bundesministerium für Verteidigung, o. O. 1957.

Hans Werner Richter: Mittendrin. Die Tagebücher 1966–1972, hg. von Dominik Geppert in Verbindung mit Nina Schnutz, München 2012.

Harpprecht, Klaus: Viele Grüße an die Freiheit. Aus einem transatlantischen Tagebuch, Stuttgart 1964.

Harpprecht, Klaus: Beschädigte Paradiese. Aus den transatlantischen Notizen, Stuttgart 1966.

Harpprecht, Klaus: Willy Brandt. Porträt und Selbstporträt, München 1970.

Harpprecht, Klaus: Die Lust der Freiheit. Deutsche Revolutionäre in Paris, Reinbek 1989.

Harpprecht, Klaus: Thomas Mann. Eine Biographie, Hamburg 1995.

Harpprecht, Klaus: Im Kanzleramt. Tagebuch der Jahre mit Willy Brandt: Januar 1973–Mai 1974, Reinbek 2000.

Harpprecht, Klaus: Der Gebildete. Fritz René Allemann (1910–1996), in: Hans-Jürgen Jakobs/ Wolfgang R. Langenbucher (Hg.): Das Gewissen ihrer Zeit. Fünfzig Vorbilder des Journalismus, Wien 2004, S. 214–219.

Harpprecht, Klaus: Harald Poelchau. Ein Leben im Widerstand, Reinbek 2004.

Harpprecht, Klaus: Die Gräfin Marion Dönhoff: eine Biographie, Reinbek bei Hamburg 2008.

Harpprecht, Klaus: Schräges Licht. Erinnerungen ans Überleben und Leben, Frankfurt am Main 2014.

Hellwig, Albert: Jugendschutz gegen Schundliteratur: Gesetz zur Bewahrung der Jugend vor Schund- und Schmutzschriften vom 18. 12. 1926, Berlin 1927.

Henkels, Walter: Zeitgenossen: 50 Bonner Köpfe, mit Porträtskizzen von Mirko Szewczuk, Hamburg 1953.

Hensel, Georg: Kritiken. Ein Jahrzehnt Sellner-Theater in Darmstadt, Darmstadt 1962.

Hensel, Georg: Spielplan. Schauspielführer von der Antike bis zur Gegenwart, 2 Bände, Frankfurt am Main/Berlin (West) u. a. 1966.

Hensel, Georg: Spielplan. Schauspielführer von der Antike bis zur Gegenwart, 2 Bände, 3. erweiterte Auflage, München 1993.

Hensel, Georg: Glück gehabt. Szenen aus einem Leben, Frankfurt am Main/Leipzig 1994 Moses,.

Hentrich, Helmut: Bauzeit. Aufzeichnungen aus dem Leben eines Architekten, Düsseldorf 1995.

Heuss, Theodor: Vorspiele des Lebens. Jugenderinnerungen, Tübingen 1953.

Heuss, Theodor: Reden an die Jugend, hg. von Hans Bott, Tübingen 1956.

Hielscher, Friedrich: Die große Verwandlung, in: Ernst Jünger (Hg.): Krieg und Krieger, Berlin 1930 (Junker und Dünnhaupt), S. 127–134.

Heuss, Theodor: Fünfzig Jahre unter Deutschen, Hamburg 1954.

Hirsch, Eike Christian: Einfach weitermachen, in: Detlef Felken (Hg.): Ein Buch, das mein Leben verändert hat, München 2007, S. 185–187.

Hobsbawm, Eric: The Age of Extremes. The Short Twentieth Century (1914–1991), London 1994.

House of Commons = Parliamentary Debates. Fifth Series, Volume 393: House of Commons – Official Report, 8. Session of the 37. Parliament of the United Kingdom of Great Britain and Northern Ireland, 26. Oktober–23. November 1943, London 1943.

Interbau = Interbau Berlin 1957: Wiederaufbau Hansaviertel. Sonderveröffentlichung zur Interbau 1957, hg. vom Senator für Bau- und Wohnungswesen und dem Bund Deutscher Architekten, Berlin 1957.

Jaspers, Karl: Wohin treibt die Bundesrepublik, München 1966.

Jens, Walter: Statt einer Literaturgeschichte, Pfullingen 1957.

Jens, Walter: Deutsche Literatur der Gegenwart. Themen, Stile, Tendenzen, München 1961.

Jens, Walter: Literatur und Politik, Pfullingen 1963.

Jens, Walter: Melancholie und Moral. Rede auf Wolfgang Koeppen, Stuttgart 1963 [Laudatio, gehalten am 20. Oktober 1962 zur Verleihung des Büchner-Preises].

Jens, Walter: Von deutscher Rede, München 1969.

Jens, Walter: Republikanische Reden, München 1976.

Jens, Walter: Statt einer Literaturgeschichte. Dichtung im zwanzigsten Jahrhundert, 4. Auflage, Düsseldorf 2004.

Jens, Walter (Hg.): Ort der Handlung ist Deutschland. Reden in erinnerungsfeindlicher Zeit, München 1981.

Jünger, Ernst (Hg.): Krieg und Krieger, Berlin 1930.

Jünger – Hielscher – Briefe = Ernst Jünger – Friedrich Hielscher: Briefwechsel, hg. von Ina Schmidt und Stefan Breuer, Stuttgart 2005.

Jünger – Schmitt – Briefe = Ernst Jünger – Carl Schmitt: Briefwechsel. Briefe 1930–1983, hg. von Helmuth Kiesel und transkribiert von Isolde Kiesel, Neuausgabe, Stuttgart 2012 [1999].

Jugend zwischen 15 und 24. Eine Untersuchung zur Situation der deutschen Jugend im Bundesgebiet, im Auftrag der Deutschen Shell AG durchgeführt vom Emnid-Institut für Meinungsforschung, Bielefeld 1954.

Jugendschutz – Aufgabe und Verpflichtung. Kundgebung und Fachkonferenz im Plenarsaal des Landtagsgebäudes in Düsseldorf am 24. März 1952, Hamm 1952.

Die Kabinettsprotokolle der Landesregierung von Nordrhein-Westfalen 1946 bis 1950 (Ernennungsperiode und erste Wahlperiode), eingeleitet und bearb. von Michael Alfred Kanther, Siegburg 1992.

Kantorowicz, Alfred: Deutsches Tagebuch. Erster Teil, München 1959.

Kausch, Hans-Joachim: Zentralredaktion und Bonner Büro, in: Die ersten Jahre. Erinnerungen aus den Anfängen eines Zeitungshauses. Beiträge zur Geschichte des Verlagshauses *Die Welt*, Hamburg 1962, S. 93–107.

Keiser-Hayne, Helga: Erika Mann und ihr politisches Kabarett *Die Pfeffermühle* 1933–1937. Texte, Bilder, Hintergründe, Hambrug 1995.

Kirchheimer, Otto: Von der Weimarer Republik zum Faschismus: Die Auflösung der demokratischen Rechtsordnung, hg. von Wolfgang Luthart, Frankfurt am Main 1976.

Kirst, Hans Hellmut: Der Schein trügt (auch ein Fragebogen), in: War ich ein Nazi? Politik – Anfechtung des Gewissens, mit Beiträgen von Joachim Günther, Hans Egon Holthusen, Hans Hellmut Kirst, Rudolf Krämer-Badoni, Alexander Lernet-Holenia, Jens Rehn, Heinz Winfried Sabais, Hermann Stahl und Wolfgang Weyrauch, mit einer Anleitung von Ludwig Marcuse, München/ Bern/Wien 1968, S. 89–101.

Kirst, Hans Hellmut: Das Schaf im Wolfspelz. Ein deutsches Leben. Biographische Verwicklungen 1945 bis 1957, Herford 1985.

Klarheit und Transparenz. Der Umbau des Kieler Landeshauses, hg. vom Schleswig-Holsteinischen Landtag, Kiel 2004.

Knief, Ursula: Die erste deutsche Sonntagszeitung, in: Die ersten Jahre. Erinnerungen aus den Anfängen eines Zeitungshauses. Beiträge zur Geschichte des Verlagshauses *Die Welt*, Hamburg 1962, S. 208–222.

Koch, Alexander: Hotels/Restaurants, Café- und Barräume, Stuttgart 1951.

Die Kölner Mittwochgespräche 1950–1956: Freier Eintritt, freie Fragen, freie Antworten, hg. von Wilfried Dörstel, Köln 1991.

Koetzle, Michael: Kleines Glück mit Büttenrand. Kindheit in den Fünfzigern, in: Ders./Klaus-Jürgen Sembach/Klaus Schölzel (Hg.): Die Fünfziger Jahre. Heimat – Glaube – Glanz: Der Stil eines Jahrzehnts, München 1998, S. 10–19.

Kogon, Eugen: Dreißig Jahre – wohin?, in: Axel Eggebrecht (Hg.): Die zornigen alten Männer. Gedanken über Deutschland seit 1945, Hamburg 1979, S. 71–103.

Korn, Arthur: Glas im Bau und als Gebrauchsgegenstand, mit 187 Abbildungen, Berlin 1929.

Korn, Karl: 1848. Die verlorene Revolution, Berlin 1948.

Korn, Karl: Der Rhein im Bild, mit ausgewählten Aufnahmen, Wiesbaden 1951.

Korn, Karl: Die Kulturfabrik, Wiesbaden 1953.

Korn, Karl: Die Rheingauer Jahre, Frankfurt am Main 1955.

Korn, Karl: Lange Lehrzeit. Ein deutsches Leben, Frankfurt am Main 1975.

Koppel, Wolfgang und Karl Sauer: Führer durch das braune Bonn. Ein unentbehrlicher Leitfaden für alle Besucher der Bundeshauptstadt, Frankfurt am Main 1969.

Kraushaar, Wolfgang (Hg.): Die Protestchronik 1949–1959. Eine illustrierte Geschichte von Bewegung, Widerstand und Utopie (4 Bände), Hamburg 1996.

Kronika, Jacob: Der Untergang Berlins, übersetzt von Margreth Bossen, Flensburg/Hamburg 1946.

Kuby, Erich: Das ist des Deutschen Vaterland. 70 Millionen in zwei Wartesälen, Stuttgart 1957.

Kuby, Erich: Richard Wagner & Co. Zum 150. Geburtstag des Meisters, Hamburg 1963.

Kürschners Deutscher Literatur-Kalender 51 (1949), bearb. von Friedrich Bertkau, Berlin 1949.

Kürschners Deutscher Literatur-Kalender 52 (1952), bearb. von Friedrich Bertkau, Berlin 1952.

Kürschners Deutscher Literatur-Kalender 53 (1958), bearb. von Werner Schuder, Berlin 1958.

Küstermeier, Rudolf: Der rote Stoßtrupp, 3. Auflage, Berlin 1980.

Lammert, Norbert: Unser Staat. Unsere Geschichte. Unsere Kultur. Verantwortung für Vergangenheit und Zukunft, Freiburg 2015.

Landtag von Nordrhein-Westfalen. Erste Wahlperiode. Stenographischer Bericht, Düsseldorf 1947 ff.

Lasky, Melvin J.: Und alles war still. Deutsches Tagebuch 1945, hg. und mit einem Nachwort versehen von Wolfgang Schiller, aus dem Englischen von Christa Krüger und Henning Thies, Berlin 2014.

Lessing, Julius: Das halbe Jahrhundert der Weltausstellungen, in: Volkswirtschaftliche Zeitfragen. Vorträge und Abhandlungen der Volkswirtschaftlichen Gesellschaft zu Berlin, 22. Jg. (1900), Heft 6 (174), S. 3–30.

Literaturkritik. Eine Textdokumentation zur Geschichte einer literarischen Gattung. Band 7: 1945–1980, hg. von Alfred Estermann, bearb. von Jost Hermand, Vaduz 1988.

Löbe, Paul: Erinnerungen eines Reichstagspräsidenten, Berlin 1949.

Löffler, Martin: Presserecht. Kommentar zum Reichsgesetz über die Presse und zum Presserecht der Länder sowie zu den sonstigen die Presse betreffenden Vorschriften, München/Berlin 1955.

Lohmann, Karl: Hitlers Staatsauffassung, Berlin 1933.

Lohmann, Karl: Parlamentarismus und Publizistik, in: Tymbos für Wilhelm Ahlmann, hg. von seinen Freunden, Berlin 1951, S. 198–215.

Lohmann, Karl: Der Deutsche Bundestag, Bonn 1967.

Lubisch, Albert: Wie es begann, in: Die ersten Jahre. Erinnerungen aus den Anfängen eines Zeitungshauses. Beiträge zur Geschichte des Verlagshauses Die Welt, Hamburg 1962, S. 11–14.

Marcuse, Ludwig: Mein Zwanzigstes Jahrhundert. Auf dem Weg zu einer Autobiographie, München 1960.

Marcuse, Ludwig: Nachruf auf Ludwig Marcuse, München 1969.

Marek, Kurt W.: »Kommen Sie – lassen Sie uns eine Zeitung machen«, in: Die ersten Jahre. Erinnerungen aus den Anfängen eines Zeitungshauses. Beiträge zur Geschichte des Verlagshauses Die Welt, Hamburg 1962, S. 16–23.

Marti, Kurt (Hg.): Festgabe für Walter Jens. 111 Grußadressen in Handschriften, Typoskripten und Zeichnungen zum 65. Geburtstag, mit einem Aquarell von Alfred Hrdlicka, einem Brief an den Herausgeber von Marcel Reich-Ranicki und einem großen Fototeil, Stuttgart 1988.

Mayer, Hans: Georg Büchner und seine Zeit, Wiesbaden 1946.

Mayer, Hans: Die umerzogene Literatur. Deutsche Schriftsteller und Bücher, Berlin 1988.

Mende, Erich: Die neue Freiheit: 1945–1961, München 1984.

Mende, Erich: Der Neubeginn des Parlamentarismus, in: Horst Ferdinand (Hg.): Beginn in Bonn. Erinnerungen an den ersten Deutschen Bundestag, Freiburg 1985, S. 112–121.

Mende, Erich: Der Erste Deutsche Bundestag, in: Rudolf Pörtner (Hg.): Kinderjahre der Republik. Von der Trümmerzeit zum Wirtschaftswunder, Düsseldorf/Wien/New York 1989, S. 104–120.

Meinecke, Friedrich: Die deutsche Katastrophe: Betrachtungen und Erinnerungen, Wiesbaden 1946.

Meissner, Hans-Otto: Man benimmt sich wieder, mit 46 Zeichnungen von Asta Ruth-Soffner, Gießen 1950.

Meissner, Hans-Otto: So schnell schlägt Deutschlands Herz, Gießen 1951.

Meissner, Otto: Staatssekretär unter Ebert, Hindenburg, Hitler. Der Schicksalsweg des deutschen Volkes von 1918–1945, wie ich ihn erlebte, Hamburg 1950.

Meyer, Alfred Gotthold: Eisenbauten. Ihre Geschichte und Aesthetik, zu Ende geführt von Wilhelm Freiherr von Tettau und mit einem Vorwort von Julius Lessing, Esslingen 1907.

Mohler, Armin: Die Konservative Revolution in Deutschland 1918–1932. Grundriss ihrer Weltanschauungen, Stuttgart 1950.

Mohler, Armin/Weißmann, Karlheinz: Die Konservative Revolution in Deutschland 1918–1932. Ein Handbuch, 6., völlig überarbeitete und erweiterte Auflage 2005.

Moras, Joachim/Paeschke, Hans unter Mitwirkung von Wolfgang von Einsiedel (Hg.): Deutscher Geist zwischen gestern und morgen. Bilanz der kulturellen Entwicklung seit 1945, Stuttgart 1954.

Mitscherlich, Alexander: Die Unwirtlichkeit unserer Städte – Anstiftung zum Unfrieden, mit Beiträgen von Marianne Rodenstein und Nikolaus Hirsch, Frankfurt am Main 2008 [1965].

Mitscherlich, Alexander/Mitscherlich, Margarete: Die Unfähigkeit zu trauern. Grundlagen kollektiven Verhaltens, München/Zürich 1998 [zuerst 1967].

Mitteilungen der Pädagogischen Akademien in Preußen, hg. von den Pädagogischen Akademien in Bonn, Elbing und Kiel, Berlin 1926 ff.

Heft 1 [ohne Titel], Berlin 1926

Heft 2: Die Landschule, hg. von der Pädagogischen Akademie Elbing, Berlin 1927

Heft 3: Beiträge zum Bildungsproblem, hg. von der Pädagogischen Akademie Bonn, Berlin 1928.

Moersch, Karl: Pro und Contra, in: Hermann Fünfgeld (Hg.): Von außen besehen. Markenzeichen des Süddeutschen Rundfunks, Stuttgart 1998, S. 305–315.

Mühlenfeld, Hans: Politik ohne Wunschbilder. Die konservative Aufgabe unserer Zeit, München 1952.

Müller, K. F. Wilhelm: SOS, Jugend in Not! Bemerkenswerte Jugendkriminalfälle aus der Bundesrepublik, Ratingen 1955.

Naumann, Michael: Glück gehabt. Ein Leben, Hamburg 2017.

Nelles, Irma: Der Herausgeber. Erinnerungen an Rudolf Augstein, Berlin 2016.

Der neue Plenarsaal. Eine Dokumentation. Festakt zur Einweihung des neuen Plenarsaals, hg. vom Deutschen Bundestag, Bonn 1992.

Neumann, Franz L.: Wirtschaft, Staat, Demokratie: Aufsätze 1930–1954, Frankfurt 1978.

Die Neuordnung der Volksschullehrerbildung in Preußen, hg. vom Preußischen Ministerium für Wissenschaft, Kunst und Volksbildung, Berlin 1925.

Nordrhein-Westfalen und die Entstehung des Grundgesetzes, hg. vom Landtag Nordrhein-Westfalen, Düsseldorf 1989.

Ossietzky, Carl von: Sämtliche Schriften. Oldenburger Ausgabe, Hamburg 1994
Band V: 1929–1930, hg. von Bärbel Boldt, Ute Maack und Gunther Nickel
Band VI: 1931–1933, hg. von Gerhard Kraiker, Gunther Nickel, Renke Siems und Elke Suhr
Band VII: Briefe und Lebensdokumente, hg. von Bärbel Boldt, Gerhard Kraiker, Christoph Schottes und Elke Suhr.

Otto, Bertram: Ausgerechnet Bonn… Geschichten und Geschichtliches aus den frühen Jahren der Republik, Bonn 1989.

Der Parlamentarische Rat 1948–1949. Akten und Protokolle, hg. vom Deutschen Bundestag und vom Bundesarchiv, Boppard bzw. München 1975 ff.

Picht, Georg: Die deutsche Bildungskatastrophe. Analyse und Dokumentation, Freiburg im Breisgau 1964.

Planen und Bauen im neuen Deutschland, hg. von Alois Giefer, Franz Sales Meyer und Joachim Beinlich, mit einem Vorwort von Theodor Heuss, Köln/Opladen 1960.

Pörtner, Rudolf (Hg.): Kinderjahre der Republik. Von der Trümmerzeit zum Wirtschaftswunder, Düsseldorf/Wien/New York 1989.

Probst, Otto: Der strafrechtliche Schutz des Amtsgeheimnisses. Unter besonderer Berücksichtigung der §§ 353 b und 353 c StGB, Diss. Uni Köln 1939.

Proebst, Hermann: Demokratie ohne Publikum, in: Politische Studien 4 (1954), 50, S. 150–153.

Pross, Harry: Nationale und soziale Prinzipien in der Bündischen Jugend, Heidelberg 1949.

Pross, Harry: Die Zerstörung der deutschen Politik. Dokumente 1871–1933, Frankfurt am Main/Hamburg 1959.

Pross, Harry: Dialektik der Restauration. Ein Essay, Olten 1965.

Pross, Harry: Memoiren eines Inländers: 1923–1993, München 1993.

Protokoll des SPD-Parteitages = Protokoll der Verhandlungen des Parteitages der Sozialdemokratischen Partei Deutschlands vom 10. bis 14. Juli 1956 in München, hg. vom Vorstand der SPD, Bonn [1956].

Radbruch, Gustav: Gesamtausgabe: Band 15, Rechtsvergleichende Schriften, hg. von Arthur Kaufmann, bearb. von Heinrich Scholler, Heidelber 1999.

Rahms, Helene: Die Clique. Journalistenleben in der Nachkriegszeit, Bern/München/Wien 1999.

Ranke, Ermentrude von: Der Erziehungswert des Geschichtsunterrichts, in: Mitteilungen der Pädagogischen Akademien in Preußen, Heft 1, hg. von den Pädagogischen Akademien in Bonn, Elbing und Kiel, Berlin 1926, S. 84–92.

Rapp, Alfred: Bonn auf der Waage. Ist unser Staat wetterfest?, Stuttgart 1959.

Reich-Ranicki, Marcel: Deutsche Literatur in West und Ost. Prosa seit 1945, München 1963.

Reich-Ranicki, Marcel: Wolfgang Koeppen – Aufsätze und Reden, mit Fotografien von Isolde Ohlbaum, Zürich 1996.

Reich-Ranicki, Marcel: Mein Leben, Stuttgart 1999.

Reich-Ranicki, Marcel: Meine Geschichte der deutschen Literatur. Vom Mittelalter bis zur Gegenwart, hg. von Thomas Anz, München 2014.

Reiche, Volker: Kiesgrubennacht, Berlin 2013.

Reuter, Ernst: Schriften. Reden, hg. von Hans E. Hirschfeld und Hans J. Reinhardt, 4 Bde., Berlin (West) 1972–1975.

Richter, Hans Werner (Hg.): Plädoyer für eine neue Regierung oder Keine Alternative, Reinbek 1965.

Ritzel, Heinrich Georg: Einer von vierhundertzwei, Offenbach 1953.

Ritzel, Heinrich Georg: Zwanzig Jahre Bundestag. Persönliche Erinnerungen, in: Die Neue Gesellschaft 16 (1969), S. 47–54 (Sonderheft Zwanzig Jahre Bundesrepublik – Zehn Jahre Godesberger Programm).

Rühl, Konrad: Der Aufbau an Rhein und Ruhr, in: Hermann Wandersleb (Hg.): Recht – Staat – Wirtschaft. Schriftenreihe für staatliche Fortbildung, Band 2, bearb. von Erich Traumann, Stuttgart/Köln 1950, S. 567–582.

Rühl, Konrad: Für Schwippert, in: Hans Schwippert zum 65. Lebensjahr 1964 von Freunden, zusammengestellt von Teo Otto und Karl Wimmenauer, mit Handskizzen von Hans Schwippert, Düsseldorf 1964, S. 15.

Rovan, Joseph: Erinnerungen eines Franzosen, der einmal Deutscher war, München 2000.

Salomon, Ernst von: Der verlorene Haufe, in: Ernst Jünger (Hg.): Krieg und Krieger, Berlin 1930, S. 101–126.

Salomon, Ernst von: Zwischen Diktatur und Freiheit (Vorwort), in: Kurt Lothar Tank: Frankreich zwischen Diktatur und Freiheit. Gambettas Kampf gegen Napoleon III., Hamburg 1958, S. 7–14.

Sawatzki, Günther: Aufbau unter Küstermeier, in: Die ersten Jahre. Erinnerungen aus den Anfängen eines Zeitungshauses. Beiträge zur Geschichte des Verlagshauses Die Welt, Hamburg 1962, S. 84–92.

Scheerbart, Paul: Das große Licht. Gesammelte Münchhausiaden, Frankfurt am Main 1987 [1912].

Schilling, Robert: Schund- und Schmutzgesetz. Handbuch und Kommentar zum Gesetz über die Verbreitung jugendgefährdender Schriften vom 9. Juni 1953, Darmstadt 1953.

Schmid, Carlo: Erinnerungen, Bern/München/Wien 1979.

Schmitt, Carl: Die geistesgeschichtliche Lage des heutigen Parlamentarismus, 2. Auflage, München/Leipzig 1926 [1923].

Schmitt – Huber – Briefwechsel = Carl Schmitt – Ernst Rudolf Huber: Briefwechsel 1926–1981. Mit ergänzenden Materialien, hg. von Ewald Grothe, Berlin 2014.

Schmitt, Karl Heinz: Im Dienst des Hohen Hauses 1949–1991. Der Platzmeister erzählt, Stuttgart 1995.

Schmutz- und Schund-Gesetz – ja oder nein? Gesetzesmaterial und Stimmen zur Schmutz- und Schundgesetzgebung, zusammengestellt aus Anlass des 3. Diskussionsabends der Gesellschaft für bürgerliche Freiheiten in München am 17. März 1950, München 1950.

Das Schmutz- und Schundgesetz. Gesetz über die Bekämpfung unzüchtiger Veröffentlichungen und den Schutz der Jugend gegen sittliche Gefährdung vom 31. März 1950, erläutert von Franz Erhart, Graz/Wien/Köln 1955.

Schneider, Georg: Die Schlüsselliteratur, 3 Bände, Stuttgart 1951–1953.

Schoeller, Wilfried F.: Diese merkwürdige Zeit. Leben nach der Stunde Null. Ein Textbuch aus der Neuen Zeitung, Frankfurt am Main u. a. 2005.

Schönke, Adolf: Strafgesetzbuch – Kommentar, 5. Auflage, München/Berlin 1951.

Schreiber, Hermann: Zwischenzeit. So leben wir, Stuttgart 1964.

Schreiber, Hermann: Kanzlersturz. Warum Willy Brandt zurücktrat, München 2003.

Schreiber, Hermann/Sommer, Frank: Gustav Heinemann – Bundespräsident, mit einem Vorwort von Günter Grass, Frankfurt am Main/Hamburg 1969.

Schückler, Georg: Jugend für Schund zu schade!, Köln/Siegburg 1952.

Schückler, Georg: Jugendgefährdung durch Comics!, Köln/Siegburg 1954.

Schückler, Georg: Probleme des literarischen Jugendschutzes, Köln/Siegburg 1958.

Schüddekopf, Otto-Ernst: Linke Leute von rechts. Die nationalrevolutionären Minderheiten und der Kommunismus in der Weimarer Republik, Stuttgart 1960.

Schulz, Eberhard: Zwischen Glashaus und Wohnfabrik. Ein Leitfaden durch die zeitgenössische Baukunst, Bremen 1959.

Schumacher-Hellmold, Otto: Bonn – eine Entscheidung des Herzens. Warum sie Bonn zur Bundeshauptstadt wählten. Ein dokumentarischer Erlebnisbericht, Bonn 1974.

Schumacher-Hellmold, Otto: Bonns Trümpfe: Kasernen und Millionärsvillen. Der Rohbau des Plenarsaals entstand in 35 Tagen, in: Rudolf Pörtner (Hg.): Kinderjahre der Republik. Von der Trümmerzeit zum Wirtschaftswunder, Düsseldorf/Wien/New York 1989, S. 56–75.

Schwippert, Hans: Das Bonner Bundeshaus, in: Neue Bauwelt. Zeitschrift für das gesamte Bauwesen, 6. Jg. (1951), Heft 17, S. 65–72.

Schwippert, Hans: Geburtstagsgruß, in: Victor-Emanuel Preusker in Verbindung mit Leo Brandt, August Flender, Paul Egon Hübinger und Hans Schäfer (Hg.): Festschrift für Hermann Wandersleb zur Vollendung des 75. Lebensjahres, Bonn 1970, S. 598 f.

Seelos, Gebhard: Moderne Diplomatie, Bonn 1953.

Sembach, Klaus-Jürgen: Wir hatten noch viel zu lernen. Schulabschluss und Studienzeit, in: Michael Koetzle/Klaus-Jürgen Sembach/Klaus Schölzel (Hg.): Die Fünfziger Jahre. Heimat – Glaube – Glanz: Der Stil eines Jahrzehnts, München 1998, S. 20–27.

Siedler, Wolf Jobst: Wir waren noch einmal davongekommen. Erinnerungen, München 2006 [2004].

Siedler, Wolf Jobst/Niggemeyer, Elisabeth: Die gemordete Stadt. Abgesang auf Putte und Straße, Platz und Baum, München/Berlin 1978 [1964].

Sington, Derrick: Die Tore öffnen sich. Authentischer Bericht über das englische Hilfswerk für Belsen mit amtlichen Photos und einem Rückblick von Rudolf Küstermeier, Münster/Hamburg 1995 [1948].

Spencer, Theodore: Poetik der Freude (on E. E. Cummings), in: Perspektiven – literatur, kunst, musik 2 (Januar 1953), S. 25–32.

Spielmann, Erwein O.: Die Seite zwei, in: Die ersten Jahre. Erinnerungen aus den Anfängen eines Zeitungshauses. Beiträge zur Geschichte des Verlagshauses Die Welt, Hamburg 1962, S. 138–144.

Stahl, Walter: The Present Status of Democracy in West Germany, in: Ders. (Hg.): Education für Democracy in West Germany. Achievement – Shortcomings – Prospects, mit einer Einleitung von Norbert Muhlen, New York 1961, S. 5–22.

Stave, Joachim: Wie die Leute reden. Betrachtungen über 15 Jahre Deutsch in der Bundesrepublik, Lüneburg 1964.

Steingart, Gabor: Deutschland – der Abstieg eines Superstars, München 2004.

Sternberger, Dolf: Die lebende Verfassung, in: Joachim Moras und Hans Paeschke unter Mitwirkung von Wolfgang von Einsiedel (Hg.): Deutscher Geist zwischen gestern und morgen. Bilanz der kulturellen Entwicklung seit 1945, Stuttgart 1954, S. 58–72.

Sternberger, Dolf: Panorama oder Ansichten vom 19. Jahrhundert, Hamburg 1955.

Stepun, Fedor: Dostojewskij. Weltschau und Weltanschauung, Heidelberg 1950.

Strauß, Franz Josef: Die Erinnerungen, Berlin 1989.

Stüttgen, Johannes: Anmerkungen zu Beuys als Lehrer der Kunstakademie Düsseldorf und die Beuys-Klasse 1961–1972, in: Die Geschichte der Kunstakademie Düsseldorf seit 1945, hg. von der Kunstakademie Düsseldorf, Berlin 2014, S. 108–112.

Tänzler, Hans: Vorbereitende Planungen für die Innere Führung, in: Aspekte der deutschen Wiederbewaffnung bis 1955, hg. vom Militärgeschichtlichen Forschungsamt mit Beiträgen von Hans Buchheim, Kurt Fett, Petre Gosztony, Hans-Adolf Jacobsen, Paul Noack, Hans Tänzler und Gerhard Wettig, Boppard 1975, S. 201–223.

Tamchina, Erhard: Als Zaungast in Frankfurt und Bonn, in: Horst Ferdinand (Hg.): Beginn in Bonn. Erinnerungen an den ersten Deutschen Bundestag, Freiburg 1985, S. 85–88.

Tau, Max: Das Land, das ich verlassen musste, Hamburg 1961.

Taubert, Sigfred: Buch und Buchmarkt ohne Leipzig, in: Joachim Moras und Hans Paeschke unter Mitwirkung von Wolfgang von Einsiedel (Hg.): Deutscher Geist zwischen gestern und morgen. Bilanz der kulturellen Entwicklung seit 1945, Stuttgart 1954, S. 87–96.

Theodor Heuss: Hochverehrter Herr Bundespräsident! Der Briefwechsel mit der Bevölkerung 1949–1949, hg. und bearbeitet von Wolfram Werner, Berlin/New York 2010 (Theodor Heuss, Stuttgarter Ausgabe, Briefe).

Tönnies, Norbert: Der Weg zu den Waffen. Die Geschichte der deutschen Wiederbewaffnung 1949–1957, mit einem Vorwort von Franz Josef Strauß, Köln 1957.

Topf, Erwin: Kleine Welt-Geschichte, in: Die ersten Jahre. Erinnerungen aus den Anfängen eines Zeitungshauses. Beiträge zur Geschichte des Verlagshauses Die Welt, Hamburg 1962, S. 24–28.

von Trott zu Solz, Clarita: Adam von Trott zu Solz. Eine Lebensbeschreibung, mit einer Einleitung von Peter Steinbach, Berlin 2009.

Tucholsky, Kurt: Gesamtausgabe. Band 8: Texte 1926, hg. von Gisela Enzmann-Kraiker und Christa Wetzel, Reinbek 2004.

Die Unterbringung der Bundesorgane in Bonn [hg. von der Landesregierung Nordrhein-Westfalen], Düsseldorf [1949].

Verschwörung gegen die Freiheit. Die kommunistische Untergrundarbeit in der Bundesrepublik, hg. von der Münchner Arbeitsgruppe »Kommunistische Infiltration und Machtkampftechnik« im Komitee »Rettet die Freiheit«, o. O. u. J. [München 1960].

Viëtor, Karl: Georg Büchner als Politiker, 2. Auflage, Berlin 1950 [1939].

Die Volksvertretung, hg. von Fritz Sänger, Stuttgart 1949.

Wagner, Heinrich/Wallot, Paul: Parlamentshäuser und Ständehäuser, in: Eduard Schmitt (Hg.): Handbuch der Architektur – Entwerfen, Anlage und Einrichtung der Gebäude. Gebäude für Verwaltung, Rechtspflege und Gesetzgebung; Militärbauten (4. Teil 7. Halbband), 2. Auflage, Stuttgart 1900, S. 1–72.

Walser, Martin (Hg.): Die Alternative oder Brauchen wir eine neue Regierung?, Reinbek 1961.

Wandersleb, Hermann: Der Präsident in den Vereinigten Staaten von Nordamerika, in Frankreich und im Deutschen Reiche, Berlin/Leipzig 1922.

Wandersleb, Hermann: Der Aufbau der Landesregierung von Nordrhein-Westfalen, in: Ders. (Hg.): Recht – Staat – Wirtschaft. Auswahl aus den Vorlesungen und Vorträgen des Verwaltungslehrgangs Nordrhein-Westfalen, bearb. von Erich Traumann, Stuttgart/Köln 1949, S. 131–147.

Wandersleb, Hermann: Die Bestimmung der vorläufigen Bundeshauptstadt Bonn, in: Ders. (Hg.): Recht – Staat – Wirtschaft. Schriftenreihe für staatliche Fortbildung, Band 2, bearb. von Erich Traumann, Stuttgart/Köln 1950, S. 131–144.

Wandersleb, Hermann: Wohnungsbau 1950/51 in der Bundesrepublik, in: Ders. (Hg.): Recht – Staat – Wirtschaft. Schriftenreihe für staatliche Fortbildung, Band 3, bearb. von Erich Traumann, Düsseldorf 1951, S. 423–447.

Wandersleb, Hermann: Die Berufung Bonns zur vorläufigen Bundeshauptstadt, in: Bonner Geschichtsblätter 23 (1969), S. 310–336 (hier nach einem Sonderdruck zitiert).

Weltausstellung Brüssel 1958. Deutschland, hg. vom Generalkommissar der Bundesrepublik Deutschland bei der Weltausstellung Brüssel 1958, Düsseldorf 1958.

Weyrauch, Wolfgang (Hg.): Ich lebe in der Bundesrepublik. Fünfzehn Deutsche über Deutschland, München 1960.

Wer schreibt worüber? Journalisten-Handbuch 1956. Journalisten, Redakteure, Pressereferenten, hg. von Hans Ludwig Wrede und Ferdinand Mentzen, Bad Godesberg 1956.

Werner, Bruno E.: Neues Bauen in Deutschland, München 1952.

Werthern, Elisabeth Gräfin: Von Weimar nach Bonn. Erinnerungen, Stuttgart/Bonn 1985.

Wie sie sich selber sehen. Die Antrittsreden der Mitglieder der Deutschen Akademie für Sprache und Dichtung, hg. von Michael Assmann, mit einem Vorwort von Christian Meier und einem einleitenden Essay von Hans-Martin Gauger, Göttingen 1999.

Willemsen, Roger: Das Hohe Haus. Ein Jahr im Parlament, Frankfurt am Main 2014.

Willy Brandt und Günter Grass: Der Briefwechsel, hg. von Martin Kölbel, Göttingen 2013.

Witter, Ben: Chefreporter inkognito, in: Die ersten Jahre. Erinnerungen aus den Anfängen eines Zeitungshauses. Beiträge zur Geschichte des Verlagshauses *Die Welt*, Hamburg 1962, S. 167–170.

Witter, Ben: Schritte und Worte. Zeitgeschichte in Augenblicken, hg. von Siegfried Lenz, Hamburg 1990.

Wolfgang Koeppen und Siegfried Unseld = »Ich bitte um ein Wort…« Wolfgang Koeppen – Siegfried Unseld. Der Briefwechsel, hg. von Alfred Estermann und Wolfgang Schopf, Frankfurt am Main 2006.

Wolfgang und Marion Koeppen = »… trotz allem, so wie du bist.« Der Briefwechsel zwischen Wolfgang und Marion Koeppen, hg. von Anja Ebner, mit einem Nachwort von Hans-Ulrich Treichel, Frankfurt am Main 2008.

Zehrer, Hans: Der Mensch in dieser Welt, Hamburg/Stuttgart 1948.

Im Zentrum der Macht. Das Tagebuch von Staatssekretär Lenz 1951–1953, bearb. von Klaus Gotto, Hans-Otto Kleinmann und Reinhard Schreiner, Düsseldorf 1989.

Ziesel, Kurt: Das verlorene Gewissen. Hinter den Kulissen der Presse, Literatur und ihrer Machtträger von heute, 3. Auflage, München 1958.

Zillig, Maria: Gefährdete weibliche Jugend unserer Tage, Paderborn 1951.

Zuckmayer, Carl: Geheimreport, hg. von Gunther Nickel und Johanna Schrön, [2]Göttingen 2002.

50 Jahre Deutscher Werkbund, hg. von der Landesgruppe Hessen, bearb. von Hans Eckstein, Frankfurt am Main 1958.

G. Mündliche und schriftliche Auskünfte

Reinhard Appel   (am 10. November 2009 in Bonn).

Egon Bahr   (am 26. August 2010 in Berlin).

Thomas Flemming   (vom 25. September 2017).

Rainer Laabs, Leiter Unternehmensarchiv Axel Springer SE   (vom 9. Januar 2015).

Hauke Janssen, Leiter der Dokumentation des Spiegel-Verlags   (vom 23. Juli 2018).

Fides Krause-Brewer   (am 18. Februar 2010 in Bonn).

Redaktion *Architektur – Innenarchitektur – Technischer Ausbau*   (vom 7. März 2016).

Robugen GmbH   (vom 25. August 2011).

Jörg Treffke   (vom 9. Oktober 2017).

Frederike Zindler   (vom 12. Juni 2015).

H. Wissenschaftliche Literatur

Abelshauser, Werner: Die langen Fünfziger Jahre. Wirtschaft und Gesellschaft der Bundesrepublik Deutschland 1949–1966, Düsseldorf 1987.

Adam, Christian: Der Traum vom Jahre Null. Autoren, Bestseller, Leser: Die Neuordnung der Bücherwelt in Ost und West nach 1945, Berlin 2016.

Adam, Winfried: Wolfgang Koeppen, in: Gertrud Maria Rösch (Hg.): Fakten und Fiktionen. Werklexikon der deutschsprachigen Schlüsselliteratur 1900–2010, Halbband 1, Stuttgart 2011, S. 366–370.

Ächtler, Norman: Generation in Kesseln. Das Soldatische Opfer-Narrativ im westdeutschen Kriegsroman 1945–1960, Göttingen 2013.

Ächtler, Norman (Hg.): Alfred Andersch. Engagierte Autorschaft im Literatursystem der Bundesrepublik, Stuttgart 2016.

Agazzi, Elena/Schütz, Erhard (Hg.): Handbuch Nachkriegskultur. Literatur, Sachbuch und Film in Deutschland (1945–1962), Berlin/Boston 2013.

Ahmadi, Jasmin: Der Papst und der Bienenkorb. Marcel Reich-Ranicki als ein Akteur im literarischen Feld der Bundesrepublik, Frankfurt am Main 2015.

Albrecht, Clemens: Reflexionsdefizit der Sozialstrukturanalyse? Helmut Schelsky und die »nivellierte Mittelstandsgesellschaft«, in: Alexander Gallus (Hg.): Helmut Schelsky – der politische Antisoziologe. Eine Neurezeption, Göttingen 2013, S. 86–99.

Albrecht, Clemens/Behrmann, Günter C./Bock, Michael/H. Tenbruck, Friedrich (Hg.): Die intellektuelle Gründung der Bundesrepublik. Eine Wirkungsgeschichte der Frankfurter Schule, Frankfurt am Main/New York 1999.

Altenberg, Tilmann/Meyer-Minnemann, Klaus (Hg.): Europäische Dimensionen des *Don Quijote* in Literatur, Kunst, Film und Musik, Hamburg 2007.

Angster, Julia: Konsenskapitalismus und Sozialdemokratie. Die Westernisierung von SPD und DGB, München 2003.

Anna, Susanne (Hg.): Architektenstreit. Wiederaufbau zwischen Kontinuität und Neubeginn, Düsseldorf 2009.

Anderson, Margaret Lavinia: Practicing Democracy. Elections and Political Culture in Imperial Germany, Princeton 2000.

Anz, Thomas: Rezensionswesen, in: Gabriele Rippl/Simone Winko (Hg.): Handbuch Kanon und Wertung. Theorien – Instanzen – Geschichte, Stuttgart 2013, S. 146–153.

Applebaum, Anne: Iron Curtain. The Crushing of Eastern Europe 1944–1956, London/New York 2012.

Arnim, Tim von: »Und dann werde ich das größte Zeitungshaus Europas bauen.« Der Unternehmer Axel Springer, Frankfurt am Main/New York 2012.

Arnold, Heinz Ludwig: Die Gruppe 47, Reinbek 2004.

Arnold, Klaus-Peter: Vom Sofakissen zum Städtebau. Die Geschichte der Deutschen Werkstätten und der Gartenstadt Hellerau, Dresden/Basel 1993.

Arsenschek, Robert: Der Kampf um die Wahlfreiheit im Kaiserreich: zur parlamentarischen Wahlprüfung und politischen Realität der Reichstagswahlen, Düsseldorf 2003.

Aparicio Vogl, Julia: Heine – ein Spötter von der traurigen Gestalt. Die Präsenz des *Don Quijote* und seines Autors Cervantes im Werk Heinrich Heines: Deutungsanalysen und Stilvergleiche, Frankfurt am Main u. a. 2005.

Appelius, Stefan: Zur Geschichte des kämpferischen Pazifismus. Die programmatische Entwicklung der Deutschen Friedensgesellschaft 1929–1956, Oldenburg 1988.

Appelius, Stefan: Heine. Die SPD und der lange Weg zur Macht, Essen 1999.

Appelius, Stefan: Fritz Küster (1889–1966), in: Michael Fröhlich (Hg.): Die Weimarer Republik. Portrait einer Epoche in Biographien, Darmstadt 2002, S. 354–363.

Aretz, Jürgen: Paul Lücke (1914–1976), in: Aretz, Jürgen/Morsey, Rudolf/Rauscher, Anton (Hg.): Zeitgeschichte in Lebensbildern. Aus dem deutschen Katholizismus des 19. und 20. Jahrhundert, Band 11, Münster 2004, S. 194–211.

Aschmann, Birgit: »Treue Freunde…«? Westdeutschland und Spanien 1945–1963, Stuttgart 1999.

Atyame, Philomène: Nonkonformismus und Utopie in Wolfgang Koeppens Nachkriegsromantrilogie. *Tauben im Gras, Das Treibhaus, Der Tod in Rom*, Hamburg 2001.

Auerbach, Jeffrey A.: The Great Exhibition of 1851. A Nation on Display, New Haven 1999.

Bänsch, Dieter (Hg.): Die Fünfziger Jahre. Beiträge zu Politik und Kultur, Tübingen 1985.

Bahn, Peter: Friedrich Hielscher (1902–1990). Einführung in Leben und Werk, Schnellbach 2004.

Bahners, Patrick: Begründerzeit. Johannes Gross als Glossator des Verfassungswandels im Übergang von Bonn nach Berlin, in: Michael C. Bienert/Stefan Creuzberger/Kristina Hübener/Matthias Oppermann (Hg.): Die Berliner Republik. Beiträge zur deutschen Zeitgeschichte seit 1990, Berlin 2013, S. 181–200.

Bald, Detlef: Militär und Gesellschaft 1945–1990. Die Bundeswehr in der Bonner Republik, Baden-Baden 1994.

Bald, Detlef: Die Atombewaffnung der Bundeswehr. Militär, Öffentlichkeit und Politik in der Ära Adenauer, Bremen 1994.

Bald, Detlef: Reform des Militärs in der Ära Adenauer, in: Geschichte und Gesellschaft 28 (1993), S. 204–232.

Bald, Detlef: Die Bundeswehr. Eine kritische Geschichte 1955–2005, München 2005.

Bald, Detlef: »Nie wieder Krieg!« Gustav Heinemann und die Opposition gegen die Wiederbewaffnung in den fünfziger Jahren, in: Gernot Erler (Hg.): Warum Frieden machbar ist. Kriegsverhütung und Friedensstrategien seit dem 1. Weltkrieg. Eine historisch-politische Ermutigung, Freiburg/Basel/Wien 2014, S. 77–97.

Bald, Detlef/Wette, Wolfram (Hg.): Alternativen zur Wiederbewaffnung. Friedenskonzeptionen in Westdeutschland 1945–1955, Essen 2008.

Bald, Detlef/Wette, Wolfram (Hg.): Friedensinitiativen in der Frühzeit des Kalten Krieges 1945–1955, Essen 2010.

Balser, Frolinde: Aus Trümmern zu einem europäischen Zentrum. Geschichte der Stadt Frankurt am Main 1945–1989, Sigmaringen 1995.

Bandmann, Günter: Bemerkungen zu einer Ikonologie des Materials, in: Städel-Jahrbuch, Neue Folge, 2. Jg. (1969), S. 75–100.

Baranger, Valérie: Rivarol face à la Révolution française, Paris 2007.

Barck, Simone/Lokatis, Siegfried (Hg.): Fenster zur Welt. Eine Geschichte des DDR-Verlages Volk und Welt, Berlin 2003.

Barck, Simone/Lokatis, Siegfried (Hg.): Zensurspiele. Heimliche Literaturgeschichten aus der DDR, mit weiteren Beiträgen von Günter Agde, Josie McLellan, Gerald Noack, Igor J. Poliansky, Hedwig Richter und Michael Westdickenberg, Halle 2008.

Baring, Arnulf: Außenpolitik in Adenauers Kanzlerdemokratie. Bonns Beitrag zur Europäischen Verteidigungsgemeinschaft, München/Wien 1969.

Baring, Arnulf: Machtwechsel. Die Ära Brandt–Scheel, Berlin 1998 [1983].

Barnstone, Deborah Ascher: The Transparent State. Architecture and politics in postwar Germany, London/New York 2005.

Baron, Ulrich/Müller, Hans-Harald: Weltkriege und Kriegsromane. Die literarische Bewältigung des Krieges nach 1918 und 1945 – eine Skizze, in: Zeitschrift für Literaturwissenschaft und Linguistik 19 (1989), 19, S. 14–38.

Barner, Wilfried: Zwischen »Wendejahr« und dem »Durchbruch«. Westliche Erzählprosa in den fünfziger Jahren, in: Ders. (Hg.): Geschichte der deutschen Literatur von 1945 bis zur Gegenwart, München 1994, S. 172–196.

Barner, Wilfried: Literaturstreite im Westen: Ernst von Salomon Der Fragebogen und Wolfgang Koeppen Das Treibhaus, in: Bernd Busch/Thomas Combrink (Hg.): Doppelleben. Literarische Szenen aus Nachkriegsdeutschland, Göttingen 2009, S. 364–374.

Barner, Wilfried (Hg.): Geschichte der deutschen Literatur von 1945 bis zur Gegenwart, München 1994.

Barnouw, Dagmar: Germany 1945. Views of War and Violence, Bloomington 1996.

Bartetzko, Dieter: Ein Symbol der Republik. Geschichte und Gestalt der Frankfurter Paulskirche, in: Ingeborg Flagge/Wolfgang Jean Stock (Hg.): Architektur und Demokratie. Bauen für die Politik von der amerikanischen Revolution bis zur Gegenwart, mit einem Vorwort von Rita Süssmuth, Stuttgart 1992, S. 108–125.

Bartetzko, Dieter (Hg.): Sprung in die Moderne. Frankfurt am Main, die Stadt der 50er Jahre, Frankfurt am Main/New York 1994.

Barth, Boris: Dolchstoßlegenden und politische Desintegration. Das Trauma der deutschen Niederlage im ersten Weltkrieg 1914–1933, Düsseldorf 2003.

Barth, Boris: Europa nach dem Großen Krieg. Die Krise der Demokratie in der Zwischenkriegszeit 1918–1938, Frankfurt am Main 2916.

Basker, David: Chaos, Control, and Consistency: The Narrative Vision of Wolfgang Koeppen, Bern/Berlin u.a. 1993.

Basker, David: »Deutschland lebt an der Nahtstelle, an der Bruchstelle.« Literature and Politics in Germany 1933–1950, in: William Niven/James Jordan (Hg.): Politics and Culture in Twentieth-Century Germany, Rochester 2003, S. 89–106.

Baßler, Moritz (Hg.): New Historicism. Literaturgeschichte als Poetik der Kultur, mit Beiträgen von Stephen Greenblatt, Louis Montrose u.a., 2. Auflage, Tübingen/Basel 2001 [1995].

Bauer, Corinna Isabel: Bauhaus- und Tessenow-Schülerinnen – Architekturstudentinnen in der Weimarer Republik. Genderaspekte im Spannungsverhältnis von Tradition und Moderne, Diss. Uni Kassel 2003.

Bauer, Roger: Das Treibhaus oder der Garten des Bösen: Ursprung und Wandlung eines Motivs der Dekadenzliteratur [= Abhandlungen der geistes- und sozialwissenschaftlichen Klasse/Akademie der Wissenschaften und Literatur 79 (1979), 12].

Bauer, Roger: Die schöne Décadence. Geschichte eines literarischen Paradoxons, Frankfurt am Main 2001.

Bauerkämper, Arnd/Jarausch, Konrad H./Payk, Marcus M. (Hg.): Demokratiewunder. Transatlantische Mittler und die kulturelle Öffnung Westdeutschlands 1945–1970, Göttingen 2005.

Baumgärtel, Bettina: Adolph Schrödter – »Der König der Arabeske«, in: Adolph Schrödter – Humor und Poesie im Biedermeier, hg. von der Städtischen Galerie Karlsruhe, Karlsruhe 2009, S. 33–49.

Bauschinger, Sigrid: Die Cassirers. Unternehmer, Kunsthändler, Philosophen. Biographie einer Familie, München 2015.

Bavaj, Riccardo: Von links gegen Weimar. Linkes antiparlamentarisches Denken in der Weimarer Republik, Bonn 2005.

Bavaj, Riccardo: Hybris und Gleichgewicht. Weimars »antidemokratisches Denken« und Kurt Sontheimers freiheitlich-demokratische Mission, in: Zeithistorische Forschungen/Studies in Contemporary History 3 (2006), 2, S. 315-321.

Bavaj, Riccardo: Otto Kirchheimers Parlamentarismuskritik in der Weimarer Republik. Ein Fall von »Linksschmittianismus«?, in: Vierteljahrshefte für Zeitgeschichte 55 (2007), 1, S. 33–51.

Bavaj, Riccardo: Intellectual History (Version 1.0), in: Docupedia-Zeitgeschichte, 13.9.2010, URL: http://docupedia.de/zg/Intellectual_History.

Bavaj, Riccardo: Young, old, and in-Between. Liberal Scholars and ›Generation Building‹ at the Time of West Germany's Student Revolt, in: Anna von der Goltz (Hg.): ›Talkin' 'bout my generation‹. Conflicts of Generation Building and Europe's ›1968‹, Göttingen 2011, S. 175–192.

Bavaj, Riccardo/Fritzen, Florentine (Hg.): Deutschland – ein Land ohne revolutionäre Traditionen? Revolutionen in Deutschland des 19. und 20. Jahrhunderts im Lichte neuerer geistes- und kulturgeschichtlicher Erkenntnisse, Frankfurt am Main u.a. 2005.

Bavaj, Riccardo/Steber, Martina (Hg.): Germany and ›the West‹. The History of a Modern Concept, New York/Oxford 2015.

Bazarkaya, Onur: »Ärgernis« und »moderner Klassiker«. Zur Autorenrolle Wolfgang Koeppens in der Literatur nach 1945, Frankfurt am Main 2015.

Beachy, Robert: Das andere Berlin. Die Erfindung der Homosexualität. Eine deutsche Geschichte 1867–1933, aus dem Englischen von Hans Freundl und Thomas Pfeiffer, München 2015.

Becker, Hartmuth: Die Parlamentarismuskritik bei Carl Schmitt und Jürgen Habermas, 2. Auflage, Berlin 2003 [1994].

Becker, Karin: Rudolf Schwarz (1897–1961). Kirchenarchitektur, Diss. Uni München 1979.

Becker, Manuel/Studt, Christoph (Hg.): Die Ämter und ihre Vergangenheit im »Dritten Reich«. »Horte des Widerstandes« oder »verbrecherische Organisationen«?, Augsburg 2013.

Becker, Sabina: Neue Sachlichkeit, 2 Bände, Köln u.a. 2000.

Becker, Sabina: Ein verspäteter Modernist? Zum Werk Wolfgang Koeppens im Kontext der literarischen Moderne, in: Treibhaus. Jahrbuch für die Literatur der fünfziger Jahre 1 (2005), S. 97–115.

Becker, Sabina: Wolfgang Koeppen und die deutsche Nachkriegsliteratur, in: Treibhaus. Jahrbuch für die Literatur der fünfziger Jahre 2 (2006), S. 62–77.

Becker, Sabina/Kiesel, Helmuth unter Mitarbeit von Robert Krause (Hg.): Literarische Moderne. Begriff und Phänomen, Berlin/New York 2007.

Beckers, Rolf: Der Architekt Paul Schneider-Esleben, Weimar 1995.

Beder, Jutta: »Zwischen Blümchen und Picasso.« Textildesign der fünfziger Jahre in Westdeutschland, Münster 2002.

Beer, Fabian: Die Jugend als Vorwand. Erich Kästners Philippiken wider die Schmutz- und Schund-
gesetze der Weimarer Republik und der frühen BRD, in: Kritische Ausgabe – Zeitschrift für Germanistik & Literatur 22 (2012), S. 30–35.

Beer, Mathias: Die deutsche Nachkriegszeit als Lagergeschichte. Zur Funktion von Flüchtlingslagern
im Prozess der Eingliederung, in: Henrik Bispinck/Katharina Hochmuth (Hg.): Flüchtlingslager
im Nachkriegsdeutschland. Migration, Politik, Erinnerung, Berlin 2014, S. 47–71.

Bender, Michael/Roland May (Hg.): Architektur der fünfziger Jahre. Die Darmstädter Meisterbauten, Darmstadt 1998.

Benz, Wolfgang: Auftrag Demokratie. Die Gründungsgeschichte der Bundesrepublik und die Entstehung der DDR 1945–1949, Berlin 2009.

Benz, Wolfgang/Eckel, Peter/Nachama, Andreas (Hg.): Kunst im NS-Staat. Ideologie, Ästhetik,
Propaganda, Berlin 2015.

Benzinger, Frederik: Die Tagung der Gruppe 47 in Schweden 1964 und ihre Folgen. Ein Kapitel
deutsch-schwedischer Kultur- und Literaturbeziehungen, Stockholm 1983.

Berger, Julia Anne: Die Pädagogische Akademie. Eine Bauaufgabe der Weimarer Republik, Aachen
1999.

Berghahn, Volker: America and the Intellectual Cold Wars in Europe, Princeton 2001.

Berghahn, Volker: Recasting Bourgeois Germany, in: Hanna Schissler (Hg.): The Miracle Years: A
Cultural History of West Germany 1949–1968, Princeton 2001, S. 326–340.

Berghahn, Volker: Transatlantische Kulturkriege. Shepard Stone, die Ford-Stiftung und der europäische Antiamerikanismus, Stuttgart 2004.

Bering, Dietz: »Intellektueller« bei der frühen Gruppe 47. Sprachgeschichtliche Spurensuche, in:
Internationales Archiv für Sozialgeschichte der deutschen Literatur 32 (2007), 1, S. 192–226.

Berkemann, Karin: Nachkriegskirchen in Frankfurt am Main (1945–76), Stuttgart 2013.

Berls, Ulrich: Walter Jens als politischer Schriftsteller und Rhetor, Tübingen 1984.

Bernhard, Patrick/Nehring, Holger (Hg.): Den Kalten Krieg denken. Beiträge zur sozialen Ideengeschichte, Essen 2014.

Bernier-Monod, Agathe: Les anciens de Weimar à Bonn. Itinéraires de 34 doyens et doyennes de la
seconde démocratie parlementaire allemande, Diss. Uni Paris-Sorbonne 2017.

Bessel, Richard/Schumann, Dirk (Hg.): Life after Death: Approaches to a Cultural and Social History of Europe during the 1940s and 1950s, Cambridge/Washington D.C. 2003.

Betts, Paul: Das Bauhaus als Waffe im Kalten Krieg. Ein amerikanisch-deutsches Joint Venture, in:
Philipp Oswalt (Hg.): Bauhaus-Streit 1919–2009. Kontroversen und Kontrahenten, Ostfildern
2009, S. 196–213.

Bevers, Jürgen: Der Mann hinter Adenauer. Hans Globkes Aufstieg vom NS-Juristen zur Grauen
Eminenz der Bonner Republik, Berlin 2009.

Beyme, Klaus von: Der Wiederaufbau. Architektur und Städtebaupolitik in beiden deutschen Staaten, München/Zürich 1987.

Beyme, Klaus von: Wandlungen des Parlamentarismus: Von Weimar nach Bonn, in: Hans-Peter
Schneider/Wolfgang Zeh (Hg.): Parlamentsrecht und Parlamentspraxis in der Bundesrepublik
Deutschland. Ein Handbuch, Berlin/New York 1989, S. 101–114.

Beyme, Klaus von: Hauptstadtsuche. Hauptstadtfunktionen im Interessenkonflikt zwischen Bonn
und Berlin, Frankfurt am Main 1991.

Beyme, Klaus von: Parlament, Demokratie und Öffentlichkeit. Die Visualisierung demokratischer
Grundprinzipien im Parlamentsbau, in: Ingeborg Flagge/Wolfgang Jean Stock (Hg.): Architektur
und Demokratie. Bauen für die Politik von der amerikanischen Revolution bis zur Gegenwart,
mit einem Vorwort von Rita Süssmuth, Stuttgart 1992, S. 32–45.

Beyme, Klaus von: Die politische Willensbildung der Bundesrepublik Deutschland der 50er Jahre
im internationalen Vergleich, in: Axel Schildt/Arnold Sywottek (Hg.): Modernisierung im Wiederaufbau. Die westdeutsche Gesellschaft der fünfziger Jahre, Bonn 1993, S. 819–833.

Biefang, Andreas: Die andere Seite der Macht. Parlament und Öffentlichkeit im »System Bismarck«,
Düsseldorf 2009.

Biefang, Andreas/Leenders, Marij (Hg.): Das ideale Parlament. Erich Salomon als Fotograf in Berlin und Den Haag 1928–1940, Düsseldorf 2014.

Bielefeld, Ulrich: Nation und Gesellschaft. Selbstthematisierungen in Frankreich und Deutschland,
Hamburg 2003.

Bienert, Michael: Moderne Baukunst in Haselhorst. Geschichte, Bewohner und Sanierung der
Reichsforschungssiedlung in Berlin-Spandau, Berlin 2013.

Bienert, Michael C.: »Berlin ist die Sache aller Deutschen.« Der Deutsche Bundestag, die Regierung Adenauer und die Hauptstadtfrage, in: Ders./Uwe Schaper/Hermann Wentker (Hg.): Hauptstadtanspruch und symbolische Politik. Die Bundespräsenz im geteilten Berlin 1949–1990, Berlin 2012, S. 151–182.

Biermann, Werner: Strauß. Aufstieg und Fall einer Familie, Berlin 2015.

Biess, Frank: Homecomings. Returning POWs and the Legacies of Defeat in Postwar Germany, Princeton/Oxford 2006.

Biess, Frank/Roseman, Mark/Schissler, Hanna (Hg.): Conflict, Catastrophe and Continuity. Essays on Modern German History, New York/Oxford 2007.

Bigsby, Christopher: Arthur Miller 1915–1962, London 2008.

Biller, Marita: Exilstationen. Eine empirische Untersuchung zur Emigration und Remigration deutschsprachiger Journalisten und Publizisten, Münster/Hamburg 1994.

Biller, Marita: Remigranten in der Publizistik im Nachkriegsdeutschland, in: Claus-Dieter Krohn/ Patrik von zur Mühlen (Hg.): Rückkehr und Aufbau nach 1945. Deutsche Remigranten im öffentlichen Leben Nachkriegsdeutschlands, Marburg 1997, S. 275–287.

Biographisches Handbuch der Mitglieder des Deutschen Bundestages 1949–2002, hg. von Rudolf Vierhaus und Ludolf Herbst unter Mitarbeit von Bruno Jahn, 3 Bde., München 2002/2003.

Biographisches Handbuch des deutschen Auswärtigen Dienstes 1871–1945, Band 1: A–F, bearb. von Johannes Hürter, Martin Kröger, Rolf Messerschmidt und Christiane Scheidemann, Paderborn u.a. 2000.

Birke, Adolf M.: Großbritannien und der Parlamentarische Rat, in: Vierteljahrshefte für Zeitgeschichte 42 (1994), 3, S. 313–359.

Bishop, Peter: Nicht nur Shangri-La. Tibetbilder in der westlichen Literatur, in: Thierry Dodin/ Heinz Räther (Hg.): Mythos Tibet. Wahrnehmungen, Projektionen, Phantasien, Köln 1997, S. 208–225.

Bitsch, Marie-Thérèse: Histoire de la construction européenne de 1945 à nos jours, nouvelle édition 2006 [1996].

Bittner, Regina (Hg.): Bauhausstil zwischen International Stlye und Lifestyle, Berlin 2003.

Blamberger, Günter: Versuch über den deutschen Gegenwartsroman. Krisenbewusstsein und Neubegründung im Zeichen der Melancholie, Stuttgart 1985.

Bletter, Rosemarie Haag: The Interpretation of the Glass Dream. Expressionist Architecture and the History of the Crystal Metaphor, in: Journal of the Society of Architectural Historians 40 (1981), 1, S. 20–43.

Blümle, Claudia/Lazardzig Jan: (Hg.): Ruinierte Öffentlichkeit. Zur Politik von Theater, Architektur und Kunst in den 1950er Jahren, Zürich 2012.

Bock, Benedikt: Baedeker & Cook. Tourismus am Mittelrhein 1756 – ca. 1914, Frankfurt am Main 2010.

Bode, Volkhard/Kaiser, Gerhard: Raketenspuren. Peenemünde 1936–2004. Eine historische Reportage mit aktuellen Fotos von Christian Thiel, 5. Auflage, Berlin 2004 [1995].

Bödeker, Birgit: Amerikanische Zeitschriften in deutscher Sprache 1945–1952. Ein Beitrag zur Literatur und Publizistik im Nachkriegsdeutschland, Frankfurt am Main/Berlin u.a. 1993.

Böke, Karin: Das Doppel-Leben der Frau: natürlich anders und rechtlich gleich. Frauenpolitische Leitvokabeln, in: Politische Leitvokabeln der Adenauer-Ära, mit Beiträgen von Karin Böke, Frank Liedtke, Martin Wengeler und Dorothee Dengel, Berlin/New York 1996, S. 211–277.

Böll, Viktor/Schäfer, Markus/Schubert, Jochen: Heinrich Böll, München 2002.

Bösch, Frank: Die Adenauer-CDU. Gründung, Aufstieg und Krise einer Volkspartei (1945–1969), Stuttgart/München 2001.

Bösch, Frank: Das konservative Milieu. Vereinskultur und lokale Sammlungspolitik in ost- und westdeutschen Regionen (1900–1960), Göttingen 2002.

Bösch, Frank: Später Protest. Die Intellektuellen und die Pressefreiheit in der frühen Bundesrepublik, in: Dominik Geppert/Jens Hacke (Hg.): Streit um den Staat. Intellektuelle Debatten in der Bundesrepublik 1960–1980, Göttingen 2008, S. 91–112.

Bösch, Frank: Öffentliche Geheimnisse. Skandale, Politik und Medien in Deutschland und Großbritannien 1880–1914, München 2009.

Bösch, Frank: Gammelfleisch und Sozialismus. The Jungle von Upton Sinclair (1905), in: Dirk van Laak (Hg.): Literatur, die Geschichte schrieb, Göttingen 2011, S. 134–150.

Bösch, Frank/Geppert, Dominik (Hg.): Journalists as Political Actors. Transfers and Interactions between Britain and Germany since the late 19th Century, Augsburg 2008.

Böttiger, Helmut: Die Gruppe 47. Als die deutsche Literatur Geschichte schrieb, München 2012.

Boldt, Werner: Carl von Ossietzky: Vorkämpfer der Demokratie, Hannover 2013.

Boll, Friedhelm: Jugendbewegung, Widerstand und Exil, Marxismuskritik und Westorientierung. Der Kreis um die Zeitschrift *Geist und Tat*, in: Michel Grunewald/Hans Manfred Bock (Hg.): Le milieu intellectuel de gauche en Allemagne, sa presse et ses réseaux/Das linke Intellektuellenmilieu in Deutschland, seine Presse und seine Netzwerke (1890–1960), Bern/Berlin/Brüssel u.a. 2002, S. 595–640.

Boll, Monika: Nachtprogramm. Intellektuelle Gründungsdebatten in der frühen Bundesrepublik, Münster 2004.

Bollenbeck, Georg: Tradition, Avantgarde, Reaktion. Deutsche Kontroversen um die kulturelle Moderne (1880–1945), Frankfurt am Main 1999.

Bollenbeck, Georg: Die fünfziger Jahre und die Künste. Kontinuität und Diskontinuität, in: Ders./Gerhard Kaiser unter Mitarbeit von Edda Bleek (Hg.): Die janusköpfigen 50er Jahre. Kulturelle Moderne und bildungsbürgerliche Semantik III, Wiesbaden 2000, S. 190–213.

Bollenbeck, Georg: Restaurationsdiskurse und die Remigranten. Zur kulturellen Lage im westlichen Nachkriegsdeutschland, in: Irmela von der Lühe/Claus-Dieter Crohn (Hg.): Fremdes Heimatland. Remigration und literarisches Leben nach 1945, Göttingen 2005, S. 17–38.

Bollenbeck, Georg: Eine Geschichte der Kulturkritik. Von Rousseau bis Günther Anders, München 2007.

Bollenbeck, Georg/Kaiser, Gerhard unter Mitarbeit von Edda Bleek (Hg.): Die janusköpfigen 50er Jahre. Kulturelle Moderne und bildungsbürgerliche Semantik III, Wiesbaden 2000.

Bollenbeck, Karl Josef: Neue Kirchen im Erzbistum Köln 1955–1995, Köln 1995.

Bommarius, Christian: Das Grundgesetz. Eine Biographie, Berlin 2009.

Bonniot, Béatrice: Homme de culture et républicain de raison. Carl Heinrich Becker, serviteur de l'Etat sous la République de Weimar (1918–1933), Frankfurt am Main u.a. 2012.

Borgstedt, Angela: Die kompromittierte Gesellschaft. Entnazifizierung und Integration, in: Peter Reichel/Harald Schmid/Peter Steinbach (Hg.): Der Nationalsozialismus – die zweite Geschichte. Überwindung – Deutung – Erinnerung, München 2009, S. 85–104.

Borngräber, Christian: Nierentisch und Schrippendale. Hinweise auf Architektur und Design, in: Dieter Bänsch (Hg.): Die Fünfziger Jahre. Beiträge zu Politik und Kultur, Tübingen 1985, S. 223–258.

Bourdieu, Pierre: Schriften 12.2 – Kunst und Kultur = Ders.: Kunst und Kultur: Kunst und künstlerisches Feld. Schriften zur Kultursoziologie 4, hg. von Franz Schultheis und Stephan Egger, aus dem Französischen von Michael Tillmann, Bernd Schwibs, Hella Beister, Wolfgang Fietkau und Bernhard Dieckmann, Konstanz 2011.

Braese, Stephan (Hg.): Bestandsaufnahme. Studien zur Gruppe 47, Berlin 1999.

Braese, Stephan: Die andere Erinnerung. Jüdische Autoren in der westdeutschen Nachkriegsliteratur, Berlin 2001.

Braese, Stephan: Gruppe 47, in: Torben Fischer/Matthias N. Lorenz (Hg.): Lexikon der »Vergangenheitsbewältigung« in Deutschland. Debatten- und Diskursgeschichte des Nationalsozialismus nach 1945, Bielefeld 2007, S. 110–113.

Brauen, Martin (mit Renate Koller/Markus Vock): Traumwelt Tibet – Westliche Trugbilder, Bern/Stuttgart/Wien 2000.

Brechtken, Magnus: Albert Speer. Eine deutsche Karriere, München 2017.

Breuer, Dieter/Cepl-Kaufmann, Gertrude (Hg.): Öffentlichkeit der Moderne – die Moderne in der Öffentlichkeit. Das Rheinland 1945–1955, Essen 2000.

Breuer, Gerda: Hans Schwippert – Bonner Bundeshaus 1949, mit einer Auswahl aus dem Briefwechsel mit Konrad Adenauer, Tübingen/Berlin 2009.

Breuer, Gerda: Architektur der »Stunde Null«. Das neue Parlamentsgebäude der jungen BRD in Bonn, in: Dies./Pia Mingels/Christopher Oestereich (Hg.): Hans Schwippert (1899–1973). Moderation des Wiederaufbaus, Berlin 2010, S. 106–119.

Breuer, Gerda: Moderation des Wiederaufbaus. Schwippert und der Deutsche Werkbund, in: Dies./Pia Mingels/Christopher Oestereich (Hg.): Hans Schwippert (1899–1973). Moderation des Wiederaufbaus, Berlin 2010, S. 88–105.

Breuer, Gerda/Mingels, Pia/Oestereich, Christopher (Hg.): Hans Schwippert (1899–1973). Moderation des Wiederaufbaus, Berlin 2010.

Breuer, Gerda (Hg.): Architekturfotografie der Nachkriegsmoderne, Frankfurt am Main 2012.

Breuer, Gerda (Hg.): Ferdinand Kramer. Design für den variablen Gebrauch, Tübingen/Berlin 2014.

Breuer, Stefan: Anatomie der konservativen Revolution, Darmstadt 1993.

Breuer, Stefan: Carl Schmitt im Kontext. Intellektuellenpolitik in der Weimarer Republik, Berlin 2012.

Briesen, Detlef/Weinhauer, Klaus (Hg.): Jugend, Delinquenz und gesellschaftlicher Wandel. Bundesrepublik Deutschland und USA nach dem Zweiten Weltkrieg, Essen 2007.

Brink-Friederici, Christl: Wolfgang Koeppen: Die Stadt als Pandämonium, Frankfurt am Main 1990.

Brönner, Wolfgang/Knopp, Gisbert: Das Bundeshaus in Bonn, in: Denkmalpflege im Rheinland 2 (1985), 1, S. 17–20.

Brooks, Chris: Gothic Revival. Arts and Ideas, London 1999.

Brown, Gordon: Maxton. A Biography, Edinburgh 1986.

Brüggemann, Heinz: Das andere Fenster: Einblicke in Häuser und Menschen. Zur Literaturgeschichte einer urbanen Wahrnehmungsform, Frankfurt am Main 1989.

Brüggemann, Heinz: Architekturen des Augenblicks. Raum-Bilder und Bild-Räume einer urbanen Moderne in Literatur, Kunst und Architektur des 20.Jahrhunderts, Hannover 2002.

Brüggemann, Stefan: Felix von Eckardt als politischer Kommunikator, Diss. Uni Bonn 2016.

Buchanan, Tom und Martin Conway: The Politics of Democracy in Twentieth-Century Europe; in: European History Quarterly 32 (2002), 1, S. 7–12.

Buchholz, Hartmut: Eine eigene Wahrheit. Über Wolfgang Koeppens Romantrilogie *Tauben im Gras*, *Das Treibhaus* und *Der Tod in Rom*, Frankfurt am Main/Bern 1982.

Buchloh, Stephan: »Pervers, jugendgefährdend, staatsfeindlich.« Zensur in der Ära Adenauer als Spiegel des gesellschaftlichen Klimas, Frankfurt am Main/New York 2002.

Buchna, Kristian: Nationale Sammlung an Rhein und Ruhr. Friedrich Middelhauve und die nordrhein-westfälische FDP 1945–1953, München 2010.

Buchna, Kristian: Ein klerikales Jahrzehnt? Kirche, Konfession und Politik in der Bundesrepublik während der 1950er Jahre, Baden-Baden 2014.

Buck, Rainer: Fjodor M. Dostojewski. Sträfling, Spieler, Seelenforscher, Moers 2013.

Buddenbrock, Cecilia von: Friedrich Sieburg (1893–1964). Ein deutscher Journalist vor der Herausforderung eines Jahrhunderts, mit einer Einleitung von Jürg Altwegg, übersetzt von Barbara Damidot, Frankfurt 2007.

Bude, Heinz: Deutsche Karrieren. Lebenskonstruktionen sozialer Aufsteiger aus der Flakhelfer-Generation, Frankfurt am Main 1987.

Bude, Heinz: Bilanz der Nachfolge. Die Bundesrepublik und der Nationalsozialismus, Frankfurt am Main 1992.

Bude, Heinz: Die 50er Jahre im Spiegel der Flakhelfer- und der 68er-Generation, in: Jürgen Reulecke unter Mitarbeit von Elisabeth Müller-Luckner (Hg.): Generationalität und Lebensgeschichte im 20. Jahrhundert, München 2003, S. 145–158.

Büsch, Otto und Peter Furth: Rechtsradikalismus im Nachkriegsdeutschland. Studien über die »Sozialistische Reichspartei« (SRP), mit einem Vorwort von Eugen Fischer-Baling, Berlin/Frankfurt am Main 1957.

Busch, Bernd und Thomas Combrink (Hg.): Doppelleben. Literarische Szenen aus Nachkriegsdeutschland. Materialien zur Ausstellung, Göttingen 2009.

Buske, Sybille: Fräulein Mutter und ihr Bastard. Eine Geschichte der Unehelichkeit in Deutschland 1900–1970, Göttingen 2004.

Buslei-Wuppermann, Agatha: Hans Schwippert (1899–1973). Von der Werkkunst zum Design, München 2007.

Buslei-Wuppermann, Agatha/Zeising, Andreas: Das Bundeshaus von Hans Schwippert in Bonn. Architektonische Moderne und demokratischer Geist, mit einem Vorwort von Wolfgang Pehnt, Düsseldorf 2009.

Buslei-Wuppermann, Agatha: Hans Schwippert und der Neuaufbau der Düsseldorfer Kunstakademie, in: Susanne Anna (Hg.): Architektenstreit. Wiederaufbau zwischen Kontinuität und Neubeginn, Düsseldorf 2009, S. 95–107.

Buslei-Wuppermann, Agatha: Die Baukunst an der Kunstakademie Düsseldorf seit 1945, in: Die Geschichte der Kunstakademie Düsseldorf seit 1945, hg. von der Kunstakademie Düsseldorf, Berlin 2014, S. 379–394.

Bustard, Bruce I.: Picturing the Century. One Hundred Years of Photography from the National Archives, Washington D.C. 1999.

Butzer, Hermann: Diäten und Freifahrt im Deutschen Reichstag. Der Weg zum Entschädigungsgesetz von 1906 und die Nachwirkung dieser Regelung bis in die Zeit des Grundgesetzes, Düsseldorf 1998.

Campbell, Joan: Der Deutsche Werkbund. 1907–1934, München 1989.

Chapman, Roger: Fyodor Dostoyewsky, Eastern Orthodoxy, and the Crystal Palace, in: Anne R. Richards/Iraj Omidvar (Hg.): Historical Engagements with Occidential Cultures, Religions, Powers, London/New York 2014, S. 35–55.

Chebel d'Appollonia, Ariane: L'extrême-droite en France. De Maurras à Le Pen, Paris 1988.

Cheie, Laura: Aufbruch und Ende. Ernst Stadlers Kampf um die Synthese, in: Burcu Dogramaci/Friederike Weimar (Hg.), Sie starben jung! Künstler und Dichter, Ideen und Ideale vor dem Ersten Weltkrieg, Berlin 2014, S. 39–46.

Clark, Kenneth: The Gothic Revival. An Essay in the History of Taste, mit einer Einleitung von J. Mordaunt Crook, London 1995 [erstmals 1928].

Clemens, Gabriele: Britische Kulturpolitik in Deutschland 1945–1949: Literatur, Film, Musik und Theater, Stuttgart 1997.

Clemens, Gabriele: Remigranten in der Kultur- und Medienpolitik der Britischen Zone, in: Claus-Dieter Krohn/Axel Schildt (Hg.): Zwischen den Stühlen? Remigranten und Remigration in der deutschen Medienöffentlichkeit der Nachkriegszeit, Hamburg 2002, S. 50–65.

Cocks, Barnett: Mid-Victorian Masterpiece. The story of an institution unable to put its own house in order, London 1977.

Coleman, Peter: The Liberal Conspiracy. The Congress for Cultural Freedom and the Struggle for the Mind of Postwar Europe, New York/London 1989.

Collini, Stefan: What is Intellectual History?, in: History Today 35 (1985), S. 46–54.

Colquhoun, Kate: A Thing in Disguise. The Visionary Life of Joseph Paxton, London 2003.

Conway, Martin: The Rise and Fall of Western Europe's Democratic Age, 1945–73, in: Contemporary European History 13 (2004), 1, S. 67–88.

Conway, Martin: The Age of Christian Democracy: The Frontiers of Success and Failure, in: Thomas Kselman/Joseph A. Buttigieg European Christian Democracy. Historical Legacies and Comparative Perspectives, Notre Dame/Indiana, 2003, S. 43–67.

Conway, Martin/Depkat, Volker: Towards a European History of the Discourse of Democracy: Discussing Democracy in Western Europe, 1945–60, in: Martin Conway/Kiran Klaus Patel (Hg.): Europeanization in the Twentieth Century. Historical Approaches, Basingstoke/London 2010, S. 132–156.

Conze, Eckart: Eine bürgerliche Republik? Bürgertum und Bürgerlichkeit in der westdeutschen Nachkriegsgesellschaft, in: Geschichte und Gesellschaft 30 (2004), 3, S. 527–542.

Conze, Eckart: Sicherheit als Kultur. Überlegungen zu einer »modernen Politikgeschichte« der Bundesrepublik Deutschland, in: Vierteljahrshefte für Zeitgeschichte 53 (2005), 3, S. 357–380.

Conze, Eckart: Die Suche nach Sicherheit. Eine Geschichte der Bundesrepublik Deutschland von der 1949 bis in die Gegenwart, München 2009.

Conze, Eckart/Frei, Norbert/Hayes, Peter/Zimmermann, Moshe: Das Amt und die Vergangenheit. Deutsche Diplomaten im Dritten Reich und in der Bundesrepublik, München 2010.

Cornelißen, Christoph: Gerhard Ritter. Geschichtswissenschaft und Politik im 20. Jahrhundert, Düsseldorf 2001.

Crary, Jonathan: Suspensions of Perception. Attention, Spectacle, and Modern Culture, Cambridge/Massachusetts 1999.

Craven, Stanley: Wolfgang Koeppen: A Study in Modernist Alienation, Stuttgart 1982.

Crescenzi, Luca: Moderne und décadence um 1900, in: Sabina Becker und Helmuth Kiesel unter Mitarbeit von Robert Krause (Hg.): Literarische Moderne. Begriff und Phänomen, Berlin/New York 2007, S. 317–327.

Creuzberger, Stefan: Westintegration und neue Ostpolitik. Die Außenpolitik der Bonner Republik, Berlin-Brandenburg 2009.

Creuzberger, Stefan/Hoffmann, Dierk (Hg.): »Geistige Gefahr« und »Immunisierung der Gesellschaft«. Antikommunismus und politische Kultur in der frühen Bundesrepublik, München 2014.

Creuzberger, Stefan/Geppert, Dominik (Hg.): Die Ämter und ihre Vergangenheit. Ministerien und Behörden im geteilten Deutschland 1949–1972, Paderborn 2018.

Cullen, Michael S.: Parlamentsbauten zwischen Zweckmäßigkeit, Repräsentationsanspruch und Denkmalpflege, in: Hans-Peter Schneider/Wolfgang Zeh (Hg.): Parlamentsrecht und Parlamentspraxis in der Bundesrepublik Deutschland. Ein Handbuch, Berlin/New York 1989, S. 1845–1889.

Cullen, Michael S.: Der Reichstag. Symbol deutscher Geschichte, Berlin 2015.

Dahl, Robert: Democracy and Its Critics, New Haven 1991.

Damler, Daniel: Der Staat der Klassischen Moderne, Berlin 2012.

Dann, Otto: Die Hauptstadtfrage in Deutschland nach dem Zweiten Weltkrieg, in: Theodor Schieder/Gerhard Brunn (Hg.): Hauptstädte in europäischen Nationalstaaten, München/Wien 1983, S. 35–60.

Dannien-Maassen, Hanna: Johannes Krahn (1908–1974). Kirchenbau zwischen Tradition und Moderne, in: DAM Jahrbuch für Architektur. München 1991.

Datenhandbuch zur Geschichte des Deutschen Bundestages 1949–1999, bearb. von Peter Schindler, 3 Teilbände, Baden-Baden 1999.

Daum, Andreas: America's Berlin, 1945–2000. Between Myths and Visions, in: Frank Trommler (Hg.): Berlin: The New Capital in the East. A Transatlantic Appraisal, Washington D.C. 2000, S. 49–73.

Decker, Frank: Parteiendemokratie im Wandel. Beiträge zur Theorie und Empirie, Baden-Baden 2015.

Degener, Theresia: Der Streit um Gleichheit und Differenz in der Bundesrepublik Deutschland seit 1945, in: Ute Gerhard (Hg.): Frauen in der Geschichte des Rechts. Von der Frühen Neuzeit bis zur Gegenwart, München 1997, S. 871–900.

Demant, Ebbo: Von Schleicher zur Springer. Hans Zehrer als politischer Publizist, Mainz 1971.

Demm, Eberhard: Von der Weimarer Republik zur Bundesrepublik. Der politische Weg Alfred Webers 1920–1958, Düsseldorf 1999.

Democracy Barometer 2014/16 = http://www.democracybarometer.org/profileEN_Germany.html [zuletzt abgerufen am 22. Juli 2018].

Denk, Andreas/Flagge, Ingeborg: Architekturführer Bonn/Architectural Guide to Bonn, Berlin 1997.

Denneler, Iris: Der wiederauferstandene Herr Keetenheuve. Aus der Schreibwerkstatt Wolfgang Koeppens, in: Treibhaus. Jahrbuch für die Literatur der fünfziger Jahre 2 (2006), S. 168–188.

Denneler, Iris: Verschwiegene Verlautbarungen. Textkritische Überlegungen zur Poetik Wolfgang Koeppens, München 2008.

Depkat, Volker: Lebenswenden und Zeitenwenden. Deutsche Politiker und die Erfahrungen des 20. Jahrhunderts, München 2007.

Detering, Heinrich und Kai Sina: Der deutschsprachige Roman 1900–1950, in: Volker Meid (Hg.): Geschichte des deutschsprachigen Romans, Stuttgart 2013, S. 445–623.

Deupmann, Christoph: Ereignisgeschichten. Zeitgeschichte in literarischen Texten von 1968 bis zum 11. September 2001, Göttingen 2013.

Deutsche Pavillons = Egon Eiermann/Sep Ruf: Deutsche Pavillons, Brüssel 1958, mit einem Text von Immo Boyken und Fotografien von Heinrich Heidersberger, Georg Pollich und Eberhard Tröger, Stuttgart/London 2007.

Dettmar, Ute: Der Kampf gegen »Schmutz und Schund«, in: Norbert Hopster unter Mitwirkung von Joachim Neuhaus (Hg.): Die Kinder- und Jugendliteratur in der Zeit der Weimarer Republik, Frankfurt am Main 2005, S. 565–586.

Devos, Rika/Kooning Mil de: L'architecture moderne à l'EXPO 58. Pour un monde plus humain, Brüssel 2006.

Diers, Andreas: Arbeiterbewegung – Demokratie – Staat. Wolfgang Abendroth: Leben und Werk (1906–1948), Hamburg 2006.

Diner, Dan: Verkehrte Welten. Antiamerikanismus in Deutschland. Ein historischer Essay, Frankfurt am Main 1993.

Döhl, Reinhard: Wolfgang Koeppen, in: Ulrich Greiner (Hg.): Über Wolfgang Koeppen, Frankfurt am Main 1976, S. 163–185 [1968].

Döring, Jörg: »Was bleibt der Autor dem deutschen Film schuldig?« Drehbuchschreiben im ›Dritten Reich‹, in: Erhard Schütz/Gregor Streim (Hg.): Reflexe und Reflexionen von Modernität 1933–1945, Bern/Berlin/Frankfurt u.a. 2002, S. 209–226.

Döring, Jörg: »… ich stellte mich unter, ich machte mich klein…« Wolfgang Koeppen 1933–1948, Frankfurt am Main 2001.

Döring, Jörg: *Eine unglückliche Liebe* – Kommentar, in: Wolfgang Koeppen: Werke, Bd. 1: Eine unglückliche Liebe, hg. von Jörg Döring, Berlin 2007, S. 170–201.

Döring, Jörg: *Die Mauer schwankt* – Kommentar, in: Wolfgang Koeppen: Werke, Bd. 2: Die Mauer schwankt, hg. von Jörg Döring, Berlin 2011, S. 296–409.

Döring, Jörg/Römer, Felix/Seubert, Rolf: Alfred Andersch desertiert. Fahnenflucht und Literatur, Berlin 2015.

Döring, Jörg/Joch, Marcus (Hg.): Alfred Andersch revisited. Werkbiographische Studien im Zeichen der Sebald-Debatte, Berlin 2011.

Doering, Sabine: Schreckenskammer und Puppenstube. Wohn- und Lebensräume in Wolfgang Koeppens *Das Treibhaus*, in: Jahrbuch der Internationalen Wolfgang-Koeppen-Gesellschaft 1 (2001), S. 23–44.

Doering, Sabine: Das phantastische Gefängnis. Strukturen der Abgeschlossenheit in Wolfgang Koeppens Roman *Die Mauer schwankt*, in: Jahrbuch der Internationalen Wolfgang-Koeppen-Gesellschaft 2 (2003), S. 9–27.

Doering, Sabine: »Im fernen Reich des Novalis.« Wolfgang Koeppen als Leser romantischer Literatur, in: Treibhaus. Jahrbuch für die Literatur der fünfziger Jahre 2 (2006), S. 189–201.

Doering-Manteuffel, Anselm: Die Bundesrepublik Deutschland in der Ära Adenauer. Außenpolitik und innere Entwicklung 1949–1963, Darmstadt 1983.

Doering-Manteuffel, Anselm: Strukturmerkmale der Kanzlerdemokratie, in: Der Staat 30 (1991), 1, S. 1–18.

Doering-Manteuffel, Anselm: Die Kultur der 50er Jahre im Spannungsfeld von »Wiederaufbau« und »Modernisierung«, in: Axel Schildt/Arnold Sywottek (Hg.): Modernisierung im Wiederaufbau. Die westdeutsche Gesellschaft der fünfziger Jahre, Bonn 1993, S. 533–540.

Doering-Manteuffel, Anselm: Wie westlich sind die Deutschen? Amerikanisierung und Westernisierung im 20. Jahrhundert, Göttingen 1999.

Doering-Manteuffel, Anselm: Amerikanisierung und Westernisierung, in: Docupedia-Zeitgeschichte, 18.01.2011, http://docupedia.de/zg/Amerikanisierung_und_Westernisierung [zuletzt abgerufen am 22. Juli 2018].

Doering-Manteuffel, Anselm unter Mitarbeit von Elisabeth Müller-Luckner (Hg.): Strukturmerkmale der deutschen Geschichte des 20. Jahrhunderts, München 2006.

Doerry, Martin/Janssen, Hauke (Hg.): Die *Spiegel*-Affäre. Ein Skandal und seine Folgen, München 2013.

Donat, Helmut: Das Andere Deutschland, in: Helmut Donat/Karl Holl (Hg.): Die Friedensbewegung. Organisierter Pazifismus in Deutschland, Österreich und in der Schweiz, mit einem Vorwort von Dieter Lattmann, Düsseldorf 1983, S. 26–29.

Donat, Helmut/Holl, Karl (Hg.): Die Friedensbewegung. Organisierter Pazifismus in Deutschland, Österreich und in der Schweiz, mit einem Vorwort von Dieter Lattmann, Düsseldorf 1983.

Dorschel, Andreas: Der Getäuschte im Garten. *La Nouvelle Héloïse*: Rousseaus Aporetik der Liebe, in: Zeitschrift für Ideengeschichte 6 (2012), 2, S. 39–47.

Dreesen, Philipp: Der Fall Keetenheuve. Zur Einordung der Demokratiekritik im *Treibhaus*, in: Flandziu. Halbjahresblätter für Literatur der Moderne 3 (2011), Heft 1/2, S. 27–43.

Dreher, Klaus: Ein Kampf um Bonn, München 1979.

Dreher, Klaus: Treibhaus Bonn, Schaubühne Berlin. Deutsche Befindlichkeiten, Stuttgart 1999.

Düchting, Hajo: Manet. Pariser Leben, München/New York 1995.

Düwel, Jörn/Gutschow, Niels: Städtebau in Deutschland im 20. Jahrhundert. Ideen – Projekte – Akteure, Stuttgart 2001.

Düwel, Jörn/Gutschow, Niels (Hg.): A Blessing in Disguise. War and Town Planning in Europe 1940–1945, Berlin 2013.

Dunn, John: Democracy. A History, New York 2005.

Dupeux, Louis: »Nationalbolschewismus« in Deutschland 1919–1933. Kommunistische Strategie und konservative Dynamik, aus dem Französischen von Richard Kirchhoff, München 1985 [Paris 1976].

Durth, Werner: Deutsche Architekten. Biographische Verflechtungen 1900–1970, Stuttgart/Leipzig/Wiesbaden 2001.

Durth, Werner/Gutschow, Niels (Hg.): Architektur und Städtebau der fünfziger Jahre, Bonn 1987.

Durth, Werner/Gutschow, Niels: Von Architekturraum zur Stadtlandschaft. Wandlungen städtebaulicher Leitbilder unter dem Eindruck des Luftkrieges 1942–1945, in: Axel Schildt/Arnold Sywottek (Hg.): Massenwohnung und Eigenheim. Wohnungsbau und Wohnen in der Großstadt seit dem Ersten Weltkrieg, Frankfurt am Main/New York 1988, S. 326–359.

Durth, Werner/Sigel, Paul (Hg.): Baukultur. Spiegel gesellschaftlichen Wandels, Berlin 2009.

Eberl, Dominik A.: »Es geht um Kopf und Kragen.« Die Auseinandersetzung mit der jungen Bundesrepublik zu Beginn der fünfziger Jahre in Wolfgang Koeppens *Tauben im Gras* und *Das Treibhaus*, Augsburg 2010.

Ebner, Anja: »Ich warte, … mein düsterer Literat. In Liebe Marion.« Über Marion Koeppen, in: »… trotz allem, so wie du bist.« Der Briefwechsel zwischen Wolfgang und Marion Koeppen, hg. von ders., mit einem Nachwort von Hans-Ulrich Treichel, Frankfurt am Main 2008, S. 389–436.

Echternkamp, Jörg: »Verwirrung im Vaterländischen«? Nationalismus in der deutschen Nachkriegsgesellschaft 1945–1960, in: Ders./Sven Oliver Müller (Hg.): Die Politik der Nation. Deutscher Nationalismus in Krieg und Krisen 1760–1960, München 2002, S. 219–246.

Echternkamp, Jörg: Nach dem Krieg. Alltagsnot, Neuorientierung und die Last der Vergangenheit 1945–1949, Zürich 2003.

Echternkamp, Jörg: Die Bundesrepublik Deutschland 1945/49–1969, Paderborn u. a. 2013.

Echternkamp, Jörg: Soldaten im Nachkrieg. Historische Deutungskonflikte und westdeutsche Demokratisierung 1945–1955, München 2014.

Eckert, Nora: Wer und was ist Hamlet? Erkundungen, Basel 2016.

Egger, Irmgard: Perspektive – Abgrund – Hintergrund. Giovanni Battista Piranesis *Carceri* bei Wolfgang Koeppen, in: Jahrbuch der Internationalen Wolfgang-Koeppen-Gesellschaft 2 (2003), S. 29–50.

Eggert, Stefan: Wolfgang Koeppen, Berlin 1998.

Eggert, Stefan: »Abfahrbereit.« Wolfgang Koeppens Orte – Topographie seines Lebens und Schreibens, Berlin 2006.

Egginger-Gonzalez, Dennis: Der Rote Stoßtrupp, in: Hans Coppi/Stefan Heinz (Hg.): Der vergessene Widerstand der Arbeiter. Gewerkschafter, Kommunisten, Sozialdemokraten, Trotzkisten, Anarchisten und Zwangsarbeiter, Berlin 2012, S. 91–106.

Egginger-Gonzalez, Dennis: Der Rote Stoßtrupp. Eine frühe linkssozialistische Widerstandsgruppe gegen den Nationalsozialismus, Berlin 2018.

Egyptien, Jürgen: Das Porträt des Dichters als proteischer Beobachter in Wolfgang Koeppens Essayistik, in: Treibhaus. Jahrbuch für die Geschichte der fünfziger Jahre 2 (2006), S. 217–226.

Egyptien, Jürgen: Trümmerkörper, Gewalt, Vitalität. Zur ästhetischen Funktion von Korporealitäten in Wolgang Koeppens Nachkriegstrilogie, in: Sarah Mohi-von Känel/Christoph Steier (Hg.): Nachkriegskörper. Prekäre Korporealitäten in der deutschsprachigen Literatur des 20. Jahrhunderts, Würzburg 2013, S. 19–32.

Egyptien, Jürgen/Louis, Raffaele: 100 Kriegsromane und -erzählungen des Zeitraums 1945 bis 1965. Eine kommentierte Synopse ihrer Publikationsgeschichte, in: Treibhaus. Jahrbuch für die Literatur der fünfziger Jahre 3 (2007), S. 211–237.

Estermann, Alfred: Wolfgang Koeppen. Eine Bibliographie, in: Eckart Oehlenschläger (Hg.): Wolfgang Koeppen, Frankfurt am Main *1987, S. 385–470.*

Eichel, Christine: Das deutsche Pfarrhaus. Hort des Geistes und der Macht, Berlin/Köln 2012.

Eilert, Heide: Im Treibhaus. Motive der europäischen Décadence in Theodor Fontanes Roman *L'Adultera*, in: Jahrbuch der Deutschen Schillergesellschaft 22 (1978), S. 494–517.

Eisfeld, Rainer: Mondsüchtig. Wernher von Braun und die Geburt der Raumfahrt aus dem Geist der Barbarei, Reinbek 1996.

Eisfeld, Rainer: Als Teenager träumten. Die magischen 50er Jahre, Baden-Baden 1999.

Eisfeld, Rainer (Hg.): Mitgemacht. Theodor Eschenburgs Beteiligung an »Arisierungen« im Nationalsozialismus Wiesbaden 2015.

Ellerbrock, Dagmar: »Healing Democracy« – Demokratie als Heilmittel. Gesundheit, Krankheit und Politik in der amerikanischen Besatzungszone 1945–1949, Bonn 2004.

Ellwood, The Shock of America. Europa and the Challenge of the Century, Oxford 2012.

Elsäßer-Feist, Ulrike: Zwischen Glaube und Skepsis. Der russische Schriftsteller Fjodor M. Dostojewskij, ²Wuppertal 2004.

Endres, Elisabeth: Die Literatur der Adenauerzeit, München 1980.

Engler, Jürgen: »Geistige Führer« und »arme Poeten«. Autorenbilder der Nachkriegszeit, in: Ursula Heukenkamp (Hg.): Unterm Notdach. Nachkriegsliteratur in Berlin 1945–1949, Berlin 1996, S. 47–87.

Englert, Klaus: Albert Speers Architekten und der Wiederaufbau Düsseldorfs, in: Susanne Anna (Hg.): Architektenstreit. Wiederaufbau zwischen Kontinuität und Neubeginn, Düsseldorf 2009, S. 43–54.

Enzensberger, Ulrich: Herwegh – ein Heldenleben, Frankfurt am Main 1999.

Erhart, Walter: *Nach Rußland* – Kommentar, in: Wolfgang Koeppen: Werke, Bd. 8: Nach Rußland und anderswohin, hg. von Walter Erhart unter Mitarbeit von Anja Ebner und Arne Grafe, Berlin 2007, S. 386–453.

Erhart, Walter: Wolfgang Koeppen. Das Scheitern moderner Literatur, Konstanz 2012.

Erlach, Dietrich: Wolfgang Koeppen als zeitkritischer Erzähler, Uppsala 1973.

Etlin, Richard A.: Modernism in Italian Architecture, 1890–1940, Cambridge, Mass./London 1991.

Eveno, Patrick: Histoire du journal Le Monde 1944–2004, Paris 2004.

Feilchenfeldt, Konrad: Lessing, Julius, in: Neue Deutsche Biographie 14 (1985), S. 350 f.

Feldkamp, Michael F.: Der Parlamentarische Rat 1948–1949. Die Entstehung des Grundgesetzes, Göttingen 1998.

Fellgiebel, Walther-Peer: Die Träger des Ritterkreuzes und des Eisernen Kreuzes 1939–1945. Die Inhaber der höchsten Auszeichnung des Zweiten Weltkrieges aller Wehrmachtteile, Friedberg 1993.

Fellinger, Raimund: Wolfgang Koeppen als Leser der Signatur seiner Zeit oder: Bonn: Donnerstag, 19. März 1953, in: Flandziu – Halbjahresblätter für Literatur der Moderne, 3. Jg. (2006), Heft 4, S. 99–106.

Felsch, Philipp: Die schwarze Romantik der Bundesrepublik, in: Ders./Frank Witzel: BRD noir, Berlin 2016, S. 7–18.

Fenske, Michaela: Demokratie erschreiben. Bürgerbriefe und Petitionen als Medien politischer Kultur 1950–1947, Frankfurt/New York 2013.

Ferchl, Wolfgang: Zwischen »Schlüsselroman«, Kolportage und Artistik. Studien zur gesellschafts-kritisch-realistischen Romanliteratur der 50er Jahre in der Bundesrepublik Deutschland in ihrem sozialgeschichtlichen und poetologischen Kontext, Amsterdam/Atlanta 1991.

Fest, Joachim: Staatsstreich. Der lange Weg zum 20. Juli, München/Berlin 1997 [1994].

Fetz, Bernhard: Vertauschte Köpfe. Studien zu Wolfgang Koeppens erzählender Prosa, Wien 1994.

Field, John: The Story of Parliament in the Palace of Westminster, London 2002.

Finckh, Gerhard (Hg.): Édouard Manet, Wuppertal 2017.

Finger, Stefan: Franz Josef Strauß. Der verhinderte Kanzler, Bonn 2005.

Fischer, Heinz-Dietrich: Parteien und Presse in Deutschland seit 1945, Bremen 1971.

Fischer, Heinz-Dietrich: Reeducations- und Pressepolitik unter britischem Besatzungsstatus. Die Zonenzeitung Die Welt 1946–1950 – Konzeption, Artikulation und Rezeption, Düsseldorf 1978.

Fischer, Heinz-Dietrich (Hg.): Regierungssprecher – zwischen Information und Geheimhaltung. Zur publizistischen und kommunikativen Funktion staatlicher Presseamts-Leiter in Bund, Ländern, Gemeinden, Köln 1981.

Fischer, Ludwig: Die Zeit von 1945 bis 1967 als Phase der Gesellschafts- und Literaturentwicklung, in: Ders. (Hg.): Literatur in der Bundesrepublik Deutschland bis 1967 (= Hansers Sozialgeschichte der deutschen Literatur vom 16. Jahrhundert bis zur Gegenwart, Bd. 10), München/Wien 1986, S. 29–96.

Fischer, Ludwig: Dominante Muster des Literaturverständnisses, in: Ders. (Hg.): Literatur in der Bundesrepublik Deutschland bis 1967 (= Hansers Sozialgeschichte der deutschen Literatur vom 16. Jahrhundert bis zur Gegenwart, Bd. 10), München/Wien 1986, S. 179–213.

Fischer, Ludwig: Strategien der Produktion von Unterhaltungs- und Massenliteratur, in: Ders. (Hg.): Literatur in der Bundesrepublik Deutschland bis 1967 (= Hansers Sozialgeschichte der deutschen Literatur vom 16. Jahrhundert bis zur Gegenwart, Bd. 10), München/Wien 1986, S. 318–345.

Fischer, Ludwig (Hg.): Literatur in der Bundesrepublik Deutschland bis 1967 (= Hansers Sozialgeschichte der deutschen Literatur vom 16. Jahrhundert bis zur Gegenwart, Bd. 10), München/Wien 1986.

Fischer, Torben: Ernst von Salomon: Der Fragebogen, in: Ders./Matthias N. Lorenz (Hg.): Lexikon der »Vergangenheitsbewältigung« in Deutschland. Debatten- und Diskursgeschichte des Nationalsozialismus nach 1945, Bielefeld 2007, S. 113–115.

Fischer, Torben/Lorenz, Matthias N. (Hg.): Lexikon der »Vergangenheitsbewältigung« in Deutschland. Debatten- und Diskursgeschichte des Nationalsozialismus nach 1945, Bielefeld 2007.

Fischer, Wend (Hg.): Zwischen Kunst und Industrie. Der Deutsche Werkbund, München 1975.

Fischer, Wolfgang: Heimat-Politiker? Selbstverständnis und politisches Handeln von Vertriebenen als Abgeordnete im Deutschen Bundestag 1949–1987, Düsseldorf 2010.

Fischer-Lichte, Erika: Unterhaltung – Verstörung – Orientierung. Zur Funktionsbestimmung des Theaters in der Nachkriegszeit (bis 1960), in: Lars Koch unter Mitarbeit von Petra Tallafuss (Hg.): Modernisierung als Amerikanisierung? Entwicklungslinien der westdeutschen Kultur 1945–1960, Bielefeld 2007, S. 181–213.

Flagge, Ingeborg: Provisorium als Schicksal. Warum mit der Bonner Staatsarchitektur kein Staat zu machen ist, in: Dies./Wolfgang Jean Stock (Hg.): Architektur und Demokratie. Bauen für die Politik von der amerikanischen Revolution bis zur Gegenwart, mit einem Vorwort von Rita Süssmuth, Stuttgart 1992, S. 224–245.

Flagge, Ingeborg (Hg.): Geschichte des Wohnens, Band 5: Von 1945 bis heute. Aufbau – Neubau – Umbau, Stuttgart 1999.

Flagge, Ingeborg/Stock, Wolfgang Jean (Hg.): Architektur und Demokratie. Bauen für die Politik von der amerikanischen Revolution bis zur Gegenwart, mit einem Vorwort von Rita Süssmuth, Stuttgart 1992.

Flemming, Thomas: Gustav W. Heinemann. Ein deutscher Citoyen, Essen 2014.

Föllmer, Moritz: Interpersonale Kommunikation und Moderne in Deutschland (Einleitung), in: Ders. (Hg.): Sehnsucht nach Nähe. Interpersonale Kommunikation in Deutschland seit dem 19. Jahrhundert, Stuttgart 2004, S. 9–44.

Forner, Sean A.: German Intellectuals and the Challenge of Democratic Renewal. Culture and Politics since 1945, Cambridge 2014.

Foschepoth, Josef: Überwachtes Deutschland. Post- und Telefonüberwachung in der alten Bundesrepublik, Göttingen 2012.

Foschepoth, Josef: Verfassungswidrig! Das KPD-Verbot im Kalten Bürgerkrieg, Göttingen 2017.

Foucault, Michel: Die Malerei von Manet, aus dem Französischen von Peter Geble, Berlin 1999.

Frank, Hartmut: Trümmer. Traditionelle und moderne Architekturen im Nachkriegsdeutschland, in: Bernhard Schulz (Hg.): Grauzonen/Farbwelten. Kunst und Zeitbilder 1945–1955, Berlin/Wien 1983, S. 42–83.

Franzen, Johannes: Indiskrete Fiktionen. Theorie und Praxis des Schlüsselromans 1960–2015, Göttingen 2018.

Freedom House 2018 = https://freedomhouse.org/report/freedom-world/2017/germany [zuletzt abgerufen am 22. Juli 2018].

Frei, Norbert: »Was ist Wahrheit?« Der Versuch einer Bundespressegesetzgebung 1951/52, in: Hans Wagner (Hg.): Idee und Wirklichkeit des Journalismus. Festschrift für Heinz Starkulla, München 1988, S. 75–91.

Frei, Norbert: Menne, Bernhard, in: Neue Deutsche Biographie 17 (1994), S. 81 f.

Frei, Norbert: Vergangenheitspolitik. Die Anfänge der Bundesrepublik und die NS-Vergangenheit, 2. Auflage, München 2003.

Frei, Norbert (Hg.): Karrieren im Zwielicht. Hitlers Eliten nach 1945, Franfurt am Main/New York 2001.

Frei, Norbert/Schmitz, Johannes: Journalismus im Dritten Reich, 3. Auflage, München 1999.

Frei, Norbert/Rigoll, Dominik (Hg.): Der Antikommunismus in seiner Epoche. Weltanschauung und Politik in Deutschland, Europa und den USA, Göttingen 2017.

Freiberger, Thomas: Allianzpolitik in der Suezkrise 1956, Göttingen 2013.

Freigang, Christian: Die Moderne: 1800 bis heute. Baukunst – Technik – Gesellschaft, Darmstadt 2013.

Freimüller, Tobias: Alexander Mitscherlich. Gesellschaftsdiagnosen und Psychoanalyse nach Hitler, Göttingen 2007.

Frese, Matthias/Paulus, Julia/Teppe, Karl (Hg.): Demokratisierung und gesellschaftlicher Aufbruch. Die sechziger Jahre als Wendezeit der Bundesrepublik, Paderborn/München/Wien/Zürich 2003.

Frevel, Bernhard: Demokratie. Entwicklung – Gestaltung – Herausforderungen, 3. Auflage, Wiesbaden 2017 [2004].

Frevert, Ute: Frauen-Geschichte. Zwischen Bürgerlicher Verbesserung und Neuer Weiblichkeit, Frankfurt am Main 1986.

Frevert, Ute: »Mann und Weib, und Weib und Mann.« Geschlechter-Differenzen in der Moderne, München 1995.

Friedland, Paul: Political Actors. Representative Bodies and Theatricality in the Age of the French Revolution, Ithaca/London 2003.

Friedrich, Hans-Edwin: Wolfgang Koeppens »Wolfgang Koeppen«. Überlegungen zu Koeppens Poetik des Interviews, in: Treibhaus. Jahrbuch für die Geschichte der fünfziger Jahre 2 (2006), S. 227–246.

Frings, Marcus: Die erste Ausstellung der Darmstädter Künstlerkolonie als Vorbild, in: Michael Bender/Roland May (Hg.): Architektur der fünfziger Jahre. Die Darmstädter Meisterbauten, Darmstadt 1998, S. 26–27.

Fritzen, Florentine: Gesünder leben. Die Lebensreformbewegung im 20. Jahrhundert, Stuttgart 2006.

Fritzsche, Klaus: Politische Romantik und Gegenrevolution. Fluchtwege in der Krise der bürgerlichen Gesellschaft: Das Beispiel des *Tat*-Kreises, Frankfurt am Main 1976.

Fröhlich, Claudia: Restauration. Zur (Un-)Tauglichkeit eines Erklärungsansatzes westdeutscher Demokratiegeschichte im Kontext der Auseinandersetzung mit der NS-Vergangenheit, in: Stephan Alexander Glienke/Volker Paulmann/Joachim Perels (Hg.): Erfolgsgeschichte Bundesrepublik? Die Nachkriegsgesellschaft im langen Schatten des Nationalsozialismus, Göttingen 2008, S. 17–52.

Fröhlich, Claudia: Rückkehr zur Demokratie – Wandel der politischen Kultur in der Bundesrepublik, in: Peter Reichel/Harald Schmid/Peter Steinbach (Hg.): Der Nationalsozialismus – die zweite Geschichte. Überwindung – Deutung – Erinnerung, München 2009, S. 105–126.

Fröhlich, Georg: Soldat ohne Befehl. Ernst von Salomon und der Soldatische Nationalismus, Paderborn 2018.

Frohn, Julia: Literaturaustausch im geteilten Deutschland 1945–1972, Berlin 2014.

Fromme, Friedrich Karl: Von der Weimarer Verfassung zum Bonner Grundgesetz. Die verfassungspolitischen Folgerungen des Parlamentarischen Rates aus Weimarer Republik und nationalsozialistischer Diktatur, 3. Auflage, Berlin 1999 [1960].

Führer, Karl Christian: Medienmetropole Hamburg. Mediale Öffentlichkeiten 1930–1960, München/Hamburg 2008.

Führer, Karl Christian/Hagemann, Karen/Kundrus, Birthe (Hg.): Eliten im Wandel. Gesellschaftliche Führungsschichten im 19. und 20. Jahrhundert, Münster 2004.

Fukuyama, Francis: Das Ende der Geschichte. Wo stehen wir? Aus dem Amerikanischen von Helmut Dierlamm, Ute Mihr und Karlheinz Dürr, München 1992.

Fürst, Ansgar: Im deutschen Treibhaus. Tendenzen und Diagnosen der Adenauer-Zeit. Eine Spurensuche in der zeitgenössischen Literatur, mit einem Vorwort von Ulrich Herbert, Freiburg 2003.

Fuhrmeister, Christian: Beton, Klinker, Granit – Material, Macht, Politik. Eine Materialikonographie, Berlin 2001.

Fulda, Daniel/Herzog, Dagmar/Hoffmann, Stefan-Ludwig/van Rahden, Till (Hg.): Demokratie im Schatten der Gewalt. Geschichten des Privaten im deutschen Nachkrieg, Göttingen 2010.

Futterknecht, Franz: Nachkriegspositionen des ästhetischen Bewusstseins. Hans Werner Richter: *Die Geschlagenen* (1949) und *Sie fielen aus Gottes Hand* (1951), in: Hans Wagener (Hg.): Von Böll bis Buchheim. Deutsche Kriegsprosa nach 1945, Amsterdam 1997, S. 111–131.

Gabel, Gernot U. (Hg.): Don Quijotes Spuren in Deutschland. Materialien zur Rezeptionsgeschichte, Köln 2005.

Gabriel, Karl: Die Katholiken in den 50er Jahren: Restauration, Modernisierung und beginnende Auflösung eines konfessionellen Milieus, in: Axel Schildt/Arnold Sywottek (Hg.): Modernisierung im Wiederaufbau. Die westdeutsche Gesellschaft der fünfziger Jahre, Bonn 1993, S. 418–430.

Gabriëls, A. J. C. M.: Kweksilber, Wilhelm (1912-1988), in: Biografisch Woordenboek van Nederland. URL:http://resources.huygens.knaw.nl/bwn1880-2000/lemmata/bwn5/kweksilber [zuletzt abgerufen am 3. November 2017].

Gaddis, John Lewis: We Now Know. Rethinking Cold War History, Oxford 1997.

Gallus, Alexander: Die Neutralisten. Verfechter eines vereinten Deutschland zwischen Ost und West 1945–1990, Düsseldorf 2001.

Gallus, Alexander: Zäsuren in der Geschichte der Bundesrepublik, in: Hans-Peter Schwarz (Hg.): Die Bundesrepublik Deutschland. Eine Bilanz nach 60 Jahren, München 2008, S. 35–56.

Gallus, Alexander: Intellectual History mit Intellektuellen und ohne sie. Facetten neuerer geistesgeschichtlicher Forschung, in: Historische Zeitschrift 288 (2009), 1, S. 139–150.

Gallus, Alexander: Heimat *Weltbühne*. Eine Intellektuellengeschichte im 20. Jahrhundert, Göttingen 2012.

Gallus, Alexander: Vier Möglichkeiten, die Intellectual History der Bundesrepublik zu ergründen. Überlegungen zur Erschließung eines Forschungsfelds, in: Frank Bajohr/Anselm Doering-Manteuffel/Claudia Kemper/Detlef Siegfried (Hg.): Mehr als *eine* Erzählung. Zeitgeschichtliche Perspektiven auf die Bundesrepublik, Göttingen 2016, S. 287–300.

Gallus, Alexander (Hg.): Helmut Schelsky – der politische Anti-Soziologe. Eine Neurezeption, Göttingen 2013.

Gallus, Alexander/Schildt, Axel (Hg.): Rückblickend in die Zukunft. Politische Öffentlichkeit und intellektuelle Positionen in Deutschland um 1950 und um 1930, Göttingen 2011.

Gangl, Manfed: Interdiskursivität und chassés-croisés. Zur Problematik der Intellektuellendiskurse in der Weimarer Republik, in: Sven Hanuschek/Therese Hoernigk/Christine Malende (Hg.): Schriftsteller als Intellektuelle. Politik und Literatur im Kalten Krieg, Tübingen 2000, S. 29–48.

Gansel, Carsten und Werner Nell (Hg.): »Es sind alles Geschichten aus meinem Leben.« Hans Werner Richter als Erzähler und Zeitzeuge, Netzwerker und Autor, Berlin 2011.

Gass-Bolm, Torsten: Das Gymnasium 1945–1980. Bildungsreform und gesellschaftlicher Wandel in Westdeutschland, Göttingen 2005.

Gassert, Philipp: Bewegte Gesellschaft. Deutsche Protestgeschichte seit 1945, Stuttgart 2018.

Gay, Peter: Die Republik der Außenseiter. Geist und Kultur in der Weimarer Zeit 1918–1933, aus dem Amerikanischen von Helmut Lindemann, Frankfurt am Main 1987 (1968).

Gay, Peter: Die Moderne. Eine Geschichte des Aufbruchs, aus dem Englischen von Michael Bischoff, Frankfurt am Main 2008.

Gebhardt, Miriam: Als die Soldaten kamen. Die Vergewaltigung deutscher Frauen am Ende des Zweiten Weltkriegs, München 2015.

Gehebe, Almut: Demokratischer Symbolismus. Die Parlamentsrotunde, in: Dieter Bartetzko (Hg.): Sprung in die Moderne. Frankfurt am Main, die Stadt der 50er Jahre, Frankfurt am Main/New York 1994, S. 60–67.

Geiter, Michael: »Der Humorist geht gleich dem Raubtier stets allein.« Wolfgang Koeppen im Lichte Sören Kierkegaards, Freiburg/Berlin/Wien 2010.

Gelfert, Hans-Dieter: Shakespeare, 2. Auflage, München 2015 [2014].

Geppert, Dominik: Die Freiheitsglocke, in: Etienne François/Hagen Schulze (Hg.): Deutsche Erinnerungsorte. Band 2, München 2001, S. 238–252.

Geppert, Dominik: Pressekriege. Öffentlichkeit und Diplomatie in den deutsch-britischen Beziehungen (1896–1912), Oldenbourg, München 2007.

Geppert, Dominik: Von der Staatsskepsis zum parteipolitischen Engagement. Hans Werner Richter, die Gruppe 47 und die deutsche Politik, in: Ders./Jens Hacke (Hg.): Streit um den Staat. Intellektuelle Debatten in der Bundesrepublik 1960–1980, Göttingen 2008, S. 46–68.

Geppert, Dominik: »Kreuzwegqual zwischen Politik und Literatur«. Der Umbruch Ende der 1950er Jahre als Zäsur in der Geschichte der Gruppe 47, in: Alexander Gallus/Werner Müller (Hg.): Sonde 1957. Ein Jahr als symbolische Zäsur für Wandlungsprozesse im geteilten Deutschland, Berlin 2010, S. 343–362.

Geppert, Dominik: Alternativen zum Adenauerstaat. Der Grünwalder Kreis und der Gründungskonsens der Bundesrepublik, in: Michael Hochgeschwender (Hg.): Epoche im Widerspruch. Ideelle und kulturelle Umbrüche der Adenauerzeit, Bonn 2011, S. 141–152.

Geppert, Dominik: Hans Werner Richter, die Gruppe 47 und die »Stunde Null«, in: Axel Schildt/Alexander Gallus (Hg.): Rückblickend in die Zukunft. Politische Öffentlichkeit und intellektuelle Positionen in Deutschland um 1950 und um 1930, Göttingen 2011, S. 203–220.

Geppert, Dominik: Adenauer, Wirth, Brüning. Drei Spielartendes politischen Katholizismus in der Weimarer Republik, in: Richard Faber/Uwe Puschner (Hg.): Preußische Katholiken und katholische Preußen im 20. Jahrhundert, Würzburg 2011, S. 297–310.

Geppert, Dominik: Die Ära Adenauer, 3. Auflage, Darmstadt 2012.

Geppert, Dominik: Hans Werner Richter als Tagebuchschreiber. Mutmaßungen über einen Text, den es eigentlich nicht geben sollte, in: Ders. in Verbindung mit Nina Schnutz (Hg.): Hans Werner Richter. Mittendrin. Die Tagebücher 1966–1972, München 2012, S. 221–269.

Geppert, Dominik: Intellektuelle und Antikommunismus. Der Kongress für Kulturelle Freiheit und die Gruppe 47, in: Stefan Creuzberger/Dierk Hoffmann (Hg.): »Geistige Gefahr« und »Immunisierung der Gesellschaft«. Antikommunismus und politische Kultur in der frühen Bundesrepublik, München 2014, S. 321–333.

Geppert, Dominik: Nation mit »Bundesdorf«. Bonn und Berlin als Hauptstadt, in: Thomas Großbölting/Rüdiger Schmidt (Hg.): Gedachte Stadt – gebaute Stadt. Urbanität in der deutsch-deutschen Systemkonkurrenz 1945–1990, Köln/Wien/Weimar 2015, S. 141–154.

Geppert, Dominik (Hg.): The Postwar Challenge. Cultural, Social, and Political Change in Western Europe, 1945–1958, Oxford 2003.

Geppert, Dominik/Wengst, Udo (Hg.): Neutralität – Cance oder Chimäre? Konzepte des Dritten Weges für Deutschland und die Welt 1945–1990, München 2005.

Geppert, Dominik/Hacke, Jens (Hg.): Streit um den Staat. Intellektuelle Debatten in der Bundesrepublik 1960–1980, Göttingen 2008.

Geppert, Dominik in Verbindung mit Nina Schnutz (Hg.): Hans Werner Richter. Mittendrin. Die Tagebücher 1966–1972, München 2012.

Geppert, Dominik/Bavaj, Riccardo: Hochschullehrer, Öffentlichkeit und Politik im Kalten Krieg, in: Geschichte in Wissenschaft und Unterricht 65 (2014), 3/4, S. 133–145.

Gerigk, Anja: Architektur liest Literatur. Intermediale Diachronien vom 19. ins 20. Jahrhundert, Würzburg 2014.

Gerigk, Horst-Jürgen: Dostojewskijs Entwicklung als Schriftsteller. Vom *Toten Haus* zu den *Brüdern Karamasow*, Frankfurt am Main 2013.

Gerl-Falkovitz, Hanna-Barbara: Romano Guardini. Konturen des Lebens und Spuren des Denkens, Mainz 2005.

Gerwarth, Robert: The Vanquished. Why the First World War Failed to End, 1917–1923, London 2016.

Gerwarth, Robert/Horne, John (Hg.): Krieg im Frieden. Paramilitärische Gewalt nach dem Ersten Weltkrieg, aus dem Englischen von Ulrike Bischoff, Göttingen 2013.

Die Geschichte der Kunstakademie Düsseldorf seit 1945, hg. von der Kunstakademie Düsseldorf, Berlin 2014.

Geschichte der Literatur in der Bundesrepublik Deutschland /= Geschichte der deutschen Literatur von den Angängen bis zur Gegenwart, Bd. 12), von einem Autorenkollektiv unter der Leitung von H. J. Bernhard, Ost-Berlin 1983.

Geyer, Michael: Cold War Angst. The Case of West German Opposition to Rearmament and Nuclear Weapons, in: Hanna Schissler (Hg.): The Miracle Years: A Cultural History of West Germany 1949–1968, Princeton 2001, S. 376–408.

Gieger, Etta K.: Die Londoner Weltausstellung von 1851 im Kontext der Industrialisierung in Großbritannien, Essen 2007.

Gienow-Hecht, Jessica C. E.: Transmission impossible. American journalism as cultural diplomacy in post-war Germany, Baton Rouge 1999.

Gillessen, Günther: Auf verlorenem Posten. Die *Frankfurter Zeitung* im Dritten Reich, Berlin 1986.

Gimbel, John: Amerikanische Besatzungspolitik in Deutschland: 1945–1949, Frankfurt 1971.

Giordano, Ralph: Die zweite Schuld oder Von der Last Deutscher zu sein, Hamburg/Zürich 1987.

Gisbertz, Olaf: Bruno Taut und Johannes Göderitz in Magdeburg. Architektur und Städtebau in der Weimarer Republik, Berlin 2000.

Gjuričová, Adéla/Schulz, Andreas/Velek, Luboš/Wirsching, Andreas (Hg.): Lebenswelten von Abgeordneten in Europa 1860–1990, Düsseldorf 2014

Glaser, Hermann: Kulturgeschichte der Bundesrepublik Deutschland, Bd. 2: Zwischen Grundgesetz und Großer Koalition 1949–1967, Frankfurt am Main 1990.

Glienke, Stephan/Paulmann, Volker/Perels, Joachim (Hg.): Erfolgsgeschichte Bundesrepublik? Die Nachkriegsgesellschaft im langen Schatten des Nationalsozialismus, Göttingen 2008.

Görtemaker, Manfred: Geschichte der Bundesrepublik Deutschland, München 1999.

Görtz, Franz Josef/Sarkowicz, Hans (unter Mitarbeit von Anja Johann): Erich Kästner. Eine Biographie, München 1998.

Götz, Thomas: »Die Straße draußen hat andere Gesetze.« Familie, »Kleinbürgerlichkeit« und Katholizismus in der westdeutschen Gesellschaft der 50er Jahre, in: Thomas Althaus (Hg.): Kleinbürger. Zur Kulturgeschichte des begrenzten Bewusstseins, Tübingen 2001, S. 271–294.

Götze, Karl-Heinz: Wolfgang Koeppen: *Das Treibhaus*, München 1985.

Götze, Karl-Heinz: »Eine kalte, stinkende Hölle.« Warum Wolfgang Koeppen in den fünfziger Jahren keinen Erfolg hatte, in: Treibhaus. Jahrbuch für die Literatur der fünfziger Jahre 2 (2006), S. 90–106.

Götze, Wolfram: Das Parlamentsgebäude. Historische und ikonologische Studien zu einer Bauaufgabe, Diss. Uni Leipzig 1960.

Goltermann, Svenja: Die Gesellschaft der Überlebenden. Deutsche Kriegsheimkehrer und ihre Gewalterfahrungen im Zweiten Weltkrieg, München 2009.

Goltschnigg, Dietmar (Hg.): Georg Büchner und die Moderne. Texte, Analysen, Kommentar, 3 Bde., Berlin 2001–2003.

Goltz, Anna von der (Hg.): ›Talkin' 'bout my generation‹. Conflicts of generation building and Europe's ›1968‹, Göttingen 2011.

Goodsell, Charles T.: The Architecture of Partliaments: Legislative Houses and Political Culture, in: British Journal of Political Science 18 (1988), 3, S. 287–302.

Goschler, Constantin: Radikalkonservative Intellektuelle in der frühen Bundesrepublik, in: Erhard Schütz/Peter Uwe Hohendahl (Hg.): Solitäre und Netzwerker. Akteure des kulturpolitischen Konservatismus nach 1945 in den Westzonen Deutschlands, Essen 2009, S. 23–33.

Goschler, Constantin: Wiedergutmachungspolitik – Schulden, Schuld und Entschädigung, in: Peter Reichel/Harald Schmid/Peter Steinbach (Hg.): Der Nationalsozialismus – die zweite Geschichte. Überwindung – Deutung – Erinnerung, München 2009, S. 62–84.

Gossel, Daniel A.: Die Hamburger Presse nach dem Zweiten Weltkrieg. Neuanfang unter britischer Besatzungsherrschaft, Hamburg 1993.

Gmehling, Joachim: Kritik des Nationalsozialismus und des Sowjetkommunismus in der Zeitschrift *Der Monat*, Diss. Uni Hamburg 2010.

Gniss, Daniela: Der Politiker Eugen Gerstenmaier 1906–1986. Eine Biographie, Düsseldorf 2005.

Grafe, Arne: *Treibhaus* – Kommentar, in: Wolfgang Koeppen: Das Treibhaus. Mit einem Kommentar von Arne Grafe, Frankfurt am Main 2006.

Grafe, Arne: »Koeppen, aber kein Köppchen«, »schlechthin genial« oder »ein Ekel-Buch«? Ein Beitrag zur Beziehung Wolfgang Koeppens zum Rowohlt Verlag. Drei bisher unbekannte Gutachten zum *Treibhaus*-Manuskript, in: Treibhaus. Jahrbuch für die Literatur der fünfziger Jahre 2 (2006), S. 78–89.

Graml, Hermann: Ein unfreiwilliger Helfer der Entnazifizierung Deutschlands. Ernst von Salomon und sein *Fragebogen* (1951), in: Johannes Hürter/Jürgen Zarusky (Hg.): Epos Zeitgeschichte. Romane des 20. Jahrhunderts in zeithistorischer Sicht, München 2010, S. 73–86.

Grammbitter, Ulrike: Bruno (1872–1941) und Paul Cassirer (1871–1926), in: Patrick Bormann/Judith Michel/Joachim Scholtyseck (Hg.), Unternehmer in der Weimarer Republik, Stuttgart 2016, S. 199–209.

Greenberg, Udi E.: Germany's Postwar Re-education and Its Weimar Intellectual Roots, in: Journal of Contemporary History 46 (2011), 1, S. 10–32.

Greenblatt, Stephen: Shakespearean Negotiations. The Circulation of Social Energy in Renaissance England, Berkeley/Los Angeles 1988.

Greenblatt, Stephen: Will in der Welt. Wie Shakespeare zu Shakespeare wurde, aus dem Amerikanischen von Martin Pfeiffer, München 2015 [2004].

Greenblatt, Stephen: Hamlet im Fegefeuer, aus dem Amerikanischen von Klaus Binder, Frankfurt am Main 2008 [2001].

Greiner, Bernd: Antikommunismus, Angst und Kalter Krieg. Versuch einer erneuten Annäherung, in: Aus Politik und Zeitgeschichte 61 (2011), 51/52, S. 44–49.

Greiner, Bernd/Müller, Christian Th./Walter, Dierk (Hg.): Heiße Kriege im Kalten Krieg, Hamburg 2006.

Greiner, Bernd/Müller, Christian Th./Walter, Dierk unter Mitarbeit von Claudia Weber (Hg.): Angst im Kalten Krieg, Hamburg 2009.

Greiner, Ulrich (Hg.): Über Wolfgang Koeppen, Frankfurt am Main 1976.

Greiner, Ulrich: Wolfgang Koeppen oder Die Geschichte eines Mißerfolgs, in: Ders. (Hg.): Über Wolfgang Koeppen, Frankfurt am Main 1976, S. 9–21.

Greiner, Ulrich: Politische Literatur eines Unpolitischen. Wolfgang Koeppens Nachkriegsromane, in: Mittelweg 36 – Zeitschrift des Hamburger Instituts für Sozialforschung 1 (1992), 5 (Dez. 1992/Jan. 1993), S. 101–111.

Grimm, Gunter E.: Flanieren im Geiste. Großstadt-Bilder in Wolfgang Koeppens Reiseberichten, in: Jahrbuch der Internationalen Wolfgang-Koeppen-Gesellschaft 2 (2003), S. 169–184.

Groos, Anton: Wolfgang Koeppen, in: Klaus Nonnenmann (Hg.): Schriftsteller der Gegenwart. Deutsche Literatur. 53 Porträts, Olten/Freiburg im Breisgau 1963, S. 189–194.

Groppe, Carola: Die Macht der Bildung. Das deutsche Bürgertum und der George-Kreis 1890–1933, Köln/Weimar u. a. 1997.

Groß-Bölting, Thomas: Der verlorene Himmel. Glaube in Deutschland seit 1945, Göttingen 2013.

Große Kracht, Klaus: »Schmissiges Christentum.« Die Wochenzeitung *Christ und Welt* in der Nachkriegszeit (1948–1958), in: Michel Grunewald/Uwe Puschner/Hans Manfred Bock (Hg.): Le milieu intellectuel protestant en Allemagne, sa presse et ses réseaux / Das evangelische Intellektuellenmilieu in Deutschland, seine Presse und seine Netzwerke (1871–1963), Bern/Berlin/Brüssel u.a. 2008, S. 505–531.

Grossmann, Atina: A Question of Silence. The Rape of German Women by Occupation Soldiers, in: Robert G. Moeller (Hg.): West Germany under Construction. Politics, Society, and Culture in the Adenauer Era, Ann Arbor 1997, S. 33–52.

Grube, Norbert: Die Politikberatung Konrad Adenauers durch das Institut für Demoskopie Allensbach und Erich Peter Neumann, in: Tilman Mayer (Hg.): Medienmacht und Öffentlichkeit in der Ära Adenauer, Bonn 2009, S. 143–164.

Günter, Roland: Der Deutsche Werkbund und seine Mitglieder 1907–2007. Ein Beitrag des Deutschen Werkbunds zur Kulturhauptstadt Ruhr im Jahr 2010, Essen 2009.

Günther, Frieder: Denken vom Staat her. Die bundesdeutsche Staatsrechtslehre zwischen Dezision und Integration 1949–1970, München 2004.

Günther, Klaus: Expressive Konkurrenz und instrumentelle Kooperation: Zum bundesrepublikanischen Politikdesign der 50er Jahre, in: Axel Schildt/Arnold Sywottek (Hg.): Modernisierung im Wiederaufbau. Die westdeutsche Gesellschaft der fünfziger Jahre, Bonn 1993, S. 791–818.

Gunn, Richard Landon: Art and Politics in Wolfgang Koeppen's Postwar Trilogy, Bern/Frankfurt am Main/New York 1983.

Guski, Andreas: Dostojewskij. Eine Biographie, München 2018.

Haas, Christoph: Wolfgang Koeppen. Eine Lektüre, Würzburg 1998.

Haberkamm, Klaus: Wolfgang Koeppen.»Bienenstock des Teufels« – zum naturhaft-mythischen Geschichts- und Gesellschaftsbild in den Nachkriegsromanen, in: Hans Wagener (Hg.): Zeitkritische Romane des 20. Jahrhunderts, Stuttgart 1975, S. 241–275.

Hachmeister, Lutz/Siering, Friedemann (Hg.): Die Herren Journalisten. Die Elite der deutschen Presse nach 1945, München 2002.

Hachtmann, Rüdiger: Wissenschaftsmanagement im »Dritten Reich«. Geschichte der Generalverwaltung der Kaiser-Wilhelm-Gesellschaft, Göttingen 2007.

Hacke, Christian: Die Außenpolitik der Bundesrepublik Deutschland. Weltmacht wider Willen?, Stuttgart 1997.

Hacke, Jens: Philosophie der Bürgerlichkeit. Die liberalkonservative Gründung der Bundesrepublik, Göttingen 2006.

Hacke, Jens: Die Bundesrepublik als Idee. Zur Legitimitätsbedürftigkeit politischer Ordnung, Hamburg 2009.

Hacke, Jens: Die Gründung der Bundesrepublik aus dem Geist des Liberalismus? Überlegungen zum Erbe Weimars zur liberalen Legitimitätsressourcen, in: Anselm Doering-Manteuffel/Jörn Leonhard (Hg.): Liberalismus im 20. Jahrhundert, Stuttgart 2015, S. 219–238.

Hacke, Jens: Existenzkrise der Demokratie. Zur politischen Theorie des Liberalismus in der Zwischenkriegszeit, Berlin 2018.

Haefs, Wilhelm: nach potsdam – Wolfgang Koeppen und das Leiden an Preußen, in: Jahrbuch der Internationalen Wolfgang-Koeppen-Gesellschaft 2 (2003), S. 315–333.

Haefs, Wilhelm (Hg.): Nationalsozialismus und Exil 1933–1945 (= Hansers Sozialgeschichte der deutschen Literatur vom 16. Jahrhundert bis zur Gegenwart, Bd. 9), München/Wien 2009.

Häntzschel, Günter:»Bürgerliche Saturnalien.« Wolfgang Koeppens München in: Treibhaus. Jahrbuch für die Literatur der fünfziger Jahre 2 (2006), S. 140–155.

Häntzschel, Günter/Häntzschel, Hiltrud: Wolfgang Koeppen. Leben, Werk, Wirkung, Frankfurt am Main 2006.

Häntzschel, Günter/Häntzschel, Hiltrud:»Ich wurde eine Romanfigur.« Wolfgang Koeppen 1906–1996, Frankfurt am Main 2006.

Häntzschel, Günter/Hummel, Adrian/Zedler, Jörg: Deutschsprachige Buchkultur der 1950er Jahre. Fiktionale Literatur in Quellen, Analysen und Interpretationen, mit einer Quellendatenbank auf CD-ROM, Wiesbaden 2009.

Häntzschel, Hiltrud: Eine unglückliche Liebe. Wolfgang Koeppen und Sybille Schloß, in: Treibhaus. Jahrbuch für die Literatur der fünfziger Jahre 2 (2006), S. 28–51.

Hagen, Maite Katharina: Sehnsucht nach Ruhe und ein Berliner Möbelpacker. Die frühen Romane Joe Lederers, in: Gregor Ackermann/Walter Delabar (Hg.): Schreibende Frauen. Ein Schaubild im frühen 20. Jahrhundert, Bielefeld 2011, S. 125–139.

Hamann, Brigitte: Bertha von Suttner. Ein Leben für den Frieden, München/Zürich 1986.

Hamann, Brigitte: Hitlers Wien. Lehrjahre eines Diktators, München u. a. 1996.

Hamann, Brigitte: Winifred Wagner oder Hitlers Bayreuth, München u. a. 2002.

Hanbridge, Carole: The Transformation of Failure. A Critical Analysis of Character Presentation in the Novels of Wolfgang Koeppen, Bern/Frankfurt am Main/New York 1983.

Handbuch des Bistums Aachen, hg. vom Bischöflichen Generalvikariat, 3. Ausgabe, Aachen 1993.

Handbuch des Presserechts, begründet von Martin Löffler und Reinhart Ricker, bearb. von Reinhart Ricker, Johannes Weberling u.a., München 2012.

Hannemann, Matthias/Preißler, Dietmar: Bonn – Orte der Demokratie. Der historische Reiseführer, 2. Auflage, Berlin 2014.

Das Hansaviertel in Berlin. Bedeutung – Rezeption – Sanierung, hg. von Landesdenkmalamt Berlin, Berlin 2007.

Hansen, Astrid: Die Frankfurter Universitätsbauen Ferdinand Kramers. Überlegungen zum Hochschulbau der 50er Jahre, Weimar 2001.

Hansen, Henning: Die Sozialistische Reichspartei (SRP). Aufstieg und Scheitern einer sozialistischen Partei, Düsseldorf 2007.

Hanuschek, Sven: Geschichte des bundesdeutschen PEN-Zentrums von 1951 bis 1990, Tübingen 2004.

Hanuschek, Sven: »An einem schönen Morgen im schönen August unter dem Beil.« Wolfgang Koeppens Anarchie-Begriff, in: Treibhaus. Jahrbuch für die Literatur der fünfziger Jahre 2 (2006), S. 156–167.

Hanuschek, Sven/Hoernigk, Therese/Malende, Christine (Hg.): Schriftsteller als Intellektuelle. Politik und Literatur im Kalten Krieg, Tübingen 2000.

Harbou, Knud von: Wege und Abwege. Franz Josef Schöningh, der Mitbegründer der *Süddeutschen Zeitung*. Eine Biografie, München 2013.

Harbou, Knud von: Als Deutschland seine Seele retten wollte. Die *Süddeutsche Zeitung* in den Gründerjahren nach 1945, München 2015.

Harder, Matthias: Erfahrung Krieg. Zur Darstellung des Zweiten Weltkrieges in den Romanen von Heinz G. Konsalik, Würzburg 1999.

Hardtwig, Wolfgang: Fiktive Zeitgeschichte? Literarische Erzählung, Geschichtswissenschaft und Erinnerungskultur in Deutschland, in: Konrad H. Jarausch/Martin Sabrow (Hg.): Verletztes Gedächtnis. Erinnerungskultur und Zeitgeschichte im Konflikt, Frankfurt am Main/New York 2002, S. 99–123.

Harenberg, Karl-Heinz: *Die Welt* 1946–1953. Eine deutsche oder eine britische Zeitung?, Diss. FU Berlin 1976.

Hartmann, Jürgen: Der Bundesadler, in: Vierteljahrshefte für Zeitgeschichte 56 (2008), 3, S. 495–509.

Hasse, Jürgen: Übersehene Räume. Zur Kulturgeschichte und Heterotopologie des Parkhauses, Bielefeld 2007.

Hastings, Maurice: St Stephen's Chapel, Cambridge 1955.

Haupt, Heinz-Gerhard/Crossick Geoffrey: Die Kleinbürger. Eine europäische Sozialgeschichte des 19. Jahrhunderts, München 1998.

Haus, Andreas: »Schönheit ist der Glanz des Wahren.« Fotografisches Licht und die frühen Architekturdebatten des deutschen Wiederaufbaus, in: Gerda Breuer (Hg.): Architekturfotografie der Nachkriegsmoderne, Frankfurt am Main 2012, S. 95–119.

Hauschild, Jan-Christoph: Georg Büchner. Studien und neue Quellen zu Leben, Werk und Wirkung, mit zwei unbekannten Büchner-Briefen, Königstein im Taunus 1985.

Hauschild, Jan-Christoph: Georg Büchner: Biographie, Darmstadt 1993.

Hauschild, Jan-Christoph: Georg Büchner. Verschwörung für die Freiheit, Hamburg 2013.

Hausjell, Fritz: Journalisten gegen Demokratie und Faschismus. Eine kollektiv-biographische Analyse der beruflichen und politischen Herkunft der österreichischen Tageszeitungsjournalisten am Beginn der Zweiten Republik (1945–1947), Frankfurt am Main u. a. 1989.

Heidegger, Gabriele: »Zuflucht« in der Heimat? Die kurze Rückkehr der Schriftstellerin Joe Lederer nach Wien, in: Usrula Seeber (Hg.): Asyl wider Willen. Exil in Österreich 1933 bis 1938, Wien 2003, S. 50–55.

Heidelberger-Leonhard, Irene: Alfred Andersch. Die ästhetische Position als politisches Gewissen. Zu den Wechselbeziehungen zwischen Kunst und Wirklichkeit in den Romanen, Frankfurt am Main u. a. 1986.

Heidemeyer, Helge: Einleitung, in: Die CDU/CSU-Fraktion im Deutschen Bundestag. Sitzungsprotokolle 1949–1953, bearb. von dems., Düsseldorf 1998, S. IX–CII.

Heider, Ulrike: Vögeln ist schön. Die Sexrevolte von 1968 und was von ihr bleibt, Berlin 2014.

Heigl, Richard: Wolfgang Abendroth und die Entstehung der Neuen Linken (1950–1968), Hamburg 2008.

Hein, Bastian: Das Gewissen der Nation? Günter Grass (Jg. 1927) als politischer Intellektueller, in: Bastian Hein/Manfred Kittel/Horst Möller (Hg.): Gesichter der Demokratie. Porträts zur deutschen Zeitgeschichte. Festschrift für Udo Wengst, München 2012, S. 311–324.

Heineman, Elizabeth D.: Die Stunde der Frauen. Erinnerungen an Deutschlands »Krisenjahre« und westdeutsche nationale Identität, in: Klaus Naumann (Hg.): Nachkrieg in Deutschland, Hamburg 2001, S. 149–177.

Heineman, Elizabeth D.: Sexuality in West Germany. Post-Fascist, Post-War, Post-Weimar, or Post-Wilhelmine?, in: Friedrich Kießling/Bernhard Rieger (Hg.): Mit dem Wandel leben. Neuorientierung und Tradition in der Bundesrepublik der 1950er und 60er Jahre, Köln/Weimar/Wien 2011, S. 229–245.

Heinrich-Hampf, Vroni: Hermann Mattern (1902–1971): Gärten – Gartenlandschaften – Häuser, Berlin 1982.

Heinze, Kristin: Das »Treibhaus« als Metapher für eine widernatürliche Erziehung im Kontext der sich im 18. Jahrhundert herausbildenden Pädagogik als Wissenschaft, in: Michael Eggers/Matthias Rothe (Hg.): Wissenschaftsgeschichte als Begriffsgeschichte, Bielefeld 2009, S. 107–131.

Henne, Thomas: Ehe und Homosexualität im bundesdeutschen Rechtssystem der 1950er Jahre: Normen, Werte, Grundgesetz – und ein Film, in: Werner Konitzer (Hg.): Moralisierung des Rechts. Kontinuitäten und Diskontinuitäten nationalsozialistischer Normativität, Frankfurt am Main/New York 2014, S. 63–85.

Hentges, Gudrun: Staat und politische Bildung. Von der »Zentrale für Heimatdienst« zur »Bundeszentrale für politische Bildung«, mit einem Vorwort von Christoph Butterwegge, Wiesbaden 2013.

Hentschel, Volker: Ludwig Erhard. Ein Politikerleben, Berlin 1998 [1996].

Herbert, Ulrich: Best. Biographische Studien über Radikalismus, Weltanschauung und Vernunft 1903–1989, Bonn 1996.

Herbert, Ulrich: Drei politische Generationen im 20. Jahrhundert, in: Jürgen Reulecke unter Mitarbeit von Elisabeth Müller-Luckner (Hg.): Generationalität und Lebensgeschichte im 20. Jahrhundert, München 2003, S. 95–114.

Herbert, Ulrich: Im Niemandsland der Moderne (Vorwort), in: Ansgar Fürst: Im deutschen Treibhaus. Tendenzen und Diagnosen der Adenauer-Zeit. Eine Spurensuche in der zeitgenössischen Literatur, Freiburg 2003, S. 7–15.

Herbert, Ulrich: Geschichte Deutschlands im 20. Jahrhundert, München 2014.

Herbert, Ulrich (Hg.): Wandlungsprozesse in Westdeutschland. Belastung, Integration, Liberalisierung 1945–1980, Göttingen 2002.

Herbig, Bärbel: Die Darmstädter Meisterbauten. Ein Beitrag zur Architektur der 50er Jahre, Darmstadt 2000.

Herbst, Ludolf (Hg.): Westdeutschland 1945–1955. Unterwerfung, Kontrolle, Integration, München 1986.

Herbstritt, Georg: Ein Weg der Verständigung? Die umstrittene Deutschland- und Ostpolitik des Reichskanzlers a.D. Dr. Joseph Wirth in der Zeit des Kalten Krieges (1945/51–1955), Frankfurt am Main u.a. 1993.

Hermand, Jost: Kultur im Wiederaufbau. Die Bundesrepublik Deutschland 1945–1965, München 1986.

Hermand, Jost: Ernst von Salomon. Wandlungen eines Nationalrevolutionärs, Stuttgart/Leipzig 2002.

Hermand, Jost: Trotzreaktionen eines verbitterten Nationalbolschewisten. Ernst von Salomons Romane Der Fragebogen (1951) und Das Schicksal des A.D. (1960), in: Adrian Hummel/Sigrid Nieberle (Hg.): weiter schreiben, wieder schreiben. Deutschsprachige Literatur der fünfziger Jahre. Festschrift für Günter Häntzschel, München 2004, S. 130–172.

Hermand, Jost: Resisting Boogie-Woogie Culture, Abstract Expressionism, and Pop Art. German Highbrow Objections to the Import of American Forms of Culture, 1945–1965, in: Alexander Stephan (Hg.): Americanization and Anti-Americanism. The German Encounter with American Culture after 1945, New York/Oxford 2004, S. 67–77.

Hertfelder, Thomas: Das symbolische Kapital der Bildung: Theodor Heuss, in: Gangolf Hübinger/Thomas Hertfelder (Hg.): Kritik und Mandat. Intellektuelle in der deutschen Politik, Stuttgart 2000, S. 93–113.

Hertfelder, Thomas: Das tote Parlament. Zur Ikonographie des kommunistischen Antiparlamentarismus in der Weimarer Republik, in: Andreas Biefang/Marij Leenders (Hg.): Das ideale Parlament. Erich Salomon als Fotograf in Berlin und Den Haag 1928–1940, Düsseldorf 2014, S. 177–215.

Hertfelder, Thomas: Eine Meistererzählung der Demokratie? Die großen Ausstellungshäuser des Bundes, in: Thomas Hertfelder/Ulrich Lappenküper/Jürgen Lillteicher (Hg.): Erinnern an Demokratie in Deutschland. Demokratiegeschichte in Museen und Erinnerungsstätten der Bundesrepublik, Göttingen 2016, S. 139–178.

Hertfelder, Thomas: Opfer, Täter, Demokraten. Über das Unbehagen an der Erinnerungskultur und die neue Meistererzählung der Demokratie in Deutschland, in: Vierteljahrshefte für Zeitgeschichte 65 (2017), S. 365–393.

Herzinger, Richard: Ein extremistischer Zuschauer. Ernst von Salomon: konservativ-revolutionäre Literatur zwischen Tatrhetorik und Resignation, in: Zeitschrift für Germanistik – Neue Folge 8 (1998), S. 88–96.

Herzog, Dagmar: Die Politisierung der Lust. Sexualität in der deutschen Geschichte des zwanzigsten Jahrhunderts, aus dem Amerikanischen von Ursel Schäfer und Anne Emmert, München 2005.

Heukenkamp, Ursula (Hg.): Unterm Notdach. Nachkriegsliteratur in Berlin 1945–1949, Berlin 1996.

Heukenkamp, Ursula (Hg.): Schuld und Sühne. Kriegserlebnis und Kriegsdeutung in deutschen Medien der Nachkriegszeit (1945–1961), Amsterdam/Atlanta 2001.

Heyer, Ralf: »Verfolgte Zeugen der Wahrheit.« Das literarische Schaffen und das politische Wirken konservativer Autoren nach 1945 am Beispiel von Friedrich Georg Jünger, Ernst Jünger, Ernst von Salomon, Stefan Andres und Reinhold Schneider, Dresden 2008.

Hickethier, Knut: Krieg im Film – nicht nur ein Genre. Anmerkungen zur neueren Kriegsfilm-Diskussion, in: Zeitschrift für Literaturwissenschaft und Linguistik 19 (1989), 19, S. 39–53.

Hickethier, Knut: Militär und Krieg: 08/15 (1954), in: Werner Faulstich/Helmut Korte (Hg.): Fischer Filmgeschichte. Band 3: Auf der Suche nach Werten 1945–1960, Frankfurt am Main 1990, S. 222–251.

Hielscher, Martin: Zitierte Moderne. Poetische Erfahrung und Reflexion in Wolfgang Koeppens Nachkriegsromanen und in *Jugend*, Heidelberg 1988.

Hielscher, Martin: Wolfgang Koeppen, München 1988.

Hildebrand, Klaus: Integration und Souveränität. Die Außenpolitik der Bundesrepublik Deutschland 1949–1982, Bonn 1991.

Hildebrand, Klaus: Das vergangene Reich. Deutsche Außenpolitik von Bismarck bis Hitler 1871–1945, Stuttgart 1995.

Hillenbrand, Rainer: Reaktionäre Parlamentskritik in Detmolds Piepmeyer-Satire, in: Robert Seidel/Bernd Zegowitz (Hg.): Literatur im Umfeld der Frankfurter Paulskirche 1848/49, Bielefeld 2013, S. 232–257.

Hilpert, Thilo: Mies van der Rohe im Nachkriegsdeutschland. Das Theaterprojekt Mannheim 1953, Leipzig 2001.

Hobhouse, Hermione: The Crystal Palace and the Great Exhibition: Art, Science, and Productive Industry. A History of the Royal Commission for the Exhibition of 1851, London/New York 2002.

Hochgeschwender, Michael: Freiheit in der Offensive? Der Kongress für kulturelle Freiheit und die Deutschen, München 1998.

Hochgeschwender, Michael: Die Mission der Kultur im Zeitalter der Extreme: Melvin J. Lasky, *Der Monat* und der Kongress für kulturelle Freiheit, in: Charlotte A. Lerg/Maren M. Roth (Hg.): Cold War Politics. Melvin J. Lasky: New York – Berlin – London, 2. Auflage, München 2012, S. 18–24.

Hochgeschwender, Michael (Hg.): Epoche im Widerspruch. Ideelle und kulturelle Umbrüche der Adenauerzeit, Bonn 2011.

Hockerts, Hans Günter: Der deutsche Sozialstaat. Entfaltung und Gefährdung seit 1945, Göttingen 2011.

Hodenberg, Christina von: Politische Generationen und massenmediale Öffentlichkeit, in: Ulrike Jureit/Michael Wildt (Hg.): Generationen. Zur Relevanz eines wissenschaftlichen Grundbegriffs, Hamburg 2005, S. 266–294.

Hodenberg, Christina von: Konsens und Krise. Eine Geschichte der westdeutschen Medienöffentlichkeit 1945–1973, Göttingen 2006.

Hodenberg, Christina von: Das andere Achtundsechzig. Gesellschaftsgeschichte einer Revolte, München 2018.

Höfele, Andreas: No *Hamlets*. German Shakespeare from Nietzsche to Carl Schmitt, Oxford 2016.

Hölscher, Wolfgang: Einleitung, in: Der Auswärtige Ausschuss des Deutschen Bundestages. Sitzungsprotokolle 1949–1953, bearb. von Wolfgang Hölscher, 2 Halbbände, Bonn 1998, S. IX–CLXI.

Hölscher, Wolfgang: Abschied vom Konzept der gemeinsamen Außenpolitik. Zur parlamentarischen Auseinandersetzung über die neue Ostpolitik in den Jahren 1969 bis 1972, in: Historische Zeitschrift 290 (2010), S. 347–385.

Höroldt, Dietrich: 25 Jahre Bundeshauptstadt Bonn. Eine Dokumentation, Bonn 1974.

Höroldt, Dietrich: Hermann Wandersleb, in: Walter Först (Hg.): Aus dreißig Jahren. Rheinischwestfälische Politiker-Porträts, Köln/Berlin 1979, S. 222–231.

Hörster-Philipps, Ulrike: Joseph Wirth 1879–1956. Eine politische Biographie, Freiburg 1998.

Hofmann, Gunter: Abschiede, Anfänge. Die Bundesrepublik – eine Anatomie, München 2004 [2002].

Holly, Elmar E./Sösemann, Bernd: Die Weltbühne 1918–1933. Ein Register sämtlicher Autoren und Beiträge, Berlin 1989.

Holtmann, Everhard: Neues Heim in neuer Heimat. Flüchtlingswohnungsbau und westdeutsche Aufbaukultur der beginnenden fünfziger Jahre, in: Axel Schildt/Arnold Sywottek (Hg.): Massenwohnung und Eigenheim. Wohnungsbau und Wohnen in der Großstadt seit dem Ersten Weltkrieg, Frankfurt am Main/New York 1988, S. 360–381.

Honnef, Klaus: »Nur ja keine Trümmer…!« Der Wiederaufbau in Deutschland fand seinen Spiegel nicht in der Architekturfotografie, in: Gerda Breuer (Hg.): Architekturfotografie der Nachkriegsmoderne, Frankfurt am Main 2012, S. 43–65.

Honnef, Klaus/Schmidt, Hans M. (Hg.): Aus den Trümmern. Kunst und Kultur im Rheinland und Westfalen 1945–1952. Neubeginn und Kontinuität, Köln/Bonn 1985.

Hort, Jakob: Zwischen monarchischer Repräsentation und parlamentarischer Selbstdarstellung. Parlamentsarchitektur im 19. Jahrhundert, in: Nils Freitag/Dominik Petzold (Hg.): Das »lange« 19. Jahrhundert. Alte Fragen und neue Perspektiven, München 2007, S. 75–101.

Hu, Chunhun: Vom absoluten Gedicht zur Aporie der Moderne. Studien zum Literaturbegriff in der Bundesrepublik Deutschland der 50er Jahre, Würzburg 2004.

Huber, Florian: Kind, versprich mir, dass du dich erschießt. Der Untergang der kleinen Leute 1945, Berlin 2015.

Huber, Florian: Hinter den Türen warten die Gespenster. Das deutsche Familiendrama der Nachkriegszeit, Berlin 2017.

Huber, Martin: Das »Unternehmen« Koeppen. Zur Freundschaft von Siegfried Unseld und Wolfgang Koeppen, in: Nathalie Binczek/Georg Stanitzek (Hg.): Strong ties/Weak ties. Freundschaftssemantik und Netzwerktheorie, Heidelberg 2010, S. 197–209.

Hürter, Johannes/Zarusky, Jürgen (Hg.): Epos Zeitgeschichte. Romane des 20. Jahrhunderts in zeithistorischer Sicht, München 2010.

Hummel, Adrian/Nieberle, Sigrid (Hg.): weiter schreiben, wieder schreiben. Deutschsprachige Literatur der fünfziger Jahre. Festschrift für Günter Häntzschel, München 2004.

Hurwitz, Harold: Die Pressepolitik der Alliierten, in: Harry Pross (Hg.): Deutsche Presse seit 1945, Bern u. a. 1965, S. 27–55.

Hurwitz, Harold: Die Stunde null der deutschen Presse. Die amerikanische Pressepolitik in Deutschland 1945–1949, Köln 1972.

Hurwitz, Harold/Sühl, Klaus: Autoritäre Tradierung und Demokratiepotential in der sozialdemokratischen Arbeiterbewegung, Köln 1984.

Illemann, Regina: Katholische Frauenbewegung in Deutschland 1945–1962. Politik, Geschlecht und Religiosität im Katholischen Deutschen Frauenbund, Paderborn 2016.

Jaeger, Falk: Gehäuse des Föderalismus. Neubauten deutscher Landtage nach 1949, in: Architektur und Demokratie. Bauen für die Politik von der amerikanischen Revolution bis zur Gegenwart, hg. für den Deutschen Bundestag von Ingeborg Flagge und Wolfgang Jean Stock, mit einem Vorwort von Rita Süssmuth, Stuttgart 1992, S. 76–99.

Jaeggi, Annemarie (Hg.): Egon Eiermann (1904–1970). Die Kontinuität der Moderne, Ostfildern 2004.

Jäger, Georg: Der Schriftsteller als Intellektueller. Ein Problemaufriss, in: Sven Hanuschek/Therese Hoernigk/Christine Malende (Hg.): Schriftsteller als Intellektuelle. Politik und Literatur im Kalten Krieg, Tübingen 2000, S. 1–25.

Jäger, Wolfgang: Öffentlichkeit und Parlamentarismus: eine Kritik an Jürgen Habermas, Stuttgart u. a. 1973.

Jahnz, Charlotte: Geschlechterrollen in deutschen Frauenzeitschriften 1941–1955, Masterarbeit Uni Bonn 2016.

Jäschke, Petra: Produktionsbedingungen und gesellschaftliche Einschätzungen, in: Klaus Doderer (Hg.): Jugendliteratur zwischen Trümmern und Wohlstand 1945–1960. Ein Handbuch, Weinheim und Basel 1993, S. 209–520.

Jarausch, Konrad H.: Die Umkehr. Deutsche Wandlungen 1945–1995, München 2004.

Jarausch, Konrad H./Sabrow, Martin (Hg.): Die historische Meistererzählung. Deutungslinien der deutschen Nationalgeschichte nach 1945, Göttingen 2002.

Jarosinski, Eric: Building on a Metaphor: Democracy, Transparency, and the Berlin Reichstag, in: Carol Anne Costabile-Heming/Rachel J. Halverson/Kristie A. Foell (Hg.): Berlin – the Symphony Continues. Orchestrating Architectural, Social, and Artistic Changes in Germany's New Capital, Berlin 2004, S. 59–76.

Jendricke, Bernhard: Die Nachkriegszeit im Spiegel der Satire. Die satirischen Zeitschriften *Simpl* und *Wespennest* in den Jahren 1946 bis 1950, Frankfurt am Main/Bern 1982.

Jespersen, Verner: Jacob Kronika, in: Dansk Biografisk Leksikon, 3. Auflage, Gyldendal 1979–84, online unter: http://denstoredanske.dk/index.php?sideId=293069 [zuletzt abgerufen am 24. Juli 2018].

Jesse, Eckhard: Biographisches Porträt: Otto Ernst Remer, in: Jahrbuch Extremismus & Demokratie 6 (1994), S. 207–221.

Joch, Markus: Vom Existentialismus light zur verdeckten Selbstkritik. Biografie, Diskurs und Ästhetik bei Alfred Andersch, in: Norman Ächtler (Hg.): Alfred Andersch. Engagierte Autorschaft im Literatursystem der Bundesrepublik, Stuttgart 2016, S. 212–230.

Joeres, Yvonne: Die Don-Quijote-Rezeption Friedrich Schlegels und Heinrich Heines im Kontext des europäischen Kulturtransfers. Ein Narr als Angelpunkt transnationaler Denkansätze, Heidelberg 2012.

Jürgs, Michael: Der Fall Axel Springer. Eine Biographie, München/Leipzig 1995.

Junker, Detlef/Gassert, Philipp (Hg.): Die USA und Deutschland im Zeitalter des Kalten Krieges 1945–1990. Ein Handbuch, Stuttgart/München 2001.

Jureit, Ulrike: »Höflichkeit ist erfolgreicher als Gewalt.« Vom geregelten Miteinander im frühen Nachkriegsdeutschland, in: Karl Christian Führer/Karen Hagemann/Birthe Kundrus (Hg.): Eliten im Wandel. Gesellschaftliche Führungsschichten im 19. und 20. Jahrhundert, Münster 2004, S. 214–230.

Jureit, Ulrike/Wildt, Michael (Hg.): Generationen. Zur Relevanz eines wissenschaftlichen Grundbegriffs, Hamburg 2005.

Jurt, Joseph: Das literarische Feld. Das Konzept Pierre Bourdieus in Theorie und Praxis, Darmstadt 1995.

Jurt, Joseph: Frankreichs engagierte Intellektuelle. Von Zola bis Bourdieu, Göttingen 2012.

Kaase, Max/Schmid, Günther (Hg.): Eine lernende Demokratie. 50 Jahre Bundesrepublik Deutschland, Berlin 1999.

Kähling, Kerstin: Aufgelockert und gegliedert. Städte- und Siedlungsbau der fünfziger und frühen sechziger Jahre in der provisorischen Bundeshauptstadt Bonn, Bonn 2004.

Kaelble, Hartmut (Hg.): Der Boom 1948–1973. Gesellschaftliche und wirtschaftliche Folgen in der Bundesrepublik und Europa, Opladen 1992.

Kaff, Brigitte: Aenne Brauksiepe (1912–1997), in: Jürgen Aretz/Rudolf Morsey/Anton Rauscher (Hg.): Zeitgeschichte in Lebensbildern. Aus dem deutschen Katholizismus des 19. und 20. Jahrhundert, Band 9, Münster 1999, S. 277–289.

Kaiser, Joachim: Phasenverschiebungen und Einschnitte in der kulturellen Entwicklung, in: Martin Broszat (Hg.): Zäsuren nach 1945. Periodisierung der deutschen Zeitgeschichte, München 1990.

Kaiser, Tobias: Karl Griewank (1900–1953) – ein deutscher Historiker im »Zeitalter der Extreme«, Stuttgart 2007.

Kaiser, Tobias: Der Schutz eines »heiligen Ortes«. Eine kulturgeschichtliche Studie zur parlamentarischen Polizeigewalt im europäischen Kontext, Habil. Uni Jena 2017.

Kaiser, Wolfram: Cultural Transfer of Free Trade at the World Exhibitions, 1851–1862, in: Journal of Modern History 77 (2005), 3, S. 563–590.

Kalkmann, Ulrich: Die Technische Hochschule Aachen im Dritten Reich (1933–1945), Aachen 2003.

Kambas, Chryssoula: Ansichten einer Besatzungsmacht. Wolfgang Koeppens Amerika in *Tauben im Gras*, in: Jochen Vogt (Hg.): Das Amerika der Autoren. Von Kafka bis 09/11, München 2006, S. 181–207.

Kaminski, Winfred: Kinder und Jugendliteratur in der Zeit von 1945 bis 1960, in: Klaus Doderer (Hg.): Jugendliteratur zwischen Trümmern und Wohlstand 1945–1960. Ein Handbuch, Weinheim und Basel 1993, S. 17–207.

Kanther, Michael Alfred: Einleitung, in: Die Kabinettsprotokolle der Landesregierung von Nordrhein-Westfalen 1946 bis 1950 (Ernennungsperiode und erste Wahlperiode), bearb. von dems., Siegburg 1992, S. 1–71.

Kapitzka, Arne: Transformation der ostdeutschen Presse. Berliner Zeitung, Junge Welt und Sonntag/ Freitag im Prozess der deutschen Wiedervereinigung, Heidelberg 1997.

Kapraun, Carolina/Röcken, Per: Weltanschauung und Interpretation – Versuch einer systematischen Rekonstruktion mit Blick auf Deutungen der Woyzeck-Entwürfe Georg Büchners, in: Georg-Büchner-Jahrbuch 12 (2012), S. 239–274.

Karlauf, Thomas: Stefan George. Die Entdeckung des Charisma, Frankfurt am Main/Zürich u. a. 2007.

Kater, Michael H.: Das Ahnenerbe der SS (1935–1945). Ein Beitrag zur Kulturpolitik des Dritten Reiches, Stuttgart 1974.

Keane, John: The Life and Death of Democracy, London 2009.

Kebbedies, Frank: Außer Kontrolle. Jugendkriminalpolitik in der NS-Zeit und der frühen Nachkriegszeit, Essen 2000.

Keizer, Madelon de: Het Parool 1940–1945. Verzetsblad in Oorlogstijd, Amsterdam 1991.

Kemper, Claudia: Alles so schön friedlich hier!? Die Geschichte der Bundesrepublik zwischen Krieg und Frieden, in: Frank Bajohr/Anselm Doering-Manteuffel/Claudia Kemper/Detlef Siegfried (Hg.): Mehr als eine Erzählung. Zeitgeschichtliche Perspektiven auf die Bundesrepublik, Göttingen 2016, S. 361–375.

Kennedy, Ellen: Carl Schmitt und die »Frankfurter Schule«. Deutsche Liberalismuskritik im 20. Jahrhundert, in: Geschichte und Gesellschaft 12 (1986), S. 390–419.

Kershaw, Ian: Wendepunkte. Schlüsselentscheidungen im Zweiten Weltkrieg, aus dem Englischen übersetzt von Klaus-Dieter Schmidt, München 2008.

Keßler, Mario: Kommunismuskritik im westlichen Nachkriegsdeutschland. Franz Borkenau, Richard Löwenthal, Ossip Flechtheim, Berlin 2011.

Kielmansegg, Peter Graf von: Nach der Katastrophe. Eine Geschichte des geteilten Deutschland, Berlin 2000.

Kiesel, Helmuth: Die Restaurationsthese als Problem für die Literaturgeschichtsschreibung, in: Walter Erhart/Dirk Niefanger (Hg.): Wendezeiten. Blicke auf die deutsche Literatur zwischen 1945 und 1989, Tübingen 1997, S. 13–45.

Kiesel, Helmuth: Wider den Restaurationsvorwurf, in: Die politische Meinung 46 (2001), S. 49–59.

Kiesel, Helmuth: Die Restauration des Restaurationsbegriffs im Intellektuellendiskurs der frühen Bundesrepublik, in: Carsten Dutt (Hg.): Herausforderungen der Begriffsgeschichte, Heidelberg 2003, S. 173–193.

Kiesel, Helmuth: Geschichte der literarischen Moderne. Sprache, Ästhetik, Dichtung im zwanzigsten Jahrhundert, München 2004.

Kießling, Friedrich: Die undeutschen Deutschen. Eine ideengeschichtliche Archäologie der alten Bundesrepublik 1945–1972, Paderborn/München/Wien/Zürich 2012.

Kießling, Friedrich/Rieger, Bernhard (Hg.): Mit dem Wandel leben. Neuorientierung und Tradition in der Bundesrepublik der 1950er und 60er Jahre, Köln/Weimar/Wien 2011.

Kimpel, Harald/Werckmeister, Johanna: Leidmotive. Möglichkeiten der künstlerischen Nibelungen-Rezeption seit 1945, in: Joachim Heinzle/Anneliese Waldschmidt (Hg.): Die Nibelungen. Ein deutscher Wahn, ein deutscher Alptraum. Studien und Dokumente zur Rezeption des Nibelungenstoffs im 19. und 20. Jahrhundert, Frankfurt am Main 1991, S. 284–306.

Kindlers Literatur-Lexikon, hg. von Heinz Ludwig Arnold, 3. Auflage, Stuttgart/Weimar 2009.

Kirsch, Karin: Die Weißenhofsiedlung. Werkbundausstellung »Die Wohnung« – Stuttgart 1927, mit Zeichnungen nach den Baueingabeplänen der Architekten von Gerhard Kirsch, Stuttgart 1987.

Kirsch, Karin: Werkbund-Ausstellung »Die Wohnung« – Stuttgart 1927. Die Weißenhofsiedlung, Stuttgart 1993.

Kissler, Leo: Parlamentsöffentlichkeit: Transparenz und Artikulation, in: Hans-Peter Schneider/ Wolfgang Zeh (Hg.): Parlamentsrecht und Parlamentspraxis in der Bundesrepublik Deutschland. Ein Handbuch, Berlin/New York 1989, S. 993–1020.

Klee, Ernst: Das Kulturlexikon zum Dritten Reich. Wer war was vor und nach 1945, Frankfurt am Main 2007.

Klee, Ernst: Das Personenlexikon zum Dritten Reich. Wer war was vor und nach 1945, Koblenz 2008.

Klein, Hans Hugo: Indemnität und Immunität, in: Hans-Peter Schneider/Wolfgang Zeh (Hg.): Parlamentsrecht und Parlamentspraxis in der Bundesrepublik Deutschland. Ein Handbuch, Berlin/ New York 1989, S. 555–592.

Klein, Jürgen: Moderne und Intertextualität: Wolfgang Koeppens *Tauben im Gras*, in: Text + Kritik – Zeitschrift für Literatur 12 (2014), Heft 34, S. 44–51.

Klein, Markus Josef: Ernst von Salomon. Eine politische Biographie, mit einer vollständigen Bibliographie und einem Vorwort von Armin Mohler, Limburg 1992.

Klein, Martin D.: Demokratisches Denken bei Gustav Radbruch, Berlin 2010.

Kleinertz, Rainer/Berg, Michael/Steltner, Ulrich/Zwiener, Ulrich: Europäisches Ereignis Kreutzersonate. Beethoven – Tolstoj – Janáček, Jena 2004.

Klessinger, Hanna: Bekenntnis zur Lyrik. Hans Egon Holthusen, Karl Krolow, Heinz Piontek und die Literaturpolitik der Zeitschrift *Merkur* in den Jahren 1947 bis 1956, Göttingen 2011.

Klibansky, Raymond/Panofsky, Erwin/Saxl, Fritz: Saturn und Melancholie. Studien zur Geschichte der Naturphilosophie und Medizin, der Religion und der Kunst, aus dem Englischen von Christa Buschendorf, Frankfurt am Main 1990,

Klönne, Arno: Linkssozialisten in Westdeutschland, in: Christoph Jünke (Hg.): Linkssozialismus in Deutschland. Jenseits von Sozialdemokratie und Kommunismus?, Hamburg 2010, S. 90–105.

Klotz, Heinrich: Architektur in der Bundesrepublik. Gespräche mit Günter Behnisch, Wolfgang Döring, Helmut Hentrich, Hans Kammerer, Frei Otto und Oswald M. Ungers, Frankfurt am Main/Berlin 1977.

Klotz, Volker: Die erzählte Stadt. Ein Sujet als Herausforderung des Romans von Lesage bis Döblin, München 1969.

Klotzbach, Kurt: Der Weg zur Staatspartei. Programmatik, praktische Politik und Organisation der deutschen Sozialdemokratie 1945–1969, Bonn 1982.

Kluxen, Kurt: Geschichte und Problematik des Parlamentarismus. Frankfurt am Main 1983.

Kobayashi, Wakiko: Unterhaltung mit Anspruch. Das Hörspielprogramm des NWDR Hamburg und NDR in den 1950er Jahren, Berlin 2009.

Kobold, Oliver: »Keine schlechte Klausur.« Wolfgang Koeppens *Treibhaus* und das Stuttgarter Bunkerhotel, Marbach 2008 (= Spuren 82, hg. von der Deutschen Schillergesellschaft).

Koch, Lars unter Mitarbeit von Petra Tallafuss (Hg.): Modernisierung als Amerikanisierung? Entwicklungslinien der westdeutschen Kultur 1945–1960, Bielefeld 2007.

Koch, Lars (Hg.): Angst. Ein interdisziplinäres Handbuch, Stuttgart/Weimar 2013.

Koch, Manfred: Wolfgang Koeppen. Literatur zwischen Nonkonformismus und Resignation, Stuttgart/Berlin/Köln/Mainz 1973.

Kocka, Jürgen: Neubeginn oder Restauration?, in: Carola Stern/Heinrich August Winkler (Hg.): Wendepunkte deutscher Geschichte 1848–1945, Frankfurt am Main 1979, S. 141–168.

Koebner, Thomas: Minne Macht. Zu Richard Wagners Bühnenwerk *Der Ring des Nibelungen*, in: Joachim Heinzle/Anneliese Waldschmidt (Hg.): Die Nibelungen. Ein deutscher Wahn, ein deutscher Alptraum. Studien und Dokumente zur Rezeption des Nibelungenstoffs im 19. und 20. Jahrhundert, Frankfurt am Main 1991, S. 309–332.

Koebner, Thomas: Unbehauste. Zur deutschen Literatur in der Weimarer Republik, im Exil und in der Nachkriegszeit, München 1992.

Koebner, Thomas: »Hinschwinden aus der Gegenwart.« Richard Wagner nach der Revolution. Ein essayistischer Exkurs, in: Ders./Sigrid Weigel (Hg.): Nachmärz. Der Ursprung der ästhetischen Moderne in einer nachrevolutionären Konstellation, Opladen 1996, S. 144–153.

Koebner, Thomas/Weigel, Sigrid (Hg.): Nachmärz. Der Ursprung der ästhetischen Moderne in einer nachrevolutionären Konstellation, Opladen 1996.

Kölbel, Martin: »Ohne Zweifel: wir geraten in schwieriges Gelände.« Briefe als Instrument politischer Machtbeteiligung, in: Ders. (Hg.): Willy Brandt und Günter Grass: Der Briefwechsel, Göttingen 2013, S. 1059–1144.

Koenen, Gerd: Das rote Jahrzehnt. Unsere kleine deutsche Kulturrevolution 1967–1977, Köln 2001.

Köpf, Peter: Schreiben nach jeder Richtung. Goebbels-Propagandisten in der westdeutschen Nachkriegspresse, Berlin 1995.

Köppe, Tilmann/Winko, Simone: Theorien und Methoden der Literaturwissenschaft, in: Thomas Anz (Hg.): Handbuch Literaturwissenschaft, Bd. 2, Stuttgart/Weimar 2007, S. 285–372.

Köppen, Manuel/Schütz, Erhard (Hg.): Kunst der Propaganda. Der Film im Dritten Reich, Bern u. a. 2007.

Körner, Sabine: Transparenz in Architektur und Demokratie, Dortmund 2003.

Koerfer, Daniel: Kampf ums Kanzleramt. Erhard und Adenauer, Berlin 1998 [1987].

Kössler, Till: Abschied von der Revolution. Kommunisten und Gesellschaft in Westdeutschland 1945–1968, Düsseldorf 2004.

Koetzle, Michael/Sembach, Klaus-Jürgen/Schölzel, Klaus (Hg.): Die Fünfziger Jahre. Heimat – Glaube – Glanz: Der Stil eines Jahrzehnts, München 1998.

Kohlmeier, Georg/Sartory, Barna von: Das Glashaus. Ein Bautypus des 19. Jahrhunderts, München 1981.

Kohlrausch, Martin: Aufbruch und Ernüchterung. Architekten in der Frühphase der Bundesrepublik Deutschland und der Volksrepublik Polen, in: Sonja Levsen/Cornelius Torp (Hg.): Wo liegt die Bundesrepublik? Vergleichende Perspektiven auf die westdeutsche Geschichte, Göttingen 2016, S. 48–67.

Kohse, Petra: Gleiche Stelle, gleiche Welle. Friedrich Luft und seine Zeit, Berlin 1998.

Kolter, Susanne H.: Historienmalerei im New Palace of Westminster, Regensburg 2011.

Koop, Volker: Himmlers Germanenwahn. Die SS-Organisation Ahnenerbe und ihre Verbrechen, Berlin/Brandenburg 2013.

Koppelkamm, Stefan: Der imaginäre Orient. Exotische Bauten des 18. und 19. Jahrhunderts in Europa, Berlin 1987.

Koppelkamm, Stefan: Künstliche Paradiese. Gewächshäuser und Wintergärten des 19. Jahrhunderts, Berlin 1988.

Korolnik, Marcel/Korolnik-Andersch, Annette (Hg.): Sansibar ist überall. Alfred Andersch: Seine Welt – in Texten, Bildern, Dokumenten, München 2008.

Korte, Karl-Rudolph: Über Deutschland schreiben. Schriftsteller sehen ihren Staat, München 1992.

Korte, Karl-Rudolph: Von Thomas Mann bis Martin Walser. Schreiben über Deutschland – Leiden an Deutschland, in: Gerd Langguth (Hg.): Autor – Macht – Staat. Literatur und Politik in Deutschland. Ein notwendiger Dialog, Düsseldorf 1994, S. 70–85.

Koschinski, Konrad: Die DB in den 1950ern – 1960ern – 1970ern. Die große Zeit der Bundesbahn, Essen 2015.

Kosser, Ursula: Hammelsprünge. Sex und Macht in der deutschen Politik, Köln 2012.

Koszyk, Kurt: Deutsche Presse 1914–1945, Berlin 1972.

Koszyk, Kurt: Pressepolitik für Deutsche 1945–1949, Berlin 1986.

Knape, Joachim/Kramer, Olaf/Kuschel, Karl-Joseph/Till, Dietmar (Hg.): Walter Jens. Redner – Schriftsteller – Übersetzer, Tübingen 2014.

Kniep, Jürgen: »Keine Jugendfreigabe!« Filmzensur in Westdeutschland 1949–1990, Göttingen 2010.

Knigge, Volkhard/Frei, Norbert (Hg.): Verbrechen erinnern. Die Auseinandersetzung mit Holocaust und Völkermord, München 2002.

Knapp, Ursula: Der Roman der fünfziger Jahre. Zur Entwicklung der Romanästhetik in Westdeutschland, Würzburg 2002.

Knopp, Gisbert: Das Bundeshaus in Bonn. Von der Pädagogischen Akademie zum Parlamentsgebäude der Bundesrepublik Deutschland, in: Bonner Geschichtsblätter 35 (1984), S. 251–276.

Knopp, Gisbert: Der Plenarsaal des deutschen Bundestages. Hans Schwippert und seine Planungsideen für das erste »moderne« Parlamentsgebäude der Welt, in: Vierzig Jahre Bundeshauptstadt 1949–1989, hg. vom Bundesministerium für Raumordnung, Bauwesen und Städtebau, Karlsruhe 1989, S. 44–66.

Knopp, Gisbert: Der Plenarsaal des deutschen Bundestages. Hans Schwipperts Planungsideen für das erste »moderne« Parlamentsgebäude der Welt, in: Dieter Breuer/Gertrude Cepl-Kaufmann (Hg.): Öffentlichkeit der Moderne – die Moderne in der Öffentlichkeit. Das Rheinland 1945–1955, Essen 2000, S. 399–420.

Körner, Hans: Édouard Manet. Dandy, Flaneur, Maler, München 1996.

Korb, Alexander: Von der Ustaša zur SOG: Die Südosteuropa-Gesellschaft und ihr Geschäftsführer Theodor von Uzorinac-Koháry (1958–1967), in: Südosteuropa Mitteilungen 54 (2014), 4, S. 74–91.

Kraemer, Jörg D.: Das Verhältnis der politischen Parteien zur Entnazifizierung in Nordrhein-Westfalen, Frankfurt am Main u.a. 2001.

Krauter, Karljo: Sozialisten in der Adenauer-Zeit. Die Zeitschrift *Funken*: Von der heimatlosen Linken zur innerparteilichen Opposition in der SPD, mit einem Vorwort von Jürgen Seifert, Hamburg 1986.

Kreis, Georg: *Die Weltwoche*, in: Historisches Lexikon der Schweiz 2013: www.hls-dhs-dss.ch [zuletzt abgerufen am 24. Juli 2018].

Kreis, Reinhild: Orte für Amerika. Deutsch-Amerikanische Institute und Amerikahäuser in der Bundesrepublik seit den 1960er Jahren, Stuttgart 2012.

Kreis, Reinhild (Hg.): Diplomatie mit Gefühl: Vertrauen, Misstrauen und die Außenpolitik der Bundesrepublik Deutschland, München 2015.

Kreusch, Felix: Neue Kirchen im Bistum Aachen 1930–1960, Mönchengladbach 1961.

Kreuzer, Helmut: Die Boheme. Beiträge zu ihrer Beschreibung, Stuttgart 1968.

Kritidis, Gregor: Linkssozialistische Opposition in der Ära Adenauer. Ein Beitrag zur Frühgeschichte der Bundesrepublik Deutschland, Hannover 2008.

Krings, Stefan: Hitlers Pressechef. Otto Dietrich (1897–1952). Eine Biographie, Göttingen 2010.

Krohn, Rüdiger/Schumacher, Martin (Hg.): Exil und Neuordnung. Beiträge zur verfassungspolitischen Entwicklung in Deutschland nach 1945, Düsseldorf 2003.

Kroll, Thomas: Linksnationale Intellektuelle in der frühen Bundesrepublik Deutschland zwischen Antikommunismus und Stalinismus. Der Kreis um die *Deutsche Woche*, in: Alexander Gallus/Axel Schildt (Hg.), Rückblickend in die Zukunft. Politische Öffentlichkeit und intellektuelle Positionen um 1950 und 1930, Göttingen 2011, S. 432–455.

Kronenberg, Volker: »Bonn soll nie wie Weimar werden.« Die kleine Stadt am Rhein und die innen- und außenpolitische Physiognomie der jungen Bundesrepublik Deutschland, in: Tilman Mayer/Dagmar Schulze Heuling (Hg.): Über Bonn hinaus. Die ehemalige Bundeshauptstadt und ihre Rolle in der deutschen Geschichte, Baden-Baden 2017, S. 61–74.

Krüger, Gunnar: »Wir sind doch kein exklusiver Club!« Die Bundespressekonferenz in der Ära Adenauer, Münster 2005.

Krüger, Jens: Die Finanzierung der Bundeshauptstadt Bonn, Berlin/New York 2006.

Krüger, Katharina: »welch ein Brief, welch ein Dokument, welch ein Schreiber!« Wolfgang Koeppens Briefe, in: Text + Kritik – Zeitschrift für Literatur 12 (2014), Heft 34, S. 16–23.

Krüger, Peter: Etzels Halle und Stalingrad. Die Rede Görings vom 30.1.1943, in: Joachim Heinzle/Anneliese Waldschmidt (Hg.): Die Nibelungen. Ein deutscher Wahn, ein deutscher Alptraum. Studien und Dokumente zur Rezeption des Nibelungenstoffs im 19. und 20. Jahrhundert, Frankfurt am Main 1991, S. 151–190.

Kruip, Gudrun: Das *Welt-Bild* des Axel Springer Verlags. Journalismus zwischen westlichen Werten und deutschen Denktraditionen, München 1999.

Kruke, Anja: Demoskopie in der Bundesrepublik Deutschland. Meinungsforschung, Parteien und Medien 1949–1990, Düsseldorf 2007.

Krummacher, Michael: Sozialer Wohnungsbau in der Bundesrepublik in den fünfziger und sechziger Jahren, in: Axel Schildt/Arnold Sywottek (Hg.): Massenwohnung und Eigenheim. Wohnungsbau und Wohnen in der Großstadt seit dem Ersten Weltkrieg, Frankfurt am Main/New York 1988, S. 440–460.

Krusenstjern, Benigna von: »Daß es Sinn hat zu sterben – gelebt zu haben«. Adam von Trott zu Solz (1909–1944), Göttingen 2009.

Küntzel, Matthias: Bonn und die Bombe. Deutsche Atomwaffenpolitik von Adenauer bis Brandt, Frankfurt am Main u.a. 2002.

Küppers, Heinrich: Joseph Wirth. Parlamentarier, Minister und Kanzler der Weimarer Republik, Stuttgart 1997.

Kultur und Macht. Deutsche Literatur 1949–1989, hg. vom Kultursekretariat NRW, Bielefeld 1992.

Kumpfmüller, Michael: Ein Krieg für alle und keinen. Hans Hellmut Kirst: *08/15* (1954/55), in: Hans Wagener (Hg.): Von Böll bis Buchheim. Deutsche Kriegsprosa nach 1945, Amsterdam 1997, S. 249–264.

Kundrus, Birthe: Skandal und Literatur. Zum Krisengefühl um 1900 in Theodor Fontanes *Effi Briest*, in: Karl Christian Führer/Karen Hagemann/Birthe Kundrus (Hg.): Eliten im Wandel. Gesellschaftliche Führungsschichten im 19. und 20. Jahrhundert, Münster 2004, S. 102–122.

Kundrus, Birthe: Totale Unterhaltung? Die kulturelle Kriegführung 1939 bis 1945 in Film, Rundfunk und Theater, in: Das Deutsche Reich und der Zweite Weltkrieg, Band 9/2: Die deutsche

Kriegsgesellschaft 1939 bis 1945, hg. vom Militärgeschichtlichen Forschungsamt, München 2005, S. 93–158.

Kuntzsch, Brigitte: *Werk und Zeit* – das Organ des Werkbunds, in: Winfried Nerdinger u. a. (Hg.): 100 Jahre Deutscher Werkbund 1907|2007, München u. a. 2007, S. 242 f.

Kurbjuweit, Dirk: Alternativlos. Merkel, die Deutschen und das Ende der Politik, München 2014.

Kurzke, Hermann: Georg Büchner. Geschichte eines Genies, München 2013.

Kyora, Sabine: Eine Poetik der Moderne. Zu den Strukturen modernen Erzählens, Würzburg 2007.

Kyora, Sabine:»Swing, Film, Hemingway, Politik: stinkt mich an.« Die Neupositionierung der westdeutschen Literatur zwischen 1945 und 1960, in: Lars Koch unter Mitarbeit von Petra Tallafuss (Hg.): Modernisierung als Amerikanisierung? Entwicklungslinien der westdeutschen Kultur 1945–1960, Bielefeld 2007, S. 45–61.

La Roche, Emanuel: Vom Rhein an die Spree. Deutschlands Hauptstadt zieht um, Zürich 1999.

Laak, Dirk van: Gespräche in der Sicherheit des Schweigens. Carl Schmitt in der politischen Geistesgeschichte der frühen Bundesrepublik, Berlin 1993.

Laak, Dirk van:»Persönlichkeit« und»Charakter«. Ideengeschichtliche Elemente in den Grundkonstellationen der frühen Bundesrepublik, in: Erhard Schütz/Peter Uwe Hohendahl (Hg.): Solitäre und Netzwerker. Akteure des kulturpolitischen Konservatismus nach 1945 in den Westzonen Deutschlands, Essen 2009, S. 13–22.

Laak, Dirk van: Symbolische Politik in Praxis und Kritik. Neue Perspektiven auf die Weimarer Republik, in: Ute Daniel/Inge Marszolek/Wolfram Pyta/Thomas Welskopp (Hg.): Politische Kultur und Medienwirklichkeiten in den 1920er Jahren, München 2010, S. 25–46.

Laak, Dirk van: Literatur und Geschichte. Eine Beziehungsanalyse, Berlin 2012.

Laak, Dirk van (Hg.): Literatur, die Geschichte schrieb, Göttingen 2011.

Lahme, Tilmann: Die Manns. Geschichte einer Familie, Frankfurt am Main 2015.

Lambeck, Barbara: Dostojewskijs Auseinandersetzung mit dem Gedankengut Černiševskijs in *Aufzeichnungen aus dem Untergrund*, Diss. Uni Tübingen 1980.

Lampart, Fabian: Nachkriegsmoderne. Transformationen der deutschsprachigen Lyrik 1945–1960, Berlin u. a. 2013.

Lampugnani, Vittorio Magnago: Die Stadt im 20. Jahrhundert. Visionen, Entwürfe, Gebautes, 2 Bände, Berlin.

Lampugnani, Vittorio Magnago: Architektur als Kultur: Die Ideen und die Formen. Aufsätze 1970–1985, Köln 1986.

Landwehr, Eva-Maria: Kunst des Historismus, Köln/Weimar/Wien 2012.

Lange, Erhard H. M.: Die Würde des Menschen ist unantastbar. Der Parlamentarische Rat und das Grundgesetz, mit einem Vorwort von Rita Süssmuth, Heidelberg 1993.

Lange, Wolfgang: Kristallpalast oder Kellerloch? Zur Modernität Dostojewskijs, in: Merkur 40 (1986), Heft 443, S. 14–29.

Langer, Ingrid: Die Mohrinnen hatten ihre Schuldigkeit getan... Staatlich-moralische Aufrüstung der Familien, in: Dieter Bänsch (Hg.): Die Fünfziger Jahre. Beiträge zu Politik und Kultur, Tübingen 1985, S. 108–130.

Langguth, Gerd: Die Protestbewegung in der Bundesrepublik Deutschland: 1968–1976, Bonn 1976.

Langguth, Gerd: Mythos 68. Die Gewaltphilosophie von Rudi Dutschke – Ursachen und Folgen der Studentenbewegung, München 2001.

Lankes, Christian: Politik und Architektur. Eine Studie zur Wirkung politischer Kommunikation auf Bauten staatlicher Repräsentation, München 1995.

Large, David Clay: Berlin. Biographie einer Stadt, aus dem Englischen von Karl Heinz Silber, München 2002.

Leapman, Michael: The World for a Shilling: How the Great Exhibition of 1851 Shaped a Nation, London 2001.

Lebensreform = Buchholz, Kai und Rita Latocha/Hilke Peckmann/Klaus Wolbert (Hg.): Die Lebensreform. Entwürfe zur Neugestaltung von Leben und Kunst um 1900, 2. Bände, Darmstadt 2001.

Lehmann, Walter: Die Bundesrepublik und Franco-Spanien in den 50er Jahren. NS-Vergangenheit als Bürde?, München 2006.

Lehner, Kurt M.: Friedrich Hielscher. Nationalrevolutionär, Widerständler, Heidenpriester, Paderborn 2015.

Leinemann, Jürgen: Höhenrausch. Die wirklichkeitsleere Welt der Politiker, München 2004.

Leonhard, Yvonne: Erzählungen vom Aufbruch?, in: Bernhard Schulz (Hg.): Grauzonen/Farbwelten. Kunst und Zeitbilder 1945–1955, Berlin/Wien 1983, S. 378–402.

Lepik, Andres/Heß, Regine: Paul Schneider-Esleben. Architekt, Ostfildern 2015.

Lepsius, M. Rainer: Die Bundesrepublik in der Kontinuität und Diskontinuität historischer Entwicklungen: Einige methodische Überlegungen, in: Werner Conze/M. Rainer Lepsius (Hg.): Sozialgeschichte der Bundesrepublik Deutschland. Beiträge zum Kontinuitätsproblem, Stuttgart 1983, S. 11–19.

Lepsius, M. Rainer: Kritische Anmerkungen zur Generationenforschung, in: Ulrike Jureit/Michael Wildt (Hg.): Generationen. Zur Relevanz eines wissenschaftlichen Grundbegriffs, Hamburg 2005, S. 45–52.

Lerg, Charlotte A./Roth, Maren M. (Hg.): Cold War Politics. Melvin J. Lasky: New York – Berlin – London, 2. Auflage, München 2012.

Lersch, Edgar: Die Redaktion Radio-Essay beim Süddeutschen Rundfunk 1955–1981 im rundfunkgeschichtlichen Kontext, in: Radio-Essay 1955–1981. Verzeichnis der Manuskripte und Tondokumente (SDR/Dokumentation und Archive) o. O. o. J. [Stuttgart 1995], S. 7–13.

Leuschner, Ulrike: Die erlesene Stadt. Wolfgang Koeppens Würzburg-Essay, in: Jahrbuch der Internationalen Wolfgang-Koeppen-Gesellschaft 2 (2003), S. 247–267.

Leuschner, Ulrike: Wolfgang Koeppen unterwegs, in: Ute Harbusch/Gregor Wittkop (Hg.): Kurzer Aufenthalt. Streifzüge durch literarische Orte, Göttingen 2007, S. 335–339.

Levsen, Sonja/Torp, Cornelius: Die Bundesrepublik und der Vergleich, in: Dies. (Hg.): Wo liegt die Bundesrepublik? Vergleichende Perspektiven auf die westdeutsche Geschichte, Göttingen 2016, S. 9–28.

Lickhardt, Maren: Joe Lederer und Irmgard Keun – Glück als Ästhetik der Oberfläche und Vergnügen bei der Lektüre, in: Anja Gerigk (Hg.): Glück paradox. Moderne Literatur und Medienkultur – theoretisch gelesen, Bielefeld 2010, S. 153–182.

Lieb, Stefanie: Der Fotograf Karl Hugo Schmölz und seine Inszenierung der 50er Jahre-Architektur in Köln, in: Gerda Breuer (Hg.): Architekturfotografie der Nachkriegsmoderne, Frankfurt am Main 2012, S. 147–167.

Liebe, Matthias: Alfred Andersch und sein »Radio-Essay«, Frankfurt a. M. 1990.

Linder, Christian: Das Schwirren des heranfliegenden Pfeils. Heinrich Böll – eine Biographie, Berlin 2009.

Lipp, Karlheinz: Friedenschronik 1945–1955, in: Detlef Bald/Wolfram Wette (Hg.): Alternativen zur Wiederbewaffnung. Friedenskonzeptionen in Westdeutschland 1945–1955, Essen 2008, S. 183–203.

Literatur der BRD = Geschichte der deutschen Literatur von den Anfängen bis zur Gegenwart. Band 12: Literatur der BRD, von einem Autorenkollektiv unter Leitung von Hans Joachim Bernhard, Berlin (Ost) 1983.

Löffler, Bernhard: Soziale Marktwirtschaft und administrative Praxis. Das Bundeswirtschaftsministerium unter Ludwig Erhard, Wiesbaden 2002.

Löttel, Holger: Geschärfte Wahrnehmung. Angst als Perzeptionsfaktor in der Außenpolitik Konrad Adenauers, in: Tel Aviver Jahrbuch für deutsche Geschichte 38 (2010), S. 79–97.

Löttel, Holger: Konrad Adenauer und Thomas Dehler. Neue Quellen zu ihrem politischen und persönlichen Verhältnis, in: Jahrbuch zur Liberalismusforschung 24 (2012), S. 229–243.

Loewenstein, Bedrich: Kurt Sontheimers Republik, Göttingen, 2013.

Longerich, Peter: Propagandisten im Krieg. Die Presseabteilung des Auswärtigen Amtes unter Ribbentrop, München 1987.

Lorenz, Hans-Joachim: Krahn, Johannes, in: Neue Deutsche Biographie 12 (1980), S. 661.

Lorenz, Otto: Die Öffentlichkeit der Literatur. Fallstudien zu Produktionskontexten und Publikationsstrategien: Wolfgang Koeppen – Peter Handke – Horst-Eberhard Richter, Tübingen 1998.

Lorenz, Robert: Der Protest der Physiker. Die »Göttinger Erklärung« von 1957, Bielefeld 2011.

Loth, Wilfried/Rusinek, Bernd-A. (Hg.): Verwandlungspolitik. NS-Eliten in der westdeutschen Nachkriegsgesellschaft, Frankfurt am Main/New York 1998.

Loth, Wilfried: Die Teilung der Welt. Geschichte des Kalten Krieges 1941–1955, München 2000 [1980].

Loth, Wilfried: Europas Einigung. Eine unvollendete Geschichte, Frankfurt am Main 2014.

Louis, Raffaele: Gleichnisse vom verlorenen Sinn. Gerhard Hensels *Nachtfahrt*, Jens Rehns *Feuer im Schnee*, Werner Warsinskys *Kimmerische Fahrt* und Herbert Zands *Letzte Ausfahrt*, in: Jürgen

Egyptien (Hg.): Der Zweite Weltkrieg in erzählenden Texten zwischen 1945 und 1965 (= treib-haus, Band 3), München 2007, S. 125–156.

Love, Ursula: Wolfgang Koeppens Nachkriegstrilogie: Struktur und Erzähltechnik, Diss. Brown University 1974.

Lowe, Keith: Der wilde Kontinent. Europa in den Jahren der Anarchie 1943–1950, aus dem Englischen von Stephan Gebauer und Thorsten Schmidt, Stuttgart 2014 [2012].

Lucke, Albrecht von: Die gefährdete Republik. Von Bonn nach Berlin: 1949 – 1989 – 2009, Berlin 2009.

Lübbe, Hermann: Vom Parteigenossen zum Bundesbürger. Über beschwiegene und historisierte Vergangenheiten, München 2007.

Lühe, Irmela von der:»Auch in Deutschland waren wir nicht wirklich zu Hause.« Jüdische Remigration nach 1945, Göttingen 2008.

Lüthi, Hans Jürg: Das deutsche Hamletbild seit Goethe, Bern 1951.

Maase, Kaspar: BRAVO Amerika. Erkundungen zur Jugendkultur in der Bundesrepublik der fünfziger Jahre, Hamburg 1992.

Maase, Kaspar: Grenzenloses Vergnügen. Der Aufstieg der Massenkultur 1850–1970, Frankfurt am Main 1997.

Maase, Kaspar: Die Kinder der Massenkultur. Kontroversen um Schmutz und Schund seit dem Kaiserreich, Frankfurt am Main/New York 2012.

Maase, Kaspar/Kaschuba, Wolfgang (Hg.): Schund und Schönheit. Populäre Kultur um 1900, Köln/Weimar/Wien 2001.

Macke, Julia: Entwurfspraxis im Büro von Rudolf Schwarz, Köln 2006.

Magenau, Jörg: Brüder unterm Sternenzelt. Friedrich Georg und Ernst Jünger. Eine Biographie, Stuttgart 2012.

Magenau, Jörg: Princeton 66. Die abenteuerliche Reise der Gruppe 47, Stuttgart 2016.

Mai, Ekkehard: Die Düsseldorfer Kunstakademie von 1945–1960, in: Dieter Breuer/Gertrude Cepl-Kaufmann (Hg.): Öffentlichkeit der Moderne – die Moderne in der Öffentlichkeit. Das Rheinland 1945–1955, Essen 2000, S. 421–430.

Maier, Hans: Adenauer-Zeit. Spuren ihrer Warnehmung in der deutschen Nachkriegsliteratur und -publizistik, in: Tilman Mayer (Hg.): Medienmacht und Öffentlichkeit in der Ära Adenauer, Bonn 2009, S. 116–135.

Malina, Peter:»Wieder Fuß fassen, nicht gefragt werden, schweigen dürfen.« Ilse Leitenberger. Ein österreichischer Lebenslauf, in: Medien & Zeit: Forum für historische Kommunikationsforschung 4 (1989), 1, S. 26–32.

Manola, Anastasia, Der Dichter-Seher als Dichter-Warner. Wandel eines mythischen Modells bei Koeppen, Wolf und Grass, Würzburg 2010.

Manow, Philip: Im Schatten des Königs. Die politische Anatomie demokratischer Repräsentation, Frankfurt am Main 2008.

Manow, Philip: Die zentralen Nebensächlichkeiten der Demokratie. Von Applausminuten, Föhnfrisuren und Zehnpunkteplänen, Hamburg 2017.

Manske, Hans-Joachim: Anschlusssuche an die Moderne: Bildende Kunst in Westdeutschland 1945–1960, in: Axel Schildt/Arnold Sywottek (Hg.): Modernisierung im Wiederaufbau. Die westdeutsche Gesellschaft der fünfziger Jahre, Bonn 1993, S. 563–582.

Manthey, Jürgen: Gebrüll vor mich hinflüsternd. Über Literatur und Politik. Mit einem Rückblick auf das *Treibhaus* von Wolfgang Koeppen, in: Bestandsaufnahme Gegenwartsliteratur, hg. von Heinz Ludwig Arnold, Text + Kritik-Sonderband 1988, S. 101–106.

Marke, Doreen: Haus Hans Schwippert, Bartningallee 16, in: Das Hansaviertel in Berlin. Bedeutung – Rezeption – Sanierung, hg. von Landesdenkmalamt Berlin, Berlin 2007, S. 200–205.

Martens, Erika: Zum Beispiel *Das Reich*. Zur Phänomenologie der Presse im totalitären Regime, Köln 1972.

Martin, Marko: Orwell, Koestler und all die anderen. Melvin J. Lasky und *Der Monat*, Asendorf 1999.

Martin, Marko:»Eine Zeitschrift gegen das Vergessen«. Bundesrepublikanische Traditionen und Umbrüche im Spiegel der Kulturzeitschrift *Der Monat*, Frankfurt am Main u.a. 2003.

Martiny, Martin: Entstehung und politische Bedeutung der *Neuen Blätter für den Sozialismus* und ihres Freundeskreises. Eine Dokumentation, in: Vierteljahrshefte für Zeitgeschichte 25 (1977), 3, S. 373–419.

Maasberg, Ute und Regina Prinz: Die Neuen kommen! Weibliche Avantgarde in der Architektur der zwanziger Jahre, Hamburg 2004.

Mattenklott, Gundel: Zauberkreide. Kinderliteratur seit 1945, Frankfurt am Main 1994 [1989].

Matthiesen, Helge: *Greifswald* in Vorpommern. Konservatives Milieu im Kaiserreich, in Demokratie und Diktatur 1900–1990, Düsseldorf 1990.

Maurer, Kathrin: Mit Herrn Baedeker ins Grüne. Die Popularisierung der Natur in Baedekers Reisehandbüchern des 19. Jahrhunderts, in: Adam Paulsen/Anna Sandberg (Hg.): Natur und Moderne um 19. Jahrhundert. Räume – Repräsentationen – Medien, Bielefeld 2013, S. 89–101.

May, Markus/Roth, Udo/Stiening, Giedeon (Hg.): »Friede den Hütten! Krieg den Pallästen!« Der *Hessische Landbote* in interdisziplinärer Perspektive, Heidelberg 2016.

McKay, Alex C.: »Wahrheit«, Wahrnehmung und Politik. Die britische Konstruktion eines Bildes von Tibet, in: Thierry Dodin/Heinz Räther (Hg.): Mythos Tibet. Wahrnehmungen, Projektionen, Phantasien, Köln 1997, S. 68–86.

Meerson, Olga: Dostoevsky's Taboos, Dresden/München 1998.

Mellies, Dirk: Trojanische Pferde der DDR? Das neutralistisch-pazifistische Netzwerk der frühen Bundesrepublik und die *Deutsche Volkszeitung* 1953–1973, Frankfurt am Main u.a. 2007.

Mehring, Reinhard: Carl Schmitt zur Einführung, Hamburg 2001.

Mehring, Reinhard: Carl Schmitt. Aufstieg und Fall, München 2009.

Meid, Volker (Hg.): Geschichte des deutschsprachigen Romans, Stuttgart 2013.

Meier, Christian/Maier, Hans/Koselleck, Reinhart/Conze, Werner: Demokratie, in: Otto Brunner/Reinhart Koselleck/Werner Conze (Hg.): Geschichtliche Grundbegriffe. Historisches Lexikon zur politisch-sozialen Sprache in Deutschland, Band 1, München 1972, S. 821–899.

Meiering, Dominik M.: Verhüllen und Offenbaren. Der Verhüllte Reichstag von Christo und Jeanne-Claude und seine Parallelen in der Tradition der Kirche, Regensburg 2006.

Meifort, Franziska: Ralf Dahrendorf. Eine Biographie, München 2017.

Meinl, Susanne/Krüger, Dieter: Der politische Weg von Friedrich Wilhelm Heinz. Vom Freikorpskämpfer zum Leiter des Nachrichtendienstes im Bundeskanzleramt, in: Vierteljahrshefte für Zeitgeschichte 42 (1994), 1, S. 39–69.

Meinl, Susanne: Nationalsozialisten gegen Hitler. Die nationalrevolutionäre Opposition um Friedrich Wilhelm Heinz, Berlin 2000.

Meissner, Irene: Sep Ruf 1908–1982, Berlin 2013.

Mendelssohn, Peter de: Zeitungsstadt Berlin. Menschen und Mächte in der Geschichte der deutschen Presse, mit einem Epilog von Lutz Hachmeister, Leif Kramp und Stephan Weichert, Neuausgabe, Berlin 2017 [1959].

Mergel, Thomas: Parlamentarische Kultur in der Weimarer Republik. Politische Kommunikation, symbolische Politik und Öffentlichkeit im Reichstag, 3. Auflage, Düsseldorf 2012 [2002].

Mergel, Thomas: Propaganda nach Hitler. Eine Kulturgeschichte des Wahlkampfs in der Bundesrepublik 1949–1990, Göttingen 2010.

Mergel, Thomas: Zählbarkeit, Stabilität und die Gesellschaft als solche. Zur Rezeption der US-Sozialforschung in der Bundesrepublik nach 1945, in: Axel Schildt (Hg.): Von draußen. Ausländische intellektuelle Einflüsse in der Bundesrepublik bis 1990, Göttingen 2016, S. 105–127.

Merseburger, Peter: Der schwierige Deutsche. Kurt Schumacher – eine Biographie, Stuttgart 1995.

Merseburger, Peter: Rudolf Augstein. Biographie, München 2007.

Merseburger, Peter: Theodor Heuss. Der Bürger als Präsident, München 2012.

Meyer, Hans: Die Stellung der Parlamente in der Verfassungsordnung des Grundgesetzes, in: Hans-Peter Schneider/Wolfgang Zeh (Hg.): Parlamentsrecht und Parlamentspraxis in der Bundesrepublik Deutschland. Ein Handbuch, Berlin/New York 1989, S. 117–164.

Michaelis, Tatjana: Paradigmen der Literaturkritik, in: Ludwig Fischer (Hg.): Literatur in der Bundesrepublik Deutschland bis 1967 (= Hansers Sozialgeschichte der deutschen Literatur vom 16. Jahrhundert bis zur Gegenwart, Bd. 10), München/Wien 1986, S. 611–626.

Middelaar, Luuk van: Vom Kontinent zur Union. Gegenwart und Geschichte des vereinten Europa, aus dem Niederländischen von Jacob Jansen, Berlin 2016.

Mitscherlich, Margarete: Wie haben sich deutsche Schriftsteller gegen die Unfähigkeit zu trauern gewehrt? Dargestellt an Wolfgang Koeppens Der Tod in Rom, in: Neue Rundschau 94 (1983), 3, S. 137–156.

Möhrenschlager, Manfred: Das Siebzehnte Strafrechtsänderungsgesetz. Zur Geschichte, Bedeutung und Aufhebung von § 353 c Abs. 1 StGB, in: Juristenzeitung 35 (1980), 5/6, S. 161–166.

Moeller, Felix: Der Filmminister. Goebbels und der Film im Dritten Reich, Berlin 1998.

Möller, Frank: Das Buch Witsch. Das schwindelerregende Leben des Verlegers Joseph Capsar Witsch, Köln 2014.

Möller, Frank: Dem Glücksrad in die Speichen greifen. Joseph Caspar Witsch, seine Autoren, sein Verlagsprorgamm und der Literaturbetrieb der frühen Bundesrepublik, Köln 2015.

Möller, Horst: Parlamentarismus in Preußen 1919–1932, Düsseldorf 1985.

Möller, Horst: Theodor Heuss. Staatsmann und Schriftsteller, Bonn 1990.

Möller, Horst: Franz Josef Strauß. Herrscher und Rebell, München/Berlin/Zürich 2015.

Moeller, Robert G.: Geschützte Mütter. Frauen und Familien in der westdeutschen Nachkriegspolitik, aus dem Englischen von Heidrun Homburg, München 1997 [1993].

Moeller, Robert G.: War Stories. The Search for a Usable Past in the Federal Republic of Germany, Berkeley 2001.

Moeller, Robert G.: Fighting to Win the Peace. *08/15* and West German Memories of the Second World War, in: Frank Biess/Mark Roseman/Hanna Schissler (Hg.): Conflict, Catastrophe and Continuity. Essays on Modern German History, New York/Oxford 2007, S. 318–339.

Molden, Berthold: Die Ost-West-Drehscheibe. Österreichs Medien im Kalten Krieg, in: Manfred Rauchensteiner (Hg.): Nato, Warschauer Pakt und Östereich, Wien 2010, S. 687–774.

Momber, Eckhardt: Hitler, der uns geblieben ist. Oder zur Frage des Scheiterns von Wolfgang Koeppen, in: Jahrbuch der Internationalen Wolfgang-Koeppen-Gesellschaft 1 (2001), S. 197–209.

Momber, Eckhardt: Nachkriegslust. Zur Sexualität in Wolfgang Koeppens *Tauben im Gras*, in: Jahrbuch der Internationalen Wolfgang-Koeppen-Gesellschaft 2 (2003), S. 127–134.

Montrose, Louis Adrian: »Shaping Fantasies.« Figurations of Gender and Power in Elizabethan Culture, in: Stephen Greenblatt (Hg.): Representing the English Renaissance, Berkeley/Los Angeles/London 1988, S. 31–64.

Mooser, Josef: Arbeiterleben in Deutschland 1900–1970. Klassenlagen, Kultur und Politik, Frankfurt am Main 1984.

Morat, Daniel: Von der Tat zur Gelassenheit. Konservatives Denken bei Martin Heidegger, Ernst Jünger und Friedrich Georg Jünger 1920–1960, Göttingen 2007.

Morat, Daniel/Nolte, Paul/Becker, Tobias/Gnausch, Anne/Lange, Kerstin/Niedbalski, Johanna: Weltstadtvergnügen. Berlin 1880–1930, Göttingen 2016.

Moretti, Franco: Der Bourgeois. Eine Schlüsselfigur der Moderne, aus dem Englischen von Frank Jakubzik, Berlin 2014.

Morsey, Rudolf: Personal- und Beamtenpolitik im Übergang von der Bizonen- zur Bundesverwaltung (1947–1950). Kontinuität oder Neubeginn? [1977], in: Ders., Von Windthorst bis Adenauer. Ausgewählte Aufsätze zu Politik, Verwaltung und politischem Katholizismus im 19. und 20. Jahrhundert, hg. von Ulrich von Hehl, Hans Günter Hockerts, Horst Möller und Martin Schumacher, Paderborn u.a. 1997, S. 71–112.

Morsey, Rudolf: Nordrhein-Westfalen und der Parlamentarische Rat [1981], in: Ders.: Von Windthorst bis Adenauer. Ausgewählte Aufsätze zu Politik, Verwaltung und politischem Katholizismus im 19. und 20. Jahrhundert, hg. von Ulrich von Hehl, Hans Günter Hockerts, Horst Möller und Martin Schumacher, Paderborn u.a. 1997, S. 498–517.

Morsey, Rudolf: Konrad Adenauer und der Weg zur Bundesrepublik Deutschland 1946–1949, in: Ders. (Hg.): Konrad Adenauer und die Gründung der Bundesrepublik Deutschland, [2]Bonn 1986 [1979], S. 9–39.

Morsey, Rudolf: Heinrich Lübke. Eine politische Biographie, Paderbron u. a. 1996.

Moser, Christian: Diesseits der Erbsünde? Kindheit, Erinnerung und Subjektivität nach Rousseau, in: Zeitschrift für Ideengeschichte 6 (2012), 2, S. 21–38.

Moses, Dirk: Die 45er. Eine Generation zwischen Faschismus und Demokratie, in: Neue Sammlung. Vierteljahres-Zeitschrift für Erziehung und Gesellschaft 40 (2000), 2, S. 233–236.

Moses, Dirk: German Intellectuals and the Nazi Past, Cambridge 2007.

Moses, Dirk: Forum: Intellectual History in and of the Federal Republic of Germany, in: Modern Intellectual History 9 (2012), S. 625–639.

Mudgett, Kathryn: Writing the Seaman's Tale in Law and Literature. Dana, Melville, and Justice Story, New York 2013.

Mühldorfer-Vogt, Christian: Zwangsarbeit in den Peenemünder Versuchsanstalten 1936–1945. Zum gegenwärtigen Forschungsstand, in: Frederic Werner (Hg.): Raketen und Zwangsarbeit in Peenemünde, Schwerin 2014, S. 82–101.

Mühlhauser, Regina: Vergewaltigungen in Deutschland 1945. Nationaler Opferdiskurs und individuelles Erinnern betroffener Frauen, in: Klaus Naumann (Hg.): Nachkrieg in Deutschland, Hamburg 2001, S. 384–408.

Müller, Guido: Weltpolitische Bildung und akademische Reform. Carl Heinrich Beckers Wissenschafts- und Hochschulpolitik 1908–1930, Köln 1991.

Müller, Hans-Dieter: Porträt einer Deutschen Wochenzeitung, in: Hans-Dieter Müller (Hg.): Facsimile Querschnitt durch *Das Reich* (Facsimile Querschnitte durch alte Zeitungen und Zeitschriften, Bd. 4), München u. a. 1964, S. 7–19.

Müller, Jan-Werner: Ein gefährlicher Geist. Carl Schmitts Wirkung in Europa, Darmstadt 2007.

Müller, Jan-Werner: Verfassungspatriotismus, Berlin 2010.

Müller, Jan-Werner: European Intellectual History as Contemporary History, in: Journal of Contemporary History 46 (2011), S. 574–590.

Müller, Jan-Werner: Das demokratische Zeitalter. Eine politische Ideengeschichte Europas im 20. Jahrhunderts, aus dem Englischen von Michael Adrian, Berlin 2013.

Müller, Josef: Die Gesamtdeutsche Volkspartei. Entstehung und Politik unter dem Primat nationaler Wiedervereinigung (1950–1957), Düsseldorf 1990.

Müller, Tim B.: Innenansichten des Kalten Krieges. Über ein glückliches Zeitalter, in: Zeitschrift für Ideengeschichte 6 (2012), 3, S. 26–40.

Müller, Tim B.: Nach dem Ersten Weltkrieg. Lebensversuche moderner Demokratien, Hamburg 2014.

Müller, Tim B./Tooze, Adam (Hg.): Normalität und Fragilität. Demokratie nach dem Ersten Weltkrieg, Hamburg 2015.

Müller, Tim B./Richter Hedwig: Demokratiegeschichten. Deutschland (1800–1933) in transnationaler Perspektive, in: Geschichte und Gesellschaft 44 (2018), 3, S. 325–335.

Müller-List, Gabriele: Bonn als Bundeshauptstadt 1949–1989, in: Dietrich Höroldt (Hg.): Bonn. Von einer französischen Bezirksstadt zur Bundeshauptstadt 1789–1989, Bonn 1989, S. 639–744.

Müller-Münch, Ingrid: Die geprügelte Generation. Kochlöffel, Rohrstock und die Folgen, Stuttgart 2012.

Müller-Waldeck, Gunnar: Ein expressionistischer Dichter namens Wolfgang Koeppen, in: Sinn und Form 67 (2015), 3, S. 300–308.

Müller-Waldeck, Gunnar/Gratz, Michael (Hg.): Wolfgang Koeppen – Mein Ziel war die Ziellosigkeit, Hamburg 1998.

Münkel, Daniela: Trommeln für die SPD. Die Sozialdemokratische Wählerinitiative (SWI), in: Kai Schlüter (Hg.): Günter Grass auf Tour für Willy Brandt. Die legendäre Wahlkampfreise 1969, Berlin 2011, S. 190–223.

Münzing, Hans Julius: Parlamentsgebäude. Geschichte, Funktion, Gestalt; Versuch einer Übersicht, Stuttgart 1977.

Münzner, Daniel: Kurt Hiller. Der Intellektuelle als Außenseiter, Göttingen 2015.

Mundt, Jörn W.: Thomas Cook. Pionier des Tourismus, Konstanz u.a. 2014.

Munzert, Maria: Strafverfahren wegen Verunglimpfungen des Widerstandes, in: Torben Fischer/ Matthias N. Lorenz (Hg.): Lexikon der »Vergangenheitsbewältigung« in Deutschland. Debatten- und Diskursgeschichte des Nationalsozialismus nach 1945, Bielefeld 2007, S. 63–64.

Musielski, Ralph: Bau-Gespräche. Architekturvisionen von Paul Scheerbart, Bruno Taut und der *Gläsernen Kette*, Berlin 2003.

Nagel, Anne C.: Fanfare der Friedensbewegung. *Die Waffen nieder!* von Bertha von Suttner (1889), in: Dirk van Laak (Hg.): Literatur, die Geschichte schrieb, Göttingen 2011, S. 72–85.

Narr, Wolf-Dieter: Der CDU-Staat (1949–1966), in: Roland Roth/Dieter Rucht (Hg.): Die sozialen Bewegungen in Deutschland seit 1945. Ein Handbuch, Frankfurt am Main/New York 2008, S. 51–70.

Naumann, Klaus (Hg.): Nachkrieg in Deutschland, Hamburg 2001.

Nehring, Holger: Die nachgeholte Stunde Null. Intellektuelle Debatten um die Atombewaffnung der Bundeswehr 1958–1960, in: Dominik Geppert/Jens Hacke (Hg.): Streit um den Staat. Intellektuelle Debatten in der Bundesrepublik 1960–1980, Göttingen 2008, S. 229–250.

Nehring, Holger: Politics of Security. British and West German Protest Movements and the Early Cold War (1945–1970), Oxford 2013.

Nelle, Florian: Künstliche Paradiese. Vom Barocktheater zum Filmpalast, Würzburg 2005.

Nerdinger, Winfried: Politische Architektur. Betrachtungen zu einem problematischen Begriff, in: Ingeborg Flagge/Wolfgang Jean Stock (Hg.): Architektur und Demokratie. Bauen für die Politik von der amerikanischen Revolution bis zur Gegenwart, mit einem Vorwort von Rita Süssmuth, Stuttgart 1992, S. 10–31.

Nerdinger, Winfried (Hg.): Frei Otto. Das Gesamtwerk: Leicht bauen – natürlich gestalten, Basel 2005.

Nerdinger, Winfried: Architektur wie sie im Buche steht, in: Ders. in Verbindung mit Hilde Strobl (Hg.): Architektur wie sie im Buche steht. Fiktive Bauten und Städte in der Literatur, München 2007, S. 9–19.

Nerdinger, Winfried: [Koeppen und Piranesi], in: Ders. in Verbindung mit Hilde Strobl (Hg.): Architektur wie sie im Buche steht. Fiktive Bauten und Städte in der Literatur, München 2007, S. 518–520.

Nerdinger, Winfried: Rationalisierung zum Existenzminimum – Neues Bauen und die Ästhetisierung ökonomischer und politischer Maßgaben, in: Ariane Hellinger/Barbara Waldkirch/Elisabeth Buchner/Helge Batt (Hg.): Die Politik in der Kunst und die Kunst in der Politik. Für Klaus von Beyme, Wiesbaden 2013, S. 87–108.

Nerdinger, Winfried in Zusammenarbeit mit Hilde Strobl (Hg.): Architektur wie sie im Buche steht. Fiktive Bauten und Städte in der Literatur, München 2007.

Nerdinger, Winfried in Zusammenarbeit mit Werner Durth/Mirjana Grdanjski/Markus Eisen (Hg.): 100 Jahre Deutscher Werkbund 1907|2007, München u. a. 2007.

Neufeld, Michael J.: Die Rakete und das Reich. Wernher von Braun, Peenemünde und der Beginn des Raketenzeitalters, aus dem Amerikanischen von Jens Wagner, Berlin 1997.

Neuhäuser, Rudolf: F. M. Dostojevskij: Die großen Romane und Erzählungen, Interpretationen und Analysen, Wien/Köln/Weimar 1993.

Neuhäuser, Rudolf: Fjodor M. Dostojewskij. Leben – Werk – Wirkung: 15 Essays, Wien/Köln/Weimar 2013.

Neumann, Veit: Die Theologie des Renouveau catholique. Glaubensreflexion französischer Schriftsteller in der Moderne am Beispiel von Georges Bernanos und François Mauriac, Frankfurt am Main u. a. 2007.

Neumann, Vera: Nicht der Rede wert. Die Privatisierung der Kriegsfolgen in der frühen Bundesrepublik. Lebensgeschichtliche Erinnerungen, Münster 1999.

Nicklaus, Kirsten: Abendland und Wirtschaftswunder. Zur kulturkritischen Physiognomie der westdeutschen Romanprosa zwischen 1945 und 1959, Diss. Uni Kiel 2001.

Niclauß, Karlheinz: Der Weg zum Grundgesetz. Demokratiegründung in Westdeutschland 1945–1949, München u.a. 1998.

Niclauß, Karlheinz: Kanzlerdemokratie. Regierungsführung von Konrad Adenauer bis Angela Merkel, 3. Auflage, Wiesbaden 2014 [1988].

Niehuss, Merith: Kontinuität und Wandel der Familie in den 50er Jahren, in: Axel Schildt/Arnold Sywottek (Hg.): Modernisierung im Wiederaufbau. Die westdeutsche Gesellschaft der fünfziger Jahre, Bonn 1993, S. 316–334.

Niehuss, Merith: Familie, Frau und Gesellschaft. Studien zur Strukturgeschichte der Familie in Westdeutschland 1945–1960, Göttingen 2001.

Niehuss, Merith: Familie und Geschlechterbeziehungen von der Zwischenkriegszeit bis in die Nachkriegszeit, in: Anselm Doering-Manteuffel unter Mitarbeit von Elisabeth Müller-Luckner (Hg.): Strukturmerkmale der deutschen Geschichte im 20. Jahrhundert, München 2006, 147–165.

Niethammer, Lutz: Faschismuserfahrungen (Einleitung des Herausgebers), in: »Die Jahre weiß man nicht, wo man die heute hinsetzen soll«. Faschismuserfahrungen im Ruhrgebiet. Lebensgeschichte und Sozialkultur im Ruhrgebiet 1930–1960, Band 1, Berlin/Bonn 1983, S. 7–29.

Nölle, Volker: »Gestrüppgerüst«. Das ›Labyrinthische‹ der Texte – Texte des ›Labyrinthischen‹ in Romanen Wolfgang Koeppens in: Jahrbuch der Internationalen Wolfgang-Koeppen-Gesellschaft 2 (2003), S. 65–89.

Nolte, Paul: Die Ordnung der deutschen Gesellschaft, München 2000.

Nolte, Paul: Was ist Demokratie? Geschichte und Gegenwart, München 2012.

Nolte, Paul: Jenseits des Westens? Überlegungen zu einer Zeitgeschichte der Demokratie, in: Vierteljahrshefte für Zeitgeschichte 61 (2013), 3, S. 275–301.

Nolte, Paul: Hans-Ulrich Wehler. Historiker und Zeitgenosse, München 2015.

Nohejl, Regine: Russische nationale Identität im Spiegel der Geschlechtermetaphorik: vom 18. Jahrhundert bis in die Zeit der Romantik, München u.a. 2014.

Nohejl, Regine: Dostoevskij und/oder Tolstoj? Ähnlichkeiten und Differenzen aus der Genderperspektive, in: Jahrbuch der deutschen Dostojewskij-Gesellschaft 22 (2015), S. 52–78

Notz, Gisela: Frauen in der Mannschaft. Sozialdemokratinnen im Parlamentarischen Rat und im Deutschen Bundestag 1948/49–1957, Bonn 2003.

Ochs, Tilmann: Kulturkritik im Werk Wolfgang Koeppens, Münster 2004.

Oehlenschläger, Eckart: Augenblick und exzentrische Spur. Zu Wolfgang Koeppens früher Prosa, in: Ders. (Hg.): Wolfgang Koeppen, Frankfurt am Main 1987, S. 122–140.

Oehlenschläger, Eckart: Nachrichten von Koeppen-Recherchen, in: Gunnar Müller-Waldeck/Michael Gratz (Hg.): Wolfgang Koeppen – Mein Ziel war die Ziellosigkeit, Hamburg 1998, S. 13–24.

Oehlenschläger, Eckart (Hg.): Wolfgang Koeppen, Frankfurt am Main 1987.

Oellers, Adam C.: Der »Geselle des Weltbaumeisters«. Hans Schwippert und seine Tätigkeit in Aachen, in: Gerda Breuer/Pia Mingels/Christopher Oestereich (Hg.): Hans Schwippert (1899–1973). Moderation des Wiederaufbaus, Berlin 2010, S. 43–55.

Oellers, Norbert: Bonn im Spiegel zeitgenössischer Literatur. Mit historischen und methodologischen Vorbemerkungen, in: Stichwort Literatur. Beiträge zu den Münstereifeler Literaturgesprächen, hg. von der Friedrich-Ebert-Stiftung/Kurt-Schumacher-Akademie, Bad Münstereifel 1993, S. 68–86.

Oels, David: Rowohlts Rotationsroutine. Markterfolge und Modernisierung eines Buchverlags vom Ende der Weimarer Republik bis in die fünfziger Jahre, Essen 2013.

Oestereich, Christopher: »Gute Form« im Wiederaufbau. Zur Geschichte des Produktgestaltung in Westdeutschland nach 1945, Berlin 2000.

Oestereich, Christopher: Umstrittene Selbstdarstellung. Der deutsche Beitrag zur Weltausstellung in Brüssel 1958, in: Vierteljahrshefte für Zeitgeschichte 48 (2000), 1, S. 127–153.

Oestereich, Christopher: Der Werkbund im Rheinland, in: Dieter Breuer/Gertrude Cepl-Kaufmann (Hg.): Öffentlichkeit der Moderne – die Moderne in der Öffentlichkeit. Das Rheinland 1945–1955, Essen 2000, S. 431–443.

Oestereich, Christopher: »Die 1000 Jahre durchstehen«? Hans Schwippert im »Dritten Reich«, in: Gerda Breuer/Pia Mingels/Christopher Oestereich (Hg.): Hans Schwippert (1899–1973). Moderation des Wiederaufbaus, Berlin 2010, S. 77–86.

Oertzen, Christine von: Teilzeitarbeit und die Lust am Zuverdienen. Geschlechterpolitik und gesellschaftlicher Wandel in Westdeutschland 1948–1969, Göttingen 1999.

Oldenburg, Christel: Tradition und Modernität. Die Hamburger SPD 1955–1961, Berlin/Münster 2009.

Oppermann, Matthias: Raymon Aron und Deutschland. Die Verteidigung der Freiheit und das Problem des Totalitarismus, Ostfildern 2008.

Oppermann, Matthias: Liberaler Sozialismus. Ernst Reuters Kampf für die Freiheit, Berlin 2013.

Paletschek, Sylvia: Ermentrude und ihre Schwestern. Die ersten habilitierten Historikerinnen in Deutschland, in: Henning Albrecht u.a. (Hg.): Politische Gesellschaftsgeschichte im 19. und 20. Jahrhundert. Festgabe für Barbara Vogel, Hamburg 2006, S. 175–187.

Palm, Stefanie: Auf der Suche nach dem starken Staat. Die Kultur-, Medien- und Wissenschaftspolitik des Bundesinnenministeriums, in: Frank Bösch/Andreas Wirsching (Hg.), Hüter der Ordnung. Die Innenministerien in Bonn und Ost-Berlin nach dem Nationalsozialismus, Göttingen 2018, S. 594–634.

Parkes, Stuart: Writers and Politics in Germany 1945–2008, Rochester 2009.

Parkinson, Anna M.: An Emotional State. The Politics of Emotion in Postwar West German Culture, Ann Arbor 2015.

Parkinson, John R.: Democracy and Public Space. The Physical Sites of Democratic Performance, Oxford 2012.

Parnes, Ohad/Vedder, Ulrike/Willer, Stefan (Hg.): Das Konzept der Generation. Eine Wissenschafts- und Kulturgeschichte, Frankfurt am Main 2008.

Paulmann, Johannes: Die Haltung der Zurückhaltung. Auswärtige Selbstdarstellungen nach 1945 und die Suche nach einem erneuerten Selbstverständnis in der Bundesrepublik, Bremen 2006.

Payk, Marcus M.: Der Geist der Demokratie. Intellektuelle Orientierungsversuche im Feuilleton der frühen Bundesrepublik: Karl Korn und Peter de Mendelssohn, München 2008.

Payk, Marcus M.: Balanceakt zwischen den Zeiten. Anmerkungen zur Generation der »Fünfundvierziger«, in: Indes 1 (2001), S. 24–30.

Payk, Marcus M.: Opportunismus, Kritik und Selbstbehauptung. Der Journalist Karl Korn zwischen den dreißiger und den sechziger Jahren, in: Alexander Gallus/Axel Schildt (Hg.): Rückblickend in die Zukunft. Politische Öffentlichkeit und intellektuelle Positionen in Deutschland um 1950 und um 1930, Göttingen 2011, S. 147–163.

Pearson, Richard: Thackeray and *Punch* at the Great Exhibition: authority and ambivalence in verbal and visual caricatures, in: Louise Purbrick (Hg.): The Great Exhibition of 1851. New interdisciplinary essays, Manchester/New York 2001, S. 179–205.

Pehnt, Wolfgang: Deutsche Architektur seit 1900, Ludwigsburg/München 2005.

Pehnt, Wolfgang: Die Plangestalt des Ganzen. Der Architekt und Stadtplaner Rudolf Schwarz (1897–1961) und seine Zeitgenossen, Köln 2011.

Peitsch, Helmut: Die Gruppe 47 und das Konzept des Engagements, in: Stuart Parkes/John J. White (Hg.): The Gruppe 47 fifty years on a re-appraisal of its literary and political significance, Amsterdam/Atlanta 1999, S. 25–51.

Peitsch, Helmut: Zur Vorgeschichte des Hamburger Streitgesprächs deutscher Autoren aus Ost und West: Die Rezeption des Konzepts ›Engagement‹ in der BRD und in der DDR, in: Sven Hanuschek/Therese Hoernigk/Christine Malende (Hg.): Schriftsteller als Intellektuelle. Politik und Literatur im Kalten Krieg, Tübingen 2000, S. 307–330.

Peitsch, Helmut: Nachkriegsliteratur 1945–1989, Göttingen 2009.

Peterfy, Margit: William Carlos Williams in deutscher Sprache. Aspekte der übersetzerischen Vermittlung 1951–1970, Würzburg 1999.

Peters, Jürgen: Koeppen: ein Schriftsteller der Bundesrepublik. Zu den Romanen, in: Literaturmagazin 7 (1977), S. 303–317.

Petersdorff, Dirk von: Literaturgeschichte der Bundesrepublik Deutschland. Von 1945 bis zur Gegenwart, München 2011.

Petersen, Andreas: Eine Liebe in Trauma-Deutschland. Der *Tagesspiegel*-Herausgeber Walther Karsch und die Journalistin Pauline Nardi, in: Berlin in Geschichte und Gegenwart – Jahrbuch des Landesarchivs 2016, S. 171–207.

Petsch, Wiltrud/Petsch, Joachim: Neuaufbau statt Wiederaufbau. Architektur und Städtebau in Nordrhein-Westfalen 1945–1952, in: Klaus Honnef/Hans M. Schmidt (Hg.): Aus den Trümmern. Kunst und Kultur im Rheinland und Westfalen 1945–1952. Neubeginn und Kontinuität, Köln/Bonn 1985, S. 71–116.

Pfister, Manfred: Hamlet und kein Ende, in: William Shakespeare: Hamlet, zweisprachige Ausgabe, übersetzt und mit Anmerkungen versehen von Frank Günther, 12. Auflage, München 2016.

Plank, Victoria: Die Wochenzeitung *Das Reich*. Offenbarungseid oder Herrschaftsinstrument?, in: Bernd Heidenreich/Sönke Neitzel (Hg.): Medien im Nationalsozialismus, Paderborn 2010, S. 309–328.

Platen, Edgar: Bild oder Abbild? Überlegungen zur Frage der »poetischen Wahrheit« in Wolfgang Koeppens *Treibhaus*, in: Studia Neophilologica 71 (1999), 2, S. 196–205.

Platen, Edgar: Perspektiven literarischer Ethik. Erinnern und Erfinden in der Literatur der Bundesrepublik, Tübingen/Basel 2001.

Plessen, Marie-Louise von: Der Rhein. Eine europäische Flussbiographie, München 2016.

Plötz, Kirsten: Als fehle die bessere Hälfte: »Alleinstehende« Frauen in der frühen BRD 1949–1969, Königstein 2005.

Podewin, Norbert: Stalinallee und Hansaviertel. Berliner Baugeschehen im Kalten Krieg, Berlin 2014.

Pokorny, Kristin: Die französischen Auslandskorrespondenten in Bonn und Bundeskanzler Konrad Adenauer 1949–1963, Diss. Uni Bonn 2009.

Politische Leitvokabeln der Adenauer-Ära, mit Beiträgen von Karin Böke, Frank Liedtke, Martin Wengeler und Dorothee Dengel, Berlin/New York 1996.

POLITY IV – Country Regime Trends, 2014 = http://www.systemicpeace.org/polity/gmy2.htm [zuletzt abgerufen am 22. Juli 2018].

Polt-Heinzl, Evelyne: Zeitlos. Neun Porträts. Von der ersten Krimiautorin Österreichs bis zur ersten Satirikerin Deutschlands, Wien 2005.

Pommerin, Reiner: Von Berlin nach Bonn. Die Alliierten, die Deutschen und die Hauptstadtfrage nach 1945, Köln/Wien 1989.

Port, Michael Harry: The Houses of Parliament, New Haven/London 1976.

Postert, André: Von der Kritik der Parteien zur außerparlamentarischen Opposition. Die jungkonservative Klub-Bewegung in der Weimarer Republik und ihre Auflösung im Nationalsozialismus, Baden-Baden 2014.

Preßler, Karsten: Die Ludwigskirche in Darmstadt. Zum denkmalpflegerischen Umgang mit einem kriegszerstörten Sakralbau – Baugeschichte und Wiederaufbau, Mainz 2000.

Pross, Caroline: Dekadenz. Studien zu einer großen Erzählung der frühen Moderne, Göttingen 2009.

Prowe, Diethelm: Weltstadt in Krisen. Berlin 1949–1958, Berlin/New York 1973.

Prowe, Diethelm: The »Miracle« of the Political-Culture Shift. Democratization between Americanization and Conservative Reintegration, in: Hanna Schissler (Hg.): The Miracle Years: A Cultural History of West Germany 1949–1968, Princeton 2001, S. 451–458.

Prümm, Karl: Die Literatur des Soldatischen Nationalismus der 20er Jahre (1918–1933). Gruppenideologie und Epochenproblematik, 2 Bde., Kronberg 1974.

Prümm, Karl: Zwiespältiges auf schwankendem Grund. Bemerkungen zur Neuauflage von Wolfgang Koeppens Roman *Die Mauer schwankt* (1935), in: Schreibheft – Zeitschrift für Literatur 20 (1983), S.47–51.

Prümm, Karl: Walter Dirks und Eugen Kogon als katholische Publizisten der Weimarer Republik, Heidelberg 1984.

Prümm, Karl: »Machtergreifung« 1933 und die Intellektuellen. Reaktion in Literatur und Publizistik, in: Bożena Chrząstowska/Hans Dieter Zimmermann (Hg.): Umgang mit Freiheit. Literarischer Dialog mit Polen, Berlin 1994, S. 17–32.

Prümm, Karl: »Ich weiß, man kann mit den Mitteln des Films dichten.« Kinematographisches Schreiben bei Wolfgang Koeppen, in: Treibhaus. Jahrbuch für die Literatur der fünfziger Jahre 1 (2005), S. 68–85.

Prümm, Karl: Neue Räume, neue Blicke. Die Wahrnehmung des Mediums Film als Modernität in der Literatur der Weimarer Republik, in: Sabina Becker und Helmuth Kiesel unter Mitarbeit von Robert Krause (Hg.): Literarische Moderne. Begriff und Phänomen, Berlin/New York 2007, S. 473–485.

Prümm, Karl/Schütz, Erhard: »Die Situation war schizophren«. Gespräch mit Wolfgang Koeppen über seinen Roman *Die Mauer schwankt*, in: Schreibheft – Zeitschrift für Literatur 21 (1983), S. 7–11.

Prüver, Christina: Willy Haas und das Feuilleton der Tageszeitung *Die Welt*, Würzburg 2007.

Pschera, Alexander: Léon Bloy. Pilger des Absoluten, Schnellroda 2006.

Puaca, Brian M.: Learning Democracy. Education Reform in West Germany (1945–1965), New York 2009.

Pyta, Wolfram: Gegen Hitler und für die Republik. Die Auseinandersetzung der deutschen Sozialdemokratie mit der NSDAP in der Weimarer Republik, Düsseldorf 1989.

Pyta, Wolfram: Schmitts Begriffsbestimmung im politischen Kontext, in: Reinhard Mehring (Hg.): Carl Schmitt: Der Begriff des Politischen – ein kooperativer Kommentar, Berlin 2003, S. 219–234.

Pyta, Wolfram: Die Privilegierung des Frontkämpfers gegenüber dem Feldmarschall. Zur Politikmächtigkeit literarischer Imagination des Ersten Weltkrieges in Deutschland, in: Ute Daniel/Inge Marszolek/Wolfram Pyta/Thomas Welskopp (Hg.): Politische Kultur und Medienwirklichkeiten in den 1920er Jahren, München 2010, S. 147–180.

Pyta, Wolfram: Demokratiekultur. Zur Kulturgeschichte demokratischer Institutionen, in: Detlef Lehnert (Hg.): Demokratiekultur in Europa. Politische Repräsentation im 19. und 20. Jahrhundert, Köln 2010, S. 23–45.

Pyta, Wolfram: Hitler. Der Künstler als Politiker und Feldherr. Eine Herrschaftsanalyse, München 2015.

Quadbeck, Ulrike: Karl Dietrich Bracher und die Anfänge der Bonner Politikwissenschaft, Baden-Baden 2008.

Radkau, Joachim: Richard Wagners Erlösung vom Faschismus durch die Emigration, in: Exilforschung – ein internationales Jahrbuch 3 (1985), S. 71–103.

Radkau, Joachim: Theodor Heuss, München 2013.

Radkau, Joachim: Geschichte der Zukunft. Prognosen, Visionen, Irrungen in Deutschland von 1945 bis heute, München 2017.

Rahden, Till van: Wie Vati die Demokratie lernte. Religion, Familie und die Frage der Autorität in der frühen Bundesrepublik, in: Daniel Fulda/Dagmar Herzog/Stefan-Ludwig Hoffmann/Till van Rahden (Hg.): Demokratie im Schatten der Gewalt. Geschichten des Privaten im deutschen Nachkrieg, Göttingen 2010, S. 122–151.

Rahden, Till van: Unbeholfene Demokraten. Moralische Leidenschaften in der Bundesrepublik, in: Wolfgang Pyta/Carsten Kretschmann (Hg.): Bürgerlichkeit. Spurensuche in Vergangenheit und Gegenwart, Stuttgart 2016, S. 151–177.

Raithel, Thomas/Rödder, Andreas/Wirsching, Andreas (Hg.): Auf dem Weg in eine neue Moderne? Die Bundesrepublik Deutschland in den siebziger und achtziger Jahren, München 2009.

Raulff, Ulrich: Kreis ohne Meister. Stefan Georges Nachleben, München 2009.

Raulff, Ulrich: Das letzte Jahrhundert der Pferde. Geschichte einer Trennung, München 2015.

Recker, Marie-Luise: »Bonn ist nicht Weimar.« Zu Struktur und Charakter des politischen Systems der Bundesrepublik Deutschland in der Ära Adenauer, in: Geschichte in Wissenschaft und Unterricht 44 (1993), 5, S. 287–302.

Recker, Marie-Luise: Das leichte Leben und der schlimme Tod der Rosalia Annemarie Nitribitt, in: Andreas Fahrmeir/Sabine Freitag (Hg.): Mord und andere Kleinigkeiten. Sechs ungewöhnliche Kriminalfälle aus sechs Jahrhunderten, München 2001, S. 244–258.

Recker, Marie-Luise: »Es braucht nicht niederreißende Polemik, sondern aufbauende Tat.« Zur Parlamentskultur der Bundesrepublik Deutschland, in: Jahrbuch des Historischen Kollegs 2002, München 2003, S. 67–88.

Recker, Marie-Luise: Das Parlament in der westdeutschen Kanzlerdemokratie, in: Dies.: (Hg.) Parlamentarismus in Europa. Deutschland, England und Frankreich im Vergleich, München 2004, S. 161–178.

Recker, Marie-Luise: Parlamentarismus in der Bundesrepublik Deutschland: Der Deutsche Bundestag 1949–1969, Düsseldorf 2018.

Recker, Marie-Luise (Hg.) Parlamentarismus in Europa. Deutschland, England und Frankreich im Vergleich, München 2004.

Reichardt, Sven: Faschistische Kampfbünde. Gewalt und Gemeinschaft im italienischen Sqadrismus und in der deutschen SA, 2. Auflage, Köln/Weimar/Wien 2009 [2002].

Reichel, Peter: Erfundene Erinnerung. Weltkrieg und Judenmord in Film und Theater, Frankfurt am Main 2007 [2004].

Reichel, Peter: Der Nationalsozialismus vor Gericht und die Rückkehr zum Rechtsstaat, in: Peter Reichel/Harald Schmid/Peter Steinbach (Hg.): Der Nationalsozialismus – die zweite Geschichte. Überwindung – Deutung – Erinnerung, München 2009, S. 22–61.

Reinermann, Lothar: Königliche Schöpfung, bürgerliche Nutzung und das Erholungsbedürfnis der städtischen Unterschichten: Londoner Parks im 19. Jahrhundert, in: Angela Schwarz (Hg.): Der Park in der Metropole: Urbanes Wachstum und städtische Parks im 19. Jahrhundert, Bielefeld 2005, S. 19–105.

Reinfeldt, Alexander: Kontrolliertes Vertrauen. Die westdeutsche Wiederbewaffnung und das Projekt einer Europäischen Verteidigungsgemeinschaft, in: Reinhild Kreis (Hg.): Diplomatie mit Gefühl: Vertrauen, Misstrauen und die Außenpolitik der Bundesrepublik Deutschland, Berlin/München/Boston 2015, S. 33–47.

Reinhardt, Stephan: Alfred Andersch. Eine Biographie, Zürich 1990.

Reinhold, Ursula: Alfred Andersch. Politisches Engagement und literarische Wirksamkeit, Ost-Berlin 1988.

Reinhold, Ursula: Elisabeth Langgässers Berliner Jahre. Christliches Weltbild und zeitgeschichtliche Erfahrung, in: Ursula Heukenkamp (Hg.): Unterm Notdach. Nachkriegsliteratur in Berlin 1945–1949, Berlin 1996, S. 317–354.

Reitzenstein, Julien: Himmlers Forscher. Wehrwissenschaft und Medizinverbrechen im »Ahnenerbe« der SS, Paderborn 2014.

Requate, Jörg: Der Kampf um die Demokratisierung der Justiz. Richter, Politik und Öffentlichkeit in der Bundesrepublik, Frankfurt am Main/New York 2008.

Reulecke, Jürgen unter Mitarbeit von Elisabeth Müller-Luckner (Hg.): Generationalität und Lebensgeschichte im 20. Jahrhundert, München 2003.

Ribbe, Wolfgang (Hg.): Geschichte Berlins. Zweiter Band: Von der Märzrevolution bis zur Gegenwart, 3. Auflage, Berlin 2002.

Richert, Ernst: Die radikale Linke von 1945 bis zur Gegenwart, Berlin (West) 1969.

Richter, Hans: Franz Fühmann. Ein deutsches Dichterleben, Berlin 1992.

Richter, Hedwig: Moderne Wahlen. Eine Geschichte der Demokratie in Preußen und den USA im 19. Jahrhundert, Hamburg 2017.

Rieber, Angelika: Zuflucht in der Türkei: Wolfgang Gleissberg, in: Mitteilungen des Vereins für Geschichte und Heimatkunde Oberursel 53 (2014), S. 103–106.

Riedel, Manfred: Nihilismus, in: Otto Brunner/Werner Conze/Reinhart Koselleck (Hg.): Geschichtliche Grundbegriffe. Historisches Lexikon zur politisch-sozialen Sprache in Deutschland, Band 4, Stuttgart 1978, S. 371–411.

Rieger, Bernhard: The People's Car. A global History of the Volkswagen Beetle, Cambridge (Ma.) 2013.

Rigoll, Dominik: Staatsschutz in Westdeutschland. Von der Entnazifizierung zur Extremistenabwehr, Göttingen 2013.

Rigoll, Dominik: »Ein Sieg der Ehemaligen.« Beamtenrechtliche Weichenstellungen für »45er« und »131er«, in: Frank Bösch/Andreas Wirsching (Hg.), Hüter der Ordnung. Die Innenministerien in Bonn und Ost-Berlin nach dem Nationalsozialismus, Göttingen 2018, S. 413–441.

Rioux, Jean-Pierre: Des clandestins aux activistes (1945–1965); in: Michel Winock (Hg.): Histoire de l'extrême-droite en France, Paris 1993, S. 215–241.

Robertson, Ann: Karikatur im Kontext. Zur Entwicklung der sozialdemokratischen illustrierten satirischen Zeitschrift Der Wahre Jacob zwischen Kaiserreich und Republik, Frankfurt am Main u. a. 1992.

Robin, Ron: Gleichgewicht des Schreckens oder des Irrtums?, in: Bernd Greiner/Tim B. Müller/Claudia Weber (Hg.): Macht und Geist im Kalten Krieg, Hamburg 2011, S. 276–297.

Robrecht, Antje: »Diplomaten in Hemdsärmeln«? Auslandskorrespondenten als Akteure in den deutsch-britischen Beziehungen 1945–1962, Augsburg 2010.

Rödder, Andreas und Wolfgang Elz (Hg.): Alte Werte – neue Werte: Schlaglichter des Wertewandels, Göttingen 2008.

Rölli-Allkemper, Lukas: Familie im Wiederaufbau. Katholizismus und bürgerliches Familienideal in der Bundesrepublik Deutschland, Paderborn 2000.

Rösch, Gertrud Maria: Clavis Scientiae. Studien zum Verhältnis von Faktizität und Fiktionalität am Fall der Schlüsselliteratur, Tübingen 2004.

Rösch, Gertrud Maria: (Hg.): Fakten und Fiktionen. Werklexikon der deutschsprachigen Schlüsselliteratur 1900–2010, 2 Halbbände, Stuttgart 2011 bzw. 2013.

Rohe, Karl: Das Reichsbanner Schwarz-Rot-Gold. Ein Beitrag zur Geschichte und Struktur der politischen Kampfverbände zur Zeit der Weimarer Republik, Düsseldorf 1966.

Rohstock, Anne: Vom Anti-Parlamentarier zum »kalten Arisierer« jüdischer Unternehmen in Europa. Theodor Eschenburg in der Weimarer Republik und im Dritten Reich, in: Vierteljahreshefte für Zeitgeschichte 63 (2015), 1, S. 33–40.

Roller, Edeltraud: Konzeptualisierung von Demokratie. Robert Dahl, Larry Diamond und gängige Demokratiemessungen, in: Oliver W. Lembcke/Claudia W. Ritzi/Gary S. Schaal (Hg.): Zeitgenössische Demokratietheorie. Band 2: Empirische Demokratietheorien, Wiesbaden 2016.

Ross, Werner: Baudelaire und die Moderne. Porträt einer Wendezeit, München 1993.

Roth, Maren M.: Melvin J. Lasky – Intelletueller Agent. Vom jüdischen Trotzkisten zum antikommunistischen Kulturkrieger, in: Charlotte A. Lerg/Maren M. Roth (Hg.): Cold War Politics. Melvin J. Lasky: New York – Berlin – London, 2. Auflage, München 2012, S. 6–13.

Roth, Maren M.: »In einem Vorleben war ich Europäer« – Melvin J. Lasky als transatlantischer Mittler im kulturellen Kalten Krieg, in: Jahrbuch für Historische Kommunismusforschung 20 (2014), S. 139–156.

Rott, Wilfried: Die Insel. Eine Geschichte West-Berlins 1948–1990, München 2009.

Rudloff, Michael: »Diktatur als Ausnahmezustand« versus »Diktatur als System«? Totalitarismustheoretische Kontroversen in den Neuen Blättern für den Sozialismus, in: Mike Schmeitzner (Hg.): Totalitarismuskritik von links. Deutsche Diskurse im 20. Jahrhundert, Göttingen 2007, S. 103–118.

Ruff, Mark E.: Catholic Elites, Gender, and Unintended Consequences in the 1950s. Towards a Reinterpretation of the Role of Conservatives in the Federal Republic, in: Frank Biess/Mark Roseman/Hanna Schissler (Hg.): Conflict, Catastrophe, and Continuity. Essays on Modern German History, New York 2007, S. 252–272.

Runciman, David: The Confidence Trap. A History of Democracy in Crisis from World War I to the Present, Princeton/Oxford 2014.

Rupieper, Hermann-Josef: Die Wurzeln der westdeutschen Nachkriegsdemokratie. Der amerikanische Beitrag 1954–1952, Opladen 1993.

Rupp, Hans Karl: Außerparlamentarische Opposition in der Ära Adenauer. Der Kampf gegen die Atombewaffnung in den fünfziger Jahren, Köln 1970.

Rupp, Hans Karl: Politische Geschichte der Bundesrepublik Deutschland. Entstehung und Entwicklung. Eine Einführung, Stuttgart u.a. 1978.

Rusinek, Bernd A.: Von Schneider zu Schwerte. Anatomie einer Wandlung, in: Wilfried Loth/Bernd-A. Rusinek (Hg.): Verwandlungspolitik. NS-Eliten in der westdeutschen Nachkriegsgesellschaft, Frankfurt am Main/New York 1998, S. 143–179.

Rusinek, Bernd A.: Krieg als Sehnsucht. Militärischer Stil und »junge Generation« in der Weimarer Republik, in: Jürgen Reulecke/Elisabeth Müller-Luckner (Hg.): Generationalität und Lebensgeschichte im 20. Jahrhundert, München 2003, S. 127–144.

Rutz, Rainer: *Signal*. Eine deutsche Auslandsillustrierte als Propagandainstrument im Zweiten Weltkrieg, Essen 2007.

Rutz, Rainer: Alte Netze – neu gestrickt. Von der NS-Auslandspropaganda zur konservativen Nachkriegspresse: Die Netzwerker von *Signal*, in: Erhard Schütz/Peter Uwe Hohendahl (Hg.): Solitäre und Netzwerker. Akteure des kulturpolitischen Konservatismus nach 1945 in den Westzonen Deutschlands, Essen 2009, S. 167–184.

Rüther, Günther: Franz Fühmann. Ein deutsches Dichterleben in zwei Diktaturen, in: Aus Politik und Zeitgeschichte B13/2000, S. 11–19.

Rüther, Günther: Literatur und Politik. Ein deutsches Verhängnis?, Göttingen 2013.

Rüther, Günther: Die Unmächtigen. Schriftsteller und Intellektuelle seit 1945, Göttingen 2016.

Quack, Josef: Wolfgang Koeppen. Erzähler der Zeit, Würzburg 1997.

Saage, Richard: Demokratietheorien. Eine Einführung, München 2005.

Saalfeld, Lerke von/Kreidt, Dietrich/Rothe, Friedrich (Hg.): Geschichte der deutschen Literatur. Von den Anfängen bis zur Gegenwart, München 1989.

Sabrow, Martin: Der Rathenaumord. Rekonstruktion einer Verschwörung gegen die Republik von Weimar, München 1994.

Sabrow, Martin: Die verdrängte Verschwörung. Der Rathenau-Mord und die deutsche Gegenrevolution, Frankfurt am Main 1999.

Sachse, Carola: Der Hausarbeitstag. Gerechtigkeit und Gleichberechtigung in Ost und West 1939–1994, Göttingen 2002.

Safferling, Christoph: »… daß es sich empfiehlt, generell tabula rasa zu machen …« Die Anfänge der Abteilung II – Strafrecht im BMJ, in: Manfred Görtemaker/Christoph Safferling (Hg.): Diee Rosenburg. Das Bundesministerium der Justiz und die NS-Vergangenheit – eine Bestandsaufnahme, Göttingen 2013, S. 169–203.

Safranski, Rüdiger: Friedrich Schiller oder die Erfindung des deutschen Idealismus, München/Wien 2004.

Saint-Gérand, Jacques-Philippe: La serre dans *La Curée* de Zola, in: L'Information Grammaticale 31 (1986), S. 27–33

de Saint Victor, Jacques: Die Antipolitischen, mit einem Kommentar von Raymond Geuss, aus dem Französischen von Michael Halfbroft, Hamburg 2015.

Saldern, Adelheid von: Von der »guten Stube« zur »guten Wohnung«. Zur Geschichte des Wohnens in der Bundesrepublik Deutschland, in: Archiv für Sozialgeschichte 35 (1995), S. 227–254.

Saldern, Adelheid von: Häuserleben. Zur Geschichte städtischen Arbeiterwohnens vom Kaiserreich bis heute, Bonn 1995.

Saldern, Adelheid von: »Kunst fürs Volk.« Vom Kulturkonservatismus zur nationalsozialistischen Kulturpolitik, in: Harald Welzer (Hg.): Das Gedächtnis der Bilder. Ästhetik und Nationalsozialismus, Tübingen 1995, S. 45–104.

Saldern, Adelheid von: Kulturdebatte und Geschichtserinnerung. Der Bundestag und das Gesetz über die Verbreitung jugendgefährdender Schriften (1952/53), in: Georg Bollenbeck/Gerhard Kaiser unter Mitarbeit von Edda Bleek (Hg.): Die janusk\u00f6pfigen 50er Jahre. Kulturelle Moderne und bildungsbürgerliche Semantik III, Wiesbaden 2000, S. 87–114.

Salewski, Michael: Revolution der Frauen. Konstrukt, Sex, Wirklichkeit, Stuttgart 2009.

Salz, Andreas: Bonn–Berlin. Die Debatte um Parlaments- und Regierungssitz im Deutschen Bundestag und die Folgen, Münster 2006.

Sandvoß, Hans-Rainer: Die »andere« Reichshauptstadt. Widerstand aus der Arbeiterbewegung in Berlin von 1933 bis 1945, Berlin 2007.

Sarkowicz, Hans: »Von der Zumutung höchster Ansprüche« – Die Rundfunkarbeit von Alfred Andersch am Beispiel des *Frankfurter Abendstudios*. Ein Bericht aus dem Rundfunkarchiv, in: Norman Ächtler (Hg.): Alfred Andersch. Engagierte Autorschaft im Literatursystem der Bundesrepublik, Stuttgart 2016, S. 231–251.

Sarkowicz, Hans/Mentzer, Alf: Schriftsteller im Nationalsozialismus. Ein Lexikon, Berlin 2011.

Sartory, Barna von: Schalenartige Konstruktionen aus Eisen und Glas im 19. Jahrhundert, Diss. Uni Dortmund 1980.

Sartorius, Joachim (Hg.): Niemals eine Atempause. Handbuch der politischen Poesie im 20. Jahrhundert, Köln 2014.

Satschewski, Eugen: Wolfgang Koeppen und Gruppe 47, in: Gunnar Müller-Waldeck/Michael Gratz (Hg.): Wolfgang Koeppen – Mein Ziel war die Ziellosigkeit, Hamburg 1998, S. 46–57.

Sauer, Bernhard: Schwarze Reichswehr und Fememorde. Eine Milieustudie zum Rechtsradikalismus in der Weimarer Republik, Berlin 2004.

Saunders, Frances Stonor: Wer die Zeche zahlt ... Der CIA und die Kultur im Kalten Krieg, Berlin 2001.

Sautermeister, Gert: Messianisches Hoffen, tapfere Skepsis, Lebensbegehren: Jugend in den Nachkriegsjahren. Mit einer Nachrede wider die Trauer-Rhetorik, in: Thomas Koebner/Gert Sautermeister/Sigrid Schneider (Hg.): Deutschland nach Hitler. Zukunftspläne im Exil und aus der Besatzungszeit 1939–1949, Opladen 1987, S. 261–300.

Schädlich, Christian: Das Eisen in der Architektur des 19. Jahrhunderts, mit einem Vorwort von Rainer Graefe, Aachen/Berlin 2015.

Schäfer, Armin: Karl Krolow, in: Ursula Heukenkamp/Peter Geist (Hg.): Deutschsprachige Lyriker des 29. Jahrhunderts, Berlin 2007, S. 358–376.

Schäfer, Gerhard: Die nivellierte Mittelstandsgesellschaft – Strategien der Soziologie in den 50er Jahren, in: Georg Bollenbeck/Gerhard Kaiser (Hg.): Die janusköpfigen 50er Jahre, Wiesbaden 2000, S. 115–142.

Schäfer, Gert und Carl Nedelmann: Der CDU-Staat. Studien zur Verfassungswirklichkeit der Bundesrepublik, München 1967.

Schäfer, Hans-Dieter: Die nichtfaschistische Literatur der ›jungen Generation‹ im nationalsozialistischen Deutschland, in: Horst Denkler/Karl Prümm (Hg.): Die deutsche Literatur im Dritten Reich. Themen – Traditionen – Wirkungen, Stuttgart 1976, S. 459–503.

Schäfer, Hans-Dieter: Das gespaltene Bewusstsein. Über deutsche Kultur und Lebenswirklichkeit 1933–1945, München/Wien 1981.

Schäfer, Hans-Dieter: Das gespaltene Bewusstsein. Vom Dritten Reich bis zu den langen fünfziger Jahren, Göttingen 2009.

Schäfer, Hermann: Deutsche Geschichte in 100 Objekten, München 2015.

Schale, Frank: Zwischen Egagement und Skepsis. Eine Studie zu den Schriften von Otto Kirchheimer, Baden-Baden 2006.

Schalk, Axel: Die Bundesrepublik im Roman nach 1945, in: Horst Albert Glaser (Hg.): Deutsche Literatur zwischen 1945 und 1995. Eine Sozialgeschichte, Bern/Stuttgart/Wien 1997, S. 235–247.

Schauer, Hilda: Denkformen und Wertesysteme in Wolfgang Koeppens Nachkriegstrilogie, Wien 2004.

Scheffler, Ingrid: Schriftsteller und Literatur im NWDR Köln (1945–1955). Personen – Stoffe – Darbietungsformen, Potsdam 2005.

Scherpe, Klaus R.: Alfred Andersch – Literatur, das Politische betreffend, in: Norman Ächtler (Hg.): Alfred Andersch. Engagierte Autorschaft im Literatursystem der Bundesrepublik, Stuttgart 2016, S. 60–72.

Schieder, Theodor: Einige Probleme der Hauptstadtforschung, in: Ders./Gerhard Brunn (Hg.): Hauptstädte in europäischen Nationalstaaten, München/Wien 1983, S. 1–3.

Schild, Erich: Zwischen Glaspalast und Palais des Illusions. Form und Konstruktion im 19. Jahrhundert, Frankfurt am Main/Wien 1967.

Schild, Georg: Kommunisten-Phobie. Angst und Hysterie im Kalten Krieg, in: Birgit Aschmann (Hg.): Gefühl und Kalkül. Der Einfluss von Emotionen auf die Politik des 19. und 20. Jahrhunderts, Wiesbaden 2005, S. 86–100

Schildt, Axel: Sozialdemokratische Arbeiterbewegung und Reichswehr. Zur Militärpolitik der SPD in den letzten Jahren der Weimarer Republik, in: Heiko Haumann/Axel Schildt (Hg.): Deutsche Arbeiterbewegung vor dem Faschismus, Berlin 1981, S. 109–132.

Schildt, Axel: Deutschlands Platz in einem »christlichen Abendland«. Konservative Publizisten aus dem Tat-Kreis in der Kriegs- und Nachkriegszeit, in: Thomas Koebner/Gert Sautermeister/Sigrid Schneider (Hg.): Deutschland nach Hitler. Zukunftspläne im Exil und aus der Besatzungszeit 1939–1949, Opladen 1987, S. 344–369.

Schildt, Axel: Die ersten deutschen Wohnhochhäuser. Hamburg-Grindelberg 1945–1956, in: Axel Schildt/Arnold Sywottek (Hg.): Massenwohnung und Eigenheim. Wohnungsbau und Wohnen in der Großstadt seit dem Ersten Weltkrieg, Frankfurt am Main/New York 1988, S. 382–408.

Schildt, Axel: Ende der Ideologien? Politisch-ideologische Strömungen in den 50er Jahren, in: Axel Schildt/Arnold Sywottek (Hg.): Modernisierung im Wiederaufbau. Die westdeutsche Gesellschaft der fünfziger Jahre, Bonn 1993, S. 627–635.

Schildt, Axel: der Not der Jugend zur Teenager-Kultur: Aufwachsen in den 50er Jahren, in: Axel Schildt/Arnold Sywottek (Hg.): Modernisierung im Wiederaufbau. Die westdeutsche Gesellschaft der fünfziger Jahre, Bonn 1993, S. 335–361.

Schildt, Axel: Moderne Zeiten. Freizeit, Massenmedien und »Zeitgeist« in der Bundesrepublik der 50er Jahre, Hamburg 1995.

Schildt, Axel: »Die kostbarsten Wochen des Jahres.« Urlaubstourismus der Westdeutschen (1945–1970), in: Hasso Spode (Hg.): Goldstrand und Teutonengrill. Kultur- und Sozialgeschichte des Tourismus in Deutschland 1945–1989, Berlin 1996, S. 69–86.

Schildt, Axel: Der Umgang mit der NS-Vergangenheit in der Öffentlichkeit der Nachkriegszeit, in: Wilfried Loth/Bernd A. Rusinek (Hg.): »Verwandlungszone«? Nationalsozialistische Eliten in der Nachkriegszeit, Frankfurt am Main/New York 1998, S. 19–54.

Schildt, Axel: Wohnungspolitik, in: Hans-Günter Hockerts (Hg.): Drei Wege deutscher Sozialstaatlichkeit: NS-Diktatur, Bundesrepublik und DDR im Vergleich, München 1998, S. 151–189.

Schildt, Axel: Ankunft im Westen. Ein Essay zur Erfolgsgeschichte der Bundesrepublik. Frankfurt am Main 1999.

Schildt, Axel: Zwischen Abendland und Amerika. Studien zur westdeutschen Ideenlandschaft der 50er Jahre, München 1999.

Schildt, Axel: Das Jahrhundert der Massenmedien. Ansichten zu einer künftigen Geschichte der Öffentlichkeit, in: Geschichte und Gesellschaft 27 (2001), S. 175–204.

Schildt, Axel: Bürgerliche Gesellschaft und kleinbürgerliche Geborgenheit – zur Mentalität im westdeutschen Wiederaufbau der 50er Jahre, in: Thomas Althaus (Hg.): Kleinbürger. Zur Kulturgeschichte des begrenzten Bewusstseins, Tübingen 2001, S. 295–312.

Schildt, Axel: Überlegungen zur Historisierung der Bundesrepublik, in: Konrad H. Jarausch/Martin Sabrow (Hg.): Verletztes Gedächtnis. Erinnerungskultur und Zeitgeschichte im Konflikt, Frankfurt am Main/New York 2002, S. 253–272.

Schildt, Axel: National gestimmt, jugendbewegt und antifaschistisch – die *Neuen Blätter für den Sozialismus*, in: Michel Grunewald/Hans Manfred Bock (Hg.): Le milieu intellectuel de gauche en Allemagne, sa presse et ses réseaux/Das linke Intellektuellenmilieu in Deutschland, seine Presse und seine Netzwerke (1890–1960), Bern/Berlin/Brüssel u.a. 2002, S. 363–390.

Schildt, Axel: Übergänge in das »Dritte Reich«. Die Zeitschriften *Die Tat* und *Neue Blätter für den Sozialismus* in der ersten Hälfte des Jahres 1933, in: Rainer Hering/Rainer Nicolaysen (Hg.): Lebendige Sozialgeschichte. Gedenkschrift für Peter Borowsky, Wiesbaden 2003, S. 401–416.

Schildt, Axel: »Massengesellschaft« und »Nivellierte Mittelschicht«. Zeitgenössische Deutungen der westdeutschen Gesellschaft im Wiederaufbau der 1950er Jahre, in: Karl Christian Führer, Karen Hagemann und Birthe Kundrus (Hg.): Eliten im Wandel. Gesellschaftliche Führungsschichten im 19. und 20. Jahrhundert, Münster 2004, S. 198–213.

Schildt, Axel: »German Angst.« Überlegungen zur Mentalitätsgeschichte der Bundesrepublik, in: Daniela Münkel/Jutta Schwarzkopf (Hg.): Geschichte als Experiment. Studien zu Politik, Kultur und Alltag im 19. und 20. Jahrhundert. Festschrift für Adelheid von Saldern, Frankfurt a. M. 2004, S. 87–97

Schildt, Axel: Westlich, demokratisch. Deutschland und die westlichen Demokratien im 20. Jahrhundert, in: Anselm Doering-Manteuffel unter Mitarbeit von Elisabeth Müller-Luckner (Hg.): Strukturmerkmale der deutschen Geschichte im 20. Jahrhundert, München 2006, S. 225–239.

Schildt, Axel: Die Sozialgeschichte der Bundesrepublik Deutschland bis 1989/90, München 2007.

Schildt, Axel: Zur sogenannten Amerikanisierung in der frühen Bundesrepublik. Einige Differenzierungen, in: Lars Koch unter Mitarbeit von Petra Tallafuss (Hg.): Modernisierung als Amerikanisierung? Entwicklungslinien der westdeutschen Kultur 1945–1960, Bielefeld 2007, S. 23–44.

Schildt, Axel: Die langen Schatten des Krieges über der westdeutschen Nachkriegsgesellschaft, in: Jörg Echternkamp/Stefan Martens (Hg.), Der Zweite Weltkrieg in Europa. Erfahrung und Erinnerung, Paderborn u.a. 2007, S. 223–236

Schildt, Axel: »Atomzeitalter« – Gründe und Hintergründe der Proteste gegen die atomare Bewaffnung der Bundeswehr Ende der fünfziger Jahre, in: »Kampf dem Atomtod!« Die Protestbewegung 1957/58 in zeithistorischer und gegenwärtiger Perspektive, hg. von der Forschungsstelle für Zeitgeschichte, dem Institut für Friedensforschung und Sicherheitspolitik und dem Carl Friedrich von Weizsäcker-Zentrum für Naturwissenschaft und Friedensforschung, München/Hamburg 2009, S. 39–56.

Schildt, Axel: Auf neuem und doch scheinbar vertrautem Feld. Intellektuelle Positionen am Ende der Weimarer und am Anfang der Bonner Republik, in: Alexander Gallus/Axel Schildt (Hg.): Rückblickend in die Zukunft. Politische Öffentlichkeit und intellektuelle Positionen in Deutschland um 1950 und um 1930, Göttingen 2011, S. 13–32.

Schildt, Axel: Anpassungen und Lernprozesse. Wiederaufstieg und Erneuerung des deutschen Konservatismus nach 1945, in: Michael Großheim/Hans Jörg Hennecke (Hg.): Staat und Ordnung im konservativen Denken, Baden-Baden 2013, S. 189–209.

Schildt, Axel: Die NS-Vergangenheit westdeutscher Intellektueller. Die Enthüllungskampagne von Kurt Ziesel in der Ära Adenauer, in: Vierteljahrshefte für Zeitgeschichte 64 (2016), 1, S. 37–68.

Schildt, Axel: Ideenimporte als Teil einer transnationalen Intellectual History, in: Ders. (Hg.): Von draußen. Ausländische intellektuelle Einflüsse in der Bundesrepublik bis 1990, Göttingen 2016, S. 9–27.

Schildt, Axel/Sywottek, Arnold (Hg.): Massenwohnung und Eigenheim. Wohnungsbau und Wohnen in der Großstadt seit dem Ersten Weltkrieg, Frankfurt am Main/New York 1988.

Schildt, Axel/Sywottek, Arnold (Hg.): Modernisierung im Wiederaufbau. Die westdeutsche Gesellschaft der fünfziger Jahre, Bonn 1993.

Schildt, Axel/Siegfried, Detlef: Deutsche Kulturgeschichte. Die Bundesrepublik von 1945 bis zur Gegenwart, München 2009.

Schinker, Nils M.: Die Gartenstadt Hellerau 1909–1945. Stadtbaukunst – Kleinwohnungsbau – Sozial- und Bodenreform, Dresden 2013.

Schirmer, Dietmar: Ist Bonn Weimar ist Berlin? Die Weimarer Republik als symbolisches Dispositiv der deutschen Nachkriegsdemokratien, in: Friedrich Balke/Benno Wagner (Hg.): Vom Nutzen und Nachteil der Vergleiche. Der Fall Bonn–Weimar, Frankfurt am Main/New York 1997, S. 125–146.

Schissler, Hanna: Writing about 1950s West Germany, in: Dies. (Hg.): The Miracle Years: A Cultural History of West Germany 1949–1968, Princeton 2001, S. 3–15.

Schissler, Hanna: ›Normalization‹ as Project: Some Thoughts on Gender Relations in West Germany during the 1950s, in: Dies. (Hg.): The Miracle Years: A Cultural History of West Germany 1949–1968, Princeton 2001, S. 359–375.

Schissler, Hanna: Rebels in Search of a Cause, in: Dies. (Hg.): The Miracle Years: A Cultural History of West Germany 1949–1968, Princeton 2001, S. 459–467.

Schissler, Hanna (Hg.): The Miracle Years: A Cultural History of West Germany 1949–1968, Princeton 2001.

Schlak, Stephan: Wilhelm Hennis. Szenen einer Ideengeschichte der Bundesrepublik, München 2008.

Schlant, Ernestine: The Language of Silence. West German Literature and the Holocaust, New York/London 1999.

Schlemmer, Thomas: Ein gelungener Fehlschlag? Die Geschichte der Entnazifizierung nach 1945, in: Martin Löhnig (Hg.): Zwischenzeit. Rechtsgeschichte der Besatzungsjahre, Regenstauf 2011, S. 9–32.

Schletter, Christian: Grabgesang der Demokratie. Die Debatten über das Scheitern der bundesdeutschen Demokratie von 1965 bis 1985, Göttingen 2015.

Schlüter, Kai: (Hg.): Günter Grass auf Tour für Willy Brandt. Die legendäre Wahlkampfreise 1969, Berlin 2011.

Schmied, Jürgen Peter: Sebastian Haffner. Eine Biographie, München 2010.

Schmidt, Gary: Koeppen – Andersch – Böll. Homosexualität und Faschismus in der deutschen Nachkriegsliteratur, Hamburg 2001.

Schmidt, Ina: Der Herr des Feuers. Friedrich Hielscher und sein Kreis zwischen Heidentum, neuem Nationalismus und Widerstand gegen den Nationalsozialismus, Köln 2004.

Schmidt, Katharina (Hg.): Manet – Zola – Cézanne. Das Porträt des modernen Literaten, Ostfildern-Ruit 1999.

Schmidt, Leo/Mense, Uta K.: Denkmallandschaft Peenemünde. Eine wissenschaftliche Bestandsaufnahme – Conservation Management Plan, Berlin 2013.

Schmidt, Manfred G.: Demokratietheorien. Eine Einführung, 3. Auflage, Opladen 2000.

Schmidt, Oliver: »Meine Heimat ist – die deutsche Arbeiterbewegung.« Biographische Studien zu Richard Löwenthal im Übergang vom Exil zur frühen Bundesrepublik, Frankfurt am Main u.a. 2007.

Schmitz, Johannes: DANA/DENA. Nachrichtenagentur in der amerikanisch besetzten Zone Deutschlands 1945–1949, Diss. Uni München 1987/88.

Schmoll, Friedemann: Die Vermessung der Kultur. Der *Atlas der deutschen Volkskunde* und die Deutsche Forschungsgemeinschaft 1928–1980, Stuttgart 2009.

Schmollinger, Horst W.: Die Sozialistische Reichspartei, in: Richard Stöss (Hg.): Parteien-Handbuch. Die Parteien der Bundesrepublik Deutschland 1945–1980, Band 2FDP bis WAV, Opladen 1984, S. 2274–2336.

Schnabel, Anja: Die NS-Vergangenheit im Schafspelz westdeutscher Restauration. Wolfgang Koeppens Nachkriegsromane als literarische Verarbeitung, in: Stephan Alexander Glienke/Volker Paulmann/Joachim Perels (Hg.): Erfolgsgeschichte Bundesrepublik? Die Nachkriegsgesellschaft im langen Schatten des Nationalsozialismus, Göttingen 2008, S. 241–262.

Schnädelbach, Anna: Kriegerwitwen. Lebensbewältigung zwischen Arbeit und Familie in Westdeutschland nach 1945, Frankfurt am Main/New York 2009.

Schneider, Hans-Peter/Zeh, Wolfgang (Hg.): Parlamentsrecht und Parlamentspraxis in der Bundesrepublik Deutschland. Ein Handbuch, hg. von, Berlin/New York 1989.

Schneider, Manfred: Transparenztraum. Literatur, Politik, Medien und das Unmögliche, Berlin 2013.

Schnell, Ralf: Geschichte der deutschsprachigen Literatur seit 1945, 2. Auflage, Stuttgart/Weimar 2003.

Schnell, Ralf: Deutsche Literatur von der Reformation bis zur Gegenwart, Reinbek 2011.

Schnell, Ralf: Von 1945 bis zur Gegenwart, in: Volker Meid (Hg.): Geschichte des deutschsprachigen Romans, Stuttgart 2013, S. 624–771.

Schnell, Ralf: Heinrich Böll und die Deutschen, Köln 2017.

Schöning, Matthias: Poetik des Interims. Ernst Jünger und die Bundesrepublik, in: Matthias Schöning (Hg.): Ernst Jünger und die Bundesrepublik. Ästhetik, Politik, Zeitgeschichte, Berlin u.a. 2012.

Schöning, Matthias (Hg.): Ernst-Jünger-Handbuch. Leben – Werk – Wirkung, Stuttgart/Weimar 2014.

Schöning, Matthias/Stöckmann, Ingo (Hg.): Ernst Jünger und die Bundesrepublik. Ästhetik – Politik – Zeitgeschichte, Berlin/Boston 2011.

Schölzel, Stephan: Die Pressepolitik in der französischen Besatzungszone 1945–1949, Mainz 1986.

Schörken, Rolf: Die Niederlage als Generationserfahrung. Jugendliche nach dem Zusammenbruch der NS-Herrschaft, Weinheim/München 2004.

Schöttker, Detlev: Die Wirklichkeit unserer Städte. Wiederaufbau, Kulturkritik und Literatur, in: Merkur 62 (2008), Heft 707, S. 318–327.

Scholten, Jens: Zwischen Markt und Parteiräson. Die Unternehmensgeschichte des *Vorwärts* 1948 bis 1989, Essen 2008.

Scholtyseck, Joachim: Anti-Amerikanismus in der deutschen Geschichte, in: Historisch-Politische Mitteilungen 10 (2003), 1, S. 23–42.

Scholtyseck, Joachim: Mauerbau und Deutsche Frage. Westdeutsche Intellektuelle und der Kalte Krieg, in: Dominik Geppert/Jens Hacke (Hg.): Streit um den Staat. Intellektuelle Debatten in der Bundesrepublik 1960–1980, Göttingen 2008, S. 69–90.

Scholtyseck, Joachim: Ludwig Erhards Soziale Marktwirtschaft als radikale Ordnungsinnovation und die Realität des bundesrepublikanischen »Wirtschaftswunders«, in: Werner Plumpe/Joachim Scholtyseck (Hg.): Der Staat und die Ordnung der Wirtschaft. Vom Kaiserreich bis zur Berliner Republik, Stuttgart 2012, S. 101–117.

Scholtyseck, Joachim/Schroeder, Stephen (Hg.): Die Überlebenden des deutschen Widerstandes und ihre Bedeutung für Nachkriegsdeutschland, Münster 2005.

Schott, Andreas: Adam von Trott zu Solz: Jurist im Widerstand. Verfassungsrechtliche und staatspolitische Auffassungen im Kreisauer Kreis, Paderborn u. a. 2001.

Schott, Dieter: Die Geschichte der Bundesrepublik als Stadtgeschichte erzählen. Schlaglichter aus der Perspektive der Stadt, in: Frank Bajohr/Anselm Doering-Manteuffel/Claudia Kemper/Detlef Siegfried (Hg.): Mehr als *eine* Erzählung. Zeitgeschichtliche Perspektiven auf die Bundesrepublik, Göttingen 2016, S. 159–174.

Schröer, Carl Friedrich: Rheinaue contra Spreebogen?, in: Der Architekt 1997, 3, S. 157–161.

Schubert, Jochen: Heinrich Böll, Paderborn 2011.

Schubert, Klaus von: Wiederbewaffnung und Westintegration. Die innere Auseinandersetzung um die militärische und außenpolitische Orientierung der Bundesrepublik 1950–1952, Stuttgart 1970.

Schüle, Christian: Die Parlamentarismuskritik bei Carl Schmitt und Jürgen Habermas: Grundlagen, Grundzüge und Strukturen, Neuried 1998.

Schütz, Erhard: Der Dilettant in der geschriebenen Geschichte. Was an Wolfgang Koeppens Roman *Das Treibhaus* modern ist, in: Eckart Oehlenschläger (Hg.): Wolfgang Koeppen, Frankfurt am Main 1987, S. 275–288.

Schütz, Erhard: Flieger-Helden und Trümmer-Kultur. Luftwaffe und Bombenkrieg im nationalsozialistischen Spiel und Dokumentarfilm, in: Manuel Köppen/Erhard Schütz (Hg.): Kunst der Propaganda. Der Film im Dritten Reich, Bern u.a. 2007, S. 89–136.

Schütz, Erhard: Der Name für Unabhängigkeit. Die Strategien von Ernst Jüngers *Waldgang* im Kontext, in: Erhard Schütz/Peter Uwe Hohendahl (Hg.): Solitäre und Netzwerker. Akteure des kulturpolitischen Konservatismus nach 1945 in den Westzonen Deutschlands, Essen 2009, S. 55–67.

Schütz, Erhard: Hans Hellmut Kirst: *Null-Acht Fünfzehn* (Roman-Trilogie 1954/55), in: Elena Agazzi/Erhard Schütz (Hg.): Handbuch Nachkriegskultur. Literatur, Sachbuch und Film in Deutschland (1945–1962), Berlin/Boston 2013, S. 182–185.

Schütz, Erhard/Hohendahl, Peter Uwe (Hg.): Solitäre und Netzwerker. Akteure des kulturpolitischen Konservatismus nach 1945 in den Westzonen Deutschlands, Essen 2009.

Schütz, Erhard/Vogt, Jochen unter Mitarbeit von Karl W. Bauer, Hanspeter Brode, Ludger Claßen, Heinz Geiger, Josef Jansen, Manfred Jäger, Hanns Krauss, W. Martin Lüdke und Klaus Siblewski: Einführung in die deutsche Literatur des 20. Jahrhunderts. Band 3: Bundesrepublik und DDR, Opladen 1980.

Schuhmacher, Klaus:»Impotente Gnostiker«? Ästhetische Gegenreiche zu Politik und Geschichte in Romanen von Wolfgang Koeppen und Alfred Andersch, in: Jürgen Wertheimer (Hg.): Von Poesie und Politik. Zur Geschichte einer dubiosen Beziehung, Tübingen 1994, S. 240–261.

Schulz, Andreas: Lebenswelt und Kultur des Bürgertums im 19. und 20. Jahrhundert, München 2005.

Schulz, Andreas: Bürgerlichkeit: Ideal und Praxis im 19. Jahrhundert, in: Wolfram Pyta/Carsten Kretschmann (Hg.): Bürgerlichkeit. Spurensuche in Vergangenheit und Gegenwart, Stuttgart 2015, S. 37–45.

Schulz, Andreas: Politische Parallelwelten. Öffentliche Gesprächsarenen in der parlamentarischen Demokratie der Bundesrepublik Deutschland 1949–1980, in: Ders./Marie-Luise Recker (Hg.): Antiparlamentarismus und Parlamentarismuskritik in Europa, Düsseldorf 2018, S. 185–219.

Schulz, Andreas/Grebner, Gundula: Generation und Geschichte. Zur Renaissance eines umstrittenen Forschungsberichts, in: Dies. (Hg): Generationswechsel und historischer Wandel, München 2003, S. 1–23.

Schulz, Andreas/Hein, Dieter (Hg.): Bürgerkultur im 19. Jahrhundert. Bildung, Kunst und Lebenswelt, München 1996.

Schulz, Andreas/Wirsching, Andreas (Hg.): Parlamentarische Kulturen in Europa: Das Parlament als Kommunikationsraum, Düsseldorf 2012.

Schulz, Andreas/Recker, Marie-Luise (Hg.): Antiparlamentarismus und Parlamentarismuskritik in Europa, Düsseldorf 2018.

Schulz, Bernhard (Hg.): Grauzonen/Farbwelten. Kunst und Zeitbilder 1945–1955, Berlin/Wien 1983.

Schulz, Gerhard: Aufstieg des Nationalsozialismus. Krise und Revolution in Deutschland, Frankfurt am Main/Berlin/Wien 1975.

Schulz, Günther: Eigenheimpolitik und Eigenheimförderung im ersten Jahrzehnt nach dem Zweiten Weltkrieg, in: Axel Schildt/Arnold Sywottek (Hg.): Massenwohnung und Eigenheim. Wohnungsbau und Wohnen in der Großstadt seit dem Ersten Weltkrieg, Frankfurt am Main/New York 1988, S. 409–439.

Schulz, Günther: Wiederaufbau in Deutschland. Die Wohnungsbaupolitik in den Westzonen und der Bundesrepublik Deutschland von 1945 bis 1957, Düsseldorf 1994.

Schulze, Franz: Mies van der Rohe. Leben und Werk, Berlin 1986.

Schulze, Hagen: Staat und Nation in der europäischen Geschichte, München 1999 [1994].

Schumacher, Angela: Das Gebäude der Pädagogischen Akademie Bonn. Versuch einer Würdigung seiner Architektur, in: Bonner Geschichtsblätter 35 (1984), S. 277–284.

Schumacher, Martin: Land und Politik. Eine Untersuchung über politische Parteien und agrarische Interessen 1914–1923, Düsseldorf 1979.

Schumacher, Martin: Gründung und Gründer der Kommission für Geschichte des Parlamentarismus und der politischen Parteien, in: Karl-Dietrich Bracher/Paul Mikat/Konrad Repgen/Martin Schumacher/Hans-Peter Schwarz (Hg.): Staat und Parteien. Festschrift für Rudolf Morsey zum 65. Geburtstag, Berlin 1992, S. 1029–1054.

Schumacher, Martin: MdB. Volksvertretung im Wiederaufbau 1946–1961. Bundestagskandidaten und Mitglieder der westzonalen Vorparlamente. Eine biographische Dokumentation, Düsseldorf 2000.

Schumann, Dirk: Politische Gewalt in der Weimarer Republik 1918–1933. Kampf um die Straße und die Furcht vor dem Bürgerkrieg, Essen 2001.

Schumpeter, Joseph A.: Kapitalismus, Sozialismus und Demokratie, mit einer Einführung von Eberhard K. Seifert, aus dem Englischen von Susanne Preiswerk, 7. Auflage, Tübingen/Basel 1993 [1950].

Schwan, Gesine: Der Mitläufer, in: Hagen Schulze/Etienne Francois (Hg.): Deutsche Erinnerungsorte, München 2001, S. 654–669.

Schwartz, Michael: »Zwangsheimat Deutschland«. Vertriebene und Kernbevölkerung zwischen Gesellschaftskonflikt und Integrationspolitik, in: Klaus Naumann (Hg.): Nachkrieg in Deutschland, Hamburg 2001, S. 114–148.

Schwartz, Michael (Hg.): Ernst Schumacher: Ein bayerischer Kommunist im doppelten Deutschland. Aufzeichnungen des Brechtforschers und Theaterkritikers in der DDR 1945-1991, Berlin/ Boston 2007.

Schwartz, Thomas A.: Reeducation and Democracy: The Policies of the United States High Commission in Germany, in: Michael Ermarth (Hg.): America and the Shaping of German Society, 1945–1955, Providence/Oxford 1993, S. 35–46.

Schwarz, Falk: Die gelenkte Literatur. Die Neue Rundschau im Konflikt mit den Kontrollstellen des NS-Staates und der nationalsozialistischen ›Bewegung‹, in: Horst Denkler/Karl Prümm (Hg.): Die deutsche Literatur im Dritten Reich. Themen – Traditionen – Wirkungen, Stuttgart 1976, S. 66–82.

Schwarz, Hans-Peter: Der konservative Anarchist. Politik und Zeitkritik Ernst Jüngers, Freiburg 1962.

Schwarz, Hans-Peter: Vom Reich zur Bundesrepublik. Deutschland im Widerstreit der außenpolitischen Konzeptionen in den Jahren der Besatzungsherrschaft 1945–1949. Neuwied 1966.

Schwarz, Hans-Peter: Die Politik der Westbindung oder die Staatsraison der Bundesrepublik, in: Zeitschrift für Politik 22 (1975), 4, S. 307–337.

Schwarz, Hans-Peter: Die Ära Adenauer: Gründerjahre der Republik 1949–1957, Stuttgart/Wiesbaden 1981.

Schwarz, Hans-Peter: Die Ära Adenauer: Epochenwechsel 1957–1963, Stuttgart/Wiesbaden 1983.

Schwarz, Hans-Peter: Adenauer. Der Aufstieg: 1876–1952, Stuttgart 1986.

Schwarz, Hans-Peter: Die Fünfziger Jahre als Epochenzäsur, in: Jürgen Heideking/Gerhard Hufnagel/Franz Knipping (Hg.): Wege in die Zeitgeschichte. Festschrift zum 65. Geburtstag von Gerhard Schulz, Berlin/New York 1989, S. 473–496.

Schwarz, Hans-Peter: Segmentäre Zäsuren 1949–1989. Eine Außenpolitik der gleitenden Übergänge, in: Martin Broszat (Hg): Zäsuren nach 1945. Essays zur Periodisierung der deutschen Nachkriegsgeschichte, München 1990, S. 11–20.

Schwarz, Hans-Peter: Adenauer. Der Staatsmann: 1952–1967, Stuttgart 1991.

Schwarz, Hans-Peter: Die ausgebliebene Katastrophe. Eine Problemskizze zur Geschichte der Bundesrepublik, in: Hermann Rudolph (Hg.): Den Staat denken. Theodor Eschenburg zum Fünfundachtzigsten, Berlin 1993, S. 151–174.

Schwarz, Hans-Peter: Die Zentralmacht Europas. Deutschlands Rückkehr auf die Weltbühne, München, 1994.

Schwarz, Hans-Peter: Der Ort der Bundesrepublik in der deutschen Geschichte, Opladen 1996.

Schwarz, Hans-Peter: Fragen an das 20. Jahrhundert, in: Vierteljahreshefte für Zeitgeschichte 48 (2000), 1, S. 1–36.

Schwarz, Hans-Peter: Berlin als Zentrum dramatischer Ereignisse in der undramatischen Geschichte der Bundesrepublik Deutschland, in: Wolfgang Krieger (Hg.): Und keine Schlacht bei Marathon. Große Ereignisse und Mythen der europäischen Geschichte, Stuttgart 2005, S. 292–320.

Schwarz, Hans-Peter: Axel Springer. Die Biografie, Berlin 2008.

Schwarz, Hans-Peter: Paradigmen zur Geschichte der Bundesrepublik. Eine Skizze, in: Alexander Gallus/Thomas Schubert/Tom Thieme (Hg.): Deutsche Kontroversen. Festschrift für Eckhard Jesse, Baden-Baden 2013, S. 113–126.

Schwarz, Hans-Peter (Hg.): Die Bundesrepublik Deutschland. Eine Bilanz nach 60 Jahren, München 2008.

Schwarz, Maria: Beginn in Bescheidenheit. Die Paulskirche, in: Dieter Bartetzko (Hg.): Sprung in die Moderne. Frankfurt am Main, die Stadt der 50er Jahre, Frankfurt am Main/New York 1994, S. 38–47.

Schwelling, Birgit: Wege in die Demokratie. Eine Studie zum Wandel und zur Kontinuität von Mentalitäten nach dem Übergang vom Nationalsozialismus zur Bundesrepublik, Opladen 2001.

Schwiedrzik, Wolfgang Matthias: Werner und Adam von Trott zu Solz, in: Thomas Karlauf (Hg.): Deutsche Brüder. Zwölf Doppelporträts, Berlin 1994, S. 330–365.

Schwippert, Gerdamaria/Werhahn, Charlotte (Hg.): Hans Schwippert, Köln/Düsseldorf 1984.

Schyma, Angelika: In Diplomatischer Zurückhaltung. Botschaftsarchitektur der Bundesrepublik Deutschland in Bonn von der Staatsgründung bis zum Fall der Mauer, in: Kerstin Englert/Jürgen Tietz (Hg.): Botschaften in Berlin, mit Fotografien von Alfred Englert, Berlin 2003, S. 29–41.

Schyma, Angelika: Transparenz und Masse. Architekturtopographie III: Sep Ruf in Bonn, in: Der Architekt (2008), 5, S. 36–39.

Scott-Smith, Giles:»A Radical Democratic Political Offensive.«Melvin Lasky, Der Monat, and the Congress for Cultural Freedom, in: Journal of Comparative History 35 (2000), 2, S. 263–280.

Scott-Smith, Giles: The Politics of Apolitical Culture. The Congress for Cultural Freedom, the CIA, and Post-War American Hegemony, London 2002.

Sebald, W.G.: Luftkrieg und Literatur. Mit einem Essay zu Alfred Andersch, München 1999.

Seegers, Lu:»Vati blieb im Krieg.«Vaterlosigkeit als generationelle Erfahrung im 20. Jahrhundert – Deutschland und Polen, Göttingen 2013.

Segeberg, Harro (Hg.): Mediale Mobilmachung I: Das Dritte Reich und der Film, München 2004.

Seifert, Rita: Johann Carl August Musäus – Schriftsteller und Pädagoge der Aufklärung, Weimar 2008.

Selge, Martin: Marseillaise oder Carmagnole? Zwei französische Revolutionslieder in Dantons Tod, in: Georg Büchner: 1813–1837. Revolutionär, Dichter, Wissenschaftler, Katalog der Ausstellung Mathildenhöhe Darmstadt 1. August bis 27. September 1987, Basel/Frankfurt am Main 1987, S. 235–240.

Sennett, Richard: Verfall und Ende des öffentlichen Lebens. Die Tyrannei der Intimität, aus dem Amerikanischen von Reinhard Kaiser, Frankfurt am Main 1983 [1977].

Seruya, Teresa: Gedanken und Fragen beim Übersetzen von Ernst von Salomons Der Fragebogen, in: Jürgen Lehmann/Tilman Lang/Fred Lönker/Torsten Unger (Hg.): Konflikt – Grenze – Dialog. Kulturkontrastive und interdisziplinäre Textzugänge. Festschrift für Horst Turk zum 60. Geburtstag, Frankfurt am Main 1997, S. 227–237.

Shenton, Caroline: The Day Parliament Burned Down, London 2012.

Shepherd, Robert: Westminster: A Biography. From Earliest Times to the Present, London 2012.

Siblewski, Klaus: Wolfgang Koeppen, in: Kritisches Lexikon zur deutschsprachigen Gegenwartsliteratur; http://www.munzinger.de/document/16000000312 [zuletzt abgerufen am 16.10.2017].

Sichtermann, Barbara: Kurze Geschichte der Frauenemanzipation, Berlin 2009.

Siebenmorgen, Peter: Franz Josef Strauß. Ein Leben im Übermaß, München 2015.

Sieg, Christian: Gleichnishaftes Erleben – Alfred Anderschs metaphysische Topographien und die Hörspielästhetik der 1950er Jahre, in: Norman Ächtler (Hg.): Alfred Andersch. Engagierte Autorschaft im Literatursystem der Bundesrepublik, Stuttgart 2016, S. 132–147.

Siegfried, Detlef: Prosperität und Krisenangst. Die zögerliche Versöhnung des Bundesbürger mit dem neuen Wohlstand, in: Friedrich Kießling/Bernhard Rieger (Hg.): Mit dem Wandel leben. Neuorientierung und Tradition in der Bundesrepublik der 1950er und 60er Jahre, Köln/Weimar/Wien 2011, S. 63–78.

Siegfried, Detlef: Time Is on My Side. Konsum und Politik in der westdeutschen Jugendkultur der 60er Jahre, Göttingen 2006.

Siemens, Daniel: Von der bleiernen Nachkriegszeit zur Modernisierung im Wiederaufbau? Das gegenwärtige Bild der frühen Bundesrepublik in der Geschichtswissenschaft, in: Matthias N. Lorenz/Maurizio Pirro (Hg.): Wendejahr 1959? Die literarische Inszenierung von Kontinuitäten und Brüchen in gesellschaftlichen und kulturellen Kontexten der 50er Jahre, Bielefeld 2011, S. 23–43.

Siering, Friedemann: Zeitung für Deutschland. Die Gründergeneration der Frankfurter Allgemeinen, in: Lutz Hachmeister/Friedemann Siering (Hg.): Die Herren Journalisten. Die Elite der deutschen Presse nach 1945, München 2002, S. 35–86.

Sigel, Paul: Die Rolle Hans Schwipperts bei der Konzeption der deutschen Weltausstellungsbeiträge in Brüssel 1958 und Montreal 1967, in: Gerda Breuer/Pia Mingels/Christopher Oestereich

(Hg.): Hans Schwippert (1899–1973). Moderation des Wiederaufbaus, Berlin 2010, S. 145–155.

Silber-Bonz, Christoph: Pferdmenges und Adenauer. Der politische Einfluss des Kölner Bankiers, Bonn 1997.

Söder, Hans-Peter: Schuld und Sühne: Existentielle Elemente als Bausteine der Anti-Modernität in Wolfgang Koeppens Roman *Das Treibhaus*, in: Germanic Notes and Reviews 25 (1994), 1, S. 35–39.

Söllner, Alfons: Demokratie als Lernprozess. Drei Stichworte zur Entwicklung der politischen Kultur in der Bundesrepublik Deutschland, in: Heinrich Oberreuter/Jürgen Weber (Hg.): Freundliche Feinde? Die Alliierten und die Demokratiegründung in Deutschland, München 1996, S. 11–30.

Soëtard, Michel: Jean-Jacques Rousseau. Leben und Werk, München 2012.

Sondermann, Vanessa: Der Wandel des »Rundgangs« von interner Leistungsschau zum Publikumserfolg, in: Die Geschichte der Kunstakademie Düsseldorf seit 1945, hg. von der Kunstakademie Düsseldorf, Berlin 2014, S. 443–450.

Sonntag, Christian: Medienkarrieren. Biografische Studie über Hamburger Nachkriegsjournalisten 1946–1949, München 2006.

Sontheimer, Kurt: Der Tatkreis, in: Vierteljahrshefte für Zeitgeschichte 7 (1959), 3, S. 229–260.

Sontheimer, Kurt: Antidemokratisches Denken in der Weimarer Republik. Die politischen Ideen des deutschen Nationalismus zwischen 1981 und 1933, München 1962.

Sontheimer, Kurt: So war Deutschland nie. Anmerkungen zur politischen Kultur der Bundesrepublik, München 1999.

Sontheimer, Kurt: Die Adenauer-Ära. Grundlegung der Bundesrepublik, 3. Auflage, München 2003.

Sothen, Hans B. von: Hans Zehrer als politischer Publizist nach 1945, in: Frank-Lothar Kroll (Hg.): Die kupierte Alternative. Konservatismus in Deutschland nach 1945, Berlin 2005, S. 125–178.

Soutou, Georges-Henri: La guerre de Cinquante Ans. Les relations Est-Ouest 1943–1990, Paris 2001.

Sparrow, Andrew: Obscure Scribblers: A History of Parliamantary Journalism, York 2003.

Spatenender, Jana: Die Heimkehr des Don Quijote in die deutsche Romantik. »Wo gehen wir denn hin? Immer nach Hause«, Hamburg 2010.

Spodzieja, Ryszard: Wolfgang Koeppen. Ein Vertreter der literarischen Moderne, Dresden/Wrosław 2011.

Sprengel, Peter: Wolfgang Koeppen. Die Wiederholung der Moderne, in: Sabina Becker/Helmuth Kiesel unter Mitarbeit von Robert Krause (Hg.): Literarische Moderne. Begriff und Phänomen, Berlin/New York 2007, S. 403–415.

Staadt, Jochen: Die Lübke-Legende. Wie ein Bundespräsident zum »KZ-Baumeister« wurde – Teil I, in: Zeitschrift des Forschungsverbundes SED-Staat 18/2005, S. 54–71; Teil II, in: 19/2006, S. 107–124.

Stachorski, Stephan: Fragile Republik. Thomas Mann und Nachkriegsdeutschland, Frankfurt a. M. 1999.

Stadelmaier, Gerhard: Lachender Melancholiker. Zum Tode von Georg Hensel, in: Deutsche Akademie für Sprache und Dichtung – Jahrbuch 1996, Göttingen 1997, S. 192–195.

Staets, Yara: Ein Aufschwung in das Phantastische? Schuld-, Kriegs- und Nachkriegsdarstellung in Georg Hensels Roman *Nachtfahrt*, in: Jürgen Egyptien (Hg.): Erinnerung in Text und Bild. Zur Darstellbarkeit von Krieg und Holocaust im literarischen und filmischen Schaffen in Deutschland und Polen, Berlin 2012, S. 51–64.

Stammen, Theo: Erfahrungen und Vorurteile – zu Wolfgang Koeppens früher Parlamentarismus- und Demokratiekritik, in: Jahrbuch der Internationalen Wolfgang-Koeppen-Gesellschaft 2 (2003), S. 335–344.

Starobinski, Jean: Eine Welt von Widerständen, aus dem Französischen von Ulrich Raulff, Frankfurt am Main 1988.

Steffani, Winfried: Parlamentarische und präsidentielle Demokratie. Strukturelle Aspekte westlicher Demokratien, Opladen 1979.

Stegers, Rudolf: Räume der Wandlung. Wände und Wege. Studien zum Werk von Rudolf Schwarz, Braunschweig/Wiesbaden 2000.

Steiger, Christian: Rosemarie Nitribitt. Autopsie eines deutschen Skandals, Königswinter 2007.

Steinbach, Peter: Die publizistischen Kontroversen – eine Vergangenheit, die nicht vergeht, in: Peter Reichel/Harald Schmid/Peter Steinbach (Hg.): Der Nationalsozialismus – die zweite Geschichte. Überwindung – Deutung – Erinnerung, München 2009, S. 127–174.

Steinbach, Peter/Tuchel, Johannes (Hg.): Lexikon des Widerstandes 1933–1945, 2. Auflage, München 1998.

Steinbacher, Sybille: Wie der Sex nach Deutschland kam. Der Kampf um Sittlichkeit und Anstand in der frühen Bundesrepublik, München 2011.

Steinbeis, Maximilian/Detjen Marion/Detjen Stephan: Die Deutschen und das Grundgesetz. Geschichte und Grenzen unserer Verfassung, München 2009.

Steinberg, Rainer: Kölns Kopfbahnhof, in: Die Kölner Mittwochgespräche 1950–1956: Freier Eintritt, freie Fragen, freie Antworten, hg. von Wilfried Dörstel, Köln 1991, S. 13–15.

Steinmetz, Willibald: Das Sagbare und das Machbare. Zum Wandel politischer Handlungsspielräume: England 1780–1867, Stuttgart 1993.

Stierle, Karlheinz: Imaginäre Räume. Eisenarchitektur in der Literatur des 19. Jahrhunderts, in: Helmut Pfeiffer/Hans Robert Jauß/Françoise Gaillard (Hg.): *Art social* und *art industriel*. Funktionen der Kunst im Zeitalter des Industrialismus, München 1987, S. 281–308.

Stock, Wolfgang Jean: Ein Stück gebaute Verfassung. Der neue Plenarbereich des Bonner Bundeshauses in der Tradition demokratischen Bauens, in: Architektur und Demokratie. Bauen für die Politik von der amerikanischen Revolution bis zur Gegenwart, hg. für den Deutschen Bundestag von Ingeborg Flagge und Wolfgang Jean Stock, mit einem Vorwort von Rita Süssmuth, Stuttgart 1992, S. 276–291.

Stoehr, Irene: Phalanx der Frauen? Wiederaufrüstung und Weiblichkeit in Westdeutschland 1950–1970, in: Christine Eifler/Ruth Seifert (Hg.): Soziale Konstruktionen. Militär und Geschlechterverhältnis, Münster 1999, S. 187–204.

Stöver, Bernd: Der Kalte Krieg 1947–1991. Geschichte eines radikalen Zeitalters, München 2007.

Stöver, Bernd: Geschichte des Koreakriegs. Schlachtfeld der Supermächte und ungelöster Konflikt, München 2013.

Stollberg-Rilinger, Barbara (Hg.): Was heißt Kulturgeschichte des Politischen? Berlin 2005.

Stollberg-Rilinger, Barbara: Ideengeschichte, Stuttgart 2010.

Stolleis, Michael: Geschichte des öffentlichen Rechts in Deutschland, Band 3: Staats- und Verwaltungsrechtswissenschaft in Republik und Diktatur 1914–1945, München 1999.

Stoltenberg, Gerhard: Politische Strömungen im schleswig-holsteinischen Landvolk 1918–1933. Ein Beitrag zur politischen Meinungsbildung in der Weimarer Republik, Düsseldorf 1962.

Streim, Gregor: Unter der »Diktatur« des Fragebogens. Ernst von Salomon und der Diskurs der »Okkupation«, in: Gunther Nickel (Hg.): Literarische und politische Deutschlandkonzepte 1938–1949, Göttingen 2004, S. 87–115.

Streim, Gregor: Esoterische Kommunikation. Initiation und Autorschaft in Ernst Jüngers *Besuch auf Godenholm* (1952) und *Rückblick auf Godenholm* (1970), in: Matthias Schöning/Ingo Stöckmann (Hg.): Ernst Jünger und die Bundesrepublik. Ästhetik – Politik – Zeitgeschichte, Berlin/Boston 2012, S. 119–135.

Streul, Irene Charlotte: Westdeutsche Literatur in der DDR. Böll, Grass, Walser und andere in der offiziellen Rezeption 1949–1985, Stuttgart 1988.

Strodthoff, Werner: Der alte Plenarsaal. Eine zerstörte Erinnerung, in: Architektur und Demokratie. Bauen für die Politik von der amerikanischen Revolution bis zur Gegenwart, hg. für den Deutschen Bundestag von Ingeborg Flagge und Wolfgang Jean Stock, mit einem Vorwort von Rita Süssmuth, Stuttgart 1992, S. 260–275.

Studt, Christoph: Lothar Bucher (1817–1892). Ein politisches Leben zwischen Revolution und Staatsdienst, Göttingen 1992.

Studt, Christoph: »… aus dem Nacht tiefsten Grauens ins Land der Schönheit führen«? Die Überlebenden des Widerstandes und ihr Einfluss auf die Kultur- und Presseentwicklung nach 1945, in: Joachim Scholtyseck/Stephen Schröder (Hg.): Die Überlebenden des deutschen Widerstandes und ihre Bedeutung für Nachkriegsdeutschland, Münster 2005, S. 99–116.

Taylor, Frederick: Exorcising Hitler. The Occupation and Denazification of Germany, London u. a. 2011.

Teichmann, Gabriele: Robert Pferdmenges (1880-1962), in: Hans Pohl (Hg.): Deutsche Bankiers des 20. Jahrhunderts, Stuttgart 2008, S. 311–327.

Thabet, Sahbi: Das Reisemotiv im neueren deutschsprachigen Roman. Untersuchungen zu Wolfgang Koeppen, Alfred Andersch und Max Frisch, Marburg 2002.

Theweleit, Klaus: Männerphantasien, 2 Bde., Basel/Frankfurt am Main 1977/78.

Thiemeyer, Guido: Die Geschichte der Bundesrepublik Deutschland. Zwischen Westbindung und europäischer Hegemonie, Stuttgart 2016.

Thönissen, Karin: Margret Hildebrand – Designerin (1917–1998), in: Gerda Breuer (Hg.): Das gute Leben. Der Deutsche Werkbund nach 1945, Tübingen 2007, S. 139–143

Thorn-Prikker, Jan: Keine Experimente. Alltägliches am Rande der Staatsarchitektur, in: Architektur und Demokratie. Bauen für die Politik von der amerikanischen Revolution bis zur Gegenwart, hg. für den Deutschen Bundestag von Ingeborg Flagge und Wolfgang Jean Stock, mit einem Vorwort von Rita Süssmuth, Stuttgart 1992, S. 246–275.

Thoß, Bruno: Nato-Stretagie und nationale Verteidigungsplanung. Planung und Aufbau der Bundeswehr unter den Bedingungen einer massiven atomaren Vergeltungsstrategie 1952 bis 1960, München 2006.

Till, Dietmar: »Deutschland ist jetzt ein Leichenfeld, bald wird es ein Paradies seyn.« Die Rhetorik der Revolution im *Hessischen Landboten*, in: Georg-Büchner-Jahrbuch 12 (2012), S. 3–24.

Timm, Uwe: Seine Zeit in Sprache gefasst, in: Detlef Grumbach (Hg.): Schwule Nachbarn. 22 Erlebnisse, Hamburg 2007, S. 176–186.

Treffke, Jörg: Gustav Heinemann – Wanderer zwischen den Parteien. Eine politische Biographie, Paderborn 2009.

Treichel, Hans-Ulrich: Fragment ohne Ende. Eine Studie über Wolfgang Koeppen, Heidelberg 1984.

Treichel, Hans-Ulrich: *Tauben im Gras* – Kommentar, in: Wolfgang Koeppen: Werke, Bd. 4: Tauben im Gras, hg. von Hans-Ulrich Treichel, Berlin 2006, S. 232–256.

Treichel, Hans-Ulrich: *Treibhaus* – Kommentar, in: Wolfgang Koeppen: Werke, Bd. 5: Das Treibhaus, hg. von Hans-Ulrich Treichel, Berlin 2010, S. 188–247.

Treichel, Hans-Ulrich: Koeppen und die Dekadenz. Zur DDR-Rezeption von Wolfgang Koeppens *Der Tod in Rom*, in: Text + Kritik – Zeitschrift für Literatur 12 (2014), Heft 34, S. 70–80.

Treichel, Hans-Ulrich: *Tod in Rom* – Kommentar, in: Wolfgang Koeppen: Werke, Bd. 6: Der Tod in Rom, hg. von Hans-Ulrich Treichel, Berlin 2015, S. 208–269.

Treue, Wilhelm: Robert Pferdmenges (1880–1962), in: Kölner Unternehmer im 19. und 20. Jahrhundert, Band 13, Münster 1986, S. 203–222

Trommler, Frank: Realismus in der Prosa, in: Thomas Koebner (Hg.): Tendenzen der deutschen Literatur seit 1945, Stuttgart 1971, S. 179–275.

Trommler, Frank: Die nachgeholte Résistance. Politik und Gruppenethos im historischen Zusammenhang, in: Justus Fetscher/Eberhard Lämmert/Jürgen Schutte (Hg.): Die Gruppe 47 in der Geschichte der Bundesrepublik, Würzburg 1991, S. 9–22.

Trotnow, Helmut/Kostka, Bernd von (Hg.): Die Berliner Luftbrücke. Ereignis und Erinnerung, Berlin 2010.

Trunk, Achim: Europa, ein Ausweg. Politische Eliten und europäische Identität in den 1950er Jahren, München 2007.

Tuchel, Johannes: Alfred Andersch im Nationalsozialismus, in: Marcel Korolnik/Annette Korolnik-Andersch (Hg.): Sansibar ist überall. Alfred Andersch: Seine Welt – in Texten, Bildern, Dokumenten, München 2008, S. 31–41.

Tüffers, Bettina: Die 10. Volkskammer der DDR. Ein Parlament im Umbruch: Selbstwahrnehmung, Selbstparlamentarisierung, Selbstauflösung, Düsseldorf 2016.

Tümmers, Horst Johannes: Der Rhein. Ein europäischer Fluss und seine Geschichte, München 1994.

Ulrich, Roland: Vom »Magischen Sehen« zum literarischen Text. Zu Wolfgang Koeppens Roman *Das Treibhaus* (1953), in: Argonautenschiff – Jahrbuch der Anna-Seghers-Gesellschaft 8 (1999), S. 354–361.

Ullrich, Sebastian: Der Weimar-Komplex. Das Scheitern der ersten deutschen Demokratie und die politische Kultur der frühen Bundesrepublik 1945–1959, Göttingen 2009.

Ulmer, Judith S.: Geschichte des Georg-Büchner-Preises. Soziologie eines Rituals, Berlin 2006.

Ungern-Sternberg, Christoph von: Willy Haas (1891–1973). »Ein großer Regisseur der Literatur«, München 2007.

Uske, Bernhard: Geschichte und ästhetisches Verhalten. Das Werk Wolfgang Koeppens, Frankfurt am Main/Bern/New York/Nancy 1984.

Vagt, Kristina: Politik durch die Blume. Gartenbauausstellungen in Hamburg und Erfurt im Kalten Krieg (1950–1974), München 2013.

Valentin, Sonja: »Steine in Hitlers Fenster.« Thomas Manns Radiosendungen *Deutsche Hörer!* 1940–1945, Göttingen 2015.

Veit, Lothar: Einsam in der Menge. Der Schriftsteller in Wolfgang Koeppens Nachkriegsromanen, Marburg 2002.

Verheyen, Nina: Diskussionslust. Eine Kulturgeschichte des »besseren Arguments« in Westdeutschland, Göttingen 2010.

Verret, Arnaud: La serre dans le roman zolien: un example d'insularisation de l'erotisme fin-de-siècle, in: Alexandra W. Albertini/Jacques Isolery (Hg.): L'eros insulaire, Paris 2016, S. 109–123.

Versari, Margherita: »Blaue Blume« – »Schwarze Blume«. Zwei poetische Symbole im Vergleich, in: Bettina Gruber/Gerhard Plumpe (Hg.): Romantik und Ästhetizismus. Festschrift für Paul Gerhard Klussmann, Würzburg 1999, S. 89–99.

Vogt, Helmut: »Der Herr Minister wohnt in einem Dienstwagen auf Gleis 4.« Die Anfänge des Bundes in Bonn 1949/50, Bonn 1999.

Vogt, Helmut: Das Herzstück der jungen Bundeshauptstadt. Die Anfänge des Deutschen Bundestages in Bonn 1949/50, in: Aus Politik und Zeitgeschichte B 32-33/1999, S. 16–24.

Vogt, Helmut: Wächter der Bonner Republik. Die Alliierten Hohen Kommissare 1949–1955, Paderborn u. a. 2004.

Vogt, Helmut: Der Parlamentarische Rat in Bonn, in: Aus Politik und Zeitgeschichte B 18-19/2009, S. 41–46.

Vogt, Jochen: Nonkonformismus in der Erzählliteratur der Adenauerzeit, in: Ludwig Fischer (Hg.): Literatur in der Bundesrepublik Deutschland bis 1967 (= Hansers Sozialgeschichte der deutschen Literatur vom 16. Jahrhundert bis zur Gegenwart, Bd. 10), München/Wien 1986, S. 279–298.

Vogt, Jochen: »Erinnerung und unsere Aufgabe.« Über Literatur, Moral und Politik 1945–1990, Opladen 1990.

Vogt, Stefan: Nationaler Sozialismus und Soziale Demokratie. Die sozialdemokratische Junge Rechte 1918–1945, Bonn 2006.

Voigt, Wolfgang/Frank, Hartmut (Hg.): Paul Schmitthenner 1884–1972, Tübingen u. a. 2003.

Volkmann, Hans-Erich: Gustav W. Heinemann und Konrad Adenauer. Anatomie und politische Dimension eines Zerwürfnisses, in: Geschichte in Wissenschaft und Unterricht 38 (1987), 1, S. 10–32.

Vollmer [= Zindler], Frederike: H. Wieleks *De oorlog die Hitler won* (1947) – Eine Autobiographie des deutsch-jüdischen Emigranten Wilhelm Kwecksilber?, in: Jahrbuch des Zentrums für Niederlande-Studien 23 (2012), S. 33–50.

Vollnhals, Clemens in Zusammenarbeit mit Thomas Schlemmer: Entnazifizierung. Politische Säuberung und Rehabilitierung 1945–1949, München 1991.

Vom Parlaments- und Regierungsviertel zum Bundesviertel. Eine Bonner Entwicklungsmaßnahme (1974–2004), bearbeitet von Friedrich Busmann, hg. von der Stadt Bonn in Zusammenarbeit mit dem Bundesministerium für Verkehr, Bau und Wohnungswesen, dem Ministerium für Städtebau und Wohnen, Kultur und Sport des Landes Nordrhein-Westfalen und der LEG Landesentwicklungsgesellschaft NRW GmbH, Bonn 2004.

Vormweg, Heinrich: Prosa in der Bundesrepublik seit 1945, in: Dieter Lattmann (Hg.): Kindlers Literaturgeschichte der Gegenwart. Autoren – Werke – Themen – Tendenzen seit 1945, Zürich/München 1973, S.143–343.

Vormweg, Heinrich: Der andere Deutsche. Heinrich Böll – eine Biographie, Köln 2000.

Wagener, Hans: Soldaten zwischen Gehorsam und Gewissen. Kriegsromane und -tagebücher, in: Ders. (Hg.): Gegenwartsliteratur und Drittes Reich. Deutscher Autoren in der Auseinandersetzung mit der Vergangenheit, Stuttgart 1977, S. 241–264.

Wagener, Hans (Hg.): Von Böll bis Buchheim. Deutsche Kriegsprosa nach 1945, Amsterdam 1997.

Wagner, Hans-Ulrich: Ein symbiotisches Verhältnis. Der Rundfunk und das literarische Leben im Nachkriegsdeutschland, in: Bernd Busch/Thomas Combrink (Hg.): Doppelleben. Literarische Szenen aus Nachkriegsdeutschland. Materialien zur Ausstellung, Göttingen 2009, S. 227–237.

Wagner, Meike: Theater und Öffentlichkeit im Vormärz. Berlin, München und Wien als Schauplätze bürgerlicher Medienpraxis, Berlin 2013.

Wagner-Conzelmann, Sandra: »Gottes Geschöpf der Sand, Gottes Geschöpf der Kalk! So haben wir die Pflicht, mit Gottes Geschöpfen gut, schlicht und würdig zu verfahren.« Die Kirchenbauten von Hans Schwippert, in: Gerda Breuer/Pia Mingels/Christopher Oestereich (Hg.): Hans Schwippert (1899–1973). Moderation des Wiederaufbaus, Berlin 2010, S. 133–143.

Wagner-Kyora, Georg: Wohnungspolitik 1949–1957, in: Günther Schulz (Hg.): Geschichte der Sozialpolitik in Deutschland seit 1945. Bd. 3: Bundesrepublik Deutschland 1949–1957. Bewältigung der Kriegsfolgen, Rückkehr zur sozialpolitischen Normalität, Baden–Baden 2006, S. 837–883.

Wagner-Kyora, Georg (Hg.): Wiederaufbau europäischer Städte. Rekonstruktionen, die Moderne und die lokale Identitätspolitik seit 1945, Stuttgart 2014.

Walkowiak, Maciej: Ernst von Salomons autobiographische Romane als literarische Selbstgestaltungsstrategien im Kontext der historisch-politischen Semantik, Frankfurt am Main u. a. 2007.

Wallrath-Janssen, Anne-Margreth: Der Verlag H. Goverts im Dritten Reich, München 2007.

Walter, Franz: »Republik, das ist nicht viel.« Partei und Jugend in der Krise des Weimarer Sozialismus, Bielefeld 2011.

Walther, Peter: Hans Fallada. Die Biographie, Berlin 2017.

Warner, Ansgar: »Kampf gegen Gespenster.« Die Radio-Essays Wolfgang Koeppens und Arno Schmidts im Nachtprogramm des Süddeutschen Rundfunks als kritisches Gedächtnismedium, Bielefeld 2007.

Warnke, Stephanie: Stein gegen Stein: Architektur und Medien im geteilten Berlin 1950–1970, Frankfurt am Main/New York 2009.

Weber, Clara Franziska Maria: Unité d'habitation Typ Berlin. Anspruch und Wirklichkeit einer Wohnmaschine, Stuttgart 2012.

Weber, Jan Robert: Im »Niemandsland« der Literatur zwischen links und rechts. Zum Briefwechsel zwischen Alfred Andersch und Ernst Jünger, in: Norman Ächtler (Hg.): Alfred Andersch. Engagierte Autorschaft im Literatursystem der Bundesrepublik, Stuttgart 2016, S. 313–331.

Weber, Petra: Carlo Schmid: 1896–1979. Eine Biographie, München 1996.

Weber, Petra: Erziehungsroman statt Memoiren: Carlo Schmids *Erinnerungen*, in: Magnus Brechtken (Hg.): Life Writing and Political Memoir – Lebenszeugnisse und Politische Memoiren, Göttingen 2012, S. 259–278.

Weber, Rita: Die Neuordnung der Volksschullehrerausbildung im Preußen der Weimarer Republik. Beiträge zur Entstehungsgeschichte und zur gesellschaftlichen Bedeutung der Pädagogischen Akademien, Berlin 1982.

Weber, Undine S.: Entzauberung der Moderne. Wolfgang Koeppen, Charles Baudelaire und Thomas Mann, in: Carlotta von Maltzan (Hg.): Magie und Sprache, Bern 2012, S. 273–287.

Weber-Kellermann, Ingeborg: Kindheit der fünfziger Jahre, in: Dieter Bänsch (Hg.): Die Fünfziger Jahre. Beiträge zu Politik und Kultur, Tübingen 1985, S. 163–183.

Wefing, Heinrich: Parlamentsarchitektur. Zur Selbstdarstellung der Demokratie in Bauwerken. Eine Untersuchung am Beispiel des Bonner Bundeshauses, Berlin 1995.

Wehdeking, Volker: Der Nullpunkt. Über die Konstituierung der deutschen Nachkriegsliteratur in den amerikanischen Kriegsgefangenenlagern, Stuttgart 1971.

Wehdeking, Volker: Alfred Andersch, Stuttgart 1983.

Wehdeking, Volker: Anfänge westdeutscher Nachkriegsliteratur. Aufsätze, Interviews, Materialien, Aachen 1989.

Wehdeking, Volker/Blamberger, Günter: Erzählliteratur der frühen Nachkriegszeit (1945–1952), München 1990.

Wehler, Hans-Ulrich: Deutsche Gesellschaftsgeschichte. Band 5: Bundesrepublik und DDR 1949–1990, München 2008.

Wehrs, Nikolai: Von der Schwierigkeiten einer Geschichtsrevision. Friedrich Meineckes Rückblick auf die »deutsche Katastrophe«, in: Jürgen Danyel/Jan-Holger Kirsch/Martin Sabrow (Hg.): 50 Klassiker der Zeitgeschichte, Göttingen 2007, S. 29–32.

Weidermann, Volker: Das Buch der verbrannten Bücher, Köln 2008.

Weidhaas, Peter: Der Frankfurter Phoenix. Die Frankfurter Buchmesse als das neue Buchhandelszentrum Deutschlands, in: Bernd Busch/Thomas Combrink (Hg.): Doppelleben. Literarische Szenen aus Nachkriegsdeutschland. Materialien zur Ausstellung, Göttingen 2009, S. 238–247.

Weinrich, Arndt: Der Weltkrieg als Erzieher. Jugend zwischen Weimarer Republik und Nationalsozialismus, Essen 2013.

Weinrich, Harald: Das Ingenium Don Quijotes. Ein Beitrag zur literarischen Charakterkunde, Münster 1956.

Weisbrod, Bernd: Die Krise der Mitte oder: »Der Bauer stund auf dem Lande«, in: Lutz Niethammer (Hg.): Bürgerliche Gesellschaft in Deutschland. Historische Einblicke, Fragen, Perspektiven, Frankfurt am Main 1990, S. 396–410.

Weisbrod, Bernd: Generation und Generationalität in der neueren Geschichte, in: Aus Politik und Zeitgeschichte, B 8/2005, S. 3–9.

Weiß, Volker: Moderne Antimoderne. Arthur Moeller van den Bruck und der Wandel des Konservatismus, Paderborn u. a. 2012.

Weitz, Eric D.: The Ever-Present Other. Communism and the Making of West Germany, in: Hanna Schissler (Hg.): The Miracle Years. A Cultural History of West Germany 1949–1968, Princeton 2001, S. 219–231.

Welzbacher, Christian: Die Staatsarchitektur der Weimarer Republik, Berlin 2006.

Welzbacher, Christian: Nachkriegsmoderne in Deutschland – Annäherung an eine unterschätzte Epoche, in: Michael Braum/Christian Welzbacher (Hg.): Nachkriegsmoderne in Deutschland. Eine Epoche weiterdenken, Basel u.a. 2009, S. 8–25.

Welzbacher, Christian: Monumente der Macht. Eine politische Architekturgeschichte Deutschlands 1920–1960, Berlin 2016.

Welzbacher, Christian (Hg.): Die Welt ist nicht von Pappe. Ein Paul Scheerbart-Lesebuch, Berlin 2012.

Wengeler, Martin: Gleichgewicht im Kalten Krieg, in: Leitvokabeln der Außenpolitik. Politische Leitvokabeln der Adenauer-Ära, mit Beiträgen von Karin Böke, Frank Liedtke, Martin Wengeler und Dorothee Dengel, Berlin/New York 1996, S. 279–323.

Wengst, Udo: Thomas Dehler. Eine politische Biographie 1897–1967, München 1997.

Wengst, Udo: Ein Zerrbild der jungen Bonner Demokratie. Wolfgang Koeppens Roman *Das Treibhaus* (1953), in: Johannes Hürter/Jürgen Zarusky (Hg.): Epos Zeitgeschichte. Romane des 20. Jahrhunderts in zeithistorischer Sicht, München 2010, S. 87–100.

Wengst, Udo: Theodor Eschenburg. Biografie einer politischen Leitfigur 1904-1999, Berlin 2015.

Werber, Niels: Ein Fall der Hermeneutik. George Forestiers Leben, Werk und Wirkung, in: Comparatio 2 (2010), Heft 1, 167–178.

Werber, Niels: Das Glashaus. Medien der Nähe im 19. Jahrhundert, in: Pablo Abend/Tobias Haupts/Claudia Müller (Hg.): Medialität der Nähe. Situationen – Praktiken – Nähe, Bielefeld 2012, S. 367–381.

Werber, Niels/Ruelfs, Esther: Techniken der Zeit- und Raummanipulation. Die Form des Treibhauses im 19. Jahrhundert, in: Bettina Gruber/Gerhard Plumpe (Hg.): Romantik und Ästhetizismus. Festschrift für Paul Gerhard Klussmann, Würzburg 1999, S. 255–288.

Werhahn, Charlotte M. E.: Hans Schwippert (1899–1973). Architekt, Pädagoge und Vertreter der Werkbundidee in der Zeit des deutschen Wiederaufbaus, Diss. TU München 1987.

Werner, Michael: Die »Ohne mich«-Bewegung. Die bundesdeutsche Friedensbewegung im deutschdeutschen Kalten Krieg (1949–1955), Münster 2006.

Werner, Ramona: Das Resonanzfeld Preußen im Werk Wolfgang Koeppens, Diss. Uni Greifswald 2012.

Wessely, Christina: Künstliche Tiere. Zoologische Gärten und urbane Moderne, Berlin 2008.

Wessely, Christina: Tiergartentiere. Zoologische Gärten und die Faszination des künstlich Echten, in: Zoo. Werkleitz-Festival, Halle 2011, S. 28–35.

Wessely, Christina: Menagerie, Zoologischer Garten, Tierpark. Tierschaustellungen im deutschsprachigen Raum vom Barock bis ins 20. Jahrhundert, in: Zeitschrift für Historische Sozialkunde 41 (2011), 4, S. 30–36.

Wessely, Christina: Die Kunst des genauen Hinsehens. Zoologische Gärten um 1900 zwischen Wissenschaft, Kunst und Spektakel, in: Philipp Demandt/Anke Daemgen (Hg.): Rembrandt Bugatti. Der Bildhauer 1884–1916, Berlin/München 2014, S. 194–205.

Westerwelle, Karin: Eine außergewöhnliche Begegnung. Baudelaire und Manet, in: Gerhard Finckh (Hg.): Édouard Manet, Wuppertal 2017, S. 63–72.

Wettberg, Gabriela: Das Amerika-Bild und seine negativen Konstanten in der deutschen Nachkriegsliteratur, Heidelberg 1987.

Wettig, Gerhard: Entmilitarisierung und Wiederbewaffnung in Deutschland: 1943–1955. Internationale Auseinandersetzungen um die Rolle der Deutschen in Europa, München 1967.

Wetzel, Jürgen: Ernst Reuter. Eine biographische Skizze, in: Ernst Reuter. 1889–1953. Oberbürgermeister und Regierender Bürgermeister von Berlin 1948–1953. Ausstellung des Landesarchivs Berlin in Zusammenarbeit mit der Senatskanzlei anlässlich des 50. Todestages von Ernst Reuter, Berlin 2003, S. 9–21.

White, Hayden: Auch Klio dichtet oder die Fiktion des Faktischen. Studien zur Tropologie des historischen Diskurses, Stuttgart 1991.

Wiefelspütz, Dieter: Indemnität und Immunität, in: Martin Morlok/Utz Schliesky/Dieter Wiefelspütz unter Mitarbeit von Moritz Kalb (Hg.), Parlamentsrecht. Praxishandbuch, Baden-Baden 2016, S. 463–480.

Wienand, Christiane: Den Übergang vom Krieg in die Nachkriegszeit erzählen. Transformationserzählungen und Identitätskonstruktionen heimgekehrter Kriegsgefangener nach 1945, in: Jörg Echterkamp (Hg.): Kriegsenden, Nachkriegsordnungen, Folgekonflikte: Wege aus dem Krieg im 19. und 20. Jahrhundert, Freiburg im Breisgau 2012, S. 161–178.

Wierling, Dorothee: Opposition und Generation in Nachkriegsdeutschland. Achtundsechziger in der DDR und in der Bundesrepublik, in: Christoph Kleßmann/Hans Misselwitz/Günter Wichert (Hg.): Deutsche Vergangenheiten – eine gemeinsame Herausforderung. Der schwierige Umgang mit der doppelten Nachkriegsgeschichte, Berlin 1999, S. 238–252.

Wigginton, Michael: Glas in der Architektur, aus dem Englischen von Annette Wiethücher und Renate Splinter, Stuttgart 1997 [1996].

Wildt, Michael: Am Beginn der »Konsumgesellschaft«. Mangelerfahrung, Lebenshaltung, Wohlstandshoffnung in Westdeutschland in den fünfziger Jahren, Hamburg 1994.

Wildt, Michael: Generation des Unbedingten. Das Führungskorps des Reichssicherheitshauptamtes, Hamburg 2002.

Wilford, Hugh: Melvin J. Lasky und die CIA, in: Charlotte A. Lerg/Maren M. Roth (Hg.): Cold War Politics. Melvin J. Lasky: New York – Berlin – London, 2. Auflage, München 2012, S. 25–30.

Willenbacher, Barbara: Zerrüttung und Bewährung der Nachkriegs-Familie, in: Martin Broszat/Klaus-Dietmar Henke/Hans Woller (Hg.): Von Stalingrad zur Währungsreform. Zur Sozialgeschichte des Umbruchs in Deutschland, München 1988, S. 595–618.

Williams, Rhys W.: »Und wenn man sich überlegt, daß sogar Leute wie Adorno daran teilgenommen haben…« Alfred Andersch and the Cold War, in: Ders./Stephen Parker/Colin Riordan (Hg.): German Writers and the Cold War 1945–1961, Manchester/New York 1992, S. 221–244.

Willimowski, Thomas: Stefan Lorant – Eine Karriere im Exil, Berlin 2005.

Winde, Mathias Aljoscha: Bürgerliches Wissen – Nationalsozialistische Herrschaft. Sprache in Goebbels' Zeitung Das Reich, Frankfurt am Main 2002.

Winkler, Heinrich August: Der lange Weg nach Westen. Bd. 1: Deutsche Geschichte vom Ende des Alten Reiches bis zum Untergang der Weimarer Republik, Bd. 2: Deutsche Geschichte vom ›Dritten Reich‹ bis zur Wiedervereinigung, München 2000.

Winter, Christian: Der Lautsprecher als Fürsprecher. Marcel Reich-Ranickis Einsätze für Wolfgang Koeppen, in: Text + Kritik – Zeitschrift für Literatur 12 (2014), Heft 34, S. 81–88.

Winter, Christian: »In der Freiheit des freien Schriftstellers.« Wolfgang Koeppens literarische Laufbahn 1951–1996, Baden-Baden 2018.

Wintgens, Benedikt: Rainer Barzel als Vorsitzender der CDU/CSU-Bundestagsfraktion während der Kanzlerschaft Ludwig Erhards (1963/64–1966), Magisterarbeit Uni Bonn 2004.

Wintgens, Benedikt: Der Bundeskanzler im Treibhaus. Wolfgang Koeppens Bonn-Roman und die Literatur der Adenauerzeit, in: Michael Hochgeschwender (Hg.): Epoche im Widerspruch. Ideelle und kulturelle Umbrüche der Adenauerzeit, Bonn 2011, S. 153–180.

Wintgens, Benedikt: Rezension Architekturfotografie – Rezension zu: Arne Schmitt: Wenn Gesinnung Form wird. Eine Essaysammlung zur Nachkriegsarchitektur der BRD, Leipzig 2012; Karl Hugo Schmölz: Köln – Architekturfotografien der Fünfziger Jahre, hg. von Franz van der Grinten und Thomas Linden, München 2012, in: H-Soz-Kult, 12.06.2013, http://www.hsozkult.de/publicationreview/id/rezbuecher-20227.

Wintgens, Benedikt: Turn Your Radio on. Abgeordnete und Medien in der Bundesrepublik Deutschland nach 1945, in: Adéla Gjuričová/Andreas Schulz/Luboš Velek/Andreas Wirsching (Hg.): Lebenswelten von Abgeordneten in Europa 1860–1990, Düsseldorf 2014, S. 295–310.

Wintgens, Benedikt: Neues Parlament, neue Bilder? Die Fotografin Erna Wagner-Hehmke und ihr Blick auf den Bundestag, in: Andreas Biefang/Marij Leenders (Hg.): Das ideale Parlament. Erich Salomon als Fotograf in Berlin und Den Haag 1928–1940, Düsseldorf 2014, S. 293–314.

Wirsching, Andreas: Parlament und Volkes Stimme. Unterhaus und Öffentlichkeit im England des frühen 19. Jahrhunderts, Göttingen 1990.

Wirsching, Andreas: Abschied vom Provisorium. Geschichte der Bundesrepublik Deutschland 1982–1990, München 2006.

Wirsching, Andreas: Politische Generationen, Konsumgesellschaft, Sozialpolitik. Zur Erfahrung von Demokratie und Diktatur in Zwischenkriegszeit und Nachkriegszeit, in: Anselm Doering-Man

teuffel unter Mitarbeit von Elisabeth Müller-Luckner (Hg.): Strukturmerkmale der deutschen Geschichte im 20. Jahrhundert, München 2006, S. 43–64.

Wirsching, Andreas: Kronzeuge des deutschen »Sonderwegs«? Heinrich Manns Roman *Der Untertan* (1914), in: Johannes Hürter/Jürgen Zarusky (Hg.): Epos Zeitgeschichte. Romane des
20. Jahrhunderts in zeithistorischer Sicht, München 2010, S. 9–25.

Wirsching, Andreas: Demokratie als »Lebensform«. Theodor Heuss (1884–1963), in: Bastian Hein/
Manfred Kittel/Horst Möller (Hg.): Gesichter der Demokratie. Porträts zur deutschen Zeitgeschichte. Festschrift für Udo Wengst, München 2012, S. 21–35.

Wirsching, Andreas: Antikommunismus als Querschnittsphänomen politischer Kultur, 1917–1945,
in: Stefan Creuzberger/Dierk Hoffmann (Hg.): »Geistige Gefahr« und »Immunisierung der Gesellschaft«. Antikommunismus und politische Kultur in der frühen Bundesrepublik, München
2014, S. 15–28.

Wolfrum, Edgar: Die Bundesrepublik Deutschland 1949–1990 (= Gebhardt-Handbuch der
deutschen Geschichte, Band 23), Stuttgart 2005.

Wolfrum, Edgar: Die geglückte Demokratie. Geschichte der Bundesrepublik Deutschland von ihren Anfängen bis zur Gegenwart, Stuttgart 2006.

Wright, Kent: Rousseaus Nachleben, in: Zeitschrift für Ideengeschichte 6 (2012), 2, S. 48–57.

Wuermeling, Henric L.: »Doppelspiel«. Adam von Trott zu Solz im Widerstand gegen Hitler, München 2004.

Wuermeling, Henric L.: Die Weiße Liste und die Stunde Null in Deutschland 1945, mit den Ori-
ginaldokumenten in englischer Sprache, übersetzt von Gabriele Rieth-Winterherbst, München
2015.

Young, Paul: Globalization and the Great Exhibition. The Victorian New World Order, London/
New York 2009.

Zantop, Susanne: Geschichte und Literatur bei Heinrich Heine und Mariano José de Larra, Bonn
1988.

Zehender, Kathrin: Christine Teusch. Eine politische Biographie, Düsseldorf 2014.

Zeller, Michael: Satire und Resignation – »fast ein deutsches Märchen«. Zu Wolfgang Koeppens
Roman *Das Treibhaus*, in: Ulrich Greiner (Hg.): Über Wolfgang Koeppen, Frankfurt am Main
1976, S. 230–243.

Ziegler, Merle: Glas in der Berliner Staatsarchitektur. Ein politisches Material, Magisterarbeit HU
Berlin 2003.

Zierenberg, Malte: Stadtgeschichte, Version: 1.0, in: Docupedia-Zeitgeschichte, 25.10.2016, http://
docupedia.de/zg/Zierenberg_stadtgeschichte_v1_de_2016 [zuletzt abgerufen am 22. Juli 2018].

Zimmermann, Clemens: Medien im Nationalsozialismus. Deutschland 1933–1945, Italien 1922–
1943, Spanien 1936–1951, Köln/Weimar 2007.

Zimmermann, Peter: Theodor Haubach (1896–1945). Eine politische Biographie, Diss. Uni Hamburg 2002.

Zindler, Frederike: Kultur ist Politik ist Kultur. Der Emigrant und »Holländer« H. Wielek (1912–
1988) als Mittler im deutsch-niederländischen Raum, Wien 2017.

Zipfel, Frank: Fiktion, Fiktivität, Fiktionalität. Analysen zur Fiktion in der Literatur und zum Fik-
tionsbegriff in der Literaturwissenschaft, Berlin 2001.

Zullo, Federica: Metropolis, Empire and Modernity. The Dickensian Legacy in Neo-Victorian and
Postcolonial Literature, Bologna 2015.

Personenregister

Bibliografische Information der Deutschen Nationalbibliothek
Die Deutsche Nationalbibliothek verzeichnet diese Publikation in der
Deutschen Nationalbibliografie; detaillierte bibliografische Daten
sind im Internet über http://dnb.d-nb.de abrufbar.

 EX OFFICINA
2019

Schriften
Adobe Garamond Pro/Caspari (dtl)

Umschlag
31 grad branddesign, Berlin

Satz
dtp-studio schwarz auf weiss, Berlin

Druck und Herstellung
Westkreuz-Druckerei Ahrens KG,
Berlin

Printed in Germany